Russland als globaler Wirtschaftsakteur:

Handlungsressourcen und Strategien der Öl- und Gaskonzerne

von

Dr. Jonas Grätz
ETH Zürich

Oldenbourg Verlag München

Bibliografische Information der Deutschen Nationalbibliothek

Die Deutsche Nationalbibliothek verzeichnet diese Publikation in der Deutschen
Nationalbibliografie; detaillierte bibliografische Daten sind im Internet über
http://dnb.d-nb.de abrufbar.

Dissertation, Goethe Universität Frankfurt am Main (D 30), 2012

© 2013 Oldenbourg Wissenschaftsverlag GmbH
Rosenheimer Straße 143, D-81671 München
Telefon: (089) 45051-0
www.oldenbourg-verlag.de

Lektorat: Dr. Stefan Giesen
Herstellung: Constanze Müller
Einbandgestaltung: hauser lacour
Gesamtherstellung: Books on Demand GmbH, Norderstedt

Dieses Papier ist alterungsbeständig nach DIN/ISO 9706.

ISBN   978-3-486-72126-3
eISBN   978-3-486-72978-8

Danksagung

Die vorliegende Arbeit wäre ohne einige glückliche Umstände und das Engagement vieler Menschen nicht entstanden. Meine Doktormutter, Professor Melanie Tatur, hat meine Arbeit vom ersten Exposé an bis zur Fertigstellung außerordentlich engagiert und mit großer Weisheit und Überzeugungskraft betreut. Sie war stets bereit, meine Texte zu lesen, um dann in ausführlichen und systematischen Emails oder im persönlichen Gespräch Ratschläge und Kritik zu geben. Meinen ganz herzlichen Dank!

Auch Professor Andreas Nölke, meinem Zweitbetreuer, bin ich dankbar für seine Offenheit für das Thema, seine wertvollen Impulse und Kritik. Ich danke ihm auch für die Aufnahme in sein Kolloquium, das viele neue Ideen gebracht und Freude bereitet hat.

Glücklich war auch der Umstand, dass ich in der Forschungsgruppe Russland/GUS der Stiftung Wissenschaft und Politik in Berlin den Großteil meiner Dissertation verfassen durfte. Dem Team der Forschungsgruppe und den anderen Kollegen aus Forschung, Bibliothek und Verwaltung gilt mein Dank für das produktive und reizvolle Arbeitsumfeld. Mein dortiger Mentor, Professor Hans-Henning Schröder, hat mich stets unterstützt und mich an seinem Wissen über russländische Eliten teilhaben lassen. Dafür bin ich ihm sehr dankbar.

Danken möchte ich auch dem Forum Ebenhausen e.V. und dem Kompetenznetz „Institutionen und institutioneller Wandel im Postsozialismus" (KomPost) für die finanzielle Unterstützung meiner Tätigkeit an der Stiftung. Auch dem Norwegian Research Council und dem Norwegian Institute for Defence Studies bin ich für einen produktiven und angenehmen Aufenthalt in Oslo dankbar.

Professor Andrej Jakovlev und PD Dr. Heiko Pleines verdanke ich gemeinsam mit der Finanzierung vom Deutschen Akademischen Austauschdienst meinen Forschungsaufenthalt in Moskau. Den Interviewpartnern möchte ich an dieser Stelle ebenfalls für Information und Inspiration danken.

Freunde und Bekannte haben schließlich einen ganz zentralen Beitrag geleistet. Besonders möchte ich mich bei Yana Kavrakova und Edward Christie bedanken, die mich immer unterstützt haben. Mein Dank gilt auch Dr. Michael Sander, der mir Hinweise zur Netzwerkanalyse gegeben hat. Besonders dankbar bin ich aber meiner Familie und insbesondere meiner Partnerin Katharina für ihre große Unterstützung und Geduld.

Zürich, im April 2013

J. G.

Inhaltsverzeichnis

Abbildungsverzeichnis

Tabellenverzeichnis

Abkürzungsverzeichnis

ACER	Agency for the Cooperation of Energy Regulators (EU-Institution)
ADI	Auslandsdirektinvestitionen
ADR	American Depositary Receipts
AIM-Markt	Alternative Investment Market an der London Stock Exchange
ARCO	Atlantic Richfield Corporation
BRIC	Brasilen Russland Indien China
CNPC	China National Petroleum Corporation
CPC	Caspian Pipeline Consortium
CSTO	Collective Security Treaty Organisation
DDR	Deutsche Demokratische Republik
DM	Deutsche Mark
EdF	Electricité de France (Französischer Stromkonzern)
EGKS	Europäische Gemeinschaft für Kohle und Stahl
EnBW	Energie Baden Württemberg AG
ENI	Eni S.p.A., früher Ente Nazionale Idrocarburi
EnWG	Energiewirtschaftsgesetz
ERG	Edoardo Raffinerie Garrone (Italienischer Energiekonzern)
ESG	Einheitliches Gasversorgungssystem (Pipelinenetz der Gazprom)
EU	Europäische Union
EUV	Vertrag über die Europäische Union
EWE	Energieversorger, Ehemals Elektrizitätsversorgung Weser-Ems AG
EZB	Europäische Zentralbank
FCC	Fluid Catalytic Cracking
GATT	General Agreement on Tariffs and Trade
GdF	Gaz de France S.A., französischer Erdgasversorger
GDR	Global Depositary Receipt
GJ	Gigajoule
GPD	Gas Project Development Central Asia AG
GUS	Gemeinschaft Unabhängiger Staaten
HEO	Hungarian Energy Office
IBRD	International Bank of Reconstruction and Development

IEA	International Energy Agency
IKL	Ingolstadt-Kralupy-Litvinov-Pipeline
IOC	International Oil Company
IWF	Internationaler Währungsfond
JUKOS	Russischer Ölkonzern OAO JUKOS Oil Company
LIBOR	London Interbank Offer Rate
LLL	Linkage, Leverage, Learning
LNG	Liquified Natural Gas
m³	Kubikmeter
MIDAL	Mitteldeutsche Anbindungsleitung (Gaspipeline)
MOL	Magyar Olajipary Nyrt. (Ungarischer Ölkonzern)
MMBTU	Eine Million British thermal units
MNE	Multinational Enterprise
MWh	Megawattstunde
NATO	North Atlantic Treaty Organization
NEL	Nordeuropäische Erdgas-Leitung
NEPS	Northern European Pipeline System (NATO-Ölpipelinesystem)
NGL	Natural Gas Liquids (Flüssige Kohlenwasserstoffe aus Erdgasförderung)
NNK	Nacional'nyj Neftjanoj Konsorcium (Nationales Ölkonsortium)
NPV	Net Present Value (Nettogegenwartswert)
NUS	Neue Unabhängige Staaten
OECD	Organization for Economic Cooperation and Development
OLI	Ownership, Locational, Internalization Advantages
OMV	Österreichischer Öl- und Gaskonzern
OPAL	Ostsee-Pipeline Anbindungsleitung
OSZE	Organisation für Sicherheit und Zusammenarbeit in Europa
PaK	Pipeline am Kaspischen (Prikaspijskij Gazoprovod)
PDVSA	Petróleos de Venezuela S.A. (Venezolanischer staatlicher Ölkonzern)
PGNiG	Polskie Górnictwo Naftowe i Gazownictwo (Polnischer Ölkonzern)
PO	Proizvodstvennoe ob"edinenie (Produktionsvereinigung)
PSA	Production Sharing Agreement
RF	Russische Föderation
RGW	Rat für Gegenseitige Wirtschaftshilfe
RÖE	Rohöleinheiten
RWE	Deutscher Energieversorger, vormals Rheinisch-Westfälische Elektrizitätswerke

SAC	Srednjaja Azija-Centr (Gaspipelinesystem Zentralasien-Zentrum)
SCO	Shanghai Cooperation Organization
SEC LOF	United States Securities and Exchange Commission life-of-field reserves
SEPL	Societe du Pipeline Sud-Europes (Ölpipeline)
SPD	Sozialdemokratische Partei Deutschlands
SPE-PRMS	Society of Petroleum Engineers Petroleum Resources Management System
STEGAL	Sachsen-Thüringen-Erdgas-Anbindungsleitung
TAL	Transalpine Oelleitung
TAPI	Turkmenistan-Afghanistan-Pakistan-Indien Gaspipeline
TKP	Transkaspische Pipeline
TPA	Third Party Access (Drittparteienzugang)
UdSSR	Union der Sozialistischen Sowjetrepubliken
UFK	Garantien für ungebundene Finanzkredite
UN	United Nations
USA	Vereinigte Staaten von Amerika
VEB	Vnešěkonombank
VNG	Verbundnetz Gas AG
VSTO	Ölpipeline Ostsibirien-Pazifischer Ozean
VTB	Vneštorgbank
WACC	Weighted Average Cost of Capital
WTO	World Trade Organization

1   Einleitung

Schwindende Eigenproduktion, steigende Importabhängigkeit und in die Höhe schnellende Öl- und Gaspreise haben der Energieversorgung seit Anfang des Jahrtausends zumindest in Deutschland und der Europäischen Union einen prominenten Platz auf dem politischen Parkett beschert. Russland nahm dabei als Energieversorger schon seit geraumer Zeit eine Schlüsselrolle ein. Für zusätzliche Aufmerksamkeit sorgten noch die Unterbrechungen der Gaslieferungen aus Russland im Jahre 2006 und 2009. Die sich anschließende Debatte über die Motivation dieser Unterbrechungen verdeutlichte eine erhebliche Diskrepanz der Kategorien, mit denen die russländischen[1] Akteure erfasst werden. Ein Teil der Beiträge betrachtete die Unternehmen unter Anwendung von Kategorien der realistischen Denkschule Internationaler Beziehungen als Instrument des russländischen Staates, der mit deren Expansion außenpolitische Ziele der Machtmehrung verfolge (Orban 2008). Ein anderer Teil der Beiträge betrachtet die Konzerne als rein wirtschaftliche Akteure, die „keine Instrumente des Kreml" seien, sondern „kommerzielle Ziele" (Götz 2009a),[2] oder sogar „rein privat-wirtschaftliche" Projekte verfolgten (Posch 2011), weshalb politische Instrumentalisierung ausgeschlossen sei. Vielmehr gehe es bei der etwa erfolgten Anwendung von Zwangsmitteln um die kohärente Durchsetzung von „Marktpreisen" (Stern 2006). Hier wird die Anwendung wirtschaftlicher Wahrnehmungskategorien deutlich. Daneben gibt es zwar noch Analysen, die etwas komplexere Kategorien heranziehen und sowohl die Bedeutung von „Wirtschaft" und „Staat" kontextualisieren,[3] dabei geht es aber häufig nur um die Ein-schätzung der Zuverlässigkeit Russlands als Energielieferant und nicht um weitergehende Fragen des möglichen außenpolitischen Einflusses, der mit Energielieferungen verbunden sein kann.

Verkompliziert wird die Diskussion der Frage dadurch, dass die Debatte innerhalb der EU und des Westens auch Bruchlinien entlang national-gesellschaftlicher Grenzen aufweist. Während deutsche Akteure die wirtschaftliche Seite der Konzerne betonen, sind Akteure in den neuen EU-Mitgliedstaaten und in den USA häufiger der Ansicht, es handle sich um politisch motivierte Strategien (Smith 2004). Deutsche Akteure warfen dabei den neuen EU-Mitgliedstaaten vor, die russländischen Konzerne auf Grund von „Rachegefühlen", die aus ihrer Vergangenheit unter sowjetischer Dominanz herrühren, zu politisieren und dabei willfährig die geopolitisch motivierten Konzepte US-amerikanischer Denkfabriken zu über-

---

[1]   Soweit es sich um die Russische Föderation handelt wird im Folgenden durchgängig das Adjektiv „russländisch" statt „russisch" verwendet, da es sich bei Russland um eine multiethnische Föderation handelt, das Adjektiv „russisch" nur ethnonationalen Inhalt hat, also die russische Ethnie bezeichnet.

[2]   Interessant ist, dass der gleiche Autor in einem anderen Beitrag zu suggerieren scheint, Russland handle außenpolitisch wie eine Oligarchie, diesen Schluss aber nicht weiter problematisiert. Auch wird die Handlungsfähigkeit europäischer Energiepolitik überschätzt, wenn ungeachtet der Klimadebatte und Debatten über die Nuklearenergie davon ausgegangen wird, eine Lieferunterbrechung würde zur „Verbannung" der Gazprom „auf alle Zeiten" vom europäischen Energiemarkt und zur Substitution durch Kohle und Kernenergie führen, vgl. Götz (2009b) oder auch (2012).

[3]   Vgl. z. B. Larsson (2006).

nehmen (Götz 2009a; b; Rahr 2008). Die Rolle des Politisierers wird dabei nicht Moskau zugewiesen, sondern Washington und den als Vasallen diskreditierten neuen EU-Mitgliedern. Diese Polarisierung ist freilich wenig hilfreich für eine sachliche Diskussion. Der fehlende Konsens und die national-gesellschaftlichen Spaltungen sind auch für die Entscheidung über Politikalter-nativen auf nationaler wie europäischer Ebene ein Problem. Denn ohne einen europäischen Konsens werden einzelne Importeure immer allein mit einem größeren russländischen Konzern zu verhandeln haben.

Die Diskrepanzen in der Deutung sind auf Schwächen in der Konzeptionierung des Akteurs „Russland" zurückzuführen: Während eine Seite unhinterfragt Kategorien der westlichen demokratischen Marktwirtschaft nutzt, greift die Gegenseite teilweise auf realistische Denkkategorien zurück, die von einem modernen, kohärenten Staat ausgehen, der Wirtschaftsakteure vollständig in seinen Dienst stellen kann. Dass beides in Russland nicht uneingeschränkt gegeben ist, ist unschwer zu erkennen, indem man beispielsweise standardisierte Indizes heranzieht (BTI 2010; FreedomHouse 2010), oder sich mit der Geschichte des Landes und dessen Wirtschaft auseinandersetzt. Die Antwort auf die Frage, ob „politische" oder „wirtschaftliche" Rationalitäten im Handeln der Konzerne zum Tragen kommen, kann daher nur durch eine genauere Konzeptualisierung der Akteure untersucht werden. Dabei müssen auch die Kategorien dessen, was als „politisch" und „wirtschaftlich" gilt, genauer bestimmt werden. Denn auch wenn die Ziele häufig „kommerziell" sein dürften und auf Gewinnerzielung abzielen, können sie doch auch politische Implikationen im Zielland haben, etwa für die Institutionalisierung von Märkten.

Das Ziel der vorliegenden Studie ist daher, einen Beitrag zur Konzeptualisierung der multinationalen Tätigkeiten der russländischen Öl- und Gaskonzerne zu leisten. Dieser Beitrag soll in der Lage sein, die Motivation und das Verhalten der Akteure und ihre Funktion in unterschiedlichen Kontexten mit möglichst genauen Begriffen zu beschreiben. Dies bedeutet, dass sowohl Faktoren wirtschaftlicher als auch politischer Art einbezogen werden müssen. Eine solche Analyse erfordert ebenfalls, einen möglichst genauen Begriff dessen zu bilden, was in Presse und Literatur häufig unter „Kreml" abgehandelt wird. Auf Grund dieser Zielsetzung stand „Russland" im Titel dieser Arbeit ursprünglich in Anführungszeichen, um hervorzuheben, dass es um Begriffsbildung über diesen Akteur bzw. die aus diesem Kontext stammenden Akteure geht. Dabei wird jedoch keine umfassende Analyse russländischer Außenpolitik angestrebt.

Mit dieser Zielsetzung der Konzeptualisierung der russländischen Wirtschaftsakteure sucht die Arbeit auch den Anschluss an die Diskussion über Wirtschaftsakteure aus aufstrebenden Ökonomien, deren Einfluss auf bestehende institutionelle Arrangements auf globaler und staatlicher Ebene problematisiert wird (Beausang 2003; Goldstein 2007). Deutlich wurde hier, dass die herkömmlichen Ansätze zur Erklärung von Multinationalisierung angesichts der „neuen" Akteure mit hybridem staatlich-privaten Charakter in Frage gestellt werden müssen. Hier leistet die vorliegende Arbeit einen Beitrag zur Weiterentwicklung der Theorien zur Erklärung von Multinationalisierung.

1.1   Fragestellung

Um die oben gesetzten Forschungsziele zu erreichen lautet die Fragestellung der Arbeit:

> Welche Strategien verfolgen russländische Öl- und Gaskonzerne bei der Multinatio-
> nalisierung und welche Instrumente kommen dabei zum Einsatz? Welche
> Handlungsrationalitäten sind bei der Multinationalisierung leitend und wie können
> diese erklärt werden? Welche Auswirkungen hat ihr Handeln auf regionale und
> globale Ordnungen?

Die Untersuchung betrifft so ein recht eng umrissenes empirisches Feld. Sie ist durch den
Fokus auf Wirtschaftsakteure innerhalb des russländischen Kontextes und deren wirtschaft-
liche Instrumente und Rationalitäten, sowie politische Akteure und deren Instrumente und
Rationalitäten politökonomisch angelegt und greift dabei auf theoretische Ansätze aus
Wirtschaftswissenschaft, Soziologie und Politikwissenschaft zurück.

Die zweite Zielsetzung, einen Beitrag zur Theoretisierung „neuer Akteure" im Rahmen der
Weltwirtschaft zu leisten, hätte auch mit stärker vergleichenden Forschungsdesigns bewerkstelligt werden können: Zum einen hätten mehr Wirtschaftssektoren innerhalb Russlands
einbezogen werden können. Zum anderen hätte ein Ländervergleich angestellt werden
können. Ersteres wäre zwar möglich gewesen und hätte die Untersuchung bereichern
können, da z. B. in den Industrien Stahl und Nichteisenmetalle ebenfalls mehrere multinationalisierte Konzerne bestehen. Allerdings hätte deren Analyse zu einem erheblichen
Mehraufwand geführt, da die Industrien sehr unterschiedliche Charakteristika aufweisen.
Auch sind bestehende Erklärungen von Multinationalisierung in der Stahlindustrie (Kalotay
2008; 2010; Kuznetsov 2007) in der Literatur wenig umstritten und weisen weniger
Widersprüche auf. Schließlich ist auch das öffentliche Interesse an diesen Investitionen
weniger groß. Die russländische Öl- und Gasindustrie steuert auch mehr als 45 % der
Auslandsdirektinvestitionen unter den 20 größten multinationalen Unternehmen Russlands
bei (IMEMO/Vale 2011). Damit kann die Arbeit mit einem Fokus auf diese Industrien einen
Beitrag zum Verständnis der Rolle Russlands in der Weltwirtschaft leisten. Ein Ländervergleich hätte derweil keine tiefgreifende Untersuchung des russländischen Kontextes
erlaubt. Dies wird jedoch gerade auch von der wirtschaftswissenschaftlichen Literatur eingefordert, die Schwächen der Konzeptualisierung der russländischen Akteure anmerkt
(Kuznetsov 2010). Die Entwicklung von Konzepten, mit denen sich die Wirtschaftsakteure
besser charakterisieren lassen, soll jedoch gerade im Fokus der Untersuchung stehen, wie mit
der Frage nach Handlungsrationalitäten und Instrumenten deutlich wird. Die Arbeit will eine
identifizierte Forschungslücke füllen und Vorschläge zur theoretischen Weiterentwicklung
der bestehenden Konzepte unterbreiten.

1.2   Theoretische Ansätze

In theoretischer Hinsicht greift die Arbeit auf vier verschiedene Literaturstränge zurück:
Erstens auf Ansätze zur Beschreibung globaler Wirtschaftsordnungen und der national-
ökonomischen Strategien einzelner Staaten. Zweitens auf Literatur zu wirtschaftlicher Staatskunst, die die Etablierung und Nutzung wirtschaftlicher Abhängigkeiten thematisiert.
Drittens auf wirtschaftswissenschaftliche Ansätze zur Erklärung der Multinationalisierung

von Unternehmen; sowie viertens auf politikwissenschaftliche und soziologische Ansätze zur Konzeptualisierung der russländischen Herrschafts- und Wirtschaftsordnung.

Mit Hilfe dieser Ansätze können zum einen Begriffe für den Kontext innerhalb Russlands gebildet werden, die die Beschränkungen und Möglichkeiten der Konzerne innerhalb Russlands beschreiben und so eine Basis für die Bildung von Hypothesen über die Handlungsrationalitäten und dem Zugang zu staatlichen Instrumenten bieten. Die russländische Herrschafts- und Wirtschaftsordnung wird dabei als „patrimonialer Kapitalismus" gefasst (Schlumberger 2005; 2008). Dabei werden jedoch die Subtypen „liquide" und „verfestigt" neu eingeführt, die im Falle Russlands zeitlich die 1990er Jahre und den sich anschließenden Zeitraum ab 2000 charakterisieren. Dies führt im Rahmen des verfestigten patrimonialen Kapitalismus zur Einführung einer alternativen Differenzierung der Konzerne, die nicht mehr nach „staatlich" und „privat", sondern nach dem Vernetzungsgrad mit russländischen politischen Akteuren unterschieden werden. Dafür wird in Anlehnung an die Literatur der Begriff „korporatistisches Kapital" neu eingeführt, der die Integration zwischen politischen und wirtschaftlichen Akteuren erfasst.

Diese Konzeptualisierungen haben generellen Charakter und können daher auf andere russländische Konzerne oder auch Staaten mit einer ähnlichen Ordnung übertragen werden. Zum anderen werden mögliche staatliche Motivationen und Instrumente zur Intervention in außenwirtschaftliche Beziehungen, sowie Motivationen der Konzerne für die Multinationalisierung konzeptualisiert. Für die Untersuchung der Multinationalisierung hat dies den Vorteil, dass sowohl Motivationen und Instrumente aus dem politikwissenschaftlichen, als auch aus dem wirtschaftswissenschaftlichen Werkzeugkasten integriert werden. Dadurch können Handlungsrationalitäten und Instrumente untersucht werden, ohne konzeptionsbedingte Reduktionismen einzuführen.

Die generelle Erwartung ist dabei, dass im Rahmen des verfestigten patrimonialen Kapitalismus alle Akteure politisch motivierte Investitionen durchführen werden, es bei den Akteuren mit viel korporatistischem Kapital aber zu einer stärkeren Verbindung politischer und wirtschaftlicher Rationalitäten kommt als bei den Akteuren mit wenig korporatistischem Kapital. Auch werden beim ersten Akteurtyp wesentlich mehr staatliche Instrumente eingesetzt und ihr Rohstoffzugang innerhalb Russlands ist besser. Dies verschafft ihnen Vorteile für die Multinationalisierung, verändert jedoch auch ihre Interessen in Bezug auf die Investition in Rohstoffe außerhalb Russlands. Hingegen ist innerhalb des liquiden patrimonialen Kapitalismus eine Politisierung der Konzernstrategien nicht zu erwarten. Eine Auseinandersetzung mit der Literatur, sowie eine Begründung der gewählten Perspektive und der Hypothesen finden sich in Kapitel 2.

1.3   Methodisches Vorgehen

Für die Analyse kommt ein Fallstudiendesign zum Einsatz. Die Konzerne sind dabei die Fälle, während die Multinationalisierungsprozesse als Beobachtungen innerhalb der Fälle behandelt werden. Zur Prüfung der Aussagekraft der Hypothesen werden fünf russländische Öl- und Gaskonzerne als Fälle gewählt, innerhalb derer als Kongruenzanalysen insgesamt 40 Multinationalisierungsprozesse in neun Länderkontexten untersucht werden. Der Zeitraum der Untersuchung reicht von der Gründung der Konzerne Gazprom und LUKoil im Jahre 1990/91 bis Anfang 2012 und wurde für die Veröffentlichung bis Anfang 2013 fortgeführt.

Die meisten Multinationalisierungsprozesse begannen deutlich später und einige wurden früher beendet. Der Schwerpunkt der Analyse liegt dabei in der Zeit nach 2000.

Da die Forschungsfrage Akteure betrifft, die in den gleichen Industrien tätig sind und aus dem gleichen Kontext stammen, stellen Vergleichbarkeit und Fallauswahl kein Problem dar. Es wird nach der Größe der Konzerne, also nach einem unabhängigen Kriterium, ausgewählt. Schwieriger gestaltete sich die Vergleichbarkeit bei den Multinationalisierungsprojekten, da die Konzerne in sehr unterschiedlichem Ausmaß und in unterschiedlichen Kontexten internationalisieren. Auf interner Ebene kann daher ein direkter Fallvergleich durchgeführt werden, während bei der Analyse der Multinationalisierungsprozesse nur die Ergebnisse für die Konzerne als einzelne Fälle verglichen werden können. Als Analysemethoden dienen die soziale Netzwerkanalyse für die Messung des korporatistischen Kapitals der Konzerne, die bivariate Korrelationsanalyse für die Etablierung des Zusammenhangs zwischen korporatistischem Kapital und Zugang zu Rohstoffvorkommen innerhalb Russlands. Für die Untersuchung der Multinationalisierungsprojekte wird eine Heuristik entwickelt, die sowohl die beschreibende Analyse der eingesetzten Instrumente, sowie die Berechnung des Nettogegenwartswerts und die auf einer Inhaltsanalyse basierende Diskussion politischer Interessen zum Schließen auf die Motivation des jeweiligen Projekts nutzt. Dabei wird auf Basis einer Bewertung der Wirtschaftlichkeit des jeweiligen Projekts und der Relevanz für die Interessen politischer Akteure auf die Rationalität des Projekts geschlossen.

Die Untersuchung greift dabei auf Daten zurück, die aus einer systematischen Auswertung der wissenschaftlichen Literatur, der Konzernberichte und -publikationen, Berichte internationaler Organisationen, aus Stichwortsuchen in Mediendatenbanken, aus der Auswertung staatlicher Dokumente und auch „grauer" Literatur stammen. Daneben wurden Daten aus Biographiedatenbanken für die Durchführung der Netzwerkanalyse und aus Rechtsdatenbanken, sowie Wirtschaftsdatenbanken genutzt. Im Jahre 2009 wurden zudem leitfadengestützte Interviews mit Vertretern der Unternehmen, Journalisten, Diplomaten, Wissenschaftlern und Fachexperten geführt. Ausführliche Angaben zur Methode und zu den verwendeten Daten finden sich in Kapitel 3.

1.4 Aufbau der Arbeit

Die Studie gliedert sich in insgesamt neun Kapitel. Für einen kurzen Überblick über die Ergebnisse eignen sich insbesondere Kapitel 8 und 9. Im zweiten Kapitel erfolgen zunächst eine Diskussion der relevanten Theorien und die Entwicklung des analytischen Rahmens für die Bearbeitung des Problems. Hier wird auch auf den Stand der Forschung bezüglich russländischer multinationaler Konzerne und bezüglich der Ansätze zur Konzeptualisierung des russländischen Staates eingegangen.

Im dritten Kapitel wird der wissenschaftstheoretische Zugang dargelegt und das Forschungsdesign entwickelt. Hier wird auch die Fallauswahl begründet, sowie die Verwendung der verschiedenen Analysemethoden, sowie die Datentypen erklärt. In einem umfangreichen letzten Abschnitt dieses Kapitels werden die für die Analyse der Projekte verwendeten Ausgangsdaten ermittelt und präsentiert. Dies betrifft zum einen die Berechnungsmethode zur Ermittlung der Wirtschaftlichkeit eines Investitionsprojekts. Zum anderen betrifft dies die Interessen russländischer politischer Akteure, die auf Basis einer Inhaltsanalyse erhoben und in Bezug auf die Wirtschaft konkretisiert werden.

Das vierte Kapitel enthält eine Darstellung der physikalisch-chemischen und wirtschaftlichen Grundlagen der Öl- und Gasindustrie, sowie einen Überblick über die analysierten Konzerne. Damit werden die Fälle der Untersuchung näher Charakterisiert, um in den Gegenstands-bereich der Untersuchung einzuführen und eine Basis für die Folgende Analyse zu schaffen.

Die eigentliche empirische Untersuchung beginnt schließlich im fünften Kapitel. Hier wird zunächst das methodische Vorgehen bei der sozialen Netzwerkanalyse vorgestellt, die als Maß für das korporatistische Kapital gilt. Die Ergebnisse der Analyse werden dann im nächsten Abschnitt im Rahmen der Erhebung des Zusammenhangs von korporatistischem Kapital und Zugang zu Rohstoffreserven präsentiert. Der Zusammenhang von korporatisti-schem Kapital mit dem Zugang zu Rohstoffreserven wird dabei sowohl allgemein für die Überlebensdauer der Reserven als auch konkreter für den Zugang zu neuen Lizenzen, zur deren Direktvergabe, sowie zum Markt für Erwerbungen von Aktiva innerhalb Russlands untersucht.

Im sechsten Kapitel begibt sich die Analyse auf die internationale Ebene und untersucht die Multinationalisierungsprozesse im *upstream*-Sektor. Hier werden mit Turkmenistan, Usbe-kistan und Kasachstan zunächst Prozesse in drei zentralasiatischen Kontexten untersucht. Anschließend werden die Investitionen in Venezuela in den Blick genommen.

Das siebte Kapitel widmet sich ausführlich den Prozessen im *downstream*-Sektor, wobei hier nur EU-Staaten betrachtet werden. Ein kleiner Überblick über die Entwicklung der Gasmärkte und der Märkte für Raffinationskapazitäten dient als Basis für später behandelte Prozesse. Anschließend werden Multinationalisierungsprozesse in Deutschland, Tschechien, Ungarn, Italien und den Niederlanden untersucht.

Im achten Kapitel werden die Ergebnisse der Untersuchung für die einzelnen Konzerne zusammengefasst und ausgewertet. Es bietet das Gegenstück zum vierten Kapitel und enthält auch eine Übersicht über die identifizierten Motivationen. Das neunte Kapitel schließt die Arbeit mit Schlussfolgerungen für die Hypothesen und die Theoriebildung ab. Außerdem werden hier weitere Ergebnisse der empirischen Studien zusammengefasst und Implika-tionen für die öffentliche Debatte diskutiert.

1.5   Formalien

Für kyrillische Buchstaben wurde die wissenschaftliche Transliteration verwendet. Die Firmennamen werden innerhalb der Arbeit in der transliterierten Bezeichnung verwendet. Dort, wo der Firmenname aber einen Anglizismus enthält, wurde statt der Transliteration der international gebräuchliche Name verwendet (LUKoil statt LUKojl). Da in der Arbeit umfangreiche Daten aus Mediendatenbanken verwendet wurden, die häufig keinen Verfasser haben, werden diese mit den Abkürzungen oder Kurznamen der Publikation zitiert, um lange Fußnoten zu vermeiden. Die Literaturangaben finden sich dann im Literaturverzeichnis, das nach wissenschaftlichen Publikationen, Konzernpublikationen und Medienartikeln gegliedert wurde. Begrifflich werden „Internationalisierung" und „Multinationalisierung" synonym ver-wendet, ebenso wie „Motivation" und „Handlungsrationalität" in Bezug auf die Konzerne.

2 Theorie und analytischer Rahmen

Ganz allgemein fragt die Arbeit danach, welche Multinationalisierungsstrategien russländische Unternehmen der Öl- und Gasindustrie verfolgen, welche Instrumente dabei verwendet werden, welche Handlungsrationalitäten sie dabei leiten und welche Auswirkungen dies auf regionale und globale Ordnungen hat. Es geht also darum, als was russländische Öl- und Gaskonzerne bei ihrer Internationalisierung zu verstehen sind und wie sie auf globaler Ebene agieren. Sind sie staatliche Instrumente und wenn ja, welche Ziele verfolgt der Staat, und wie werden Konzerne und andere staatliche Ressourcen dabei eingesetzt? Oder wird der Staat in den Dienst der wirtschaftlichen Interessen der Konzerne gestellt? Oder werden noch ganz andere Kategorien benötigt, um die Akteure zu beschreiben? Die Beantwortung dieser Fragen erfordert theoretische Präzisierungen auf mehreren Ebenen. Deren Ziel ist, Begriffe für die Analyse der multinationalen Konzerne zu entwickeln, die sowohl der Einbindung der multinationalen Konzerne in den russländischen Kontext Rechnung tragen, mögliche staatliche Instrumente in Bezug auf globale Wirtschaftsprozesse identifizieren, als auch deren Charakter als Wirtschaftsakteure innerhalb eines globalen Kapitalismus berücksichtigen. Erstens soll ein Bezugsrahmen für die Untersuchung der globalen Ebene hergestellt werden. Dies betrifft zunächst die allgemeine Rolle des modernen Staats in globalen Wirtschaftsbeziehungen und die konkreten Möglichkeiten zur staatlichen Instrumentalisierung von Wirtschaftsbeziehungen. Dazu werden theoretische Ansätze zur Koevolution von Staat, Wirtschaftsentwicklung und internationaler politischer Ökonomie und zum Außenhandeln von Staaten betrachtet. Zum anderen betrifft dies Theorien zur Entstehung und zum Verhalten multinationaler Wirtschaftsakteure, die hier die hauptsächlichen Untersuchungsobjekte darstellen. Die Frage erfordert dann nicht zuletzt auch eine Einschätzung der russländischen Staatlichkeit, um abschätzen zu können, ob und inwieweit „Staat" in das Konzernhandeln eingreifen kann.

2.1 Politische Ökonomie und Nationalstaat

Dieser Abschnitt des Theorieteils verfolgt das Ziel, die verschiedenen Funktionen, die ein Staat innerhalb der Wirtschaft einnehmen kann, zu umreißen und deren Auswirkungen auf die Entwicklung der Weltwirtschaft darzustellen. Dies dient einerseits zur Darstellung der verschiedenen Möglichkeiten, wie Staaten mit wirtschaftlicher Aktivität innerhalb eines kapitalistischen Systems umgehen können und zum anderen zur Einordnung der gegenwärtigen Entwicklung der Weltwirtschaft, insbesondere des Aufstiegs „neuer Akteure", in den Rahmen der historischen weltwirtschaftlichen Entwicklung. Drittens wird im Rückgriff auf die Sanktionsliteratur ein Überblick über die staatlichen Instrumente gegeben, die in Bezug auf wirtschaftliche Außenbeziehungen eingesetzt werden können.

2.1.1   Zwei Perspektiven auf politische Ökonomie und Strategien des Staates

Dieser Abschnitt gibt eine kurze Übersicht über Liberalismus und wirtschaftlichen Nationalismus als zwei Denkschulen, die sich mit dem Verhältnis von wirtschaftlichem Austausch zwischen Staaten und staatlicher Politik, sowie mit dem Zusammenhang zwischen wirtschaftlicher und politischer Macht eines Staates generell beschäftigen und auf dieser Basis Politikempfehlungen für staatliche Strategien gegenüber der Wirtschaft abgeben. An dieser Stelle kann aber keine umfassende Darstellung erfolgen; es wird lediglich kurz auf die zwei bedeutendsten Strömungen verwiesen, um einen begrifflichen Rahmen für die Beschäftigung mit der Rolle des Staates in Außenwirtschaftsbeziehungen zu schaffen.[4]

Liberalismus und wirtschaftlicher Nationalismus sind sich darüber uneins, welche Rolle politische und wirtschaftliche Faktoren bei der kapitalistischen Entwicklung spielen. Dabei werden zwei Hauptachsen der Diskussion beleuchtet: Zum einen die Einschätzung des globalen Kapitalismus, die die Rolle und erfolgversprechende Strategien von Staaten darin definiert. Zum anderen die Diskussion dessen, was als „Erfolg" gelten soll. Hier wurde hauptsächlich die Alternative Wohlstands- gegenüber der Machtmehrung thematisiert. Die Erfolgskriterien schlagen auch eine Brücke zum internen Aufbau von Staaten.

Liberalismus

Der Liberalismus geht davon aus, dass Politik und Wirtschaft in getrennten Sphären existierten, die nach unterschiedlichen Logiken funktionierten. Dabei wurde zunächst angenommen, dass der Markttausch unabhängig von politischen Rahmenbedingungen stattfinden würde, da er der Bedürfnisbefriedigung der einzelnen Menschen diene und gleichzeitig die Spezialisierung der Tätigkeiten erlaube. Letzteres führe zu effizienterer Produktion von Gütern. Der Markttausch sei optimal, da er Kosten und Nutzen für die einzelnen Individuen in Einklang bringe und in einem wirklich kompetitiven Markt keine Machtbeziehungen bestünden, sondern der Austausch auf Freiwilligkeit beruhe. Die relativen Preise der einzelnen Güter drückten demnach den Wert eines bestimmten Gutes aus, der wiederum durch dessen Knappheit bestimmt sei. Die fundamentale Knappheit von Gütern ist dabei ein zusätzliches Argument für den Markttausch, da er zur optimalen Allokation knapper Güter führe. Der Markt maximiere so den allgemeinen Wohlstand, da er ein von politischen Verzerrungen freies Feld für den Austausch nachgefragter Güter biete. Zwar würde nicht jeder gleich vom Markttausch profitieren, sondern nach seinem marginalen Beitrag zum gemeinsamen Produkt, jedoch würde das Sozialprodukt insgesamt wachsen. Dieser Fokus ging einher mit einer Betonung von Maximierung des Wohlstands als Ziel-variable, die durch das Marktprinzip erreicht werde. Auf zwischenstaatliche Ebene über-tragen wurde argumentiert, dass jeder Staat durch Freihandel seine Wirtschaft absolut vergrößern könne (Behrens et al. 2005; Gilpin 1987: 26ff). Parallel dazu wurden innerhalb der Literatur zu Neuer Politischer Ökonomie die Wohlfahrtskosten staatlicher Intervention in den Markt thematisiert, die zu einem Wettbewerb von Wirtschaftsakteuren um staatlichen

---

[4]   Auf marxistische Ansätze wird dabei an dieser Stelle nicht eingegangen, da dessen Einsichten auf ideologischer Ebene innerhalb des hier untersuchten Zeitraums keine erkennbare handlungsleitende Funktion hatten.

Schutz führen würden (*rent-seeking*). Vor diesem Hintergrund wurde eine möglichst geringe Einmischung staatlicher Akteure in die Wirtschaft empfohlen (Bhagwati 1982; Krueger 1974).

Innerhalb der liberalen Argumentation wurde später festgestellt, dass der Markttausch durchaus auf gesellschaftlichen Voraussetzungen beruht. Eine autonome Sphäre des Markttausches muss nämlich erst hergestellt werden, da sie ständig von Akteuren bedroht ist, die vom Markttausch relative Verluste erwarten müssen und daher staatliche Machtinstrumente oder andere Ressourcen dagegen mobilisieren. Eine an Effizienzgesichtspunkten orientierte Marktwirtschaft kann damit nur dort entstehen, wo Eigentumsrechte durchgesetzt werden und nicht von Akteuren mit Zugriff auf Gewaltmittel verletzt werden können (North 1990; North/Thomas 1973). Mit Hilfe dieser Argumentation lässt sich ein Bogen zur staatszentrierten Literatur schlagen, da ein schwacher Staat oder Staatszerfall auch aus der liberalen Logik heraus nicht wünschenswert ist, da der Staat meist die Instanz ist, die Eigentumsrechte durchsetzen kann. Die Staatsfunktionen sind in dieser Logik aber eng auf den Schutz der Rechte begrenzt – Staat ist kein Selbstzweck.

Bezüglich der globalen Ordnung geht der kommerzielle Liberalismus mit seinem Argument des „kapitalistischen Friedens" davon aus, dass eine liberale Ordnung zwischen Demokratien von selbst entstehen würde: In Demokratien wäre der Staat am Wohle aller Bürger interessiert. Das Wohl der Bürger liege in möglichst weitreichender Liberalisierung des Handels, da so die wirtschaftlichen Vorteile und der Gesamtwohlstand maximiert würden. Daher würden Demokratien stabile Handelsbeziehungen aufbauen und dann keine Kriege mehr gegeneinander führen, da dies sehr starke Auswirkungen auf die Wohlfahrt beider Partner hätte (vgl. Dorussen 2006: 89; Polachek 1980: 60f; Rosecrance 1987: 36). Auf Grund des hohen Grades an Spezialisierung würde eine Politik der Autarkie sehr kostspielig sein und daher nicht verfolgt werden. Das Argument beruht also darauf, dass sich Staaten gegenseitig verletzlich machen, im Wissen, dass die Gegenseite die Verletzlichkeit auf Grund der hohen eigenen Kosten nicht nutzen wird. Hier wird also das liberale Argument durchaus an staatliche Handlungsstrategien zurückgebunden: Der Staat soll eine Trennung zwischen Wirtschaft und Politik institutionalisieren, um wirtschaftliches Wachstum zu fördern, und sich ansonsten jenseits der Herstellung öffentlicher Güter aus der Produktion von Gütern fernhalten, um Allokationseffizienz zu gewährleisten.

Wirtschaftlicher Nationalismus: Entwicklungsstaat und Merkantilismus

Im Gegensatz zum Liberalismus, der individualistisch argumentiert und die Bedürfnisse des Einzelnen in den Vordergrund stellt, ist der Bezugspunkt des wirtschaftlichen Nationalismus der Nationalstaat und die Bedürfnisse der nationalen Gemeinschaft.[5] Es wird also auf eine vorgestellte Gemeinschaft und konkrete staatliche Organisationen Bezug genommen, um Bedürfnisse in Bezug auf wirtschaftliche Aktivitäten zu definieren. Allerdings kann wirtschaftlicher Nationalismus sehr unterschiedliche Ausprägungen erlangen, da er zum einen auf die Entwicklung der nationalen Wirtschaft als Selbstzweck gerichtet sein kann,

---

[5]   In Bezug auf das Individuum argumentieren viele Vertreter dieses Ansatzes damit, dass ohne staatliche Grundfunktionen auch die freie Entfaltung des Individuums und der Marktkräfte nicht möglich sei. Dies ist korrekt und bildet auch die Brücke zum liberalen Ansatz und seinem Fokus auf die Garantie von Eigentumsrechten. Der Unterschied zur liberalen Argumentation ist aber, dass der Staat dort nicht als Selbstzweck betrachtet und kein Bezug zur Nation hergestellt wird.

oder primär die Machtmehrung des Staates als Ziel ansieht und auf dieser Basis die Wirtschaftsentwicklung lenken möchte.

Politiken der ersteren Art, die häufig als „entwicklungsstaatlich" gekennzeichnet werden, erfolgen als Reaktion auf eine im Weltmaßstab zurückgebliebene Wirtschaft (Elsenhans 1986; 1996), um nachteilige Tauschbeziehungen zu vermeiden und die Binnenwirtschaft zu restrukturieren. Dabei wird also das Problem als unzureichende Anpassung an weiter fortgeschrittene globale Produktivitätsstrukturen angesehen und der Staatsauftrag dementsprechend als Entwicklung der entsprechenden industriellen und unternehmerischen Kapazitäten formuliert. Es wird also nicht davon ausgegangen, dass die eigene Produktivitätsstruktur bereits vorteilhaft sei und lediglich die gegenwärtigen globalen Regeln für eine ungerechte Verteilung sorgten, sondern dass Ziel der Wirtschaftsentwicklung innerhalb des bestehenden Rahmens steht im Vordergrund. Vor allem die „Entwicklungsstaaten" Südostasiens verkörpern dieses Modell (Johnson 1982; 1995). Dabei wird eine staatliche gelenkte nationale Industrialisierungspolitik unter vorübergehenden protektionistischen Maßnahmen durchgeführt. Akkumulation und Allokation von Kapital finden unter staatlicher Steuerung statt. Die Voraussetzung war hier nicht eine demokratisch verfasste Gesellschaft, wohl aber meritokratische Traditionen und ein relativ starker Nationalismus insbesondere unter den Eliten, aber auch im Allgemeinen zur Motivation und Legitimation der Politik, die als ein nationales Projekt definiert wurde. Allgemein wurde das Kriterium für eine entwicklungsstaatliche Politik daher als „eingebettete Autonomie" der staatlichen Bürokratie bezeichnet, die sowohl den Informationsfluss gewährleisten (Einbettung), als auch über genügend Mechanismen zur meritokratischen Rekrutierung von Personal und über interne Kohäsion verfügen muss, um nicht von den Wirtschaftsakteuren vereinnahmt werden zu können (Evans 1995). Ein solcher Entwicklungsprozess ist also voraussetzungsvoll, da Institutionen und korrespondierende Handlungsorientierungen entwickelt werden müssen, die traditionale Hürden überwinden und Ressourcen von alten Wirtschaftssektoren in neue umleiten können (Gerschenkron 1962). Als nächste Herausforderung nach der erfolgreichen Verwirklichung entwicklungsstaatlicher Politiken wurde die Entwicklung wissenschaftlicher und lokal gruppierter technologischer Infrastrukturen im Rahmen eines „unternehmerischen Staats" identifiziert, der dann auch Märkte schafft oder dereguliert und sich so allmählich aus der direkten Marktintervention zurückzieht (Ebner 2007: 115).[6]

---

[6]   Davon abzugrenzen ist das Konzept des „Unternehmerstaats", das in Bezug auf China entwickelt wurde, vgl. Duckett (1998). Dieses Konzept ist nicht unter den Oberbegriff des wirtschaftlichen Nationalismus zu fassen, da es auf lokaler Ebene ansetzt und sich von zentral geplanten Aktivitäten abhebt. Stattdessen wird die Autonomie der Lokalverwaltungen in den Blick genommen, die selbst unternehmerische Aktivitäten vornehmen, und so die Effizienz von Dienstleistungen erhöhen. Dies wird auch von *rent-seeking*, Korruption und Spekulation unterschieden. Stattdessen wird behauptet, der Unternehmerstaat sei profitsuchend, übernehme unternehmerische Risiken und sei „potentiell produktiv", da es nicht nur um Arbitrage zwischen Märkten gehe. Allerdings ist die Abgrenzung zu *rent-seeking* von staatlichen Akteuren nicht voll überzeugend, da die Autorin zugeben muss, dass Märkte verzerrt werden könnten. Auch der unternehmerische Charakter steht in Frage, da die Beamten häufig beim Scheitern des Projekts in die Verwaltung zurückkehren können. Zudem ist die betrachtete Zeitperiode recht kurz, was die Beweiskraft des Arguments verringert. In jedem Fall fehlt jedoch eine genauere Reflexion der Voraussetzungen dieses Modells: Zum einen muss es auf einer relativ starken Isolation vom Zentralstaat beruhen. Zum anderen muss der Rückgriff der administrativen Akteure auf Zwangsressourcen verstellt sein, da diese sonst zur Verzerrung des administrativ angebundenen Wettbewerbs genutzt würden.

Der Merkantilismus baut indes ebenfalls auf Nationalismus auf, stellt die Wirtschaft aber stärker in den Dienst militärischer Macht und staatlicher Großmachtpolitik.[7] Wirtschaftliche Stärke wird dabei als Grundlage militärischer Macht angesehen und militärische Stärke als produktiv für wirtschaftliche Macht. Dies geht einher mit einer Konzeption politischer Ökonomie, die die mögliche Trennung machtpolitischer und wirtschaftlicher Ziele grundsätzlich verneint.[8] Dementsprechend wird das System internationalen Handels als ein Arrangement gesehen, dass dem jeweils dominanten Staat nutzt, während es anderen schadet. Daraus ergibt sich, dass der Staat nicht nur nach der Stärkung der eigenen Wirtschaft, sondern auch nach einer Revision der Regeln streben muss, die globalen Handel regulieren. Dies kann am ehesten durch eine Steigerung der staatlichen Macht im internationalen System gewährleistet werden. Da Handel absolute Gewinne für alle Teilnehmer mit sich bringt, stehen merkantilistische Staaten der Öffnung der Volkswirtschaften skeptisch gegenüber, da für sie relative Machtgewinne im Vordergrund stehen (Gilpin 1987: 33). Die Entscheidung für eine Machtpolitik erscheint Merkantilisten dabei nicht als dilemmatisch im Sinne der Wirtschaftsentwicklung – beides wird als komplementär betrachtet. So schreibt Viner zusammenfassend, dass alle Merkantilisten die folgenden vier Punkte unterstützen: 1) Wohlstand ist notwendiges Mittel für Macht und kann für Sicherheit oder Aggression genutzt werden; 2) Macht ist essentiell oder zumindest wertvoll für den Erwerb und Erhalt von Wohlstand; 3) Wohlstand und Macht sind beides Ziele nationaler Politik; 4) die beiden Ziele harmonieren langfristig – es kann aber notwendig sein, für militärische Ziele kurzfristige wirtschaftliche Einbußen hinzunehmen (Viner 1958: 286).

Auf internationaler Ebene bedeutet der Merkantilismus eine wesentlich größere Rolle für Staaten in internationalen Wirtschaftsbeziehungen, die jeweils die wirtschaftlichen und politischen Deals aushandeln. Durch die realistische Interpretation der Weltordnung und der Wirtschaftsbeziehungen wird zudem das Konfliktpotential gesteigert. Staaten versuchen ständig, wirtschaftliche Beziehungen zu ihren Gunsten zu beeinflussen, was wenig Raum für Kooperation bietet und die Wirtschaftsbeziehungen häufig zum Anlass von zwischenstaatlichen Konflikten werden lässt. Der Merkantilismus greift also auf vielfache staatliche Ressourcen zurück. Er strebt ebenfalls eine Entwicklung der nationalen Wirtschaft wie im Entwicklungsstaat an, diese ist aber nur ein Zwischenziel für internationale Machtmehrung.

Der Verzicht auf eine klare Priorisierung interner Entwicklung macht Interessenkonflikte zwischen äußerer Machtmehrung und interner Entwicklung wahrscheinlich. Aus der Diskussion der für den Entwicklungsstaat notwendigen staatlichen Kapazität wird auch deutlich, dass nicht jeder Staat eine Politik interner Wirtschaftsentwicklung umsetzen können wird. Auf Grundlage der späteren Diskussion des russländischen Staates (vgl. unten Abschnitt 2.3.2) muss bezweifelt werden, dass Russland eine erfolgreiche entwicklungs-

---

[7] Von Forschern, die den Begriff des Merkantilismus retten woll(t)en, wurde die hier beschriebene Form des Merkantilismus als „bösartig" bezeichnet und einem wohlfahrtsstaatlich orientierten „gutartigen" Merkantilismus gegenübergestellt, vgl. Buzan (1984); Hettne (1993).

[8] Eine stärkere „Vermarktlichung" des Individuums kann dabei durchaus mit dem Nationalismus einer Großmacht einhergehen. Auch wenn dies gewisse Widersprüche erzeugt, setzt es den transnationalisierenden Kräften des globalen Marktes die sinnstiftende Ebene nationaler Machtmehrung entgegen, in deren Dienst sich die Individuen innerhalb des globalen Marktes stellen, vgl. Müller (2011).

staatliche Politik verfolgen kann. Sofern Russland eine Politik wirtschaftlichen Nationalismus verfolgt, ist daher zu erwarten, dass diese merkantilistischen Charakter trägt.[9]

2.1.2   Historische Entwicklung der internationalen politischen Ökonomie

Der Merkantilismus stellte die Handelspolitik des absolutistischen Staates dar, der sowohl Wirtschaft als auch die Bevölkerungsentwicklung in den Dienst des Staates stellte. Wirtschaftlichen Nationalismus, der sich wohl eher als „entwicklungsstaatlich" denn als merkantilistisch kennzeichnen lässt, gab es indes schon zuvor, vor allem in Großbritannien. Erste Politiken zur Importsubstitution und zum Aufbau einer Industrie lassen wurden hier schon im späten 14. und 15. Jahrhundert dokumentiert (Chang 2002: 19). Seine Blütezeit erreichte der Merkantilismus jedoch während des Absolutismus, während dem verstärkt protektionistische Maßnahmen und Maßnahmen zur Industrieförderung eingesetzt wurden und die Industrialisierungspolitik zusätzlich mit einer militärischen Rationalität versahen (Chang 2002; Weber 1980: 821).

Dem Zeitalter des Absolutismus gingen tiefgreifende gesellschaftliche Umbrüche voraus: Die parzellierten Souveränitäten des Feudalismus wurden durch die parallelen Prozesse einer Stärkung der Krone von oben und des städtischen Kapitals aufgelöst. Der Zentralstaat rationalisierte die Gewaltausübung durch die Einführung stehender Heere. Dauerhafte Bürokratie und nationale Besteuerung waren weitere Zutaten des Absolutismus, die zum Aufbau der Kriegsmaschinerie notwendig waren, gleichzeitig aber Vorboten moderner Staatlichkeit werden sollten (Anderson 1979; Tilly 1990). Die durch diese Prozesse in Gang gesetzte Industrialisierung und der rasche soziale Aufstieg des Bürgertums führten schließlich zum Ende des Absolutismus und zur schrittweisen Entmachtung der Krone durch Parlamente. In der zweiten Hälfte des 19. Jahrhunderts fand dann eine Abwendung von merkantilistischen Politiken hin zum Freihandel statt. Vorangetrieben wurde dieser Wandel von Großbritannien und den Niederlanden, die beide bereits über entsprechende Handelsflotten und kompetitive Industrien verfügten und daher vom Freihandel erheblich profitieren konnten. Die liberale Weltwirtschaftsordnung war also selbst von gesellschaftlichen Vorbedingungen abhängig: Es waren in bestimmten Industrien global wettbewerbsfähige Privateigentümer entstanden, deren Eigentumsrechte vom Staat garantiert wurden (Berger 1996; Buzan 1984; Chang 2002; Cox 1981).

Der Einfluss des Merkantilismus war mit der Hinwendung der Seemächte zum liberalen Freihandel jedoch nicht vorüber, wie der Beginn des 20. Jahrhunderts zeigen sollte. Nachzügler wie das Deutsche Reich und Österreich-Ungarn schwenkten auf einen Pfad der nachholenden Entwicklung ein. Dabei wurde durch die Übernahme bereits entwickelter Technologien Skaleneffekte realisiert, was zu einer wesentlich größeren Kapitalkonzentration als in den Vorreiterstaaten führte. Das an den Goldstandard gebundene internationale Finanzsystem sorgte für eine rasche Internationalisierung der Finanzwelt und für das notwendige Kapital,

---

[9] Interessanterweise werden zwar die Probleme wirtschaftlicher Rückständigkeit in der russländischen wirtschaftlichen Diskussion thematisiert und dabei auf die Inadäquanz marktwirtschaftlicher Lösungen verwiesen, eine Auseinandersetzung mit dem entwicklungsstaatlichen Erfolgsmodell Südostasiens scheint jedoch nicht stattzufinden. Stattdessen wird die Eigenständigkeit Russlands betont und ein „russländisches" Entwicklungsmodell mit einer starken Rolle des Staates favorisiert, vgl. Zweynert (2010).

das allerdings auch politischen Charakter hatte, da es teilweise zur Finanzierung nachholender Entwicklung für militärische Verbündete genutzt wurde. Einher ging dies jedoch mit einer nationalistischen Ideologie zur Motivation des Modernisierungsprozesses (Gerschenkron 1962). Die Ursachen für den ersten Weltkrieg können so nicht nur in einem auf Machtgleichgewichten beruhenden internationalen System, sondern auch in der nachholenden Industrialisierung Kontinentaleuropas gesehen werden, die von nationalistischer Ideologie befeuert wurde. Sie schuf mit ihrem auf Skaleneffekte angelegten Industrialisierungsmodell auch die industriellen Überkapazitäten, die bereits von marxistischer Seite als charakteristisch für den Kapitalismus angesehen wurden und die ein Interesse an Kriegführung auch auf Seiten der Industrie begründeten.

Die wirtschaftlichen Probleme der Zwischenkriegszeit, die vor allem auch auf die wirtschaftsstrukturellen und fiskalischen Folgen der Kriegswirtschaft zurückzuführen waren, sorgten für eine noch stärkere nationale Fokussierung der Volkswirtschaften. Der Goldstandard erreichte nie wieder seinen vorherigen Status, während Inflation als einziger Ausweg aus der fiskalischen Krise gesehen wurde. Die Mittelschichten verarmten, der Konsum ging zurück und schließlich leitete der Faschismus in Deutschland und Italien eine neue Phase merkantilistischer Wirtschaftspolitik ein (Ruggie 1982: 393). Erst nach dem Zweiten Weltkrieg sollte unter Führung der USA eine neue Weltwirtschaftsordnung geschaffen werden, die sowohl eine Liberalisierung des Handels und einen Fokus auf absolute Gewinne, als auch in währungspolitischer Hinsicht eine Rückkehr zum nun von den USA garantierten Goldstandard brachte, wobei Handelsbilanzdefizite nun mit Hilfe des IWF abgefedert werden sollten. Kapitalverkehrskontrollen waren zudem erlaubt. Dieser „eingebettete Liberalismus" (Polanyi 1978; Ruggie 1982) ermöglichte daher die Etablierung von Wohlfahrtsstaaten um die kapitalistische Dynamik abzufedern, während er einem machtpolitisch getriebenen Merkantilismus den Riegel vorschob. Ein rasches wirtschaftliches Wachstum der in dieses System einbezogenen Nachkriegswirtschaften war die Folge.

Bei Rekapitulation dieses kurzen Abrisses spricht viel für die Theorie der hegemonialen Stabilität, bei der eine liberale Weltordnung einen Hegemon benötigt, der selbst bereit ist, liberale Prinzipien einzuhalten und andere Staaten davon überzeugen kann, dass eine Einhaltung der Regeln in ihrem eigenen Interesse ist (Gilpin 1987; Ruggie 1982). So wird eine globale Marktwirtschaft als öffentliches Gut bereitgestellt. Die amerikanische Hegemonie war funktionaler Art und basierte darauf, dass Freihandel und Zugang amerikanischer Organisationen zu den alliierten Gesellschaften bestand. Das Ziel war nicht mehr, die Kontrolle über Territorien herzustellen, sondern neue Akkumulationsräume für Kapital zu schaffen (Huntington 1973: 343). Die Hegemonie der liberalen Ordnung ist daher nicht im realistischen Sinne als gewaltbasierte Vorherrschaft der USA zu verstehen, sondern wurde durch geteilte Ideen und Institutionen von den USA und Westeuropa abgestützt, wodurch die Machtbasis in den Hintergrund trat (Cox 1981: 137). Auf der Ideologie des Merkantilismus könnte ein solches System nicht aufgebaut werden, da hier keine absoluten, sondern relative Gewinne von Staaten im Vordergrund stehen und die Führung durch einen Staat daher mit imperialer Dominanz gleichgesetzt werden müsste. Da die Hauptteilnehmer marktwirtschaftliche Demokratien waren, war die Ordnung von hoher Stabilität geprägt, da die Einhaltung der Prinzipien auch durch die interne Trennung von Staat und Wirtschaft institutionalisiert war und daher nicht durch Zwangsanwendung herbeigeführt werden musste (Lake 2010). Innerhalb des Westens wurde also explizit auf die machtpolitische Instrumentalisierung wirtschaftlicher Abhängigkeiten verzichtet, was eine gemeinsame Maximierung der wirtschaftlichen Vorteile erlaubte. Schließlich brach auch die Sowjetunion unter dem Druck der wirtschaftlichen Probleme des eigenen Systems zusammen.

Der eingebettete Liberalismus wurde nach Zusammenbruch des Goldstandards im Verlaufe der 1970er und 1980er Jahre wiederum „entbettet". Den Staaten wurde dabei das Mittel der Kapitalverkehrskontrollen zur Beeinflussung von Wechselkursen genommen; diese wurden nun frei handelbar. Die dadurch erreichte höhere Kapitalmobilität erhöhte die Verfügbarkeit von Kapital in der Peripherie, schränkte die diskretionäre Handlungsfähigkeit des Staates aber wiederum ein und transformierte ihn in einen Wettbewerbsstaat, dessen primäre Aufgabe es ist, die Bürger und Institutionen auf den globalen Wettbewerb vorzubereiten und in diesem Rahmen auch die zerstörerischen Kräfte des Weltmarkts abzufedern (Cerny 2010; Kirshner 1999).[10] Keynesianistische Wachstumspolitik war in diesem Rahmen nicht mehr möglich und wurde insbesondere in den USA durch Förderung des Konsums über Privatverschuldung ersetzt. Die Finanzkrise von 2008 ist auch auf die in Folge dieser Politik erhebliche Stärkung der Finanzwirtschaft zurückzuführen (Crouch 2011).

Die prinzipielle Offenheit des liberalen Weltwirtschaftssystems wurde indes durch den Aufstieg neuer Akteure wie Japan, Südkorea, Taiwan, China usw. bestätigt. Dieser wurde aber nicht durch liberale Reformen, sondern durch entwicklungsstaatliche Politiken ermöglicht. Nachholende Entwicklung bedeutet allerdings auch, dass viele der „neuen" Akteure andere gesellschaftliche Voraussetzungen mitbringen als die traditionellen Haupt-teilnehmer des westlichen marktwirtschaftlichen Kapitalismus. Auch kann eine entwicklungsstaatliche Politik, wo sie verfolgt wird, auf Grund der direkten Involvierung des Staates rasch in eine merkantilistische Instrumentalisierung der Wirtschaft umschlagen. Die Hegemonie des liberalen Weltwirtschaftssystems ist daher insofern prekär, als die neuen Akteure die Offenheit des Systems zwar als willkommenes Gut nutzen, gleichzeitig aber zu merkantilistischen Maßnahmen greifen, um die eigene Wirtschaftskraft zu stärken (Bremmer 2010). Und auch im Westen hat die Machtverschiebung zur Infragestellung der selbst aufgebauten hegemonialen Ordnung geführt, die nun nicht mehr den eigenen, sondern fremden wirtschaftlichen Erfolg und wahrscheinlich auch militärischen Aufstieg zu garantieren scheint. Die Zukunft dieser Ordnung ist daher unsicher, auch da sich das Zentrum wirtschaftlicher Aktivität eindeutig nach Ostasien verschoben hat (Arrighi 1994).

Im Falle Russlands deutet sich an, dass dessen Elite primär in machtpolitischen Kategorien denkt, auch da sie weniger von offenen Märkten und globalen Produktionsketten profitiert (Zweynert 2010). Die Frage des machtpolitischen Gehalts von Handels- und Wirtschafts-politik scheint sich also immer stärker zu stellen und die Politik zwangsläufig mit mancherorts bereits überwunden geglaubten Problemen zu konfrontieren. Eine Erosion des Welthandelssystems könnte schlimmstenfalls zu größeren militärischen Konflikten, oder zu einer Regression auf ein multipolares System führen, bei dem wirtschaftliche Integration

---

[10]   Diese „Entbettung" drückte sich auch im „Washington Consensus" der Strukturanpassungsprogramme der 1990er Jahre aus, die auf Grund ihrer auf Liberalisierung und Verhinderung staatlicher Eingriffe zielenden Politik scharf kritisiert wurden, vgl. Chang (2002); Stiglitz (2002). Stattdessen wird eine entwicklungs-staatliche Politik vorgeschlagen, vgl. Chang (2002). Diese Kritik mag in manchen Fällen angebracht sein und ist angesichts der Erfolge westlicher Industrialisierung auch nachvollziehbar. Allerdings werden weder die erforderliche staatliche Kapazität, noch die gesellschaftlichen Voraussetzungen thematisiert, die oben für eine erfolgreiche entwicklungsstaatliche Politik beschrieben worden waren. Dies eröffnet die Möglichkeit, dass in einigen Fällen die Voraussetzungen für eine solche „bessere" Politik schlicht nicht vorhanden sein könnten, was zu noch schlechteren Ergebnissen staatlicher Intervention führen dürfte.

innerhalb von „zivilisatorisch" definierten Makroregionen stattfinden wird, wie es im Konzept des „gutwilligen Merkantilismus" propagiert wird (Buzan 1984; Hettne 1993; Hettne 2010). In jedem Fall wird die machtpolitische Instrumentalisierung von Wirtschaftsbeziehungen eine größere Rolle spielen. In diesem Kontext ist es notwendig, mehr darüber zu erfahren, welche Handlungsorientierung die russländischen Wirtschaftsakteure bezüglich der globalen Wirtschaftsordnung erkennen lassen.

2.1.3   Der machtpolitische Nutzen internationalen Handels

Dieser Abschnitt thematisiert nun die Möglichkeiten zur machtpolitischen Nutzung zwischenstaatlicher wirtschaftlicher Austauschbeziehungen in einer analytischen Weise. Dies dient der Bildung eines Kategoriensystems zur Analyse der Multinationalisierungsprozesse, die neben den wirtschaftlichen Kategorien auch Instrumente des modernen Nationalstaats enthalten müssen, um die Frage beantworten zu können, als was die Wirtschaftsakteure zu verstehen sind.

Die politische Herstellung wirtschaftlicher Abhängigkeit

Die auch heute noch am klarsten formulierte Theorie der politischen Effekte internationalen Handels wurde 1945 von Albert O. Hirschman (1945) vorgestellt, der die merkantilistische Handelspolitik des nationalsozialistischen Deutschlands untersuchte. Bevor Hirschman sich auf relationale Aspekte der Macht konzentriert, also auf jene Aspekte, die sich aus einer Tauschbeziehung ergeben, weist er darauf hin, dass auch ein anfängliches Machtungleichgewicht zwischen zwei Staaten vorhanden sein kann, um eine ungleiche Handelsbeziehung zu etablieren (Hirschman 1980: 13).

Hirschman nutzt ein liberales Argument, um den machtpolitischen Nutzen von Handel zu ergründen: Durch die Arbeitsteilung, die Handel ermöglicht, wird die Verfügung des Staates über Güter erhöht, die anderweitig nicht oder nur teurer hergestellt werden könnten. Umgekehrt steigert der höhere Wert der im Ausland abgesetzten Güter ebenfalls langfristig die wirtschaftliche Potenz eines Staates, sofern der Handel freiwillig eingegangen wurde und so vorteilhaft für alle Parteien ist. Damit steigt auch die Fähigkeit des Staates zur Kriegführung an, da mehr Ressourcen zur Herstellung von Waffen zur Verfügung stehen und im Übrigen auch andere wirtschaftliche Machtinstrumente kostengünstiger eingesetzt werden können (Hirschman 1980: 14). Sofern Handelsbeziehungen erst einmal bestehen, können diese aber auch ein Substitut für Kriegführung sein, indem durch Unterbrechung der Handelsbeziehungen wirtschaftlicher Zwang angewendet wird oder andere handelspolitische Maßnahmen ergriffen werden, um dem Gegner Schaden zuzufügen.

Ein machtpolitisch interessierter Staat muss nach Hirschman danach streben, dass die Handelspartner nicht auf die Handelsbeziehung verzichten können. Dabei sind drei Faktoren ausschlaggebend: Zum einen die wirtschaftlichen Vorteile, die aus der Handelsbeziehung gezogen werden, zweitens die Länge und Schmerzlichkeit der Anpassung an die Situation ohne den Handel (was später von Keohane/Nye (1977) mit dem Begriff der „Verletzlichkeit" bezeichnet wurde) und drittens die Stärke der verbundenen Kapitalinteressen, die der ausübende Staat in den Handelspartnern geschaffen hat (Hirschman 1980: 18). Die ersten beiden Kriterien sind gesamtwirtschaftlich-makroökonomischer Art, während letzteres Kriterium auf die politische Macht verbundener Gruppen verweist, die für zusätzliche politische Kosten sorgen können. Das politische Element verweist dabei auf die Zeitdimension, die in den Wirtschaftstheorien unter der Annahme vollständiger Faktormobilität häufig negiert wurde, jedoch bedeutsame politische Folgen haben kann.

Abgesehen von militärischer Macht oder sonstigen nichtökonomischen Instrumenten, die zu einer gewaltförmigen Herstellung von wirtschaftlicher Abhängigkeit führen können (Hirschman 1980: 19), erfolgt die Herstellung von wirtschaftlicher Abhängigkeit, indem Handelsbeziehungen mit Staaten aufgenommen werden, die einen hohen subjektiven Nutzen aus der Beziehung ziehen. Dies ist dann gegeben, wenn die Nachfrage nach einem Gut nur am Anfang der Nachfragekurve elastisch ist und dann rasch unelastisch wird, und wenn das Land keine oder nur sehr kostspielige Möglichkeiten hat, das Gut selbst herzustellen oder alternative Handelspartner zu finden (Hirschman 1980: 22ff). Dies kann in größere politische Konzessionen umgewandelt werden. Der machtpolitisch interessierte Staat kann also auch ohne Einbußen in den Handelsvorteilen seine politische Macht vergrößern, wenn er den bestehenden Handel auf Staaten mit unelastischerer Nachfrage und geringeren Diversifikationsmöglichkeiten verlagert. Dabei wandelt er jedoch einen Teil der wirtschaftlichen Gewinne, die durch die höhere Marktmacht zu erreichen wären, in politische Vorteile um.

Außerdem können gezielt verbundene Kapitalinteressen im Zielland geschaffen werden, die eine Veränderung der Handelsbeziehung für die Politik mit zusätzlichen Kosten versehen. Dies kann geschehen, indem gezielte Handelsbeziehungen mit bestimmten Unternehmen oder Industrien aufgenommen werden. Die Wirtschaftsgruppen können insbesondere durch das Anbieten besserer Konditionen als auf dem Weltmarkt üblich als „kommerzielle fünfte Kolonne" gewonnen werden (Hirschman 1980: 29). Sofern diese auch in bestimmten Regionen konzentriert sind, besteht zusätzliches politisches Mobilisierungspotential.

Um die Kosten der Anpassung zu erhöhen, kann der Handelspartner zusätzlich versuchen, Länder mit einer niedrigen Faktormobilität (insbesondere Arbeit) als Handelspartner zu wählen. Um die Faktormobilität zu verringern, kann auch eine Nachfrage für spezialisierte Exportgüter geschaffen werden, für die im Inland keine Nachfrage besteht und die nur auf dem eigenen Markt abgesetzt werden können. Dann ist ein gewisses *lock-in* der Industriestruktur wahrscheinlich, wodurch die Kosten der Anpassung steigen und eine Diversifikation schwer möglich ist. Zudem kann danach gestrebt werde, ein Monopol oder Monopson für bestimmte Güter zu erlangen und die Kosten der Anpassung so zu vergrößern (Hirschman 1980: 32).

Die politische Nutzung wirtschaftlicher Abhängigkeit

Am stärksten wurde das Konzept von Hirschman später in der Literatur zu Wirtschaftssanktionen und „*economic statecraft*" (Baldwin 1985) im Allgemeinen rezipiert und weiterentwickelt. Da Hirschman die Übersetzung von wirtschaftlicher Abhängigkeit in politische Konzessionen nicht näher betrachtet hatte konzentrierte sich die Forschung auf dieses Problem. Dabei wurden zusätzliche Annahmen über Zielstaat, Sender, den Typ des Gutes und den Marktkontext formuliert, die Auswirkungen auf die politische Wirksamkeit von wirtschaftlichem Zwang und Anreizen haben. Eine wichtige Neuerung in der Theorie war zudem der Hinweis auf die Möglichkeit, dass bei bestehender Verletzlichkeit des Zielstaats auch die Kosten-/Nutzenkalküle des Ziels selbst manipuliert werden können, indem der Sender die Wahlmöglichkeiten zukünftiger Weltzustände neu ordnet oder die Risiken alternativer Optionen gezielt erhöht, sodass der Zielstaat die präferierte Option selbst wählt. Diese „strategische Manipulation" ist bei gegebener Abhängigkeit eine wesentlich günstigere Strategie als die Ausübung von Zwang oder Anreizen (Stulberg 2007). Hier wird jedoch keine allgemeine Übersicht über die Literatur zu Wirtschaftssanktionen angestrebt, da das Ziel lediglich eine Darstellung der grundsätzlichen Instrumente und Rahmenbedingungen ist, um Kategorien für die Untersuchung zu generieren.

Als eine wichtige Variable für die Übersetzung von Abhängigkeit in Verletzlichkeit des Zielstaates wurden die Kosten der Konzession genannt. Diese wurden vom Regimetyp im Zielland, sowie dessen wirtschaftlicher und politischer Stabilität abhängig gemacht: Sofern die politischen Akteure keine politischen Rivalen fürchten müssen, die Unzufriedenheit mit den Kosten wirtschaftlicher Sanktionen kanalisieren können, dürfte es ihnen leichter fallen, die Kosten der Sanktionen auf politisch nicht relevante Gruppen der Gesellschaft zu externalisieren. Daher ist die Beeinflussbarkeit demokratischer Gesellschaften, *ceteris paribus*, einfacher als die Beeinflussung von Nichtdemokratien. Außerdem sind wirtschaftlich und/oder politisch instabile Staaten einfacher beeinflussbar, da sie weniger Möglichkeiten haben, die Kosten der Sanktionen gesellschaftlich zu verteilen und den politischen Aktivismus der betroffenen Gruppen zu besänftigen (Crumm 1995: 315). Andere Autoren schlugen vor, die Wirkung der Sanktionen von der Autonomie des Staates, seiner Kapazität zur Kompensation oder zur Ausübung von Zwang, und der Legitimität abhängig zu machen (Blanchard/Ripsman 2008). Dies kann als eine Spezifizierung der bisher genannten Konditionen politischer und wirtschaftlicher Stabilität verstanden werden.

Bezüglich der Fähigkeiten des Sender-Staates zur politischen Instrumentalisierung von Wirtschaftsbeziehungen wurde argumentiert, dass Staaten mit hoher Machtkonzentration (wirtschaftlicher und politischer Art) Wirtschaftsbeziehungen einfacher instrumentalisieren können als Systeme, in denen die privaten Akteure einen hohen Grad an Autonomie aufweisen. Eine größere Zentralisierung der Entscheidungsmacht senkt die Kosten einer Instrumentalisierung, die auf die Handlungen von Wirtschaftsakteuren angewiesen sind, da die Wirtschaftsakteure einfacher gebunden werden können. Auch können intern wirtschaftliche Anreize gesetzt werden, die ein Verhalten der Wirtschaftsakteure hervorrufen, das im Interesse der politischen Akteure ist (Stulberg 2007: 50ff). Dies impliziert im Einklang mit der bisherigen Argumentation, dass es auch auf die interne Institutionalisierung der Beziehungen zwischen Staat und Gesellschaft ankommt, wie gut sich Handelsbeziehungen und Investitionen politisch instrumentalisieren lassen.

Bezüglich internationaler Marktbedingungen wurde angemerkt, dass die politische Nutzbarkeit des Gutes steigt, je weniger fungibel der Weltmarkt für das betreffende Gut ist. Bei hoher Fungibilität lässt sich leicht ein Substitut für bestehende Importe finden. Besteht hingegen gar kein Weltmarkt für das Gut, so eignet es sich äußerst gut für die Erlangung von Konzessionen (Crumm 1995: 317). Dies trifft im Rahmen dieser Arbeit auf Erdgas zu, für das kein einheitlicher Weltmarkt existiert und das auch kaum in den benötigten Mengen im Inland produziert werden kann. Auch wird angemerkt, dass die Handelsanreize einen höheren Wert besitzen, wenn es für die Lieferung nur einen anderen Anbieter gibt, von dem der Artikel bisher bezogen wurde. Durch das Angebot der Belieferung mit gleichwertigen Gütern erhält das Land die Möglichkeit zum Verhandeln mit dem bisherigen Lieferanten, wodurch der Anreiz einen höheren Wert erhält (Crumm 1995: 317).

Schon Hirschman hatte darauf hingewiesen, dass bei abhängigen Staaten die Drohung mit negativen Sanktionen ausreicht, um die Politik zu beeinflussen (Hirschman 1980: 16). Später wurde allerdings darauf hingewiesen, dass die Drohung auch glaubhaft sein muss. Wenn ein Sender nicht die vollständige Fähigkeit zur Kontrolle der Anreize oder Druckmittel hat, so wird dessen Drohung mit dem Einsatz dieser Mittel wenig glaubhaft sein. Auch hat die politische und wirtschaftliche Stabilität einen Einfluss auf die Glaubhaftigkeit der Drohung, da ein wirtschaftlich und/oder politisch instabiles System darauf hindeutet, dass der Sender die Drohung aus Kapazitätsgründen nicht implementieren kann oder sie nicht durchhält, da die wirtschaftlichen Kosten des Mitteleinsatzes zu hoch sind. Eine Ausnahme ist dabei eine Rücknahme vorher gewährter Konzessionen (Entwicklungshilfe, Subventionen), deren Androhung im Falle wirtschaftlicher Probleme noch eine erhöhte Glaubwürdigkeit erhält (Crumm 1995: 317).

Auch die Verhandlungstheorie verweist darauf, dass negative Sanktionen eher angedroht, aber selten durchgeführt würden. Es sei für die Akteure rationaler, die Machtverhältnisse anzuerkennen und sich einvernehmlich auf eine Politikänderung zu einigen, als die Kosten der Sanktionen zu tragen. Beiden Staaten entgehen dabei die Kosten, die aus einer Unterbrechung der wirtschaftlichen Tätigkeit resultieren würden, während der machtvollere Akteur dennoch die Auszahlung in Form einer Politikänderung erhält, die dem mit Sanktionsdrohung belegten Staat als Kosten entstehen (Drezner 2003: 645). Deshalb weist die Literatur zu Wirtschaftssanktionen häufig eine hohe Auswahlverzerrung (*selection bias*) auf, da sie nur die Fälle erfasst, in denen Sanktionen auch tatsächlich angewandt wurden. Dies ist auch der Hauptgrund, weshalb sich positive Anreize besser untersuchen lassen als negative. Dabei ist es jedoch wichtig, dass der instrumentalisierende Staat glaubhaft machen kann, dass er bereit und fähig ist, die Androhung auch umzusetzen. Dies kann nur bei sehr starken Staaten als gegeben angesehen werden, während Staaten mit mittlerer wirtschaftlicher Macht immer wieder ihre Fähigkeiten demonstrieren müssen, um ihre Glaubhaftigkeit aufrecht zu erhalten (Armstrong 1981: 408).

Allerdings ist ein Einlenken ohne Sanktionierung insbesondere dann unwahrscheinlich, wenn frühere Interaktionen konfliktiv verlaufen sind und dies auch für die Zukunft erwartet wird. Sanktionen werden dann ohne Wirkung bleiben, da die sanktionierte Partei erwartet, durch das Einlenken später zu weiteren Sanktionierungen der Gegenseite anzuregen (Drezner 1999). Wirtschaftlicher Druck kann auch den unerwünschten Effekt des „*rally around the flag*" auslösen. Dabei erfolgt eine Solidarisierung der Bevölkerung und der Oppositionskräfte mit der Regierung, wodurch die innenpolitischen Kosten einer Anpassung gesenkt und so dem Druck standgehalten werden kann. Dies wird insbesondere der Fall sein, wenn der wirtschaftliche Druck von Seiten der Regierung als illegitim dargestellt werden kann, was wiederum eher bei stärker ideologisch legitimierten Regimen der Fall sein wird (Basedau et al. 2010: 5). Sofern wirtschaftlicher Druck und die damit verbundenen Forderungen eine Bedrohung für die territoriale Integrität des Staates nahelegen, sind in interne Konsoli-dierungseffekte sehr wahrscheinlich, da die territoriale Integrität der Grundpfeiler des modernen westfälischen Staatensystems ist. Dies kann von letzterer institutionell genutzt werden, um Vetospieler dauerhaft zu beseitigen. Durch die dauerhaft stärkere politische Zentralisierung können so zusätzliche interne Ressourcen für den Widerstand gegenüber der Sanktionierung mobilisiert werden (Gibler 2010). Diese Mechanismen erklären, warum wirtschaftlicher Druck häufig nicht erfolgreich ist, sondern zusätzliche Ressourcen im Zielland mobilisiert, der zum Widerstand genutzt werden kann.

Wirksamer als die Ausübung oder Androhung von Zwang ist daher die Manipulation des Kontextes, die bei verletzlichen Akteuren angewendet werden kann. Dabei kombiniert der Sender unter Rücksichtnahme auf die Präferenzen des Ziels mehrere Instrumente miteinander, mit dem Ziel, das Ausmaß und den Inhalt von Handlungsoptionen eines verwundbaren Ziels so zu rahmen, dass es die dem Sender genehme Wahl von selbst trifft (Stulberg 2007: 37). Es geht also um die Beeinflussung der Wahrnehmung möglicher zukünftiger Weltzustände auf Seiten der Entscheidungsträger des Zielstaats, sodass diese die Weltzustände als wahrscheinlicher ansehen, die vom Sender gewünscht werden und einen entsprechenden Handlungspfad verfolgen. Dabei versucht der Sender, Einfluss auf die Kosten-/Nutzenkalküle des Ziels zu nehmen, indem die zukünftigen Weltzustände so beschrieben werden, dass die Wahl der präferierten Option wahrscheinlicher wird oder bestimmte Optionen hinzugefügt oder subtrahiert bzw. diese mehr oder weniger risikoreich gemacht werden.

Eine erste Möglichkeit ist dabei, die Handlungsoptionen auszuweiten oder zu beschränken. So kann etwa ein bestimmter Exportmarkt gesättigt werden oder glaubhaft als in der Zukunft gesättigt dargestellt werden, was die Option zur Expansion auf diesen Markt für den Zielstaat unattraktiv macht und die Wahrscheinlichkeit der Wahl einer anderen, gewünschten Option erhöht. Eine zweite Möglichkeit ist die Aufteilung der Wahlmöglichkeiten des Ziels in mehrere Schritte. So kann eine recht große Konzession im Rahmen einer Salamitaktik in kleinere Teile zerlegt werden. Konzessionen können so für den Zielstaat attraktiver sein als ein radikaler Bruch mit früheren Präferenzen. Eine dritte Möglichkeit ist die Neuordnung von Handlungsoptionen durch Attribuierung, sodass ähnliche zukünftige Weltzustände schlechter erscheinen oder bestimmte Faktoren ausgeklammert werden und als nicht unmittelbar relevant erscheinen. So kann etwa eine Pipelineoption lanciert werden, deren Bau als sehr wahrscheinlich charakterisiert wird. Gegenüber einer anderen, gleichwertigen Pipeline mit niedrigerer Realisierungswahrscheinlichkeit wird dann die Pipeline des Senders vom Zielstaat favorisiert werden. Auch können etwa andere Pipelines zeitweise blockiert werden, was das Risiko eines zukünftigen Ausfalls wahrscheinlicher und alternative Routen als zuverlässiger erscheinen lässt. Zudem kann der Sender versuchen, bestimmte Aspekte des anderen Projekts als weniger relevant erscheinen zu lassen, um die Schwächen des eigenen Projekts zu vertuschen (Stulberg 2007: 46ff).

Zusammenfassung der Strategien und Instrumente

Nun kann zusammenfassend festgehalten werden, welche Strategien und Instrumente zu einem Aufbau wirtschaftlicher Abhängigkeiten aus Handel genutzt werden können und in welchen Fällen eine machtpolitische Nutzung wahrscheinlich erfolgversprechend sein wird. Abbildung 2.1 stellt die der Literatur entnommenen Aussagen über die Strategien zum Aufbau wirtschaftlicher Abhängigkeiten und deren machtpolitischer Nutzbarkeit schematisch dar und systematisiert diese. Die allgemeine Eigenschaft des Handels in der Handelstheorie, die Stärkung der nationalen Wirtschaft, wird dabei nicht berücksichtigt. Vielmehr wird nur auf die Einflusseffekte des Handels eingegangen. Dabei muss es dem machtpolitisch interessierten Staat zunächst darum gehen, wirtschaftliche Abhängigkeiten im Zielstaat herzustellen. Dies kann nach Hirschman auch gewaltförmig geschehen, indem mit Hilfe militärischer Macht der Herrschaftsbereich auf den anderen Staat erweitert wird bzw. diesem unter Androhung militärischer Gewalt bestimmte Entscheidungen aufgezwungen werden. Dies kann in einer Wirtschaftsstruktur resultieren, die in hohem Maße vom machtpolitischen

Zentrum abhängig ist und so langfristige Möglichkeiten zur Extraktion von politischen Konzessionen schafft.

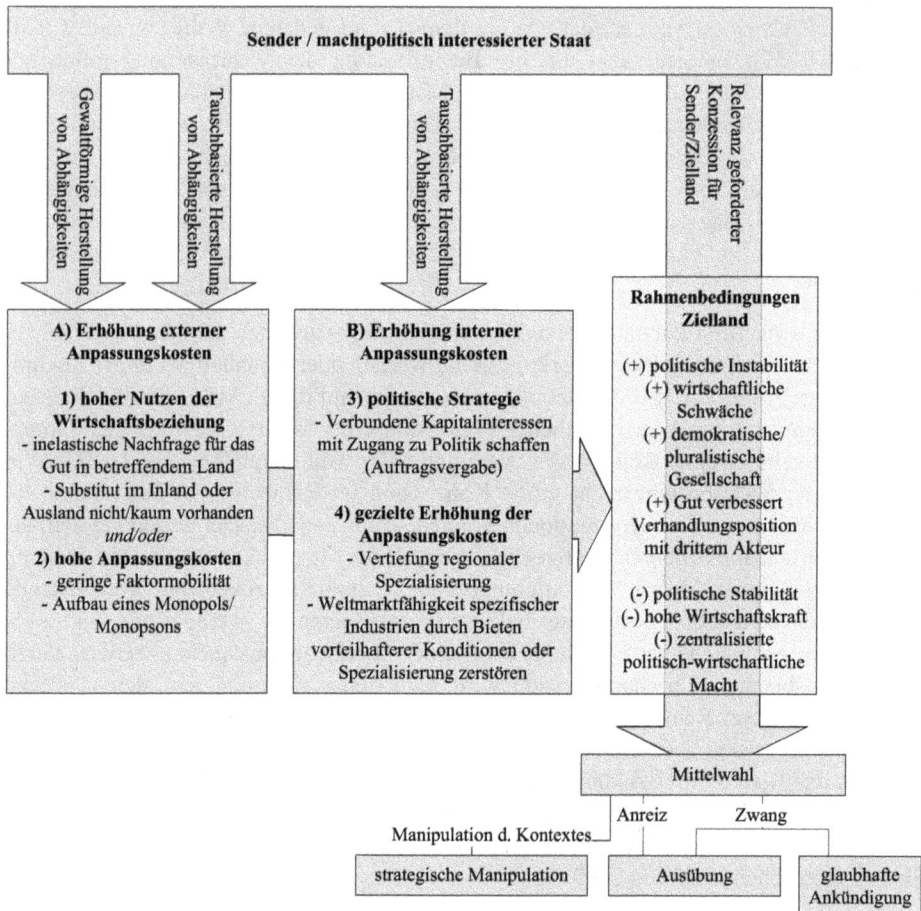

Sender / machtpolitisch interessierter Staat

Gewaltförmige Herstellung von Abhängigkeiten

Tauschbasierte Herstellung von Abhängigkeiten

Tauschbasierte Herstellung von Abhängigkeiten

Relevanz geforderter Konzession für Sender/Zielland

A) Erhöhung externer Anpassungskosten

1) hoher Nutzen der Wirtschaftsbeziehung
- inelastische Nachfrage für das Gut in betreffendem Land
- Substitut im Inland oder Ausland nicht/kaum vorhanden
und/oder
2) hohe Anpassungskosten
- geringe Faktormobilität
- Aufbau eines Monopols/ Monopsons

B) Erhöhung interner Anpassungskosten

3) politische Strategie
- Verbundene Kapitalinteressen mit Zugang zu Politik schaffen (Auftragsvergabe)

4) gezielte Erhöhung der Anpassungskosten
- Vertiefung regionaler Spezialisierung
- Weltmarktfähigkeit spezifischer Industrien durch Bieten vorteilhafterer Konditionen oder Spezialisierung zerstören

Rahmenbedingungen Zielland

(+) politische Instabilität
(+) wirtschaftliche Schwäche
(+) demokratische/ pluralistische Gesellschaft
(+) Gut verbessert Verhandlungsposition mit drittem Akteur

(-) politische Stabilität
(-) hohe Wirtschaftskraft
(-) zentralisierte politisch-wirtschaftliche Macht

Mittelwahl

Manipulation d. Kontextes | Anreiz | Zwang

| strategische Manipulation | Ausübung | glaubhafte Ankündigung |

Quelle: Eigene Darstellung
Abb. 2.1:   Schematische Darstellung machtpolitischer Strategien und Nutzbarkeit von Wirtschaftsbeziehungen

Tauschbasierte Abhängigkeiten werden hingegen durch den Aufbau von Handelsbeziehungen und die Lieferung von Gütern geschaffen, deren Nachfrage unelastisch ist und für die kein kurzfristiges Substitut im Inland oder Ausland vorhanden ist. Alternativ oder zusätzlich dazu kann der Handel mit Partnern intensiviert werden, die eine geringe Faktormobilität aufweisen. Auch kann die Spezialisierung auf bestimmte Güter gefördert werden, für die der eigene Markt der einzige Markt ist. Der Aufbau eines Monopols bzw. Monopsons resultiert aus vielen der beschriebenen Strategien.

Über die externen Anpassungskosten hinaus, die durch den Abbruch eines Tauschverhältnisses entstehen, können auch noch gezielt interne Anpassungskosten gesteigert werden, um die Austauschbeziehung noch wertvoller für den Zielstaat zu machen. Die politischen Kosten eines Abbruchs können so durch die gezielte Förderung verbundener Kapitalinteressen und durch die Vertiefung regionaler Spezialisierung gefördert werden. In beiden Fällen steigt das Protestpotential, einerseits durch kleine, aber politisch potente Wirtschaftsgruppen und andererseits durch regionale Arbeiterinteressen und die Regionalpolitik, die um eine wirtschaftliche Verschlechterung der Lage fürchten. Eine nützliche Strategie ist auch die gezielte „Anfütterung" von Wirtschaftsbranchen mit vorteilhaften Konditionen. Mittelfristig können die Branchen so ihre Weltmarktfähigkeit verlieren und werden vom Markt des Senderstaats abhängig.

Sind solche Abhängigkeiten konstituiert so kommt es auf die generellen Rahmenbedingungen im Zielland, die Geschichte von Interaktionen und die Mittelwahl an, inwiefern politische Konzessionen erreicht werden können. Rahmenbedingungen wie politische Instabilität, relative wirtschaftliche Schwäche, eine demokratische bzw. pluralistische Gesellschaft erhöhen alle die Chance, dass Anreize oder Zwangsmittel Erfolg haben werden. Umgekehrt verringern politische Stabilität, eine hohe relative Wirtschaftskraft, sowie zentralisierte politisch-wirtschaftliche Macht jeweils die Erfolgschancen, da sie autonome politische und wirtschaftliche Ressourcen bereitstellen, vor deren Hintergrund die Verletzlichkeit geringer ist oder die Anreize wenig attraktiv erscheinen können. Die Geschichte von Interaktionen ist bedeutsam, um bei Ausübung wirtschaftlichen Drucks die Wahrscheinlichkeit der erwünschten Konzession des Ziellandes zu ermessen. Besteht eine Geschichte konflikthafter Beziehungen so werden Konzessionen unwahrscheinlicher. Wird wirtschaftlicher Druck als Mittel gewählt, können zudem Konsolidierungseffekte im Zielland zu zusätzlicher Mobilisierung von Widerstand führen. Dies verdeutlicht, dass wirtschaftlicher Druck häufig wenig erfolgreich sein wird. Daher sind Anreize und bei verletzlichen Akteuren auch die Manipulation des Kontextes das bessere Instrument, das die Möglichkeit zu einer günstigen Zielerreichung eröffnet. Sie benötigt detaillierte Informationen über die Präferenzen des Zielstaats, die manipuliert werden sollen. Auch entstehen bei der Manipulation des Kontextes häufig an anderer Stelle Kosten, die aber geringer sein können als die Kosten der Mittel, die stattdessen verwendet werden müssten.

Eine Kategorisierung der möglichen Anreize, Sanktionen und Manipulationsmöglichkeiten innerhalb eines liberalen Weltwirtschaftssystems bietet Tabelle 2.1. Dabei wird die mögliche Verknüpfung wirtschaftlicher Konzessionen mit sicherheitspolitischen oder innenpolitischen Anreizen nicht einbezogen. Im Rahmen von *issue linkages* können jedoch auch sicherheitspolitische Anreize im Gegenzug für wirtschaftliche Konzessionen geboten werden. Deutlich wird dabei, dass sich einige der Instrumente besser mit Hilfe von Konzernen als mit staatlichen Mitteln umsetzen lassen und die Manipulation des Kontextes wirksamer sein wird, wenn Verfügungsmacht über wirtschaftliche Ressourcen im eigenen Land besteht.

Tab. 2.1:   Instrumente: Positive und negative wirtschaftliche Anreize und Manipulation des Kontextes

	Handel	Kapital
negative Anreize/ Sanktionen	Embargo oder Blockade (*z. B. Unterbrechung der Energieversorgung, Blockade von Transit*)	Einfrieren von Kapitalvermögen des Ziellands
	Zwangsanwendung durch Erhöhung von Außenhandelspreisen (*z. B. Brechen kommerzieller Verträge*)	Kapitalverkehrskontrollen, Beschränkung der Möglichkeit zur Investition durch Ausländer (*z. B. für Kauf von Aktiva in bestimmten Industrien durch Zielland*)
	Zollerhöhung / Handelsdiskriminierung (Quoten) (*meist andere Waren des Ziellands*)	Einstellung von Hilfszahlungen/Subventionen
	Blacklisting bestimmter Firmen/Handelspartner	Enteignung von Aktiva eines Unternehmens aus dem Zielland
	Widerruf von Import-/Exportlizenzen	
positive Anreize	Vorteilhafte Zölle / Handelspolitik	Erteilung von Hilfszahlungen und Krediten (auch Spenden an spezifische Gruppen)
	direkter Einkauf von Produkten des Ziellands (evtl. auch zu vorteilhafteren Konditionen – gezielte Schaffung von Unterstützergruppen)	Investitionsversprechen (insbesondere in risikoreiche Sektoren, Pipelines); Investitionen zur Förderung spezifischer Gruppen
	Subventionen auf Im- oder Exporte, (*z. B. vorteilhafte Konditionen für Lieferverträge*)	Förderung von Kapitalexport und -import (insbesondere Investitionen in Energiesektor), Selektive Aufhebung von Kapitalverkehrskontrollen
	Angebot langfristiger Lieferverträge für unelastisches Gut mit begrenzter Substitution	vorteilhafte Besteuerung
	Erteilung von Import / Exportlizenzen, Lizenzen für Transit	
Manipulation d. Kontextes	Addition/Subtraktion: Veränderung der vorhandenen Handlungsoptionen des Zielstaats, um die eigene Option als vorteilhafter oder einzig möglich erscheinen zu lassen.	
	Salamitaktik: Disaggregieren von Entscheidungen, um die Konzession weniger stark erscheinen zu lassen.	
	Attribuierung: Veränderung der Attribute von Optionen, um alternative, für das Zielland ähnlich vorteilhafte Optionen weniger vorteilhaft erscheinen zu lassen. Z. B. Erzeugung von Konkurrenz für die Realisierung einer bestimmten Option, vor deren Hintergrund die Nachteile der eigenen Option irrelevant werden, oder Erhöhung der Wahrnehmung von Risiken eines unerwünschten Projekts.	

Quelle: Eigene Darstellung nach (Baldwin 1985: 41f; Newnham 2011; Stulberg 2007).

2.1.4   Typisierung von Kontexten

Die Diskussion hat deutlich gemacht, dass die Möglichkeit zum Einsatz bestimmter Instrumente und deren Erfolg vom jeweiligen Grad der Verwundbarkeit der Zielstaaten und von deren interner Struktur abhängt. Letztere ist ein struktureller Kontextfaktor für die Möglichkeit der politischen Akteure, die Kosten aus einer Politikänderung intern umzuverteilen und so Sanktionen zu widerstehen. Eine Manipulation des Kontextes und der Einsatz wirtschaftlichen Drucks werden eher erfolgreich sein, wenn der Zielstaat verwundbar ist. Eine Einteilung der Länderkontexte anhand des Vorhandenseins verschiedener

Abhängigkeiten und deren interner Struktur erscheint daher sinnvoll, um die oben in der Theoriedarstellung angesprochenen Möglichkeiten zur Verwendung der verschiedenen Instrumente und deren Erfolgsaussichten zu umreißen und auf diese Weise die theoretischen Erwartungen für die Untersuchung der Fälle zu spezifizieren und standardisieren. Dazu werden im Folgenden auf Basis der theoretischen Diskussion Kontextfaktoren formuliert, die später in den Fallstudien zur Formulierung von vorläufigen Erwartungen an die Verwendung von Instrumenten und zur Fokussierung der Analyse genutzt werden können.

In Bezug auf die interne Struktur dürften die Möglichkeiten zur Einflussnahme am geringsten sein, sofern es sich um ein zentralisiertes Regime ohne Rechtsstaatlichkeit handelt, da hier der Zugang nur über die präsidentielle Ebene möglich ist und kaum Möglichkeiten zur Instrumentalisierung unterschiedlicher Fraktionen innerhalb des Staates bestehen. Damit lassen sich bestimmte Strategien zum Aufbau von Abhängigkeiten und zur Erhöhung der Anpassungskosten nicht anwenden. Auch können die Anpassungskosten leicht umverteilt werden. In pluralistischen Systemen ist mit verbesserten Zugangs- und Instrumentalisierungsmöglichkeiten zu rechnen, da einerseits gesellschaftliche Gruppen als Ziele für Verflechtungsstrategien bereitstehen und andererseits die Kosten der Ausübung von wirtschaftlichem Druck schwerer umverteilt werden können. In pluralistischen undemokratischen Ordnungen dürfte dabei die Beeinflussung gesellschaftlicher Akteure einfacher fallen als in demokratischen Ordnungen, da oligarchische Interessen verschiedener Fraktionen genutzt und gegeneinander ausgespielt werden können. Gleichzeitig besteht keine effektive Überwachung seitens zivilgesellschaftlicher Akteure. Allerdings kann der oligarchische Wettbewerb unter Umständen auch leicht durch politische Akteure im Zielland unterbunden werden. In demokratisch-pluralistischen Systemen mit stabilem Rechtssystem ist Zugang auf mehreren Ebenen möglich; es können verschiedene gesellschaftliche Gruppen einbezogen werden. Gleichzeitig bestehen jedoch durch die stärkere Institutionalisierung und zivilgesellschaftliche Kontrolle stärkere Schranken und Überwachungsmöglichkeiten, die bestimmte Barrieren für Investitionen errichten können. Allerdings bieten demokratisch-rechtsstaatlich verfasste Gesellschaften auch die besten Schutzräume für Investitionen, da sie rechtlich abgegrenzte Freiräume formulieren. Auch ist die Möglichkeit zur Umverteilung der Anpassungskosten in demokratischen Gesellschaften meist stark eingeschränkt, was sie leichter zu Konzessionen zwingen kann. In Bezug auf Russland suggeriert dies eine Präferenz für oligarchisch-pluralistische Systeme und demokratisch-rechtsstaatliche Systeme gegenüber zentralisierten Systemen, wobei gegenüber ersteren erwartet werden kann, dass unterschiedliche Instrumente eingesetzt werden müssen, um erfolgreich zu sein. Demokratisch-rechtsstaatliche Systeme sind dabei besonders nützlich, wenn die demokratische Kontrolle eingeschränkt werden kann. Dann bieten sie rechtlichen Schutz der Investitionen, während gesellschaftliche Überwachung gleichzeitig eingeschränkt ist.

In Bezug auf bestehende Abhängigkeiten dürfte die Abhängigkeit der Wirtschaftsleistung des Landes und/oder der Energiesicherheit von Russland eine Rolle spielen. Dies konkretisiert die in der Theorie genannte wirtschaftliche Abhängigkeit und ist so ein Maß für die Anpassungskosten bei einer Unterbrechung der wirtschaftlichen Tauschbeziehung. Hohe strukturelle Abhängigkeit soll hier bedeuten, dass Russland die Leistung der Volkswirtschaft und/oder die Energiesicherheit des Landes durch Blockieren von Warenströmen erheblich beeinträchtigen kann. Dies soll dann der Fall sein, wenn mehr als ein Drittel des Außenhandels mit Russland abgewickelt wird. Die Energiesicherheit kann beeinträchtigt werden, wenn Russland mehr als 30 % der Lieferungen eines Energieträgers zur Verfügung stellt (Stulberg 2007: 56), der im Inland nicht einfach substituierbar ist und auch nicht kurzfristig durch alternative Lieferanten bereitgestellt werden kann. Wenn Russland also sowohl das Potential hat, die fragliche Wirtschaftsleistung und Energiesicherheit erheblich zu beeinträchtigen, so besitzen russländische Akteure vermutlich erhebliche Möglichkeiten zur Ausübung von Druck oder zu strategischer Manipulation.

Möglichkeiten zur Setzung von Anreizen dürften sich auch durch *issue linkages* mit anderen Sachbereichen ergeben, bei der externe sicherheitspolitische Unterstützung gegen wirtschaftliche Konzessionen getauscht werden kann. Hervorzuheben sind hier etwa sicherheitspolitische Anreize, die sich durch den Status Russlands als bedeutender sicherheitspolitischer Akteur und Waffenproduzent ergeben und sich gegenüber sicherheitspolitisch bedrohten Staaten einsetzen lassen. Die relative Risikowahrnehmung einer externen Bedrohung für die Stabilität des Regimes in Zusammenhang mit fehlender externer Unterstützung durch Dritte ist daher ein weiterer Kontextfaktor. Ist die Wahrnehmung dieses Risikos im Zielland hoch und externe Unterstützung durch dritte Akteure schwach, so kann erwartet werden, dass die Möglichkeit Russlands zu *issue linkages* besteht.

2.2   Multinationale Konzerne

Nachdem internationale politische Ökonomie und die staatliche Perspektive auf internationalen Handel betrachtet wurden, wird nun auf die Literatur über multinationale Unternehmen eingegangen. Als multinationale Unternehmen werden hier Wirtschaftsakteure verstanden, die hierarchische Mittel der Koordination (Managemententscheidungen) zur Organisation transnationaler Interdependenzen einsetzen (Hennart 2000: 72).

Interessant ist dabei, dass die theoretische Debatte auf Grundlage der gegenwärtigen Veränderungen in der Weltwirtschaft einen Bogen zurück zu den Anfängen des Theoretisierens über multinationale Unternehmen macht. In den frühen Ansätzen wurde neben den wirtschaftlichen Voraussetzungen für Multinationalisierung den Rollen der Konzerne als politisches Instrument des Heimatstaates und als eigenständiger Auslöser politischer Konflikte größere Aufmerksamkeit geschenkt. Dies stand im Zusammenhang mit dem noch neuen Phänomen und der Dominanz US-amerikanischer multinationaler Konzerne. In Folge einer Differenzierung der Literatur, die mit der Zunahme des Phänomens multinationaler Konzerne aus vielen Ländern einherging, fand eine Verengung auf wirtschaftliche Aspekte statt. Dabei wurde immer mehr eine liberale, bereits institutionalisierte Sphäre wirtschaftlicher Aktivität vorausgesetzt, in der die Akteure nach Kriterien rationaler Kapitalrechnung entscheiden können. Diese Perspektive wird heute vor dem Hintergrund der verstärkten Nutzung staatlicher Ressourcen durch viele multinationale Konzerne wiederum in Frage gestellt, was zu einer Neuentdeckung alter Literatur führte (Abdelal 2012). Zur Erklärung „neuer" multinationaler Unternehmen (MNE) aus *emerging markets* mussten einige Annahmen verändert werden; staatliche Akteure nahmen wiederum eine größere Rolle ein. Dies deutet darauf hin, dass die Differenzierung der Ordnungen in einigen Aspekten zurückgeht. In diesem Zusammenhang soll im Rahmen dieser Studie nach den spezifischen Motivationen und Instrumenten von russländischen Konzernen der Öl- und Gasindustrie gefragt werden. Damit soll ein Beitrag zur Entwicklung der Literatur über MNE aus *emerging markets* geleistet werden.

2.2.1   Theorie des Unternehmens

Als wirtschaftswissenschaftliche Erklärung für die Entstehung von Unternehmen ist die Transaktionskostentheorie verbreitet. Diese nimmt die Kosten in den Blick, die durch unvollständige Verträge generiert werden. Transaktionen sind demnach nicht alle gleicher Art und es gibt Transaktionen, die nur schwer spezifiziert werden können, für die die Kosten des Handels auf dem Markt also erheblich sind. Der Grund für die Entstehung von Unternehmen liege demnach darin, dass „there is a cost of using the price mechanism" (Coase 1937: 390). Daraus ergibt sich, dass für Güter oder Regionen, die nicht an Märkte angeschlossen sind auf jeden Fall Unternehmen entstehen müssen, die diese in den Markt einbringen. Innerhalb einer Firma werde die Serie von Verträgen, die man auf dem Markt hätte abschließen müssen, um ein Produkt herzustellen, auf einen Vertrag reduziert, der die Hierarchie zwischen Eigentümer und Mitarbeiter etabliert. Die Grenzen der Firma sah Coase dann an dem Punkt, an dem die Kosten der hierarchischen Kontrolle und Koordination der Mitarbeiter innerhalb der Firma die Transaktionskosten auf dem Markt übersteigen.

Nimmt man die Feststellung von Coase ernst und fragt nach den für den Manager interessanten Erfolgsrezepten für ein Unternehmen so wird deutlich, dass dieses danach streben muss, „Marktversagen" zu erzeugen. Dies kann geschehen, indem innerhalb des Unternehmens Kompetenzen aufgebaut werden, die nicht am Markt handelbar sind oder dort jedenfalls zeiträumlich nicht zu erwerben sind. Nach außen gerichtet kann das Unternehmen Mitbewerber aufkaufen, um den Markt zu verzerren und so monopolistische Vorteile zu erlangen. Während ersteres tendenziell innovationsfördernd wirkt, ist letzteres meist wohlfahrtsschädigend und daher Teil wettbewerbsrechtlicher Überprüfungen (Barney 1991; Dierickx/Cool 1989: 1507; Peteraf 1993: 182; Wernerfelt 1984).

Allerdings wird seit den 1980er Jahren die klare Unterteilung zwischen Markt und Hierarchie zunehmend aufgebrochen. Einerseits würden die Kosten für die Entwicklung bestimmter Kompetenzen durch die stärkere Technologisierung des Produktionsprozesses und dessen stärkere Abhängigkeit von mehreren Schlüsseltechnologien zunehmen, andererseits aber auch die Flexibilitätsanforderungen ansteigen, da die Kosten für die Nutzung des Marktes auf Grund der technologischen Entwicklung sich im Sinken befänden, so die Argumentation. Dies führe dazu, dass Firmen einerseits nicht mehr alle Fähigkeiten intern erzeugen könnten und andererseits auch die relativen Kosten von Hierarchien gegenüber Marktorganisation anstiegen. Diese Erkenntnisse führten schließlich zu einer konzeptionellen Gegenüberstellung des klassischen „hierarchischen" Kapitalismus mit einem neuen „Allianzkapitalismus", der stärker auf strategische Allianzen zwischen Firmen und Gemeinschaftsunternehmen setzte, um Spezifizität und höhere Kapitalintensität der Bedürfnisse mit Flexibilitätsanforderungen zu vereinbaren (Dunning 1995). Dieser Befund wird unten auch in der Diskussion zu den multinationalen Unternehmen eine Rolle spielen.

2.2.2   Theorien zu multinationalen Unternehmen

Frühe Erklärungsversuche

Die Diskussion in der Nachkriegszeit konzentrierte sich zunächst auf die Entstehung US-amerikanischer multinationaler Unternehmen, da diese Vorreiter der Entwicklung waren. Dies verweist auf die systemische Funktion multinationaler Unternehmen für die Festigung der Hegemonie der USA, ein Zusammenhang, der sowohl von Theoretikern der realistischen als auch der neomarxistischen Strömung vorgebracht wird: Im Gegenzug für Sicherheitsgarantien und Wirtschaftshilfe der USA wurden auch liberale Prinzipien des Marktzugangs institutionalisiert. Der technologische Vorsprung der USA ermöglichte in diesem Kontext nicht nur die Erzielung von Monopolrenten durch die multinationalisierenden Konzerne aus den USA, sondern auch die rasche Modernisierung und Homogenisierung der westlichen Partner, sowie die Erschließung von Ressourcen in der Peripherie. Der Erfolg für die meisten Beteiligten stärkte das von den USA dominierte liberale Wirtschaftssystem (Arrighi 1994: 306; Gilpin 1975; Huntington 1973: 342f).

Die Erklärungen für die Multinationalisierung fokussierten denn auch auf Marktverzerrungen, die von Konzernen genutzt werden konnten. Diese basierten entweder auf dem Kauf von möglicher Konkurrenz oder auf dem Besitz neuer, (noch) nicht am Markt verfügbarer Technologien. Für beide Vorteile wurde der hohe Entwicklungsgrad der US-amerikanischen Wirtschaft und die korrespondierende Größe des Inlandsmarktes als ausschlaggebend identifiziert. Die Internationalisierung von Betrieben der weiterverarbeitenden Industrie wurde im Produktzyklusmodell mit den „Marktverzerrungen" erklärt, die sich aus dem technologischen Vorsprung der US-amerikanischen Konzerne und des Wohlstandsvorsprungs des US-Marktes gegenüber Auslandsmärkten ergaben. Diese ermöglichten die Bereitstellung neuer Produkte oder Produktionsprozesse, die Kostenvorteile ergaben. Die technologischen Vorteile wurden wiederum auf die Versorgung der USA mit Produktionsfaktoren zurückgeführt: Da natürliche Ressourcen immer vorhanden, Arbeit aber immer knapp gewesen sei, hätten die amerikanischen Produzenten wenig arbeitsintensive Produktionsverfahren entwickeln müssen. Die Produktion sei ebenfalls in den USA erfolgt, da die Produktentwicklung auf Rückkopplung der Kunden angewiesen sei und bei Verlagerung der Produktion ins Ausland hohe Informationskosten entstünden. Dementsprechend wurden technologisch fortgeschrittene Produkte von amerikanischen Unternehmen in den USA produziert und abgesetzt. Diese Produkte wurden auf Grund ihrer Charakteristika auch im Ausland nachgefragt und daher exportiert. Mit der Zeit werden die exportierten Produkte jedoch imitiert oder die Position im Exportmarkt von Wettbewerbern angegriffen. Um einen Verlust der Märkte zu verhindern, würden die Unternehmen anschließend ihre Produktion ins Ausland verlagern, um dort von der günstigeren Versorgung mit Arbeitskraft ebenso wie ihre Wettbewerber zu profitieren. Dadurch könne der Vorteil noch eine Weile genutzt werden, bis er völlig erodiere (Vernon 1966: 66). Das Unternehmen versucht also durch die effizientere Produktion im Ausland, die technologische Rente noch etwas zu verlängern. Der Unterschied zu der monopolistischen Erklärung (Hymer 1976) ist, dass es hier nicht zur Zusammenarbeit zwischen Wettbewerbern zur Rentenextraktion kommt, sondern eine Effizienzsteigerung durch Nutzung günstigerer Produktionsstandorte erfolgt, die die fortgesetzte Wettbewerbsfähigkeit sichern sollen. Als Instrument der Internationalisierung gilt hier nur das Tochterunternehmen, das ganz im Eigentum des MNE ist. Das MNE erscheint somit als eine vollständig nach außen abgeschlossene Hierarchie, die mehrere Länder umspannt.

Beide Theorien enthalten Einsichten der Transaktionskostentheorie, dass nämlich Informationskosten entstehen und der Markteintritt in einen fremden Markt mit erheblichen informationellen Kosten verbunden ist und auch Kosten der Koordination erzeugt. Bezüglich der Entstehung multinationaler Konzerne zeigt sich, dass diese auf Handel und freiem Kapitalverkehr beruht, aber noch darüber hinausgeht. Zum einen können Ressourcen, die dem Weltmarkt bisher noch nicht zur Verfügung standen, durch multinationale Unternehmen verfügbar gemacht werden. Indem das Unternehmen z. B. in einem wenig entwickelten Land investiert, können zusätzliche Rohstoffe verfügbar gemacht werden oder lokale Arbeitskräfte in die globale Arbeitsteilung einbezogen werden.

Betont wurden auch politische Probleme, die aus der Dynamik der Verhandlungsmacht zwischen Regierung des Gastlandes und dem multinationalen Konzern herrühren. Das multinationale Unternehmen bringt dabei häufig Fähigkeiten mit, die lokal nicht verfügbar sind und kann daher insbesondere in wenig entwickelten Ländern hohe Verhandlungsmacht erhalten (Evans 1971; Penrose 1968: 252). Die Verhandlungsmacht wird dann auch durch die Fähigkeit erhöht, zwischen verschiedenen Ländern als Produktionsstandort wählen zu können. Allerdings wurde auch das Phänomen des *obsolescing bargain* hervorgehoben, der insbesondere kapitalintensive Investitionen kennzeichnet. Nach der Tätigung der Investition verschiebt sich dabei die Verhandlungsmacht zu Gunsten des Gastlandes. Insbesondere bei Investitionen, die mit besonderen, nicht generell anwendbaren Konditionen erfolgt sind, ergeben sich große Anreize zu Neuverhandlungen, nachdem der Konzern Investitionen versenkt und Erfolge erzielt hat. Ein solchermaßen rasch „veraltender" Deal erhöht das Risiko von Investitionen in Ländern mit schwachem Rechtssystem (Vernon 1971: 46ff).

Auch der mögliche politische Einfluss des Heimatlandes auf die Verhandlungsmacht und die Motivation der Konzerne wurde thematisiert. Die Unternehmen könnten etwa als „Trojanische Pferde" und „Agenten" von Regierungen der Heimatstaaten verwendet werden, die deren Interessen in den Gastländern durchsetzen helfen. Dabei sei Eigentümerschaft unwichtig, da auch Firmen im Staatseigentum bürokratische Mechanismen zur Abwehr von staatlichem Einfluss entwickeln könnten. Vielmehr müsse das komplexe Beziehungssystem zwischen dem Staatsapparat des Heimatstaats und dem Apparat der Firma untersucht werden, um Einflussnahme ermessen zu können (Vernon 1972: 117). Das Problem für Gastländer sei, dass Konzerne nicht nur durch die Entscheidungen der Unternehmenszentrale relevante Ressourcen im Gastland beeinflussen, sondern die Unternehmenszentrale auch Anweisungen von anderen Staaten erhalten könne (Vernon 1972: 143). Bei kleinen Staaten sei dies aber weniger relevant als bei großen und mächtigen Staaten, die große Konzerne kontrollieren. Dabei wurde auch hervorgehoben, dass Heimatstaaten die Verhandlungsmacht von Konzernen noch vergrößern können, wenn sie an einem bestimmten Ergebnis interessiert sind (Penrose 1968: 260).

Die frühe Literatur hob also sowohl die politisch-gesellschaftlichen Auswirkungen wirtschaftlich motivierter Investitionen im Gastland hervor, als auch die Möglichkeiten politischer Beeinflussung der Motivationen der Unternehmen, sowie die staatliche Vergrößerung von Unternehmensressourcen. Während die wirtschaftlich motivierte Investition mit dem Argument gerechtfertigt werden kann, dass dadurch eine Steigerung des Wohlstands erzielt wird und diese im Rahmen offener Märkte das nationale Kapital – soweit vorhanden – nicht wesentlich benachteiligt, verändert sich diese Rechnung bei zusätzlicher politischer Einflussnahme des Herkunftslandes oder der Ausstattung des Konzerns mit politischen Ressourcen ins Negative. Agieren Staat und ausländisches Kapital konzertiert und handelt das Unternehmen im staatlichen Interesse, so können solche Beziehungen Züge einer imperialen Ausbeutung annehmen und die Souveränität des Gastlands untergraben. Dies verdeutlicht, dass multinationale Konzerne nur im Rahmen einer relativ gut institutionalisierten Trennung von wirtschaftlicher und politischer Macht dauerhaft operieren können.

Das eklektische Paradigma

Die späteren Theorien der Multinationalisierung warfen den politischen Ballast über Bord und waren der Meinung, dass „the principal business of business is business" (Vernon 1972: 120). Dem „eklektischen Paradigma" liegt dabei die Idee der Nutzung unternehmensspezifischer Vorteile, die mit ortsspezifischen Vorteilen im Ausland verbunden werden, zu Grunde (Dunning 1988a; b; 2001). Hier werden – wie die Bezeichnung „eklektisch" schon vermuten lässt – relativ viele Erklärungsvariablen früherer Theorien zusammengefasst. Der Ansatz steht dabei auf den drei „Beinen", die zur Erklärung von Internationalisierung genutzt werden: *ownership, locational, internalization advantages* (OLI).

Es wird zunächst davon ausgegangen, dass ohne vorhandene unternehmensspezifische Vorteile gegenüber den in einem Zielland vorhandenen Unternehmen keine Multinationalisierung erfolgen kann. Dieser Vorteil muss ausreichend sein, um die höheren Kosten, die das multinationale Unternehmen auf Grund des relativ schlechteren Marktwissens gegenüber heimischen Wettbewerbern hat, auszugleichen. Dies ist die von Vernon entlehnte Idee eines Vorteils, den nur das multinationale Unternehmen besitzen darf. Diese *ownership*-Vorteile können dabei in exklusivem Zugang zu materiellen oder institutionellen Ressourcen (Rohstoffe, Produktionsfaktoren, Märkte) und in „weichen" Kapitalien wie Patenten, Handelsmarken, Managementfähigkeiten usw. liegen.[11] Daneben kommen noch die Vorteile gemeinsamer Steuerung multinationaler Unternehmen zum Tragen, also spezifische Transaktionskostenvorteile gegenüber einer Marktkoordination, die auf Grund der Multinationalität des Unternehmens entstehen (Dunning 1988b: 21). Letztere erlauben es dem Unternehmen die Ressourcenströme marktunabhängig zu lenken (Dunning 1983: 334).

Als zweites Bein treten noch Internalisierungsvorteile hinzu. Diese erklären, *wie* das Unternehmen multinational tätig wird. Denn die *ownership*-Vorteile könnten theoretisch auch auf anderem Wege auf dem Markt (Handel, Lizenzvergabe) gewinnbringend eingesetzt werden. Für die Entstehung eines multinationalen Unternehmens muss daher das schon bekannte Marktversagen vorhanden sein, das einen Anreiz für die Substitution der Marktkoordination mit hierarchischen Koordinationsformen bietet. Es wird also davon ausgegangen, dass ein multinationales Unternehmen das vorhandene Marktversagen nutzt und verstärkt, oder sich gegen Marktversagen schützen will und daher Produktmärkte internalisiert. „Marktversagen" kann aus Unternehmenssicht aber auch für den Fall gegeben sein, wenn ein besonders kompetitiver Markt vorhanden ist, der keine Preisdiskriminierung zulässt – Internalisierung wird dann genutzt, um den Wettbewerb zu schwächen (Dunning 1988b: 23).

Als drittes Bein kommen noch standortspezifische Vorteile hinzu, die erklären, in welchem Markt das Unternehmen tätig wird, um Profite zu erzielen. Hier kommen wieder die geringeren Faktorpreise in den Exportmärkten von Vernon in den Sinn. Dunning nennt die geographische Verteilung von natürlichen und/oder hergestellten Ressourcen, örtliche Faktorpreise und deren Qualität (Arbeit, Kapital, Boden, Energie), Infrastruktur und Investitionspolitik als ausschlaggebend für den Ort der Investition (Dunning 1988b: 32). Multinationalisierung setzt also immer voraus, dass ein Investitionsprojekt direkt Gewinne für das Unternehmen abwirft, oder aber im Gefüge des Unternehmens einen positiven Beitrag leistet, der an anderer Stelle des Unternehmens die Gewinne steigert.

---

[11] Die monopolistische Erklärung Hymers für die Motivation von Unternehmen wird also explizit wieder aufgegriffen – vgl. Dunning (1988b: 39), Endnote 1.

Je nach Motivation werden dann vier Typen von ADI unterschieden: ressourcensuchende, marktsuchende, effizienzsuchende und strategische Güter suchende ADI (Dunning 1998: 53). Ressourcensuchende ADI zielen auf die Erschließung und Verarbeitung natürlicher Ressourcen ab und sind daher naturgemäß stark ortsgebunden. Marktsuchende Investitionen zielen auf die Erschließung neuer Absatzmärkte und orientieren sich dabei an der Größe des Marktes, der regionalen Infrastruktur und der Regierungspolitik. Effizienzsuchende ADI zielen auf niedrigere Produktionskosten ab, die in einem Land einerseits durch geringere Faktorpreise und Steuern, aber auch durch infrastrukturelle Vorteile oder besondere Strukturen für Forschung und Entwicklung gegeben sein können. Strategische Güter suchende ADI streben nach der Erschließung neuer *ownership*-Vorteile durch die Akquise ausländischer Unternehmen, um die bestehenden Vorteile zu erweitern. Zunehmend wurden auch Gelegenheitsstrukturen zum Lernen und zur Erlangung von kulturspezifischem unkodifiziertem Wissen als Anreize für ADI identifiziert (Dunning 1998: 54).

Schließlich werden in der Theorie auch die Probleme der konkreten Form der Investition betrachtet. Unterschieden werden zunächst Tochterunternehmen, Gemeinschaftsunternehmen mit lokalen Partnern oder Minderheitsbeteiligungen. Dabei wird eine Zunahme von Gemeinschaftsunternehmen konstatiert. Bei Gemeinschaftsunternehmen nehmen nur zwei Parteien Teil und die Anteile werden paritätisch (50:50) aufgeteilt oder es gibt eine andere Aufteilung, bei der eine der Parteien einen größeren Anteil hat. Der Unterschied zu Minderheitsbeteiligungen ist bei letzterer Form das größere Mitspracherecht, da nur zwei Partner beteiligt sind. Als Grund für die stärkere Beschäftigung mit Gemeinschafts-unternehmen wird der Charakter des „Allianzkapitalismus" angegeben, der die Suche nach neuen strategischen Gütern gegenüber proprietären Firmengütern immer wichtiger werden lasse. Das Auftreten solcher, meist als „kooperativ" gekennzeichneter Arrangements wird denn auch damit begründet, dass sich so lokale Aktiva, Fähigkeiten und Erfahrungen der Partnerfirmen aktivieren ließen, die anders nicht erschlossen werden könnten. Um das Risiko opportunistischen Verhaltens des Geschäftspartners bei Gemeinschaftsunternehmen abzubauen, wird dem Aufbau von Vertrauen zwischen den Partnern besondere Rolle eingeräumt. Daneben wird auch das Auftreten von strategischen Allianzen zwischen globalen Wettbewerbern als neues Phänomen betont, das ebenfalls auf die gestiegenen technolo-gischen Anforderungen zurückgeführt wird. Diese Arrangements sind besonders delikat, da opportunistisches Verhalten angesichts der globalen Konkurrenz nur schwer zu vermeiden ist. Neben diesen Gründen werden auch staatliche Barrieren wie Kapitalverkehrskontrollen im Gastland als Grund für die Akzeptanz von Minderheitsbeteiligungen oder Gemeinschafts-unternehmen genannt (Beamish/Banks 1987; Dunning 1995; Dussauge/Garrette 1995; Franko 1989; Mutinelli/Piscitello 1998).

Andere Autoren wiesen darauf hin, dass Gemeinschaftsunternehmen auch gezielt zur Erhöhung der Marktmacht eines Unternehmens genutzt werden können. Dies ist möglich, wenn eine Firma in einem Markt mehrere Gemeinschaftsunternehmen mit verschiedenen Partnern gründet und selbst als Produzent der gehandelten Güter auftritt. In diesem Fall wird das kooperative Image von Gemeinschaftsunternehmen als List genutzt, um effektiver Monopolmacht aufzubauen, da die verschiedenen Partner gegeneinander ausgespielt werden können und so Verhandlungsmacht innerhalb der einzelnen Gemeinschaftsunternehmen aufgebaut werden kann. In diesem Fall geht es der Firma nicht um Kooperation und Vertrauen, sondern um Konflikt und Täuschung, um die eigene Marktmacht zu stärken (Buckley/Casson 2002: 51). So wird denn auch darauf verwiesen, dass die Betrachtung der

Verteilung der Anteile in einem Gemeinschaftsunternehmen nicht ausreicht, um zu ermitteln, welcher der Partner die Kontrolle über das Unternehmen hat. Vielmehr müsse auch die Verhandlungsmacht der Partner betrachtet werden. So könne ein Partner trotz einer Minderheitsbeteiligung erhebliche Kontrolle erhalten, wenn er für die Funktion des Unternehmens kritische Güter bereitstellen könne (Gereffi/Korzeniewicz 1994; Root 2002: 76).

Das „eklektische Paradigma" und seine Weiterentwicklungen stellen einen umfassenden, auf wirtschaftliche Faktoren fokussierten Ansatz zur Erklärung von Multinationalisierung dar. Dabei berücksichtigt der Ansatz sehr viele Faktoren zur Erklärung von Multinationalisierung, bleibt aber dennoch dabei. Den Kern bildet aber die Annahme, dass das Unternehmen wirtschaftliche Vorteile gegenüber dem Zielmarkt aufweisen muss, um eine Internationalisierung vornehmen zu können. Dies wurde in späteren Ansätzen verworfen.

Linkage, Leverage, Learning: Neue Akteure in der Globalität

Die bereits im Rahmen des „eklektischen" Paradigmas theoretisierte zunehmende Interaktionsdynamik trug zur Entwicklung eines neuen Erklärungsansatzes für die Multinationalisierung von Unternehmen bei. Der Ansatz „Linkage, Leverage, Learning" (LLL) wurde speziell für Firmen aus der Peripherie entwickelt, die als Wettbewerber etablierter MNE auftreten (Mathews 2006). Ausgangspunkt ist die Globalität mit ihren bereits bestehenden komplexen, vielschichtigen Verbindungen zwischen Unternehmen, die den Aufsteigern aus der Peripherie eine Gelegenheitsstruktur bietet, die sich gegenüber dem Umfeld früherer MNE deutlich unterscheidet und neuartige Strategien erlaubt. Denn letztere entstanden in einem Kontext, in sie sich ihr Umfeld noch selbst aktiv schaffen mussten, während die neuen MNE die Strukturen der Globalität nutzen können. Ausgangspunkt ist dabei der Gedanke der nachholenden Entwicklung und die Idee, dass Nachzügler nicht die gleichen Entwicklungsschritte vollziehen müssen wie die Initiatoren der Entwicklung, sondern durch Imitation der entwickelten Akteure und vorhandene Ressourcen auf globaler Ebene alternative Entwicklungspfade bestehen (Gerschenkron 1962).

Standen im OLI-Ansatz die Vorteile des Unternehmens gegenüber anderen im Fokus, so ist es hier der Blick auf die Defizite, verbunden mit der Flexibilität innerhalb eines globalisierten Umfelds, das Multinationalisierung erklärt (Mathews 2006: 18). Der Fokus liegt dabei auf den Strategien zum Ausgleich von Nachteilen, den „strategische Güter suchenden" Strategien. Die internationale Wirtschaft wird dabei als ein transnationales Netzwerk von Beziehungen zwischen Firmen wahrgenommen, in dem Ressourcen durch „linkage" mit bestehenden Firmen (über Gemeinschaftsunternehmen und Partnerschaften) erschlossen werden können. Dann werden besonders leicht imitierbare Ressourcen der Partner kopiert und übernommen (*leverage*). Dies kann wiederholt werden und zu Lernen führen. Diese kognitiven Dispositionen der Nachzügler gehen einher mit organisationalen Vorteilen: Die Nachzügler können die Bedingungen der Globalität organisational besser nutzen (netzwerkförmige Organisation mit globaler Ausrichtung), da sie noch keine großen Verwaltungsstrukturen und regionale Verwaltungen aufgebaut haben, wodurch die Rationalisierungspotentiale der Kommunikationstechnologie voll genutzt werden können.

Der LLL-Ansatz scheint vor allem für kleine und mittlere Unternehmen aus wenig kapital- aber wissensintensiven Branchen eine gute Erklärung zu bieten. Auch bietet er eine neue Perspektive, die den raschen Aufstieg neuer Akteure und die gleichzeitige Erosion der Vorteile bestehender multinationaler Konzerne thematisiert, die durch die Kommunikationstechnologien und die mehrfach unterteilten Produktionsketten (Gereffi et al.

2005) für die gegenwärtige Etappe des globalen Kapitalismus kennzeichnend ist. Allerdings scheint er für die hier betrachteten sehr kapitalintensiven Energiekonzerne nur in einigen Aspekten relevant, dort wo es etwa um die Fähigkeit zur Vernetzung mit Akteuren und zur Erlangung von Marktwissen geht. Zusammenfassend enthält Tabelle 2.2 eine Übersicht über die Strategieinstrumente, die Unternehmen bei der Multinationalisierung nutzen können.

Tab. 2.2: Unternehmerische Strategieinstrumente zur Multinationalisierung

Art der Strategie	Instrument	Ziel	Vor- und Nachteile
Autonome Strategie	Tochter-unternehmen	Nutzung bestehender Kompetenzen	(+) volle Kontrolle (–) fehlendes lokales Marktwissen u.a. Ressourcen
Strategische Partnerschaft (vertikal, mit Partner(n) in Zielmarkt)	vertragliche Vereinbarungen	Kooperative Aufteilung der Wertschöpfungskette zur Nutzung bestehender Kompetenzen	(+) volle Kontrolle über jeweiligen Bereich der Produktionskette (+) Optimierung der Produktionskette (–) keine neuen Ressourcen erschließbar
	Gemeinschafts-unternehmen („vertikale quasi-integration")	Erschließung neuer Kompetenzen im Zielmarkt	(+) neue, nicht imitierbare Ressourcen über Partner (+) Verringerung finanzieller Risiken (+) höhere Erlöse (–) höhere Koordinationskosten (–) Risiko des Abflusses eigener Kernkompetenzen (–) evtl. keine volle strategische Kontrolle über Tätigkeit (–) Vertrauen bedingt langfristige Bindungen
	Minderheits-beteiligung	Erschließung neuer Kompetenzen im Zielmarkt	(+) evtl. neue, nicht imitierbare Ressourcen über Partner (+) Verringerung finanzieller Risiken (–) meist keine Kontrolle über Tätigkeit
Strategische Allianz (horizontal, mit globalem Wettbewerber)	vertragliche Vereinbarungen	Erschließung komplementärer Kompetenzen in bestimmten Bereichen	(+) evtl. neue, nicht imitierbare Ressourcen über Partner (+) Möglichkeit zur Beschränkung des Wettbewerbs (–) Opportunismus-Problem auf Grund von Wettbewerb schwer lösbar – Möglichkeit zur Ausnutzung
	Gemeinschafts-unternehmen	Erschließung komplementärer Kompetenzen in bestimmten Bereichen	(+) neue, nicht imitierbare Ressourcen über Partner (–) Opportunismus-Problem (–) hohes Risiko des Abflusses von Kernkompetenzen

Quelle: Eigene Darstellung auf Basis von (Beamish/Banks 1987; Contractor/Lorange 2002; Dunning 1995; Dussauge/Garrette 1995; Franko 1989; Mutinelli/Piscitello 1998)

Heimatstaatliche Vorteile zur Erklärung neuer Akteure

Der *mainstream* der Forschung zu neuen multinationalen Konzernen aus aufstrebenden Wirtschaften hat denn auch versucht, das eklektische Paradigma zu modifizieren, um eine Erklärung zu erhalten. Dabei wandte sich die Diskussion im Rahmen der neo-institutionalistischen Denkschule (North 1990) institutionellen Faktoren des Heimatlandes zu, die die raschere Multinationalisierung der Konzerne aus *emerging markets* erklären sollen (Dunning 2006). Auch wurde darauf verwiesen, dass es häufig nicht so sehr die *ownership*-Vorteile sind, die Multinationalisierung erklären können, sondern vielmehr spezifische Vorteile des Heimatlandes genutzt werden, um die Multinationalisierung zu unterstützen. Die zwischenzeitlich klare Trennung zwischen wirtschaftlichen und politischen Faktoren wurde bereits Ende der 1980er Jahre in Frage gestellt, als das Interesse für MNE aus „Entwicklungsstaaten" zunahm. So wurde für Firmen aus Indien, Südkorea und Singapur festgestellt, dass der Entstehung multinationaler Konzerne ein aktives Eingreifen des Staates vorausging, das Produktionsfaktoren gezielt beeinflusste, um strukturellen Wandel der Wirtschaft herbeizuführen und multinationale Konzerne zu erzeugen (Aggarwal/Agmon 1990). Politische Faktoren erhielten nun wieder größere Aufmerksamkeit.

Die institutionellen Faktoren wurden in der weiteren Diskussion einerseits auf die Tauschbeziehungen zwischen Akteuren bezogen und neben den traditionellen Fokus auf die Ausstattung der Länder mit Produktionsfaktoren gestellt (Wan/Hoskisson 2003). Andererseits wurde der Begriff „institutionelle Leerstellen" (*institutional voids*) zur Kennzeichnung der gegenüber den entwickelten kapitalistischen Volkswirtschaften fehlenden Institutionen zur Bereitstellung von Marktinformationen und generalisiertem Vertrauen, sowie von spezialisierten Intermediären geprägt. Diese tragen zu höheren Transaktionskosten und allgemeinem Marktversagen bei (Khanna/Palepu 2000). Dies führt dazu, dass „fremden" Akteuren der Marktzugang erschwert wird, da Erfolg von unbekannten oder schwer replizierbaren Faktoren abhängt. Drei Effekte der institutionellen Leerstellen wurden identifiziert: Erstens fungieren sie als Marktzutrittsschranken gegenüber Firmen aus entwickelten Staaten, die bestehende Firmen von Wettbewerb oder Übernahmen aus dem Ausland schützen (Durnev 2010: 91; Khanna/Palepu 2006).[12] Im Rahmen einer importsubstituierenden Politik können solche Barrieren auch zusätzlich staatlich geschaffen werden. Dies macht es möglich, dass Firmen Renten abschöpfen und weit größer werden können als es in einem Wettbewerbsmarkt möglich wäre. Diese monopolistischen Vorteile können dann im Internationalisierungsprozess als *ownership*-Vorteil gegenüber kleineren Wettbewerbern genutzt werden (Hymer 1976; Tulder 2010). Zweitens regen die Leerstellen auch zu Fluchtinvestitionen an, um die Defizite des institutionellen Rahmens im Heimatland auszugleichen (Alon 2010; Durnev 2010; Luo/Tung 2007; Stal/Cuervo-Cazurra 2011). Diese Betonung auf Fluchtinvestitionen zeigt auf, dass sich das globale Umfeld im Einklang mit der diskutierten LLL-Theorie gewandelt haben muss, da Multinationalisierung im Rahmen eines schlechten innerstaatlichen Umfeldes lohnenswert erscheint und keine großen Widerstände überwinden muss, sondern vielmehr zusätzliche Ressourcen verfügbar machen kann.

In Analogie zum Uppsala-Modell der *psychic distance* (Johanson/Vahlne 1977) wurde drittens angemerkt, dass Unternehmen aus Ländern mit institutionellen Defiziten auch Multinationalisierungsvorteile gegenüber MNE aus westlichen Staaten haben, da erstere besser mit dem gewohnten Umfeld fehlender generalisierter Institutionen umgehen können als die etablierten MNE. So falle es ihnen auf Grund der Organisationsstruktur leichter, etwa mit nicht vorhandener Infrastruktur und politischen Risiken umzugehen (Cuervo-Cazurra/Genc 2008). Dieser Vorteil beruht also darauf, dass es in vielen weniger entwickelten Ländern wirtschaftliche Chancen gibt, die von den etablierten MNE auf Grund deren

---

[12]   Dies ist ein Unterschied zu dem Mechanismus „institutioneller Protektion", der von Tulder (2010: 68) identifiziert wurde. Dieser bezieht sich direkt auf staatliche Politiken.

fehlender Erfahrung und unzureichender Flexibilität nicht erschlossen werden können. Die etablierten MNE haben also gewisse Leerstellen gelassen. Fehlende Regeln zu *corporate governance*, konzentriertere Eigentümerstrukturen oder fehlende Überwachung durch Anteilseigner dürften bei solchen Strategien behilflich sein. Dies verweist darauf, dass institutionelle Defizite im Zielland nicht in jedem Fall eine abschottende Wirkung haben. Dies verdeutlicht zudem, dass die *ownership*-Vorteile der Unternehmen keine absolute Gültigkeit haben, sondern je nach institutionellem Kontext differieren. Für MNE aus entwickelten Wirtschaften kann es z. B. auf Grund des schlechten institutionellen Kontextes unmöglich sein, ihre Vorteile in einem bestimmten Land einzusetzen.

Als neue heimatlandspezifische Vorteile, die den neuen Akteuren zur Verfügung stehen, werden klassische Produktionsfaktoren wie günstige Arbeitskraft, aber auch Güter mit höherem Exklusionsgrad wie günstiges Kapital (staatliche Kreditsubventionen) und Zugang zu natürlichen Ressourcen genannt (Cantwell/Barnard 2008; Dunning et al. 2008: 177; Rugman 2010; Tulder 2010). Die Erklärungsfaktoren für die Multinationalisierung der neuen Akteure beziehen sich also auf die relativ günstigeren Standortbedingungen (L-Vorteile) in anderen Ländern (für einige Tätigkeiten), auf Ähnlichkeit des institutionellen Umfeldes, sowie auf die *ownership*-Vorteile, die sich aus einem *insider*-Status ergeben, sowohl hinsichtlich der Fähigkeiten zum Umgang mit den institutionellen Lücken als auch in Bezug auf den Zugang zu manchen heimatlandspezifischen Vorteilen, die von staatlichen Akteuren verwaltet werden. Daraus lassen sich als Motive für die Multinationalisierung sowohl Eskapismus in Bezug auf den volatilen innerstaatlichen Kontext, staatliche Förderung und die Nutzung von Vorteilen auf Basis eines ähnlichen Umfeldes ableiten.[13]

Die Literatur bezüglich institutioneller Leerstellen wurde jedoch bisher unzureichend mit der Literatur zu heimatlandspezifischen Vorteilen integriert. Nur wenige Autoren thematisierten bisher die Tatsache, dass eine fragmentierte institutionelle Umwelt dafür sorgen wird, dass sowohl die Motivation des Eskapismus als auch der Zugang zu staatlicher Förderung und zu staatlichem Schutz nicht gleich unter den Unternehmen verteilt sein werden. Um das scheinbare Paradox zwischen Flucht und staatlicher Förderung aufzulösen wurde vorgeschlagen, dass die volkswirtschaftliche Bedeutung des Unternehmens (dessen Größe) für den Zugang zur staatlichen Förderung sorgen würde (Ren et al. 2010: 19). Dazu muss jedoch vor dem Hintergrund der Diskussion über institutionelle Lücken die Frage gestellt werden, ob die Größe nicht ebenfalls eine abhängige Variable ist, also staatliche Förderung nicht erst zur Größe des Unternehmens geführt hat. Ein anderer Vorschlag war, dass die Eigentümerschaft des Unternehmens ausschlaggebend sein würde: Während private Unternehmen keinen Zugang zu staatlichen Förderinstrumenten hätten und daher eher Fluchtmotive zum Tragen kämen, würden staatliche Unternehmen Zugang zu den staatlichen Ressourcen erhalten und daher auch langfristige Investitionsprojekte im Interesse des Staates durchführen (Alon 2010; Child/Rodrigues 2005). Dies widerspricht aber den frühen Feststellungen Vernons (1972: 117), der auf das Beziehungsgeflecht zwischen Firmen und Staat als bedeutenderen Faktor verwiesen hatte.

---

[13] Die Multinationalisierung von Unternehmen aus Nettoenergieexporteuren wurde ebenfalls mit der Standardtheorie zu MNE erklärt. Dabei wurde angenommen, dass die Konzerne marktsuchende Investitionen durchführen, etwa weil die von ihnen produzierte Erdölsorte nur schwer an Raffinerien zu verkaufen sei. Dabei wurde jedoch deutlich, dass diese Erklärung teilweise nicht ausreichte, und etwa Fluchtstrategien des Managements vor Besteuerung und Kontrolle durch die Regierung des Heimatstaates ebenso ausschlaggebende Bedeutung haben konnten Baena (1999); Mares/Altamirano (2007).

Noch nicht genügend entwickelt ist auch die Verbindung von heimatlandspezifischen Vorteilen und „institutionellen Leerstellen" zu den Motivationen der Multinationalisierung. Denn auch heimatlandspezifische Vorteile können, wie auch die klassischen *ownership*-Vorteile, nur in bestimmten Sektoren Vorteile erzeugen. Diese ergeben relativ spezifische Motivationen zur Multinationalisierung. Bestehen staatliche Vorteile im Heimatland etwa im Zugang zu Ressourcen, so wird ressourcensuchende Multinationalisierung eher nicht stattfinden, da in diesem Bereich keine Notwendigkeit zur Multinationalisierung besteht und das Unternehmen im Ausland, *ceteris paribus*, schlechter gestellt wäre. Währenddessen werden die Anreize zu marktsuchenden Investitionen befördert.

Die Beschäftigung mit den neuen Akteuren führt zum Befund, dass das Verhältnis zwischen staatlichen Interessen und MNE komplexer geworden ist und staatliche Politiken auf die globalen Wettbewerbsvorteile von MNE nicht nur indirekte, sondern auch direkte Auswirkungen haben können. Umgekehrt gilt, dass MNE transnationale Interdependenzen unter Umständen auch im staatlichen Auftrag herstellen und verwalten können. Diese politischen Einflussfaktoren und ihre Auswirkungen verweisen auf die frühe Literatur, die den problematischen Charakter solcher staatlicher Einflussnahme auf die Unternehmensziele und die Verhandlungsmacht der Unternehmen thematisierte (Abdelal 2012; Penrose 1968; Vernon 1972).

In dieser Hinsicht will die Arbeit etwas zur Beantwortung der Frage beitragen, wie sich der heimatstaatliche Kontext auf die Motivationen und Ressourcen der Multinationalisierung der Konzerne auswirkt. Insbesondere soll dabei ein Beitrag zur Präzisierung der heimat-staatlichen Vorteile und der staatlichen Interessen, sowie des Zusammenhangs zwischen diesen Vorteilen, Fluchtinvestitionen und der Anbindung der Konzerne an staatliche Akteure geleistet werden. Dies motiviert die spätere Betrachtung des russländischen institutionellen Kontextes und die Formulierung der Hypothesen, die sich auf die Wirkung der neuen Faktoren beziehen. Zunächst wird jedoch die Literatur zu russländischen MNE betrachtet, um die Fragen weiter präzisieren zu können.

2.2.3   MNE aus Russland

Allgemeine Erklärungsversuche

Zur Erklärung von MNE aus Russland wird in der Literatur ebenfalls angemerkt, dass sich russländische MNE wesentlich früher und schneller als theoretisch erwartet multinationalisiert haben. Auch wird generell festgestellt, dass die russländischen MNE sehr heterogen sind, was eine theoretische Erklärung der Motivationen erschwert.

Für Investitionen in der GUS wurde auf die „psychische" Nähe zu diesen Märkten als Erklärung verwiesen. Die russländischen Manager verfügten über Netzwerke in diesen Ländern, was die Internationalisierung erleichtere (Kalotay 2008; 2010). Außerdem hätte der Zerfall der Sowjetunion zu einer Zertrennung etablierter Produktionsketten geführt, was deren Wiederherstellung durch Internalisierung innerhalb der GUS erkläre.

Die Flucht vor schlechten institutionellen Bedingungen als Motivation für Auslandsdirektinvestitionen wird in der Literatur als eine bedeutsame Motivation hervorgehoben, da der Hauptteil der Investitionen in Steuerparadiese geht oder in Immobilien investiert wird, also keine unternehmerisch orientierten Investition darstellt. Solche „Schein-MNE" tragen neben Bemühungen zur Steuerflucht zu einer Überhöhung des

Wertes der russländischen ADI bei (Filippov 2010; Hanson 2010: 640; Kalotay 2008; Kuznetsov 2007: 3; Pelto et al. 2003). Außerdem werden personale Interessen als eine mögliche Motivation hervorgehoben, bei denen Manager Investitionen zur eigenen Bereicherung auf Kosten des Unternehmens vornehmen (Kuznetsov 2007).

Für Investitionen außerhalb der GUS wurde im Allgemeinen eine marktsuchende oder rohstoffsuchende Motivation in Bezug auf die Rohstoffkonzerne unterstellt. Hier sei die Investition möglich, da die Unternehmen im Inland oligopolistische Vorteile hätten, die größere Kapitalkonzentration und damit Schlagkraft auch im entwickelten Ausland ermögliche (Kalotay 2008: 95). Dabei wird also auf die Erklärung von Hymer (1976) zurückgegriffen. Defizite gibt es in Bezug auf die Öl- und Gasindustrie bei der Erklärung rohstoffsuchender Investitionen: Die Motivation rohstoffsuchender Investitionen scheint für Stahlkonzerne stichhaltig zu sein, da die Vorkommen in Russland begrenzt sind. Dass diese Motivation auch für die Öl- und Gasindustrie angenommen wird (Deloitte 2008: 33; Kalotay 2008; Kalotay/Sulstarova 2010) ist jedoch unverständlich, da Russland über große bekannte Öl- und Gasreserven und weite noch nicht erkundete Gebiete verfügt. So wird schließlich auch auf zusätzliche heimatlandspezifische Faktoren verwiesen, die Voraussetzung für eine Multinationalisierung seien (Kalotay 2008; 2010; Kalotay/Sulstarova 2010). Letztlich bleibt hier also ungeklärt, warum Öl- und Gaskonzerne rohstoffsuchende ADI vornehmen.

Defizite gibt es auch bei der Betrachtung der Rolle des Staates. Dieser wird teilweise als bedeutsam für die Motivation der Konzerne anerkannt (Filippov 2010; Kalotay 2010; Kalotay/Sulstarova 2010; Liuhto 2010; Liuhto/Vahtra 2007; Tulder 2010). Dabei wird jedoch in der allgemeinen Literatur weder spezifiziert, worin die staatlichen Interessen bestehen, noch wird auf die Staatsform eingegangen, die weitere Hinweise über die Interaktion zwischen Staat und Wirtschaftsakteuren geben könnte. In anderen Quellen wird hingegen jeglicher staatlicher Einfluss auf die ADI bestritten (Deloitte 2008; Kuznetsov 2007). Wiederum andere verweisen auf die Überdeterminiertheit der Investitionen russländischer Konzerne, weshalb es schwer feststellbar sei, ob wirklich außenpolitische Motivationen dahinter stünden (Hanson 2010). Die darin deutlich werdende Parteinahme für eine wirtschaftliche Motivation verdeutlicht wiederum den unzulänglichen konzeptionellen Rahmen für eine Bewertung der Investitionen, wodurch die Diskussion dem liberalen Bezugsrahmen verhaftet bleibt. Die generelle Rolle staatlicher Akteure bei den ADI russländischer Konzerne ist damit weiterhin sowohl konzeptionell wie auch empirisch ungeklärt. Dieses Problem wird inzwischen auch in der Literatur anerkannt: Die Trennung zwischen „Staat" und „Privat" habe für russländische multinationale Konzerne wenig heuristischen Wert und die Rolle des Staates müsse näher untersucht werden (Kuznetsov 2010).

ADI russländischer Öl- und Gaskonzerne

Die Literatur zu den ADI der russländischen Öl- und Gaskonzerne kann in zwei große Gruppen unterteilt werden. Zum einen Studien, in denen die Konzerne die Hauptrolle spielen und zum anderen Studien über russländische Außenpolitik, in denen die Konzerne nicht als Objekt, sondern als Instrument behandelt werden. Studien in ersterer Gruppe sind häufig explorativer Natur und behandeln nur Gazprom und teilweise auch LUKoil. Die Unternehmen werden hier als Wirtschaftsakteure behandelt. Als Triebkräfte werden höhere Nachfrage und Preise auf Exportmärkten, sowie hohe Besteuerung, institutionelle Unsicherheit und Bürokratie im Inland angegeben. Einige Studien gehen dabei nicht näher auf den innerrussländischen Kontext ein (Heinrich 1999; 2003; 2006). Andere Studien verweisen hingegen etwa auf die wichtige makroökonomische Funktion des Gaskonzerns Gazprom in Russland, die den Staat zur Ausübung von „Druck" auf das Unternehmen veranlasse und Gazprom zu einer aggressiven Expansion in Exportmärkte antreibe, um notwendige Devisen zu beschaffen (Heinrich 2001). In Bezug auf die Durchführung von ADI wird ebenfalls auf „Netzwerke" zwischen Gazprom und Politik verwiesen, die Investitionen erleichtern und auch politisch motivierte Investitionen hervorrufen könnten (Heinrich 2001; Liuhto 2001). Allerdings fehlt eine klare Konzeption der innerstaatlichen Einbindung der Konzerne und der möglichen politischen Motivationen ebenso wie eine empirische Abstützung der Studien, die zudem meist Anfang der 2000er Jahre erstellt wurden und daher die Amtszeit Putins nicht abdecken. Für die Gasindustrie sticht hier allerdings eine Analyse hervor, die im Rahmen einer ökonomischen Analyse auch die geoökonomischen und geopolitischen Rationalitäten explizit einbezieht (Smeenk 2010). Obwohl die zentrale Rolle Putins angemerkt wird, wird die Form von „Staat" in Russland und dessen Implikationen für die Gasindustrie aber auch hier nicht näher analysiert.

Einige Kontrapunkte zur wirtschaftlichen Betrachtung setzten auch andere Beiträge, in denen politische Interessen zentral waren. Die Konzerne erschienen hier als Instrumente des Staates und dessen Energie- bzw. Machtpolitik (Ehrstedt/Vahtra 2008; Newnham 2011; Orban 2008; Poussenkova 2010; Stulberg 2007). Als Defizit ist jedoch anzumerken, dass die wirtschaftliche Funktion der Investitionen nicht betrachtet wird. Auch wird der russländische Staat nicht näher betrachtet, weshalb die Ergebnisse zu rational ausfallen dürften.[14]

Reduktionismus vermieden hingegen vielfältige Studien, die sich thematisch mit der russländischen Energieaußenpolitik befassten und in diesem Zusammenhang die Rolle der Konzerne betrachteten. Dabei wurde in den 1990er Jahren teilweise auf Interessenunterschiede und Fragmentierung zwischen russländischer Außenpolitik und Konzernen hingewiesen (Peuch 1999; Rutland 1999), in deren verunsichernden Effekten eine andere Autorin aber gerade die systematische Vereinnahmung der russländischen Außenpolitik für die Interessen der Konzerne erblickte (Christophe 1998). Während der 2000er Jahre wurde der wachsende Einfluss politischer Akteure festgestellt und deren außenpolitische Interessen identifiziert. Dabei wurden auch relativ detaillierte Analysen der staatlichen Strukturen und relevanten Akteurnetzwerke durchgeführt und die Konzerne als eigenständige Akteure begriffen (Larsson 2006; 2008). Allerdings ist hier das methodische Vorgehen hier recht unklar und es wird vor allem anekdotische Evidenz angeführt, um weitreichende Schlussfolgerungen zu ziehen.

Die vorhandenen Studien zu Russland widersprechen sich so gegenseitig, was teilweise auf unterschiedliche disziplinäre Perspektiven, aber auch im Zeitverlauf gewandelte wissenschaftliche Diskurse zurückzuführen ist. Manchen Studien fehlt dabei ein klarer konzeptionell-methodischer Rahmen, bei anderen wird schon über die Auswahl des Analyserahmens eine Verzerrung zu Gunsten von „Staat" oder „Wirtschaftsakteur" erzeugt. Eine weitere Gruppe von Studien beschäftigt sich empirisch mit einem nur eingeschränkten Kreis an Zielkontexten. Deutlich wird aus einem Vergleich der historischen Entwicklung der Ansätze und der Probleme der gegenwärtigen Ansätze zur Erklärung von Multinationali-

---

[14] Eine bemerkenswerte Ausnahme ist allerdings die Studie von Margarita Balmaceda Balmaceda (2006), die in ihrer regional fokussierten Arbeit eine genauere Bestimmung des russländischen Kontextes vornimmt.

sierung allgemein und der russländischen Konzerne im Speziellen, dass dem Staat wiederum eine größere, wenn auch noch diffuse Rolle eingeräumt wird.

Die vorliegende Studie ergreift diese Möglichkeiten zur Weiterentwicklung der Literatur, indem die Konzerne als Wirtschafsakteure behandelt werden, gleichzeitig aber die Einbettung der Konzerne im russländischen Kontext konzeptualisiert wird, um die Anreize und die mögliche politischen Einflussnahme auf Ziele und Ressourcen ermessen zu können. Zur Validierung werden empirische Daten aus mehr als einer Region analysiert. Um die Einbettung der Konzerne in den russländischen Kontext zu konzeptualisieren werden in Folge Erklärungsansätze des russländischen Staates und seiner gesellschaftlichen Wirkungen präsentiert.

2.3   Staat und Gesellschaft in Russland

Bereits in der oben in Abschnitt 2.1 geführten Diskussion wurde die Relevanz gesellschaftlicher Prozesse, innerstaatlicher Institutionen und staatlicher Strategien zur inneren Wirtschaftsentwicklung und zur Einbindung der Nationalökonomie in globale Wirtschaftsprozesse deutlich. Dabei wurde auf die Relevanz staatlicher Kapazität für entwicklungsstaatliche Politiken verwiesen. In der Diskussion der Theorien über „neue" multinationale Konzerne wurde ebenfalls die Relevanz des innerstaatlichen Kontextes für das Verständnis der Multinationalisierung der Konzerne hervorgehoben. Hier soll daher nun spezifischer auf den russländischen Staat und die in Russland institutionalisierte Wirtschaftsordnung eingegangen werden, auch um einen positiven Begriff für den heimat-staatlichen Kontext der Konzerne zu entwickeln. Dabei wird der Frage nachgegangen, mit welchem idealtypischen Begriff die russländische Herrschafts- und Wirtschaftsordnung adäquat beschrieben werden kann und welche Anreize und Einflussmöglichkeiten eine solche Ordnung für die Konzerne bereithält. Mit diesem Begriff der russländischen Herrschafts- und Wirtschaftsordnung, der auf makro-politischer Ebene ansetzt, treten die strukturellen Möglichkeiten und Beschränkungen der staatlichen Akteure und der Wirtschaftsakteure deutlicher hervor. Dabei wird zunächst unter Rückgriff auf die Transitionsforschung die theoretische Reflexion der Genese dieser Ordnung kurz umrissen, um dann einen Begriff für die entstandene Ordnung zu entwickeln. Anschließend wird konkreter auf Netzwerke als mögliches „Substitut" für stabile Institutionen eingegangen.

2.3.1 Transformation, Staat und Markt

Die Transformationsforschung legte ihr Augenmerk zunächst vor allem auf die als linear gedachte Transition des politischen Systems von Diktatur zur Demokratie. Dabei konzentrierte sie sich vornehmlich auf die formalen Institutionen (Verfassung) (Merkel/Puhle 1999; Merkel/Thiery 2002). Nachdem deutlich geworden war, dass die Institutionalisierungsphase der Demokratie mit der formalen Verfassunggebung rasch abgeschlossen wurde, aber dann Schwierigkeiten bei der Konsolidierung entstanden, konzentrierte man sich auf die Konsolidierungsphase und versah die neuen „Demokratien" mit verschiedenen vermindernden Adjektiven (Collier/Levitsky 1997; Eicher/Beichelt 2006; Merkel 2003). Während dieser Forschungsstrang frühere, deterministische Theorien zu überwinden strebte, die eine demokratische Entwicklung ohne bestimmte Voraussetzungen als unmöglich erachteten, so war er doch durch die Vernachlässigung des Kontextes selbst zu deterministisch bezüglich der Herausbildung einer Demokratie als Entwicklungsrichtung nach dem Zerfall eines autokratischen Systems. So wurden denn auch die Grundannahmen zunehmend in Frage gestellt – die Voraussetzungslosigkeit von Demokratie, die teleologische Entwicklungsrichtung hin zur Demokratie, das sequenzielle Schema des Übergangs, Wahlen als der Schlüssel zur Demokratie, sowie die Annahme, dass Staaten kohärent agieren und funktionieren würden (Carothers 2002).

In einer stärker soziologisch und regionalwissenschaftlich geprägten Transformationsdebatte wurde der Systemwechsel dann auch nicht als Zusammenbruch einer alten und Aufbau einer neuen, demokratischen Ordnung konzeptualisiert, sondern als Prozess der Öffnung gegenüber den Strukturen des Weltmarkts, bei dem überkommene Institutionen und der Denk- und Handlungsrahmens der politischen und wirtschaftlichen Eliten an einen neuen Kontext angepasst, die Fassaden erneuert und gleichzeitig neue Handlungsmöglichkeiten eröffnet wurden. Transformation wird folglich als Prozess begriffen, in Zuge dessen bestehende institutionelle Arrangements an einen gewandelten Kontext angepasst werden.[15]

Der Mainstream der politikwissenschaftlichen Transformationsforschung hatte auch keinen Fokus auf den Zusammenhang zwischen politischer Transformation und wirtschaftlicher Leistungsfähigkeit gelegt. Dieser Zusammenhang wurde hingegen von einer Strömung der Transformationsforschung hergestellt, die Bezug auf die Erkenntnisse der institutionenökonomischen Schule (North 1990) nahm (McFaul 1995; Staniszkis 1991; 1998; Tatur 1998). In dieser Argumentation setzten eine erfolgreiche Transformation vom Realsozialismus zur demokratischen Marktwirtschaft und die größere Öffnung gegenüber dem Weltmarkt einen effektiven Staat mit rationalem Gewaltmonopol voraus, der in der Lage sein würde, klare und unpersönliche Regeln zu institutionalisieren (Christophe 2005: 43). Hier lag der Fokus also nicht so sehr auf den formalen Institutionen und Prozessen des Staates, sondern auf der Erfüllung konkreter Staatsfunktionen, die für wirtschaftliche Performanz entscheidend waren. Davon ausgehend wurde nach möglichen Faktoren und Akteuren gesucht, die für ein Scheitern von gesamtgesellschaftlich rationaler Institutionalisierung verantwortlich gemacht werden konnten.

Angesichts der Transformationserfolge in einigen ostmitteleuropäischen Staaten wurde die Herausforderung für eine solche Institutionalisierung dann auch nicht mehr primär in der

---

[15] Vgl. zu dieser Argumentation z. B. Boycko et al. (1995); Staniszkis (1991); (1995); (1998); Stark (1990); (1992); (1994); (1996); Stark/Bruszt (1998); Stark/Bruszt (2001); Tatur (1995); (1998); (1999).

breiten Bevölkerung gesehen, die auf Grund der Wirtschaftsreformen vorübergehende Verluste hinnehmen musste und daher Reformregierungen demokratisch abwählen würde (Offe 1991), sondern in der Blockademacht der frühen Reformgewinner. Die Erkenntnis, dass diese neu gebildeten wirtschaftlich potenten Gruppen in der Lage waren, Reformen zu blockieren und daher *partielle* Reformen, im Wesentlichen die Privatisierung und Öffnung gegenüber dem Weltmarkt, aber keine generalisierte Institutionalisierung von Regeln, einem Reformprogramm vorzogen, brachte Vertreter des Gradualismus gegenüber denen einer „Schocktherapie" ins Hintertreffen. Denn nur die geringe Differenzierung gesellschaftlicher Interessen, die am Beginn der Transformation noch gegeben war aber dann rasch einer Ausdifferenzierung wich, erlaubte die rasche Umstellung der Rationalitäten im Rahmen eines holistischen Projekts. Die Ausdifferenzierung der Akteure sollte dann für eine rasche Blockade und das Scheitern holistischer Konzepte sorgen (Ericson 1998: 623; Tatur 1998; Wiesenthal 1994).[16]

Für Russland wurde festgestellt, dass die Akteure, die von partiell durchgeführten Reformen profitiert hatten, nun am *status quo* interessiert waren, da dieser fortgesetzte Kontrolle und Arbitrage zwischen reformierten und nicht reformierten Institutionen garantieren würde, während Märkte im Inland monopolisiert blieben. Die Einbindung in den Weltmarkt und die Globalisierung boten den Kapitaleigentümern dabei neue Möglichkeiten zur Akkumulation und Sicherung ihres Wohlstands (Ericson 1998; Hellman 1998; Sonin 2003; Staniszkis 1991: 129; 1995). Der Begriff „*state capture*" wurde anschließend prominent, um die Fähigkeit von Wirtschaftsakteuren zur Beeinflussung der grundlegenden Spielregeln zu ihren Gunsten zu beschreiben (Hellman/Schankerman 2000; Hellman et al. 2000; McFaul 1995; Tatur 1995). Ein auf diese Weise geschwächter Staat, der keine wirtschaftliche Ordnung institutionalisieren und Entwicklung nicht voranbringen konnte, musste auch in der Bevölkerung an Legitimität verlieren. Die Einbindung in den Weltmarkt führte in Russland also zu kapitalistischer Entwicklung, allerdings nicht zur Ausbildung der Institutionen eines demokratischen Kapitalismus. So bildete sich eine hybride Ordnung heraus, bei der der moderne Kapitalismus in neotraditionale Klientelstrukturen eingebettet war, während Zugang zum Weltmarkt hergestellt wurde (Tatur 2004: 18). Ausgehend von dieser Diagnose wird in einem nächsten Schritt nun ein Begriff für die Charakterisierung dieser hybriden Ordnung gebildet, der auch die weitere Entwicklung nachvollziehen kann.

2.3.2   Herrschafts- und Wirtschaftsordnung in Russland

Im Rahmen der Darstellung der Transformationsdebatte wurde dargelegt, dass sich der Fokus allmählich wegbewegt hatte von formalen demokratischen Institutionen hin zu konkreten Staatsfunktionen bei der Institutionalisierung von Wirtschaft und von generalisierten gesellschaftlichen Interessen hin zu Vetospielern, die sich aus Eigennutz einer generalisierten Institutionalisierung entgegenstellten. Der Analyse der (gescheiterten) Transformation folgte dann eine Auseinandersetzung mit der hybriden Herrschafts- und Wirtschaftsordnung, die sich statt dem anvisierten demokratischen Kapitalismus herausgebildet hatte. Nun wird zur Bildung der im Rahmen der vorliegenden Studie genutzten Begriffe übergegangen.

---

[16]   Es gibt hier natürlich auch noch andere Ansichten: So wird argumentiert, die Schocktherapie sei Teil einer imperialistischen Strategie gegenüber Osteuropa gewesen und von Experten verordnet worden, die sich nur selbst bereichern wollten, vgl. Wedel (1998). Dies ist aber angesichts der unterschiedlichen Transformationserfolge wenig überzeugend und überschätzt die Macht der westlichen Akteure stark.

Die zentrale Rolle staatlicher Zwangsgewalt

Im Rahmen der vorliegenden Studie sollen der Konsolidierungsgrad des staatlichen Gewaltmonopols und die Verregelung der Verfügungsmacht über den Einsatz desselben als zentral für die Charakterisierung der Ordnung und für die Interaktion zwischen staatlichen und wirtschaftlichen Akteuren angesehen werden. Die Verfügung über die Zwangsgewalt des Staates übernimmt dabei die Erklärungslast und lässt stärker institutionalisierte Faktoren, wie etwa Parteien, Wahlen und Gesetze zurücktreten. Dieser Fokus findet sich auch bei Konzepten der vergleichenden Politikwissenschaft, wie etwa beim Konzept des „kompetitiven Autoritarismus", das Erklärungskraft auch für Russland beansprucht (Levitsky/Way 2002). Während hier anfangs die staatliche Kapazität zum „Kippen des Spielfeldes" politischer Kräfte ungenannt vorausgesetzt wurde, wird später „Zwangs-kapazität des Staates" offen als zentral für die Regimestabilität angesehen und zur Erklärung von Unterschieden herangezogen (Way 2006: 11).[17] Allerdings steht bei diesen Ansätzen die Frage der Stabilität des politischen Systems im Vordergrund, nicht aber die Begriffsbildung über den Zusammenhang zwischen Wirtschafts- und Herrschaftsordnung und deren Funktionsprinzipien.

Ein für die Zwecke dieser Studie besser geeignetes, da auch auf Wirtschaftsakteure bezogenes, Konzept findet sich bei Gerald Easter (2008). Hier steht die Verfügung über staatliche Machtressourcen als politische Aufgabe und konzeptionellen Fokus im Mittelpunkt. Ähnlich wie schon in der Transformationsforschung wird die Desintegration der Sowjetunion als eine gesellschaftliche Pluralisierung der Nomenklatura beschrieben, die im Rahmen des neuen Systems ihre Privilegien aus dem sowjetischen System zu privatisieren suchte. So fand eine Dekonzentration der staatlichen Machtressourcen statt. Die pluralen Akteure konnten aber mangels staatlicher Durchsetzungsfähigkeit und der Vielzahl an Gewaltunternehmern auch nicht an Regeln gebunden werden, sondern die Verfügungsmacht über Machtressourcen blieb primär. Der Zugriff auf Geheimdienste[18] und größere wirtschaftliche Ressourcen ermöglichten unter Putin dann eine Stärkung des staatlichen Gewaltmonopols und führten zur Entmachtung autonomer Akteure – gesellschaftliche Pluralität wurde zu Gunsten eines stärkeren staatlichen Gewaltmonopols gezielt eingeschränkt. Die Entmachtung regionaler Eliten und Wirtschaftseliten führte zu einer Stärkung der patrimonialen Elemente der Verwaltung, da das Zentrum wiederum direkt Ressourcen allozieren konnte. Dies führte auch zu einer Verlagerung des Wettbewerbs um wirtschaftliche Ressourcen in den Staatsapparat (Hanson 2009). Die Wirtschaft wird derweil als eine „Konzessionswirtschaft" beschrieben, bei der keine Eigentumsrechte, sondern nur mit Auflagen versehene Nutzungsmöglichkeiten vergeben werden (Easter 2008: 213). Der Konzessionscharakter trat erst unter Putin klar hervor, da Auflagen zuvor nicht durchgesetzt werden konnten. Dabei unterscheidet Easter eine Obergeschoss- und eine Untergeschoss-Wirtschaft. Die Konzessionen werden nur für die Obergeschoss-Wirtschaft vergeben, zu der

---

[17] Im Konzept des „patronalen Präsidentialismus" spielt dies indes keine Rolle. Dieses Konzept fokussiert allerdings vornehmlich auf Elitenwandel und nicht so sehr auf Systemwandel, auch wenn es dies anstrebt. Es ist dabei zumindest in Bezug auf die Ukraine fraglich, ob der als „Revolution" in der Theorie als Systemwandel gekennzeichnete Prozess wirklich diese Kategorisierung verdient, vgl. Hale (2005); Tudoroiu (2007).

[18] Diese verfügten nicht nur über Zwangsmittel zur Durchsetzung von Entscheidungen, sondern auch über ein breites Arsenal an Techniken zur Beeinflussung politischer Prozesse und zur Ausschaltung von Rivalen, vgl. Wilson (2005).

die aus der Sowjetzeit geerbten natürliche Monopole, der Rohstoffsektor und die verarbeitende Schwerindustrie zählen. Die Untergeschoss-Wirtschaft besteht aus dem Konsum- und Servicesektor wird nicht als Gefahr für die Herrschaft der politischen Elite wahrgenommen. Sie soll daher nach marktwirtschaftlichen Prinzipien funktionieren, um die mit der kapitalistischen Organisation einhergehenden Effizienzgewinne für das System nutzbar zu machen. In der Arbeit wird in diesem Sinne nur die Obergeschoss-Wirtschaft behandelt.

Die konzeptualisierende Analyse von Easter fasst einen wachsenden Bestand an Literatur zusammen, in dem die Genese der Kapazität des russländischen Staates zur Zwangsausübung und die korrespondierenden Beziehungen zwischen Staat einerseits und Wirtschaftsakteuren als potentiell autonomer gesellschaftlicher Machtquelle andererseits in den Mittelpunkt gestellt werden.[19] Allerdings bleibt bei der Thematisierung auf Staat die Ebene der politischen Entscheidungsfindung ausgeblendet und wird hauptsächlich auf den Präsidenten reduziert. Politische Entscheidungen sind aber nicht trivial für die hier untersuchten Wirtschaftsakteure, wenn die These von der ständig politisch instrumentalisierbaren Konzessionswirtschaft ernst genommen wird. Auch wird durch die Betonung der Kontinuitäten zum sowjetischen und zaristischen Staat die neuartige (wenn auch partielle) Öffnung gegenüber dem Weltmarkt unterbelichtet.

Zur Ebene der politischen Entscheidungsfindung gibt es aber schon vielfältige Literatur. Richard Sakwa (2010a; 2011) entwirft unter Rückgriff auf die Studie zum „Doppelstaat" von Ernst Fraenkel ein eher überkomplexes Konzept.[20] Er stellt einerseits fest, dass durch die Stärkung des Gewaltmonopols und dessen Konzentration auf föderaler Ebene nach und nach die formalen Organisationen politischer Willensbildung ihren Stellenwert als selbständige Organe verloren haben und Politik damit nur noch auf der Ebene des „administrativen Regimes" stattfinde. Dieses steht als „Maßnahmenstaat" über dem „Verfassungsstaat" mit seinem geschriebenen Recht und hat mit Hilfe partikularer Regeln eigene, überkonstitutionelle Institutionen entwickelt. Die Informalität des Regierens durch mündliche Kommandos und personalisierte Verbindungen wird dabei hinter einem formal-universalistischen offiziellen Diskurs versteckt.[21] Die politischen Auseinandersetzungen und Konflikte wurden somit aus der Gesellschaft in ein kleines, intransparentes Elitennetzwerk verlagert, in dem Politik ohne öffentliche Auseinandersetzung betrieben wird (Sakwa 2010b).[22] Das Regime kann dabei oftmals den gesamten Politikprozess managen und ist dabei nicht auf gesellschaftliche Kräfte angewiesen. Allerdings sieht Sakwa die Manövrierfähigkeit des Regimes durch den „Verfassungsstaat" eingeengt, der zumindest eine bestimmte symbolische Form vorgeben und auch autonome soziale Gruppen hervorbringt, die für generell-universalisierte Regeln eintreten und auf dieser Plattform im Widerstreit mit

---

[19]   Vgl. etwa Hedlund (2005); Lynch (2005); Shlapentokh (1996); Yakovlev (2006); Zudin (2000); (2006).

[20]   Die Anwendung des Konzepts „Doppelstaat" auf Russland ist schon prinzipiell daher in Frage zu stellen, da die Nationalsozialisten in Deutschland gerade die Effizienz des deutschen Rechtsstaats und seiner Bürokratie nutzten, um Rechtsbegriffen eine abgewandelte Bedeutung zu verleihen und so ihre Politik zu exekutieren. Diese Rationalität war es, die auch zur Selbstbeschränkung des „Maßnahmenstaats" im Deutschland der NS-Zeit führte, um die Effizienz der Ordnung durch Zulassen von Selbstorganisation zu erhöhen, vgl. Fraenkel (1999: 117f). Russland verfügt aber nicht über eine solch effiziente rationale Bürokratie, sondern diese wurde durch die Institutionalisierung des „Maßnahmenstaats" noch weiter ausgehöhlt.

[21]   Siehe auch Ledeneva (2009: 268).

[22]   Andere sehen darin die Abwandlung des sowjetischen Politbüros, siehe Kryshtanovskaya/White (2009).

dem administrativen Regime stehen. Hier verlässt Sakwa die Argumentation Fraenkels im Doppelstaat, da dieser vor allem die Organisationseffizienz der Abgabe bestimmter Entscheidungen an ein Rechtssystem hervorhob, gleichzeitig aber deutlich darauf hinwies, dass diesem eine autonome Machtbasis fehle, es also ständig zur Disposition des Maßnahmenstaats stünde (Fraenkel 1999: 114). Sakwa argumentiert aber, dass das Eliten-netzwerk durch den Verfassungsstaat in seiner Handlungsfreiheit eingeschränkt würde, was er mit der Übergabe des Präsidentenamts von Putin an Medvedev im Jahre 2008 empirisch zu erhärten sucht. Mit dieser Konzeption strebt Sakwa an, den autoritären Charakter des Putin-Regimes in Frage zu stellen und der Ordnung in Gestalt des „Verfassungsstaats" den Keim einer demokratischen Ordnung zu bescheinigen. Die Stärkung staatlicher Macht durch das Regime wird dabei als Voraussetzung für eine demokratische Entwicklung angesehen. Jedoch dürfte diese These durch die wenig eigenständige Politik Medvedevs und die Wiederwahl von Putin im Jahre 2012 in gewisse Schwierigkeiten geraten sein. Das Präsidentenamt als Teil des „Verfassungsstaats" verleiht offenbar nicht genügend Rechte, um eine eigenständige Politik wider das gegenwärtige Regime zu führen. Auch wurde zwar nicht das Wort, wohl aber der Geist der Verfassung durch die Wiederwahl Putins beschädigt. Daher bedürfte es einer breiteren empirischen Abstützung, um die These einer autonomen Machtbasis des Verfassungsstaats aufrechterhalten zu können.

Angesichts der bereits im Rahmen der Transformationsforschung thematisierten Abhängigkeit politischer Entwicklungen von den Interessen wirtschaftlicher Vetospieler wird jedoch der Fokus Sakwas auf ein informales Akteursnetzwerk als politisches Entscheidungs-zentrum in der Literatur breit geteilt. In den 1990er Jahren spielte dabei die „Familie" des Präsidenten Boris El'cin eine wichtige Rolle, die jedoch auf ständig wechselnde Akteurskonstellationen zur Wahrung ihrer Macht angewiesen war und angesichts der Schwäche des Gewaltmonopols nicht auf staatliche Ressourcen zurückgreifen konnte. Das entscheidungsrelevante Akteursnetzwerk war daher instabil (Schröder 1999; 2001; Zudin 2000). Die Konzentration der Verfügungsmacht über das Gewaltmonopol auf föderaler Ebene unter Putin schloss hingegen das Entscheidungszentrum stärker nach außen ab. Schlüsselpositionen wurden nun mit loyalen Personen aus dem Umfeld von Putin besetzt. Damit wurden Geheimdienstakteure und „St. Petersburger" zu wichtigen Teilnehmern der Entscheidungsprozesse des Regimes. Putin tauschte dabei die Loyalität der Apparate gegen deren Beteiligung an politischen Entscheidungen. Vor allem die vernetzten Akteure aus Geheimdiensten konnten dank ihrer Verfügung über Zwangsmittel ihre neue Machtposition nutzen, um ihrerseits einen Teil der wirtschaftlichen Ressourcen zu erlangen. Nach einer anfänglichen Phase gestärkter Rechtssicherheit und verbesserten Investitionsklimas nutzten die Geheimdienstakteure so den Zugang zu wirtschaftlichen Aktiva, den sie mit den Geheim-dienst- und Zwangsmitteln effektiv durchsetzen. Diese Fusion von Industrie- und Finanzkapital mit Geheimdienstnetzwerken produzierte eine neue Wirtschafts- und Herrschaftsordnung, bei der die Verfügung über staatliche Zwangsmittel und wirtschaftliche Ressourcen zusammenfällt. Sie hat daher eine Prädisposition zur Anwendung von Zwangsmitteln zur Durchsetzung des eigenen Herrschaftsinteresses, sowie der wirtschaft-lichen Interessen des Netzwerkes hat. Die Schaffung stabiler Institutionen wird dadurch sehr unwahrscheinlich.[23]

---

[23] Zum Argument der Fusion von Geheimdiensten und Kapital am deutlichsten Treisman (2007), zur personalen Rekrutierung des Elitennetzwerks siehe Bremmer/Charap (2007); Kryshtanovskaya/White (2003);

Liquider und verfestigter patrimonialer Kapitalismus

Um diese neue Ordnung begrifflich zu fassen scheint das Konzept „patrimonialer Kapitalismus" als Unterform des politischen Kapitalismus (Tatur 1998) am besten geeignet (Robinson 2011; Schlumberger 2005; 2008). Es wurde zunächst für die arabische Welt entwickelt. Das Konzept nimmt im Unterschied zum traditionalen Patrimonialismus oder Neopatrimonialismus expliziten Bezug auf die Einbettung der Ordnung in den modernen Kapitalismus. Die im Neopatrimonialismus vorherrschende Spannung zwischen Klientelstrukturen mit privater Appropriation und dem legalen Rationalismus staatlicher Bürokratie besteht zwar fort, wird aber durch die wirtschaftliche Öffnung durchbrochen. Diese erzeugt einerseits Druck zu Reformen und weiterer Rationalisierung, ermöglicht andererseits aber auch eine Verselbständigung von Eliten und bürokratischen Akteuren durch die Möglichkeiten zur Partizipation an globalen Kapital- und Warenströmen und kann so die Hierarchien durchbrechen (Robinson 2011: 437).

In dieser Ordnung sind wirtschaftliche und politische Macht bei Eliten konzentriert, die über dem formalen Recht und den formalen politischen Prozessen stehen und Machterhalt priorisieren. Die demokratische Kontrolle der Herrschenden ist kaum möglich. Formale Regeln und informale Normen stehen häufig in Gegensatz zueinander und formales Recht wird als Instrument angewendet, um illoyale Akteure zu bestrafen und so den Machterhalt der Eliten zu sichern. Da Rechtstaatlichkeit nicht existiert, sind Wirtschaftsakteure auf Patron-Klientenbeziehungen für die Sicherung ihrer Besitzstände angewiesen: Verfügungsmacht und Vorteile wirtschaftlicher Akteure werden durch Zugang zu einem Elitennetzwerk gesichert.[24] Dies erhöht die allgemeinen Transaktionskosten. Die bürokratische Kapazität zur kohärenten Politikimplementation ist durchgehend gering (fehlende ideologische und institutionelle Kohäsion), die Fähigkeit zur zentralisierten Durchsetzung von einzelnen Entscheidungen (Zwangsanwendung) variiert jedoch (Robinson 2011: 437f).[25]

Die Einbettung dieser hybriden Ordnung in den Weltmarkt sorgt dabei je nach internationaler Preisstruktur einerseits für die Erschließbarkeit neuer wirtschaftlicher Ressourcen und Renten, die für den Erhalt des Systems zentral sind (Elsenhans 1997), andererseits aber vermittels der Marktkräfte auch für Modernisierungsdruck, der die Schwächen des Systems offenlegt. Der Einfluss externer Märkte und ihr Anpassungsdruck muss daher zur Wahrung der Regimestabilität begrenzt werden. Es existiert also eine klare Spannung zwischen Machterhalt des Regimes, wirtschaftlicher Entwicklung und der Sicherung von Ressourcen für den Erhalt von Staatsfunktionen (Robinson 2011: 438). Insbesondere kann der Staat nicht die Autonomie und Kapazität zum Erzwingen von Entwicklung entwickeln, was das System stark von externen Renten abhängig macht (Robinson 2011: 439).

Während dieses Konzept des patrimonialen Kapitalismus in seiner Anwendung auf Russland (Robinson 2011) von einer großen Kontinuität zwischen dem El'cinschen System der 1990er Jahre und dem Putinschen System nach 2000 ausgeht, so wird hier die Ansicht vertreten, dass eine stärkere Unterscheidung notwendig ist, die auf die Muster des Zugangs zur Elite

---

[24]   Kryshtanovskaya/White (2005); (2009); Lynch (2005); Pastuchov (2009); Sakwa (2009); Staun (2007); Wedel (2005); Whitmore (2011); Zudin (2006).
       In ähnlicher Weise wird in der Literatur zu „Varieties of Capitalism" der „Clan" als zentraler Koordinationsmechanismus des Kapitalismus in BRIC-Staaten beschrieben, vgl Nölke (2010). Allerdings wird dort auf gemeinsame Werte der Akteure verwiesen, was hier nicht als notwendig angesehen wird.

[25]   Siehe für die Merkmale staatlicher Kapazität McFaul (1997).

Bezug nimmt, die sich im Zeitverlauf unterscheiden. Denn ob die Zwangsgewalt des Staates zentral exekutiert werden kann oder nicht ist für die Fähigkeiten der Wirtschaftsakteure zum Schutz ihres Besitzes zentral. Auf dieser Basis sollen hier liquide und verfestigte patrimoniale Kapitalismen unterschieden werden. Ersteres ist zwar terminologisch problematisch, da der traditionale Patrimonialismus eigentlich von unbeschränkter Herrschaft eines Einzelnen ausgeht. Allerdings wird der Begriff des Patrimonialismus hier im oben dargelegten Sinn des patrimonialen Kapitalismus verwendet, der von stark personalisierten Machtbeziehungen ausgeht, die aber auch auf mehrere Akteure verteilt und auch netzwerkförmig organisiert sein können.

Im liquiden patrimonialen Kapitalismus der 1990er Jahre waren die zur Verfügung stehenden externen Renten gering, was eine chronische Unterfinanzierung der staatlichen Bürokratien bedeutete. Die Einbettung in den globalen Kapitalismus bedeutete systemischen Anpassungsdruck, während Wirtschaftsakteure die neuen Chancen nutzen konnten. Die Kontrolle der staatlichen Elite über den Staatsapparat und damit auch die Mittel zur Zwangsanwendung war gering. In dieser Situation eines schwachen Gewaltmonopols konnten Wirtschaftsakteure relativ autonom agieren und Zugang zu einem relativ losen Netzwerk von politischen Entscheidungsträgern herstellen. Ihre Verfügung über wirtschaftliche Ressourcen durch den Zugang zu Weltmärkten war in dem Kontext allgemein knapper Ressourcen viel wert. Es konnte sich kein stabiles Netzwerk herausbilden, da die Anforderungen und ressourcenstarken Akteure ständig wechselten. Zugang zum Elitennetzwerk wurde also über die Verfügung nachgefragter Ressourcen hergestellt, und Wirtschaftsakteure konnten diese Ressourcen anbieten, da staatliche Akteure nicht über das Gewaltmonopol verfügten, um Wirtschaftsakteure zu disziplinieren. Folge eines solchermaßen offenen, sich in ständigem Wandel befindlichen Netzwerks war eine prekäre Regimestabilität und große Autonomie wirtschaftlicher Akteure, die politische Unterstützung für wirtschaftliche Vorteile eintauschen konnten. Als Beispiel wurden häufig die 1995–1997 durchgeführten Pfandauktionen sowie die Spekulation mit Staatsanleihen thematisiert, die negative Auswirkungen auf die staatlichen Finanzen hatten und eine hohe Konzentration ökonomischer Ressourcen bewirkten (Dinello 2001; Sakwa 2009: Kap. 3; Schröder 1999; Way 2006: 29f; Zudin 2006: 204).[26]

Putins Machtantritt markierte eine Zäsur, da er über die notwendigen Netzwerke innerhalb der Sicherheitsdienste verfügt, die ihm die notwendigen Informationen und auch die Möglichkeit zur Anordnung von Zwangsausübung gaben. Zudem beteiligte Putin loyale Geheimdienstakteure am politischen Prozess. Dies ermöglichte die Konsolidierung der Entscheidung über Zwangsanwendung und damit eine Verstetigung von Herrschaft, die jedoch nicht mit einer Stärkung der staatlichen Kapazität zur Politikimplementation, sondern eher mit stärker patrimonialen Zügen einherging (Robinson 2011: 445; Tompson 2006). Dies fand statt in einem weltwirtschaftlichen Kontext, der eher Möglichkeiten als Beschränkungen bereitstellte. Statt Eigentumsrechte zu stärken, wurden diese von staatlichen Akteuren im Interesse des Machterhalts und im Interesse der administrativen Apparate noch weiter geschwächt (Tompson 2005b). Dies führte eine Veränderung der Zugangsregeln zum Elitennetzwerk herbei, was zu einer Verfestigung des Netzwerks führte. Da politische Akteure die Ressourcen der Wirtschaftsakteure notfalls mittels Zwangsanwendung verfügbar machen konnten, konnte Zugang zum Netzwerk nur noch auf Grundlage persönlicher

---

[26]   Siehe hierzu generell Krjukov/Moe (1999); Pleines (1998); (2003); Fortescue (2006).

Bekanntschaft und nicht mehr primär auf Grundlage von autonomen Ressourcen erlangt werden. Das entstandene Elitennetzwerk konnte stärker als Entscheidungszentrum agieren.

Die Schließung des Netzwerks durch die korrespondierende Veränderung der Zugangsregeln führt also zu einer veränderten Reproduktionslogik des Regimes, das im Zeitverlauf stärker patrimoniale Züge erhielt: Die Etablierung eines Entscheidungszentrums ermöglichte über das gestärkte Gewaltmonopol eine Durchsetzung der Regimeinteressen gegenüber *outsidern*, deren autonome Machtbasis erodierte. Während vorher neue Akteure auf Grund des Ressourcenbedarfs einbezogen werden mussten, nutzte das Netzwerk seine neue Entscheidungsmacht über Zwang, um die Entstehung autonomer Machtzentren auf der Basis ökonomischen Wohlstands zu verhindern (Easter 2008; Gaddy/Ickes 2005; Guriev/Sonin 2009; Tompson 2005b). Vielmehr noch konnte staatliche Zwangsgewalt genutzt werden, um Zugang zu Märkten und damit zu Gewinnchancen zu regeln und nur solche Akteure partizipieren zu lassen, die Profiterzielung in den Dienst der Machtmehrung der staatlichen Akteure stellten (Oleinik 2011: 6). Während weiche Eigentumsrechte also vorher der Akkumulation von Kapital für halbautonome Wirtschaftsakteure dienten und der Zugang zum Markt auf verschiedenem Wege erkauft werden konnte, wurden Marktzugang und Schutz der Eigentumsrechte nun zur Reproduktion und Stärkung politischer Herrschaft und wirtschaftlicher Prosperität eines bereits bestehenden Netzwerks genutzt. Kapital muss in dieser Ordnung unter dem Vorbehalt der Herrschaftssicherung akkumuliert werden, also nur insofern es Sicherung und Ausbau von Herrschaft des Netzwerks erlaubt. Dabei entstanden wiederum hybride Akteure, deren Existenz jedoch wesentlich stärker von der fortgesetzten Herrschaft des Netzwerks insgesamt abhängt. Die Integration in die Weltwirtschaft ist dabei selektiv, um die negativen Einflüsse des Wettbewerbs auf die Herrschaft zu verringern.

Die Unterscheidung in die Subtypen betont dabei, dass neben strukturellen Faktoren wie der Spannung zwischen rationalen und patrimonialen Elementen des Staates, die zweifelsohne eine Rolle spielen, auch politische Entscheidungen getroffen wurden, die den patrimonialen Kapitalismus verfestigten (Robinson 2011; Tompson 2005a: 175). Entwicklungsstaatlicher Kapitalismus ist unmöglich, da nicht auf funktionierende Bürokratie zurückgegriffen werden kann – die staatliche Kapazität blieb trotz zentralisiertem Gewaltmonopol gering und hat eher die Fähigkeit zum Blockieren von Prozessen als zum Gestalten (Elwert 2001). Staatliche Autonomie und Kapazität, wie sie im entwicklungsstaatlichen Modell erforderlich sind, fehlen also (Robinson 2011: 444; Tompson 2006). Wie oben bereits angedeutet ist dies auch der Fall, da der Erwerb der Kontrolle über das Gewaltmonopol einher ging mit einer weiteren Entbürokratisierung: Präbendalisierung des Amtes und Korruption wurden von der Elite gestattet, um die notwendige Loyalität beim Verwaltungsstab für die Durchsetzung gewünschter Entscheidungen zu erzeugen (Ledyaev 2008: 22; Pastuchov 2009; Shlapentokh 2008; Shvetsov 2007). Die Verfolgung solcher „Vergehen" im Einzelfall wird dann die Loyalität gegenüber den Befehlen von oben verstärken (Darden 2001). Die Kontrolle wurde auch durch die Schaffung „bürokratischer Parallelismen" erhöht (Easter 2008: 216). So schuf bzw. erhielt Putin mehrere Bürokratien mit überlappenden und unklar abgegrenzten Kompetenzen im Rechtsschutz- und Staatsschutzbereich (Generalprokuratur und Strafverfolgungskomitee; Inlands-, Auslands-, Militärgeheimdienst, präsidentieller Sicherheitsdienst usw.). Das Streben der Apparate nach Ausweitung ihrer Kompetenzen erzeugt einen Wettbewerb und damit Anreize zur gegenseitigen Kontrolle und Denunziation. Die Auswertung der Informationen der unterschiedlichen Apparate verringert das Auftreten von Fehlern.

Auch wenn auf nationalistisches Ethos zurückgegriffen wird existiert keine Ideologie der nachholenden Entwicklung, vielmehr legitimiert sich das Regime über den Nationalismus einer Großmacht und die Abwehr vermeintlicher äußerer Bedrohungen. Der Nationalismus der Eliten ist zudem rein instrumentell und hat keine handlungsleitende Funktion. Die daraus resultierende Blockade einer Entwicklungspolitik nach Innen und der so konstituierte Zwang zur ständigen Abfederung der globalen Markteinflüsse wird gepaart mit den systemischen Rentenbedürfnissen zu einer auf Beeinflussung globaler Märkte zielenden Politik führen. Die grössere Kontrolle über die Konzerne dürfte dabei willkommen sein, um das notwendige Instrumentarium zu erlangen.

Hohe Weltmarktpreise für Rohstoffe sind dabei auf Grund der Wirtschaftsstruktur zentral für den Erhalt der Ordnung (Gaddy/Ickes 2005). Bedeutende Rolle kommt der Energiewirtschaft zu, die einerseits in den Weltmarkt eingebunden ist, andererseits aber die über Quersubventionierung der restlichen Wirtschaft die „virtuelle Ökonomie" Russlands am Laufen hält (Gaddy/Ickes 1998; Robinson 2011: 445). Dies geschieht einerseits durch die niedrigen Energiekosten, die der Industrie zu Gute kommen (Gas, Elektrizität), durch die massive Besteuerung der Ölindustrie, die die Zentralbank mit Ressourcen ausstattete, die Aufwertung des Rubel zu begrenzen und so die Wettbewerbsfähigkeit von Industrieexporten wenigstens etwas zu erhalten, und über das gute Kreditrating, das Russland auf Grund der Öl- und Gasindustrie erhält, was für alle Akteure die Möglichkeit zur Aufnahme günstiger Kredite bedeutete. Außerdem führte der Rohstoffboom auch zu einem raschen Wachstum der nicht-handelbaren Sektoren, der Löhne und damit des Konsums (Robinson 2011: 446).

Russlands patrimonialer Kapitalismus ist dabei in jedem Fall von einer Interpretation zu unterscheiden, die den Staat in den Mittelpunkt der wirtschaftlichen Prozesse stellt. Die teilweise anzutreffende Interpretation, es handle sich um einen „Staatskapitalismus",[27] ist unscharf, da der patrimoniale Kapitalismus vor allem Machterhalt und -Ausweitung eines Elitennetzwerks anstrebt, gleichzeitig aber nur wenige staatliche Instrumente zur Beeinflussung der internen Wirtschaftsentwicklung bereithält. Staatseigentum ist darüber hinaus nicht zentral für die Durchsetzung der Ziele des Netzwerks. Mit Staatskapitalismus gemein hat der verfestigte patrimoniale Kapitalismus äußere Formen wie die Verwendung staatlicher Instrumente durch Wirtschaftsakteure, den hohen Anteil formell staatlicher Akteure in der Wirtschaft. Auch der hohe Grad an Konzertierung politischer und wirtschaftlicher Macht ist ähnlich wie im Staatskapitalismus. Die Ziele werden jedoch weniger durch Staatsräson als durch Interessen des Elitennetzwerks definiert. Ebenso sind die Instrumente anderer Art, da nicht auf eine rationale Bürokratie zurückgegriffen werden kann.

2.3.3   Korporatistisches Kapital

Im vorhergehenden Abschnitt wurde der in der Literatur verankerte Begriff des patrimonialen Kapitalismus zur Charakterisierung der russländischen Herrschafts- und Wirtschaftsordnung vorgestellt. Dabei wurden zwei Typen – liquider und verfestigter patri-

---

[27]   Das Argument, dass es sich bei Russland um eine Form von Staatskapitalimsus handelt, ist recht häufig in der Literatur anzutreffen. Vgl. Åslund (2006); Hanson (2009); Haukkala (2009); Lane (2000); (2005); Sagers (2006). Russland wird auch generell als einer der Vorreiter in einer angeblichen globalen Hinwendung zum Staatskapitalismus angesehen, vgl. Bremmer (2008); (2010); Harris (2009). Während es korrekt ist, dass staatliche Instrumente verwendet werden, die globale Märkte einschränken wollen, ist doch die Motivation der verschiedenen dargestellten Akteure eine andere.

monialer Kapitalismus – unterschieden. Im Rahmen dieser Arbeit soll der Nutzen dieser Differenzierung in Bezug auf das Verhalten von Wirtschaftsakteuren innerhalb beider Typen untersucht werden.

Während der Zugang zum Entscheidungszentrum für die hier untersuchten kapitalstarken Akteure der „Obergeschoss-Wirtschaft" während des liquiden patrimonialen Kapitalismus der 1990er Jahre unproblematisch war, veränderten sich die Zugangsregeln anschließend. Der verfestigte patrimoniale Kapitalismus zeichnet sich dabei durch ein relativ geschlossenes Netzwerk aus: Da der Bedarf nach netzwerkexternen Ressourcen geringer ist, wird Zugang zum Entscheidungsnetzwerk über die vorherige Bekanntschaft, Verwandtschaft und/oder Freundschaft mit Netzwerkakteuren hergestellt. Insofern nimmt die Bedeutung von Verbindungen zu den Netzwerkakteuren stark zu und wird zu einer eigenständigen Ressource der Wirtschaftsakteure, die nicht leicht mit anderen (wirtschaftlichen etc.) Ressourcen zu ersetzen ist. Daher soll hier in einem letzten Schritt diese neue Ressource aus Sicht der Wirtschaftsakteure konzeptualisiert werden, die ja im Fokus dieser Arbeit stehen.

Netzwerke nehmen im sozialwissenschaftlichen Paradigma des methodologischen Individualismus eine Sonderrolle ein, da sie ein interindividuelles Phänomen sind, also nicht nur auf Makroebene (wie Institutionen) oder nur auf Mikroebene (Akteure) vorgestellt werden. So wie aber Institutionen die allgemeingültigen Beschränkungen und Chancen von Akteuren auf Makroebene angeben, so kann auch die Einbindung eines Akteurs in eine Netzwerkstruktur dessen Beschränkungen und Chancen definieren, sofern Institutionen keine Geltungskraft besitzen (Kropp 2008: 148). Ein im Rahmen des methodologischen Individualismus überzeugender Ansatz, der das Mikro-Makro-Problem zu Gunsten der Mikroebene löst, ist die Konzeptualisierung sozialer Netzwerke als Sozialkapital einzelner Akteure. Soziales Kapital entsteht, wenn das Humankapital verschiedener Akteure so verbunden wird, dass bestimmte Handlungen erleichtert werden. Sozialkapital wird also „durch die *Beziehungen* zwischen Personen verkörpert" (Coleman 1991: 394). Die Basis für die Entstehung sozialen Kapitals ist personalisiertes Vertrauen (Luhmann 2000: 26), also Wissen über das Humankapital konkreter Individuen, die ihre Vertrauenswürdigkeit durch vergangenes Handeln bewiesen haben. Interaktionen werden im Rahmen von Netzwerken also möglich, da interpersonelles Vertrauen in die Fähigkeiten und das Verhalten der anderen Akteure besteht. Die Reziprozitätsnorm bildet dabei die Grundlage von Netzwerkbeziehungen: Das Vertrauen der einzelnen Netzwerkpartner in die Leistungen des Sozialkapitals, also darin, dass ihre Leistungen von den anderen Netzwerkpartnern später kompensiert werden, bildet die Motivation für die eigenen Vorleistungen. So können soziale Netzwerke in einem Umfeld genereller Unsicherheit Komplexität reduzieren, da sie den Tausch von Informationen und anderen sozialen und materiellen Ressourcen ermöglichen. Abhängig ist der Aufbau von Sozialkapital von der Geschlossenheit von Netzwerken, die die Emergenz von Normen ermöglicht; von der Stabilität des Netzwerkes, die bei personalen Netzwerken durch persönliche Mobilität gefährdet ist; und durch ideologische Faktoren, die den Dienst an einer bestimmten Gemeinschaft über persönliche Interessen stellen können (Coleman 1991: 413ff).

Robert Putnam (2001; 1993) wies mit der Unterscheidung zwischen „brückenbildendem" und „bindendem" Sozialkapital auf unterschiedliche Makroeffekte von Sozialkapital hin. Da „brückenbildendes" Sozialkapital ohne stabile generalisierte Institutionen nicht aufgebaut werden kann, haben wir es hier mit „bindendem" Sozialkapital zu tun, das sich als Ausweg zur Koordination anbietet, aber die Herausbildung generalisierter Institutionen eher verhindert. In ähnlicher Weise verwies Mark Granovetter (1985) auf die vitale Funktion von Sozialkapital im Rahmen mafiotischer Organisationsformen.

Angeregt durch das theoretische Konzept des Sozialkapitals und die wirtschaftssoziologische Forschung zu Transformationsökonomien, insbesondere China, wurde das Konzept „politisches Kapital" in die Debatte eingeführt. Politisches Kapital wird als Sozialkapital definiert, das jedoch Akteure gleichzeitig mit der positionalen Macht eines Amtsträgers verbindet (Nee/Opper 2010: 2107). Relationalität und politische Macht werden verbunden. Die Netzwerke sind also an administrativ-hierarchische Strukturen angebunden und haben auf dieser Basis Zugriff auf die administrativen Ressourcen von Amtsträgern (Kordonskij 2000). Der Zugriff auf die staatlichen Ressourcen über politisches Kapital macht die Netzwerke für die nicht-politischen Akteure besonders interessant, sorgt jedoch für eine stärkere Hierarchisierung des Netzwerks. Durch die Monopolisierung von Ressourcen und den möglichen Zugriff der staatlichen Akteure auf die staatliche Hierarchie (wo vorhanden) und damit auch die Mittel der staatlichen Zwangsgewalt, können diese die Netzwerk-koordination gezielt außer Kraft setzen (das Willkürelement im Kommandostaat von Elwert: 2001). So wird zwar politisches Kapital innerhalb gewisser Netzwerke zerstört, aber kann gleichzeitig mit anderen Akteuren wieder aufgebaut werden. Sofern keine Märkte für bestimmte Ressourcen bestehen und politische Akteure diese monopolisiert haben, kann politisches Kapital überlebensnotwendig für bestimmte Akteure sein (Nee/Opper 2010) und daher trotz der höheren Wahrscheinlichkeit einer späteren Zerstörung nachgefragt werden.

Der Wert politischen Kapitals wurde daher vor allem für Unternehmen betrachtet (Faccio 2006; Nee/Opper 2010; Sun et al. 2011; Zhou 2009). Dabei wurde im Rahmen des Ressourcenabhängigkeitsansatzes (Pfeffer/Salancik 1978) argumentiert, dass der Wert politischen Kapitals ansteigt, je geringer die Institutionalisierung von Märkten vorangeschritten ist. Bestehen funktionierende Märkte für die Güter so können politische Ressourcen meist auch weniger ausrichten. Dies ist besonders deutlich für Märkte, die erst durch Regulierung entstehen, wie Märkte für Staatsaufträge, Exportlizenzen und Wettbewerbe für Lizenzen auf Bodennutzung (Nee/Opper 2010; Peng 2003; Peng/Luo 2000). Daneben gibt es aber auch noch Staatsaufgaben, die nicht mit Marktbegriffen beschrieben werden können, wie etwa der Schutz von Eigentumsrechten. Die Institutio-nalisierung der Nutzung des Gewaltmonopols ist also ebenfalls von Bedeutung. Dies zeigt auf, dass ein geringerer Institutionalisierungsgrad für staatliche Akteure von Interesse ist, da ihr „Marktwert" auf diese Weise ansteigt (Walder 2003).

Auf Grund der unterschiedlichen institutionellen Kontexte kann die Wirkung politischen Kapitals sicher nur innerhalb ähnlicher Kontexte verglichen werden, bzw. muss eine gute Kontrollmöglichkeit für institutionelle Variablen bieten. Für Pakistan wurde festgestellt, dass sich „politischer Status" eines Unternehmens (gemessen durch die Präsenz eines Politikers im Aufsichtsrat) sich stark positiv auf die Fähigkeit des Unternehmens zur Kapitalaufnahme bei Staatsbanken auswirkt. „Politisches Kapital" der Firma ermöglicht in diesem Fall politische Korruption durch den administrativen Zugriff von Politikern auf die Banken. Die Kosten werden auf die Allgemeinheit externalisiert, da die Staatsbanken weiche Budgetbeschränkungen aufweisen (Khwaja/Mian 2005). Ähnliche Mechanismen konnten auch anderswo festgestellt werden. Für China wurde bemerkt, dass „politischer Status" (Li et al. 2008) bei Privatfirmen, gemessen durch Parteimitgliedschaft der Eigentümer oder deren Mitgliedschaft in der Legislative, positiven Einfluss auf die Performanz und Kapitalzugang hat. Auch steigt die Bedeutung der Parteimitgliedschaft in Regionen mit schwachen

Eigentumsrechten an (Chen/Touve 2011; Li et al. 2008; Wubiao 2009). Die Relevanz des institutionellen Kontextes für die Relevanz politischen Kapitals wurde auch in Ländervergleichsstudien festgestellt (Faccio 2006; 2010). Ereignisstudien, die die Auswirkungen eines plötzlichen Zu- oder Abgangs eines Politikers aus dem Aufsichtsrat von Unternehmen oder den Rücktritt eines verbundenen Politikers auf den Unternehmenswert betrachten, messen ebenfalls einen großen positiven Einfluss politischer Verbindungen auf den Unternehmenswert (Boubakri et al. 2009; Sun et al. 2011). Dies gilt auch, wenn der Eigentümer das höchste politische Amt eines Staates erhält (Bunkanwanicha/Wiwattanakantang 2009), oder das politische Kapital eher indirekt über Netzwerke gemessen wird (Fisman 2001).

Der Begriff „politisches Kapital" ist aber einseitig, da er die Ressourcen des Wirtschaftsakteurs beschreibt. „Politisches Kapital" beruht jedoch wie jedes Sozialkapital auf Gegenseitigkeit. Die Anbindung der Firmen an das Netzwerk kann umgekehrt auch dafür sorgen, dass die Firma politische Ziele verfolgt – für den Politiker ist das Netzwerk mit der Firma „wirtschaftspolitisches Kapital", oder „wirtschaftliches Kapital", wenn er eigene Bereicherungsinteressen verfolgt. Die über politisches Kapital verbundenen Akteure externalisieren dann die Kosten auf die Gesamtgesellschaft, so dass sie in jedem Fall besser gestellt sind als die nicht politisch angebundenen Akteure.

Um die begriffliche Einseitigkeit aufzuheben wird diese Form sozialen Kapitals hier „korporatistisches Kapital" genannt. Damit wird auch dessen wichtige Funktion bei der Integration politischer und wirtschaftlicher Interessen markiert. Auch wenn der Korporatismus-Begriff im späteren 20. Jahrhundert vor allem die Konzertierung der Koordination zwischen Kapital und Arbeit meinte, so existiert doch auch eine Variante des „corporatism without labour", der die enge Konzertierung staatlicher und wirtschaftlicher Akteure unter Ausschluss einer nennenswerten Repräsentation der Arbeitskraft beschreibt (Önis 1991; Pempel/Tsunekawa 1979) und näher an der alten Version des autoritären Staatskorporatismus ist. „Korporatistisches Kapital" meint dabei auch keine ausgeprägte Institutionalisierung eines Korporatismus, sondern meint die informalen Koordinationsressourcen staatlicher und wirtschaftlicher Akteure, die nicht in formelle institutionelle Arrangements eingebettet sind. Der Begriff kann die zwei Seiten und die Konzertierung dieser Formation besser fassen als der Verweis auf politisches Kapital.

Korporatistisches Kapital wird im Rahmen dieser Arbeit als Begriff genutzt, um die Stärke der Verbindung zwischen politischen und wirtschaftlichen Akteuren innerhalb des geschlossenen patrimonialen Kapitalismus zu erfassen. Das korporatistische Kapital verkörpert als ein spezifischer Typ von Sozialkapital eine zentrale Dimension der Ressourcen von Konzernen innerhalb des russländischen Systems, da in Abwesenheit stabiler Institutionen und bei einem gegenüber den 1990er Jahren gestärkten (wenn auch vor allem mit despotischer Macht (Mann 1986: 114f) ausgestatteten) Gewaltmonopol eine Deautonomisierung von Wirtschaftsakteuren stattgefunden hat und die von staatlichen Akteuren verwalteten Ressourcen an Umfang und Wert zugenommen haben. Korporatistisches Kapital ist aber keine Einbahnstraße, sondern auch für politische Akteure Sozialkapital. Da multinationale Konzerne auch auf Ressourcen außerhalb Russlands Zugriff haben, die staatlichen Akteuren üblicherweise nicht oder nicht in gleicher Form zur Verfügung stehen, besteht ein Interesse an der Instrumentalisierung der Konzerne. Korporatistisches Kapital schafft also beides – Zugriff der Unternehmen auf Ressourcen staatlicher Akteure und direkte Instrumentalisierbarkeit der Unternehmen für die Ziele staatlicher Akteure. Dies bedeutet aber nicht, dass Unternehmen, die geringeres korporatistisches Kapital aufweisen, nicht offen wären für die Interessen staatlicher Akteure. Sie können nur weniger gut gesteuert werden. Eine generelle Offenheit gegenüber den Interessen staatlicher Akteure ergibt sich schon aus der Ordnung des geschlossenen patrimonialen Kapitalismus, solange diese als Stabilitätsgarant angesehen wird.

2.4   Zusammenfassung und Hypothesen

Die grundlegende Fragestellung der vorliegenden Studie kann an dieser Stelle präzisiert werden: *Welche Handlungsrationalitäten leiten die russländischen Konzerne bei ihrer Multinationalisierung, welche Instrumente werden bei der Multinationalisierung in den verschiedenen Länderkontexten verwendet und welche Auswirkungen hat der heimatstaatliche Kontext der Konzerne auf die Handlungsrationalitäten und Instrumente?* Diese Frage lässt dann auch Rückschlüsse darauf zu, welche Auswirkungen die Handlungsrationalitäten und verwendeten Instrumente auf die verschiedenen Kontexte haben, in denen Multinationalisierung erfolgt.

Der erste Teil der theoretischen Auseinandersetzung thematisierte die Entwicklung der internationalen politischen Ökonomie und der nationalstaatlichen Strategien innerhalb dieser Ordnung, um einen Referenzpunkt für die Frage nach globaler Ordnung abzugeben. Dabei wurde festgestellt, dass verschiedene staatliche Strategien verfolgt werden können. Der Staat kann entweder eine relativ klare rechtliche Trennung wirtschaftlicher und politischer Aktivität institutionalisieren, wie dies im Liberalismus favorisiert wird und die auch das gegenwärtige Freihandelsregime prägt. Dies führt zu einer Maximierung von Wohlstand jedenfalls bei den Staaten, die einen hohen wirtschaftlichen Entwicklungsstand aufweisen. Der Staat kann aber auch eine aktivere Rolle in der Wirtschaft einnehmen, wie es im Rahmen des Merkantilismus oder Entwicklungsstaats erfolgt. Beide Modelle haben dabei den Aufbau wettbewerbsfähiger Industrien zum Ziel, wobei der Entwicklungsstaat stärkeren Wert auf die innere Wirtschaftsentwicklung und globale Wettbewerbsfähigkeit als Hauptziel legt, während der Merkantilismus die staatliche Machtmehrung im internationalen System zum Hauptziel hat und dabei keine klare Präferenz zwischen äußerer Expansion und innerer Entwicklung erkennen lässt. Der Bezug zu den Wirtschaftsakteuren liegt hier darin, dass diese je nach staatlicher Institutionalisierung und Strategie auch eine andere Funktion erlangen können: Sie können wirtschaftliche Akteure zur Wohlstandsmehrung der eigenen Gesellschaft, die nur mittelbar auf die Macht des Staates zurückwirkt, wirtschaftliche Akteure zur Entwicklung der Industrie, oder aber auch als Instrumente zur direkten Machtmehrung von Staaten eingesetzt werden. Ob und wie Staaten diese Instrumente einsetzen können hängt aber entscheidend von deren interner Verfasstheit ab, was auf die spätere Auseinandersetzung mit der russländischen Herrschafts- und Wirtschaftsordnung verweist.

Die Teilfrage nach den verwendeten Instrumenten motivierte die anschließende analytische Darstellung der verschiedenen staatlichen Instrumente in Außenwirtschaftsbeziehungen, die im Rahmen der Literatur zu „wirtschaftlicher Staatskunst" thematisiert werden. Daraus wurde eine Übersicht über Möglichkeiten zum Aufbau und zur Instrumentalisierung von Wirtschaftsbeziehungen und den Nutzen von Wirtschaftsakteuren für staatliche Zwecke erstellt, die für die spätere empirische Untersuchung genutzt wird.

Da sich die Arbeit mit Wirtschaftsakteuren beschäftigt, deren Eigenschaften und Instrumente in der eher staatszentrierten Literatur nicht betrachtet werden, wurde ebenfalls die wirtschaftswissenschaftliche Literatur zur Motivation und zu den Instrumenten multinationaler Konzerne betrachtet. Dabei wurde deutlich, dass auf die anfängliche Beschäftigung mit den Konzernen als politisches Instrument des Heimatstaates und des Konzerns als Katalysator politischer Beziehungen mit der Zunahme transnationaler Verflechtung eine Ausdünnung auf allein wirtschaftliche Faktoren folgte. Hier werden verschiedene Möglichkeiten der Multinationalisierung wie Tochterunternehmen zur Nutzung proprietärer Vorteile, sowie strategische Partnerschaften und Allianzen zur Erschließung neuer Vorteile und zur besseren Kollaboration zwischen Wettbewerbern thematisiert. Dies verdeutlicht, dass neue Ressourcen durch die Multinationalisierung von Konzernen erschließbar sind, die Staaten nicht zur Verfügung stehen und erst durch die Offenheit des globalen Kapitalismus erschlossen werden können. Das Auftreten von multinationalen Konzernen aus der Peripherie führte aber zu einer Wiederentdeckung der älteren Ansätze. Die Literatur zu multinationalen Konzernen aus aufstrebenden Ökonomien und auch spezifischer aus Russland verweist dabei auf den heimatstaatlichen Kontext als wichtige Variable. Dies motivierte die Betrachtung des russländischen Kontextes.

Zur Erfassung des russländischen Kontexts wurde auf Literatur der Transformations-forschung, auf aus der Weberianischen Herrschaftssoziologie kommende Ansätze, sowie auf Ansätze zu Sozialkapital zurückgegriffen. Festgestellt wurde der geringe Institutionalisie-rungsgrad der Eigentumsrechte. Dies wird durch Vernetzung zwischen staatlichen und wirtschaftlichen Akteuren substituiert. Wie argumentiert wurde, änderten sich jedoch die Zugangsregeln für Vernetzung in diesem „patrimonialen Kapitalismus" mit der Konsolidierung des staatlichen Gewaltmonopols unter Putin und führten zu dessen Verfesti-gung. Dies motiviert sowohl eine diachrone Trennung des Untersuchungszeitraums in die Periode vor und nach 2000, als auch die Einführung des Konzepts „korporatistisches Kapital" für die spätere Periode als eine Erweiterung der bestehenden Ansätze. Dies trägt dem Befund Rechnung, dass der Besitz dieses Kapitals durch die Zentralisierung unter Putin an Wert dramatisch zunimmt und andere Güter übertrumpfen kann. So werden die Konzerne je nach ihrem Besitz an korporatistischem Kapital unterschiedliche Möglichkeiten haben. Der Bestand an diesem korporatistischen Kapital der Konzerne wird denn auch als Maß für die Bildung von Erwartungen an die Verwendung von Instrumenten durch die Konzerne verwendet: Konzerne mit viel korporatistischem Kapital werden demzufolge nach 2000 eher Zugang zu staatlichen Instrumenten haben als solche mit wenig korporatistischem Kapital.

Zur Beantwortung der letzten Teilfrage nach den Handlungsrationalitäten der Konzerne sind schließlich alle Teile der Theoriediskussion notwendig. Im ersten und zweiten Teil wurde verdeutlicht, dass die Konzerne auch direkt politisch instrumentalisiert werden können, am ehesten innerhalb einer merkantilistischen Strategie. Im zweiten Teil wurde zudem die wirtschaftswissenschaftliche Perspektive auf Unternehmen betrachtet, die hier nach Gewinnmaximierung trachten. Dem entspricht die analytische Trennung in politische und wirtschaftliche Rationalitäten. Die Diskussion der bisherigen Literatur zu „neuen Akteuren" im Allgemeinen und zu russländischen Konzernen im Besonderen zeigte aber auch auf, dass dem heimatstaatlichen Kontext zur Erklärung der Motivationen der Konzerne eine wichtige Rolle zukommt. Die Literatur betonte dabei die Rolle des heimatstaatlichen Kontextes bei der Versorgung der Konzerne mit Ressourcen für die Multinationalisierung. Der heimatstaatliche Kontext wurde mit den Begriffen patrimonialer Kapitalismus und korporatistisches Kapital gefasst, wobei letzteres erst nach 2000 als bedeutsam identifiziert wurde. Innerhalb des liquiden patrimonialen Kapitalismus vor 2000 besaßen die Konzerne dabei autonome Machtbasen und konnten ihre wirtschaftlichen Ressourcen zur Privatisierung staatlicher Ressourcen nutzen. Daher liegt die Annahme nahe, dass die Konzerne im Wesentlichen ihre wirtschaftlichen Interessen mit staatlicher Unterstützung verfolgen können.

Innerhalb des verfestigten patrimonialen Kapitalismus nach 2000 wird auf der Basis der Literatur ein zweiteiliges Argument entwickelt. Der erste Teil bezieht sich auf die Strukturierung der wirtschaftlichen Anreize für die Unternehmen im Inland, was sich mittelbar auf deren Motivation zur Multinationalisierung auswirkt. Da die Konzerne mit viel korporatistischem Kapital besseren Zugang zu staatlichen Akteuren haben als solche mit wenig korporatistischem Kapital, werden erstere auch besseren Zugang zur Rohstoffvorkommen im heimatstaatlichen Kontext besitzen. Dies wirkt sich negativ auf deren Motivation aus, rohstoffsuchende Investitionen zu verfolgen. Korporatistisches Kapital wirkt sich durch die Verbindung politischer und wirtschaftlicher Akteure aber zweitens auch direkt auf die Handlungsrationalität der Akteure aus. Akteure mit viel korporatistischem Kapital werden auf Grund ihrer engen Verbindung mit politischen Akteuren ihre Interessen in den politischen Prozess einbringen können, gleichzeitig aber auch von den politischen Akteuren beeinflusst werden, sodass eine Amalgamierung von Interessen entsteht. Sie sind einfacher zu steuern und werden bei der Verfolgung ihrer Ziele daher auch weniger sichtbare politische Ziele verfolgen. Sie können zudem ihre Wirtschaftsinteressen besser mit politischen Zielen verbinden bzw. erhalten eine Kompensation für die Verfolgung politischer Ziele. Dies ergibt sich logisch aus der engeren Vernetzung mit den politischen Akteuren. Es kann hingegen erwartet werden, dass Akteure mit wenig korporatistischem Kapital auf Grund ihrer instabilen Situation eher solche politisch motivierten Investitionen verfolgen, die deutlich sichtbar den öffentlich geäußerten Zielen der politischen Akteure entsprechen, um Unterstützung zu erzeugen. Außerdem ist hier auch das Phänomen der „Fluchtinvestitionen" zu erwarten, dass in der Literatur beschrieben wurde, da sie ein wesentlich unsichereres heimatstaatliches Umfeld erleben als die Akteure mit viel korporatistischem Kapital.

Vor dem Hintergrund der vorangegangenen Darstellung können nun *Hypothesen* formuliert werden, die die empirische Untersuchung leiten werden. Für die Zeit vor dem Machtantritt von Putin wird nur eine Hypothese formuliert, da dieser Zeitraum nur als eine Kontrastfolie für die späteren Zusammenhänge innerhalb des Systems mit starkem Gewaltmonopol dienen und nicht näher untersucht werden soll.

1. *Multinationalisierung der Konzerne im liquiden patrimonialen Kapitalismus:* Während des liquiden patrimonialen Kapitalismus (1990–2000) werden die Konzerne wirtschaftliche oder personale Interessen des Managements, jedoch keine politischen Interessen verfolgen. Dabei ist die Größe des Konzerns dafür ausschlaggebend, ob er selektiv staatliche Ressourcen für seine Interessen nutzen kann.

Die folgenden Hypothesen beziehen sich auf die Situation des verfestigten patrimonialen Kapitalismus, also auf die Zeitperiode ab 2000.

2. *Zugriff auf staatlich monopolisierte Ressourcen: Konzerne mit viel korporatistischem Kapital* werden bei der Verteilung des Zugangs zu Rohstoffvorkommen, einer Ressource die vom Staat monopolisiert wurde, gegenüber Akteuren mit wenig korporatistischem Kapital bevorteilt.

3. *Multinationalisierung von Akteuren mit wenig korporatistischem Kapital*: Die Akteure werden auf Grund ihres schlechteren Ressourcenzugangs in Russland Investitionen im Ausland vornehmen, die auf einen Ausgleich ihrer Nachteile im Inland zielen oder dem Fluchtmotiv entsprechen (keinen erkennbaren wirtschaftlichen oder politischen Nutzen haben). Neben wirtschaftlich motivierten Investitionen werden jedoch auch gut sichtbare wirtschaftlich unprofitable Investitionen stattfinden, die den Interessen der politischen Akteure entsprechen. Dabei können sie nicht in großem Umfang auf staatliche Ressourcen zur Unterstützung zurückgreifen.

4. *Multinationalisierung von Akteuren viel korporatistischem Kapital:* Akteure mit viel korporatistischem Kapital werden Projekte zur Multinationalisierung unternehmen, um ihre in Russland erlangten Vorteile zu nutzen. Dabei werden sie auch sichtbare und weniger sichtbare politische Ziele verfolgen, die aber durch wirtschaftliche Vorteile aus-geglichen werden. Außerdem haben sie Zugriff auf staatliche Ressourcen bei all ihren Internationalisierungsstrategien, was ihre Profitabilität erhöht. Ihr vergleichsweise besserer Zugang zu Rohstoffen innerhalb Russlands sorgt für ein geringeres Interesse an wirtschaftlich-rohstoffsuchend motivierten Investitionen.

3 Forschungsdesign

Zur Darstellung des Forschungsdesigns wird zunächst ein Überblick über die untersuchten Variablen und die verwendete Methode der Fallstudie gegeben, die die Untersuchung strukturiert. Sodann werden die für die Messung der einzelnen Variablen genutzten Daten und Erhebungsmethoden vorgestellt.

3.1 Übersicht über Variablen und Untersuchungsmethode

Die Fragestellung der Dissertation nach den die Multinationalisierungsprozesse leitenden Handlungsrationalitäten, den in verschiedenen Kontexten dabei verwendeten Instrumenten und der Auswirkung des heimatstaatlichen Kontextes hat zur Folge, dass häufig als „qualitativ" bezeichnete Methoden (Blatter et al. 2007) für die Untersuchung der Probleme am besten geeignet sind. Allerdings sind bei einer generell qualitativen Forschungsstrategie auch Quantifizierungen möglich und angebracht, um einzelne Variablen zu messen (Gerring 2007: 11). Neben einer auf der Variablenlogik beruhenden Untersuchung der Fragestellung geht es dabei im Rahmen der qualitativen Forschungsstrategie nicht nur um die Be- oder Widerlegung von Hypothesen, sondern auch um die Generierung weiterer Daten, die bei der Beantwortung der Fragestellung hilfreich sind und die Bildung weitergehender Hypothesen ermöglichen. Während das Hauptziel also die Prüfung der Hypothesen ist, so sollen auch darüber hinaus gehende Beobachtungen möglich sein.

Die abhängige Variable ist der Multinationalisierungsprozess der Konzerne, bei der die Dimensionen Handlungsrationalität (Ziele) und dabei genutzte Instrumenten betrachtet werden. Dabei können zunächst vier Ausprägungen unterschieden werden: 1) wirtschaftliche Rationalität der Multinationalisierung mit Nutzung staatlicher Instrumente; 2) wirtschaftliche Rationalität ohne Nutzung staatlicher Instrumente; 3) politische Rationalität mit Nutzung staatlicher Instrumente; sowie 4) politische Rationalität ohne Nutzung staatlicher Instru-mente. Die Ausprägung der abhängigen Variablen wird qualitativ im Rahmen eines kom-plexen Verfahrens untersucht, das unten vorgestellt wird und sowohl wirtschaftliche Größen als auch den politischen Nutzen eines Projektes betrachtet. Angesichts der vielfältigen möglichen Motivationen sind die hier vorgestellten Ausprägungen nicht als erschöpfend zu verstehen, sondern können auf der Basis der Ergebnisse der Untersuchung ergänzt werden.

Der Zugang zu Rohstoffvorkommen in Russland ist die intervenierende Variable, die das wirtschaftliche Interesse von Konzernen an bestimmten Arten von Multinationalisierung (rohstoffsuchende Investitionen) konditioniert. Die intervenierende Variable kann angesichts vorhandener, leicht quantifizierbarer Daten über die Reserven der Konzerne als metrische Variable konstruiert werden.

Die unabhängige Variable ist das korporatistische Kapital, also die Vernetzung der Konzerne mit Akteuren des politischen Regimes. Korporatistisches Kapital wird hier mittels sozialer Netzwerkanalyse quantifiziert, um den Bestand der Konzerne abzubilden. Es wird zum einen als metrische Maßzahl verwendet und kann durch die Bildung von zwei Clustern von Konzernen auch als dichotome Variable (viel/wenig korporatistisches Kapital) konstruiert werden. Die Vorbedingung für die Wirkung der Variablen ist die Verfestigung des patrimonialen Kapitalismus (siehe dazu oben Abschnitt 2.3.3). Um die Relevanz dieser Vorbedingung zu plausibilisieren und den Sinn der theoretischen Unterscheidung zwischen liquidem und verfestigten patrimonialen Kapitalismus zu plausibilisieren, wird auch das Verhalten der Konzerne innerhalb des liquiden patrimonialen Kapitalismus untersucht, allerdings ohne eine Beziehung zwischen den Variablen herzustellen. Dies ermöglicht über den Vergleich der Ausprägungen zwischen dem liquiden und verfestigten patrimonialen Kapitalismus eine Aussage über die Relevanz des gewandelten Kontextes für die Strategien der Konzerne. Abbildung 3.1 stellt den Bezug der Variablen und ihre Ausprägungen in schematischer Weise dar.

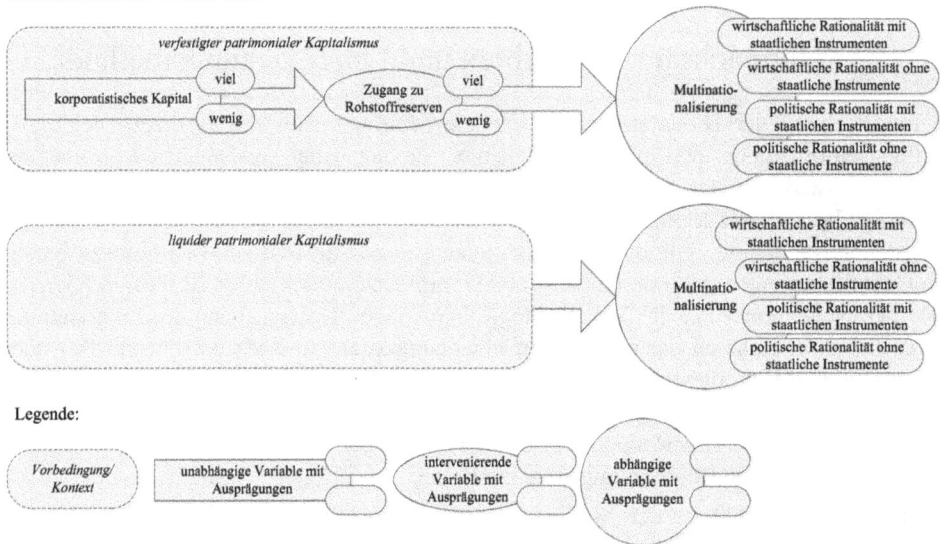

verfestigter patrimonialer Kapitalismus

korporatistisches Kapital — viel / wenig ⟹ Zugang zu Rohstoffreserven — viel / wenig ⟹ Multinationalisierung:
- wirtschaftliche Rationalität mit staatlichen Instrumenten
- wirtschaftliche Rationalität ohne staatliche Instrumente
- politische Rationalität mit staatlichen Instrumenten
- politische Rationalität ohne staatliche Instrumente

liquider patrimonialer Kapitalismus

⟹ Multinationalisierung:
- wirtschaftliche Rationalität mit staatlichen Instrumenten
- wirtschaftliche Rationalität ohne staatliche Instrumente
- politische Rationalität mit staatlichen Instrumenten
- politische Rationalität ohne staatliche Instrumente

Legende:

Vorbedingung/Kontext | unabhängige Variable mit Ausprägungen | intervenierende Variable mit Ausprägungen | abhängige Variable mit Ausprägungen

Quelle: Eigene Darstellung
Abb. 3.1: Darstellung der Variablen und ihrer Beziehungen

Die Methode der Fallstudie strukturiert die Untersuchung, da *large-n* Analysen mit dem gewählten Forschungsgegenstand auf Grund der begrenzten Anzahl an Akteuren nicht möglich sind. Dabei werden Einzelfallstudien der Konzerne durchgeführt, die aber an einigen Stellen auch im Rahmen eines Fallvergleichs direkt verglichen werden können. Diese Kombination von Analysen innerhalb von Einzelfällen und dem Fallvergleich ist die robusteste Methode zur Durchführung von Fallstudien (George/Bennett 2005: 18). Die Schwächen der Fallstudie – ignorierte, aber dennoch signifikante Einflussfaktoren und mögliche Auswahlverzerrungen, die die Generalisierbarkeit verhindern, werden durch die Durchführung von vielfachen Kongruenzanalysen innerhalb der Fälle kompensiert (van Evera 1997: 52). Dabei wird die Auswirkung der unabhängigen Variablen auf die Multinationalisierung der Konzerne wo möglich mittels einer Untersuchung mehrerer Multinationalisierungsprozesse pro Konzern substantiiert. Die interne Untersuchung der einzelnen Fälle erlaubt damit hohe konzeptuelle Validität, was auf Grund der Probleme mit dem Zugang zu Daten im Forschungsfeld von Vorteil ist.

Die Untersuchungsobjekte der Arbeit sind die russländischen Öl- und Gaskonzerne; diese dienen auch als Fälle der Untersuchung. Eine Auswahlverzerrung scheint unwahrscheinlich, da das Falluniversum generell klein ist und die ausgewählten russländischen Öl- und Gaskonzerne weit über die Hälfte der Grundgesamtheit abbilden. Die Fallstudie ist also die einzig probate Methode, wie sich die theoretisch postulierten Zusammenhänge erforschen lassen und stellt in der Umsetzung der Arbeit auch die beste Methode dar, da ihre Nachteile durch Optimierung der Methode vermieden werden konnten.

Die Methoden zur Messung der Variablen weisen einen unterschiedlichen Grad an Standardisierung auf, was auf die Vergleichbarkeit rückwirkt. Untersucht werden die Fälle sowohl hinsichtlich ihrer Einbettung in den heimatstaatlichen Kontext (unabhängige und intervenierende Variablen), als auch hinsichtlich ihrer Aktivitäten im globalen Kontext. Während korporatistisches Kapital und der Zugang zu natürlichen Ressourcen in Russland innerhalb des gleichen Kontextes situiert sind und daher relativ einfach mess- und vergleichbar sind, finden Internationalisierungsprojekte in sehr unterschiedlichen Kontexten statt und sind sehr unterschiedlich strukturiert. Zur Erfassung des korporatistischen Kapitals und dessen Auswirkungen auf die intervenierende Variable, den Zugang zu Rohstoff-vorkommen innerhalb Russlands, konnten so für alle Konzerne die gleiche Daten genutzt und auch quantifiziert werden. Daher ist im innerstaatlichen Kontext ein direkter Fall-vergleich möglich, während die Analyse der Multinationalisierung der Konzerne als Einzelfallstudien konzipiert ist, deren Ergebnisse verglichen werden können. Dies ist auch der Interpretationsbedürftigkeit der Daten auf globaler Ebene geschuldet, da die Konzerne in sehr unterschiedlichen Kontexten tätig sind.[28]

Innerhalb der Einzelfallstudien auf globaler Ebene kommt die *within-case* Analysemethode der Kongruenzanalyse zur Anwendung (Blatter et al. 2007: 124). Diese dient dazu, den Einfluss der unabhängigen und intervenierenden Variablen auf die Multinationalisierung der Konzerne mit möglichst vielen Beobachtungen zu belegen (George/Bennett 2005; Gerring 2007; van Evera 1997). Dabei geht es nicht um eine schlichte Etablierung von „Kovarianz" (van Evera 1997: 62), sondern um eine strukturierte qualitative Untersuchung der Kongruenz zwischen unabhängiger und abhängiger Variable, die auch weitere Einflussfaktoren zu identi-fizieren in der Lage ist (Blatter et al. 2007: 151). Nichtsdestotrotz nimmt die Arbeit durch die Analyse von *within-cases* den Charakter einer *large-n* Studie an (van Evera 1997: 63), da viele Beobachtungen gemacht und verglichen werden können, was die Robustheit der Untersuchung erhöht.

Die Kombination mit einer qualitativen Beschreibung der beobachtbaren Prozesse im Rahmen der Kongruenzanalyse erlaubt es dabei, weitere Einflussfaktoren zwischen Ursache und Wirkung zu identifizieren (George/Bennett 2005: 182; Mahoney 2003: 363). Dabei geht es nicht um „Prozessanalyse" im Sinne der Etablierung einer Kausalkette zwischen unab-hängiger und abhängiger Variable, sondern um eine strukturierte Beschreibung des Multi-nationalisierungsprozesses zum Zweck der Maximierung von Beobachtungen.[29] Dies erlaubt

---

[28]   Zu den Daten siehe näher unten Abschnitt 3.4.

[29]   Die „Prozessanalyse" George/Bennett (2005); Gerring (2007) kann nicht verwendet werden, da „korporatistisches Kapital" als solches nicht beobachtet werden kann. Ebensowenig können die Koordinationsprozesse wirtschaftlicher und politischer Akteure als *„smoking gun"* beobachtet werden. Daher kann der Zusammenhang zwischen unabhängiger Variable auch nicht durch „Beobachtung von Prozessen" analysiert werden. Wohl aber können innerhalb der Analyse des Multinationalisierungsprozesses Beobachtungen über Prozesse gemacht werden, zu denen jedoch noch keine Hypothesen vorliegen.

es, die möglichen Fehler der Kongruenzanalyse zu vermeiden, die in einer Überschätzung der Signifikanz der unabhängigen Variablen bei Vernachlässigung weiterer Einflussfaktoren liegen können (Blatter et al. 2007; Yin 2009: 140). Die so gewonnenen Ergebnisse der Kongruenzanalyse und der strukturierten Beschreibung des Prozesses können dann miteinander verglichen und die Prozesse auch zwischen den Fällen verglichen werden, um die Aussagekraft der Hypothesen zu ermitteln.

Die Kongruenzanalyse wird auch genutzt, um die Bedeutung der Vorbedingung des verfestigten patrimonialen Kapitalismus zu plausibilisieren. Dazu werden Multinationalisierungsprozesse vor 2000 untersucht und mit den Ergebnissen anderer Konzerne sowie mit der Analyse für die nach 2000 liegenden Multinationalisierungsprozesse verglichen.

Die Analyse geht so in zwei Schritten vor: Nach dem Fallvergleich von unabhängiger und intervenierender Variable auf innerrussländischer Ebene werden innerhalb der Fälle Multinationalisierungsprozesse ausgewählt, die zur Durchführung von multiplen Kongruenzanalysen dienen. Die Ergebnisse der Analyse der Multinationalisierungsprozesse können dann wieder miteinander verglichen werden. Zur besseren Vergleichbarkeit und aus arbeitsökonomischen Gründen (zur Erhöhung der Zahl an untersuchten Prozessen bei gleichzeitig begrenzten Ressourcen) wurden die Multinationalisierungsprozesse nicht weltweit, sondern innerhalb von neun unterschiedlichen Länderkontexten untersucht. Abbildung 3.2 gibt eine Übersicht über das beschriebene Vorgehen. Im Folgenden werden das Vorgehen zur Fallauswahl sowie die Analysemethoden und verwendeten Daten für die einzelnen Variablen näher dargestellt.

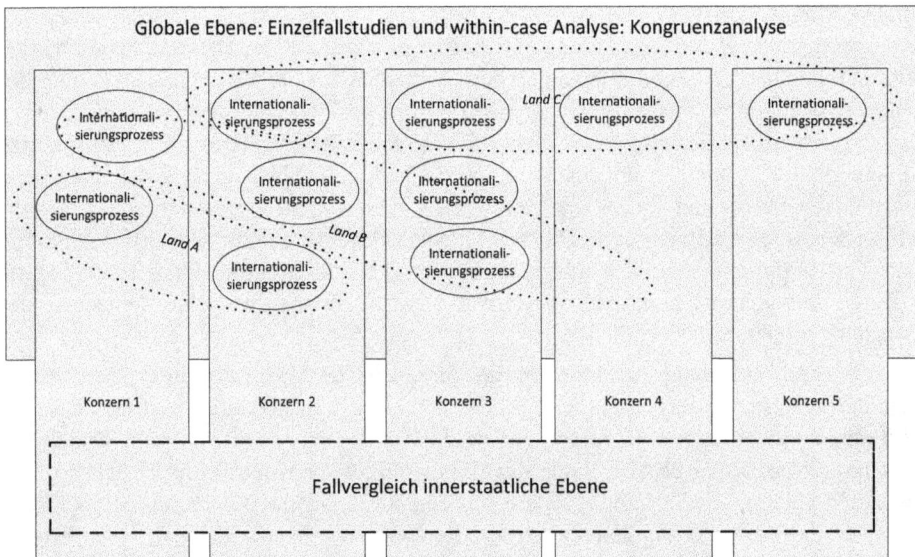

Quelle: Eigene Darstellung
Abb. 3.2: Schematische Darstellung des Forschungsdesigns

3.2   Fallauswahl

Die Fallauswahl auf Konzernebene ist recht einfach, da das Falluniversum durch die Fragestellung auf Öl- und Gaskonzerne aus Russland beschränkt ist, die zum Zeitpunkt der Untersuchung noch existierten. Gegen eine Auswahl historischer Fälle spricht, dass die Arbeit einen möglichst großen Aktualitätswert anstrebt, um die Fähigkeit zur Vorhersage zukünftiger Ereignisse zu erhöhen. Diese wird verringert, wenn weit zurückliegende Prozesse analysiert werden. Dies ergibt eine recht beschränkte Menge an möglichen Fällen, da in den 1990er und 2000er Jahren eine erhebliche Konzentration auf der Konzerne erfolgte (Locatelli 2006).

Da für eine Aussage über die Internationalisierung russländischer Öl- und Gaskonzerne vor allem die großen Akteure mit vielen Projekten relevant sind und weder die Varianz der unabhängigen noch der abhängigen Variablen ohne vorherige Untersuchung etabliert werden kann, wurden die Konzerne nach Größe ausgewählt. Es wurden alle Konzerne mit einer Marktkapitalisierung von über 15 Mrd. US-$ ausgewählt (siehe Tabelle 3.1). Dies ergibt eine Anzahl von sechs Fällen. Diese repräsentieren 77,4 % der russländischen Ölförderung und über 90 % der Gasförderung im Jahre 2010 bzw. 2008.

Tab. 3.1:   Russländische Öl- und Gaskonzerne

Firma	Marktwert, US-$ Mrd.	Industrie	Kontrolle	FATA, Prozent*	Nettogewinnmarge, Prozent
Gazprom	132,85	Gas	Staat	7,5	26,2
Rosneft'	83,19	Öl	Staat	1	16,8
LUKoil	45,18	Öl	Privat	33	10,3
Surgut-neftegaz	29,95	Öl	Privat	0	21,3
TNK-BP	27,73	Öl	Privat/JV	6	14,7
Novatèk	17,04	Gas	Privat	0	33,3
Tatneft	10,68	Öl	regional	0	9,4

Quelle: Eigene Zusammenstellung, basierend auf (Forbes 2010), Konzernberichten. Gewinnmarge entspricht dem Durchschnitt von 2005–2009.
* FATA – Ausländische Aktiva als Teilmenge der Gesamtaktiva, 2008, aus (IMEMO/Vale 2009: 14), für Rosneft' und TNK-BP eigene Schätzung auf Basis von Konzernberichten.

Beim Versuch das korporatistische Kapital zu messen musste der Konzern Surgutneftegaz auf Grund von mangelnden Daten aus der Untersuchung ausgeschlossen werden: Zu den Konzerneliten konnten kaum Daten gefunden werden, sodass das korporatistische Kapital nicht untersucht werden konnte. Die ausgewählten Fälle sind dennoch in der Lage, die russländische Öl- und Gasindustrie gut abzubilden, da sich sowohl staatliche als auch private, mehrheitlich im Öl- und mehrheitlich im Gassektor tätige, sowie Konzerne mit sehr unterschiedlichem Grad an Internationalisierung in der Auswahl finden. Außerdem repräsentieren die fünf Konzerne immer noch mehr als zwei Drittel der russländischen Öl- und Gasförderung.

Nachdem das korporatistische Kapital erhoben worden war, wurde deutlich, dass die Fallauswahl auch nach der Differenzmethode hätte erfolgen können (Blatter et al. 2007: 143), bei der nach der unabhängigen Variablen ausgewählt wird: Drei der fünf Fälle weisen viel korporatistisches Kapital auf, während zwei einen niedrigen Wert aufweisen. Die Rahmenbedingung – ein ansonsten ähnliches Umfeld der ausgewählten Fälle (*most similar systems design*) – ist durch die Beschränkung auf russländische Konzerne der Öl- und Gasindustrie gegeben.

Die Multinationalisierung der Konzerne wird anhand mit Hilfe von multiplen Kongruenzanalysen untersucht. Interessant sind dabei nicht nur erfolgreiche Internationalisierungsprozesse, sondern auch solche, die gescheitert sind. Voraussetzung ist, dass das Interesse bekannt wurde. Eine Auswahlverzerrung, die aus einer Konzentration auf positive „Fälle" von Multinationalisierung resultieren könnte, wurde also dadurch vermieden, dass Erfolg und Misserfolg der Projekte nicht maßgeblich für deren Analyse war.

Die Auswahl der untersuchten Prozesse für die Kongruenzanalyse konnte mangels Daten ohne vorherige Durchführung der eigentlichen Untersuchung ebenfalls nicht mit Hilfe standardisierter Methoden erfolgen und richtete sich daher zunächst nach einem funktionalen Kriterium: Um eine möglichst robuste Prüfung zu erlauben, sollten alle Bereiche der Produktionskette abgedeckt werden, also von Produktion über Transport und Verarbeitung bis zum Verkauf an den Endkunden. Da in der Öl- und Gasindustrie häufig nach *upstream* (Erkundung und Förderung) und *mid-* bzw. *downstream* (Verarbeitung, Transport und Vertrieb) unterschieden wird und die Charakteristika der beiden Sektoren sehr unterschiedlich sind, ergab sich eine Unterteilung der Prozesse in *upstream* einerseits und *mid-* bzw. *downstream* andererseits. Falls möglich, sollte für jeden Fall mindestens ein *embedded case* in jedem der beiden Sektoren untersucht werden. Um eine Basis für die Auswahl der „embedded cases" zu erhalten, wurden zunächst Vorstudien über die Internationalisierungsprozesse im *upstream* und *mid-/downstream*-Sektor angefertigt. Dabei wurde deutlich, dass die Aktivitäten der Konzerne wesentlich von den spezifischen institutionellen und wirtschaftlichen Bedingungen des Ziellandes strukturiert werden und häufig nicht ohne Bezugnahme auf den Kontext interpretiert werden konnten. Auch die mit den Internationalisierungsprozessen verbundenen Handlungen der russländischen staatlichen Akteure bezogen sich häufig auf Adressaten im Zielstaat. Um nicht bei jedem untersuchten Internationalisierungsprozess den Kontext neu beschreiben zu müssen, was zu einem zu starken Arbeitsaufwand und geringer Effizienz geführt hätte, wurde die Untersuchung der Internationalisierung daher auf einzelne Länder begrenzt.

Als wesentliches Kriterium für die Auswahl der Länderkontexte wurde die Fülle an möglichen Beobachtungen genutzt – in einem Land sollten möglichst viele Daten über einen längeren Zeitraum und/oder bezüglich der Internationalisierungsprozesse eines oder mehrerer Konzerne vorhanden sein, während gleichzeitig das Kriterium erhalten blieb, das für jeden Konzern – sofern möglich – mindestens ein Prozess in den zwei verschiedenen Sektoren betrachtet werden musste. Auch musste sichergestellt werden, dass Daten von ausreichender Qualität vorlagen, um Einschätzungen der Wirtschaftlichkeit zu ermöglichen. Dies setzte voraus, dass Zugang zu den Daten bestand, diese also entweder in englischer, deutscher, oder russischer Sprache zugänglich waren. Prozesse in Irak und Iran wurden wegen fehlender Datenverfügbarkeit ausgeschlossen. Letztlich wurden so die Internationalisierungsprozesse innerhalb von neun Ländern betrachtet. Dies resultierte in der Untersuchung von 40 (gescheiterten und erfolgreichen) Multinationalisierungsprozessen in neun Kontexten. Auf Gazprom entfallen dabei 19, auf LUKoil 12, auf Novaték 1, auf Rosneft' 6 und auf TNK-BP 2 Internationalisierungsprozesse. Dass auf Gazprom knapp die Hälfte der untersuchten Projekte entfallen reflektiert die unterschiedliche Größe und den unterschiedlichen Internationalisierungsgrad der Fälle. Im Falle von Gazprom und LUKoil wurden dabei einzelne weniger datenreiche Internationalisierungsprozesse innerhalb der Länder ausgeschlossen, um den Umfang der Untersuchung in einem noch bearbeitbaren Rahmen zu belassen.

3.3   Unabhängige und intervenierende Variablen: Daten und Analysemethoden

Vornehmlich zur Schärfung des Vorverständnisses und zur Weiterentwicklung der Konzeption trugen 38 Experteninterviews bei, die im September–Oktober 2009 in Moskau mit Konzernvertretern, Wirtschaftsverbänden, Wissenschaftlern, Fachjournalisten und Analysten, sowie ausländischen und russländischen Staatsbeamten geführt wurde (vgl. Anhang I). Die Interviews wurden qualitativ mit einem Leitfaden durchgeführt und trugen systematisierenden Charakter (Bogner et al. 2005: 37). Die Interviews wurden nur schriftlich festgehalten und anschließend inhaltsanalytisch nach Kernargumenten, Schlüsselbegriffen und Argumentationsmustern ausgewertet, die insbesondere für die Untersuchung der abhängigen Variable von Relevanz waren (Bonfadelli 2002). Während sie auf Grund der begrenzten Bereitschaft zur Vermittlung von Detailwissen vornehmlich in das Vorverständnis des Gegenstands einflossen, so konnten doch auch einzelne Detailinformationen während der Analyse der Internationalisierungsprozesse genutzt werden. Darüber hinaus waren die Interviews hilfreich bei der Konkretisierung der für die Studie verfügbaren Datentypen.

3.3.1   Korporatistisches Kapital: Soziale Netzwerkanalyse

Als Methode zur Erhebung des korporatistischen Kapitals – also der Vernetzung von staatlichen Akteuren und Wirtschaftsakteuren – wurde eine soziale Netzwerkanalyse durchgeführt (Knoke/Yang 2008; Wassermann/Faust 1994). Grob gesprochen zeichnet sich diese soziologische Methode dadurch aus, dass die Relationen zwischen Akteuren erhoben werden und die Akteure so als in ein komplexes Netz von Sozialbeziehungen eingebettet erscheinen (Granovetter 1985). Die soziale Netzwerkanalyse erweist sich insbesondere durch ihre Fähigkeit zur Reduktion komplexer Daten als geeignet, die Relationen zwischen vielen Akteuren zu messen und den Akteur so in seiner sozialen Position abzubilden. Dies ermöglicht die Erfassung des nichtinstitutionellen Umfelds der Akteure. Notwendig dazu sind Daten, die nicht nur kurzfristige Interaktionen abbilden, wie sie etwa in der Analyse von Politikfeldnetzwerken genutzt werden (Pleines 2008), sondern längerfristige Handlungsorientierungen der Akteure erfassen können. Im Rahmen der Arbeit wurden dabei Netzwerke auf Ebene der Konzern- und politischen Elite untersucht, in Anlehnung an das Vorgehen in der Forschung zu „*interlocking directorates*" (Pennings 1980). Dabei wurde eine personale Strategie zur Identifikation relevanter Akteure gewählt. Experteninterviews in Moskau machten relativ schnell deutlich, dass eine direkte Befragung der Wirtschaftsakteure auf deren Interaktion mit staatlichen Akteuren (oder gar umgekehrt) nicht gut möglich sein würde. Auch wenn einige der Interviewpartner bereit waren, allgemeine Informationen über Interaktion zu geben, so war doch bei anderen die Hemmschwelle höher. Manche Konzerne waren zudem gar nicht zu Interviews bereit. Dies hätte dazu geführt, dass die Daten sehr lückenhaft gewesen wären. Vor dem Hintergrund und auf Grund der Erfahrung, dass einige

Konzerne auch schriftliche Anfragen nicht beantworteten, wurden Biographiedaten genutzt (Ziegler 1984), um Informationen über frühere Phasen gemeinsamer Tätigkeit in der gleichen Organisation oder freundschaftliche und familiäre Bindungen der Akteure zu erlangen. Diese stammen aus der Labirint Datenbank[30], außerdem aus frei zugänglichen Internetquellen[31], den unten aufgeführten Mediendatenbanken, sowie Rechtsdatenbanken[32]. Die zusätzlichen Quellen wurden herangezogen, sofern es in der Labirint-Datenbank keinen Eintrag zur Person gab, sich in den Biographien Unklarheiten bezüglich der Zeiträume der Tätigkeit in bestimmten Organisationen befanden oder der Lebenslauf Lücken aufwies.

Die gemeinsame Tätigkeit in Organisationen gibt zunächst keine Aufschlüsse darüber, ob wirklich eine Sozialbeziehung zwischen den Akteuren besteht. Es könnte also sein, dass mit den gewählten Relationen lediglich ein *„affiliation network"* (Wassermann/Faust 1994: 30) abgebildet wird, das die Akteure nur bestimmten Organisationen zuordnet und die Validität für die Erhebung von Netzwerken in einem soziologischen Sinn daher gering ist. Insofern wäre die Erhebung nur für die Erfassung und Darstellung von spezifischer sekundärer und beruflicher Sozialisation, sowie unterschiedlichen Berufswegen nützlich. Mit der Untersuchung könnte so in jedem Fall erfasst werden, wie stark die Integration der unterschiedlichen formalen Organisationen über personellen Austausch ist, selbst wenn keine „Netzwerke" zwischen den Personen entstanden sein sollten. Daher besitzt die Untersuchung Aussagekraft für die Frage des korporatistischen Kapitals, selbst wenn man in ihr auf Grund der analysierten Daten keine Netzwerkanalyse erblicken möchte. Sofern jedoch zwei oder mehr Akteure gemeinsam in formal unterschiedlichen Organisationen gearbeitet haben, wird die Annahme plausibel, dass die Akteure nicht nur auf Grund von meritokratischen Prinzipien oder Zufall ihre Stelle erlangt haben, sondern dass auch Netzwerkbindungen zwischen den Akteuren ausschlaggebend gewesen sind. Auch ist die Nutzung von Biographiedaten zur Schließung auf soziale Netzwerke eine anerkannte Methode in der netzwerkanalytischen Forschung (Ziegler 1984). Da zudem nicht nur unbestätigte, sondern auch von den Akteuren bestätigte Sozialbeziehungen erhoben werden, kann die Validität der dargestellten netzwerkförmigen Relationen in vielen Fällen erhöht werden.

Jede Netzwerkanalyse weist dabei folgende Elemente auf (Knoke/Yang 2008):

- Der soziale Kontext, der untersucht werden soll und die Einheiten darin;
- die Form und der Inhalt der Relationen, die untersucht werden sollen;
- die Analyseebene;
- die Grenzen der Untersuchung.

Als sozialer Kontext gelten in dieser Studie die Organisationen des föderalen russländischen Staates und die untersuchten Wirtschaftsakteure. Die Einheiten sind die nach dem Positionsansatz bestimmten Eliten dieser Organisationen. Der soziale Kontext ist folglich auf die Interaktion der Akteure zugeschnitten, die eine formale Position in den genannten Organisationen innehaben. Dies könnte zu Verzerrungen führen, da die Möglichkeit besteht, dass wichtige andere Mitglieder des Netzwerks unbeachtet bleiben. Auf Grund der steigenden Formalisierung der Netzwerkakteure (Dubovcev/Rozov 2007; Zudin 2006) ist es

---

[30] http://www.labyrinth.ru/; abgerufen 9.2.2012.

[31] Z. B. die Informationsseite Lenta.ru, die ebenfalls viele detaillierte Biographien mit Nachweisen enthält. Siehe http://www.lenta.ru; abgerufen 10.2.2012.

[32] Hauptsächlich die Garant Datenbank, zugänglich Sa. und So. ganztägig und Mo.-Fr. ab 20 Uhr, vgl. http://iv.garant.ru; abgerufen 10.2.2012.

jedoch wahrscheinlich, dass durch formale Positionen zumindest keine unwichtigen Akteure erfasst werden.

Die Form der Relation meint deren Intensität, Frequenz oder Stärke der Interaktion, sowie deren Gerichtetheit. Als Inhalt wird die Art und Substanz der Relation bezeichnet (Knoke/Yang 2008: 11). Im Rahmen dieser Untersuchung wird die Intensität der Interaktion über das Zusammentreffen der Akteure in unterschiedlichen Organisationen während ihrer Lebenszeit, sowie über bekannte Freundschafts- oder Verwandtschaftsbeziehungen ermittelt. Die Frequenz der Interaktion wird abgebildet, indem erhoben wird, ob Akteure in mehreren Organisationen aufeinander getroffen sind oder über einen längeren Zeitraum (mehrere Jahre) in derselben Organisation gearbeitet haben. Die Gerichtetheit der Interaktion kann nicht erhoben werden, da keine Aussagen der betroffenen Personen vorliegen. Der Inhalt kann teilweise ermittelt werden, da bloße gleichzeitige Anwesenheit in derselben Organisation unterschieden wird von Verwandtschafts-, Freundschafts- oder Kooperationsbeziehungen der Akteure. Letztere wurden ebenfalls erhoben, sofern sich dazu Hinweise in den Biographien fanden oder mehrere Nachweise in den Medien vorhanden waren.

Bei der Wahl der Analyseebene kommt es darauf an, ob man ein Netzwerk einer einzelnen Person, mehrerer Personen oder das Gesamtnetzwerk analysieren möchte. Hier wurde das Gesamtnetzwerk gewählt, da nicht die Beziehungen einer einzelnen Person oder Gruppe, sondern die Relationen zwischen allen Mitgliedern des sozialen Kontextes innerhalb der empirischen Grenzen der Untersuchung ausschlaggebend für die relative Position des Konzerns sind. Dann können mit den vorhandenen Daten später ebenso Ego-Netzwerke dargestellt werden, die sich nur auf einzelne Personen oder eine Organisation beziehen.

Bei der Bestimmung der empirischen Grenzen wurde eine nominalistisch-positionale Strategie gewählt, bei der ein „set of actors occupying similar positions in a formal social structure" zur Definition der Grenzen genutzt wurde (Knoke/Yang 2008: 16; Laumann et al. 1992: 67). Dabei wurden beim Staat nur Akteure der Exekutive und der Vorsitzende der Machtpartei einbezogen. Im Einzelnen wurden einbezogen:

Konzerne:

- Mitglieder der Aufsichtsräte[33];

Föderale Exekutive:

- Präsident und Leiter der Präsidialadministration;
- Berater des Präsidenten;
- Leiter der Verwaltungen der Präsidialadministration;
- Leiter der bevollmächtigten Vertreter des Präsidenten in den Föderalen Kreisen;
- Leiter der Verwaltung der Angelegenheiten des Präsidenten;
- Regierungsminister;

---

[33] Für Gazprom, LUKoil und Rosneft' wurde auch die Konzernleitung mit erhoben. Aus Gründen der Umsetzbarkeit konnte diese jedoch nicht für alle Konzerne erhoben werden. Daher wurden die Daten zur Konzernleitung wieder entfernt. Da jedoch in allen Fällen der Konzernchef im Aufsichtsrat vertreten ist, sowie in vielen Fällen ein erheblicher Teil der Leitung auch in den Aufsichtsräten sitzt, ist keine starke Verzerrung zu erwarten. Zumindest ergab die Auswertung für die drei genannten Konzerne mit allen Daten keine grundsätzlich anderen Ergebnisse als die Auswertung nur mit Aufsichtsräten. Auch sachlich ist eine Erhebung der Aufsichtsräte eher geboten als der Konzernleitung, da diese die strategischen Entscheidungen treffen müssten, auch für Investitionen im Ausland. Dies steht auch in der Tradition der Forschung zu „interlocking directorates" Pennings (1980).

- Abteilungsleiter des Regierungsapparats;
- Leiter der für Konzerne im Sachbereich Energiepolitik bedeutsamen föderalen Agenturen und Dienste: Föderaler Dienst für die Aufsicht in der Sphäre der Umweltnutzung (Rosprirodnadzor), Föderaler Dienst für ökologische, technologische und Atomaufsicht (Rostechnadzor), Föderaler Dienst für die Bodenschatznutzung (Rosnedra), Föderaler Dienst für Tarife, Föderaler Antimonopoldienst, Föderaler Dienst für Finanzmonitoring (Rosfinmonitoring);
- Leiter der Geheim- und Sicherheitsdienste (nicht aber des Hauptdirektorats des Präsidenten für Spezialprogramme, des Föderalen Dienstes für technische und Exportkontrolle);

Judikative:

- Generalstaatsanwalt;
- Föderale Dienste der Gerichtsvollzieher und des Strafvollzugs;

Legislative:

- Vorsitzender der Machtpartei „Einiges Russland".

Dabei wurden nur diejenigen Eliten in die Analyse aufgenommen, die Ende 2009 eine entsprechende Position innehatten und zu denen biographische Informationen verfügbar waren. Dies ergab ein Set von 133 Akteuren, davon 89 staatliche und 44 Konzerneliten. Diese Bestimmung der empirischen Grenzen könnte folgende Probleme für die Validität ergeben: Erstens könnten durch die weitgehende Ausblendung der Judikative und Legislative Verzerrungen aufgetreten sein. Zweitens könnte die Wahl nur eines Zeitpunktes für die Auswahl der Akteure problematisch sein, da wichtige Verbindungen zwischen Akteuren unberücksichtigt bleiben könnten. Die gewählte Strategie ist dabei großenteils durch begrenzte zeitliche Ressourcen zu rechtfertigen. Die Legislative erschien dabei weniger bedeutsam, da argumentiert wurde, dass diese ab spätestens 2003 bis zum Ende des Untersuchungszeitraums keine eigenständige Macht mehr besaß, sondern ihre Mitglieder diese gegen die Unterstützung bei der Wiederwahl an die Exekutive eingetauscht hatten. Es wirkte also ein System politischer Korruption, in dem Positionen gegen Loyalität getauscht wurden (Remington 2008; Wegren/Konitzer 2007). Insbesondere im Energiesektor hat die Duma nur noch die Funktion eines Erfüllungsgehilfen, wie in den Interviews bestätigt wurde. Lobbyisten, die früher fast den ganzen Arbeitstag in der Duma verbracht haben, fahren heute nicht mehr dorthin, sondern in die Ministerien, wo auch einige relevante Duma-Abgeordnete einbestellt werden, um sie in einer „Nullten Lesung" mit den Gesetzesvorlagen vertraut zu machen. Der Föderationsrat war hingegen nie ausschlaggebend für die Gesetzgebung im Energiesektor.[34] Das zweite Problem der fehlenden Messung zu mehreren Zeitpunkten kann vielleicht etwas durch den Hinweis auf die hohe Kontinuität der Eliten entkräftet werden. Es ist selten, dass jemand völlig aus dem formalen System „hinausfällt". Meist werden die Akteure an andere Stellen in der Exekutive versetzt, um Konflikte der Fraktionen zu verhindern (Sakwa 2010a; Way 2006: 32). Ähnliches gilt für die Konzerne, von denen die meisten eine erhebliche Kontinuität in Management und Aufsichtsrat zeigen. Insofern ist die Validität durch die Wahl eines Zeitpunkts nicht wesentlich beschädigt.

Zur Durchführung der Netzwerkanalyse wurde folgende Prozedur entwickelt: Die biographischen Daten zu den Eliten wurden ab dem jeweiligen Arbeitsbeginn oder Eintritt in

---

[34] Quelle: Interviews in Moskau, September/Oktober 2009.

höhere Bildungseinrichtungen (Universitäten, Institute) in Jahreseinheiten erfasst und nach der jeweiligen Organisationszugehörigkeit bis einschließlich 2009 codiert. Wenn möglich, wurden die Codes bis auf Abteilungsebene differenziert. Zusätzlich wurden die bestätigten Freundschaften und bekannten Verwandtschaftsbeziehungen erhoben und gesondert codiert. Die so kodierten Daten wurden in zwei unterschiedlichen symmetrischen Matrizen ausgewertet (Hanneman/Riddle 2005). Besitzen zwei Personen zur selben Zeit denselben Code, wurde dies in der Matrix jeweils als eine Verbindung gezählt. Mehrjährige Verbindungen wurden aufsummiert. Die erste Matrix enthält Daten über die Verbindungen, die sich aus Organisationszugehörigkeit ergeben und die zweite enthält die bestätigten Beziehungen aus Freundschaft oder Verwandtschaft. Um zu verhindern, dass im Netzwerk Verzerrungen durch nur kurze Bekanntschaften entstehen können, wurde die erste Matrix mit dem Programm Ucinet (Borgatti et al. 2002) mit einem *cut-off*-Wert von >1 dichotomisiert, d. h. alle Beziehungen zwischen Personen, die nur ein Jahr in derselben Organisation gewirkt haben, wurden gelöscht. Alle anderen Beziehungen wurden durch die Dichotomisierung unabhängig von ihrer Dauer abgebildet. Die so erzeugte Matrix wurde zur zweiten Matrix der bestätigten Verbindungen hinzuaddiert und die resultierende Matrix wieder dichotomisiert. Die Dichotomisierung war nötig, da die meisten netzwerkanalytischen Verfahren nur dichotome Daten zulassen.

Zur Durchführung des Fallvergleichs wurde die *geodesic closeness centrality* (Freeman 1978: 224; Wassermann/Faust 1994: 184) als Maß für das korporatistische Kapital berechnet. Sie gibt die relative Distanz an, die ein Akteur überwinden muss, um alle anderen Akteure im Netzwerk zu erreichen. Akteure mit größerer Zentralität haben daher einen kürzeren Pfad zu allen anderen Akteuren im Netzwerk und können so die für sie relevanten Akteure schneller erreichen. Zentralere Firmen haben mehr und zudem kürzere Wege für sozialen Austausch mit politischen Akteuren als weniger zentrale Firmen. Umgekehrt gilt, dass die zentraleren Firmen für politische Akteure leichter erreichbar und leichter kontrollierbar werden. Um die Zentralität von der individuellen Ebene auf Konzernebene zu transformieren, wurde das arithmetische Mittel der Zentralität der einzelnen Konzernmitglieder berechnet. Für den Fallvergleich auf interner Ebene konnte die Maßzahl der Zentralität direkt verwendet werden, während sie für die Durchführung der Analyse der Multinationalisierungsprojekte zur Unterteilung der Konzerne in zwei Gruppen genutzt wurde: Konzerne mit wenig und viel korporatistischem Kapital.

3.3.2   Intervenierende Variable: Zugang zu Rohstoffvorkommen in Russland

Für die Analyse des Zugangs zu Lizenzen für Öl- und Gasvorkommen innerhalb Russlands wurden zunächst bereits standardisierte Daten zur *reserves-to-production ratio* genutzt. Diese konnten aus den Angaben der Reserven in Russland und der jeweiligen Jahresproduktion kalkuliert werden, die sich in den Jahresberichten und Datenbüchern der Konzerne befinden. Reserven bedeutet dabei die erwiesenen Reserven (*proved reserves*) gemäß der Klassifikation SPE-PRMS. Reserven sind demnach Vorkommen von flüssigen oder gasförmigen Kohlenwasserstoffen, deren Vorhandensein bereits durch die Bohrung eines oder mehrerer Erkundungsbohrlochs bzw. -Bohrlöcher mit hoher Wahrscheinlichkeit (>90 %) erwiesen ist und die wirtschaftlich produziert werden können unter Kenntnis der wirtschaftlichen, rechtlichen und technischen Rahmenbedingungen (SPE et al. 2007: 10). Die

Größe der angegebenen Reserven hängt also auch von der zukünftig erwarteten Preis- und Nachfrageentwicklung ab, die eine Förderung kostspieliger Ressourcen mehr oder weniger wirtschaftlich machen kann. Sie ist dabei in gewisser Weise ein Maß für die Überlebensfähigkeit des Unternehmens in seiner jetzigen Größe. Dabei wurde das arithmetische Mittel der *reserves-to-production ratio* der Jahre 2004–2010 gebildet. Vor 2004 waren die Daten für einige Konzerne nicht verfügbar.

Die Netzwerkanalyse konnte zur Berechnung einer metrischen Maßzahl für die Zentralität von Unternehmen genutzt werden. Da auch die *reserves-to-production ratio* eine metrisch skalierte Variable ist, wurde mit dem Korrelationskoeffizient r nach Pearson ein statistisches Verfahren verwendet. Dieser gibt an, inwiefern eine Veränderung einer Variablen mit der Veränderung einer anderen Variablen einhergeht. Auf Basis von r kann auch r² berechnet werden, das angibt, wie groß der Teil der abhängigen Variablen ist, der durch die Variation der unabhängigen Variablen erklärt wird (Benninghaus 2007: 222). Außerdem wurden zweiseitige Signifikanztests durchgeführt. Bei einem Signifikanztest wird angenommen, dass Zufallsstichproben mit derselben Größe gezogen werden. Auf Basis eines vorgegebenen Signifikanzniveaus wird dann berechnet, wie groß der Anteil an zufällig verteilten Stichproben ist, bei denen die Nullhypothese ebenfalls abgelehnt werden würde (Fahrmeir et al. 2007: 417). Ein zweiseitiger Signifikanztest trifft keine Vorannahmen bezüglich der Ausprägung des Zusammenhangs. Die geringe Fallzahl ist für die Feststellung des Zusammenhangs nicht problematisch, da die Grundgesamtheit selbst nicht wesentlich größer ist. Der Koeffizient soll mithin nur als Interpretationshilfe für die Daten gelten.

Die *reserves-to-production ratio* berücksichtigt als standardisiertes Maß allerdings nicht die Größe des Konzerns und kann daher relatives Wachstum oder Schrumpfung nicht abbilden. Um den Zugang zu Reserven in Russland adäquat erfassen zu können, wurden zusätzlich zur statistischen Untersuchung eine Datenbank über Lizenzvergabe ausgewertet, eine Dokumentenanalyse von Rechtsakten durchgeführt, die Daten über die Direktvergabe von Lizenzen enthielten, sowie eine Datenbank zu Unternehmenszusammenschlüssen und zum Erwerb von Unternehmen ausgewertet.

Bezüglich der Wettbewerbe wurden die Ergebnisse aller Wettbewerbe von 2004 bis 2008 von der Penn State University in einer Datenbank zusammengetragen und im Internet veröffentlicht (CAPCP 2008). Dabei wurden für die Zwecke dieser Arbeit nur Wettbewerbe für die absehbar wirtschaftlich lohnenswerteren Vorkommen ausgewertet. Dieser Kategorie wurden Vorkommen mit einer Mindestgröße von 1 Mio. t Rohöläquivalenten in den Kategorien ABC1 bis C3 (russländische Klassifikation) zugerechnet. Dies bedeutet, dass hier auf Grund der häufig unvollkommenen Erkundungsarbeiten nicht nur Reserven, sondern auch Ressourcen betrachtet werden, bei denen ungefähre Feldgrößen bereits bekannt sind auf Grund von zumindest geophysischen Untersuchungen.

Seit 2008 ist die Direktvergabe von Lizenzen seitens der Regierung an die staatlichen Konzerne Gazprom und Rosneft' möglich, was das Spielfeld zu Gunsten der staatlichen Spieler verschiebt. Die Lizenzen werden dabei direkt per Regierungsbeschluss, also von Premierminister Putin vergeben. Auf der Basis einer Analyse der relevanten Rechtsakte[35]

---

[35]   Rasporjaženie Pravitel'stva RF ot 16 aprelja 2008 g. N 493-r; Rasporjaženie Pravitel'stva RF ot 6 maja 2008 g. N 650-r; Rasporjaženie Pravitel'stva RF ot 6 maja 2008 g. N 666-r; Rasporjaženie Pravitel'stva RF ot 15.6.2009 N 787-r „Ob utverždenii perečnja učastkov nedr federal'nogo značenija, kotorye predostavljajutsja v pol'zovanie bez provedenija konkursov i aukcionov" [Über die Bestätigung einer Liste von

konnte die Größe der Reserven und möglichen Ressourcen der auf diese Weise vergebenen Felder festgestellt werden.

Schließlich wurde für die Erhebung der Aktivität der Unternehmen auf dem „Markt" für *merger & acquisitions,* die ebenfalls zu größeren Reserven führen kann, die Datenbank „Mergerstat M & A Database" (FactSet) genutzt, die über die Datenbank LexisNexis zugänglich ist. Dabei wurden alle Deals der Konzerne von 2002 bis Mitte 2011 ausgewertet, die sich auf Transaktionen bezogen, die einen Zuwachs an Reserven in Russland bedeuteten. Insgesamt wurden mit dieser Methode 86 Transaktionen erfasst. Anschließend wurden noch Daten zur Größe der Reserven der erworbenen Firmen aus Quellen im Internet und Mediendatenbanken erhoben.

Das so erhobene Reservenwachstum der Konzerne wird dann den Werten für korporatistisches Kapital mit Hilfe einfacher Streudiagramme gegenübergestellt. Die Prüfung des Zusammenhangs zwischen unabhängiger und intervenierender Variablen erfolgte also mittels zwei verschiedener Verfahren und vielfältiger Datenquellen.

3.4   Daten und Methode für die Analyse der Multinationalisierung

Die Analyse der Multinationalisierung und die damit verbundene Untersuchung der abhängigen Variablen ist erheblich aufwändiger als die Untersuchung der anderen Variablen. Der Prozess der Datenerhebung und Analyse ist für die abhängige Variable weniger standardisiert, da die Konzerne hier sehr unterschiedliche Aktivität zeigten und die Datentypen sehr verschieden sind. Die Analyse der Multinationalisierung beruht auf einer Heuristik zur Untersuchung der einzelnen Projekte im Rahmen der Kongruenzanalyse. Bei dieser werden sowohl die eingesetzten Instrumente im Rahmen einer Beschreibung des bei der Multinationalisierung stattfindenden Prozesses identifiziert, als auch ein Rückschluss auf die Rationalität der Investition ermöglicht, indem sowohl die wirtschaftliche als auch politische Rationalität des Projektes jeweils bewertet und gegenübergestellt werden. Dabei wird das einzelne Projekt auch im Gesamtkontext der Projekte des Unternehmens betrachtet, um den Bezug zur Multinationalisierungsstrategie herzustellen.

Die letztlich verwendete Heuristik zur Bestimmung der abhängigen Variablen ist dabei Produkt einer iterativ vorgehenden Forschungsstrategie. Zur Prüfung des Zugangs und Formulierung von Ansprüchen an die zu erhebenden Daten (George/Bennett 2005: 85) wurden zunächst breite empirische Vorstudien von Multinationalisierungsprozessen auf Grundlage von Daten aus der Literatur, Medien und Konzernberichten durchgeführt.

Bodenschatzgebieten föderaler Bedeutung, die ohne Wettbewerbe und Auktionen für die Nutzung bereitgestellt werden]; Rasporjaženie Pravitel'stva RF ot 11.10.2010 N 1699-r „O vnesenii izmenenij v perečen' učastkov nedr federal'nogo značenija, kotorye predostavljajutsja v pol'zovanie bez provedenija konkursov i aukcionov, utverždennyj rasporjaženiem Pravitel'stva Rossijskoj Federacii ot 15 ijunja 2009 g. N 787-r" [Über die Einbringung von Veränderungen in die Liste von Bodenschatzgebieten föderaler Bedeutung, die ohne Wettbewerbe und Auktionen für die Nutzung bereitgestellt werden, die von der Verordnung der Regierung der Russländischen Föderation vom 15.6.2009, N 787-r bestätigt wurden].

Das Vorgehen ist dabei wie folgt: Zunächst werden die Daten bezüglich des Multinationalisierungsprozesses in einer beschreibenden Darstellung zusammengetragen. Aus der Beschreibung sind auch bereits die eingesetzten Instrumente sowie etwaige Interaktionen mit dem jeweiligen Zielkontext ersichtlich. Die Beschreibung diente als Vorarbeit für die erörternde Bestimmung der Handlungsrationalität, die im jeweiligen Prozess zum Tragen kommt und sich im Unterschied zu den eingesetzten Instrumenten nicht leicht beobachten lässt. Um eine Basis für die Bestimmung der Handlungsrationalität zu erhalten wurde dabei einerseits die Annahme untersucht, die Investition folge wirtschaftlichen Rationalitäten. Dazu dienen abschätzende Berechnungen zum Nettogegenwartswert auf Basis verfügbarer Wirtschaftsdaten zum Projekt und Erörterungen weiterer möglicher wirtschaftlicher Nutzwerte für den Konzern. Als zweites Merkmal der Heuristik dient die Einschätzung des politischen Nutzens des Multinationalisierungsprozesses, die auf der Basis einer vorherigen Erhebung der Interessen politischer Akteure getroffen wurde, wie sie in staatlichen Dokumenten dargelegt sind. In einer abschließenden Auswertung wurde die Aussagekraft beider Analyseschritte verglichen, um auf die Handlungsrationalität zu schließen.

Mit dieser Heuristik ist ein valider Schluss auf die Motivation der Konzerne möglich, da politische und wirtschaftliche Reduktionismen vermieden werden. Allerdings kann ein Einwirken politischer Akteure auf die Kapitalkosten und damit die Wirtschaftlichkeit von Investitionen nicht ausgeschlossen werden, ebenso wie es wahrscheinlich ist, dass die Konzernakteure Einfluss auf die Formulierung der politischen Interessen haben. Allerdings ist eine solche analytische Trennung auch sachlich gerechtfertigt, da die politischen Interessen nicht deckungsgleich mit den wirtschaftlichen Interessen der Wirtschaftsakteure sein werden, sondern breitere politische Interessen umfassen. Umgekehrt ist die Politik nicht die einzige Variable, die die Kapitalkosten und damit die Rentabilität der Multinationalisierungsprojekte bestimmt. Letztlich geht es auch im Ergebnis der Analyse nicht um eine klare Unterscheidung der Rationalitäten in politisches und wirtschaftliches Handeln, sondern um eine Einschätzung der Handlungsrationalität des Akteurs „Russland" vor dem Hintergrund des Nutzens, dass das Konzernhandeln für verschiedene idealisierte Subjekte (Konzerne, Gesamtgesellschaft, Staat, Eliten) bringt.

Zunächst wird hier beschrieben, welche Daten und Analysemethoden zur Untersuchung der eingesetzten Instrumente zum Einsatz kommen. Anschließend werden die Daten und Analysemethoden für die Untersuchung der Handlungsrationalitäten vorgestellt.

3.4.1   Daten und Vorgehen für die Analyse der Prozesse

Für die Prozessanalyse wurde eine systematische Auswertung vielfältiger Quellen durchgeführt. Dabei wurden zunächst wissenschaftliche Literatur und Unternehmensberichte und -Webseiten auf Hinweise zu möglichen Internationalisierungsprozessen durchsucht, also nach Investitionsprojekten oder anderweitig durch die Konzerne kontrollierten Aktivitäten im Ausland. Als größter Datenlieferant wurden jedoch Pressedatenbanken eingesetzt, in denen eine Vielzahl internationaler Printmedien, Fachpresse, aber auch schriftliche Zusammenfassungen von Radio- und TV-Sendungen zu finden sind. Im Wesentlichen wurden dabei die Datenbanken LexisNexis und Factiva, die Publikationen v. a. in lateinischer Schrift vorhalten, sowie die Datenbank Integrum, die kyrillische Inhalte bereitstellt, genutzt. Außerdem stand ein elektronisches Archiv der russländischen Fachzeitschrift „*Neft' i Kapital*" (Öl und Kapital) zur Verfügung. Eine weitere Informations-

quelle waren Internetquellen, insbesondere Unternehmenswebseiten und Unternehmensberichte, aber auch staatlich bereitgestellte Datenbanken wie z. B. Firmenregister. Bei
besonders hartnäckigen Fällen wurde auch von spezialisierten Informationsdiensten wie
Skyminder[36] Gebrauch gemacht, um spezifische Firmeninformationen zu erlangen.

Die beschreibende Analyse der Prozesse wurde genutzt, um die Interaktion zwischen
staatlichen Akteuren und Wirtschaftsakteuren bei den Multinationalisierungsprozessen zu
untersuchen und so zu einer Aussage zu kommen, welcher der Akteurstypen welche Funktion
bei der Multinationalisierung übernommen hat und inwiefern die Konzerne auf staatliche
Instrumente zurückgreifen können. Dabei wurde zunächst nur eine fokussierte Beschreibung
der in das Projekt involvierten korporativen oder staatlichen Akteure und deren Handlungen
angefertigt, um Aufschluss über die jeweils verwendeten Instrumente zu erlangen. Die so
generierten Daten konnten dann genutzt werden, den Grad der Unterstützung des jeweiligen
Multinationalisierungsprozesses durch staatliche Akteure zu ermessen und so die Aussagen
der Hypothesen über den Instrumenteneinsatz zu überprüfen.

3.4.2   Vorgehen zur Ermittlung der Wirtschaftlichkeit von Multinationalisierungsprojekten

Die wirtschaftliche Rationalität eines Projekts bemisst sich nach deren wirtschaftlicher
Funktion für den gesamten Konzern und muss immer im Vergleich zu Alternativen bewertet
werden. Dabei wird zunächst einmal das Nächstliegende Bewertungskriterium überprüft,
dass das entsprechende Investitionsprojekt aus sich selbst heraus lukrativ ist, da der Konzern
seine Vorteile umsetzen kann und zusätzliche Internalisierungsvorteile aus der Beteiligung
oder Kontrolle gegenüber einem bloßen Einsetzen der Vorteile auf dem Markt zieht. Ist kein
funktionierender Markt vorhanden oder kann die Marktstruktur durch die Investition verzerrt
werden, so liegt die Annahme nahe, dass Internalisierungsvorteile bestehen. Sollte diese
starke wirtschaftliche Motivation für die Multinationalisierung auf das untersuchte Projekt
nicht zutreffen, so gibt es auch noch die Möglichkeit, dass das Projekt an anderer Stelle
höhere Gewinne des Konzerns erlaubt und die Verluste so wieder ausgeglichen werden. Dies
wird aber nur dann der Fall sein, wenn es keinen Markt oder starke Marktverzerrungen für
ein bestimmtes Gut gibt, da der Kauf des Gutes auf dem Markt sonst besser wäre als die
Hinnahme von Verlusten.

Die Motivation zur Multinationalisierung kann also zunächst durch die Gewinnchancen eines
spezifischen Investitionsprojekts definiert sein und so mit den üblichen Methoden rationaler
Kapitalrechnung für lukrativ befunden werden.[37] Sofern die Investition allerdings
erheblichen Einfluss auf die Marktstruktur nehmen kann, so nimmt sie strategischen
Charakter an. Dies ist nicht mehr gut mit den üblichen Methoden der rationalen
Kapitalrechnung messbar. Zunächst werden daher die Methoden rationaler Kapitalrechnung
und anschließend die Möglichkeiten zur Abschätzung strategischer Effekte behandelt.

---

[36]   Erreichbar unter http://www.skyminder.com/.

[37]   Der Realoptionswert – also der Wert einer Option zur Investition – wird hier nicht betrachtet, da er häufig
schwer zu beziffern ist. Siehe aber Smeenk (2010) für eine Anwendung des Realoptionsmodells auf
Investitionen der Gazprom.

Der Nettogegenwartswert und Kapitalkosten des Unternehmens

Als Grundregel für Investitionsentscheidungen gilt, dass das Investitionsprojekt eine mindestens so hohe Rendite erzielen können muss, wie sie an den Finanzmärkten (bei einer Anlage mit gleichem Risiko) möglich wäre. Dies ergibt sich schon ganz einfach daraus, dass das Unternehmen sonst Verluste machen würde, da seine Refinanzierungskosten höher wären als die Gewinne, die ein Projekt zu generieren in der Lage ist (Ross et al. 2001: 62).

Ob ein Investitionsprojekt anzunehmen oder abzulehnen ist, bemisst sich also nach der Höhe der erwarteten Geldflüsse aus der Investition im Vergleich zu den Geldflüssen, die bei alternativen Anlagemöglichkeiten der gleichen Summe am Kapitalmarkt zu erwarten wären. Dieser Vergleich wird bei der Berechnung des Gegenwartswerts durchgeführt. Er ist besonders nützlich, da er den Zeitwert des Geldes einbezieht, also vom Investitionszeitpunkt ausgehend danach fragt, wie viel ein für die Zukunft erwarteter Zahlungsstrom heute wert ist. Wenn also ein Investor die Möglichkeit hat, einen Gegenstand bei einer Zinsrate von 5 % heute für US-$ 100 und in einem Jahr für US-$ 105 zu verkaufen, ist er indifferent gegenüber diesen Möglichkeiten. Wird er dagegen im nächsten Jahr nur US-$ 104 erhalten, so ist der Gegenwartswert negativ und er verkauft zu dem früheren Zeitpunkt. Dann kann er die US-$ 100 lieber wieder anlegen, und wird bei dem Zinssatz von 5 % im nächsten Jahr US-$ 105 erhalten. Dieser sogenannte Nettogegenwartswert (*net present value, NPV*), der die Auslagen berücksichtigt, kann mit folgender Formel berechnet werden (Ross et al. 2001: 68):

$$NPV = -C_0 + \frac{C_1}{1+r}$$

Wobei C_0 der Geldstrom im Ausgangsjahr (die Investitionskosten) und C_1 der Geldstrom ist, der zum nächsten Zeitpunkt (in einem Jahr) erwartet wird, und r den Zinssatz in Prozent bezeichnet. Geht man nun von Investitionsprojekten aus, so folgt auf die Zahlung einer Investitionssumme meist eine mehrjährige Rückzahlungsphase.[38] Daher müssen auch die Zinseszinsen einbezogen werden, die bei einer Anlage des Kapitals an den Kapitalmärkten erzielbar gewesen wären. Daraus ergibt sich folgende geometrische Reihe (Ross et al. 2001: 95):

$$NPV = -C_0 + \sum_{t=1}^{N} \frac{C_t}{(1+r)^t}$$

Dabei bezeichnet C_t den Geldfluss in Jahr t. Diese Berechnung zeigt also, ob ein Investitionsprojekt über seine Lebensdauer mehr positive Geldströme generiert, als sie bei Investition der gleichen Geldmenge an den Kapitalmärkten zu erzielen wäre. Der Zinseszinseffekt sorgt dabei dafür, dass weiter in der Zukunft liegende positive Geldflüsse größer sein müssen, um im gleichen Nettogegenwartswert zu resultieren. Hat ein Projekt dauerhaft gleichbleibende Zahlungsströme, so ist ihr Nettogegenwartswert umso geringer, je weiter sie in der Zukunft liegen. Dies verdeutlicht den Zeitwert des Geldes, der sich über den Zinssatz ausdrückt und die wirtschaftliche Zeit dehnen oder komprimieren kann. Ist der Nettogegenwartswert negativ, so müsste der Investor für die Vornahme des

---

[38] Die Rückzahlung von Investitionen erfolgt natürlich nicht in jährlichen Rhythmen, sondern inkrementell oder mit mehr oder weniger großen Sprüngen. Der Einfachheit halber wird hier jedoch von jährlichen Zahlungsströmen ausgegangen, was eine in der Finanzwelt gewöhnliche Annahme ist.

Investitionsprojekts noch zusätzliches Geld „hinterherwerfen", weshalb die Investition wirtschaftlich irrational wäre.

Bisher wurde von risikolosen Investitionen ausgegangen. Die Investoren konnten sich also sicher sein, dass eine bestimmte Investition eine bestimmte Auszahlung nach sich ziehen würde. Dies kann natürlich nie der Fall sein, da es keine absolute Sicherheit geben kann. Die für die Zukunft erwarteten Zahlungsströme wie auch der Zeitwert des Geldes (also die Zinsrate) sind also unsicher. Die unterschiedlichen Grade an Unsicherheit versucht man in der Finanzmathematik mit Risikoabschätzungen zu rationalisieren. Dies hat für die Unternehmen konkrete Auswirkungen, da die Risikoabschätzung ihre relativen Kapitalkosten bestimmt. Die Kapitalkosten sind also nicht wie oben angenommen mit einem für alle Parteien einheitlichen Zinssatz beschreibbar, sondern variieren je nach dem für das Unternehmen angenommenen Ausfallrisiko. Damit darf auch der Nettogegenwartswert einer Investition nicht mit dem risikolosen Zinssatz berechnet werden, sondern muss mit dem für das Unternehmen geltenden Zinssatz diskontiert werden.

Die Kapitalkosten des börsennotierten Unternehmens werden zunächst in Kapitalkosten des Aktienkapitals und in Kosten der Kreditfinanzierung unterteilt. Die Kapitalkosten des Aktienkapitals werden dabei auf Basis einer risikofreien Anlage berechnet. Als „risikofrei" gelten dabei Staatsanleihen, insbesondere US Treasury Bills, da angenommen wird, dass ein Staat durch die Möglichkeit zur Steuererhebung jegliche Forderung ausgleichen können wird. Aktienkapital ist dabei immer teurer als US Treasury Bills, da Unternehmen keine Steuern erheben können und ihnen daher ein höheres Ausfallrisiko bescheinigt wird. Da angenommen wird, dass sich die Investoren dieser Unterschiede bewusst sind, werden Aktien immer direkter auf Schwankungen in den Märkten reagieren als Staatsanleihen. Die Varianz in der Auszahlung von Aktien ist also größer als bei Staatsanleihen, d. h. es sind sowohl größere Verluste, als auch größere Gewinne möglich (Ross et al. 2001: 233). Dies führt dazu, dass Unternehmen ihren Anteilseignern die Aussicht auf höhere Gewinne bieten müssen, als dies bei Staatsanleihen der Fall ist, was zu höheren Kapitalkosten führt. Ansonsten würden die Anteilseigner lieber in Staatsanleihen investieren. Um wie viel relativ höher diese Aussicht auf Gewinne sein muss bemisst sich nach dem unternehmensspezifischen Risiko, das wiederum anhand der Kovarianz des Aktienkurses mit anderen Aktien – also anhand den Wahrnehmungen und Handlungen der Anteilseigner bestimmt wird.

Die Kapitalkosten der Kreditaufnahme r_B lassen sich etwas leichter aus den tatsächlichen Kosten der aufgenommenen Kredite errechnen, die häufig bekannt sind und meist zu variablen Zinssätzen aufgenommen werden. Das Verhältnis zwischen Aktienkapital und Schuldenkapital kann auch einfach aus dem Verhältnis der Kapitalarten zur Gesamtsumme des Unternehmenskapitals berechnet werden. Damit können dann – unter Berücksichtigung der steuerlichen Vorteile der Schuldenaufnahme – schließlich die gewichteten durchschnittlichen Kapitalkosten des Unternehmens (*weighted average cost of capital*, WACC) berechnet werden (Ross et al. 2001: 321):

$$r_{WACC} = \left(\frac{S}{S+B}\right) * r_S + \left(\frac{B}{S+B}\right) * r_B * (1 - T_C)$$

Wobei S das Aktienkapital, B das Schuldenkapital und T_C die Rate der Unternehmenssteuer in Prozent bezeichnet. Diese unternehmensspezifischen Kapitalkosten dienen dann zur Berechnung des Nettogegenwartswerts von Investitionsprojekten

Kapitalkosten der russländischen Unternehmen

Für die Zwecke dieser Arbeit werden die Kapitalkosten nicht eigenständig berechnet, da dies häufig auf Grund von fehlendem Zugang zu Daten nicht möglich ist und bereits Einschätzungen existieren. Stattdessen kann auf Berechnungen professioneller Analysten zurückgegriffen werden.

In den 1990er Jahren waren die Kapitalkosten für russländische Konzerne auf dem russländischen Kapitalmarkt prohibitiv hoch, da die Bonds des russländischen Staates bis zur Finanzkrise von 1998 teilweise über 350 % Zinsen erbrachten und daher keine Anreize zur Kapitalisierung produktiver Betriebe bestanden (Gelman/Morozova 1996). Die Kosten des Aktienkapitals waren auf Grund des hohen Länderrisikos und der großen Intransparenz theoretisch ebenfalls hoch. Allerdings darf bezweifelt werden, dass diese auch tatsächlich hoch gewesen sind, da dysfunktionale Kapitalmärkte die Freiheit des Managements erhöhen. Die Öl- und Gaskonzerne waren häufig Teil sogenannter Finanz-Industrieller Gruppen, die häufig aus wenigen Anteilseignern bestanden (Pleines 1998; 2002; Popova 1998). Diese dürften sich nicht entsprechend der Theorie der Kapitalmärkte verhalten haben. Andererseits war der Unternehmenswert auf Grund der hohen „risikofreien Zinsrate" (den Staatsanleihen) im russländischen Kontext sehr gering (Gelman/Morozova 1996: 156). Daher strebten die russländischen Konzerne rasch eine Integration in globale Kapitalmärkte an, was sie denselben Dynamiken aussetzen würde. Dies geschah zunächst in Form von American Depository Receipts (ADR) an der Börse in New York, mit Hilfe derer ein Teil der Aktien an internationalen Börsen handelbar wurde. Daher kann davon ausgegangen werden, dass die Kosten des Aktienkapitals bereits in den 1990er Jahren eine Rolle gespielt haben, wenn diese auch nicht so hoch war wie im neuen Jahrtausend.

Da die Öl- und Gasindustrie ein global konkurrenzfähiges Produkt herstellte, besaß sie als eine der wenigen russländischen Industrien Zugang zu Kreditmärkten, was die Kosten des Schuldenkapitals senkte. Insbesondere Gazprom war hier auf Grund ihrer langfristigen Lieferverträge privilegiert, da sie diese gegen niedrige Zinssätze verpfänden konnte. Die Kredite wurden dabei direkt gegen Gaslieferungen zurückgezahlt, wobei die Abnehmer des Gases die Schulden der Gazprom bei westlichen Banken tilgten (Heinrich 1999). Ähnliche Instrumente standen auch für Ölkonzerne zur Verfügung, die häufig ebenfalls langfristige Lieferverträge eingehen konnten. Gazprom konnte so vor der Finanzkrise von 1998 Kredite zu Zinssätzen von 175–300 Basispunkten über der London Interbank Offer Rate (LIBOR) aufnehmen. Dies resultierte in nominalen Zinssätzen (nach Steuern) von nur ca. 5–6 %. Diese günstigen Konditionen hängen vor allem mit der Partnerschaft von Gazprom mit Wintershall und der langjährigen Zusammenarbeit mit deutschen Banken zusammen, die schon während der Sowjetunion Kredite an die Gasindustrie vergeben hatten.

In der Ölindustrie waren wesentlich höhere Raten zu bezahlen. Analysten schätzen die Kreditkosten von LUKoil im Jahre 1997 etwa auf 11 % nach Steuern ein. Die Kosten des Anteilskapitals werden auf Grundlage der risikofreien Zinsrate und einer pauschalen Risikoprämie für die Öl- und Gaswirtschaft auf 23 % geschätzt. Der sich daraus ergebende sehr hohe WACC von 19 % für LUKoil wurde jedoch in der Praxis offenbar auf maximal 17 % beschränkt, um die begrenzte Macht der Anteilseigner widerzuspiegeln.[39] Die Werte für die verschiedenen Konzerne können Tabelle 3.2 entnommen werden.

---

[39]   Quelle: Interviews des Autors mit Analysten in Moskau, persönlicher eMail-Verkehr.

Tab. 3.2: Kapitalkosten der Unternehmen zu verschiedenen Zeitpunkten, Prozent

		Gazprom	LUKoil	Rosneft'	TNK-BP	Novaték
1997	Schulden zu Gesamtkap.	34,3	33			
	Kosten der Schulden	6	11			
	Kosten des Aktienkap.	23	23			
	WACC	**17,1**	**17 (19)**			
2007	Schulden zu Gesamtkap.	25,94	5,9	18		
	Kosten der Schulden	5,96	6,8	5,3		
	Kosten des Aktienkap.	13,71	11,5	11,5		
	WACC	**11,32**	**11,2**	**10,4**		
2008	Schulden zu Gesamtkap.	30	10	21		3,9
	Kosten der Schulden	5,3	7,6	5,3		7,6
	Kosten des Aktienkap.	13	12,5	12,5		15,5
	WACC	**11,8**	**12**	**11**		**15,2**
2011	Schulden zu Gesamtkap.		5,13	4,4	7,92	
	Kosten der Schulden		3,32	2,2	4,4	
	Kosten des Aktienkap.		12,75	12,3	14,27	
	WACC		**12,27**	**11,86**	**13,49**	

Quellen: Für 1997: (Heinrich 1999: 13; WTPS 1997), persönliche Kommunikation mit russländischen Analysten. Für das Jahr 2007 vgl. (Gromadin 2007; Kazakova 2007; Ljutjagin 2010), für 2008 siehe (Kazakova/Gromadin 2008) und für 2011 vgl. (Savchik et al. 2011).

Die Daten stammen von Analysten verschiedener Investmentbanken und -Berater. Diese gehen dabei bei der schwierigen Berechnung der Kosten des Aktienkapitals ähnlich vor: Wie bei der oben beschriebenen Formel wird zunächst die risikofreie Zinsrate (US Treasury Bills) genutzt, die Mitte 2011 für 30-jährige Papiere bei 4,5 % lag. Hinzu addiert wird dann die Standardrisikoprämie ($R_M - R_F$), also die höheren Gewinne, die das Marktportfolio über den Bonds in Vergangenheit realisiert hat (4 %). Hinzu kommt die Risikoprämie für Russland, die aus der Kovarianz des russländischen Aktienindex mit dem Standard & Poors 500 Index berechnet wird. Diese betrug 2007 1,25 % und wurde 2011 mit 3,2 % veranschlagt (Kazakova 2007; Savchik et al. 2011), was die höhere Volatilität russländischer Aktien während und nach der Finanzkrise widerspiegelt. Hinzu kommen noch firmenspezifische Risikoaufschläge, die sich aus schlechter Transparenz und Liquiditätsrisiken ergeben. Letztere entstehen, wenn es einen einzelnen großen Anteilseigner gibt, der den Aktienpreis verzerren kann (Savchik et al. 2011). Da die Angaben nur für einzelne Jahre zur Verfügung stehen, müssen die WACC für die übrigen Jahre anhand der Basisdaten geschätzt werden.

Wie Abbildung 3.3 verdeutlicht, wiesen die für die Berechnung der risikofreien Zinsrate maßgeblichen US Treasury Bonds eine über weite Teile der 2000er Jahre stabile Verzinsung von um die 5 % auf. Erst gegen Ende 2008 fiel die Verzinsung auf zeitweise unter 3 %, um dann zwischen 3,5 und 4,5 % zu schwanken. Mitte 2011 fiel der risikofreie Zins wiederum auf unter 3 %. Auch die Kovarianz des russischen Aktienindex war in Abwesenheit größerer externer Schocks stabil. Die Grundkosten des Aktienkapitals für Russland bleiben in den Analystenberichten auch zwischen 2007 und 2011 recht stabil bei 11 bzw. 11,7 % – die höheren Kosten auf Grund der vergrößerten Volatilität russländischer Aktien werden durch die niedrigeren Basiskosten der risikofreien Zinsrate kompensiert. Daher dürften die Kosten des Aktienkapitals von 2002–2007 in etwa denen von 2007 entsprochen haben und je nach Unternehmen zwischen 11,5 und 13,4 % gelegen haben.

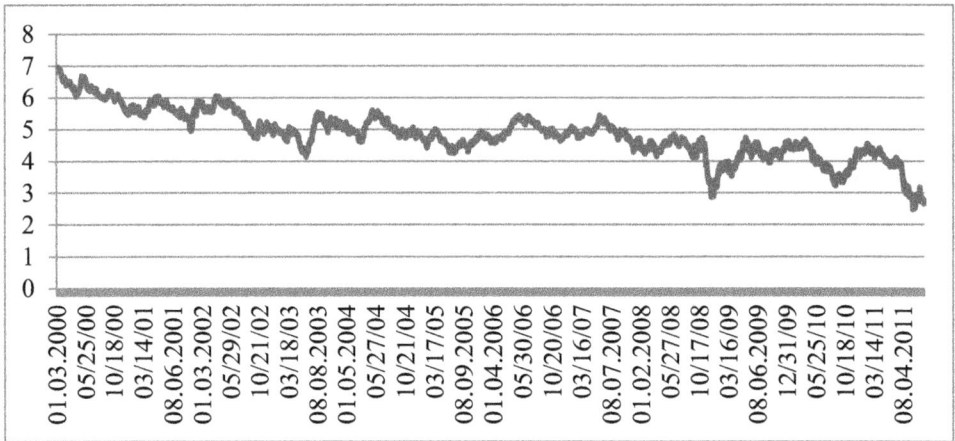

Quelle: Eigene Darstellung, Daten aus http://www.treasury.gov, abgerufen 19.11.2011.
Abb. 3.3:   US Treasury Bills, Ertragskurve, 20 jährige Fälligkeit, Prozent

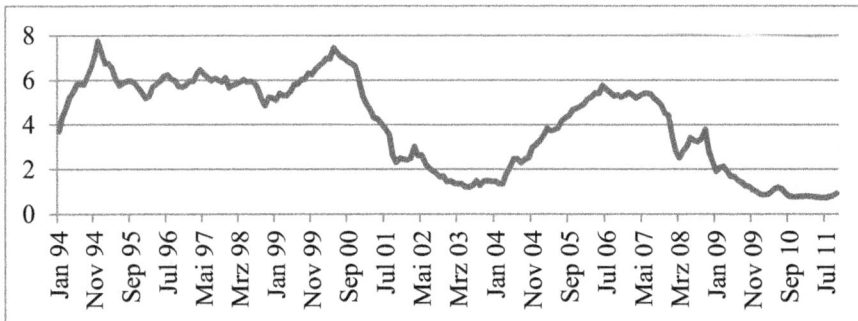

Quelle: Eigene Darstellung, Daten aus http://www.wsjprimerate.us/libor/libor_rates_history.htm, abgerufen
             19.11.2011.
Abb. 3.4:   LIBOR-Zinssätze, US-Dollar, 12 monatige Laufzeit, Prozent

Die Zinssätze für Kredite waren demgegenüber größeren Schwankungen ausgesetzt, wie Abbildung 3.4 zeigt. Von 2001 bis 2005 waren Kredite sehr günstig zur erhalten. Ab Ende 2008 fiel die Zinsrate wieder stark ab, zuletzt sogar unter 1 %. Es ist jedoch unklar, inwiefern russländische Konzerne von den günstigeren Zinssätzen von 2001–2005 profitiert haben. So lieh sich beispielsweise Gazprom nicht gern Geld von Banken, sondern gab selbst Bonds aus, die sehr hohe Zinssätze aufweisen. Zum Beispiel im Jahre 2003, als die LIBOR sich einem Prozent näherte, gab Gazprom in US-$ nominierte Bonds mit zehnjähriger Laufzeit und jährlichen Zinssätzen von 9,625 % aus (Gazprom 2003b). Außerdem warf Gazprom im selben Jahr siebenjährige Eurobonds in Höhe von € 1 Mrd. und einem Zinssatz von 7,8 %

auf den Markt (Gazprom 2003c). Dies könnte noch damit gerechtfertigt werden, dass hier eine relativ langfristige Kapitalaufnahme erfolgt, die auf dem Bankenmarkt evtl. teurer gewesen wäre. Allerdings wurden auch 2009, als der Zinssatz wiederum niedrig war, Bonds mit zweijähriger Laufzeit und einem Zinssatz von 9 % ausgegeben. Dies dürfte Investoren gefallen haben, treibt jedoch die WACC der Gazprom unnötig in die Höhe.

Für LUKoil sind auch frühere Daten verfügbar, wobei deutlich wird, dass sich die WACC kontinuierlich von dem hohen Niveau in den 1990er Jahren bis etwa 2004 verringert haben, um sich dann zu stabilisieren und Ende der 2000er Jahre wieder anzusteigen. So werden die WACC für das Jahr 2003 noch mit 13 % angegeben und sinken 2004 auf Grund geringerer Kosten des Fremdkapitals auf 11,3 % (Zakharov 2005). Dementsprechend kann davon ausgegangen werden, dass die WACC von Anfang der 2000er Jahre bis einschließlich 2003 durchschnittlich 1,8 % höher waren als 2007 angegeben. Dementsprechend wird in den 1990er Jahren mit den für 1997 berechneten Werten gerechnet. Bis 2004 wird mit einem 1,8 % höheren Wert als den für 2007 angegebenen Werten gerechnet. Anschließend wird mit den Werten für 2007 gerechnet. Die Lücken in den Daten für TNK-BP und Novaték stellen kein großes Problem dar, da die Konzerne zwischenzeitlich kaum international tätig geworden sind.

Tab. 3.3: WACC der russländischen Öl- und Gaskonzerne, Prozent

	1995–1999	2000–2003	2004–2007	2008–2010	2011
Gazprom	17,1	13,1	11,3	11,8	12*
LUKoil	17	13	11,2	12	12,27
Rosneft'			10,4	11	11,86
TNK-BP			12*	13	13,49
Novaték				15,2	

Quelle: Eigene Darstellung auf Basis der präsentierten Informationen.
* Geschätzt auf Basis der Veränderung der anderen Werte.

Die Konzerne weisen also alle relativ hohe Kapitalkosten auf, was sie im internationalen Wettbewerb um Investitionsprojekte eigentlich benachteiligen sollte. So wird für regulierte Pipelines in Westeuropa meist ein geringer WACC von 5–8 % veranschlagt, was auch erklärt, warum Gazprom auf Ausnahmen von der Regulierung pocht. In den USA liegen die niedrigsten Ertragsraten in der Öl- und Gasindustrie bei 10 %, während sie in Russland mit 38 % angegeben werden (Encharter 2006: 30). Die russländischen Konzerne sind dadurch in Russland kompetitiv, während sie in westlichen Staaten auf Grund ihrer hohen Kapitalkosten auf Schwierigkeiten stoßen müssten.

Allerdings sind die Erwartungen bezüglich der Rentabilität in der Öl- und Gasindustrie generell höher. So wird etwa im Allgemeinen davon ausgegangen, dass neue Projekte eine Rentabilität (*internal rate of return*) von 12–15 % aufweisen müssten (Encharter 2006: 30). Die Rentabilität wird ähnlich berechnet wie der Nettogegenwartswert, nur dass nach der Diskontrate aufgelöst wird. Dies ist weniger nützlich als der Nettogegenwartswert, da die Kapitalkosten dann noch abgezogen werden müssen, erfreut sich aber in Russland großer Beliebtheit. Insbesondere Akteure der LUKoil betonen immer wieder, dass Entscheidungen auf Basis der Rentabilitätsrate getroffen würden. Diese wurde 2003 mit 15 % oder 16 % angegeben, 2008 mit 13 % veranschlagt und 2009 wiederum mit 14–16 % (FD 2008; Glumskov/Skorobogat'ko 2004; IOD 2003b; IPF 2003; Rebrov 2009). Ähnliches gilt für die anderen Konzerne, die jedoch weniger offen von einer solchen Norm sprechen. Die Berechnung des Nettogegenwartswerts auf Basis der identifizierten WACC scheint daher ein weniger rigides Kriterium zu sein, als es von den Konzernen selbst angewendet wird.

Hier muss nun noch eine andere Form der Finanzierung angesprochen werden, die in geringeren Kapitalkosten der Unternehmen, aber auch größerer Kontrolle durch Kreditgeber resultiert: Projektfinanzierung. Projektfinanzierung meint die Schaffung einer rechtlich unabhängigen Projektfirma für die Finanzierung einer großen Industrieanlage, die einen einzelnen Zweck verfolgt. Die Projektfirma wird dabei mit regresslosen Krediten und mit Eigenkapital des Projektträgers finanziert (Esty 2004: 25). Aus der Definition ergibt sich, dass sich die Finanzierung gut für einzelne Großprojekte wie Pipelines oder Öl- und Gasfelder eignet. Die Kredite sind regresslos in dem Sinne, als nur die Erlöse aus dem Projekt den Forderungen der Gläubiger unterliegen. Der Projektträger kann sich damit vor möglichen Risiken schützen, in dem ein Großteil der Risiken an die Gläubiger übertragen und der eigene Kapitaleinsatz minimiert wird. Die Marktrisiken sind dabei neben Währungs- und souveränen Risiken am größten einzuschätzen, da eine Veränderung des Marktumfeldes oder eine niedrigere Auslastung des Projekts zu erheblich geringeren Erlösen aus dem Projekt führen und dadurch die Rückzahlung der Kredite gefährden kann (Esty 2004: 45). Dies führt zu im Vergleich mit integrierter Finanzierung höheren Kapitalkosten des Projekts. Für den Projektträger wird das Risiko hingegen isoliert – eine Insolvenz der Projektfirma wird die eigene Bilanz wesentlich weniger belasten als bei integrierter Finanzierung des Projekts. Dies rechtfertigt die Überlassung eines größeren Teils der potentiellen Gewinne an die Gläubiger. Da Projektfinanzierung auf Grund der beschriebenen Struktur andere Kapitalkosten aufweisen wird als der durchschnittliche WACC der Konzerne (je nach Kosten des Aktienkapitals und Projektrisiko können diese höher oder niedriger sein), müssen die Kapitalkosten von Projekten gesondert behandelt werden. Falls in den Fallstudien Projektfinanzierung vorgenommen werden sollte, so werden die Kapitalkosten jeweils gesondert behandelt.

Für die Erhebung der projektbezogenen Wirtschaftsdaten konnte auf die während der Prozessbeschreibung erhobenen Daten zurückgegriffen werden, alternativ wurde eine spezifische Suche in allen oben genannten Quellen – wissenschaftliche Literatur, Datenbanken und Unternehmensdaten durchgeführt. Brachte dies keine Lösung, wurden allgemeine Informationen zum jeweiligen Wirtschaftssektor im jeweiligen Kontext genutzt, wie sie von staatlichen Stellen oder multilateralen Organisationen wie der IEA zur Verfügung gestellt werden. Damit wurde eine abschätzende Berechnung des Nettogegenwartswerts in vielen Fällen möglich.

Strategischer Wert von Multinationalisierungsprojekten

Über den kommerziellen Wert von Investitionen hinaus können Multinationalisierungs- projekte auch einen strategischen Wert aufweisen. Dies wird dann der Fall sein, wenn oligopolistische Märkte vorliegen und daher das erzielte Ergebnis von den Handlungen und Reaktionen der anderen Marktteilnehmer abhängig ist. So kann ein Projekt auch einen negativen Nettogegenwartswert aufweisen, aber dennoch für das Unternehmen wirtschaftlich interessant sein. Dies wird dann der Fall sein, wenn das Projekt die Marktstruktur längerfristig zu Gunsten des Unternehmens verändert und so zu höheren Gewinnen beiträgt. Ein Projekt hat strategischen Wert, wenn es hohe Kapitalkosten bei gleichzeitig großen Skaleneffekten hat und die Investition früh getätigt wird, um potentielle Wettbewerber abzuschrecken. Die hohen Kapitalkosten sorgen dafür, dass das Projekt nicht leicht von Wettbewerbern repliziert werden kann, während die großen Skaleneffekte für niedrige Betriebskosten sorgen und so – unter Ausblendung der „versunkenen" Investitionskosten – einen späteren Kostenvorteil für den Investor garantieren. Dadurch werden Wettbewerber vom Markteintritt abgehalten. Die Wirkung des strategischen Effektes setzt voraus, dass kein Wettbewerber zu einem solchen strategischen Projekt Zugang erhalten kann (Porter 1979; Smeenk 2010: 80), wie es etwa im Dritten Liberalisierungspaket der EU in Bezug auf Gaspipelines vorgesehen ist. Der strategische Wert ist besonders in der Gasindustrie relevant, da hier oligopolistische Märkte vorliegen (Smeenk 2010: 69). Ein strategischer Wert kann aber auch nicht nur gegenüber Wettbewerbern realisiert werden, sondern auch gegenüber anderen Marktteilnehmern, die bisher über eine starke Marktposition verfügen, wie z. B. Transitländern. Sofern deren Marktposition durch die strategische Investition verschlechtert werden kann, werden die Kosten für Dienstleistungen sinken. Sofern auf Grundlage der oben genannten Charakteristika festgestellt wurde, dass ein Projekt einen strategischen Wert erzielen kann, muss dieser abgeschätzt und zum Nettogegenwartswert hinzuaddiert werden.

Zur Abschätzung des strategischen Werts kann Spieltheorie genutzt werden (Smeenk 2010: 72). Dies kann im Rahmen der Arbeit jedoch nicht erfolgen, da dazu Modellierungen nötig wären, die den Rahmen der Arbeit sprengen würden. Vielmehr kann auf die Vorarbeiten anderer Forscher zu spezifischen Projekten zurückgegriffen werden. Sofern bezüglich anderer Projekte die Abschätzung des strategischen Werts nötig erscheint, wird dieser anhand der zu erwartenden Effekte auf Marktanteile abgeschätzt.

3.4.3 Vorgehen zur Ermittlung der Interessen politischer Akteure

Für die Untersuchung der Interessen der russländischen politischen Akteure wurden außen- und sicherheitspolitische Strategien Russlands qualitativ strukturierend-textanalytisch untersucht (Mayring 1999: 92ff). In den Konzepten wurden jeweils Aussagen zu Russlands Rolle in der Welt und zu konkreten Interessen in Bezug auf die untersuchten Weltregionen und Sachbereiche markiert und mit Codierungen versehen. So konnten die Veränderungen im Zeitverlauf nachvollzogen werden. Diese allgemein erhobenen Interessen wurden im Rahmen der Kongruenzanalyse auf die Projekte jeweils konkretisiert, indem zusätzlich auf die konkreten Aussagen oder Handlungen von politischen Akteuren, die im Rahmen der Prozessbeschreibung deutlich wurden, verwiesen wurde.

Seit 1991 bis 2011 wurden jeweils drei Konzepte bzw. Strategien in Bezug auf die Außenpolitik und nationale Sicherheit verabschiedet.[40] Die Außenpolitikkonzepte geben dabei Aufschluss auf das Selbst- und Weltbild Russlands, über die Aufgaben der Außenpolitik und außenpolitische Interessen.[41] Die Konzeptionen über nationale Sicherheit können ebenfalls Aufschluss über die Selbst- und Weltbilder geben, enthalten jedoch weitergehende Bedrohungsperzeptionen, die sich auch auf interne wirtschaftliche Aspekte beziehen. Die Selbst- und Weltbilder sind dabei nützlich, um allgemeine Informationen über

---

[40] Vgl. Russische Föderation (1993); (1997); (2000a); (2000b); (2008a); (2008b).
[41] Vgl. generell zu russländischer Außenpolitik Fischer (2003); Šleivytė (2010); Lo (2003).

die politische Orientierung Russlands in der Weltordnung zu erhalten, die herangezogen werden können, wenn konkrete Interessendefinitionen mangeln.

Für die Ermittlung der politischen Interessen ist eine ausführlichere Darstellung nötig, die im Methodenkapitel stattfindet, da es sich dabei um Vorarbeiten für die Ermittlung der Ausprägung der abhängigen Variablen, nicht aber um die empirische Untersuchung an sich handelt. Die Darstellung wird im Folgenden sachlich untergliedert und zeichnet die Veränderungen im Zeitverlauf nach. Zunächst wird die Veränderung des Selbstbilds dargestellt, anschließend der Wahrnehmung der Welt bzw. der Bedrohungslage. Daran schließt sich eine Darstellung über die Interessen an, die bezüglich verschiedener Regionen und Sachbereiche formuliert werden. Die Interessen werden anschließend auf die Tätigkeit der Konzerne konkretisiert, um sie für die spätere Verwendung im Rahmen der Fallanalysen handhabbar zu machen.

Selbstbild: Russland als eurasische Großmacht

Das Selbstbild Russland bleibt relativ konstant im Zeitverlauf. In allen Dokumenten wird betont, dass Russland eine Großmacht sei. Dies hat mehrere Folgen für die Selbstwahrnehmung und Rollendefinition: Zum einen habe Russland Verantwortung für den Weltfrieden und die „strategische Stabilität" in der Welt. Russland sieht sich damit als Schlüsselpartner für die Lösung von Problemen in der Welt. Zum anderen ist die Selbstwahrnehmung als Großmacht auch mit dem Anspruch auf ein Mitspracherecht in allen internationalen Angelegenheiten und auf Respekt vor den eigenen Interessen verbunden. Drittens bringt das Konzept einer Großmacht auch den Anspruch auf eine Zone bzw. einen „Gürtel" von Staaten mit sich, in denen das Land privilegierten Einfluss geltend macht, aus dem andere Staaten sich also fern zu halten haben.

Dabei unterscheiden sich jedoch die Dokumente hinsichtlich der Frage, ob Russland bereits den Zustand einer Großmacht erreicht habe. Bis 2008 wird diese Frage nicht eindeutig beantwortet. Während die Sicherheitsstrategien das *Potential* Russlands betonen, eine Großmacht zu sein, stellt das Außenpolitikkonzept von 2000 bereits fest, dass Russland eine Großmacht sei. Als Potentiale werden die jahrhundertelange Geschichte, die einmalige geopolitische Lage auf dem Euro-asiatischen Kontinent, die erhebliche militärische Macht und sowie technologische, intellektuelle und ethisch-moralische Kapazitäten angegeben. Dabei wird jedoch eine Reihe von internen Aufgaben identifiziert, die Russland noch zu bewältigen habe, um wieder Einfluss erlangen zu können. Dazu zählen Wirtschaftsreformen, eine Verhinderung der territorialen Desintegration und Stärkung der Macht des Zentrums gegenüber den Reformen, sowie die Schaffung einer nationalen Identität.

In den Dokumenten von 2008 wird die Sprache der Potentiale aufgegeben und stattdessen festgestellt, dass das „neue Russland" die größte Euro-asiatische Macht und eine Großmacht in den internationalen Beziehungen sei. Russland habe die postsowjetische Krise überwunden und sei nun ein Schlüsselsubjekt der neuen Weltordnung. Während also die früheren Dokumente eine Verletzung des Selbstbewusstseins suggerieren, sprechen die Dokumente von 2008 eine selbstbewusste Sprache. Dabei werden auch die internen Aufgaben als weitgehend gelöst angesehen: Russland sei rechtlich konsolidiert, die Grundaufgaben in der wirtschaftlichen Sphäre seien gelöst, die Politiken der nationalen Verteidigung und der gesellschaftlichen Sicherheit würden realisiert. Zudem blühten ursprüngliche russländische Ideale wieder auf, es gäbe eine neue Spiritualität (*duchovnost'*) und ein würdevolles Verhältnis zur eigenen Geschichte. Ein neuer gesellschaftlicher Wertekonsens sei entstanden, der die Freiheit und Unabhängigkeit des Staates unterstütze, humanistisch eingestellt sei, die familiären Traditionen wertschätze und patriotisch gesinnt sei.

Auch die Leitbilder der zukünftigen Entwicklung wandeln sich im Zeitverlauf. 1993 heißt es, Russland solle als demokratischer und freier Staat wiederbelebt werden. Das westliche Entwicklungsmodell einer demokratischen Marktwirtschaft wird dabei als erfolgreich für das Erlangen des eigentlichen Ziels – einer starken Position im internationalen System – angesehen. Technologischer Fortschritt und eine vorteilhafte Wirtschaftsentwicklung ließen sich am Besten im Rahmen einer demokratischen Marktwirtschaft erreichen. Dass die russländische Elite von 1993 das Land als zukünftigen Teil des Westens und einer globalen Zivilgesellschaft sieht, wird an der Befürwortung einer Einschränkung des staatlichen Souveränitätsrechts zu Gunsten der Einhaltung der Menschenrechte deutlich. Verpflichtungen der Staaten in Bezug auf Menschenrechte und Minderheitenrechte stellten *nicht* allein deren interne Angelegenheit dar, sondern seien legitimes Interesse aller Staaten.[42] In der Sicherheitsstrategie von 1997 wird das Fehlen einer nationalen Idee bemängelt. Dabei wird der Vorschlag gemacht, dass Russland sich als eine neue Großmacht definieren könne. Diese Großmacht habe einen wirtschaftlichen und geistigen Fortschritt gemacht, ein hohes Wachstumspotential, sei auf demokratische Prinzipien gegründet, verfüge über Harmonie in den gesellschaftlichen Beziehungen und übernehme Verantwortung für die Entwicklung der globalen Zivilisation.

Ab 2000 weicht das Leitbild einer zivilisatorisch im Westen verankerten Großmacht mehr dem Bild einer zivilisatorisch eigenständigen Großmacht im Konzert von Mächten. Deutlich wird dies vor allem daran, dass nun die Unverletzlichkeit des Souveränitätsrechts von Staaten als grundlegendes Prinzip der internationalen Beziehungen betont wird. Interventionen auf Grundlage von Verletzungen der Menschenrechte destabilisierten das internationale System, sofern diese nicht durch den UN-Sicherheitsrat gedeckt seien. Das Leitbild von 2008 sieht demgegenüber vor, dass Russland als eine der führenden Mächte wiedererstehen solle, was sich am Niveau des technischen Fortschritts und der Lebensqualität messen lasse. Diese Großmacht habe erheblichen Einfluss auf Weltprozesse, nehme effektiv an der weltweiten Arbeitsteilung teil und sei dabei aber technologisch unabhängig. Man wolle unter die fünf Länder mit dem weltweit größten Bruttoinlandsprodukt kommen. Der Erfolg wird hier also durchgängig wirtschaftlich-technologisch bestimmt, da die Wirtschaftskraft und technologische Autarkie Grundlage für militärische und politische Macht auf internationaler Ebene sei. Der Unterschied der Dokumente von 2008 ist, dass das Leitbild keine Aussagen mehr zur Herrschaftsform enthält und stattdessen von der Freiheit zur Wahl verschiedener Entwicklungsmodelle spricht. Dies mag die generelle Unsicherheit über die Korrelation von wirtschaftlichen Erfolgen und Demokratie spiegeln, die mit dem Aufstieg nichtdemokratisch verfasster Staaten wie China einhergegangen ist.

Weltbild und Bedrohungswahrnehmung

In Bezug auf die Charakterisierung der internationalen Beziehungen übernimmt das Außenpolitikkonzept von 1993 zunächst im Wesentlichen die liberale Deutung, dass militärische Macht nach dem Ende der Blockkonfrontation weniger relevant geworden ist und eine Bewegung hin zur demokratischen Marktwirtschaft stattfinde. Der Westen wird als

---

[42] Dies dürfte freilich auch dem Interesse Russlands an „humanitären Interventionen" in den GUS-Staaten geschuldet gewesen sein.

eines der Hauptzentren der Weltwirtschaft und des „globalen Zivilisationsprozesses" dargestellt. Mit dem Ende der Sowjetunion und dem Einsetzen der demokratischen Transformation sei auch der ideologische Kampf beendet worden und eine neue Ära angebrochen. Russland teile die Grundwerte des Westens. Die Staaten der Dritten Welt werden dabei als Hauptbedrohung angesehen, da sie „zivilisatorische Probleme" hätten und immer weiter zurückfallen würden. Gleichzeitig werden die internationalen Beziehungen jedoch auch als machtpolitisch geprägt angesehen. Das Ende des Kalten Krieges werde nicht automatisch zu einer Stabilisierung führen. Es wird die Herausbildung mehrerer regionaler Integrationszentren prognostiziert. Auf Grund der machtpolitischen Prägung des Weltgeschehens bleibe militärische Macht zur Konfliktlösung bedeutsam. „Der Westen" wird also auch hier schon nicht nur als Idee und zivilisatorisches Konzept gesehen, sondern auch als geopolitische Realität, mit dem man in Machtkonkurrenz stehe.[43] Damit bleibt das Konzept uneinheitlich bezüglich seiner Sicht auf die globalen Prozesse.

Im Außenpolitikkonzept von 2000 wird ähnlich wie 1993 konstatiert, dass das wirtschaftliche und wissenschaftliche Potential heute wichtiger sei, während militärische Macht jedoch ebenfalls bedeutsam bleibe. Dies ist auch der Tenor der Sicherheitsstrategien von 1997 und 2000, die ebenfalls von einer Diversifikation von Machtquellen ausgehen. Militärische Macht sei zwar bedeutsam, wirtschaftliche, politische, wissenschaftliche, ökologische und informationelle Faktoren flössen jedoch auch in die Gleichung zur Bestimmung der Machtpotentiale ein. Diese gegenüber der Sowjetunion veränderte Bedrohungslage biete Russland die Möglichkeit zur Erschließung neuer Ressourcen. In der Sicherheitsstrategie von 2000 wird angefügt, dass Russland auf dieser Basis eine „Ideologie der multipolaren Weltordnung" fördern werde. Russland werde daran arbeiten, dass eine multipolare Architektur der Welt entstehe, die sich durch „demokratische Entscheidungen" und partnerschaftliche Beziehungen auf internationaler Ebene auszeichne. Basis dafür biete die UN-Charta und der UN-Sicherheitsrat.

Gleichzeitig werden neue Herausforderungen und Bedrohungen für Russland nicht mehr in der Dritten Welt identifiziert, sondern in einem „wachsenden Trend zur Etablierung einer unipolaren Weltstruktur mit wirtschaftlicher und machtpolitischer Herrschaft der USA". Diese stütze sich nicht auf die zuvor identifizierten diversifizierten Machtquellen, sondern auf militärische Macht und unilaterales Handeln. Dies destabilisiere die internationale Situation, führe zu Spannungen und Rüstungswettlauf, zwischenstaatlichen Gegensätzen und nationalistischem und religiösen Konflikten. Auch die euroatlantischen Integrationsprozesse, die auf einer selektiven Grundlage stattfänden, trügen zur militärpolitischen Rivalität bei. Während sich dies primär auf die NATO-Osterweiterung zu richten scheint, finden sich in dem Text auch verschwörungstheoretische Elemente: Von USA und NATO gingen mithin Versuche aus, die staatliche Souveränität Russlands im militärischen, politischen und wirtschaftlichen Bereich zu schwächen. Ausländische Geheimdienste drängten weiter nach Russland vor und würden Entscheidungen manipulieren. Sie würden Russland u. a. zu wirtschaftlich unvorteilhaften Geschäften verhelfen. Russland identifiziert sich bezüglich der Bedrohungswahrnehmung also nicht mehr als Teil einer wachsenden westlichen Zivilisation, die von gemeinsamen Bedrohungen betroffen ist, sondern besitzt als unabhängiges Zentrum einer multipolaren Welt nun ein ganz eigenes Bedrohungsprofil, in dem westliche Akteure zentral sind. Vor dem Hintergrund einer interdependenztheoretisch inspirierten

---

[43]   Zu diesem Konzept siehe Stent (2007).

Wahrnehmung von Machtpotentialen wird der Westen nun als Akteur konzipiert, der seine Vorherrschaft einseitig auf militärische Machtquellen stütze und dadurch die internationalen Beziehungen destabilisiere.

Daneben spielen in den Sicherheitskonzepten von 1997 und 2000 jedoch auch unkonventionelle und interne Bedrohungen eine bedeutende Rolle. So werden ausbleibende Reformen, eine schwache Wirtschaftsleistung, die schwache Wissenschaft und die Abwanderung von Forschern ins Ausland als Bedrohungen für die nationale Sicherheit identifiziert, da sie die wirtschaftliche Prosperität schwächten, Russland auch militärtechnisch importabhängig machten und so die Verteidigungsfähigkeit schwächten. Auch die geringe Geburtenrate und Lebenserwartung, sowie fehlende Schaffenskraft und geringes geistiges sowie normatives Potential bedrohten in diesem Zusammenhang Russlands nationale Sicherheit. Russlands Schwäche auf internationaler Ebene sei mithin eine Bedrohung der nationalen Sicherheit. Auch die territoriale Integrität würde durch separatistische Bestrebungen bedroht. Daneben stehen neue Bedrohungen wie internationaler Terrorismus oder organisierte Kriminalität.

In den Dokumenten von 2008 verändert sich die Beschreibung der Welt in zweierlei Hinsicht. Zum einen wird die erweiterte Beschreibung von Machtquellen zwar beibehalten, gleichzeitig jedoch die Bedeutung militärischer Macht aufgewertet. So wird prognostiziert, dass die Konkurrenz um Energieressourcen eine langfristige Orientierung der globalen Politik bleiben werde und diese auch mit militärischen Mitteln ausgetragen werden könne. Dies berge die Gefahr, dass die strategische Stabilität an Russlands Grenzen und an den Grenzen der GUS beschädigt werde. Zum anderen habe die Globalisierung zu einer gerechteren Verteilung der Ressourcen geführt, neue Wachstumszentren seien daher entstanden. Da sich wirtschaftliche Potenz in politischen Einfluss übersetze werde der Trend zu einer multipolaren Welt beschleunigt. Erstmals seit dem Zusammenbruch der Sowjetunion gäbe es dabei einen globalen Wettbewerb zwischen verschiedenen Zivilisationsmodellen, da nun zwischen unterschiedlichen Wertesystemen und Entwicklungsmodellen gewählt werden könne. Der Westen wird in diesem Zusammenhang zwar noch als problematisch für die weltweite Stabilität dargestellt, in seiner Bedeutung aber abgewertet. Der Westen befürchte, das „Monopol auf globale Prozesse" zu verlieren und versuche angesichts dessen, Russland einzudämmen. Dessen „Strategie unilateralen Handelns" führe zur Destabilisierung der internationalen Situation und zu Spannungen in den „interzivilisatorischen Beziehungen", zudem provoziere er einen Rüstungswettlauf. Außerdem könne unilaterales Handeln die fundamentalen Ursachen von Konflikten nicht bekämpfen und würde auch in der „geopolitischen Umgebung" Russlands zu einer Ausweitung der Konflikte führen. Gleichzeitig halte sich Russland die Möglichkeit unilateralen Handelns explizit offen, sofern die Partner nicht bereit seien zu gemeinsamen Handlungen, die den nationalen Interessen Russlands entsprächen.

Die Bedrohungswahrnehmung verschiebt sich in den Dokumenten von 2008 gleichzeitig weg von den internen Bedrohungen hin zu externen Bedrohungsfaktoren. Im Einklang mit der Feststellung, dass Russland wieder eine Großmacht sei werden die internen Bedrohungen als weitgehend gelöst angesehen. Lediglich das Zurückbleiben bei der Technologieentwicklung und die rohstoffbasierte Exportstruktur werden als teilweise interne Bedrohungen der nationalen Sicherheit formuliert. Auch die Faktoren, die zu schlechter Technologieentwicklung beitrügen, seien nicht mehrheitlich hausgemacht: Als Faktoren wurden zunächst unfaire Konkurrenz, die Übergabe konkurrenzfähiger Technologie ins

Ausland und erst als weiterer Faktor zu geringe Innovations- und Industriepolitik identifiziert. Neue Bedrohungen werden stattdessen im Globalisierungsprozess vermutet. Dieser bedrohe die nationale Sicherheit im Bereich der Kultur, indem er die kulturelle Identität der Länder und Völker unterminiere. Außerdem verstärke er die Abhängigkeit der Nationalökonomie von äußeren Einflüssen wie etwa Wirtschafts- und Finanzkrisen. Dies verstärke Tendenzen des Protektionismus. Dies geht einher mit einer Proliferation des Sicherheitsbegriffes: Geschützt werden muss nicht nur die Sicherheit von Staat, Gesellschaft und Person, sondern auch die militärische Sicherheit, die technologische Sicherheit, wirtschaftliche Sicherheit, Energiesicherheit bis hin zur Informationssicherheit und Nahrungsmittelsicherheit. Die militärische Sicherheit ist etwa durch Handlungen externer Akteure bedroht, die auf die Etablierung der Vorherrschaft im militärtechnologischen Bereich gerichtet sind, so etwa durch die Entwicklung von Hochpräzisionswaffen und durch ein unilaterales Raketenschutzschild. Staatliche und gesellschaftliche Sicherheit werden zunächst durch die Tätigkeiten ausländischer Geheimdienste und den von ihnen genutzten Organisationen in Russland als bedroht angesehen. Hinzu kommen Bedrohungen durch terroristische und extremistische Organisationen und die Organisierte Kriminalität. Die nationale Sicherheit im Kulturbereich werde durch Versuche bedroht, die Bewertung der Geschichte Russlands und seiner Rolle in der Weltgeschichte zu verändern und durch die Propaganda eines Lebensstils, dessen Grundlage Permissivität und Gewalt, sowie Rassendiskriminierung ist.

Die Welt, in der sich die politische Elite von 2008 vergegenwärtigt ist damit grundverschieden von der Welt, in der sich die Elite 1993 wiederzufinden gedachte. Der Westen ist in den Konzepten von 2008 als Ordnungsmodell nicht mehr existent, als geopolitische Realität ist er im Abstieg begriffen. Gleichzeitig gibt es 2008 mehrere konkurrierende Ordnungsmodelle, die als erfolgversprechend empfunden werden. Damit entfällt für Russland sowohl die Notwendigkeit als auch die Anziehungskraft einer Westorientierung. Vielmehr wird die Welt als ein von souveränen Staaten bevölkerter Raum wahrgenommen, zwischen denen zwar Interdependenzen bestehen, die aber von den staatlichen Eliten verwaltet werden. Dabei gilt es, die Interdependenzen möglichst handhabbar zu machen, sodass der Einfluss externer Akteure minimiert wird. Dies zeigt sich auch im Streben nach technologischer Unabhängigkeit, das eine durchgängige Priorität ist. Die staatlichen Eliten hätten auch für die jeweilige kulturelle Identität ihrer Völker zu sorgen und diese von schädlichen Einflüssen zu bewahren. Hier wird vor allem der Westen als Bedrohung wahrgenommen, da er Russland an mehreren Fronten – militärisch, informationell, wirtschaftlich und kulturell – bedrohe.

Übergreifende Interessen

Die vor diesem Hintergrund formulierten allgemeinen Interessen Russlands weiten sich von einer Fokussierung auf die Wiederherstellung der wirtschaftlichen Leistungsfähigkeit auf weitere auch außenpolitische Ziele. Dies gilt zumindest für die Sicherheitsstrategien, während die Außenpolitikkonzepte vornehmlich außenpolitische Interessen formulieren. Alle Dokumente formulieren jedoch das Interesse, Russland als prestigeträchtige Groß- bzw. Weltmacht wiedererstehen zu lassen. 2008 wird als oberstes außenpolitisches Interesse formuliert, zur Emergenz einer neuen Weltordnung beizutragen, die von gegenseitiger Partnerschaft geprägt sein würde. Russland werde dann als Weltmacht zentral für die strategische Stabilität sein. Dies zeigt wiederum die neorealistische Wahrnehmung der internationalen Beziehungen, die im Wesentlichen auf ein Machtgleichgewicht mehrerer gleichwertiger Akteure gestützt ist.

Die Interessen im sicherheitspolitischen Bereich bestehen zunächst durchgehend in Verhandlungen zur Abrüstung von Nuklearsprengköpfen und in der Sicherstellung der Nichtweiterverbreitung von Massenvernichtungswaffen. Diese könnten soweit reduziert werden, dass die strategische Stabilität noch gewahrt bleiben würde. 1997 wird hierbei das Konzept der „realistischen Abschreckung" aus dem Kalten Krieg bemüht, das aufrecht erhalten werden müsse, dies entfällt später. Im Fokus auf Abrüstung und Nichtweiterverbreitung spiegelt sich der Status Russlands als Atommacht und das generelle Interesse der russländischen Elite an der Aufrechterhaltung von Staatlichkeit in den internationalen Beziehungen gegenüber nichtstaatlichen Akteuren.

Gleichzeitig betonen alle Sicherheitsstrategien, dass es in Russlands Interesse sei, Militärbasen in verschiedenen Weltregionen zu stationieren, um ihre Bündnispflichten erfüllen zu können und eine globale militärisch-strategische Machtbalance zu gewährleisten. Daneben war der Raketenschutzschild der USA seit 2000 ein Thema der Dokumente: 2000 wurde mit „adäquaten Maßnahmen" gedroht, falls die USA diesen realisieren würden. In Europa stationierte Elemente des US-amerikanischen Raketenschutzschildes führten zu stark verschlechterten Möglichkeiten, die regionale Stabilität aufrechtzuerhalten, hieß es drohend im Jahre 2008.

In Bezug auf Streitkräfte im Allgemeinen wird 1997 betont, dass die militärische Last für das Staatsbudget verringert werden müsse. Daher strebe man keine Parität mit den militärisch führenden Staaten an. Diese Bemerkungen entfallen im Folgenden. 2000 heißt es, man müsse sowohl zur Bekämpfung kleiner lokaler Konflikte in der Lage sein als auch zum Führen großer Kriege. 2008 ist dann davon die Rede, dass die Einheiten in permanenter Kampfbereitschaft zunehmen müssten und die Kampffähigkeit verbessert werden müsse. Auch findet mit dem Begriff „strategischer Abschreckung" ein neues Konzept Einzug in die Sicherheitsstrategie. Dieses ebenfalls aus der US-Militärstrategie gespiegelte Konzept sieht die Erarbeitung und Realisierung eines Komplexes mit einander verbundener politischer, diplomatischer, militärischer, ökonomischer, informationeller und anderer Maßnahmen vor, die die Kosten einer unerwünschten Handlung des Aggressors oder der Aggressorenkoalition so erhöhen soll, dass sie nicht stattfindet (Russische Föderation 2008). In der Strategie ist außerdem vorgesehen, dass die strategische Abschreckung mittels der wirtschaftlichen Fähigkeiten des Staates, sowie über die Entwicklung eines Systems zur militärisch-patriotischen Erziehung der Bürger, und mit der Verbesserung der militärischen Infrastruktur realisiert werden soll. Hier ist also die Einbeziehung nicht nur der staatlichen, sondern auch der wirtschaftlichen Ressourcen und der Gesamtbevölkerung in Maßnahmen militärstrategischer Natur vorgesehen.

In Bezug auf die Wirtschaft zieht sich im Einklang mit dem Selbstbild einer autarken Großmacht in einem neorealistischen Weltsystem ein deutlicher Fokus auf die Sicherung der Wettbewerbsfähigkeit und wissenschaftlich-technologischen Unabhängigkeit der russländischen Wirtschaft durch alle Dokumente. Bereits im ersten Außenpolitikkonzept wird nicht von Marktwirtschaft gesprochen, sondern lediglich von „organischer Integration in die Weltwirtschaft" (Russische Föderation 1993). Reformen werden dementsprechend auch zuvorderst damit begründet, dass es ohne eine Wiederbelebung der Wirtschaft unmöglich sei, ein Mitglied des Clubs der Großmächte des 21. Jahrhunderts zu werden. In Folge könnten auch die eigenen Interessen und die Interessen der Bürger nicht mehr aufrechterhalten werden. Die vorgeschlagenen Reformschritte und außenpolitischen Maßnahmen beziehen sich lediglich auf eine bessere Vernetzung von militärisch-industriellem Komplex mit der zivilen Wirtschaft, auf internationale Kooperation für Zugang zu ausländischer Technologie, Expertise und Investitionen und auf die Verbesserung des Zugangs zu Weltmärkten und die Unterstützung russländischer Unternehmer, die jedoch im Rahmen der Regeln auf Weltmärkten zu operieren hätten.

In der Strategie von 1997 findet sich das Leitbild einer auf vielen Branchen beruhenden hochtechnologischen Wirtschaft, die die anderen Branchen mit Ausrüstung, die Armee mit Waffen, die Bevölkerung mit qualitativ hochwertigen Waren und die Exportwirtschaft mit konkurrenzfähigen Waren beliefern können soll. Daher bestehe das nationale Interesse in einer Ausweitung der produzierenden hochtechnologischen Branchen, im Schutz der Interessen der vaterländischen Produzenten, in der Erhöhung der innovativen und wissenschaftlichen Aktivität, in der ständigen Kontrolle strategisch wichtiger Ressourcen und in der Unterstützung wissenschaftlichen Potentials. Außenwirtschaftsbeziehungen sollten so aufgebaut werden, dass sie den Interessen der russländischen Produzenten entsprächen. Dabei verwende Russland jedoch keine gewaltsamen (*silovych*) Methoden zur Durchsetzung seiner Interessen im Wirtschaftsbereich. Auch enthält die Strategie das Ziel, Russland breit in die internationale Wirtschaft einzubinden, darunter auch in den IWF und die IBRD. Allerdings wird nun auch betont, dass dem unkontrollierten Kapitalabfluss aus Russland Einhalt geboten werden müsse (Russische Föderation 1997). Dies verweist auf eine skeptische Haltung gegenüber Auslandsdirektinvestitionen russländischer Konzerne. Es geht hier also um die Schaffung einer hochtechnologischen Wirtschaft, der eine zentrale Funktion bei der Unterstützung des Großmachtanspruchs zukommt. Wirtschaft, Wissenschaft und Technik sind konzeptionell eng miteinander verbunden, da ohne Wirtschaftskraft und ohne selbständige Innovationsfähigkeit im technologischen Bereich auch die militärische Macht Russlands als bedroht angesehen wird.

Die Dokumente von 2000 setzen als loses Leitbild dem Umbau zu einer hocheffektiven und sozial orientierten Marktwirtschaft als Ziel. Dazu müsste die staatliche Regulierung der Wirtschaft gestärkt und rasch konkurrenzfähige Wirtschaftszweige entwickelt werden. Wiederum wird auf die Notwendigkeit einer besseren Verbindung des militärisch-industriellen Komplexes mit der zivilen Wirtschaft verwiesen. Die Ressourcen müssten außerdem zu Wissenschaft und Technik umverteilt werden. Hier findet sich erstmals das Konzept der „technologischen Sicherheit", das sich auf den Schutz Russlands vor Abhängigkeit von ausländischer Technologie bezieht. Außerdem erhält der Terminus „wirtschaftliche Sicherheit" Einzug. Um diese zu gewährleisten, müssten die Risiken weiterer weltwirtschaftlicher Integration „auf ein Minimum" reduziert werden. Dazu müsse der Schutz russländischer Hersteller vor ausländischer Konkurrenz ausgeweitet werden. Außerdem müsse die Kontrolle ausländischer Unternehmen über strategisch wichtige Rohstoffe, Telekommunikationsmittel, Transport und Warenherstellung begrenzt werden. Wiederum wird auf die Gefahren unkontrollierten Kapitalabflusses verwiesen (Russische Föderation 2000b). Russlands Wirtschaft soll im Gegenzug zu vorteilhaften Konditionen expandieren können und die Märkte sowohl sachlich als auch geographisch diversifizieren. Dazu sei die staatliche Unterstützung russländischer Unternehmer auf externen Märkten notwendig. Russland werde dabei auch alle verfügbaren wirtschaftlichen Hebel und Ressourcen für die Aufrechterhaltung nationaler Interessen einsetzen. Ein Ausschluss gewaltsamer Methoden findet sich nicht mehr; ebenso wird nun kein Bezug mehr auf die

Regeln der Zielmärkte genommen sondern stattdessen bemerkt, dass russländische Unternehmer die russländische Gesetzgebung bei der Expansion strikt einzuhalten hätten (Russische Föderation 2000a). Dies deutet darauf hin, dass die russländische Elite die wirtschaftliche *„soft power"* des Landes verstärkt zur Durchsetzung ihrer Interessen verwenden möchte.

Die Dokumente von 2008 führen diese Perspektive fort. Das Leitbild ist nun eine „innovationsbasierte Wirtschaft". Man wolle damit unter die fünf größten Länder nach Wirtschaftsleistung gelangen, gleichzeitig aber die technologische und wirtschaftliche Sicherheit Russlands gewährleisten. Auch die Energiesicherheit wird nun als neues Feld eingeführt. Dem Globalisierungsprozess steht man noch kritischer gegenüber, da er nun als Bedrohung für die kulturellen Aspekte nationaler Sicherheit konzipiert wird und weitere Risiken für wirtschaftliche, Energie- und Nahrungsmittelsicherheit mit sich bringt. Dennoch müsse die „Gleichberechtigung" russländischer Konzerne auf globalen Märkten sichergestellt werden. Dementsprechend wird das Arsenal staatlicher Schutzmaßnahmen ausgeweitet und konkretisiert: Man werde handelspolitische Maßnahmen zum Schutz der eigenen Produzenten und Vergeltungsmaßnahmen bei Verletzung von Exportinteressen vornehmen. Außerdem werde der Staat russländische Unternehmen bei der Expansion auf neue Märkte und der Entwicklung traditioneller Märkte unterstützen und Diskriminierung mit entsprechenden Maßnahmen beantworten. Nun findet sich die Formulierung, dass man „im Einklang mit internationalem Recht" alle Ressourcen und Hebel zur Durchsetzung nationaler Interessen nutzen werde. Zur Stärkung der Innovationsfähigkeit sollen aber auch Investitionen in wissenschaftsintensive Bereiche der Wirtschaft unterstützt werden. Die Dokumente vertreten damit ab 1997 ein Konzept einer in den grundlegenden Bereichen autarken Wirtschaft, die nur insofern in die Weltwirtschaft integriert ist, als dies den russländischen Exportinteressen und den Interessen der staatlichen Akteure nutzt. Die Ziele scheinen dabei teilweise widersprüchlich, so scheinen etwa technologische aufholende Entwicklung und Autarkie nicht gut miteinander vereinbar.

Interessen gegenüber den Staaten der GUS

Bedeutsam sind zunächst die Interessen, die bezüglich den Staaten der GUS formuliert werden, da diese zuvor dem sowjetischen Staate angehörten. Diese haben sich im Zeitverlauf nicht wesentlich gewandelt. Im Konzept von 1993 findet sich schon der Terminus des „nahen Auslands" der GUS-Staaten, mit denen neue, gleichberechtigte und wechselseitig vorteilhafte Beziehungen aufgebaut werden sollten. Mit dem Begriff war bereits Russlands Anspruch auf eine Einflusszone verknüpft. Der Begriff meint die Staaten der ehemaligen Sowjetunion, außer den baltischen Staaten, und spricht diesen nur begrenzte Souveränität zu – auch mit dem Argument, dass viele der Grenzen dieser Staaten nicht natürlich seien, sondern von der Sowjetunion bestimmt worden waren. Im Text heißt es weiter, man wolle die Reintegration des postsowjetischen Raums auf freiwilliger Basis und ohne Forcierung vorantreiben. Dem widerspricht der Text an anderer Stelle, an der es heißt, dass Russland auch eigenmächtig Gegenmaßnahmen ergreifen werde, wenn einer der Staaten des „nahen Auslands" Dinge unternehme, die die nationalen Interessen Russlands schädigten. Dementsprechend sprach Russland sich das Recht zu, vitale nationale Interessen im „nahen Ausland" zu verteidigen, wozu auch die Eindämmung lokaler Konflikte und Kriege, der Schutz der Außengrenzen der GUS, sowie der Schutz der Menschenrechte ethnischer Russen zählten.

Dazu passt, dass von politischen Akteuren schon ab 1993 die durch den Zerfall der UdSSR „entgangenen Vorteile" hervorgehoben wurden. Diese neuen Überlegungen orientierten sich wenig an abstrakten Prinzipien, sondern mehr an konkreten Objekten (verlorener Zugang zu Exportrouten auf Weltmärkte, Versorgung mit günstigem Saisongemüse und -Obst etc.). Komplementär dazu wurde der Verlust der internationalen Position Russlands beklagt. Dies geschah vor dem Hintergrund eines raschen wirtschaftlichen Zerfalls und eines sinkenden Warenumsatzes zwischen Russland und den GUS-Staaten (Alexandrova 2003; Becker 1996; Christophe 1998; Kazantsev 2008; NG 1996). Das Ziel dabei war jedoch nicht der Wiederaufbau der Sowjetunion mit ihren hohen Kosten, sondern die formale Wahrung staatlicher Unabhängigkeit, während wirtschaftlich und sicherheitspolitisch interessante Aktiva unter russländische Kontrolle kommen und eine „feindliche" Einstellung der Staaten verhindern sollten (Drezner 1997: 75).

Die Stärkung der Beziehungen der GUS Staaten mit Drittstaaten wird jedoch unter Nutzung des wirtschaftsliberalen Arguments nicht nur negativ interpretiert: Sie könne zu einer Stärkung der Wirtschaftskraft der GUS-Staaten führen, was auf Grund der Interdependenz der Wirtschaften mit Russland wiederum positive Rückwirkungen habe. Daher sei in jedem Fall abzuwägen, ob ein Desintegrationsprozess wirklich den Interessen Russlands zuwiderlaufe. Gleichzeitig wird die Stationierung ausländischer Militärpräsenz auf dem Territorium von GUS-Staaten kategorisch abgelehnt (Russische Föderation 1993).

In den nachfolgenden Strategiedokumenten wurde die wirtschaftsliberale Interpretation fallen gelassen und im Einklang mit dem Großmachtanspruch eine wirtschaftliche und politische Reintegration des GUS-Raums vorgeschlagen.[44] Ziel sei es, einen Gürtel gutnachbarschaftlicher Staaten um Russland zu bilden. 2008 findet sich zusätzlich zu den früheren Formulierungen eine stärkere Betonung kultureller Elemente. Man werde aktiv darauf hinarbeiten, das „gemeinsame zivilisatorische und kulturelle Erbe" zu erhalten und zu vervielfältigen (*priumnoženie*). Dies sei eine bedeutende Ressource für die GUS und für jeden der Mitgliedstaaten in Zeiten der Globalisierung. Dabei würden insbesondere die Russen in den GUS unterstützt.

Die Staaten der GUS seien zudem eine Priorität der Außenpolitik. Ab 2008 wird verstärkt auf die Rolle von Regionalorganisationen verwiesen: Man wolle die Kooperation in der CSTO, der Eurasischen Wirtschaftsgemeinschaft und der SCO stärken. Regionale Wirtschafts- und Finanzorganisationen sollten aktiv zur Durchsetzung russländischer Interessen und zur Stärkung der Integrationsprozesse eingesetzt werden. Außerdem wird der Abschnitt über die Sicherheitskooperation ausgeweitet, die sich nun auch auf die Risiken der Destabilisierung im Transkaukasus und Zentralasien erstrecken sollen. In Verbindung mit der negativen Einschätzung der Globalisierungsprozesse zeigt sich hier also eine verstärkte Hinwendung zu regionaler Integration, die auf Grund der kulturellen Kompatibilität und der besseren Steuerbarkeit als vorteilhaft betrachtet wird.

Durchgängig zieht sich durch alle Dokumente auch das Interesse am Schutz der Interessen und Rechte russländischer Bürger im Ausland. Zunächst ist dies auf die baltischen Staaten

---

[44]   Dies entspricht den Ideen von Anatolij Čubajs. Er sprach sich im Wahlkampf 2003 für den Aufbau eines liberalen Imperiums aus, da dies der russischen Geschichte entsprechen und die „Mission" Russlands im 21. Jahrhundert darstellen würde. Das Imperium sollte die Expansion russischer Konzerne in umliegende Staaten unterstützen, sowie kulturpolitisch tätig werden, ansonsten aber demokratische Grundprinzipien fördern. Es geht also auch hier um Kontrolle. Vgl. Čubajs (2003).

und die GUS begrenzt. Ab 2000 heißt es, man werde diese Gruppen unter Verwendung politischer, wirtschaftlicher und anderer Mittel schützen. 2008 wird dieser Katalog durch Maßnahmen zur Bildung und Konsolidierung von Organisationen der lokalen Diaspora gestärkt. Diese sollen auch eine Umsiedelung nach Russland fördern. Außerdem wird darauf hingewiesen, dass man Versuchen zur Umschreibung der Geschichte standhaft entgegentreten werde, da diese zu Konfrontation und Revanchismus und zur Revidierung der Ergebnisse des Zweiten Weltkriegs genutzt werden könnten.

Gegenüber den Mitgliedern der GUS definierte die russländische politische Elite Russland weiterhin als Pol für Integrationsbestrebungen. Auch wurde von Anfang an deutlich gemacht, dass man sich weiterhin als hegemoniale Macht in diesem Raum betrachte. Die Integration wurde zunächst hauptsächlich wirtschaftlich definiert und sollte auf der Mikroebene vorangetrieben werden. Dies entspricht auch der wissenschaftlichen Diskussion in Russland (Libman/Hejfec 2007). In den 2000er Jahren verlagerte sich die Betonung auch auf sicherheitspolitische Integration und der Makro-Integration durch regionale Organisationen wurde verstärkte Bedeutung zugemessen.

Interessen in Bezug auf USA und NATO

Bezüglich der Beziehungen zu den USA bleibt das Konzept von 1993 uneinheitlich. Einerseits wird betont, man wolle eine „strategische Partnerschaft" oder sogar eine Allianz mit diesem Staat aufbauen, der eine Hauptpriorität für die Außenbeziehungen Russlands sei. Gleichzeitig sei es nötig, mögliche „Rückfälle" der USA in eine Politik mit imperialen Ambitionen und in Versuche, sich in die einzige Supermacht zu transformieren, zu verhindern. Man werde dabei als Hauptpriorität darauf dringen, Anerkennung für Russlands leitende Rolle als „Motor der marktwirtschaftlichen Reform" und Garant der Transition zur Demokratie im postsowjetischen Raum zu erringen. Dies kann wohl dahingehend interpretiert werden, dass Russland von den USA Anerkennung seiner Vorherrschaft im postsowjetischen Raum erwartete. Außerdem wird als Erwartung formuliert, dass sich die USA wissenschaftlich mit Russland kooperieren und Technologietransfer vornehmen werde. Im sicherheitspolitischen Bereich weist man auf die Kooperationspotentiale bei der Rüstungskontrolle hin.

Rüstungskontrolle und Abrüstung, gepaart mit neuen Bedrohungen wie Terrorismus und Drogenhandel sowie Nichtweiterverbreitung von Massenvernichtungswaffen werden in den späteren Dokumenten als einzige „zwingende" Bereiche für Kooperation mit den USA angesehen, die in den Augen der russländischen Elite die in sie gelegten Hoffnungen nicht erfüllt hatte und Russland bei ihren Handlungen nicht ausreichend berücksichtige. Dementsprechend fordert Russland eine gleichberechtigte Partnerschaft mit den USA ein, was eine „Balance der Interessen" erfordere. Ansonsten gelten für die USA die Aussagen zu den russländischen allgemeinen Interessen.

Bezüglich der NATO enthält das Konzept von 1993 kaum Referenzen. In der Sicherheitsstrategie von 1997 wird die NATO-Osterweiterung als Bedrohung der nationalen Sicherheit dargestellt, die zu einer Destabilisierung des europäischen Kontinents führe. Gleichzeitig könne Kooperation nur gelingen, wenn die NATO Russlands Interessen bei ihren Entscheidungen respektiere. Im Jahre 2008 wird angemerkt, dass man der Zusammenarbeit interessiert sei, die NATO Russland dazu aber als gleichberechtigten Partner behandeln, ihre Sicherheit nicht auf Kosten der Sicherheit Russlands ausweiten und militärische Zurückhaltung üben müsse. Dabei müssten die „legitimen Interessen" Russlands in ihren Planungen berücksichtigen und das Völkerrecht wertschätzen. In diesem Kontext sei die mögliche NATO-Mitgliedschaft für Ukraine und Georgien und auch die Stationierung von NATO-Infrastruktur nahe an den Landesgrenzen Russlands bereits eine Verletzung des „Prinzips gleicher Sicherheit". Die NATO wird dabei generell nicht als eine Organisation kollektiver Sicherheit angesehen, der die interessierten Staaten nach Erfüllung von Kriterien beitreten können, sondern als ein Instrument der USA zur Aufrechterhaltung globaler Vorherrschaft.

Interessen in Bezug auf die EU und Europa

In Bezug auf Europa wird 1993 zunächst die Bedeutung der demokratischen Transformation Russlands als Voraussetzung für die Beziehungen und den Frieden auf dem Kontinent betont. Es sollten stabile Beziehungen zu allen europäischen Staaten entwickelt werden. In Bezug auf Westeuropa werden Deutschland, Frankreich und Großbritannien als besondere Kooperationspartner hervorgehoben. Dabei sei das Hauptziel im wirtschaftlichen Bereich eine stärkere Einbeziehung der russländischen Wirtschaft in den europäischen Markt und die Weltwirtschaft. Es wird jedoch keine Vision der zukünftigen Integration Russlands in die EG entworfen. Stattdessen sollten die Erfahrungen der EU in die GUS eingebracht und für die Integrationserfolge genutzt werden. Die partnerschaftlichen Beziehungen mit Westeuropa sollten außerdem Russlands Sicherheit erhöhen und interne Entwicklungsprobleme lösen. In Bezug auf die Staaten Ostmitteleuropas ist die Strategie wieder von den Widersprüchen zwischen Aufgabe der imperialen Ambitionen und demokratischer Transformation und der gleichzeitigen Angst vor Machtverlust im internationalen System geprägt. Einerseits betont die Strategie, dass Russland seine Beziehungen auf eine neue Basis stellen wolle, die nun „völlig frei" sei von „imperialer Arroganz" und „Egozentrismus" der UdSSR. Diese Region dürfe insbesondere nicht zu einem Puffer werden, der Russland vom Westen isoliere. Andererseits wird gemahnt, es sei auch nicht hinnehmbar, dass westliche Mächte den durch den Rückzug Russlands (gemeint ist wohl die Sowjetunion) frei gewordenen Raum in diesen Staaten besetzten. Dies könne durch die vorhandene erhebliche wirtschaftliche und teilweise auch kulturelle „Orientierung" dieser Staaten auf Russland vermieden werden. Dementsprechend müssten die Wirtschaftsbeziehungen auf nichtideologischer Basis wieder belebt werden. In Bezug auf die baltischen Staaten wird außerdem auf die Bedeutung hingewiesen, die die Sicherung der Rechte der russischen Bevölkerung habe. Die Wirtschaftsakteure sind also wiederum zentral, um den Einfluss in den Staaten des ehemaligen Ostblocks zu wahren.

Bereits in der Sicherheitsstrategie von 1997 rückt das „System europäisch-atlantischer Sicherheit" in den Vordergrund, das sich auf das Prinzip der Gleichheit der Staaten und „Unteilbarkeit der Sicherheit" gründen müsse und innerhalb der OSZE realisiert werden solle. Dies könne dabei helfen, Russland stärker an der Lenkung globaler Prozesse teilhaben zu lassen. Mit dem Prinzip der *indivisibility of security* ist eines der Kernprinzipien der OSZE angesprochen, das jedoch in der Organisation seit jeher mit einem umfassenden Verständnis von Sicherheit verknüpft worden war. Das Prinzip der Unteilbarkeit von Sicherheit meint, dass die Sicherheit eines jeden Staates mit der Sicherheit jedes anderen Staates verbunden ist und daher alle Staaten dafür sorgen müssen, dass sich kein anderer Staat bedroht fühlt. Das umfassende Verständnis von Sicherheit bedeutet, dass die politisch-militärische, wirtschaftlich-ökologische und menschliche Dimension, also die Einhaltung der Menschenrechte, immer gemeinsam betrachtet werden müssen (Brichambaut 2010). Russland lässt somit seit 1997 erkennen, dass es das Prinzip der Unteilbarkeit der Sicherheit aufrechterhalten und stärken möchte. Da das Prinzip der umfassenden Sicherheit (*comprehensive security*) nicht genannt wird, ist davon auszugehen, dass die russländische Elite die Verbindung dieser beiden Komplexe auflösen will. Die Verbindung wird hingegen in der Abschlusserklärung des Istanbuler OSZE-Gipfels 1999 bestätigt (OSCE 1999).

Diese Orientierung tritt 2000 vorübergehend in den Hintergrund und weicht einer gewissen Skepsis in Bezug auf die europäischen Integrationsprozesse. Stattdessen wird auf bilaterale Partnerschaften gesetzt. Russland betrachte die Osterweiterung, die Währungsunion und die Sicherheitsintegration mit Interesse. Russland werde dabei versuchen, sich „gebührenden Respekt" für seine Interessen bei diesen Prozessen zu verschaffen, auch was die Beziehungen mit einzelnen Mitgliedstaaten angehe. Insbesondere werden dabei Groß-britannien, Deutschland, Italien und Frankreich genannt, die eine bedeutende Ressource für die Verteidigung russländischer Interessen in der EU und in der Welt sein könnten.

2008 wird die Betonung der Unteilbarkeit von Sicherheit wieder aufgenommen. Dabei wird nun noch deutlicher gemacht, dass die Agenda gegenüber den Prinzipien der OSZE revisionistisch ist und die Schaffung einer neuen Organisation anstrebt. Die zu schaffende „Architektur" solle zusätzlich die Diversität der Systeme abbilden (Russische Föderation 2008a). Damit wird deutlich gemacht, dass die politische Elite sich an eine universalistische Agenda nicht mehr gebunden sieht. Stattdessen soll die Erschaffung eines „wirklich offenen, demokratischen Systems regionaler kollektiver Sicherheit" von „Vancouver bis Vladivostok" vorangetrieben werden. Ein europäischer Sicherheitsvertrag solle die gegenwärtigen, blockbasierten Strukturen überwinden (Russische Föderation 2008a). Durch gleichberechtigte Interaktion zwischen Russland, der EU und den USA würde ein wirklich vereinigtes Europa ohne Trennlinien geschaffen. In diesem Fall werde Russland, das „der größte europäische Staat" sei, dabei hilfreich sein, die „zivilisatorische Verträglichkeit" Europas herzustellen. Neben der Verortung Russlands in Europa findet sich hier die Forderung nach der Anerkennung Russlands als eigenständige Zivilisation.

Konkretisierung der Interessen in Bezug auf die Öl- und Gaskonzerne

Weltordnungspolitisch strebt Russland die Etablierung und Stärkung einer „multipolaren Weltordnung" an. In dieser Vorstellung konkurrieren mehrere Staaten, und in den Konzepten von 2008 auch Zivilisationsmodelle, miteinander. Die russländische Elite sieht ihren Staat dabei wohl als den Pol einer spezifischen euroasiatischen sowjetisch-zaristischen Zivilisation, wie aus den Bemerkungen über die Vermehrung des gemeinsamen zivilisatorischen und kulturellen Erbes der GUS-Staaten hervorgeht. Die Spezifik dieser Zivilisation bleibt jedoch gleichzeitig wenig definiert, auch da Russland ein Vielvölkerstaat ist und sich daher kaum auf die russisch-orthodoxe Religion als Definitionsmerkmal berufen kann. Bilaterale zwischenstaatliche Beziehungen werden in diesem Kontext als das wichtigste Element für das Management globaler Interdependenzen angesehen. In dieser Konzeption ist das oberste Ziel der Politik nicht mehr die Übernahme und Verbreitung eines bestimmten Wertemodells, die Schaffung einer internationalen Gemeinschaft, sondern die Sicherung von wirtschaftlicher, politischer und militärischer *Konkurrenzfähigkeit* einzelner Zivilisationen mit dem Rest der Welt. Technologische Unabhängigkeit und wirtschaftliche Macht werden als grundlegend für militärische Macht und den Anspruch auf eine Großmacht angesehen. Dementsprechend ist die „Modernisierung" der eigenen wirtschaftlichen und militärischen Fähigkeiten zentral.[45]

In den Dokumenten wurde deutlich gemacht, dass die Internationalisierung der Konzerne, wie auch alle anderen wirtschaftlichen Instrumente, zum einen zum Ausbau russländischen politischen Einflusses im Ausland genutzt werden solle (Russische Föderation 2000a; 2008a). Zum anderen sollten die Konzerne jedoch die Modernisierung innerhalb Russlands vorantreiben, indem sie in die russländische Wirtschaft investieren und so die bemängelten zu geringen Investitionsraten und die Innovationsfähigkeit der Wirtschaft verbessern. Außerdem soll die Multinationalisierung auch der Beschaffung von Kapital und Technologie dienen (Russische Föderation 1997; 2000b). Gebrandmarkt wurde demgegenüber der Typ von Multinationalisierung, der vornehmlich der Sicherung von Kapital im Ausland dient, also weder das Unternehmen stärkt, noch den politischen Einfluss Russlands ausbaut. Dabei fehlt in allen Dokumenten eine klare ordnungspolitische Leitlinie. So werden etwa lediglich wohlklingende Begriffe wie „innovativer Entwicklungspfad" (Russische Föderation 2008b) verwendet, aber keine ordnungspolitischen Maßnahmen skizziert, wie diese zu erreichen wären. Der Kapitalexport wird also unter den Vorbehalt wirtschaftspolitischer und anderer politischer Zielsetzungen gestellt. Diese Zielsetzungen dürften häufig kollidieren, denn Kapitalexport führt zu geringeren Investitionen innerhalb Russlands, während er den politischen Einfluss im Ausland stärken kann.

Die fehlende ordnungspolitische Verortung und die Betonung des Schutzes russländischer Produzenten deuten darauf hin, dass keine tiefgreifende wirtschaftliche Strukturreform für notwendig erachtet wird. Die bestehende Ordnung, die eine leichte politische Kontrolle der Wirtschaft ermöglicht, soll nur effizienter gestaltet, aber nicht reformiert werden. Kern dafür ist die technologische „Modernisierung" des Produktionsprozesses. Die Öffnung gegenüber dem Weltmarkt soll dabei selektiv bleiben und heimische Industrien schützen, um die politischen Akteure vor sozialen Unruhen zu bewahren.[46] Parallel sollen innovative Bereiche unter staatlicher Kontrolle gefördert werden, die nahe am militärisch-industriellen Komplex vermutet werden. Unabhängige soziale Mobilisierung, wie sie durch wirtschaftliche Transformationen entstehen kann, soll so vermieden werden. Der Kreis schließt sich, wenn man berücksichtigt, dass die Beschränkung des Marktzugangs ausländischer Akteure eine wichtige Voraussetzung für die Expansion russländischer Konzerne ist, da so monopolistische Vorteile im Inland aufgebaut werden können, die zur Expansion dienlich sind (Hymer 1976). Eine solche Politik, die zwar an Integration in die Weltwirtschaft zum Zwecke der Gewinnerzielung, der Erschließung von Kapital und von Technologie interessiert war, ansonsten aber einen Schutz der heimischen Produzenten und den Aufbau großer finanz-industrieller Komplexe für die Investitionen in Russland und die globale Konkurrenz mit westlichen Konzernen favorisierte, wurde von Putin (1999) bereits vor dessen Amtsantritt formuliert.

Bei den Wirtschaftsinteressen machen die Konzeptionen deutlich, dass diese die bestehende globale Ordnung als Grundlage nehmen. Dies passt nicht recht mit den revisionistischen Zielen bezüglich der Weltordnung zusammen. Über eine Stärkung der regionalen Integrationszentren hinaus werden denn auch keine Umrisse einer alternativen globalen Wirtschaftsordnung skizziert. Daher ist davon auszugehen, dass die russländische Elite die

---

[45]   So auch Polyakov (2009).

[46]   Hier könnte der Einfluss der Konzerne auf die Interessendefinition politischer Akteure deutlich geworden sein.

gegenwärtige Organisation der Weltwirtschaft positiv einschätzt, da sie nicht stark verregelt ist und leichte Kapitalbeschaffung ermöglicht. Eine stärkere Verregelung würde unter Umständen dazu führen, dass Russland seine Märkte stärker öffnen müsste, oder umgekehrt dazu, dass generell stärkerer Protektionismus zwischen verschiedenen Blöcken vorherrscht, was die Exportchancen und vor allem die Expansion russländischen Kapitals erschweren würde.

Die Durchsetzung der Interessen erfordert in jedem Fall die Durchsetzung von Kontrollmöglichkeiten gegenüber den Wirtschaftsakteuren, um eine Produktivität des Kapitals für die jeweils genannten Ziele sicherzustellen. Die Interessen können abschließend wie folgt für den Untersuchungsbereich konkretisiert werden:

- Innenpolitische Interessen beziehen sich vor allem auf die Investition in Schlüsselsektoren zum Zweck ihrer technologischen Erneuerung und in politisch erwünschte Projekte. Das bestehende Wirtschaftssystem soll so in seiner Effizienz verbessert werden. Daraus kann die politische Elite Unterstützung für ihre Herrschaft generieren. Investitionen, die einen positiven Nettogegenwartswert oder positive strategische Effekte realisieren, sind daher meist im Interesse der politischen Akteure. Nur wenn die erwirtschafteten Profite im Ausland verbleiben und nicht für das Vorantreiben der genannten Interessen eingesetzt werden, oder das bestehende Herrschaftssystem gefährdet erscheint, sind solche Investitionen nicht im Interesse politischer Akteure.

- Die Internationalisierung russländischer Konzerne kann zur Erschließung zusätzlicher Kapitalströme und / oder Technologien zur Stärkung der wirtschaftlichen Prosperität Russlands dienen. Dies zielt dabei auf den Erhalt und die Stärkung des bestehenden wirtschaftlichen Systems und nicht auf dessen Transformation. Dies bedeutet, dass Investitionen danach bewertet werden, ob sie höhere Gewinne für den Konzern einbringen und so innerhalb Russlands z. B. höhere Steuereinnahmen, einen höheren Beschäftigungsgrad und/oder größere Investitionen ermöglichen. Technologien werden dabei eher nach ihrer Verwertbarkeit für konkrete Projekte bewertet.

- Die Nutzung wirtschaftlicher Kontrolle zur Herstellung und Verbesserung von Gelegenheiten, die Ausbreitung des wirtschaftlichen Einflusses anderer Akteure zu verhindern und das russländische außenpolitische Interesse an einer multipolaren Weltordnung zu realisieren. Die Strategien unterscheiden sich damit je nach Region:

  - Gegenüber den GUS-Staaten soll mittels wirtschaftlicher Kontrolle die politische, sicherheitspolitische und wirtschaftliche Integration der Region unter russländischer Führung vorangetrieben werden. Der GUS-Raum wird dabei als eine einheitliche Zivilisation konzipiert, in dem miteinander kompatible Herrschafts- und Wirtschaftsordnungen erhalten werden sollen. Die Konzerne sollen durch die Integration auf Mikroebene Anreize für die Makrointegration setzen, die durch politische Akteure mittels Regionalorganisationen und Freihandelsabkommen vorangetrieben wird. Die bestehende Organisation der Wirtschafts- und Herrschaftssysteme bietet dafür eine gute Ausgangsbasis. Initiativen anderer Akteure werden dabei als rivalisierend wahrgenommen.

  - Gegenüber den EU-Staaten richten sich die Interessen politischer Akteure darauf, die atlantische Orientierung der EU zu schwächen, um Russlands Einfluss in Europa zu stärken und sich als eigenständiger Pol einer „multipolaren Weltordnung" zu etablieren. Normativ geht es dabei darum, den universalistischen Anspruch des

Westens zu unterminieren und dagegen eine „pragmatische" und „interessenbasierte" Politik zu stellen, die von einer realistischen Weltsicht ausgehend die Existenz mehrerer gleichwertiger Machtzentren als grundlegendes Element der Weltpolitik anerkennt. Ebenso soll nicht mehr zwischen Wirtschafts-systemen differenziert werden, sondern gleichwertiger Marktzugang für alle Kombinationen von Staat und Markt gelten. In einer solchen Welt hätte Russland in Europa ein größeres Gewicht als dies heute der Fall ist. Institutionell geht es dabei um eine stärkere Einbeziehung Russlands in die sicherheitspolitischen und außenpolitischen Entscheidungen der EU und der NATO, was es der russländischen politischen Elite ermöglichen würde, die atlantische Orientierung der Organisationen und ihrer Mitglieder auf der Ebene konkreter Entscheidungen zu verringern. Da die EU Staaten mit sehr verschiedenen Identitäten und Traditionen vereinigt zielen die Interessen russländischer politischer Akteure darauf, die bilateralen Beziehungen zu Mitgliedstaaten zu stärken, die für eine solche „pragmatische" Orientierung einstehen, und diese Staaten innerhalb der EU zu stärken. Die Energiekonzerne bieten angesichts der starken Importabhängigkeit der EU-Staaten attraktive Anreizinstrumente. Um diese wirtschaftlichen Instrumente in politischen Einfluss transformieren zu können, müssen jedoch die Möglichkeiten zur politischen Instrumentalisierbarkeit von Wirtschaftsbeziehungen erhalten und ausgebaut werden. Ordnungspolitisch bedeutet dies, dass Marktöffnung erwünscht ist, insbesondere aber eine stärkere Institutionalisierung der Energiepolitik auf EU-Ebene verhindert werden muss. Dementsprechend ist die von der EU verfolgte Marktliberalisierung im Interesse Russlands, sofern sie zur Abschaffung von Investitionshemmnissen durch Deregulierung führt. Dies eröffnet vielerorts erst die Möglichkeit zu Investitionen. Eine Re-Regulierung der Energiemärkte und bessere infrastrukturelle Vernetzung der Mitgliedstaaten liegt aber nicht im Interesse der russländischen politischen Akteure. Diese würde sowohl Barrieren für russländische Direktinvestitionen hervorrufen, die politische Verhandelbarkeit von wirtschaft-lichen Beziehungen verschlechtern, als auch die Vorrangstellung bilateraler Beziehungen unterminieren. Investitionen der Konzerne sollten in diesem Sinne als wirtschaftliche Instrumente verwendet werden, die als Anreizinstrument für eine „pragmatische" Orientierung, sowie im Falle entstandener struktureller Abhängig-keiten auch als Zwangsinstrument zur Herbeiführung von Interessenkongruenz genutzt werden können. Außerdem können die Investitionen zur Vernetzung mit lokalen Akteuren genutzt werden.

- Bezüglich anderer Weltregionen haben die politischen Akteure ebenfalls ein Interesse daran, die Attraktivität des westlichen Wirtschafts- und Herrschaftsmodells zu verringern, während die Attraktivität der eigenen Ordnung als Orientierungs-punkt erhöht werden soll. Dazu können Investitionen der Konzerne eingesetzt werden, etwa um einen auf die Schwächung der USA gerichteten Kurs eines Landes wirtschaftlich attraktiver zu machen und Verbündete zu gewinnen.

- Verhinderung von „Kapitalflucht" die weder politischen Zielen noch wirtschaftlichen Zielen dient, sondern nur für personale Zwecke erfolgt oder die Verselbständigung der Unternehmen ermöglicht.

Die wirtschaftlichen und politischen Ziele der politischen Elite stehen dabei teilweise im Widerspruch zueinander. So wäre es häufig sicher besser, auf eine Internationalisierung zu verzichten und stattdessen im Inland zu investieren, um innenpolitische Ziele einer Stärkung der russländischen Wirtschaftskraft zu erreichen. Andererseits können diese Ziele auch positiv miteinander verknüpft sein, wenn etwa die staatlichen Ressourcen im Einklang mit den Konzernressourcen eine vorteilhafte Marktposition in einem Land verschaffen und gleichzeitig dessen wirtschaftliche Abhängigkeit erhöhen. Letztere kann dann von politischen Akteuren instrumentalisiert werden. Inwiefern dies der Fall ist wird in den Fallstudien zu analysieren sein.

4 Gegenstandsbereich und Charakterisierung der Fälle

Dieses Kapitel gibt eine Übersicht über den Gegenstandsbereich und über die untersuchten russländischen Öl- und Gaskonzerne und deren internationalen Aktivitäten. Ersteres dient als Basis für einige technische und wirtschaftliche Spezifika, auf die in den Studien zur Multinationalisierung Bezug genommen werden wird. Dabei wird kurz auf Erdöl und Erdgas, sowie deren Gewinnung, Handel und Weiterverarbeitung eingegangen. Die Beschreibung der Konzerne dient als Einführung in die Fälle und deren internationale Aktivitäten. Jeder der Konzerne wird dabei kurz in seiner Entstehung und mit seinen Aktiva charakterisiert.

4.1 Produktionskette in der Öl- und Gasindustrie

Die Produktionskette in der Öl- und Gasindustrie wird im Allgemeinen in *upstream, midstream* und *downstream* unterschieden. *Upstream* meint dabei die Tätigkeiten, die mit Erkundung von Lagerstätten und deren Förderung zusammenhängen. *Midstream* fasst Tätigkeiten des Transports, der Raffination und Verarbeitung, sowie des Großhandels zusammen. Die Kategorie *downstream* meint schließlich den Vertrieb auf Endkundenbasis. Die Kategorien *mid-* und *downstream* werden im Rahmen der Arbeit gemeinsam betrachtet.

4.1.1 Öl- und Gasförderung

Was unter „Erdöl" und „Erdgas" verstanden wird

Von der Beschaffenheit der Ressourcen her können zunächst konventionelle und nicht konventionelle Ressourcen unterschieden werden. Konventionelle Ressourcen sind bereits in Reservoirs in unter atmosphärischem Druck flüssiger oder gasförmiger Form gespeichert und können so mit Hilfe gewöhnlicher Produktionsmethoden produziert werden (BGR 2009: 18; IEA 2011b). Grob gesagt: Sie fließen oder strömen heraus, sobald in das Reservoir ein Loch gebohrt wurde, oder können durch Erhöhung des Drucks im Reservoir oder durch Erzeugung von Unterdruck nach oben gepumpt werden. Für die Förderung unkonventioneller Ressourcen ist zusätzliche Stimulation nötig, da diese nicht in Reservoirs enthalten sind, sondern etwa in Gesteinen eingeschlossen sind oder – im Falle von flüssigen Kohlenwasserstoffen – eine zu hohe Viskosität haben und daher nicht fließen. Abbildung 4.1 zeigt eine Skala der verschiedenen Mischungen von flüssigen Kohlenwasserstoffen, die anhand ihrer Dichte unterschieden werden. Die Skala könnte nach rechts erweitert werden, um den Bereich der gasförmigen Kohlenwasserstoffe abzubilden. Jedes Reservoir enthält

dabei sowohl gasförmige als auch flüssige Kohlenwasserstoffe. Die Klassifikation in Öl-
respektive Gasfeld erfolgt dabei nach den Hauptbestandteilen. So werden auch bei der
Ölförderung Gase produziert, die meist als Erdölbegleitgas abgefackelt, zunehmend aber
auch getrennt und z. B. zur Befeuerung von lokalen Gaskraftwerken eingesetzt werden. Bei
der Förderung von Erdgas wird meist auch Kondensat produziert, das häufig wertvoller ist
als das Erdgas selbst, da Erdgas auf Grund der geringeren Energiedichte und den
verbundenen Transportproblemen nicht gleichwertig vermarktet werden kann. Schließlich
gibt es auch Gaskondensatfelder, aus denen im Wesentlichen instabiles Kondensat bzw.
natural gas liquids (NGL) gefördert wird. NGL ist eine Mischung von Kohlenwasserstoffen
(Methan, Ethan, sowie Kohlenwasserstoffe mit mehr als zwei Kohlenstoffatomen wie
Propan, Butan, Pentan etc.) die unter verschiedenen Drucken leicht ihren Aggregatzustand
wechseln (Parrish/Kidnay 2006: 11f).

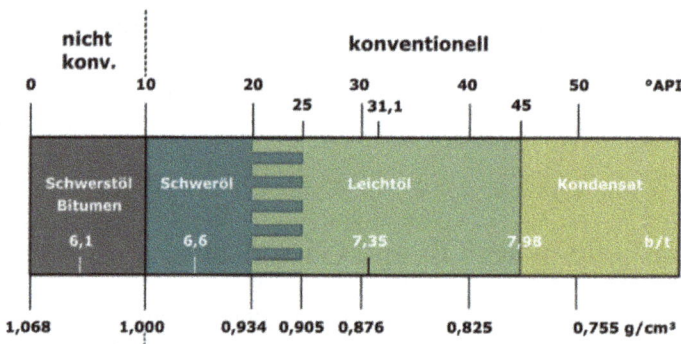

Quelle: BGR (2009: 19), © Bundesanstalt für Geowissenschaften und Rohstoffe.
Abb. 4.1:   Klassifikation von Erdöl nach Dichte

Erdöl und Erdgas sind Naturprodukte und variieren daher stark in ihrer Qualität. Dies
bedeutet auch, dass sie sehr unterschiedlich in ihrer Beschaffenheit sind und zahlreiche
Verunreinigungen enthalten. Erdöl ist daher ein Sammelbegriff für ein Gemisch an
Kohlenwasserstoffen, das vor allem flüssige Bestandteile, aber auch andere Stoffe wie
Schwefel enthält, dessen Anteil zwischen 0,1 und 7 % liegt. Die hauptsächlichen
Stoffgruppen lassen sich in Alkane bzw. Paraffine (azyklische Kohlenstoffketten ohne
Doppelbindungen zwischen den Kohlenstoffatomen), Alkene bzw. Olefine (gerade
Kohlenstoffketten mit Doppelbindungen), Cycloalkane bzw. Naphthene (ringförmige,
gesättigte Verbindungen) und Aromaten (ringförmige ungesättigte Verbindungen)
unterscheiden. Erdöl muss daher vor der Nutzung weiter raffiniert werden. Erdölsorten
werden nicht nur nach seiner Viskosität, sondern auch nach dem Schwefelgehalt („Säure")
klassifiziert, um die Raffinerien anpassen zu können. Der Schwefelgehalt sagt meist auch
über das Verhältnis zwischen Paraffinen und Naphthenen aus, da paraffinbasierte Erdöle
meist weniger Schwefel enthalten (BGR 2009: 31). Auch Metalle wie Nickel oder Vanadium
sind in Erdöl teilweise enthalten.

Erdgas ist ein Gasgemisch mit dem Hauptbestandteil Methan und weiteren Bestandteilen wie
Stickstoff, Wasserdampf, Schwefelwasserstoff, Kohlendioxid, NGL, Radon und Helium
(BGR 2009: 71; Parrish/Kidnay 2006: 14). Je nachdem, wie hoch der Bestandteil an NGL ist,

unterscheidet man zwischen nassem und trockenem Gas. Außerdem wird je nach Schwefelwasserstoffgehalt zwischen Sauergas (über 1 % Schwefelwasserstoff), Armgas (unter 1 % H_2S) und Süßgas (kein H_2S) unterschieden (BGR 2009: 71). Um das Gas per Pipeline transportieren zu können, müssen relativ nah am Feld die etwaigen sauren Bestandteile und NGL abgeschieden werden, da erstere sehr toxisch und korrosiv sind und letztere beim Pipelinetransport Probleme bereiten. Außerdem haben NGL meist einen höheren wirtschaftlichen Wert als Erdgas, weshalb sich ihre Abscheidung lohnt, die auch relativ einfach durch Destillation bewerkstelligt werden kann. Für den Transport in Pipelines muss der Methananteil meist auf 80–98 % gebracht werden. Die Behandlung von saurem Gas ist dabei meist ein starker Kostentreiber, auch da sie dezentral erfolgen muss und daher nicht von den gleichen Skaleneffekten wie bei der Ölraffination Gebrauch machen kann (Parrish/Kidnay 2006; Saeid et al. 2006: Kap. 7).

Erkundung

Die Erkundung ist der wohl risikoreichste Bereich der Öl- und Gasindustrie, da die genaue geologische Beschaffenheit des Untergrundes unbekannt ist. Sie ist gleichzeitig nicht so kapitalintensiv wie andere Prozesse der Öl- und Gaswirtschaft. Es können hohe Kosten entstehen die abgeschrieben werden müssen, weil keine neuen Funde gemacht wurden. Erkundung wird daher aus wirtschaftlichen Gründen nur erfolgen, wenn bei erfolgreicher Erkundung auch Chancen auf eine Förderung des Vorkommens bestehen oder die Auslagen kompensiert werden.

Die Erkundung beginnt meist mit der Auswertung von Satelliten- und Radarbildern, um die Regionen einzugrenzen. Dann werden geophysische Studien angestellt, bei denen mit Hilfe von speziellen Lastwagen oder Sprengstoffen Vibrationen erzeugt werden, deren Reflexionen andernorts mit Sonaren wieder aufgefangen und ausgewertet werden. Auf See ist dieser Prozess weniger aufwändig, da das Schiff einfach seine Stellung verändern kann, was an Land weniger gut möglich ist. Damit werden mit Hilfe von Datenverarbeitung zwei- oder dreidimensionale Profile des Untergrundes erstellt. Anhand der geophysischen Untersuchung wird dann festgelegt, wo eine Probebohrung genommen werden soll. Dies ist der teuerste Teil der Untersuchung – nur durchschnittlich eine von fünf Probebohrungen ist auch erfolgreich. Hier ist die Bohrung an Land weit weniger kostspielig als *offshore*-Bohrungen. Die Bohrung fördert weitere Daten zu Tage, da das gebrochene Gestein nach oben befördert wird und geologisch untersucht werden kann. Mit den Daten und weiteren Untersuchungen kann dann ein detailliertes Profil des Feldes erstellt und die Erfolgsaussichten der Förderung bestimmt werden. (Babusiaux 2004).

Förderung

Die Förderung konventionellen Erdöls und Erdgases findet mit Hilfe von Produktionsbohrungen statt, die in gleicher Weise wie Explorationsbohrungen erstellt werden. Die Förderung an sich ist zunächst durch die Lokalisierung der Vorkommen ortsgebunden, aber nicht sonderlich kapitalintensiv. Die Kapitalintensität steigt an, wenn eine weitere Verarbeitung des Öls oder Gases vor Ort notwendig ist. Außerdem steigen mit zunehmender Ausförderung des Feldes die Notwendigkeit zu dessen Stimulation, was die Kapital- und Betriebskosten ansteigen lässt. Zur Stimulation eines Reservoirs mit Erdöl wird meist Wasser- und Gasinjektion eingesetzt, was den Druck im Reservoir erhöht und so zu höheren Förderraten führt (Babusiaux 2004). Die Verfahren werden hier nicht im Detail dargestellt, da die Einzelheiten für die später behandelten Projekte nicht bedeutsam sind.

4.1.2   Transport und Handel

Transport und Handel von Erdöl

Auf Grund der hohen Energiedichte und dem flüssigen Aggregatzustand ist der Transport von Erdöl relativ einfach, da das Gut in offenen Gefäßen gelagert und einfach umgeladen werden kann. Der Transport kann per Eisenbahn, Pipeline oder Tankschiff erfolgen. Die dabei entstehenden Transportkosten sind für die Eisenbahn am höchsten, während der Transport per Tanker am günstigsten ist (siehe Abbildung 4.2). Insgesamt werden ca. 62 % des global produzierten Erdöls per Schiff transportiert, während die restlichen ca. 38 % per Pipeline, Bahn oder Lastwagen transportiert werden (Rodrigue 2004: 364). Der Pipeline-transport ist dabei insbesondere für Länder wichtig, die keinen oder nur beschränkten Zugang zu den Weltmeeren haben, da sonst die Transportkosten sehr hoch sind. Pipelines sind daher wichtige Bindeglieder zum Weltmarkt.

Erdöl ist das weltweit am meisten transportierte Gut und wurde Anfang 2011 hauptsächlich mit einer Flotte von 11.092 Öltankern transportiert. Diese Tankerflotte für Erdöl oder Ölprodukte macht 34 % der Tonnage der gesamten weltweiten Hochseeschiffe aus (UNCTAD 2011: 36). Die größten Tanker mit 200.000–550.000 t Gesamtladung stellen dabei 44 % der gesamten Tankerkapazität (UNCTAD 2011: 65). Die Nutzung verschiedener Tankergrößen hängt davon ab, für welche Schiffsgröße der Verlade- und Zielhafen geeignet sind und welche Meerengen oder Kanäle auf der Reise passiert werden müssen. Durch den Bosphorus etwa können nur Schiffe bis zu 200.000 t Gesamtladung passieren, während die Dänische Meerenge nur von Schiffen mit bis zu 150.000 t Gesamtladung passiert werden kann (Rodrigue 2004).

Während die Förderung von Erdöl dezentral erfolgen muss, lassen sich beim Transport große Skaleneffekte realisieren. Der erste große Ölkonzern – der Standard Oil Trust von Rockefeller – entstand daher auch durch Kontrolle über den Eisenbahn- und Pipelinetransport (sowie über Raffination) und nicht über die Kontrolle der Produktion (Tugendhat/Hamilton 1975). Ähnliches galt später für Shell, die den Öltransport auf Tankschiffen (anstatt der Verladung von Ölfässern) kommerzialisierte und so wesentlich günstigere Transportdienstleistungen anbieten konnte (Corley 1983: 53ff; Nowell 1994: 52; Tugendhat/Hamilton 1975: 48ff; Venn 1986: 15). Die Kontrolle von Seehäfen und die Kontrolle über die Routen und Kontrolle über Pipelines bieten so vielfältige Gelegenheiten zur Beeinflussung der Produzenten. Allerdings besteht meist die Möglichkeit, Erdöl über andere Wege zu transportieren, wenn auch zu höheren Kosten.

Auf Grund des relativ leichten Transports von Erdöl haben sich heute verschiedene regionale Märkte für Erdöl und globale Terminmärkte herausgebildet, die relativ segmentiert sind. Etwa 40 % des Erdöls werden auf Basis von Schiffsladungen kurzfristig auf *over-the-counter*-Märkten (OTC) gehandelt. Etwa 10 % des Erdöls werden per Barter gehandelt. Die restlichen etwa 50 % werden über Langfristverträge gehandelt, die meist eine Dauer von einem Jahr aufweisen und Volumen und Qualität festschreiben. Der Preis richtet sich hier nach dem Marktpreis für Rohöl auf den Spotmärkten (Encharter 2007: 72; Mileva/Siegfried 2012). Die Märkte sind regional stark segmentiert und recht intransparent. Gegenwärtig gibt es drei liquide Märkte, die preisformierende Funktion haben: Den Nordseemarkt um die Shetlandinseln mit den Ölsorten Brent, Forties, Oseberg und Ekofisk (BFOE), der nordamerikanische Markt für West Texas Intermediate (WTI), und der Dubai/Oman Markt für Exporte in östliche Richtung (Argus 2010; Bacon 1986; Barrera-Rey/Seymour 1996; Encharter 2007; Ströbele et al.: 136f; Wells 2003). Den Handel übernehmen internationale Ölhändler wie Vitol, Gunvor, oder Trafigura und meist auch die Ölkonzerne selbst. Die Käufer sind Raffineriegesellschaften oder Zwischenhändler. Wie auf OTC-Märkten üblich wird der Handel direkt zwischen den Parteien, per Telefon oder Kurzmitteilungsdiensten abgeschlossen. Um den Marktpreis in Erfahrung zu bringen, existieren private Agenturen wie Platts oder Argus, die bei den Händlern täglich die Ergebnisse von Deals abfragen und anonymisiert als *benchmark*-Preis publizieren (Argus 2010; Platts 2010). Etwa zwei Drittel des global gehandelten Öls wird auf der Basis der *benchmark*-Preise für die Sorten Brent/ BFOE und WTI gehandelt, jeweils mit Abschlägen oder Aufschlägen (Horsnell 2000). Die Preisbildung auf diesen recht intransparenten Märkten ist daher zentral für den globalen Ölhandel.

Die aus der Presse bekannten Ölpreise stammen jedoch von den *futures*-Märkten an den Warenbörsen in London und New York, und seit einigen Jahren auch in Tokyo und Mumbai. Hier werden Brent- und WTI-Futures an einem sehr liquiden und leicht zugänglichen Markt gehandelt. Über 95 % des Handels ist hier rein finanzieller Art. Der Zusammenhang zwischen Futures- und dem unterliegenden realen Ölmarkt ist etwas unklar. Relativ weit verbreitet ist die Ansicht, dass sich auch die Ölhändler auf OTC-Märkten an den Futures-Märkten ausrichten, sodass letztere das Preisniveau bestimmen, während die physischen Märkte nur für Preisdifferenziale sorgen (Horsnell 2000; Mileva/Siegfried 2012).

Erdgastransport und -handel

Erdgas muss auf Grund seiner unter Normaltemperaturen geringen Energiedichte und Flüchtigkeit stets in einem geschlossenen System transportiert werden, was zu wesentlich höheren Transportkosten als in der Erdölindustrie führt (Krjukov 1998: 50). Das Erdgas kann einerseits in Hochdruckpipelines unter hohen Drucken (50–100 Bar) transportiert werden und muss dann in regelmäßigen Abständen neu komprimiert werden. Dies geschieht in Kompressorstationen, in denen eine Düse (ähnlich einer Flugzeugdüse) das Gas komprimiert. Diese wird meist selbst mit Gas oder aber elektrisch angetrieben. Durch die hohen Drucke müssen die Pipelines wesentlich dickere Wände haben als Ölpipelines. Eine hohe Kapitalintensität ergibt sich auch durch die kostspieligen Kompressorstationen. Ein Kilometer Hochdruckpipeline kostet so mit € 2,1–3,3 Mio. ungefähr die Hälfte eines Autobahnkilometers (DPA 2011; EEGAS 2009). Eine alternative Transportmöglichkeit ist die Verflüssigung durch Abkühlung auf unter −161 °C, bei der sich das Gasvolumen 600-fach verringert. Das verflüssigte Erdgas kann dann auf speziell isolierte Tanker oder Lastwagen verladen und transportiert werden, um es am Zielhafen wieder „aufzutauen" und in das Pipelinenetz einzuspeisen. Die Kapitalkosten für LNG sind mit zunehmender Distanz und Kapazität geringer als für Pipelines, da erhebliche Mengen Erdgas auf einem Tanker transportiert werden können, also weniger Investitionen pro Kilometer notwendig sind als bei einer Pipeline. Die Betriebskosten sind allerdings höher als bei einer effizienten Pipeline, da die Kühlung relativ energieaufwändig ist (Kaufmann/Feizlmayr 2004). Eine weitere Alternative für kürzere Distanzen und kleinere Mengen ist *compressed natural gas* (CNG), bei dem das Erdgas auf ein Schiff in Metallzylinder komprimiert wird. Die Kapitalkosten sind hier gering, die Transportkosten aber relativ groß (IEA 2005b: 101). Abbildung 4.2 zeigt einen indikativen Vergleich der Transportkosten für verschiedene Arten des Gastransports und deren Veränderung mit zunehmender Distanz. Dies dient nur einem sehr allgemeinen Vergleich, da die Kosten für Pipelines und LNG-Transport auf Grund der großen Skaleneffekte variieren (BGR 2009: 83). Anders als beim Erdöltransport bedeutet die Kontrolle über Pipelines meist, dass nicht nur die Transportkosten beeinflusst werden können, sondern Konsumenten und Produzenten auch physisch vom Zugang zu Erdgas bzw. Zugang zu Märkten abgeschlossen sind, da keine Transportalternative besteht. Wie schon bei Erdöl bestimmt die Kontrolle über Pipelines bei Erdgas daher erst recht über die Profitabilität der Erdgasproduktion, da dessen Vermarktung durch Blockade des Pipelinezugangs vollständig verhindert werden kann. Die Zugangsregeln zu Pipelines entscheiden daher in der Erdgasindustrie über Marktzugang.

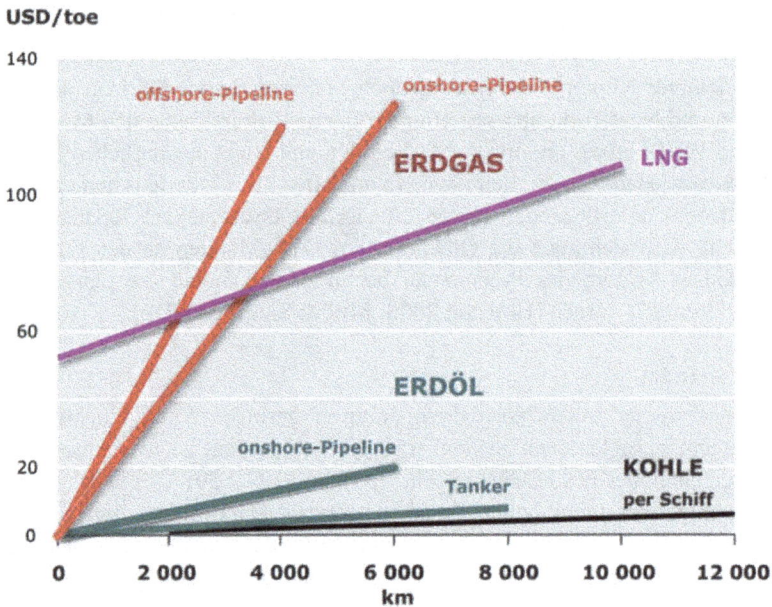

Quelle: BGR (2009: 50), © Bundesanstalt für Geowissenschaften und Rohstoffe.
Abb. 4.2:   Indikativer Vergleich der Kosten für Transport von Erdöl und Erdgas

Mit zunehmendem Anteil an Haushaltskunden am Gasverbrauch müssen auch Elemente zur Steigerung der Flexibilität der Gaslieferungen Teil der Produktionskette werden. Die Nachfrage ist dann häufig sehr volatil zwischen Sommer und Winter. Dazu kann ein Produzent verfügbar sein, dessen Produktion rasch reguliert werden kann und der über die notwendige Pipelineinfrastruktur verfügt, um im Winter höhere Mengen liefern zu können. Die häufigere Alternative ist allerdings die Investition in alte Gasfelder, um diese zu Gasspeichern umzurüsten. Dabei wird im Sommer Gas in die Felder eingebracht, das dann zum Ausgleich im Winter entnommen werden kann. Gasspeicher sind ebenfalls eine kostspielige Investition. Auch LNG-Terminals können als Gasspeicher genutzt werden.

Die Gebundenheit der Erdgasversorgung an Pipelines und Speicher und deren hohe Kapitalkosten schlagen sich in einer großen Spezifität der Investitionen nieder. Ist eine Pipeline einmal verlegt, so sollte sie auch genutzt werden, um die hohen Kapitalkosten zu rechtfertigen, d. h. Nachfrage und Angebot müssen gesichert sein. Dies gilt zwar für alle Pipelines, ist aber für Erdgas besonders bedeutsam, da die Kapitalkosten so hoch sind und die Flexibilität geringer ist als bei einer Ölpipeline, die Zugang zu verschiedenen Märkten ermöglicht. Dies hat zur Folge, dass Unsicherheiten größer sind und Koordinationsprobleme vor der Investition daher stärker hervortreten. Ist die Investition in eine Pipeline einmal erfolgt, zementiert sie auch eine jahrzehntelange wirtschaftliche Beziehung, die im Sinne des Theoriekapitels auch politisch genutzt werden kann, wenn keine Alternative für die Gasversorgung bestehen.

Das Risiko fehlender Märkte auf Grund der geographischen Beschränkungen des Pipelinetransports und der hohen Kapitalkosten wird in der Gasindustrie häufig durch langfristige vertragliche Bindungen verringert. Langfristige formale Lieferverträge mit *take or pay*-Klauseln zwischen Produzenten und Großhändlern in den Zielmärkten waren lange Zeit die einzige Vertragsstruktur zur Verringerung der Marktrisiken. Diese schreiben sowohl die Volumen über einen langen Zeitraum fest, sehen Sanktionen für die Nichtabnahme vor, und enthalten auch Formeln für die Preisbildung und internationale Schlichtungsverfahren. Die Preise werden dabei meist an die Entwicklung von Erdöl- und Ölprodukten gekoppelt, sodass eine eigenständige Preisbildung nicht möglich ist. Damit soll der „Ersetzungswert" von Erdgas durch andere Energieträger wie Erdöl gespiegelt werden und die Konkurrenzfähigkeit von Erdgas sichern. Auf diese Weise werden auch die Anreize zur Ausübung von Marktmacht seitens dominanter Produzenten verringert, da die Preisbildung unabhängig von Angebot und Nachfrage nach Erdgas erfolgt.

Allerdings ist die Preisbindung an den Ölpreis auf Grund der weltweit knapperen absoluten Reserven von Erdöl, der gegenüber Erdöl leichteren Substituierbarkeit von Erdgas und der Entwicklung und Integration der Erdgasmärkte immer stärkerem Druck ausgesetzt. Der traditionelle Pipelinetransport wird heute den rasch wachsenden Transport von Erdgas als LNG ergänzt. LNG hat gegenüber Pipelines den Wert, einen globalen Markt zu ermöglichen. Investitionen in LNG-Kapazitäten sind daher weniger strategisch im wirtschaftlichen und politischen Sinn. Im wirtschaftlichen Sinn, da die Kapitalkosten meist geringer und die Kosten pro transportierter Einheit höher sind und im politischen Sinn, da sie durch die fehlende starre Verbindung zwischen Gasquelle und Markt und die Freiheit der Navigation auf den Weltmeeren eine höhere Flexibilität bieten. LNG ermöglicht so Arbitrage zwischen verschiedenen Weltregionen. Ist die Nachfrage nach Erdgas regional gut entwickelt und vielfältig, besteht auch kein wirtschaftlicher Bedarf mehr nach Langfristverträgen, da die Investition nicht in gleicher Weise transaktions- und ortsspezifisch ist wie beim Bau einzelner Pipelines. Sowohl die Gasproduzenten als auch die Abnehmer des Gases sind zwar noch regional umgrenzt, jedoch nicht mehr *ex ante* individuell lokalisierbar. Dies senkt die quasi-Renten ab, da die nächstbeste Verwendung, etwa zur Versorgung anderer, weiter entlegener Märkte, ebenso Erträge produzieren könnte. Ein Akteur kann dann zwar die angebotenen Preise und Mengen ablehnen, diese können dann jedoch an andere verkauft werden. Zentral ist dabei die Aufsicht durch einen unabhängigen Regulierer der sicherstellt, dass die für die Durchleitung berechneten Kosten nicht die anteiligen Gesamtkosten plus einer gewissen Kapitalrendite übersteigen. Außerdem müssen Regelungen zur Nichtdiskriminierung bei Durchleitungsengpässen und zu deren Beseitigung getroffen werden. Wenn mehrere Anbieter vorhanden sind und Zugang zum Pipelinenetz garantiert ist können auch Spotmärkte für Erdgas entstehen, die einen Erdgaspreis auf Basis von Angebot und Nachfrage ermitteln. Solche Märkte gibt es in den USA seit den 1980er Jahren; sie entwickeln sich derzeit auch in der EU (Barnes et al. 2006; Dailami/Hauswald 2000).

Im Unterschied zu einem frühen Stadium der Gasmarktentwicklung differieren also die Interessen von Konsumenten und Produzenten in einem späteren Stadium eines reifen, entwickelten Erdgasmarkts: Die Aufrechterhaltung der bestehenden relationalen Verträge wäre das für einen großen Produzenten optimale Ergebnis. Denn hier ist die Spezifität der Investition eigentlich gering, da mehrere Zielmärkte *de facto* beliefert werden können, während gleichzeitig die Ertragsströme für den gesamten Amortisationszeitraum der Pipeline gesichert werden. Marktchancen können so genutzt werden, während gleichzeitig potentielle Marktrisiken ausgeschlossen werden. Große Produzenten werden daher darauf dringen, die Gasmarktliberalisierung in einem partiellen Stadium zu belassen, wo zwar Marktzugang besteht, aber keine generelle Durchsetzung des Drittparteienzugangs zu Pipelines erfolgt.

4.1.3   Grundlagen der Rohölraffination

Im Gegensatz zu Erdgas, das neben der Entschwefelung meist nicht weiter behandelt werden muss, kann Erdöl nicht direkt genutzt, sondern muss raffiniert werden. Im Grundsatz geht es dabei darum, die verschiedenen Molekülarten zunächst voneinander zu trennen und dann größere Moleküle zu zerbrechen, wobei der überschüssige Kohlenstoff entfernt werden muss. Auch Erdölraffinerien sind sehr kapitalintensive Investitionen. Auf Grund der geringeren Transportkosten flüssiger Kohlenwasserstoffe ist jedoch die Flexibilität bezüglich der belieferten Märkte hoch – insbesondere wenn die Raffinerie Zugang zu einem Seehafen hat. Hier werden die chemischen und prozesstechnischen Grundlagen der Rohölraffination behandelt, um eine Grundlage für die spätere Bewertung in den Studien zur Multinationalisierung zu bieten.

Als Erdölraffinerie werden verkettete verfahrenstechnische Anlagen der organischen Chemie bezeichnet, die zur Aufspaltung des Erdöls in seine molekularen Bestandteile und zur Aufspaltung und Reformierung der Moleküle verwendet werden, um Erdölprodukte herzustellen. Als Erdölprodukte entstehen Gase, leichte Ölprodukte wie Benzin, mittlere Destillate wie Kerosin, Diesel und Heizöl, sowie schwere Destillate wie Bitumen, Schweröl und Asphalt. Außerdem entstehen Feststoffe wie Koks und verschiedene Ausgangsprodukte für Petrochemie.

Erdöl ist dabei von sehr unterschiedlicher Beschaffenheit, was auch in unterschiedlichen Verhältnissen zwischen leichten und schweren Ölprodukten der Raffination und unterschiedlichen Prozessbedürfnissen niederschlägt. Die Raffinationsindustrie hat sich dabei im Einklang mit der Nachfrageentwicklung, betriebswirtschaftlichen Erfordernissen und vor allem auch der Umweltgesetzgebung entwickelt (Peterson/Mahnovski 2003: 103). In Folge werden einige der Verfahren schematisch beschrieben. Da die Raffinationsindustrie eine reife Industrie ist, sind die Verfahren im Wesentlichen bereits seit langer Zeit bekannt und ihre Einführung lediglich eine Frage wirtschaftlicher Faktoren. Lediglich die Katalysatoren unterliegen einer raschen und kontinuierlichen Weiterentwicklung. Generell sind die Innovationen eher inkrementeller Natur, denn der Anreiz zu Investition in Fähigkeiten zu radikalen Innovationen ist auf Grund der hohen Kapitalkosten der bestehenden Anlagen gering (Peterson/Mahnovski 2003: 47).[47]

Der primäre Raffinationsprozess beginnt mit der Destillation des Rohöls. Dabei wird das Rohöl „aufgekocht", so dass es in der Destillationskolonne verdampft. Die verschiedenen Molekülarten kondensieren dann in unterschiedlicher Höhe und können mit Hilfe von Einschüben in verschiedenen Bereichen der Kolonne abgezogen werden. Im unteren Bereich der Kolonne können schwere Destillate wie Heizöl und Kerosin abgezogen werden, während leichte Moleküle auf einer höheren Ebene aus der Kolonne abfließen. Eine größere Erhitzung würde zum Aufbrechen (Kracken) der leichten Moleküle und zur Ablagerung des Kohlenstoffs in der Destillationskolonne führen, weshalb dazu ein anderes Verfahren nötig ist (zum Kracken siehe unten). Allerdings wird je nach Viskosität des Öls ein mehr oder weniger großer Teil bei diesen Temperaturen nicht zum Verdampfen gebracht und bleibt als Residuum auf dem Boden der Kolonne zurück. Das Residuum wird einer Vakuumdestillationskolonne zugeführt, in der es unter Unterdruck wiederum zu leichtem und schwerem Destillat zerlegt wird. Diese Prozesse sind nicht sonderlich aufwändig, resultieren aber in sehr geringer Verarbeitungstiefe, da ein beträchtlicher Teil des Rohöls als Rückstand zurückbleibt und sich nur geringe Teile der erzeugten Produkte direkt als Flugbenzin oder Heizöl für Schiffsmotoren einsetzen lassen. Die so erzeugten Produkte genügen auch in keiner Weise den Anforderungen moderner Verbrennungsmotoren und den umweltrechtlichen Auflagen in vielen Staaten. Die nächsten Raffinationsschritte sind daher damit verbunden, unerwünschte Stoffe aus den Produkten zu entfernen, die molekularen Bestandteile der Produkte an die Erfordernisse verschiedener Verbrennungsmotoren anzupassen, sowie die Rückstände und andere Zwischenprodukte nutzbar zu machen, um die Verarbeitungstiefe zu erhöhen.

Als sekundäre Verarbeitung werden Prozesse zur Zerlegung von Molekülen bezeichnet. Die schweren Produkte aus atmosphärischer und Vakuumdestillation werden durch Kracken zu leichteren Molekülen zerlegt. Dazu wird meist der *fluid catalytic cracking*-Prozess (auch *cat-cracking*, FCC) eingesetzt. Dabei werden die Produkte der Vakuumdestillation und schwere Produkte der atmosphärischen Destillation auf ca. 400° C erhitzt und treffen in einer Reaktionskolonne auf Katalysatorkügelchen, an denen die Moleküle zerbrechen. Der Katalysator ist wichtig, da sich an seiner Oberfläche der Kohlenstoff (Koks) ablagert, der anschließend mit dem Katalysator aus dem Kracker transportiert wird und in einem Regenerator unter Zuführung von Sauerstoff kontrolliert abgebrannt wird. Die gekrackten Moleküle entweichen als Gase aus einem Reaktor und werden anschließend in einer Destillationskolonne in ihre verschiedenen Bestandteile zerlegt. Mit diesem Prozess lassen sich hohe Mengen an leichten Destillaten mit mittelhoher Oktanzahl (ca. 93 ROZ) erzeugen. Außerdem entstehen viele wertvolle aromatische Verbindungen, die als Ausgangspunkt für petrochemische Prozesse dienen. Allerdings bilden sich eher leichte als mittlere Destillate, weshalb der Prozess sich weniger für die Herstellung von Dieselöl eignet. Ein weiterer Nachteil ist, dass Schwefel weiterhin in den erzeugten Produkten enthalten ist. Eine flexiblere und effektivere, aber auch wesentlich kapitalintensivere Methode ist daher das *Hydrokracken*. Hier werden die schweren Destillationsrückstände unter hohen Drucken von 70–150 bar aber bei geringerer Temperatur mit Wasserstoff vermischt. In Kontakt mit einem

---

[47] Die folgende Darstellung basiert im Wesentlichen auf Hundal (2011); Parkash (2003); Peterson/Mahnovski (2003).

Katalysator reagieren die schweren Moleküle mit dem Wasserstoff und zerfallen zu kleineren, mit Wasserstoff angereicherten Molekülarten. Da Wasserstoff zugegeben wird entsteht kein Koks und es sind Konversionsraten von bis zu 100 % möglich. Dabei findet gleichzeitig eine Entschwefelung statt, da der Wasserstoff auch mit Schwefelatomen reagiert. Aus dem entstehenden Schwefelwasserstoff kann durch Entschwefelung elementarer Schwefel hergestellt werden. Durch Modifikationen des Prozesses können entweder Diesel oder Benzin erzeugt werden. Es gibt auch eine Variante des „milden Hydrokrackens", wo geringere Drucke eingesetzt werden, aber auch nur 40–60 % des Ausgangsmaterials gekrackt werden.

Weitere Methoden wie *Visbreaking* und *Delayed Coking* können schließlich genutzt werden, um das schwere Residuum der Vakuumdestillation zu kracken und weitere Produkte herzustellen. Zur Verbesserung der Umweltqualität und der Vebrennungseigenschaften werden weitere Prozesse benötigt. Außer beim Prozess des Hydrokrackens, über den nicht viele Raffinerien verfügen, muss das Problem des Schwefelgehalts gelöst werden. Die Entschwefelung geschieht meist mittels *Hydrotreating,* das ähnlich wie das Hydrokracken verfährt, jedoch mit wesentlich geringeren Drucken und ohne Katalysator auskommt. Hier reagiert Wasserstoff mit den Schwefelatomen zu Schwefelwasserstoff. Dadurch kann der Schwefelgehalt gemäß den umweltrechtlichen Vorgaben verringert werden.

Weitere umweltrechtliche Vorgaben existieren in der EU und in vielen anderen Staaten bezüglich der gesundheitsschädlichen Aromaten und Alkene als Bestandteile des Benzins, die weitere Verarbeitungsschritte nötig machen. So darf z.B. im EU-Benzin nicht mehr als 1 % Benzen (frühere Bezeichnung Benzol) enthalten sein. Die Hinzufügung von Aromaten zum Benzin wurde früher als einfache Methode zur Erhöhung der Oktanzahl des Benzins verwendet. Dazu wurde der Prozess der katalytischen Reformierung verwendet. Die gesetzliche Absenkung der Grenzwerte für aromatische Verbindungen im Benzin führte zur Einführung weiterer Prozesse, bei denen unverzweigte Alkane zu verzweigten Alkanen reformiert oder mehrere Moleküle zusammengesetzt werden. Diese Prozesse werden Alkylierung und Isomerisierung genannt. Damit kann die Oktanzahl ebenfalls erhöht werden.

Die Beschreibung der verschiedenen Prozesse verdeutlicht die Variationsbreite des Raffinationsprozesses. Je nach den Anforderungen der Märkte, den Preisen für Rohöl und Energie und den Kapitalkosten sind unterschiedliche Konfigurationen optimal. Bei niedrigen Ölpreisen und laschen Umweltvorschriften lohnen sich die Investitionen in eine Raffinerie mit hoher Verarbeitungstiefe kaum. Dann wird der einfachste Typ einer „Hydroskimming"-Raffinerie gebaut, die lediglich atmosphärische Destillation und Reformierungsprozesse vornimmt und hohe Rückstände erzeugt. Umgekehrt führen hohe Ölpreise zur Investition in zunehmende Komplexität (Verarbeitungstiefe) der Raffination, zu der Anlagen zum Kracken und Koksen hinzugefügt werden. Raffinerien müssen außerdem an die Rohölsorten angepasst werden. So lassen sich Rohölsorten mit höherer Viskosität (d. h. höherem Gehalt an langkettigen Paraffinen) und hohem Schwefelgehalt schlechter destillieren als leichtere Sorten und setzen daher größere Anlagen zur Vakuumdestillation, zum Koksen, zum Hydrotreating sowie zum katalytischen und Hydrokracken voraus. Auch sind unterschiedliche Konfigurationen zur optimierten Herstellung von Diesel oder Benzin notwendig. Generell kann festgehalten werden, dass die Raffination von Rohöl ein Prozess ist, der große Investitionen in fixes Kapital voraussetzt, energieintensiv ist und je nach Anforderungen zur Entschwefelung auch mehr oder weniger große Mengen Wasserstoff konsumiert, der meist aus Erdgas gewonnen wird.

Nachdem nun der Sachbereich der Untersuchung skizziert worden ist, wird im Folgenden ein Überblick über die Konzerne gegeben, die in dieser Arbeit als Fälle dienen. Dabei wird kurz die Entstehung der Konzerne skizziert, sowie deren Marktstellung und internationale Tätigkeiten beleuchtet. Dies dient zur Einordnung der späteren Untersuchung spezifischer Multinationalisierungsprozesse.

4.2   Gazprom

Die inzwischen mehrheitlich staatliche Gazprom ist der größte Konzern in Russland überhaupt. Hervorgegangen aus dem sowjetischen Gasministerium war das Unternehmen von Anfang an in der Gasindustrie tätig und stark vertikal integriert. Inzwischen hat es auch in die Ölförderung und Stromerzeugung expandiert. Die Internationalisierung fand zunächst in den *downstream*-Sektor statt. Inzwischen finden sich vermehrt Anstrengungen zur Internationalisierung im *upstream*-Bereich, obwohl das Unternehmen in Russland eine riesige Reservenbasis besitzt.

4.2.1   Entstehung

Der Staatskonzern Gazprom wurde im August 1989 vom sowjetischen ersten stellvertretenden Öl- und Gasminister Viktor Černomyrdin gegründet. Von Struktur und Personalbestand war dies im Wesentlichen eine Inkorporation des sowjetischen Gasministeriums Mingazprom (Goldman 2008: 60; Krjukov 1998: 222). Zu Gazprom gehörten fortan auch landwirtschaftliche und kommunale Betriebe, Konsumgüter-produzenten und Bauunternehmen. Die zentralisierte Inkorporierung des gesamten Gassektors gelang v. a. durch die große Homogenität und Hierarchisierung der Eliten im ehemaligen sowjetischen Gasministerium, die nun die Chance sahen und wahrnahmen, erstmals alle für den Gassektor relevanten Funktionen zentral zu kontrollieren (Krjukov 1998; Krjukov/Moe 1996: 7; Pappė 1995; Pleines/Westphal 1999). Die zentrale Kontrolle des Pipelinenetzwerks bedingte einen größeren Grad an Hierarchisierung als in der Ölwirtschaft da der Zugang zum Netz für die Vermarktung von Erdgas zentral war. Anders als in der Ölindustrie konnten widerspenstige Manager von Erdgas-Produktionseinheiten durch Verwehrung von Zugang zur Pipeline zur Kooperation bewegt werden, da sie ihre Produkte anders nicht absetzen konnten.

An dieser grundsätzlichen Organisationsstruktur änderte sich auch nach Zerfall der Sowjetunion und der anschließenden Privatisierung des Konzerns nichts Wesentliches. Als weiterer Reformschritt war von Seiten der Reformer (Ministerpräsident Egor Gajdar) und der staatlichen Anti-Monopol-Kommission ursprünglich eine Aufteilung der Gazprom in mehrere vertikal-integrierte Konzerne geplant, die miteinander konkurrieren sollten (Pleines/Westphal 1999: 19). Die Kontrolle über das Pipelinenetz sollte direkt vom Ministerium für Brennstoffe und Energie übernommen werden. Ein anderer Vorschlag aus Belarus und der Ukraine sah angesichts der starken volkswirtschaftlichen und infrastrukturellen Abhängigkeiten die Zusammenlegung der Aktiva in einem trinationalen Konzern vor, an dem die Ukraine auf Grund des Werts ihres Transitsystems 8 % und Belarus etwa 1,5 % erhalten sollte. Jeder der Staaten sollte dabei ein Vetorecht bei Entscheidungen des Aufsichtsrats innehaben. Dieser Vorschlag wurde jedoch von Russland abgelehnt, denn man wollte volle Kontrolle behalten (Estrada et al. 1995; FTEI 1992a).

Auch die Aufspaltung von Gastransport und Produktion scheiterte am Widerstand der Gazprom. Mit der Umformung der Gazprom in eine Aktiengesellschaft im Dezember 1993 durch Präsidentendekret wurde die Gazprom in ihrer ursprünglichen Form erhalten (Estrada et al. 1995; Krjukov/Moe 1996: 13f; Westphal 2000: 52f). Die 1993/94 durchgeführte Teilprivatisierung sollte die Kontrolle durch den Staat sicherstellen, führte bis 2001 jedoch zu einer *de facto* Kontrolle durch das Management Gazproms, das von Insidern der Gaswirtschaft dominiert wurde (Slay/Capelik 1997: 411). Die Firmen, die für „das Funktionieren des einheitlichen Gasversorgungssystems" direkt erforderlich waren, wurden als GmbHs direkt in den Konzern eingegliedert, während andere Unternehmen (Service, Forschung und Entwicklung etc.) in Aktiengesellschaften umgeformt wurden. Während der Privatisierung des Konzerns wurde sichergestellt, dass Gazprom einerseits die Mehrheit auch an letztgenannten Firmen erhielt und andererseits externe Investoren keine Kontrolle über den Konzern erlangen konnten (Krjukov/Moe 1996: 17). Das Resultat war also nicht die von Gorbačev proklamierte Dezentralisierung der Wirtschaft, sondern eine noch stärker zentralisierte und integrierte Gaswirtschaft, in der nun nicht mehr nur die Produktions-, sondern auch die Planungsentscheidungen von einem engen Personenkreis getroffen wurden (Krjukov/Moe 1996: 9).

Die größten Änderungen gegenüber der planwirtschaftlichen Organisation waren daher die größere Macht und Autonomie des zentralen Managements durch die Konsolidierung der internen Aktiva, sowie die internen und äußeren Finanzbeziehungen der Gazprom, die nun nicht mehr vom Staat finanziert wurde, sondern selbst Finanzmittel aufbringen musste. Außerdem wurde formal der Zugang interessierter Parteien zum Pipelinenetz vorgesehen, der jedoch faktisch ohne Bedeutung blieb (Krjukov 1998: 229). Černomyrdin, der bis März 1998 Regierungschef war, behielt einerseits bedeutenden Einfluss auf den Konzern und sorgte andererseits für die politische Durchsetzung der Interessen des Managements. Das Management der Gazprom besaß auch vom Aufsichtsrat hohe Autonomie, der mehr einem sowjetischen Parteitag ähnelte und nur vorher abgestimmte Beschlüsse fasste.[48]

Dies änderte sich im Sommer 2001, als Präsident Vladimir Putin die Führungseliten in Vorstand und Aufsichtsrat der Gazprom auswechselte. Dies war von langer Hand vorbereitet worden, während nur wenige Eliten im Präsidialapparat und der Regierung eingeweiht worden waren. Ende Mai wurde mit der Auswechselung des Vorstands begonnen. Der in der Gaswirtschaft altgediente Chef Rèm Vjachirev, der sich den Forderungen politischer Akteure abseits von Wahlkampfunterstützung häufig widersetzte, wurde durch den jungen Aleksej Miller, einen engen Vertrauten Putins ersetzt.[49] Zur fehlenden Hörigkeit des alten Managements kamen noch die seit Amtsantritt Putins vieldiskutierten Vorwürfe an Vjachirev und seine Vertrauten hinzu, das Unternehmen zum einen ineffizient und gegenüber der Regierung intransparent zu führen und zum anderen über Insolvenzverfahren gezielt Aktiva aus der Gazprom in die eigenen Hände zu transferieren (Èkspert 2000; 2001a). Miller zeigte sich gegenüber den Erwartungen der politischen Akteure sofort offener: Gleich nach seiner Ernennung ließ er die Medien wissen, dass er Kontinuität wahren, aber dabei die Rolle des

---

[48]   Quelle: Interview mit Vertretern der Gaswirtschaft in Moskau, Oktober 2009.

[49]   Miller hatte Putin schon seinen Posten bei der St. Petersburger Firma Baltische Pipelinesysteme (Baltijskaja Truboprovodnaja Sistema) und als stellvertretender Energieminister zu verdanken – vgl. Bekker et al. (2001).

Staates ausbauen werde (Bekker et al. 2001; NV 2001). Durch den Austausch des Vorstandsvorsitzenden konnten sich zentrale politische Akteure auf der Aktionärsversammlung Ende Juni 2001 auch die Mehrheit im Aufsichtsrat sichern und einige wichtige Änderungen in der Satzung des Unternehmens durchsetzen (Izvestija 2001; Kommersant" 2001). Nach und nach wurde fast das gesamte Management der Gazprom mit Bekannten von Putin und Miller oder Akteuren aus diversen staatlichen Sicherheitsdiensten besetzt und dann ab Mitte der 2000er Jahre kaum mehr verändert.

4.2.2 Marktstellung des Unternehmens

Gazprom ist der Konzern mit den weltweit größten Erdgasreserven und der größten Erdgasproduktion. Mitte der 2000er Jahre förderte das Unternehmen ca. 550 Mrd. m³ jährlich, während es 2011 nur noch 513 Mrd. m³ waren. Dies entspricht ca. 15 % der globalen Erdgasförderung (Gazprom 2012e). Seit Juli 2006 hat Gazprom auch formell das Exportmonopol für Erdgas in gasförmiger und verflüssigter Form inne (LNG).[50] Gazprom ist jedoch nicht nur ein Gas- sondern auch ein Ölproduzent: 2005 erwarb sie die Ölfirma Sibneft' vom Geschäftsmann Roman Abramovič, wodurch das Unternehmen zu einem bedeutenden Ölförderer aufstieg, der 2008 9 % russländischen Ölförderung beisteuerte. Gazprom förderte gleichzeitig 83 % des russländischen Erdgases, sodass das Unternehmen für über 47 % der gesamten russländischen Förderung von Erdgas und flüssigen Kohlenwasserstoffen aufkam. Das Unternehmen verfügt dabei über 40 % der russländischen nachgewiesenen Gasreserven.[51] Gazprom war 2008 auch der größte russländische Steuerzahler; die Steuerbelastung pro geförderte Einheit betrug jedoch weniger als ein Drittel dessen, was die primär in der Ölindustrie tätigen Konzerne zahlten (vgl. Abbildung 4.3). Dabei wird die Steuerbelastung der Gazprom noch überschätzt, da Gazprom ebenfalls die größten Kraftwerkskapazitäten in Russland besitzt und damit 2009 14 % des in Russland erzeugten Stroms generierte (Gazprom 2011f; Rosstat 2010) – mit steigender Tendenz. Das Unternehmen kann also in seiner Bedeutung für Russland nicht überschätzt werden.

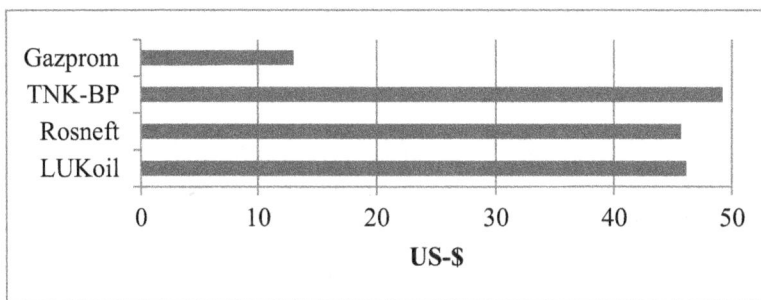

Quelle: Eigene Darstellung, basierend auf Gazprom (2010a), LUKoil (2011a), Rosneft' (2010), TNK-BP (2011b).
Abb. 4.3: Steuerbelastung ausgewählter russländischer Öl- und Gaskonzerne pro Barrel RÖE, 2008

[50] Federal'nyj zakon ot 18 Ijulja 2006 N 117 F3 „Ob èksporte gaza" [Föderales Gesetz vom 18.7.2006 Nr. 117 F3 „Über den Gasexport"].
[51] Quelle: Gazprom (2010a); Rosstat (2010), eigene Berechnungen. Neuere Daten waren leider nicht verfügbar.

Gazprom besaß 2008 einen Anteil an der russländischen Gasversorgung von 74 % und setzte dabei 47,8 % des erzeugten und aus Zentralasien importierten Gases im Inland ab. Damit wurde aber nur knapp 23 % des Nettoumsatzes aus dem Gasverkauf erwirtschaftet. 15,7 % gingen an die GUS-Staaten und das Baltikum, womit Gazprom ca. 15 % des Nettoumsatzes erwirtschaftete. Die Kundengruppe „Europa" – bestehend aus den anderen EU-Staaten, der Türkei, und Südosteuropa – erhielten schließlich 27,6 % des erzeugten und gekauften Erdgases und steuerten erhebliche 60 % zum Nettoumsatz bei (Gazprom 2010a).[52] Die Auslandsmärkte sind daher das bei weitem wichtigste Standbein der Gazprom. Ohne die westlichen Exportmärkte der Gazprom und entsprechende Quersubventionierung innerhalb des Konzerns würde die Versorgung russländischer Konsumenten kaum aufrecht zu erhalten sein. Einige der ostmitteleuropäischen Länder mit kleineren Gasmärkten sind dabei teilweise vollständig von Gaslieferungen der Gazprom in ihrer Erdgasversorgung abhängig (Noel 2008), was auf deren ehemalige Zwangsintegration in den RGW zurückzuführen ist.

Seit 1997 wurden Aktien der Gazprom an der Moskauer Börse gehandelt, wobei ausländischen Personen der Handel verboten war. Diese konnten lediglich Anteile auf Privatisierungsauktionen erwerben oder die seit 1996 im Umlauf befindlichen GDR an der Londoner Börse handeln, die damals jedoch nur 2 % des Unternehmenswerts ausmachten (Pleines/Westphal 1999: 9f). Der Anteil des russländischen Staates betrug 1998 nur noch 38,4 %, während Gazprom selbst weitere 8 % ihrer Aktien hielt. Die deutsche Ruhrgas wurde 1998 mit 3,5 % der größte Anteilseigner (Pleines/Westphal 1999: 10). Unter Putin kaufte der Staat bis 2005 schrittweise Anteile zurück, bis eine Kontrollmehrheit von 50,02 % erreicht war. Anschließend wurde 2006 die Limitierung für den Anteil ausländischer Akteure aufgehoben, wodurch der gesamte restliche Anteil auch an westlichen Börsen in Form von GDR handelbar wurde. Zwischenzeitlich stieg Gazprom so zum weltweit drittgrößten Unternehmen nach Börsenwert auf, erholte sich nach 2008 jedoch trotz der abermals hohen Öl- und Gaspreise nicht wieder und war 2011 nur noch auf dem 20. Platz – allerdings auf Platz drei nach der Gewinnsumme (Forbes 2012). Dazu mag die geringe Steuerbelastung ihren Teil beigetragen haben.

4.2.3   Erkundung und Förderung

Die sowjetische Produktion vor 1970 fand hauptsächlich im Volgabecken, der Republik Komi, der Region Doneck in der ukrainischen Sowjetrepublik, dem Ural und Kaukasus, und den zentralasiatischen Republiken Turkmenistan und Aserbaidschan statt. Nachdem die großen Vorkommen im Volgabecken und in der ukrainischen Sowjetrepublik weitgehend erschöpft waren, wurden Felder in Sibirien erschlossen. Dementsprechend entwickelte sich auch das Pipelinesystem zunächst vom Südwesten der Sowjetunion nach Osten und anschließend nach Norden. Die ukrainische Sowjetrepublik entwickelte sich auf Grundlage ihrer Vorkommen und der bereits vorhandenen Infrastruktur zu einem bedeutenden Gebiet für die Durchleitung von Gas (Victor/Victor 2006: 137).

Die hauptsächliche Produktionsbasis des sowjetischen und russischen Erdgassektors stellen die riesigen Felder in Westsibirien dar, die in den 1960er Jahren entdeckt wurden. Die

---

[52]   Die auf 100 % fehlenden Beträge sind auf Rundungsfehler auf Grund der unterschiedlichen Behandlung einzelner Länder und Pipelines bei der Exportsteuer zurückzuführen.

Nadym-Pur-Taz-Region beherbergt dabei im Wesentlichen vier riesige Felder, Urengoj (6 280 Mrd. m³), Jamburg (3 900 Mrd. m³), Medvež'e (1 925 Mrd. m³) und Zapoljarnoe (2 700 Mrd. m³), von denen 2004 ca. 75 % des Gazprom-Gases produziert wurden (Estrada et al. 1995; Krjukov/Moe 1996; Stern 2005: 1f). Insgesamt kam die Region Ende der 2000er Jahre für 90 % der russländischen Gasproduktion auf (Söderbergh et al. 2010: 7831). Die Konzentration von Gasreserven mit guter chemischer Qualität in einigen wenigen riesigen Feldern in geringer Tiefe und mit guten Fördereigenschaften ermöglichte bis anhin eine hohe Effizienz des Kapitaleinsatzes trotz der langen Transportwege von durchschnittlich 2 500 km und widrigen Witterungsbedingungen. So mussten auf Grund der Feldeigenschaften nur vergleichsweise wenige Bohrlöcher erstellt werden, um hohe Förderraten zu erreichen. Der Eigendruck der unterirdischen Gasblasen sorgte in den ersten Jahrzehnten auch dafür, dass keine weitere Kompression auf den ersten Transportabschnitten erforderlich war. Das Gas enthält zudem keine aggressiven Komponenten und muss dadurch nicht aufwändig gereinigt werden. Dies alles sorgte dafür, dass die Kapitalkosten für Förderung im Vergleich zum Gastransport gering waren (Krjukov 1998: 216; Krjukov/Moe 1996; Rosstat 2010). Gazprom fördert zudem Gas in Ostsibirien und in Sachalin, allerdings in eher geringem Maßstab. Dieser Region soll in Zukunft größere Bedeutung zukommen, da der russische Staat Gazprom mit der Realisierung des östlichen Gasprogramms beauftragt hat. Dies sieht die Erschließung neuer Felder und den Bau einer Pipeline bis an den Pazifik vor. Präsident Putin forderte Gazprom im Oktober 2012 auf, das Programm schnellstmöglich zu realisieren (Gazprom 2012b; Putin 2012).

Da das östliche Programm unabhängig von der Produktion in den westlichen Landesteilen ist und die Produktion auf den vier riesigen Feldern jährlich um ca. 25 Mrd. m³ abnimmt muss Gazprom neue Regionen im Westen des Landes erschließen, um die gegenwärtige Fördermenge zu halten (Söderbergh et al. 2010: 7831). Seit Ende 2012 ist das Bovanenko-Feld (1 980 Mrd. m³) auf der Jamal-Halbinsel in Produktion. Diese soll die nächste Hauptproduktionsregion der Gazprom werden, verfügt jedoch über wesentlich schlechtere Umweltbedingungen als in der Nadym-Pur-Taz Region. Dort erschließt Gazprom in Zusammenarbeit mit ausländischen Unternehmen außerdem tiefer gelegene Horizonte der alten Felder. Die Erschöpfung der zur Sowjetzeit erschlossenen Felder zieht wesentlich höhere Produktionskosten nach sich. Auf Grund der raschen Erschöpfung alter Felder ist nicht damit zu rechnen, dass Gazprom die Produktion im Westen des Landes und die Exporte in westliche Richtung in Zukunft stark ausweiten können wird. Da das riesige Shtokman-Projekt in der Barentssee auf Grund schlechter Marktbedingungen zudem bis 2030 verschoben wurde, dürfte die westliche Exportkapazität ab 2015 bis 2030 nur ca. 10–30 Mrd. m³ über dem Niveau von 2011 liegen, falls die Jamal-Halbinsel rasch erschlossen wird (Moscowtimes 2013; Söderbergh et al. 2010: 7832).

Im Ausland ist die bedeutendste *upstream*-Präsenz der Gazprom bisher in Libyen, da dort bereits signifikante Produktion stattfindet. Die langjährige „Partnerschaft" mit der deutschen Wintershall brachte Gazprom im Zuge eines *asset-swaps* eine 49-prozentige Beteiligung an den Projekten C96 und C97 ein, die 2008 immerhin knapp 7 % der gesamten Ölförderung (aber nur 0,65 % der gesamten Förderung an Kohlenwasserstoffen) des Unternehmens ausmachte. Außerdem erhielt Gazprom die Rechte zur Erkundung je eines weiteren onshore- und offshore-Blocks. Das Unternehmen scheint hier jedoch nicht sonderlich aktiv zu sein. In einem weiteres *asset-swap* mit der italienischen ENI sollte Gazprom außerdem einen Anteil am Elephant-Projekt in Libyen erhalten. Dieses Geschäft wurde jedoch durch den

Bürgerkrieg in Libyen unterbrochen und gegenwärtig ist unklar, ob die neue Regierung der Beteiligung Gazproms zustimmen wird (NefteCompass 2013). Gazprom scheint sich jedoch trotz der fehlenden Unterstützung Russlands für die libyschen Aufständischen auch mit der neuen Regierung arrangiert zu haben (Donati 2011; Gazprom 2010a; 2011e; Sharushkina/Glazov 2011).

In Nordafrika betreibt Gazprom außerdem aktive Erkundung in Algerien, wo es eine Konzession hält. Hier wurden bereits Reserven gefunden, die jedoch nur 0,18 % der Gesamtreserven der Gazprom ausmachen. Die Investition dürfte daher eher auf strategische Werte zielen, wie z. B. die Vernetzung mit der algerischen Erdgaswirtschaft. Da Algerien ein bedeutender Erdgaslieferant für die EU ist, ist das Land auch für Gazprom interessant. Zudem will sich Gazprom an der möglichen Trans-Sahara-Pipeline beteiligen, die zusätzliche Gasmengen aus Nigeria auf den europäischen Markt bringen könnte (AEI 2011; 2012).

In Südosteuropa ist Gazprom mit dem Erwerb der vertikal-integrierten serbischen Ölgesellschaft NIS im Jahre 2009 ein Ölproduzent geworden. NIS besitzt auch *upstream*-Projekte in Angola, Ungarn, Rumänien und in Bosnien und Herzegowina und expandiert in Südosteuropa. Die Produktion machte 2010 jedoch nicht mehr als 0,3 % der Gesamtproduktion der Gazprom aus (Gazprom 2010a; c; NIS 2011).

In Lateinamerika ist Gazprom in Venezuela und Bolivien aktiv. In Venezuela bestehen sowohl Projekte zur Erkundung, als auch Beteiligungen an Gasfeldern und an einem Projekt zur Förderung von Schweröl. Letzteres enthält sehr große Reserven und könnte einen erheblichen Teil zur Ölproduktion der Gazprom beitragen. In Bolivien wurden erst 2010 Vereinbarungen zur Erkundung von Gasfeldern in mehreren Blöcken unterzeichnet (Gazprom 2011d).

Außerdem ist Gazprom in Indien und Vietnam in Erkundungsprojekten tätig und führt Bohrarbeiten in Bangladesh aus. Außerdem will Gazprom in Myanmar und Sri Lanka Fuß fassen. Der Vertrag für die Bohrung von 10 Bohrlöchern zu bereits bekannten Gasfeldern wurde im April 2012 ohne Ausschreibung an Gazprom vergeben. Dies ist ein reiner Servicevertrag ohne Beteiligung der Gazprom an der Förderung. Nachdem eine Bohrausrüstung aus China beschafft worden war, konnten die Arbeiten Anfang 2013 beginnen (DC 2013; Gazprom 2013b). In Indien untersucht Gazprom den *offshore*-Block 26. Hier wurden bis 2010 drei Erkundungsbohrungen ausgeführt, die jedoch alle ohne Ergebnis blieben (Gazprom 2013c). Das Projekt ist damit vermutlich eingestellt worden. Die Kooperation mit Vietnam besteht bereits seit 2000 und ist in der Region am stärksten. Hier werden gemeinsam mit der staatlichen Petrovietnam mehrere *offshore*-Blöcke im südchinesischen Meer erkundet und erschlossen, die auch kommerzielle Reserven aufweisen. Außerdem ist Petrovietnam in Russland tätig (Gazprom 2013d).

In Zentralasien ist Gazprom in Kirgistan, Tadschikistan, Kasachstan und Usbekistan tätig. In Kirgistan und Tadschikistan finden Erkundungsarbeiten statt (Gazprom 2013e). In Kasachstan beteiligte sich Gazprom in den 1990er Jahren am Gaskondensatprojekt Karačaganak, überließ dann jedoch LUKoil die Beteiligung (siehe unten Tabelle 4.1). Heute ist Gazprom nur noch im *offshore*-Block Central'noe gemeinsam mit LUKoil an Erkundungsarbeiten beteiligt. In Usbekistan ist Gazprom in kleinem Maßstab in der Gasförderung und Erkundung tätig. Daneben strebte Gazprom ebenfalls eine Beteiligung an der Förderung in Turkmenistan an, was jedoch nie zu Stande kam.

4.2.4   Transport, Weiterverarbeitung und Verkauf

Gazprom verfügt über das weltgrößte Gaspipelinenetz, mit ca. 160 400 km Hochdruckpipelines, durch die das Gas mit Hilfe von ca. 215 Kompressorstationen bewegt wird. Diese Stationen konsumieren dabei 7 % der transportierten Menge – jährlich ungefähr so viel Gas wie der gesamte Gasverbrauch Deutschlands (Gazprom 2010a). Außerdem sind 25 Gasspeicher angeschlossen; die russländischen Speicherkapazitäten sind jedoch nicht überragend und können nur 65,2 Mrd. m³ Erdgas speichern und mit einer täglichen maximalen Menge von nur 620 Mio. m³ ausspeisen (Gazprom 2012f).[53] Das ESG befindet sich vornehmlich im europäischen Teil Russlands. Seine Hauptadern führen von der Nadym-Pur-Taz-Region zum Ural und weiter nach Westen. In Ostsibirien bestehen derzeit eine Pipeline von Sachalin nach Vladivostok und eine Pipeline auf Kamčatka. Exporte finden hier nur in Form von LNG statt.

Die Internationalisierung der Gazprom im *mid-* und *downstream*-Bereich ist wesentlich umfangreicher als im *upstream*-Sektor und wird hier nur überblicksartig behandelt, da sich in den Länderstudien Details finden. Eine gute Übersicht über die Beteiligungen in der EU wurde von Agata Łoskot-Strachota (2009) erstellt. Außerdem findet sich in Anhang III eine Tabelle mit allen Beteiligungen, die über westeuropäische Unternehmen gehalten werden und eine Übersicht der Beteiligungsstruktur. Gazprom fokussiert dabei auf die lukrativen Märkte in der EU und der Türkei, aber auch auf Transitstaaten wie Belarus oder auf Lieferländer wie Kasachstan, Usbekistan und Turkmenistan. Innerhalb der EU besitzt Gazprom dabei Beteiligungen an Pipelines in Deutschland, Polen, Litauen, Estland, Lettland, Finnland und Belgien, sowie Gashandelshäuser in vielen Staaten. Diese nutzen die Gasmarktliberalisierung der EU, um Gas zu verkaufen. An Gasspeichern ist Gazprom in Österreich, Deutschland, Lettland, Großbritannien und Serbien beteiligt, teilweise sogar mehrheitlich. Außerdem gibt es vor allem in den ostmitteleuropäischen Staaten eine Reihe von Zwischenhändlern und mit Gazprom verbundene Akteure. Zudem plant Gazprom mit der Pipeline South Stream Kontrolle über weitere Pipelines in Bulgarien, Serbien, Ungarn, Österreich und Italien zu erlangen und weitere Gasspeicher zu bauen. In der Ölindustrie besitzt Gazprom Beteiligungen an zwei Raffinerien in Serbien und interessierte sich für Raffinationsaktiva im deutschen Schwedt und in Tschechien (siehe Abschnitt 7.5.6). Die serbische Tochtergesellschaft der Gazprom Neft, NIS, besitzt ein großes Tankstellennetz in Serbien und einige Tankstellen in Bulgarien. NIS strebt außerdem an, das Tankstellennetz der Marke „Gazprom" in Rumänien, Bulgarien und Bosnien-Herzegowina auszubauen (NIS 2013).

4.3   LUKoil

LUKoil galt lange Zeit als der Pionier der postsowjetischen Ölindustrie in Russland, da LUKoil der erste vertikal integrierte Ölkonzern ist, der nach Zerfall der Sowjetunion gebildet und relativ rasch privatisiert wurde. Auch internationalisierte sich LUKoil rasch, vor allem im postsowjetischen Raum, was dem Konzern in den 1990er Jahren den Ruf als Statthalter Moskaus einbrachte. Es ist auch der einzige hier untersuchte Konzern, der seit dem Zerfall

---

[53]   Zum Vergleich: Während die EU einen ähnlich großen Gasmarkt besitzt wie Russland und kein Gasexporteur ist, stehen hier 76 Mrd. m³ Speicherkapazität mit einer täglichen Ausspeisung von maximal 1 351 Mio. m³ zur Verfügung, was eine wesentlich höhere Flexibilität erlaubt, vgl. GIE (2012).

der Sowjetunion keinen Führungswechsel erlebt hat. Anfang der 2000er Jahre erhielt LUKoil dann verstärkt vom Ölunternehmen JUKOS Konkurrenz. Nach dessen Bankrottierung durch den Staat ist Rosneft der unangefochtene Branchenprimus – nicht jedoch was Internationalisierung angeht.

4.3.1   Entstehung

Die Entstehung LUKoils ist eng mit der Restrukturierung des sowjetischen Erdölsektors Ende der 1980er Jahre verbunden. Auf Grund der Nähe des Managements zu zentralen Akteuren der Regierung und zu staatlichen Finanzinstitutionen konnte die Führung der LUKoil die Transformation des Ölsektors wesentlich mitgestalten (Gorst 2007: 16; Pappé 2000: 163). Der Einfluss war jedoch nie so groß wie der Einfluss von Gazprom bei der Restrukturierung der Gasindustrie.

Die Basis der LUKoil bilden die drei Produktionsvereinigungen (*proizvodstvennoe ob"edinenie*, PO) Langepas-, Uraj- und Kogalymneft' in Westsibirien (Krjukov 1998: 79f; Lane/Seifulmulukov 1999b: 15f; Moe/Krjukov 1994: 92). Nachdem die Gesetze über Kooperativen und Unternehmen von 1988 und 1990 die Ölindustrie durch viele, von Managern vorangetriebene „spontane Privatisierungen" auf Betriebsebene an den Rand des Ruins gebracht hatten (Fortescue 2006: 44f; Johnson/Kroll 1991; Krjukov 1998: 84, 99), wurde 1990 eine Reintegration der Industrien auf Basis großer vertikal-integrierter Konzerne beschlossen. Černomyrdin, der damalige Chef der Gazprom, war davon überzeugt, dass auch im Ölsektor vertikal integrierte Konzerne entstehen müssten und unterstützte daher später als russländischer Premierminister die Bildung und Konsolidierung der LUKoil (Gorst 2007: 7; Krjukov 1998: 97).

Bedeutsame Rolle bei der Restrukturierung des Ölsektors spielte der heutige LUKoil-Chef Vagit Alekperov, der Anfang 1990 von seiner bürokratischen Position als Verwalter der PO Kogalymneft' nach Moskau zum stellvertretenden Minister des sowjetischen Öl- und Gasministeriums berufen wurde (Fortescue 2006: 48). Alekperov wurde nach dem Augustputsch 1991 amtierender Energieminister. Unter seiner Ägide formierte sich im September 1991 die staatliche Rosneftegaz als freiwilliger Zusammenschluss von 47 PO, die jedoch als Vereinigung auf Verwaltungsebene nur geringe Macht besaß und weitere „spontane Privatisierungen" auf Betriebsebene nicht verhindern konnte (Goldman 2008: 61; Lane/Seifulmulukov 1999b: 16f). Alekperov hatte auch eine bedeutende Rolle beim Zustandekommen des Vertrags zwischen den zukünftigen PO und Betrieben des Konzerns LUKoil, der dann zu dessen Formierung führte. Gemeinsam mit den drei westsibirischen Produktionsvereinigungen würden die Raffinerien Mažeikiu in Litauen, Novoufimsk in Ufa, sowie die Volgograder Raffinerie, das Chemiewerk Perm'nefteorgsintez und auch die sowjetisch-niederländische Außenhandelsgesellschaft Urals den Konzern Langepas-Uraj-KogalymNeft' (LUKoil) bilden (Krjukov 1998: 97; Lane/Seifulmulukov 1999a: 111; Pappé 2000: 101). Es dauerte jedoch bis November 1991 bis LUKoil per Dekret des sowjetischen Ministerrats gegründet wurde (Pravitel'stvo RSFSR 1991). Alekperov wurde dann 1992 als Präsident der LUKoil eingesetzt (Krjukov/Moe 1999: 56). Was als sowjetische Reform begonnen hatte wurde also von denselben Eliten innerhalb des neuen Russland fortgeführt. Nachdem die UdSSR im Dezember 1991 auch formell aufgehört hatte zu existieren, verlor LUKoil die Kontrolle über die Raffinerien Mažeikiu und Novoufimsk im Jahre 1992.

Im April 1993 wurde LUKoil dann durch eine Anordnung der Regierung unter Černomyrdin in eine offene Aktiengesellschaft umgewandelt und die durch das Dekret eingeleitete Transformation damit offiziell abgeschlossen (Pravitel'stvo Rossii 1993). Alekperov wurde als Vorsitzender des Aufsichtsrats und Präsident des Unternehmens bestätigt. Diese Doppelfunktion sollte er bis 2000 innehaben. Dem Konzern wurde auch gestattet, 7 % der eigenen Aktien zu erwerben und auf Investitionsauktionen auf eigene Rechnung zu verkaufen. Alekperov erhielt von der Regierung zuvor auch den offiziellen Auftrag, die Vorarbeiten für die Gründung des staatlichen Konzerns Rosneft' zu organisieren. LUKoil und ihr Präsident Alekperov waren damit zentrale Akteure in dieser ersten Phase der Umstrukturierung und Privatisierung (Ėkspert 1995).

4.3.2   Marktstellung des Unternehmens

LUKoil ist gemessen an den nachgewiesenen Reserven nach ExxonMobil der zweitgrößte private Erdölkonzern weltweit. Zum anderen ist es ein „newcomer" auf der Bühne multinationaler Ölkonzerne in Privateigentum. LUKoil spielt mit seinen Reserven und der Förderung, sowie bei Gewinnen und Rohölexporten nur noch die zweite Geige in der russländischen Ölindustrie. Den ersten Platz musste LUKoil nach 2004 an Rosneft' abtreten. Dies symbolisiert das veränderte Kräfteverhältnis in der russländischen Ölwirtschaft. 2010 förderte LUKoil 17,7 % des russischen Öls und verfügte über 17,2 % der Ölreserven. Der Anteil von LUKoil an den russländischen Exporten von Ölprodukten betrug zur selben Zeit 22 % (BP 2011a; LUKoil 2011a). LUKoil versucht außerdem in der Gasförderung Fuß zu fassen.

Die frühere Rolle der LUKoil als Aushängeschild der russländischen Ölindustrie ist damit beendet. LUKoil war 1996 der erste russländische Konzern, der seine Bilanzen nach internationalen Standards vorlegte und zur Kapitalgewinnung an westliche Börsen ging. Als erster russländischer Konzern wurde 1996 der Handel an US-amerikanischen Börsen mit der Emission von American Depository Receipts (ADRs) aufgenommen (Pappé 2000: 102); 2002 folgte die Börsenzulassung an der London Stock Exchange. Außerdem konnte die US-amerikanische Atlantic Richfield Corp. (ARCO, heute Teil von BP) bereits 1995 7,99 % der LUKoil erwerben, verkaufte den Anteil jedoch später wieder (Gorst 2007: 14).

Der größte bekannte Anteilseigner des Unternehmens war Ende 2011 Alekperov, der 20,6 % am Unternehmen hielt. Zweitgrößter Anteilseigner war von 2004 bis 2010 der US-amerikanische Ölkonzern ConocoPhillips mit 20 % gewesen. Im Jahre 2010 beschloss ConocoPhillips jedoch, den Anteil zu verkaufen, da die Resultate der Zusammenarbeit mit LUKoil nicht zufriedenstellend gewesen waren (Crooks 2010). LUKoil kaufte einen Großteil der Aktien selbst zurück, um die Beteiligung eines äußeren strategischen Investors zu verhindern (FSUOGM 2010a). Der zweitgrößte bekannte Anteilseigner ist daher Vizepräsident Leonid Fedun (9,27 %). Insgesamt gehörten den Mitgliedern des Managements und des Direktorenrates zum Ende 2011 31,51 % der LUKoil (LUKoil 2012a). Damit können die Mitglieder der Lenkungsgremien erhebliche Kontrolle über das Unternehmen ausüben. Über die Eigentümer der verbleibenden Anteile ist nichts bekannt, da LUKoil generell nur die Anteile treuhänderischer Aktionäre (ING Bank Eurasia, Citibank usw.) angibt. Mit der Rückkaufaktion der Anteile von ConocoPhillips, die jetzt in Hand des Unternehmens sind, dürfte das Management jedoch nahe einem Mehrheitsanteil sein. Die Aktien werden heute an den russischen Börsen MICEX und RTS, sowie an der London Stock Exchange gehandelt. Ein Großteil wird nominell von der ING Bank Eurasia gehalten.

4.3.3   Erkundung und Förderung

Westsibirien, genauer das westsibirische Tiefland nördlich des Flusses Irtysch, ist die Mitte der 1960er Jahre erschlossene und bis heute wichtigste Ölförderregion Russlands. Hier werden zwei Drittel des russländischen Öls gefördert, meist aus riesigen Feldern, deren Entdeckung den Kreml zu einer raschen Erschließung des zuvor kaum besiedelten Gebietes antrieb (Grace 2005: 34). Die Felder der LUKoil in Westsibirien sind mit 59 % der Ölförderung und 54 % der nachgewiesenen Ölreserven auch heute noch deren Rückgrat (LUKoil 2009b: 20). Die größten Felder stammen aus der dritten und vierten Generation der Erschließung und wurden in den späten 1970er bzw. Mitte der 1980er Jahre in Betrieb genommen. Die Produktion in der Region wies ab 2007 gegenüber den Vorjahren um ca. 5,5 % jährlich sinkende Förderraten und rasch ansteigende Wasseranteile an der Förderung auf. Die seit 2007 sinkende Produktion in der Region konnte erst 2011 aufgehalten werden (LUKoil 2012a). Dies ist auf die zunehmende Erschöpfung der Felder zurückzuführen, wobei gleichzeitig nicht die neueste Technologie zum Einsatz kommt (Grace 2005).

Angesichts der sinkenden Förderung in Westsibirien setzt LUKoil auf Expansion in neue Gebiete und Internationalisierung sowohl im *upstream* als auch *mid-* und *downstream*-Bereich. LUKoil investierte dazu bereits seit Ende der 1990er Jahre v. a. in das Timano-Pečora-Becken. 2008 liegen 21 % der nachgewiesenen Ölreserven von LUKoil in der Region, die auch für 17,5 % der Ölförderung des Konzerns aufkommt.

Bei der Gasförderung ist LUKoil seit 2005 ebenfalls ein „unabhängiger" Produzent, der im Jahre 2011 2,7 % der russischen Förderung lieferte (BP 2012; LUKoil 2012a). Das größte Gasfeld Nachodkinskaja liegt im nördlichen Westsibirien in der Niederung Bol'šechetskaja und konnte auf Grund der Nähe zum Jamburg-Feld der Gazprom an deren Pipelinenetz angeschlossen werden. Gute Beziehungen zu Gazprom im Rahmen einer „strategischen Gas-allianz" ermöglichten auch den Verkauf des Gases zu für LUKoil vorteilhaften Konditionen (Gorst 2007: 34).

LUKoil ist der am stärksten internationalisierte russländische Öl- und Gaskonzern unter den hier untersuchten Akteuren. Über ihre Holding Lukoil Overseas Ltd. hat sie in mehrere Förder- und Erkundungsprojekten investiert, v. a. in Kasachstan, wo das Unternehmen an 7 Förder- und 4 Erkundungsprojekten beteiligt ist. Die internationalen Projekte kamen 2011 für 6,5 % der Ölförderung und 26 % der Erdgasförderung, sowie 6,5 % der Reserven auf (LUKoil 2012a). Tabelle 4.1 gibt eine Übersicht über die *upstream*-Beteiligungen der LUKoil im Ausland.

Tab. 4.1:   Internationale upstream-Beteiligungen der LUKoil, Stand 2009

Land	Projekt	LUKoil Anteil	Konsortialpartner	Größe (LUKoil-Anteil, Mio. Barrel Öläquivalent)/ Art / Stand
Aserbaidschan	Shah-Deniz	5 %	BP 25,5 % Statoil 25,5 % Total 10 % SOCAR 10 % National Iranian Oil Company (NIOC) 10 % Agip 5 %	95,2 / PSA / Öl- und Gasförderung
	Jalama / Block D-222	80 %	SOCAR 20 %	PSA bis 2036/Erkundung / kein kommerzieller Fund
Kasachstan	Atašskij	50 %	Kazmunajgaz 50 %	Nur Erkundung/ 1. Erkundungsbohrloch,
	Tjub-Karagan	50 %	Kazmunajgaz 50 %	PSA bis 2044/ 1. Erkundungsbohrloch 2005
	Kumkol'-North	50 %	CNPC 33,33 % Kazmunajgaz 16,66 %	80,4 / Förderungs- und Erkundungsvertrag bis 2021/ Ölförderung
	Karačaganak	15 %	BG Group 32,5 % ENI 32,5 % Chevron 20 %	356 / PSA bis 2038/ Öl- und Gasförderung
	Tengiz	2,7 % über LUKARCO	Chevron 50 % ExxonMobil 25 % Kazmunaigaz 20 % BP 2,3 %	190 / Vertrag bis 2032 / Ölförderung
	Arman	25 %	Shell 50 % Mittal Investments 25 %	1,7 / Vertrag bis 2024 / Förderung
	Severnye Buzači	25 %	CNPC 50 % Mittal Investments 25 %	41,2 / Vertrag Ölförderung bis 2021 / Ölförderung
	Karakuduk	50 %	Mittal Investments 25 %	34,3 / Vertrag Förderung und Erkundung / Ölförderung
	Žambaj Južnyj / Južnoe Zaburun'e	12,5 %	Kazmunaigaz 50 % Repsol 25 % Mittal Investments 12,5 %	PSA zur Erkundung bis 2009 / Vorerkundung
	Alibekmola	25 %	Kazmunaigaz 50 % Mittal Investments 25 %	17,8 / PSA bis 2023 / Ölförderung
	Kožasaj	25 %	Kazmunaigaz 50 % Mittal Investments 25 %	16,9 / PSA bis 2023 / Ölförderung
Usbekistan	Kandym-Chauzak-Šady	90 %	Uzbekneftegaz 10 %	585 / PSA bis 2040 / Gasförderung seit 11/2007
	Aral (offshore)	20 %	Uzbekneftegaz 20 % Petronas 20 % Korea NOC 20 % CNPC 20 %	PSA bis 2041 / Vorerkundung

	Südwest Gissar	100 % (seit 2009)		PSA / Erkundung
Ägypten	Melejja	24 %	EGPC 56 % IFC 20 %	2,98 / Konzession bis 2024/ Ölförderung
	West Esh El Mallaha	100 %		4,75 / Konzession bis 2017/ Ölförderung
Kolumbien	Kondor	70 %	Ecopetrol 30 %	6,09 / Vertrag bis 2030 / Ölförderung
Venezuela	Junin-3	100 %		Vertrag bis 2010 / Zertifizierung Reserven
	Junin-6	10 %	PDVSA 60 % Gazprom Neft' 10 % Rosneft' 10 % Surgutneftegaz 10 % TNK-BP 10 %	Erschließung, Förderung und Raffination von Schwerölreserven, Lizenz bis 2035
Elfenbeinküste	Cl-205 (offshore)	63 %	Oranto Petroleum 27 % PETROCI 10 %	PSA bis 2036 / Erkundung
	Cl-101, Cl-401	56,66 %	VANCO 28,34 % PETROCI 15 %	PSA bis 2011 / Erkundung
Ghana	Cape Three Points Deep Water	56,66 %	VANCO 28,34 % GNPC 15 %	PSA bis 2009 / Erkundung
Saudi-Arabien	Block-A	80 %	Saudi Aramco 20 %	Vertrag bis 2040, nur für Gas und Kondensat / Erkundungsbohrungen
Iran	Anaran	25 %	Norsk Hydro 75 %	-
Irak	West-Qurna 2	56,52 %	Statoil 18,75 %, North Oil Company 25 %	Feld insgesamt: 2,4 Mrd. Barrel Öläquivalent

Quelle: Eigene Zusammenstellung nach Gorst (2007), sowie Gde my rabotaem, in: www.lukoil-overseas.ru/projects/; 6.7.2009; LUKoil – Osnovnye Fakty – 2008g., www.lukoil.ru; 5.7.2009; Podelili Orinoko, in: Vedomosti, No. 135, 23.7.2008.

4.3.4   Transport, Weiterverarbeitung und Verkauf

LUKoil kontrolliert heute acht Raffinerien, davon vier in Russland. Diese liegen alle westlich des Urals im europäischen Teil Russlands mit guter Infrastruktur und können daher vermutlich profitabel betrieben werden. Zudem besitzt LUKoil noch zwei kleine Raffinerien in Uraj und Kogalym. Die ausländischen Raffinerien liegen in Bulgarien (Burgas), der Ukraine (Odessa), in Rumänien (Ploieşti) und Italien (Sizilien). Außerdem wurde 2008 eine Beteiligung von 45 % an der Raffinerie TRN in Vlissingen, Niederlande erworben. Zuvor hatte LUKoil sich für eine andere Raffinerie in Rotterdam interessiert, die jedoch letztlich nicht verkauft wurde. LUKoil interessierte sich auch für Raffinerien in Tschechien und anderen ostmitteleuropäischen Staaten, sowie für Raffinerien im Baltikum. Damit beträgt die Raffinationskapazität der LUKoil über 70 % des von ihr geförderten Erdöls, was ebenfalls wesentlich besser als der Wert des staatlichen Wettbewerbers Rosneft' ist, die 2008 nur 52 % ihres Öls raffinieren konnte (LUKoil 2008c: 44ff; 2009b). LUKoil hat dabei das Ziel, die gesamte Rohölproduktion mit eigener Raffineriekapazität abzudecken, d. h. die gesamte Produktionskette zu integrieren. LUKoil kann in der Raffinerie Burgas außerdem verschiedene petrochemische Produkte herstellen und besitzt zwei weitere chemische Werke in Russland, sowie eines in der Ukraine.

LUKoil legte bereits in den 1990er Jahren hohen Wert auf Investitionen zur Erhöhung des Raffineriedurchsatzes und der Qualität, sowie zum Erwerb weiterer Raffinerien in Russland. Dies entspricht der inzwischen erhobenen politischen Forderung der politischen Akteure, weniger rohe und mehr weiterverarbeitete Materialien zu exportieren. Komplementär dazu nahm das Unternehmen im Jahre 2004 einen großen Ölhafen auf der Insel Vysock im Finnischen Meerbusen in Betrieb, der 2005 und 2006 erweitert wurde und heute 12 Mio. t im Jahr verladen kann. Die Produkte werden hier per Eisenbahn angeliefert. Obschon der Hafen auch Rohöl exportieren kann werden seit 2005 von hier aus nur Ölprodukte exportiert (Gorst 2007: 27f; LUKoil 2008c).

LUKoil verfügt über eigene Exportmöglichkeiten in Russland nicht nur im Hafen Vysock, sondern auch über das Terminal Varandej in der Barentssee. Von hier aus werden eisfeste Spezialtanker mit einer Nutzladung von 70.000 t beladen, die das Öl zur schwimmenden Umladestation Belokamenka vor dem eisfreien Hafen von Murmansk transportieren. Dort wird es auf größere Tanker umgeladen und v. a. in die USA verschifft (Gorst 2007: 34; LUKoil 2008c). Dadurch hat sich LUKoil eine günstige Exportmöglichkeit geschaffen, die das Pipelinemonopol der Transneft' umgeht. Ein weiterer Ölhafen befindet sich auf der Enklave Kaliningrad, der in mehreren Schritten auf eine Kapazität von 6 Mio. t Rohöl und Ölprodukte ausgebaut wurde. Von hier können kleinere Tanker mit einer Nutzladung von 20.000 t beladen werden. Ein kleiner Hafen im Besitz der LUKoil liegt außerdem bei Astrachan am kaspischen Meer, das eine geringe Ladefähigkeit von 2 Mio. t Rohöl pro Jahr kleine Tanker mit bis zu 2.000 t Kapazität beladen kann. Von hier aus wird v. a. Rohöl für Swapgeschäfte mit Iran verschifft, um den Weg für Ölexporte nach Südostasien zu verkürzen (LUKoil 2008c: 60). Die Ölproduktion aus Kasachstan wird hauptsächlich über die CPC-Pipeline und ihr Terminal im Schwarzen Meer nahe Novorossijsk exportiert, an der LUKoil ebenfalls beteiligt ist.

Auch im Endkundensektor ist LUKoil aktiv. So erwarb das Unternehmen schrittweise Tankstellen in 22 Ländern, v. a. in Ostmitteleuropa, Südosteuropa und Zentralasien, aber auch in den USA, wo es im Jahre 2000 das Netz des Konzerns Getty kaufte. So hat LUKoil in den USA heute 5 % Marktanteil im Endkundenmarkt. In Rumänien und Bulgarien beträgt der Marktanteil des Unternehmens sogar 25 % bzw. 35 %, hier können durch die Eigentümerschaft der Raffinerien auch die eigenen Produkte direkt verkauft werden. Außerdem besitzt LUKoil den internationalen Ölhändler LITASCO mit Sitz in Genf, der für den Handel der Produkte der Gruppe, für die Koordination der Rohölzufuhr und -Verarbeitung in den Raffinerien der LUKoil außerhalb Russlands, sowie für den Schiffstransport zuständig ist (Litasco 2009; LUKoil 2008c: 62f).

4.4   Novaték

Novaték ist ein im russländischen Vergleich recht kleines und übersichtliches Unternehmen in Privateigentum, das vor allem in der Produktion von Erdgas und Gaskondensat tätig ist. Außerdem handelt es mit diesen Produkten. Es weist dementsprechend eine geringere vertikale Integration auf als die anderen hier betrachteten Konzerne. Allerdings wächst die Produktion von Novaték im Unterschied etwa zu Gazprom sehr rasch.

4.4.1   Entstehung

Die Novatèk unterscheidet sich von den anderen Unternehmen dadurch, dass die Voraussetzungen für ihre Entstehung nicht auf föderaler Ebene in Moskau, sondern auf regionaler Ebene in Sibirien geschaffen wurden. Die Grundlage dafür bildete ebenso die *insider*-Privatisierung von Staatseigentum, aber auf kleinerer Skala. Anders als die ersten vier Konzerne wurde sie nicht per Dekret auf Grundlage bereits bestehender Aktiva geschaffen und dann umgeformt. Auch baute sie nicht auf bereits bestehenden *brownfield*-Projekten auf sondern entwickelte die Produktion hauptsächlich auf Grundlage von *greenfield*-Projekten.

Novatèk entwickelte sich im Wesentlichen aus der Zusammenarbeit von Leonid Michel'son, Leonid Simanovskij und Iosif Levinzon, die alle in der sowjetischen Erdgaswirtschaft Karriere gemacht hatten: Michel'son war Bauingenieur im Pipelinebau und stieg zum Leiter der Pipelinebaufirma in Kujbyšev auf. Simanovskij war sein Stellvertreter. Die Firma war mit ihrer Privatisierung im Jahre 1991 die erste in der Region. Das Unternehmen wurde in SNP „Nova" umbenannt, während Michel'son und Simanovskij blieben (Lenta 2012). Nova wurde 1994 vom Vehikel „Novafininvest" geschluckt, dessen Direktor ebenfalls Michel'son wurde, und die sich stärker auf geologische Erkundung konzentrierte (Lenta 2012; Rjazanov 2007). Das Geschäftsmodell war einfach: Michel'sons Unternehmen bot Baudienstleistungen und Erkundung für die Gaswirtschaft an und erhielt als Bezahlung Anteile an Lizenzen für Vorkommen. Dabei sollen auch bereits bekannte Vorkommen neu erkundet worden sein (Rjazanov 2007). 1994 tat sich Novafininvest mit der von Levinzon geführten Purneftegazgeologija und einer Tochterfirma von Gazprom, Surgutgazprom, zusammen, um das Gemeinschaftsunternehmen Tarkosaleneftegaz zu gründen. Das Unternehmen erhielt ein Jahr später wohl mit Unterstützung von Gazprom-Managern die Förderlizenz für das perspektivreiche Gebiet Vostočno-Tarkosalinskoe (Labrirint 2008; Lenta 2012; Rjazanov 2007). 1996 wurde Levinzon Vize-Gouverneur des Autonomen Gebiets der Jamal-Nenzen und Michel'son wurde trotz des nur geringen Anteils der Aufsichtsratschef von Tarkosaleneftegaz (Lenta 2012).

Durch verschiedene Deals, u. a. das in Russland beliebte Verwaschen von Anteilen durch Kapitalaufstockung, konnte Michel'son den Anteil seiner Firma an Tarkosaleneftegaz schrittweise erhöhen und auch weitere Firmen hinzukaufen (Labrirint 2008). Novatèk wuchs rasch zum zweiten Akteur auf dem russländischen Gasmarkt heran. Zunächst arbeitete Michel'son mit der Gasfirma Itera zusammen, um Marktzugang zu erlangen. Nachdem jedoch das neue Gazprom-Management im Amt war, wurde Itera ausgeschaltet und außerdem verloren die Gouverneure der Regionen durch Putins Reformen an Macht – man benötigte andere Schutzmechanismen (Rjazanov 2007). Michel'son hatte zum Schutz des Unternehmens im Jahre 2004 vorübergehend erwägt, ein Viertel der Novatèk an die französische Total zu verkaufen. Der Deal war bereits von der Antimonopolbehörde genehmigt worden, wurde dann jedoch von Novatèk nicht durchgeführt. Wahrscheinlich hatte Gazprom zu verstehen gegeben, dass eine solche Zusammenarbeit keinen Erfolg haben würde (AFX 2005a). Stattdessen akzeptierte Novatèk die neuen Spielregeln und ging eine „strategische Partnerschaft" mit Gazprom ein. 2004 wurde ein Aktientausch erzielt, bei dem die inzwischen zu Novatèk umbenannte Novafininvest auf ein anderes Gasfeld verzichtete, dafür aber Tarkosaleneftegaz vollständig erhielt (Labrirint 2008; Lenta 2012). Als Teil der „Partnerschaft" verkaufte Novatèk 2006 einen Anteil von knapp 20 % an Gazprom

(Rjazanov 2007). Später verkaufte Gazprom wieder die Hälfte ihres Anteils, sodass sie 2012 nur noch 10 % an Novaték hielt (Gazprombank 2012).

Michel'son hatte sich also mit Gazprom und dem Kreml arrangiert. Darauf weist auch ein weiterer bedeutender Deal hin: 2008 kaufte die luxemburgische Volga Resources 74,9 % der Firma Jamal-SPG, die die Lizenz für das riesige Gaskondensatfeld Južno-Tambejskoe besitzt.[54] Volga Resources ist das Investment-Vehikel von Putins Judo-Freund (RB.ru 2008) und Miteigentümer des global tätigen Ölhändlers Gunvor, Gennadij Timčenko (Belton/Buckley 2008). Er kaufte Jamal-SPG vonALišer Usmanov, ein Geschäftsmann in der Metallindustrie, der auch für Gazprom arbeitet, zu einem unbekannten Preis (Grib 2009a; Prime-TASS 2009; Shiryaevskaya/Rayborn 2009). Gleichzeitig kaufte Volga Resources einen Anteil an Novaték. Mitte 2009 verkaufte Volga Resources dann 51 % von Jamal-SPG an Novaték (Grib 2009a). Zur gleichen Zeit baute Volga Resources seinen Anteil an Novaték auf 18,2 % aus und im Jahre 2010 auf 23,13 % (Kommersant" 2010). Mitte 2010 konnte Novaték eine Langfristvereinbarung mit Gazprom über den zukünftigen Vertrieb von LNG abschließen, die formal das Exportmonopol der Gazprom aufrecht erhält, aber es Novaték erlaubt, 50 % der zukünftigen LNG-Produktion zu vermarkten (VN 2010). Die Beteiligung von Timčenko konnte also die Reserven und die Marktstellung der Novaték stark verbessern.

4.4.2 Marktstellung des Unternehmens

Das Unternehmen produzierte 2011 knapp 9 % des russländischen Erdgases und hatte einen Marktanteil von 13 % bei der Belieferung russländischer Konsumenten. Das Unternehmen verfügt über knapp 3 % der russländischen Erdgasreserven. Gleichzeitig trug das Unternehmen 0,6 % zur russländischen Ölförderung bei (BP 2012; Novatek 2011; 2012). Auf Grund des Exportmonopols der Gazprom kann Novaték Erdgas nur an russländische Kunden verkaufen; die „strategische Partnerschaft" mit Gazprom sorgt dabei dafür, dass die Pipeline für Gas der Novaték offen steht. Das Unternehmen exportiert jedoch in geringem Maße flüssige Kohlenwasserstoffe wie Gaskondensat nach Europa, die USA, Brasilien und China (Novatek 2011). Für Exporte nach Asien nutzte es 2010 und 2011 in Kooperation mit den Staatsunternehmen Sovkomflot und Atomflot die arktische Nordmeerroute – ein wichtiges Prestigeprojekt für die politische Elite. Die Strecke verkürzt den Seeweg nach Asien um ca. 20 Tage, ist jedoch nur im Sommer mit Hilfe von Atomeisbrechern befahrbar. 2011 wurden neun solcher Lieferungen abgewickelt. Allerdings ist unklar, wer für die Kosten der Eisbrecher aufkommt und ob diese Transporte wirtschaftlich lohnenswert sind (LNG 2011; Terletsky 2011).

Seit 2005 ist Novaték ein börsennotiertes Unternehmen. 19 % der Aktien wurden an Börsen gelistet und können über GDR weltweit gehandelt werden. Der Börsengang brachte Novaték ca. US-$ 1 Mrd. ein (Lenta 2012). Der größte Anteilseigner des Unternehmens war 2012 nach Schätzungen der Chef Leonid Michelson mit 25 %. Timčenko hielt über Volga Resources zur selben Zeit 23,5 % des Unternehmens. Gazprom hielt weitere 10 % und die französische Total war 2011 mit 12 % eingestiegen. Die restlichen ca. 30 % des Unternehmens sind im Besitz anderer Akteure oder werden an der Börse gehandelt (Gazprombank 2012).

---

[54] Die nachgewiesenen Reserven (SPE-PRMS) betragen 548 Mrd. m³ Erdgas und 24 Mio. t Gaskondensat, vgl. Novatek (2013). Das Feld fällt somit unter die Klasse von Feldern mit föderaler Bedeutung.

4.4.3   Tätigkeit des Unternehmens

Das Unternehmen ist bisher nur im Autonomen Kreis der Jamal-Nenzen in Westsibirien aktiv. In der Nadym-Pur-Taz Region liegen die produzierenden Aktiva, während weitere Lizenzen für zukünftige Förderung auf der Jamal-Halbinsel liegen.

Auf der Jamal-Halbinsel ist auch ein Projekt zur Herstellung und zum Export von LNG geplant. Ob sich dies angesichts der im Winter nicht eisfreien Region und fehlenden Infrastruktur wirtschaftlich realisieren lassen wird, ist allerdings unklar. Das Unternehmen besitzt eine Anlage zur Stabilisierung von Gaskondensat, aber keine weiteren Anlagen zur Weiterverarbeitung.

Im Ausland besitzt Novatèk mit Novatek Gas & Power (Zug) eine Handelstochter in der Schweiz. Diese schloss 2012 einen zehnjährigen Erdgasliefervertrag mit dem deutschen Konzern Energie Baden-Württemberg (EnBW). Novatèk tritt dabei aber offenbar nur als Zwischenhändler auf, da sie das Gas nicht selbst exportieren kann (Interfax 2013b).

4.5   Rosneft'

Die staatliche Rosneft' gehörte anfangs zu den schwächsten Ölkonzernen Russlands. Mit staatlicher Hilfe konnte sie dann aber zum unangefochtenen Branchenprimus aufsteigen. Nach der 2003 begonnenen staatlich orchestrierten Zerschlagung von JUKOS übernahm Rosneft' die Aktiva des bankrotten Konzerns. 2012 kündigte Rosneft' zudem die Übernahme von TNK-BP an, eines weiteren privaten Konkurrenten. Die Internationalisierung wurde ebenfalls vorangetrieben.

4.5.1   Entstehung

Rosneft' wurde 1992 gleichzeitig mit den neuen Konzernen LUKoil, JUKOS und Surgutneftegaz geschaffen. Rosneft' war aber eine staatliche Ölgesellschaft, die als „Auffangbecken" für die restlichen Teile der sowjetischen Ölindustrie diente. Aus ihr wurden im Verlaufe der 1990er Jahre weitere Konzerne ausgegliedert – Sidanko, Onako, VNK und Sibneft', die heute nicht mehr existieren. Rosneft' war so eher eine Art „Selbstbedienungsladen" für die Bildung neuer privater Ölkonzerne (Poussenkova 2007: 3f). Der Rosneft'-Leitung gelang es auch nicht, die eigenen Tochtergesellschaften zu kontrollieren, die so mit konkurrierenden Ölunternehmen kooperierten oder ihre Eigenständigkeit behaupten konnten (Poussenkova 2007: 6). Selbst eine vorgesehene Teil-privatisierung scheiterte. Ende der 1990er Jahre hatte Rosneft' einen Anteil von lediglich 5 % an der Förderung und an den Reserven in Russland und war nur auf Platz acht der russlän-dischen Ölkonzerne (Poussenkova 2007: 11). Die Situation der Rosneft' verschlechterte sich abermals mit der Finanzkrise von 1998. Erst als 1998 Sergej Bogdančikov zum neuen Chef der Firma ernannt wurde, besserte sich die Situation allmählich. Ab 2000 konnte Rosneft' dann auch von administrativen Methoden Gebrauch machen, die Kontrolle über die Tochter-unternehmen auszubauen und Minderheitsaktionäre zu entfernen (Poussenkova 2007: 26). Die Position der Rosneft' verbesserte sich weiter durch die Ernennung des damaligen Vize-chefs der Präsidialadministration Igor' Sečin zum Aufsichtsratchef im Sommer 2004, der als

„Ölzar" später auch erheblichen Einfluss über die Öl- und Gasindustrie ausüben sollte (Korsunskaya 2012).

Der Aufstieg von Rosneft' zum größten russländischen Ölkonzern ging dann rasch vonstatten. Der bisherige Branchenprimus JUKOS wurde durch Steuernachforderungen des russländischen Staates und ein rasches Konkursverfahren 2004 bankrottiert. Seine größte Produktionseinheit, Juganskneftegaz, wurde in einer intransparenten Auktion und durch die Übernahme der Briefkastenfirma Baikalfinansgrup von Rosneft' erworben – zu einem Discountpreis von US-$ 9,35 Mrd. (Pleines 2005; Poussenkova 2007: 63; Sakwa 2009).[55] Die kleine Rosneft' konnte die wesentlich größere Yuganskneftegaz dank der neuen guten Anbindung an staatliche Akteure und Hilfe aus China schlucken: Zur Durchführung des Kaufs erhielt Rosneft' einen chinesischen Kredit in Höhe von US-$ 6 Mrd. als Vorauszahlung für Öllieferungen bis 2010 (Interfax 2011c; Jiang/Sinton 2011: 23; Poussenkova 2007: 62f). Anschließend konnte Rosneft' auch auf weiteren Auktionen die anderen Produktionseinheiten der JUKOS erwerben, sodass fast die gesamten Aktiva der JUKOS von Rosneft' übernommen wurden (Sakwa 2009).

Im Oktober 2012 kündigte Rosneft' dann die vollständige Übernahme des privaten Konkurrenten TNK-BP an und unterzeichnete diesbezügliche Vereinbarungen sowohl mit dem internationalen Ölkonzern BP und den russländischen Anteilseignern des Konsortiums AAR. Die Hälfte des internationalen Ölkonzerns BP würde Rosneft mit US-$ 17,1 Mrd. in Bar und 12,84 % eigenen Aktien begleichen. Außerdem würde BP weitere 5.66 % der Rosneft' mit den in Bar ausgezahlten Mitteln erwerben. BP würde damit zum strategischen Investor bei Rosneft'. Die Hälfte der russländischen Aktionäre würde für US-$ 28 Mrd. erworben werden (Grätz 2012b; Rosneft 2012f).

4.5.2 Marktstellung des Unternehmens

Aus der vorherigen Darstellung geht bereits hervor, dass Rosneft' durch staatliche Eingriffe zum größten russländischen Ölkonzern aufsteigen konnte. 2010 trug Rosneft' zu 22,6 % der Ölproduktion Russlands bei und verfügte über 23,3 % der Ölreserven (BP 2011a; Rosneft' 2011). Nach Vollzug der Übernahme von TNK-BP wird Rosneft'gar zum weltgrößten börsennotierten Ölkonzern nach Produktion und Reserven aufsteigen (Rosneft 2012f). Dies dürfte auch für die Konkurrenz mit der derzeit dominanten Gazprom nützlich sein.

Nach dem Erwerb der Aktiva von JUKOS benötigte Rosneft' frisches Kapital, weshalb ab 2005 ein Börsengang in London vorbereitet wurde, der auch politisch sehr bedeutsam war (Poussenkova 2007: 72). Dieser löste zuerst Skepsis und Misstrauen bei den Investoren aus, da Rosneft' im Kern aus Aktiva der JUKOS bestand, die durch Bankrottierung über Steuerforderungen des russländischen Staates auf den Markt gekommen und in wenig transparenter Weise erworben worden waren. Allerdings zahlte sich die gestärkte staatliche Kontrolle über den Sektor inzwischen aus: den in Russland vertretenen Investoren wurde zu verstehen gegeben, dass sie ihre Gunst durch einen Kauf von Anteilen an Rosneft' vergrößern konnten. So kauften BP, die malaysische Petronas, CNPC und ein weiterer Investor 49,4 % der angebotenen 14,8 % der Rosneft' – BP kaufte Anteile für US-$ 1 Mrd., während Petronas US-$ 1,5 Mrd. und CNPC US-$ 500 Mio. investierten. Auch russländische „Oligarchen" wie

---

[55] Dabei wird vermutet, dass Timčenko hinter Baikalfinansgrup gestanden haben könnte, vgl. Duparc (2007); Geraščenko (2004); Sakwa (2009: 141).

Roman Abramovič, Oleg Deripaska und Vladimir Lisin kauften Anteile im Wert von je US-$ 200–1000 Mio. (Poussenkova 2007: 75f; Sakwa 2009: 243). Der Börsengang wurde so zum Erfolg – die Aktien verkauften sich zu einem hohen Preis. Dem Kreml gelang es so, die Anziehungskraft der russländischen Ressourcenbasis und die Abhängigkeit von Unternehmern für die Erhöhung des Marktwerts einzusetzen. Restliche 75 % der Rosneft' verblieben in staatlicher Hand.

4.5.3   Erkundung und Förderung

Für Rosneft' ist Westsibirien eine noch bedeutendere Produktionsregion als für LUKoil. Von hier stammen über 70 % der Ölextraktion. Rosneft' besitzt jedoch im Unterschied zu LUKoil Lizenzen für Felder in Ostsibirien und konnte dort mit Vankor im Jahre 2008 ein großes neues Feld in Produktion bringen. Rosneft' ist auch in Timano-Pečora aktiv, jedoch in weit geringerem Ausmaß als LUKoil. Außerdem fördert Rosneft' vor der Insel Sachalin Öl und Gas. Rosneft' war lange Zeit ein wenig bedeutender Gasförderer mit nur 2 % Anteil an der russländischen Gasförderung (Rosneft' 2010). Der Konzern formte 2012 aber ein Gemeinschaftsunternehmen mit der Firma Itera, die den Anteil von Rosneft auf ca. 3 % vergrößern wird (Rosneft 2012e). Außerdem muss Rosneft' staatliche Aufgaben übernehmen, wie etwa den Wiederaufbau und die Kontrolle der tschetschenischen Ölindustrie (Poussenkova 2007: 2).

In den Jahren 2011 und 2012 schloss Rosneft zudem Vereinbarungen mit den internationalen Ölkonzernen ExxonMobil, Statoil und ENI. Diese sehen die gemeinsame Erkundung und Erschließung von Gebieten im arktischen *offshore*-Bereich vor. Mit Statoil und ExxonMobil wurde außerdem technologische Kooperation und die gemeinsame Erschließung von unkonventionellen *onshore*-Vorkommen vereinbart. Mit ExxonMobil wurde außerdem der Tausch von Aktiva vereinbart. Demzufolge soll Rosneft' an Vorkommen in Kanada und den USA beteiligt werden (Rosneft 2012g; b; c).

Im Ausland ist Rosneft' im *upstream*-Bereich wenig vertreten, was sich mit den mit den IOC vereinbarten Partnerschaften allerdings rasch ändern könnte. Am bedeutendsten sind hier die Beteiligungen in Venezuela, die ausgebaut werden sollen. Der Fokus auf Venezuela wird durch Übernahme der TNK-BP noch verstärkt werden. Außerdem ist Rosneft' in Kasachstan aktiv, jedoch nicht erfolgreich.

4.5.4   Transport, Weiterverarbeitung und Verkauf

Rosneft' besitzt sieben große Raffinerien in Russland, die jedoch eine geringere Erstverarbeitungskapazität und qualitativ schlechtere Weiterverarbeitungskapazitäten als die der LUKoil aufweisen. Im Ausland ist Rosneft' seit 2010 an der Ruhr Oel in Deutschland beteiligt, die Anteile an vier hochwertigen Raffinerien besitzt. Sie hatte sich in den 1990er Jahren ebenfalls für eine Beteiligung an der Leuna-Raffinerie in Deutschland interessiert, die Investition war jedoch nie zu Stande gekommen. Außerdem zeigte Rosneft' Ende der 2000er Jahre für Raffinationsaktiva in China Interesse, die jedoch noch im Projektstadium verharren.[56]

---

[56]   Quelle: Interviews in Moskau, September/Oktober 2009.

Als Projektpartner im Projekt Sachalin-1 hat Rosneft' Zugang zum eigenen Exportterminal De Kastri, von dem aus Öl hauptsächlich nach Asien exportiert wird. Außerdem besitzt Rosneft' einen eigenen Ölhafen in Archangelsk, von dem aus die Produktion aus Timano-Pečora exportiert werden kann. Um das Öl auf größere Tanker umladen zu können besitzt Rosneft' ebenfalls einen als schwimmende Umladestation umfunktionierten Öltanker vor Murmansk (Rosneft 2012d). Das meiste Öl wird jedoch über Pipelines und Häfen des staatlichen Ölpipelinemonopols Transneft' exportiert. Rosneft' verfügt bisher nur innerhalb Russlands über ein Tankstellennetz und über Großhandelsbetriebe. Betrachtet man die Aktiva im Ausland ist das Unternehmen insgesamt wesentlich weniger internationalisiert als LUKoil.

4.6   TNK-BP

TNK-BP wurde 2003 als Gemeinschaftsunternehmen von einer Gruppe in der Sowjetunion geborener Geschäftsmänner und dem IOC BP gegründet. Auf Grund der verschiedenen Interessen der Anteilseigner war das Management des Unternehmens häufig von Streitigkeiten gelähmt. Wie oben bereits angekündigt wird es im Verlaufe des Jahres 2013 von Rosneft' übernommen werden und damit seine Existenz beenden.

4.6.1   Entstehung und Untergang

Das Unternehmen existierte zunächst als Tjumenskaja Neftjanaja Kompanija (TNK), die 1995 per Präsidentendekret aus der Rosneft' herausgelöst wurde. Das Unternehmen besitzt die Lizenz für das Ölfeld Samotlor – das größte Feld in Russland, aber auch ein reifes Feld, dessen Förderung technologisch immer schwerer wird (Pappė 2000: 167). Auf Grund der immer stärker werdenden finanziellen und operativen Probleme der TNK wurden 1997 40 % des Unternehmens wie auch die Anteile vieler anderer Ölunternehmen auf Pfandauktionen verkauft. Die Auktion wurde von der Regierung zu Gunsten der Al'fa-Grupp unter Führung von Petr Aven und Michail Fridman beeinflusst, die diese auch gewannen. Allerdings wurde für die Beteiligung mit über US-$ 800 Mio. ein weit höherer Preis als bei ähnlichen Auktionen gezahlt (Pappė 2000: 167). Al'fa Grupp war eine Handelsgruppe, die vorwiegend Beteiligungen an Unternehmen der Nahrungsmittel- und Zementwirtschaft erworben hatte. Auch der finanzielle Teil der Gruppe, die Al'fa-Bank, konnte von der Größe nicht mit den anderen russländischen Finanzgruppen mithalten. Allerdings galt die Gruppe als sehr effizient im Management. Ihr eigentlicher Aufstieg begann nach der Finanzkrise von 1998, da sie im Unterschied zu den meisten anderen Finanzgruppen nicht in die zuvor lukrativen russländischen Staatsanleihen investiert hatte (Pleines 2003: 14; Schröder 1998: 21ff). Al'fa-Grupp konnte TNK erfolgreich sanieren, nachdem sie die Kontrolle über das Unternehmen hergestellt hatte (Pappė 2000: 168; Pleines 2003: 14). Später wurde der Kreis an Aktionären ausgeweitet und das Aktionärskonsortium AAR gegründet: Ihm gehörten die Al'fa-Grupp von Michail Fridman und Petr Aven, die Access Industries von Leonard Blavatnik und Renova von Viktor Veksel'berg und German Chan an.

Anschließend übernahm die TNK im Verlauf des Jahres 1999 durch Aufkaufen von Schulden Aktiva der Ölfirma SIDANKO, an der auch der spätere Partner BP beteiligt war (Krjukov 2001: 184). BP versuchte die Praktiken der TNK über Einflussnahme auf internationale

Geldgeber zu stoppen, was nur teilweise Erfolg hatte. Der Konflikt zwischen BP und TNK konnte letztlich einvernehmlich gelöst werden. Seit der Konfliktbeilegung um das Kovykta-Gasfeld und SIDANKO im Herbst 2001 wurden Verhandlungen über eine Zusammenlegung der Aktiva in eine gemeinsame Holding geführt. Im Februar 2002 wurde die Verflechtung von TNK und BP sichtbar gestärkt, da BP sich zur Erhöhung seines Anteils an SIDANKO von 10 % auf eine Sperrminorität von 25 % plus eine Aktie entschied (Vedomosti 2002). Dies sollte jedoch nur der erste Schritt sein: Am 11. Februar 2003 unterzeichneten AAR und BP einen Vertrag über die Gründung des Gemeinschaftsunternehmens TNK-BP, an dem beide Seiten jeweils 50 % halten würden. An die Holding wurden von beiden Seiten alle Aktiva in Russland und der Ukraine übergeben (Butrin 2003b; Chrennikov 2003; Vedomosti 2003).[57]

Der Deal war zuvor von Präsident Putin abgesichert worden: Auf höchster Ebene fanden in den Jahren vor dem Abschluss Gespräche Putins mit dem britischen Premier Tony Blair statt und die russländischen Aktionäre führten informelle Gespräche mit zentralen politischen Akteuren der Regierung, bei denen anscheinend Garantien gegeben wurden, dass das Unternehmen bei seiner Arbeit zukünftig die Leitlinien der russländischen Energiestrategie berücksichtigen werde (Kommersant" 2003b; Rebrov 2003). Am Tag der Unterzeichnung des Vertrags billigte Putin das Vorhaben und nannte es eine „strategische Partnerschaft" (Kommersant" 2003a). Daran, dass politische Akteure gegenüber einer größeren Rolle der BP ein Veto eingelegt haben, lässt BP-CEO Browne keine Zweifel: 49 % seien für BP zu wenig gewesen und über 50 % für Russland zu viel, also habe man sich auf eine paritätische Aufteilung geeinigt, so Browne in einem späteren Interview (Egorova/Trudoljubov 2005). Damit wurde der Grundstein für die späteren Konflikte zwischen den Aktionären gelegt, aus denen die russländische Seite siegreich hervorgehen sollten (BBC 2008c; Ekin/King 2009; Webb 2008). TNK-BP wurde auf operativer Ebene so zu einem weitgehend russländischen Unternehmen, während BP hauptsächlich Dividenden aus dem Konzern erhielt und Gestaltungsmacht hauptsächlich in Form von Vetos im Aufsichtsrat ausüben konnte.[58]

Das AAR-Konsortium konnte Kerninteressen sowohl gegen BP als auch gegen russländische Staatskonzerne durchsetzen und entging so dem Schicksal von JUKOS. Dies ist auf die extrem gute wirtschaftliche Stellung der Geschäftsmänner zurückzuführen, die über eine weit verzweigte Beteiligungsstruktur in Russland verfügen und daher schwer zu attackieren sind. Außerdem haben sie sich politisch immer loyal verhalten und erhielten einen gewissen Schutz gegenüber Akteuren wie Sečin unter Präsident Dmitrij Medvedev (Brower 2011). So konnte sich AAR in den Jahren 2007-08 in den Fragen der Konzernstrategie gegen BP durchsetzen. Auch gelang es 2011 sogar, die bereits vereinbarte Zusammenarbeit zwischen Rosneft' und BP in der Arktis zu verhindern, da die Aktionärsvereinbarung zwischen BP und AAR vorsah, dass BP nur gemeinsam mit AAR Projekte in Russland durchführen würde (Yenikeyeff 2011). Nachdem sich die politische Landschaft nach dem erneuten Amtsantritt Putins im Mai 2012 verändert hatte musste sich AAR dem Druck des Kreml beugen und TNK-BP an die inzwischen direkt von Sečin geführte Rosneft' veräußern. Dies kam BP entgegen, die in der Zusammenarbeit mit den Staatskonzernen schon seit langem bessere

---

[57]   Damit wurden folgende Anteile in das neue Gemeinschaftsunternehmen übergeben: Von Seiten Al'fa Grupp, Access Industries, Renova: 97 % der TNK, 93 % der ONAKO, das Kontrollpaket der SIDANKO, 29 % von RUSIA Petroleum, 44 % von Rospan, Anteile an den Projekten Sachalin-4 und Sachalin-5. BP übergibt 25 % von SIDANKO, 33 % an RUSIA Petroleum, Anteil an Sachalin-5 und Anteile am moskauer Tankstellennetz.

[58]   Interviews in Moskau, September/Oktober 2009.

Chancen witterte. Eine Enteignung der AAR blieb jedoch aus, was die gute politische und wirtschaftliche Stellung der AAR-Aktionäre in Russland, sowie die gefestigte Stellung Sečins widerspiegelt (Grätz 2012b; Yenikeyeff 2011).

4.6.2   Marktstellung des Unternehmens

TNK-BP war das einzige der hier untersuchten Unternehmen, das zwar eine Aktien-gesellschaft war, aber auf Grund der Aktionärsstruktur nicht an der Börse gehandelt wurde. Das Unternehmen förderte 2010 14,8 % des russländischen Erdöls und verfügte über 17 % der russländischen nachgewiesenen Ölreserven (BP 2011a; TNK-BP 2011a: 35). Auf Grund der geringeren vertikalen Integration und Internationalisierung und wegen gutem Manage-ment war das Unternehmen sehr profitabel: Während TNK-BP einen weniger als halb so großen Umsatz erzielte wie LUKoil, betrug der Nettoertrag fast 70 % des Betrags der LUKoil. Auch schüttete TNK-BP 2010 eine Dividende aus, die die Dividende der LUKoil mehr als zweieinhalbfach überstieg – und die der Rosneft' um mehr als das fünffache (LUKoil 2011a; Rosneft' 2011; TNK-BP 2011a). Sowohl für BP als auch für die russlän-dischen Aktionäre war das Unternehmen daher äußerst ertragreich.

4.6.3   Erkundung und Förderung

Mit 65 % der Gesamtförderung war das Samotlor-Feld in Ostsibirien das Herzstück von TNK-BP. Dies verdeutlicht die hohe Abhängigkeit des Unternehmens von einem Feld. Auch ansonsten war die Förderung in Westsibirien zentral für TNK-BP – außerhalb Westsibiriens produzierte das Unternehmen nur in der Region Orenburg am Südural. Außerdem war TNK-BP Mehrheitseigner der Lizenz für Erkundung und Förderung des Verchnečonsk-Ölfelds in Ostsibirien bei Irkutsk, das allerdings ab etwa 2015 nur 7 % der Förderung von TNK-BP zur Verfügung stellen könnte (Verchnečonskneftegaz 2012). Die Lizenz für das naheliegende Kovykta-Gasfeld musste als Resultat staatlichen Drucks an Gazprom abgetreten werden (Heinrich 2008).

International war TNK-BP erst seit 2010 im *upstream*-Bereich vertreten. Dies war auf die Interessenkonflikte zwischen den Eigentümern zurückzuführen: Während die russländischen Aktionäre schon früh Interesse an Internationalisierung zeigten, war BP an einer langfristigen Entwicklung innerhalb Russlands interessiert, da hier eine hervorragende Rohstoffbasis vorhanden war, zu der BP sonst kaum Zugang gehabt hätte. Auch wollte BP keine weitere Konkurrenz auf internationaler Ebene generieren (Ekin/King 2009; Mazneva 2008; NefteCompass 2008c; Skorlygina/Rebrov 2007a; b; Tellinghuisen 2008; Yenikeyeff 2011). Die Beilegung des Aktionärskonflikts im Jahre 2008 basierte darauf, dass sich BP nicht mehr gegen eine Internationalisierung des Gemeinschaftsunternehmens stellen würde (AEI 2008; OD 2008; TendersInfo 2008a). TNK-BP trat dann dem Nationalen Ölkonsortium aller großen russländischen Ölkonzerne in Venezuela bei. Nach dem Macondo-Unfall im Golf von Mexiko war dann TNK-BP eine willkommene Gelegenheit für BP, um einige Aktiva zu verkaufen. So übernahm TNK-BP 2010 Projekte der BP in Venezuela und Vietnam.

4.6.4   Transport, Weiterverarbeitung und Verkauf

TNK-BP verfügte über vier Raffinerien in Russland, sowie über eine Raffinerie in der Ukraine. Außerdem verfügte TNK-BP über ca. 1500 Tankstellen in Russland und der Ostukraine. Die Beteiligungen in der Ukraine stammten noch aus der Zeit um die Jahrtausendwende, als TNK den russländischen Aktionären gehörte (TNK-BP 2012). Das Unternehmen verfügte nicht über eigene Exportmöglichkeiten und war daher auf die Pipelines und Häfen der Transneft' angewiesen.

5   Fallvergleich: Auswirkung korporatistischen Kapitals auf Reserven

Nachdem nun die theoretische und methodische Grundlage gelegt wurde, sowie eine Einführung in den Gegenstandsbereich erfolgt ist, kann die empirische Untersuchung beginnen. In diesem Kapitel wird die Gültigkeit der zweiten Hypothese überprüft, ob eine engere Vernetzung mit staatlichen Akteuren einen leichteren Zugang zu Rohstoffvorkommen innerhalb Russlands nach sich zieht. Dazu wurde eine Netzwerkanalyse erstellt, die mit den Reserven der Konzerne korreliert werden kann. Hier werden nun die Ergebnisse dieser Analyse präsentiert.

5.1   Netzwerkanalyse

Wie in Abschnitt 3.3.1 beschrieben wurde mit Hilfe von Biographiedaten ein soziales Netzwerk rekonstruiert, das Aufschluss über die relative Integration von Konzerneliten mit Akteuren des Zentralstaats geben soll. Die Netzwerkdaten wurden bis Ende 2009 erhoben. Die Akteure wurden auf Grundlage der Positionen ausgewählt, die sie Ende 2009 innehatten. Bekannte Freundschaften und Verwandtschaft wurden separat von der gemeinsamen Mitgliedschaft in Organisationen kodiert. Da letztere Kategorie weniger zuverlässig zur Erfassung von Bekanntschaft ist, mussten mindestens zwei Jahre gemeinsamer Mitgliedschaft in einer Organisation vorliegen oder ein Jahr gemeinsamer Mitgliedschaft in mindestens zwei Organisationen, damit eine Verbindung als solche gekennzeichnet wurde.

Mit der auf diese Weise erzeugten Matrix wurde mit dem Programm NetDraw (Borgatti 2002) ein Netzwerkgraph gezeichnet, der einen graphischen Eindruck vom sozialen Netzwerk vermittelt (siehe Anhang II). Der Graph wird vom Computerprogramm so optimiert dargestellt, dass Akteure, die ähnliche Abstände zu allen anderen Knoten aufweisen, in der Nähe gruppiert werden. Damit geht die Annahme einher, dass soziale Tauschprozesse nicht über den Umweg möglichst vieler anderer Akteure, sondern auf dem kürzest möglichen Weg stattfinden (Wassermann/Faust 1994: 110). Im Zentrum der Grafik sind demnach die Akteure dargestellt, die durch viele Relationen (oder kurze Wege zu anderen Akteuren mit vielen Relationen) eine zentrale Position im Netzwerk einnehmen. Weiter außen befinden sich Akteure, die weniger Relationen aufweisen und/oder nicht über kurze Wege zu zentralen Akteuren verfügen. Administrative Hierarchien werden im sozialen Netzwerk freilich nicht abgebildet.

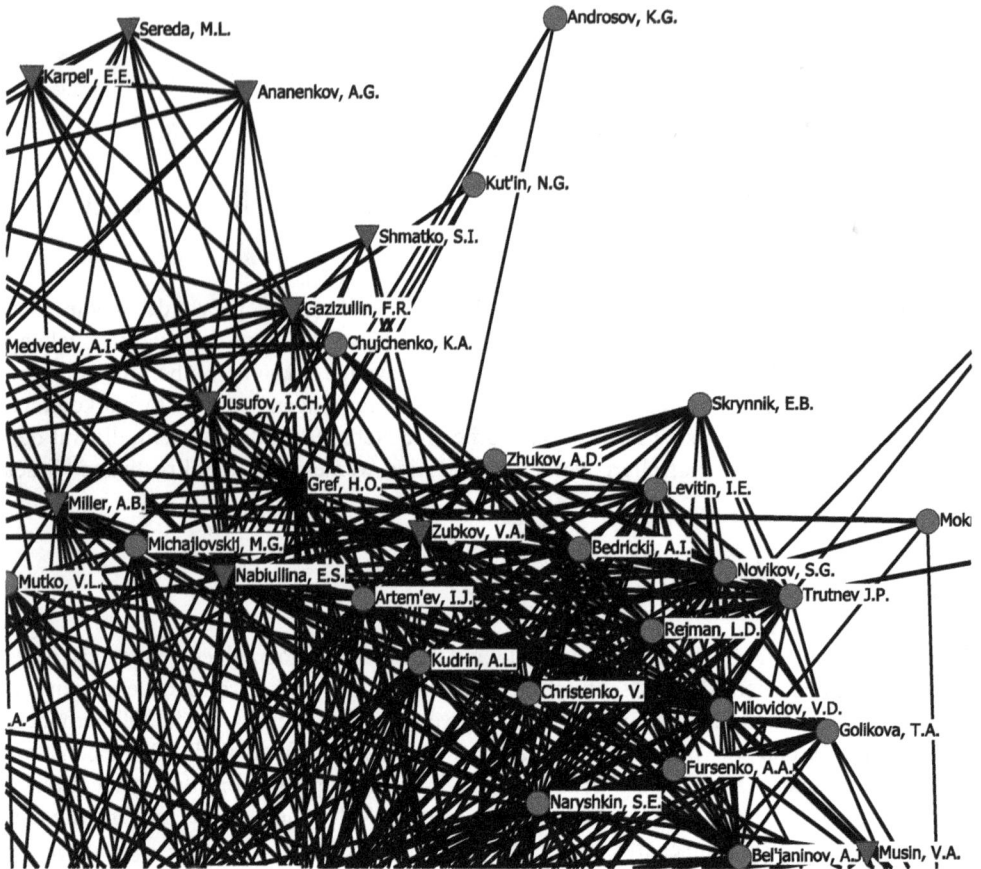

Quelle:　　　Eigene Darstellung
Abb. 5.1:　　Ausschnitt aus dem Gesamtnetzwerk: Gazprom

Bei der Betrachtung des Ausschnitts aus dem Gesamtnetzwerk für Gazprom (Abbildung 5.1, auf der Spitze stehende Dreiecke) fällt auf, dass der Aufsichtsrat relativ stark untereinander vernetzt ist, gleichzeitig über Schlüsselpersonen wie Aleksej Miller, Igor' Jusufov, Viktor Zubkov, Farit Gazizullin, German Gref und auch Elvira Nabiullina eng in das staatliche Teilnetzwerk eingebunden ist. Einbindungen bestehen zudem mit unterschiedlichen Teilen des staatlichen Teilnetzwerks, wie die Positionen von Aleksej Miller und Valerij Musin verdeutlichen.

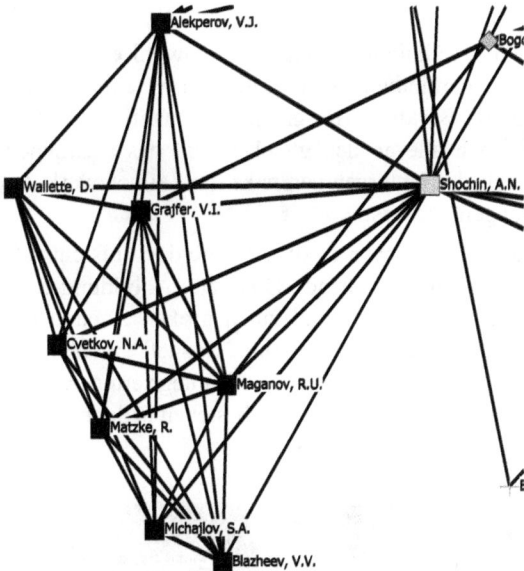

Quelle: Eigene Darstellung
Abb. 5.2:   Ausschnitt aus dem Gesamtnetzwerk: LUKoil

Betrachtet man dagegen das Teilnetzwerk der LUKoil (Abbildung 5.2, auf der Fläche stehende Quadrate) so fällt auf, dass der Aufsichtsrat sehr homogen und in sich geschlossen ist. Verbindungen nach außen bestehen nur über Aleksander Šochin, über Konzernchef Alekperov, sowie über Valerij Grajfer. Dies deutet auf einen Konzern hin, der relativ wenig Zugang zu zentralen staatlichen Akteuren hat.

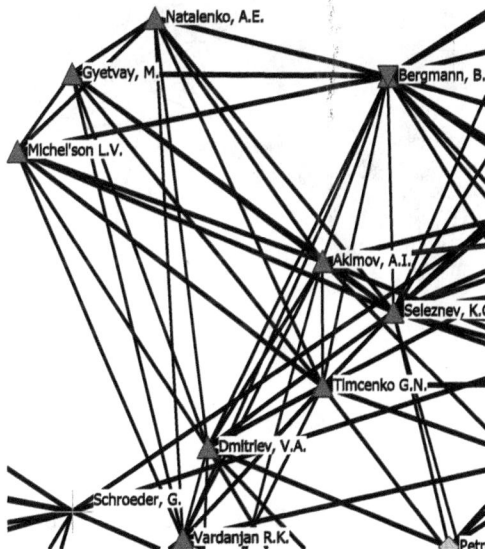

Quelle: Eigene Darstellung
Abb. 5.3:   Ausschnitt aus dem Gesamtnetzwerk: Novaték

Novaték (Abbildung 5.3, Dreiecke) hingegen hat ähnlich wie Gazprom sowohl einen recht geschlossenen Aufsichtsrat als auch vielfältige Verbindungen zu staatlichen Akteuren. Diese verlaufen über Andrej Akimov, Kirill Seleznev, Burkhardt Bergmann, Gennadij Timčenko, und auch Vladimir Dmitriev. Diese sind jedoch alle an den gleichen Teil des staatlichen Teilnetzwerks angebunden. Auch befindet sich das Unternehmen nahe am Teilnetzwerk der Gazprom, mit dem es mehrere Überschneidungen aufweist.

Die Darstellung des Teilnetzwerks der Rosneft' fällt schwer, da die Akteure des Aufsichtsrats über das Gesamtnetzwerk verteilt sind (auf der Spitze stehende Quadrate, Abbildung 5.4). Dies deutet auf eine geringe Integration des Aufsichtsrats und einen großen Zugang der Rosneft' zu vielen verschiedenen Bereichen des föderalen Staats hin. Rosneft' verfügt mit Igor' Sečin auch über einen extrem gut in das staatliche Teilnetzwerk integrierten Akteur. Auch ist Rosneft' mit den anderen Konzernen kaum integriert, es bestehen jedoch einige Verbindungen zu Novaték.

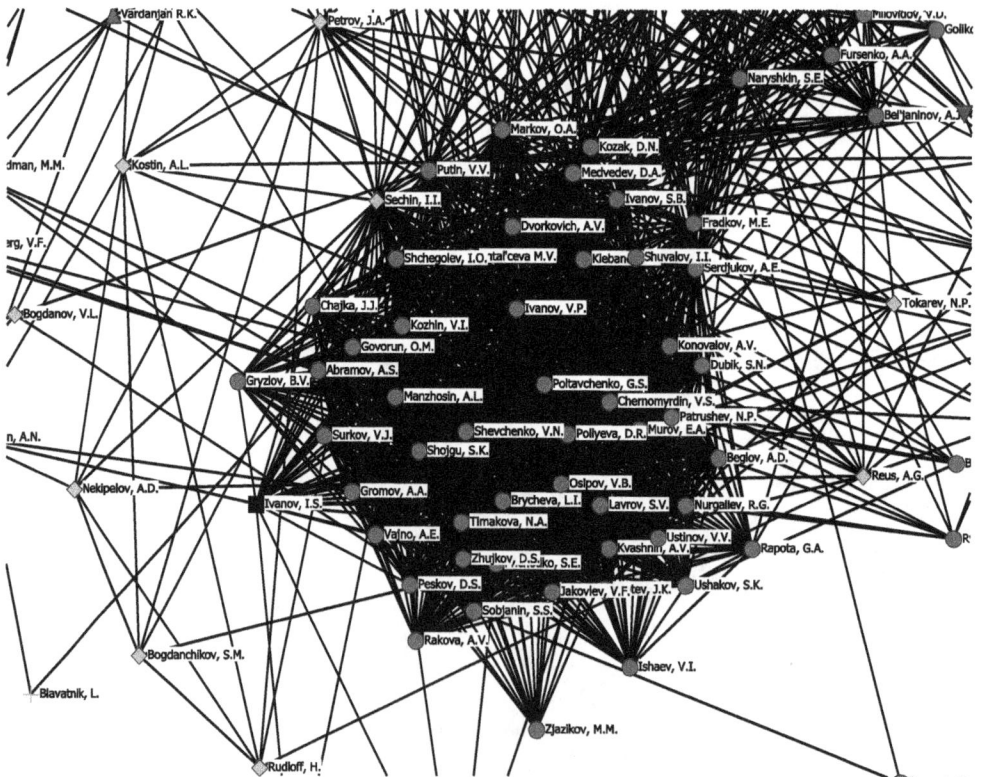

Quelle: Eigene Darstellung
Abb. 5.4:   Ausschnitt des Gesamtnetzwerks: Rosneft'

Das Teilnetzwerk von TNK-BP (Abbildung 5.5, Kreuze) ist schließlich wiederum stark in sich abgeschlossen und weist Verbindungen zum staatlichen Teilnetzwerk hauptsächlich über Viktor Veksel'berg und Michail Fridman auf. Auch besteht über Gerhard Schröder eine

direkte Verbindung zu Putin. Hier deutet sich jedoch wie bei LUKoil eine recht geringe
Vernetzung mit dem staatlichen Teilnetzwerk an.

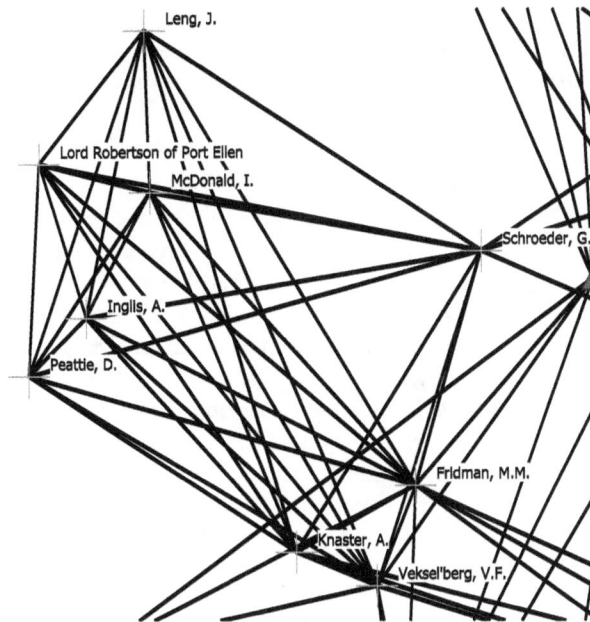

Quelle: Eigene Darstellung
Abb. 5.5:   Ausschnitt aus dem Gesamtnetzwerk: TNK-BP

Die bloße Betrachtung des Netzwerkgraphen zeigt also eine sehr unterschiedliche
Positionierung der Konzerneliten relativ zum staatlichen Teilnetzwerk und zueinander auf.
Dabei werden aber bestimmte Muster sichtbar. Die Zentralitätswerte können nun die
unterschiedliche Positionierung der Konzerne in eine Maßzahl übersetzen.

5.2   Reserven der Konzerne: Überlebensdauer

Als Maß für die Auswirkung des korporatistischen Kapitals auf die Rohstoffbasis wird hier
zunächst der Zusammenhang zwischen *reserves-to-production ratio* und Zentralität
gemessen. Erstere gibt auf Basis der Reserven eines Konzerns an, wie lange dieser das
aktuell bestehende Produktionsniveau noch aufrechterhalten kann. Eine niedrigere Maßzahl
gibt daher an, dass der Konzern nur über einen kürzeren Zeitraum als die Wettbewerber
überleben kann oder die Produktion verringern muss, um diesen Zeitraum zu verlängern. Die
reserves-to-production ratio ist besonders gut geeignet, da sie bereits für die
Unternehmensgröße (nach Fördermenge) korrigiert und daher ohne weitere Standardisierung
zum Vergleich der Unternehmen genutzt werden kann. Sie ist dabei in gewisser Weise ein
Maß für die Überlebensfähigkeit des Unternehmens in seiner jetzigen Größe. Dabei wurden
nur die innerhalb Russlands vorhandenen Reserven einbezogen, was zumindest für die
internationalisierte LUKoil bedeutsam ist.

Außerdem sollen zwei alternative Erklärungen dahingehend geprüft werden, ob sie eine bessere Vorhersage des Zugangs zu Reserven ermöglichen: Zum einen kann die Annahme geprüft werden, der Staatsanteil eines Unternehmens hänge mit größerem Zugang zu Reserven zusammen. Diese Erklärung bietet sich an, da russländische Gesetze eine Bevorzugung staatlicher Unternehmen vorsehen (siehe unten Abschnitt 5.3) und generell davon auszugehen ist, dass Staaten ihre eigenen Unternehmen gegenüber Privaten bevorteilen. Die vorwiegende Zugehörigkeit eines Konzerns zur Gas- bzw. Ölindustrie könnte außerdem kleinere oder größere Reserven erklären, da Russland insgesamt über mehr Gas- als Ölreserven verfügt. Die Knappheit der Ölreserven ist daher höher.

Die weiteren potentiellen Erklärungsfaktoren konnten wie die Zentralität als metrische Variable konstruiert werden (siehe dazu oben Abschnitt 3.3.1). Der Staatsanteil wurde berechnet, indem der Anteil des Staates oder staatlich kontrollierter Unternehmen am gesamten Aktienkapital im Jahre 2009 berechnet wurde. Die Zugehörigkeit zu einer Industrie wurde berechnet, indem der Anteil an Gasreserven eines Unternehmens in Bezug zu dessen Reserven insgesamt gesetzt wurde. Tabelle 5.1 stellt die Datenmatrix dar, die für die Überprüfung des Zusammenhangs genutzt wurde. Die Zentralitätswerte gruppieren dabei LUKoil und TNK-BP sehr nahe beieinander, während Novaték, Gazprom und Rosneft' ebenfalls eine Gruppe von Konzernen mit größerer Zentralität ergeben.

Tab. 5.1:   Datenmatrix für die Korrelationsanalyse

Konzern	Zentralität	R/P Ratio*	Staatsanteil	Anteil Gasreserven an Gesamt	Marktwert, US-$ Mrd.
Gazprom	45,34	33,41	,5	,83	132,85
LUKoil	37,52	25,14	0	,20	45,18
Novaték	43,92	27,81	,096	,75	17,04
Rosneft	46,40	34,59	,75	,19	83,19
TNK-BP	37,86	17,42	0	,03	27,73

Quelle: Eigene Darstellung, auf Basis der Unternehmensberichte und Datenbücher, sowie Netzwerkanalyse.
* Novaték berichtet Reserven nach SPE-PRMS nur seit 2007, für die Periode 2004–06 wurden daher die Angaben zu Reserven nach SEC LOF Methode genutzt und mit 10 % vergrößert, da die Reserven der Novaték nach PRMS von 2007-10 durchschnittlich 10 % größer gewesen sind als Reserven, die unter den strengeren SEC-Regeln berichtet wurden.

Tabelle 5.2 stellt die Ergebnisse der Korrelationsanalyse dar. Dabei wird deutlich, dass die Zentralität über 80 % der Varianz der *reserves-to-production ratio* vorhersagen kann. Der Staatsanteil hat dabei mit knapp drei Vierteln ebenfalls eine relativ hohe Vorhersagekraft der *reserves-to-production ratio*. Zwischen Industriezugehörigkeit und Reserven gibt es so gut wie keinen Zusammenhang. Letztlich ist nur die Korrelation zwischen Zentralität und *reserves-to-production ratio* statistisch signifikant zum Niveau 0,05, d. h. das in nur maximal 5 % der alternativen zufallsverteilten Stichproben ebenfalls ein ähnlicher Zusammenhang entdeckt werden würde. Die anderen Korrelationen setzen eine höhere Fehlertoleranz voraus. Daher kann die Zentralität im Netzwerk die Überlebensdauer der Konzerne am besten vorhersagen. Wie Abbildung 5.6 zeigt, gibt es auch keine starken Ausreißer, die das Ergebnis verfälschen könnten.

Tab. 5.2:   Ergebnisse der Korrelationen für die Überlebensdauer des Unternehmens

		Zentralität	Staatsanteil	Industrie
R/P Ratio	R	,897(*)	,858	,530
	R²	,805	,736	,281
	Signifikanzniveau	,039	,063	,358
	N	5	5	5

Quelle: Eigene Darstellung
             * Korrelation ist signifikant zum Niveau 0,05 (zweiseitig).

Mit Hilfe statistischer Verfahren oder auch bei bloßer Betrachtung von Abbildung 5.6 lässt sich also ein starker Zusammenhang zwischen der voraussichtlichen Überlebensdauer und der Vernetzung mit staatlichen Akteuren herstellen. Andere plausible Erklärungsfaktoren haben sich dabei als weniger relevant herausgestellt.

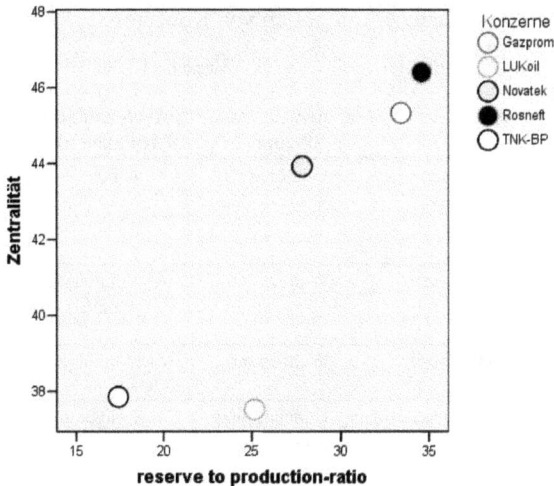

Quelle: Eigene Darstellung
Abb. 5.6:   Streudiagramm Zentralität und reserves to production-ratio (Jahre)

Dabei wird jedoch die relative Verteilung der Wachstumschancen innerhalb Russlands nicht berücksichtigt, da die *reserves-to-production ratio* die Größe der Konzerne bewusst herausrechnet. Es könnte also sein, dass ein Konzern durch Rückgang der Produktion eine größere Maßzahl aufweist als ein Konzern, der tatsächlich viele neue Reserven hinzugewonnen hat. Um diese Fehlerquelle auszuschließen und auch die Auswirkungen der Vernetzung auf die Wachstumschancen der Konzerne innerhalb Russlands ermessen zu können, wird in Folge noch der Erwerb neuer Lizenzen betrachtet.

5.3   Erwerb neuer Lizenzen für die Bodenschatznutzung

Es gibt zwei Grundarten, wie Konzerne neue Lizenzen für die Erkundung und Förderung von Gas und Öl erhalten können: Sie können an staatlichen Auktionen und Ausschreibungen für Lizenzen teilnehmen und sie können bestehende Besitzer von Lizenzen erwerben (*merger & acquisitions*). In Russland gibt es zudem seit 2008 die Möglichkeit, dass Gazprom Gasfelder von „föderaler Bedeutung" direkt durch Regierungsbeschluss unter Ausschaltung von Wettbewerb erhält. Dabei haben alle Gasfelder mit Reserven größer als 50 Mrd. m³ föderale Bedeutung. Auch für alle Felder im Kontinentalschelf Russlands gilt, dass diese direkt durch Regierungsbeschluss an Rosneft' und Gazprom vergeben werden. Hier sind Auktionen vollkommen ausgeschlossen. Für Öl- und Gasfelder mit föderaler Bedeutung gelten darüber hinaus Begrenzungen für die Beteiligung von Konzernen, an denen ausländische Akteure beteiligt sind.[59] Dies gilt auch für den Fall, dass ein Unternehmen mit ausländischer Beteiligung ein anderes Unternehmen erwirbt, das die Lizenz für eines oder mehrere Felder mit föderaler Bedeutung hält. Eine solche Beteiligung unterliegt der Genehmigungspflicht einer Regierungskommission, die diese ohne Angabe detaillierter Gründe ablehnen kann. Tabelle 5.3 gibt eine Übersicht über die in Gesetzen vorgesehenen unterschiedlichen Möglichkeiten und sich daraus ergebende verschiedene Kategorien von Konzernen.

Tab. 5.3:   Formale Möglichkeiten zur Erlangung von Lizenzen für verschiedene Konzerne nach 2008

	Gazprom	**staatlicher Ölsektor**	**private russl. Akteure**	**private mit ausl. Beteiligung >10 %**
Felder im Kontinentalschelf (nur Konzerne mit mehr als 5 Jahren Erfahrung im russischen Schelfmeer)	Regierungs-beschluss	Regierungs-beschluss	Unmöglich	Unmöglich
Felder von „föderaler Bedeutung" (≥50 Mrd. m³ Erdgas, ≥70 Mio. t Erdöl)	Gas: Regierungs-beschluss	Wettbewerb	Wettbewerb	Genehmigungspflicht
Kleinere Felder	Wettbewerb	Wettbewerb	Wettbewerb	Beschränkungen möglich
Gemeinschaftsunternehmen mit ausl. Konzernen / Verkauf von Anteilen	Keine Beschränkung	Keine Beschränkung	Genehmigungs-pflicht	Genehmigungspflicht

Quelle: Eigene Darstellung auf Basis russländischer föderaler Gesetze, siehe Fußnote 59.

Die Darstellung verdeutlicht, dass staatliche Konzerne, allen voran Gazprom, wesentlich bessere rechtliche Ausgangsbedingungen in der Konkurrenz um neue Lizenzen und auch im Erwerb bestehender Firmen besitzen als private Akteure oder gar solche mit ausländischer

---

[59]   Dies beruht auf folgenden föderalen Gesetzen: „O gazosnabženii Rossijskoj Federacii" [Über die Gasversorgung der russländischen Föderation] N69-F3 vom 31.3.1999 (mit Veränderungen vom 22.8.2004, 23.10.2005, 2.2.2006, 18.12.2006, 26.6.2007 und 18.7.2008); „O Nedrach" [Über Bodenschätze], N 2395-1 vom 21.02.1992 (mit Veränderungen vom 03.03.1995 N 27-F3, 10.02.1999 N 32-F3, 02.01.2000, N 20-F3, 14.05.2001 N 52-F3, 08.08.2001 N 126-F3, 29.05.2002 N 57-F3, 06.06.2003 N 65-F3, 29.06.2004 N 58-F3, 22.08.2004 N 122-F3, 15.04.2006 N 49-F3, 25.10.2006 N 173-F3, 26.06.2007 N 118-F3, 1.12.2007 N 295-F3, 29.04.2008 N 58-F3, 18.07.2008 N 120-F3); „O porjadke osuščestvlenija inostrannych investicij v chozjajstvennye obščestva, imejuščie strategičeskoe značenie dlja obespečenija oborony strany i bezopasnosti gosudarstva" [Über die Ordnung der Verwirklichung ausländischer Investitionen in wirtschaftliche Organisationen, die strategische Bedeutung für die Herstellung der Wehrfähigkeit des Landes und die Staatssicherheit besitzen] N 57-F3 vom 29.04.2008.

Beteiligung. Dies gilt insbesondere für das noch weitgehend unerschlossene Kontinentalschelf, in dem große Ressourcen vermutet werden. Gewöhnliche Wettbewerbe um Lizenzen sind daher ab 2008 nur ein Teil der tatsächlich neu vergebenen Lizenzen.

Dementsprechend müssen sowohl die in wettbewerblichen staatlichen Verfahren erworbenen Lizenzen, die durch direkte staatliche Hierarchie vergebenen Lizenzen und die durch den Kauf von Lizenznehmern auf dem „Markt" für *merger & acquisitions* erworbenen Reserven berücksichtigt werden.

5.3.1 Wettbewerbe um Lizenzen

Die Wettbewerbe für Lizenzen zur Erkundung und Ausbeutung von Erdöl- und Erdgasreserven werden von Rosnedra, der Föderalen Agentur für Bodenschatznutzung beim Ministerium für Naturressourcen ausgeschrieben. Die Daten aller Wettbewerbe von 2004 bis 2008 wurden von der Penn State University katalogisiert. Diese dienen als Basis für die folgende Untersuchung genutzt (CAPCP 2008).

Die Auswertung ergab, dass die hier betrachteten Konzerne und ihre Tochterunternehmen 22,1 % aller Wettbewerbe und 32,4 % der mit einer Vergabe zu Ende gegangenen Wettbewerbe gewannen. Dies entsprach jedoch 43,4 % der in den Wettbewerben angebotenen Reserven und Ressourcen der Kategorien ABC1 bis C3. Unangefochtener Vorreiter ist dabei Gazprom mit 32,2 % der angebotenen Reserven und Ressourcen, gefolgt von Rosneft' mit 6,4 %. TNK-BP erhielt Lizenzen für 3,7 %, während LUKoil 1 % und Novaték gar nur 0,1 % der angebotenen Reserven und Ressourcen gewinnen konnte. Abgesehen von TNK-BP stimmt die Rangordnung der Größe der in den Wettbewerben gewonnenen Vorkommen also mit der Rangordnung der Größe der Konzerne überein. Einen Überblick gibt Tabelle 5.4.

5.3.2 Direktvergabe von Lizenzen ohne Wettbewerb

Das wettbewerbliche Vergabeverfahren ist inzwischen aber von geringer Bedeutung für die Erlangung neuer Reserven. Seit 2008 ist die Direktvergabe von Lizenzen seitens der Regierung an die staatlichen Konzerne Gazprom und Rosneft' möglich, was das Spielfeld zu Gunsten der staatlichen Spieler verschiebt. Die Lizenzen werden dabei direkt per Regierungsbeschluss vergeben. Auf der Basis einer Analyse der relevanten Rechtsakte[60] konnte die Größe der Reserven und möglichen Ressourcen der auf diese Weise vergebenen Felder festgestellt werden. Dabei erhielt Gazprom von 2008 bis 2010 Lizenzen für zehn Felder und fünf große Erkundungsgebiete im Schelf. Drei der fünf Gebiete liegen vor Sachalin, eines der Gebiete liegt westlich des Feldes Charasavej auf der Jamal-Halbinsel.

---

[60]   Rasporjaženie Pravitel'stva RF ot 16 aprelja 2008 g. N 493-r; Rasporjaženie Pravitel'stva RF ot 6 maja 2008 g. N 650-r; Rasporjaženie Pravitel'stva RF ot 6 maja 2008 g. N 666-r; Rasporjaženie Pravitel'stva RF ot 15.6.2009 N 787-r „Ob utverždenii perečnja učastkov nedr federal'nogo značenija, kotorye predostavljajutsja v pol'zovanie bez provedenija konkursov i aukcionov" [Über die Bestätigung einer Liste von Bodenschatzgebieten föderaler Bedeutung, die ohne Wettbewerbe und Auktionen für die Nutzung bereitgestellt werden]; Rasporjaženie Pravitel'stva RF ot 11.10.2010 N 1699-r „O vnesenii izmenenij v perečen' učastkov nedr federal'nogo značenija, kotorye predostavljajutsja v pol'zovanie bez provedenija konkursov i aukcionov, utverždennyj rasporjaženiem Pravitel'stva Rossijskoj Federacii ot 15 ijunja 2009 g. N 787-r" [Über die Einbringung von Veränderungen in die Liste von Bodenschatzgebieten föderaler Bedeutung, die ohne Wettbewerbe und Auktionen für die Nutzung bereitgestellt werden, die von der Verordnung der Regierung der Russländischen Föderation vom 15.6.2009, N 787-r bestätigt wurden].

Diese sind bereits relativ weit erforscht. Hinzu kommt ein großes Gebiet vor Kamtschatka, in dessen unmittelbarer Nähe allerdings bereits Vorkommen gefunden und ausgebeutet werden. Die Reserven der Felder (in den relativ wahrscheinlichen Kategorien ABC1) betragen insgesamt ca. 4 Mrd. t Rohöläquivalente (Gazprom 2008a; 2012j; Podobedova 2008; RIANovosti 2008b). Die Reserven der Erkundungsgebiete konnten noch nicht abgeschätzt werden, da keine Probebohrungen vorliegen.

Rosneft' hat weniger von der Direktvergabe profitiert, auch da die Regeln Gazprom bevorzugen, da nur dieses Unternehmen Gasfelder auf dem Festland ohne Wettbewerb erhalten kann. Rosneft' erhielt daher keine Lizenzen für Felder. Aber auch in Bezug auf *offshore*-Gebiete zur Erkundung und Förderung war Rosneft' weniger erfolgreich. Während Gazprom vor allem bereits relativ gut erkundete, infrastrukturell mäßig erschlossene und – was auch nicht unbeachtet bleiben sollte – in klimatisch relativ vorteilhaften Gebieten liegende Gebiete erhielt, bekam Rosneft' drei riesige Gebiete in der Karasee zwischen Halbinsel Jamal und Novaja Zemlja zugeteilt. Diese Gebiete sind nicht nur schlecht erkundet, sondern liegen auch oberhalb des Polarkreises und in infrastrukturell nicht erschlossenem Terrain. Weltweit gibt es noch keine Erfahrungen mit der Erschließung von *offshore*-Feldern in diesen klimatischen Bedingungen. Allerdings ist das Potential der Gebiete erheblich. Als Ausgleich erhielt Rosneft noch ein Gebiet im Schwarzen Meer und ein weiteres in der Barentssee, wo zumindest schon ein Vorkommen bekannt ist. Lässt man die in den Gebieten der Karasee vermuteten Ressourcen auf Grund der großen Unsicherheit wie die arktischen Gebiete bei Gazprom außen vor, so erhielt Rosneft' nur 350 Mio. t an zusätzlichen Reserven über die Direktvergabe (Rosneft 2011b; 2012a). Allerdings könnten die langfristigen Reserven sich als erheblich größer herausstellen. Dies gilt allerdings auch für die noch kaum erkundeten Gebiete der Gazprom.

5.3.3   Zusammenschlüsse und Erwerb von Lizenznehmern

Von der dritten Möglichkeit – dem Erwerb von bestehenden Unternehmen mit entsprechenden Reserven – profitierte Rosneft' jedoch bekanntlich stark. Rosneft' übernahm große Teile des JUKOS-Konzerns, der von staatlichen Akteuren bankrottiert und zerschlagen und so dem „Markt" für *merger & acquisitions* zugeführt worden war (Sakwa 2009) und konnte so rasch wachsen. TNK-BP ist nun ein weiterer solcher Fall, der auch ein Fall der vorliegenden Studie ist und ebenfalls von Rosneft' übernommen werden wird. Dies findet jedoch keinen Niederschlag in den im Folgenden präsentierten Daten, da die Übernahme nach Ende des Untersuchungszeitraums erfolgte.

Gazprom profitierte derweil noch stärker von diesem „Markt", da es vom Geschäftsmann Roman Abramovič die Mehrheit des Ölkonzerns Sibneft' erwerben und auch weitere Firmen übernehmen konnte. Die zahlreichen Konsolidierungen verweisen darauf, dass die Überlebensdauer eines Konzerns in Russland wesentlich geringer sein kann als es die *reserve-to-production-ratio* zu einem bestimmten Zeitpunkt suggeriert. Durch die Ausweitung der Untersuchung auf Konzerne wie Sibneft' oder JUKOS hätten die Zusammenhänge zwischen Zentralität und Überlebensdauer noch näher untersucht werden können.

5.3.4   Auswertung

Tabelle 5.4 fasst die Ergebnisse der drei Möglichkeiten zum Erwerb von Reserven zusammen. Interessant ist vor allem die vergleichsweise sehr geringe Bedeutung von Wettbewerben für den Ausbau der Ressourcenbasis.

Tab. 5.4:   Erwerb von Reserven 2002–2011 nach verschiedenen Möglichkeiten, Mio. t RÖE

	Wett-bewerb	Direktvergabe	M & A	Gesamt	Reserven 2003*	Neue Reserven zu 2003	Marktkap. 2003, Mrd. US-$**
Gazprom	1698,84	3952	7146,13	12797	13390,9	95%	26,99
Rosneft'	337,36	352	3846,21	4535	455,2	996%	6,3
Novaték	5,01	–	1594,81	1599,8	566	283%	4,5
LUKoil	51,57	–	2213,59	2265,2	2636,3	86%	18,31
TNK-BP	196,17	–	1017,49	1213,7	1294,4	97%	7,53

Quelle: Eigene Darstellung auf Basis der im Text genannten Quellen. Umrechnung von Mrd. m³ in Mio. t RÖE mit dem Faktor 0,83. 1 t RÖE = 7,33 Barrel RÖE.
  * Quelle: Geschäftsberichte der Konzerne, Angaben nach SPE-PRMS. Umrechnung wie oben. Für TNK-BP: (TNK-BP 2004a). Gazprom macht erst ab 2008 Angaben zu erwiesenen Reserven, davor wurden Angaben zu erwiesenen und möglichen Reserven zusammengefasst. Im Durchschnitt waren erwiesene Reserven von 2008–2010 16,7 % kleiner als erwiesene und mögliche Reserven. Daher wurden die erwiesenen und möglichen Reserven der Gazprom von 2003 um 16,7 % verringert.
  ** Daten zur Marktkapitalisierung aus den Geschäftsberichten der Konzerne. Kapitalisierung der Novaték für Anfang 2004 aus Interfin (2005), da zuvor keine Daten bekannt waren. Kapitalisierung für Rosneft' aus Inosmi (2004), und für TNK-BP aus TNK-BP (2004b).

Deutlich wird dabei, dass Gazprom auf allen Wegen die größten Reserven erlangen kann. Diese sind mehr als ein Viertel größer als die Reserven, die durch alle anderen Konzerne gemeinsam hinzu erworben wurden. Rosneft' folgt weit abgeschlagen mit etwas mehr als einem Drittel des Zuwachses der Gazprom. Danach folgen LUKoil und Novaték, die sich vor allem durch den Zukauf von Unternehmen zusätzliche Reserven sichern konnten, und schließlich TNK-BP als Schlusslicht. Betrachtet man aber den relativen Zuwachs an Reserven im Vergleich zu 2003 so ergibt sich ein anderes Bild. 2003 wurde als Ausgangspunkt gewählt, da zuvor erhebliche Lücken bei den Daten zu einigen Konzernen bestanden. Allerdings begann der größte Reservenzuwachs auch erst anschließend, sodass keine großen Verzerrungen zu erwarten sind. Die zentrale Gazprom konnte ihre Reserven nicht einmal knapp verdoppeln, während die Reserven der ebenfalls zentralen Rosneft' sich verzehnfachten. Novaték, die ebenfalls einen hohen Zentralitätswert aufweist, verdreifachte die Reserven immerhin fast. LUKoil und TNK-BP, beide mit einem geringen Zentralitätswert konnten nicht einmal 100 % der 2003 bestehenden Reserven über die drei hier betrachteten Verfahren hinzugewinnen. Außer für Gazprom scheinen die Zentralitätswerte daher eine gute Erklärung für den Reservenzuwachs zu bieten.

Die Marktkapitalisierung der Konzerne am Beginn der betrachteten Zeitperiode kann jedenfalls keine Erklärung für das Reservenwachstum bieten. Während die 2003 vergleichsweise gering kapitalisierten Akteure Rosneft' und Novaték sehr hohe Zuwächse haben gilt dies nicht für die etwa gleich große TNK-BP. Die vergleichsweise hoch kapitalisierten Akteure LUKoil und Gazprom gewinnen ähnlich wenige Reserven hinzu wie TNK-BP. Dies verdeutlicht Abbildung 5.7.

Die Schlussfolgerung dass Marktkapitalisierung nicht das Reservenwachstum erklären kann wird noch gestärkt, wenn der Fall JUKOS ebenfalls berücksichtigt worden wäre. JUKOS war 2003 mit US-$ 30 Mrd. das nach Marktkapitalisierung größte russländische Unternehmen, würde also im Streudiagramm noch rechts von Gazprom liegen. (Moscowtimes 2003). Dennoch existiert JUKOS heute nicht mehr, sondern wurde von staatlichen Akteuren bankrottiert und ihre Tochterunternehmen auf dem „Markt" für *merger und acquisitions* verkauft. Da dieser massive Verlust von Reserven hier nicht darstellbar ist, würde der Datenpunkt von JUKOS vertikal oberhalb von Gazprom, gleichzeitig aber direkt auf der Abszissenachse lokalisiert werden. Dies würde die hier dargelegte Argumentation weiter untermauern, dass die vorherige Größe des Unternehmens nicht den Erfolg beim Erwerb neuer Reserven erklären kann.

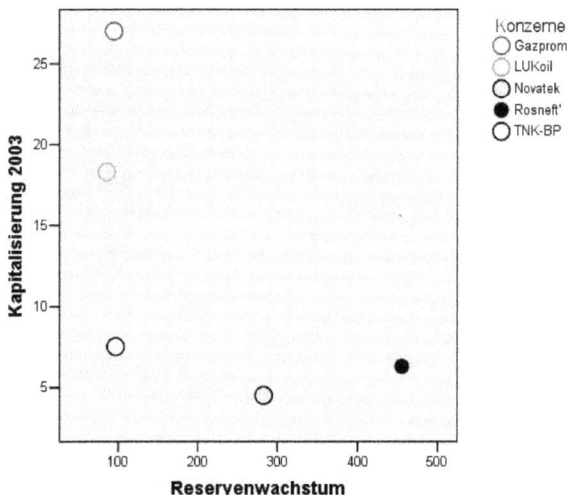

Quelle: Eigene Darstellung
Abb. 5.7:   Marktkapitalisierung in Mrd. US-$ 2003 und relatives Reservenwachstum gegenüber 2003, Prozent

Wie oben bereits angedeutet erklärt hingegen die Zentralität des Unternehmens das Reservenwachstum recht gut (vgl. Abbildung 5.8). Gazprom bildet allerdings die Ausnahme, da Gazprom viel zu geringes Wachstum aufweist. Daraus lässt sich der Schluss ziehen, dass Gazprom einen gewissen Sonderstatus in Russland hat: Da Gazprom im Vergleich zu anderen Akteuren bereits 2003 sehr groß war (die Reserven betrugen das 2,7-fache aller anderen hier betrachteten Konzerne), ist ein ähnlich hohes relatives Reservenwachstum wie bei den anderen Akteuren mit hoher Zentralität schwer zu verwirklichen, da es an die natürlichen Grenzen der bekannten Reserven stößt. Selbst wenn Gazprom alle Reserven erhalten hätte, die 2002–2011 alle anderen hier betrachteten Konzerne erhalten haben, wären die Reserven der Gazprom von 2003 nur verdoppelt worden. Es ist daher wahrscheinlich, dass sich die bereits anfänglich sehr hohen Reserven der Gazprom negativ auf das relative Reservenwachstum ausgewirkt haben.

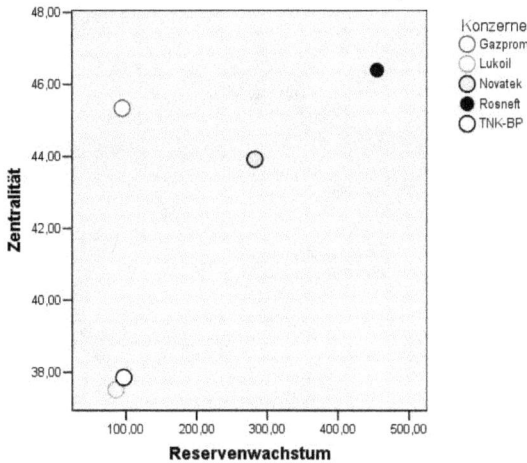

Quelle: Eigene Darstellung
Abb. 5.8:   Zentralität und relatives Reservenwachstum gegenüber 2003 in Prozent

Mit dieser Überlegung lässt sich erklären, weshalb sich eine starke und deutliche Korrelation zwischen Zentralität und Wachstum der Reserven nicht einstellen will. Die alternativen Hypothesen können jedenfalls noch weniger erklären: Die Gruppe der staatlichen Akteure weist sehr unterschiedliches Reservenwachstum auf, genauso wie die Gruppe der privaten Akteure. Industriezugehörigkeit ist ohne jeden Zusammenhang, da sowohl Öl- als auch Gaskonzerne sehr unterschiedliche Wachstumsmuster zeigen. Letztlich ist daher unter Berücksichtigung des Sonderfalls Gazprom wiederum die Zentralität der Akteure das Merkmal, dass den Zugang zu neuen Reserven in Russland am besten erklären kann.

Für die Überlebensdauer der Konzerne zu einem bestimmten Zeitpunkt, ausgedrückt durch die *reserves to production ratio* konnte mit Hilfe statistischer Mittel ein signifikanter Zusammenhang zwischen korporatistischem Kapital und Überlebensdauer festgestellt werden. Dies gilt auch für den relativen Zugang der Konzerne zu Reserven, wo allerdings Gazprom auf Grund ihrer Größe als ein Sonderfall identifiziert wurde. Korporatistisches Kapital konnte auch hier den relativen Zugang zu Reserven gemessen an den Alternativhypothesen (Größe, Industriezugehörigkeit, Staatsanteil) am besten erklären.

Die statistische Methode wurde dabei nur als ein Hinweis auf die Plausibilität der Hypothese genutzt und mit weiteren Daten zu den erlangten Reserven überprüft. Diese wurden nur mit Hilfe der Häufigkeitsverteilungen interpretiert. Es kann damit als erwiesen gelten, dass Konzerne mit wenig korporatistischem Kapital auf Grund des schlechteren Zugangs zu Reserven geringere Wachstums- und Überlebenschancen in Russland haben als besser vernetzte Konzerne. Diese wachsen überproportional schnell oder können – falls sie bereits außerordentlich groß waren – ihre Stellung zumindest ausbauen. Es kann davon ausgegangen werden, dass das korporatistische Kapital unmittelbare Auswirkungen auf das Interesse der Unternehmen an der ressourcensuchenden Internationalisierung hat.

6 Upstream-Projekte

Nachdem nun der Einfluss des korporatistischen Kapitals auf den Zugang zu Öl- und Gasvorkommen in Russland ermessen wurde, sollen in diesem Kapitel die Auswirkungen dieses Zugangs auf die Internationalisierung der Konzerne untersucht werden. Da es im Folgenden um *upstream*-Projekte gehen wird, können insbesondere die Teile der dritten und vierten Hypothese geprüft werden, die auf den Zusammenhang zwischen Zugang zu Rohstoffen in Russland und Wahrscheinlichkeit zur Internationalisierung in Rohstofferschließung verweisen. Entsprechend ihrem besseren Zugang zu Rohstoffen wird erwartet, dass sich die Unternehmen mit viel korporatistischem Kapital während der 2000er Jahre kaum im *upstream*-Sektor engagieren, während für Unternehmen mit wenig korporatistischem Kapital das Gegenteil gilt. Die anderen Teile der Hypothesen über die Auswirkungen des korporatistischen Kapitals auf den Multinationalisierungsprozess können ebenfalls überprüft werden. Außerdem kann für einige Konzerne die erste Hypothese geprüft werden, da die Zeitperiode vor 2000 betrachtet wird. Es werden mit dem postsowjetischen Raum und Lateinamerika zwei Regionen untersucht; in Lateinamerika allerdings mit Venezuela nur ein Land.

Die Darstellungsweise ist wie folgt: Im Falle Zentralasiens erfolgt zunächst eine allgemeine deskriptive Einführung in die für die Untersuchung wichtigen Merkmale der Region. Sodann wird auf die einzelnen Länderkontexte eingegangen. Hier erfolgt jeweils zunächst eine deskriptive Einführung in den Länderkontext. Diese umfasst eine Darstellung der Kontextfaktoren, der wichtigsten Aktiva in der Öl- und Gasindustrie und der Industriestruktur. Anschließend erfolgt die Analyse der verschiedenen Projekte innerhalb des Länderkontextes. Diese enthält jeweils eine Darstellung der Prozesse und die anschließende Auswertung, die darauf zielt, die handlungsleitende Rationalität der Akteure festzustellen. Eine Zusammenfassung schließt die Betrachtung der einzelnen Länderkontexte ab, indem die wichtigsten Prozesse und Schlussfolgerungen rekapituliert werden.

6.1 Projekte in Zentralasien

Zwischen den Eliten und Gesellschaften der aus den ehemaligen Sowjetrepubliken hervorgegangenen Staaten in Zentralasien bestehen auf Grund der sowjetischen Vergangenheit vielfältige Verbindungen. Eine starke strukturelle Abhängigkeit einzelner Staaten zu Russland besteht zudem auf Grundlage der Infrastruktur, die sich radial auf das ehemalige Zentrum hin richtet (vgl. Abbildung 6.1). Dies gilt sowohl für Straßen und Eisenbahntrassen, als auch für Öl- und Gaspipelines und in einigen Fällen für Stromleitungen. Für eine vorübergehende Zeit waren allerdings auch Teile Südrusslands von Energielieferungen aus Zentralasien abhängig. Trotz der Verflechtung verfolgten vor allem Usbekistan und Turkmenistan eine Politik der Unabhängigkeit von Russland. Als Alternative zu Russland bietet sich zunehmend China an, das an der Region als Energielieferant interessiert ist und Öl- und Gaspipelines verlegt hat. Auch der Iran bietet sich als Alternative zu Russland an und hat als Absatzmarkt für turkmenisches Erdgas Bedeutung erlangt.

Quelle: IEA (2010b: 537), © OECD/IEA, eigene Modifikationen
Abb. 6.1:   Gasfelder und -Pipelines in Zentralasien und dem Kaukasus

Die Staaten Zentalasiens sind durch die Pipelinesysteme auch voneinander abhängig (vgl. Abbildung 6.1). Die Gaspipelines der Linien Zentralasien-Zentrum (SAC) und Buchara-Ural verbinden Turkmenistan mit Russland über Usbekistan und Kasachstan. Die Pipelines der SAC sind für 80 Mrd. m³ jährlich ausgelegt, teilweise sind die Leitungen jedoch schon mehr als 40 Jahre alt, weshalb Ende der 2000er Jahre nur noch zwei Stränge in Betrieb waren und nur etwa 46 Mrd. m³ jährlich durchgeleitet werden konnten (Gazprom 2010d; NIK 2002c; Zhukov 2009: 364). Die 1962–65 gebaute Buchara-Ural-Pipeline ist unbedeutend als Transitleitung und konnte Ende der 2000er Jahre wohl nur ca. 3,5 Mrd. m³ transportieren (Koržubaev/Filimonova 2007: 117; Zhukov 2009: 363). Fast das gesamte nach Russland exportierte turkmenische Erdgas muss so über Usbekistan transportiert werden – eine weitere kleine Verbindung direkt über Kasachstan nach Russland kann nur noch 0,5 Mrd. m³ jährlich transportieren (Zhukov 2009: 363). Im Norden Kasachstans sind einige Städte von Gaslieferungen aus Russland abhängig. Auch war etwa der Süden Kasachstans von Erdgaslieferungen aus Turkmenistan abhängig, die über Usbekistan und auch Kirgistan verliefen. Letzteres hat sich mit dem Bau der 2010 eröffneten Pipeline nach China verändert, die aber ebenfalls über Usbekistan und Kasachstan verläuft. In der Ölindustrie sind die Abhängigkeiten weniger stark ausgeprägt, hier ist allerdings Kasachstan stark von Russland abhängig gewesen. Mit der 2005 eröffneten Pipeline nach China hat sich dies aber geändert.

Im Unterschied zur Ukraine kam den neuen zentralasiatischen Staaten die Logik des sowjetischen Herrschaftssystems jedoch insofern zu Gute, als dass der Hauptteil der Investitionen in die Öl- und Gasindustrie seit den 1940er Jahren zunächst in das Volgabecken und dann nach Westsibirien verlagert wurden. Die verbleibenden Reserven der kaspischen und zentralasiatischen Staaten galten im Vergleich zu den westsibirischen Feldern als zu gering und zu kompliziert für die Erschließung. Daher drosselte man hier angesichts der Öl- und Gasfunde im Volgabecken und später in Westsibirien die Förderung stark. Auf diese Weise waren nach dem Ende der Sowjetunion sowohl Infrastruktur als auch substantielle Reserven vorhanden (Heinrich 1999; Hill/Fee 2002: 472). Dementsprechend waren die lokalen politischen Eliten, sowie die mit einer abnehmenden Ressourcenbasis kämpfenden internationalen Ölkonzerne bestrebt, die Ressourcen rasch zu erschließen und auf internationale Märkte zu bringen. Die Region ist daher weniger als Absatzmarkt für russische Öl- und Gaskonzerne interessant, denn als Rohstoffquelle. Sie sind also potentielle Konkurrenten für russisches Öl und Gas.

In den Staaten des kaspischen Raums entstanden rasch autoritäre und semi-autoritäre Regierungssysteme auf Basis der alten sowjetischen Eliten. Die Eliten in den neuen unabhängigen Staaten im kaspischen Raum waren ihrerseits an der Konsolidierung ihrer Herrschaft interessiert, was auch einen Ausgleich der starken strukturellen Abhängigkeiten von Russland zu Gunsten der Unterstützung durch andere Akteure bedeutete. Die Rohstoffvorkommen waren daher nicht nur wirtschaftliche, sondern auch politische Ressourcen, die für die Stabilisierung der Regime genutzt werden konnten. Die Informationslage ist auf Grund des weitgehenden Fehlens unabhängiger Medien recht schlecht und häufig widersprüchlich.

Auf Basis der alten sowjetischen Produktionsorganisationen wurde rasch jeweils ein nationaler Ölkonzern geschaffen. Dieser diente als Partner ausländischer Konzerne bei der Erschließung neuer Rohstoffvorkommen und der Investition in bereits erschlossene Vorkommen. Dazu wurden meist *production sharing agreements* (PSA) abgeschlossen. Generell wurde der Öl- und Gassektor direkt von den jeweiligen Präsidenten kontrolliert (IEA 1998). Die Länder unterscheiden sich jedoch deutlich nach dem Grad der wirtschaftlichen Öffnung. Während Aserbaidschan und Kasachstan bestrebt waren, ausländisches Kapital zur raschen Entwicklung der Industrie anzuziehen, verfolgten Turkmenistan und Usbekistan eine weitgehend auf Autarkie gerichtete Wirtschaftspolitik, die besonders im Falle Turkmenistans die Abhängigkeit der Republiken von Russland perpetuierte (Hishow 2003). Auch russländische Konzerne hatten es indes schwer, nach Turkmenistan und Usbekistan vorzudringen; die wirtschaftliche Kontrolle wurde daher hier traditionell über die territoriale Abhängigkeit von den Exportrouten hergestellt. Daher stehen insbesondere Kasachstan und Aserbaidschan im Fokus der internationalen Konzerne. Die Machtverhältnisse verschoben sich eindeutig seit Mitte der 2000er Jahre durch die stärkere Aktivität Chinas in der Region. 2005 wurde eine Ölexportpipeline von Kasachstan nach China eröffnet. Der CNPC gelang es auch als einziges ausländisches Unternehmen, in Turkmenistan selbst Gas zu fördern. Ende 2009 wurde die Exportpipeline über Usbekistan und Kasachstan nach China eröffnet, die ab 2013 auf eine Kapazität von jährlich 40 Mrd. m^3 anwachsen soll (Gabuev/Grib 2009).

6.2   Turkmenistan

Turkmenistan ist weniger auf Grund der Investitionsprojekte interessant, die tatsächlich stattgefunden haben als auf Grund der Projekte, die nicht erfolgt sind. Da Turkmenistan die größten Gasreserven im postsowjetischen Raum aufweist und ansonsten wenig exportorientierte Wirtschaftszweige zur Verfügung hat, waren die Beziehungen zu Turkmenistan vor allem entlang der Gaslieferungen strukturiert, denen angesichts des turkmenischen Angebotspotentials strategische Bedeutung zukommt. Daher wird die folgende Darstellung zwar auf einige Investitionsprojekte russländischer Akteure eingehen, außerdem aber die Ausgestaltung der Lieferbeziehungen betrachten.

6.2.1   Kontextfaktoren

Turkmenistan ist mit nur ca. 5 Mio. Einwohnern der bevölkerungsärmste zentralasiatische Staat. Das politische System ist formell eine präsidentielle Demokratie, verfügt jedoch nur über eine offiziell registrierte Partei. Das politische Leben ist voll auf den Präsidenten Gurbanguly Berdimuchammedov zugeschnitten, der das Land als autokratischer Alleinherrscher führt. Zum Zwecke der Stabilisierung seiner Herrschaft wird eine ständige willkürliche Elitenrotation unterhalb der Präsidialebene durchgeführt (Economist 2008a). Auf Grund der vergleichsweise geringen Rolle von Verwandtschafts- und Loyalitäts-beziehungen, des stark ausgeprägten Führerkults des von 1991–2006 herrschenden Präsi-denten Saparmurat Nijazov und der großen Willkür des Präsidenten bei der Herrschafts-ausübung kann die Herrschaft mit den Idealtypen Webers als sultanistisch bezeichnet werden (Blank 2007a; Weber 1980: 485). Es handelt sich hier also um ein zentralisiertes System mit abwesendem Rechtsstaat, das auf Grund der kleinen Bevölkerung, ihrer geringen Dichte und der geringen Komplexität der Wirtschaft gut gesteuert werden kann. Damit ergeben sich nur wenige Einflusskanäle, was den russländischen Strategien nicht zuträglich sein dürfte.

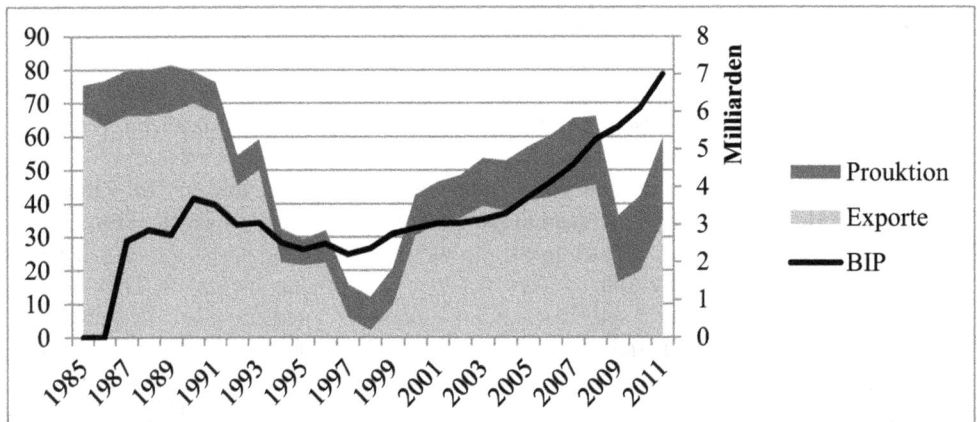

Quelle: BP (2012), World Bank WDI 2012.
Abb. 6.2:   Gasproduktion und -Export Turkmenistans, Mrd. m³; BIP in konstanten 2000 US-$, rechte Achse

Gleichzeitig wuchs das turkmenische pro-Kopf Bruttoinlandsprodukt ab der Jahrtausendwende rasch an und war kaufkraftbereinigt Ende der 2000er Jahre mit knapp US-$ 6900 mehr als doppelt so groß wie das pro-Kopf Produkt Usbekistans und sogar etwas höher als das der Ukraine.[61] Erdgas war mit über 55 % das wichtigste Exportgut, und auch

---

[61]   Quelle: World Bank World Development Indicators, abgerufen am 17.9.2011.

der einzige nennenswerte Devisenlieferant des Landes. Das Bruttoinlandsprodukt ist daher recht stark mit den Gasexporten verbunden (siehe Abbildung 6.2). Die von künstlicher Bewässerung abhängige Landwirtschaft (hauptsächlich Baumwollanbau) war in den 1990er Jahren noch bedeutsam, machte Ende der 2000er Jahre aber nur noch 12 % des Bruttoinlandsprodukts aus. Als Beschäftigungsfaktor blieb sie jedoch bedeutsam (o.V. 2009: 275; Economist 2008a; Pomfret 2008: 22). Die turkmenische Führung reformierte die Wirtschaft kaum und betrieb eine Politik der importsubstituierenden Industrialisierung. Die Kooperation mit ausländischen Firmen ist auf den Bau- und Energiesektor beschränkt (Pomfret 2008: 24). Da bis Ende der 2000er Jahre Exportpipelines mit ausreichender Kapazität nur nach Russland verliefen war die Wirtschaftsleistung Turkmenistans direkt vom Interesse russländischer Akteure an turkmenischen Gaslieferungen abhängig. Die Produktion war daher im Wesentlichen von Exportmöglichkeiten abhängig und schwankte dementsprechend stark. Die gesamtwirtschaftliche Abhängigkeit Turkmenistans von Russland war daher lange Zeit hoch und wurde erst Ende der 2000er Jahre durch den Aufstieg Chinas verringert (vgl. Abbildung 6.3).

Gleichzeitig ist Turkmenistan energiesicherheitlich nicht von Russland abhängig, da Turkmenistan auf Grund der geringen Bevölkerung und des niedrigen Lebensstandards Selbstversorger bei Erdöl und Erdgas ist.

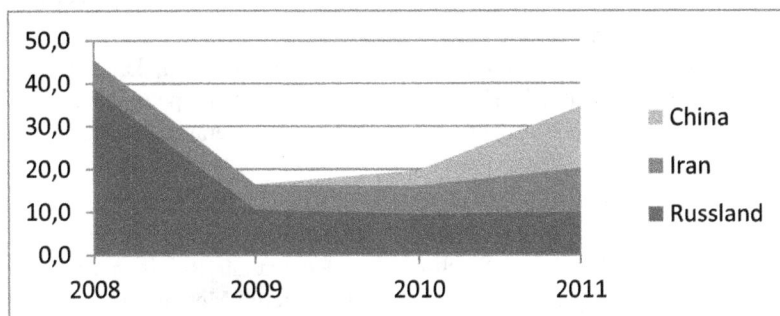

Quelle: BP (2009; 2010b; 2011a; 2012).
Abb. 6.3: Diversifikation der turkmenischen Erdgasexporte, Mrd. m³

Eine existentielle Bedrohung für das Regime existierte unter Umständen im November 2002, als ein Anschlag auf Nijazov versucht worden sein soll (Sasin 2002). Dies bedeutet, dass Russland anschließend auch sicherheitspolitische *issue linkages* vornehmen konnte. Wenn man annimmt, dass der russländische Auslandsgeheimdienst SVR den Anschlagsversuch unterstützt hat, wie von einigen westlichen Beobachtern behauptet, so könnte zu diesem Zeitpunkt ein direkter Zusammenhang zwischen Bedrohungslage und Kooperationsverhalten mit Russland bestanden haben (Blank 2003; 2007b: 27). Andererseits kann es auch sein, dass der Anschlag fingiert wurde, um prominente Oppositionelle hinter Gitter zu bringen. In diesem Fall konnte Russland *issue linkages* vornehmen, indem es die Unterstützung der Interpretation des Regimes und dessen Repression unter Vorbehalt der Kooperation stellte (Baev 2008: 61).

6.2.2   Aktiva

Die Hauptaktiva Turkmenistans bestehen aus Erdgasfeldern, Erdgasreinigungsanlagen und Gaspipelines. Die großen Erdgasfelder Turkmenistans liegen v. a. im Osten des Landes (vgl. Abbildung 6.1). Im Westen des Landes an der Küste des kaspischen Meers finden sich ebenfalls Vorkommen, die auch vermehrt Erdöl enthalten. Die nachgewiesenen Erdgasreserven Turkmenistans sind nach externer Einschätzung mit 24,3 Billionen m³ die weltweit viertgrößten nach Russland, Iran und Katar (BP 2012). Mit seinen Ergdasreserven könnte Turkmenistan den gesamten Jahresbedarf der EU für über 50 Jahre decken. Turkmenistans Erdölreserven sind dagegen im Weltmaßstab unbedeutend. Die Exporte finden hauptsächlich über das SAC-Pipelinesystem über Usbekistan und Kasachstan nach Russland statt, das jedoch statt der ursprünglichen 80 Mrd. m³ nur noch ca. 46 Mrd. m³ jährlich transportieren kann. Seit 1998 gibt es eine Pipeline in den Nordiran mit einer Kapazität von 15 Mrd. m³ jährlich. Seit 2010 gibt es die Pipeline vom Südosten Turkmenistans (Dovletabad) über Usbekistan und Kasachstan in die chinesische Xinjiang-Region, die eine jährliche Kapazität von 30 Mrd. m³ erreichen soll (o.V. 2009: 296; NIK 2003a). Außerdem gibt es drei staatliche Ölraffinerien – in Čardžou (Turkmenabat), Seidi und Turkmenbaši. Die Raffinerie in Turkmenbaši am Kaspischen Meer ist mit einer jährlichen Kapazität von 5,8 Mio. t die modernste des Landes und vor allem für den Export hochwertiger Kraftstoffe ausgerüstet. Sie wurde in den 1990er Jahren von israelischen und Ende der 2000er Jahre von japanischen Firmen modernisiert. Sie hat nicht nur Vorrichtungen zum katalytischen Kracken und Hydrotreating, sondern auch zum Koksen, katalytischen Reformieren und Alkylieren. Diese Raffinerie ist außerdem mit einem petrochemischen Komplex integriert. Die Raffinerie in Čardžou ist mit 6 Mio. t Erstverarbeitungskapazität zwar etwas größer, aber besitzt kaum Weiterverarbeitungskapazitäten. Wie die Raffinerie in Seidi produziert sie hauptsächlich für den Inlandsmarkt (Comtex 2010; OGJ 2003).

Die Gasfelder sind wie in Usbekistan mit verschiedenen Stoffen verunreinigt, hauptsächlich mit Schwefelwasserstoff, Kohlendioxid und Wachsen. Die Kosten für Reinigungsanlagen treiben die Extraktionskosten daher gegenüber Feldern mit „reinem" Methan in die Höhe. Ausgeglichen wird dies jedoch dadurch, dass die Felder sehr groß sind, was Skaleneffekte ermöglicht. Auch sind sie auf vergleichsweise kleinem Raum in klimatisch akzeptablen Gebieten gelegen, in denen Transportinfrastruktur vorhanden ist. Dies führt zu geringen Produktionskosten, die laut Schätzungen der Weltbank in den 1990er Jahren bei durchschnittlich US-$ 18 für 1000 m³ lagen, während *langfristige* Produktionskosten in Russland auf Grund der schwierigen klimatischen Bedingungen und entlegenen geographischen Position der Vorkommen für die gleiche Menge auf US-$ 35–40 geschätzt werden (Ahrend/Tompson 2004; IEA 1998: 253).[62]

Turkmenistan liegt landumschlossen, was den Export der Energieträger erschwert. Im Prinzip bestehen jedoch gute Möglichkeiten (vgl. Abbildung 6.1). Zum einen kann der

---

[62]   Diese Zahlen sind mit Vorsicht zu genießen, da sie erstens aus verschiedenen Studien zu verschiedenen Zeiträumen stammen und zweitens für Russland nicht die gegenwärtigen Produktionskosten, sondern die langfristigen Produktionskosten widerspiegeln, die auch die noch zu tätigenden Investitionen in neue Felder umfassen. Bisher nutzt Gazprom hauptsächlich in sowjetischer Zeit getätigte Investitionen. Produktionskosten auf einigen russländischen Feldern müssen niedriger sein, ansonsten würde LUKoil mit ihrer Investition in das Nachodkinskoe-Feld Verluste machen – das Gas des Feldes wird von Gazprom für US-$ 22,50 pro 1000 m³ aufgekauft, vgl. NIK (2005b).

Handel mit dem Iran ausgebaut werden, da dieser im Norden ein Gasdefizit aufweist, da die Eigenproduktion im Süden konzentriert ist. Auch wäre der Erdgastransit über Iran in die Türkei und weiter auf EU-Märkte möglich. Letzteres wird jedoch durch die internationale Isolation des Iran behindert, wobei die Türkei seit geraumer Zeit Erdgas aus Iran importiert. Richtung Westen verhinderte der ungeklärte Rechtsstatus des Kaspischen Meeres verbunden mit dem russländischen Widerstand bisher die Verlegung einer Pipeline durch das Meer, um Erdgas weiter Richtung Türkei und EU exportieren zu können. Im Südosten verhindert die andauernd instabile Situation in Afghanistan Exportmöglichkeiten nach Afghanistan, Pakistan und Indien. Da diese Länder unter Energieknappheit leiden kommen Exporte jedoch immer wieder auf die Tagesordnung. In Richtung Norden kommt die Erweiterung der Pipelinekapazitäten nicht voran, da ein Konkurrenzverhältnis zwischen Gazprom und Turkmenistan besteht. Nur in östlicher und südlicher Richtung wurde mit den Pipelines nach China und in geringerem Maße Iran bereits ein wesentlicher Schritt zur Durchbrechung der durch die sowjetische Infrastruktur vorhandenen Abhängigkeitsverhältnisse erzielt. China gelang es dabei durch sein erhebliches wirtschaftliches Engagement in Zentralasien den Transit turkmenischen Gases über Usbekistan und Kasachstan zu organisieren.

6.2.3   Struktur der Gas- und Ölindustrie

Die turkmenische Öl- und Gasindustrie ist in staatlicher Kontrolle. Die staatliche Gesellschaft Turkmengaz ist im Osten des Landes mit der Gasförderung befasst. Im Westen des Landes ist die Ölgesellschaft Turkmenneft' zuständig, da hier hauptsächlich Ölfelder auszubeuten sind. Turkmengaz betreibt außerdem den Gastransport in Hochdruckpipelines und die Niederdrucknetze.

Für die staatliche Regulierung der Unternehmen wurde nach der Unabhängigkeit ein Ministerium für Öl und Gas und ein Ministerium für Naturressourcen geschaffen, das die Tätigkeit der Unternehmen und die Lizenzvergabe regulieren sollte, sowie eine staatliche Agentur für ausländische Investitionen. Dabei traf jedoch der Präsident alle wesentlichen Entscheidungen, was wegen der überschaubaren Struktur des Sektors auch möglich war. 2008 wurde dies formalisiert und mit der „Staatlichen Agentur für das Management und die Nutzung von Kohlenwasserstoffressourcen unter dem Präsidenten Turkmenistans" eine neue Struktur geschaffen, die für alle wesentlichen Entscheidungen auch in Bezug auf ausländische Investoren zuständig ist (o.V. 2009: 284).

Turkmenistan hat den Energiecharta-Vertrag ratifiziert, der Investoren aus teilnehmenden Staaten Schutz bietet. Eine Öffnung gegenüber ausländischen Investoren erfolgte dabei nur in Bezug auf die im Kaspischen Meer gelegenen Öl- und Gasvorkommen, die noch nicht geologisch erkundet waren und bei denen ausländische technologische und Projektmanagementfähigkeiten erforderlich waren. Der argentinische Ölkonzern Bridas war dabei der erste ausländische Investor, der 1993 zwei Gemeinschaftsunternehmen mit Turkmenneft' gründete. Das Unternehmen geriet jedoch 1996 in Probleme mit der turkmenischen Regierung und verließ das Land 2000 vollständig (o.V. 2009: 281; IEA 1998: 261). Die malaysische Petronas war dabei mit ihrem 1996 abgeschlossenen PSA erfolgreicher, sie erhielt 2005 sogar die Erlaubnis zum Gasexport (o.V. 2009: 294). Dies durchbricht erstmals das staatliche Exportmonopol (NIK 2002a), hat aber bis heute nicht zur Lösung der Exportfrage geführt, da kein Abnehmer zur Verfügung steht. Die nationale Ölgesellschaft von Dubai, Emirates National Oil Company, ist mit ihrer Tochter Dragon Oil ebenfalls ein erfolgreicher Investor. Sie hat 1996 ein Gemeinschaftsunternehmen zur Ausbeutung des Čeleken-Blocks mit Turkmenneft' gebildet, das 1999 in ein PSA umgewandelt wurde und 2012 ein Drittel des turkmenischen Erdöls förderte (BP 2012; Dragonoil 2013). Die ausländischen Investitionen haben so erheblich zum Erfolg der turkmenischen Ölindustrie beigetragen. Darüber hinaus sind chinesische, deutsche, italienische und dänische Investoren tätig. Die chinesische CNPC ist der erste ausländische Akteur, der auch *onshore* in Gasfelder investieren durfte (EIA 2012b). Russländische Öl- und Gaskonzerne waren dagegen bisher nicht erfolgreich (o.V. 2009: 283; NIK 2004a). Auch einige IOCs wie Exxon, die sich an Investitionsprojekten beteiligen wollten, haben Turkmenistan wieder verlassen (NIK 2002a).

6.2.4   1990er Jahre: „Sie werden selbst heran gekrochen kommen"[63]

Turkmenrosgaz: Eckdaten des Projekts und Prozesse

Die folgende Darstellung fasst die Prozesse zusammen. Die meisten Nachweise und weitere Details finden sich in Anhang IV in Tabellenform. In den 1990er Jahren waren die Handlungen der Gazprom gegenüber Turkmenistan von kurzfristigen Interessen getrieben. Dabei behandelte Gazprom Turkmenistan wie eine eigene Produktionseinheit, die je nach Bedarf genutzt werden kann (Adams 2002: 16).[64] Das turkmenische Gas war für Gazprom nicht vonnöten, da Gazprom selbst mehr produzierte als abgesetzt werden konnte. Der Export turkmenischen Gases in die Ukraine wurde derweil zunächst nach sowjetischem Muster fortgeführt und war kommerziell höchst uninteressant, da, wenn überhaupt, nur in Waren gezahlt wurde. Dies führte zu häufigen Konflikten über Nichtzahlungen, über die Preise der getauschten Waren und in Konsequenz auch zur Unterbrechung der Lieferungen durch Turkmenistan (Leont'ev 1992; Seljaninov 1994). Angesichts fehlender Exportmärkte blieb Turkmenistan jedoch keine andere Wahl, als mit der Ukraine immer wieder zu einer Einigung zu kommen. Die Verträge wurden dabei direkt zwischen den Regierungen abgeschlossen. Zu einer ersten Behinderung der direkten Lieferbeziehungen zwischen Turkmenistan und der Ukraine seitens der Gazprom kam es Anfang 1995, als Gazprom den Transit turkmenischen Gases aufgrund von Zahlungsrückständen der Ukraine und einer fehlenden Transitvereinbarung kurzerhand blockierte.

Nach Verhandlungen mit Präsident El'cin im Mai 1995 erreichte der turkmenische Präsident Saparmurat Nijazov anschließend einen Kompromiss, der einerseits für eine größere Exportmenge und höhere Preise sorgen und andererseits die gemeinsame Kontrolle über das Gastransportsystem von Turkmenistan, sowie gemeinsame Investitionen in Gasförderung ermöglichen sollte. Mit der Realisierung der entsprechenden zwischenstaatlichen Vereinbarung wurde Gazprom beauftragt. Bei einem anschließenden Treffen Nijazovs mit Ministerpräsident Viktor Černomyrdin und Gazprom-Chef Rem Vjachirev wurde zu diesem Zwecke die Gründung der Gesellschaft Turkmenrosgaz vereinbart. Turkmenrosgaz sollte in die turkmenische Gasförderung investieren, den Gastransport in Turkmenistan organisieren, und hätte ein Monopol über alle Exporte turkmenischen Gases in die GUS und auf andere Märkte (Kolodin 1995; Koreckij 1995). Gazprom erhielt 46 % an dem Unternehmen und

---

63   Der ehemalige Gazprom-Chef Rem Vjachirev über Turkmenistan. Vgl. KP (2001).
64   Für weitere Nachweise zu dieser Periode siehe Anhang IV.

brachte noch ihren bevorzugten Gashändler Itera mit ins Spiel. Itera wurde für den Gasvertrieb vor allem auf dem ukrainischen Markt eingesetzt und sollte den Handel mit Turkmenistan abwickeln (Fredholm 2008: 16; Fujimori 2005: 123). Itera erhielt 5 % an dem Unternehmen. Turkmenistan übergab als Zahlung für seinen Anteil von 49 % die turkmenische Gastransportgesellschaft „Daschovuztransgaz" und die für die nordöstliche Provinz Lebap zuständige Fördergesellschaft „Lebapneftegazdobyča" an Turkmenrosgaz. Turkmenrosgaz wurden außerdem exklusive Rechte zur Erkundung und Förderung von Erdgas am Südufer des Amudarja eingeräumt. Russländische Akteure kontrollierten damit also das turkmenische Gastransportsystem und hatten verstärkte Kontrolle über die zukünftige Gasproduktion in Turkmenistan. Itera sollte auch die Organisation der Exporte übernehmen. Im Gegenzug für die Zugeständnisse Turkmenistans würde Turkmenrosgaz 1996 insgesamt 30 Mrd. m³ zum Preis von US-$ 42 pro 1000 m³ an der usbekisch-turkmenischen Grenze von Turkmenistan kaufen und an die Ukraine und auf Märkte im Kaukasus liefern. Dabei war auch vereinbart worden, dass 47 % in Valuta gezahlt werden würden und der Rest in Waren. (EUTR 1995e; FTEI 1995a; Segodnja 1997).[65]

Die Zusammenarbeit sollte jedoch nicht wie vorgesehen funktionieren. Turkmenistan erhielt die Zahlungen für das Gas nicht in der vertraglich vereinbarten Höhe (BBC 1996b; Fredholm 2008). Turkmenistan erhielt weniger als ein Sechstel des für die abgenommene Menge vereinbarten Preises. Abgesehen davon entsprach das Verhältnis von Valuta zu Waren nicht den Absprachen. Auch investierte Gazprom nicht in die Gasförderung oder Erkundung.

Nichtsdestotrotz hielt Turkmenistan zunächst an der Konstruktion fest, wohl auch in der Hoffnung auf substantielle Investitionen in die Erdgaswirtschaft. Später versuchte Regierungschef Černomyrdin jedoch, Nijazov davon zu überzeugen, dass der Gaspreis gesenkt werden müsse und äußerte sich in diesem Zusammenhang auch skeptisch gegenüber den vereinbarten Exportmöglichkeiten. Auch war Gazprom nicht zur Begleichung der bestehenden Schulden für geliefertes Erdgas bereit, da Itera für die Nichtzahlungen verantwortlich gemacht wurde (Kortes 1996a). Gazprom-Chef Vjachirev beließ es bei späteren Verhandlungen über die Exportmengen bei der Bemerkung, man müsse sehen, wie der westeuropäische Markt turkmenisches Gas annehme, ehe man eine Entscheidung treffen könne (Kortes 1996b).[66] Gazprom erfüllte ihren Teil des Koppelgeschäftes also nicht.

Niyazov versuchte im Folgenden, die säumige Itera aus dem Gashandel auszuschließen. Gazprom-Chef Vjachirev betonte jedoch, dass man ohne Itera nicht arbeiten könne (Fredholm 2008). Statt Itera zu ersetzen, versuchte Gazprom den Preis auf höchstens US-$ 34 pro 1000 m³ zu verringern. Vjachirev gab sich hart: Die Turkmenen würden schon mit ihrem Gas „herangekrochen kommen". Aber das taten sie nicht: Im Juni 1997 kündigte Nijazov die Tätigkeit der Turkmenrosgaz schließlich einseitig auf und stellte angesichts der hohen Zahlungsrückstände die Lieferungen ein (Širjaev 2000).

Anschließend versuchte Nijazov wiederum, Gazprom über politische Akteure zur Kooperation zu bewegen. El'cin wies Gazprom dann zwar an, Gas aus Turkmenistan

---

[65] Siehe auch: Soglašenie meždu Rossijskim Akcionernym Obščestvom „Gazprom" i Pravitel'stvom Turkmenistana o vzaimnom sotrudničestve v 1996 godu [Vereinbarung zwischen der Russländischen Aktiengesellschaft Gazprom und der Regierung Turkmenistans über die gemeinsame Zusammenarbeit im Jahre 1996]; http://www.lawmix.ru/abro/7247, abgerufen 17.9.2011.

[66] Bei dieser Haltung wurde er von der deutschen Gaswirtschaft unterstützt. Wintershall-Chef Detharding meinte, dass Vjachirev Recht habe, wenn er die Bitten Turkmenistans nach der Durchleitung von Gas nicht erfülle: Wer Gas exportieren wolle, müsse eben eine eigene Pipeline bauen, vgl. Narzikulov (1997).

abzunehmen, hatte damit jedoch auch keinen Erfolg. Weder könne man über die GUS-Märkte hinausgehend kooperieren, noch auf Itera verzichten, so Vjachirev. Für eine Wiederaufnahme der Exporte aus Turkmenistan vermochte Vjachirev nur ein zynisch formuliertes moralisches Argument zu formulieren: „Dort wohnen ja 4,5 Mio. Menschen, darunter auch Russen. Und wir sollten sie nicht dem Sand zum Fraße vorwerfen" (Gotova 1997; NG 1997b; Kortes 1997d). Dennoch war selbst dieses Argument nur vorgeschoben und Gazprom nutzte ihre monopsonistische Position voll aus und blockierte die Lieferungen weiterhin. Dies geschah durch administrative Barrieren oder durch die Behauptung, die Pipelines seien voll ausgelastet. Dabei besaß Gazprom auch Unterstützung in Teilen der Staatsduma: So wurden Befürchtungen geäußert, Turkmenistan könne die Ukraine als „Platzdarm" für den Export nach Westeuropa nutzen und so die Exportinteressen Russlands schädigen. Gazprom konnte nun auch vollständig auf turkmenische Lieferungen verzichten, da kurz vorher eine Pipeline in den Nordkaukasus fertiggestellt wurde, die dessen Belieferung mit russländischem Gas erlaubte. Itera übernahm die ukrainischen Gasimporte und wurde fortan von Gazprom mit Erdgas versorgt (Fredholm 2008: 16). Bis Ende 1999 sollten die Exporte in nördliche Richtung daher nicht wieder aufgenommen werden.

Auswertung hinsichtlich der Handlungsrationalitäten

Die wirtschaftliche Rationalität der Turkmenrosgaz wäre für Gazprom erstens dann gegeben, wenn diese einen positiven Nettogegenwartswert erzeugen kann. Dies wäre dann der Fall, wenn das durch Investitionen zusätzlich erzeugte Erdgas gewinnbringend abgesetzt werden kann, wenn die Kontrolle über turkmenische Pipelines gewinnbringend ist, oder wenn der Handel mit turkmenischem Erdgas gewinnbringend ist. Allerdings musste im Sinne strategischer Effekte zweitens auch verhindert werden, dass Turkmenistan selbständig auf angestammte Märkte der Gazprom vordringen würde. Denn in diesem Fall würde Gazprom nicht nur den präferentiellen Zugriff auf die Gaslieferungen des zentralasiatischen Landes verlieren, sondern auch, was noch viel problematischer wäre, auch Marktanteile und die Fähigkeit zur Aushandlung guter Preise auf den bestehenden lukrativen Absatzmärkten.

Dass zusätzliche Erdgasproduktion in Turkmenistan nicht im Interesse der Gazprom war zeigt sich schon daran, dass selbst die bestehende Produktionskapazität Turkmenistans nicht abgesetzt werden konnte, da keine Absatzmärkte bestanden, die nicht mit Gas der Gazprom konkurriert hätten (IEA 1998: 97). Wie Abbildung 6.2 zeigt, sank die Produktion nach Zerfall der Sowjetunion deutlich ab. Der zahlungsfähige westeuropäische Gasmarkt wurde bereits von Gazprom bedient, das Unternehmen hatte daher kein Interesse an Konkurrenz. Die GUS-Märkte waren hingegen kaum zahlungsfähig. Da vier Fünftel der von Gazprom nach Westeuropa exportierten Gasmengen über die Ukraine transportiert wurden, und die Ukraine daher die Möglichkeit hat, im Zweifelsfall den Gasfluss auf lukrative Märkte zu stoppen, bestand eine strukturelle Abhängigkeit der Gazprom von diesem Transitland (Fredholm 2008). Gazprom musste also für die Sättigung des Nachfragepotentials in der Ukraine sorgen, um selbst auf lukrativere Märkte exportieren zu können. Daher bestand ein Interesse der Gazprom Turkmenistan die wenig zahlungsfähigen Märkte zu überlassen. Dadurch wurden die hohen Transitkosten (in Form geringer Zahlungen für das zwangsweise zu liefernde Gas) auf schwächere Akteure in der Produktionskette wie Turkmenistan abgewälzt. Allerdings musste Gazprom auch in diesem Fall bei Problemen zwischen Turkmenistan und Ukraine immer bereit zum Einspringen sein, um die eigene Exportfähigkeit nicht zu beeinträchtigen. Dies zeigt sich auch in der beschriebenen Episode, wo Gazprom mit Itera einen Zwischenhändler einsetzte und unterstützte, der die Bezüge der Ukraine regelte und den Barterhandel abwickelte (Fujimori 2005). Itera erhielt dann Ersatz von Gazprom, als Turkmenistan die Lieferung stoppte. Für die Belieferung der Ukraine und anderer GUS-Staaten reichte das bestehende Exportpotential Turkmenistans bereits aus, weshalb keine zusätzlichen Investitionen notwendig waren. Gleiches gilt für die Lieferungen in den Nordiran. Dieser benötigt selbst auch nur begrenzte Mengen an Erdgas, da die restlichen Landesteile mit den substantiellen eigenen Reserven beliefert werden können (IEA 1998: 104). Dagegen war die Türkei einer der bedeutendsten potentiellen Märkte für turkmenisches Gas, da der Gasmarkt dieses großen Landes rasche Wachstumsraten aufwies. Gazprom besaß jedoch genügend bestehende Förderkapazität, um diesen Markt selbst zu beliefern. Einzig Exporte nach Pakistan und Indien über Afghanistan wären außerhalb des Aktionsradius von Gazprom gewesen. Diese stießen aber auf politische Hindernisse. Die politisch gespannte Lage zwischen Pakistan und Indien sprach gegen ein solches Unterfangen (IEA 1998: 109) und auch die politische Situation in Afghanistan barg hohe Risiken. Exportmöglichkeiten nach China waren auf Grund der sehr großen Entfernung der Verbrauchszentren ebenfalls noch mit hohen Unsicherheiten behaftet und würden mit russländischen Lieferungen aus Ostsibirien konkurrieren (IEA 1998: 110).

Aus diesem kurzen Überblick lässt sich der Schluss ziehen, dass zahlungsfähige Märkte für zentralasiatisches Gas entweder politisch blockiert waren (Indien, Pakistan) oder Gazprom kein Interesse am Vordringen Turkmenistans auf diese Märkte zeigte, da sie selbst über genügend Förderkapazität zu deren Belieferung verfügte. Für die Belieferung der GUS-Märkte, der einzigen für Gazprom annehmbaren Lösung, war die bestehende Produktionskapazität Turkmenistans bereits mehr als ausreichend. Für den Fall, dass Gazprom selbst nicht mehr über genügende Produktionskapazitäten verfügen würde, also zusätzliches Gas importieren müsste, würde die bestehende Produktionskapazität Turkmenistans ebenfalls genügend Erdgas bereitstellen können. Auf Grund der fehlenden Märkte bzw. der Konkurrenz mit den eigenen Märkten hätte eine Investition in die Erdgasförderung in Turkmenistan für Gazprom daher keine positiven Ertragsströme erzeugen können, da mehr Gas produziert worden wäre als Gazprom gewinnbringend absetzen konnte.

Die Kontrolle über turkmenische Erdgaspipelines war für Gazprom ebenfalls nicht interessant, da sie die Hauptexportwege bereits so kontrollieren konnte und die Margen beim Erdgastransport vermutlich gering waren.

Der An- und Verkauf turkmenischen Erdgases in Höhe von jährlich 30 Mrd. m³ zum Preis von US-$ 42 pro 1000 m³, der durch Turkmenrosgaz durchgeführt würde, hätte für Gazprom nur dann einen positiven Nettogegenwartswert, wenn die eigene Produktion nicht eingeschränkt werden müsste, also wenn weitere zahlungsfähige Märkte für turkmenisches Erdgas zur Verfügung stünden. Da Gazprom jedoch Erdgas in ausreichenden Mengen und zu geringeren Kosten selbst produzieren konnte war der Handel mit turkmenischem Gas zu diesen Konditionen nachteilig. Dafür spricht auch, dass die Verantwortung an Itera abgegeben wurde, die die entsprechende Zahlungsvereinbarung nicht einhielt. Insgesamt kann daher festgehalten werden, dass Gazprom keinen positiven Nettogegenwartswert aus der Etablierung der Turkmenrosgaz erwarten konnte.

Auch konnte sich Gazprom von einer Beteiligung an turkmenischer Gasförderung und an der Pipelineinfrastruktur keine strategischen Vorteile sichern. Diese lägen vor allem in der Verhinderung von Konkurrenz auf bestehenden und zukünftigen Märkten für russländisches Erdgas. Ideal wäre für Gazprom zweifelsohne die vollständige Kontrolle über turkmenische

Erzeugungs- und Exportkapazitäten. Auf Grund der sehr wichtigen Rolle der Gasindustrie für Turkmenistan ist eine vollständige Kontrolle über die Erzeugungskapazitäten ohne eine Aufgabe der turkmenischen Souveränität aber nicht zu erreichen. Der unmittelbare strategische Wert einer Kontrolle über das turkmenische Gastransportsystem erschien zudem gering, da Gazprom bereits ohne diese Kontrolle die turkmenische Gasproduktion und die Exporte wesentlich steuern konnte, wie sich 1994-99 und wiederum ab 2009 zeigte (siehe Abbildung 6.3). Über ein Öffnen und Schließen des Ventils konnte Gazprom so bereits direkte Anreize setzen. So konnte etwa das turkmenische Interesse an Diversifikation durch gezieltes Öffnen des Ventils verringert werden, wenn dies notwendig erschien. Strategische Gewinne, die über diesen bereits vorhandenen Spielraum hinausgehen, hätten mit Turkmenrosgaz hingegen nur sehr langfristig realisiert werden können und waren unsicher. Daher erschienen die strategischen Zugewinne für Gazprom sehr gering. Gazprom hatte folglich kein Interesse an der Turkmenrosgaz.

Für *politische Akteure* hingegen war die stärkere Beteiligung der Gazprom im turkmenischen *upstream*-Sektor und Gastransport, sowie am Handel mit turkmenischem Gas positiv, da dies die angestrebte Integration der GUS-Staaten voranbringen würde. Turkmenistan würde durch Investitionen der Gazprom und durch die stärkere Berücksichtigung seiner Außenhandelsinteressen von den Vorzügen einer Integration mit Russland überzeugt werden können. Daneben sollte Turkmenrosgaz auch Teil von konkreten *package deals* sein, denn die russländische Regierung strebte einen besseren Schutz der Interessen der russischen Bevölkerungsteile Turkmenistans an, die durch die Nationalisierungspolitik Nijazovs als bedroht angesehen wurden. Außerdem war Russland auf Grund seiner Rolle als Grenzschützer an den tadschikischen Außengrenzen in den Konflikt zwischen der tadschikischen Regierung und der bewaffneten Opposition verwickelt, die von Afghanistan aus operierte und dabei auch auf die Kampfgruppen regionaler Herrscher zurückgreifen konnte. Dabei erhoffte sich El'cin die Unterstützung des offiziell „neutralen" Turkmenistan, da Nijazov gute Beziehungen zu den Taliban und regionalen Herrschern unterhielt (Baev 2008: 60; Koreckij 1995; Panfilov 1995). Daneben wollte El'cin auch die Unterstützung Nijazovs in der Frage des Rechtsstatus des Kaspischen Meeres erreichen, wo es insbesondere mit Aserbaidschan zu Konflikten kam. Nach Abschluss des Deals unterstützte Nijazov denn auch die russländische Position, der zufolge die Ressourcen nur gemeinsam ausgebeutet werden dürften (Kolodin 1995; Koreckij 1995). Die Auszahlung außenpolitischer Gewinne an Russland geschah also unmittelbar.

Für *Turkmenistan* war Turkmenrosgaz hingegen wirtschaftlich sehr interessant, da das Gemeinschaftsunternehmen erhöhte Gasexporte, Deviseneinnahmen und Investitionen in die Gaswirtschaft versprach, die für das Land zentral sind. Die Abgabe der Kontrolle über das Pipelinenetz war demgegenüber nicht mit hohen Kosten verbunden, da die Exportpipelines nach Russland verliefen und neue Pipelines wohl vom Gemeinschaftsunternehmen ausge-nommen worden wären.

Die außenpolitischen Zusagen waren ebenfalls nicht mit hohen Kosten verbunden, da sie keine bindende Wirkung hatten. Die Position zum Rechtsstatus des Kaspischen Meeres konnte rasch wieder geändert werden, ebenso wie die Zusage, Russland bei der Vermittlung mit Afghanistan behilflich zu sein. Allerdings trug die Unterstützung Moskaus in der Frage des Rechtsstatus zu einer weiteren Verschlechterung der schon angespannten Beziehungen mit Aserbaidschan bei, die auf Grund der Streitigkeiten über Rohstoffe in der Mitte des Kaspischen Meeres bestanden. Im Gegenzug entsprach die nun eingenommene

Positionierung der Position des Iran (IEA 1998: 150). Aber auch der bessere Schutz der Interessen russländischer Minderheiten erlegte Turkmenistan einige Kosten auf, die jedoch vor allem symbolischer Art sein dürften. Auf Grund der Beschaffenheit des Regimes konnten diese Privilegien auch rasch wieder abgeschafft werden.

Ergebnisse

Insgesamt ist die Turkmenrosgaz für Gazprom kein wirtschaftlich rationales Projekt gewesen, da sie selbst über genügend Erdgas für die Belieferung zahlungsfähiger Märkte verfügte und Turkmenistan keine realistischen Exportalternativen in der Größenordnung Russlands besaß. Die Turkmenrosgaz war auch von den politischen Eliten der Exekutive auf Grund außenpolitischer Interessen erwünscht. Insbesondere Präsident El'cin trat dabei auch in koordinierender Funktion auf und versuchte, die Gazprom zur Kooperation mit Turkmenistan zu bewegen. Gazprom ihrerseits war jedoch am Geschäft mit Turkmenistan nicht interessiert und vergab die Konzession für den Handel mit Turkmenistan an die mit ihr verbundene Itera. Diese erfüllte die Zusagen nicht und Gazprom war nicht bereit dafür einzutreten. Auch die 1997 durchgeführte wiederholte Intervention von Nijazov bei El'cin blieb ohne Wirkung. Dementsprechend wurde das Projekt Turkmenrosgaz nicht wie vereinbart realisiert und scheiterte. Unterstützung bei ihrer Haltung erhielt Gazprom dabei von Teilen der Staatsduma.

Nachdem Turkmenistan die Lieferungen eingestellt hatte führte Gazprom eine Blockade turkmenischer Gasexporte in nördliche Richtung durch, indem es den Transit turkmenischen Gases mit administrativen Hürden behinderte und gleichzeitig keinen annehmbaren Preis für turkmenisches Gas anbot. Dies verdeutlicht, dass die russländische Exekutive Gazprom nicht an ihre Interessen binden konnte. Das Unternehmen verfolgte stattdessen seine eigenen Interessen. Dies entspricht auch der hier untersuchten ersten Hypothese. Allerdings zeigte sich der Unterschied zwischen den Interessen des Präsidenten und von Gazprom deutlicher, als von der Hypothese erwartet worden wäre. Es wäre eher erwartet worden, dass Gazprom auch El'cin für ihre eigenen Interessen hätte einspannen können.

6.2.5 „Weil das eine Frage unserer nationalen Sicherheit ist"[67]. Gazprom und Turkmenistan im Rahmen des gestärkten Gewaltmonopols

Die Beziehungen Turkmenistans zu Gazprom und Russland waren seit der Unterbrechung der Lieferungen denkbar schlecht. Nichtsdestotrotz musste Gazprom verhindern, dass Turkmenistan auf andere Märkte diversifizierte. Insbesondere der rasch wachsende türkische Markt war dabei von Interesse, den Turkmenistan mit der Transkaspischen Pipeline (TKP) erschließen wollte.

Um die Diversifikation von Turkmenistan zu verhindern verfolgte Gazprom eine Strategie, die Turkmenistan vom Vordringen auf neue Märkte abhalten würde. Die taktischen Züge bestanden sowohl in Maßnahmen zur Manipulation des Kontextes und in einer Mischung direkter positiver und negativer Anreize. Diese wurden je nach Veränderung des Kontextes

---

[67] Valerij Jazev, Vorsitzender des Subkomitees für Brennstoffressourcen der Staatsduma zu den Steuervergünstigungen für die Blue Stream Pipeline, 9.12.1999, Vgl. VPS (1999).

variiert: Wenn eine Diversifikation auf den türkischen oder europäischen Markt wahrschein-licher schien, war Gazprom zu Manipulation des Kontextes und zu Konzessionen bereit. Außerdem veränderte sich die Interessenlage der Gazprom vorübergehend durch die sinkende Eigenproduktion, in deren Kontext es günstiger war, zentralasiatisches Gas zu importieren als Neuinvestitionen vorzunehmen. Außerdem veränderten sich die Prioritäten der Gazprom, denn diese wollte, durch Putin angeregt, ein Monopson gegenüber Turkme-nistan durchsetzen.

In Folge werden die verfolgten Strategien und Taktiken aus Gründen der Ökonomie der Darstellung und Lesbarkeit nur zusammenfassend skizziert, um detaillierter auf den 2005 erfolgten Strategiewandel einzugehen. Deutlich wird dabei, dass die Strategie der Gazprom gegenüber Turkmenistan im Wesentlichen in die Strategie gegenüber der Ukraine eingebunden ist. Da Gazprom keine Beteiligungen an Projekten mehr erwarb werden nur noch die eingesetzten Instrumente russländischer Akteure dargestellt. Für die detaillierten Prozesse und Nachweise sei wiederum auf die Tabelle in Anhang IV verwiesen.

Prozessanalyse

Um Turkmenistan von seinen Plänen zur Diversifikation abzubringen und die Kosten des wirtschaftlichen Zwangs für Turkmenistan zu erhöhen manipulierte Gazprom Ende der 1990er Jahre zunächst den Kontext für turkmenische Gasexporte. Dazu wurde eine Beteiligung an einem iranischen Erdgasfeld erworben, von dem aus Exporte nach Pakistan und Indien vorgesehen waren. Dies verschlechterte die Aussichten für die TAPI Pipeline. Wesentlich wichtiger waren derweil direkte Instrumente der Marktschließung wie die Vereinbarung zum Bau der Blue Stream Pipeline von Russland in die Türkei mit der türkischen Botas und der 1998 geschlossene neue Liefervertrag mit der deutschen Ruhrgas. Beide Akteure hatten zuvor Interesse an turkmenischem Erdgas gezeigt. In strategischer Kooperation mit der italienischen ENI konnte Gazprom das Blue Stream-Projekt forcieren und den türkischen Partnern geradezu aufdrängen. Dabei gingen die Projektteilnehmer erhebliche Risiken ein. Ein weiteres Instrument war der Abschluss einer strategischen Partnerschaft mit Shell, die über die Instrumentalisierung der dadurch erworbenen Netzwerkressourcen von der Kooperation mit Turkmenistan abgehalten werden sollte. Letzteres glückte jedoch nicht. Politische Akteure unterstützten Gazprom wiederum in ihren Bemühungen durch den Abschluss von Regierungsvereinbarungen, die Vergabe von großzügigen Steuervergünstigungen für Blue Stream und die Abweisung westlicher Kritik an Investitionen in Iran.

Turkmenistan bemühte sich seinerseits um ein rasches Voranbringen der TKP, um über die Manipulation des Marktkontextes Verhandlungsmacht gegenüber Russland aufzubauen. Dabei wurde das Projekt durch stärkere Kooperation zwischen den zentralasiatischen Staaten, die auch durch die USA vermittelt worden war, und durch verstärktes kommerzielles Interesse im Jahre 1999 immer wahrscheinlicher. Dies hatte seitens der Gazprom einerseits die beschriebene Forcierung der Blue Stream zur Folge und resultierte andererseits in einer Aufhebung der wirtschaftlichen Blockade der Gazprom gegenüber Turkmenistan. Dabei wurde das Pipelinemonopol in Bezug auf GUS-Märkte zunächst wieder aufgebrochen und direkte Lieferbeziehungen mit der Ukraine ermöglicht. Itera wickelte abermals den Gaseinkauf und Transit ab (Globalwitness 2006). Die Veränderung der Taktik hatte Erfolg – die Beziehungen zwischen Turkmenistan und Aserbaidschan verschlechterten sich wieder und Turkmenistan tauschte den faktischen Verzicht auf die TKP gegen die Aufhebung der wirtschaftlichen Blockade und damit unsichere langfristige gegen sichere kurzfristige Profite. Die Lieferbeziehungen zur Ukraine wurden so im Mai 2001 vertieft; es konnte ein fünfjähriger Liefervertrag für die jährliche Lieferung von 50 Mrd. m³ zum Preis von US-$ 42 pro 1000 m³, jeweils zur Hälfte in Valuta und in Barter unterschrieben werden. Die Ukraine wollte die Gaslieferungen auch mit Dienstleistungen beim Aufbau von Energieinfrastruktur und beim Straßenbau in Turkmenistan begleichen (Dvoržovec 2001; Ivženko 2001).

Da Gazprom Ende der 1990er Jahre einen leichten Produktionsrückgang aufwies, der erst 2003 beseitigt werden konnte (Stern 2009: 65), hatte das Unternehmen Anfang der 2000er Jahre auch ein vorübergehendes Interesse am Import turkmenischen Gases, um die eigenen Produktionsausfälle zu kompensieren.[68] Der turkmenische Präsident Nijazov nutzte die neue Nachfrage nach turkmenischem Gas und die Durchbrechung des Pipelinemonopols zur Ausübung wirtschaftlichen Drucks gegenüber Gazprom und der Ukraine. Dadurch konnten höhere Preise für turkmenisches Gas erzielt werden. Außerdem versuchte Nijazov, Gazprom und die Ukraine zu wirtschaftlicher Kooperation beim Bau weiterer Exportkapazitäten anzuregen, was jedoch ohne Wirkung blieb.

Auf politischer Ebene änderten sich nach Amtsantritt Putins die Prioritäten. Die Übernahme des Pipelinenetzwerks der Ukraine wurde von Putin als wichtig angesehen. 2002 schloss er dazu eine Vereinbarung mit dem kooperationsbereiten ukrainischen Präsidenten Leonid Kučma, die ein gemeinsames Management des Gastransportsystems vorsah (Fredholm 2008: 18; Pirani 2009: 115). Auf der turkmenischen Seite versuchte Putin, ein Monopson zu organisieren, um stärkere Kontrolle über die Gasflüsse zu erreichen und die Abhängigkeit Turkmenistans von Russland zu konservieren. Jedoch stieß er dabei auf Widerstand bei Nijazov, der sowohl Putins Idee einer Gasallianz Russlands mit den zentralasiatischen Staaten ablehnte, als auch keine neuen bindenden Verträge mit Gazprom abschloss. Außerdem trieb Nijazov die TAPI-Pipeline voran.

Erst nach dem vermutlichen Anschlagsversuch Ende 2002 zeigte sich Nijazov gesprächsbereiter, aber keineswegs servil gegenüber den Interessen Russlands (Baev 2008: 63). Er fuhr 2003 nach Moskau, um einen *package deal* zu schließen, bei dem er die politische Zusage Turkmenistans zu einer faktischen Monopsonisierung der turkmenischen Gasexporte durch Russland zwischen 2009 und 2028 und besseren Schutz russischer Minderheiten in Turkmenistan gegen konkrete wirtschaftliche Zusagen der Gazprom zur Zahlung vergleichsweise hoher, fester Gaspreise durch Gazprom (US-$ 44 pro 1000 m³, davon zur Hälfte Barter) über die nächsten drei Jahre, bei geringen Mengen. Außerdem wurde bessere Sicherheitszusammenarbeit mit Russland vereinbart, also die Unterstützung Russlands beim Vorgehen gegen die Opposition gegen einen Gasvertrag getauscht (Baev 2008: 63; Jastrebcov 2003; Kolesnikov 2003). Die politischen Zusagen entfalteten aber auf Seiten Turkmenistans nur geringe Bindungskraft, ebenso wie Gazprom nicht daran interessiert schien, mit Turkmenistan einen langfristigen Liefervertrag einzugehen (Stern 2005: 74). Schon einen Tag nach dem Treffen mit Putin empfing Nijazov den ukrainischen Präsidenten Kučma und versprach ihm weitere Gaslieferungen in Zusammenarbeit mit

---

[68] Das genaue Ausmaß der notwendigen Importe aus Turkmenistan ist unklar, da die Angaben sich stark unterscheiden. Generell kann jedoch auf Grundlage des Vergleichs mehrerer Quellen angenommen werden, dass Gazprom von 2000-2003 turkmenisches Erdgas zur Kompensation des Produktionsrückgangs benötigte. Dass dies auch danach (bis 2008) der Fall war, ist unwahrscheinlich. Diese Schlussfolgerungen beruhen auf Stern (2009), auf IEA (2008) und Gazprom (2010a).

Russland. Kučma seinerseits versuchte, das geplante Gaskonsortium mit Russland als Hebel einzusetzen, um weiter unabhängige Gaslieferungen aus Turkmenistan zu erhalten. Kurz darauf wurde auch der Gashändler Itera mit einem zehnjährigen Liefervertrag bedacht (Butrin 2003a; Glumskov 2003; Grivač/Dubnov 2003; VN 2003; VPS 2003). Gazprom gelang es also vorerst nicht, das Monopson gegenüber Turkmenistan zu etablieren und gegenüber Ukraine als einziger Versorger aufzutreten, da beide Länder dem entgegenwirkten.

Weitere Schritte dazu gelangen allerdings im Sommer 2004, einige Monate vor den Präsidentschaftswahlen in der Ukraine. Bei einem Treffen zwischen Putin, Kučma, seinem designierten Nachfolger Janukovič und Geschäftsleuten beider Länder wurde die politische Unterstützung Janukovičs durch Putin eingeholt.[69] Kurz vor dem Treffen hatte Kučma die Aufgabe des Ziels der Westintegration angekündigt – man strebe nicht mehr in die NATO und EU. Als weitere Gegenleistung für die Unterstützung Russlands wurde der im schweizerischen Zug registrierte Zwischenhändler RosUkrÉnergo gegründet, der die Gaslieferungen in die Ukraine ab 2005 bis 2028 monopolisieren würde Allerdings sollte der Zwischenhändler zunächst das von der Ukraine in Turkmenistan gekaufte Erdgas aufkaufen und dann wieder verkaufen, und erst ab 2007 die Ukraine als Vertragspartner Turkmenistans vollständig ersetzen (Aptekar' 2004; Butrin et al. 2004; Glikin 2004; Kolesnikov 2004). Der Zwischenhändler wurde zur Hälfte von Gazprombank und zur anderen Hälfte nominell von der Raiffeisenbank kontrolliert (Globalwitness 2006). Später stellt sich heraus, dass diese Hälfte den ukrainischen Geschäftsmännern Dmitrij Firtaš (45 %) und Ivan Fursin (5 %) gehört (Reznik 2008). 2006 übernahm Gazprom den Anteil der Gazprombank an RosUkrÉnergo.

Firtaš spielte auch schon zuvor eine Rolle im Gasgeschäft mit Turkmenistan. Wie viele andere Gashändler hatte er eine starke Position, da der Barterhandel kompliziert war und er über langjährige Beziehungen mit turkmenischen Partnern verfügt (Firtaš 2011). Auch waren die Beziehungen der Gazprom zu Turkmenistan nach nicht sonderlich gut. Firtaš hatte schon seit den 1990er Jahren eng mit Itera zusammengearbeitet (Reznik 2006) und fiel ihr dann in den Rücken, als das neue Gazprom-Management einen raschen Ersatz für Itera suchte, die auf Grund ihrer engen Verflechtung mit dem alten Gazprom-Management in Ungnade gefallen war. Das Resultat war EuralTransGas Kft, eine von Firtaš speziell für den Gashandel gegründete ungarische Firma, deren Eigentumsverhältnisse aber unklar blieben. Die Firma gehörte nominell drei sehr armen rumänischen Staatsbürgern und einem israelischen Anwalt, Zeev Gordon. Letztere erhielten dafür eine Kompensation (Fredholm 2008: 20; Globalwitness 2006: 36; GroupDF 2012). Mehrere Tatsachen weisen dabei auf Verbindungen zwischen EuralTransGas, Firtaš, und dem vermutlichen ukrainischen Mafiaboss Semen Mogilevič hin, der in Moskau lebt und auf der Liste der 10 meistgesuchten Kriminellen des FBI steht (FBI 2009): Gordon sagte der Financial Times, Mogilevič sei nicht nur sein Klient, sondern auch sein Freund. Der Direktor der EuralTransGas, Andras Knopp, soll ebenfalls mit Mogilevič im Zigarettenschmuggel gearbeitet haben. Oleg Pal'čikov, der Direktor des Moskau-Büros der EuralTransGas, hatte ebenfalls Geschäftsbeziehungen zu Mogilevič (Belton 2003a; Fredholm 2008; Kupchinsky 2009; Warner 2006). Firtaš selbst gab zu, Mogilevič zu kennen, sagte jedoch, dass er nie eine Partnerschaft oder kommerzielle

---

[69] Dies wurde auch durch die spätere Entwicklung bestätigt, da „Polittechnologen" des Kreml für den Wahlkampfstab von Janukovič abgestellt wurden und aktiv versuchten, den Wahlausgang zu beeinflussen, vgl. Grätz (2009: 264, Fn. 5).

Gesellschaft mit ihm unterhalten habe und dieser keinen Anteil an EuralTransGas gehalten habe. Firtaš habe alles selbst erreicht auf Grund seiner guten Reputation in Zentralasien und sei einfach zur richtigen Zeit am rechten Ort gewesen (Globalwitness 2006: 57; GroupDF 2010; Reznik 2006; US 2008). Zumindest dürfte Mogilevič jedoch bei der Organisation des Schemas behilflich gewesen sein. Ein (wenn auch nur konkludentes) Arrangement mit Mogilevič könnte für Firtaš nötig gewesen sein, um den Gashandel übernehmen zu können.

EuralTransGas war auf Grund dieser undurchsichtigen Eigentumsverhältnisse scharfer Kritik ausgesetzt und wurde schließlich durch RosUkrÈnergo ersetzt. Beide Unternehmen sind Zwischenhändler, hatten jedoch wohl unterschiedliche Gründe für ihre Entstehung. Die Umstände der Gründung der EuralTransGas deuten darauf hin, dass Firtaš benötigt wurde, da ein noch wenig erfahrenes Gazprom-Management die Priorität verfolgte, Itera als Günstling des alten Managements möglichst schnell zu entfernen. Da man im Zentralasiengeschäft unerfahren war, konnte sich Firtaš als Partner anbieten und Mogilevič konnte wahrscheinlich ebenfalls Interessen durchsetzen (Belton 2003b). Der Deal fand auch vor dem Hintergrund der 2002 getroffenen Übereinkunft über das gemeinsame Management des ukrainischen Pipelinesystems statt, die jedoch nie umgesetzt wurde. RosUkrÈnergo war dann ein weiterer Zwischenhändler, der allerdings schon unter einem erfahreneren Management und vor dem Hintergrund politischer Absprachen implementiert wurde. Warum Firtaš hier abermals Teil des Deals wurde ist unklar. Er selbst gibt an, dass er Putin Zugang zu zentralasiatischem Gas verschafft hat, den Putin selbst nicht erreichen konnte (Firtaš 2011).

Nachdem die orange Koalition in der Ukraine die Wahlen gewonnen hatte veränderte sich die Interessenlage in der Ukraine Die orange Koalition versuchte, RosUkrÈnergo aus dem Lieferschema zu entfernen, indem man Russland und Turkmenistan vorschlug, auf Barterhandel zu verzichten. Die Ukraine würde das Gas vollständig in Währung bezahlen, während Gazprom den Transit ebenfalls in Währung und nicht mehr in Gas bezahlen würde. Gazprom begrüßte den Übergang zu geldbasiertem Handel, bestand jedoch darauf, dass RosUkrÈnergo in der Produktionskette erhalten bleiben müsse (Butrin/Grib 2005b; Egorova/Reznik 2005). Gazprom verstärkte stattdessen ihre Bemühungen, direkte Verträge der Ukraine mit Turkmenistan zu verhindern und so ein Monopol gegenüber der Ukraine zu erreichen. Diesbezüglich konnte Gazprom nun größere Erfolge in Zentralasien verzeichnen: Im September 2005 wurde eine Vereinbarung mit Usbekistan unterschrieben, die bis 2010 die gesamte Transitkapazität des Landes buchte und Gazprom zum Betreiber des Transits ernannte (Murray 2006; Ševel'kova 2005a). Damit konnte der Transit bereits verhindert werden, bevor das turkmenische Gas russländisches Territorium erreichen würde. Nijazov verwies gegenüber der Ukraine dann auch darauf, dass man einen Liefervertrag nicht ohne Gazprom aushandeln könne (Ševel'kova 2005b).

Als weiteres Zeichen der verbesserten Beziehungen mit Zentralasien zeigte sich nun auch Nijazov gefügig und half Gazprom, die Monopolisierung der Bezüge der Ukraine durchzusetzen. Gazprom konnte sich so endgültig als *tertius gaudens* zwischen Turkmenistan und Ukraine positionieren. Firtašs Dienste waren dazu vielleicht dienlich, wurden anschließend aber weniger notwendig. Dennoch hielt Gazprom aber an RosUkrÈnergo fest. Dabei setzte Gazprom gegenüber Turkmenistan höhere Abnahmepreise als Anreiz ein, um das Monopson aufbauen zu können.

Im November 2005 erhöhte Gazprom den Druck auf die Ukraine, das Gastransportsystem in ein Konsortium zu übergeben, das zu 50 % der Gazprom gehören würde. Gazprom würde das Transportsystem und die Speicher also *de facto* kontrollieren. Zunächst wurde eine

Preiserhöhung von US-\$ 50 auf US-\$ 160 pro 1000 m³ angekündigt. Als die Ukraine bis Mitte Dezember nicht zugestimmt hatte, wurde die Preisforderung auf US-\$ 230 pro 1000 m³ erhöht und andernfalls mit einer Einstellung der Lieferungen gedroht (Butrin/Grib 2005a; Grib/Gavriš 2005).

Diese Eskalationstaktik war möglich, da sie durch Turkmenistan unterstützt wurde. Im November 2005 kündigte Nijazov eine Preiserhöhung auf US-\$ 60 pro 1000 m³ an, da sich die Preise für Ausrüstung in der Öl- und Gasindustrie erhöht hätten. Sowohl Gazprom als auch die Ukraine hätten bis 10. Dezember Zeit, neue Verträge zu schließen (ITAR-TASS 2005c; b). Am 29. Dezember 2005 schloss Gazprom dann einen neuen Vertrag für 2006 mit Nijazov, demzufolge die im Vertrag von 2003 zwischen Turkmenistan und Gazprom vorgesehenen 10 Mrd. m³ auf 30 Mrd. m³ aufgestockt werden. Dabei war Gazprom bereit, einen hohen Preis von US-\$ 65 pro 1000 m³ zu zahlen. Darüber hinaus wurde vereinbart, dass die Hälfte der vereinbarten Menge bereits im ersten Quartal 2006 geliefert werden soll, was auf Grund der Pipelinekapazität technisch jedoch gar nicht möglich ist (VWD 2005).[70] Damit war am Anfang des Jahres kein Platz mehr in der Exportpipeline für die Belieferung der Ukraine mit dem Gas aus dem 2001 mit der Ukraine geschlossenen Vertrag.

Nijazov erklärte am gleichen Tag der Vertragsunterzeichnung mit Miller, dass er ebenfalls einen Liefervertrag mit der Ukraine über die Lieferung von 40 Mrd. m³ im Jahre 2006 zu einem etwas niedrigeren Preis unterzeichnet habe (ITAR-TASS 2005a). Auf Grund der begrenzten Pipelinekapazitäten konnten aber nicht beide Verträge erfüllt werden. Gazprom konnte nun seine Kontrolle über den Transit durch Usbekistan und Russland nutzen, um das von der Ukraine bestellte Gas zu blockieren. Nach der Reduktion der Liefermengen an die Ukraine durch Gazprom am 1.1.2006 berief sich die Ukraine darauf, dass Gazprom das für sie bestimmte turkmenische Gas zurückhalte und sie daher berechtigt sei, für den Transit nach Europa bestimmtes Gas zu entnehmen. Gazprom konnte im Gegenzug darauf verweisen, dass sie nur das von ihr kontrahierte turkmenische Gas erhalten habe und daher kein Gas zurückhalten könne (REGNUM 2006b; c). Am 4. Januar 2006 wurden so neue Verträge zwischen Gazprom und Naftogaz unterzeichnet. Diese sahen die Belieferung der Ukraine mit Erdgas zum Preis von US-\$ 95 pro 1000 m³ für 5 Jahre vor, wobei der Gaspreis nach sechs Monaten neu verhandelt werden sollte. Für diesen Preisnachlass machte die Ukraine mehrere Konzessionen: Das Erdgas würde vollständig von RosUkrÈnergo geliefert werden, sodass kein direkter Zugang mehr zu zentralasiatischem Erdgas bestand, der Vertrieb von importiertem Gas in der Ukraine würde von einem Gemeinschaftsunternehmen zwischen Naftogaz und RosUkrÈnergo abgewickelt werden (ohne Exportrechte) und RosUkrÈnergo selbst würde das Recht zum Export von überschüssigem Erdgas erhalten (Butrin 2006b; Fredholm 2008: 26). Dies bedeutete, dass Naftogaz selbst kein Erdgas mehr auf die lukrativen EU-Märkte exportieren könnte, da die Eigenproduktion für den Inlandsmarkt eingesetzt werden müsste und RosUkrÈnergo selbst die Überschüsse exportieren würde.

Der Ende 2005 vereinbarte Liefervertrag zwischen Gazprom und Turkmenistan lief währenddessen bereits im dritten Quartal 2006 aus, da die vereinbarten Mengen bereits geliefert worden waren. In diesem Zusammenhang forderte Nijazov eine Preiserhöhung auf US-\$ 100 pro 1000 m³ für weitere Bezüge und drohte andernfalls mit der Einstellung der Lieferungen an Gazprom ab dem vierten Quartal (EUSPOT 2006a; REGNUM 2006a).

---

[70] Teilweise wurde gemeldet, Gazprom habe zusätzlich zu den bestehenden 10 Mrd. m³ zum Preis von US-\$ 44 pro 1000 m³ die 30 Mrd. m³ gesichert, wofür jedoch keine Bestätigung gefunden wurde. Siehe IOD (2005b).

Gazprom war jedoch nicht bereit auf den höheren Preis einzugehen und stellte die Verhandlungen ein (Interfax 2006e). Aus taktischen Gründen erlaubte Gazprom dann separate Verhandlungen der Ukraine mit Turkmenistan und kündigte sogar eine mögliche Durchbrechung des Pipelinemonopols an – wenn es der Ukraine gelänge, sich direkt mit Turkmenistan zu einigen so werde man Transitdienstleistungen erbringen (BBC 2006b). Als die Ukraine sich jedoch auf einen Liefervertrag zum Preis von US-$ 100 pro 1000 m³ einigen wollte, machte Gazprom ihr das Angebot, den Gaspreis für drei Monate nicht zu erhöhen, wenn sie keinen Vertrag mit Turkmenistan abschließen würde (TCA 2006). Gazprom schloss dann im September 2006 einen neuen Gasliefervertrag mit Turkmenistan, demzufolge 2006 12 Mrd. m³ mehr Gas als vereinbart gekauft werden sollte und von 2007 bis 2009 jeweils 50 Mrd. m³ geliefert würde. Der Preis für alle Lieferungen betrug US-$ 100 pro 1000 m³ (TDN 2006). Mit der Ukraine wurde nach dem Amtsantritt von Premierminister Janukovič anschließend vereinbart, den Preis von US-$ 95 pro 1000 m³ bis zum Jahresende nicht anzuheben und danach zu Preisen überzugehen, die auf „Marktprinzipien und Kooperation" beruhten. Der Grenzübergangspreis für Deutschland betrug zu dieser Zeit etwa das Dreifache des ukrainischen Preises (vgl. Abbildung 7.16). Es war Gazprom also gelungen, die ukrainischen Bezüge zu monopolisieren und ein Monopson gegenüber Turkmenistan zu errichten. Dies sollte auch in Folge erhalten bleiben, da Gazprom bereit war auf Barter zu verzichten und immer höhere Preise zu zahlen. Diese konnten anschließend auch gegenüber der Ukraine durchgesetzt werden. Die Beweggründe dafür werden im nächsten Abschnitt untersucht.

Als nach dem Tod Nijazovs Ende 2006 eine Diversifikation Turkmenistans wieder wahrscheinlicher wurde, versuchten russländische Akteure, Turkmenistan zur Kooperation beim Bau weiterer Exportkapazitäten und bei der Erdgasförderung anzuregen. Als weitere Anreize wurden höhere Gaspreise und Abnahmemengen geboten. Turkmenistan versuchte seinerseits, Diversifikationsoptionen offen zu halten, um wirtschaftliche Konzessionen von Gazprom zu erlangen. Nachdem die hohen Kosten der gegenüber Turkmenistan eingegangenen Abnahmeverpflichtungen während der Wirtschaftskrise deutlich wurden und die Nachfrage nach Erdgas zurückgegangen war, erhielt Gazprom ihre Anreize zunächst aufrecht, verwendete dann Anfang 2009 jedoch abermals wirtschaftlichen Zwang. Dadurch wurden die Exporte Turkmenistans wiederum stark beschnitten und erholten sich in Richtung Russland nicht mehr. Letztlich konnte Gazprom das Vordringen Turkmenistans auf den chinesischen Markt nicht verhindern (vgl. Abbildung 6.3), da das Unternehmen keine langfristig angelegte Investitionspolitik verfolgte, sondern aus seiner machtvollen Ausgangsposition nur kurzfristig auf Veränderungen reagierte. Eine Diversifikation Turkmenistans auf die wertvollen Erdgasmärkte der Türkei oder EU konnte aber bis zur Fertigstellung der Arbeit verhindert werden, da die geopolitischen Barrieren zu stark gewesen sind.

Handlungsrationalität der Organisation des Monopsons

Anstatt wie bisher direkte Lieferbeziehungen zwischen Turkmenistan und der Ukraine zu ermöglichen entschloss sich Gazprom im Jahre 2005 also zu einer Monopsonisierung der turkmenischen Exporte und zu einem Auftreten als Monopolist auf dem ukrainischen Erdgasmarkt. Unklar ist, ob Gazprom dieses Anliegen schon zuvor verfolgt hat. Jedenfalls hat Putin seit seinem Amtsantritt versucht, ein solches Monopson durchzusetzen. Die 2003 getroffenen Vereinbarungen mit Turkmenistan sahen dies jedoch erst für 2009 vor und

Gazprom schien zunächst nicht bereit, Turkmenistan entsprechend vorteilhafte Konditionen für eine Monopsonisierung zu bieten. Hier wird im Folgenden daher davon ausgegangen, dass 2005 ein Strategiewandel stattgefunden hat. Die Analyse kann jedoch auch eine Antwort auf die Interessen der Gazprom zu früheren Zeitpunkten geben.

Es kann zunächst sein, dass das Monopson einen positiven Nettogegenwartswert erzeugt hat und daher wirtschaftlich gerechtfertigt gewesen ist. Der positive Nettogegenwartswert könnte aus dem Arbitragegeschäft mit Erdgas aus Zentralasien und aus der Möglichkeit zur Extraktion höherer Gaspreise für den Teil des Erdgases entstehen, der aus Russland an die Ukraine geliefert wurde. Die Durchsetzung höherer Preise wäre nicht möglich gewesen, sofern die Ukraine auf zentralasiatisches Gas hätte zurückgreifen können.

Berücksichtigt man nur den Nettogegenwartswert der RosUkrÉnergo für Gazprom über ihre Lebensdauer von drei Jahren so ist dieser auf Grund der Möglichkeit zum Reexport von Erdgas mit ca. US-$ 900 Mio. Brutto positiv (siehe Abbildung 6.4). Dem liegt die Annahme zu Grunde, dass RosUkrÉnergo jährlich 6 Mrd. m³ exportiert und dabei Netto US-$ 250 pro 1000 m³ erlöste,[71] während sie beim Gaseinkauf einen proportionalen Mix der im entsprechenden Jahr für den Import der Ukraine genutzten Quellen nutzte. Das Arbitragegeschäft mit Erdgas zwischen Zentralasien und Ukraine bringt derweil teilweise negative Erträge.

Da das Arbitragegeschäft keinen positiven Nettogegenwartswert erzeugen kann und im Wesentlichen mit dem Erdgasexport in die EU Erlöse erzielt werden stellt sich die Frage, warum Gazprom nicht einfach selbst Erdgas erzeugt und exportiert hat. Die Monopsonisierung hätte dabei ausbleiben können. Bei Produktionskosten von zu dieser Zeit um US-$ 15 pro 1000 m³ (EEGAS 2011) hätten die Erlöse ungefähr verdreifacht werden können.

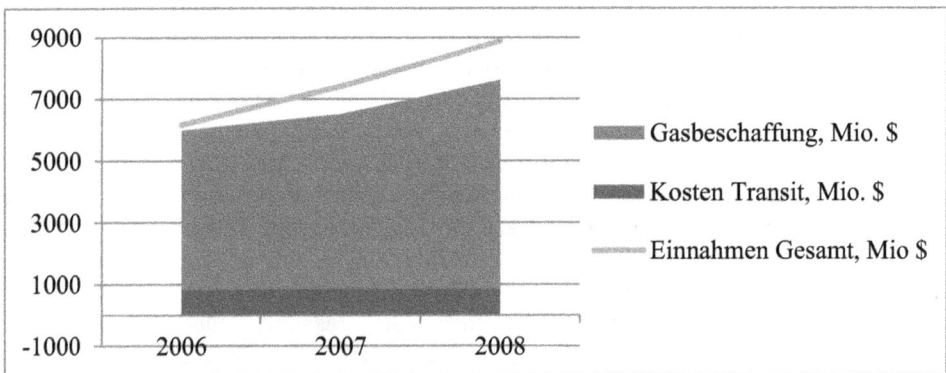

Quelle: Eigene Darstellung, Diskontierung mit 11,3 %. Nachweise zu Preisen von 2006 im Text, sonstige Preise und Volumina in Pirani (2009), zu Transitpreisen siehe Yenikeyeff (2009: 333), Annahme für russländische Transitkosten: US-$ 1 pro 100 km und 1000 m³ aus Chyong/Hobbs (2011: 75), Grib (2005). Strecken berechnet auf Basis der Angaben in Inkoték (2009), kürzester Weg in die Ukraine (Sojuz-Pipeline). Betriebskosten bleiben unberücksichtigt und sind wahrscheinlich unbedeutend.
Abb. 6.4:   Ausgaben und Einnahmen der RosUkrÉnergo, Mio. US-$ (Schätzung)

---

[71] Dies ist ein eher geringer Wert, der Mittelwert für den deutschen Netback-Bruttopreis von 2006-2008 betrug US-$ 325 pro 1000 m³.

Allerdings bleibt bei diesen Berechnungen unberücksichtigt, dass Gazprom durch die Monopolisierung der ukrainischen Bezüge auch einen höheren Preis für das von ihr selbst gelieferte Gas in der Ukraine durchsetzen konnte. So steigerte sich der Preis für das von Gazprom gelieferte Gas von US-$ 93 im Jahre 2005 auf US-$ 230 im Jahre 2006 (Pirani 2009: 102). Diese Preissteigerung wäre nicht möglich gewesen, wenn die Ukraine Zugriff auf zentralasiatisches Gas gehabt hätte. Rechnet man die zusätzlichen Gewinne des teureren Gases ein so beträgt der Nettogegenwartswert der RosUkrÉnergo für Gazprom über US-$ 2,5 Mrd. Daher scheint sich die Monopolisierung der ukrainischen Bezüge für Gazprom doch gelohnt zu haben. RosUkrÉnergo ist in dieser Lesart dann ein Vehikel, eine Konzession an Akteure mit Zugang zu Zentralasien, die die Monopsonisierung ermöglichten. Nimmt man die Durchsetzung höherer Preise als Grund stellt sich in diesem Zusammenhang die Frage, warum diese zu diesem Zeitpunkt und nicht bereits früher erfolgt ist, da sie auch früher bereits einen positiven Nettogegenwartswert erzeugt hätte.

Auch müssen die Kosten der Monopolisierung berücksichtigt werden, die sich aus der taktischen Implementierung des Monopols ergeben. Diese entstehen auf der Basis der Abhängigkeit der Gazprom von der Ukraine für Gastransit. Daher schädigte Gazprom mit der Einstellung der Lieferungen ihre Kunden in der EU. Außerdem könnten die Taktiken einen Imageschaden zur Folge haben. Russland sandte das Signal an abhängige Akteure und interessierte Parteien, dass es über die Möglichkeit zur Blockade der Energielieferungen verfügt und dieses Druckmittel auch anzuwenden bereit ist. Dieses Signal war jedoch nicht eindeutig, da die Ukraine als Transitstaat und zweite Konfliktpartei involviert war. Gazprom hoffte über ihre bessere Vernetzung in den Zielmärkten der EU und die mit Gazprom verbundenen wirtschaftlichen Interessen in der EU, Informationen selektieren zu können und den Reputationsschaden auf die Ukraine abzuwälzen. Dabei wurde die Krise als eine „Transitkrise" dargestellt, die auf Grund der Unzuverlässigkeit des Transitstaates Ukraine entstanden sei. Die Preisforderungen konnten als formelbasierte „Marktpreise" gut rationalisiert werden. Die damit verbundene Botschaft war, dass Umgehungspipelines wie Nord- und South-Stream für eine sichere Energieversorgung notwendig seien, da die Ukraine irrational handle. Ob die Lieferblockade also geringere Absatzchancen bei den Endkunden zur Folge hatte ist unklar – das Gegenteil kann sogar der Fall sein, wenn dadurch die Akzeptanz für Umgehungspipelines wahrscheinlicher wird und die beschriebenen strategischen Effekte eintreten (siehe dazu die Studien zu Nord und South Stream, Abschnitte 7.4.6 und 7.6.5). Erste Entscheidungen bezüglich der Anwendung des dritten Liberalisierungspakets in Europa bescheinigen eine positive Auswirkung (siehe Abschnitt 7.4.6, S. 280ff). Kurzfristig waren die Kosten für Gazprom daher gering und es könnten sogar Gewinne entstanden sein. Andererseits waren die langfristigen Kosten schwer zu ermessen, da nach und nach Lerneffekte eintraten. Die Gaskrisen lenkten enorme Aufmerksamkeit auf Gazprom als Akteur, der auch unkonventionelle Methoden zur Interessendurchsetzung einsetzt. Die Ukraine wurde zum Symbol eines energieabhängigen Staates, dessen Schicksal es zu vermeiden galt. Mit zunehmendem Wissen setzten so Lerneffekte ein. In Verbindung mit einem liquideren Erdgasmarkt konnte die EU stringentere Regeln für den Gasmarkt formulieren. Insofern sind die Kosten der Monopolisierung schwer abschätzbar. Es kann zwar nicht davon ausgegangen werden, dass Gazprom mit den negativen langfristigen Kosten gerechnet hat. Selbst wenn der Nettogegenwartswert des Monopols positiv wäre, könnte dieser aber nicht den Zeitpunkt der Durchsetzung erklären.

Die Monopsonisierung bzw. das Monopol könnte sich stattdessen mit strategischen Effekten erklären lassen. Das Monopson könnte bedeuten, dass Gazprom gegenüber Turkmenistan eine bessere Möglichkeit zur Regulierung der Abnahmemengen und -Preise erlangte. Darüber könnten Anreize (z. B. höhere Preise und Abnahmemengen) flexibler gesetzt werden, um auf mögliche Diversifikationspläne Turkmenistans zu reagieren. Dies ist zweifellos ein Vorteil des Monopsons gegenüber der Durchbrechung des Pipelinemonopols, da eine Diversifikation auf angestammte Märkte die Gazprom teuer zu stehen kommen könnte. Allerdings kann der Zeitpunkt der Monopsonisierung wieder nicht erklärt werden, da Turkmenistan zu dieser Zeit keine Anstrengungen zur Diversifikation auf westliche Märkte unternahm. Die TKP-Pipeline kam nicht voran (Stern 2005: 74f) und Irans internationale Isolation verstärkte sich im Zeitverlauf nur. Die Kosten der Monopsonisierung dürften die Gewinne daher überwogen haben. Dies änderte sich erst unter dem neuen Präsidenten Gurbanguly Berdimuchammedov.

Gegenüber der Ukraine bietet die Monopolisierung bessere Druckmöglichkeiten zur Erlangung des Pipeline- und Speichersystems. Da Forderungen nicht mehr gegenüber Turkmenistan und Gazprom, sondern nur gegenüber Gazprom anfallen, kann der Druck bei Nichtzahlungen oder durch Preisforderungen erhöht werden. Außerdem wird die finanzielle Situation der Naftogaz verschlechtert, da diese keine Exporte mehr in die EU vornehmen konnte.

Ob die Übernahme des Systems jedoch wirtschaftlich rational wäre hängt davon ab, ob das System einen positiven Nettogegenwartswert oder strategische Effekte erzeugen könnte. Angesichts der notwendigen Renovierungen des Systems (Fredholm 2008: 18) ist ein positiver Nettogegenwartswert fraglich. Hingegen ist der strategische Effekt positiv zu bewerten, da Gazprom mit dem Pipelinenetz nicht nur den Zugang zum ukrainischen Markt kontrollieren würde, sondern auch die riesigen Gasspeicher in der Westukraine nahe am EU-Markt. Diese wurden im Kontext der EU-Gasmarktliberalisierung immer wichtiger, da auf Spotmärkten mit Hilfe rasch regulierbarer Gasflüsse Margen abgeschöpft werden können. Gazprom selbst verfügte jedoch kaum über marktnahe Speicherkapazitäten (Firtaš 2011). Auch hatte Gazprom den Bau der Umgehungspipeline Nord Stream zwar angekündigt, aber noch nicht ausgeführt, sodass das Programm hätte eingestellt werden können (vgl. unten Abschnitt 7.4.6). Das Interesse der Gazprom an der Übernahme des ukrainischen Pipelinesystems kann daher einen Grund für die Strategieänderung angeben. Allerdings wäre es günstiger gewesen, damit noch bis zum Auslaufen des turkmenisch-ukrainischen Gasvertrags Ende 2006 zu warten. Eine Blockade hätte in diesem Fall wahrscheinlich unterbleiben können, was Kosten reduziert hätte.

Warum aber RosUkrÈnergo für die Monopolisierung genutzt wurde ist weiter erklärungsbedürftig. Forderungen nach einer Übergabe des ukrainischen Pipelinesystems hätten besser formuliert werden können, wenn Gazprom selbst Vertragspartei gewesen wäre. Allerdings hatte Gazprom wohl weitgehende Kontrolle über den Zwischenhändler. Ein Top-Manager der Gazprom bezeichnete RosUkrÈnergo 2007 als Tochterunternehmen (Grib 2007). Auch kann vor dem Hintergrund der oben analysierten Prozesse davon ausgegangen werden, dass die Organisation des Monopsons in Zentralasien durch die Beteiligung von RosUkrÈnergo leichter gefallen ist.

Deutlich wurden auch die *politischen Interessen* an der Organisation eines Monopsons gegenüber Turkmenistan und der Monopolisierung ukrainischer Gasbezüge. Wie sich auch in der Übersicht und der Analyse der Prozesse gezeigt hat, war Putin dabei daran interessiert, möglichst langfristig als Monopson für die Erdgasbezüge aus Turkmenistan aufzutreten, um das Land an Russland zu binden und politische Konzessionen zu erlangen. In diesem Kontext war auch die Diversifikation Turkmenistans nach China keine annehmbare Perspektive, da es den Einfluss Russlands in Turkmenistan und Zentralasien insgesamt schwächen würde. Insofern war die russländische politische Elite daran interessiert, dass Gazprom möglichst alles Gas aus Turkmenistan zu den besten Konditionen aufkaufen würde. Die Strategie der Gazprom zur Organisation eines Monopsons ist daher auch im außenpolitischen Interesse.

Gegenüber der Ukraine war das Interesse der politischen Elite analog. Daher war auch die Organisation eines Monopols im Interesse der politischen Elite, da es die Einflussmöglichkeiten über die Ukraine erhöhen würde. Die Prozessanalyse hat deutlich gemacht, dass politische Prozesse in der Ukraine eng mit den Absprachen über Erdgasbezüge zusammenhingen: Die Schaffung der RosUkrÈnergo fand zum gleichen Zeitpunkt statt, als der bestehende Präsident um Unterstützung für den Nachfolger ersuchte. Daher liegt die Schlussfolgerung nahe, dass hier ein *package deal* vorliegt, der politische Unterstützung gegen stärkeren Einfluss über die Gasversorgung getauscht hat. Die höheren Preisforderungen wurden denn auch mit einem neuen Preissystem gerechtfertigt, das nur noch Alliierte Staaten innerhalb der GUS mit günstigem Gas versorgen würde, sonst aber zu Marktpreisen übergegangen werden sollte (Zygar' et al. 2005). Die orange Revolution war zweifellos der Auslöser für diesen Sinneswandel. Denn der Strategiewandel der Gazprom fand zu einer Zeit statt, als die Ukraine von Akteuren regiert wurde, die eine engere Integration mit der EU und NATO befürworteten. Was dabei verschwiegen wurde war aber die Problematik der Monopolisierung der Bezüge: Die Ukraine hätte teureres Gas aus Russland verschmerzen können, wenn sie wie bisher turkmenische Importe hätte erhalten können.

RosUkrÈnergo hatte wohl auch noch eine innenpolitische Funktion, indem sie mit Firtaš einen ukrainischen Akteur finanzierte. Das Wissen Putins um die ausgeprägten Animositäten zwischen Firtaš und Timošenko, die aus der Vergangenheit im Gasgeschäft herrühren (Vysotskyi 2010), könnte eine weitere Erklärung für die fortgesetzte Inklusion von Firtaš in den Zwischenhandel gewesen sein. Dieser war nicht nur mit dem von Putin 2004 favorisierten Präsidentschaftskandidaten Janukovič verbunden, sondern konnte später auch die orange Koalition schwächen, indem er Verbindungen zu Juščenko unterhielt. Firtaš unterstützte so ab etwa Mitte 2005 den ukrainischen Präsidenten Viktor Juščenko, der RosUkrÈnergo gegen die Politik von Premierministerin Julia Timošenko schützte, die den Zwischenhändler entfernen wollte (Åslund 2009; Balmaceda 2008: 128; Globalwitness 2006: 56; Gonchar et al. 2011; US 2008). Nachdem Timošenko im Herbst 2005 von Juščenko entlassen und durch Jurij Echanurov ersetzt worden war, wurden auch die vorherigen Untersuchungen bezüglich RosUkrÈnergo eingestellt (Globalwitness 2006: 56f). Anfang 2006 konnte Juščenko so dafür sorgen, dass RosUkrÈnergo im Spiel blieb und gestärkt wurde (Balmaceda 2008: 128). Firtaš arbeitete auch in Zukunft gegen Timošenko und unterstützte eine Koalition zwischen Janukovič und Juščenko, die beide auch kein Interesse an der Eliminierung von RosUkrÈnergo zeigten (Åslund 2009; Balmaceda 2008: 137; US 2008). Der Zwischenhändler wurde dann für Russland aus politischen Gründen ab 2008 weitgehend obsolet: Die ukrainischen Gaslieferungen waren erfolgreich monopolisiert worden, genauso wie die „orange Koalition" endgültig zersetzt wurde und nicht mehr handlungsfähig war. Die politischen Hauptziele waren damit erreicht worden. Gleichzeitig verfolgte Timošenko ihren Kurs der Exklusion von RosUkrÈnergo weiter und bot sich damit zu diesem Zeitpunkt als Verbündete an (Firtaš 2011). Dies ist jedoch eine andere Geschichte, die nichts mehr mit der Monopsonisierung turkmenischer Bezüge zu tun hat und unten in Abschnitt 7.4.6 berührt wird.

Ergebnisse

Die Strategieänderung zu einer Monopsonisierung der turkmenischen Exporte war eher von den Interessen nach einer Monopolisierung der ukrainischen Gasbezüge getrieben als vom Wunsch nach einem Monopson gegenüber Turkmenistan. So war Gazprom zwar an einer Öffnung der Pipelines gegenüber Erdgaslieferungen aus Turkmenistan interessiert, um die Diversifikation Turkmenistans auf angestammte Märkte zu verhindern und zeitweise auch um ihr eigenes Gasdefizit zu überdecken. Allerdings hatte Gazprom für ersteres noch unter dem liquiden patrimonialen Kapitalismus auch andere Instrumente mobilisiert, die auf einer Manipulation des Kontextes durch Marktschließung beruhten und auf Ressourcen aus strategischen Partnerschaften mit westlichen Konzernen zurückgriffen. Dabei konnte Gazprom auch auf staatliche Subventionen zurückgreifen. Da Turkmenistan so kaum zusätzliche Märkte erschließen konnte, war die Organisation eines – wie sich 2009 zeigen sollte kostspieligen – Monopsons nicht im Interesse des Unternehmens, zumindest nicht im Jahre 2005. Sobald jedoch die Ukraine mit ins Spiel kommt ergibt sich das Interesse an einem Monopson gegenüber Turkmenistan aus dem Interesse an der Monopolisierung der ukrainischen Erdgasbezüge, die zum Aufbau von wirtschaftlichem Druck notwendig war. Damit sollte die Kontrolle über das Transitsystem hergestellt werden, das für Gazprom auf Grund der Speicherkapazität und der Veränderungen auf dem europäischen Erdgasmarkt interessant war.

Das wirtschaftliche Interesse der Gazprom an der Ukraine paarte sich mit dem Interesse der politischen Akteure. Diese waren daran interessiert, Einfluss auf die innenpolitischen Prozesse in der Ukraine zu nehmen, um eine Westintegration zu verhindern und die Ukraine näher an Russland zu binden. Das Interesse an einem Monopol und zusätzlichen Einflussmöglichkeiten wurde akut während der ukrainischen Präsidentschaftswahlen 2004 und anschließend als die „orange Koalition" die Macht übernommen hatte. Dies war der Fall, da vorherige Verhandlungslösungen gescheitert waren und nun eine Verhandlungslösung auch weniger erfolgreich schien. Politische Akteure waren aber auch schon zu einem früheren Zeitpunkt an einem Monopson gegenüber Turkmenistan interessiert, ein Wunsch gegenüber dem sich Gazprom mangels wirtschaftlichen Interesses zunächst weniger offen zeigte. Dies zeigt, dass die Prozesse sich teilweise besser beurteilen lassen wenn deren Verknüpfung berücksichtigt wird.

Generell wurde der hohe Grad der Beteiligung staatlicher Akteure an der Durchführung der Strategie deutlich. Diese unterstützten Gazprom nicht nur durch Subventionen bei der Manipulation des Kontextes, sondern Putin wurde auch direkt bei der Beeinflussung anderer Staatschefs tätig und setzte dafür erhebliche Ressourcen ein. Dies reflektiert, dass Turkmenistan erst als Alliierter Russlands gewonnen werden musste, um das Monopol gegenüber der Ukraine durchsetzen zu können. Dies benötigte erhebliche Anstrengungen, da man Turkmenistan in den 1990er Jahren weitgehend ignoriert hatte. Dabei wurden *package deals* sowohl mit Nijazov als auch später mit Präsident Kučma geschlossen. Diese beinhalteten den Tausch von aktiver Unterstützung in der politischen Auseinandersetzung gegen eine allmähliche Monopolisierung der ukrainischen Erdgasbezüge und im Falle Turkmenistans die politische Zusage zu einer Monopsonisierung der Exporte gegen sicherheitspolitische Unterstützung.

Ob Russland dabei auch sicherheitspolitische Bedrohungen selbst verursacht hat ist unklar geblieben.

Bemerkenswert ist schließlich der Einsatz von Korruption als Instrument. Der Erdgashandel zwischen Ukraine und Turkmenistan war schon immer von Korruption und vermutlich auch mafiösen Strukturen durchzogen gewesen. Putin gelang es aber, dieses Element zu den eigenen Gunsten zu wenden. Der Zwischenhändler RosUkrÈnergo diente dabei nicht mehr so sehr zum Ausgleich von fehlenden Kontakten der Gazprom in Zentralasien – dies war vor allem bei der EuralTransGas der Fall. Auch das Element der Geldwäsche trat gegenüber der Funktion als politisches Vehikel in den Hintergrund, denn der Zwischenhändler konnte zur Beeinflussung des innenpolitischen Gleichgewichts in der Ukraine genutzt werden. Die Positionierung des Akteurs Firtaš in der ukrainischen Innenpolitik war dafür ideal. RosUkrÈnergo ist daher ein Beispiel für geglückte indirekte Steuerung, da die verfügbaren Renten, die durch den Zwischenhändler generiert wurden, ihre konfrontative politische Funktion bei den gegebenen politischen Positionierungen der Akteure selbst aktualisierten. Politischer Pluralismus in Abwesenheit einer konsolidierten Demokratie konnte so für die russländischen Interessen genutzt werden.

Die eigentlichen wirtschaftlichen und politischen Ziele, die Übernahme des Transitsystems und die politische Eingliederung der Ukraine in ein russisches Integrationsprojekt, konnten jedoch nicht erreicht werden. Russland hat hier wohl den Faktor des Nationalismus der Eliten unterschätzt, die sich bei zunehmendem Druck von außen weiter konsolidiert haben (vgl. auch unten Abschnitt 7.4.6).

Der Strategiewandel entspricht damit der vierten Hypothese, da politische und wirtschaftliche Interessen verbunden werden und die politischen Akteure den Strategie-wandel der Gazprom und die dabei eingesetzten Instrumente maßgeblich mit gestaltet haben.

6.2.6   Turkmenistan: Schlussbetrachtung

Die Längsschnittstudie zu Turkmenistan zeigt die Veränderungen der Strategie der Gazprom im Zeitverlauf auf. So kann nachgewiesen werden, dass die Politisierung der Gazprom im Zeitverlauf zugenommen hat. Es werden nicht nur mehr staatliche Instrumente verwendet, sondern das Interesse von Gazprom und politischen Akteuren fällt stärker zusammen. Die Interessen politischer Akteure waren letztlich für den Zeitpunkt des Strategiewandels verantwortlich. Dies entspricht den Erwartungen, die an das Verhalten der Akteure formuliert wurden, wobei die russländische Exekutive und Gazprom in den 1990er Jahren weiter auseinander liegen als vermutet.

Die vorliegende Studie betrachtet die Strategie der Gazprom im Zusammenhang mit dem für lange Zeit größten Zielmarkt turkmenischen Gases, der Ukraine. Dies ist notwendig, da sich die Handlungen der Gazprom im Rahmen des verfestigen patrimonialen Kapitalismus sonst nur unzureichend erklären ließen. Dass der Fokus zeitweise mehr auf der Ukraine liegt ist der Tatsache zu verdanken, dass sich die Frage der Rentabilität des Monopsons anhand der Zielmärkte entscheidet und auch der Fokus der politischen Akteure auf der Ukraine eher als auf Turkmenistan lag.

Die dabei verwendeten Instrumente wandeln sich nicht wesentlich, werden aber vielfältiger und stärker von staatlichen Akteuren geprägt. Zunächst wird ein Paketdeal geschlossen, bei dem wirtschaftliche Konzessionen Russlands gegen außen- und innenpolitische

Konzessionen Turkmenistans getauscht werden sollen. Diesem leistet Gazprom jedoch nicht Folge; stattdessen erfolgt ein Auslagern der Strategie an einen verbundenen Zwischenhändler und anschließend die Ausübung von wirtschaftlichem Zwang und Manipulation des Marktkontextes zur Schließung von Märkten. Unter Putin erfolgt dann abermals ein Paketdeal, der diesmal aber sicherheitspolitische Unterstützung gegen innen- und außenpolitische und wirtschaftliche Konzessionen Turkmenistans tauscht. Eventuell wurden hier auch sicherheitspolitische Bedrohungen als Druckmittel eingesetzt. In Zusammenarbeit mit Zwischenhändlern kann schließlich erreicht werden, dass Turkmenistan die Ukraine aufgibt und sich auf Seiten Russlands stellt. Dies bietet die Voraussetzung für die abermalige Anwendung wirtschaftlichen Zwangs, zunächst gegenüber der Ukraine als auch gegenüber Turkmenistan im Jahre 2009. Neu ist der Einsatz eines Zwischenhändlers nicht für wirtschaftliche, sondern für politische Ziele in der Ukraine. Dieser erlaubt die indirekte Steuerung politischer Konflikte innerhalb eines pluralistischen Systems.

Die Studie gibt auch eine alternative Erklärung für den „Gasstreit" 2006 zwischen Russland und der Ukraine, die die Rolle Turkmenistans bei der ukrainischen Gasversorgung mit einbezieht. Andere Publikationen konzentrieren sich auf die Legitimität der russländischen Preisforderungen (Stern 2006) oder die Rolle von Zwischenhändlern (Globalwitness 2006) und blenden dabei aber die Dimension der 2006 erfolgten Monopolisierung der ukrainischen Gasbezüge durch Russland aus. Dies negiert jedoch eine wichtige Dimension des Gasstreits und vermindert die russländische Strategie auf eine des „Durchsetzens von Marktpreisen". Russland war vor dem Gasstreit jedoch kein bedeutender Versorger der Ukraine, sondern leitete vor allem Erdgas aus Turkmenistan durch. Die hier gegebene Erklärung korrigiert nicht nur diesen blinden Fleck, sondern integriert auch die Problematik der Zwischenhändler in das Gesamtbild.

6.3   Usbekistan

Das bevölkerungsreiche Usbekistan ist für russländische Öl- und Gaskonzerne eigentlich weniger interessant, da es zwar erhebliche Erdgasreserven besitzt und der drittgrößte Erdgasproduzent im postsowjetischen Raum ist, das Erdgas aber hauptsächlich auf dem Inlandsmarkt zu geringen Preisen verkauft wird. Erdöl besitzt Usbekistan etwa in gleichem Maße wie Turkmenistan, benötigt hier jedoch auf Grund der größeren Bevölkerung die gesamte Produktion für den Eigenbedarf, der damit auch nicht gedeckt werden kann. Politisch hat die usbekische Führung ebenfalls versucht, russländischen Einfluss möglichst gering zu halten. Auch wurde die Wirtschaft kaum reformiert und geöffnet, weshalb die Investitionsbedingungen für russländische Konzerne häufig schwierig waren.

6.3.1   Kontextfaktoren

Der doppelt landumschlossene zentralasiatische Staat ist mit 27 Mio. Einwohnern nicht nur das bevölkerungsreichste Land im zentralasiatischen Raum, sondern bildet auch gemeinsam mit Turkmenistan die korrupteste und am autoritärsten regierte Ländergruppe in der Region, obwohl es formell eine Mehrparteiendemokratie ist (BTI 2010; FreedomHouse 2010; TI 2009; 2010). Das Land wird seit der Unabhängigkeit von Präsident Islam Karimov geführt. Wichtige Funktionen in der Wirtschaft werden ebenfalls von der Präsidentenfamilie und angebundenen Wirtschaftsgruppen ausgeübt (Kuz'mina 2007: 40). Die politökonomische Ordnung kann daher als eine zentralisierte Ordnung bezeichnet werden, die nicht über rechtsstaatliche Garantien verfügt.

Gleichzeitig ist die politische Stabilität geringer als in Turkmenistan. Die politische Ordnung wurde seit der Unabhängigkeit wie in keinem anderen zentralasiatischen Staat durch islamistische Bewegungen mit Verbindung zu den Taliban und Al-Qaida herausgefordert, die im dicht besiedelten Osten des Landes leicht aktiv werden konnten (Cohen 2008: 101). Das usbekische Regime benötigte daher die sicherheitspolitische Unterstützung Dritter gegen externe Bedrohungen. Die Bedrohungslage nahm dabei 1998-1999 zu und kulminierte in Selbstmordanschlägen in Taschkent und anderen Städten. Bis Anfang 2001 wurde Usbekistan dabei von der Regierung Clinton militärisch unterstützt (Spechler/Spechler 2009: 366). Von der neuen Bush-Administration wurde die Zusammenarbeit jedoch zunächst ausgesetzt (BBC 2001b). Der 11. September 2001 veränderte dann die Machtverhältnisse in der Region in unvorhergesehener Weise. Der Terroranschlag führte zu einem hohen Interesse der Bush-Administration an der militärischen Kooperation mit Usbekistan, was Karimov rasch zu nutzen wusste. Schon Anfang Oktober 2001 erhielten US-Militärflugzeuge Lande-erlaubnis und durften die Militärbasis Karši-Khanabad nutzen. Im März 2002 unterzeichnete Karimov in Washington ein Abkommen über strategische Partnerschaft mit den USA, das auch Hilfe im Falle von externen Bedrohungen vorsah. So konnte substantielle externe Unterstützung gesichert werden (Anceschi 2010: 151; Spechler/Spechler 2009: 366). Allerdings sollte diese nur bis 2003 währen, als sich die Priorität der USA schrittweise auf die südlichen Regionen Afghanistans und den neuen Krieg im Irak konzentrierten. Der Irak-Krieg führte gleichzeitig zu einer Verstärkung der Forderungen nach Demokratisierung, wodurch die Präsenz der USA in Usbekistan zunehmend als Bedrohung statt als Stütze des Regimes gesehen wurde. Die im Folgenden fehlende Bereitschaft der USA zur Stützung des usbekischen Regime bei dessen krassen Menschenrechtsverletzungen wurde nach dem Massaker in Andižon im Mai 2005 deutlich, bei dem Regierungstruppen zahlreiche Menschen ermordeten (Anceschi 2010: 152; Baev 2008: 60; Spechler/Spechler 2009: 367). Von Washington im Stich gelassen, wandte sich Karimov Moskau zu. Putin war gern bereit, Karimovs Ersuchen nach Unterstützung nachzukommen und definierte das Massaker als antiterroristische Operation. Man werde die Zusammenarbeit in der Rüstungsindustrie ausbauen. Auch unterstützte Moskau Karimov in seiner Ablehnung einer internationalen Untersuchung des Ereignisses und war der Meinung, dass eine Kommission des usbekischen Parlaments die gleichen Evidenzstandards einhalten würde (Baev 2008: 61f; Gabuev 2005). Im November 2005 wurde dann auf Drängen von Karimov ein Vertrag über „unionshafte Beziehungen" unterzeichnet, der gegenseitigen Beistand im Falle einer für den Staat sicherheitsbedrohenden inneren Situation vorsieht (Zygar' 2005). 2006 trat Usbekistan auch der von Russland geführten Organisation des Vertrags über kollektive Sicherheit (ODKB) bei. Wie sich zeigen wird, verbesserten sich in Folge auch die Investitionsbedingungen für russländische Konzerne. Allerdings setzte Karimov seinen Zickzackkurs fort: 2012 beendete er die Mitgliedschaft in der ODKB wieder.

Wirtschaftlich ist das pro-Kopf BIP das zweitniedrigste in der Region; nur das ressourcenarme Tadschikistan liegt darunter. Die Agrarwirtschaft ist der bedeutendste Wirt-schaftsbereich, insbesondere Baumwollanbau, dessen Früchte die Basis für weiterver-arbeitende Betriebe sind (Economist 2008b). Gold ist im Weltmaßstab die wichtigste erschöpfbare Naturressource Usbekistans. Schätzungen zufolge sind die usbekischen Goldreserven die im weltweiten Vergleich Sechstgrößten. Gold ist wohl auch noch das größte Exportgut. Es machte 2005 etwa ein Viertel der Exporterlöse aus, gefolgt von Baumwolle (Economist 2008b: 20). Die bestätigten Gasreserven Usbekistans betragen nach unterschiedlichen Angaben 1,68–1,85 Billionen m³. Dies entspricht ca. 1 % der Weltreserven (BP 2011a; Koržubaev/Filimonova 2007: 111). Die Ölreserven sind im internationalen Vergleich unbedeutend, die inländische Förderung kann auch die Inlandsversorgung nicht mehr decken, weshalb Öl und Ölprodukte importiert werden müssen. Der Anteil von Erdgas am Primärenergieverbrauch ist dabei mit 79 % extrem hoch, während Erdöl nur 16 % ausmacht (Koržubaev/Filimonova 2007: 110). Die Erdgasproduktion wurde in den vergangenen Jahren erheblich gesteigert und liegt mit 64,4 Mrd. m³ im Jahre 2009 etwa gleichauf mit der turkmenischen Produktion vom Vorjahr. Der Export von Erdgas und Erdölprodukten trägt erst seit 2003 zu einem rasch wachsenden Anteil zu den Außenhandelserlösen bei. Diese machten 2005 13 % des Außenhandels aus (Economist 2008b: 45). 2009 lag der Beitrag von Energieausfuhren am Außenhandel bereits bei 28 %.[72] Die wirtschaftliche Abhängigkeit von Russland ist damit recht gering, da Usbekistan dank der Goldreserven und dem Baumwollanbau weitere bedeutende Devisenquellen besitzt. Zudem ist Usbekistan dank der hohen eigenen Erdgasproduktion auch energiesicherheitspolitisch nicht von Russland abhängig. Außerdem hat Karimov eine auf Unabhängigkeit von Russland gerichtete Industriepolitik betrieben. Daher bleibt nur die sicherheitspolitische Verwundbarkeit als wichtigster Druckpunkt, mit dem russländische Akteure gegenüber Usbekistan Konzessionen erlangen können.

6.3.2   Aktiva

Entsprechend dem Bestand an Reserven liegen die Aktiva in Usbekistan vor allem in der Gasindustrie. Auf Grund der geologischen Bedingungen und der Qualität des Gases ist die Gasextraktion in Usbekistan relativ teuer. Geologisch wirkt sich v. a. die etwa gegenüber Turkmenistan vergleichsweise geringe Größe der Felder auf die Kosten aus. Außerdem ist das Gas sauer, es enthält durchschnittlich 2,5 % an Schwefelwasserstoff und andere ätzende Verbindungen wie Kohlensäure, die entfernt werden müssen. Daher müssen separate Pipelines mit säureresistenter Beschichtung zu den zentralen Gasreinigungsanlagen in Mubarek oder Šurtan gebaut, oder dezentrale Gasreinigungsanlagen errichtet werden, was auf Grund entgangener Skaleneffekte teuer ist (Zhukov 2009: 362). Das usbekische Gas ist aber dennoch der Qualität des Gases in kasachischen Vorkommen weit überlegen. Usbekistan profitiert von seinem Status als Transitland für Erdgas aus Turkmenistan, da die Pipelinesysteme SAC, Buchara-Ural und Turkmenistan-China alle über usbekisches Territorium verlaufen.

6.3.3   Struktur der Öl- und Gasindustrie

Die usbekische Öl- und Gaswirtschaft ist in der staatlichen Holding „Usbekneftegaz" zusammengefasst. Diese wurde per Präsidentendekret gebildet und untersteht der Regierung. Sie hält Mehrheitsanteile an allen für die Öl- und Gasindustrie relevanten Firmen, sowie an Forschungseinrichtungen. Anfang der 2000er Jahre wurde zwar ein Privatisierungsprogramm für Usbekneftegaz beschlossen, demzufolge die 49 % des Unternehmens und kleinere

---

[72]   Quelle: IMF Direction of Trade Statistics, abgerufen 7.11.2010.

Anteile an den Tochterunternehmen privatisiert werden sollten (NIK 2002c). Anteile an Tochterunternehmen wurden offenbar auch teilweise privatisiert, jedoch ist unklar, wie dies geschah. So erwarb etwa die Donbass Industrial Union, eine Struktur des ukrainischen „Oligarchen" Rinat Achmetov, 2001 etwa 39 % des Bauunternehmens Uzneftegazstroj. 2003 wurde die Kontrolle der staatlichen Holding jedoch wieder voll hergestellt und die Anteile Achmetovs an Uzneftegazstroj in 0,28 % an der Usbekneftegaz umgewandelt. Weitere 99,7 % der Holding sind in Staatseigentum (ISD 2006; Zhukov 2009: 370).

Die Bodenschatznutzung wird vom staatlichen Komitee für Geologie und mineralische Rohstoffe geregelt, das direkt der Regierung untersteht. Seit der Jahrtausendwende wurden die Bedingungen für ausländische Direktinvestitionen schrittweise verbessert. Ausländische Konzerne stammen in der usbekischen Öl- und Gasindustrie vor allem aus Russland, aber auch aus Malaysia, Südkorea und China. Die Investitionen finden meist im Rahmen eines PSA statt. Es gibt aber auch Gemeinschaftsunternehmen mit Uzbekneftegaz oder einer ihrer Tochtergesellschaften. Bis 2006 betrugen die akkumulierten Investitionen in die usbekische Gasindustrie jedoch nur US-$ 2,1 Mrd. (Koržubaev/Filimonova 2007; Zhukov 2009).

6.3.4   LUKoil im Windschatten der sicherheitspolitischen Annäherung

Für LUKoil bot Usbekistan eine Möglichkeit zur Investition in die Erdgasindustrie, die zu Hause weitgehend von Gazprom kontrolliert wurde. Dieses Projekt entwickelte sich auch zu dem bedeutendsten Gasprojekt für LUKoil im Ausland. Anders als bei Gazprom stehen dahinter für LUKoil keine strategischen Effekte, da das Unternehmen keine bestehenden Absatzmärkte für Erdgas und keine nennenswerte Inlandsproduktion, die es schützen muss. Da das Projekt selbst nur mittelgroß ist, geriet LUKoil nicht in Konflikt mit Gazprom. Später konnte sie auch von der neuen Exportmöglichkeit nach China profitieren.

Projektbeschreibung und Prozesse

Das Projekt erstreckt sich über die Bereiche Chauzak und Šady des Dengizkul'-Feldes, sowie die Kandym-Gruppe von Feldern. Diese vornehmlich gashaltigen Vorkommen liegen in der Region Buchara an der Grenze zu Turkmenistan. Hinzu kommt die Verpflichtung zur Erkundung des Kungrad-Blocks im Westen Usbekistans. Alle Blöcke und Felder liegen in der Nähe der SAC-Pipelines. Die bestätigten Reserven betrugen 2010 ca. 77 Mio. t RÖE (LUKoil 2010d). Die vorgesehene Investitionssumme beträgt ca. US-$ 1 Mrd. (NIK 2006b). Bis 2008 hatte LUKoil ca. US-$ 500 Mio. in das Projekt investiert (VPS 2008).

Die Investitionen russländischer Unternehmen in die Öl- und Gasindustrie Usbekistans waren erst nach einer Verbesserung der politischen Beziehungen Anfang der 2000er Jahre möglich. In den 1990er Jahren versuchte sich Usbekistan als regionale Macht im zentralasiatischen Raum zu behaupten und möglichst große Unabhängigkeit von Russland zu erreichen. Der Warenumsatz zwischen beiden Volkswirtschaften wurde ebenso wie die Zusammenarbeit auf anderen Gebieten minimiert (Anceschi 2010: 149). Von russländischer Seite zeigte in den 1990er Jahren lediglich LUKoil Interesse an Investitionen. So wurde 1993 berichtet, LUKoil habe die Gründung eines Gemeinschaftsunternehmens mit Uzbekneftegaz beschlossen. Dieses sollte Gaskondensatfelder die großen Gaskondensatfelder Gumbulak und Adamtaš in der Provinz Kaškadarë nahe Afghanistan, und das Feld Džarkuduk in der Provinz Samarkand erschließen. Außerdem war Erkundung in den Gissar-Bergen vorgesehen (Persikov 1993). Die Übereinkunft wurde aber zu einem Zeitpunkt getroffen, als Usbekistan sich noch nicht vollständig von Russland gelöst hatte. Z. B. wurde erst 1993 die eigene Währung Som eingeführt (Kazemi 2003; Persikov 1993). Anschließend wurde von dem Gemeinschaftsunternehmen nicht mehr gesprochen. Daher ist davon auszugehen, dass die Involvierung der LUKoil eine Erscheinung des Umbruchs gewesen ist.

Nach dem Amtsantritt von George W. Bush in den USA führten diese eine weniger freundschaftliche Politik gegenüber Usbekistan. Auch da sich Putin und Karimov offenbar gut verstanden, zog dies eine vorübergehende Annäherung Karimovs an Russland nach sich. Im Mai 2001 stattete Karimov Putin einen Besuch in Moskau ab, bei dem Putin das Protokoll so ändern ließ, dass Karimovs Besuch als Staatsbesuch behandelt wurde (Alimov 2001). Im Vorfeld des Besuchs sprach Karimov sich für eine aktive internationale Rolle Russlands aus, das eine große internationale Macht bleibe (BBC 2001a). Bei seinem Besuch äußerte sich Karimov wohlwollend gegenüber der sicherheitspolitischen Funktion Russlands in der Region: Man habe mit Russland einen Garanten für Sicherheit und strategischen Partner. Karimov äußerte sich positiv gegenüber der möglichen Beschaffung russländischer Rüstungsgüter und Putin regte Investitionen in die Öl- und Gaswirtschaft an (Čarodeev 2001). Es wurde vereinbart, dass Russland Waffenlieferungen an Usbekistan im Austausch für Baumwolle, Gas, Früchte und Gemüse aufnehmen würde. Usbekistan werde die Güter bis zu 60 % unter Weltmarktpreis an Russland liefern (BBC 2001d; Ėkspert 2001b).

Im Juli 2001 wurde dann ein Vertrag über die grundlegenden Prinzipien für ein PSA zwischen LUKoil, Itera, und Uzbekneftegaz unterzeichnet. Da Itera im Gegensatz zu LUKoil und Gazprom über Netzwerke und Erfahrungen in Usbekistan, sowie über Zugang zur Ukraine und anderen Exportmärkten über das ESG der Gazprom verfügte, war sie der natürliche Partner für LUKoil. LUKoil war insbesondere daran interessiert, dass Itera Erdgas zu ihrem Chemiewerk Lukor in der Ukraine liefert und so die Produktion in Usbekistan quasi vertikal integriert würde. Itera und LUKoil sollten jeweils 45 % am künftigen Gemeinschaftsunternehmen erhalten, während Uzbekneftegaz 10 % beisteuern würde. Damit würden Finanzierungslast, Projektleitung und Erträge der Produktion bis zur Erreichung der Profitabilität eindeutig bei den russländischen Investoren liegen (Ignatova 2001).

Nach dem 11. September 2001 verbesserten sich die Beziehungen zu den USA vorübergehend wieder (Anceschi 2010: 151; Spechler/Spechler 2009: 366). Gesandte des Kreml wurden für einige Zeit wenig freundschaftlich empfangen (Sysoev 2002). Die USA hatten aber auch deutlich gemacht, dass man trotz der Kooperation nicht völlig über Menschenrechtsverletzungen hinwegsehen würde. Als Karimov nicht bereit war die Menschenrechtssituation zu verbessern, fuhr Washington im Laufe des Jahres 2004 seine Unterstützung zurück (Miklaševskaja 2004).

Das PSA zwischen LUKoil und Usbekistan wurde dann im Juni 2004 unterzeichnet. Dies fand zeitgleich mit der Unterzeichnung eines Vertrags zur strategischen Partnerschaft zwischen Usbekistan und Russland im Beisein der beiden Präsidenten statt. Itera war bereits im September 2003 auf Bitte von LUKoil aus dem Projekt ausgeschlossen worden – sie war unter dem neuen Gazprom-Management in Ungnade gefallen und hatte daher nicht mehr die „Durchleitungsrechte" durch das Gazprom-Netzwerk besessen, die sie für LUKoil als Partner attraktiv gemacht hatten (Bušueva/Karpov 2003; Kortes 2003b; Skorobogat'ko 2003). Das PSA für 35 Jahre sah nun eine Beteiligung der LUKoil von 90 % vor, die restlichen 10 % erhielt Uzbekneftegaz. LUKoil muss dabei 90 % der Investitionssumme zahlen und wird ab der Profitphase des Projekts an 50 % der Gewinne beteiligt. Die Gewinnbeteiligung Usbekistans kann bei Erreichen einer bestimmten Rentabilitätsschwelle auf 80 % angehoben werden (LUKoil 2004). Die geplante maximale jährliche Fördermenge betrug 8,8 Mrd. m³. Alekperov hatte sich mit Gazprom offenbar arrangiert und sprach bereits davon, dass „Strukturen der Gazprom" den Großteil des Gases aufkaufen würden (Gotova 2004; Kortes 2003b; 2004; NIK 2004b; Tutuškin/Levinskij 2004).

Rationalität der Investition

Für LUKoil könnte die Investition wirtschaftlich rational sein, wenn der Nettogegenwartswert des Projekts positiv ist. Da LUKoil keine Hochdruckpipelines für Erdgas besitzt und kein selbständiger Akteur auf Gasmärkten ist können sich aus der Investition keine strategischen Effekte ergeben. Da nach Entfernung der Itera die Gaspipelines der Gazprom für Drittparteien auch weitgehend geschlossen waren, war eine vertikale Integration des Projekts nicht mehr möglich.

Dabei muss betont werden, dass der Nettogegenwartswert ganz entscheidend von dem Gaspreis abhängig ist, den LUKoil für das realisierte Gas erhält. Dieser ist auf Grund der geringen Attraktivität des Inlandsmarkts und mangelnder Exportalternativen wiederum von Gazprom, und seit 2009 auch potentiell von der chinesischen CNPC abhängig, deren Pipeline durch Usbekistan verläuft. LUKoil verkauft dabei das gesamte geförderte Erdgas an Uzbekneftegaz, die einen Teil der Marge behält. Usbekneftegaz tritt schließlich als einziger Vertragspartner gegenüber Gazprom auf (NV 2009a).

LUKoil profitierte dabei ganz erheblich von den hohen Preisen, die Gazprom den zentralasiatischen Produzenten ab 2006 zu zahlen bereit war. Darüber hinaus war Usbekistan auch nicht von der Reduktion der Abnahme betroffen, die Turkmenistan ab 2009 traf. Dies war ebenfalls positiv für LUKoil.

Unter der Annahme, dass das PSA der LUKoil 60 % des von Usbekneftegaz erzielten Verkaufserlöses erhält und dass LUKoil in zwei Etappen je US-$ 500 Mio. investiert weist das Projekt nach bereits acht Jahren einen positiven Nettogegenwartswert auf (siehe Abbildung 6.5). Trotz zusätzlicher Investitionen bleibt das Projekt auch während der zweiten Investitionsetappe von 2011–2014 rentabel, da das Produktionsstadium bereits früh erreicht werden konnte. Der von Gazprom gezahlte Preis entspricht dabei für 2007–2010 dem angegebenen Kaufpreis. Danach wird ein moderater Gaspreis von US-$ 150 pro 1000 m³ angenommen. Die Produktionsvolumina entsprechen für 2007–2011 der tatsächlichen von LUKoil angegebenen Produktion (LUKoil 2012b). Danach wurde eine allmähliche Steigerung auf 6 Mrd. m³ im Jahre 2015 angenommen. Dabei sind die Betriebskosten nicht eingerechnet, diese dürften aber das Ergebnis nicht wesentlich verändern. Auch wenn die abgegebene Schätzung etwas zu optimistisch ist dürfte das Projekt nicht wesentlich länger brauchen, um profitabel zu werden.

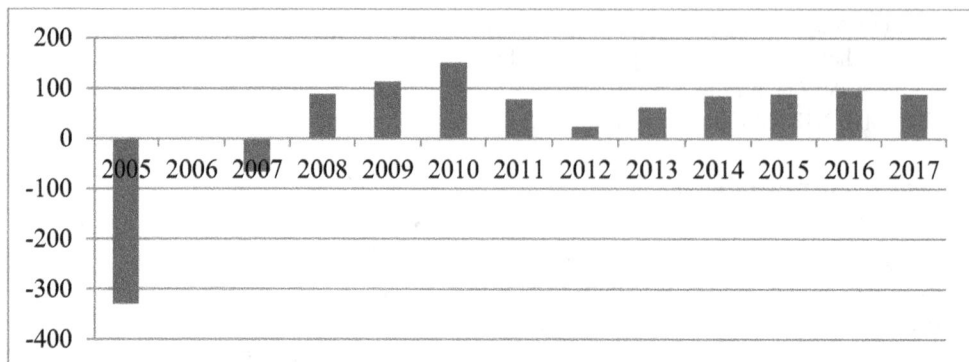

Quelle: Eigene Darstellung. Daten zu Produktionsvolumina aus LUKoil (2010d; 2012b), zu Gaspreisen aus den
             Geschäftsberichten der ZMB (Schweiz), die das Gas aufkauft ZMB (2007; 2009; 2010), zu
             Investitionskosten aus VPS (2008), Lukoil (2011b; 2012b). Es gilt die Annahme, dass LUKoil das
             gesamte Erdgas exportieren kann. Ab 2011 Annahme, dass Grenzübergangspreis US-$ 150 pro
             1000 m³ beträgt, danach mit jeweils 2,5 % inflationiert. Die Schätzung, dass das Projekt 60 % der von
             ZMB (Schweiz) gezahlten Grenzübergangspreise erhält basieren auf der usbekischen staatlichen
             Exportsteuer (Akzise) für Erdgas von 25 % und der auf 15 % geschätzten Marge der Uzbekneftegaz.
             Ab 2012 beginnt die Profitphase, daher *cashflows* für LUKoil 50 % geringer auf der Annahme, dass
             nicht von der Regel über Exzessprofite im PSA Gebrauch gemacht wird. Gewinnsteuer nicht
             berücksichtigt.
Abb. 6.5:   Geschätzte abdiskontierte cashflows des Kandym-Projekts für LUKoil, 2004–2014

Das Projekt ist damit eine wirtschaftlich rationale Investition, die aber davon abhängig ist, dass LUKoil den Großteil des Erdgases exportieren kann und dass Gazprom für den Export gute Konditionen bietet. Das PSA bietet hier allerdings einen gewissen Schutz für LUKoil, da auch Uzbekneftegaz an der raschen Rentabilität des Projekts interessiert ist, denn erst die rentable Phase des Projekts bringt Einnahmen. In Zukunft könnte auch eine Option für den Export nach China entstehen, an der LUKoil interessiert ist (IEA 2010b: 545).

Für russländische politische Akteure ist die Investition ebenfalls interessant. Da Usbekistan der bevölkerungsmäßig größte zentralasiatische Staat ist und sich auch auf Grund der fehlenden wirtschaftlichen Abhängigkeit als besonders schwieriger Kandidat bei den Reintegrationsbemühungen der russländischen Elite herausstellen sollte, waren die Investitionen russländischer Konzerne von besonderem Wert, wie auch Putin verdeutlichte. Die Investitionen sollten für eine stärkere Verflechtung der Volkswirtschaften sorgen und durch die Injektion von Kapital die positiven Aspekte einer engeren politischen Partnerschaft mit Russland demonstrieren. Dies wird in den Äußerungen Putins deutlich, der starkes Interesse an der Ausweitung wirtschaftlicher Beziehungen bekundete. Insbesondere solle die Einladung Karimovs zu Investitionen in die usbekische Wirtschaft ernst genommen werden, so Putin 2001 (BBC 2001e; f). Auch 2004 bei der Unterzeichnung des Vertrages zwischen LUKoil und Usbekneftegaz machte Putin deutlich, dass er die Investition unterstützte. Dabei versuchte er, die Investition der LUKoil als gewöhnlichen Geschäftsvorgang darzustellen, um sie für Karimov annehmbarer zu machen (Gotova 2004; Kortes 2003b; 2004; NIK 2004b; Tutuškin/Levinskij 2004).

In innenpolitischer Hinsicht ist das Projekt als negativ zu bewerten. Es produziert zwar einen positiven Nettogegenwartswert und damit höhere Steuerzahlungen von LUKoil in Russland. Dieser Effekt kommt jedoch dadurch zustande, dass Gazprom an Usbekneftegaz einen

Grenzübergangspreis für Erdgas zahlt, der weit über den eigenen marginalen Produktionskosten und sogar weit über den Durchschnittskosten für die Erdgasproduktion liegt. Auch
entgehen dem russländischen Fiskus so Steuereinnahmen, da das zentralasiatische Gas ohne
Exportsteuern exportiert wird (vgl. Fn. 77, S. 180). Angesichts der substantiellen Erdgasreserven in Russland wäre es gesamtwirtschaftlich rationaler, Vorkommen in Russland zu
erschließen als in die Erschließung andernorts zu investieren.

Für Usbekistan ist die Investition wirtschaftlich positiv, da sie für zusätzliche
Produktionskapazität in einem potentiell international wettbewerbsfähigen Sektor sorgt und
die Gasproduktion Usbekistans Engpässe aufwies, die die Indlandsversorgung und auch
Exporte bedroht hat. Durch die Investition wird auch die Handelsbilanz Usbekistans
unterstützt. Dies ist der Fall, da Usbekistan durch den Status als Transitstaat für
turkmenisches Erdgas einen guten Gaspreis mit Gazprom aushandeln konnte, als Gazprom
die Bezüge aus Turkmenistan monopsonisieren wollte (vgl. oben Abschnitt 6.2.4).

Politisch ist die Investition jedoch problematisch für Usbekistan, da Karimov bestrebt war,
weitgehend unabhängig von Russland zu agieren und Investitionen russländischer Akteure
daher skeptisch gegenüber stand. Die Bereitschaft Usbekistans zur Akzeptanz russländischer
Investitionen hat sich daher in engem Zusammenhang mit der sicherheitspolitischen
Bedrohungslage entwickelt, wie die wechselvolle Geschichte der Investition verdeutlichte.
LUKoil als privater Investor war dabei annehmbarer als eine Staatsfirma wie etwa Gazprom.
In diesem Wissen waren politische Akteure in Russland bestrebt, LUKoil zu unterstützen.
Diese Verbindung von kommerzieller Rationalität auf beiden Seiten mit politischen
Interessen und der relativ starken Abhängigkeit der Gazprom von Usbekistan mag zum
Erfolg des Projekts beigetragen haben.

Auswertung

Das Kandym-Projekt entspricht den wirtschaftlichen Interessen der LUKoil, da es einen
positiven Nettogegenwartswert generiert, also aus sich heraus interessant ist. Gleichzeitig ist
es auch im außenpolitischen Interesse der russländischen politischen Akteure, da es die
Anwesenheit russländischen Kapitals in Usbekistan stärkt und Usbekistan die Attraktivität
der Zusammenarbeit mit Russland vor Augen führt. Zur direkten Beeinflussung des
politischen Prozesses in Usbekistan eignet sich die Investition hingegen kaum, auch das
LUKoil offenbar eine eigenständige Exportpolitik verfolgt, wie sich an den Interessen-
bekundungen gegenüber Export nach China zeigte. Daher kann die Investition nur ein recht
schwaches politisches Interesse begründen. Innenpolitisch sorgt das Projekt indes für einige
Kosten in Russland, insbesondere für Gazprom, die selbst Gas mit geringeren Kosten
produzieren könnte. Die hohen Preise, die Gazprom Usbekistan geboten hat sind aber von
der Strategie gegenüber Turkmenistan geprägt, da Gazprom durch den Verlauf der Pipelines
von Usbekistan abhängt. Das Projekt ist damit weitgehend wirtschaftlich motiviert.

LUKoil konnte dabei im Windschatten der russischen Politik fahren, die bei Usbekistan von
sicherheitspolitischen Themen geprägt war. Eine Verbesserung der politischen Beziehungen
zu Russland war die Voraussetzung für das Vordringen der LUKoil. Die politischen Akteure
unterstützen LUKoil bei ihrer Investition mit diplomatischen Ressourcen, aber bieten keine
weitergehende Unterstützung an. LUKoil wurde dabei wahrscheinlich unterstützt, da das
Unternehmen privat ist und daher auf geringeren Widerstand beim empfindlichen Partner
Usbekistan stoßen dürfte. Da die Unterstützung durch politische Akteure begrenzt ist,
LUKoil aber starkes Interesse an der Investition zeigt und diese auch wie geplant durchführt

entspricht das Projekt der dritten Hypothese. Allerdings kann auch diese Investition außenpolitische und wirtschaftliche Rationalitäten gut verbinden.

6.3.5   Gazprom: Förderung und Erkundung im politischen Auftrag

Gazprom wurde in Usbekistan erst später als LUKoil tätig, konnte aber dennoch etwas früher mit einem kleinen Projekt beginnen. Dabei wickelte sie viele Geschäfte über ihre Tochtergesellschaft in Berlin ab, die über ein Gemeinschaftsunternehmen im schweizerischen Baar weitere, mit dem Gazprom-Management verbundene Akteure involvierte. Die Investitionen der Gazprom waren daher recht schwer durchschaubar und sind anfällig für Korruptionsvorwürfe.

Prozesse

Das Interesse der Gazprom an Usbekistan stellte sich erst Ende 2002 ein, als das neue Gazprom-Management den Zwischenhändler Itera ausschalten wollte (vgl. oben Abschnitt 6.2.4). Nun musste sowohl der Verkauf in der Ukraine als auch das *upstream*-Ende der Produktionskette neu organisiert werden, also der Einkauf in Turkmenistan, sowie Transit durch Kasachstan und Usbekistan, der zuvor ebenfalls von Itera abgewickelt worden war. Es gelang schnell, die Exporte aus Usbekistan zu monopsonisieren: Im Dezember 2002 unterschrieben Gazprom und Uzbekneftegaz nach einem Treffen von Gazprom-Chef Miller mit Karimov eine Erklärung zur strategischen Zusammenarbeit. Der Vertrag sah vor, dass Gazprom von 2003–2012 statt Itera usbekisches Gas exportieren würde. Gazprom gelang es derweil vorerst nicht, Itera aus dem Transitgeschäft turkmenischen Erdgases in Usbekistan zu verdrängen. Im Gegenzug erklärte sich Gazprom bereit, sich an Aufsuchung und Förderung von Erdgas in Usbekistan auf PSA-Basis zu beteiligen. Außerdem erhielt Gazprom die Möglichkeit zur Investition in das seit Mitte der 1970er Jahre geförderte und seit 2002 brachliegende Feld Šachpachty in der westlichen Provinz Karakalpakstan auf dem ariden Ustjurt-Plateau, also eine *brownfield*-Investition, die nicht kapitalintensiv und direkt an die Exportinfrastruktur angeschlossen ist. Das Feld enthielt nur noch 7,7 Mrd. m³ förderbare Reserven – bei Feldern mit ähnlicher Größe würde Gazprom in Russland wohl kaum die Unterlagen studieren. Die voraussichtlichen Investitionen wurden mit US-$ 15 Mio. angegeben, die maximale jährliche Fördermenge soll bei 0,5 Mrd. m³ liegen (WPS 2004). Im Juni 2003 konnte ein Vorvertrag für das PSA unterzeichnet werden, demzufolge eine Machbarkeitsstudie angefertigt wurde. Gleichzeitig wurde Gazprom bis 2005 statt Itera zum Betreiber des Transits turkmenischen Erdgases durch Usbekistan ernannt, was das eigentliche Ziel der Gazprom gewesen sein dürfte (Gazprom 2003a; WPS 2004). Gazprom erklärte, sie wolle auch in die Ölindustrie investieren, sofern sie Kontrolle über die Raffinerien Fergana und Buchara erhalte (Birjukov 2002; Kortes 2002b).

Im April 2004 konnte als Pilotprojekt dann ein PSA für das Feld Šachpachty zwischen Gazprom und Uzbekistan für eine Dauer von 13 Jahren unterzeichnet werden. Es fand keine Ausschreibung statt. In der Profitphase würden die Profite 50 zu 50 zwischen den russländischen Partnern und Uzbekneftegaz aufgeteilt (Gazprom 2004). Wie schon bei LUKoil fiel der Abschluss des PSA in die Zeit zunehmender Ernüchterung Karimovs mit den USA (Interfax 2003b; Nikol'skij/Derjagina 2003). Gazprom Èksport-Chef Aleksandr Medvedev kündigte bei Unterzeichnung darüber hinausgehende Investitionen in Erkundung und Erschließung „in Höhe von hunderten Millionen Dollar" an (Fergana 2004). Er sprach auch davon, dass Gazprom auch eine Beteiligung an dem von LUKoil ausgehandelten PSA erwäge (WPS 2004).

Im Anschluss wurde die Produktion in dem Projekt rasch wieder aufgenommen. Die russische Seite investierte bis 2012 nicht nur US-$ 15 Mio., sondern 70,3 Mio. in das Projekt und produzierte dabei insgesamt 1,83 Mrd. m³ (Gazprom 2012d). Dies ergibt recht hohe Produktionskosten von US-$ 38 pro 1000 m³.

Die beim Abschluss des PSA angekündigten Investitionen in Erkundung materialisierten sich erst nach einer weiteren sicherheitspolitischen Annäherung Usbekistans. Nachdem im Nachgang des Massakers von Andižon die USA Karimov ihre Unterstützung entzogen hatten und Ende 2005 der Vertrag über „unionshafte Beziehungen" von Putin und Karimov unterzeichnet worden war,[73] wurden Gazprom im Januar 2006 sieben Blöcke der Region Ustjurt zur Erkundung angeboten. Die Lizenzen waren bis 2011 gültig, in diesem Zeitraum sollten US-$ 400 Mio. investiert werden. Gazprom erhielt dabei auch das exklusive Recht, PSA zur Förderung der dabei entdeckten Vorkommen abzuschließen (AK&M 2006; Baev 2008; Gazprom 2006a; b; Zygar'/Butrin 2006). Nachdem Gazprom nach anfänglichen Startschwierigkeiten eine Verwarnung von Seiten Usbekistans erhalten hatte (NV 2009c) investierte Gazprom wie vereinbart. Gazprom gab dann 2009 aber drei der Blöcke wieder an Usbekistan zurück, da die von Usbekistan angebotenen Konditionen für ein PSA für die dort entdeckten kleinen Felder sie nicht zufriedenstellten (IEA 2010b: 545; NV 2009b). Anfang 2012 wurde das Projekt für abgeschlossen erklärt, nachdem zwanzig Erkundungsbohrungen erstellt worden waren. Dabei wurde mit dem nahe an Šachpachty gelegenen Džel nur ein einziges Vorkommen mit vermutlich nur 6–10 Mrd. m³ entdeckt. Außerdem wurde mit der Kumoj-Struktur ein weiteres aussichtsreiches Gebiet nahe Šachpachty entdeckt, das jedoch wohl kein Feld enthält (Gazprom 2008c; 2012c; RIANovosti 2012a). Gazprom strebt nun an, für das Vorkommen Džel ebenfalls ein PSA abzuschließen und das PSA für Šachpachty zu verlängern, um tiefere Schichten des Feldes anzubohren die weitere Vorkommen enthalten könnten. Die Investitionen in die erste Etappe des Džel-Feldes sollen US-$ 50 Mio. betragen (RIANovosti 2012c; 2013).

Rationalität der Projekte

Zunächst wird im Folgenden die wirtschaftliche Rationalität des Projektes Šachpachty betrachtet. Sodann wird auf die Erkundungsprojekte eingegangen. Bei der *wirtschaftlichen* Rationalität der Förderung in Šachpachty ist vor allem der Nettogegenwartswert des Projektes interessant, da strategische Effekte auf Grund der geringen Größe des Projekts vernachlässigbar sind. Es ist davon auszugehen, dass Gazprom die gesamte Produktion des Projekts exportieren konnte, da die maßgebliche Tochtergesellschaft ZMB (Schweiz) AG angibt, Erdgas von eigenen Tochtergesellschaften der Gazprom in Usbekistan zu kaufen (ZMB 2007; 2008; 2009; 2010). Uzbekneftegaz hatte auch ein Interesse am Export, da sich so die Profite erhöhen ließen. Insofern gilt für die Gaspreise die gleiche Annahme wie bereits oben beim Kandym-Projekt der LUKoil (vgl. Abschnitt 6.3.4). Legt man diese Annahmen und die Produktionsdaten der Gazprom (Gazprom 2012d) zu Grunde so weist das Projekt

---

[73]   Der Vertrag erlaubte auch eine verstärkte Kooperation der Geheimdienste. Russland gab dem usbekischen Geheimdienst „grünes Licht", nach Russland zu kommen und „Verdächtige" einfach zu entführen. Davor soll auch eine russländische Staatsbürgerschaft nicht mehr geschützt haben, vgl. Džemal'Džemal' (2012)

bereits nach fünf Jahren einen positiven Nettogegenwartswert auf (vgl. Abbildung 6.6). Der Nettogegenwartswert bis zum Ende des Projektes beträgt jedoch nur ca. US-$ 20–30 Mio.

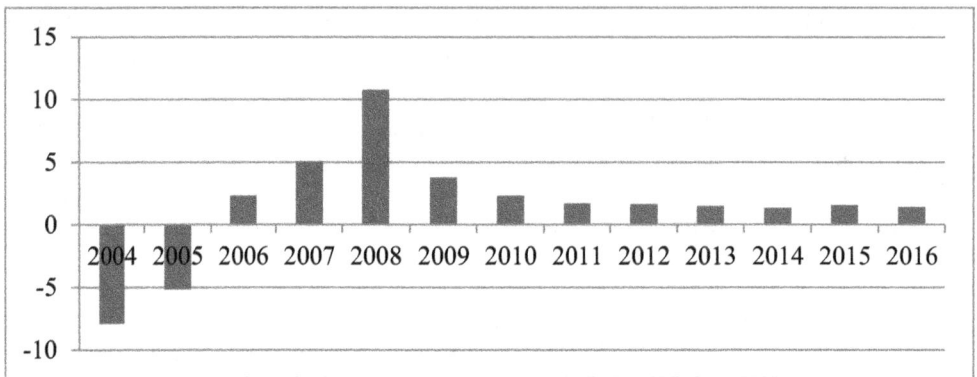

Quelle: Eigene Darstellung, basierend auf Produktionsdaten aus Gazprom (2012a; d), Annahmen zu Preisen wie bei Abbildung 6.5, Investitionen aus Gazprom (2012d), verteilt in Einheiten von US-$ 10 Mio. jährlich von 2004 bis 2010, danach US-$ 5 Mio. jährlich. Investitionen fortgeschrieben bis 2014, Gaspreise ab 2011 konstant gehalten bis 2016
Abb. 6.6:   Geschätzte, abdiskontierte cashflows des Šachpachty-Projekts, US-$ Mio.

Gazprom scheint hier also wirtschaftlich rational gehandelt zu haben. Diese Bewertung muss jedoch qualifiziert werden, da Gazprom nicht allein handelte, sondern weitere Akteure am PSA beteiligte. Gazprom nimmt an ihm nicht direkt teil, sondern über die beiden Tochter-firmen Zarubežneftegaz und Gas Project Development Central Asia AG (GPD). Die Zarubežneftegaz wurde 1998 zur Realisierung von Projekten in Angola und Vietnam gegründet und gehörte zu 60,1 % der Gazprom, zu 24,9 % der staatlichen Zarubežneft' und zu 15 % der Baufirma Strojtransgaz (Kortes 1998b; WPS 2004). Im Juni 2006 kaufte Gazprom jedoch die Anteile der anderen Firmen auf und konsolidierte die Zarubežneftegaz (Grib 2006). Die GPD mit Sitz in Baar (CH) wurde erst kurz vor der Investition gegründet. Sie gehört zu 50 % der deutschen Gazprom-Tochter ZMB GmbH und zu 50 % der ebenfalls kürzlich zuvor gegründeten Wiener Centrex Europe Energy & Gas AG. Diese gehörte zu verschiedenen Zeitpunkten der Gazprombank, der Vneštorgbank Austria, dem undurchsich-tigen österreichischen Ölhändler Robert Nowikovsky und weiteren unbekannten Personen, ist seit 2010 aber wieder in den Händen der Gazprombank (siehe Tabelle in Anhang III). Während die Einbeziehung der Zarubežneftegaz noch mit den Erfahrungen von Zarubežneft' und Strojtransgaz im internationalen *upstream*-Geschäft gerechtfertigt werden kann und das Unternehmen auch nachträglich von Gazprom konsolidiert wurde, wirft die Involvierung des Gemeinschaftsunternehmens GPD Fragen auf. Es könnte darauf gerichtet sein, das Länderrisiko anteilig zu verringern, trägt jedoch selbst ein neues Risiko durch die notwen-dige Abstimmung mit den Geschäftspartnern. Auch ist unklar, was die Geschäftspartner in der GPD beitragen könnten. Da diese mit dem Management der Gazprom-Èksport und Gazprombank verbunden sind,[74] haben wir es hier offenbar mit der Durchsetzung von

---

[74]   Die Vneštorgbank Austria ist die Nachfolgerin der sowjetischen Donau Bank, in der Aleksandr Medvedev, Chef der Gazprom Èksport, beschäftigt war. Auch 2010 war er noch stellvertretender Aufsichtsratsvorsitzender der Vneštorgbank Austria, vgl. Gazprom (2010e: 287). Sein früherer Vorgesetzter in der Donau Bank, Andrej

privaten Interessen innerhalb der Gazprom zu tun. Gazprom greift hier durch die Beteiligung dritter Akteure also offenbar auf Steuerung durch private Motivation zurück.

Betrachtet man die strategischen Effekte der Investition so erhöht sie das usbekische Exportpotential in einer Situation, in der eigentlich schon in Turkmenistan unbefriedigtes Exportpotential vorhanden ist. Angesichts der Transitabhängigkeit Turkmenistans von Usbekistan und des Interesses der Gazprom an der Kontrolle über den Erdgastransport, die eine Voraussetzung für die Monopsonisierung turkmenischer Exporte war, kann die Investition als (lukratives) Kompensationsgeschäft angesehen werden. In diesem Rahmen wurden wohl auch nachteilige strategische Effekte in Kauf genommen.

Die Investition in die Erkundung wurden von Zarubežneftegaz durchgeführt, die bereits von Beginn an vollständige Tochter der Gazprom geworden war und im Februar 2011 in Gazprom International überführt wurde (Gazprom 2012g). Hier wurden also keine weiteren Akteure beteiligt. Die Erkundung konnte hingegen keinen positiven Nettogegenwartswert generieren, was die hohen Risiken der Erkundung widerspiegelt. Gazprom investierte US-$ 400 Mio., fand aber nur ein Feld mit der Größe von 6–10 Mrd. m³. Selbst wenn Gazprom die gesamten 10 Mrd. m³ des Džel-Feldes ohne zusätzliche Investitionen fördern könnte, würde sich ein Preis von US-$ 40 pro 1000 m³ ergeben. Für die Förderung und den Transport sind hingegen weitere Investitionen notwendig. Strategische Effekte kann das Erkundungsprojekt ebenfalls nicht ergeben. Es ist damit wirtschaftlich nicht lohnenswert gewesen. Auch der positive Nettogegenwartswert des Projekts Šachpachty kann dies nicht wettmachen, da er viel zu klein ist.

Wie schon bei LUKoil bestanden die *außenpolitischen Interessen* politischer Akteure darin, die Verflechtung russländischer Wirtschaftsakteure mit Usbekistan zu stärken, um die Attraktivität Russlands für das usbekische Regime zu erhöhen und die konkreten Vorteile der Zusammenarbeit mit Russland hervorzuheben. Die Expansion russischer Unternehmen wurde daher als positiv gesehen. Die Involvierung weiterer Akteure, wie sie von Gazprom bei Šachpachty vorgenommen wurde, kann jedoch nicht im Sinne idealisierter staatlicher Interessen der russländischen politischen Akteure sein, weil dies die Finanzkraft der Gazprom schmälert. Dies wäre, wenn überhaupt, bei den Erkundungsprojekten von Vorteil gewesen, da diese erhebliche Kosten verursacht haben, die abgeschrieben werden mussten.

Innenpolitisch sind die Investitionen von zweifelhaftem Interesse. Einerseits trägt Šachpachty durch den positiven Nettogegenwartswert und die geringeren Kosten wenig zum Ergebnis der Gazprom bei. Andererseits belastet die Erkundung das Ergebnis erheblich. Außerdem leidet die russländische Staatskasse durch die Steuerbefreiung des im Ausland produzierten Erdgases gegenüber einem Szenario, bei dem Gazprom im Inland produziert. Allerdings kann die Investition in Šachpachty durch die Involvierung weiterer Akteure evtl. regimestabilisierende Funktion erzeugen.

Für die *Akteure im Zielland* ist die Investition der Gazprom in Šachpachty wirtschaftlich wenig interessant, da sie klein und mit geringen Risiken versehen, aber sehr lukrativ ist. Gazprom und den verbundenen Akteuren wird damit die Teilhabe an Gewinnen ermöglicht, die auch selbst hätten realisiert werden können. Allerdings ist die Investition in Erkundung

---

Akimov, leitet die Gazprombank seit 2003. Vor seiner Berufung zu Gazprom leitete Medvedev den Wiener Ölhändler „IMAG Investment Management and Advisory Group GmbH", vgl. Reznik (2002).

sehr interessant für Usbekistan, da hier Risikokapital in erheblichem Umfang eingesetzt wurde, das wohl im eigenen Land kaum zur Verfügung steht.

Auswertung

Die Investition in Šachpachty war wirtschaftlich lukrativ, allerdings wurde dies durch die hohen Kosten der risikoreichen Erkundungsarbeiten mehr als ausgeglichen. Außerdem beteiligte Gazprom weitere Akteure an der wirtschaftlich lukrativen Investition. Das Projekt kann daher nicht als wirtschaftlich rational gelten, da Gazprom für die Übernahme erheblicher Risiken nur geringe Vorteile erhielt und an diesen Vorteilen auch andere Akteure teilhaben ließ. Die Vereinbarung über die Kontrolle des Gastransits war ebenfalls bereits vor dem kostspieligen Engagement in der Erkundung unterzeichnet worden (Ševel'kova 2005a). Gazprom könnte vor dem Hintergrund zunehmenden internationalen Wettbewerbs in Usbekistan höchstens gehofft haben, dass sie durch die Investitionen eine bessere Wettbewerbsposition bei anderen Projekten in Usbekistan erreichen würde, was sie jedoch nicht erreichte. Selbst in diesem Fall wäre die Notwendigkeit der Gazprom, sich in einem solchen Wettbewerb zu engagieren, unklar, da sie selbst über substantielle Reserven in Russland verfügt.

Dies spricht gegen ein wirtschaftliches Interesse der Gazprom. Die Investitionen entsprechen hingegen dem außenpolitischen Interesse Russlands, da sie die Anwesenheit russländischer Akteure in Usbekistan stärkt und den Nutzen der Zusammenarbeit hervorhebt. Gazprom hat daher hier die Interessen politischer Akteure verfolgt. Daneben spielen auch personale Interessen eine Rolle, wie die Beteiligung verschiedener anderer Akteure am lukrativen Teil des Projektes zeigte. Für Usbekistan war die Investition hingegen vorteilhaft, da sie erhebliches Risikokapital bereitstellte. Vor dem Hintergrund des Interesses der russländischen politischen Akteure an der stärkeren Involvierung von Gazprom kann die Investition aber auch als ein Kompensationsgeschäft für stärkere sicherheitspolitische Zusammenarbeit gesehen werden.

Die Motivation für die Investition entspricht damit der vierten Hypothese, jedoch spielen auch personale Interessen eine Rolle. Es ist keine explizite Koordination durch staatliche Akteure bekannt, aber die Investitionen finden wie bei LUKoil im Schatten sicherheitspolitischer Deals statt, vielleicht sogar noch in stärkerem Maße. Die vierte Hypothese hätte eine noch stärkere Koordination durch staatliche Akteure erwartet. Dies galt in Usbekistan aber wohl als kontraproduktiv auf Grund des häufig gespannten politischen Verhältnisses.

6.3.6   Gazprom und Zeromax: Wetten auf die Thronfolge

Gazprom investierte neben Šachpachty in weitere *brownfield*-Projekte, die wieder in einer Art *outsourcing* gemeinsam mit anderen Akteuren angegangen wurden. Diese Projekte firmieren jedoch nicht unter der Gazprom International, die eigentlich alle internationalen *upstream*-Projekte der Gazprom kontrolliert. Dabei verbündete sich Gazprom mit lokalen Akteuren, wahrscheinlich der Präsidentenfamilie, und überließ die Investitionen ihrer Tochtergesellschaft in Deutschland und einer mit Gazprom verbundenen Gesellschaft in Wien, die beide das Geschäft über die bereits bekannte GPD im schweizerischen Baar abwickelten. Die Gesellschaft der usbekischen Akteure war im benachbarten Zug registriert.

Das Bündnis mit lokalen Akteuren barg jedoch erhebliches Risiko, wie sich zeigen sollte, als deren Geschäfte in Usbekistan unter administrativen Druck kamen.

Projektbeschreibung und Prozesse

Im Jahre 2007 erwarben Akteure der Gazprom über das bereits oben in Abschnitt 6.3.5 diskutierte Gemeinschaftsunternehmen GPD weitere Beteiligungen zur Erkundung und Förderung. Der usbekische Partner war dabei die Zeromax. Die schweizerische Holding Zeromax diente wohl zur Kapitalakkumulation im Ausland für Mitglieder der Präsidentenfamilie, wahrscheinlich für Tochter Gulnara Karimova.[75] Diese war lange als Nachfolgerin von Islam Karimov gehandelt worden. Bis 2010 konnte sie Aktiva in vielen Wirtschaftssektoren akkumulieren, darunter im Bergbau von Metallen und Gesteinen, Förderung und Weiterverarbeitung von Erdöl und Erdgas, sowie in der Textilindustrie und Agrarwirtschaft. 2010 soll das Unternehmen Einnahmen erwirtschaftet haben, die 10 % des usbekischen BIP entsprachen (US 2010). Die Annäherung zwischen Gazprom und Zeromax fand statt, da Gazprom im Zuge der turkmenischen Strategie die Pipelines SAC und Buchara-Ural in Usbekistan kontrollieren wollte. Der Deal über die Verwaltung der Transitpipelines von 2006–2010 wurde angeblich 2004 von Ališer Usmanov, dem in Russland lebenden usbekischen Metallmagnaten und Leiter der Gazprom-Tochter Gazprominvestcholding vermittelt, der dazu Karimova ein Geldgeschenk von US-$ 88 Mio. gemacht und eine Beteiligung an den Gasexporten versprochen haben soll (Murray 2006: 366; Schraven 2008b). Zumindest letzteres ist eingetreten: Zeromax erhielt ab Februar 2005 eine Rolle als Zwischenhändler im Vertrag der Usbekneftegaz für den Gasexport mit Gazprom (NefteCompass 2005).

Zeromax war es gelungen, 2004 und 2005 je ein Gemeinschaftsunternehmen auf paritätischer Basis mit Tochterfirmen von Uzbekneftegaz zu bilden. Die 2004 gegründete Kokdumalak-Gaz nutzt vorher abgefackeltes Erdölbegleitgas in Kokdumalak, dem größten Erdölfeld der Republik, und baute dafür eine Kompressorstation. Dieses war bisher abgefackelt worden. Gissarneftgaz wurde 2005 gegründet und betreibt Erkundungsarbeiten in den Gissar-Bergen sowie die Rehabilitierung und Förderung kleinerer Gasfelder in der Region Buchara. Sie stieg rasch zum zweitgrößten Gasproduzenten des Landes nach Usbekneftegaz auf. Die Nutzung von Erdölbegleitgas in Kokdumalak begann 2006 mit geringen Mengen, während das erste Feld von Gissarneftgaz 2007 in Produktion ging (Zhukov 2009: 377). Gazprombank hatte Zeromax bereits 2005 einen Kredit von US-$ 25 Mio. für das Projekt Kokdumalak gegeben (IOD 2005a).

Zeromax suchte dann wahrscheinlich Partner, die bereit waren, einen Teil des so erworbenen Kapitals zu monetisieren und außer Landes zu schaffen. Da die Produktion bereits erfolgreich lief lässt sich eine andere Motivation für die Inklusion der Gazprom schwer

---

[75] Dass die Tochter des Präsidenten Karimov, Gulnara, Zeromax kontrolliert ist nicht bestätigt. Es könnte sich auch um andere Mitglieder des Regimes oder Karimov selbst handeln. Jedenfalls kann angenommen werden, dass dahinter Teile der usbekischen Elite stehen, da auf entsprechende Behauptungen in westlichen Medien nie Unterlassungsklagen erfolgten. Dies wäre jedoch ein übliches Vorgehen eines Unternehmens gegen Falschaussagen, sofern sie in rechtsstaatlich verfassten Gesellschaften geäußert werden. Daher wird das Unternehmen entweder tatsächlich von Karimova kontrolliert, oder von anderen Teilen der Elite, deren öffentliche „Enttarnung" noch schädlicher wäre und die Gulnara Karimova auf Grund ihrer öffentlichen Bekanntheit als Tarnung nutzen. Eine klare Zuschreibung von Karimova zu Zeromax findet sich in folgenden in Gesellschaften mit stabilem Rechtssystem erscheinenden Publikationen und in Drahtberichten der Botschaft der USA in Taschkent: BR (2005); IOD (2005a); NefteCompass (2005); Schraven (2008b), US (2010).

erkennen. GPD war zu einem solchen Deal bereit und kaufte im März 2007 die Hälfte des Zeromax-Anteils an Kokdumalak-Gaz und 10 % an Gissarneftegaz. Im Laufe des Jahres 2007 erwarb GPD weitere Anteile an Gissarneftegaz und stockte ihren Anteil so auf 30 % auf. Außerdem wurde eine Vereinbarung erreicht, 50 % an dem Unternehmen zu erwerben. 2008 stockte GPD ihren Anteil jedoch nur auf 40 % auf (Fergana 2007; Gazprom 2011b; WGI 2007; ZMB 2008). Über den Kaufpreis ist nichts bekannt.[76] Die Reserven werden auf 130 Mrd. m³ geschätzt, die maximale Förderung auf 5–6 Mrd. m³ jährlich (Zhukov 2009: 375). Da für die Projekte kein PSA abgeschlossen wurde, sondern diese als Gemeinschafts-unternehmen organisiert sind, gilt das Recht Usbekistans und nicht internationales Wirtschaftsrecht, was die Risiken erhöht. Einen Überblick über die Beteiligungen und Organisation der Exporte bietet Abbildung 6.7.

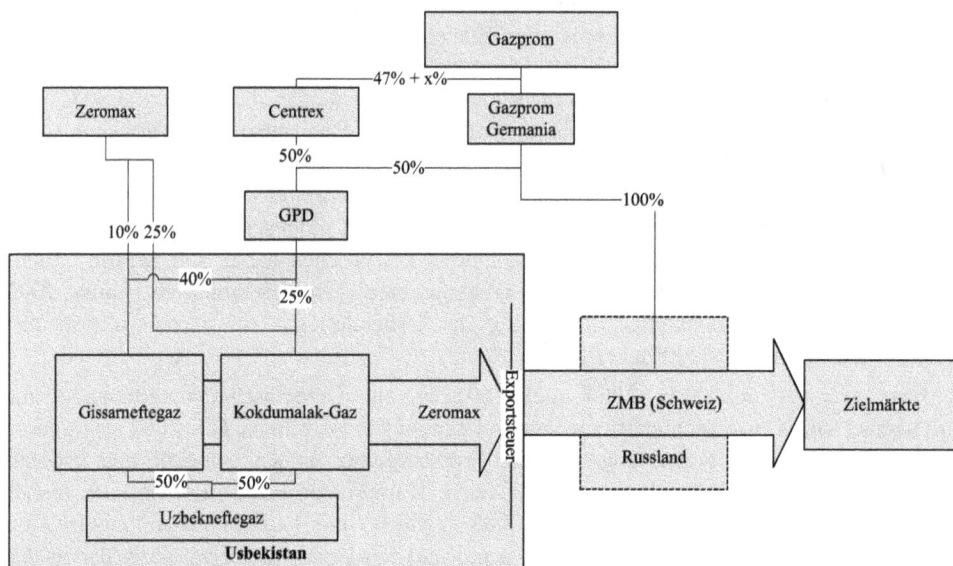

Quelle: Eigene Darstellung
Abb. 6.7:   Schema der Beteiligungen und Exportorganisation der Förderprojekte, 2010

Die Annahme erhöhter Risiken ist nicht weit hergeholt, wie sich in der Tatsache zeigt, dass Anfang 2010 der Gazprom-Partner Zeromax in Usbekistan auf Antrag des Geheimdienstes gerichtlich verfolgt wurde und gegen die beiden Gemeinschaftsunternehmen Insolvenz-verfahren wegen Überschuldung eingeleitet wurden (Interfax 2010b). Dies wurde auf Konflikte um die Nachfolge Karimovs innerhalb des Regimes zurückgeführt (BM 2013b). Die Aktiva der Zeromax wurden an den usbekischen Staat übergeben. Aber während Zeromax unter die Räder kam, konnte Gazprom sich mit den Gläubigern einigen. Die Unternehmen blieben bestehen und Gazprom konnte 2011 sogar weitere 5 % an Gissarneftegaz

---

[76]   Die gesamte Investitionssumme für beide Projekte wird teilweise mit US-$ 431,4 Mio. angegeben, vgl. Koržubaev IOD (2005a); Koržubaev/Filimonova (2007: Tab. 8). Andere Quellen sprechen jedoch davon, dass die Investitionen allein der Zeromax in das Projekt Gissarneftegaz US-$ 400 Mio. betragen sollen, allerdings bis 2030, vgl. Zhukov IOD (2005a); Zhukov (2009: 377). Dies scheint realistischer und deckt sich auch mit einer anderen Angabe, wonach Investitionen in Kokdumalak insgesamt US-$ 355 Mio. betragen haben sollen und in Gissarneftegaz US-$ 400 Mio. investiert werden sollten, vgl. Trend IOD (2005a); Trend (2011).

übernehmen, wofür Gazprom US-$ 25 Mio. gezahlt haben soll (Interfax 2012d). Im Sommer 2012 erhielt Uzbekneftegaz die vom Staat beschlagnahmten früheren Anteile der Zeromax an Förderprojekten, wodurch sie zu einem neuen Partner der Gazprom wurde (Interfax 2012c).

Rationalität des Projekts

Bei der *wirtschaftlichen* Rationalität des Projekts muss wiederum nur der Nettogegenwartswert betrachtet werden, da strategische Effekte auf Grund der geringen Größe der Investitionen denkbar gering sind. Da die Gasförderprojekte bereits in Betrieb waren, ist die Investition technisch wenig risikoreich. Allerdings ist die Kaufsumme der Anteile unbekannt. Daher wird hier angenommen, dass GPD einen Aufschlag von 50 % auf die bereits bestehenden Investitionen gezahlt hat, um Anteile an den Projekten zu erwerben. Unter dieser Annahme und bei Annahme dass alle Investitionen für Kokdumalak bis einschließlich 2010 getätigt worden waren (Trend 2011) und die US-$ 400 Mio. an Investitionen in Gissarneftegaz über den Zeitraum von 25 Jahren verteilt werden, weist die Investition bereits 2009 einen positiven Nettogegenwartswert auf (vgl. Abbildung 6.8).[77] Dies gilt allerdings auch, wenn Gazprom die angenommene gleiche Summe innerhalb Russlands investiert hätte. Selbst unter angenommenen sehr hohen langfristigen Produktions-kosten von US-$ 40 pro 1000 m³, die auch die Kosten der Entwicklung von Transport-infrastruktur beinhalten (Ahrend/Tompson 2004: 11), kann Gazprom mit einer Investition in Russland einen höheren Nettogegenwartswert erzielen, da der Verkaufserlös durch die fehlenden usbekischen Akteure größer ist (unter der Annahme, dass Gazprom auch dieses Erdgas auf Exportmärkten absetzen kann). Die hier angenommenen Investitionskosten übersteigen die Angaben der Gazprom um mehr als das Doppelte (EEGAS 2011). Das Projekt in Usbekistan hat damit keine negativen Folgen für Gazprom, aber eine Investition in Russland wäre lohnenswerter.

---

[77] Das in Usbekistan geförderte Gas und zusätzliche, von LUKoil und anderen Produzenten geförderte Mengen wurde von 2005 bis einschließlich 2010 an der usbekisch kasachischen Grenze vom Gazprom-eigenen Zwischenhändler ZMB (Schweiz) AG, eine in Zürich registrierte Tochter der Gazprom Germania. Diese besitzt „Transitrechte" und kann das usbekische Gas an Armenien, Georgien, Kasachstan, nach Deutschland und auf andere Märkte verkaufen. Der Handelspartner der ZMB (Schweiz) in Usbekistan war dabei immer die Zeromax, die im Austausch auch Warenlieferungen erhielt EUSPOT (2005); ZMB (2007); (2009). Da ZMB (Schweiz) ein ausländischer Akteur ist, muss er keine Exportsteuern in Russland zahlen (vgl. auch Abschnitt 7.4.4). 2011 wurde ZMB (Schweiz) in Gazprom Schweiz umbenannt.

```
200
            ■ Gazprom-Russland
150
            ▨ Kokdumalak, Gissar
100

 50

  0
        2007    2008    2009    2010    2011    2012    2013
-50

-100

-150
```

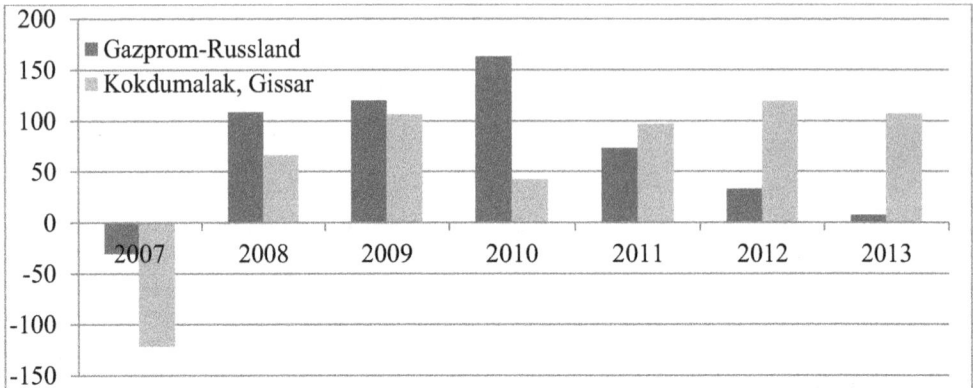

Quelle: Eigene Darstellung. Daten Förderung, Einkaufs- und Verkaufspreisen aus ZMB (2007; 2009; 2010),
             Umrechnung in US-$ mit dem Jahresdurchschnitt des monatlichen Wechselkurses der Schweizerischen
             Nationalbank. Ab 2010 wurden die Preise und Produktionsmengen von 2009 konstant gehalten. Die
             Investitionssumme von US-$ 170,8 Mio. (144 Mio. Gissarneftegaz und 26,8 Mio. Kokdumalak) ergibt
             sich aus dem Kaufpreis der Anteile zum angenommenen doppelten Wert der bekannten bisherigen
             Investitionen aus Interfax (2006g; 2007c). Anschließende Investitionen anteilig bis auf US-$ 355 Mio.
             für Kokdumalak im Jahre 2010 und auf US-$ 400 Mio. für Gissar bis 2020 aufgeteilt. Wie bei den
             anderen Projekten wird angenommen, dass Gazprom 60 % des Verkaufspreises an der usbekischen
             Grenze erhält, der Rest wird von Intermediären und vom Staat in Form der Exportsteuer abgeschöpft.
             Schätzung der Vergütung für Lieferungen auf den Inlandsmarkt: US-$ 45 pro 1000 m³, da der Gaspreis
             für die Bevölkerung stark subventioniert ist (Zhukov 2009: 365). Annahme dass 2007 und 2008 der
             Gasanteil der Gazprom vollständig exportiert werden kann, ab 2009 nur ein Anteil des Gases, wie in
             Gazprom (2010c; 2011b) angegeben. Es wurde angenommen, dass Gazprom die gleichen Investitionen
             in ein russländisches Projekt mit Produktionskosten von US-$ 40 pro 1000 m³ steckt und die ZMB
             wiederum das Erdgas verkauft und Gazprom russische Exportsteuern zahlen muss.
Abb. 6.8:   Geschätzte, abdiskontierte cashflows der Investition in Usbekistan im Vergleich zu einer gleichgroßen
             Investition in Russland, US-$ Mio.

Allerdings könnte Gazprom hier darauf gehofft haben, sich durch die Verbündung mit
Karimova bzw. privaten kommerziellen Interessen des Regimes eine privilegierte
Ausgangsposition zu sichern. Im Kontext der Diskussionen über eine mögliche „Thronfolge"
in Usbekistan hätte dies eine lohnenswerte Investition gewesen sein können. Sie war jedoch
mit hohen politischen Risiken behaftet, wie die Geschichte der Zeromax gezeigt hat. GPD
wurde zwar wohl nicht aus den Projekten entfernt, die Allianz mit Zeromax könnte sich
jedoch eher in einen Minuspunkt anstelle des erhofften Pluspunktes transformiert haben.

Politische Akteure waren außenpolitisch sowohl an der Investition interessiert, da es die
Anziehungskraft des russländischen Wirtschaftsmodells für Usbekistan vergrößern und auch
die wirtschaftlichen Beziehungen stärken würde. Die Investition in Kokdumalak und
Gissarneftgaz stärkt die Wirtschaftsbeziehungen und die russländische Kontrolle über
usbekische Erdgasförderung. Hinzu kam die Möglichkeit, die Verflechtung mit Akteuren der
politischen Elite Usbekistans zu fördern, was die Aussicht auf einen langfristig verbesserten
Einfluss russländischer Akteure geboten hätte.

Innenpolitisch war die Investition nicht im Interesse politischer Akteure, da sie zwar auf
Grund ihrer kurzfristigen Gewinnchancen lukrativ ist, ihre Gewinne aber im Ausland anfallen und dem russländischen Fiskus so nicht zu Gute kommen. Der Nettogegenwartswert ist
zudem geringer als eine Investition im Inland. Eine Investition im Inland wäre innenpolitisch
weit lohnenswerter und angesichts der großen Gasreserven auch möglich gewesen. Hinzu

kommt noch die Beteiligung weiterer Akteure durch Gazprom, da diese die GPD für Investitionen nutzte.

Für *Usbekistan* war die Beteiligung von Gazprom nicht notwendig, da das Projekt auch von anderen Investoren hätte bewerkstelligt werden können. Allerdings kontrolliert Gazprom die Gasexporte, jedenfalls bis zur Fertigstellung der Pipeline nach China im Jahre 2010. Einen Hebel hat Usbekistan hier jedoch durch die Kontrolle über turkmenische Exporte nach Russland. Das Interesse Usbekistans scheint hier daher nicht mit dem Interesse eines Teiles der Elite, die hinter Zeromax stand, übereingestimmt zu haben. Gazprom konnte sich hier mit diesem Teil verbünden, da sie bereit war über intransparente Tochterunternehmen dem Wunsch dieser Akteure zur Versilberung eines Teiles ihrer Beteiligungen nachzukommen.

Auswertung

Die Investition hat einen positiven Nettogegenwartswert erzeugt, dieser war aber im Vergleich mit einer alternativen Investition in Russland geringer. Allerdings sorgte die Zusammenarbeit mit Zeromax für eine bessere Kontrolle über die SAC-Pipeline in Usbekistan, was wegen der Strategie gegenüber Turkmenistan nötig war. Gazprom beteiligte aber weitere unbekannte und wechselnde Akteure an der Investition. Daher kann diese Investition als nur bedingt wirtschaftlich rational gelten. Vielmehr haben personale Interessen offenbar eine Rolle gespielt. Da das Risiko bei den Förderprojekten gering ist und vielmehr rasche Einnahmen erzielt wurden, kann Risikoteilung nicht als Begründung für die Einbeziehung weiterer Akteure gelten. Der Schlüssel könnte in der Entlohnung für die wahrscheinlich stattgefundenen Dienstleistungen von Usmanov liegen, der erst Zugang verschafft haben soll und auch an anderer Stelle eng mit der Gazprombank verbunden war (vgl. Abschnitt 4.4.1, S. 118ff). Auch haben sicher personale Interessen in der Gazprom und innerhalb des korporatistischen Kapitals eine Rolle gespielt, da das Management der Gazprombank und Teile der VTB eng mit dem Gazprom-Management verbunden sind. Personale Interessen dominierten indes auf der usbekischen Seite der formell schweizerischen Unternehmen, die offensichtlich einen Teil ihrer Beteiligungen in Geld verwandeln wollte.

Für politische Akteure war die Zusammenarbeit mit Zeromax zunächst wegen der besseren Kontrolle über das SAC-Pipelinesystem interessant, die auf Grund der Strategie gegenüber Turkmenistan bzw. der Ukraine benötigt wurde. Wie oben herausgearbeitet wurde, war dieser Strategiewandel auf die Interessen politischer Akteure zurückzuführen. Wirtschaftlich wie politisch hat die Investition dann langfristig auch darauf gezielt, das Verhältnis zur möglichen „Thronfolgerin" Gulnara Karimova zu festigen. Wenn diese Wette geglückt wäre, hätte Gazprom wahrscheinlich wesentlich bessere Investitionsbedingungen erhalten, und politische Akteure weitere Einflussmöglichkeiten. Gazprom versuchte also Vorteile zu erlangen, indem sie größere Toleranz gegenüber den lokalen Regeln als andere Investoren zeigte.

Als Instrumente nutzte Gazprom dabei personale Netzwerke des korporatistischen Kapitals, während politische Akteure nicht in Erscheinung traten. Ob die Kontrolle über Gasexporte Usbekistans eine Rolle gespielt hat ist unklar, aber die von ZMB (Schweiz) gegenüber Zeromax angebotenen Konditionen für den Export dürften bedeutsam gewesen sein. Das Verhalten der Gazprom entspricht damit nur in Bezug auf die Motivation der vierten Hypothese, da politische und wirtschaftliche Rationalitäten verbunden werden. Allerdings treten personale Interessen hinzu, was nicht erwartet worden war. Da keine staatlichen

Instrumente verwendet werden, entspricht das Verhalten auch hier nicht den Erwartungen der Hypothese.

6.3.7   Usbekistan: Sicherheitspolitik und Vernetzung

Im Ergebnis spielte das sicherheitspolitische Verhältnis Usbekistans zu Russland eine Schlüsselrolle für den Beginn der Investitionstätigkeit der Konzerne. Sicherheitspolitische Verwundbarkeit war die Voraussetzung dafür, dass Karimov russländische Investitionen in die Öl- und Gasindustrie akzeptierte. So versuchte Gazprom schon 2002 eine engere Kooperation mit Usbekistan zu erreichen, was jedoch erst gelang, nachdem Karimov sicherheitspolitische Unterstützung von Moskau benötigte. Mit vertiefter sicherheits- politischer Zusammenarbeit erhöhte sich auch die wirtschaftliche Tätigkeit der Konzerne. *Issue linkages* waren so zentral, um die Investitionstätigkeit zu ermöglichen. Anschließend entkoppelte sich jedoch der Zusammenhang, zumindest im Falle der LUKoil, die eine recht stabile Position in Usbekistan erreichen konnte.

Ein zweites wichtiges Element war die Vernetzung mit lokalen Akteuren, die von Gazprom praktiziert wurde. Hierbei wurde anscheinend versucht, durch die informelle Vernetzung mit lokalen, potentiell machtvollen Akteuren eine langfristig bessere Ausgangsposition zu erlangen. Diese hätte genutzt werden können, um politische und wirtschaftliche Prozesse zu beeinflussen. Allerdings zeigte sich im Zeitverlauf auch das große Risiko einer solchen „Wette" auf die richtigen Akteure, die leider nicht zum Gewinn führen sollte.

Generell ist auch bedeutsam, dass die Wirtschaftlichkeit der Projekte von vergleichsweise hohen Preisen abhing, die Gazprom zu zahlen bereit war. Dies kann auch nicht wie bei Turkmenistan mit etwaigen strategischen Effekten gerechtfertigt werden, da das Exportpotential Usbekistans gering ist und eine Diversifikation keinen großen Schaden anrichten kann. Allerdings war die Kooperation mit Usbekistan zentral für eine Kontrolle der Erdgasbezüge aus Turkmenistan, da Usbekistan die Politik der Gazprom durch ein Sperren der eigenen Pipelines torpedieren könnte. Da Gazprom auf Grund der Strategie gegenüber Turkmenistan an der Kontrolle über die usbekischen Transitpipelines interessiert war, nahm sie die Zahlung recht hoher Preise in Kauf.

Gazprom verfolgt hier auch generell die Interessen politischer Akteure. Diese waren daran interessiert, dass russländische Akteure ihre Aktivität in Usbekistan ausweiten. Insofern wollten sie, dass russländische Konzerne die seit 2004/2005 bestehenden Möglichkeiten zu Investitionen nutzten, selbst wenn diese mit hohen Risiken behaftet waren, wie etwa die Erkundung in Ustjurt. Gazprom leistete diesem Interesse Folge und erhielt nur kleine lukrative Projekte als Kompensation, die jedoch die Risiken nicht kompensieren konnten. Natürlich hätten die Erkundungsarbeiten auch erfolgreich sein können, allerdings stellt sich generell die Frage, warum Gazprom in einem fremden Land Risikokapital für Erkundung bereitstellen soll, wenn es in Russland noch erhebliche unerkundete Gebiete gibt.

Bei den wenig risikoreichen Projekten involvierte Gazprom außerdem verschiedene verbundene Akteure, was auf personale Interessen im Konzern oder im Netzwerk der Gazprom hindeutet. Während die risikoreichen Projekte also vom Konzern direkt finanziert wurden, konnten an den lukrativen Projekten weitere Akteure teilhaben.

LUKoil hingegen führte ein wirtschaftlich rationales Projekt durch und konnte sich in Usbekistan auch als größter russländischer Investor etablieren. Sie investierte weit mehr als

Gazprom und versuchte auch nicht, sich mit lokalen Akteuren zu verbünden. Dies scheint sich für LUKoil ausgezahlt zu haben. Das Unternehmen profitiert dabei auch davon, dass Gazprom an der Kooperation mit Usbekistan aus politischen Gründen weiterhin interessiert ist. Auch LUKoil ist daher von den Interessen russländischer politischer Akteure abhängig, jedoch in einer indirekten Art. Auch könnte diese Abhängigkeit bereits vergangen sein, da seit 2010 eine Exportmöglichkeit nach China besteht.

6.4   Kasachstan

Kasachstan ist für russländische Öl- und Gaskonzerne auf Grund der großen Reservenbasis und seiner relativen wirtschaftlichen Offenheit und Stabilität sehr interessant. Zudem besitzt das Land eine direkte Grenze mit Russland und ist vielfach mit dessen Wirtschaft integriert. Dies mag einen pragmatischen Kurs der kasachischen Führung gegenüber Russland erleichtert haben, die anders als Turkmenistan oder Usbekistan nicht auf eine Eindämmung russländischen Einflusses drängte. Kasachstan zeigte sich so auch am aufgeschlossensten gegenüber russländischen Integrationsprojekten und ist Mitglied der 2007 gegründeten Zollunion mit Russland und Belarus. Allerdings hat Kasachstan auch weit mehr Investitionen aus anderen Ländern angezogen als die anderen zentralasiatischen Republiken, weshalb ein fortgesetzter Einfluss russländischen Kapitals weniger stark ins Gewicht fällt.

Da in Kasachstan von russländischen Konzernen viel investiert wurde, können hier nicht alle Investitionen im Detail analysiert werden. Weitere Investitionen wie z.B. in Tengiz, Kazrosgaz und Kumkol' fanden jedoch Eingang in die Vorstudien zur Arbeit. Dabei wurden keine Aktivitäten deutlich, die die gezogenen Schlussfolgerungen in Frage stellen würden. Die analysierten Projekte stehen daher exemplarisch für weitere Investitionen des jeweiligen Konzerns in Kasachstan.

6.4.1   Kontextfaktoren

Kasachstan ist das flächenmäßig bei weitem größte und am reichsten mit natürlichen Ressourcen ausgestattete Land in Zentralasien. Die Bevölkerung des Landes betrug 2008 15,6 Mio. Ungefähr 30 % der Bevölkerung gehören der russischen Minderheit an, die kompakt v. a. im Norden des Landes lebt (Economist 2008c: 11). Das Land steht bereits seit der Unabhängigkeit unter der autoritären Herrschaft des Präsidenten Nursultan Nazarbaev, der aber in geringerem Maße auf repressive Herrschaftsinstrumente zurückgreift als in Usbekistan und Turkmenistan. Die Familie des Präsidenten spielt eine wichtige Rolle in Politik und Wirtschaft; ihr Einfluss ist anders als in Usbekistan aber auch teilweise formalisiert. Dies sorgte für eine vergleichsweise große Attraktivität für ausländische Investoren. Die Werte in Demokratierankings liegen mit Russland gleichauf, sind aber immer noch wesentlich besser als die Usbekistans und Turkmenistans (FreedomHouse 2009). Die Wirtschaftsleistung pro Kopf ist dabei mehr als doppelt so hoch wie in Turkmenistan und übersteigt die der anderen zentralasiatischen Staaten um ein vielfaches.

Das politische System ist ähnlich dem russländischen System pluralistisch-oligarchisch organisiert, mit mehreren industrieübergreifenden Einflussgruppen (Kuz'mina 2007: 26f). Daraus ergeben sich weitere Einflussmöglichkeiten für russländische Akteure. Der Raum für sicherheitspolitische *package deals* ist hingegen begrenzt, da das Regime keine schwerwiegenden externen Sicherheitsbedrohungen zu meistern hatte.

Wirtschaftlich ist Kasachstan insbesondere auf die Ölindustrie angewiesen, die direkt mehr als 20 % der Wirtschaftsleistung bereitstellt. Weitere wichtige Industrien sind die Metallverarbeitung und Stahlindustrie. Öl und Gas sind die wichtigsten Exportgüter, die 2007 59 % der Exporterlöse einbrachten. Kasachstan zog dabei mehr als 80 % der nach Zentralasien geflossenen Auslandsdirektinvestitionen an. Pro Kopf sind diese auch mehr als doppelt so hoch wie in Russland (BP 2010b; Economist 2008c; UNCTAD 2010).

Kasachstan war nach seiner Unabhängigkeit auf Grund der sowjetischen Industriepolitik wirtschaftlich und vor allem infrastrukturell stark von Russland abhängig. Viele sowjetische Produktionsketten bestanden direkt mit Betrieben in Russland (Olcott 2002: 132). Dies galt und gilt auch für die Öl- und Gasindustrie. Energiesicherheitliche Abhängigkeit ist vorhanden, da bestimmte Regionen Kasachstans nur über Russland mit Gas versorgt werden können und der Pipelinetransport von Erdöl teilweise nur unter der Beimischung russländischen Erdöls möglich war.

6.4.2   Aktiva

Die nachgewiesenen Erdölreserven Kasachstans betrugen 2011 3,9 Mrd. t. Das Land liegt damit auf Rang 12 weltweit. Die Gasreserven sind mit 1,9 Billionen m³ weniger bedeutsam, aber immer noch größer als diejenigen Usbekistans (BP 2012). Kasachstan verfügte im Unterschied zu den anderen zentralasiatischen Republiken zum Zeitpunkt der Unabhängigkeit über riesige Erdöl- und Kondensatvorkommen, die zwar während der Sowjetunion entdeckt, aber aus technologischen Gründen nicht bzw. nicht vollständig erschlossen worden waren. Die bedeutendsten Projekte sind hier Karačaganak, Tengiz und Kašagan im Kaspischen Meer.

Die Gasproduktion in Kasachstan ist dabei stark mit der Ölproduktion verbunden, weil die meisten Felder Gaskondensat enthalten, das sowohl gasförmige als auch flüssige Kohlenwasserstoffe enthält, die in Raffinerien getrennt werden müssen (Yenikeyeff 2009: 320). Sowohl Erdöl- als auch Erdgasvorkommen in Kasachstan sind stark säurehaltig und enthalten hohe Mengen (teilweise mehr als ein Fünftel) an Schwefelwasserstoff (Yenikeyeff 2009: 322). Dies erhöht die Produktionskosten erheblich, da die Kohlenwasserstoffe vor der Einspeisung in Transportpipelines aufwändig entschwefelt werden müssen. Ob das Gas zur Maximierung von Ölproduktion re-injiziert oder aufbereitet und auf Märkte geliefert wird ist daher im Wesentlichen davon abhängig, wie das Verhältnis zwischen Gas- und Ölpreis ist. Bei geringem Gaspreis wird die Ölproduktion durch Reinjektion optimiert, während bei höheren Gaspreisen die Produktion beider Güter lukrativer sein kann. Das kasachische Angebotspotential für Erdgas wird also aus geologischen Gründen sehr stark von Marktfaktoren und hier insbesondere der möglichen Exportrouten auf zahlungsfähige Märkte beeinflusst.

Exportpipelines für Erdöl bestehen mit den CPC- und Atyrau-Samara Pipelines in Richtung Russland, sowie seit 2005 in Richtung China (vgl. Abbildung 6.9). Die CPC hat eine Kapazität von 28,2 Mio. t Erdöl im Jahr (CPC 2004). Die Atyrau-Samara Pipeline konnte in den 1990er Jahren jährlich bis zu 13 Mio. t transportieren und wurde später auf 16 Mio. t ausgebaut (IEA 1998: 210). Die Pipeline nach China hat eine Kapazität von 10 Mio. t jährlich (IEA 2010b: 518). Die größte Importpipeline mit einer Kapazität von 24 Mio. t verläuft vom sibirischen Omsk zur Raffinerie in Pavlodar (IEA 1998: 210). Kasachstan ist außerdem Transitland für das gesamte aus Turkmenistan und Usbekistan an Russland und China gelieferte Erdgas und verfügt daher über große Transitkapazitäten, jedoch nicht über ein entwickeltes Netz an Hochdruckpipelines (vgl. Abbildung 6.1).

Quelle: IEA (2010b: 512), © OECD/IEA, eigene Modifikationen
Abb. 6.9: Wichtige Ölfelder, Raffinerien und Ölpipelines in Zentralasien

Es bestehen drei Raffinerien in Kasachstan, die weit über das Land verstreut sind. Die modernste und größte Raffinerie in Pavlodar ist auf russländisches Erdöl ausgelegt und verfügt über eine direkte Pipelineverbindung nach Russland, die lange Zeit auch die einzige Möglichkeit zur Belieferung der Raffinerie darstellte. Die Raffinerie in Čimkent im Süden Kasachstans wurde zu 80 % mit russländischem Öl beliefert, da das kasachische Öl aus dem Kumkol'-Feld zur Gewährleistung des Pipelinetransports mit russischen Ölsorten gemischt werden musste. Sie verfügt nur über Erstverarbeitungskapazität und Anlagen zum Hydrotreating. Nur die älteste der Raffinerien im westkasachischen Atyrau konnte kasachisches Öl verarbeiten – sie produzierte allerdings auf Grund ihres Alters nur einen geringen Anteil an leichten Ölprodukten. Daher wird im Westen des Landes Öl zur Raffination an Russland exportiert, das dann in Form von Ölprodukten zurück geliefert wird (IEA 1998; Peck 2004: 147f).

6.4.3   Struktur der Öl- und Gasindustrie

Die kasachische Öl- und Gasindustrie zeichnet sich durch einen hohen Anteil ausländischer Beteiligung aus. Die ausländischen Unternehmen sind mit PSA oder Gemeinschaftsunternehmen an der Förderung beteiligt.

Die Administration der Öl- und Gasindustrie hat sich nach der Unabhängigkeit mehrfach gewandelt. Nachdem in den 1990er Jahren mehrere Produktionsorganisationen gebildet worden und teilweise privatisiert worden waren, fand ab 2002 eine Stärkung der staatlichen Kontrolle durch die Zusammenlegung der staatlichen Aktiva in der Holding Kazmunaigaz (KMG). KMG wird ihrerseits vom nationalen Wohlfahrtsfonds Samruk-Kazyna kontrolliert, der die Staatsunternehmen effizienter managen soll. Der Schwiegersohn des Präsidenten, Timur Kulibaev, war von 2006–2011 Vizechef des Fonds und wurde anschließend zu dessen Chef ernannt. Nach Arbeiterunruhen im westkasachischen Žanaozen verlor Kulibaev Ende 2011 allerdings seinen Posten. Nun sitzt er im Aufsichtsrat der Gazprom (Gazprom 2012i; Olcott 2007). Dies verdeutlicht die starke Rolle der Präsidentenfamilie beim Management der staatlichen Öl- und Gasindustrie.[78] Die Energieindustrie wird formell vom Ministerium für Industrie und neue Technologien reguliert, das von einem Vizepremier geführt wird.

Die Gaspreise werden quartalsweise administrativ festgesetzt, richten sich jedoch auch nach Marktkonditionen. So ist Erdgas in den gasreichen westlichen Regionen wesentlich günstiger als in den importabhängigen nördlichen und südlichen Regionen Kasachstans (Yenikeyeff 2009: 338). Die kasachische Energiepolitik weist also auf Grund der größeren Komplexität einen höheren Institutionalisierungsgrad auf als die der zentralasiatischen Nachbarstaaten, wobei der Einfluss des Präsidenten und seiner Familie erheblich, aber recht formalisiert ist.

6.4.4   Gazprom, LUKoil und Karačaganak

In den 1990er Jahren konnten die Abhängigkeiten Kasachstans in Verbindung mit Zutrittsschranken zum russländischen Markt von russländischen Konzernen als Druckmittel zur vereinfachten Erlangung von Anteilen genutzt werden. Die Möglichkeit zur Nutzung dieser nichtökonomischen Faktoren durch die russländischen Konzerne sorgte für den Zugang zu Projekten, bei denen es keinen wirtschaftlichen Grund für die Beteiligung russländischer Akteure gegeben hätte. Zentral war dabei die Verfügungsmacht über Infrastruktur und die damit mögliche Manipulation struktureller Abhängigkeiten, sowie die staatliche Instrumentalisierung des Rechtsstatus des Kaspischen Meeres.

Für die Gasindustrie gilt auf Grund der besonderen geologischen Bedingungen, dass Gazprom ein Interesse an der Begrenzung des kasachischen Angebotspotentials hat, was über die Investition in Reinjektionsanlagen für Erdgas möglich wird. Dies begrenzt die Wahrscheinlichkeit, dass alternative Gastransportlösungen auf westliche Märkte entstehen, die in Konkurrenz resultieren könnten. Dies wurde zunächst am Projekt Karačaganak deutlich.

Projektbeschreibung und Prozesse

Das Öl- und Gaskondensatfeld Karačaganak liegt im Nordwesten Kasachstans und ist eines der weltgrößten Felder dieser Art. 2005 trug es mit 18 % zur Gesamterdölproduktion und

---

[78]   Seit 2011 ist Kulibaev auch einer der „unabhängigen Direktoren" im Aufsichtsrat der Gazprom. Dies verdeutlicht die engen Bindungen zwischen den kasachischen und russländischen Eliten.

45 % zur Erdgasproduktion in Kasachstan bei (Kaiser/Pulsipher 2007: 1304; KPO 2011b). Die Reserven werden mit 327 Mio. t Kondensat und 453 Mrd. m³ Erdgas angegeben (KPO 2011b). Seit Auflösung der Sowjetunion bis 2010 wurden knapp US-$ 14 Mrd. in das Feld investiert, was sehr hohe Investitionskosten von ca. US-$ 2,70 pro Barrel Öläquivalent bedeutet, wobei noch mehr Investitionen erfolgen müssen.[79]

Das Feld wurde 1979 von sowjetischen Geologen entdeckt und anschließend mit Hilfe aus der EU und den USA importierter Ausrüstung erschlossen. Der Anteil an Schwefelwasserstoff beträgt ca. ein Viertel, weshalb zur Erschließung des Feldes säurebeständige Materialien verwendet werden müssen, die in der Sowjetunion nicht zur Verfügung standen (PON 1983; 1984; Yenikeyeff 2009). Auch die geologischen Bedingungen sind komplex. Zudem hatte die sowjetische Gasindustrie wie in Orenburg auch in Karačaganak 1983–84 im Rahmen des Programms „Kernexplosionen für die Volkswirtschaft" sechs unterirdische Kernexplosionen innerhalb des Vorkommens durchgeführt, um dessen Charakteristika durch die künstliche Erschaffung von Untergrundkavernen zu „verbessern". Damit sollten Reservoirs mit niedrigeren Drucken geschaffen werden, in denen die gasförmigen Kohlenwasserstoffe kondensieren würden, um sie als hochwertiges Gaskondensat entnehmen zu können. Teile der Kohlenwasserstoffe sind daher radioaktiv verseucht (EUTR 1994a; Golubov 2004; Peck 2004: 198). Der hohe Säureanteil und schwierige Aggregatzustand des Gases erzwingt zudem dessen aufwändige Aufbereitung. Dies alles sorgt dafür, dass das Vorkommen eines der komplexesten der Welt ist, was für die hohen Investitionen verantwortlich ist.

Eine Anlage zur Aufbereitung des Kondensats und zur Reinigung des Gases bestand bereits im 100 km entfernt gelegenen russländischen Orenburg, die zudem auf Grund fallender Produktion im russländischen Orenburg-Feld eine geringe Auslastung aufwies (PON 1983). Daher waren noch im sowjetischen System vier Kondensatpipelines und zwei Gaspipelines von Karačaganak nach Orenburg gebaut worden, wo die Reinigung stattfinden sollte.

Auf Grund technischer und finanzieller Probleme versuchten Gazprom und die Regierung der kasachischen Sowjetrepublik bereits 1990 die British Gas (BG) mit in das Projekt zu holen (Burčilina 1995). Nach der Desintegration der Sowjetunion verlor Gazprom die Kontrolle über das Projekt, während Kasachstan nicht über die erforderlichen Finanzmittel und Erfahrung zur weiteren Erschließung verfügte. Daher erfolgte eine rasche Ausschreibung für die weitere Erschließung des Feldes, an der sich BP, BG und Agip (ENI) beteiligten. Gazprom beteiligte sich nicht am Wettbewerb. BG und Agip erhielten dann 1992 den Zuschlag für die Entwicklung eines Konzepts und die Verhandlung eines PSA. BG und Agip erhofften dadurch zusätzliche Gasmengen für den Export nach Westeuropa produzieren zu können (AFX 1992).

Auf Grund der bestehenden Infrastruktur lag eine Kooperation zwischen den Konsortialpartnern und Gazprom nahe. Sie war auch notwendig, solange in Karačaganak kein eigenes Werk zur Verarbeitung der Kohlenwasserstoffe bestand. Gazprom stellte sich dabei auf die Position, dass sie auf Grund der in der sowjetischen Periode getätigten Investitionen Anrecht auf Beteiligung an dem Vorkommen habe, ohne weitere Investitionen

---

[79] Dies entspricht Investitionskosten von US-$ 20 pro 1000 m³ Gas, das zudem eine sehr schlechte Qualität aufweist und daher gereinigt werden muss. Zum Vergleich: Die usbekischen Projekte von LUKoil und Gazprom weisen Investitionskosten von US-$ 2-3 pro 1000 m³ Gas auf. Das von Rosneft' entwickelte Vankor-Ölfeld, das als teuer gilt und daher Steuervorteile erhielt, weist Investitionskosten von nur ca. US-$ 1,5 pro Barrel Öläquivalent auf, vgl. Rosneft (2011a); Templeton (2007).

tätigen zu müssen. Um den Druck auf BG und Agip zu erhöhen limitierte sie die Annahme von Gas im Werk Orenburg auf ein Minimum und bot sehr geringe Preise für den Ankauf des Gases. Die Verhandlungen über einen dauerhaften Vertrag für die Verarbeitung und den Export des Gases führten zu keinem Ergebnis. Dabei wurde seitens der westlichen Konzerne der Gazprom auch eine Beteiligung am Projekt angeboten, was jedoch ebenfalls nicht unmittelbar zum Erfolg führte (IEA 1998: 233; Interfax 1994; Pusyrev 1994). Gazprom wollte einen Anteil von 26 % an dem Konsortium erhalten, wohingegen die ausländischen Partner nur 15 % anboten (PON 1994).

Bei ihrer Strategie konnte Gazprom nicht nur die eigenen Machtressourcen nutzen, sondern es standen auch Druckmittel wie die Abhängigkeit Kasachstans von russischen Öllieferungen etwa an die Raffinerie in Pavlodar oder die Abhängigkeit beim Ölexport auf Weltmärkte zur Verfügung. Es gab häufiger Probleme mit diesen Lieferungen (Higgins 1995; Maley 1994). Aus diesen Gründen wuchs der Druck auf Agip und BG auch von Seiten der kasachischen Regierung, Gazprom an dem Projekt zu beteiligen: Im November 1994 wurden die westlichen Konzerne von Kasachstan vor das Ultimatum gestellt, bis zum Ende des Monats 15 % an Gazprom abzugeben. Ansonsten fühle man sich nicht mehr an die abgeschlossenen Verträge gebunden (FTEI 1994). Mitte Dezember 1994 wurde dann eine Vereinbarung zwischen Gazprom und Kasachstan unterschrieben, gemäß der Gazprom in der ersten Phase des Projekts einen Anteil von 15 % erhalten sollte, der sich anschließend so vergrößern würde, dass Gazprom „gleichberechtigt" mit Agip und BG am Projekt beteiligt sein würde. Außerdem wurden in der Erklärung die Schulden der kasachischen Seite aus den Investitionen der Gazprom in das Vorkommen festgehalten (FTEI 1995b; Kortes 1994). Im März 1995 wurde dann ein vorläufiges vierjähriges PSA unterzeichnet, um den Wunsch der kasachischen Seite nach einem raschen Beginn der Förderung nachzukommen. Gazprom erhielt 15 %, während sich BG und Agip mit je 42,5 % begnügten. Ein längerfristiger Vertrag konnte auf Grund der Probleme bei den Verhandlungen mit Gazprom vorerst nicht unterzeichnet werden. Die westlichen Konzerne hatten dabei die Hoffnung, dass die Beteiligung der Gazprom den Transit des Gases auf westliche Märkte mit harter Währung ermöglichen würde (Bourne 1994; Burčilina 1995; EUTR 1995f).

Die Beteiligung der Gazprom führte jedoch nicht zu einer kooperativen Haltung. Weder war Gazprom bereit, für ihren Anteil am Projekt zu bezahlen und Investitionsmittel bereitzustellen, noch einen annehmbaren Preis für die nach Orenburg gelieferten Kohlenwasserstoffe anzubieten. So bot Gazprom nur US-$ 8,74 pro 1000 m³ bereits gereinigtes Erdgas, was bei den hohen Investitionskosten kaum lukrativ sein konnte (Bourne 1995; Herb 1995). BG und Agip mussten dennoch die Förderung beginnen, um den Anforderungen der kasachischen Seite nachzukommen und eine Chance auf ein endgültiges PSA zu erhalten. Daher wurde so viel produziert, wie Gazprom in Orenburg anzunehmen bereit war. Dies waren 40 % weniger als eigentlich möglich gewesen wäre. Profitabilität spielte dabei keine Rolle, wie BG zugab – es gehe zunächst nur darum, die Entwicklung des vernachlässigten Feldes zu verbessern (PON 1995). Die Lage verbesserte sich auch anschließend nicht – Gazprom erlaubte nur, Gas an die wenig lukrativen GUS-Märkte zu verkaufen.

Gazprom verließ schließlich Mitte 1996 das Projekt, da sie den bei Abschluss des PSA fälligen Bonus nicht zahlen wollte (PON 1996b). Vjachirev sagte zum Rückzug der Gazprom später, Gazprom habe aus ideologischen, technischen und wirtschaftlichen Gründen auf einen Anteil verzichtet und würde Kasachstan „unter keinen Umständen" Gas über die eigenen Pipelines exportieren lassen. Man sei nur bereit, gewisse Mengen in Orenburg zu verarbeiten (AFP 1997).

Interessanterweise übernahm nun jedoch LUKoil den Anteil von Gazprom. Um dies zu gewährleisten, wurde von Premierminister Černomyrdin ein Erlass unterzeichnet, der die Übertragung von Gazproms Anteil an LUKoil vorsah (PON 1996a). LUKoil hatte schon länger Interesse an Karačaganak gezeigt (EUTR 1996c; INGS 1994a). Die westlichen Partner waren angesichts der schwierigen Entwicklung des Projekts darauf bedacht, ihre Risiken zu reduzieren und einen Teil ihres Anteils an andere Investoren abzugeben (EUTR 1996b). LUKoil wurde wegen ihrer russländischen Herkunft als vorteilhaft angesehen. Schließlich wurde Ende 1997 das endgültige PSA unterzeichnet, an dem Lukoil, BG, Agip und auch Texaxo beteiligt wurden. Texaco erhielt von Agip und BG jeweils 10 % des Anteils. Kasachstan sollte dabei 80 % der Erlöse in der Profitphase erhalten (Interfax 1997).

Das neue Konsortium orientierte sich nun mangels eines Marktes für Gas auf die Produktion flüssiger Kohlenwasserstoffe, die vor Ort stabilisiert und gereinigt und als Erdöl exportiert werden konnten. Für die gasförmigen Kohlenwasserstoffe wurde die Priorität auf die Reinjektion in das Feld zur Steigerung der Produktion flüssiger Bestandteile gelegt (Knott 1997). LUKoil-Chef Alekperov trat dabei dafür ein, dass das Öl nicht über die neue CPC von Atyrau nach Novorossijsk, sondern über das bestehende russländische Pipelinenetz der Transneft' exportiert werden würde. Diese sollten zu diesem Zweck modernisiert werden (BBC 1997). Die Ölexporte, die in den ersten Jahren bis zur Fertigstellung der CPC nur über das Netz der Transneft' möglich waren, litten unter hohen Transittarifen und führten zu einem hohen Wertverlust des Öls aus Karačaganak. Es wird geschätzt, dass die Konsortialpartner auf Grund der Durchleitung durch Russland einen Verkaufspreis von 30 % des Marktpreises hinnehmen mussten (Kaiser/Pulsipher 2007: 1304).

Rationalität der Beteiligung von Gazprom und LUKoil

Die *wirtschaftliche* Rationalität einer Beteiligung russländischer Akteure an dem Projekt ist nur aus dem Gesichtspunkt des Nettogegenwartswerts zu betrachten, da sich für LUKoil als Ölproduzent ohne Zugang zu Gaspipelines und Exportmärkten keine strategischen Effekte ergeben können. Gazprom hatte derweil durch die Eigentümerschaft des Gasreinigungs- komplexes in Orenburg und die Kontrolle über Gaspipelines auch ohne eine Beteiligung die Möglichkeit zur Beeinflussung des Projektes, da die Investition in eine eigene Gasreini- gungsanlage angesichts der ohnehin hohen Projektkosten sehr unwahrscheinlich war. Von daher war die Möglichkeit zur strategischen Einflussnahme ohnehin gegeben, während die Beteiligung an der Ölproduktion für Gazprom ebenfalls keine strategischen Effekte auslösen könnte.

Angesichts der hohen Projektkosten, der großen Reserven russländischer Konzerne und der hohen Kapitalkosten in den 1990er Jahren sollte das Interesse an einer Beteiligung misstrauisch stimmen. Es ist schwer vorstellbar, dass ein solch teures Projekt bereits bestehenden Investitionschancen der Konzerne innerhalb Russlands vorzuziehen war. Bei der Berechnung des Nettogegenwartswerts ist außerdem die Ölpreisentwicklung zu berücksichtigen, die 1995 noch auf wesentlich geringerem Niveau prognostiziert wurde. So nahm die IEA etwa in einem Hochpreisszenario eine Steigerung des Ölpreises auf US-$ 28 pro Barrel (Preise von 1993) bis 2010 an, was bei einer Inflationsrate von 2,5 % einen Preis von US-$ 42 in Preisen von 2010 bedeutet hätte (IEA 1995: 296). Dies war jedoch nur etwas mehr als die Hälfte des tatsächlichen Preises, der zwischenzeitlich noch viel höher gewesen war.

LUKoil gibt an, dass das Projekt erst 2004, nach Abschluss der zweiten Investitionsphase, erstmals einen positiven *cashflow* erzeugt hat (LUKoil 2003). Dementsprechend haben die Projektpartner neun Jahre lang unter Inkaufnahme negativer *cashflows* investiert. Dies liegt vor allem an den sehr niedrigen Verkaufserlösen der Produktion während der ersten und zweiten Phase, die von LUKoil pro Barrel mit US-$ 2,13 im Jahre 2001, US-$ 4,41 im Jahre 2002 und US-$ 5,02 im Jahre 2003 angegeben werden (LUKoil 2003). Dies dürfte sich nach Eröffnung der Pipeline nach Atyrau und der damit möglichen Nutzung der CPC-Pipeline im Jahre 2003 wesentlich verbessert haben, da zumindest für die flüssigen Kohlenwasserstoffe ein direkter Zugang zum Weltmarkt bestand. Dank der hohen Ölpreise dürfte das Projekt für LUKoil im Jahre 2014 nach 20 Jahren einen geringen positiven Nettogegenwartswert erreichen (vgl. Abbildung 6.10). Da das Feld dann theoretisch noch 20 weitere Jahre mit der gleichen Rate ausgebeutet werden könnte, scheint die Investition lukrativ. Dies ist jedoch eine Bewertung *ex post,* die auf Grund der hohen Ölpreise positiv ausfällt.

Nimmt man dagegen an, die LUKoil hatte bei Investitionsentscheidung eine Steigerung des Ölpreises gemäß dem Szenario der IEA, sowie eine um zwei Jahre raschere Realisierung der Exportmöglichkeit auf Weltmärkte angenommen, und mit den gleichen Raten wie tatsächlich erfolgt produziert, so hätte das Projekt auch nach der gesamten Laufzeit von 44 Jahren noch einen negativen Nettogegenwartswert erzeugt. Dabei wurde bereits angenommen, dass die Investitionskosten auf Grund geringerer Ölpreise 10 % geringer gewesen wären als die tatsächlich angegebenen Investitionskosten. Nimmt man derweil an, die Investitionskosten würden gegenüber dem stattgefundenen Szenario auf Grund des niedrigeren Ölpreises um 20 % niedriger ausfallen, so weist das Projekt 2024 einen positiven Nettogegenwartswert auf.

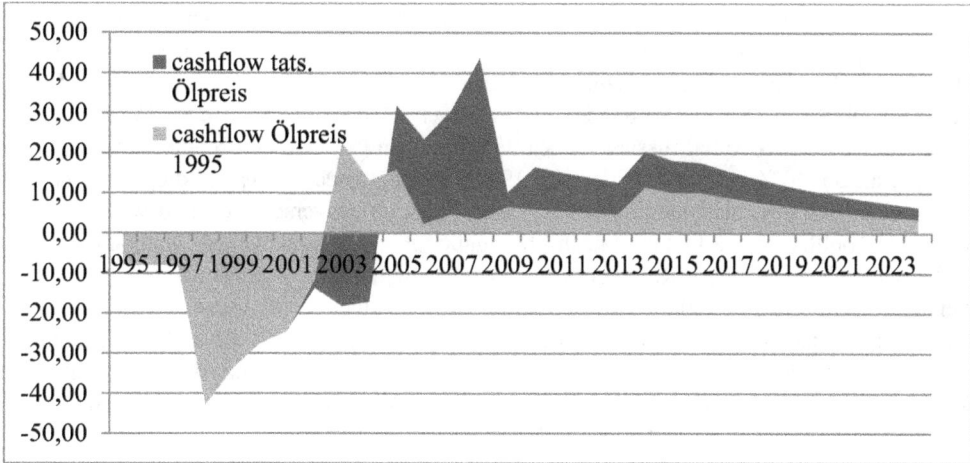

Quelle: Eigene Darstellung. Diskontierung erfolgt mit 17 %. Annahme Betriebskosten von US-$ 3,8 (2001
            Basisjahr) pro Barrel aus McCutcheon/Osbon (2001). Investitionssumme aus KPO (2011b), LUKoil
            2003). Annahme gleicher Verteilung der Investitionssummen über die Projektabschnitte. Annahme
            weiterer Investitionen von 2011 bis 2015 in Gesamthöhe von US-$ 865 Mio., da die dritte Phase des
            Projekts weitere Investitionen vorsieht. Daten zu Produktion und Erlösen 2000–2003 aus LUKoil
            (2003). Vor 2000 wurden die Werte von 2000 genutzt. Daten zur Produktion von Erdöl 2003 bis 2007
            geschätzt nach den Angaben in Yenikeyeff (2009: 326), zur Produktion rohen Erdgases nach Orenburg
            Angaben aus KazRosGaz (2011). Angaben zur Produktion 2008 aus KPO (2009), für 2009 aus KPO
            (2010) und für 2010 aus KPO (2011a). Daten zu Erlösen der exportierten gereinigten flüssigen Kohlen-
            wasserstoffe ab 2004 aus dem mittleren Ölpreis Dubai in BP (2011a) minus der Transportkosten über
            die CPC-Pipeline aus Igorev (2010) und angenommenen Transportkosten auf Weltmärkte von weiteren
            5 %. Ab 2009 belangte Kasachstan das Konsortium trotz PSA mit einer zusätzlichen Extraktionssteuer
            von 15 %, vgl. SRI (2010), Ernst&Young (2010: 11). Für die Lieferungen gasförmiger Kohlenwasser-
            stoffe nach Orenburg wurde nach NIK (2003a) und NefteCompass (2006c) ein Preis von US-$ 14 pro
            1000 m³ angenommen, der ab 2010 auf US-$ 31 steigt. Für die Prognose nach 2010 wurde eine
            Steigerung von Ölpreis, Gaspreis und Transportkosten über die CPC-Pipeline mit der Inflationsrate
            von 2,5 % angenommen, vom jeweiligen Preis 2010 ausgehend. Weitere Annahmen: Die Produktion
            ist gleichbleibend auf Niveau von 2010 und das Steuerregime bleibt nach 2010 gleich.
Abb. 6.10: Geschätzter und prognostizierter *cashflow* Karačaganak, Anteil der LUKoil, US-$ Mio.

Mit den 1995 verfügbaren Informationen war LUKoil also bereit, substantielle Risiken
einzugehen. LUKoil hätte in Russland wahrscheinlich Zugang zu wesentlich günstigeren
Projekten gehabt, die auf Grund der geringeren Komplexität auch geringere Risiken bergen
als das kasachische Projekt. Auch war LUKoil in den 1990er Jahren der größte russländische
Ölkonzern, hatte also keinen Bedarf an zusätzlichen Reserven, was eine solch risikoreiche
Beteiligung rechtfertigen könnte. Die Investition der LUKoil in Karačaganak scheint daher
nicht wirtschaftlich motiviert zu sein.

Demgegenüber folgte die Entscheidung der Gazprom, nicht in Karačaganak zu investieren
ihren wirtschaftlichen Interessen. Da sie mit ihrer Forderung, ohne Investitionen Anteile zu
erhalten nicht durchkam, verließ Gazprom das Projekt wieder. Gazprom war nicht an einer
Ausweitung des kasachischen Angebotspotentials an Erdgas interessiert und traf wohl auch
vor dem Hintergrund der hohen Kosten des Projekts die Entscheidung, nicht zu investieren.
Daraufhin wurde LUKoil von politischen Akteuren als Statthalter bestimmt.

Politische Akteure waren wie oben dargelegt bereits in den 1990er Jahren darauf bedacht,
eine Reintegration des postsowjetischen Raums unter kapitalistischen Vorzeichen durch den

Erwerb von Anteilen herbeizuführen. Den außenpolitischen Interessen entsprach es daher, Beteiligungen im Ausland zu erwerben und andere Konzerne von den Märkten der ehemaligen Sowjetrepubliken fernzuhalten. Der russländische Energieminister Jurij Šafranik, der auch eng mit LUKoil verbunden ist, wird etwa mit den folgenden Worten zitiert: „insgesamt sollte der Anteil russländischer Beteiligungen [...] in angrenzenden Ländern nicht weniger als 35–40 % betragen" (Edemskij 1996). Dementsprechend hatten die Konzerne den allgemeinen Auftrag, sich möglichst viele Beteiligungen zu verschaffen und wurden dabei von den politischen Akteuren nach Maßgabe ihrer Möglichkeiten unterstützt. Die außenpolitischen Ziele der Reintegration des postsowjetischen Raums wurden dabei über innenpolitische Ziele gestellt, die etwa in einer Vergrößerung der Investitionen in die eigene Ölindustrie bestanden hätten. Insbesondere Karačaganak, aber auch die anderen internationalen Projekte leisteten einen Beitrag zur internationalen Präsenz der russländischen Konzerne, trugen gleichzeitig aber auch zu massivem Abfluss von Kapital aus Russland bei, wie die wirtschaftlichen Eckdaten des Projekts zeigen.

LUKoil war offenbar bereit, den Wünschen der staatlichen Akteure in dieser Frage Folge zu leisten und identifizierte sich mit diesen, anstatt auf eine wirtschaftlich rationale Investitionsstrategie zu setzen. Dies kann auch mit dem Wunsch des Managements nach internationaler Größe der LUKoil, die immerhin als erster russländischer Ölkonzern das westliche Muster emulieren sollte, in Übereinstimmung gebracht werden. Diese Interpretation deckt sich mit Aussagen von LUKoil-Chef Alekperov: Er sagte, dass LUKoil in einer Position sei, in der man „die Beteiligung an allen Öl- und Gasprojekten in der Region" verlangen könne. Dahinter stand bei LUKoil wie auch bei Gazprom die Ansicht, dass die kasachische Erdölwirtschaft im Wesentlichen auf russischen Bemühungen aufgebaut wurde und sie daher ein Anrecht auf kostenlose Beteiligung habe (Economist 1994). Auch behauptete Alekperov, dass die Interessen der LUKoil mit denen des Staates deckungsgleich seien.[80] Es wurden also auch von Seiten der LUKoil offenbar nicht die Projekte einzeln evaluiert, sondern eine pauschale Bewertung vorgenommen, die wenig wirtschaftliche Kriterien zur Grundlage hatte.

Für die *Akteure im Zielland* war eine begrenzte Beteiligung russländischer Akteure interessant, um den russländischen Akteuren weniger Anlass für die Nutzung ihrer substantiellen wirtschaftlichen Druckmittel zu geben und dennoch die Investitionspartner diversifizieren zu können. Für die *internationalen Projektpartner* bedeutete die Beteiligung der LUKoil einen verbesserten Zugang zu Exportmöglichkeiten für Erdöl über das russländische Pipelinesystem. Die Exportmöglichkeiten für Gas konnten indes nicht verbessert werden. Die vorherige Beteiligung der Gazprom, von der man sich ebenfalls verbesserte Exportchancen erhoffte, hatte sich nicht als zielführend erwiesen. Darüber hinaus erhoffte sich die kasachische Regierung eine kooperative Haltung Russlands bei der Organisation weiterer Exportoptionen, bei denen man auf Russland angewiesen war.

Auswertung

Deutlich wird in Bezug auf Karačaganak zunächst die hohe Internationalisierung des Projekts. Im Unterschied zu den anderen zentralasiatischen Staaten war Kasachstan im Fokus westlicher Investoren und der Zerfall der Sowjetunion wurde als wirtschaftliche Chance

---

[80] «Wenn ich die Interessen der Firma an die erste Stelle rücke dann bedeutet dies, dass die Interessen Russlands an erster Stelle stehen», Alekperov im Mai 1996, vgl. Kortes (1996c).

begriffen. Generell war die Erwartung, dass Zentralasien ein neues, von der arabischen Halbinsel unabhängiges Zentrum für die Ölversorgung werden könnte. Dies hat sich nur teilweise erfüllt, die Erwartung führte aber in den 1990er Jahren dazu, dass die Ölkonzerne sich von den widrigen Umständen nicht leicht abschrecken ließen. Dies reduzierte die Effektivität russländischer Druckmittel. Russländische Akteure konnten so nur einen Minderheitsanteil am Projekt erreichen.

LUKoil verhielt sich dabei nicht wirtschaftlich rational, da sie zu Gunsten der internationalen Expansion in ein großes und teures Projekt investierte. Hier wurden die Interessen politischer Akteure berücksichtigt. Auch bot das Projekt für LUKoil die Möglichkeit zur Vernetzung mit internationalen Konzernen, was dem Status des Unternehmens als globaler Akteur zu Gute kam und Lernen bezüglich globalen Projektmanagements begünstigt haben dürfte. Gazprom hingegen wollte für ihre Beteiligung keinen finanziellen Beitrag leisten und handelte daher wirtschaftlich rational, indem sie aus dem Projekt ausstieg.

Zur Durchsetzung ihrer Beteiligung konnten Gazprom und LUKoil die vielfältigen Druckmittel Russlands einsetzen. Dabei wurden Öllieferungen gestoppt und die Möglichkeit zu Öl- und Gasexporten limitiert. LUKoil konnte das Pipelinenetz der Transneft' vorübergehend für eigene Interessen „privatisieren" und ähnlich wie Gazprom nutzen, um eine Beteiligung zu erhalten.[81] Sie hat sich dabei auch mit staatlichen Akteuren abgestimmt. Diese sorgten auch dafür, dass Gazprom ihren Anteil an LUKoil übergab.

Die Motivationen sind nur bei Gazprom entsprechend der ersten Hypothese, da sie nicht bereit war, wirtschaftliche Einbußen hinzunehmen. LUKoil handelt hingegen sowohl im Einklang mit staatlichen Interessen als auch gegen ihre eigene wirtschaftliche Rationalität. Beide Konzerne können dabei staatliche Instrumente mobilisieren, um ihre Strategie durchzusetzen, was der ersten Hypothese entspricht.

6.4.5 Verbündung mit lokalen Akteuren: Brownfield-Akquisitionen der LUKoil

Im Rahmen des verfestigten patrimonialen Kapitalismus konnte LUKoil nicht mehr in gleichem Maße wie in den 1990er Jahren die eigenen Interessen durchsetzen, sondern traf zunehmend auf Wettbewerber innerhalb Russlands. Die ursprünglichen Druckmittel standen so nicht mehr zur Verfügung. LUKoil konnte jedoch gleichzeitig auf Pfadabhängigkeiten der 1990er Jahre zurückgreifen, um seine Position in Kasachstan zu verbessern: Die Verankerung und die Beziehungen mit kasachischen Akteuren sollten nun von Nutzen sein. LUKoil-"Präsident" Alekperov hatte dabei direkten Zugang zu Präsident Nazarbaev. Beide trafen sich allein im Jahre 2003 mindestens fünf Mal für Gespräche und Verhandlungen. Er war damit ein wesentlich häufigerer Gast des Präsidenten als etwa Gazprom-Chef Miller. Ganz zu schweigen von Rosneft'-Chef Bogdančikov, der sich mit dem Chef der Kazmunaigaz als Verhandlungspartner zufrieden geben musste.

---

[81] Dies dürfte auch damit zusammenhängen, dass Energieminister Šafranik, der LUKoil sowohl verbal als auch mit Politikentscheidungen unterstützte und dessen Ministerium die monatlichen Schemata für den Pipelinetransport erstellte, eine Beteiligung an LUKoil halten soll. Vgl. Klebnikov (1996).

Projektcharakteristika und Prozesse

Im September 2005 wurde bekannt, dass LUKoil beabsichtige, Nelson Resources Ltd. vollständig zu erwerben. Die Anteile der auf den Bermudas registrierten Gesellschaft wurden an der Börse in Toronto und am AIM-Markt in London gehandelt. Das Unternehmen besaß zu dieser Zeit jeweils die Hälfte der Felder Arman, Severnye Buzači, Alibekmola und Kožasaj, sowie 76 % des Karakuduk-Feldes. Außerdem bestand eine Option zum Kauf von 25 % in Erkundungsblöcken im nördlichen Kaspischen Meer – Južnoe Zarubun'e und Žambaj Južnyj. Insgesamt verfügt Nelson Resources über 269,6 Mio. Barrel nachgewiesene und mögliche Reserven (KGN 2005). Nelson Resources wurde dabei im Wesentlichen von Insidern im Umfeld des kasachischen Staates und der Präsidentenfamilie aufgebaut. Anfangs gehörte das Unternehmen mit je 34 % der Korinth Trade & Investment (anschließend umbenannt in Energy Investments International) auf den Virgin Islands, die über die Chalyk Bank wiederum mit Kulibaev, dem Schwiegersohn von Nazarbaev, verbunden ist, sowie der Central Asian Industrial Holdings (CAIH) der Kazkommercbank (BBC 2000; Globe 2001; NefteCompass 2003b; ROGR 2005c). Die restlichen Anteile wurden von unbekannten Aktionären gehalten. 2003 verringerten sich die Anteile der zwei großen Anteilseigner proportional zu Gunsten eines 22-prozentigen Anteils der Cott Holdings Ltd. (Nevis Island), die von Baltabek Kuandykov, einem früheren Ölminister gehalten wurde (Globe 2005b; IOD 2003a; PON 2004; ROGR 2005c). Bis zum Jahre 2000 war das Unternehmen im Wesentlichen im Goldgeschäft in Tadschikistan involviert. Anschließend begann es jedoch, im Ölgeschäft aktiv zu werden und war dabei recht erfolgreich. Das Unternehmen verfügte rasch über Aktiva, die der Markt mit über US-$ 2 Mrd. bewertete.

LUKoil machte 2005 ein Übernahmeangebot von US-$ 2 Mrd. für das gesamte Unternehmen, das zwar laut LUKoil 27,5 % höher als der Durchschnitt des Handelswertes der letzten sechs Monate ist, aber 13 % niedriger als der Aktienwert bei der Bekanntgabe des Angebots. Die Aktien verloren sofort 10 % ihres Wertes (CPNW 2005b; Koza 2005). Gleichzeitig verhandelte die indische staatliche Ölgesellschaft ONGC Videsh Ltd. mit dem kasachischen Energieminister über eine Übernahme, war jedoch auf Grund ihres nur begrenzten Zugangs nicht erfolgreich (TPTI 2005). Vielmehr gingen die drei großen kasachischen Anteilseigner der Nelson – CAIH, Cott Holdings und Energy Investments International – sofort auf das Angebot der LUKoil ein. LUKoil hatte damit bereits Anfang Oktober fast 60 % des Unternehmens erhalten und konnte die Kontrolle übernehmen (CH 2008). Dabei hatte LUKoil vor dem Abschluss des Deals keine Prüfung der Aktiva vorgenommen, kaufte also gewissermaßen die Katze im Sack (Skorobogat'ko 2005). Mit Hilfe internationaler Anwälte gelang es LUKoil, die Minderheitsaktionäre zu überzeugen. Die so erzeugte Brandmauer schützte das Wissen der LUKoil und der kasachischen Anteilseigner, da die Anwälte behaupten konnten, keine Antwort auf die zentralen Fragen, etwa nach dem Hergang des Übernahmeangebots, zu haben (CPNW 2005a; Globe 2005a; c). Auf diese Weise konnte die Transparenz erzeugende Wirkung der Regeln globaler Aktienmärkte stark abgeschwächt und die Übernahme als alternativlos dargestellt werden. Schließlich stimmte Anfang Dezember die nötige Anzahl an Aktionären dem Übernahmeangebot zu (ROGR 2005a). Das Unternehmen wurde von der Börse genommen, in Caspian Investment Resources Ltd. umbenannt und vollständig in LUKoil integriert (ARNS 2005).

LUKoil konnte mit diesem größten Einkauf in seiner Unternehmensgeschichte die Reserven in Kasachstan um fast zwei Drittel erhöhen. Der Einkaufspreis lag dabei bei US-$ 4,9 pro Barrel, was mehr als doppelt so hoch ist wie die US-$ 2 pro Barrel, für die Felder in

Russland gehandelt werden. LUKoil sprach dabei von der vergleichsweise geringeren Steuerbelastung, die Vorkommen in Kasachstan attraktiv mache (Tutuškin 2005; VPS 2005).[82] Jedenfalls beließ LUKoil es nicht bei der Konsolidierung der Nelson, sondern griff zu den gleichen Mitteln, um die neue Tochter Chaparral Resources, die die Lizenz für das Karakuduk-Feld hält, zu konsolidieren. Dafür wurden weitere US-$ 88,7 Mio. geboten. Die Übernahme und das *delisting* gelangen auch hier trotz eines Gerichtsverfahrens der Minderheitsaktionäre im Oktober 2006 (IOD 2006a; KGN 2006d).

Im Dezember 2006 verkaufte LUKoil dann die Hälfte des konsolidierten Unternehmens für nur US-$ 980 Mio. an den indischen Stahlunternehmer Lakshmi Mittal (KGN 2006c). Dies war weniger als die Hälfte des Kaufpreises, obwohl der Ölpreis inzwischen um 20 % gestiegen war und LUKoil das Unternehmen unter dem Börsenwert erstanden hatte. Mittal wurde offenbar von der indischen staatlichen Ölgesellschaft ONGC vorgeschickt, da es als Privatunternehmen andere Geschäftspraktiken verwenden kann als ein Unternehmen das einem demokratischen Staat gehört. Später sollten die Aktiva an ein Gemeinschaftsunternehmen von Mittal und ONGC übergeben werden. Ein Manager der ONGC sagte dazu mit erstaunlicher Offenheit: „There are several demands, other than the bid price, that we as a government-owned company with strict audits cannot fulfill. Mittal is there to take care of that." (IOD 2006b). Die Übergabe an ONGC wurde jedoch angeblich erst durch LUKoil und dann durch Kasachstan blockiert (IOD 2008; TPTI 2008). Schließlich verkaufte Mittal seinen Anteil im Herbst 2010 nach an die chinesische Sinopec (IBI 2010; Interfax 2011b; TCA 2010; TPTI 2010).

Handlungsrationalitäten bei Erwerb und Verkauf der Anteile

Fraglich ist hier zunächst, ob der Erwerb der Nelson Resources durch LUKoil einen positiven Nettogegenwartswert erzeugen konnte. Strategische Effekte sind aus dem Erwerb nicht zu erwarten, da es sich um Ölaktiva handelt, die keinen wesentlichen Einfluss auf die Märkte haben können.

Nelson Resources weist sehr hohe Betriebskosten auf, da das Unternehmen mehrere kleine Felder fördert. Die Betriebskosten inkl. Transportkosten auf Weltmärkte betrugen dabei zwischen US-$ 13 und US-$ 24 pro Barrel, während die Betriebskosten der LUKoil, einer integrierten Öl- und Gasgesellschaft mit vielen anderen Teilbereichen, im Jahre 2007 US-$ 7,75 pro extrahiertem Barrel Rohöläquivalent betrugen (Aton 2004; 2005; Lukoil 2009a). Hinzu kamen Kapitalkosten und Steuern, die den Gewinn pro Barrel extrahiertem Erdöl im Jahre 2005 auf ca. US-$ 11 reduzierten, was jedoch etwa gleichauf mit dem von LUKoil realisierten Gewinn ist (Aton 2004; 2005). Nimmt man an, dass LUKoil die Betriebskosten nach der Übernahme bei US-$ 18 pro Barrel stabilisieren kann, die Produktion nach 2010 etwa gleich bleibt, der Ölpreis sich nach 2010 bei US-$ 80 stabilisiert und der Verkauf an Mittal nicht stattgefunden hat, weist die Investition nach zehn Jahren, also 2014, einen hohen positiven Nettogegenwartswert von US-$ 108 Mio. auf. Berücksichtigt man den Verkauf an Mittal, so weist die Investition nach demselben Zeitraum einen geringeren Nettogegenwartswert von US-$ 61 Mio. auf (vgl. Abbildung 6.11). Der Verkauf an Mittal sorgt so dafür, dass der Nettogegenwartswert geringer ist, mag aber Risiken verringert haben.

---

[82]   Diese unterschiedlichen Einschätzungen verweisen auf die hohen Barrieren für Markteintritt in Russland, die zu einer Unterbewertung der Ölreserven führen.

2000   ■ ohne Verkauf

1000   ▥ Verkauf Mittal

0

    2005   2006   2007   2008   2009   2010   2011   2012   2013   2014   2015

-1000

-2000

-3000

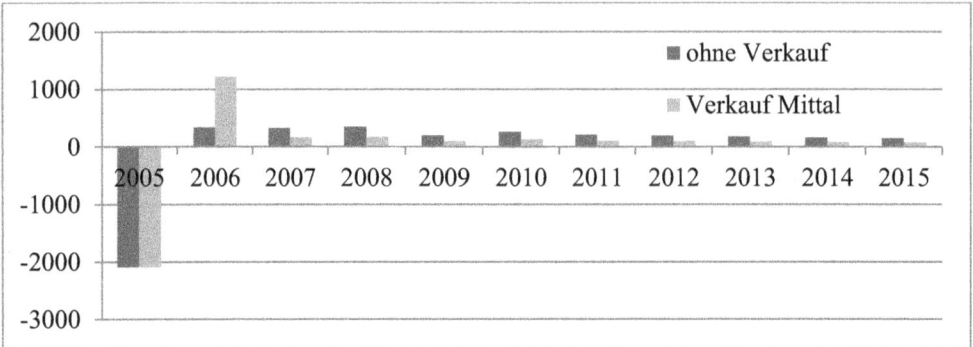

Quelle: Eigene Darstellung. Diskontierung mit 11,2 %. Inflationierung aller Preise mit 2,5 % jährlich ab dem
            jeweiligen Basisjahr. Daten für Gewinn 2005 und 2006 und Produktion 2005 aus Aton (2004; 2005).
            Produktionsdaten von 2007 bis 2010 aus LUKoil (2008b; 2009d; 2010c; 2011c). Danach Annahme
            etwa gleichbleibender Produktion von 10 Mio. Barrel im Jahr. Ölpreise bis 2010 aus BP (2011a),
            Dubai Spot. Annahme OPEX ab 2007 konstant bei US-$ 18 pro Barrel (Preise von 2007), dies enthält
            bereits Transportkosten. Steuerbelastung ab 2007 berechnet nach Ernst&Young (2010), nur
            Extraktions- und Exportsteuern. Dieses Steuerregime wurde zwar erst 2009 eingeführt, belastet die
            Unternehmen jedoch stärker als zuvor, weshalb der Nettogegenwartswert höher sein könnte. Dies
            verändert jedoch die Basis für die hier vertretene Argumentation nicht.
Abb. 6.11: Geschätzte und prognostizierte cashflows der Übernahme von Nelson Resources, US-$ Mio.

Der Erwerb der Nelson Resources war wirtschaftlich lohnenswert für LUKoil, da er für eine
Steigerung der Produktion und Reserven sorgte und auf Grund der bereits laufenden
Produktion innerhalb eines relativ kurzen Zeitraums einen positiven Nettogegenwartswert
erreichen konnte. Der Erwerb barg auch nur geringe Risiken, da keine weiteren Investitionen
zur Herstellung positiver *cashflows* erforderlich waren. Der anschließende Verkauf der Hälfte
des Unternehmens an Mittal wirft indes Fragen auf, da dadurch die Wirtschaftlichkeit der
Investition wesentlich verringert wurde. Als Gründe für den Verkauf gibt LUKoil die
Senkung von Kosten, den möglichen Marktzugang in Indien und die „Verbesserung des
Investitionsportfolios" an (Skorlygina 2006b; Surženko/Tutuškin 2006). Dies kann jedoch
keine überzeugende Erklärung sein, da keine Absprachen mit Mittal über Marktzugang in
Indien bekannt sind und LUKoil dort bis Anfang 2011 nicht aktiv geworden war. Die Hälfte
des Unternehmens hätte sicher an einen anderen Investor wesentlich gewinnbringender
verkauft werden können, zumal der Ölpreis in Zwischenzeit wesentlich stärker als das
Verhältnis von Ein- und Verkaufspreis der Anteile gestiegen war. Die anscheinend nicht
vorhandene Erwerbsstrategie spricht nicht für eine wirtschaftliche Motivation der LUKoil
beim Verkauf.

Es liegt im *außenpolitischen Interesse* der russländischen politischen Akteure, die Expansion
der russländischen Konzerne zu befördern. Daher war auch der Erwerb der Nelson Resources
durch LUKoil im Interesse der russländischen politischen Elite. Sie ist auch im
innenpolitischen Interesse der Elite, da sie zum positiven Ergebnis der LUKoil beiträgt und
durch erhöhte Steuereinnahmen die wirtschaftliche Sicherheit Russlands längerfristig
gestärkt wird.

Gleichzeitig läuft die spätere Veräußerung der Hälfte der Anteile den Interessen der russländischen politischen Akteure zuwider, da dadurch sowohl Internationalisierung als auch die
wirtschaftliche Stärke der LUKoil verringert und die Handlungsfähigkeit Kasachstans durch

die Inklusion weiterer Akteure aus Drittstaaten erhöht wird. Dabei wird mit Mittal ein indischer privater Akteur beteiligt. Die Annahme, dass dies von politischen Akteuren in Russland gewünscht sein könnte um in anderen Bereichen Konzessionen von Indien zu erlangen scheint wenig belastbar, auch da die Beteiligung nicht wie anfänglich vorgesehen an ONGC, sondern an die chinesische Sinopec verkauft wurde. Mit China wurde sogar ein Rivale Russlands auf dem zentralasiatischen Energiemarkt gestärkt, der durch eigene Exportprojekte das Exportmonopol Russlands aufgebrochen hatte. Das Handeln der LUKoil beim Verkauf lässt sich daher nicht mit den Interessen der politischen Akteure erklären.

Für *Kasachstan* ist unklar, warum ein Interesse an einer Übernahme der Anteile durch LUKoil bestanden haben sollte. Eine mögliche Erklärung ist, das Kasachstan durch die Beteiligung der LUKoil Konzessionen von Russland erlangen wollte. Allerdings ist nicht klar, worin diese bestehen sollten, da die Beziehungen gut waren und Russland zu diesem Zeitpunkt nur noch wenige Druckmittel gegenüber Kasachstan besaß. Daher scheint die Erklärung nicht auf Ebene der kasachischen Staatsräson, sondern auf Ebene der Eliten zu liegen. Wiederum hatte mit LUKoil ein russländisches Unternehmen zentralasiatischen Akteuren geholfen, ihre Beteiligungen an sicherem Ort zu versilbern. Das plötzliche Interesse der kasachischen Akteure an einem Verkauf könnte so einerseits mit dem inzwischen akzeptablen Aktienkurs und andererseits mit der Tatsache zu tun haben, dass die Nelson Resources hauptsächlich im Eigentum ehemaliger und aktueller Staatsbediensteter mit Verbindungen zur Präsidentenfamilie war. Die politischen Risiken waren Ende 2005 auch besonders hoch, da im Dezember 2005 Präsidentschaftswahlen angesetzt waren und das sich das Regime Nazarbaev angesichts der farbigen Revolutionen und insbesondere der Revolution im benachbarten Kirgistan in einem Stadium erhöhter Nervosität befand (Baev 2008: 135). In diesem Kontext musste etwa der Präsidenten-Schwiegersohn Kulibaev Ende Oktober 2005 seinen Posten als Vizechef der Kazmunaigaz aufgeben (NefteCompass 2002a). LUKoil bot sich dabei als Partner an, da gute Beziehungen zwischen Kulibaev und Alekperov bestehen sollen, die das für eine rasche Übernahme notwendige Vertrauen geschaffen haben dürften (IOD 2005c; Skorlygina 2006b).

Der Verkauf der Anteile an Mittal könnte hingegen wiederum durch staatliche Interessen Kasachstans an einer Diversifikation der Außenbeziehungen erklärbar und bereits vor der Übernahme durch LUKoil abgesprochen worden sein. Darauf deuten die Gespräche zwischen ONGC und kasachischem Energieministerium vor der Übernahme der Nelson Resources durch LUKoil hin. Lakshmi Mittal, der Kohleminen und die einzige Stahlhütte in Kasachstan besitzt, scheint ebenfalls über gute Beziehungen zu Nazarbaev und dem einflussreichen israelisch-kasachischen Stahlunternehmer Aleksandr Maškevič zu verfügen (IOD 2005c; KGN 2006a; Skorlygina 2006b).[83] Auch war LUKoil vor der Übernahme in Gesprächen mit der kasachischen Regierung: Ende Oktober 2005 traf sich Alekperov zunächst mit dem Premierminister Danial Achmetov und anschließend mit Präsident Nazarbaev, die beide dem Deal zustimmten (RIANovosti 2005a; b). Nach dem Verkauf der Anteile an Mittal sprach LUKoil-Chef Alekperov zudem davon, dass dessen Beteiligung auf Grund der guten Beziehungen von Lakshmi Mittal zu Präsident Nazarbaev erfolgt sei. Von dieser Konzession erhoffe sich LUKoil, dass man neue Aktiva in der Region erwerben

---

[83] So nahm Nazarbaev Mittal etwa in Schutz, als im September 2006 eine Methanexplosion in dessen Kohlemine 41 Bergmänner das Leben kostete. Die Mine sei bereits auf den höchsten technischen Standards und man könne sich nicht völlig vor solchen Unglücksfällen schützen, so Nazarbaev. Vgl. KGN (2006b).

könne, so Alekperov (NefteCompass 2007; TPTI 2007). Diese Aussage impliziert, dass die Beteiligung der Mittal vom kasachischen Regime als Vorbedingung für den Erwerb neuer oder die wirtschaftliche Nutzung bestehender Aktiva eingefordert wurde. Dabei wurde gemutmaßt, dass LUKoil die beiden Optionen (Žambaj Južnyj und Južnoe Zaburun'e), die im Nelson-Paket enthalten waren, nicht ohne die Zustimmung zu einem späteren Verkauf der Hälfte der Anteile ausüben konnte. Die gleichen Schlussfolgerungen drängen sich durch den Verkauf der Mittal-Anteile an Sinopec auf, da Kasachstan großes Interesse daran hatte, chinesische Interessen stärker zu binden. Dies erlaubte eine rasche Diversifikation der Exportvektoren. Die Interessen der kasachischen Führung scheinen daher eine schlüssige Erklärung für das Verhalten der LUKoil. LUKoil hat hier die Wünsche des Regimes berücksichtigt, um langfristig wirtschaftliche Chancen wahrnehmen zu können.

Auswertung

Der Erwerb der Nelson Resources war wirtschaftlich lohnenswert, nicht jedoch der Verkauf der Hälfte der Anteile an Mittal. Dies kann auch nicht durch die Interessen russländischer politischer Akteure erklärt werden. Vor diesem Hintergrund haben sich die Interessen Kasachstans als Erklärungsfaktor an, da LUKoil auf diese zur Durchführung weiterer Investitionen angewiesen war. LUKoil handelte hier also im eigenen kommerziellen Interesse, war jedoch durch die Interessen der Akteure des Gastlandes zu Konzessionen gezwungen, um nicht stärkere Einbußen hinnehmen zu müssen und seine Position im Gastland zu verbessern. Dies verweist darauf, dass LUKoil nicht mehr über Druckmittel verfügte, die noch in den 1990er Jahren gegenüber Kasachstan verwendet werden konnten.

Die Interessen russländischer politischer Akteure finden dabei keine Berücksichtigung. Diese waren nicht daran interessiert, dass LUKoil Anteile wieder veräußerte und diese schließlich in den Händen der Sinopec landeten. Auch leisteten politische Akteure keine Unterstützung beim Erwerb der Anteile. LUKoil handelte damit entsprechend der dritten Hypothese, da sie keine Unterstützung staatlicher Akteure erhielt und auch wirtschaftlich rational handelte. Die Interessen der Akteure vor Ort mussten jedoch einbezogen werden und sorgten für gewisse Abstriche bei der kommerziellen Rationalität des Projekts. Dieser Faktor wurde – ebenso wie personale Interessen der beteiligten Akteure – in den Hypothesen nicht berücksichtigt.

Interessant ist dabei das Zusammenspiel von kasachischen Großaktionären und LUKoil, die gemeinsam agierten, um die Minderheitsaktionäre auszustechen. Dies verweist auf die Verbündung der LUKoil mit lokalen Akteuren, ähnlich wie im Falle der Gazprom in Usbekistan. LUKoil nutzte dabei Ressourcen internationaler Märkte, wie spezialisierte internationale Anwaltskanzleien, um die Übernahme zu bewerkstelligen. Das Vorgehen verdeutlichte die Probleme, die das Zusammenspiel von intransparenten Großaktionären und Aktienmärkten mit sich bringt. LUKoil konnte hier im Wesentlichen Ressourcen nutzen, die sie durch ihre langjährige Präsenz in Kasachstan aufgebaut hatte und griff nicht in erkennbarer Weise auf russländische Ressourcen zurück. So war die gute Vernetzung mit lokalen Akteuren und mit Präsident Nazarbaev zentral für die Wahl der LUKoil als Partnerin.

6.4.6   Erfolglos: Rosneft' in Kasachstan

Rosneft' hatte in Kasachstan kaum Erfolg – auch weil das Land für das Unternehmen angesichts der überragenden Reserven nicht von großem kommerziellem Interesse ist. Die Internationalisierung im *upstream*-Bereich ist daher hier, wie auch bei Gazprom, gehemmt.

Ihre Aktiva hat die Rosneft' entweder direkt staatlichen Akteuren zu verdanken oder diese stammen aus der Zeit, als das Unternehmen klein war und über keine gute Anbindung an das politische Zentrum verfügte. Rosneft' verfügt auch nicht über Netzwerke mit kasachischen Eliten wie etwa Gazprom und LUKoil. Die Projekte werden auf Grund ihrer geringen Größe und Komplexität gemeinsam betrachtet.

Projektcharakteristika und Prozesse

Anfang der 2000er Jahre verfolgte Rosneft' mehrere Projekte in Kasachstan. Ende 2000 beteiligte sich Rosneft' mit 50 % am Erkundungsblock Adaj in der Nähe des Tengiz-Feldes, der bisher von der US-amerikanischen Firma First International Oil Corp. (FIOC) allein erkundet wurde. Rosneft' zahlte für die Beteiligung nichts, verpflichtete sich aber, für die gesamten zukünftigen Investitionen des Projekts aufzukommen, so lange die bisherigen Investitionen der FIOC (US-$ 4 Mio.) nicht erreicht waren (Černickij 2001). Im April 2001 unterschrieb Rosneft' außerdem mit der FIOC und Itera eine Absichtserklärung zur Gründung eines Gemeinschaftsunternehmens zur Erkundung des Blocks Fedorovskij in der Nähe des Karačaganak-Feldes (German 2001a). Davon nahm Rosneft' jedoch schon 2002 wieder Abstand, da sie innerhalb Russlands neue, lukrativere Investitionsmöglichkeiten erhielt (NIK 2002b). Zudem bemühte sich Rosneft' seit 2001 auf Wunsch politischer Akteure um die gemeinsame Erschließung des Kurmangazy-Blocks mit Kazmunaigaz (German 2001b). Die Beteiligung wurde als Kompensation für den Ausschluss russländischer Akteure vom Kašagan-Feld gesehen. Kurmangazy würde bei der Festsetzung einer Mittellinie im Kaspischen Meer zu Kasachstan gehören. Da eine solche mit Russland jedoch nicht vereinbart worden war, gelang eine Beteiligung erst nach der Beilegung des Konfliktes zwischen Russland und Kasachstan.

Die Erkundung des Adaj-Blocks wurde 2011 eingestellt, nachdem Rosneft' über mehrere Jahre auf Grund der schwierigen geologischen Struktur des Vorkommens wenig investiert hatte. Insgesamt wurden ab 2004 nur ca. 315.000 Barrel Erdöl aus der Bijkžal-Struktur im Rahmen einer Testphase gewonnen (Butyrina 2011; NV 2005). Seit mehreren Jahren wurde in die Erschließung des Blocks kaum mehr investiert, was Rosneft' auch bereits die Kritik von Seiten Kasachstans einbrachte, man würde die Vorkommen nur „auf Vorrat" sichern, dann aber nicht erschließen (IOD 2010b; Talgat 2003). 2011 wurde das PSA dann beendet.

Die gemeinsame Erschließung des *offshore*-Blocks Kurmangazy durch Russland und Kasachstan hatte symbolischen Wert, da die Beteiligung als eine Art Kompensation für den Ausschluss russländischer Akteure vom Kašagan-Feld durch Kasachstan gesehen wurde. Auf Basis geologischer Voruntersuchungen wurden hier ähnlich große Ölreserven vermutet wie bei Kašagan (NefteCompass 2002b). Russland und Kasachstan hatten nach dem Kompromiss über die Mittellinie drei Projekte bestimmt, die gemeinsam erarbeitet werden würden. Die Beteiligung Russlands an Kurmangazy war dabei eine Konzession Kasachstans, da der Block bei Bestimmung einer Mittellinie in kasachischem Gebiet liegen würde. Die anderen beiden strittigen Blöcke, Chvalynskoe und Central'noe, überschritten jedoch die Mittellinie und erforderten daher aus geologischen Gründen die Kooperation. Russland hatte für den Abschluss einer zwischenstaatlichen Vereinbarung über die Mittellinie die Einbeziehung des Kurmangazy-Feldes gefordert. Die 2002 geschlossene Vereinbarung sah dann vor, dass alle umstrittenen Felder zu gleichen Teilen von Unternehmen gefördert werden sollten, die von den beiden Regierungen benannt würden. Dementsprechend intensiv war der politische Wettbewerb um das Feld innerhalb Russlands. Zunächst meldeten LUKoil und JUKOS mit ihrem Gemeinschaftsunternehmen „Kaspische Ölfirma" Interesse an. An diesem Unternehmen war auch Gazprom mit symbolischen 0,2 % beteiligt. Dagegen trat jedoch Rosneft' auf, die dabei von Gazprom unterstützt wurde. LUKoil wandte sich öffentlich gegen die Vergabe an Rosneft', da nur die „Kaspische Ölfirma" die nötige Ausrüstung für das Projekt besäße (Gorst 2002; Kommersant" 2002a; Kortes 2002a). Schließlich wurde Rosneft' 2002 von Präsident Putin zum Bevollmächtigten benannt, während die andere staatliche Ölfirma, Zarubežneft', die über nötige Erfahrungen bei der Arbeit am Schelf verfügt, eine Option für 25 % erhielt (Kommersant" 2002b). Letztere wurde jedoch nicht eingelöst. Da Rosneft' im Gegensatz zu LUKoil nicht über Infrastruktur zur Erkundung und Förderung im Kaspischen Meer verfügte und Bohrinseln der LUKoil nutzen wollte, entspann sich ein langwieriger Streit zwischen den Unternehmen, der erst nach der Ausübung administrativen Drucks auf Aktiva der LUKoil innerhalb Russlands beigelegt werden konnte. Anschließend stellte LUKoil der Rosneft' die notwendige Infrastruktur zur Verfügung (Gorelov 2003; Kortes 2003c; a; NIK 2003b; Skorobogat'ko/Volkova 2004).

Im Nachhinein dürfte LUKoil über diese Lösung froh sein, da die Erkundung erhebliche Risiken barg. Statt des vermuteten großen Feldes geht Rosneft' nach zwei fehlgeschlagenen Erkundungsbohrungen davon aus, dass es 12 kleine Felder in dem Gebiet gibt. Deren Erschließung scheint sich jedoch nicht zu lohnen. Daher wurden die Arbeiten 2011 vorerst eingestellt, wobei nach unbestätigten Angaben mehr als US-$ 100 Mio. Verluste gemacht wurden (NefteCompass 2010a; NIK 2006a; Oilreview 2011; Rusenergy 2011).

Handlungsrationalität der Projekte

Die Projekte Adaj und Kurmangazy weisen auf Grund ihres Status als Erkundungsprojekte sehr hohe Risiken auf, wie durch die erfolglose Erkundungsarbeit verdeutlicht wurde. Bei beiden Projekten waren die Konzerne anfangs von wesentlich höheren Ressourcen ausgegangen als durch die Erkundung bestätigt werden konnte. Der Prozess der Risikoerfassung und -Bewertung ist indes nicht bekannt, ebenso wenig liegen Daten vor, die in diesen Prozess eingespeist wurden. Es kann daher nur eine *ex post*-Bewertung der Projekte erfolgen, die zwangsläufig einen negativen Nettogegenwartswert der Projekte feststellen muss. Auf Grund von fehlenden Daten können die Beweggründe für eine Beteiligung nicht mit der bisherigen Methode ergründet werden. Daher werden nur die Rahmenbedingungen und die Daten zum Verhalten der Konzerne genutzt, um Schlussfolgerungen zu ziehen.

Die Beteiligung am Adaj-Block war zwar von einem hohen Projektrisiko gekennzeichnet, das relativ gesehen auf Grund der begrenzten Notwendigkeit von Investitionsmitteln jedoch geringer war als beim Kurmangazy-Projekt. Rosneft ging daher hier auf den Konzern bezogen keine sehr großen Risiken ein. Eine Vergrößerung der Ressourcenbasis war 2001 auch wirtschaftlich sinnvoll, da Rosneft' nach Reserven nur auf dem vorvorletzten Rang unter den neun großen russländischen Ölkonzernen stand (Poussenkova 2007: 82) und die Zukunft der Wettbewerbsbedingungen in der gesamten russländischen Ölindustrie so kurz nach dem Amtsantritt Putins weiter ungewiss war. Die Ölförderung in Kasachstan erschien ebenfalls sinnvoll, da das Unternehmen bereits auf Grund ihres Status als staatlicher Ölkonzern an der CPC beteiligt war und daher über eine Quote zur Durchleitung von Erdöl verfügte, die sie nicht nutzen konnte (Chernitsky 2001). Der Marktzugang war also unabhängig von der Transneft' gesichert. Die Reserven des Blocks wurden auch auf 660 Mio. Barrel Erdöl geschätzt, was den Block sehr perspektivreich erscheinen ließ. Vor diesem Hintergrund ist davon auszugehen, dass Rosneft' hier von wirtschaftlichen Interessen getrieben war. Nachdem sich die Perspektiven der Rosneft' in Russland verbessert hatten und der Block sich als nicht vielversprechend erwies, reduzierte Rosneft' die Investitionen in den Block und stellte diese schließlich vollständig ein. Auch dies entspricht den wirtschaftlichen Interessen der Rosneft'.

Bezüglich des Kurmangazy-Projekts waren die Kosten, aber auch die erwarteten Reserven wesentlich höher. Dass das Projekt auf Grundlage der vorhandenen Daten wirtschaftlich attraktiv schien zeigte nicht nur der Wettbewerb zwischen den russländischen Konzernen um eine Beteiligung, sondern auch das rege Interesse westlicher Konzerne an der Durchführung von Erkundungsarbeiten (BBC 2001g; c; NefteCompass 2002b). Gleichzeitig bot sich für Rosneft' eine scheinbar günstige Möglichkeit, mit der Hilfe staatlicher Akteure rasch an neue Reserven zu gelangen. Putin handelte hier also im kommerziellen Interesse der Rosneft', als er diese als Bevollmächtigte der russländischen Seite ernannte und in ihrer Auseinandersetzung mit LUKoil unterstützte. Später sorgten dann jedoch politische Akteure dafür, dass Rosneft' nicht aus dem Projekt ausstieg, obwohl es sich als wenig lukrativ herausgestellt hatte (Rusenergy 2011).

Für *politische Akteure* war eine stärkere Involvierung der Rosneft' in Kasachstan erwünscht, da diese stärker mit politischen Akteuren verbunden ist als LUKoil, die bereits ihre größte ausländische Präsenz in Kasachstan besaß. Daher kann Rosneft' besser gesteuert werden als LUKoil Außerdem stärkt ihr Vordringen die Präsenz russländischen Kapitals in Kasachstan. Dementsprechend wurden auch die innenpolitischen Risiken einer Beteiligung als gering eingeschätzt. Die Investitionen in den Adaj-Block hatten dabei auf Grund ihrer geringen Größe auch keine großen Einbußen für die Kapitalstärke der Rosneft'. Zu einem anderen Ergebnis kommt man beim Kurmangazy-Projekt, das mit US-$ 100 Mio. eine recht beachtliche Summe verschlungen hat. Dies sorgt durch Abschreibungen für unmittelbar geringere Steuereinnahmen und schwächt das staatliche Unternehmen Rosneft'. Durch die Investitionen konnten so letztlich außenpolitische, aber keine innenpolitischen Gewinne generiert werden.

Für die kasachischen Akteure war die Beteiligung der Rosneft' am Adaj-Block zunächst positiv, da das Unternehmen über nicht ausgeschöpfte Quoten in der CPC-Pipeline verfügte (Chernitsky 2001). Dies würde gegenüber der Involvierung anderer Akteure den Transport kasachischen Öls auf Weltmärkte erleichtern und so die wirtschaftliche Sicherheit des Landes erhöhen. Auch schien Rosneft' auf Grund der schlechten Position des Unternehmens innerhalb Russlands zunächst bereit zur Risikoübernahme. Als sich später der Zugang der Rosneft' zu Reserven innerhalb Russlands rapide verbessert hatte, war diese nicht weiter zur Übernahme substantieller Risiken bereit. Dies veränderte die Interessen kasachischer Akteure zu Gunsten anderer Konzerne mit geringerer Basis an Reserven.

Bezüglich des Kurmangazy-Projekts waren *kasachische Akteure* daran interessiert, den Streit mit Russland beizulegen, um Investitionen in die Erkundung vornehmen lassen zu können. Dabei waren kasachische Akteure zu Konzessionen gegenüber Russland bereit, um eine Beilegung des Streits über die Mittellinie zu ermöglichen. Die kompromisslose Haltung Russlands sorgte dafür, dass ein russländischer Akteur am Kurmangazy-Block beteiligt wurde. Für die Akteure im Zielland war dies annehmbar, da es angesichts des russländischen Druckpotentials Vorbedingung für die Erkundung und mögliche Förderung der Felder war. Die russländische Haltung führte jedoch nicht zum Erfolg, da die geologischen Risiken nicht korrekt eingeschätzt worden waren.

Auswertung

Das Vorgehen der Rosneft' in Kasachstan lässt sich in Bezug auf beide Projekte mit den wirtschaftlichen Konzerninteressen erklären. Zunächst benötigte Rosneft' als kleiner Akteur neue Aktiva im *upstream*-Bereich, erhielt dann jedoch über den Erwerb der JUKOS-Aktiva bessere Möglichkeiten innerhalb Russlands, die diese Option weniger lukrativ erscheinen ließen. Auch stellte sich das Adaj-Projekt als wenig perspektivreich heraus. Ähnliches gilt für Kurmangazy, das auf Grund der hohen vermuteten Ressourcen als sehr lukrativ galt.

Bei Kurmangazy konnte Rosneft' auf Koordination durch politische Akteure zurückgreifen, um an dem Projekt beteiligt zu werden. Auch unterstützten politische Akteure die Rosneft' mit administrativen Mitteln innerhalb Russlands, um von LUKoil die nötige technische Ausrüstung zu erhalten. Politische Akteure sorgten schließlich auch dafür, dass Rosneft' auch in das Projekt investierte, nachdem dessen wirtschaftliche Rationalität fraglich geworden war.

Die Investition in den Adaj-Block entspricht der vierten Hypothese nicht, da kein wirtschaftliches Interesse in Investitionen in risikoreiche Erkundungsprojekte von Akteuren mit viel korporatistischem Kapital erwartet worden wären und das politische Interesse an der Investition gering war. Hier kann nur die Erklärung der ersten Hypothese herangezogen werden, da die Vorteile des verfestigten patrimonialen Kapitalismus zu diesem Zeitpunkt noch nicht gegriffen hatten. Rosneft' hatte daher schon ein wirtschaftliches Interesse an diesem Projekt, bis sich die Stellung innerhalb Russlands verbessert hatte. Die Investition in Kurmangazy entspricht hingegen der vierten Hypothese, da sowohl staatliche Instrumente zum Einsatz kamen als auch wirtschaftliche und politische Interessen verbunden wurden. Auch konnten politische Akteure die Rosneft' in ihren Investitionsentscheidungen beeinflussen. Insgesamt zeigte sich jedoch bei der Rosneft', dass der politische Einfluss nicht die langjährigen Beziehungen der LUKoil zu kasachischen Akteuren kompensieren konnte.

6.4.7   Kasachstan: Schlussbetrachtung

Kasachstan fällt im Unterschied zu den anderen zentralasiatischen Staaten durch relative Kontinuität und Stabilität des Verhältnisses zu Russland auf. Krasse Brüche im Verhältnis wurden vermieden und Integrationsprojekte mit Russland waren kein Tabu. Dies ist sicher auch auf die lange gemeinsame Landgrenze, eine große russischstämmige Bevölkerung und die anfänglichen energiepolitischen Abhängigkeiten zurückzuführen. Eine noch wichtigere Rolle spielte aber wohl das frühe Interesse westlicher Öl- und Gaskonzerne und die wirtschaftliche Öffnung Kasachstans. Die frühe Involvierung von westlichen Akteuren gab dem Regime eine größere Unterstützerbasis und damit größere Sicherheit bei Verhandlungen mit Russland. So war von Beginn an klar, dass russländische Konzerne nicht die wichtigste Rolle spielen würden. Die kasachische Führung gewann außerdem durch die wachsende Rolle Chinas in der Region an Selbstbewusstsein gegenüber Russland.

Bezüglich der Instrumente ergab sich in den 1990er Jahren angesichts der kasachischen Abhängigkeit beim Transport von Öl und Gas auf Weltmärkte und der energiesicherheitlichen Abhängigkeit ein recht klares Bild. Der Erwerb von Anteilen in internationalen Konsortien und *brownfield*-Projekten stand dabei im Vordergrund. Die Blockade von Marktzugang und Preisdumping waren hier die wirksamsten Mittel der russländischen Akteure zum Erlangen von Anteilen an internationalen Konsortien. Dazu konnte Gazprom auf ihr eigenes Pipelinenetz bzw. Weiterverarbeitungskapazitäten zurückgreifen, während

LUKoil ihre Beziehungen zu politischen Akteuren und zu Transneft' nutzen konnte. Auch die bloße Verfügung über Territorium stellte im Übrigen ein Instrument dar, mit dem LUKoil ihrem Anspruch auf Anteile am Tengiz-Feld Nachdruck verleihen konnte, das hier nicht näher behandelt wurde. Weiteres Instrument war die Exportblockade bei Erdöl, die die Energiesicherheit Kasachstans regional ernsthaft beschädigte und daher zum Erlangen weiterer Anteile am *brownfield*-Projekt Kumkol' genutzt werden konnte (Marten 2007).

In den 2000er Jahren schwanden die Druckmittel Russlands allmählich. 2005 wurden die Baku-Tbilisi-Ceyhan-Pipeline und die Ölpipeline nach China eröffnet. Erstere ermöglichte es, das Erdöl über das kaspische Meer nach Baku zu verschiffen und dann ans Mittelmeer zu transportieren. Letztere reduzierte die Abhängigkeit von russischem Territorium für den Erdöltransport weiter. Mit der 2010 eröffneten Turkmenistan-China Pipeline besteht eine potentielle Exportalternative auch für Erdgas. Bis dies erreicht war, konnte der ungeklärte Rechtsstatus des Kaspischen Meeres und insbesondere die ungeklärte Abgrenzung der Territorialansprüche aber durch Rosneft' genutzt werden, um Zugang zum Erkundungsprojekt Kurmangazy zu erlangen. Außerdem konnte Gazprom die fortgesetzte Abhängigkeit Kasachstans von der Gasreinigungsanlage in Orenburg und der Exportinfrastruktur einsetzen, um 2002 die Gründung des Gemeinschaftsunternehmens Kazrosgaz zur Kontrolle über den kasachischen Teil der SAC zu erlangen (BBC 2002). Dies war auch eine wichtige Voraussetzung für das Monopson gegenüber Turkmenistan. Geographie, Machtprojektion auf das Kaspische Meer und sowjetische Infrastruktur boten hier also die zentralen „Wettbewerbsvorteile" für die russländischen Akteure.

Gegenüber anderen zentralasiatischen Staaten zeigte sich insgesamt eine geringere direkte Involvierung politischer Akteure in die Prozesse. Dies hängt mit der stärkeren Institutionalisierung und dem größeren Pluralismus in der kasachischen Rohstoffindustrie zusammen. Es bestanden mehrere Möglichkeiten zum Eintritt für russländische Konzerne – diese konnten sich mit lokalen Akteuren vernetzen und waren nicht immer auf die Koordination durch staatliche Akteure angewiesen.

6.5   Venezuela: Geopolitik und Personalisierung

Mit Venezuela werden die Konzerne nun in einem Kontext außerhalb Zentralasiens betrachtet, in dem russländische Konzerne ebenfalls im *upstream*-Sektor tätig sind. Venezuela gehört nicht zu einem traditionellen russländischen Einflussgebiet und besitzt generell eine geringe Verflechtung mit Russland. Russland hat sich Venezuela auch erst unter Putin angenähert, als der 2013 verstorbene Präsident Hugo Chavez nach neuen Alliierten suchte. Russland entwickelte sich mit der Zeit so zu einem zentralen Partner von Chavez. Dabei war wirtschaftliche Staatskunst und insbesondere die Investitionstätigkeit der Konzerne von hoher Bedeutung.

Das Land ist wirtschaftlich interessant, da es dank des Schweröls im Orinoco-Becken inzwischen die weltweit größten Ölvorkommen besitzt. Dies ist jedoch recht teuer in der Extraktion. Zudem sind die politischen Risiken auf Grund des charismatischen Führungsstils hoch. Die wirtschaftliche Kooperation trägt dabei vor allem geopolitischen Charakter und hat sich allmählich zu einem persönlichen Projekt Igor' Sečins entwickelt.

6.5.1   Kontextfaktoren

Venezuela ist ein mit 23 Mio. dünn besiedelter Staat im Norden Lateinamerikas, der indes einen hohen Urbanisierungsgrad und eine junge Bevölkerung aufweist: über 90 % der Einwohner lebt in Städten. Venezuela ist eine föderale parlamentarische Republik; allerdings kann der Präsident viele Gesetze und Erlasse ohne Beteiligung des Parlaments in Kraft setzen. Seit seinem Machtantritt von 1999 suchte der charismatische Ex-Armeeoffizier Hugo Chavez den „Sozialismus des 21. Jahrhunderts" zu verwirklichen. Er setzte auf zentrale Planung einer vorwiegend extraktiven Wirtschaft und Umverteilung der Ölrente zur Bekämpfung der Armut (Jäger/Leubolt 2012). Außenpolitisch strebte Chavez mit der „Bolivarischen Revolution" die Vereinigung der lateinamerikanischen Staaten zu einem sozialistischen Block an, der sich gegen die USA richten soll. Dadurch soll auch das Entstehen einer „multipolaren Weltordnung" befördert werden. Die Opposition konnte trotz zunehmender Kontrolle der Medien und der Wirtschaft durch Chavez nicht marginalisiert werden und vereinigte sich mit dessen fortschreitender Radikalisierung (Economist 2009: 6f; Maihold 2009; Semenov 2010). Allerdings konnte Chavez die Herrschaftsmechanismen zentralisieren und den Rechtsstaat schwächen. Die Entscheidungen verliefen zentralisiert über Chavez und das Militär. Dies bedeutet einerseits, dass russländische Akteure direkt mit Chavez oder einem nachfolgenden Präsidenten verhandeln müssen, um Erfolg zu haben und dass andererseits die Unsicherheit relativ stark ist, da es oppositionelle Kräfte gibt, die das Regime bedrohen könnten, gleichzeitig aber kaum Möglichkeiten bestehen, die Investitionen für solch einen Fall abzusichern. Dementsprechend ist das System als zentralisiert und nicht rechtsstaatlich zu klassifizieren. Das Vorhandensein der Opposition erhöht die Risiken weiter. Dies gilt insbesondere nach dem Tod Chavez' Anfang März 2013 und der nur knappen Niederlage der Opposition bei den anschließenden Präsidentschaftswahlen.

Wirtschaftlich ist Venezuela stark von der Erdölproduktion abhängig, die direkt ein Viertel zum Bruttoinlandsprodukt beiträgt und über 90 % der Exporteinnahmen, sowie die Hälfte der Staatseinnahmen zur Verfügung stellt (BFAI 2010; Economist 2009). Ironischerweise werden fast zwei Drittel des venezolanischen Öls in die USA exportiert (EIA 2010). Allerdings wird China immer wichtiger. Von Russland bestehen dabei aber keine wirtschaftlichen oder energiesicherheitspolitischen Abhängigkeiten. Auch teilen Russland und Venezuela keine gemeinsame Grenze oder Wasserfläche. Deshalb kann Russland keine Druckmittel einsetzen.

Allerdings bestehen Möglichkeiten, sicherheitspolitische Verwundbarkeiten Venezuelas zu nutzen. Chavez vermutete von den USA ausgehende Bedrohungen für die Regimestabilität und ist daher darauf bedacht, Unterstützung von Drittstaaten zu organisieren (Maihold 2009). Russland ist dabei ein willkommener Partner, da es eine große Rüstungsindustrie besitzt und auf internationaler Ebene ebenfalls den Einfluss der USA zurückdrängen will.

6.5.2   Aktiva

Die Aktiva Venezuelas sind vor allem die Energierohstoffe des Landes. Das OPEC-Mitglied Venezuela verfügt über substantielle Ölreserven. Lange Zeit wurden diese als die im Weltmaßstab fünftgrößten angegeben. Hinzu kommen noch substantielle Reserven sehr schweren Erdöls im Orinoko-Becken, die lange nicht zu den Ölreserven gezählt wurden, da sie mit Hilfe von Raffination und anderen Verfahren erst zu synthetischem Erdöl verarbeitet werden müssen (Economist 2009: 14; EIA 2010). Ein Teil dieser Reserven wurde nach erfolgter Zertifizierung nun auch als Ölreserven klassifiziert. Dadurch stieg Venezuela zum Land mit den weltweit größten Ölreserven auf, das über knapp 18 % der weltweiten Reserven verfügt. Außerdem lagern in dem südamerikanischen Land 2,7 % der Welterdgasreserven, womit Venezuela auf Platz acht der Weltrangliste liegt (BP 2012). Die Erdgasindustrie ist allerdings kaum entwickelt.

2009 entfielen auf Venezuela auch nur 3,3 % der weltweiten Erdölproduktion. Dies ist nur die siebte Position (BP 2010b). Es besteht also großes Steigerungspotential. Sowohl das synthetisch produzierte Erdöl aus Schwerölvorkommen als auch ein großer Anteil des ansonsten geförderten Erdöls weist eine hohe Viskosität sowie einen hohen Schwefelgehalt auf, weshalb spezialisierte Raffinerien zu dessen Verarbeitung nötig sind. Dies erschwert die Diversifikation auf andere Märkte. Dennoch erhielt Venezuela mit China einen rasch wachsenden Markt hinzu, auf den der Lieferweg allerdings sehr weit ist (EIA 2010; Mares/Altamirano 2007).

Die Extraktionskosten für venezolanisches Erdöl variieren stark. Sie sind am höchsten für die unkonventionellen Ressourcen im Orinoko-Becken, und geringer für traditionelle Vorkommen. Generell werden sie jedoch als vergleichsweise hoch eingeschätzt, da die Produktivität eines Bohrlochs wesentlich geringer ist als etwa in Saudi-Arabien und sich die einzelnen Löcher auch rascher erschöpfen als etwa in der Nordsee (Economist 2006). Erdgas wird bisher vor allem als Begleitgas bei der Erdölförderung gefördert und wird komprimiert und in die Ölfelder reinjiziert. Die größte Gasproduktion findet bisher am Maracaibo-See im Westen des Landes statt.

Dabei wurden von Chavez mehrere konkrete Projekte zur Entwicklung der Öl- und Gasindustrie angeboten.[84] In der Ölindustrie war das „Magna Reserva"-Projekt am bedeutsamsten. Dabei geht es um die Erkundung und Zertifizierung der Schwerölreserven im Orinoko-Becken, um die nachgewiesenen Reserven Venezuelas zu erhöhen. Dies scheint weitgehend abgeschlossen und ist Ende der 2000er Jahre in die Phase der Erschließung eingetreten. Der Gürtel wurde von Westen nach Osten in die vier aufeinander folgenden Gebiete Boyaca, Junin, Ayacucho und Carabobo eingeteilt. Jedes dieser Gebiete wurde wiederum in Blöcke eingeteilt, auf denen Erkundungsarbeiten durchzuführen sind. Für die Erkundung und Erschließung der Reserven sollten ausschließlich Konzerne aus Staaten herangezogen werden, die Chavez wohlgesonnen waren.

---

[84] Die Darstellung basiert auf folgenden Quellen: BFAI (2006); (2010); EIA (2010); Hults (2007); NIK (2005a).

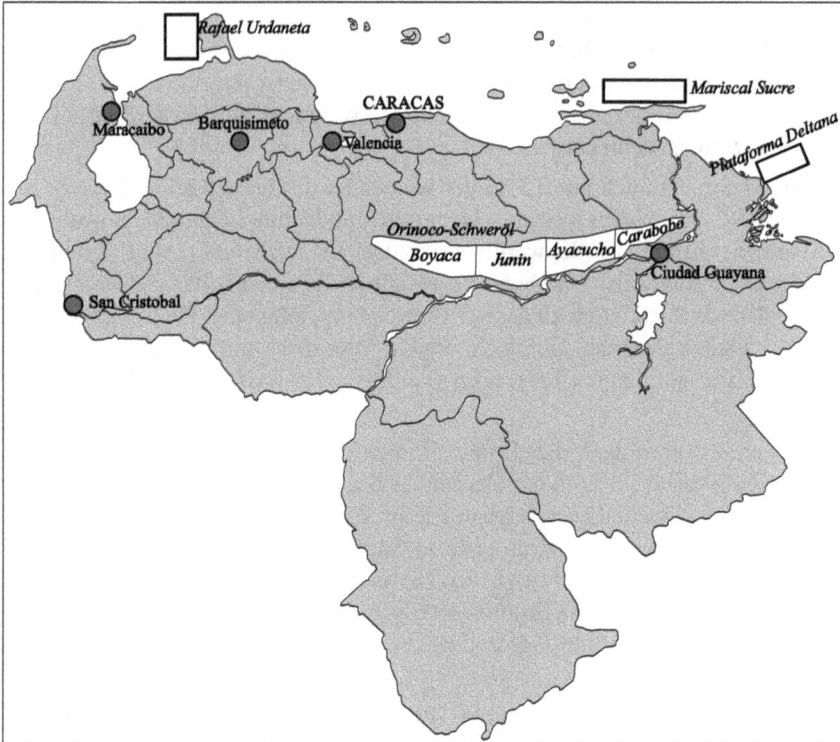

Quelle: Eigene Darstellung
Abb. 6.12:   Öl- und Gasprojekte in Venezuela

In der Gasindustrie ist die Erkundung und Förderung von Ressourcen vor der Küste Venezuelas am bedeutendsten, da hier die größten Vorkommen vermutet werden und in der Gasindustrie auch günstigere Regeln für die Beteiligung ausländischer Unternehmen gelten. Hier lassen sich von Westen nach Osten wiederum drei Projekte unterscheiden, die wiederum in mehrere Blöcke zur Erkundung unterteilt wurden: Rafael Urdaneta im Westen des Landes, vor der Halbinsel Falcón, Mariscal Sucre nördlich der Halbinsel Paria, wo die Erkundung schon am weitesten fortgeschritten ist und Plataforma Deltana im Osten des Landes, unterhalb von Trinidad. Projekte aus Mariscal Sucre und Plataforma Deltana sollen dabei an ein LNG-Werk angeschlossen werden (das Delta Caribe Projekt) und haben daher Exportorientierung. Die Vorkommen im Projekt Rafael Urdaneta haben hingegen Binnen-marktorientierung, da sie nahe an großen Verbrauchszentren liegen. Auch werden die fünf Blöcke des Plataforma Deltana-Projekts als am interessantesten eingeschätzt, da sie in unmittelbarer Nähe zu Trinidad und Tobago gelegen sind, wo bereits substantielle Gasvor-kommen entdeckt wurden (NIK 2005a).

6.5.3   Struktur der Öl- und Gasindustrie

Die venezolanische Ölindustrie wird maßgeblich vom nationalen Ölkonzern PDVSA kontrolliert, der dem Energie- und Ölministerium untersteht. PDVSA ist eine staatlich kontrollierte Aktiengesellschaft, die als Holding der gesamten Öl- und Gaswirtschaft fungiert. Die Rolle der PDVSA wurde unter Chavez unter dem Banner der „Vollständigen Ölsouveränität" und „Wirklichen Nationalisierung" (PDVSA 2005) in einen maßgeblich vom Präsidenten kontrollierten Konzern transformiert, der vielfältige Aufgaben in der venezolanischen Wirtschaft wahrnimmt und vor allem für eine Maximierung der Staatseinnahmen zwecks Umverteilung sorgen soll, aber auch konkrete Aufgaben in der Versorgung armer Bevölkerungsschichten übernimmt. Vor Machtantritt von Chavez war der Einfluss des Ölministeriums schwach gewesen. Die PDVSA konnte sich weitgehend autonom entwickeln und internationalisierte sich, auch um die fiskalische Kontrolle zu verringern (Baena 1999: 62; Hults 2007: 9; Mares/Altamirano 2007: 39).

Nachdem Chavez den Streik der Ölarbeiter und einen Putschversuch im Jahre 2002 überstanden hatte, ernannte er den loyalen Energieminister Rafael Ramírez zum gleichzeitigen Chef der PDVSA und berief drei weitere Minister der Regierung in das Direktorium des Unternehmens (BFAI 2006). Der venezolanische Präsident erhielt anschließend die Kompetenz, nicht nur direkt den Präsidenten des Unternehmens, sondern auch den Aufsichtsrat zu ernennen (Maihold 2009; Mares/Altamirano 2007). So stand PDVSA unter direkter Kontrolle von Chavez; Konflikte zwischen Energieministerium und PDVSA wurden durch die Personalunion verhindert. PDVSA wurde verpflichtet, nicht weniger als 10 % der jährlichen Investitionsmittel auf Sozialprojekte zu verwenden (Mares/Altamirano 2007: 60f; Pusenkova 2010).

Die zuvor stark vertretenen IOCs wurden immer stärker zurückgedrängt. 2006 wurden 32 Felder von privaten Akteuren an PDVSA übergeben, während 2007 die internationalen Konzerne im Orinoko-Becken zur Unterzeichnung neuer Verträge aufgefordert wurden, die PDVSA den Mehrheitsanteil an den Projekten sichern würden (Hults 2007: 28). ExxonMobil und ConocoPhilips weigerten sich, neue Verträge einzugehen und wurden anschließend vollständig expropriiert. Im Mai 2009 wurden zudem alle Aktiva ausländischer Ölservicefirmen enteignet, was Chavez vom Militär durchsetzen ließ (Devereux 2009). Die von IOCs und Servicefirmen enteigneten Lizenzen zur Erkundung im Orinoko-Becken wurden anschließend an Konzerne aus Chavez-freundlichen oder neutralen Regierungen wie Belarus, Russland, China, Indien, Iran, Spanien, Vietnam und Uruguay vergeben. Dies trage zur Bildung einer „multipolaren Welt" bei, ließ PDVSA verlauten (Hults 2007: 34). Die Anziehungskraft der substantiellen Reserven wurde also aktiv zur Stärkung und Verbreiterung der internationalen Unterstützung von Chavez genutzt.

Die gegenüber der Ölindustrie unterentwickelte Gasindustrie ist für ausländische Investoren indes leichter zugänglich. Hier ist sogar die vollständige Kontrolle durch einen ausländischen Investor möglich. PDVSA führt hier die Lizenzrunden durch, partizipiert jedoch häufig nicht in den Projekten. Da die Gasindustrie wenig entwickelt ist und geringere Renten abwirft ist diese Industrie bisher weniger politisiert worden (Hults 2007: 19f).

6.5.4   LUKoil und das Junin-3 Projekt: Vom Vorreiter zum Marginalisierten

LUKoil war der Vorreiter Russlands in Venezuela, wurde dann jedoch von den staatlichen Akteuren, allen voran von Rosneft', marginalisiert. Das Interesse der LUKoil entstand noch vor dem Aufflammen des politischen Interesses, das mit einer Verschlechterung der

Beziehungen zu den USA im Zuge des Irakkriegs einherging. Das verstärkte politische Interesse sorgte dann für den Einstieg in ein konkretes Projekt. LUKoil konnte dann aber keine lukrative Beteiligung durchsetzen, da sie sich nicht auf die von Chavez geforderten Konditionen einlassen wollte und auch nicht über die entsprechende staatliche Unterstützung verfügte.

Projektbeschreibung und Prozesse

Das Junin-3 Projekt bezeichnet einen geographisch abgegrenzten Block mit vermuteten Schwerölvorkommen im Orinoko-Becken, dessen Reserven zunächst zertifiziert und anschließend erschlossen werden sollten. Venezuela war dabei daran interessiert, eine rasche Zertifizierung der Reserven zu erreichen, um den eigenen Anspruch auf eine größere Reservenbasis untermauern zu können. Die von LUKoil durchgeführte Zertifizierung führte zur Einschätzung, dass der Block sehr große Erdölreserven von 600 Mio. t (4,4 Mrd. Barrel) enthält. Die veranschlagten Kapitalkosten für die Erschließung des Blocks sind unbekannt, LUKoil gab jedoch an, innerhalb von 10 Jahren US-$ 8 Mrd. in Venezuela investieren zu wollen (Oreanda 2004; SABI 2004).

Die Kooperation mit Venezuela begann LUKoil aber schon vor der politischen Annäherung mit Russland und bevor PDVSA unter die stärkere Kontrolle von Chavez kam. Ansatzpunkt dafür war die Nähe Venezuelas zum großen US-Markt, auf dem LUKoil im Jahre 2000 ein Tankstellennetz erworben hatte. Gleichzeitig verfügte LUKoil nicht über regionale Raffinationskapazitäten und musste daher Ölprodukte lokal einkaufen, was auf die Margen drückte. PSVSA hingegen besaß Raffinerien in den USA. Gleich beim ersten Besuch von Chavez in Venezuela im Jahre 2001, versuchte LUKoil-Chef Alekperov daher, PDVSA als Lieferanten für das Tankstellennetz in den USA zu gewinnen. Außerdem bekundete LUKoil Interesse an *upstream*-Projekten in Venezuela (AFX 2001; Interfax 2001b; PON 2001b; a). In Folge untersuchte LUKoil mögliche Projekte in Venezuela (PON 2003). Eine weitergehende Kooperation kam jedoch zunächst nicht zustande; wohl auch wegen der internen Turbulenzen in Venezuela. Erst 2003 sollte es weitere Kooperationsversuche geben.

Nachdem Chavez die Kontrolle über PDVSA erlangt hatte, ging ein neuer Kooperationsversuch von Venezuela aus. Im November 2003 besuchte der neue Ölminister Rafael Ramírez Russland in dem Versuch, russländische Konzerne zu einer Teilnahme an der Ausschreibung der beiden letzten Blöcke des *offshore*-Gasprojekts „Plataforma Deltana" zu bewegen. Dabei wurde kein Memorandum mit Gazprom, sondern nur mit LUKoil unterzeichnet. LUKoil gab jedoch letztlich kein Gebot ab (Izvestija 2003; Prime-TASS 2003). Letztlich bewarb sich nur die US-amerikanische Chevron für die Lizenz und erhielt auch den Zuschlag.

Erst im Herbst 2004 steigerte sich die Aktivität der LUKoil in Venezuela, nachdem sich das bilaterale Verhältnis von Russland und Venezuela verbessert und die russländischen politischen Akteure verstärktes Interesse an einem Ausbau der Beziehungen gezeigt hatten. Im Rahmen des Treffens der russländisch-venezolanischen Regierungskommission in Moskau fanden auch Verhandlungen mit LUKoil statt. Dabei wurde über eine Beteiligung der LUKoil am Block Junin-3, sowie an Vorkommen in der Region Maracaibo gesprochen (ANSA 2004; Oreanda 2004; SABI 2004).

Während des Russland-Besuchs von Chavez Ende November 2004 unterzeichneten LUKoil und PDVSA schließlich ein weiteres Memorandum, das die gemeinsame Erklärung von

Putin und Chavez zur „multipolaren Vision der Welt" begleitete. Über die Teilnahme an der Zertifizierung des Junin-3 Blocks sah das Memorandum die Zusammenarbeit bei Gas- und Ölprojekten im *offshore*-Bereich und bei der Rehabilitierung von Bohrlöchern bereits produzierender Ölvorkommen vor. Während des Streiks der PDVSA im Jahre 2002 hatten nämlich viele Bohrlöcher durch die Abschaltung erheblichen Schaden genommen. Außerdem wurden die gemeinsame Schulung von Mitarbeitern sowie Austauschprogramme geplant, was für Chavez auf Grund der hohen Zahl entlassener Ingenieure in der PDVSA von hohem Wert war. Alekperov wies besonders darauf hin, dass auch *swaps* von Ölprodukten vorgesehen seien: LUKoil würde Ölprodukte an Venezuela liefern und dafür Produkte auf dem US-amerikanischen Markt erhalten (AFP 2004; BBC 2004; Prime-TASS 2004). Dies erhöhte die Bindung Venezuelas an den US-amerikanischen Markt, was dem Interesse von Chavez widersprach.

LUKoil ging nun rasch daran, die Vereinbarungen zu erfüllen. Im Februar 2005 fuhr Alekperov zu einem Treffen mit Chavez nach Venezuela, um mögliche Projekte zu besprechen. Dabei ging es um den Block Junin-3 und Erkundungsprojekte vor der Küste Venezuelas. LUKoil eröffnete auch ein Büro in Caracas (Interfax 2005b; SKRIN 2005). Problempunkte der Verhandlungen waren offenbar der mögliche Export des künftig geförderten Öls und die Weiterverarbeitung in Raffinerien der PDVSA in den USA. LUKoil war hier also immer noch an der Schließung der eigenen Produktionskette interessiert, um eine höhere Rentabilität auf dem US-Markt zu erreichen. Chavez verlangte dagegen, dass LUKoil in eine Raffinerie in Venezuela investiert, um die Abhängigkeit von Raffinations-kapazitäten in den USA zu reduzieren (Interfax 2005c).

LUKoil versuchte in diesem Kontext, ihre Position in Venezuela zu verbessern, indem sie dem Staat zusätzliche Ressourcen zur Verfügung stellte. So kaufte sie Datenpakete für die Gasprojekte Rafael Urdaneta und Delta Caribe im Wert von US-$ 0,6 Mio., obschon das Interesse der LUKoil vor allem auf der Ölproduktion lag und sie sich nicht an den Ausschreibungen beteiligte (BNA 2005b; GI 2006; IHS 2008). Außerdem übergab Alekperov 2005 ein „mobiles Erste-Hilfe-System" für den Orinoko an das venezolanische Gesundheits-ministerium, das aus Schnellbooten besteht (LUKoil 2005; Oreanda 2005).

Im Oktober 2005 konnten LUKoil und PDVSA dann eine Vereinbarung erreichen, der zufolge LUKoil die Zertifizierung der Reserven im Block Junin-3 innerhalb von drei Jahren in vier Phasen durchführen sollte. Anschließend wurde die Gründung eines Gemeinschafts-unternehmens mit PDVSA zur Ausbeutung des Blocks in Aussicht gestellt, an dem LUKoil 49 % und PDVSA 51 % erhalten würden. Über die konkrete Ausgestaltung dieser zweiten und wichtigeren Phase wurde jedoch nichts bekannt (AFX 2005b; WMA 2005). Im Juni 2006 wurde die erste Phase der Zertifizierung abgeschlossen. LUKoil war damit das erste Unternehmen im Junin-Gebiet, das Ergebnisse vorstellte (Interfax 2006d). Die weiteren drei Phasen zogen sich etwas hin, da auch bei LUKoil die 2007 durchgeführte Nationalisierung der Schwerölprojekte internationaler Ölkonzerne für Unsicherheit gesorgt hatte. Auch die neuen von Chavez durchgesetzten Regeln für die Beteiligung der PDVSA verschlechterten die Situation für LUKoil, da PDVSA nun mindestens 60 % an allen Projekten erhalten sollte. Dementsprechend verkündete LUKoil-Vizechef Fedun im September 2007, dass man nun erst einmal abwarten wolle und von der venezolanischen Seite Garantien erwarte, dass die Projektkosten nicht steigen würden. Bisher seien mehr als US-$ 10 Mio. investiert worden (Golubkova 2007b). Daraufhin wurde die Zertifizierung des Blocks verlangsamt und nicht wie geplant im Jahre 2007, sondern erst im Sommer 2008 abgeschlossen (BNA 2008).

Anschließend verhandelte LUKoil mit Venezuela über den Ausbeutungsvertrag. Dabei forderte die venezolanische Seite als zusätzliche Konzession wieder die Investition in eine Raffinerie in Venezuela oder in einem anderen lateinamerikanischen Staat. Außerdem wollte Chavez offensichtlich auch die Exportmärkte des zukünftigen Gemeinschaftsunternehmens bestimmen, womit LUKoil nicht einverstanden war (Interfax 2007b). Auf Grund der unterschiedlichen Interessen und dem fehlenden Eingreifen politischer Akteure zogen sich die Verhandlungen über ein Gemeinschaftsunternehmen zur Ausbeutung des Vorkommens weiter hin und scheiterten letztlich (Gentile 2007; Prime-TASS 2008b). Dabei half es auch nicht, dass LUKoil bereits US-$ 120 Mio. in Venezuela investiert hatte (Sharushkina/Sladkova 2010). LUKoil schloss sich angesichts dessen auch dem „Nationalen Ölkonsortium" NNK an (siehe unten Abschnitt 6.5.7). Sečin setzte sich anschließend gegenüber Chavez dafür ein, dass das Projekt übergeben werden konnte und ebenfalls Förderlizenzen erteilt würden. Dabei wurde eine vorläufige Vereinbarung erreicht, Junin-3 mit in das Konsortium NNK einzubringen (NV 2011; Zubkov/Volkov 2011). Dies fand jedoch nicht statt, auch da die im NNK zusammengeschlossenen Konzerne an der Übernahme weiterer Kosten und Risiken nicht interessiert waren (Mel'nikov et al. 2012). Auch ohne erteilte Förderlizenz wurde innerhalb des NNK vereinbart, die Auslagen der LUKoil auf alle Teilnehmer umzulegen (Esmerk 2010).

Handlungsrationalität

Da das Unternehmen zur Förderung des Vorkommens nicht zu Stande gekommen ist, war der Nettogegenwartswert des Projekts negativ für LUKoil. Die politischen Risiken waren dabei sowohl auf venezolanischer als auch auf russländischer Seite zu hoch gewesen, da auch die fehlende Unterstützung in Russland zum Scheitern beigetragen hat. Klar ist dabei jedoch, dass die sehr großen Reserven hohe kommerzielle Anziehungskraft haben. Der *ex post* festgestellte negative Nettogegenwartswert muss daher nicht mit den früheren, informierten Erwartungen der LUKoil übereinstimmen.

Das Verhalten der LUKoil erscheint wirtschaftlich rational, da das Unternehmen zwar ein hohes Risiko einging, die möglichen Gewinne aber auch erheblich gewesen wären. Auch zeigte LUKoil, dass sie nicht zu weiteren Konzessionen und unprofitablen Investitionen bereit war und passte ihr Investitionsverhalten an veränderte Risiken an. Sie ging nicht auf die hohen Forderungen von Chavez ein. Auch muss berücksichtigt werden, dass LUKoil zunächst staatliche Unterstützung erhielt und deren Entzug nicht vorhersehen konnte. Erst durch die Teilnahme am NNK konnte sie sich wieder die Unterstützung politischer Akteure sichern, die sich jedoch nur auf die Übernahme der Projektkosten durch das nationale Ölkonsortium erstreckte. So wurden die Investitionen schließlich innerhalb des NNK kompensiert, wodurch LUKoil wesentlich geringere Auslagen tragen musste. Allerdings war das NNK nicht bereit, die auch angesichts der hohen Gewinnmöglichkeiten, die bei einem Erfolg des Projekts bestehen würde kann die Investition daher als wirtschaftlich rational bezeichnet werden.

Russländische *politische Akteure* hatten ein außenpolitisches Interesse an der Investitionsaktivität der LUKoil, da Chavez ebenfalls am Aufbau einer „multipolaren Weltordnung" interessiert war und in diesem Rahmen die Stellung der USA in Lateinamerika schwächen wollte.[85] Da Chavez auf Grund der hohen fiskalischen Bedürfnisse gegenüber PDVSA gleichzeitig ausländische Investitionen zur Erschließung der Rohstoffe benötigte waren Investitionen der russländischen Konzerne ein guter Anreiz, um die Attraktivität Russlands für Chavez zu steigern und andere Akteure aus Venezuela zu verdrängen. So konnten neue Formen der Wirtschaftskooperation eingeübt werden, die außerhalb der westlichen Marktmechanismen funktionieren würden. Das außenpolitische Interesse an den Investitionen der LUKoil wird auch in den Aussagen des Spezialbeauftragten des Präsidenten Putin für internationale Energiekooperation deutlich, der die Kooperation zwischen LUKoil und PDVSA als beispielhaft für die guten Beziehungen lobte (Interfax 2004d). Allerdings war es generell eher wünschenswert, einen enger politisch vernetzten Akteur zu nutzen, da dieser besser steuerbar sein würde als LUKoil.

Innenpolitisch ist die Interessenlage vielschichtiger. Die Investition hatte keinen positiven Nettogegenwartswert und muss zunächst als Kapitalabfluss verbucht werden. Andererseits wirkte sich die Stärkung der venezolanisch-russländischen Wirtschaftsbeziehungen positiv auf die Nachfrage nach russländischen Rüstungsgütern und anderen Maschinenbauerzeugnissen aus – den besonders prekären russländischen Wirtschaftssektoren. Die Investition ist daher auch aus innenpolitischer Hinsicht positiv zu bewerten. Allerdings wäre es nachteilig für politische Akteure gewesen, wenn die Investition geglückt wäre. Denn auf Grund der großen Reserven hätte sich LUKoil erheblich von Russland ablösen können. Es war daher innenpolitisch besser, enger vernetzte Akteure für die Integration mit Venezuela zu nutzen. Als diese stärkeres Interesse an Venezuela zeigten, wurde LUKoil auch außenpolitisch verzichtbar. Politische Akteure unterstützten die LUKoil erst dann wieder, als sie zur Übergabe des Projekts an NNK bereit war.

Die *Akteure in Venezuela* waren daran interessiert, Investitionen in die Zertifizierung und Erschließung der Ölreserven anzuziehen. Dies galt insbesondere nach den Nationalisierungswellen, die den Zugang zu externem Kapital abschnitten. Die russländischen Konzerne waren dabei vorteilhaft, da sie gleichzeitig externer politische Unterstützung bereitstellen konnten. Die Anziehungskraft der Ölressourcen und potentiellen Reserven sollte dabei direkt zur Vertiefung der außenpolitischen Beziehungen zu Schlüsselstaaten der neuen „multipolaren Weltordnung" (Belarus, Brasilien, China, Indien, Iran, Russland) genutzt werden. Gleichzeitig waren die venezolanischen Akteure daran interessiert, ein Maximum an Konzessionen von den Investoren zu erhalten, wie es in der Nationalisierungspolitik angelegt ist und an den Forderungen gegenüber LUKoil deutlich wurde.

Auswertung

LUKoil hat bei ihrer Investition in Junin-3 aus wirtschaftlichem Interesse gehandelt. Der von Venezuela gebotene Anreiz einer möglichen Ausbeutung der Schwerölvorkommen war groß, ebenso wie das Potential zur Kooperation zwischen PDVSA und LUKoil auf Grund der Raffinationsaktiva der PDVSA in den USA. Die Forderungen Venezuelas waren jedoch letztlich zu hoch, weshalb LUKoil das Projekt nicht weiter verfolgte. Dies zeigt, dass LUKoil die politischen Risiken falsch eingeschätzt hat.

Die Investition der LUKoil in die Erkundung war dabei auch im Interesse politischer Akteure, die diese aus außen- und innenpolitischen teilweise Gründen positiv bewerten

---

[85] Allerdings war die russländische Elite nicht an der von Chavez vertretenen klaren ideologischen Position interessiert Sanchez (2010: 377).

mussten. Allerdings war eine größere Investition der LUKoil in die Ölförderung aus innenpolitischen Gründen nicht im Interesse der politischen Akteure und wurde daher auch nicht
in gleichem Maße wie andere Konzerne unterstützt. Dies mag auch daran gelegen haben,
dass die Investitionstätigkeit des Konzerns nicht leicht steuerbar war und daher nicht in
gleichem Maße wie bei eng angebundenen Konzernen als Anreiz eingesetzt werden konnte.

Generell standen LUKoil die Instrumente staatlicher Akteure in geringerem Maße zur
Verfügung als bei anderen Konzernen. Zwar konnten staatliche Foren genutzt werden, um
Verträge zu schließen. Aber staatliche Akteure traten nicht erkennbar als Koordinatoren auf.
Auch wurden keine staatlichen Anreize eingesetzt, um den Vertragsschluss mit LUKoil
herbeizuführen. Vielmehr musste LUKoil selbst Beziehungspflege betreiben und sich durch
Investitionen in Sozialprojekte und Kauf unnötiger Datenpakete als *„good corporate citizen"*
profilieren. Dies hat aber letztlich nicht zum Erfolg des Projekts geführt.

LUKoil hatte ein strukturelles Interesse an der Investition in Ölförderung in Venezuela, da
die möglichen Zuwächse der Reserven innerhalb Russlands begrenzt waren und mit PDVSA
Kooperationsmöglichkeiten auf dem US-amerikanischen Markt bestanden. Das Vorgehen der
LUKoil entspricht daher der dritten Hypothese, da sie sich wirtschaftlich rational verhielt,
aber keine wesentliche Unterstützung von den staatlichen Akteuren erhielt.

6.5.5   Gazprom: Erfolglose Steuerungsversuche durch politische Akteure

Gazprom zeigte zunächst geringeres eigenes Interesse an der Kooperation mit Venezuela als
LUKoil. Dies änderte sich erst im Einklang mit den politischen Beziehungen. Bei Gazprom
wird deutlich, dass in Venezuela nicht isolierte Wirtschaftsprojekte relevant sind, sondern die
Wirtschaftsbeziehungen insgesamt von politischen Akteuren verwaltet werden. Während dies
bei LUKoil nur für einen teilweisen Ausgleich der misslungenen Investition sorgte, sorgen
politische Akteure im Fall der Gazprom dafür, dass Misserfolge bei individuellen Projekten
oder substantielle Risikoübernahme mit lukrativen Möglichkeiten bei anderen Projekten
ausgeglichen wurden. Allerdings konnte die nicht für ein großes Interesse der Gazprom
sorgen. Die staatliche Koordination der Projekte verlangt nach einer verbundenen
Betrachtung der einzelnen vorgenommenen Investitionen, da eine isolierte Darstellung nicht
in der Lage wäre, die vorhandene Koordination zwischen den Einzelprojekten abzubilden.

Projektbeschreibungen und Prozesse

Da Gazprom sich nicht sonderlich für Projekte in Venezuela interessierte, verpasste sie auch
die Ausschreibung für das Gasprojekt Plataforma Deltana, an der LUKoil teilnahm. Dieses
exportorientierte Projekt hätte jedoch interessant sein können. Erst nachdem im Herbst 2004
die außenpolitischen Interessen der politischen Akteure an Venezuela erheblich stärker
geworden waren, aktivierte auch Gazprom ihre Tätigkeit in Venezuela. Die Richtung gab
dabei der Sonderbeauftragte des russländischen Präsidenten für internationale Energiekooperation vor: Man wolle durch die Kooperation mit Venezuela auf den LNG-Markt der
USA gelangen (Interfax 2004d). Die Investitionen der Gazprom blieben jedoch nicht auf die
Gasindustrie beschränkt. In Folge werden die vier Projekte vorgestellt und ausgewertet, an
denen Gazprom sich in Venezuela bis zur Einrichtung des Nationalen Ölkonsortiums
beteiligte.

Rafael Urdaneta-Projekt: Im Januar 2005 wurde das erste Memorandum zwischen Gazprom und Venezuela unterzeichnet (Interfax 2005a). Im April nahm Gazprom am Wettbewerb für zwei Blöcke im Projekt Rafael Urdaneta teil. Im September 2005 erhielt Gazprom dann in diesem Rahmen den Zuschlag für die zwei Erkundungsblöcke Urumaco I und II, nachdem sie hohe US-$ 40 Mio. dafür geboten hatte (BNA 2005c).[86] In den Blöcken wurden auf Grundlage geologischer Voruntersuchungen relativ geringe Ressourcen von 180 Mrd. m³ vermutet (Smirnov 2008). Vor diesem Hintergrund ist die Lizenzgebühr als hoch zu bewerten, da kaum Erkundung in Bezug auf die Blöcke stattgefunden hatte und im gesamten Gebiet wenig über potentielle Gasreserven bekannt war. Ein klarer Nachteil des Projekts war indes dessen fehlende Exportorientierung, da in dessen Nähe kein LNG-Terminal geplant ist, sondern vielmehr große venezolanische Verbrauchszentren liegen (NIK 2005a). Daher war das eventuell zu fördernde Gas von Anfang an für den Inlandsmarkt vorgesehen, wobei Gazprom anscheinend eine Übereinkunft über *swap*-Lieferungen mit PDVSA erreichen konnte. Demnach soll Gazprom die Möglichkeit erhalten haben, für einen Teil der Menge des auf den Inlandsmarkt gelieferten Gases LNG-Lieferungen zu erhalten (Smirnov 2008).

Gazprom investierte anschließend US-$ 300 Mio. in eine erste Erkundungsbohrung im Block Urumaco-I (IOD 2010a). Dies war eine sehr hohe Summe, allerdings soll die Bohrung auch technisch aufwändig gewesen sein. Es konnten aber keine Reserven nachgewiesen werden. Dementsprechend wurde die Erkundung bei Urumaco-II eingestellt, was eigentlich vertragswidrig war. Parallel dazu bemühte sich Vizepremier Sečin bei Chavez darum, Gazprom als Kompensation für die hohen Investitionen und den Misserfolg ein anderes Feld als Ersatz zu verschaffen (Kulikov 2010). Im Oktober 2011, nachdem Chavez schwer an Krebs erkrankt war und Sečin zur Stützung des Regimes eine neue Kreditlinie von US-$ 4 Mrd. versprochen hatte, erhielt Gazprom auf diese Weise Zugang zum Gasprojekt Robalo, das gemeinsam mit PDVSA erschlossen werden soll (Mazneva 2011b). Hier wurde jedoch nur ein Memorandum unterzeichnet, demzufolge Gazprom die geologischen Daten von PDVSA erhält, sowie exklusives Recht zur Teilnahme an dem Projekt eingeräumt wird. Es wurde jedoch kein weiterer Fortschritt deutlich (Bourne/Sladkova 2012; Tippee 2012). Für die eingestellten Erkundungsarbeiten am Block Urumaco-II erhielt Gazprom das Recht, den Block Urumaco-III zu erkunden. Dieser wird als perspektivreicher als die anderen Blöcke beurteilt (NGA 2011). Allerdings war Gazprom auch hier nicht aktiv geworden, sondern hat nach einer 2011 erstellten Machbarkeitsstudie offenbar keine weiteren Arbeiten durchgeführt (Interfax 2011a)

Schweröl-Block Ayachucho-3: Gazprom wurde von Venezuela und russländischen politischen Akteuren auch zu Investitionen in das Magna-Reserva Projekt zur Zertifizierung von Schwerölreserven gedrängt. Konkret wurde Gazprom hier der Block Ayacucho-3 vorgeschlagen (BNA 2006b). Obwohl Gazprom 2005 die Ölfirma Sibneft' erworben hatte stieß die Anfrage Venezuelas zunächst auf wenig Interesse bei Gazprom. Jedenfalls bemerkte PDVSA Mitte 2006, dass sich Gazprom stärker für Gas interessiere und man daher einmal nachfragen müsse, ob überhaupt Interesse an den Ölprojekten bestehe (Prime-TASS 2006a). Allerdings erklärte Gazprom sich bei einem erneuten Besuch von Chavez im Juli 2006 in Moskau bereit, die Zertifizierung des Blocks Ayacucho-3 durchzuführen. Im Gegenzug gab PDVSA bei einem Planungsbüro der Gazprom Studien im Wert von 300.000 Arbeitsstunden

---

[86]   Dies war mehr als das dreifache als etwa die US-amerikanische Chevron für einen weiteren Block im Rafael Urdaneta Projekt geboten hatte, vgl. BNA BNA (2005a)

zur Planung des venezolanischen Gasmarkts in Auftrag (BNA 2006a; Interfax 2006f). Im
Herbst 2008 wurde die Zertifizierung nach Angaben von Gazprom abgeschlossen; demnach
enthält der Block förderbare Reserven von 170–180 Mio. t (1,2–1,3 Mrd. Barrel), was
wesentlich weniger als die Reserven anderer Blöcke im Orinoko-Becken ist (Kommersant"
2008). Die Höhe der Investitionen der Gazprom in die Schweröl-Zertifizierung ist nicht
bekannt, ist jedoch mit ca. US-$ 100 Mio. beziffert worden (Gutterman 2008). Kurz nach
Fertigstellung der Zertifizierung wurde das NNK ins Leben gerufen. Gazprom unternahm in
Folge keine Anstrengungen, mit Venezuela über eine separate Entwicklung des Blocks zu
beraten, sondern zeigte sich sofort bereit, seinen Block an NNK zu übergeben.

Offshore-Gasprojekt Delta Caribe: Gazprom war auch im Weiteren wenig interessiert und
verließ sich auf politische Akteure, die die Kooperation vorantrieben. Dies zeigte sich, als
Gazprom im Sommer 2006 kein Informationspaket für die Ausschreibung weiterer vier
Blöcke des Delta Caribe Projekts erwarb, wie dies LUKoil getan hatte (Kerr 2006). Damit
nahm Gazprom nicht an der Ausschreibung teil, obwohl das Projekt an ein LNG-Terminal
angeschlossen werden soll, also Exportorientierung aufweist. Allerdings gab es
Zusicherungen aus Venezuela, dass für russländische Konzerne Sonderbedingungen gelten
würden und sie mithin nicht an den Ausschreibungen teilnehmen müssten
(Skorlygina/Rebrov 2007a). Der Wettbewerb für die Lizenzen wurde dann immer wieder
verschoben und schließlich ganz abgesagt. Ein Jahr später meldete der damalige Vorsitzende
der russländischen Seite der russländisch-venezolanischen Regierungskommission,
Aleksandr Žukov, Interesse der Gazprom gleich an allen drei großen Gasprojekten im Osten
des Landes – Delta Caribe, Mariscal Sucre und Plataforma Deltana – an. Man habe im
Rahmen der zwischenstaatlichen Regierungskommission vereinbart, dass die venezolanische
Regierung innerhalb von sechs Monaten prüfen werde, wie Gazprom an den Projekten
beteiligt werden könne, so Žukov (Interfax 2007e; Prime-TASS 2007).

Nachdem eine Weile keine Fortschritte zu erkennen waren, wurde Žukov im Sommer 2008
durch Igor' Sečin als Vorsitzender in der zwischenstaatlichen Regierungskommission ersetzt.
Sečin spricht Spanisch, was ihm bei der Vertiefung der Kooperation geholfen hat. Beim
Moskau-Besuch von Chavez im Juli 2008 wurde anschließend eine Vereinbarung mit
Gazprom unterzeichnet, die die Beteiligung der Gazprom am Projekt Delta Caribe vorsieht
(Interfax 2008b). Im September 2008 wurde das Memorandum beim erneuten Besuch von
Chavez in Russland konkretisiert. Es wurde festgelegt, dass Gazprom sich an den Blöcken
Blanquilla Ost und Tortuga beteiligen kann und in diesem Rahmen auch an der dritten
Ausbaustufe des geplanten LNG-Werks beteiligt wird. Gazproms Anteil an der Erkundung
soll 30 % betragen, während Gazprom in der Produktionsphase nur 15 % erhalten sollte.
15 % soll Gazprom dann auch an dem LNG-Werk erhalten, dessen Fertigstellung für 2016
geplant war (Interfax 2008c; Mazneva et al. 2009; Vasquez/Glazov 2008). Das Werk soll
jährlich 4,7 Mio. t LNG produzieren können, was der Hälfte des Werks der Gazprom auf
Sachalin entspricht (Mazneva et al. 2009). Das Memorandum regelt dabei sowohl die
Exporte von LNG als auch die Lieferung von Erdgas auf den Inlandsmarkt (SKRIN 2008b).
Allerdings engagierte sich Gazprom kaum. Offenbar gelang es Sečin dann im Januar 2013 in
seiner neuen Rolle als Chef der Rosneft', Gazprom zu verdrängen und die Felder für
Rosneft' zu sichern. Rosneft' unterzeichnete eine Vereinbarung zur geologischen Erkundung
der Felder mit PDVSA (Interfax 2013e).

Gemeinschaftsunternehmen im Servicebereich: Nachdem Chavez im Mai 2009 mehrere US-
amerikanische Ölserviceunternehmen enteignet hatte taten sich auch hier neue

Geschäftsmöglichkeiten für Gazprom auf. Im Juli 2009 wohnte Sečin der Unterzeichnung einer Vereinbarung zwischen Gazprom und PDVSA über die Gründung eines gemeinsamen Serviceunternehmens in der Gasindustrie (Servicios VenRus SA) in Caracas bei. Das Gemeinschaftsunternehmen sollte Kompressorstationen übernehmen, die zur Kompression und Reinjektion von Erdölbegleitgas an den Ölfeldern zuständig sind und zuvor der US-amerikanischen Exterran Holdings Inc. gehört hatten (BBC 2009b; LAND 2009; TendersInfo 2009). Später wurde die Tätigkeit des Serviceunternehmens nach Angaben des ehemaligen Leiters von Gazprom EP International, Boris Ivanov, noch auf weitere Tätigkeitsbereiche, wie die Reinigung von Bohrschlammbecken, Bohrung und Reparatur von Bohrlöchern bis hin zur Reparatur von Kraftwerken ausgeweitet. Auch wurden nach seinen Angaben Vereinbarungen unterzeichnet, die dem Unternehmen Aufträge in Höhe von US-$ 800 Mio. garantieren. Der Zeitraum wurde hier allerdings offen gelassen (Gazprom 2010b). Von der Tätigkeit des Konzerns wurde nur bekannt, dass sie bis Ende 2010 eine Erdgasverdichterstation im Staat Monagas gebaut haben soll (SeeNews 2010). 2012 wurde anschließend wiederum nur über eine „Ausweitung der Tätigkeit" des Unternehmens diskutiert und mögliche Arbeitsbereiche identifiziert (Gazprom 2012h).

Handlungsrationalität der Gazprom

Die wirtschaftliche Rationalität des Rafael Urdaneta-Projekts scheint unabhängig von der teuren und wenig erfolgreichen Erkundungsbohrung nicht gegeben: Es hat keine Exportorientierung und war hoch risikoreich. Dies war auch vor Beginn des Projektes bekannt. Auch investierte Gazprom viel zu viel in die Erkundung – die Kosten einer Erkundungsbohrung im norwegischen Kontinentalschelf, dem *offshore*-Gebiet mit den weltweit wohl höchsten Kosten, betragen weniger als ein Drittel dessen was Gazprom in Venezuela zu investieren bereit war (Regjeringen 2011). Selbst wenn die Probebohrungen erfolgreich gewesen wären, wäre das Projekt für Gazprom so wenig rational gewesen. Vielmehr ist davon auszugehen, dass Gazprom hier auf politische Vorgaben reagierte.

Gleiches gilt für das zweite von Gazprom begonnene Projekt, die Zertifizierung der Ölreserven. Auch hier ist wenig Interesse der Gazprom an dem Projekt erkennbar, da es zunächst um die Zertifizierung der Ölreserven mit unklarer Perspektive für deren Erschließung geht. Allerdings ist die Möglichkeit zu einer Ausbeutung des Vorkommens wirtschaftlich interessant. Dafür interessierte sich Gazprom jedoch nicht, sondern drängte auf eine Übernahme durch das NNK, die jedoch nicht erfolgte.

Potentiell kommerziell interessant könnte das *offshore*-Gasfördergebiet Delta Caribe sein. Kommerzielle Daten fehlen allerdings. Das Interesse anderer großer Öl- und Gaskonzerne spricht jedoch für die Annahme, dass die wirtschaftlichen Chancen nicht schlecht stehen. Außerdem könnte Gazprom einen größeren Einfluss auf LNG-Märkte nehmen, auch wenn dies auf Grund der Größe des Projektes nicht sehr bedeutsam wäre. Auch wenn unklar ist, wie hoch die Kooperationsbereitschaft Venezuelas war, zeigte auch Gazprom hier keinen großen Enthusiasmus für das Projekt, sodass es letztendlich von Rosneft' beansprucht wurde.

Auch die Beteiligung der Gazprom am Servicesektor war wohl nicht von besonderem Erfolg gekrönt. Vermutlich gab es Auseinandersetzungen um die Übernahme der enteigneten Aktiva, da Venezuela wohl das Gemeinschaftsunternehmen mit den Kosten der Enteignung belasten wollte. Auch könnte es sein, dass es Probleme mit Zahlungen für geleistete Dienste gegeben hat, da PDVSA oftmals ihre Zulieferer und Serviceunternehmen nicht bezahlt, da das Unternehmen durch die Notwendigkeit zur Umverteilung an chronischer Geldknappheit leidet. So betrugen die Zahlungsausstände der PDVSA im Jahre 2010 und dem ersten Halbjahr 2011 US-$ 20 Mrd. (Parraga 2012). Dies verweist wiederum auf die hohe wirtschaftliche Instabilität in Venezuela, die durch häufige politische Eingriffe befördert wird. Auch die Beteiligung an den Projekten Robalo und Urumaco-III scheint nicht voranzukommen und es ist unklar, ob sie für Gazprom wirtschaftlich rational sein würde.

Außenpolitisch war das Interesse der *politischen Akteure* in Russland zunächst genau wie bei LUKoil darauf gerichtet, Chavez in seinem auf eine multipolare Weltordnung gerichteten außenpolitischen Kurs zu unterstützen und dessen Bindung an Russland zu stärken. Außerdem sollte Chavez innenpolitisch unterstützt werden, um einen Sieg der Opposition zu vermeiden. Dies verlangt nach einer Unterstützung der Wirtschaftskraft Venezuelas. Die Verflechtung mit Venezuela auf wirtschaftlicher Ebene war zudem von Interesse, da sie Kanäle zur Einflussnahme stärken würde, auch wenn dies in der zentralistischen Ordnung Venezuelas nur geringe Vorteile verschaffen würde. Wichtiger war, dass der Einfluss auf Kosten anderer Staaten ausgebaut werden konnte, indem man Chavez bessere Konditionen bot und andere Konzerne verdrängte.

In innenpolitischer Hinsicht gesellte sich wie bei LUKoil zu dem Interesse an wirtschaftlicher Prosperität der Gazprom ein Interesse an Geschäften mit Rüstungs- und Industriegütern hinzu. Sofern die Investitionen der Gazprom nicht lukrativ waren, so trugen sie aus Sicht politischer Akteure doch zur Verbesserung der Exporte in anderen Sektoren bei, da Venezuela bereit war, den Handel mit Russland auf Kosten anderer Handelspartner auszubauen, auch wenn die gelieferten Güter geringere Qualität aufwiesen. Das Problem der Kontrolle wie bei LUKoil bestand nicht, da Gazprom strukturell wesentlich stärker in Russland verankert ist und dank des hohen Grades an Vernetzung von politischen Akteuren weitgehend kontrolliert werden kann.

Die Interessen *venezolanischer Akteure* unterschieden sich hier nicht gegenüber den Interessen in Bezug auf LUKoil – es ging im Wesentlichen um den Ersatz westlicher Konzerne und Investoren. Dies war nötig, da der Rohstoffsektor durch wiederholte Nationalisierungen unter Kapitalmangel litt. Allerdings wollte Chavez die Kosten dieser Politik wohl nicht anerkennen und verlangte trotz der großen Risiken viel von den Investoren. Bei der Beteiligung neuer Akteure sollten die außerdem außenpolitischen Prioritäten berücksichtigt werden. Die Allianz mit Russland war bedeutsam, da man hier einen gleichgesinnten Akteur hinzugewinnen konnte, der sich nicht wie etwa China in sicherheitspolitischer Zurückhaltung übte. Die Beteiligung der Gazprom kann dabei bessere Vorteile bieten als die der LUKoil, da das Unternehmen enger mit politischen Akteuren vernetzt ist.

Auswertung

Das Interesse der Gazprom an Venezuela kann nicht gut mit den wirtschaftlichen Interessen des Konzerns erklärt werden. Als Gaskonzern verfügte Gazprom über ausreichende Reserven innerhalb Russlands, hatte also keinen Bedarf an zusätzlichen Reserven, schon gar nicht in binnenmarktorientierten Projekten. Auf Grund der möglichen strategischen Effekte waren dabei die Projekte zum LNG-Export wirtschaftlich interessant für Gazprom. Bei dem LNG-Projekt wurde Gazprom aber auch erst nach der Aufforderung politischer Akteure und durch deren Intervention tätig. Auch andere potentiell wirtschaftlich lukrative Chancen, wie die Erschließung des Schweröl-Blocks Ayacucho-3 oder die Beteiligung an einem Serviceunternehmen, kamen mit Hilfe politischer Akteure zustande und stagnierten dann. Das Urumaco-

Projekt hingegen war von Anfang an von zweifelhafter Wirtschaftlichkeit, was durch die exorbitanten Kosten der Erkundung noch bestätigt wurde.

Die Interessen politischer Akteure waren indes anders gelagert. Sie waren daran interessiert, dass Gazprom Investitionen in Venezuela durchführt und hofften erst in zweiter Linie darauf, dass diese auch wirtschaftlich interessant sein würden. Die Strategie von Gazprom wird hier daher primär von politischen Akteuren definiert, die Investitionen nicht wie in vielen anderen Fällen nur begleiten, sondern auch als deren Initiator und Organisator auftreten. Diesen Befund bestätigt auch Gazprom selbst: Die geopolitischen Interessen, die von der russländischen Führung formuliert würden, gäben den Bewegungsvektor von Gazprom hinsichtlich der Projekte in Venezuela und in anderen Regionen vor, so Boris Ivanov, der (inzwischen ehemalige) Direktor der Gazprom Exploration & Production International (seit 2011 Gazprom International). Man gehe in die Regionen, die außenpolitisch erwünscht seien mit dem Verständnis, dass hier „aktive Arbeit" erwartet werde. Auf dieser Grundlage führe man dann eine wirtschaftliche Evaluation möglicher Projekte durch (Gazprom 2010b).

Auch bei den Instrumenten beruhte die Strategie der Gazprom im Wesentlichen auf politischen Akteuren. So war die zwischenstaatliche Regierungskommission das Hauptforum, um für weitere Investitionsprojekte für Gazprom zu sorgen und bessere Konditionen zu erlangen. Dabei halfen auch monetäre Anreize wie staatliche Kredite der Gazprom zu neuen Investitionsmöglichkeiten. Diese war daran jedoch kaum interessiert. Dies reflektiert einerseits die fehlenden wirtschaftlichen Anreize für Gazprom, andererseits mag dies bei späteren Projekten auch die Rivalität zwischen Gazprom und Sečin widerspiegeln. Gazprom zeigte sich dabei nur beschränkt steuerungsfähig im Sinne der politischen Akteure, was auch auf eine gewisse Spaltung innerhalb der politischen Elite über den Kurs bezüglich Venezuela hindeuten könnte (Gabuev/Tarasenko 2012). Auf Grund der bekannten Differenzen zwischen Sečin und Präsident Medvedev dürfte diese Spaltung zumindest bis zum erneuten Amtsantritt Putins im Mai 2012 bestanden haben (Sakwa 2009).

Das Verhalten der Gazprom entspricht letztlich der vierten Hypothese, da sich das Unternehmen einerseits nach den Wünschen der politischen Akteure gerichtet und in Venezuela investiert hat, andererseits jedoch kein starkes Interesse zeigte und nach anfänglichen Enttäuschungen nicht mehr bereit war, substantielle Risiken einzugehen. Auch werden substantielle staatliche Ressourcen genutzt, um Gazprom in Venezuela zu verankern. Es zeigen sich aber auch die Grenzen der staatlichen Koordination, da Gazprom nicht bereit war, sehr hohe Risiken für geopolitische Gewinne einzugehen. Alternativ kann das fehlende Interesse der Gazprom als Abbildung von Konflikten innerhalb der russländischen Elite über den Kurs gegenüber Venezuela und als Ergebnis der Konkurrenz zu der von Sečin geführten Rosneft' gedeutet werden.

6.5.6 TNK-BP: Die Nützlichkeit der „Oligarchen"

Wie bereits oben beschrieben (Kapitel 4.6) herrscht ein Konflikt zwischen den Aktionären der TNK-BP gerade in Bezug auf deren Internationalisierungsstrategie: Für die ressourcenarme BP war die Ausweitung der Investitionen im russländischen *upstream*-Sektor am interessantesten, da sie angesichts der vorhandenen Weiterverarbeitungskapazitäten und Vertriebswege den größten Beitrag zur Wertschöpfung des Unternehmens leisten würde. Währenddessen sind die russländischen Aktionäre an der Internationalisierung des Unternehmens interessiert. Für sie war nicht allein der *upstream*-Bereich von Interesse, sondern die gesamte Produktionskette (Malkova 2009). Die russländischen Akteure, die diverse kommerzielle Interessen haben, können mit der Investition in außenpolitisch willkommene Projekte Unterstützung politischer Akteure für ihre sonstigen Geschäftstätigkeiten generieren. Aktiva der PDVSA waren dabei ein erster Kristallisationspunkt dieses Interessengegensatzes. Nachdem die Finanzkraft der BP im Jahre 2010 auf Grund des „Deepwater Horizon"-Unfalls in den USA stark verringert worden war, gab sie auch ihren Widerstand gegen die Internationalisierung von TNK-BP auf und verkaufte dem Unternehmen einige internationale Beteiligungen, darunter auch in Venezuela.

Projektbeschreibung und Prozesse

Zertifizierung von Schweröl im Orinoko-Becken: Ab 2007 interessierten sich auch die russländischen Aktionäre für die Zertifizierung und Förderung von Ölreserven im Orinoko-Becken (Surženko/Reznik 2008). Allen voran Viktor Veksel'berg, der bereits in der Metallindustrie versuchte, mit Venezuela zu kooperieren. Das Interesse teilte er Chavez bei einer geschlossenen Sitzung mit russländischen Unternehmern im Juni 2007 mit. Das russländische Außenministerium unterstützte in Folge die Bemühungen der TNK-BP, was im Herbst 2007 zur Unterzeichnung einer vorläufigen Vereinbarung zur Erkundung des Blocks Ayacucho-2 führte, die während einer Sitzung der russländisch-venezolanischen Regierungskommission unterzeichnet wurde (Sharushkina/Tellinghuisen 2007; Skorlygina/Rebrov 2007a). Ab Anfang 2008 waren dann Ingenieure von TNK-BP in Venezuela tätig. Beim Chavez-Besuch im Sommer 2008 wurde dann von Chan und Ramirez im Beisein von Medvedev und Chavez ein detaillierteres Abkommen unterzeichnet, das auch mögliche Vorteile der TNK-BP bei der Ausschreibung der Felder für Förderung und Export vorsah (Mazneva 2008; NefteCompass 2008c; Tellinghuisen 2008). Allerdings ist unklar, ob TNK-BP die Zertifizierung abgeschlossen hat. Nachdem NNK gegründet worden war, stellte das Unternehmen seine Aktivitäten jedenfalls ein und wollte das Projekt wie LUKoil und Gazprom an das Konsortium übergeben (NefteCompass 2012d). Die Größe der Reserven des Blocks wurde nie bekannt gegeben. In Folge wurde auch TNK-BP Teil des Nationalen Ölkonsortiums und verfolgte ihre Aktivitäten in diesem Rahmen weiter.

Produktion von Schweröl im Orinoko-Becken: Der Unfall der „Deepwater Horizon" führte einen erzwungenen Strategiewandel bei BP herbei, der nun den Verkauf von *upstream*-Anteilen an TNK-BP als Möglichkeit zur Kapitalbeschaffung ansah. Aus Sicht von BP war es immerhin noch besser, die Anteile an ein eigenes Gemeinschaftsunternehmen zu veräußern, als die Reserven völlig aus der Aufstellung der Aktiva streichen zu müssen. Damit ließ sich auch ein langjähriger Konflikt beilegen. Konkret ging es um die Anteile der BP an drei Projekten in Venezuela. Das wichtigste war das Schwerölprojekt PetroMonagas, an dem BP 16,7 % hielt und deren Anteil an der Produktion 2011 ca. 19000 Barrel pro Tag betrug. Dies sind ca. 1 % der täglichen Produktion von TNK-BP (Gavšina 2010b). Zum Projekt gehört auch eine Fabrik zur Herstellung synthetischen Erdöls. Der Anteil von BP an den erwiesenen und möglichen Reserven betrug 191 Mio. Barrel Rohöläquivalente. Theoretisch kann die Produktion also bei der bestehenden Produktionsrate ca. 33 Jahre fortgeführt werden. Die beiden anderen Projekte, PetroPerija und Bocqueron sind weniger interessant, da sie zusammen nur ca. 4000 Barrel pro Tag produzieren. PetroPerija hält Lizenzen für fünf Ölfelder am Maracaibo-See, aktiv sind jedoch nur drei Felder. An diesem Projekt hielt BP 40 %. Das Bocqueron-Ölfeld, an dem BP 26,7 % hielt, ist bereits im Stadium abnehmender Produktion (BP 2011b: 64; TNK-BP 2011b: 26).

Nachdem Chavez im Herbst 2010 Moskau besuchte und die politischen Akteure dessen Zustimmung zur Beteiligung eingeholt hatten, wurde der Deal mit BP besiegelt. Der gesamte Kaufpreis für die venezolanischen und vietnamesischen Aktiva betrug US-$ 1,8 Mrd. Der Kaufpreis für die venezolanischen Aktiva wurde dabei auf US-$ 800 Mio. bis 1 Mrd. geschätzt (Gavšina 2010a; b; c).

Handlungsrationalität

Für die *wirtschaftliche Rationalität* der Beteiligung an der Zertifizierung von Schwerölreserven gilt wie bei den anderen Konzernen, dass diese Investition keine unmittelbare Aussicht auf positive Erträge nach sich zieht und sehr risikoreich ist. Zudem fand der Investitionszeitpunkt erhebliche Zeit nach der Investition der LUKoil statt, die bereits Erfahrungen mit den Problemen vor Ort gesammelt hatte. Auch die technologischen und finanziellen Anforderungen des Projektes – die Notwendigkeit zur Investition in eine Aufbereitungsanlage und die technologischen Schwierigkeiten der Schwerölextraktion müssen bekannt gewesen sein. Zudem erfolgte die Interessenbekundung an der Investition genau zu dem Zeitpunkt, als weitere Nationalisierungen erfolgten, was die politischen Risiken deutlich werden ließ. Die Tatsache, dass TNK-BP auch rasch bereit war, das Projekt nach der Gründung an NNK zu übergeben deutet ebenfalls nicht auf überragendes wirtschaftliches Interesse an dem Projekt hin.

Für die Bestimmung der Rationalität beim Erwerb der Aktiva von BP war die Datenlage besser, da die Felder bereits produzierten. Da das politische und fiskalische Umfeld sehr volatil ist, ist auch diese Investition sehr risikoreich. So führte Chavez 2011 eine Sondersteuer auf Profite aus der Ölextraktion ein, die bei einem Brent-Ölpreis von über US-$ 100 pro Barrel 95 % der Profite abschöpft. Liegt der Ölpreis zwischen US-$ 70 und 100 pro Barrel beträgt die Steuer immer noch 80 %. Hinzu kommt eine direkte Extraktionssteuer von 33,3 % des Ölpreises (Pusenkova 2010; TaxationInfo 2011; WEFE 2006). Bei dieser fiskalischen Belastung fällt es schwer, die Investitionen zu amortisieren. Dies gilt auch für den Kauf der Anteile durch TNK-BP. Geht man davon aus, dass die Produktionskosten (Betriebskosten) für die Extraktion und Herstellung des synthetischen Erdöls bei US-$ 11 pro Barrel liegen (Attanasi/Meyer 2007), der Ölpreis auf dem hohen Niveau von 2011 bleibt, die Produktion konstant bei 20.000 Barrel pro Tag verbleibt und das Steuerregime erhalten bleibt, so weist die Investition auch nach 25 Jahren noch einen negativen Nettogegenwartswert von über US-$ 400 Mio. auf (Annahme eines Kaufpreises von US-$ 1 Mrd.). Nimmt man an, TNK-BP habe für die Aktiva nur US-$ 800 Mio. gezahlt, so ist der Nettogegenwartswert immer noch mit knapp US-$ 70 Mio. negativ (vgl. Abbildung 6.13). Bei einem Ölpreisniveau von über US-$ 100 sieht das Ergebnis noch wesentlich schlechter aus, da die neue Steuer mit einem höheren Ölpreis progressiv ist, sodass weniger Einkommen als bei niedrigeren Ölpreisen generiert wird.

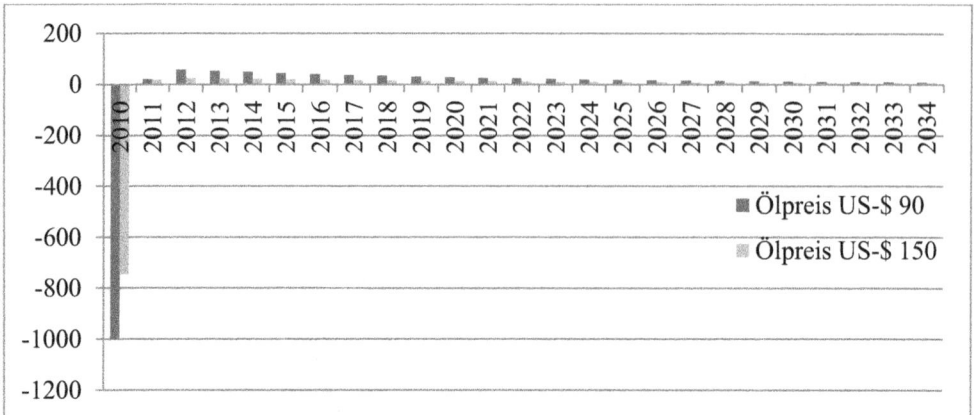

Quelle:	Eigene Darstellung, Diskontierung mit 13 %. Kosten für den Erwerb mit US-$ 1 Mrd. angenommen. Nachweise zu Steuersätzen siehe Fließtext. Produktion für 2010 aus BP (2011b), NefteCompass (2012d), anschließend Annahme konstanter Produktion bei 20.000 Barrel/Tag. Annahme durchschnittlicher Ölpreis 2011 bei US-$ 105 pro Barrel, anschließend unterschiedlich nach Hoch- und Niedrigpreisszenario. Betriebskosten geschätzt nach Attanasi/Meyer (2007: 124).
Abb. 6.13:	Geschätzte diskontierte cashflows der von BP übernommenen Aktiva in Venezuela, US-$ Mio.

Die neue Steuer verdeutlicht die hohen Risiken einer Investition in venezolanische Ölförde-rung. Die Investition der TNK-BP muss damit als nicht wirtschaftlich rational bezeichnet werden, da die Risiken vor der Investition ausreichend bekannt waren.

Ähnlich wie bei den Investitionen der LUKoil und Gazprom hatten *politische Akteure* auch bei TNK-BP das Interesse an der Internationalisierung nach Venezuela, da dies die Wirtschaftsbeziehungen zu einem freundschaftlich gesinnten Staat und die russländische Verflechtung mit Lateinamerika stärken würde. Ebenso tragen die Auslandsdirektinvesti-tionen zur Stärkung von Russland als Akteur auf der Weltbühne bei, was ebenfalls im Interesse politischer Akteure ist. Insbesondere die Übernahme der Anteile von BP ist dabei interessant, weil dabei der Einfluss westlicher IOCs zu Gunsten eines russländisch kontrol-lierten Konzerns zurückgedrängt werden konnte.

Innenpolitisch waren die Akteure jedoch wie bei LUKoil nicht daran interessiert, die Kontrolle über TNK-BP zu verlieren. Eine zu starke Verankerung der TNK-BP in Venezuela wäre in dieser Hinsicht eine Bedrohung. Diese ist jedoch nicht erkennbar, da TNK-BP das eigene Projekt im Schwerölgürtel bereitwillig an das NNK übergab. Die von BP übernom-menen Projekte sind hingegen viel zu klein, um ein solches Risiko begründen zu können. Ein Interesse haben politische Akteure nun indes auch daran, die Rentabilität der von BP übernommenen Projekte sicherzustellen, um die Kapitalstärke der TNK-BP zu erhalten.

Venezuela war an der Anziehung ausländischer Investitionen in die venezolanische Ölindustrie interessiert. Daher waren die Beteiligungen der TNK-BP in seinem Interesse. Zusätzlich stärkten diese die Verbindung mit Russland, das als ein Schlüsselpartner beim Aufbau der „multipolaren Weltordnung" begriffen wird. Das gleiche gilt für die Übernahme der Anteile von BP, die zwar kein zusätzliches Kapital bereitstellten, aber einen westlichen Akteur mit einem russländisch kontrollierten Akteur ersetzten, ohne die Produktivität der Anlagen erkennbar zu beeinträchtigen.

Für BP waren die Investitionen in die Zertifizierung des Orinoko-Beckens wohl nicht erwünscht, da diese Investition die schlechten Investitionsbedingungen und Enteignungen von IOCs noch unterstützen würde. Anders sieht es bezüglich der Übernahme der eigenen Anteile an den venezolanischen Aktiva aus. Dies war ein für BP äußerst vorteilhafter Schachzug, da das Unternehmen einen guten Preis für wirtschaftlich wenig lohnenswerte Aktiva erhielt. Hinzu kommen verbesserte Chancen, das Steuerregime vorteilhaft zu beeinflussen, da TNK-BP als russländischer Akteur Zugang zu russländischen politischen Instrumenten hat, auch wenn diese wesentlich geringer sind als bei Akteuren mit viel korporatistischem Kapital. BP konnte ihre politische Stellung in Venezuela so durch den Verkauf verbessern.

Auswertung

Mit ihrer Strategie zur Investition in Venezuela kamen die russländischen Aktionäre der TNK-BP den Interessen politischer Akteure nach. Dies dürfte das Wohlwollen politischer Akteure gegenüber den russländischen Aktionären verstärkt haben, was ihnen in anderen Geschäftsfeldern zu Gute gekommen sein könnte. Im Nachhinein liegt der Gedankengang nahe, dass TNK-BP mit solchen Investitionen den Prozess etwas hinauszögern konnte, der sich 2012 in der Übernahme durch Rosneft'manifestiert hat.

TNK-BP ging dabei keine eigenen Wege sondern führte wie auch zuvor schon LUKoil und Gazprom eine Zertifizierung im Schwerölgürtel durch. Auch die Übernahme von Anteilen der BP benötigte keine besondere Hilfe staatlicher Akteure. Dabei wurden auch staatliche Ressourcen wie die zwischenstaatliche Regierungskommission und Kanäle des Außenministeriums genutzt. Allerdings standen diese nur „auf Abruf" zur Verfügung und waren nicht wie bei Gazprom das Instrument zur Koordination der Beziehungen. Auch wurden gegenüber Venezuela keine weiteren Anreizinstrumente für die Durchführung der Investition von TNK-BP bereitgestellt.

Die Investition von TNK-BP entspricht der dritten Hypothese, da das Unternehmen politische Interessen verfolgt, gleichzeitig aber keine starke Unterstützung staatlicher Akteure erhalten hat. In einem für die russländische politische Führung wichtigen Kontext wurde deren Interessen Folge geleistet, im Falle der Zertifizierung auch in einer deutlich sichtbaren Weise. Das Projekt wurde dann auch folgerichtig an das NNK übergeben, jedoch dort nicht weitergeführt. Rosneft' und das NNK, beide geführt von Sečin, sollten fortan die zentralen Spieler bzw. der zentrale Spieler in Venezuela werden.

6.5.7   Rosneft' und Nationales Ölkonsortium: Konzertierung und Personalisierung

Rosneft' und das Nationale Ölkonsortium treten erst auf der venezolanischen Bühne auf, nachdem sich die Beziehungen Russlands zum Westen mit dem Einmarsch in Georgien und der Anerkennung Südossetiens und Abchasiens stark verschlechtert hatten. In diesem Windschatten konnte Sečin seine guten Kontakte nutzen und seine Präferenz für eine antiwestliche Allianz mit Venezuela durchsetzen. Später erhielt Rosneft' so auch eine vom NNK unabhängige Rolle in Venezuela. Sečin versucht aber auch, seine guten Beziehungen zu Chavez zur Verbesserung der Investitionsbedingungen einzusetzen. Dies ändert nichts an der fundamentalen Personalisierung sowohl des venezolanischen Systems als auch der zwischenstaatlichen Beziehungen, was für große wirtschaftliche Risiken sorgt.

Projektbeschreibungen und Prozesse

Im Sommer 2008 wurde Vizepremier und „Ölzar" (Korsunskaya 2012) Igor' Sečin von der russländischen Seite zum Leiter der zwischenstaatlichen Regierungskommission ernannt. Dies führte zu einer Intensivierung und Neuausrichtung der Kooperation mit Venezuela. Der russisch-georgische Krieg im August 2008 war der entscheidende Faktor, der Sečin eine optimale Nutzung seiner neuen Position zur Intensivierung der politischen und militärischen Beziehungen erlaubte.

Nachdem Russland in Anschluss an den Krieg mit Georgien Südossetien und Abchasien als Staaten anerkannt hatte, witterte Sečin eine Chance, seine Präferenz für eine stärkere Allianz zu Venezuela durchzusetzen. Er fuhr im September 2008 nach Venezuela, um Chavez von der Anerkennung zu überzeugen. Im Gegenzug versprach er offenbar große Investitionen in die Erdölindustrie. Als Sečin wieder in Moskau gelandet war, ordnete er die Gründung des Nacional'nyj Neftjanoj Konsorcium (NNK) als ein Gemeinschaftsunternehmen aller großen russländischen Energiekonzerne an (Mel'nikov et al. 2012). Die Gründungszeremonie fand noch im selben Monat statt, als Chavez erneut nach Russland reiste. Der Besucht kontrastierte mit Besuchen jeweils im Juni 2007 und 2008, bei denen Chavez kühl empfangen worden war (Gabuev 2007; Gabuev/Grickova 2008; Grickova/Lantratov 2007; Kolesnikov 2008). Beide Präsidenten betonten die Übereinstimmung in Bezug auf die Bewertung des Georgienkrieges. Zuvor hatte Russland als Machtdemonstration bereits zwei russländische Langstreckenbomber vom Typ TU-160 in Venezuela landen lassen. Bei dem Besuch erhielt Chavez einen Kredit in Höhe von US-$ 1 Mrd. zum Kauf weiterer Rüstungsgüter. Da diese Kredite bisher aus dem russländischen Staatsbudget stammten wurde auch die Gründung einer russisch-venezolanischen Bank vereinbart (Rosbalt 2011). Bei diesem Besuch wurde auch die von Putin Anfang September angekündigte „adäquate Antwort" auf die Präsenz amerikanischer Kriegsschiffe im Schwarzen Meer während des Georgienkriegs verabredet: Ein russländischer Flottenverband werde Venezuela einen, so Chavez, „freundschaftlichen Besuch" abstatten und gemeinsame Übungen abhalten (Litovkin 2008). Diese fanden dann während des Staatsbesuchs von Präsident Medvedev im November 2008 statt.

Bezüglich des Konsortiums wurde in einem Memorandum festgehalten, dass sowohl die Konzerne, die bereits in Venezuela tätig waren, also Gazprom, LUKoil und TNK-BP, als auch „neue" Konzerne wie Rosneft' und Surgutneftgaz paritätisch an dem Konsortium teilnehmen würden. Rosneft' wurden somit auf die internationale Ebene „katapultiert". Gazprom wurde von den politischen Akteuren zum Leiter des Konsortiums ernannt, während Sečin den Vorsitz übernahm (Interfax 2008a; Mel'nikov 2008; RIANovosti 2008a). Die Entscheidungen im Konsortium sollen einstimmig gefasst werden, jeder der Konzerne soll ein Vetorecht besitzen (Rebrov 2009). Sečin behauptete zwar, die Idee zum NNK sei von den Konzernen selbst gekommen, um die Kosten der kapitalintensiven Projekte zu reduzieren (Gabuev et al. 2008). Anonyme Konzernvertreter sagten jedoch, das Konsortium wurde praktisch an einem Tag auf Sečins Geheiß gegründet (Gabuev 2008; Mel'nikov et al. 2012; Zygar' et al. 2008). Beide Aussagen können auf tatsächliche Gegebenheiten verweisen, da das NNK durch die Verteilung auf mehrere Schultern tatsächlich die Probleme der russländischen Konzerne mit dem volatilen Umfeld und der hohen Kapitalintensität der Projekte reduzieren kann. Andererseits hätten die Konzerne ohne die Anordnung Sečins wohl kaum

Interesse an den Investitionen gezeigt. Es ist also eine Antwort auf die politischen Probleme in Venezuela, die Risikoteilung und erhöhte Steuerung durch vernetzte staatliche Akteure notwendig machen, wenn Investitionen erfolgen sollen. Die Probleme fehlender Technologien für die Schwerölgewinnung wurden durch das NNK demgegenüber nicht gelöst.

Die Formierung des Konsortiums ging unter der Aufsicht von Sečin rasch voran. Das gleiche galt für die Bestimmung eines Tätigkeitsbereichs, der von Venezuela ohne Wettbewerb bestimmt wurde. So schlug PDVSA im März 2009 auf einem erneuten Treffen der Regierungskommission den Block Junin-6 als Tätigkeitsbereich des Konsortiums vor (Tutuškin 2009c). Dieser wurde vor der Nationalisierung von 2007 von ExxonMobil und ConocoPhillips bearbeitet, weshalb Infrastruktur übernommen werden konnte (Rusenergy 2012). Der Block enthält zertifizierte Reserven und Ressourcen von 8,4 Mrd. t (52,7 Mrd. Barrel) Rohöläquivalenten. Davon gelten 10,96 Mrd. Barrel als förderbar. Geplant ist ab 2018 eine Maximalproduktion von 450.000 Barrel am Tag, das entspricht 4,5 % der russländischen Produktion und über einem Fünftel der venezolanischen Produktion. Die gesamten Investitionen, die auch das Werk für die Verflüssigung des zähen Öls, Transport- und Exportinfrastruktur umfassen, werden mit US-$ 24–30 Mrd. angegeben (INFOLine 2010; Interfax 2010a). Das erste Erdöl soll 2014 gefördert werden (NNK 2010; Vedomosti 2009). Im Sommer 2009 Jahres kauften die russländischen Teilnehmer ihren Anteil von Rosneft', die das Unternehmen zunächst als ihre Tochtergesellschaft registriert hatte. Lediglich Surgutneftegaz zögerte bis Ende des Jahres mit dem Kauf ihres Anteils (Gel'tiščev 2009; Interfax 2009e).

Im September 2009 sollte die Gründung der NNK dann erste außenpolitische Dividenden zahlen. Chavez besuchte Russland und erkannte Südossetien und Abchasien als Staaten an. Im Gegenzug wurde die zwischenstaatliche Vereinbarung über die Ausbeutung des Blocks Junin-6 durch NNK unterschrieben. PDVSA würde 60 % und NNK 40 % am zukünftig zu gründenden Gemeinschaftsunternehmen Petromiranda erhalten. Das Abkommen ist vorteilhaft, denn es sieht Ausnahmen von der Besteuerung vor, sofern nicht eine Mindestrentabilität von hohen 19 % auf das investierte Kapital erreicht wird.[87] Dadurch sollen sich die Investitionen innerhalb von sieben Jahren nach Beginn der Förderung amortisiert haben. Sofern die Amortisation innerhalb dieser Zeit nicht eingetreten ist, verpflichtet Venezuela sich zu einer Reduktion der Steuern (Kezik 2009; Tutuškin 2009b). Damit ist es den russländischen Akteuren gelungen, die Höhe der Besteuerung von einer wirtschaftlichen Rentabilität abhängig zu machen, die wesentlich höher ist, als sie in Russland erreicht werden kann (Pusenkova 2010). Allerdings sind die Investitionen und damit die Risiken auch gewaltig.

Das Abkommen sieht die Zahlung eines hohen Bonus von US-$ 1 Mrd. vor, von dem US-$ 600 Mio. bereits bei Gründung des Gemeinschaftsunternehmens fällig waren. Chavez erhielt zusätzlich zu diesem Bonus außerdem einen Kredit in Höhe von US-$ 2,2 Mrd. für seine außenpolitische Hilfestellung (Mel'nikov et al. 2012). Der Kredit war für den Einkauf von Rüstungsgütern in Russland vorgesehen. Chavez kaufte davon 92 Kampfpanzer des Typs T-72B1 (Gabuev/Tarasenko 2012). Die Kredite an Venezuela wurden immer noch aus dem russländischen förderalen Budget vergeben, da die gemeinsame Bank auf Grund

---

[87] Zur Erinnerung: Die Kalkulationen des Nettogegenwartswerts in dieser Arbeit verwenden geringere Kapitalrentabilitäten von 10-17 %.

unzureichender Initiative auf venezolanischer Seite noch nicht gegründet worden war (Rosbalt 2011).

Während die Außenpolitik gegenüber Venezuela bisher von Sečin dominiert worden war, so widmete sich ihr nun Putin stärker im Anschluss an dieses erfolgreiche Manöver. Im April 2010 stattete er Venezuela einen ersten offiziellen Besuch ab und überreichte die erste Tranche des Bonus von US-$ 600 Mio. Gleichzeitig wurde das Gemeinschaftsunternehmen PetroMiranda zwischen PDVSA und NNK zur Ausbeutung des Blocks Junin-6 gegründet. Putin stellte Chavez zudem eine weitere Milliarde US-Dollar in Aussicht, falls PetroMiranda auch die Lizenz für die Förderung der anderen Projekte der russländischen Konzerne zur Zertifizierung von Reserven erhalten würde. Dies betrifft das Projekt Ayacucho-2 von TNK-BP, Ayacucho-3 von Gazprom, sowie Junin-3 von LUKoil. Die in diesen Blöcken vermuteten aggregierten Reserven sind ungefähr so groß wie die Reserven von Junin-6, wodurch die Produktion noch einmal verdoppelt werden könnte (Interfax 2010c; Vorobyeva 2010; VPS 2010). Chavez ließ jedoch offen, ob die anderen Projekte der russländischen Konzerne ebenfalls Förderlizenzen erhalten würden. Außer Rosneft' waren die Konzerne ebenfalls skeptisch gegenüber der Übernahme weiterer Risiken (Mel'nikov et al. 2012). Gazprom, LUKoil und TNK-BP konnten jedoch durchsetzen, dass das NNK ihre bisherigen Investitionen kompensieren würde (Esmerk 2010). Anschließend schloss LUKoil ihr Büro in Venezuela (NefteCompass 2010b).

Beim Besuch Putins wurde auch Kooperation in weiteren Bereichen vereinbart. Die Vereinigte Schiffbaufirma (OSK), damals ebenfalls von Sečin geführt, sollte Tankschiffe liefern, Inter RAO würde Gasturbinen liefern und Kraftwerke bauen. Außerdem würde Venezuela 2 250 Ladas aus Russland kaufen und eine eigene Produktionsstätte für Ladas aufbauen. Im Austausch sollte Venezuela Bananen, Kaffee, Kakao und Blumen an Russland liefern (Interfax 2010c; Vorobyeva 2010; VPS 2010).

Nachdem Chavez im Sommer 2011 schwer an Krebs erkrankt war und sich wiederholt in Kuba aufhielt, ließ Sečin ihm weitere Unterstützung zukommen. Bei einem weiteren Besuch in Caracas und auf dem Projekt Junin-6 wurde vereinbart, dass Russland sich ebenfalls am Schweröl-Block Carabobo-2 beteiligen würde, dessen Ausschreibung zuvor gescheitert war. Der Bonus wurde auf US-$ 1,1 Mrd. festgelegt und die Steuern sollten wie bei Petromiranda so festgelegt werden, dass die Rentabilität nicht unter 19 % fallen würde. Anschließend versuchte Sečin wohl, das Projekt NNK anzubieten, was jedoch am Widerstand der anderen Konzerne scheiterte. So unterschrieb Rosneft' im Dezember 2011 die Vereinbarung, die zusätzlich zum Bonus auch einen Kredit von Rosneft' in Höhe von US-$ 1,5 Mrd. vorsah (Bourne/Sladkova 2011; Mel'nikov et al. 2012). Außerdem wurde Chavez ein weiterer Kredit in Höhe von US-$ 4 Mrd. zur Beschaffung weiterer russländischer Kampfpanzer und anderer Rüstungsgüter eingeräumt. (Gabuev/Tarasenko 2012). Venezuela stieg so nach Indien zum zweitwichtigsten Kunden von Rüstungsgütern aus Russland auf. Das Ansehen Sečins in der russländischen Rüstungsindustrie dürfte sich dadurch verbessert haben.

Im Jahre 2012 auch einige Veränderungen, die die Position von Sečin und Rosneft' stärken würden. Die anhaltende Krankheit von Chavez führte nicht zu einer Änderung der Strategie, sondern Sečin versuchte, die Bewegung von Chavez zu unterstützen und die Beziehungen zu seinem designierten Nachfolger, Nicolas Maduro, zu festigen. Dies könnte sich noch als klug herausstellen, da Maduro Anfang 2013 zum Präsidenten gewählt wurde. Politisch musste Sečin formell den Vorsitz der zwischenstaatlichen Regierungskommission aufgeben, da er nach dem erneuten Amtsantritt Putins Chef der Rosneft' wurde und aus Regierungsämtern ausschied. Er konnte aber dennoch die Regierungsarbeit gegenüber Venezuela weiter dominieren. Mit dem Bau von Sozialwohnungen und einer vorzeitigen Eröffnung der Produktion auf dem Junin-6 Block leistete Russland zunächst weitere Wahlhilfe für Chavez (Gabuev/Tarasenko 2012; Mel'nikov et al. 2012). Die vorläufige Produktion wurde im Herbst 2012 aufgenommen und soll 2013 50 000 Barrel pro Tag erreichen (ca. 2,5 Mio. t pro Jahr). Allerdings soll auch dann erst die endgültige Investitionsentscheidung getroffen werden, was die derzeit hohen politischen Risiken widerspiegelt (Sladkova 2012).

Rosneft' konnte dann auch ihre Rolle im NNK ausweiten: Surgutneftegaz, die bereits zuvor nur zögerlich einer Beteiligung zugestimmt hatte, beendete ihre Teilnahme und Rosneft' übernahm ihren Anteil. Auch TNK-BP hatte ihren Austritt angekündigt, noch bevor die Vereinbarung über die Übernahme des Unternehmens durch Rosneft' getroffen worden war. Rosneft' hielt so Anfang 2013 40 % des NNK und würde mit der Konsolidierung der TNK-BP 60 % erhalten. Auch erhielt Rosneft' den Vorsitz des Konsortiums von Gazprom. LUKoil-Chef Alekperov protestierte bereits gegen eine Ausweitung der Kompetenzen von Rosneft', insbesondere ein Beseitigung des Vetorechts und drohte ebenfalls mit einem Austritt (Bourne 2013; Sharushkina 2012; Sladkova 2012; 2013).

Im Januar 2013 reiste Sečin wiederum nach Venezuela, um Maduro angesichts von Chavez' schlechtem Gesundheitszustand die fortgesetzte Freundschaft Russlands zu demonstrieren. Dabei vereinbarte er die Teilnahme der Rosneft' an weiteren Projekten, wie dem Projekt Plataforma Deltana, an dem Gazprom zuvor beteiligt werden sollte. Außerdem stellte er die Auszahlung des Bonus für die Beteiligung an Carabobo-2 für März in Aussicht und versprach die Auszahlung des Kredits. Beides war kurz vorher im Aufsichtsrat der Rosneft' beschlossen worden (Bourne 2013; Interfax 2013c; Sladkova 2013).

Rationalität der Projekte

Zunächst muss die wirtschaftliche Rationalität der Beteiligung am Nationalen Ölkonsortium für die Konzerne betrachtet werden. Das Konsortium bietet den Konzernen vorteilhafte Bedingungen beim Wirtschaften in Venezuela, die ohne den Einsatz der politischen Ressourcen und eines *package deals* nicht erreicht worden wären. NNK bietet die Einbettung in einen umfassenden politischen Handlungsrahmen und vor diesem Hintergrund Zugriff auf ein weites Repertoire russländischer Instrumente, die für den Erfolg des Projekts eingesetzt werden können. Hinzu tritt die Möglichkeit der Risikoteilung und Lastenverteilung eines sehr großen Investitionsprojekts im Rahmen des Gemeinschaftsunternehmens. Dies bringt natürlich auch neue Risiken mit sich, da keine Autonomie der Geschäftsführung mehr besteht. Diese ist jedoch ohnehin eingeschränkt, da jeder russländische Geschäftspartner in Venezuela nur einen geringeren Anteil als PDVSA erhalten hätte. Von daher dürfte das Element des politischen Schutzes und der Sonderbedingungen zur Herstellung einer hohen Rentabilität schwerer wiegen.

Die wirtschaftliche Rationalität des Projekts würde gegeben sein, wenn die Einhaltung der Vereinbarung garantiert werden kann, da das Rentabilitätsniveau dort im Vorhinein festgeschrieben ist. Kann sie nicht garantiert werden, so wäre die wirtschaftliche Rationalität zweifelhaft, da die Konzerne mit dem Zahlen des hohen Bonus bereits substantielle Vorleistungen bereitgestellt haben (US-$ 200 Mio. pro Konzern). Es hängt daher von der Einschätzung des Risikos ab, dass ein Nachfolger von Chavez die mit Russland getroffenen Vereinbarungen auch einhalten wird, ob die wirtschaftliche Rationalität des Vorhabens als gewährleistet angesehen werden kann (Pusenkova 2010). Dies ist auf Grund der langfristigen

Natur der Investitionen und des venezolanischen Systems im Wesentlichen eine Funktion der Handlungsfreiheit Venezuelas und der Instrumente russländischer politischer Akteure gegenüber venezolanischen Akteuren, sowie des Willens politischer Akteure, diese einzusetzen. Wie aus der Betrachtung deutlich wurde, hing letzteres vor allem von Sečins Engagement und außenpolitischen Gelegenheitsstrukturen ab, die sich auch wieder ändern können.

Das Element der Beeinflussbarkeit der Entwicklungen in Venezuela ist problematischer, da es noch eine signifikante Opposition gibt und der politische Wettbewerb auf Grund der charismatischen Führung durch Chavez und Maduro, der Chavez' Erbe für sich beansprucht, sehr polarisiert ist. Die Stabilität des Regimes ist außerdem auf Grund einer schlechten Finanzsituation und sozialer Probleme gefährdet. Russländische Akteure werden daher im Zweifelsfall bereit sein, Maduro zur Sicherung der Regimestabilität zusätzliche Ressourcen zur Verfügung zu stellen, wie es sich auch 2011 und 2012 im Laufe der schweren Krankheit von Chavez zeigte. Sofern dies in Form von Krediten geschieht, können Schulden später eventuell als Druckmittel genutzt werden. Dies setzte jedoch voraus, dass der Druck nicht die Regimestabilität gefährdete und so der Opposition in die Hände spielte. Dementsprechend risikoreich sind auch die Investitionen, deren Rentabilität von politischen Absprachen in einem kaum institutionalisierten zentralisierten, aber kompetitiven System abhängt.[88] Die Personalisierung der Beziehungen zu Russland sorgt für weitere Risiken. So kann zwar damit gerechnet werden, dass Sečin für einige Jahre das Verhältnis dominieren wird, aber die Projekte haben lange Rückzahlungsperioden von mindestens zehn Jahren. Andererseits steigt jedoch der Erfolgsdruck für jeden Präsidenten des Landes, da die Erdölförderung des Landes sinkt und dringend Investitionen in den Schwerölgürtel benötigt werden. Die hohe Abhängigkeit der venezolanischen Wirtschaft von Erdölexporten sollte dabei eine gewisse Sicherheit gegenüber arbiträrem Handeln darstellen. Ausgeschlossen werden kann es jedoch nicht.

Hinzu treten ungelöste technologische Probleme, da die russländischen Konzerne nicht über die Technologien und die Managementfähigkeiten zur Erschließung und Weiterverarbeitung von Schweröl verfügen (Gutterman 2008; Pusenkova 2010). Allerdings wurde das erste Öl bereits produziert, wenn auch nur in einem vorläufigen Modus. Hinzu kommt das Risiko des Ölpreisverfalls, der die Schwerölprojekte auf Grund hoher Produktionskosten als erste treffen würde. Allerdings wird ein starker Verfall des Ölpreises derzeit als unwahrscheinlich angesehen.

Die Chancen sind daher hoch, genauso wie die Risiken, was die Bewertung erschwert. Abgesehen davon, dass das NNK ein politisch getriebenes Projekt ist, scheint die Teilnahme wirtschaftlich rational, wenn nur ein Anteil von 20 % übernommen und das Risiko so geteilt wird. Das Risiko scheint in diesem Fall ausreichend klein gegenüber den Chancen. Es ließen sich aber auch hier andernorts sicher unproblematischere Investitionsprojekte finden. Wenn aber wie Rosneft' 60 % an NNK und noch zusätzlich eigenständige Projekte übernommen werden kann mit Sicherheit nicht mehr von einer wirtschaftlichen Rationalität gesprochen werden.

Die *außenpolitischen Interessen* der russländischen Akteure sind hinreichend deutlich geworden. Sie bestehen darin, in Venezuela einen verlässlichen und dauerhaften Alliierten zu

---

[88]   Darauf deuten auch die Interviews des Autors mit Konzernvertretern im Herbst 2009, kurz nach Abschluss des Abkommens mit Venezuela, hin. Man müsse zunächst für eine stärkere Institutionalisierung der Absprachen mit Chavez sorgen, so Konzernvertreter.

gewinnen, der Russland beim Aufbau einer „multipolaren Weltordnung" behilflich ist. Russland stellte dabei Investitionsmittel bereit und half auch das Land militärisch aufzurüsten. Die Investitionen der Ölkonzerne sind dabei wichtig, weil sie kurzfristig für die lokalen politischen Akteure bedeutsame Anreize bereitstellen und das Potential haben, langfristige Beziehungen zu konstituieren. Zudem können sie langfristig die Bedeutung Russlands auf globalen Energiemärkten erhöhen. Wenn Russland im Jahre 2021 tatsächlich wie von Ölminister Ramirez angekündigt zum größten Partner in der Ölindustrie aufsteigen kann, so hätte es zusätzliche Hebel gegenüber China, das für die Versorgung seiner Wirtschaft ebenfalls auf Vorkommen in Venezuela gehofft hatte, aber weniger erfolgreich war (Bourne 2013; Sarkaritel 2013).

Dabei versuchte die russländische Elite anfangs noch, die für den Westen provokative Wirkung dieser Beziehungen zu moderieren, um das Verhältnis zu den USA nicht ohne Bedarf zu sehr zu belasten. Dies zeigte sich etwa daran, dass Russland nicht allen Wünschen von Chavez nach Waffenlieferungen nachkam und zeitweise schriftliche Zusicherungen verlangte, dass die Waffen nicht an Rebellen in Kolumbien weiter gegeben werden würden. Außerdem wurde der Symbolgehalt der Kooperation zeitweilig reduziert, um keine unnötigen Schlagzeilen zu produzieren. Nach dem Georgienkrieg im Jahre 2008 wurde jedoch der Symbolgehalt umgekehrt deutlich erhöht, um ein Signal an Washington zu senden, dass man über Verbündete nahe den Grenzen der USA verfügt und hier militärisch agieren kann, so wie die USA im Schwarzmeerraum Präsenz gezeigt hatten (Blank 2009; Smith 2009: 14). Nachdem Sečin die Kontrolle über die Beziehungen zu Venezuela erlangt hatte, konnte dem auch Washingtons Politik des „*reset*" nichts mehr entgegensetzen.

Innenpolitisch wären die Investitionen von Interesse, wenn sie wirklich eine Rentabilität von 19 % generieren würden, wie vertraglich vorgesehen ist. Allerdings ist dies auf Grund der beschriebenen Risiken und des bisherigen Verhaltens von Chavez bezüglich der Ölrenten mehr als fraglich. Eine Neuverhandlung des Vertrags („*obsolescing bargain*") ist daher wahrscheinlich. Innenpolitisch nützlich ist das NNK daher vor allem, indem der Vertragsschluss in Beziehung zu weiteren Geschäften im Industrie- und Rüstungsgüterbereich steht, die eine Nachfrage nach russländischen Industriegütern erzeugt. Russland konnte mit diesen Vereinbarungen einen Beitrag zur Stützung der eigenen, nicht global wettbewerbsfähigen Industriebetriebe leisten. Allerdings scheint die Kooperation wirtschaftlich eher Venezuela zugutezukommen, da sie kurzfristige Probleme bei Infrastruktur und militärischer Ausstattung löste, Russland aber nicht davon ausgehen kann, dass die Kredite zurückgezahlt werden. Die Kredite nehmen sich daher eher wie ein Konjunkturprogramm für die russländische Industrie aus, von dem zwar unmittelbar positive wirtschaftlichen Effekte ausgehen, nicht aber positive längerfristige Effekte wie etwa eine Produktivitätssteigerung realisiert werden, da die Nutzung der staatlich finanzierten Güter außerhalb Russlands stattfindet. Immerhin konnten durch dieses außenpolitische Konjunkturprogramm auch außenpolitische Gewinne realisiert werden. Diese diplomatisch abseits globaler Märkte hergestellte „Parallelwirtschaft" ist besonders in kapitalintensiven Industrien möglich, in denen die Geschäfte direkt politisch verhandelt werden können. Sie trägt zur Erhaltung überkommener Strukturen bei und reproduziert damit auch Rückständigkeit. Sie fördert damit langfristig tendenziell Minderwertigkeitskomplexe auf beiden Seiten.

Für *Venezuela* war die Kooperation mit Russland hochinteressant, da das Land in Zeiten knapper Kassen unmittelbar zusätzliche finanzielle Ressourcen erhielt (den Bonus sowie Kredite) und außerdem das drängende Problem unzureichender Investitionen in die

Erdölindustrie nach den Nationalisierungen lösen konnte. Russland stattete das Land außerdem bereitwillig mit Rüstungsgütern gegen Kredit, sowie unterstützte die antiwestliche außenpolitische Position. Nach 2008 wurde Russland schließlich ein finanzstarker Partner gewonnen, der mit Hilfe der Investitionen auch längerfristig am Überleben des eigenen Regimes interessiert ist. In jedem Fall wird es einem venezolanischen Regierungschef nach erfolgten Investitionen möglich sein, zusätzliche Konzessionen von Russland zu extrahieren. Dies wird auch jetzt schon anhand der Kredite deutlich, die ohne Garantien einer Rückzahlung vergeben werden. Dabei kommt Venezuela eine Schwäche Russlands zu Gute, die aus der Tatsache resultiert, dass das Land über einen großen militärisch-industriellen Komplex und andere Industrien verfügt, die jedoch auf Grund technologischer Rückständigkeit über begrenzte Absatzmärkte verfügen.

Auswertung

Das NNK ist ein Versuch Sečins, die Risiken in Venezuela auf mehrere Schultern zu verteilen und so die Investition zum Erfolg zu führen, indem auch gering vernetzte Konzerne ihre Ressourcen bereitstellen. Daneben kann durch das NNK die Kontrolle über die Konzerntätigkeit erhöht werden. Wie sich zeigt ist jedoch das Vorhaben nur partiell erfolgreich: Mit Surgutneftegaz hat sich ein (wohl gut vernetztes) Unternehmen zurückgezogen. Mit TNK-BP wird ein anderes von Rosneft' übernommen. LUKoil hat ihre Skepsis bezüglich dieser Entwicklungen geäußert. Sie konnte es sich aber politisch nicht leisten, aus dem Projekt auszusteigen und schätzte wohl auch die wirtschaftlichen Chancen nicht schlecht ein. Rosneft' und Gazprom hingegen waren bei ihren Investitionen klar politisch getrieben. Die exzessive Übernahme von Risiken durch Rosneft' kann nicht mit wirtschaftlichen Interessen erklärt werden, selbst wenn man die Kontrolle des Unternehmens durch Sečin ausblenden würde. Und Gazprom war nie sonderlich an Aktiva in Venezuela interessiert.

Das NNK und die Folgeinvestitionen der Rosneft' sind eine Demonstration einer extremen Personalisierung der außenpolitischen Handlungen. Sečin hat der russländischen Außen- und Investitionspolitik in Venezuela klar seinen Stempel aufgedrückt. Er hatte offenbar Zugriff auf vielfältige Ressourcen in Russland und konnte die verschiedenen Wirtschaftsakteure erfolgreich koordinieren. Dies gilt auch nach Aufgabe seiner offiziellen Stellung in der Regierung. Die außenpolitische Strategie richtet sich dabei darauf, einen gegen die USA gerichteten Partner in Lateinamerika aufzubauen und zu erhalten, sowie die Stellung Russlands auf globalen Energiemärkten zu erhöhen, um etwa gegen China neue Druckmittel in die Hand zu bekommen.

Die Handlungen der Konzerne entsprechen dabei den Hypothesen: Rosneft' übernimmt politisch vorgegebene Investitionsprojekte und erhält staatliche Ressourcen zu deren Durchführung, was der vierten Hypothese entspricht. Rosneft' wird dabei von Sečin vollständig dominiert. Dies ist anders bei Gazprom, die sich zurückhält, aber bereitwillig am NNK teilnimmt, obwohl dies nicht ihren wirtschaftlichen Interessen entspricht. Die Personalisierung der Beziehungen durch Sečin sorgt dafür, dass Gazprom weniger Vorteile erhält als von der vierten Hypothese angenommen. LUKoil hatte früher Interesse am Schwerölgürtel erkennen lassen und nimmt nun am NNK teil, weil dies die wirtschaftlichen Risiken senkt. Allerdings ist LUKoil mit der Dominanz Sečins unzufrieden. Sie erhält auch keine Unterstützung durch politische Akteure. Dies entspricht der dritten Hypothese, da LUKoil im Wesentlichen wirtschaftliche Interessen verfolgen kann. TNK-BP schließlich hatte auf Grund ihrer bereits bestehenden Aktiva in Venezuela kein wirtschaftliches Interesse, weitere risikoreiche Aktiva zu übernehmen. Sie musste dann 2012 auch nicht mehr auf politische Akteure Rücksicht nehmen und trat aus dem Konsortium aus, da ihre Tage gezählt waren. Auch TNK-BP erhielt keine Unterstützung, was der dritten Hypothese entspricht.

In Venezuela spiegelt sich mit der Gründung der NNK so letztlich die Organisation in der russländischen Öl- und Gasindustrie wider: Die Akteure mit wenig korporatistischem Kapital sind oft Vorreiter, werden dann aber von Akteuren mit viel Kapital überholt und ihnen untergeordnet. Letztere können dabei auf staatliche Ressourcen zurückgreifen, die in diesem Kontext einen hohen Wert besitzen

6.5.8   Venezuela: langfristige außenpolitische Strategie

Die Investitionen russländischer Konzerne in Venezuela haben ihren Charakter im Zeitverlauf stark verändert. Die Verbesserung der politischen Beziehungen bildete die Rahmenbedingungen für erste, wirtschaftlich motivierte Investitionen der LUKoil. Diese konnte sich angesichts der politischen Risiken und fehlenden Unterstützung durch russländische politische Akteure aber nicht behaupten. Politische Akteure waren zu diesem Zeitpunkt an den Waffenkäufen Venezuelas interessiert und spielten mit dem Gedanken, Venezuela als Alliierten zu gewinnen, waren aber skeptisch gegenüber der antiwestlichen Politik von Chavez. Nach und nach nahm die Zusammenarbeit aber den Charakter einer traditionellen Allianzbildung an, bei der ähnlich wie im Kalten Krieg mit der Gewährung von wirtschaftlicher und militärischer Unterstützung gearbeitet wurde. Dies wurde nach dem Georgienkrieg überdeutlich. Nun wurde die Investitionstätigkeit der Energiekonzerne endgültig von politischen Akteuren dominiert, bzw. von Sečin, der die veränderte Strategie verkörperte. Er konnte dabei auf die Unterstützung von Rüstungsindustrie und Maschinenbau zählen, denen er neue Aufträge verschaffen konnte. Da keine Druckmittel eingesetzt werden konnten, nutzen die politischen Akteure vor allem die Koordination wirtschaftlicher Ressourcen wie Konzerninvestitionen und Kredite, sowie sicherheitspolitische Unterstützung als Anreiz. Chavez profitierte dabei von dem Interesse Russlands am Aufbau und Schutz eines Alliierten in der Karibik.

Die Strategie der Ölkonzerne in Venezuela ist damit ein gutes Beispiel dafür, wie außenpolitische Interessen die Investitionsstrategien der Konzerne dominieren können. Dabei wird allerdings nicht nur außenpolitische Allianzbildung betrieben, sondern es werden angesichts der Größe von Venezuelas Ölreserven auch langfristige Wirtschaftsinteressen Russlands in den Blick genommen. Diese liegen darin, durch die Investition in venezolanische Vorkommen und wirtschaftliche Vernetzung langfristig größeren Einfluss auf globale Ölmärkte und damit auf die Importländer zu erhalten. In diesem Rahmen macht auch die militärische Aufrüstung Venezuelas über Kredite Sinn, um potentielle Aggressoren abzuschrecken. China wird diese Strategie bereits argwöhnisch beobachten, da das Land selbst an Investitionen in Venezuela interessiert ist. Einer zwangsläufig kurzfristiger angelegten Investitionsstrategie von Konzernen wird so ein langer Zeithorizont übergestülpt – mit einem neuen Risikoprofil, aber potentiell großen Gewinnen für Russland insgesamt. Die Risiken sind jedoch außerordentlich hoch auf Grund der hohen Kapitalkosten und politischen Instabilität des Landes. Sečin scheint aber ein langfristig denkender Akteur im russländischen System zu sein, der auch hohe wirtschaftliche Risiken für außenpolitische Gewinne nicht scheut.

6.6 Russland als globaler Wirtschaftsakteur im *upstream*-Sektor

An dieser Stelle werden die Ergebnisse im *upstream*-Sektor insgesamt ausgewertet. Dabei wird zunächst darauf eingegangen, inwiefern die Hypothesen das Konzernhandeln erklären konnten. Dann werden weitere Aspekte angesprochen, die das Handeln des Akteurs „Russland" charakterisiert haben. Generell konnte hier nur die Tätigkeit von vier der fünf Konzerne betrachtet werden, da Novaték nicht im *upstream*-Sektor im Ausland tätig wurde.

In den 1990er Jahren kann die erste Hypothese generell eine gute Vorhersage bieten. Die Konzerne handeln wirtschaftlich recht rational und können sich gegenüber staatlichen Akteuren durchsetzen. Eine Ausnahme bildet allerdings die Investition der LUKoil in Kasachstan, die sicher nicht aus Gründen der Kapitalrentabilität erfolgt ist. Hier hat offenbar das Streben des Managements nach internationaler Größe des Unternehmens Vorrang gehabt. Wirtschaftliche Rationalität bedeutet im Falle der Gazprom die Blockade der auf Exporte gerichteten Produktionspotentiale in Zentralasien durch das Pipelinemonopol und die Verhinderung einer Diversifikation zentralasiatischer Länder auf angestammte Märkte in Europa durch strategische Investitionen in Pipelines. Im Falle von LUKoil und Rosneft' bedeutet wirtschaftliche Rationalität, dass die Investitionen in Ölförderung einen positiven Nettogegenwartswert erzeugen müssen.

Zwischen liquidem und verfestigtem patrimonialen Kapitalismus zeigen sich große Unterschiede in der Motivation, da vorher kaum politische Motivationen auftraten. Während der anschließenden Periode des verfestigten patrimonialen Kapitalismus wurde erwartet, dass Konzerne mit viel korporatistischem Kapital wenig wirtschaftliches Interesse an der Multinationalisierung im *upstream*-Sektor zeigen. Das Umgekehrte sollte für die anderen Konzerne mit wenig korporatistischem Kapital zutreffen. Die Motivationen sind indes sehr variabel, was eine Vorhersage des Verhaltens der Akteure erschwert: Konzerne mit viel korporatistischem Kapital handeln im *upstream*-Sektor in der Tat vor allem aus politischem Antrieb, aber auch personal getrieben. Politische Motivation findet sich etwa bei der Strategieänderung der Gazprom gegenüber Turkmenistan, die zur Monopolisierung der Gasbezüge der Ukraine eine Voraussetzung war. Sie findet sich auch in Venezuela, wo Investitionen der Gazprom die politische Bindung stärken sollten. Personale Motivation gepaart mit politischen Interessen findet sich in den Investitionen von Gazprom in Usbekistan. Dabei wurden mit Gazprom verbundene Akteure an lukrativen Investitionen beteiligt, die gleichzeitig die Verflechtung mit der usbekischen Elite stärken sollten. Konzerne mit wenig korporatistischem Kapital nehmen sowohl wirtschaftlich als auch politisch motivierte Investitionen vor. Die Hypothesen können so für die Konzerne mit viel korporatistischem Kapital die Vorhersage treffen, dass diese im *upstream*-Sektor nicht aus wirtschaftlichen Erwägungen tätig werden, sondern politische und personale Motive eine Rolle spielen. Für die Konzerne mit wenig korporatistischem Kapital konnte hingegen keine klare Vorhersage getroffen werden – sie handeln meist wirtschaftlich rational, zuweilen aber auch politisch. Allerdings waren ihre Investitionen nicht personal motiviert. Bezüglich der Interessen politischer Akteure wurde generell deutlich, dass diese außenpolitische Ziele eindeutig gegenüber innenpolitischen Zielen der Erhöhung des russländischen Wirtschaftswachstums privilegiert werden, da häufig Projekte eingefordert werden, die Kapital außer Landes schaffen und negative Renditen erbringen oder hohe Risiken beinhalten.

Bezüglich der Instrumente sind die Unterschiede deutlicher. Die Konzerne mit viel korporatistischem Kapital konnten wesentlich mehr staatliche Instrumente „nutzen" als die anderen Konzerne. Dies ist einerseits logisch, da sie teilweise nur auf Geheiß staatlicher Akteure und ohne eigenen Antrieb tätig wurden. Andererseits erhielt etwa TNK-BP wenig Unterstützung politischer Akteure, obschon sie politische Investitionen vornahm. Bezüglich der Instrumente konnten die Hypothesen also die Unterschiede gut vorhersagen.

Bei der Verwendung von Instrumenten während des verfestigten patrimonialen Kapitalismus ist generell auffällig, dass diese stark an jeweilige Gelegenheitsstrukturen im Zielkontext angepasst sind. Russland hat keine offizielle Politik zur Unterstützung der Konzerne im Ausland, sondern führt diese personalisiert, zentral gesteuert und informal durch, was eine besonders hohe Flexibilität und Responsivität auf Gelegenheiten erlaubt. Sicherheitspolitik und Wirtschaft sind dabei integriert. Instrumente können so nach Bedarf kombiniert und gebündelt werden. Gegenüber Turkmenistan und der Ukraine wurden je nach Situation Blockaden, sicherheitspolitische Anreize, die Manipulation des Kontextes, sowie die indirekte Steuerung politischer Konflikte durch verbundene Akteure genutzt. Gegenüber Usbekistan kamen vor allem sicherheitspolitische Anreize zur Anwendung, da das Land wirtschaftlich weniger verwundbar war. Allerdings wurde auch Risikokapital der Konzerne als Anreiz verwendet, wie sich am Beispiel der Investitionen durch Gazprom zeigte. Vermittlung auf hohem politischem Niveau war hier zentral. Gleichzeitig wurden in Usbekistan auch Verflechtung mit lokalen Akteuren genutzt, um Beteiligungen zu erlangen. Sicherheitspolitische Unterstützung war auch in Venezuela zentral, wobei hier auch Risikokapital der Konzerne und Kredite als wesentlicher Anreiz geboten wurden. In Venezuela wurde auch die hohe Personalisierung der Strategie deutlich, die im Wesentlichen durch Sečin vorangetrieben wurde. In Kasachstan hingegen konnten im Unterschied zu den 1990er Jahren nur noch geographische Abhängigkeiten genutzt werden, um Beteiligungen zu erreichen. Ansonsten setzten russländische Konzerne auf Verflechtung mit lokalen Akteuren.

Zur Koordination staatlicher und wirtschaftlicher Ressourcen genügten informelle Absprachen, da es sich um einen kleinen Kreis an Akteuren handelte. Personalisierung und Zentralisierung führten aber auch dazu, dass das Vorgehen häufig idiosynkratische Züge annahm und längerfristig wenig stabil ist. Die fehlende Publizität führt auch zu geringer Nachvollziehbarkeit, was ein taktischer Vorteil ist, aber kein Vertrauen erzeugen kann. Dies macht die Kritik und Verbesserung der Strategien schwierig und kann zu deren Ineffizienz beitragen. Im Endeffekt ist der Erfolg eines längerfristigen Multinationalisierungsprojekts also davon abhängig, ob die Akteure einen langen Zeithorizont haben und über vielfältige Kontakte verfügen. Dies war nur teilweise der Fall, etwa bei der Strategie gegenüber Turkmenistan bzw. der Ukraine und gegenüber Venezuela nach 2008, als Sečin die Führung übernahm.

Forschungsstrategisch ist deutlich geworden, dass die infrastrukturellen Abhängigkeiten im postsowjetischen Raum eine integrierte Betrachtung der Strategien nötig machen. Dies war insbesondere für das Verständnis der Strategie gegenüber Turkmenistan nützlich, die sich teilweise eher wie eine Erklärung der Strategie gegenüber der Ukraine liest. Für Usbekistan gilt dies ebenfalls, wenn auch in weit geringerem Maße. Dies verdeutlicht, warum es nützlich ist, die Kontexte einer gegebenen Produktionskette gemeinsam zu betrachten. Es verdeutlicht auch, dass die Definition von Kontextfaktoren nützlich ist, um die spezifischen Druckmittel und Anreizmöglichkeiten etwas eingrenzen zu können.

7 *Downstream* in der Europäischen Union

Projekte im *mid-* und *downstream*-Sektor wurden nur innerhalb der EU betrachtet. In anderen Weltregionen haben russländische Öl- und Gaskonzerne noch nicht viele Investitionen vorgenommen. Die Konzentration auf naheliegende Regionen hängt mit der Wirtschaftlichkeit des Transports zusammen, der vor allem bei Erdgas nähere Regionen bevorzugt hat. Zum anderen wies diese Region einen hohen Energie- und Importbedarf auf. Hinzu kommen politische Gründe, sind doch einige Länder aus Gründen vergangener Allianzen von russländischen Lieferungen abhängig.

In Bezug auf die EU können weitere Kontextfaktoren herausgearbeitet werden, da die Wirtschaftssysteme und politischen Systeme innerhalb der betrachteten Region ähnlich sind. Mit der Angehörigkeit zur EU sind zudem einige gesetzliche Rahmenbedingungen ähnlich. Dies gilt z.B. für die Marktliberalisierung der netzgebundenen Energien. Außerdem wird den Fallstudien eine Charakterisierung der wirtschaftlichen und politischen Spezifika der Öl- und Gasindustrie in dieser Region vorangestellt, auf die in den einzelnen Studien zurückgegriffen wird. Bezüglich der Gasindustrie wird dabei auch auf die Entwicklung der Marktstrukturen eingegangen, da diese auf Grund der Leitungsgebundenheit des Energieträgers sehr viel größere Auswirkungen auf die möglichen Strategien der Akteure haben als in der Ölindustrie.

7.1 Entwicklung und Strukturen der Gasmärkte

7.1.1 Der westeuropäische Erdgasmarkt

Der westeuropäische Gasmarkt hat sich seit den 1960er Jahren äußerst dynamisch entwickelt. Gleichzeitig wurde er von wenigen Produzenten dominiert und wesentlich durch die sowjetische Exportstrategie mitgeprägt (Wybrew-Bond 1999). Der westeuropäische Gasmarkt ist daher trotz seiner enormen Größe ein recht intimes Spielfeld mit wenigen wichtigen Akteuren. Auf Grund der wenigen Akteure entstand ein gelenkter Markt, der allen beteiligten Akteuren nützte (Stern 1998: 30). In letzter Zeit ist einerseits erhöhte Konkurrenz und Pluralisierung der Akteure zu beobachten, gleichzeitig entwickelt sich jedoch ein starker Trend hin zu vertikaler und horizontaler Integration (Finon/Midttun 2004).

Ende der 1950er Jahre wurde in den Niederlanden das riesige Groningen-Feld mit ca. 2800 Mrd. Kubikmetern (m³) erschließbarer Gasreserven entdeckt, das die Grundlage für die Entwicklung der kontinentalen westeuropäischen Erdgasindustrie legen sollte und bereits seit mehr als 50 Jahren Erdgas liefert. Gleichzeitig wurde auch in Großbritannien ein nationales Gasnetz gebaut, nachdem mit der Erschließung der Vorkommen in der Nordsee begonnen worden war (Wybrew-Bond 1999: 6). Großbritannien nutzte jedoch bis Ende der 1980er Jahre die eigene Förderung ausschließlich für den Eigengebrauch (Thomas 2003).

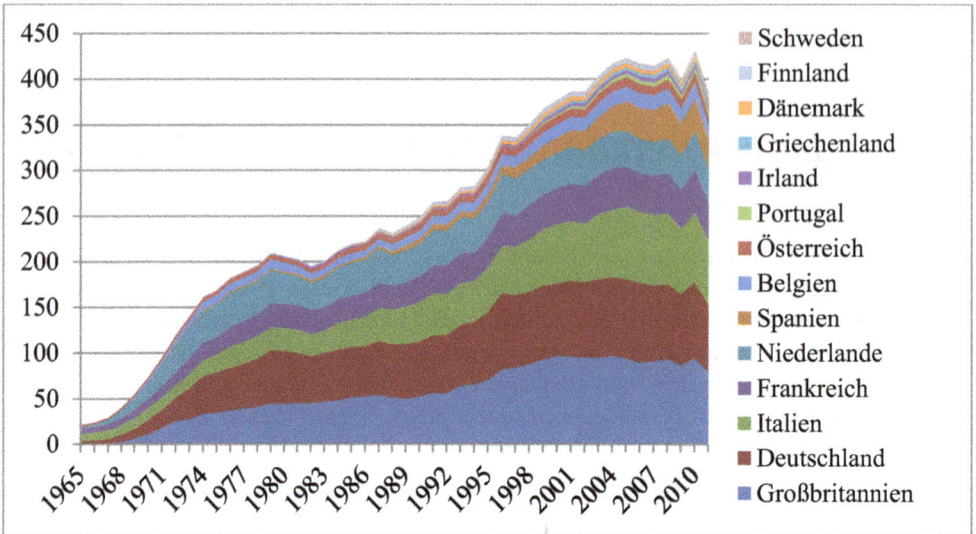

Quelle: BP (2012)
Abb. 7.1:   Entwicklung des westeuropäischen Erdgasverbrauchs, Mrd. m³

Wie Abbildung 7.1 verdeutlicht, verdreifachte sich der Gasverbrauch von 1970–75, während der Gründungsperiode des westeuropäischen Gasnetzes. Großbritannien, bis Anfang der 2000er Jahre im Wesentlichen Selbstversorger mit Gas, Deutschland und Italien sind dabei die größten Gasmärkte in Westeuropa. Die gesamtwirtschaftliche Bedeutung von Erdgas lässt sich an Abbildung 7.2 ablesen, die den Anteil von Erdgas am Primärenergieverbrauch und damit dessen Relevanz im Energiemix wiedergibt. Dabei fällt v. a. die rasche Markteinführung in den Benelux-Ländern auf, da der Anteil von Erdgas am Energieverbrauch von 1965–75 exponentiell anstieg. Heute lassen sich drei Gruppen unterscheiden: Eine erste Gruppe mit Schweiz, Frankreich, Finnland und Griechenland, in denen der Erdgas 5–15 % des Energiebedarfs deckt. Eine größere zweite Gruppe, in der der Anteil ca. ein Viertel beträgt. Und eine kleine dritte Gruppe aus Niederlanden, Großbritannien und Italien, in denen Erdgas ganze 35–40 % des Primärenergieverbrauchs deckt.

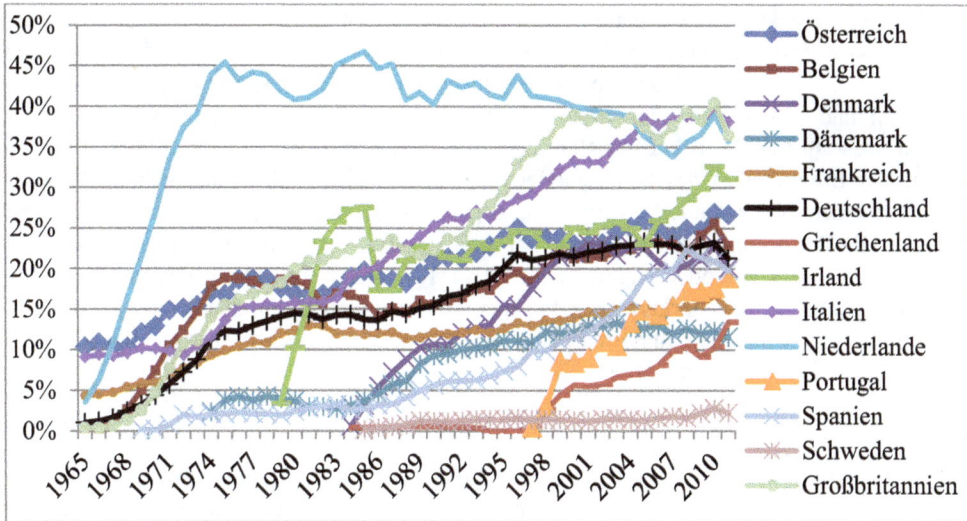

Quelle: BP (2012)
Abb. 7.2: Anteil von Erdgas am Primärenergieverbrauch

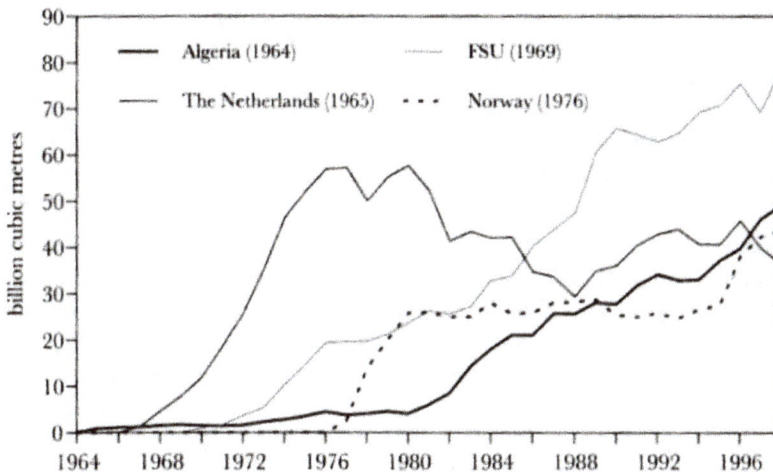

Quelle: Aïssaoui (1999: 44)
Abb. 7.3: Historische Exporte der vier wichtigsten Produzenten nach Westeuropa

Abbildung 7.3 zeigt, dass der rasche Anstieg des Verbrauchs im Wesentlichen durch die Exporte der Niederlande ermöglicht wurde, die dank der kompetitiven Preispolitik im selben Zeitraum von 10 auf 45 Mrd. m³ anstiegen und 1975 76 % Marktanteil erreicht hatten (Arentsen/Künneke 2003: 107; Wybrew-Bond 1999: 7). Bis Mitte der 1980er Jahre sollten die Niederlande der wichtigste Versorger bleiben. Bereits seit 1964 hatten Großbritannien und Frankreich begonnen, geringe Mengen LNG aus Algerien zu importieren, im Rahmen des weltweit ersten LNG-Projekts, der sich aber zunächst auf geringe Mengen (500 Mio. m³ pro Jahr) beschränkte. 1968 begann zudem die Sowjetunion mit Exporten nach Österreich, gefolgt von Westdeutschland im Jahre 1973, sowie 1974 von Finnland und Italien. Wie Abbildung 7.3 verdeutlicht, wuchsen die sowjetischen/russischen Exporte rasch und kontinuierlich an und lösten Mitte der 1980er Jahre die Niederlande als wichtigsten Versorger Westeuropas ab. Erst 1976 begann Norwegen mit dem Erdgasexport nach Europa (Bartsch 1999). Der Erdgasbedarf des kontinentalen Westeuropa wird auch heute noch im Wesentlichen von den Niederlanden, Norwegen, Algerien und der Sowjetunion bzw. Russland gedeckt. Die Bedeutung der Niederlande hat in letzter Zeit abgenommen, hinzu kamen neue Produzenten wie Katar oder Nigeria (EC 2010: 14). Die Entwicklung des kontinentalen westeuropäischen Erdgasmarkts wurde folglich im Wesentlichen von den Strategien der vier Hauptproduzenten und den Importeuren in den Zielmärkten geformt, die in den nächsten Abschnitten näher analysiert werden.

Struktur

Allgemein lässt sich die organisationale Struktur der kontinentalen westeuropäischen Gasmärkte als hierarchisches System mit einer nationalen und europäischen Ebene beschreiben. Auf nationaler Ebene bestanden die nationalen oder überregionalen Gasgesellschaften, deren Aufgabe sich nicht auf die Produktion, sondern auf Distribution und Großhandel in ihren Gebieten beschränkte. Häufig waren die Importmonopole in Staatseigentum, was es ermöglichte, den Grad der Abhängigkeit von Produzenten zu beeinflussen. In manchen Staaten, wie z.B. in Deutschland, wurde diese Aufgabe privaten überregionalen Importmonopolen überlassen, die entlang der Logik von Risikominimierung und in enger Abstimmung mit der Politik ein diversifiziertes Bezugsportfolio aufbauten. Zusätzlich gab es hier Demarkationsverträge, die die jeweilige Tätigkeitsregion absteckten. Auf regionaler und lokaler Ebene bestanden Betreiber von lokalen Verteilernetzen, die jedoch innerhalb des Systems auf Grund der Monopolisierung lange Zeit nur subsidiäre Funktion hatten.

Auf der übergeordneten europäischen Ebene bestand ein zweiseitiges Oligopol aus den vier (bzw. drei) Hauptproduzenten auf der einen Seite und den nationalen Gasgesellschaften auf der anderen (Finon 2004: 185). Beide Ebenen bedingten einander in ihrer Rolle für die Entwicklung des kontinentalen westeuropäischen Gasmarkts. Denn während die Produzentenländer die nationalen Exporte mehr oder weniger monopolisierten, kontrollierte der „Club" der nationalen Gasgesellschaften den Marktzugang und konnten durch die „Gefangennahme" des nationalen Marktes und die daraus resultierende Steuerungsmöglichkeit der Nachfrage sowohl vorteilhafte Konditionen gegenüber den Produzenten verhandeln als auch die eigenen Risiken minimieren. Währenddessen war die stabile Stellung der nationalen Monopole die Garantie für die Produzenten, dass die Verträge erfüllt werden würden (Radetzki 1999: 19).

Das Politikparadigma (Hall 1993) der Organisation des Sektors betonte über lange Zeit dessen Charakter als natürliches Monopol, in dessen Rahmen Wettbewerb nicht möglich sei und schädliche Auswirkungen haben würde.[89] Zudem wurde Energieversorgung als

---

[89] Diese Annahme findet sich explizit in der Präambel des seit 1935 bis 1998 gültigen deutschen Energiewirtschaftsgesetzes (EnWG): Der Zweck des Gesetzes bestehe darin „den notwendigen öffentlichen Einfluss in allen Angelegenheiten der Energieversorgung zu sichern und volkswirtschaftlich schädliche

öffentliche Angelegenheit definiert. Auch galt Erdgas unabhängig von den Reserven als knappes und kostbares Gut, das nur in der Industrie eingesetzt werden sollte. Dies gipfelte in der 1975 erlassenen Richtlinie, die den Neubau von Gaskraftwerken nur in Ausnahmefällen gestattete (EG-75/404/EWG) und die erst 1991 aufgehoben wurde (EG-91/148/EWG).

Vertragsgestaltung: Langfristverträge

Erdgas wird hauptsächlich mit Langzeitverträgen gehandelt, nach einem Modell das nach Entdeckung des Groningen-Felds in den 1950er Jahren entwickelt worden war. In Abwesenheit von vergleichbarer Konkurrenz und angesichts der Leitungsgebundenheit des Rohstoffs war die Preisbildung nicht trivial. Die Preispolitik wurde dabei am „Marktwert" bzw. „Ersetzungswert" des Gases ausgerichtet. Dies setzt die Differenzierung des Preises innerhalb eines Marktes je nach Kundengruppe voraus. Dabei wurde der Preis für Gas also nicht auf Basis der wesentlich niedrigeren Produktionskosten, sondern anhand der aggregierten Preise der im Wettbewerb stehenden Brennstoffe ausgerichtet (2007: 146f; Peebles 1999). Das Ziel war dabei, dass das Gas für die jeweilige Kundengruppe „an der Brennerspitze" so viel kostet, wie die Kunden gerade noch bereit sind zu zahlen, ohne zu einem anderen Brennstoff zu wechseln bzw. andere Brennstoffe in Märkten soweit unterboten werden, dass potentielle Kunden die Kosten des Wechsels in Kauf nehmen. Der Gaspreis wurde also von den Importeuren bzw. Großhändlern an den Preis für den äquivalenten Heizwert des im jeweiligen Marktsegment konkurrierenden Brennstoffs gekoppelt, meist leichtes Heizöl im Haushaltssektor und schweres Heizöl im Kraftwerks- und Industriesektor. Je nach der relativen Größe dieser Segmente im belieferten Markt wurde dann ein Grenzübergangspreis zwischen Importeuren und Produzenten verhandelt. Dies erlaubte es den Produzenten meist wesentlich höhere Renten zu erzielen als bei auf Basis von Produktionskosten kalkulierten Preisen. Gleichzeitig konnte die Geschwindigkeit der Penetration gesteuert werden. Die Importmonopole verfügten währenddessen über eine garantierte Marge (Wybrew-Bond 1999: 10).

Die Logistik des Gastransports bringt es zudem mit sich, dass die Lieferungen für mehrere Länder meist durch den gleichen Grenzübergangspunkt fließen und dann weiter transportiert werden müssen. So kam etwa norwegisches Gas lange Zeit nur über Emden auf den Kontinent. In diesem Grenzübergangspunkt existieren dann auf Grund der *netback*-Formel und unterschiedlicher Kundensegmente sowie Energiepreise in den Zielländern unterschiedliche Gaspreise. Damit hier kein Wettbewerb entstehen kann wurden zusätzliche „Zielklauseln" eingeführt, die den Weiterverkauf des Gases außerhalb des vertraglich vereinbarten Territoriums verboten. So konnten die Märkte effektiv fragmentiert werden und das „Marktwert"-Prinzip blieb ungebrochen.

In diesem Rahmen sahen die Verträge die Abnahme jährlich fixierter Gasmengen über einen Zeitraum von meist mehreren Jahrzehnten vor. Von diesen Mengen konnte bei Bedarf meist 15–20 % abgewichen werden. Wurden die vertraglich vereinbarten Volumina nicht abgenommen, waren Vertragsstrafen vorgesehen. Meist wurde auch die Möglichkeit zur Schlichtung durch ein kommerzielles Arbitragericht vereinbart. Auch wurde zunächst in allen Verträgen das Gasfeld genannt, von dem die vertraglich vereinbarten Gasmengen geliefert werden würden. Dadurch erhielten die Importeure die Sicherheit, dass das vereinbarte

---

Auswirkungen des Wettbewerbs zu verhindern". Der Wettbewerb wurde also als Bedrohung für eine sichere Energieversorgung angesehen.

Gas auch tatsächlich zur Verfügung stehen würde und nicht z. B. doppelt verkauft werden konnte. Diese Praxis wurde durch die sowjetischen Verträge durchbrochen, die keine Felder festlegten (2007: 154ff; Konoplyanik 2005; Peebles 1999; Wybrew-Bond 1999).

Der Erfolg der Verträge und der mit ihnen gepflegten „Preiskonvention" (Radetzki 1999: 19) spiegelt sich sowohl im relativ kontinuierlichen Anstieg des Gasverbrauchs, als auch darin wieder, dass auch Anfang 2000 noch 95 % des Gasbedarfs in Europa mit Langzeitverträgen gedeckt wurden, obwohl der EU-Markt bereits als „reif" galt (Arentsen 2004: 69). Knapp die Hälfte der Preisbildung auf dem westeuropäischen Markt fand dabei auch Mitte der 2000er Jahre noch auf Grundlage der nationalen Preise für schweres Heizöl statt, für die es keinen öffentlichen Markt gibt und daher auch keine öffentlich zugänglichen Daten über Preisbildung und Preise. Ein weiteres knappes Drittel wurde über den Preis für leichtes Heizöl gebildet, das an Rohstoffbörsen gehandelt wird (DGCOMP-SEC (2006) 1724,2006; Stern 2007). Allerdings wurde Anfang der 2010er Jahre bereits davon gesprochen, dass die fast die Hälfte des Erdgases in der EU nun am Spotmarkt bepreist wird (Bros 2012). Dies ist im Wesentlichen auf die Bemühungen der EU um eine „Vermarktlichung" des Energieträgers zurückzuführen, aber auch auf eine günstige Angebots- und Nachfragesituation.

Konkurrenz und Regulierung

Die EU befindet sich immer noch in einem Prozess der Liberalisierung und Re-Regulierung netzgebundener Servicesektoren wie Elektrizität, Gas und Bahn. In Großbritannien wurde unter Margaret Thatcher bereits Mitte der 1980er Jahre das Monopol der British Gas Corporation in Förderung, Netz und Verkauf zerschlagen. Parallel wurde regulierter Drittparteienzugang (TPA) zum Transportnetz und zu Speichern, sowie ein Terminmarkt für Gas eingeführt. Hier konnte erstmals ein angebots- und nachfragebasierter Preis für Erdgas unabhängig von anderen Energieträgern gebildet werden. Dies alles fand im Kontext der seit Mitte der 1980er Jahre gesunkenen Energiepreise statt, die einen Überfluss an Energieträgern signalisiert und so das klassische Paradigma einer staatlichen Lenkung und Monopolisierung des Sektors immer mehr in Frage gestellt hatten (Radetzki 1999: 20).

In diesem ideell und strukturell veränderten Kontext begann die EU-Kommission Ende der 1980er Jahre einen Prozess der graduellen Liberalisierung des Gassektors unter dem Banner der Komplettierung des Binnenmarkts. Den Plänen der Kommission wurde seitens der nationalen Monopolisten und Regierungen der Mitgliedstaaten gemeinsam erbitterter Widerstand geleistet (Arentsen 2004: 73; Radetzki 1999). Unterstützung erhielt die Kommission jedoch von Teilen der Industrie und Verbraucherverbänden. Erst 1998 konnte die erste Gasmarktrichtlinie erlassen werden. Sie zielte darauf, die Barrieren zwischen nationalen Märkten zu entfernen und gleichzeitig die vertikale Trennung zwischen Produktion und national monopolisierten Märkten aufzuheben. Produzenten sollten also direkt Vertragsbeziehungen mit Konsumenten eingehen können. Gleichzeitig sollte der Handel von Gas über nationale Grenzen hinweg einfacher gemacht werden. Dazu wurden allmählich striktere Regulierungen über TPA zu den Gaspipelines eingeführt, die jedoch von den Mitgliedstaaten nur sehr zögerlich umgesetzt wurden (Finon 2004: 198). Hinzu kamen striktere Regeln über die Entflechtung zwischen Netzeigentum und Gasproduktion und –vertrieb, um das Ausnutzen von Informationsvorsprüngen beim Zugang zu den Gasnetzen zu vermeiden.

Die Liberalisierung der Gasindustrie ist bis Anfang der 2010er Jahre ein gutes Stück vorangekommen. Regionale Spotmärkte sind entstanden, die bestehende Preisstrukturen unter Druck stellen. Gasfernleitungen wurden mehr und mehr zu einer öffentlichen Infrastruktur, die entsprechend strenger Regulierung unterliegt. Die öffentliche Hand hat dadurch neue Befugnisse erhalten. Auch die Netzentwicklung wird von der Regulierungsbehörde kontrolliert und wird in einer engen Zusammenarbeit mit Netzeigentümern, nationalen Behörden und in Kooperation mit der EU vorgenommen. Alle nationalen Monopole wurden privatisiert, und viele Unternehmen haben auf Grund immer geringerer Margen ihr Erdgasnetz verkauft oder mussten die Kontrolle abgeben. Stärkerer Akzent wurde auch auf den Ausbau der Netzinfrastruktur gelegt, um Konkurrenz überhaupt erst physisch zu ermöglichen (Geden 2008). Die Arbeit der nationalen Regulierer wird innerhalb einer europäischen Kooperationsagentur der Energiemarktregulierer (ACER) koordiniert. Vor dem Hintergrund der Gaskrisen von 2006 und 2009 wurden zudem EU-Verordnungen zur Gasversorgungssicherheit erlassen, die eine Kompensation des Ausfalls der jeweils größten Importleitung mit Speichern oder anderen Importen vorsieht und die technische Aufrüstung der Gaspipelines vorschreibt, sodass an allen Grenzübergangspunkten die Möglichkeit zur Umkehrung des Gasflusses besteht (EU-L 295/1 (2010)). Die Krise löste hier also auch eine Flexibilisierung und weitere Vergemeinschaftung der Gasversorgung aus.

Bis auf die Destinationsklauseln wurden Langzeitlieferverträge indes nicht angegriffen und existieren nun in Konkurrenz mit kurzzeitigen Möglichkeiten zum Handel am Spotmarkt. Dies führte gegen Ende der 2000er Jahre zu hohen Verlusten bei den meisten Importeuren, da die Spotpreise dauerhaft unter die Preise des mit Langfristverträgen bezogenen Gases sanken. So kam die Indexierung mit Erdölprodukten zunehmend unter Druck, da die Konzerne ein Interesse an der Neuverhandlung der Verträge entwickelten (Bros 2012).

Die institutionellen Rahmenbedingungen des westeuropäischen Gasmarkts haben sich also allmählich zu einem hybriden System gewandelt. Sie ermöglichen nach wie vor den Gasbezug mit Langzeitverträgen, sehen aber gleichzeitig die weitgehende Abschaffung der Importmonopole und die Entstehung von Spotmärkten vor. Gleichzeitig wurden keine wirksamen Beschränkungen für das Vordringen der Produzenten auf Endkundenmärkte geschaffen, was neue Strategien und eine Monopolisierung der Märkte durch Produzenten ermöglicht. Solche Beschränkungen wurde einige Zeit diskutiert, dann aber auf Druck einiger Mitgliedstaaten fallen gelassen (Grätz 2011: 77). Dabei sind die Märkte immer noch geographisch unterschiedlich strukturiert, da deren Entwicklung und der Liberalisierungsprozess verschieden weit fortgeschritten sind. Dabei ist ein gewisses Gefälle vom liberalisierten Nordwesten zum weitgehend monopolisierten Südosten der EU zu verzeichnen. Allerdings dürfte sich die Entwicklung weg von der Ölpreisbindung noch beschleunigen.

7.1.2   Gasmärkte in den neuen EU-Mitgliedstaaten

Die Gasmärkte in Ostmittel- und Südosteuropa, sowie im Baltikum haben sich außer dem Rumänischen im Rahmen sowjetischer Dominanz entwickelt. Auf Malta und Zypern gibt es keinen Erdgasabsatz. Die jüngere Entwicklung der Gaswirtschaft ist jedoch ebenfalls von der EU-Gasmarktliberalisierung betroffen und folgte daher der oben beschriebenen Gesetzgebung. Die wirtschaftlichen Effekte sind jedoch großenteils noch nicht angekommen. Einen Überblick über die Absatzvolumina und den Anteil von Erdgas an der Versorgung mit Primärenergie bieten Abbildung 7.4 und Abbildung 7.5.

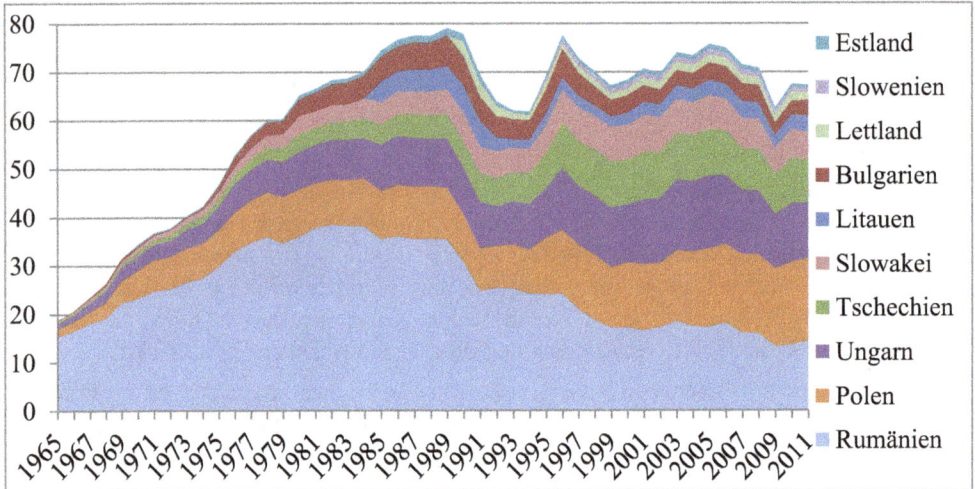

Quelle: Bis 1995: BP (2009); Ab 1995: IEA Natural Gas Information (Editions 2000, 2003, 2004, 2006, 2009, 2012), Tab. II.8. Werte für 2011 geschätzt
Abb. 7.4:   Erdgasverbrauch in den neuen EU-Mitgliedstaaten, Mrd. m³

Die Nachfrage wuchs vor der Auflösung der Sowjetunion und des RGW relativ rasch an, das Nachfragewachstum stagnierte jedoch anschließend oder weist wie im Fall von Rumänien und Bulgarien sogar negative Vorzeichen auf. Die noch Anfang der 1990er Jahre erstellten optimistischen Prognosen sollten sich alle als zu positiv erweisen (Estrada et al. 1995: 196f). Dies verweist vor allem auf den in Folge der Restrukturierung der ineffizienten Industrie im Transformationsverlauf gesunkenen Gesamtenergiebedarf dieser Volkswirtschaften. Außerdem blieb Erdgas recht teuer. Die Nachfrage war Anfang der 2010er Jahre insgesamt weniger als ein Fünftel dessen, was in den alten EU-Staaten verbraucht wird. Wie aus Abbildung 7.5 deutlich wird, ist der Anteil von Erdgas am Primärenergieverbrauch für die Hälfte der Staaten höher als für die meisten Staaten in Westeuropa. Im Unterschied zu Westeuropa gibt es hier mit Litauen, Ungarn und der Slowakei zudem mehrere Länder, in denen der Erdgasanteil am Primärenergieverbrauch bei 30 % oder weit darüber liegt, die jedoch selbst keine bedeutenden Erdgasproduzenten sind. Dies ist in Westeuropa nur für Italien der Fall.

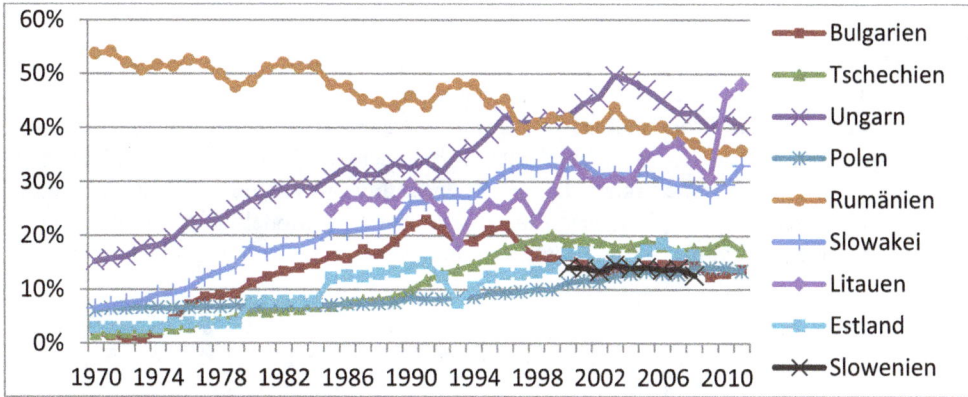

Quelle: (BP 2012). Litauen: keine Daten vor 1985. Für Estland: Statistics Estonia, keine Daten vor 1970,
             1970–1985 nur in Intervallen von fünf Jahren. für Slowenien: Statistical Office of the Republic of
             Slovenia. Keine Daten für Lettland
Abb. 7.5:   Erdgasanteil am Primärenergieverbrauch in den neuen EU-Mitgliedstaaten

Außer für Rumänien hat von Russland geliefertes Gas dabei einen wesentlich höheren Anteil
am Gesamtverbrauch als in den westeuropäischen Märkten, wie Abbildung 7.6 verdeutlicht.
Im Unterschied zu den Westeuropäern bezieht keines dieser Länder mit Gasindustrie kein
Gas aus Russland, während fünf Länder vollständig von russischen Gaslieferungen abhängig
sind (Lettland, Litauen, Estland, Slowakei und mit Vorbehalten auch Bulgarien). Die
Gasmärkte dieser Länder sind alle recht klein und daher leicht zu monopolisieren. Die
Schwankungen zwischen 80 und 100 % ergeben sich hier aus statistischen Fehlern und der
Speicherung von Erdgas, da keines dieser Länder über alternative Importeure verfügt.
Relativ erfolgreich bei der Diversifikation war Slowenien und seit 2008 auch Ungarn, die
den Anteil Russlands auf ca. 50 % senken konnten. Interessant ist die Entwicklung in
Tschechien, die lange Zeit norwegisches Gas importierten, ab 2010 aber wohl wieder
vollständig aus Russland beliefert wurden.

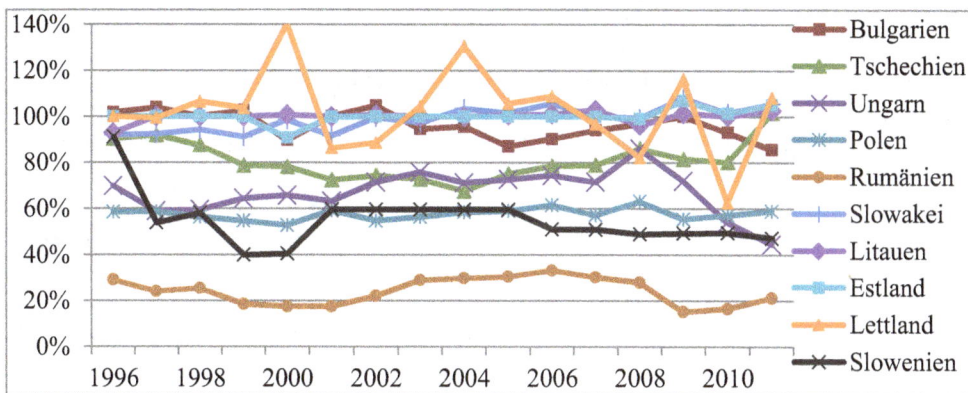

Quelle: IEA Natural Gas Information (Editions 2000, 2003, 2004, 2006, 2009, 2012). Gasverbrauch für 2011
             geschätzt. Werte für Russland schließen von Gazprom geliefertes zentralasiatisches Gas ein. Werte
             über 100 % auf Grund von Speicherung.
Abb. 7.6:   Anteil Russlands an der Erdgasversorgung der neuen EU-Mitgliedstaaten

Gestaltung der Lieferbeziehungen im RGW

Das zentralverwaltungswirtschaftliche System und dessen politische Rationalitäten prägen in den Ostmittel- und südosteuropäischen Staaten nicht nur die Wege der Gasversorgung, sondern auch die Nachfragemuster bis heute. Nennenswerte Gasversorgung erfolgte, abgesehen von Eigenproduktion, ausschließlich aus der Sowjetunion, was die fehlende Diversifikation vieler Märkte erklärt. Die Energienachfrage wuchs im Rahmen der Zentralverwaltungswirtschaft generell rasch an, da das sowjetische Modell forcierter Industrialisierung übernommen wurde. Dabei wurden Energieversorgung und Verbrauch einheitlich geplant.

Die sowjetische Strategie zur Bildung einer starken Allianz zwischen den realsozialistischen Staaten Ost- und Südosteuropas und der Sowjetunion zielte auf eine Maximierung der wirtschaftlichen Verflechtung der Volkswirtschaften bei gleichzeitiger Minimierung des (unabhängigen) Austauschs mit kapitalistischen Wirtschaften (Balmaceda 2004; Gumpel 1976: 998f; Sláma 1976: 476). In diesem Rahmen war der Energiereichtum der Sowjetunion besonders nützlich. Durch die forcierte Industrialisierungspolitik und deren hohen Energieverbrauch wurde für viele der Länder eine strukturell bedingte Abhängigkeit von sowjetischen Energielieferungen erzeugt, da der Einkauf von Energieträgern in kapitalistischen Ländern mit prohibitiv hohen Kosten verbunden gewesen wäre. Durch eine Orientierung auf die Erfüllung der Planziele und weiche Budgetbeschränkungen bestanden auch keine Anreize zum Energiesparen, wodurch die Energieintensität der Produktion stark anstieg. Auf diese Weise wurden die ostmitteleuropäischen Staaten Mitte der 1960er Jahre immer stärker von sowjetischer Energie abhängig (Estrada et al. 1995: 165). Diese Abhängigkeit wurde durch konzertierte Aktionen der RGW-Staaten zur Investition in die sowjetische Gaswirtschaft gestärkt.

Das erste Großprojekt war die Orenburg-Pipeline, deren Bau 1974 beschlossen wurde. Das Projekt sah vor, das Orenburg-Feld im Südural mit einer Kapazität von 7700 Mrd. m³ gemeinsam zu erschließen und eine Pipeline zur Versorgung der Ostmittel- und Südosteuropäer, sowie für den Export zu bauen. Die Pipeline kann jährlich 28 Mrd. m³ Erdgas transportieren. Dabei übernahm außer Rumänien jedes Land die volle Verantwortung für einen Teil des Bauabschnitts auf sowjetischem Territorium. Im Gegenzug würden die RGW-Staaten 20 Jahre lang 2,8 Mrd. m³ Erdgas erhalten (Rumänien: 1,5 Mrd. m³) und dafür mit Gütern bezahlen. Die Vorleistungen der RGW-Staaten wurden als eine Art Kredit gegenüber der Sowjetunion angesehen, der mit dem Wert der künftigen Gaslieferungen verrechnet wurde. Die „Zinssätze" waren dabei gering und betrugen jährlich 2–3 % (Lavigne 1983: 145). Gleichzeitig verblieben die Pipeline und die Förderrechte am Orenburg-Feld im vollständigen Eigentum der Sowjetunion, ebenso wie die Teile der Pipeline auf dem Territorium der RGW-Staaten vollständig deren Eigentum waren. Daher hingen die „garantierten" Lieferungen nach Ablauf der als „Kredit"-Rückzahlung geleisteten Lieferungen vom Wohlwollen der Sowjetunion ab (Lavigne 1983: 146), was sich besonders nach der Desintegration der Sowjetunion als nützliches Druckmittel herausstellen sollte. Die Pipeline wurde 1978 in Betrieb genommen und lieferte zusätzliche Gasmengen in alle RGW-Staaten und auch nach Jugoslawien. Nachdem 1980 die volle Kapazität erreicht wurde, hatten sich die sowjetischen Lieferungen von 15,8 auf 31,6 Mrd. m³ verdoppelt (Balmaceda 2004: 171; Gumpel 1976: 1005; Stern 1999: 150; Trend 1975). Die Sowjetunion trat dabei gegenüber den westlichen Partnern als geschlossene Einheit auf, um die besten Konditionen zu erlangen, während sie anschließend Verbindlichkeiten auf die RGW-Staaten umverteilte.

So zahlten letztlich die RGW-Staaten die Pipeline, mit der die Sowjetunion hohe Exporterlöse erwirtschaften würde. Dieses Modell wurde mit der 1985 beschlossenen Jamburg (bzw. *Progress*-) Pipeline wiederholt, außer das hier mit der Urengoj-Pipeline eine zusätzliche Leitung für den Export nach Westeuropa gebaut wurde (Balmaceda 2004: 171f).

Die Preise für Erdgaslieferungen und Waren bzw. Dienstleistungen wurden in nicht konvertiblen Transferrubeln berechnet und waren Gegenstand ständiger Auseinandersetzungen. Dabei wurden die „kapitalistischen" Preise als Referenzsystem genutzt, wobei der Mittelwert über einen Zeitraum von mehreren Jahren gebildet wurde, um diese vom „schädlichen Einfluss der konjunkturellen Faktoren des kapitalistischen Marktes" zu bereinigen (Gumpel 1976: 1004). Die Preise für sowjetisches Gas wurden dabei auf der Basis der Gaspreise in Westeuropa gebildet. Erdgaslieferungen, die über die langfristig in den Verträgen vereinbarten Lieferungen hinausgingen mussten mit harter Währung bezahlt werden (Lavigne 1983: 142). Dies führte in Zeiten hoher Energiepreise zu hohen Handelsbilanzdefiziten der RGW-Staaten mit der Sowjetunion, die sich bei sinkenden Energiepreisen gegen Ende der 1980er Jahre jedoch ins Gegenteil verkehrt hatten und dadurch Raum für die Desintegration des RGW gaben (Estrada et al. 1995: 167). Als der RGW sich schließlich auflöste bestanden die Lieferverpflichtungen aus den Orenburg- und Jamburg-Verträgen fort und ermöglichten einerseits durch Neuverhandlungen einen gleitenden Übergang zu den westeuropäischen Preisen und andererseits eine verlängerte Abhängigkeit von russländischen Lieferungen (Balmaceda 2004: 172), sowie den Einsatz von unvollständigen Verträgen als Druckmittel.

Die Gasindustrie nach Auflösung des RGW

Der Zerfall des sowjetischen Imperiums induzierte eine Neuausrichtung der politischen Leitlinien im Energiesektor in den früheren Mitgliedstaaten des RGW. Dabei wurden meist drei generelle Ziele formuliert: Die Energieabhängigkeit von der GUS und die Energieintensität der Volkswirtschaft zu verringern, sowie die Infrastruktur mit westlichem Kapital und Wissen zu modernisieren (Estrada et al. 1995: 177; PETREC 1992). Vor diesem Hintergrund wurden zunächst auf Basis der früheren ministeriell kontrollierten Staatsbetriebe Unternehmen in Staatseigentum gebildet, die Import, Großhandel und auch Verteilung von Gas kontrollierten. Die Hauptaufgabe bestand anschließend einerseits in der Reorganisation des Sektors mit dem Ziel der Dezentralisierung. Auf Grund des erheblichen Investitionsbedarfs wurde anschließend auch die (Teil-)Privatisierung angestrebt (Estrada et al. 1995: 186). Dadurch wurde der Erwerb von Eigentum an Energieinfrastruktur durch ausländische Akteure in diesen Ländern wieder möglich. Die russländischen Gaslieferungen waren anfangs auf Grund von Streitigkeiten mit der Ukraine häufig von Unterbrechungen geprägt (Estrada et al. 1995: 172; Orban 2008: 42).

Für die Koordination der Akteure mussten neue Instrumente entwickelt werden. Die Orenburg- und Jamburg-Verträge waren weiter in Kraft und regelten einen Teil der Bezüge, waren jedoch auf Grund des Wegfalls des Außenhandelsmonopols nur noch bedingt mit der neuen Ordnung vereinbar. Nun rächte sich auch die Tatsache, dass die RGW-Staaten zwar erhebliche Leistungen in sowjetische Infrastruktur investiert hatten, dies rechtlich jedoch nur als „Kredit" galt und nicht einen Teil der Eigentümerschaft an der Infrastruktur übertrug. Vor diesem Hintergrund waren zwischenstaatliche Verträge zunächst das vorherrschende Instrument zur Regelung der Beziehungen und wurden allmählich durch Verträge zwischen Wirtschaftsakteuren ersetzt. Zum Zwecke der Abfederung der transformationsbedingten

Kosten und auf Grund der noch laufenden Orenburg- und Jamburg-Verträge spielte im Gassektor Barterhandel zunächst eine weiterhin große Rolle (Estrada et al. 1995: 179). In diesem Kontext war nun Gazprom bestrebt, die eigenen Einnahmen zu erhöhen und die Dominanz auf den Märkten zu sichern.

7.2   Die Erdölmärkte in der EU und Russland

Hier erfolgt ein kurzer Überblick über die sich verändernden Bedingungen der Erdölindustrie in der EU. Im Gegensatz zum Erdgasverbrauch ist der Erdölverbrauch in der EU schon seit geraumer Zeit stagnierend und inzwischen auch im Sinken begriffen. Nur in den Neuen Mitgliedstaaten der EU ist der Kraftstoffverbrauch bis zur Wirtschaftskrise noch am Anwachsen gewesen (vgl. Abbildung 7.7). Dies änderte aber nichts am allgemeinen Trend.

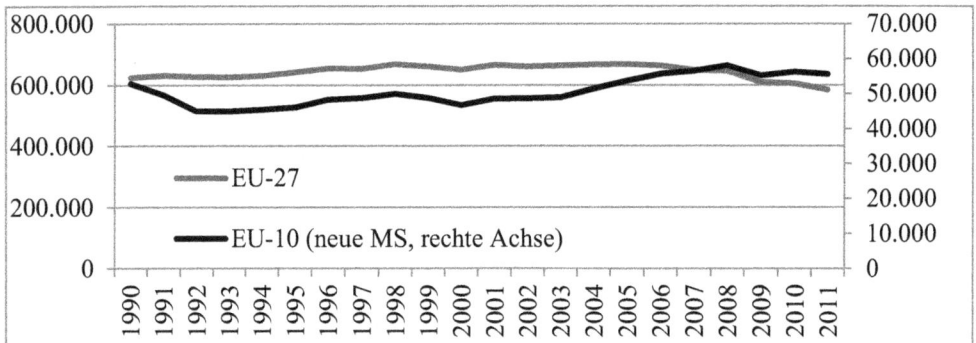

Quelle: Eurostat, Datensatz nrg_102a, Abrufdatum 29.3.2013
Abb. 7.7:   Bruttoinlandsverbrauch Rohöl und Ölprodukte, Mio. t

Gleichzeitig nahm die Importabhängigkeit der EU ständig zu. Die Eigenproduktion betrug 2011 nur noch 12,3 % des Gesamtaufkommens an Rohöl, 1995 waren es noch mehr als 20 %. Die Bedeutung Russlands an der Rohöleinfuhr nahm im Unterschied zum Erdgas dabei nicht nur absolut, sondern auch relativ zu. Wie Abbildung 7.8 zeigt, konnte nur Tschechien von russländischem Öl diversifizieren, für alle anderen Staaten und für die EU insgesamt ist eine gleichbleibende oder wachsende Bedeutung russländischen Rohöls zu verzeichnen. Die neuen Mitgliedstaaten beziehen 90 % ihres Rohöls aus Russland. Ungarn bezieht gar das gesamte Rohöl aus Russland, während der Marktanteil in Deutschland im Laufe der 2000er Jahre stark ausgeweitet werden konnte. Diese Zahlen berücksichtigen noch nicht die Importe von Ölprodukten.

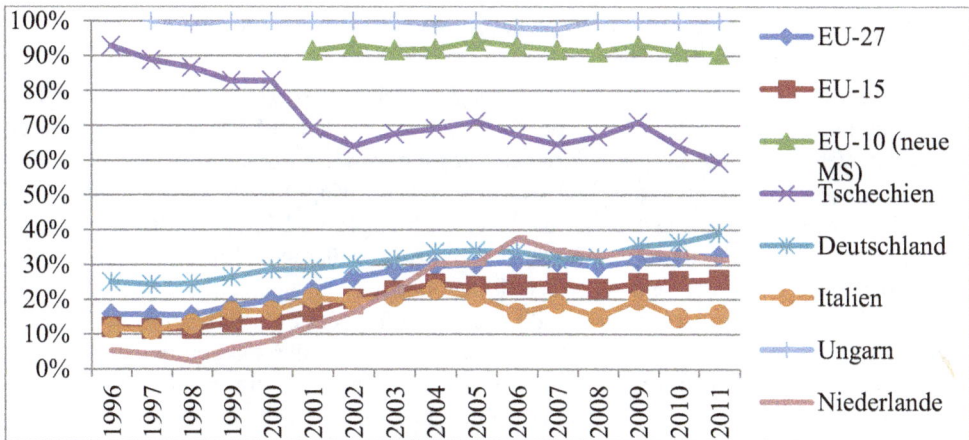

Quelle: Eurostat, Datensatz nrg_123a, Abrufdatum 29.3.2013
Abb. 7.8:   Anteil Russlands an den Rohöleinfuhren der EU und ausgewählter Mitgliedstaaten

Da Erdöl anders als Erdgas leicht transportiert werden kann sind die Märkte innerhalb der EU stark miteinander verbunden. Es gibt sowohl Märkte für Rohöl, die meist in größeren Hafenregionen mit vielen Öltankanlagen entstehen, wie etwa dem in der EU wichtigsten Gebiet Amsterdam-Rotterdam-Antwerpen, als auch für Ölprodukte, die ebenso in Hafenregionen, aber auch rund um Raffinerien entstehen. Raffinerien sind dabei meist strategisch so positioniert, dass sie eine bestimmte Region versorgen können und so Marktpreise für Ölprodukte setzen können. In vielen Regionen gibt es jedoch mehrere Raffinerien, die mit einander (und mit importierten Ölprodukten) im Wettbewerb stehen. Dies sind *„over the counter"*-Märkte, bei denen die Vertragsparteien direkt miteinander kommunizieren. Die Preise werden durch Agenturen wie Platts oder Argus direkt bei den Händlern in Erfahrung gebracht und über Publikationen an die Marktteilnehmer anonymisiert zurückgemeldet (Argus 2010; Horsnell 2000; Ströbele et al.: 136f). Auf den Märkten treten dabei Raffinerien mit ihren Handelsorganisationen als Käufer und Verkäufer auf. Diese sind teilweise auch vertikal integriert und vertreiben etwa ihren Absatz teilweise an eigenen Tankstellen und Gesellschaften für den Heizölvertrieb. Außerdem sind globale Ölhändler wie Vitol, Glencore oder Gunvor aktiv.

Neben diesen liquiden, meist gewässernahen Märkten gibt es auch einige Gebiete mit recht rigiden Importstrukturen. Dies gilt für Raffinerien, die nicht an schiffbaren Gewässern stehen und nicht ausreichend von Pipelines beliefert werden können, die über Zugang zu einem Ölterminal an schiffbaren Gewässern verfügen. Dies gilt für die meisten Raffinerien in Ostmitteleuropa und in Ostdeutschland, die meist nur von Russland aus beliefert werden können. Die Lieferstrukturen haben sich wie der ostmitteleuropäische Erdgasmarkt innerhalb des RGW entwickelt. Die Lieferungen wurden hier lange Zeit von Zwischenhändlern abgewickelt, was sich jedoch zu ändern scheint (IHT 2007).

In der EU gab es 2009 ca. 98 Raffinerien mit einer Kapazität von jährlich 786 Mio. Tonnen, das sind ca. 18 % der weltweiten Kapazitäten. 45 % der Raffinationskapazitäten werden von internationalen Ölkonzernen bereitgestellt, weitere 30 % von Akteuren in nationalem

Eigentum oder nur mit regionaler Bedeutung (Europia 2010). Der Bruttoinlandsverbrauch an Rohöl und Ölprodukten betrug 2011 jedoch nur noch 585 Mio. Tonnen.

Die Erdölraffinationsindustrie der EU befindet sich seit langer Zeit in einer strukturellen Krise, die durch die Wirtschaftskrise von 2008 akut wurde. Diese Krise wird erstens durch geringeren Verbrauch, und zweitens durch ein Ungleichgewicht zwischen stetig wachsender Nachfrage nach Dieselkraftstoffen und den vorhandenen Kapazitäten zur Produktion von Diesel hervorgerufen. Zur Erzeugung von größeren Mengen an Diesel sind jedoch massive Investitionen in Hydrokracker und Kokser nötig, was außerdem den Energiebedarf der Raffinerien erhöht. Drittens schwindet der Heimvorteil von lokalen Raffinationskapazitäten dahin, da Transportkosten sinken, während andernorts effizientere Raffinerien existieren oder günstige Öllieferungen zur Verfügung stehen. Die größere Erdölproduktion in den USA und korrespondierende Kapazitätsengpässe bei Pipelines führen zu einem lokal niedrigeren Erdölpreis, der Raffinerien in den USA zu Gute kommt und den Importbedarf der USA verringert. Die USA begannen um 2010, vermehrt Ölprodukte zu exportieren. Zudem wurden in Indien und Saudi-Arabien sehr große Raffinerien in Betrieb genommen, die eine sehr hohe Verarbeitungstiefe und damit Effizienz aufweisen und gleichzeitig Kraftstoffe nach EU-Vorschriften herstellen. Auf Grund der geringen Transportkosten für Ölprodukte ist der Raffinationsstandort nah an den Märkten kein erheblicher Vorteil mehr. Insbesondere bei Flugzeugbenzin und Diesel stiegen die Importe in Folge an. Letztendlich wurden viele Raffinerien in der EU geschlossen, verkauft oder stehen zum Verkauf (EC-SEC(2010) 1398 final; Europia 2010; JFI 2011; PETREC 2009; 2010; 2011). Bis 2020 wird erwartet, das jährlich eine große oder alternativ zwei kleine Raffinerien in der EU schließen müssen, nur um die sinkende Inlandsproduktion zu kompensieren (Rozhnov 2013). In diesem Kontext fiel es Konzernen aus Russland leichter als zuvor, auf den früher sehr rigiden europäischen Raffinationsmarkt vorzudringen.

Die Tatsache, dass beim Erdöl die Importabhängigkeit der EU steigt und auch eine Steigerung des russländischen Anteils zu verzeichnen ist spiegelt die schlechtere Situation auf den globalen Ölmärkten verglichen mit den Erdgasmärkten wieder. Während die traditionellen Lieferanten Europas in Nordafrika von Bürgerkrieg und Instabilität gekennzeichnet sind und selbst mehr Erdöl benötigen, zeichnet sich auf der arabischen Halbinsel eine größere Dominanz aufsteigender asiatischer Mächte ab. Zudem belastet die internationale Isolation des Iran die Märkte. Die USA produzieren selbst zwar mehr Erdöl, sind aber im Gegensatz zu Erdgas immer noch importabhängig. Die Erdölreserven sind global wesentlich knapper als die bekannten Erdgasreserven, zudem existiert im Transportsektor keine gute Alternative.

Russland war gleichzeitig beim Erdöl wesentlich erfolgreicher bei der Diversifikation der Exportrouten. Dies liegt an den wesentlich geringeren Kapitalkosten von Ölpipelines und den einfacheren Möglichkeiten zum Handel mit Erdöl. Während Russland so früher von der Družba-Pipeline durch Belarus und die Ukraine nach Ostmitteleuropa und Deutschland als Hauptexportroute abhängig war (75 Mio. t Jahreskapazität), so kann es seit Anfang der 2010er Jahre zwischen mehreren Optionen wählen. Dies erlaubt es nicht nur, den früher üblichen Abschlag von US-$ 1–2 zu erodieren, sondern eröffnet auch neue Strategiemöglichkeiten (Vatansever 2010). Dabei wurde der Export sukzessive auf die Seerouten verlagert: 2001 wurde die BTS-1 Pipeline mit einem Terminal in Primorsk an der Ostsee in Betrieb genommen (75 Mio. t Jahreskapazität). 2012 folgte die BTS-2 Pipeline mit einem Ölterminal in Ust'-Luga (30 Mio. t Jahreskapazität). Beide Pipelines können eingesetzt werden, um Volumen vom alten Družba-Überlandsystem auf Tanker umzuleiten. Die wichtigste Neuerung ist jedoch die VSTO-Pipeline, die vom bisherigen Pipelinesystem durch Ostsibirien nach China und zum Pazifischen Ozean führt. Da sie an das bestehende Netz von Ölpipelines angeschlossen ist kann sie Erdöl nach Osten umleiten. Der erste Teil der Pipeline von Tajšet nach Skovorodino an der Grenze zu China ist 2700 km lang und hat eine Kapazität von 30 Mio. t. Er wurde Anfang 2010 eröffnet, gleichzeitig wurden Lieferungen nach China über eine Abzweigung mit einer Jahreskapazität von 15 Mio. t aufgenommen. Ende 2012 wurde die 2046 km lange Verbindung von Skovorodino an der chinesischen Grenze entlang bis Kozmino in der Nähe von Vladivostok in Betrieb genommen. Sie hat zunächst eine Jahreskapazität von 30 Mio. t die im Einklang mit der zukünftigen Erhöhung der Kapazität des ersten Abschnitts auf 50 Mio. t erhöht werden soll. Die Pipeline wird insgesamt über US-$ 30 Mrd. kosten (Kononczuk 2012: 27f; Transneft' 2013; Vatansever 2010). Eine solch lange und teure Pipeline würde von den Ölkonzernen kaum genutzt werden, wenn ein der Transportstrecke angemessener Tarif angewandt würde. Allerdings werden die Kosten der neuen Route per Regierungsdekret auf die alten und kürzeren Routen nach Westen umgelegt, sodass die Tarife nach Europa anstiegen. Laut Auskunft des Transneft'-Chefs müsste der Tarif für die VSTO-Pipeline eigentlich das Dreifache betragen (Tutuškin 2009a). Zusammen mit den höheren Erdölpreisen in Asien wurde die neue Route damit attraktiver gestaltet als die Lieferung auf EU-Märkte (TF 2012). Da Russland die Ölproduktion voraussichtlich nicht wesentlich steigern wird (Kononczuk 2012; Vatansever 2010), verfügt es also über hohe Überkapazitäten, mit denen es den EU-Markt gegen den Markt in Asien ausspielen kann (Rudnitsky 2013; Zhdannikov 2012). Die alte, amortisierte Infrastruktur in Europa wird von politischen Akteuren mittels Erhöhung des Tarifs genutzt, um neue Infrastrukturen in Asien zu finanzieren und den Wettbewerb zu befeuern. Dies trifft besonders die an die Družba-Pipeline angeschlossenen Inlandsmärkte. Da die VSTO-Pipeline bereits überlastet ist, wird sich der Effekt nach ihrer Erweiterung erhöhen. Einerseits können so höhere Preise in der EU erzielt werden. Andererseits kann damit auch Druck auf Wirtschaftsakteure in Europa ausgeübt werden, um Anteile zu erlangen.

Die Ölindustrie ist damit einerseits wesentlich flexibler und vielfältiger als die Gasindustrie. Eine gewisse Rigidität ergibt sich nur durch die Anpassung der Raffinerien auf bestimmte Ölsorten (siehe dazu oben Abschnitt 4.1.3). Gleichzeitig weist die EU jedoch eine rasch wachsende Importabhängigkeit auf. Der Anteil Russlands nimmt dabei recht deutlich zu, während sich gleichzeitig die Abhängigkeit Russlands vom europäischen Markt verringert. Auch kann Erdöl schlecht substituiert werden. Dies alles sind Unterschiede zur Gasindustrie.

7.3   Allgemeine Kontextfaktoren

Hier werden die Kontextfaktoren für alle EU-Staaten behandelt, um die gleichen Faktoren von denjenigen zu trennen, die Landes- oder regionsspezifischer Art sind. Auf struktureller Ebene verfügen alle EU-Staaten über geringe konventionelle Öl- und Gasreserven, was das Kooperationsinteresse mit Russland erhöht und Russland die Möglichkeit zum Setzen von Anreizen und für *issue linkages* bietet. Eine externe Bedrohung in Zusammenhang mit fehlender externer Unterstützung ist für keinen EU-Staat auszumachen, da der EU-Verfassungsvertrag im Rahmen der Gemeinsamen Sicherheits- und Verteidigungspolitik eine Beistandspflicht der anderen Mitgliedstaaten für den Fall eines bewaffneten Angriffs auf das

Hoheitsgebiet eines Mitgliedstaats konstituiert (Art. 42, Ex. Art. 17 EUV). Auch sind die meisten EU-Mitglieder gleichzeitig Mitglied der NATO und die USA haben Streitkräfte in einigen Mitgliedstaaten stationiert. Daher bestehen für Russland kaum Anhaltspunkte für sicherheitspolitische Garantien, die als Anreiz eingesetzt werden könnten.[90] Allerdings kann Russland die Kosten für die Gewährleistung sicherheitspolitischer Garantien durch sein Verhalten beeinflussen und so versuchen, Konzessionen zu erlangen. Bezüglich der internen Variablen ist für alle Mitgliedstaaten auch die Art des politökonomischen Systems gleich, das für alle Staaten demokratisch-pluralistisch mit einem relativ stabilen Rechtssystem ausgestaltet ist. Dieses wird zudem durch die Aufsicht der EU-Kommission in einigen wirtschaftlich relevanten Rechtsbereichen gestärkt. Damit ergeben sich für russländische Akteure Möglichkeiten zur Bildung von Verknüpfungen auf gesellschaftlicher Ebene und zur Beeinflussung gesellschaftlicher Gruppen zu den eigenen Gunsten. Diese Prozesse unterliegen jedoch andererseits der Kontrolle durch die Öffentlichkeit und rechtsstaatliche Instanzen, die jedoch innerhalb der EU sehr unterschiedlicher Qualität ist. Die Wirtschaftsleistung der EU-Staaten ist im hier definierten Sinne nicht von Russland abhängig. Die Abhängigkeit der Energiesicherheit von Russland ist innerhalb der EU sehr unterschiedlich und wird daher bei den einzelnen Kontexten behandelt. Möglichkeiten zum Setzen von Anreizen und zu *issue linkages* ergeben sich auf Grund der generell geringen Ausstattung der EU-Staaten mit Erdöl und Erdgas und der damit verbundenen häufig hohen Importabhängigkeit.

Die Staaten Ostmitteleuropas zeichnen sich gegenüber den alten Mitgliedstaaten zusätzlich dadurch aus, dass Staatseigentum innerhalb des Untersuchungszeitraums privatisiert wurde, was interessante Einstiegsmöglichkeiten für russländische Akteure geboten hat. Die Privatisierungspolitik ist dabei entscheidend für die jeweilige Offenheit für russländische Konzerne. Um die Strategiemöglichkeiten der Konzerne transparent zu machen ist es daher sinnvoll, über die allgemeinen Kontextfaktoren hinaus einen zusätzlichen Kontextfaktor einzubeziehen, der sich auf die Industriestruktur bezieht, die während der Restrukturierung und Privatisierung realisiert wurde. Zu unterscheiden sind dabei die Grade der vertikalen oder horizontalen Integration der Öl- und Gasindustrie in dem betreffenden Land. Die Restrukturierung kann zu vertikal und horizontal mehr oder weniger integrierten Unternehmen führen. Vertikale Integration führt zu einer Integration der entsprechenden Märkte für intermediäre Produkte und erschwert damit aus strukturellen und institutionellen Gründen die Möglichkeiten für russländische Unternehmen, auf die Märkte vorzudringen. Erstens kann nur das vertikal integrierte Unternehmen erworben werden, was eine wesentlich kapitalintensivere Investition ist als wenn Teile zum Verkauf stehen. Zweitens wird durch vertikale Integration die Entstehung von Märkten verhindert. Dies steigert die Kosten für den *greenfield*-Markteintritt. Geringere vertikale Integration ermöglicht demgegenüber den Erwerb von Unternehmen in einem Teil der Produktionskette und damit ein leichteres Vordringen auf den Markt bei geringerer politischer Kontrolle. Horizontale Integration hat ähnlich marktschließende Folgen, da dadurch ganze Industriezweige von einem Unternehmen kontrolliert werden können. Die Politik zur Restrukturierung der Konzerne hat also bedeutende Folgen für die Möglichkeiten für Markteintritt durch Akquisitionen und auch durch Neuinvestitionen.

---

[90] Allerdings kann Russland versuchen, die nicht zur EU gehörige Peripherie zu destabilisieren, die häufig nicht über den gleichen Schutz verfügt, deren Stabilität aber dennoch im Interesse vieler EU-Staaten ist.

7.4   Deutschland

Deutschland ist auf Grund seiner Größe, dem hohen technologischen Entwicklungsstand und wirtschaftlichen Bedeutung in der EU ein zentrales Land für russländische Konzerne in Europa. Auch für politische Akteure ist das Land auf Grund seines großen Gewichts in der EU von hoher Bedeutung. Die BRD kann zudem auf eine langjährige Kooperation mit der Sowjetunion zurückblicken, die trotz der engen Beziehungen zu den USA möglich gewesen ist. Zudem ist Deutschland ein Sonderfall in Westeuropa, da die neuen Bundesländer in den RGW einbezogen waren, es also erhebliche Unterschiede im Erfahrungsschatz der Bevölkerung gibt. Auch gibt es wie in ostmitteleuropäischen Ländern alte Systemeliten, die durch den Systemwechsel an Prestige und Wohlstand verloren haben und die auf Grund ihrer Vergangenheit über häufig enge Verbindungen zu russländischen Akteuren verfügen. Es ist vor diesem Hintergrund nicht verwunderlich, dass russländische Konzerne hohe Aktivität zeigen und auch in sehr vielfältigen Formen aktiv geworden sind. Diese gleichen auf Grund vorhandener Elitenkontakte teilweise dem Vorgehen in Ostmitteleuropa.

Betrachtet werden im Folgenden zunächst Strategien der Gazprom, die um den ostdeutschen Gasmarkt und Zugang zu Endkunden kämpfte und dabei neue Verbündete aus West- und Ostdeutschland gewinnen konnte. Aus dieser Strategie entstand die Wingas, die bis Ende der 2000er Jahre 20 % Marktanteil in Deutschland erlangen konnte. Gazprom kann also zu Recht als Pionier der Liberalisierung bezeichnet werden, auch wenn ihr die systemischen Folgen dieses Schrittes heute nicht mehr ganz geheuer zu sein scheinen. Auch die Investition in den ostdeutschen Gasversorger VNG stand im Kontext dieser historischen Auseinandersetzung. Später klinkte sich auch Novaték in den Wettbewerb um VNG ein. Außerdem wird der Bau des Großprojekts Ostseepipeline untersucht, der durch komplexe politische und wirtschaftliche Rahmenbedingungen ermöglicht wurde. Schließlich werden auch gescheiterte und geglückte Versuche zum Erwerb von Raffinationsaktiva betrachtet. Dabei steht der Erwerb von Anteilen der Ruhr Oel durch Rosneft' im Vordergrund.

7.4.1   Kontextfaktoren

Deutschland hat Zugang zur Ost- und Nordsee und keine gemeinsame Grenze mit Russland. Russland ist jedoch ebenfalls Anrainerstaat der Ostsee, deren Schutz durch das Helsinki-Übereinkommen über den Schutz der Meeresumwelt des Ostseegebiets geregelt wird und in der kaum Territorialkonflikte bestehen. Dennoch erzeugt die gemeinsame Anrainerschaft zusätzliche Interdependenzen und mögliche Druckmittel, da die Anrainerstaaten auf eine Kooperation mit Russland zum Schutz der Meeresumwelt angewiesen sind.

Quelle: IEA Natural Gas Information, verschiedene Jahre
Abb. 7.9:   Anteile am Erdgasaufkommen und Verbrauch (Mrd. m³) in Deutschland

Deutschland ist energiesicherheitlich von Russland abhängig. Der deutsche Gasverbrauch stieg von 70 Mrd. m³ 1990 auf 101 Mrd. m³ im Jahre 2003 an und fiel dann wiederum auf unter 80 Mrd. m³ im Jahre 2011 ab. (vgl. Abbildung 7.9). Die Eigenproduktion schrumpfte gleichzeitig beständig von über 20 % Mitte der 1990er Jahre auf etwas über 10 %. Der Anteil russländischen Erdgases am Inlandsverbrauch betrug meist um 35 %, stieg 2008 aber bis auf knapp 38 % an und fiel dann im Zuge der Wirtschaftskrise auf etwas über 31 % im Jahre 2011 ab. Lieferungen aus Norwegen waren nun fast gleichgroß. Russland blieb aber immer der größte Lieferant von Erdgas. Obwohl die Ukraine noch mehr Gas aus Russland erhält war Deutschland auf Grund des höheren Preisniveaus bis 2009 der wichtigste Abnehmer für Gazprom, wurde dann jedoch von der Ukraine abgelöst. Allerdings kann der in Deutschland verbrauchte Anteil russländischen Gases höher sein, da unklar ist, wie viel Erdgas von den einzelnen Quellen wieder exportiert wird. Insgesamt hat Deutschland 2011 rund 20 % des Gesamtaufkommens exportiert. Nimmt man an, dass norwegisches Erdgas hier einen größeren Anteil als russländisches Erdgas ausmacht, wäre der russländische Anteil an der deutschen Erdgasversorgung noch größer. Allerdings sind durch das Vorhandensein mehrerer Importeure *swap*-Operationen häufig, bei denen das Gas nicht physisch die vertraglich vereinbarte Route fließt, sondern von einem geographisch günstigeren Ort geliefert wird.

Bei den Ölimporten stellen Russland bzw. die Staaten der ehemaligen Sowjetunion ein Drittel der Lieferungen. Fast das gesamte in Deutschland verbrauchte Erdöl wird dabei importiert (IEA 2007a: 85). Russländische Ölimporte kommen über den nördlichen Strang der Družba-Pipeline und beliefern die Raffinerien in Leuna und Schwedt. Diese Pipeline allein liefert 22 % der deutschen Rohölimporte (McKillop 2012). Da diese Raffinerien über keine ausreichenden alternativen Lieferwege verfügen, ist deren Tätigkeit von russländischen Öllieferungen abhängig. Mit Kapazitäten von je 12 Mio. t jährlicher Verarbeitungskapazität stellen diese Raffinerien ca. 20 % der deutschen Raffinationskapazität zur Verfügung. Die Einstellung der Lieferungen über die Družba-Pipeline hätte daher nicht nur erhebliche regionale wirtschaftliche Auswirkungen, sondern würde sich auch auf dem deutschen Markt für Ölprodukte preistreibend bemerkbar machen. Ansonsten ist Deutschland aber auf Grund seiner Zugänge zu zwei Meeren recht flexibel in der Beschaffung von Rohöl. Im Ergebnis ist Deutschland damit energiesicherheitlich von Russland abhängig gemäß den in dieser Arbeit definierten Schwellenwerten (vgl. Abschnitt 2.1.4).

7.4.2 Aktiva

Deutschland ist ein hoch entwickeltes Industrieland und verfügt über große Erdgasverbraucher in der Chemieindustrie und Metallverarbeitung. Erdölprodukte werden ebenfalls in der Chemieindustrie, vor allem aber im Transportsektor verbraucht (BMWi 2011b). Das deutsche Gasnetz ist hochentwickelt. Nach den USA, Russland und der Ukraine verfügt Deutschland mit 32,5 Mrd. m³ über die viertgrößten Erdgasspeicherkapazitäten der Welt (IEA 2007a: 109). Erdgaskraftwerke stellten 2005 ca. 14 % der Kraftwerkskapazitäten bereit, diese wurden jedoch nur zu einem geringen Grad von 38 % ausgenutzt (IEA 2007a: 119).

In der Ölindustrie verfügt Deutschland über insgesamt 16 Raffinerien verschiedener Größe. Raffinerien im Westen des Landes werden über Mineralölfernleitungen von Rotterdam und Wilhelmshaven versorgt. Im Norden Deutschlands liegen Raffinerien in Wilhelmshaven und Hamburg auch direkt am Hafen. Im Süden werden die Raffinerien über die Transalpine Oelleitung (TAL) und die Anschlussleitung TAL-Oberrhein zur Raffinerie in Karlsruhe beliefert, die im Mittelmeerhafen von Triest gefüllt wird. Außerdem ist die TAL-Oberrhein an die Pipeline der Societe du Pipeline Sud-Europes (SEPL) angeschlossen, die Marseille mit Ingolstadt verbindet. Die zwei großen Raffinerien Leuna und Schwedt im Osten des Landes werden von der Družba-Pipeline aus Russland versorgt und verarbeiten daher fast nur russländisches Öl. Lediglich die Raffinerie in Schwedt verfügt über eine kleine Pipeline zum Rostocker Hafen, der aber auch nur von Tankern bis 100 000 t Kapazität angefahren werden kann. Der Westen des Landes profitiert hingegen von einem großen, von der NATO betriebenen Central Europe Pipeline System für Erdölprodukte, das Militärbasen, die Flughäfen Frankfurt und Köln/Bonn, die verschiedenen Raffinerien und weit verstreute Speicheranlagen miteinander verbindet. Das Pipelinesystem verbindet mit 5120 km die fünf NATO-Staaten Frankreich, Deutschland, Niederlande, Belgien und Luxemburg miteinander und sorgt so für zusätzliche Versorgungssicherheit. Ein ähnliches, jedoch wesentlich kleineres System (NEPS) gibt es im Norden Deutschlands mit Dänemark (Europia 2006; NATO 2010; OGJ 2003).

7.4.3 Gas- und Ölindustrie: Struktur und Liberalisierung

Die Gas- und Ölindustrie ist in privatem und teilweise kommunalem Eigentum, der Zentralstaat ist hier nicht tätig geworden. Die Organisation der Gasindustrie war lange Zeit dreistufig angelegt mit privaten Importeuren, privaten Gasverteilerunternehmen zur regionalen Aggregation und lokalen Distributoren im kommunalen Eigentum. Die dreistufige Organisation der deutschen Gasindustrie hat sich im Zuge der Gasmarktliberalisierung hin zu einer zweistufigen Organisation gewandelt. Auf der untersten Ebene befinden sich die ca. 700 Stadtwerke, die als Versorger der Haushaltskunden und kleinerer Betriebe in einer bestimmten Stadt oder Region auftreten und das lokale Verteilernetz betreiben. Sie stehen meist im Eigentum der lokalen Verwaltungen, wurden teilweise aber auch privatisiert. Mit der Liberalisierung kann zudem der Versorger frei gewählt werden, sodass die Stadtwerke häufig nur noch die Durchleitung organisieren. Eine Ebene darüber gab es regionale Verteilerunternehmen, die die Stadtwerke beliefern und die Nachfrage gegenüber den Ferngasnetzbetreibern aggregieren. Diese sind mit der Liberalisierung unter Druck gekommen, da die Beschaffung sich flexibilisiert hat. Wahlfreiheit entstand hier erstmals auch durch die Vermarktungspolitik der Wingas, die bereits in den 1990er Jahren eigene Pipelines baute und als Importeur direkt an Stadtwerke verkaufte (IEA 2007a: 99). Schließlich importieren und vertreiben die überregionalen privaten Firmen E.ON Ruhrgas, Wingas und Verbundnetz Gas Erdgas an die unteren Stufen (IEA 2007a: 99). Hinzu traten im Zuge der Gasmarktliberalisierung eine Vielzahl kleinerer und größerer Spieler, die Erdgas an Spotmärkten handeln. Die neun wichtigsten Hochdruckpipelines standen lange Zeit unter Kontrolle von E.ON Ruhrgas, Wingas und der ostdeutschen VNG sowie zu geringen Anteilen auch der OMV, Statoil, Hydro und ENI. Allerdings veräußerte E.ON Ruhrgas ihr Pipelinenetz im Mai 2012 an ein Konsortium von Finanzinvestoren (Boersen-Zeitung 2012), während andere Gashandelsunternehmen wie Wingas ihre Hochdruckpipelines auf Grund der Umsetzung der EU-Richtlinie zur Gasmarktliberalisierung an formell unabhängige Betreibergesellschaften übergeben mussten. Auch VNG erwägt seit 2012 anscheinend den Verkauf des Erdgasnetzes an Finanzinvestoren (Höhne 2013). Dies verdeutlicht die im Zuge der Gasmarktliberalisierung und -Regulierung der EU veränderte Funktion der Hochdruckpipelines, die ihren strategischen Wert verloren haben und zu einem gewöhnlichen Investitionsgut geworden sind.

Die Ölindustrie in Deutschland war einschließlich der Raffinerien seit langem hauptsächlich im Privateigentum der großen internationalen und europäischen Ölkonzerne Shell, BP, Total, ExxonMobil und ENI/Agip. Der Markt ist vollkommen liberalisiert (IEA 2007a: 89).

7.4.4   VNG: Gazprom, Novaték und der Kampf um den ostdeutschen Gasmarkt

Die Studie zur nicht börsennotierten Aktiengesellschaft Verbundnetz Gas (VNG) beginnt mit dem Anfang des Untersuchungszeitraums – die Zeit der Auflösung der DDR und der Wiedervereinigung. In diesem Kontext wurde die VNG privatisiert, was wie in vielen anderen postsozialistischen Staaten einen willkommenen Ansatzpunkt für den Einstieg der Gazprom bot. Dies gelang auf Grund der zentralisierten Steuerung des Privatisierungsprozesses durch die Treuhand zunächst nicht. Gazprom konnte aber ihren Einfluss über das Unternehmen sukzessive ausbauen. Die Strategie steht in engem Zusammenhang mit der Partnerschaft mit Wintershall (vgl. unten Abschnitt 7.4.5) und wurde von dieser maßgeblich mit vorangetrieben. Später wurde mit Hilfe der Novaték versucht, russländische Kontrolle über das Unternehmen herzustellen und so das ursprüngliche Ziel der Gazprom zu erreichen.

Projektbeschreibung und Prozesse

Die Verbundnetz Gas AG war 2010 einer der drei großen Ferngasnetzbetreiber und Gasgroßhändler Deutschlands. Ihre Tochter Ontras verfügt über Gasfernleitungsnetze von 7 200 km und Untergrundspeicherkapazitäten von 2,6 Mrd. m³ (8 % der deutschen Kapazitäten). Sie hatte 2010 einen Marktanteil von knapp 20 % in Deutschland und setzte € 6,32 Mrd. um (VNG 2011a). Die meisten Erlöse stammen aus Ostdeutschland; die VNG ist jedoch auch auf den Absatzmärkten in Polen und Italien tätig. Auch hält sie Beteiligungen an *upstream*-Projekten in Dänemark und Norwegen. Die Aktien der Gesellschaft sind vinkuliert, weshalb die VNG, also die Mehrheit der Anteilseigner, einem Verkauf zustimmen muss. Dadurch ist der Verkehrswert der Aktien stark eingeschränkt und die Wahrscheinlichkeit steigt, dass einige Anteilseigner über informelle und formalisierte Absprachen das Stimmrecht gemeinsam ausüben, anstatt zusätzliche Aktien zu erwerben.

In Deutschland bahnte sich 1989 die Wiedervereinigung an. Die DDR wurde dabei ausschließlich von der Sowjetunion mit Gas versorgt und das Pipelinenetz besaß keine Verbindungen nach Westdeutschland. Die Versorgung erfolgte über die Tschechoslowakei. Die Lieferverträge wurden über das Außenhandelsministerium der DDR abgewickelt, während die Versorgung durch das Unternehmen VEB Verbundnetz Gas (VNG) gewährleistet wurde. Die Gaslieferungen basierten im Wesentlichen auf den Orenburg-, Urengoj und Jamburg-Verträgen, die Bartergeschäfte der UdSSR mit den RGW-Staaten regelten.[91] Die Leistungen der DDR in den 1980er Jahren beliefen sich auf 10,4 bis 12,6 Mrd. Ostmark (Karlsch 2008: 57). Weitere Liefermengen wurden kurzfristig auf jährlicher Basis vereinbart (FTEI 1992a). Die im Rahmen des Orenburg-Vertrags 1974 eingegangenen Barterverbindlichkeiten der Sowjetunion waren schon erfüllt, während der Vertrag bis 1998 die fortgesetzte Lieferung von jährlich 2,8 Mrd. m³ gegen Bezahlung vorsah. Der Urengoj-Vertrag sah bis 1990 die Lieferung von jährlich 0,7 Mrd. m³ vor. Für den erst 1986 unterzeichneten Jamburg-Vertrag waren zum Zeitpunkt der Wende die Verpflichtungen der DDR noch nicht vollständig erfüllt worden. Er sah von russländischer Seite ab 1990 die kostenlose Lieferung von 1,5 Mrd. m³ vor. Diese Menge sollte sich bis zum Vertragsende 1998 progressiv auf 3,5 Mrd. m³ jährlicher kostenloser Lieferungen steigern (1992: 2,1; 1993: 2,7; 1994: 3,1; 1995–98: 3,5 Mrd. m³). 1990 erhielt die DDR so 5 Mrd. m³ von der Sowjetunion auf Basis der Langfristverträge, 1991 sank diese Menge durch Wegfall der Menge aus dem Urengoj-Vertrag auf 4,3 Mrd. m³. Zusammen mit den jährlich neu verhandelten Kurzzeitverträgen bezog die DDR vor der Wende 7,9 Mrd. m³ (EER 1992; EnergyEconomist 1991; PLATTS 1990a). Mit der deutschen Wiedervereinigung am 3. Oktober 1990 wurde die Bundesrepublik Vertragspartei dieser zwischenstaatlichen Abkommen.[92]

Die Privatisierung in Deutschland wurde durch die Treuhand abgewickelt. Ruhrgas war dabei bestrebt, ihre Rolle als *gatekeeper* nach Ostdeutschland auszuweiten und wollte die traditionelle Rolle der Gazprom als externer Lieferant wahren. Auf Angebote der Gazprom zu einem gemeinsamen Vertrieb von Erdgas ging man daher nicht ein. Ruhrgas machte dem westdeutschen Wirtschaftsministerium frühzeitig ein „attraktives Angebot" bezüglich der Kontrolle des ostdeutschen Gastransports, die neben einem guten Preis wohl auch Versorgungsgarantien enthielt (PPR 1991b). Die Treuhand ihrerseits war daran interessiert, die Monopolisierung des ostdeutschen Gasmarkts durch Russland zu beenden, weshalb sich die

---

[91] Die RGW-Staaten hatten mit der Sowjetunion Übereinkommen geschlossen, nach denen sie sich an der Erschließung von Gasfeldern und dem Bau der Orenburg-, Urengoj- und Jamburg-Gasleitungen sowie bei der Erschließung der Felder auf sowjetischem Gebiet mit Arbeitskräften und Investitionsgütern beteiligten und im Gegenzug Anrecht auf kostenlose Gaslieferungen hatten. Nach Ablauf der Barter-Zahlungen sahen die Verträge garantierte Lieferungen gegen die Bezahlung mit Transferrubeln oder Gütern vor.

[92] Dies bedeutete, dass angesichts der neuen institutionellen Trennung zwischen Wirtschaft und Staat eine Lösung für den Jamburg-Vertrag gefunden werden musste. Diese bestand darin, dass die Bundesregierung die ostdeutschen Unternehmen, die an der Pipelinetrasse und anderen gaswirtschaftlichen Objekten in der Sowjetunion bzw. Russland arbeiteten, entlohnte (ca. 2,18 Mrd. DM). Gleichzeitig wurde das importierte Gas von den deutschen Gasunternehmen in DM bezahlt. Nach langwierigen Verhandlungen erhielt die BRD im Jahre 2006 € 1,125 Mrd. vom russischen Staat als Ausgleich für diese Vorleistungen. Der russländische Staat subventionierte also die Gazprom mit dieser Summe. Vgl. FTEI (1992b); Handschuch (1992); Thelen (1993); Abkommen zwischen der Regierung der Bundesrepublik Deutschland und der Regierung der Russischen Föderation über den Abschluss der Verrechnungen und die Erfüllung der Verpflichtungen der ehemaligen UdSSR und der Russischen Föderation und der Bundesrepublik Deutschland im Zusammenhang mit der Umsetzung der Jamburg-Abkommen vom 31. Oktober 2006, Bundesgesetzblatt Teil II, Nr. 31, 15.12.2006.

Ruhrgas als Partner anbot. Seit Anfang 1990 wurden dann Ruhrgas und der von Shell, Esso und Ruhrgas kontrollierte Erdgasproduzent BEB Erdgas und Erdöl GmbH seitens der Treuhand in die Umstrukturierung der ostdeutschen Gaswirtschaft involviert, die diese auf die Privatisierung vorbereiten sollte. Die VEB Verbundnetz Gas (VNG) wurde in Vorbereitung der Übernahme durch Ruhrgas und BEB als Unternehmen für Gastransport, Speicherung und Vertrieb aus dem Braunkohleverwertungs-Kombinat Schwarze Pumpe herausgelöst.

Im August 1990 wurde das erste Aktienpaket von der Treuhand an Ruhrgas und BEB privatisiert – Ruhrgas erhielt 35 % und BEB 10 % zum Preis von DM 350 Mio. bzw. 100 Mio. (Otzen 1990). Gazprom ihrerseits sah die ostdeutsche Gaswirtschaft als ihren Machtbereich an und erhielt auch von den dortigen Funktionären die Zusage, dass Gazprom im Falle der Wiedervereinigung weiterhin den ostdeutschen Markt kontrollieren würde.[93]

Angesichts der Abweisung durch Ruhrgas ging Gazprom eine Allianz mit der BASF-Tochter Wintershall ein (vgl. unten Abschnitt 7.4.5). Wintershall hatte eine Sperrminorität an VNG angestrebt, war jedoch angesichts fehlender Lieferverträge leer ausgegangen. Außerdem konnte Gazprom auf Funktionäre der DDR-Gaswirtschaft, wie etwa Hans-Joachim Gornig, zurückgreifen, um ihren Ansprüchen Nachdruck zu verleihen. Einerseits waren sie für Gazprom auf Grund der langjährigen Geschäftskontakte und ihres Insiderwissens der ideale Partner, andererseits hatten sie aber kaum Kapital zu bieten – auch das feste Kapital wurde durch die Treuhand kontrolliert. In einem Versuch, die bisherigen sowjetischen Lieferverträge zu übernehmen, gründete Gornig daher mit anderen Funktionären aus der Gaswirtschaft im Frühjahr 1990 die „Kohle-Energie Erdgascommerz GmbH". Das erklärte Ziel des Unternehmens war, eine Übernahme der sowjetischen Lieferverträge durch Ruhrgas zu verhindern – westdeutsche Unternehmen würden „keine Chance" haben, kündigte die Erdgascommerz noch am 1. Juni 1990 an. Gornig versuchte auch, ein Gemeinschafts- unternehmen mit Gazprom zur Vermarktung von Erdgas zu gründen (BBC 1990; Dahlkamp et al. 2008; Spiegel 1990). Dies sollte sich jedoch nicht bewahrheiten. Gazprom setzte in Folge auch nicht primär auf Gornig, sondern auf ihre neue Partnerschaft mit der in westdeutschen Industriestrukturen verankerten Wintershall, um ihre Ansprüche in Deutschland durchzusetzen.[94] Gazprom und Wintershall gründeten im Herbst 1990 das Gemeinschaftsunternehmen WIEH, das den Gashandel mit Ostdeutschland monopolisieren sollte. Gleichzeitig wurde ein Beherrschungs- und Gewinnabführungsvertrag geschlossen, demzufolge 85 % der Gewinne der WIEH an Gazprom gehen (Bundesgerichtshof 1995; Huber/Kemmer 1991). In der Öffentlichkeit kündigte Gazprom zudem im September an, DM 500 Mio. für Akquisitionen in der DDR-Gaswirtschaft bereitzustellen (Goodhart 1990; PLATTS 1990c). Dies entsprach einem Anteil von 50 % an der VNG.

Im November 1990 kündigte Wintershall an, eine Sperrminorität von 25,1 % an der VNG anzustreben, während Gazprom weitere 20 % erwerben wollte (Dahlkamp et al. 2008; Ingersoll 1990; LLI 1990b). Um diesen Argumenten gegenüber der Treuhand Nachdruck zu verleihen und für Gazprom das notwendige Kapital zu generieren, übte die Gazprom-Wintershall-Allianz wirtschaftlichen Druck aus (Schöbitz 1991). Ein Einfallstor dafür bot die ungeklärte Preisfrage, da die in den bestehenden Verträgen vorgesehene Bezahlung mit Transferrubeln dank der Wirtschafts- und Währungsunion nun prohibitiv teuer geworden war

---

[93]   Quelle: Interview in Moskau, Oktober 2009.

[94]   Gornig wurde allerdings zum Chef der ebenfalls 1990 gegründeten Gazprom Germania in Berlin ernannt, die die Anteile an WIEH hielt.

und wesentlich über den westdeutschen Preisen lag (Handelsblatt 1990a). Um einen neuen Preis zu rechtfertigen, definierten Gazprom und Wintershall die WIEH nicht als Zwischenhändler, der sein Gas an Importeure verkauft, sondern als eigenständiger unabhängiger Importeur von Erdgas in der gleichen Rolle wie Ruhrgas. In Konsequenz wurde VNG als regionaler Ferngasnetzbetreiber aufgefasst, der das Gas zum selben Preis vom Importeur WIEH zu kaufen habe, den regionale Versorger in Westdeutschland an Ruhrgas zahlen. Daraufhin forderte WIEH Ende 1990 für die Mengen aus dem Orenburg-Vertrag und für Mengen, die über Orenburg und Jamburg hinaus geliefert wurden, einen 35 % höheren Preis als der westdeutsche „Waidhaus-Preis", der Grenzübergangspreis für Ruhrgas. Der Aufschlag ergebe sich aus „Marktrisiken", die WIEH als Importeur zu tragen habe (Boersen-Zeitung 1991; FTEI 1991; LLI 1990c; TMSC 1990). Diese Selbstdefinition als Importeur und überregionaler Gaslieferant in der gleichen Klasse mit der Ruhrgas entbehrte damals offensichtlich jeder Grundlage, da WIEH mit einem geringen Stammkapital (heute € 52.000) gegründet wurde und nicht über Pipelines und ähnliche Infrastruktur verfügte. So konnte sie auch etwa nicht die Leistung einer bedarfsgerechten Anpassung der Liefermengen durch Gasspeicherung erbringen, wie sie Ruhrgas als Importeur gegenüber den Ferngasnetzbetreibern in Westdeutschland erbrachte (Kemmer 1991). Ende 1990 wurde dabei zunächst mit der Einstellung der Lieferungen gedroht, die über die Jamburg- und Orenburg-Verträge hinausgingen. Für eine substantielle Beteiligung an VNG wurde hingegen kooperatives Verhalten angekündigt (Handelsblatt 1990a; b; Radzio 1990).

Der wirtschaftliche Druck war vorerst nicht sonderlich erfolgreich. Der Privatisierungsplan des Bonner Wirtschaftsministeriums und der Treuhandanstalt für die restlichen 55 %, der Ende 1990 vorgestellt wurde, wurde auch umgesetzt. Demnach erhielt Wintershall immerhin 15 %, die Produzenten British Gas, Elf, Statoil, Gazprom und Energie Erdgas Gommern (EEG) jeweils 5 %, sowie die ostdeutschen Stadtwerke, die von VNG beliefert werden, die restlichen 15 %. Für ein Prozent des Unternehmens wurden jeweils DM 10 Mio. gezahlt (Handelsblatt 1991a; PLATTS 1990b; 1992a; Reuters 1991c; b). Unklar ist, woher Gazprom die Mittel genommen hat; diese wurden vermutlich von Wintershall vorgestreckt. Gazprom und Wintershall erhielten also schließlich 20 % an dem Unternehmen, was ihnen keinen entscheidenden Einfluss verschaffte. Da Ruhrgas die Anteile der ostdeutschen Stadtwerke vorfinanziert hatte, verfügte sie über zusätzlichen Einfluss. Da nun ein Unternehmen die ostdeutsche Gasversorgung kontrollierte, das nicht über die Infrastruktur zur Versorgung des Gebiets verfügte, während der einzige Versorger des Gebiets außen vor blieb, war die Grundlage für einen „Gaskrieg" gelegt (Leuschner 2008).

VNG überwies indes nur die Zahlungen an WIEH, die den üblichen Grenzübergangspreisen für russländisches Gas entsprachen, die auch Ruhrgas zahlte. Daraufhin verklagte WIEH die VNG im April 1991 auf Grund der zu geringen Zahlungen (Boersen-Zeitung 1991). Währenddessen einigten sich VNG und Gazprom aber auf einen Vertrag zur Lieferung des Jamburg-Gases – für diesen war die Periode der Barterzahlungen ja noch nicht abgeschlossen (Handelsblatt 1991d). Dieses Erdgas wurde in Folge direkt von Gazprom und nicht von WIEH geliefert. Als die VNG allerdings für die Lieferungen der WIEH im dritten Quartal 1991 immer noch nicht den gewünschten Preis gezahlt hatte, entspann sich eine offene Auseinandersetzung (Leuschner 2008). WIEH reduzierte die Lieferungen um knapp 10 % – die Menge, die VNG über die Jamburg- und Orenburg-Verträge hinaus bezogen hatte (LLI 1991; Nakanishi 1991). Diese Mengen konnten von Ruhrgas aber über die Tschechoslowakei ausgeglichen werden. Im Dezember fühlte Gazprom sich auch nicht mehr an die

Lieferverpflichtungen aus dem Orenburg-Vertrag gebunden und drohte mit einer vollständigen Einstellung der Lieferungen, falls VNG nicht bezahlen würde (Handelsblatt 1991c; b; Huber/Kemmer 1991). WIEH war dabei der Auffassung, dass es das Gas unter Nutzung der Pipelineinfrastruktur der VNG auch direkt an Kunden (unter Umgehung der VNG) liefern könne und daher mit einer Einstellung der Lieferungen an VNG nicht die Lieferverpflichtungen aus dem Orenburg-Vertrag verletze, da die VNG lediglich die Durchleitung durch ihre Pipelines verhinderte. Gazprom strebte also Drittparteienzugang zum Pipelinenetz an. Diese Argumentation war jedoch auf Grund der damals fehlenden Regulierung der Infrastruktur zur Durchleitung von Erdgas nicht haltbar (Bundesgerichtshof 1995; PLATTS 1991a; b; PPR 1991a; Reuters 1991a). An der Einstellung der Lieferungen wurde WIEH aber von VNG mit Hilfe einer einstweiligen Verfügung und späteren Gerichtsentscheidung gehindert. VNG und Ruhrgas trugen den Streit an die Öffentlichkeit und skizzierten eine drohende Versorgungskrise. Schließlich führte Ende 1991 eine Schlichtung des Bundeskartellamts dazu, dass VNG sich auf etwas höhere Preise einliess und Nachzahlungen für das früher gelieferte Erdgas leistete (Leuschner 1991).

Die Basis für die Erpressungsversuche der WIEH drohte allerdings zu schwinden, da BEB rasch begonnen hatte, eine Anbindungsleitung nach Westdeutschland zu bauen. Gleichzeitig bauten Gazprom und Wintershall an der STEGAL-Pipeline (vgl. dazu unten Abschnitt 7.4.5) und würden so in der Lage sein, die Kundenbasis der VNG anzugreifen (Leuschner 1992). Vor diesem Hintergrund versuchte Gazprom, den Konflikt auf die politische Ebene zu transformieren. So teilte der Vizepremier Egor Gajdar Ende Januar 1992 dem deutschen Wirtschaftsminister Jürgen Möllemann mit, dass die Belieferung der VNG ab 1. März 1992 vollständig eingestellt würde, wenn nicht jährlich DM 3 Mrd. mehr für Gaslieferungen bezahlt würde. Dies hätte die bestehenden Preise mehr als verdreifacht (Handelsblatt 1992; Leuschner 2008). Auch hätte es die völkerrechtlichen Verpflichtungen Russlands verletzt. Mittels politischer Interventionen der Bundesregierung (EER 1992; LLI 1992; SZ 1994) konnte eine Einstellung der Lieferungen jedoch verhindert werden; allerdings sind die Modalitäten unklar (Leuschner 2008). Nun wurde von Seiten der Wintershall und Russlands versucht, die bestehenden Jamburg- und Orenburg-Verträge als ungerecht und „unmoralisch" zu diskreditieren, da Russland in einer so schwachen Position sei, während VNG Gewinne einstreiche (Knips/Hupe 1992; SZ 1992).[95] Auch versuchte das Gazprom-Managements die Ölpreisbindung aufzulösen, die damals auf Grund niedriger Ölpreise als wenig vorteilhaft beurteilt wurde (FAZ 1994a; b). Vorerst blieb es jedoch nach der politischen Intervention ruhig.

Anfang 1994 drohte WIEH wiederum mit Einstellung der Lieferungen zum 20. Januar, da VNG sich bei Preisverhandlungen unnachgiebig gezeigt habe. Auch für diesen Streit konnte Ruhrgas politische Unterstützung mobilisieren. Nachdem das Bundeswirtschaftsministerium Russland mitgeteilt hatte, dass es die Einstellung der Lieferungen als „eklatanten Vertragsverstoß" werten würde, einigten sich die Kontrahenten bei Verhandlungen in Moskau. Der Preis soll höher als der 1992 vereinbarte Erdgaspreis gelegen haben (Leuschner 1994). Anschließend gelang es, zu einer langfristigen vertraglichen Lösung zu kommen. Die VNG akzeptierte dabei die Rolle des WIEH als Zwischenhändler und gab die Zusage, das russländische Gas in Zukunft über das Erdgashandelshaus zu kaufen. Es wurde ein Lang-

---

[95]   Gleichzeitig wurden von Wintershall entlang der zukünftigen STEGAL-Erdgaspipeline Kunden mit Hilfe von Preisen akquiriert, die unter den gegenüber der VNG gemachten Angeboten lagen, siehe Jaspert (1992).

fristvertrag über 20 Jahre geschlossen, der die Lieferung von 3,5 bis 1998 und ab 1999 7 Mrd. m³ jährlich vorsah, da 1999 die Jamburg-Volumen aus dem separaten Vertrag mit Gazprom fortfallen. Der Preis lag über dem 1992 verhandelten „Petersberg-Preis", aber unter dem ursprünglich von WIEH verlangten Preis (FTEI 1992c; Reuters 1994). Der WIEH gelang es also, sich noch innerhalb der Laufzeit der sowjetischen Verträge als einziger Verkaufspartner gegenüber der VNG zu etablieren und einen höheren Preis durchzusetzen. Die ursprünglichen Forderungen nach einer größeren Beteiligung der Allianz konnte jedoch vorerst nicht durchgesetzt werden.

Nach der heißen Phase der Auseinandersetzungen herrschte ab 1994 ein „Kalter Krieg" zwischen der Gazprom-Wintershall-Allianz und Ruhrgas. Erstere erlangte immer größere Marktanteile, während Ruhrgas sich um *containment* bemühte und ihre langjährigen Beziehungen zu den Kunden einsetzte. Ein Demarkationsvertrag sorgte zudem für eine vorübergehende Aufteilung des ostdeutschen Erdgasmarkts. Dieser wurde allerdings später vom Bundeskartellamt untersagt (Leuschner 2008). Erst nach dem Rücktritt von Černomyrdin als russländischer Ministerpräsident verbesserte sich das Verhältnis von Gazprom zu Ruhrgas wieder.[96]

Nach der Ministererlaubnis zur Fusion von E.ON und Ruhrgas im Jahre 2003 (vgl. unten Abschnitt 7.4.6) war E.ON Ruhrgas aus kartellrechtlichen Gründen gezwungen, ihre Beteiligung an VNG abzugeben. Dabei äußerte auch Gazprom ihr Interesse an der Übernahme des Ruhrgas-Anteils. Auch andere Anbieter wie der norwegische Stromkonzern Statkraft gaben Gebote ab. E.ON Ruhrgas realisierte jedoch eine „deutsche Lösung" bei der das Paket an die Oldenburger EWE verkauft wurde und ein Anteil von 10 % an die Gemeinschaft der ostdeutschen Stadtwerke (MM 2003). EWE hielt schließlich knapp 48 % an dem Unternehmen, während die Stadtwerke eine Sperrminorität hielten. Die höhere Beteiligung der Stadtwerke war auch im Interesse der VNG, da der Wettbewerb um Lieferverträge mit den Stadtwerken dadurch eingeschränkt wurde, da die Stadtwerke als Anteilseigner an einem profitablen Betrieb der VNG ein Interesse haben mussten.

EWE konnte sich mit ihrem Anteil indes nie Einfluss über das Management verschaffen und die erhofften strategischen Effekte nicht realisieren. Dies lag vor allem an der Opposition der Gazprom-Wintershall-Allianz.[97] Der schwelende Konflikt brach 2007 offen aus, als Gazprom und Wintershall gemeinsam mit dem VNG-Management und eigenartigerweise auch den Vertretern der Arbeitnehmer den Chef der EWE vom Posten des Aufsichtsratsvorsitzes stürzten und durch Karsten Heuchert, ein Vorstandsmitglied der Wintershall ersetzen konnten (Leuschner 2007; 2008). Nachdem der EWE ihre Beteiligung so vergällt worden war bekundete Gazprom auch 2007 wieder Interesse an der Erhöhung ihres Anteils, falls EWE diesen auf Grund des Konflikts verkaufen wolle. Das Management der VNG unterstützte dann auch eine Vergrößerung der Gazprom-Beteiligung (PB 2007; Schraven 2007; 2008a; Schroeter 2007). Im September 2009 gelang es Gazprom und Wintershall mit Unterstützung der Stadtwerke und wohl auch der französischen GdF Suez, den bisherigen Aufsichtsratschef Heuchert zum neuen Vorstandsvorsitzenden zu bestellen, der ab 2010 amtierte. Rainer Seele

---

[96]   Quelle: Interview mit Konzernvertretern in Moskau und Berlin, Oktober 2009 und 2011.

[97]   Die VNG konnte auch landespolitische Unterstützung gegen die Kontrolle durch EWE mobilisieren, da VNG 2008 das zweitgrößte Unternehmen Ostdeutschlands und der größte Steuerzahler in Leipzig war. Der Schutz des Managements vor der Kontrolle durch den niedersächsischen Anteilseigner wurde so zu einem landespolitischen Anliegen in Sachsen. Auch die Stadtwerke verhinderten eine stärkere Kontrolle durch EWE, um die „Eigenständigkeit" des Unternehmens zu bewahren.

aus der Wintershall wurde zum Aufsichtsratsvorsitzenden bestellt (Leuschner 2009). Gazprom und Wintershall konnten hier also eine Allianz bilden, um die Kontrolle durch EWE zu verhindern und die Attraktivität der Beteiligung an VNG so möglichst zu verringern.

EWE verkaufte ihren Anteil jedoch zunächst nicht und bemühte sich weiter um größeren Einfluss bei VNG. Erst 2009 gab EWE auf und fand in der EnBW einen interessierten Kaufpartner für die Anteile. Der Beteiligungsversuch an VNG war Teil eines langwierigen Versuchs der EnBW, im russländischen Gasgeschäft Fuß zu fassen. Auf Grund des Beschlusses zum Atomausstieg sollte das letzte Kernkraftwerk des Konzerns 2022 vom Netz gehen und der 2007 angetretene Konzernchef Hans-Peter Villis plante den Ersatz mit Gaskraftwerken. Dazu beteiligte sich EnBW mit 26 % an der EWE und vereinbarte, die Anteile an VNG für € 1,44 Mrd. zu übernehmen. Während die Beteiligung der EnBW vom Management der VNG unterstützt wurde, sperrten sich die Stadtwerke gegen einen Verkauf der Anteile, wieder mit dem Argument, die Eigenständigkeit des Unternehmens müsse gesichert werden (DDP 2009; Focht 2009; Gassmann 2009; Rosenberger 2011). Dies war von Relevanz, da alle Aktionäre einem Verkauf zustimmen müssen. Auch die Gazprom-Wintershall-Allianz gehörte zu den Blockierern (DPA 2009; Leuschner 2009; Schraven 2009).

Dem Beteiligungsversuch der EnBW war eine lange Zusammenarbeit mit dem früher in Deutschland stationierten sowjetischen Diplomaten und vermutlichen Mitarbeiter des Auslandsgeheimdienstes Andrej Bykov, der nun als „Lobbyist" arbeitete, vorausgegangen. Über Jahre flossen über hundert Millionen von EnBW, mit denen Bykov die Stiftung „Heiliger Nikolaus der Wundertäter" zur Unterstützung der staatsnahen russisch-orthodoxen Kirche finanzierte. Außerdem floss Geld für die Beschaffung von Material für Kernkraftwerke. Bykov behauptet, die Unterstützung der Stiftung wäre mit EnBW abgesprochene „Landschaftspflege" zur Anbahnung von Gasgeschäften, während Vertreter der EnBW zwar zugeben, Bykov mit der Anbahnung von Gasgeschäften betraut zu haben, aber behaupten, das Geld sei nur für Beschaffung von Material für die Kernkraftwerke geflossen. Jedenfalls war EnBW 2008 in Verhandlungen mit Gazprom, dem Diamantenkonzern Alrosa und Bykov zur Übernahme der von Alrosa kontrollierten Gas-felder und Durchleitung von Erdgas. Auch soll Gazprom eine 49-prozentige Beteiligung am Stromversorger Yello Strom angeboten worden sein. Die Verhandlungen platzten jedoch, anscheinend da der Mehrheitsaktionär, die französische EdF, von der Geheimsache Wind bekam und das Geschäft torpedierte, da er nicht an Konkurrenz im Gasgeschäft interessiert war. 2009 stellte Bykov daraufhin weitere Lieferungen an die Kernkraftwerke ein, da er sich um seine Erfolgsprämie beim Gasgeschäft betrogen sah. Die EnBW ging in die Offensive und verklagte Bykov; das Vertrauensverhältnis zerschlug sich. Die Verträge im Kernkraftbereich waren jedoch offenbar so schlecht geschrieben worden, dass EnBW nur eine von drei Klagen gegen Bykov wenigstens teilweise gewann (Arzt et al. 2012; Keuchel 2012; Leuschner 2013; Rosenberger 2012; Spiegel 2012; Südwest-Presse 2012).

Vor diesem Hintergrund war die Beteiligung an VNG offenbar der Plan B (Rosenberger 2012), der jedoch nicht glückte, da Gazprom unter gegebenen Bedingungen offenbar weder bereit war, ihren Anteil an VNG auszuweiten, noch Novaték Exportrechte zu gewähren. Villis zeigte sich hingegen verhandlungsbereit. Man könne auf einen Teil des Anteils an VNG verzichten, wenn die zukünftigen Partner bereit wären, strategische Ziele des Zugangs zu Gasvorkommen oder des Baus von Gasspeichern gemeinsam zu realisieren (Schraven

2009). Anstatt weiter mit Gazprom zu verhandeln nahm EnBW Ende 2010 Gespräche mit Novaték über eine mögliche Beteiligung an VNG und Lieferverträge auf und bot ihr bis zu 25 % an dem Unternehmen (NefteCompass 2011b; StZ 2011). Man kann davon ausgehen, dass Gazprom die Verhandlungen gutgeheißen hat, da sie letztlich über die Regelung des Exportmonopols wesentlichen Einfluss auf die Konditionen einer Beteiligung der Novaték nehmen kann. Novaték-Chef Michel'son sagte dazu, dass man eine Beteiligung erwogen haben, diese aber nicht wirtschaftlich gewesen sei (Interfax 2012a). Eine Internationalisierung der Novaték steht also noch bevor, diese würde jedoch das Exportmonopol der Gazprom, wenn auch vielleicht nicht formell, so jedoch faktisch, durchbrechen. Da das Geschäft nicht abgeschlossen werden konnte blieb EWE also auf ihren Anteilen ohne Kontrolle sitzen, während EnBW nicht bei VNG einsteigen konnte.

Das Interesse der Gazprom an der Beteiligung der Novaték könnte mit kartellrechtlichen Beschränkungen zusammengehangen haben. Gazprom ihrerseits hatte bereits Anfang 2010 weitere 5,26 % von der französischen GdF Suez erworben. Dies war die Gegenleistung für eine Einstiegsmöglichkeit bei der Nord Stream Pipeline. Dieser Anreiz dürfte sich bereits auf das Verhalten der GdF Suez bei der Abstimmung über den neuen Vorstand und Aufsichtsrat im Herbst 2009 ausgewirkt haben. Die Anteilseigner der VNG stimmten der Vergrößerung des Gazprom-Anteils mehrheitlich zu, wobei die Stadtwerke, Gazprom, Wintershall und GdF Suez die EWE als größten Eigentümer überstimmten (Leuschner 2010). Damit besitzt die Gazprom-Wintershall-Allianz rechnerisch eine Sperrminorität bei VNG. Diese konnte jedoch bis Anfang 2012 eigentlich noch nicht ausgeübt werden, da Gazprom zur Beschleunigung des Deals mit Gaz de France Suez zunächst auf die Berechtigung zur Ausübung der zusätzlichen Stimmrechte verzichtete.

Der Antrag auf Genehmigung zur Ausübung der Stimmrechte wurde erst im Herbst 2011 bei den Kartellbehörden gestellt (EURGAS 2011). Anfang Februar 2012 wurde der positive Bescheid des Bundeskartellamts erteilt. Zwar werde davon ausgegangen, dass Wintershall und Gazprom gemeinsam handeln und ein gemeinsamer wettbewerblich erheblicher Einfluss auf VNG bejaht. Die Minderheitsbeteiligung sei jedoch „keine nachteilige Verstärkung der Marktposition" der Gazprom, daher sei auch keine Prüfung des Sachverhalts, ob Gazprom marktbeherrschend ist, erforderlich. Die Entscheidung geht dabei von einem national auf Deutschland begrenzten Markt ohne regionale Grenzen aus und trennt die Stufe der Produktion und der überregionalen Ferngasgesellschaften. Gazproms Position als Produzent und gleichzeitiger Eigentümer von Ferngasgesellschaften wurde damit nicht geprüft (Bundeskartellamt 2012a; b).

Die Entscheidung macht deutlich, dass eine Mehrheitsbeteiligung der Gazprom-Wintershall-Allianz neu geprüft würde und wohl weniger Aussicht auf Erfolg hätte. Eine Beteiligung der Novaték könnte hier eine Möglichkeit sein, um mit Russland verbundenen Akteuren die Kontrolle über VNG zu sichern. Eine andere Möglichkeit, deren Realisierung wahrscheinlicher ist, ist die formale Auflösung der Gazprom-Wintershall-Allianz auf dem deutschen Markt. Ende 2012 wurde angekündigt, dass Gazprom Wingas und die anderen Gashandelsunternehmen, sowie die gemeinsamen Gasspeicher in der EU vollständig übernehmen wird. Der Gastransport bleibt hingegen in gemeinsamer Eigentümerschaft. Gleichzeitig erhält Wintershall Zugang zu zusätzlichen Gasfeldern in Russland (Wintershall 2012). Nach der Übernahme könnte Gazprom dann weitere Anteile an VNG erwerben, da der kartellrechtliche Beweis des Zusammenwirkens mit Wintershall wesentlich schwerer würde. Gazprom könnte im Zweifelsfall dennoch die Gefolgschaft der Wintershall durchsetzen, da letztere in erheblicher Weise für die Gasförderung von Gazprom abhängig ist. Da der Pipelinebetrieb ein stark reguliertes Geschäft ist, hat Wintershall geringe Möglichkeiten zur Erzeugung von Gegendruck auf Gazprom.

Wirtschaftliche Rationalität für Gazprom

Zunächst muss der Nettogegenwartswert der Beteiligung geprüft werden. Gazprom verpflichtete sich, wie alle anderen Akteure, DM 10 Mio. für ein Prozent der VNG zu zahlen, also insgesamt DM 50 Mio. für einen Anteil von 5 %. Im Unterschied zu den anderen Aktionären hatte Gazprom aber Anfang der 1990er Jahre noch sehr hohe WACC, der hier entsprechend den Werten von 1997 mit 17,1 % angenommen wird, auf Grund des schlechteren Zugangs zu Kapitalmärkten wahrscheinlich aber noch darüber lag. VNG war Anfang der 1990er Jahre in einer schwierigen wirtschaftlichen Lage – auf Grund der allgemeinen Schwäche der ostdeutschen Wirtschaft brach der Absatz an Industriebetriebe ein, die vorher das hauptsächliche Standbein der Erdgasindustrie gewesen waren. Die Haushaltskunden waren vorher mit Stadtgas aus Kohlevergasung versorgt worden. Daher waren hohe Investitionen zur Umstellung auf Erdgas und zur Gasspeicherung nötig (Boersen-Zeitung 1995a; Otzen 1990). Die VNG schob so in den 1990er Jahren jährlich Verlustvorträge vor sich her und zahlte erst 2000 die erste Dividende aus. In den 2000er Jahren sprudelten dann die Gewinne und Dividenden mit jährlichen Auszahlungen von bis zu € 96 Mio. Für 2011 wurde jedoch wiederum ein Verlust von € 260 Mio. ausgewiesen; auf Grund der teuren Lieferverträge mit Gazprom. 2012 steuerte VNG allerdings wieder in die Gewinnzone, da sie sich mit Gazprom auf günstigere Verträge geeinigt hatte (VNG 2013). Auf Grund der hohen WACC der Gazprom kamen die Dividendenzahlungen jedoch zu spät und waren zu gering um die Investition noch profitabel erscheinen zu lassen: Selbst wenn man die 2010 gezahlten Dividenden mit einer Inflationierung von 2,5 % bis 2030 fortschreibt, weist die Investition noch einen negativen Nettogegenwartswert von DM 38,5 Mio. (knapp € 19,7 Mio.) auf. Auch wenn man den Veräußerungswert des Anteils der Gazprom berücksichtigt, wird der Nettogegenwartswert nicht positiv, obwohl sich der Wert der VNG von 1991–2003 nominal fast vervierfacht hatte. Dies entspricht jedoch nur durchschnittlichen jährlichen Wachstumsraten von knapp 12 % – zu gering für die hohen Kapitalkosten der Gazprom. Nimmt man an, Gazprom habe den Anteil Mitte der 2000er Jahre zu einem Preis veräußert, wie ihn Ruhrgas 2003 erzielte (€ 20,3 Mio. pro Prozentanteil), so wäre der Nettogegenwartswert immer noch mit über € 4 Mio. negativ gewesen. Selbst wenn man annimmt, Gazprom hätte in der Hochpreisphase 2005 oder 2006 etwa einen höheren Preis von € 140 Mio. für ihren Anteil erhalten können, nimmt der Nettogegenwartswert den selben negativen Wert an. Es kann also festgehalten werden, dass die Investition an sich unter den hier verwendeten Rahmenbedingungen keinen positiven Nettogegenwartswert für Gazprom erzeugen konnte (vgl. Abbildung 7.10).

Das gleiche gilt für den Erwerb weiterer Anteile im Jahre 2010, der hier als separate Investition betrachtet wird. Gazprom kaufte 5,26 % von Gaz de France Suez zu einem geschätzten Kaufpreis von € 135,8 – 181,3 Mio. (Mergerstat 2010). Setzt man hier den unteren angegebenen Kaufpreis an und nimmt wiederum die Fortschreibung der Dividendenzahlungen des Jahres 2010 mit einer Inflationierung von 2,5 % an, so ist der Nettogegenwartswert auch nach 20 Jahren noch mit € 110 Mio. negativ. Bezüglich des Wiederverkaufswerts kann hier eine maximale nominale Wertsteigerung des Anteils von jährlich durchschnittlich 8 % angenommen werden. Dies entspräche der Differenz zwischen dem 2003 von Ruhrgas erzielten Verkaufspreis und dem 2008 zwischen EnBW und EWE ausgehandelten Verkaufspreis, und auch der oberen Schwelle des 2010 erzielten Kaufpreises zwischen Gaz de France Suez und Gazprom. Eine jährliche zukünftige nominale Wertsteigerung der Anteile von 8 % erscheint bereits sehr hoch, da EnBW den 2008 ausgehandelten Deal inzwischen nicht mehr durchführen will und die Aussichten auf dem europäischen Gasmarkt eher negativ erscheinen. Dazu passt auch das negative Ergebnis der VNG im Jahre 2011. Sofern Gazprom nicht eine jährliche Wertsteigerungsrate von 10 % erreicht, wird der Nettogegenwartswert daher nicht positiv sein. Internalisierungsvorteile kann Gazprom auch nicht aus der Beteiligung ziehen, da keine Kontrolle ermöglicht wird. VNG ist für Gazprom also keine Portfolioinvestition – die wirtschaftliche Rechtfertigung einer Beteiligung kann nur aus den möglichen strategischen Effekten erwachsen.

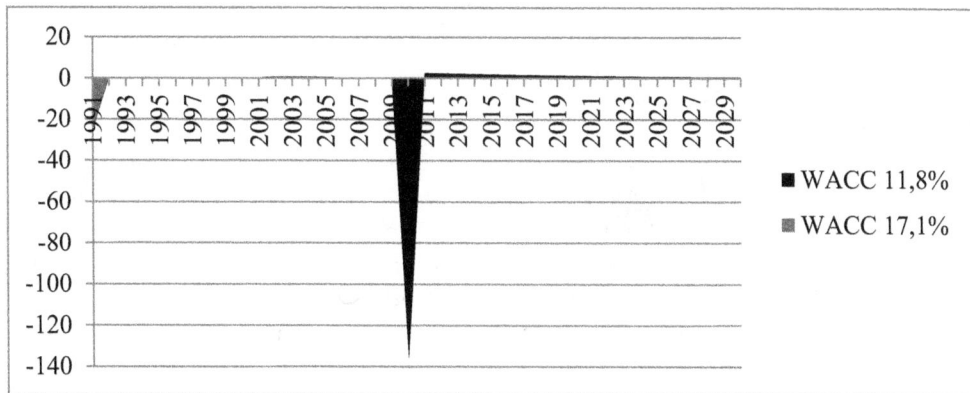

Quelle: Eigene Darstellung, für Kaufpreise der Anteile siehe Nachweise im Text. Für Dividendenzahlungen wurden die Geschäftsberichte des Unternehmens konsultiert. Dividenden ab 2011: Schätzung auf Basis der Dividende von 2010, Inflationierung mit jährlich 2,5 %.
Abb. 7.10: Geschätzte Cashflows aus Beteiligung der Gazprom an VNG, Kauf von Anteilen 1991 und 2010, € Mio.

Was nun die möglichen strategischen Effekte der Beteiligung angeht, so könnten diese darauf gerichtet sein, eine Diversifikation der Gaslieferanten auf dem ostdeutschen Gasmarkt zu verhindern und den Marktanteil russländischen Gases bei hohen Preisen zu erhalten und noch auszuweiten. Außerdem könnte eine Beteiligung darauf gerichtet sein, die Kontrolle über VNG schrittweise herzustellen, um die Diversifikationspolitik des Unternehmens kontrollieren zu können und Einfluss auf die Gestaltung der Kräfteverhältnisse auf dem deutschen Gas- und Energiemarkt zu nehmen. Auf ein solches Ziel deuten auch die Aussagen und Handlungen der Gazprom-Wintershall-Allianz am Beginn der 1990er Jahre hin: Diese waren zunächst darauf gerichtet, die Profitabilität der VNG über ein *margin squeeze* zu verringern – auf den ersten Blick ein recht merkwürdiges Ziel für einen Anteilseigner. Der *margin squeeze* erfolgte durch die Erhöhung der Grenzübergangspreise an die abhängige VNG auf der einen Seite und durch die Geschäftspolitik der Wingas auf der anderen Seite, die der VNG Kunden abwarb. Dabei wurden jedoch Signale gegeben, dass sich das Verhalten bei einer vergrößerten Kontrolle über das Unternehmen ändern würde. Die Annahme liegt nahe, dass die Unabhängigkeit der VNG in diesem Kontext nur durch den „großen Bruder" Ruhrgas gewährleistet werden konnte, der bereit war, an Stadtwerke und andere Großkunden hohe Summen zu zahlen, damit diese ihre Abnahmeverträge verlängerten oder nicht zu Wingas wechselten (Kowalewsky 1992).

Die Annahme, dass Gazprom und Wintershall mittels eines *margin squeeze* Kontrolle über VNG erlangen wollte drängt sich auch daher auf, da mit Wingas gleichzeitig ein Konkurrent zu dem Unternehmen aufgebaut wurde, an dem man selbst beteiligt war. Wingas baute eigene Pipelines und warb Kunden von VNG ab (vgl. unten Abschnitt 7.4.5). Die gleichzeitige Beteiligung an VNG ist nur verständlich, wenn dem eine Strategie zu Grunde liegt, die auf eine Stärkung des Einflusses über VNG zielt oder die Entstehung von Wettbewerbern zu verhindern sucht.

Die Strategie wurde bisher auch noch nicht durch die Kartellbehörden gestoppt. Da Wingas und VNG 2010 gemeinsam ca. 40 % des deutschen Großhandels von Erdgas kontrollierten, würde die Erlangung der Kontrolle durch die Allianz von Gazprom und Wintershall vermutlich auf wettbewerbsrechtliche Bedenken stoßen. Die Entscheidung des Bundeskartellamts (Bundeskartellamt 2012a) hat dabei deutlich gemacht, dass die Allianz zwischen Gazprom und Wintershall auch wettbewerbsrechtlich als solche erkannt wird, also ein Zusammenwirken von Gazprom und Wintershall nach § 37 I Nr. 4 GWB bejaht wird. Da sich Gazprom und Wintershall auf dem deutschen Markt nun weitgehend trennen werden, unterläge der Erwerb von weiteren Anteilen durch Gazprom einer erneuten Prüfung, die Schwierigkeiten haben wird, das Zusammenwirken mit Wintershall zu beweisen.

Was den Erwerb der Anteile im Jahre 1991 anbetrifft, so können diese als wirtschaftlich motiviert bezeichnet werden, da Gazprom dadurch die strategischen Möglichkeiten eines Anteilseigners erst erhielt. Insbesondere konnte sie den Erwerb zusätzlicher Anteile durch außenstehende Anteilseigner verhindern. Dadurch konnten strategische Effekte realisiert werden, wie etwa die Verhinderung der Entstehung eines dominanten Aktionärs in Gestalt der EWE oder die Einbeziehung in Verhandlungen mit der EnBW. Auch konnte Gazprom zu Beginn der 1990er Jahre noch erwarten, dass die Strategie des *margin squeeze* aufgehen würde und sie schließlich Kontrolle über das Unternehmen erlangen könnte. Nicht zuletzt ergaben sich aus der Anteilseignerschaft auch informationelle Vorteile, die für das eigene Geschäft genutzt werden konnten.

Die gegenüber VNG angewendete Strategie eines *margin squeeze* und die Drohungen mit Einstellung der Lieferungen führten aber zu einer rascheren Reduktion des russländischen Erdgasanteils in Ostdeutschland als bei einer anderen Strategie zu erwarten gewesen wäre. So bauten BEB und Ruhrgas sehr rasch Pipelines zum Anschluss an das westdeutsche Erdgasnetz. Gazprom hätte dies jedoch mit einer anderen Strategie, etwa dem Angebot günstigen Erdgases wohl lediglich verlangsamen können, da Ruhrgas schon vorab erklärt hatte, den russländischen Anteil an der ostdeutschen Erdgasversorgung verringern zu wollen (Skopcov/Černova 1991). Daher hat Gazprom keine langfristigen strategischen Verluste durch ihr aggressives Vorgehen erlitten, während kurzfristig höhere Erlöse erzielt wurden.

Auf Grund der Chancen auf strategische Gewinne und des recht geringen Kapitaleinsatzes war die frühe Beteiligung im Jahre 1991 so wirtschaftlich rational. Geht man also davon aus, dass Gazprom keine politischen oder rechtlichen Zusicherungen erhalten hat, so war der Kauf der Anteile im Jahre 2010 recht risikoreich gewesen, da Gazprom nicht sicher sein konnte, die kartellrechtliche Zustimmung zu erhalten.

Auch wenn Gazprom bis zum Ende des Bearbeitungszeitraums keinen starken Einfluss auf die Geschäftspolitik der VNG erlangen konnte – diese diversifizierte ihr Bezugsportfolio immer weiter auf Kosten des Anteils russländischen Gases und wurde auch in der Gasförderung in Norwegen und Dänemark aktiv (VNG 2011b; 2013) – so konnte sie doch über ihre Anteile entscheidenden Einfluss auf die Struktur der Anteilseigner nehmen und auf diese Weise die Machtverhältnisse auf dem deutschen Energiemarkt beeinflussen. Die Macht der Gazprom liegt daher bei VNG weniger in der Gestaltung der Geschäftspolitik, sondern in der Verhinderung von Marktstrukturen, die für Gazprom negativ sein würden, wie etwa die Entstehung starker Wettbewerber auf dem deutschen Energiemarkt. Dabei konnte Gazprom gemeinsam mit Wintershall erhebliche Macht ausüben, wie die Episode um die Kontrolle des Aufsichtsrats und mit den Übernahmeversuchen von EnBW gezeigt hat. Der Einfluss wird durch den Entscheid der Kartellbehörde weiter gestärkt, da Gazprom und Wintershall nun eine Sperrminorität besitzen. Zukünftig könnte Gazprom gemeinsam mit Wintershall sogar die Mehrheit an dem Unternehmen erlangen und ihr ursprüngliches Ziel der Kontrolle realisieren.

Gazprom konnte durch die Investition also Einfluss auf die Marktstruktur in Deutschland nehmen und diese zu den eigenen Gunsten verändern. Bisher beschränkte sich dies auf negative Gestaltungsmacht, die in der Verhinderung von starken Rivalen auf dem deutschen Gasmarkt besteht. Insofern ist ein wirtschaftliches Interesse der Gazprom aus strategischen Effekten zu bejahen. Die wirtschaftliche Rationalität würde noch gestärkt, wenn es im Zuge der Auflösung der Partnerschaft mit Wintershall auf dem deutschen Gasmarkt gelänge, weitere Anteile an VNG zu übernehmen. Eine informalisierte Gazprom-Wintershall-Allianz würde dann die VNG kontrollieren.

Wirtschaftliche Rationalität der Beteiligung der Novatėk

Nun muss noch die Rationalität der potentiellen Investition von Novatėk geprüft werden, die 2011 eine Zeit lang im Raum gestanden hat. Für Novatėk wäre der Nettogegenwartswert einer Beteiligung von 25 % ebenso negativ, wie sie es für Gazprom im Jahre 2010 gewesen ist. EnBW würde ihre Anteile an VNG, die sie zuvor von EWE erworben hatte und dann teilweise an Novatėk weitergeben würde, wohl keinen niedrigeren Verkaufspreis als den Preis der Erwerbung hinnehmen. Novatėk hat jedoch noch höhere WACC als Gazprom, wodurch der Nettogegenwartswert der Investition noch stärker ins Negative rutscht. Der Nettogegenwartswert für Novatėk muss hier daher nicht erneut berechnet werden, da die Aussagen mit der Berechnung für Gazprom identisch sind. Alternativ kann man annehmen, dass EnBW einen Anteil an einem Gasfeld der Novatėk gegen den Anteil an VNG tauschen wollte. Dies hätte die Kapitalkosten für Novatėk wohl senken können, da der russländische Markt für Gasaktiva beschränkt ist und wohl im Austausch mit EnBW ein besserer Preis hätte erzielt werden können als wenn Novatėk versucht hätte, den Anteil an Gasfeldern anderweitig zu veräußern. Allerdings käme diese Beteiligung für EnBW wohl nur in Frage, wenn sie das Erdgas auch exportieren könnte, oder zumindest wie bei den Investitionen von E.ON Ruhrgas und Wintershall in Gasfelder der Gazprom einen höheren Preis als den Preis auf dem russländischen Inlandsmarkt für das geförderte Gas erhalten würde. Einen solchen Preis kann Novatėk jedoch nicht zahlen, wenn sie selbst nicht exportieren kann. Die wirtschaftliche Rationalität des Einstiegs bei VNG steht und fällt also damit, ob Novatėk das Exportmonopol der Gazprom aufbrechen kann oder nicht.

Für Gazprom wäre eine gewisse Liberalisierung des Exportmonopols aus zwei Gründen interessant, die beide mit Regeln innerhalb der EU zusammenhängen. Zum einen erlaubte das deutsche Kartellrecht wohl keine weitere Aufstockung des Gazprom-Anteils an VNG.

Eine Beteiligung der Novatèk könnte genutzt werden, um Einfluss der Gazprom zu verschleiern. Da Gazprom weiterhin Kontrolle über Pipelines und Exportmonopol ausübt wäre das Setzen wirtschaftlicher Anreize für Novatèk einfach, um das gewünschte Abstimmungsverhalten sicherzustellen. Für Kartellbehörden wäre hingegen der Beweis eines konzertierten Handelns rechtlich nicht so leicht zu erbringen. Eine kartellrechtliche Prüfung der Beteiligung von Novatèk könnte wiederum das Zusammenwirken der Aktionäre zum Ausgangspunkt nehmen. Als Argumente könnten hier die mögliche Beherrschung der Novatèk durch Gazprom erstens über das Pipeline- und Exportmonopol, zweitens über die Minderheitsbeteiligung der Gazprom an Novatèk, und drittens die mögliche Koordination von Gazprom und Novatèk durch politische Akteure[98] dienen. Die Auflösung der Allianz mit Wintershall auf dem deutschen Markt erlaubt Gazprom wahrscheinlich, weitere Anteile an VNG zu erwerben, ohne auf kartellrechtlichen Widerstand zu stoßen. Daher ist dieser erste Grund Ende 2012 obsolet geworden.

Zum zweiten ließen sich wesentlich höhere Gewinne der Gazprom aus Zugeständnissen der EU-Kommission bei der Umsetzung des Dritten Marktliberalisierungspakets generieren. Gazprom strebt an, für die Pipeline-Großprojekte Nord und South Stream Ausnahmen von der Regulierung zu erreichen, um andere Marktteilnehmer vom Drittparteienzugang ausschließen zu können. Für die OPAL-Pipeline von der Ostsee nach Tschechien ist dies teilweise gelungen, nicht jedoch für die NEL-Pipeline (siehe unten Abschnitt 7.4.6). Die EU-Kommission hat hier Entgegenkommen signalisiert, wenn das Exportmonopol liberalisiert würde (Ljutova 2013). Wahrscheinlich würde das Zulassen von Exporten der Novatèk genügen, um die EU zu Zugeständnissen zu bewegen.

Dieser Schritt würde jedoch auch Kosten generieren. Diese variieren je nachdem wie gut Gazprom den Exportkanal nach einer möglichen „Liberalisierung" noch kontrollieren könnte. In dem Maße, in dem kommerziell verbindliche und vor unabhängigen Gerichtsbarkeiten einklagbare Verträge zwischen Novatèk und VNG, und auch zwischen Novatèk und EnBW geschlossen würden, wären Rechte nicht mehr leicht einschränkbar. Das Verhalten der Novatèk könnte dennoch durch die Abhängigkeit der Novatèk vom Exportkanal und den Pipelines der Gazprom relativ gut kontrolliert werden, sofern Gazprom für ein Vorgehen gegen Novatèk politische Rückendeckung erhalten würde. Dies könnte sicherstellen, dass von der Möglichkeit der Anrufung von unabhängigen Arbitragegerichten kein Gebrauch gemacht würde. Allerdings könnte das Verhalten der EnBW nicht so gut kontrolliert werden. Dazu müssten politische Akteure eingreifen. Letztlich könnte es zu einer Situation kommen, in der Gazprom gewisse Marktanteile verliert. Die Kosten einer – wenn auch nur teilweisen –Liberalisierung des Exportmonopols der Gazprom wiegen daher längerfristig schwer. Bevor nicht alle anderen Möglichkeiten zur Ausübung von Druck auf die EU-Kommission zwecks Verwässerung des Dritten Liberalisierungspakets ausgeschöpft sind, wird Gazprom diesen Schritt daher nicht zulassen.

Die Beteiligung wäre für Novatèk wirtschaftlich nur lohnenswert, wenn damit eigene Exporte ermöglicht würden. Vor dem Hintergrund substantieller langfristiger Kosten wollte Gazprom wohl keine rechtlich abgesicherten Zugeständnisse gegenüber Novatèk machen, weshalb diese von einer Beteiligung absah. Die wirtschaftliche Rationalität der Investition der Novatèk ist also vom Verhalten der Gazprom abhängig. Novatèk handelte wirtschaftlich

---

[98]   Diese Möglichkeit besteht, da beides Akteure mit viel korporatistischem Kapital sind. Die Koordination wurde auch in Interviews bestätigt.

rational, indem sie in Abwesenheit von Zugeständnissen der Gazprom auf die Investition verzichtete.

Rationalität für politische Akteure

Den außenpolitischen Interessen russländischer politischer Akteure entsprachen beide Beteiligungen der Gazprom an VNG, da sie die Chancen erhöht hat, dass Gazprom Kontrolle über das Unternehmen erhält und so den Marktanteil russländischen Gases in Deutschland und Europa erhöhen kann. Auch wird dadurch tendenziell der Einfluss westlicher Unternehmen verringert, was ebenfalls als Vorteil gesehen werden kann. Gazprom wurde damit auch zu einem wichtigen Spieler innerhalb des Clubs deutscher Gasversorger, da Gazprom wiederholt bei der Organisation von Vetos mitwirken konnte.

Das Verhalten der Gazprom in den 1990er Jahren zielte auf eine vollständige Kontrolle über VNG ab, was ebenfalls im Interesse politischer Akteure gewesen wäre. Die damit verbundenen häufigen Konflikte um Preise und die Drohungen der Gazprom hatten jedoch das Potential, die politischen Beziehungen zu Deutschland zu belasten und taten dies zeitweise auch. Dies war nicht im Interesse politischer Akteure. Allerdings ging daraus keine längerfristige Belastung der Beziehungen hervor. Die längerfristigen politischen Kosten des Verhaltens der Gazprom waren daher nicht erheblich.

Auch eine Beteiligung der Novaték entspräche den außenpolitischen Interessen, da dadurch die Kontrolle russländischer Akteure über VNG trotz kartellrechtlicher Vorschriften hergestellt werden könnte. Es würde größere Erdgasexporte und Wirtschaftswachstum zur Folge haben. Die Abhängigkeit Deutschlands von russländischen Erdgaslieferungen stiege, was auch als politisches Druckmittel genutzt werden kann. Zudem kann Gazprom durch die Erzeugung von Konkurrenz diszipliniert werden. Um den Deal für Novaték interessant zu machen, müsste jedoch das Exportmonopol der Gazprom aufgebrochen werden. Auf der Kostenseite schlägt sich nieder, dass Erdgaslieferungen in diesem Fall nicht mehr in gleicher Weise zur Erlangung von Konzessionen gegenüber dem Ausland genutzt werden könnten. Die politische Kosten-Nutzen-Rechnung einer Liberalisierung führt daher je nach Kontext zu unterschiedlichen Ergebnissen. Sinken die Exporte der Gazprom stark ab, so steigt der Druck zur Liberalisierung. Sofern Gazprom dies jedoch korrigieren kann, sind politische Akteure nicht an einer Liberalisierung des Exportmonopols interessiert. Zudem werden außenpolitisch orientierte Eliten die Liberalisierung eher ablehnen, da der Verlust strategischer Handlungsfähigkeit schwerer wiegt als die vorübergehende Verringerung von Abhängigkeiten. Mit der formalen Auflösung der Partnerschaft zwischen Wintershall und Gazprom auf dem europäischen Erdgasmarkt ist zudem eine alternative Möglichkeit zur Erhöhung von Kontrolle vorhanden, die keine politischen Kosten verursacht.

In innenpolitischer Hinsicht muss der Erwerb der Anteile durch Gazprom in den 1990er Jahren als wenig vorteilhaft bewertet werden. Gazprom tätigte eine wirtschaftlich sehr unvorteilhafte Investition im Ausland, während im Inland großer Kapitalbedarf bestand. Dies half nicht, die wirtschaftliche Sicherheit zu erhöhen. Die Investition im Jahre 2010 war hingegen aus innenpolitischer Sicht lohnenswert, da sich mit ihr weitere strategische Effekte realisieren lassen und die wirtschaftliche Sicherheit wohl erhöht wird. Wenn Gazprom nach Auflösung der Allianz mit Wintershall weitere Anteile erwerben kann, so wird sich die Investition von 2010 erst recht gelohnt haben.

Rationalität für Akteure im Zielland

Für *politische* Akteure im Zielland war eine größere Beteiligung der Gazprom an VNG zu verschiedenen Zeitpunkten aus unterschiedlichen Gründen negativ. Energiesicherheits-politisch war nach der Auflösung der DDR kein Anteilseigner erwünscht, der an der fortgesetzten Abhängigkeit der DDR von sowjetischen bzw. russländischen Gaslieferungen interessiert war. Insofern war man an Anteilseignern interessiert, die eine rasche Diversifikation der Bezugswege und Lieferanten Ostdeutschlands herbeiführen würden, was durch Ruhrgas gewährleistet wurde.

In den 2000er Jahren war man auf Grund der bereits bestehenden Marktmacht der Wingas auf dem deutschen Gasmarkt nicht daran interessiert, dass Gazprom einen weiteren Gasgroßhändler kontrollieren würde. Dies könnte den Wettbewerb einschränken. Dieses Interesse wurde in Form des Kartellrechts objektiviert und verallgemeinert. Positiver würde eine Investition der Novaték ausfallen, da diese makroökonomische Vorteile durch günstigere Gasbezüge anbieten könnte. Dies wäre energiesicherheitspolitisch allerdings nicht mit den Diversifizierungsvorteilen verbunden, wie sie etwa LNG-Importe böten.

Da 2013 die Beteiligung der Novaték wohl nicht mehr zur Debatte steht rückt der potentielle Nutzen einer etwa größeren Beteiligung der Gazprom in den Vordergrund. Den energiesicherheitspolitischen Kosten steht generell ein wirtschaftliches Interesse an günstigeren Gaslieferungen gegenüber, wie sie Gazprom im Gegenzug für größere Kontrolle anbieten könnte. Bisher versuchte Gazprom jedoch, an der Ölpreisbindung festzuhalten, weshalb sich auch die makroökonomischen Vorteile nicht aufdrängten.

Korporative Akteure wie die EnBW oder Wintershall haben hingegen ein Interesse an der Beteiligung russländischer Konzerne an VNG. Für diese Akteure sind die Tauschgeschäfte interessant, die sich mit einer Beteiligung verbinden lassen. Wintershall kann dadurch ihre bestehende Partnerschaft mit Gazprom vertiefen und erhält evtl. besseren Zugang zu weiteren Gasfeldern in Russland. Dies stand für EnBW sogar im Mittelpunkt der Gespräche, da sie als neuer Akteur in das Gasgeschäft einsteigen will und dazu eine Beteiligung an russländischen Gasfeldern erlangen wollte. Dabei waren jedoch interne Probleme in der EnBW für ein weitgehendes Scheitern der Pläne verantwortlich. Vermutlich wird man in Zukunft direkt mit Gazprom zusammenarbeiten und einen Teil der Anteile an VNG veräußern.

VNG: Langfristige Strategie zur Erlangung von Kontrolle

Obwohl Gazprom schon bei der Privatisierung der VNG an dieser beteiligt wurde und erheblichen wirtschaftlichen Druck zur Erlangung weiterer Anteile ausübte, war sie bis Ende 2011 ohne wesentlichen Einfluss auf das tägliche Management geblieben. Allerdings konnte Gazprom durch ihre Beteiligung die Entstehung eines dominanten Anteilseigners verhindern und Einfluss auf die Ernennung des Managements und die strategische Ausrichtung des Unternehmens nehmen. Dank der positiven Entscheidung der Kartellbehörde ist der Einfluss der Gazprom seit 2012 gestiegen. Angesichts der Schwäche und internen Rivalitäten in der deutschen Energieindustrie könnte es 2013 auch zur Kontrolle der VNG durch mit Gazprom verbundene Akteure kommen – ein Ziel, das Gazprom seit der Wendezeit angestrebt hat.

Auffällig ist dabei der sehr lange Atem der Gazprom, die gemeinsam mit Wintershall ohne Unterlass danach gestrebt hat, die Kontrolle über VNG auszuweiten. Dabei konnten zwar einzelne Eigentümerwechsel, wie etwa von Ruhrgas zu EWE, nicht verhindert werden, wohl aber deren Kontrolle über das Unternehmen. Auch konnte die Handelbarkeit der Anteile wesentlich eingeschränkt werden, sodass an Gazprom und Wintershall vorbei keine Geschäfte mehr getätigt werden konnten. Dies verweist auch auf den hohen Nutzen der Zusammenarbeit mit Wintershall. Die Auflösung der formalen Partnerschaft mit Wintershall auf dem deutschen Erdgasmarkt könnte hier nur ein weiterer Schritt sein, der den Interessen der Gazprom entspricht, da so die gemeinsame Kontrolle über VNG vollständig hergestellt werden kann.

Novaték hingegen konnte nicht mit der Unterstützung politischer Akteure zur Durchbrechung des Exportmonopols rechnen. Zu stark waren die Macht der Gazprom und auch das Interesse politischer Akteure am Erhalt des Exportmonopols. So steht ein Multinationalisierungsschritt der Novaték noch bevor.

Die Gazprom verhielt sich dabei wirtschaftlich rational, da ihre Investitionen zwar keinen positiven Nettogegenwartswert, aber strategische Effekte generierten. Gazprom konnte so informationelle Vorteile erhalten und gemeinsam mit Wintershall Einfluss auf die Ausgestaltung der Kontrolle in der deutschen Gaswirtschaft auf Ebene der Gasimporteure und Hochdrucknetzbetreiber nehmen. So konnte der Einfluss des Konkurrenten Ruhrgas schrittweise zurückgedrängt und die Kontrolle durch einen neuen starken Aktionär vermieden werden. Diese Kontrolle könnte sich in Zukunft auch auf das Tagesgeschäft der VNG ausweiten, wenn Gazprom nach Auflösung ihrer Partnerschaft mit Wintershall auf dem deutschen Markt weitere Anteile erwerben kann.

Novaték verhielt sich ebenfalls wirtschaftlich rational, da sie ohne ein Aufbrechen des Pipelinemonopols nicht in VNG investierte. Dies wäre keine lohnenswerte Investition gewesen, da Novaték weder Zugang zu Exportmärkten erhalten hätte, noch lukrative Investitionen der EnBW in eigene Gasfelder hätte anziehen können. Gazprom und politische Eliten waren nicht zum Aufbrechen des Exportmonopols bereit, da dies substantielle Konkurrenz für Gazprom, sowie außenpolitische Kosten verursachen könnte. Mit der Auflösung der Allianz mit Wintershall auf dem deutschen Markt stand zudem eine andere Strategieoption offen, die ebenfalls russländische Kontrolle über VNG erlauben könnte.

Die Beteiligungen der Gazprom entsprechen auch den außenpolitischen Interessen der politischen Elite, da dadurch der Einfluss Russlands in der deutschen Energiewirtschaft gestärkt wurde. Sie würde auch durch die Übernahme weiterer Anteile durch Gazprom vergrößert. Den innenpolitischen Interessen entsprach die Beteiligung hingegen nicht, ebenso wenig wie sie den Interessen der politischen Akteure in Westdeutschland entsprochen hatte.

Die von Gazprom eingesetzten Instrumente sind bemerkenswert. Sie waren in den 1990er Jahren davon geprägt, dass Gazprom die Versorgung Ostdeutschlands infrastrukturell kontrollierte, das Versorgungsunternehmen aber in Hand der Gegenseite war. Gazprom erhielt dabei fast immer ihren Willen, wenn auch manchmal erst nach längerer Zeit. Mit Hilfe der Ressourcen ihres Partners Wintershall konnte sie in den 1990er Jahren Erpressung durchführen, die zumindest teilweise erfolgreich war. So wurden zwischenstaatliche Verträge (Orenburg, Jamburg) erfolgreich privatisiert und als Druckmittel eingesetzt. Die Ruhrgas auf der Gegenseite transformierte den Disput auf die politische Ebene, woraufhin Gazprom in politischen Verhandlungen Teilforderungen durchsetzen konnte. Auch Gazprom konnte dann auf russländischer Seite politische Akteure einbeziehen, die ebenfalls mit Vertragsbruch drohten. Gleichzeitig wurde der Druck auf Ruhrgas erhöht, da im Rahmen eines versuchten *margin squeeze* die Kunden der VNG vom Gemeinschaftsunternehmen Wingas abgeworben wurden, das günstigere Einkaufskonditionen als VNG erhielt. So konnte der Erdgaspreis durch Erpressung schrittweise erhöht werden, wenn auch vorerst keine Erhöhung der Beteiligung erreicht wurde.

Gegen Ende der 1990er Jahre wurde der offene Konflikt beigelegt und Gazprom konzentrierte sich auf die Konkurrenz mit der Wingas, um Marktanteile zu gewinnen. Gleichzeitig arbeitete Gazprom primär mit Allianzbildung zur Organisation von Vetomacht in der VNG, um Kontrolle durch neue Anteilseigner zu verhindern und die Wahrscheinlichkeit zu erhöhen, dass weitere Anteile verkauft werden. Die Attraktivität der Investition in die VNG für ungeliebte Anteilseigner wie die EWE konnte so durch geschickte Allianzbildung erfolgreich verringert werden, sodass die Wahrscheinlichkeit eines Verkaufs der Anteile stieg.

Gazprom konnte ihre Kontrolle und den Anteil indes zunächst ausweiten, indem sie ihre Zugangskontrolle zur russländischen Ressourcenbasis und zu lukrativen Investitions-projekten einsetzte. So verkaufte GdF Suez Anfang 2010 einen weiteren Anteil an Gazprom. Nun kam an der Gazprom-Wintershall-Allianz niemand mehr vorbei. Wintershall bzw. ehemalige Wintershall-Mitarbeiter stellten anschließend sowohl Aufsichtsrats- als auch Vorstandschef. Die Vetomacht bekam auch die EnBW zu spüren, die ihre Übernahme nicht wie geplant durchführen konnte. Da Gazprom aus kartellrechtlichen Gründen an weiteren Anteilen vorübergehend nicht interessiert war, brachte Gazprom die Novaték ins Spiel. Sie zog sich jedoch wegen mangelnder Bereitschaft der Gazprom und politischer Akteure zur Aufgabe des Pipelinemonopols wieder zurück. Hier zeigt sich, dass Gazprom gemeinsam mit politischen Akteuren auch wirtschaftlichen Pluralismus gezielt herstellen und wieder einschränken kann. Eine Entflechtung der Allianz mit Wintershall auf dem deutschen Erdgasmarkt erschien Gazprom und politischen Akteuren hingegen vorteilhaft gegenüber Pluralisierung, um erhöhte Kontrolle zu ermöglichen. Das Interesse der Gazprom an Anteilen der EWE bzw. EnBW dürfte sich daher wiederum erhöhen.

Gazprom handelte entsprechend der Hypothesen. Das Verhalten in den 1990er Jahren entspricht der ersten Hypothese: Gazprom handelte wirtschaftlich rational, bezüglich der Gaspreise an kurzfristigen Gewinnen orientiert und konnte auch politische Akteure für ihre Interessen einspannen. Das Verhalten während des verfestigten patrimonialen Kapitalismus entspricht ebenfalls der vierten Hypothese, da Gazprom sowohl wirtschaftlich rational handelt, als auch politische Interessen verfolgt. Staatliche Instrumente blieben dabei allerdings im Hintergrund, da es sich um korporative Auseinandersetzungen handelte. Politische Akteure dürften allerdings das Vorgehen koordiniert haben, wie etwa die Einbeziehung der Novaték. Novaték kann hingegen mit weniger Unterstützung rechnen als die vierte Hypothese erwartet hätte. Dies liegt wohl an der starken Konkurrenz durch Gazprom, die Novaték zwar als Erfüllungsgehilfin nutzen, aber keine wirtschaftlichen Zugeständnisse machen will. Auch bestehen Kosten für politische Akteure, falls diese den Kreis an Akteuren mit Zugang zu Exportmärkten pluralisieren.

Der gescheiterte Versuch der EnBW, mit Hilfe des Lobbyisten Bykov auf den russländischen Erdgasmarkt vorzudringen, zeigt die Gefahren auf, die sich aus personalisierten Geschäftsbeziehungen ergeben. Offenbar vertrauten die Akteure der EnBW auf die Fähigkeiten einer Einzelperson zur Anbahnung von Geschäften. Dies scheiterte jedoch auf Grund von Konflikten in der EnBW und wohl auch aus dem Grund, dass Bykov als *gatekeeper* agieren konnte, über den EnBW keine Kontrolle hatte. Seine Informationen konnten durch EnBW so nicht verifiziert werden. Dies kam die EnBW teuer zu stehen.

7.4.5   Wingas: Pipelinekonkurrenz auf dem deutschen Erdgasmarkt

Kurz nach ihrer Gründung und noch vor Auflösung der Sowjetunion ging Gazprom im Jahre 1990 eine Partnerschaft mit der BASF-Tochter Wintershall ein und gründete zunächst das bereits bekannte Erdgas-Handelshaus WIEH und drei Jahre später das Gemeinschaftsunternehmen Wingas, das Hochdruckpipelines für Erdgas in Deutschland bauen und betreiben, sowie Gas an Großkunden verkaufen würde. Dies fand im Kontext der Strategie auf dem ostdeutschen Erdgasmarkt statt (vgl. auch oben Abschnitt 7.4.4), war aber auch eine Strategieänderung auf dem gesamtdeutschen Erdgasmarkt, da Gazprom fortan in direkte Konkurrenz zu dem Gas trat, das sie an Ruhrgas verkaufte. Wingas baute schrittweise ein Pipelinesystem von über 2000 km auf und konnte ihren Marktanteil in Deutschland auf ca. 20 % ausweiten. Wingas verfügt mit ihren Tochtergesellschaften auch über Anteile an Erdgasspeichern in mehreren westeuropäischen Staaten. Wingas ist daher mit € 1,88 Mrd. Anteilswert (Gazprom 2008b) die größte einzelne Auslandsdirektinvestition von Gazprom, die bis zum Ende der Bearbeitungszeit getätigt wurde. Ende 2012 kündigten Gazprom und Wintershall an, dass Gazprom die Wingas und andere auf dem europäischen Markt tätige Gemeinschaftsunternehmen vollständig übernehmen würde, nicht aber die Tochtergesellschaft Gascade, die die Anteile an den Pipelines des Unternehmens hält (Kaiser 2013; Wintershall 2012).

Wintershall selbst war traditionell in der Gas- und Ölförderung aktiv, war zuvor aber nicht im Gasvertrieb tätig geworden. Sie hatte aber ihre Muttergesellschaft, den weltgrößten und damit kapitalstarken Chemiekonzern BASF im Rücken, der wohl Deutschlands größter Gasverbraucher ist und daher an günstigeren Einkaufsbedingungen interessiert war. Der Quasi-Importmonopolist und traditionelle Partner der Gazprom, Ruhrgas, war jedoch nicht bereit sein Monopol aufzugeben, woraufhin Wintershall den Bau einer eigenen Importpipeline plante und dazu nach Gaslieferungen suchte. Verhandlungen mit Norwegen scheiterten, da Statoil die Struktur der Gasmärkte nicht aushebeln wollte. Die Gründung der Gazprom als sowjetisches Unternehmen eröffnete der BASF hier jedoch neue Perspektiven, da Gazprom nach schnellen Wegen suchte, ihre Einnahmen zu erhöhen. Gazprom und Wintershall kooperierten dann für ca. 20 Jahre nicht nur im *midstream,* sondern auch im *upstream*-Bereich, wo Wintershall Beteiligungen erwerben konnte. Der Ende 2012 angekündigte Ausstieg der BASF aus dem Gashandel, nicht aber aus dem Pipelinebetrieb wirft Fragen auf, da Wintershall weiter in der Gasförderung aktiv ist, also Erdgas produziert, das vertrieben werden kann. Gleichzeitig wurde die Beteiligung am durch die Anreizregulierung wenig lukrativen Pipelinesystem beibehalten.

Projektbeschreibung und Prozesse

Das Projekt wurde in einer Umbruchphase begonnen, schon kurz nachdem Gazprom gegründet worden war, während sich die DDR und Sowjetunion in Auflösung befanden. Da Gazprom Anfangs keinen Zugriff auf die Einnahmen aus dem Außenhandel besaß, waren die Anreize für das Management zur Schaffung alternativer Einnahmequellen groß. Deutlich wird auch die Rolle von DDR-Eliten und -Netzwerken bei der Strategieänderung.

Um die Strategieänderung zu verstehen, muss kurz auf die frühe Organisationsstruktur der Gazprom eingegangen werden. Nachdem der sowjetische Staatskonzern „Gazprom" im August 1989 gebildet worden war, wurden in ihn zwar alle Betriebe des ehemaligen Gasministeriums eingegliedert. Die Kontrolle über den Gasexport nach Westeuropa verblieb in Form der V/O Sojuzgazéksport formal jedoch vorerst weiter im Handelsministerium. Die fehlende Kontrolle über die wichtigsten, durch Exporte generierten Kapitalströme führten dazu, dass das Gazprom-Management bereits 1990 mit V/O Zarubežgaz eine eigene Organisation für den Außenhandel gründete (Victor/Victor 2006: 138) Erst im Herbst 1991 wurde dann Sojuzgazéksport in Gazprom eingegliedert und 1992 mit V/O Zarubežgaz zu Gazéksport (später Gazprom Éksport) fusioniert (Krjukov 1998: 224). Nach Eingliederung der Sojuzgazéksport in die Gazprom kontrollierte erstmals eine Organisation alle Elemente der Wertschöpfungskette und war bei der Strategiebildung nicht mehr von staatlichen Vorgaben abhängig, woraus ebenfalls ein starkes Interesse an der Abschöpfung größerer Gewinne resultierte (Estrada et al. 1995: 263).

Der Strategiewandel begann unmittelbar nach der Herauslösung der Gazprom aus dem Öl- und Gasministerium der UdSSR. Während das Gas weiterhin von Sojuzgazéksport vermarktet wurde, begann Gazprom die Suche nach alternativen Möglichkeiten der Vermarktung bereits 1989. Ruhrgas war nicht auf die Veränderung vorbereitet und war bestrebt daran, an ihrer durch die Kontrolle über Hochdruckpipelines konstituierten Mittlerrolle festzuhalten und das Vordringen von Produzenten auf den Endkundenmarkt oder den direkten Zugang von Konsumenten zu Produzenten zu verhindern. Dies zeigte sich auch daran, dass sie das Angebot von Gazprom zur gemeinsamen Vermarktung von Erdgas in Deutschland in den Wind schlug (Stern 1999: 163).

Währenddessen hatte die BASF-Tochter Wintershall Ende 1989 den Entschluss gefasst, eine eigene Importpipeline von Erdgas aus Norwegen und den Niederlanden zu bauen, um das *de facto*-Monopol der Ruhrgas zu umgehen und so günstigere Gaslieferungen zu erhalten. Die geplante MIDAL-Pipeline sollte von Emden nach Ludwigshafen verlaufen (PLATTS 1989). Doch auch hier war Ruhrgas der Annahme, dass das Projekt keine Chance haben würde, da das damals noch existente norwegische Exportkartell GFU und die Niederlande kein Gas an Wintershall verkaufen würden (LLI 1990a). Dies war auch der Fall, da diese Akteure erkannten, dass der langfristige Erfolg des auf Langfristverträgen basierenden europäischen Gasgeschäfts von der Aufrechterhaltung der Importmonopole abhängig war.

Mit Gazprom fand Wintershall jedoch einen kurzfristig orientierten Partner, der bereit war, zu Gunsten höherer kurzfristiger Profite das bestehende Geschäftsmodell zu unterminieren. Noch vor Inkrafttreten der deutsch-deutschen Wirtschafts- und Währungsunion schlossen Gazprom und Wintershall einen noch geheim gehaltenen Vertrag über die gaswirtschaftliche Zusammenarbeit ab, der sich u. a. auf Einkauf und Vermarktung von Erdgas in der DDR erstreckte (Bundesgerichtshof 1995). Das Gas würde künftig nur über einen Zwischenhändler geliefert, der als Gemeinschaftsunternehmen zwischen Wintershall und Gazprom organisiert wurde. Außerdem wurde eine Beteiligung an den Pipelines STEGAL und MIDAL vereinbart. Die STEGAL wurde geplant, um Gas von Olbernhau an der tschechoslowakischen Westgrenze bis zur neuen MIDAL-Pipeline im Rheinland zu transportieren. Die Vereinbarungen wurden Mitte Oktober 1990 formalisiert. Gazprom erhielt 50 % der STEGAL und 20 % der MIDAL (PLATTS 1992b). Kapitaleinlagen der Gazprom waren zunächst nicht vorgesehen und Wintershall übernahm die Kapitalkosten der Gazprom. Erst 1995 wurde mit Hilfe der Wintershall ein Kredit über 1,3 Mrd. DM organisiert, mit dem Gazprom seinen Anteil an den Pipelines zurückbezahlen würde. Dieser war an Erdgaslieferungen gebunden und wurde nur schrittweise ausbezahlt (Ingersoll 1995).

Damit war die Basis für das Gemeinschaftsunternehmen Wingas gelegt.[99] Das Unternehmen würde in Folge in weitere Pipelines investieren und sukzessive Großkunden von anderen deutschen Versorgern wie Ruhrgas und VNG abwerben. Dabei erhielt Wingas nach Marktinformationen einen günstigeren Einkaufspreis von Gazprom, um einen effektiven Wettbewerb mit den angestammten Versorgern zu ermöglichen.[100]

Rationalität der Gründung des Gemeinschaftsunternehmens

Die *wirtschaftliche Rationalität* kann zunächst in einem positiven Nettogegenwartswert bestehen, der die positiven Erträge des neuen Unternehmens an sich beurteilt. Diese könnten positiv sein, wenn der Gasmarkt in Deutschland so stark monopolisiert war, dass sich mit den erzielbaren Margen auch der Bau neuer Pipelines lohnte. Zweitens könnten auf Grund der hohen Kapitalintensität der Investition in Pipelines strategische Effekte im Zielmarkt für positive Gewinne sorgen. Dies dürfte vor allem dann der Fall sein, wenn Gazprom durch Wingas den Absatz russländischen Gases in Deutschland steigern konnte.

Der *Nettogegenwartswert* wurde für die ersten zehn Jahre der Tätigkeit der Wingas berechnet. Da das Unternehmen nicht gesondert, sondern innerhalb des Jahresberichts der BASF bilanziert wird, standen keine direkten Unternehmenswerte zur Verfügung. Daher wurden lediglich die Investitionskosten ohne Verzinsung aus öffentlichen Quellen sowie die ungefähren Einkaufskosten für Erdgas auf Basis der Grenzübergangspreise in Deutschland berücksichtigt, nicht aber Betriebskosten. Für die Jahre nach der Tätigung der großen Anfangsinvestitionen stehen keine Daten zur Verfügung. Da jedoch weiter in Anschlussleitungen investiert wurde, wurde ein Investitionsaufkommen von € 100 Mio. jährlich angenommen. Auf der Einnahmenseite war die Größe des Gasabsatzes bekannt. Auf dieser Basis wurden die ungefähren Einnahmen auf Basis der durchschnittlichen Gaspreise für Industriekunden in Deutschland geschätzt. Da Gazprom der Wingas eine Preisreduktion beim Einkaufspreis gewährt, wurden die Verluste aus der Preisreduktion ebenfalls von den Einnahmen abgezogen. Eine Übersicht über die mit 17,1 % diskontierten Cashflows gibt Abbildung 7.11.

Im Ergebnis weist die Wingas selbst mit diesen hohen Kapitalkosten nach zehn Jahren mit knapp € 335 Mio. einen hohen positiven Nettogegenwartswert auf. Auch wenn die jährlichen Investitionen ab 1999 auf € 200 Mio. verdoppelt würden, wäre der Nettogegenwartswert noch positiv. Diese Zahlen suggerieren, dass auf dem deutschen Gasmarkt hohe Margen möglich waren, die auch bei überdurchschnittlich hohen WACC den Bau neuer Pipelines zur Einführung von Konkurrenz rechtfertigten. Es kann davon ausgegangen werden, dass die tatsächlichen WACC für Gazprom wesentlich geringer waren, da Wintershall bei der Beschaffung günstiger Kredite half und Pipelines vorfinanzierte.

---

[99] Siehe zu allen Details der von Deutschland ausgehend in Europa gegründeten Unternehmen Anhang III. Weitere Details zum Vorgehen der Gazprom-Wintershall-Allianz finden sich in Abschnitt 7.4.4.
[100] Nachweise siehe Quellen zu Abbildung 7.11.

200

0

1994   1995   1996   1997   1998   1999   2000   2001   2002   2003

-200

-400

-600

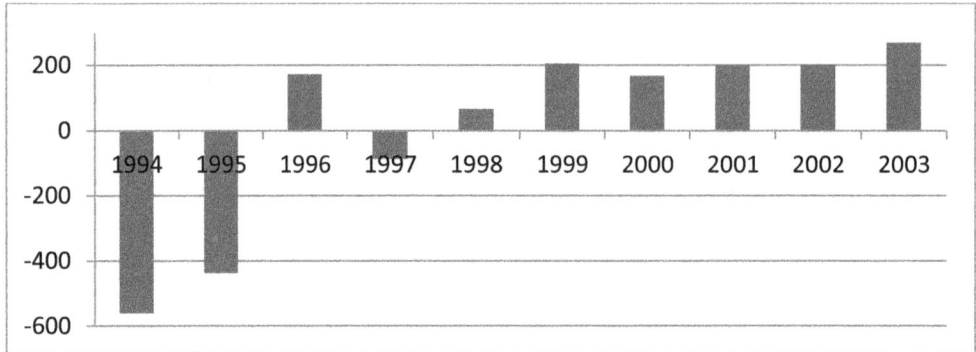

Quellen: Eigene Darstellung, Diskontierung mit 17,1 %. Daten für Grenzübergangspreise und mittlere Preise für
Industrie aus BMWi (2011b; 2013). Daten für Kosten der Preisreduktion aus dem Verhältnis zwischen
Wingas-Preis (WIEH) und Ruhrgas-Grenzübergangspreis aus ICIS Heren European Gas Markets:
Border prices and international markets, verschiedene Jahre. Wingas-Investitionen und Gasabsatz aus
Boersen-Zeitung (1995b; 1996; 1997; 1998b; a; 1999; 2000; 2001); DPA (2004), Focht (2001; 2002;
2003; 2004b), Pecka (2001), Pimpl (1999), Preuß (2001), Wirtschaftsblatt (1997).

Abb. 7.11:   Geschätzte diskontierte cashflows der Wingas, 1994–2003, Mio. €.

Die Investition könnte sich für Gazprom auch aus strategischen Effekten gelohnt haben, da
sie den Marktanteil russländischen Gases in Deutschland erhöht oder zementiert hat, indem
Wettbewerber vom Markt ferngehalten wurden. Durch den Eintritt eines weiteren Akteurs
auf dem deutschen Gasmarkt wurde das *de facto*-Importmonopol der Ruhrgas aufgebrochen.
Diese hatte bis dahin die deutsche Versorgungssicherheit gewährleistet und darauf geachtet,
dass der Anteil russländischen Gases am deutschen Gasverbrauch nicht über 30 % steigen
würde. Dies bedeutete, dass Ruhrgas nach der Wiedervereinigung eine Reduktion des
russländischen Anteils an der Befriedigung der gesamtdeutschen Erdgasnachfrage von vorher
37 % auf 29 % vorsah (Skopcov/Černova 1991). Dies kam natürlich einer Herausforderung
der Gazprom gleich. Mit Hilfe der Wingas konnte diese Bedrohung abgewendet werden, da
Ruhrgas nun die Hoheit über die Regulierung des Marktanteils verlor. Der Marktanteil der
Gazprom konnte so bei 35 % bis 37 % gehalten werden und reduzierte sich erst Ende der
2000er Jahre im Zuge der Wirtschaftskrise (siehe Abbildung 7.9). Damit ist Gazprom der
wichtigste Gasversorger Deutschlands geblieben.

Weitere strategische Effekte ergaben sich aus dem Aufbrechen der traditionellen Struktur der
deutschen Gasindustrie mit der Etablierung eines mit Gazprom direkt verbundenen Akteurs.
Dadurch, dass nun zwei Akteure aktiv waren und Ruhrgas ihre traditionelle Monopolstellung
eingebüßt hatte, wurde das Verhältnis zwischen Produzenten und Konsumenten
revolutioniert. Eine Strategie des „Teile und Herrsche" war nun möglich, da man die
Rivalität der deutschen Akteure für sich nutzen konnte (Leuschner 2008). Da Wintershall
durch BASF geringe Kapitalkosten hatte und über den Bezug von konkurrenzfähigem Gas
hinaus keine weiteren Interessen gegenüber Gazprom besaß, während Ruhrgas ihre
bestehenden Gasverträge honorieren musste und daher an der Wahrung ihrer
Monopolstellung interessiert war, funktionierte die Kooperation zwischen Gazprom und
Wintershall reibungslos. Diese Installation eines kooperationswilligen Akteurs im Zielmarkt
ermöglichte es Gazprom, die Macht von Ruhrgas zu erodieren. Nachdem Ruhrgas an Macht
eingebüßt hatte, konnte Gazprom Anreize wirksamer einsetzen und so leichter Konzessionen

von Ruhrgas erlangen. Die Installation eines abhängigen und kooperativen Akteurs ermöglichte also völlig neue Strategien, die z. B. das Projekt Ostseepipeline erleichterten (siehe dazu unten Abschnitt 7.4.6).

Ein weiterer wichtiger Effekt war die Erlangung von Netzwerk- und Managementressourcen durch das Gemeinschaftsunternehmen mit Wingas. Da Wintershall am Erfolg des Unternehmens interessiert war, führte sie die Strategie der Gazprom anfangs quasi autonom und mit großer Energie durch, was die Managementressourcen von Gazprom entlastete. Sie verfügte über Wissen und Kontakte, die Gazprom kaum hätte erwerben können. Später wurde sie so zu einem bedeutsamen Akteur bei der Beeinflussung der Regeln und ihrer Anwendung auf den deutschen Gasmarkt. Dies trug wohl zur Erlangung der Ausnahmegenehmigung für die OPAL-Pipeline bei (siehe unten Abschnitt 7.4.6). Bedeutsam waren auch die Netzwerkressourcen, da Gazprom durch die Wintershall Zugang zu den deutschen Finanzinstitutionen bereits während der 1990er Jahre aufbauen konnte. Da Gazprom finanzschwach und Wintershall aber an der Ko-Finanzierung der Pipelineinvestitionen durch Gazprom interessiert war, half sie bei der Organisation von Krediten für Gazprom. Dies führte dazu, dass deutsche Banken die ersten Kreditgeber für Gazprom waren, die für damalige Verhältnisse erhebliche Mittel bereitstellten (Heinrich 1999: 14).

Diesen Gewinnen standen gewisse strategische Verluste gegenüber, da Wingas dabei half, die klassische Struktur der westeuropäischen Erdgasindustrie aufzubrechen. Die Langfristverträge der Importeure würden sich über längere Sicht nicht aufrechterhalten lassen, wenn durch verstärkte Konkurrenz der Absatzmarkt nicht mehr gesichert war. Dies würde auch die Erdgasförderer treffen, da diese weniger stabile Absatzmärkte und wahrscheinlich niedrigere Preise hinnehmen müssten. Dieser Gedankengang stand hinter der ablehnenden Haltung der norwegischen Statoil gegenüber der Kooperation mit Wintershall. Da Gazprom jedoch selbst Einfluss auf die Geschäftstätigkeit der Wingas nehmen konnte, konnte dieses Risiko durch eine Begrenzung der Tätigkeit der Wingas und ein Aufteilen der Märkte begrenzt werden. Dies wurde jedenfalls in dem Versuch deutlich, Demarkationsverträge mit der von Ruhrgas dominierten VNG zu schließen (vgl. oben Abschnitt 7.4.4).[101] Auf Grund der Vorteile, die Gazprom durch das Ausspielen von zwei konkurrierenden Geschäftspartnern ziehen konnte, auf Grund der realisierbaren kurzfristigen Gewinne, und auf Grund der Möglichkeit, die Tätigkeit der Wingas zu moderieren ist das Vorgehen als wirtschaftlich rational zu werten. Nicht zuletzt wurde die überkommene Struktur des europäischen Erdgasmarkts auch durch europäische Regulierungen aufgebrochen, sodass es vorteilhaft war, frühzeitig von der Erosion der Monopolrenten zu profitieren. Wingas war für Gazprom also sowohl vom Nettogegenwartswert als auch von den strategischen Effekten her wirtschaftlich rational.

Außenpolitische Interessen umfassen die Verbesserung des bilateralen Verhältnisses zu Deutschland und das Setzen von Anreizen für eine „pragmatische" Politik gegenüber Russland. Eine größere Rolle der Wingas auf dem deutschen Gasmarkt kann zunächst dazu genutzt werden, um auf die allgemeine Bedeutung Russlands für die Wettbewerbsfähigkeit und die Aufrechterhaltung der Strom- und Wärmeversorgung der Bevölkerung Deutschlands hinzuweisen. Die Bedeutung von Russland als Energielieferant wird dadurch erhöht und politische Eliten können darauf verweisen, um die Notwendigkeit eines „pragmatischen"

---

[101] Alternativ könnte Gazprom angestrebt haben, Ruhrgas vollständig vom Markt zu verdrängen und durch Wingas zu ersetzen, was aber politischen Widerstand hervorrufen würde.

Umgangs mit Russland zu begründen. Die größere Abhängigkeit Deutschlands von russländischen Gaslieferungen kann dann auch als Druckmittel genutzt werden, um politische Konzessionen zu erlangen. Meist wird jedoch das Wissen um die Bedeutung Russlands für die deutsche Energiesicherheit ausreichen, um den eigenen Interessen Gehör zu verschaffen.

Ein in diesem Zusammenhang wichtiges weiteres Element ist die stärkere Verbindung mit deutschen Industrieinteressen, die durch Wingas gewährleistet wird. Dies erhöht die Kooperationsneigung von Industrieeliten und ermöglicht auch einen besseren Zugang zu politischen Entscheidungsträgern in Deutschland. Mit russländischen Interessen verbundene Eliten sind überdies wirksam in der öffentlichen Diskussion. Hier wurden sie im Interesse der russländischen politischen Eliten tätig, indem die generelle Bedeutsamkeit Russlands und die Anerkennungswürdigkeit und Gleichwertigkeit der russländischen politischen Elite und ihrer Interessen gegenüber anderen Interessen propagiert wird. Dies fand in den 1990er Jahren weniger statt, da Wintershall-Aufsichtsratschef Herbert Detharding die Gazprom vor allem in wirtschaftlichen Belangen unterstützte (Knips/Hupe 1992; Narzikulov 1997). Mitte der 2000er Jahre wurden aber zusätzlich politische Positionen bezogen. Der langjährige Geschäftsführer der Wingas und spätere Geschäftsführer der Wintershall, Rainer Seele, betonte etwa, dass eine strategische Partnerschaft mit „Russland" unumgänglich sei. Dabei wurden die Gaslieferungen nicht als wirtschaftliche Transaktion, sondern als ein politisches Gut präsentiert, bei dem ein fortgesetztes Angebot von Erdgas der Gazprom nur gegen die Berücksichtigung der Interessen politischer Akteure möglich sei: Man erwarte von Russland „Verständnis" für den wachsenden Gasimportbedarf in der EU, daher müsse man auch bereit sein, „Russland" zu „verstehen" und seine Interessen anerkennen. Zudem sei Russland ein bedeutender sicherheitspolitischer Akteur, auf den man nicht verzichten könne (Grib 2009b; Seele 2007; Wingas; 2007b; a; 2008; 2009a). Seele wurde auch noch konkreter im außenpolitischen Interesse Russlands tätig, indem er die deutschen „pragmatischen" Interessen an einer Kooperation mit Russland gegenüber anderen Interessen in der EU aufzuwerten suchte. Der Betonung der Anerkennungswürdigkeit russländischer Interessen wird dabei die „Emotionalität" und Unklugheit gegenübergestellt, die sich in den Interessen der neuen, atlantisch orientierten EU-Mitgliedstaaten ausdrücke (Wingas 2008). Diese Aussage ist politisch, indem sie die Positionen der neuen EU-Mitgliedstaaten innerhalb der EU zu delegitimieren sucht. Seele äußerte sich auch bezüglich außenpolitischer Sachverhalte: So erinnerte er die deutsche Öffentlichkeit daran, dass wichtige außen- und sicherheitspolitische Entscheidungen „nicht ohne Russland als ständiges Mitglied im Weltsicherheitsrat getroffen werden" könnten (Wingas 2008). In konkreten außenpolitischen Fragen wurde die russländische Position während und nach den Lieferstopps an die Ukraine direkt von Seele vermarktet (die Ukraine trage die Schuld an den Problemen und „das sicherste Transitland ist die Ostsee"). Außerdem wurde die von Präsident Medvedev als Gegenprojekt zum Energie-charta-Vertrag vorgeschlagene „Konvention zur Herstellung internationaler Energiesicher-heit" von Seele propagiert (Wingas; 2007b; 2009b; a). Allerdings wurden diese politischen Initiativen mit der generellen Verschlechterung der deutsch-russischen Beziehungen Anfang der 2010er Jahre etwas leiser. Nichtsdestotrotz wechselte der langjährige Leiter der Russlandabteilung der Deutschen Gesellschaft für Auswärtige Politik, Alexander Rahr, im Juni 2012 zu Wintershall und wurde Berater von Seele (Tagesspiegel 2012). Der geopolitisch argumentierende Politologe hatte zuvor in Moskau ein Interview gegeben, in dem er die liberalen Werte in Deutschland kritisierte und die transatlantische Orientierung als „religiöses

Gefühl" bezeichnete, da dies die enge Zusammenarbeit mit dem heutigen Regime in Russland verhindere. Statt mit Putin zu kooperieren, versuche der Westen, Russland seine Werte aufzuzwingen. Europa brauche aber „erweiterten Lebensraum (*žiznennoe prostranstvo*)" und sollte die Idee Russlands, Sibirien zu kolonisieren, daher ernst nehmen (Aslamova 2012).

Wingas hat also auch außenpolitische Funktionen für die russländische Elite. Einerseits nehmen Konzerneliten direkten Einfluss für russländische Positionen und finanzieren zudem Akteure, die für eine enge Bindung Deutschlands an Russland und seine heutige Elite und gegen wertbasierte und transatlantische Beziehungen eintreten. Andererseits verstärkt Wingas die strukturelle Abhängigkeit Deutschlands von Russland, da der Anteil russländischen Gaes erhöht wird. Beides verschiebt die Interessen innerhalb Deutschlands zu Gunsten der „pragmatischen" Kooperation mit Russland.

Innenpolitisch fällt die Rechnung für russländische politische Akteure ebenfalls positiv aus. Dies galt in den 1990er Jahren ebenso wie heute. Dies ergibt sich aus dem positiven Nettogegenwartswert der Investition und dem hohen strategischen Wert. Man könnte denken, dass es damals wichtiger gewesen wäre, wenn Gazprom in andere Projekte investiert hätte, anstatt in Deutschland. Dabei muss jedoch berücksichtigt werden, dass Wintershall die Investitionen der Gazprom in die Wingas zunächst vorstreckte und die Beteiligung so sofortige wirtschaftliche Erträge für Gazprom bereitstellte. Noch wichtiger wiegt aus innenpolitischer Sicht aber die Finanzierung der Jamal-Europa-Pipeline, die im Wesentlichen von Wintershall organisiert wurde. Gazprom hätte allein wohl kaum die notwendigen Kreditressourcen aufbringen können, da Russlands Kreditrating schlecht, die Gaspreise niedrig und das Wachstum der Gaslieferungen unsicher waren. Durch die neuen Gaslieferverträge mit Wingas erhielten die Gläubiger Sicherheiten, während Wintershall außerdem zuließ, dass die Verkäufe der Wingas als Sicherheiten genutzt wurden. Hinzu kamen Kredite, die direkt von BASF-Hausbanken gewährt wurden. So konnte der Pipelinebau auf russländischem Territorium finanziert werden.

Im Zielland muss bei der Betrachtung der wirtschaftlichen Vor- und Nachteile zwischen den Wirtschaftsakteuren differenziert werden. Für Ruhrgas war die Strategie von Nachteilen geprägt, während sie für BASF/Wintershall klar vorteilhaft war. In wirtschaftspolitischer Hinsicht müsste vor allem der Verlust der Steuerungsfähigkeit der Gasimporte durch die Ruhrgas als ein Problem angesehen worden sein, da dies das während des kalten Kriegs erfolgreich praktizierte „gemischtwirtschaftliche Leitbild" (Eising 2000) der sektoriellen Koordination unterminierte. Dabei hatte die Politik die Steuerung der Importabhängigkeit an das private Unternehmen Ruhrgas delegiert. Plötzlich gab es zwei konkurrierende Akteure, die Einfluss auf die Importabhängigkeit der Bundesrepublik hatten. Eine höhere Importabhängigkeit würde aber zu Verletzlichkeit bei Lieferunterbrechungen und zu höherer politischer Abhängigkeit führen. Die Macht eines Versorgers wurde durch Wingas zudem gegenüber den anderen Versorgern mit einer zurückhaltenden Strategie gestärkt.

Außenpolitische Nachteile entstehen in Deutschland indes durch die leichtere Beeinflussbarkeit der politischen Präferenzen und des öffentlichen Diskurses durch eng mit Gazprom verbundene interne Wirtschaftsakteure und ihre Finanzkraft. Dies verleiht den Präferenzen und Weltwahrnehmungen der Eliten eines Drittstaates zusätzliche Einflusskanäle und auch Legitimität, wenn sich Teile der nationalen Wirtschaftselite (aus Eigeninteresse) als Sprachrohr nutzen lassen. Wenn man eine stärkere Allianz mit den heute in Russland entscheidungsmächtigen Akteuren des korporatistischen Kapitals befürwortet, ergibt sich freilich eine andere Bewertung. Einzelne politische Akteure können die Verflechtung aus machtpolitischrealistischer Perspektive, in der Deutschland als Mittelmacht verstanden wird, die ihre Macht in Europa mit Hilfe der bestehenden Eliten in Russland mehren will, daher durchaus als positiv deuten (siehe dazu unten Abschnitt 7.4.6). Hier ergäben sich allerdings rasch Fragen der Rolle bestehender militärischer Allianzen. Aus Sicht der bestehenden Staatsräson und auch im Grundgesetz festgeschriebenen Identität Deutschlands als einer liberaldemokratischen Marktwirtschaft verursacht die enge Kooperation indes deutliche außenpolitische Kosten. Ob es sich lohnen würde, diese Identität aufzugeben, kann im Rahmen der Arbeit nicht behandelt werden. Denkbar ist zumindest, dass Studien zu dem Ergebnis kommen würden, dass die Leistungsfähigkeit der deutschen Wirtschaft auch von den bestehenden wertebasierten Institutionen abhängt und deren Zersetzung daher mit längerfristigen Kosten einhergeht.

Den Nachteilen bei der Versorgungssicherheit und Außenpolitik stehen makroökonomische Vorteile der Wingas gegenüber, die durch die Konkurrenz und Verbindung mit Gazprom für eine günstigere Gasversorgung sorgte. Dies ging freilich auf Kosten einzelner starker Wirtschaftsakteure wie der Ruhrgas. Darüber hinaus sorgte die Wingas auch für die Verbesserung der Auftragslage in der deutschen Schwer- und Bauindustrie, da neue Pipelines gebaut wurden. Außerdem konnte Wintershall später durch ihre Allianz mit Gazprom leichteren Zugang zum russländischen *upstream*-Sektor erlangen, was angesichts der allgemeinen Probleme mit dem Zugang zu Investitionsmöglichkeiten in Russland auch als Erfolg für die deutsche Exportwirtschaft und Rohstoffbeschaffung gesehen werden konnte.

Wie auch bei der Ostseepipeline kann Wingas und die Allianz zwischen BASF und Gazprom auch als positives Beispiel für die „Verflechtung" zwischen Russland und Deutschland darstellen. Daraus können deutsche politische Eliten einen Anspruch auf einen Modellcharakter ihrer Politik gegenüber Russland ableiten, die sowohl Versorgungssicherheit garantiere (durch die *upstream*-Investitionen der Wintershall in Russland) als auch für den Interessenausgleich mit Russland sorge. Andere Staaten in der EU könnten dies zum Beispiel nehmen, wie dies etwa auch in Bezug auf die Ostseepipeline geschehen ist.

Auswertung

Die Gründung der Wingas war sowohl wirtschaftlich als auch politisch lohnenswert. Der Nettogegenwartswert des Projekts ist positiv, wie auch dessen strategische Effekte. Auch konnte Wingas genutzt werden, um politische Ziele der russländischen politischen Akteure voranzutreiben. Dabei wurden Kapitalinteressen mit Zugang zur Politik geschaffen, die auch im öffentlichen Raum zu Gunsten der politischen Interessen Russlands tätig wurden. Da diese Leistungen mit Anreizen auf russländischer Seite belohnt wurden (zunächst vergünstigte Gaslieferungen, später der Zugang zu Förderprojekten in Russland), zahlte sich eine solche Interessenvertretung für die deutschen Partner aus. Wintershall war dann aus Eigeninteresse bestrebt, den Monopolisten Ruhrgas möglichst wirkungsvoll zu bekämpfen. Die Gründung eines Gemeinschaftsunternehmens mit einem solch loyalen Partner verschaffte Gazprom bedeutsame Ressourcen, die es anders nicht hätte erschließen können. Erst Anfang der 2010er Jahre kühlte die Allianz etwas ab, da sich die Marktsituation für Erdgas verschlechterte und Gazprom sich recht unflexibel zeigte. Dies änderte jedoch nichts an der politischen Parteinahme von Akteuren der Wintershall für Kooperation mit der russländischen Elite.

Interessant am Projekt Wingas war dessen frühe Entstehung noch vor Zerfall der Sowjetunion. Sie war dabei eindeutig vom Interesse der Gazprom-Manager getrieben, eine größere Kontrolle über die Geldströme im Außenhandel zu erlangen. Diese konnten unabhängig von der staatlichen Außenhandelsorganisation agieren. Gleichzeitig war der Zugang zu russländischen Gasressourcen damals wie heute der wichtigste Anreiz für den deutschen Partner. Während im Kontext des monopolisierten Gasmarkts der Zugang zu günstigem Gas aus Langfristverträgen ausreichte, muss Gazprom nun allerdings Zugang zu Rohstoffvorkommen anbieten. Die Rolle der Gazprom als *gatekeeper* zum russländischen Gasmarkt und zu Exporten war damals wie heute daher zentral für die Fähigkeit der Gazprom, Anreize zu setzen. Um diese Anreize setzen zu können, war Toleranz gegenüber möglichen längerfristigen Kosten, die sich aus der Beschädigung der langfristigen Partnerschaft mit Ruhrgas ergaben, notwendig. Das Projekt entspricht daher der ersten Hypothese, da Gazprom wirtschaftlich rational und kurzfristig orientiert handelte und sich über die staatlichen Instanzen hinwegsetzen konnte. Es entspricht auch der vierten Hypothese, da im Rahmen des verfestigten patrimonialen Kapitalismus auch staatliche Akteure die Beteiligung der Gazprom für ihre Interessen nutzen konnten. Es ging bei der Einflussnahme durch Konzerneliten und verbundene Akteure nicht mehr um die Auseinandersetzung mit Ruhrgas, sondern um Fragen des deutschen Energiemarkts und der außenpolitischen Ausrichtung Deutschlands.

Die deutsche Gaswirtschaft war dabei ideal für die Gründung einer solchen Allianz: Deutschland ist ein großer Markt, der aber schon immer privatwirtschaftlich organisiert war und daher Einstiegsmöglichkeiten über den Privatsektor bot. Auch verfügte Deutschland über große, kapitalstarke Unternehmen wie BASF, die erhebliches Risikokapital vorstrecken konnten und über gute Verbindungen in die Politik verfügten. Dies ermöglichte es Gazprom, die Rivalität zwei relativ gleichstarker Akteure auf dem deutschen Energiemarkt zu nutzen, um eigene Interessen voranzutreiben. Dass es nützlich war, Beziehungen zu mehreren konkurrierenden Akteuren zu unterhalten sollte sich auch bei der Ostseepipeline zeigen. Dabei konnten Ruhrgas und Wintershall gezielt gegeneinander ausgespielt werden, was die Verhandlungsmacht der Gazprom vergrößerte. Diese Strategie konnte in keinem anderen Kontext wiederholt werden, da entweder die Erdgasversorgung staatlich kontrolliert wurde, oder kapitalstarke Unternehmen als Partner fehlten.

Für die Verwirklichung der Multinationalisierungsstrategie musste Gazprom dabei nichts weiter tun als Anreize in Form von günstigeren Gaslieferungen für einen neuen Akteur bereitzustellen. Gazprom musste also bereit sein, die bestehende Ordnung auf dem europäischen Erdgasmarkt aufzubrechen. Insbesondere bedeutete dies, die langjährige Partnerschaft mit der Ruhrgas zu beschädigen. Dabei hat Gazprom auf der Suche nach kurzfristigen Zusatzprofiten die Geister der Konkurrenz selbst gerufen, die sie nun zu bekämpfen sucht. Statt Drittparteienzugang zum Netz der Ruhrgas, wie er von Wingas zu Beginn gefordert wurde, versucht Wingas inzwischen, Ausnahmen von der Wettbewerbsregulierung der EU zu erreichen, um die Margen zu erhöhen und nicht von einem Regulierer abhängig zu sein. Dies zeigt, dass Gazprom den EU-Gasmarkt in einem Zwischenstadium halten will, in dem Liberalisierung, aber keine Re-Regulierung des Marktes erfolgt. So möchte Gazprom etwa für neue Pipelines eine generelle Ausnahme von der EU-Regulierung erreichen (Ljutova 2013; RIANovosti 2011). In einem solchen Markt können große Versorger optimal ihre Marktmacht ausspielen und die Beziehungen bleiben nicht regelgebunden, sondern offen für politische Einflussnahme. Mit der vollständigen Übernahme der Wingas durch Gazprom im Jahre 2013 beginnt eine neue Episode, da die Partnerschaft auf dem europäischen Erdgasmarkt weitgehend aufgelöst wird. Dies entspricht jedoch dem Interesse der Gazprom, da sie inzwischen genügend Erfahrung auf dem Markt gesammelt hat und selbst gut vernetzt ist, sodass das Marktwissen, Kontakte und Managementwissen der Wintershall wesentlich weniger wert ist. Die Partnerschaft und politische Parteinahme der Wintershall für Russland wird hingegen fortgeführt werden, da Wintershall in Russland weiter mit Gazprom verbunden ist. So entstehen keine Kosten für Gazprom aus der Auflösung des Gemeinschaftsunternehmens.

7.4.6   Großprojekt Ostseepipeline: deutsch-russländische Realpolitik

Die Ostseepipeline ist seit Mitte der 2000er Jahre das zentrale Strategieelement der Gazprom in Deutschland, da mit ihrer Realisierung weitreichende strukturelle Folgeeffekte sowohl für den Gasmarkt als auch für die Beziehungen zu wirtschaftlichen und politischen Akteuren in Deutschland verbunden sind. Die Studie zur Ostseepipeline „Nord Stream" wird auf Grund der Größe und Komplexität des Projektes einen größeren Raum einnehmen. Dies ist jedoch notwendig, um angesichts des Mitwirkens politischer Akteure in Deutschland den politischen Kontext adäquat erfassen und die verschiedenen möglichen strategischen Effekte prüfen zu können. Die Studie folgt dabei demselben Aufbau wie die restlichen Studien der Arbeit, geht jedoch zusätzlich noch auf den politischen und diskursiven Kontext in Deutschland ein, der eine wichtige Rolle für die Interessen der politischen Akteure im Zielmarkt spielte. Diese waren ein bedeutenderer Faktor als bei anderen, kleineren Multinationalisierungsprozessen, da politische Entscheidungen in Deutschland zur Ermöglichung des Projekts beitrugen. Die Studie kann hier auch von wissenschaftlichen Vorarbeiten anderer Autoren profitieren.[102]

Projektbeschreibung

Das Projekt umfasst zwei Pipelinestränge mit einer jährlichen Kapazität von je 27,5 Mrd. m³ die von Vyborg nördlich von St. Petersburg 1220 km durch die Ostsee bis nach Lubmin bei Greifswald verlaufen. Darüber hinaus gibt es direkt mit der Investition in die *offshore*-Pipeline verbundene Pipelines, ohne die das Projekt nicht realisiert werden könnte. Das Gesamtprojekt Ostseepipeline meint daher auch die Investitionen in dazugehörige Anschluss-pipelines (vgl. Abbildung 7.12). Von Greifswald aus wurde die Pipeline OPAL mit einer Kapazität von jährlichen 35 Mrd. m³ entlang an der deutsch-polnischen Grenze 470 km bis zum deutsch-tschechischen Grenzübergangspunkt Olbernhau geführt. Von dort aus führt die 166 km lange Gazela-Pipeline mit einer Jahreskapazität von jährlich 33 Mrd. m³ bis an den tschechisch-deutschen Grenzübergangspunkt Waidhaus. Von Lubmin aus wird außerdem die 440 km lange NEL-Pipeline mit einer Kapazität von 20 Mrd. m³ jährlich bis nach Rehden in Niedersachsen gebaut.

Die Kosten der Unterseepipeline belaufen sich inkl. voraussichtlicher Finanzierungskosten auf € 8,8 Mrd. (Spiegel 2010). Hinzu kommen noch die Kosten des 917 km langen Teilstücks innerhalb Russlands, sowie der Pipelines innerhalb Deutschlands und Tschechiens. Die OPAL- und NEL-Pipelines kosten je ungefähr € 1 Mrd. und damit ca. € 2,2 Mio. pro km (DPA 2011). Gazela soll ca. € 400 Mio. kosten (Froley 2008). Der Pipelineabschnitt auf russländischem Territorium (Grjazovec-Vyborg) kostete hingegen ca. € 3,5 Mrd. und damit € 3,8 Mio. pro Kilometer (Korytina 2010). Die Investitionskosten des Gesamtprojekts betragen damit € 14,7 Mrd. Dies deckt sich mit anderen Berechnungen, die sogar von Kosten

---

[102]   Hier sind v. a. Smeenk (2010), Chyong/Hobbs (2011) und Sander (2012) zu nennen.

von bis zu über € 16 Mrd. ausgehen (Chyong et al. 2010: 9). Die Inbetriebnahme des ersten Strangs der Ostseepipeline hat Ende 2011 stattgefunden.

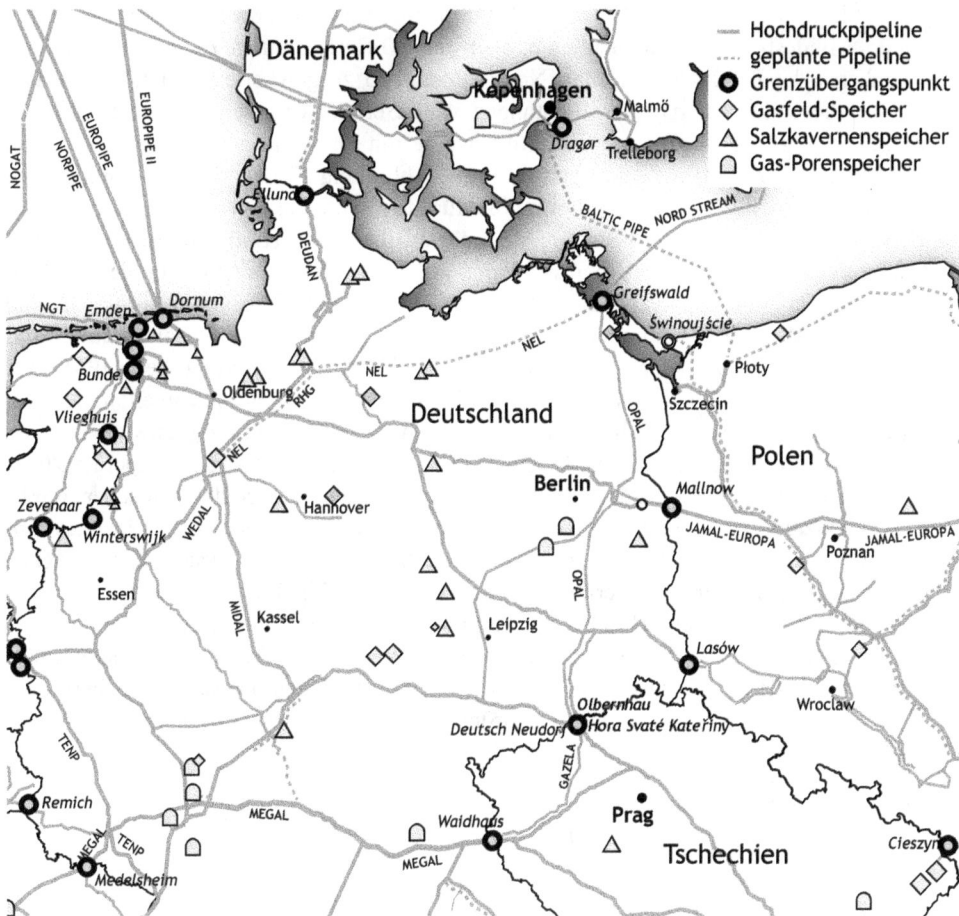

Grafik: Miriam Dahinden auf Basis von Entsog (2012).
Abb. 7.12:   Hochdruckpipelines und Speicher in Nordeuropa

Die Unterseepipeline wird dabei mittels Projektfinanzierung finanziert, wobei die Projektträger 30 % der Finanzierung beisteuern. Die restlichen 70 % werden von einem internationalen Bankenkonsortium bereitgestellt und davon wiederum 80 % von deutschen und italienischen staatlichen Kreditversicherungen besichert, was die Kreditkosten subventioniert (TF 2009).[103] Gazprom verpflichtete sich dabei in einem *ship-or-pay* Vertrag

---

[103] Die Feststellung der Nord Stream AG, dass die erfolgreiche Finanzierung die Attraktivität des Projektes unterstreiche, ist daher vor dem Hintergrund der durch Haftung der Steuerbürger Deutschlands und Italiens verringerten Risiken zu sehen, was von Nord Stream in der öffentlichen Darstellung gern verschwiegen wird, vgl. Nord Stream (2011a: 5); PF (2010).

gegenüber Nord Stream AG zur Auslastung der Pipeline.[104] Die Banken und Exportkreditversicherer tragen also keine Marktrisiken, sondern nur das wirtschaftliche und politische Länderrisiko, dass Gazprom den Vertrag brechen könnte. Dabei verpflichtet sich Gazprom Èksport als einzige Nutzerin der Pipeline für 22 Jahre ab Inbetriebnahme, bestimmte Mindestmengen durchzuleiten oder den Differenzbetrag zu zahlen, um den Schuldendienst der Pipelinegesellschaft Nord Stream AG zu gewährleisten (PF 2011). Die Übernahme dieser *ship-or-pay* Verpflichtungen wurde erleichtert, da die Projektpartner in den Zielmärkten zuvor langfristige Gasliefeverträge mit Gazprom geschlossen hatten, die die Auslastung der Pipeline absicherten (vgl. Abbildung 7.13). Hinzu kommt eine Performanzgarantie der OAO Gazprom selbst für den Fall, dass Gazprom Èksport ihre Verpflichtungen gegenüber Nord Stream AG nicht erfüllen kann (Lofts 2009). Ein Regress zur Gazprom ist also möglich, ein Ausfall der Zahlungen ist damit nur für den Fall zu erwarten, dass Gazprom Insolvenz anmelden muss. Wie der Fall JUKOS gezeigt hat, könnte dies etwa durch staatliche Handlungen eingeleitet werden (Sakwa 2009), wenn es auf Grund der Größe der Gazprom auch unwahrscheinlich ist. Die Finanzierung der OPAL auf deutschem Territorium wird von Wingas und Ruhrgas (80 % bzw. 20 %) vorgenommen. An der NEL beteiligen sich ebenfalls Wingas (51 %) und Ruhrgas (10 %), sowie auch die belgische Fluxys (19 %) und die niederländische Gasunie mit 20 % (NEL-Pipeline 2011; OPAL-Pipeline 2012). Die Gazela wird vollständig von der Tochter der deutschen RWE, Net4Gas, finanziert, die nicht an der Ostseepipeline beteiligt ist (Net4Gas 2012). Gazprom drohte hier mit einem Verlust der bisherigen Transitflüsse durch das System der Net4Gas. Als Alternativszenario wurde suggeriert, dass man die OPAL-Pipeline durch Deutschland bis Waidhaus weiterbauen könnte. Durch diese Subtraktion von Handlungsoptionen führte dazu, dass die Pipeline für Net4Gas als die einzige Möglichkeit erschien, weiter im Transitgeschäft zu bleiben (BBC 2013b). Dies hätte jedoch vor dem Hintergrund europäischer Regulierungen als Bluff erkannt werden können, da Gazprom sonst keine Ausnahmegenehmigung vom Drittparteienzugang hätte erreichen können.

---

[104]   Der Vertrag verpflichtet Gazprom als einzigen Kunden des Pipelinebetreibers Nord Stream AG, für 22 Jahre mindestens 22 Mrd. m³ jährlich pro Röhre durchzuleiten, oder bei Durchleitung geringerer Mengen die Durchleitungsgebühr dennoch zahlen. Andere Quellen sprechen sogar von einer Pflicht zur vollständigen Auslastung der Pipeline, vgl. Lofts (2009). Außerdem hat sich Gazprom gegenüber Nord Stream AG verpflichtet, einen Schuldendienstdeckungsgrad von 1,275 zu gewährleisten, d.h. die Transitgebühr muss so hoch sein, dass der Vorsteuergewinn des Unternehmens 0,275-mal höher ist als die Ausgaben für den Schuldendienst. Siehe EUSPOT (2006f); Geddie (2011); Smedley (2008); TF (2009).

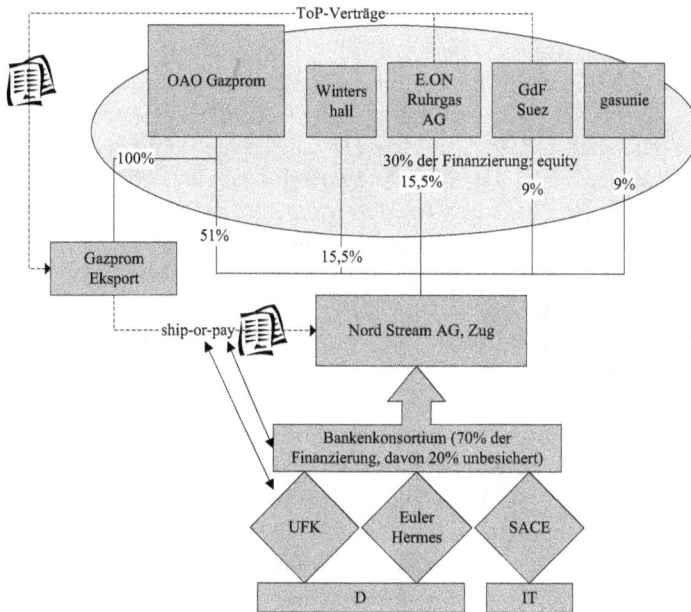

Quelle: Eigene Darstellung auf Basis der Angaben im Textteil
Abb. 7.13: Anteile und Projektfinanzierung der Unterseepipeline, schematische Darstellung

Mit dem *ship-or-pay* Vertrag und der Performanzgarantie ist Gazprom dabei daran gebunden, die Investitionen der anderen Teilnehmer über den Lebenszeitraum der Nord Stream zu amortisieren. Eine Ausnahme bilden die Investitionen in die *onshore*-Pipelines, die von der tatsächlichen Durchleitung von Erdgas abhängig und daher einem höheren Risiko ausgesetzt sind. Für den Fall, dass Gazprom Konkurs anmelden muss, können allerdings zwei Drittel der Kosten des Projekts auf ausländische Akteure abgewälzt werden (vgl. Tabelle 7.1).

Tab. 7.1: Verteilung der Kosten bei Ausfall der Nord Stream AG auf Grund von Insolvenz der Gazprom, € Mio.

	Nord Stream Pipeline	*Onshore* Pipeline Russland	*Onshore* Pipelines Deutschland	*Onshore* Pipeline Tschechien	*Summe*
Gazprom	1346	3500	655	–	5501
Deutscher Staat	3760*	–	–	–	3760
Italienischer Staat	950*	–	–	–	950
Banken	1800**	–	–	–	1800
E.ON Ruhrgas AG	409	–	300	–	709
Wintershall	409	–	655	–	1064
Gasunie	238	–	200	–	438
Fluxys	–	–	190	–	190
Gaz de France	238	–	–	–	238
RWE/Net4Gas	–	–	–	400	400
					15050

Quelle: Eigene Darstellung, Quellen siehe Fließtext
* Garantiedauer 16 Jahre; ** Rückzahlung des unbesicherten Kredits innerhalb von 10 Jahren

Energiepolitischer Kontext in Deutschland um die Jahrtausendwende

Auf politischer Ebene wurde in Deutschland um die Jahtausendwende von der Koalitionsregierung aus SPD und Bündnis 90/Die Grünen der Beschluss zum Kernenergieausstieg gefasst und 2000 als Gesetz verabschiedet. Gleichzeitig sollte die Kohleverstromung für das Erreichen der Klimaziele stark reduziert werden. Das aus diesen Politikmaßnahmen von Wissenschaftlern im Auftrag der Regierung erarbeitete Energieszenario (siehe Abbildung 7.14) sah eine stark vergrößerte Rolle für Erdgas bei der Stromerzeugung vor, das sowohl einen Teil der Kohle als auch den Anteil der Kernenergie übernehmen würde. Das zweite 2001 berechnete Szenario ging von einer Reduktion der Treibhausgasemissionen um 40 % bis 2020 aus. Bei beiden Szenarien wurde im Einklang mit allgemeinen Annahmen nicht berücksichtigt, dass der Gaspreis absolut und auch relativ zu anderen Energieträgern steigen könnte. Im Gegensatz zur nachfolgenden Entwicklung des Ölmarkts wurde bis 2020 ein Preisniveau von Mitte der 1980er Jahre angenommen, was zwar höhere Preise als in den 1990er Jahren entsprach, aber noch wesentlich niedriger als die tatsächlich eingetretene Preisentwicklung war (BMWi 2001). In den Szenarien wurde folglich ein starker Anstieg des Importbedarfs für Erdgas vorhergesagt (vgl. Abbildung 7.15). Die Steigerung des Ölpreises wurde nicht vorhergesehen, der ganz unabhängig von der Nachfrageentwicklung für Erdgas bereits 2005 und damit 15 Jahre früher als erwartet für eine reale Verdoppelung des Preises von 2001 gesorgt hatte.[105] Damit stiegen auch die Erdgaspreise an. Diese Fehlannahmen bildeten den Kontext für Politikentscheidungen, die zum Bau der Ostseepipeline führten.

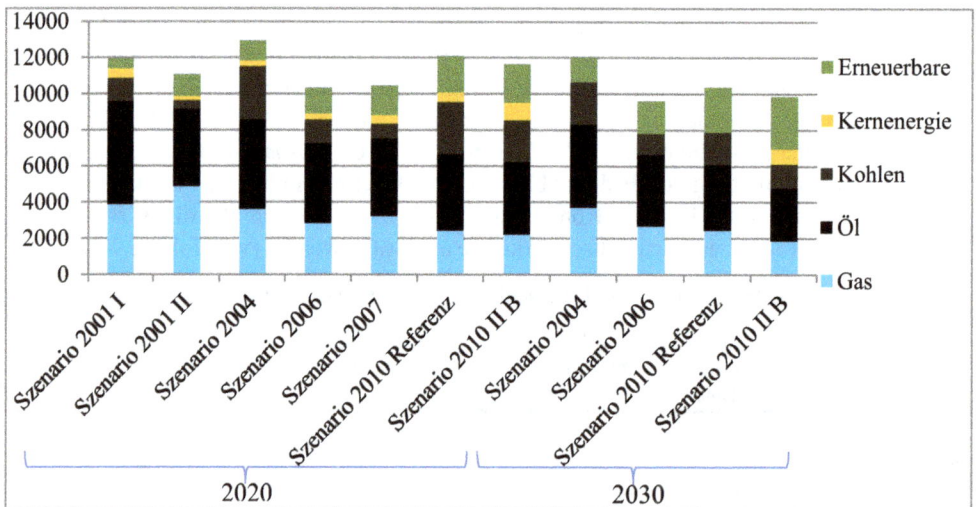

Quelle: Eigene Darstellung nach den Angaben in BMWi (2001), EWI/GWS/Prognos (2010), EWI/Prognos (2007), IEA (2007a: 22). Daten für Erneuerbare in Energieszenarien 2010 schließen Importstrom ein. Szenarien 2001 und 2007 enthalten nur Prognosen bis 2020.

Abb. 7.14:   Primärenergieverbrauch Deutschlands 2020 und 2030 in verschiedenen Szenarien, PJ.

---

[105]   Solche Annahmen waren jedoch in den 1990er und auch Anfang der 2000er Jahre die Regel, vgl. IEA (2000: 432). Erst 2004, als der Ölpreis auf Grund eines raschen Importwachstums in China und dem Irakkrieg auf über US-$ 40 geklettert war, rechnete die IEA in ihrem jährlichen World Energy Outlook erstmals auch mit einem alternativen Szenario eines höheren Ölpreises – dieser sollte auch hier jedoch nur US-$ 35 betragen. Das Referenzszenario ging immer noch davon aus, dass sich hohe Ölpreise nicht halten würden und der Ölpreis daher wieder auf US-$ 22 abfallen würde, vgl. (2004: 39).

Angesichts stark gestiegener Öl- und Gaspreise korrigierten spätere wissenschaftliche Gutachten den Anteil von Erdgas zu Gunsten von Kohle stark nach unten. Der prognostizierte Importbedarf für 2020 verringerte sich im Szenario von 2006 um fast ein Drittel gegenüber dem Basisszenario von 2001 und lag noch unter den aktuellen Werten. Bis 2030 wurde eine weitere leichte Reduktion vorausgesagt. Auch die Szenarien von 2007 prognostizierten keinen wesentlich höheren Gasimportbedarf.

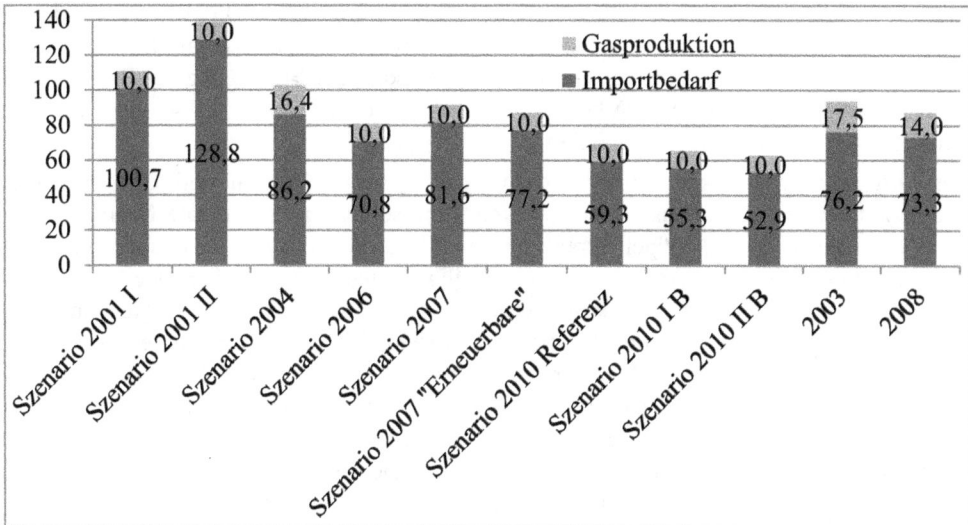

Quelle: Eigene Darstellung nach den Angaben in BMWi (2001), EWI/GWS/Prognos (2010), EWI/Prognos (2007), IEA (2007a: 22). Außer für 2004: Angaben zur voraussichtlichen Produktion 2020 aus EWI/GWS/Prognos (2010); Importbedarf ermittelt aus Angaben zum Primärenergieverbrauch und Inlandsproduktion. Umrechnung in Kubikmeter auf Basis des unteren Heizwerts (1 m³ Erdgas = 35,169 KJ bzw. 0,84 kg Rohöleinheiten). Die notwendigen Gasmengen werden daher eher über- als unterschätzt

Abb. 7.15:   Gasproduktion und Importbedarf Deutschlands 2020 nach verschiedenen Szenarien, sowie tatsächliche Werte für 2003 und 2008, Mrd. m³

Ordnungspolitisch ging der Ausstieg aus der Kernenergie in Deutschland einher mit einer Präferenz für die Bildung großer, vertikal integrierter Konzerne unter deutscher Kontrolle im Energiesektor, die als Antwort auf die im Anwachsen begriffene Importabhängigkeit und erwartete größere Konkurrenz um Energierohstoffe die Versorgungssicherheit gewährleisten sollten. Diese Politik der „national champions" manifestierte sich konkret in der im Sommer 2002 erteilten Ministererlaubnis zur Übernahme der Ruhrgas AG durch die E.ON AG, mit der sich die Regierung über die Bedenken der Kartellbehörde hinwegsetzte. Die Übernahme war von der E.ON AG maßgeblich mit der Liberalisierung des europäischen Erdgasmarktes durch die EU begründet worden, wodurch die Ruhrgas AG mit anderen finanzstarken europäischen Konzernen um Marktanteile und Übernahmechancen konkurriere. Dieser Argumentation wurde vom Bundeswirtschaftsministerium Folge geleistet (BMWi 2002). Es sollte also ein „national champion" geformt werden, der durch die Kraftwerksbeteiligungen der E.ON auch Gasnachfrage vertikal integrieren könne. Ein ganz wesentlicher Teil der

Argumentation der E.ON AG, der zur Begründung der Erlaubnis maßgeblich war, stützte sich auf die Erhöhung der Versorgungssicherheit durch die bessere Möglichkeit zur vertikalen Integration von *upstream*-Projekten in Russland. Deutschland sei auf russländisches Erdgas langfristig angewiesen, da es gegenüber LNG die wirtschaftlichere Alternative sei (BMWi 2002: Rn. 123). Der hohe Kapitalbedarf der russländischen Erdgaswirtschaft erhöhe die Angewiesenheit auf ausländische Investitionen, die aber von Ruhrgas AG nicht allein geleistet werden könnten. Auch könne das fusionierte Unternehmen den Anteil an Gazprom etwa auf 10 % aufstocken und so größeren Einfluss über den russischen Konzern, auch etwa beim Pipelinebau, erlangen (BMWi 2002: Rn. 129). Die Fusion wurde so schließlich mit Auflagen genehmigt. Unter anderem wurde eine horizontale Desintegration der Erdgasindustrie vorgeschrieben. So wurde der Verkauf der Beteiligung der Ruhrgas AG an der Verbundnetz Gas AG (VNG AG – siehe oben Abschnitt 7.4.4) und weiterer Beteiligungen an Stadtwerken mandatiert.

Der vorgesehenen vertikalen Integration in den *upstream*-Bereich und der vertikalen Integration von Nachfrage aus Gaskraftwerken stand somit eine horizontale Desintegration des Gasgroßhandels und -Pipelinetransports in Deutschland sowie eine auch vertikale Desintegration durch den Abverkauf von Beteiligungen an Stadtwerken gegenüber. Der politische Charakter der Erlaubnis wurde durch die Klausel gestärkt, die eine Genehmigung des Bundeswirtschaftsministeriums für den Fall vorsieht, das E.ON die Stimmrechtsmehrheit an Ruhrgas an einen anderen Investor veräußern will. Dies schützte Ruhrgas von einer etwaigen Übernahme durch Gazprom oder einen anderen ausländischen Investor. Auch ist der Verkauf der Ruhrgas-Aktien für den Fall vorgesehen, falls E.ON selbst von einem Akteur erworben wird, der die energiepolitischen Interessen Deutschlands beeinträchtigen könnte. Dies verdeutlicht, dass die von SPD und Bündnis90/Die Grünen geführte Bundesregierung daran interessiert war, Ruhrgas als Instrument der Versorgungssicherheit zu stärken und unter deutscher Kontrolle zu belassen (Sander 2012: 172).

Paradoxerweise wurden die Einlassungen der Gazprom-Tochter ZGG Zarubezhgas GmbH (später Gazprom Germania GmbH) und Wingas GmbH zur Fusion ignoriert, die begründende Schlussfolgerungen der Erlaubnis teilweise entkräfteten. Die ZGG argumentierte, dass keineswegs ausländische Direktinvestitionen zur Erhöhung der russländischen Gasproduktion notwendig seien. Auch werde man sich nicht auf die fusionierte E.ON Ruhrgas als Kooperationspartner festlegen. Wie auch Wingas verwies die ZGG stattdessen auf die Notwendigkeit von Auflagen wie dem Verkauf von Beteiligungen an der VNG und an Stadtwerken für den Fall einer Fusion (BMWi 2002; Sander 2012: 194).

Im Nachhinein kann die Ministererlaubnis auf Grund der Fehleinschätzungen sowohl der Interessen der russländischen Akteure wie auch der zukünftigen Entwicklung der Gasmärkte nur als fatale Fehlentscheidung bezeichnet werden. Die Offenheit Russlands für ausländische Direktinvestitionen wurde trotz der Einlassungen der ZGG als positiv erachtet. Auch erwartete man sich – trotz bereits gegenteiliger Erfahrungen[106] – von einer größeren Beteiligung an Gazprom auch größeren Einfluss auf die Investitionsentscheidungen des Unternehmens.

Diese Schlussfolgerungen sollten sich bereits ein Jahrzehnt später als unhaltbar herausstellen. Statt eine Stärkung der deutschen Verhandlungsposition zu erreichen, trug man durch die horizontale Desintegration der Gasindustrie dazu bei, Gazprom und Wintershall neue Beteili-

---

[106]   Quelle: Interviews mit Konzernvertretern in Moskau, Herbst 2009.

gungsmöglichkeiten zur eröffnen, die zu einer vertikalen Vorwärtsintegration der Produktionskette durch den Produzenten Gazprom statt zu einer Rückwärtsintegration der Gasproduktion durch einen Konzern in deutscher Hand führten. Diese Chancen wurden von der Koalition aus Gazprom und Wintershall bereits vor der Fusion identifiziert. Wintershall erhielt wesentlich bessere Investitionsmöglichkeiten in Russland als Ruhrgas. Diese wurde durch die Fehlentscheidungen nicht gestärkt, sondern im Gegenteil zu Gunsten von Gazprom und Wintershall nachhaltig geschwächt (Schlandt 2010; Student 2011).

Die Vorgeschichte des Pipelineprojekts

Bei der Analyse der Prozesse werden aus Gründen der Ökonomie der Darstellung lediglich die wichtigsten Aspekte hervorgehoben. Für den detaillierten Ablauf sowie die Nachweise kann die chronologisch sortierte Tabelle in Anhang V konsultiert werden. Nachweise werden im Text nur erfolgen, sofern auf ein spezifisches Dokument Bezug genommen wird.

Die Idee, eine Pipeline durch die Ostsee zu bauen wurde erstmals 1995 laut, damals jedoch verbunden mit dem schwedischen Beschluss zum Ausstieg aus der Kernenergie. Schweden, das zuvor kaum Erdgas verbrauchte, wurde von Gazprom als neuer Wachstumsmarkt identifiziert. Dabei war jedoch eine andere Pipelineroute geplant, die über Finnland nach Schweden und weiter über Dänemark nach Deutschland verlaufen sollte. Die Pipeline kam jedoch nicht voran, da das schwedische Interesse vorerst nur verhalten war. Erst 1997 wurde ein Gemeinschaftsunternehmen zwischen der finnischen Fortum Oy und der Gazprom gegründet, das mögliche Pipelinerouten untersuchen sollte. Dies fand nach Anschuldigungen von Gazprom-Chef Vjachirev gegen die Ukraine statt, der diese des Gasdiebstahls bezichtigte und die Transitgebühren für zu hoch befand. Dabei wurden auch Routen über Finnland direkt nach Deutschland und von St. Petersburg nach Deutschland ins Auge gefasst, was den Umgehungscharakter der Pipeline betonte. Bei den Verhandlungen mit Finnland, Norwegen und den baltischen Staaten trat auch immer wieder Regierungschef Černomyrdin in Erscheinung. Bereits hier zeigte sich das Interesse der Gazprom an einer Umgehung der Ukraine, um die eigene Verhandlungsmacht zu verbessern.

Auf Seite der deutschen Importeure hatte Ruhrgas ein Interesse an einer Verbesserung des Verhältnisses mit Gazprom. Die vormals strategische Allianz war zuvor durch die Koalition zwischen Gazprom und Wintershall (siehe Abschnitte 7.4.4 und 7.4.5) belastet worden. Das Verhältnis hatte sich um die Jahrtausendwende aber erheblich verbessert.[107] Ruhrgas hatte dafür ihre Lieferverträge mit Gazprom zehn Jahre vor deren Auslaufen um weitere zwölf Jahre verlängert, während der Finanzkrise von 1998 einen Anteil von 5 % an Gazprom erworben,[108] dem russländischen Unternehmen die Durchleitung von Erdgas durch die eigenen Pipelines in Deutschland gestattet (was damals mangels Liberalisierung noch nicht selbstverständlich war) und US-$ 3,5 Mio. für die Herstellung einer Kopie des Bernsteinzimmers gespendet. Als Zeichen für die verbesserten Beziehungen der Unternehmen wurde Ruhrgas-Chef Bergmann 2001 in den Gazprom-Aufsichtsrat gewählt.

---

[107] Dies stand wohl im Zusammenhang mit dem Rücktritt von Premierminister Černomyrdin von seinem Posten, da dieser über seine politische Position und sein Insiderwissen als früherer „Gasmann" offenbar großen Einfluss auf die Gazprom nehmen konnte. So jedenfalls Interviews mit Konzernvertretern in Moskau, Herbst 2009.
[108] Die Vermittlung der Anteile hat wohl durch Andrej Bykov stattgefunden, vgl. DAPD (2012).

Um sich als Kooperationspartner für Gazprom zu profilieren interessierte sich Ruhrgas im Sommer 1999 erstmals auch öffentlich für die Ostseepipeline und befürwortete eine direkte Route nach Deutschland. Während die erste Jamal-Europa Pipeline in enger Kooperation mit Wintershall gebaut worden war und vor allem auf eine von Ruhrgas unabhängige Importroute nach Deutschland abzielte, fürchtete Ruhrgas wohl, dass auch die zweite, bereits geplante Jamal-Europa-Pipeline unter Ausschluss ihrer Beteiligung gebaut werden würde. Mit der Unterstützung der Ostseepipeline oder einer anderen Pipeline zur Umgehung der Ukraine hoffte Ruhrgas wohl, sich als Partner von Gazprom positionieren und eine zweite Jamal-Europa-Pipeline verhindern zu können. Die Unterstützung ist daher nicht als Parteinahme für das spezifische Projekt zu sehen, sondern stellt lediglich eine Unterstützung der Präferenzen der Gazprom dar, um die eigene Position auf Kosten der Koalition zwischen Gazprom und Wintershall zu stärken.

Im Herbst 1999 kündigte Gazprom dann auch an, dass die zweite Jamal-Europa-Pipeline nicht gebaut werde. Im Herbst 2000 wurde stattdessen der kürzere und kostengünstige „Inter-System-Connector" lanciert, der eine Verbindung des polnischen Pipelinesystems mit dem slowakischen System ermöglichen sollte, um die Ukraine besser umgehen zu können. Eine entsprechende Absichtserklärung unterzeichneten neben der Ruhrgas auch die Wintershall, Gaz de France S.A. und die ENI-Tochter Snam Rete Gas S.A. (Sander 2012: 169). Ruhrgas schien damit einen Teilerfolg erzielt zu haben, allerdings leistete Polen gegen das Projekt Widerstand. Polnische Politiker lehnten die Pipeline ab, da sie die Nachbarschaftspolitik beeinträchtige und auf die Schädigung der Ukraine abziele. Auch hier versuchte Gazprom, die Ostseepipeline als Druckmittel einzusetzen, um die Kooperationsbereitschaft Polens zu erhöhen, was jedoch fruchtlos blieb. Gazprom gab dieses Projekt daher recht rasch wieder auf. Die Ostseepipeline erhielt nun für die russländischen Akteure die höchste Priorität und die deutschen Akteure mussten auf diese Änderung der Präferenzintensität reagieren. Die Episode verdeutlicht auch, dass es sich bei dem Projekt vor allem um ein Vorhaben zur Reduktion der Interdependenzen mit der Ukraine handelt (Sander 2012: 170) und es nicht in erster Linie um die Beseitigung von Engpässen bei der Exportinfrastruktur geht.

Vor dem Hintergrund des nun starken Interesses der Gazprom an dem Projekt Ostseepipeline brachte die Ruhrgas AG ihre Skepsis gegenüber dem Projekt verstärkt zum Ausdruck. Diese wurde nun offen als „sehr teuer" bezeichnet. Dennoch beteiligte sich Ruhrgas an der Finanzierung der Machbarkeitsstudie für die möglichen Pipelinerouten, um im Spiel zu bleiben.

Auch Anfang 2003 hielt Ruhrgas-Chef Bergmann noch an seiner Meinung fest, das Projekt sei von „hohem strategischem Interesse". Gleichzeitig sei die Pipeline jedoch sehr teuer und setze daher höhere Gasnachfrage voraus, die nicht rasch zu erwarten sei. Erst in frühestens zehn Jahren könne genügend Nachfrage bestehen. Das fehlende Interesse der Ruhrgas zeigte sich auch bei den im Oktober 2003 stattgefundenen Regierungskonsultationen, bei denen aus deutschen Regierungskreisen im Vorfeld verlautete, es werde während des Treffens eine Absichtserklärung zwischen Gazprom, Ruhrgas und Wintershall zum Bau der Ostseepipeline unterzeichnet. Dies entsprach auch den Aussagen der russländischen politischen Akteure, die zusätzlich androhten, man habe viele Optionen und werde die Pipeline auch unabhängig von Ruhrgas bauen, da man die Ukraine umgehen wolle (Sander 2012: 213). Die Unterzeichnung fand auf Grund von Widerstand von Ruhrgas jedoch nicht statt. Gazprom versuchte dann, auch in der Öffentlichkeit Druck auf Ruhrgas auszuüben.

Gazprom reagierte darauf mit der Intensivierung von Verhandlungen mit anderen europäischen Konzernen. Außerdem machte Gazprom gegenüber Ruhrgas deutlich, dass weitere Kooperation nur gegen Unterstützung des Projekts Ostseepipeline erfolgen würde, indem sie alle seitens der Ruhrgas gemachten Kooperationsvorschläge im russländischen *upstream*-Sektor ablehnte (Sander 2012: 170).

Manipulation durch Erzeugung von Konkurrenz

Die Integration von Ruhrgas in die E.ON bildete schließlich die entscheidende Grundlage für den Startschuss des Projekts Ostseepipeline, auf zwei Pfaden: Zum einen verlor der Gaskonzern Ruhrgas seine Eigenständigkeit und wurde in einen nach anderen Rationalitäten entscheidenden vertikal-integrierten Energiekonzern eingefügt, der nicht über Erfahrungen im Russlandgeschäft verfügte. Zum anderen sorgten die politische Erlaubnis zur Fusion und die politisch eingegangene Verpflichtung zur Sicherung der Versorgungssicherheit für eine besondere Offenheit des neuen Konzerns für die Wünsche der Politik.

Die Integration in den E.ON-Konzern führte bei Ruhrgas zu einer Neuausrichtung der Strategie. „Eine eigene Ruhrgas-Strategie gibt es nicht mehr" erklärte Konzernchef Wulf Bernotat bereits im Oktober 2003 (Pott 2003). E.ON selbst arbeitete dabei seit Herbst 2003 an einer neuen Russland-Strategie. Im Frühjahr 2004 wurde beschlossen, dass man sich künftig stärker in Russland engagieren wolle. Spezifisch sollte Ruhrgas dabei stärker in Erdgasförderung investieren und als strategisches Ziel 15–20 % des Bedarfs durch eigene Förderung abdecken können (Boersen-Zeitung 2004; Focht 2004a). Bei dieser strategischen Neuausrichtung spielte wohl auch die in der Ministererlaubnis eingegangene Zusage, einen Beitrag zur deutschen Versorgungssicherheit durch Rückwärtsintegration in Gasförderung leisten zu können eine nicht unerhebliche Rolle (Gassmann 2004). Allerdings wollte sich E.ON nicht auf Kooperation mit Gazprom festlegen und verhandelte anscheinend auch mit dem kleinen Unternehmen Nortgaz über Investitionen (FTD 2003; Gassmann 2004). Ein solcher Versuch zur Umgehung der Gazprom sollte sich aber als wenig fruchtbare „Russland-Strategie" herausstellen.

Vielmehr führte die Neuausrichtung rasch dazu, dass E.ON Ruhrgas die Wünsche deutscher politischer Akteure und der russländischen Akteure erfüllte. Bei einem Wirtschaftsgipfel im Sommer 2004 wurde im Beisein von Gerhard Schröder und Putin ein Memorandum zwischen Gazprom und E.ON Ruhrgas unterzeichnet. Einerseits wurde die Beteiligung von E.ON Ruhrgas am Gasfeld Južno-Russkoe beschlossen. Im Gegenzug würde sich das Unternehmen an der Ostseepipeline beteiligen und in die russländische Stromerzeugung investieren. Für die Beteiligung am Feld würde Gazprom einen Teil des Anteils von E.ON Ruhrgas an Gazprom zurückerhalten und man werde gemeinsame Projekte im *downstream*-Sektor unternehmen. Das Memorandum sollte innerhalb von drei Monaten konkretisiert werden. E.ON-Chef Bernotat machte kurz nach Abschluss des Memorandums in einem Gespräch mit Analysten deutlich, dass es sich bei diesem Geschäft auch um die Erfüllung von bei der Fusion politisch eingegangenen Verpflichtungen zur Erhöhung der Versorgungssicherheit handele. Man werde jedoch auf jeden Fall mehr russländisches Gas benötigen, weshalb das Geschäft vorteilhaft sei. Auch habe man Unterstützung durch Putin erhalten, was im russländischen Kontext wichtig sei. Ruhrgas-Chef Bergmann war vorsichtiger und sprach von einer Erhöhung der Importe aus Russland nur in dem Fall, dass man zusätzliches Gas auf andere Märkte exportieren könne. Die Ostseepipeline beurteilte er derweil jedoch skeptisch (FD 2004). Die Schlussfolgerung, dass politische Akteure auf beiden Seiten den Deal vorangetrieben haben drängt sich angesichts der Aussagen von deutschen Konzernvertretern und ihrem Verhalten vor, während und nach der

Unterzeichnung, sowie auf Grund späterer Aussagen von Ex-Bundeskanzler Schröder auf.[109] Schröder stärkte Putin gleichzeitig bei seinem Vorgehen gegen den JUKOS-Konzern den Rücken. Jeder Staat sei an Steuereinnahmen interessiert. Man dürfe auch die Wettbewerbsfähigkeit deutscher Konzerne nicht durch unnötige Kritik stören, hieß es aus dem Kanzleramt.

Russland hatte also hier über politische Akteure im Rahmen des allgemeinen Diskurses einer angespannten Versorgungssituation ein Teilziel erreicht. Dass das Memorandum zuerst mit E.ON Ruhrgas und nicht mit dem engeren Partner Wintershall unterzeichnet wurde, war klug, da es den Wettbewerb zwischen den deutschen Spielern befeuerte, der sich rasch auszahlen sollte: Wintershall sah sich auf Grund des Zugangs des Wettbewerbers E.ON Ruhrgas zu einem der letzten bekannten großen und leicht erschließbaren Gasfelder in Russland ausgebootet und war daher kooperationsbereit. Auch die Verhandlungstaktik von E.ON Ruhrgas, die weiterhin ein schwieriger Verhandlungspartner war, drängte die Gazprom zu Gesprächen mit Wintershall: So wollte Gazprom als Gegenleistung für die Beteiligung am Gasfeld Anteile an der Ruhrgas oder an der britischen Tochter E.ON UK erwerben, um stärker im *downstream*-Geschäft tätig zu werden. Beides lehnte E.ON Ruhrgas ab und behielt auch ihre skeptische Haltung gegenüber der Ostseepipeline bei (Sander 2012: 172).

Gazprom verhandelte so parallel mit mehreren Parteien, darunter auch RWE und VNG. Dabei wurden ihnen offenbar ähnliche Konditionen geboten wie E.ON Ruhrgas. In Verhandlungen mit der Führung von BASF und Wintershall wurde bereits im Oktober 2004 ein Memorandum unterzeichnet, das die Beteiligung der Wintershall an der Ostseepipeline vorbereiten sollte. Kurz darauf verlängerten Wingas und Gazprom auch ihre bestehenden Langfristverträge für Gaslieferungen bis 2030. Die Menge entsprach 20 % des deutschen Gasmarktes (Handelsblatt 2004; Sander 2012: 172). Dies entsprach auch der von der deutschen Politik angestrebten Kooperation zur Sicherung der Versorgungssicherheit und erhöhte daher den Druck auf E.ON Ruhrgas. Daraufhin unterzeichnete Gazprom im April 2005 mit Wintershall ein Memorandum zur Beteiligung an der Pipeline und am Gasfeld Južno Russkoe. Wintershall sollte dabei 50 % minus einer Aktie am Gasfeld erlangen und mit 49 % am Betreiberkonsortium der Ostseepipeline beteiligt werden. Im Gegenzug für die Beteiligung der Wintershall am Gasfeld würde Gazprom ihren Anteil am Gemeinschaftsunternehmen Wingas auf 50 % minus einer Aktie aufstocken können (Sander 2012: 173). E.ON Ruhrgas wurde also von der Beteiligung am Gasfeld effektiv ausgeschlossen, da Gazprom weiter die Kontrollmehrheit halten würde. Auch dieser Deal wurde im Beisein von Schröder und Putin unterzeichnet. Die deutsche Politik unterstützte also den Wettbewerb zwischen deutschen Konzernen, der die Position der E.ON Ruhrgas gegenüber Gazprom zu Gunsten der eng mit Gazprom verbundenen Wintershall schwächte. Dies lief auch dem Ziel der Stärkung eines deutschen Importeurs zuwider, das in der Ministererlaubnis zur Übernahme von Ruhrgas durch E.ON deklariert worden war. Dies verdeutlicht, dass die Realisierung der Pipeline für deutsche politische Akteure Priorität hatte.

Gazprom traf anschließend im Alleingang einige Entscheidungen bezüglich der Ostseepipeline. Zunächst wurde mitgeteilt, dass man die Kapazität der Ostseepipeline von 20–30 Mrd. m³ auf 55 Mrd. m³ aufstocken werde. Auch wurde bereits mit dem Bau der

---

[109]   Schröder sagte bei einem Festakt anlässlich des 20. Jahrestags der Kooperation zwischen Wintershall und Gazprom am 22. November 2010 im Berliner Hotel Adlon, man habe die Konzerne „immer wieder ermuntert" die Investition in die Ostseepipeline trotz aller Risiken vorzunehmen. Quelle: Eigene Aufzeichnungen.

Anbindungsleitung auf russländischem Territorium begonnen. Gleichzeitig verhandelte Gazprom mit mehreren europäischen Unternehmen über eine Beteiligung. E.ON Ruhrgas sah ihre Felle davonschwimmen und war nun offenbar ebenfalls bereit, einen Anteil an der Pipeline zu übernehmen und im Austausch für die Beteiligung am Gasfeld Anteile an *downstream*-Aktiva abzutreten. Ein anderes Verhalten der E.ON Ruhrgas wäre auch vor dem Hintergrund der deklarierten Strategie als Niederlage interpretiert worden.[110]

Die neue Kooperationsbereitschaft der E.ON Ruhrgas wurde bei der Grundsatzvereinbarung zur Ostseepipeline sichtbar, deren Unterzeichnung aus Gründen des politischen Kalenders vorgezogen worden war: Da die vorgezogenen Bundestagswahlen am 18. September 2005, die deutsch-russischen Regierungskonsultationen jedoch erst am 23. und 24. September 2005 stattfanden, wurde der Termin für die Unterzeichnung auf den 8. September 2005 vorverlegt (Sander 2012: 178). Beim so ermöglichten 32. Treffen zwischen Schröder und Putin unterzeichneten E.ON Ruhrgas, Wintershall und Gazprom die Grundsatzvereinbarung zum Bau der Ostseepipeline. Gazprom würde die neu im Schweizerischen Zug zu gründende Pipelinegesellschaft mit einem Anteil von 51 % kontrollieren, während die deutschen Konzerne jeweils 24,5 % übernehmen würden. Eine Möglichkeit zur Beteiligung an einem Gasfeld für E.ON Ruhrgas war dabei nicht vorgesehen. Wintershall war also rasch bereit, die Hälfte ihrer Beteiligung an der Ostseepipeline wieder abzugeben. Dies verdeutlicht, dass die vorherige Vereinbarung lediglich darauf zielte, Druck auf Konkurrenten aufzubauen.

Putin versprach Deutschland bei dem Treffen seine Unterstützung bei deutschen Bemühungen um einen ständigen Sitz im Weltsicherheitsrat der VN. Obwohl Putin offen davon sprach, dass es bei der Pipeline um die Umgehung von Transitländern gehe, was letztlich den Preis für europäische Konsumenten senken werde, vertrat Schröder die Ansicht, das Projekt richte sich gegen niemanden. Bei einer am Vortag gehaltenen Regierungserklärung im Bundestag erklärte Schröder im Gegensatz dazu, die Ostseepipeline sei ein Zeichen für eine interessenorientierte Außenpolitik Deutschlands, die Deutschlands Positionierung als eine „mittlere Macht" widerspiegele (Deutscher Bundestag 2005: 17504). Der damals noch an der DGAP tätige Politikberater Rahr verglich den Vertrag mit dem Beginn der Europäischen Gemeinschaft für Kohle und Stahl (EGKS), unabhängig von der Tatsache, dass Deutschland keine vergleichbaren Gasreserven wie Russland hat, die eine solche ausgleichende Integration ermöglichen könnten und auch kein (formelles) Gremium zur gemeinsamen Koordination von Gazprom und der deutschen Energiekonzerne existiert. Zuvor hatte bereits die EU-Kommission das Vorhaben befürwortet, da es zusätzliche Gasmengen in die EU bringe, und damit eine Anfrage Polens und der baltischen Staaten in den Wind geschlagen, die eine Überlandpipeline favorisierten und die Kommission um Hilfe gebeten hatten.

Schröder wurde dann im Dezember 2005 zum Aufsichtsratschef der entsprechend der Vereinbarung kurz zuvor gegründeten Pipelinegesellschaft NEGP Company (später Nord Stream AG) ernannt, nachdem ihn Putin mehrmals darum gebeten hatte. Von Gazprom wurde die Ernennung mit Schröders guten Kontakten auf EU-Ebene motiviert. Die E.ON Ruhrgas äußerte sich eher ablehnend zu dieser Besetzung des Postens. Zum Vorstandsvorsitzenden der Gesellschaft wurde Matthias Warnig berufen, ein ehemaliger Mitarbeiter des Ministeriums für Staatssicherheit der DDR, der spätestens seit seiner Tätigkeit bei der Deutschen Bank in St. Petersburg in den 1990er Jahren über Kontakte zu Putin verfügte.

---

[110] So auch Sander (2012: 176f).

Beide Besetzungen wurden im März 2006 von den Teilhabern der Pipelinegesellschaft einstimmig gebilligt (Sander 2012: 179f). Das Erzeugen von Wettbewerb zwischen deutschen Konzernen war also, gemeinsam mit der Unterstützung durch deutsche politische Akteure, ein zentrales Strategieelement, um die Konzerne zur Kooperation zu bewegen. Dies war so nur in Deutschland möglich, wo mehrere Kooperationspartner für Gazprom bereitstanden.

Manipulation von Risiken zur Sicherung politischer Unterstützung

Nachdem die deutschen Partner für die Pipeline an Bord gebracht worden waren verschärfte Russland seine Gangart gegenüber der Ukraine und der EU. Die nun folgende Manipulation der Risiken zielte auch darauf, die Risikoperzeption des existierenden Pipelinekorridors zu erhöhen, wodurch die Umgehungspipeline als vorteilhafte Variante erschien. So wurden im Januar 2006 die Gaslieferungen an die Ukraine vollständig eingestellt (siehe auch oben Abschnitt 6.2.5). Dies zog die Aufmerksamkeit politischer Akteure auf sich, die die Ostseepipeline nun als Weg zu mehr Versorgungssicherheit ansahen. Als Belohnung für das aggressivere Vorgehen der Gazprom hoben Mitte Januar 2006 sowohl der deutsche Wirtschaftsminister Michael Glos als auch die neue Bundeskanzlerin Angela Merkel die Bedeutung der Ostseepipeline, sowie die Zuverlässigkeit Russlands bei der Gasversorgung hervor. Auch nach Schröder war durch Manipulation des Kontextes auf Kosten der Ukraine also die politische Unterstützung der Pipeline gesichert worden, die zunächst unsicher schien.

Auch gegenüber der EU schlug Gazprom derweil einen härteren Ton an. Die Ostseepipeline diente dabei als Modell für Kooperation, das zu einer Bedingung für zukünftige Gaslieferungen gemacht wurde: Nachdem Gazprom bei Übernahmeversuchen auf dem britischen Markt auf Probleme gestoßen war, da die Öffentlichkeit eine stärkere Oligopolisierung des bereits liberalisierten britischen Gasmarkts befürchtete, bestellte Gazprom-Chef Miller die Botschafter der 25 EU-Staaten im April 2006 in Moskau ein und drohte ihnen mit einer Diversifikation nach China. Man müsse sich auf Partnerschaften wie bei der Ostseepipeline einlassen, bei denen Gazprom einen Anteil an *downstream*-Märkten erhalte, oder in Zukunft auf Gaslieferungen verzichten. Der Versuch, Gazprom zu behindern werde jedenfalls kein gutes Ende nehmen.

Langfristverträge und die kommerzielle Konkretisierung des Projekts

Auf Konzernebene wurden derweil die kommerziellen Verhandlungen fortgeführt. In politischer und finanzieller Hinsicht waren dabei die Beteiligungen deutscher Konzerne an Gasförderung und Langfristverträge mit den deutschen Abnehmern über zusätzliche Lieferungen bedeutsam. Politisch halfen sie, in Deutschland das Argument einer Erhöhung der Versorgungssicherheit zu stärken und innerhalb der EU den Eindruck zu zerstreuen, die Pipeline diene nur zur Umgehung des ukrainischen Korridors. Wirtschaftlich waren die Langfristverträge für Gazprom erforderlich, um die Finanzierung des Projekts voranzubringen. Die Verträge wurden dabei in engem Zusammenhang mit den Vereinbarungen über die Beteiligung am Gasfeld in Russland geschlossen.

Wingas hatte schon Ende 2005 ihren bestehenden Liefervertrag bis 2034 um weitere 9 Mrd. m³ jährlich durch die Ostseepipeline aufgestockt.[111] Daraufhin fand im Frühjahr 2006 bei den deutsch-russländischen Regierungskonsultationen der bei Abschluss des Pipeline-deals vereinbarte Tausch von Aktiva statt: Wintershall erhielt 35 % minus einer Aktie am Feld Južno-Russkoe (Severneftegazprom). Davon sind 10 % Vorzugsaktien ohne Stimm-recht. Im Gegenzug konnte Gazprom ihren Anteil an Wingas auf 50 % minus einer Aktie aufstocken und erhielt das Recht zur Beteiligung an Projekten in Libyen. Wintershall war hier also bereit, der Gazprom bei der *downstream*-Integration der Produktionskette, wie auch bei der globalen Expansion im *upstream*-Bereich behilflich zu sein. Der Deal wurde aber erst im Herbst 2007 im Beisein von Außenminister Frank-Walter Steinmeier endgültig unter-zeichnet. Dabei wurde auch vereinbart, dass Severneftegazprom kein Gas exportieren dürfte, aber von Gazprom eine Vergütung erhält, die je hälftig aus dem russländischen Inlandspreis und dem Durchschnittspreis für exportiertes Gas zusammensetzt. Auch wenn die *upstream*-Beteiligung des deutschen Konzerns aus diesem Grund nicht integriert werden kann und die deutschen Konzerne effektiv nur Portfolioinvestitionen vornehmen, lobte der deutsche Außenminister Frank-Walter Steinmeier den Deal als konkreten Schritt zu europäischer Energiesicherheit.

E.ON Ruhrgas konnte ein grundsätzliches Memorandum zur Beteiligung am Južno-Russkoe Gasfeld erst wesentlich später als Wintershall unterzeichnen – im Juli 2006. Im Gegenzug sollte Gazprom an den ungarischen Beteiligungen der E.ON Ruhrgas Anteile erhalten. Kurze Zeit später, im August 2006, verlängerte auch E.ON Ruhrgas die bestehenden Lieferverträge um weitere 15 Jahre bis 2035 und vereinbarte zusätzliche jährliche Lieferungen von 4 Mrd. m³ bis 2035 durch die Ostseepipeline. Ruhrgas-Chef Bergmann zeigte sich anschließend davon überzeugt, dass die zusätzlichen Mengen auf Grund des wachsenden Gasmarktes benötigt würden und man die Partnerschaft mit Gazprom durch die Verträge gestärkt hätte.

Die Gespräche zur Beteiligung der E.ON Ruhrgas am Južno-Russkoe Gasfeld zogen sich dennoch sehr lange hin. Dies war den unterschiedlichen Bewertungen der Aktiva geschuldet, was wiederum auf die wenig partnerschaftlichen Beziehungen zwischen den Konzernen verweist: Gazprom befand den Wert der in Ungarn angebotenen Gesellschaften für zu gering (siehe auch unten Abschnitt 7.6.4), während E.ON Ruhrgas Forderungen zur Beteiligung an weiteren Gesellschaften, etwa in Großbritannien, ablehnte. Zu einer Vereinbarung kam es schließlich im Oktober 2008, als Gazprom auf ihre Forderungen zur Beteiligung an *downstream*-Gesellschaften verzichtete und sich zu dem ursprünglich 2004 vereinbarten Aktientausch bereit erklärte. Dabei würde E.ON Ruhrgas Aktien der Gazprom an diese zurückgeben und im Gegenzug Anteile am Gasfeld erhalten. Die kompromissbereite Haltung der Gazprom im Oktober 2008 wurde auf den Georgien-Krieg zurückgeführt, in dessen Nachgang politische Akteure vor allem an einer Verbesserung des Images interessiert waren und daher ein Zeichen setzen wollten, dass Russland offen für Investoren sei (Sander 2012: 184). Dieser Deal konnte aber auch später lange Zeit nicht vollzogen werden und wurde dann erst 2010 abgeschlossen.

---

[111] Allerdings liegt dies nah an einem Insichgeschäft, da Gazprom durch ihre Beteiligung an dem Gemeinschaftsunternehmen erhöhte Flexibilität bei dem Liefervertrag zeigen wird. Sollte der Gasbedarf nicht ausreichend sein, wird entweder der Preis ermäßigt oder die Mindestabnahmemenge gekürzt werden. Ebenso ist denkbar, dass Gazprom leicht eine Reduzierung der Liefermengen erreichen kann, wenn nicht genügend Gas zur Verfügung steht.

Betont wurde, dass der Lieferort für die verlängerten Verträge weiterhin der Grenzübergang Waidhaus an der deutsch-tschechischen Grenze sei. Dies wurde von Beobachtern so interpretiert, dass die bisherige Lieferroute über die Ukraine für die bestehenden Volumina nicht angetastet würde und nur zusätzliche Volumina über Nord Stream fließen würden. Dies war nützlich für die Zerstreuung politischer Opposition in Nordeuropa, hätte jedoch bereits im Frühjahr 2007 auch in der Öffentlichkeit als Fehlannahme identifiziert werden können, als Wintershall die geplanten Anbindungsleitungen in Deutschland bekannt gab. Die Anbindungsleitungen OPAL und Gazela würden dabei so geführt, dass sie ebenfalls in Waidhaus enden. In Waidhaus entstand so ein „natürlicher" Engpass, sodass das Gas auch theoretisch nicht gleichzeitig aus dem ukrainischen Korridor und aus der Ostseepipeline angeliefert werden kann.

Später wurden Verträge auch mit der dänischen DONG (2 Mrd. m³) von 2012–2030, mit Gaz de France Suez (2,5 Mrd. m³ für den gleichen Zeitraum) und mit Gazprom Marketing and Trading geschlossen, sodass der erste Strang der Pipeline zu drei Vierteln „ausgebucht" ist. Mehr als die Hälfte der neu für die Ostseepipeline vereinbarten Mengen wird allerdings von Akteuren bezogen, an denen Gazprom beteiligt ist. Die geringe Menge der Bezüge, die von unabhängigen Akteuren kontrahiert wurde (8,5 Mrd. m³ bei einer Kapazität von 55 Mrd. m³) hebt das begrenzte erwartete Nachfragewachstum zu den von Gazprom gebotenen Konditionen hervor.

Staatliche Garantien ohne Gegenleistung

Nicht nur politisch, sondern auch finanziell leistete indes die deutsche Bundesregierung dem Projekt Hilfestellung. Dafür wurden die Instrumente Exportkreditversicherung und Bundesgarantie für ungebundene Finanzkredite (UFK) eingesetzt. Erstere dienen der Versicherung von deutschen Exporteuren gegen Zahlungsausfall. Die UFK sind Kreditversicherungen für Rohstofflieferungen, die im besonderen staatlichen Interesse liegen. Voraussetzung für deren Erteilung ist, dass die Investition die Versorgungssicherheit Deutschlands mit Rohstoffen erhöht und dazu langfristige Lieferverträge geschlossen werden (PwC 2008b). Die Entscheidung über die Vergabe der Garantien obliegt dabei einem Interministeriellen Ausschuss unter der Leitung des BMWi, an dem in der Regel Referatsleiter teilnehmen und der nach Konsensprinzip entscheidet. Außer dem Wirtschaftsministerium nehmen an den Sitzungen noch das Finanzministerium, das Auswärtige Amt und das Bundesministerium für wirtschaftliche Zusammenarbeit und Entwicklung (BMZ), sowie die mit dem Management der Garantien beauftragten multinationalen Unternehmen PricewaterhouseCoopers (PwC) und Euler Hermes teil. Letztere nehmen zwar an den vertraulichen Sitzungen teil, nicht aber an der Abstimmung. Zum öffentlichen Teil der Sitzungen werden zudem weitere „persönlich berufene" Sachverständige aus Banken und Exportgewerbe beigeladen. Für den Fall von UFK-Garantien ist dabei PwC der erste Ansprechpartner, während für die Hermes-Exportkreditversicherungen Euler Hermes den Prozess verwaltet (Euler Hermes 2008; PwC 2008a; Sander 2012: 201). Die privaten Unternehmen dürften daher über einen Informationsvorsprung gegenüber den Ausschussmitgliedern verfügen.

Eine UFK-Garantie in Höhe von € 1 Mrd. plus Kreditzinsen wurde zunächst im Oktober 2005 für einen geplanten Kredit der Deutschen Bank und KfW an Gazprom selbst vergeben (Deutscher Bundestag 2006b). Die Deutsche Bank war schon 2004 zur Finanzberaterin der Gazprom für das Projekt ernannt worden (siehe unten). Als Grundlage für die Kreditvergabe gab die Bundesregierung mit der „Erhöhung der energiepolitischen Versorgungssicherheit" eine dezidiert politische Begründung für die Vergabe. Die Erteilung der Garantie sollte denn auch mit einer Klausel im Kreditvertrag verbunden werden, mit der Gazprom verpflichtet wird, „ausreichende Gasmengen" für die zukünftige Ostseepipeline zu Verfügung zu stellen (Deutscher Bundestag 2006b; a). Diese Klausel war zwar sehr vage gehalten, barg aber das Potential, Gazprom zur Erfüllung einer staatlichen Aufgabe in Deutschland – der Gewährleistung von Versorgungssicherheit – zu verpflichten und im Notfall die Handlungsfreiheit der Gazprom zu beschränken.

Die größten Diskussionen löste jedoch das Verfahren zur Vergabe der UFK-Garantie aus, da diese trotz der erheblichen Höhe im Verlaufe nur weniger Wochen vergeben wurden. Zudem fand der Beschluss nach den am 18. September stattgefundenen Bundestagswahlen 2005 statt, noch kurz bevor die neue CDU/SPD Koalitionsregierung unter Bundeskanzlerin Merkel die Arbeit aufnahm. Nachdem klar war, dass die CDU als stärkste Kraft aus den Wahlen hervorgegangen war, fand am 20. September 2005 eine Präsentation von KfW und Deutscher Bank statt, zwei Tage später wurden Bundeswirtschaftsminister Wolfgang Clement und BMWi-Staatssekretär Bernd Pfaffenbach vom Vorhaben unterrichtet. Am 24. Oktober traf der Interministerielle Ausschuss eine positive Grundsatzentscheidung über die Erteilung der Garantie. Bereits einen Tag später wurde die Zusage im Wirtschaftsministerium durch Clement und Pfaffenbach bestätigt, am 31. Oktober stimmte das Bundesfinanzministerium mit Gegenzeichnung durch Staatssekretär Caio Koch-Weser zu. Koch-Weser wurde von der neuen Bundesregierung Ende November in den Ruhestand versetzt und wechselte als „Managing Director" zur Deutschen Bank. Der damals noch amtierende Bundeskanzler Gerhard Schröder bestreitet ebenso wie das Kanzleramt, über den Vorgang der Kreditvergabe informiert gewesen zu sein (Deutscher Bundestag 2006b; a; Handelsblatt 2006; Spiegel 2006). Dies wäre jedoch angesichts der erst kurz vorher von ihm selbst vorangetriebenen Verhandlungen zur Pipeline (und des Wissens der Ministerialbürokratie über die Bedeutung des Vorhabens für die Politik des Bundeskanzlers) sehr verwunderlich (Sander 2012: 203). Außerhalb des Dienstwegs gibt es mithin auch andere Informationswege. Der mit dem Vorgang von Anfang an befasste Pfaffenbach war zwischen 2001 und 2004 etwa Schröders Berater für Wirtschaftspolitik im Kanzleramt (GBF 2011).

Sachlich scheinen der Vergabe der Garantie unrichtige Angaben zu Grunde gelegen zu haben: Laut Bundesregierung sollte der Kredit zur Teilfinanzierung einer *onshore*-Pipeline vom Gasfeld Južno-Russkoe nach St. Petersburg eingesetzt werden (Deutscher Bundestag 2006b; a). Diese Aussage diente zur Stützung des Arguments, dass die Garantie der Erhöhung der deutschen Versorgungssicherheit diene, da deutsche Firmen an dem Feld beteiligt werden sollten. Sie ist jedoch schon sachlich falsch, da das Gasfeld an das ESG der Gazprom angeschlossen wurde und die Verlegung einer separaten Pipeline über die gesamte Strecke auf Grund dessen geographischer Lage nie wirtschaftlich gewesen wäre. Außerdem sollte die Ostseepipeline nicht in St. Petersburg, sondern nördlich davon beginnen. Es kann sich also hier nur um die Finanzierung der Verbindungsleitung des ESG mit der Ostseepipeline handeln. Diese unklaren und falschen Angaben zum Projekt verdeutlichen, dass es vor allem um die Garantien der Gazprom bezüglich der deutschen Versorgungssicherheit ging, die mit der Kreditvergabe erlangt werden sollten.

Gazprom lehnte die Bürgschaft im Frühjahr 2006 mit den Worten ab, man mache als größter Gasexporteur sowieso keinen Gebrauch von Staatsbürgschaften und werde das Geld andernorts beschaffen (Manager-Magazin.de 2006). Dies ist wohl als Zeichen zu verstehen, dass Gazprom mit den Krediten verbundene Bedingung über die Liefersicherheiten nicht akzeptieren wollte. Schröder selbst hatte eine andere Motivation, die Ablehnung der Bürgschaft durch Gazprom hervorzuheben (Handelsblatt 2006) – sein Imageschaden sollte nicht zu groß werden, um dem Projekt weiter dienlich sein zu können Die oben diskutierte Anforderung der Bereitstellung ausreichender Gasmengen dürfte jedoch für Gazprom ausschlaggebend für die Ablehnung der Kreditgarantie gewesen sein. Der auf deutscher Seite angestrebte Tausch von „Kapital gegen Versorgungssicherheit" kam so nicht zu Stande.

Diese Schlussfolgerung wird dadurch gestärkt, dass Gazprom im Nachgang Staatsbürgschaften annahm, die nicht mit Einschränkungen der Handlungsfreiheit einhergingen. So wurden später Bürgschaften ohne weitere Anforderungen im Bereich Versorgungssicherheit und nur für die Unterseepipeline des Projekts Ostseepipeline, d. h. gegenüber der durch Gazprom kontrollierten Nord Stream AG vergeben. Den Antrag auf eine UFK-Bürgschaft in Höhe von € 1 Mrd. plus Zinskosten für die Finanzierung des ersten Pipelinestrangs stellte diesmal die HypoVereinsbank als Konsortialführerin im Laufe des Jahres 2009. Die UFK-Bürgschaft gilt für 16 Jahre und deckt 90 % der Kreditsumme ab. Die Firma Europipe beantragte Hermesbürgschaften ebenfalls für den ersten Strang in Höhe von € 1,77 Mrd. für die Lieferung von Röhren. Diese Bürgschaft deckt die Summe vollständig und gilt ebenfalls für 16 Jahre. Über den Hergang der Bewilligungen ist wenig bekannt, diese erfolgten am 26. März bzw. 1. April 2010. Die UFK-Bürgschaft wurde nun allein auf Grund der inhärenten Eigenschaften des Projekts erteilt: Die Direktverbindung zwischen Deutschland und Russland erhöhe die Versorgungssicherheit Deutschlands, so die Bundesregierung (Deutscher Bundestag 2010). Völlig ohne öffentliche Aufmerksamkeit verlief dagegen die Bewilligung der Kreditgarantien für den zweiten Strang der Pipeline, die Ende 2010 bis Frühjahr 2011 erfolgten: Hier wurden weitere € 500 Mio. UFK-Garantien mit einer Deckung von 90 % und Laufzeit von 16 Jahren bewilligt. Hinzu kamen weitere Hermesbürgschaften in Höhe von € 750 Mio. zu gleichen Konditionen wie beim ersten Pipelinestrang (Geddie 2011).

Damit wurde eine höhere Summe garantiert und weniger erreicht, als mit der UFK-Bürgschaft von 2005 vorgesehen war: Eine Verpflichtung der Gazprom zur Bereitstellung „ausreichender Gasmengen" ist nicht mehr vorgesehen. Diese hätte angesichts des neuen Kreditnehmers Nord Stream AG – mithin nur eine Pipelinegesellschaft ohne Einfluss auf die Gasförderung – auch nicht mehr eingefordert werden können. Statt einem expliziten Bezug zum Gasfeld Yužno Russkoe wird nun auch nur betont, dass die Entscheidung, welche Gasfelder genutzt würden, unternehmerische Entscheidungen der Gazprom seien (Deutscher Bundestag 2010). Damit wird jeglicher angestrebter Einfluss auf die Geschäftspolitik der Gazprom aufgegeben und ihr die ausreichende Investition in Förderkapazitäten überlassen. Diese Einschätzungen und die Verengung des Projektzwecks auf die Umgehung von Transitstaaten entsprechen eher der Realität. Die Hälfte der bis Ende 2010 von Deutschland insgesamt vergebenen UFK-Garantiesumme (BMWi 2011a) wurde damit für ein Projekt bereitgestellt, dass auf Grund des großen russländischen Interesses höchstwahrscheinlich auch ohne die Garantien realisiert worden wäre. Mit den Anfang 2011 hinzugekommenen weiteren Garantien dürfte sich der Schwerpunkt der UFK-Garantien weiter zu Gunsten der Ostseepipeline verschoben haben.

Ähnlich wie schon die Ministererlaubnis für die Übernahme der Ruhrgas AG durch die E.ON AG zeigten sich also auch beim Instrument der staatlichen UFK-Kreditgarantien erhebliche Fehleinschätzungen. Diese bezogen sich auf das Projekt selbst, vor allem aber darauf, dass die Handlungsfähigkeit der Gazprom durch Vergabe der Garantien zu Gunsten der deutschen

Versorgungssicherheit eingeschränkt werden könnte. Dies führte zur Ablehnung der mit dieser Kondition versehenen Kredite durch Gazprom. Ein einsetzender Lernprozess sorgte dafür, dass die fehlende Bereitschaft der Gazprom erkannt wurde. Die Pipeline wurde dann in einem Entgegenkommen gegenüber Gazprom bereits auf Grund ihrer Kerneigenschaft als Direktverbindung als förderungswürdig erachtet. Dafür dürfte auch der erneute Gasstreit zwischen Ukraine und Russland Anfang 2009 nützlich gewesen sein. Da in der Öffentlichkeit immer die Pipeline an sich und der zweifelhafte Vergabeprozess der ersten Kreditgarantie, nicht aber die damit verbundenen angestrebten Liefergarantien im Vordergrund standen, fanden dieser Lernprozess und das anschließende Entgegenkommen der Bundesregierung keine weitere Beachtung. Ob die Pipeline angesichts der starken Präferenz Russlands nicht auch ohne öffentliche Kreditgarantien gebaut worden wäre, war anscheinend unerheblich.

Die Finanzierung des Projekts war auch auf Grund der von Deutschland und Italien abgegebenen Kreditgarantien hoch erfolgreich. Durch die Vergabe der staatlichen Garantien wurde das Projekt für die Banken überhaupt erst interessant, da sich die auf Grund der Projektfinanzierung erhöhten Risiken so verringern ließen (PF 2010). Die Vergabe der UFK-Kreditgarantien verstößt aber vermutlich gegen Subventionsrecht der EU (Geddie 2011). Nichtsdestotrotz wurden die Garantien gewährt und die Finanzierung konnte Anfang 2010 für den ersten Strang der Pipeline mit einem internationalen Bankenkonsortium abgeschlossen werden (PF 2010); im April 2011 für den zweiten Strang.

Realisierung der Pipeline und regulatorische Ausnahmen

Nachdem die Lieferverträge geschlossen worden waren, konzentrierte sich Gazprom auf die Anwerbung weiterer europäischer Konzerne für das Projekt, sowie die Erlangung der notwendigen Genehmigungen für die Verlegung der Pipeline und der Anbindungsleitungen. Ersteres war einfach und auch von der deutschen Politik erwünscht, da es den „europäischen" Charakter des Projekts stärken würde. Die Kooperation mit weiteren Partnern wie etwa der Gasunie war auch für Gazprom wichtig, um besseren Zugang zu neuen Gasspeicherkapazitäten zu erlangen, die nah am britischen Markt liegen. Im Gegenzug erhielt Gasunie eine Beteiligung an der Pipeline, die auf Grund der *ship-or-pay* Verträge und der staatlichen Kreditversicherungen nun als sichere Investition galt. Später beteiligte sich auch Gaz de France Suez an der Pipeline, nachdem sie Lieferverträge abgeschlossen hatte.

Für die Erlangung der notwendigen Genehmigungen wurde auf hohe Professionalität der Umweltgutachten und politischen Druck gesetzt. Gegenüber Schweden drohte Russland etwa, dass Präsident Medvedev nicht zum geplanten EU-Russland-Gipfel im November 2009 reisen würde, wenn die Probleme mit der Nord Stream nicht vorher ausgeräumt würden.[112] Damit wurde der bilaterale Konflikt „europäisiert". In die Ostseepipeline eingebundene Länder wie Deutschland und Frankreich erhielten so die Gelegenheit, sich in den bilateralen Konflikt einzuschalten und eine Ausräumung der Probleme zu fordern. Daraufhin wurde die schwedische Genehmigung gemeinsam mit Finnland kurz vor dem Gipfel erteilt.

Für die OPAL- und NEL-Leitungen, die für die Umleitung der Gasströme aus der Ukraine und für Marktzugang in Nordwesteuropa sorgen, strebten Wingas und Ruhrgas eine Ausnahmegenehmigung von der Regulierung gemäß § 28a EnWG an. Dazu müssen verschiedene Kriterien erfüllt sein: Die Pipeline muss eine Verbindung von Deutschland mit

---

[112] Auch bestätigt durch Interview mit Unternehmensvertreter in Moskau, Oktober 2009.

anderen EU-Staaten sein, sie muss die Versorgungssicherheit erhöhen, die Investition müsste ohne die Ausnahmegenehmigung so risikoreich sein, dass sie nicht getätigt würde, und sie dürfe sich nicht nachteilig auf den Wettbewerb auswirken. Dabei blufften Wingas und Ruhrgas gegenüber der Bundesnetzagentur, indem sie die wenig glaubhafte Drohung abgaben, die Pipeline nicht zu bauen, falls keine Ausnahmegenehmigung erteilt werde. Dies hätte jedoch die gesamte Ostseepipeline obsolet gemacht. Letztlich erteilte die Regulierungsbehörde die Ausnahmegenehmigung im Februar 2009. In der Begründung der Bundesnetzagentur zeigt sich wiederum die für Gazprom positive Wirkung der kurz zuvor erfolgten erneuten vollständigen Unterbrechung der Gaslieferungen an die Ukraine: Eine Verbesserung der Versorgungssicherheit wurde bejaht, da die Ukraine ein instabiles Land sei, das durch die Ostseepipeline umgangen werde. Dabei wird auch auf die jüngste Lieferunterbrechung verwiesen. Obwohl die Entscheidung vermutlich rechtswidrig ist (Däuper/Wöstehoff 2009) wurde sie kurze Zeit später durch die EU-Kommission im Wesentlichen bestätigt. Allerdings wurde dabei die Auflage gemacht, dass der Eigentümer nur 50 % der Pipeline nutzen kann, solange dieser nicht jährlich 3 Mrd. m³ Erdgas in einem offenen und transparenten Verfahren auktioniert (EC-K(2009) 4694). Die NEL-Pipeline hat bis zum Ende des Bearbeitungszeitraums allerdings keine Ausnahmegenehmigung erhalten, da sie nicht zur Verbindung mit anderen Staaten dient. Gazprom kann so nur 65 % der Pipelinekapazität dauerhaft buchen. Da Gazprom weder zusätzliche Gasmengen auf den gesättigten EU-Gasmarkt werfen will, wie in der Entscheidung zu OPAL mandatiert, noch die Kapazitäten der NEL-Pipeline öffentlich bereitstellen will, versuchte sie, auf politischem Wege eine generell Ausnahme aus der EU-Marktliberalisierung zu erreichen (Ljutova 2013; RIANovosti 2011).

Ende 2011 strömte das erste Gas durch Ostseepipeline und OPAL. Die Lieferungen mussten kurze Zeit später jedoch „für geplante Wartungsarbeiten" unterbrochen werden (Nord Stream 2011b). Auch 2012 war der erste Strang der Pipeline noch immer nicht vollständig ausgelastet. In den ersten sechzehn Monaten nach Betriebsbeginn operierte die Pipeline mit einem Drittel der Kapazität, was die Gastransportkosten der Gazprom durch den *ship-or-pay* Vertrag auf das Doppelte des ukrainischen Transitkorridors ansteigen ließ (EEGas 2013a; KyivPost 2012). Die Kapazität der Nord Stream konnte also zumindest in den ersten Jahren auf Grund der Entscheidung der EU-Kommission zur OPAL-Pipeline und dem fehlenden Willen zur Auktionierung von Erdgas, sowie der nicht fertiggestellten NEL Pipeline nur zu einem geringen Anteil genutzt werden.

Wirtschaftliche Rationalität: Nettogegenwartswert

Nach der Darstellung der Prozesse folgt nun die Auswertung bezüglich der Handlungsrationalität. Die Frage der Wirtschaftlichkeit wurde auf Grund der Größe und Bedeutung des Projekts bereits wissenschaftlich diskutiert, sodass zur Bewertung dieser Frage auf einen Bestand an Literatur zurückgegriffen werden kann. Die Frage muss in mehrere Aspekte zerlegt werden. Zum einen könnte es sein, dass die Ostseepipeline einfach die kommerziell günstigste Lösung ist, russländisches Erdgas auf den westeuropäischen Markt zu transportieren. Wenn dies der Fall wäre, würde das Projekt aus einem positiven Nettogegenwartswert heraus wirtschaftlich rational sein, unabhängig von zusätzlichem Gasimportbedarf der EU. Zweitens könnte es der Fall sein, dass das Projekt einen strategischen Wert hat, da es im Rahmen eines Oligopols von Produzenten mögliche Konkurrenten abhalten und so dazu beitragen kann, den eigenen Marktanteil und die

Marktmacht auf dem deutschen und nordwesteuropäischen Markt zu festigen. Drittens kann der zu erwartende wirtschaftliche Vorteil aus der Umgehung von Transitstaaten durch das entgangene Risiko von Lieferunterbrechungen so hoch sein, dass sich das Projekt langfristig lohnt. Viertens können indirekte strategische Effekte durch die Schwächung der Verhandlungsmacht bestehender Transitstaaten entstehen, wodurch deren Fähigkeit zur Abschöpfung von Renten in Form günstigerer Gaspreise oder höherer Transitkosten schwinden und sich der Wert bestehender Pipelines verringern könnte. In der weiteren Darstellung werden diese vier Probleme zunächst anhand der Literatur diskutiert. Dann wird auf die selbst erhobenen Daten über das Vorgehen der Akteure eingegangen, um zu einer endgültigen Bewertung des Projekts und einer Einschätzung der verwendeten Mittel zu kommen.

Gazprom selbst teilt mit, dass die Ostseepipeline der technisch, ökologisch, ökonomisch und nach „Fragen der Versorgungssicherheit" der „am besten geeignete Weg" sei, um das Gas aus Russland nach Europa zu transportieren (Nord Stream 2011a). Dabei werden jedoch unterschiedliche Kriterien vermengt, von denen die Wirtschaftlichkeit des Projekts zu unterscheiden ist. Etwas konkreter wird auf die Vorteile einer Unterwasserpipeline verwiesen, da Kompressorstationen gespart würden und dadurch die Betriebskosten geringer ausfielen. In der Tat nutzt die Ostseepipeline sehr effiziente und moderne Technologie. Es wird mit aus Sicherheitsgründen nur unter Wasser möglichen hohen Drucken gearbeitet, weshalb eine Kompressorstation an der russländischen Grenze für den Transport des Gases auf 1200 km ausreicht. Dies führt dazu, dass für den Transport von einem Molekül Erdgas durch die Ostseepipeline über die gleiche Strecke unter voller Auslastung weniger als ein Drittel der Energie aufgewendet werden muss, die für den Überlandtransport in Russland notwendig ist.[113] Damit dieser Effizienzgewinn sich wirtschaftlich positiv niederschlägt, muss er aber auch die hohen Kapitalkosten aufwiegen können. Auch muss die Gesamtlänge der Transportstrecke auf die Märkte berücksichtigt werden. Diese ist für die Ostseepipeline ca. 450 km länger als für alternative Routen über Belarus und Polen, oder die baltischen Staaten, wodurch die Pipeline ca. 44 % der Energie der Überlandroute verbraucht.[114] Hinzu kommt die Tatsache, dass die großen Erdgasspeicher in der Westukraine die nahe den bestehenden Exportpipelines liegen nicht mehr verwendet werden können und daher neue Erdgasspeicher gebaut werden müssen.

Dennoch wurde argumentiert, dass die Ostseepipeline auf Grund der vorgesehenen allmählichen Verlagerung der Förderregion von der Nadym-Pur-Taz-Region auf die Jamal-Halbinsel trotz der hohen Investitionskosten über einen Zeitraum von 30 Jahren berechnet

---

[113] Berechnet auf Basis der Angaben aus Chyong et al. (2010: 36); Gazprom (2011c); RIANovosti (2010). Die Kompressorenkapazität der Pipeline Grjazovec-Vyborg mit einer Länge von 917 km beträgt demnach 900 MW, während die Kapazität des Kompressors für die Ostseepipeline 366 MW beträgt. Daraus ergibt sich, dass für den Transport von Gas bei vollständiger Kapazitätsauslastung pro Kilometer knapp ein Megawatt über Land eingesetzt werden muss, während es für den Transport durch die Ostseepipeline nur 300 Kilowatt sind.

[114] Berechnet bis zum Grenzübergangspunkt Waidhaus auf Basis der Jamal-Europa Pipeline nach Angaben in Chyong et al. (2010: 38); Europolgaz (2011); RIANovosti (2007), sowie den oben dargestellten Angaben zur Länge von OPAL und Gazela. Außerdem wurde für die Strecke Lubmin-Groß Köris für die Berechnung der Strecke bis Waidhaus für die Jamal-Europa-Pipeline 230 km abgezogen, da diese in Groß-Köris auf die OPAL trifft. Demnach beträgt die Strecke aus der gegenwärtigen Gasförderregion Nadym-Pur-Taz 4966 km bei Nutzung der Ostseepipeline und 4516 km bei Nutzung der Jamal-Europa Pipeline. Aus der zukünftigen Förderregion Jamal beträgt die Strecke 4706 km bei Nutzung der Ostseepipeline und 4256 km bei Nutzung der Jamal-Europa Pipeline. Ähnliches gilt, wenn man annimmt, dass das Gas nicht nach Waidhaus, sondern nach Nordeuropa transportiert werden soll.

eine wirtschaftlich günstigere Alternative darstelle als der Gastransport über die Ukraine. Dies wird mit dem kürzeren Transportweg begründet. Obgleich die Transportkosten der Jamal-Europa-Pipeline durch Belarus und Polen noch günstiger ist als die Route der Ostseepipeline, wurde auf die mögliche Steigerung in den Transitgebühren in Polen verwiesen, um die Ostseepipeline als wirtschaftlich rationalste Alternative zu bewerten (Chyong/Hobbs 2011; Chyong et al. 2010). Diese relativ positive Bewertung setzt jedoch eine 100-prozentige Auslastung der Ostseepipeline voraus. Wäre die Pipeline während ihrer Lebenszeit zu nur durchschnittlich 75 % ausgelastet, so würde die Diskrepanz der Transportkosten zwischen der Nutzung der Jamal-Europa-Route und der Ostseepipeline knapp US-$ 30 pro 1000 m³ betragen (Chyong et al. 2010: 11). Dies könnte nur durch eine Verdreifachung der Transitgebühren durch Polen ausgehend von heutigen Preisen neutralisiert werden, was kaum vorstellbar erscheint. Durch den *ship-or-pay* Vertrag hat Gazprom zwar ein hohes Interesse an der vollständigen Auslastung der Pipeline. Dies zu erreichen kann aber aus technischen Gründen unmöglich sein, etwa da bestimmte Märkte mit der Pipeline nicht erreicht werden können, die Anschlusspipelines nicht voll genutzt werden können, oder etwa der geringe Gasverbrauch im Sommer verbunden mit fehlenden Speicherkapazitäten nur im Winter eine volle Auslastung ermöglichen. Hinzu können technische Probleme kommen, da eine Unterseepipeline in dieser Länge und Größe ein technisches Pionierwerk darstellt und eine Pipeline unter Wasser nur schwer gewartet werden kann und daher höhere technische Risiken als Überlandpipelines mit sich bringt (Kyriakides/Corona 2007). Die Erfahrungen der ersten sechzehn Monate zeigen, dass eine vollständige Auslastung keineswegs garantiert ist. Die Pipeline kam Gazprom durch die geringe Auslastung von nur einem Drittel bisher teuer zu stehen und eine vollständige Auslastung innerhalb von 30 Jahren wird mit der bisherigen Bilanz schwerer zu erreichen sein.

Es entstehen so nicht nur Opportunitätskosten gegenüber der günstigeren Alternativroute auf dem Festland, sondern auch neue technische Risiken, die auf Grund der hohen Kapitalkosten erheblich zu Buche schlagen können. Die Entscheidung für das Pipelineprojekt auf Grund von hypothetischen Einsparungen bei den Transportkosten erfordert daher sehr hohe Risikobereitschaft. Auch auf Grund der Projektgeschichte und der Aussagen der russländischen Akteure, die v. a. die Vorteile aus der Umgehung der Ukraine betonten, ist nicht anzunehmen, dass die Erwartung eines positiven Nettogegenwartswerts aus dem Pipelinebetrieb ausschlaggebend gewesen ist.

Wirtschaftliche Rationalität: Strategische Effekte auf Zielmärkte

Tom Smeenk (2010) untersuchte die strategischen Effekte der Ostseepipeline auf den Zielmarkt. Sein spieltheoretisches Modell ergibt, dass die Ostseepipeline nur unter ganz bestimmten Annahmen positive Resultate erzielt, da der generell erwartete Anstieg des Importbedarfs in Nordwesteuropa nicht sonderlich hoch ist. Gazprom könne sich durch die Investition zwar bei ansteigendem Verbrauch eine Monopolstellung sichern, dennoch sei der Nettoprojektwert gegenüber einer alternativen kleineren Pipeline auf Grund der hohen Kosten des Projekts nur bei relativ hohem Anstieg der Nachfrage positiv. Stiege die Nachfrage wiederum zu stark an, würden Wettbewerber trotz der Ostseepipeline nicht an der Investition gehindert. Dies verringerte den Nettoprojektwert der Ostseepipeline wiederum (Smeenk 2010: 316ff).

Das Modell berücksichtigt dabei nur die Effekte, die aus der Investition entstehen und es ermöglichen, den Markt auf Grund der durch die Skaleneffekte bedingten reduzierten

Transportkosten günstiger als der Wettbewerber zu beliefern, der erst noch eine Investition zu tätigen hat. Smeenk geht dabei davon aus, dass der Produzent die gesamten Kosten und Risiken trägt. Das Modell berücksichtigt dabei also nicht die strategischen Bindungseffekte, die durch die Beteiligung der *downstream*-Akteure an der Ostseepipeline und auch durch die Risikostreuung entstehen. Konkret geht es dabei um die Langfristverträge, die durch Akteure wie Ruhrgas, Gaz de France Suez und DONG unterzeichnet wurden und – auf Grund der Beteiligungsstruktur des Projektes – auch in Zukunft wahrscheinlich unterzeichnet werden.

Die Langfristverträge bieten erstens zusätzlichen Schutz vor Wettbewerbern, da sie in Form der Abnahmeverpflichtungen eine variable Vorauszahlung der Abnehmer festlegen, die in jedem Fall gezahlt werden muss. Mögliche Wettbewerber könnten dann bei gleichbleibender Nachfrage nur eintreten, wenn sie negative Preise anbieten würden, weshalb ein Markteintritt nur bei steigender Nachfrage erfolgen kann. Da der Abschluss oder die Verlängerung von Langfristverträgen ursächlich mit der Pipeline in Verbindung steht, sind die Effekte daher wesentlich stärker als im Modell angenommen. Selbst wenn man die Vertragsverlängerungen außen vor lässt und nur die mit E.ON Ruhrgas, Wingas und DONG zusätzlich abgeschlossenen Lieferverträge betrachtet, hätten sich die Investitionen der Gazprom und die zukünftig zu leistenden Zahlungen für die Amortisation der Ostseepipeline nach etwas mehr als neun Jahren gelohnt.[115] Allerdings hat die Wingas, die ab Ende 2013 wohl vollständig von Gazprom kontrolliert werden wird, den bei weitem größten Vertrag abgeschlossen. Dies kann daher nicht als strategischer Effekt gelten, da es sich nicht um einen unabhängigen Akteur handelt. Unter Ausklammerung des durch Wingas geschlossenen Vertrages braucht Gazprom daher mehr als 18 Jahre zur Amortisation ihrer Investition.

Dies wäre ein nicht zu vernachlässigender strategischer Effekt. Die dahinterstehende Annahme ist jedoch, dass Gazprom die Ertragsströme ohne die Ostseepipeline nicht hätte erzielen können. Dies kann der Fall sein, wenn die zusätzlichen Lieferverträge keiner zusätzlichen zahlungsfähigen Nachfrage auf dem Markt entsprechen. Die zusätzlich von Gazprom erschlossenen Ertragsströme würden also nur auf Transferleistungen der Akteure in den Zielmärkten, nicht aber auf tatsächlichen Gaslieferungen beruhen. Dies ist aber wenig wahrscheinlich. In einem flauen Markt wesentlich wahrscheinlicher als ein solches Szenario ist indes die Nutzung der Akteure auf Zielmärkten als Puffer zwischen dem Spotmarktpreis und dem Importpreis aus Langfristverträgen. In diesem Fall nehmen die Akteure auf Zielmärkten das vertraglich vereinbarte Erdgas ab und setzen es zu geringeren Preisen an den Erdgasbörsen mit Verlusten wieder ab. Zusätzliche Nachfrage wird hier durch Preisnachlässe erzeugt. Der Wert für Gazprom wäre dann die Marge zwischen Importpreis und dem Preis an Erdgasbörsen. Eine solche Strategie kann jedoch auch nicht für lange Zeit aufrechterhalten werden, da die Vertragspartner der Gazprom in den Konkurs gehen werden. Dass Gazprom diese Gefahr erkennt zeigt sich an den Preisabschlägen, die in Erdgasverträgen gewährt werden. Der Wert für Gazprom liegt daher nicht in den zusätzlichen Liefermengen. Deren Lieferung hätte das Unternehmen durch Unterbieten anderer Anbieter auf dem Markt auch

---

[115] Annahme, dass mittlerer Grenzübergangsbreis bei US-$ 392 pro 1000 m³ liegt (US-$ 11/MMBtu) und Produktions-und Transportkosten inkl. Produktionssteuer US-$ 150 pro 1000 m³ betragen, vgl. Chyong/Hobbs (2011) und Korchemkin (2012: 15). Außerdem wird mit 80 % der vereinbarten Menge nur die Untergrenze von 11,2 Mrd. m³ jährlich abgenommen. Außerdem wurden 30 % Exportsteuern von den Erlösen abgezogen. Allerdings wurden die zukünftigen Erlöse bei dieser Berechnung nicht abdiskontiert, da die Kapitalkosten bereits in die Projektkosten eingerechnet wurden und ein Großteil der Zahlungen der Gazprom für das Projekt erst in Zukunft, also gemeinsam mit den Erlösen, anfällt.

sicherstellen können. Der Wert liegt vielmehr in der Aufrechterhaltung der bisherigen Preisbildungsstruktur, die sich am Preis für Ölprodukte orientiert. Insofern ist nicht der Gesamtwert der zusätzlich vereinbarten Liefermengen ausschlaggebend, sondern die Differenz zwischen einem angenommenen Preis am Spotmarkt und dem tatsächlichen, durch Ölpreisindizierung erzielten Preis für die gleiche Menge. Nimmt man als Preisuntergrenze für den Spotmarkt die Kosten für den Import von LNG aus den USA mit US-$ 8,5/MMBtu (bei einem Preis am Henry Hub der USA von US-$ 4/MMBtu) an (Henderson 2012: 48), so beträgt die *netback*-Differenz US-$ 62 pro 1000 m³, oder ca. € 49 pro 1000 m³, wenn man den durchschnittlichen Wechselkurs des Jahres 2012 zu Grunde legt. Nimmt man wiederum alle zusätzlich abgeschlossenen Lieferverträge zur Grundlage, wäre das Pipelinesystem nach ca. 18 Jahren amortisiert. Vernachlässigt man den Vertrag der Wingas, so würde die Amortisationszeit 35 Jahre betragen, mehr als die Laufzeit der Verträge. Es kann aber davon ausgegangen werden, dass Gazprom auch die Bereitschaft von Akteuren in Zielmärkten zur Verlängerung anderer Langfristverträge verringern würde, wenn sie ihre Strategie verändern und stärker am Spotmarkt handeln würde. Insofern hat der Abschluss zusätzlicher Langfristverträge, wie der mit der Ostseepipeline möglich wurde, weiter reichende strategische Implikationen für die Entwicklung von Spotmärkten in der EU.

Zweitens muss auch der Bindungseffekt betrachtet werden, der durch die Versenkung von Investitionsmitteln durch die *downstream*-Akteure in das Pipelineprojekt generiert wird und eine Diversifikation weniger wahrscheinlich macht. Die Bindung von Kapital lässt eine Diversifikation kurzfristig weniger wahrscheinlich werden, da weniger Kapital für alternative Projekte beschafft werden kann. Die *downstream*-Akteure übernahmen erhebliche Investitionen, was deren Kapitalausstattung für andere Projekte kurzfristig mindert und erst längerfristig, wenn die Schulden abgezahlt und eigene Investitionen amortisiert wurden, Profite abwirft und so den Unternehmenswert erhöht. Dadurch wird Konkurrenz verhindert und das traditionelle, an Ölprodukten orientierte Preisbildungsmodell perpetuiert.

Drittens werden langfristig Interessen an einer optimalen Nutzung der Pipeline generiert. Solange der *ship-or-pay* Vertrag besteht, kann die Pipeline jedoch nicht gut als Anreiz eingesetzt werden. Für den Fall, dass der Gasbedarf so stark absinken würde, dass die Ostseepipeline nicht mehr benötigt würde, hätte Gazprom zwar ein Interesse am Bruch des *ship-or-pay* Vertrags, da sie sonst weitere Zahlungen leisten müsste. Aus ihren Verpflichtungen könnte sich Gazprom aber nur durch eigene Insolvenz oder die Deklaration von *force majeure* befreien. Da dies wenig wahrscheinlich scheint, wird der Anreizeffekt erst nach Ablauf der Durchleitungsverpflichtungen nach 22 Jahren und der damit korrespondierenden vollständigen Rückzahlung der Kredite einsetzen. Dann haben die Anteilseigner ein Interesse an der möglichst vollständigen Nutzung der Pipeline, um mit den entstehenden Gewinnen zunächst ihren Kapitaleinsatz zu amortisieren und später auch Gewinne zu generieren. Vor Ablauf der 22 Jahre gilt aber, dass die Akteure ein Interesse an der tatsächlichen Nutzung der Nord Stream Pipeline aus ihrer Investition in die Anschlusspipelines haben. Verkleinert sich der Markt also nicht wesentlich und ist russländisches Gas nur geringfügig teurer als Alternativen, werden die in die Pipeline investierten Akteure russländisches Erdgas gegenüber günstigeren Alternativen vorziehen. Zudem werden sie die Nutzung der Nord Stream gegenüber dem ukrainischen Korridor bevorzugen. Der Effekt ist aber begrenzt. Für die E.ON Ruhrgas wäre es etwa im Falle einer starken Verkleinerung des Marktes oder stark günstigerer Alternativen attraktiver, die Pipeline stillzulegen und die Investitionen abzuschreiben als weiter zu teures russländisches Erdgas zu kaufen. Optimal wäre es in diesem Fall natürlich, wenn andere Akteure die Pipeline weiter nutzen würden.

Sofern Gazprom nicht die Insolvenz droht oder in einem Eskalationszenario von der *force majeure*-Klausel Gebrauch gemacht wird, ist auch die hohe Garantiesumme des deutschen Staates nicht interessant. Der deutsche Staat hat durch die Strukturierung der Finanzierung ein finanzielles Interesse am Fortbestehen der Gazprom, nicht unbedingt aber an der Nutzung der Pipeline. Sofern Russland allerdings mit der Bankrottierung der Gazprom für den Fall drohen kann, dass der Gasverbrauch in Deutschland oder der Gaspreis nicht ansteigt, hätte der deutsche Staat ein Interesse daran, seine Regelsetzungsfähigkeit zu Gunsten eines größeren Gasmarktes einzusetzen, um die über € 3,5 Mrd. an Sicherheiten nicht zu verlieren. In diesem Szenario ist wahrscheinlich, dass auch die Banken zusätzlichen Einfluss auf den Staat nehmen würden, um ein solches Ergebnis zu verhindern.

Die strategischen Effekte auf Zielmärkte sind also positiv. Gazprom konnte zusätzliche Lieferverträge abschließen. Nimmt man an, diese wären ohne die Ostseepipeline nicht geschlossen worden, wozu auf Grund der Prozessanalyse Anlass besteht, so hat sich die Pipeline auf Grund der Zementierung des ölpreisgebundenen Preisbildungssystems gelohnt. Hinzu kommen noch verringerte Diversifikationsmöglichkeiten der Akteure in Zielländern und die schwerer bezifferbaren Vorteile aus der Präferenz der Partner für weitere Verträge mit Gazprom, um die Nutzung der Pipeline nach Ablauf des *ship-or-pay* Vertrags sicherzustellen.

Wirtschaftliche Rationalität: Unterbrechungsfreie Lieferung

Die Projektteilnehmer der Ostseepipeline und Politiker heben gern den Wert der Pipeline für die Versorgungssicherheit hervor (Nord Stream 2011a; Posch 2011). Dieser Wert kann für Importstaaten schwer zu quantifizieren sein, da unter Umständen Lieferausfälle mit Schäden für die Wirtschaft, sowie Gesundheit und Leben der Bevölkerung zu bezahlen sind. Dafür lassen sich jedoch auf Verbraucherseite günstigere Lösungen finden (z. B. Erdgasspeicherung und Notfallplanung) als die Investition in zusätzliche Pipelines. Hier kommt es auch nicht auf die Perspektive der Importstaaten, sondern auf die Entscheidung der Gazprom für die Investition in die Ostseepipeline an. Diese könnte sich auf Grund hoher Kosten der Transitausfälle lohnen. Chyong, Noel und Reiner (2010: 15) haben jedoch berechnet, dass der Wert der Ostseepipeline bei angenommenen zehn 6-wöchigen Unterbrechungen nur um US-$ 368 Mio. steigen würde. Dabei wurden nur die Gewinnausfälle berechnet und nicht etwa entstehende Vertragsstrafen. Auch wurde nicht der mögliche Vertrauensschaden berücksichtigt, der zu einer Diversifikation der Bezüge in Abnehmerländern und damit zu dauerhaft verschlechterten Absatzchancen der Gazprom auf dem europäischen Markt führen kann.

Die Annahme eines Versorgungssicherheitsproblems auf Grund der Transitstaaten ist jedoch nur gerechtfertigt, insofern die physische Sicherheit der Pipelines auf Grund des Zerfalls des staatlichen Gewaltmonopols in den Transitstaaten nicht gewährleistet werden kann. Dies war jedoch bisher nicht der Fall und wird auch für die Zukunft nicht erwartet, da die Ukraine und auch Belarus nicht in signifikantem Maße von separatistischen Bewegungen oder terroristischen Kräften bedroht sind. Angesichts dieses Befundes stellt sich das „Transitproblem" nicht als Sicherheits- sondern nur als Verhandlungsproblem, da auch die Akteure in Transitländern an den Einnahmen aus dem Transit interessiert sein müssen. Dies verweist auf die Tatsache, dass das „Transitproblem" nicht in den Transitländern an sich, sondern in der Machtbeziehung zwischen Transitstaat und Produzent zu verorten ist. Darauf deutet auch das Faktum hin, dass die bisherigen Lieferunterbrechungen nicht direkt von der Ukraine oder Belarus ausgelöst wurden, sondern von einer Reduktion der Lieferungen auf Seiten der Gazprom. Das Argument der unterbrechungsfreien Lieferung kann also nicht zur Begründung der wirtschaftlichen Rationalität der Ostseepipeline herangezogen werden. Vielmehr geht es um die Verhandlungsposition der Transitstaaten und damit um die indirekten strategischen Effekte, mit denen sich der nächste Abschnitt beschäftigt.

Wirtschaftliche Rationalität: Strategische Effekte auf Transitstaaten

Der hauptsächliche Transitstaat für russländisches Erdgas auf die Exportmärkte in Westeuropa ist die Ukraine, durch die lange Zeit ca. 80 % des exportierten Gases der Gazprom flossen. Die Ukraine importierte außerdem meist 70 % ihres Gasbedarfs von Gazprom und war mit ca. 35 Mrd. m³ jährlich der größte Kunde. Die Ukraine besitzt zudem große Speicherkapazitäten nahe der Westgrenze, die für den saisonalen Ausgleich von Liefermengen bedeutsam sind, um Schwankungen der Nachfrage auszugleichen (Grätz/Westphal 2011). Die Ukraine hat daher gewisse Macht gegenüber Gazprom. Die Macht der Ukraine wurde bei den Gaskrisen von 2006 und 2009 anschaulich, als Gazprom ihr strukturell gegebenes Machtpotential überschritt und die Lieferungen an die Ukraine einschränkte oder einstellte. In der Literatur wurde argumentiert, dass sich die Macht der Ukraine in Renten niederschlage. Diese entstehen durch höhere Transitgebühren (Chyong/Hobbs 2011; Chyong et al. 2010) und Gebühren zur Speichernutzung, aber auch durch niedrigere Gasimportpreise (Hubert/Ikonnikova 2008). Hubert und Ikonnikova (2008) argumentieren dabei, dass die Ukraine von Gazprom Konzessionen bei Gaspreisen und Transitgebühren erhalte, die ihre Macht in der Produktionskette widerspiegeln. Wenn alternative Exportrouten gebaut würden, verringere sich die Marktmacht der Ukraine. Wenn die skizzierten Zusammenhänge einen Einfluss auf das Handeln der Parteien haben, müssten die Gebühren für Transit und Speicherung erst hoch sein und mit der Addition zusätzlicher unabhängiger Exportkapazitäten auf dieselben Märkte absinken. Ebenso müssten die Gaspreise zunächst niedrig sein und dann ansteigen, wenn zusätzliche Exportkapazitäten zur Verfügung stehen.

Dieses Argument kann überprüft werden, wenn die relative Veränderung der Transitpreise und des Verhältnisses der Importpreise zu westeuropäischen *netback*-Preisen betrachtet wird. Da sich letztere am Ersetzungswert des alternativen Energieträgers Erdöl orientieren, kann der *netback*-Preis als relativ guter Indikator der maximalen Marktmacht der Gazprom gelten, die ohne Transitabhängigkeit vorhanden wäre. Würde Gazprom den Preis über diesen Ersetzungswert hinaus steigern, würde die Ukraine in andere Energieträger diversifizieren oder alternative Bezüge suchen. Die Macht der Gazprom bei fehlender Transitabhängigkeit dürfte jedoch noch etwas höher sein als der Preis des westeuropäischen Ersetzungswerts nahelegt, da die Kosten der Ersetzung berücksichtigt werden müssen.

Abbildung 7.16 zeigt die Entwicklung der Grenzübergangspreise für Erdgas in der Ukraine und in Deutschland für russländisches Erdgas. Dabei wird deutlich, dass die These vom ukrainischen Machtpotential sich nicht mit den Preisen für Durchleitung und Transit belegen lässt: Vor Eröffnung der Jamal-Europa Pipeline war der von Gazprom für die Ukraine in Rechnung gestellte Gaspreis sogar höher als der *netback*-Preis für Deutschland. Auch sank der Preis mit Eröffnung der Pipeline im Jahre 1999 leicht ab, was mit einem Absinken des Transitpreises für russländisches Erdgas durch die Ukraine einherging. Letzteres war zwar zu erwarten gewesen, jedoch hätte der Gaspreis nun eigentlich weiter steigen müssen. 2001 sank der Preis weiter leicht ab, während die Transitgebühr bei US-$ 1,09 pro 1000 m³ und 100km gleich blieb. Erst ab 2005 stieg der Gaspreis wiederum schrittweise. 2009 fand eine sprunghafte Steigerung des Gaspreises statt, der nun über den deutschen *netback*-Preisen lag. Im 2. Quartal 2010 wurde der Preis wiederum ermäßigt, lag jedoch im Durchschnitt über den deutschen Preisen. Gleichzeitig stieg die Transitgebühr weiter an. Es ist also eher ein Zusammenhang zwischen der Veränderung von Gaspreis und Transitgebühr als zwischen Preisen und Verhandlungsmacht der Ukraine zu erkennen. Ersteres macht auch Sinn, da für den Gastransport Erdgas verbraucht wird, dessen Preis mit steigenden Einkaufspreisen ebenfalls ansteigt. Wäre nicht die starke Preissteigerung 2009 erfolgt, hätte man argumentieren können, die ukrainischen Akteure antizipierten die drohende Verringerung des Transits durch ihr Land und ließen sich dementsprechend auf Konzessionen ein. Allerdings war die Ostseepipeline 2009 bereits im Bau und konnte nicht mehr abgewendet werden. Die South Stream Pipeline zur Umgehung der Ukraine in Bezug auf südeuropäische Märkte war bereits in Planung. Insofern wäre es für die Ukraine rational gewesen, ihre noch bestehende Macht durch Blockade des Gasflusses in die EU zu nutzen, um zumindest bis zur Fertigstellung der Pipeline und Gasspeicher günstigere Preise zu erzwingen. Das Argument des indirekten strategischen Effekts auf Transitstaaten ist mit diesen Daten also nicht haltbar.

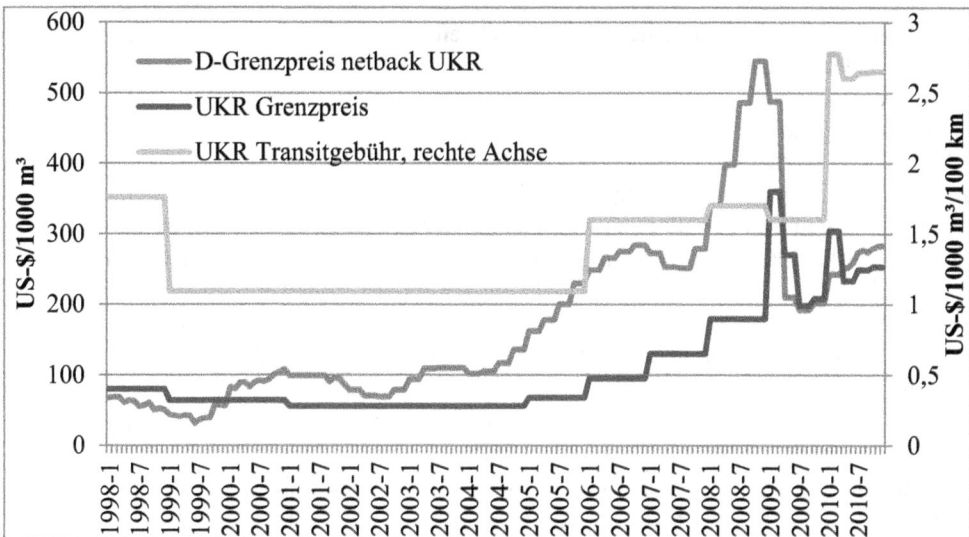

Quelle: Eigene Darstellung. Daten für Grenzübergangspreise Deutschland für 1998–2001 aus ICIS Heren European Gas Markets („Border Prices and International Markets"), Preis für Ruhrgas, und für 2002–2010 aus World Gas Intelligence („European Border Price Estimates"). Daten für Januar–August 2001 fehlend, gemittelt aus Preisen für Dezember 2000 und September 2001. Energie in Volumen umgerechnet gemäß der Angaben für den Heizwert russländisches Erdgas, Lieferland Deutschland in IEA (2008). *Netback* berechnet aus den Angaben in Chyong und Hobbs (2011), Anhang 7. Daten für ukrainische Grenzübergangspreise enthalten die Preise für turkmenisches Erdgas, das bis 2006 unter separaten Verträgen geliefert wurde. Da Gazprom das turkmenische Erdgas durchleiten musste und eine Transitgebühr erhoben hat (1997–99 führte Gazprom eine Blockade turkmenisches Gases durch) ist dies Teil der Preispolitik der Gazprom. Angaben aus: Bekker (2000); Čalyj (2006); Dvoržovec (2001; 2003); Ivanov (1998); Kortes (1998a); Novoprudskij (1999a); Novoprudskij (1998; 1999c; b); Vinogradov (1998). Angaben für 2005–2008 aus Pirani (2009: 102). Angaben 2009–2010 aus den Gasverträgen zwischen Russland und Ukraine, die veröffentlicht wurden, z. B. in BBC (2009a). Angaben zum Transitpreis aus den oben genannten Quellen, sowie aus Encharter (2006); Heinrich (1999)

Abb. 7.16: Preise für Gaseinkauf und Transit, 1998–2010

Die Durchsetzung höherer Preise war allerdings mit erheblichen Auseinandersetzungen verbunden, die für Gazprom langfristige Kosten durch Reputationsschäden verursachten, aber auch zur Manipulation des Kontextes genutzt werden konnten. Diese Kosten hätten vermieden werden können, wenn alternative Lieferrouten bestanden hätten. Dann hätte die Ukraine einfach so lange nicht beliefert werden können, bis sie die Forderungen akzeptiert hätte.

Mit dem westeuropäischen *netback*-Preis ist Anfang 2009 jedoch bereits das Ende der möglichen Preissteigerungen erreicht, da die Ukraine bei weiteren Steigerungen in alternative Energiequellen investieren würde, die am Weltmarkt günstiger im Einkauf sind. Eine weitere Preissteigerung ist daher vom Bau zusätzlicher Pipelines nicht mehr zu erwarten. Auch wurden Anfang 2010 von den bereits vertraglich gesicherten höheren Preisen wiederum Nachlässe gewährt (Grätz/Westphal 2011), was darauf hindeutet, dass es Gazprom hier nicht nur um wirtschaftliche Gewinne gehen kann. Allerdings kann die Bereitstellung alternativer Transportkapazitäten als eine Versicherung gegen zukünftige Vertragsrevisionen der Ukraine gelten. Diese werden nun weniger wahrscheinlich. Insofern ist ein strategischer Effekt auf den Transitstaat Ukraine gegeben.

Zudem bleibt noch die Möglichkeit, dass Gazprom sich vom Bau der Umgehungspipeline eine Verringerung der Transitgebühren erhofft, da die Ukraine gegenwärtig eine Transitrente auf Grund ihrer geoökonomischen Position erzielen könnte. Die Gebühren in EU-Ländern sind zwar ähnlich hoch wie in der Ukraine. Letztere könnten aber auf die marginalen Kosten des Pipelinebetriebs sinken, wenn Umgehungspipelines gebaut würden, die eine Nutzung der ukrainischen Pipelines überflüssig machen würden. Wenn der Gasbedarf in der EU für russländisches Gas so weit ansteigt, dass beide Systeme genutzt werden müssten, könnte die Ukraine wieder eine Transitrente erzielen. Beide Möglichkeiten schließen einander also zunächst aus: Baut Gazprom Umgehungspipelines, so bindet sie sich an deren Nutzung. Die Nutzung des ukrainischen Systems würde daher zunächst auch ohne Transitrente mit hohen Opportunitätskosten verbunden sein. Der strategische Effekt auf Transitgebühren könnte also bestenfalls nach Amortisation der Investitionskosten der Umgehungspipelines, also nach Auslaufen des *ship-or-pay* Vertrags 22 Jahre nach Inbetriebnahme interessant werden. Dann könnte Gazprom zwischen beiden Pipelinesystemen wählen und so die erodierte Transitrente nutzen.

Wie hoch wäre der dadurch entstehende Nutzen? Die Transitgebühren variieren seit dem Vertrag von 2009 mit dem Gaspreis und der Inflationsrate in der EU. Die Kosten für das für den Betrieb der Kompressorstationen genutzte Gas sind ebenfalls in den Transitkosten enthalten. Nimmt man auf Basis der Angaben in Pirani (2009: 117) an, dass ca. 4 Mrd. m³ jährlich für den Betrieb der Kompressorstationen zum Transport des Transitgases benötigt werden, betragen die jährlichen Kosten für den Einkauf des Betriebsgases bei einem Preis von US-$ 250 pro 1000 m³ im 2. Halbjahr 2010 ca. US-$ 1 Mrd. Dies bedeutet, dass ca. 28 % der Transitgebühr von 2010, oder US-$ 0,73 pro 1000 m³ und 100 km für die Beschaffung des Treibstoffs verwendet wurden. Diese Bemerkung ist nicht trivial, da Chyong und Hobbs (2011:79) davon ausgehen, dass die Transportkosten in der Ukraine denen in Russland ähneln. Für Gazprom fallen aber nur Produktionskosten des Gases zur Befeuerung der Kompressorstationen an, was die marginalen Transportkosten folglich verringert. Die Treibstoffkosten für Kompression betragen auf Basis der Produktionskosten in Russland (EEGAS 2011) nur ca. US-$ 0,058 pro 1000 m³ und 100 km. Die den russländischen Kosten nachempfundenen langfristigen marginalen Transportkosten von US-$ 1,45 pro 1000 m³ und

100 km (Chyong/Hobbs 2011: 79) müssten also um US-$ 0,67 auf US-$ 2,12 erhöht werden, um die mögliche langfristig kostendeckende Transportkostenreduktion durch die Ukraine ermessen zu können. Alternativ könnte Gazprom auf die Rente beim Verkauf des Transportgases verzichten und dies zu Selbstkostenpreisen abgeben, wodurch sich die marginalen Transportkosten auf russländisches Niveau absenken würden. Beide Ergebnisse wären für Gazprom gleichwertig. Die erreichbaren Einsparungen durch Erosion der Transitrente würden ca. 19 % betragen, wenn alternative Pipelines eine vollständige Umgehung der Ukraine ermöglichten. Legt man die Preise von 2010 und ein jährliches Transportaufkommen von 110 Mrd. m³ zu Grunde, so würde sich der Preis der Transitdienstleistungen durch Erosion der Rente jährlich um ca. US-$ 655 Mio. reduzieren.

Dieser Nutzen könnte aber erst nach Amortisation der Umgehungspipelines entstehen. Vor diesem Hintergrund stellt sich die Frage, ob das ukrainische Transitsystem nach über 20 Jahren fehlender Nutzung noch technisch betriebsbereit wäre. Dies muss auf Grund des langen Zeitraums bezweifelt werden, was zum Schluss führt, dass günstigere Transitgebühren als Motivation unwahrscheinlich sind.

Wirtschaftliche Rationalität: Kontrolle des ukrainischen Pipelinesystems

Gazprom könnte jedoch mit dem Bau der Umgehungspipelines darüber hinaus anstreben, dass die Kontrolle über die ukrainischen Transitpipelines erreicht wird. Dies strebt Gazprom bereits seit geraumer Zeit an (Balmaceda 2008; Pirani 2009). Der Bau der Ostseepipeline und die geringere Durchleitung durch das ukrainische Pipelinesystem können als Manipulation des Kontextes und damit als zusätzlicher Anreiz genutzt werden, um Kontrolle zu erlangen. Der kommerzielle Wert einer solchen Investition läge in der Möglichkeit zur Internalisierung der Transitgebühren und vor allem in der Nutzung der Speicherinfrastruktur in der Westukraine. Die Kontrolle über die Untergrundspeicher mit einer Kapazität von 32 Mrd. m³ würde die Speicherkapazität der Gazprom um 50 % erhöhen und – was noch wichtiger ist – die Speicher wären im Gegensatz zu den russländischen nah an den europäischen Zielmärkten. Da die Speicher einem Drittel der in der gesamten EU vorhandenen Speicherinfrastruktur entsprechen (Grätz/Westphal 2011), würde Gazprom zum größten Anbieter von Speicherkapazität werden und könnte die Gasmengen für die EU kurzfristig manipulieren. Da Gasspeicher zum raschen Erhöhen und Verringern von Gasflüssen genutzt werden können, kann mit der Kontrolle über die Speicher auch der Spotmarktpreis auf europäischen Märkten beeinflusst werden. Dies könnte für Gazprom eine erhebliche wirtschaftliche Ressource darstellen, deren Bezifferung jedoch ausführliche Modellrechnungen benötigen würde, die hier mangels Daten nicht erfolgen können. Fest steht, dass die Kontrolle über das Gastransportsystem strategisch für Gazprom äußerst interessant wäre – nicht nur auf Grund der geringeren Kosten für den Gastransport, sondern auch auf Grund des direkten Zugangs zu vier EU-Mitgliedstaaten und zu den großen Gasspeicherkapazitäten.

Allerdings würde es wirtschaftlich keinen Sinn ergeben, das Gastransportsystem zu einem Marktpreis zu übernehmen. Nur wenn ein äußerst geringer Preis erzielt würde und South Stream nicht gebaut werden würde, wäre ein Erwerb des Transitsystems nach der Investition in Nord Stream wirtschaftlich rational, da ein starkes Anwachsen der Exporte in Richtung Westen nicht erwartet wird.

Das ukrainische Transitsystem würde dann auch durch die vorhandene Speicherinfrastruktur attraktiver gegenüber dem System Nord Stream sein. Sollte Gazprom auch noch in die South

Stream Pipeline investiert haben, erzeugte eine solche Investition einen starken Anreiz zum Bruch des *ship-or-pay* Vertrags mit den Gesellschaften der Umgehungspipelines, da Gazprom dann zwischen dem flexiblen ukrainischen Korridor und der Nord und South Stream ohne erhebliche Speicherkapazitäten und mit geringerem Marktzugang frei wählen könnte. Ein Wegfall der Verbindlichkeiten gegenüber den Pipelinegesellschaften könnte aber nur durch eine Bankrottierung der Gazprom erreicht werden. Sofern das ukrainische Transitsystem nicht zu einem sehr niedrigen Preis erworben werden kann, ist die Investition daher wirtschaftlich nicht rational. Allerdings sinkt der Preis des Transitsystems mit dem Zubau von Umgehungskapazitäten ab.

Abschließende Bewertung der wirtschaftlichen Rationalität

Wirtschaftliche Gründe für das Projekt Ostseepipeline ergeben sich vor allem aus strategischen Effekten auf Zielmärkte. Der Nettogegenwartswert des Projektes kann die Investition nicht wirtschaftlich rechtfertigen, da der Gastransport über die Ostseepipeline zwar effizienter ist als der ukrainische Korridor, nicht aber effizienter als alternative Überlandrouten, was Opportunitätskosten verursacht. Zudem muss eine sehr hohe Auslastung der Pipeline erreicht werden, damit sie sich gegenüber dem ukrainischen Transitkorridor gelohnt haben wird. Demgegenüber sind strategische Effekte zentral. Diese ergeben sich vor allem in den Auswirkungen auf die Zielmärkte, wo das Projekt die Preisbildung zu Gunsten der Gazprom beeinflusst. Die Größe des Projekts und die Ausgestaltung als Unterseepipeline verstärken dabei den strategischen Charakter, da die Kapitalkosten hoch sind, während die Betriebskosten durch fehlende Transitgebühren und niedrigeren Verbrauch für den Gastransport geringer sind als bei vergleichbaren Überlandprojekten oder kleineren Pipelines.

Die Einbeziehung von *downstream*-Akteuren hat den Abschluss von weiteren Langfristverträgen gebracht. Nach Ablauf der Verpflichtungen der Gazprom zur Durchleitung von Erdgas durch die Pipeline wird das Erdgas der Gazprom geringfügig günstigeren Alternativen vorgezogen werden, um die Pipeline weiter auszulasten. Bei steigender Preisdifferenz haben jedoch auch die in die Pipeline investierten *downstream*-Akteure auf Grund der hohen Einkaufskosten kein Interesse mehr an deren Nutzung. Die Einbeziehung dieser Akteure sorgt zudem kurzfristig für eine Verringerung der Wahrscheinlichkeit, dass diese in Diversifikationsprojekte investieren können, da das Projekt Kapital verschlingt.

Nötigenfalls kann weitere Nachfrage nach russländischem Gas durch Eskalation aufgebaut werden. Dies wird durch die hohen Garantiesummen des deutschen Staates ausgelöst. Sofern Russland glaubwürdig mit einer Bankrottierung der Gazprom drohen kann, können Anreize zu einer administrativen Vergrößerung des Gasmarktes ausgelöst werden.

Ein zweiter strategischer Effekt ist in Hinblick auf das Haupttransitland Ukraine zu erwarten. Die Gaspreise können mit der Ostseepipeline kaum mehr nach oben korrigiert werden, jedoch können durch eine Schwächung der Verhandlungsmacht Versuche einer zukünftigen Abwärtskorrektur der Preise durch die Ukraine unterbunden werden. Die Verringerung der Transitgebühren hingegen kann zumindest kein wirtschaftliches Ziel der Investition in Nord Stream sein. Denn die Transitgebühren werden sich dann verringern, wenn die Ukraine vollständig umgangen werden kann. Zu diesem Zeitpunkt hat Gazprom auf Grund ihrer Bindung an die Umgehungsprojekte bereits kein Interesse an den günstigeren Transitgebühren mehr. Auch die Übernahme des Transitnetzes würde zu Interessenkonflikten führen: Gazprom müsste die Umgehungspipelines weiter nutzen bzw. Kapazitätsprämien zahlen, während gleichzeitig das effiziente ukrainische System bereitstünde. Wirtschaftlich ließe sich der

Erwerb des Transitsystems nur rechtfertigen, wenn er zu einem sehr geringen Preis erfolgen wird.

Rationalität für russländische politische Akteure

Außenpolitisch sind zunächst die strategischen Effekte im „nahen Ausland" Russlands interessant, vor allem solche im Transitland Ukraine. Die russländische Elite hat dabei ein Interesse an der möglichst engen Integration der Ukraine mit Russland. Die Ukraine soll möglichst der Zollunion von Russland, Kasachstan und Belarus sowie der russländischen Verteidigungsorganisation CSTO beitreten und sich wirtschaftlich, sicherheitspolitisch und gesellschaftlich vollkommen auf Russland ausrichten.

Die Entwicklung der ukrainischen Gaspreise lässt sich gut mit Hilfe politischer Variablen erklären: Nachdem 2004 die „orange Revolution" neue, westlich orientierte Politiker an die Macht brachte, erhöhte Russland schrittweise die Gaspreise (vgl. oben Abschnitt 6.2.5). 2008/09 wurden die Forderungen weiter erhöht und erreichten nach Ausübung wirtschaftlichen Drucks ein höheres Niveau als in Westeuropa (Grätz/Westphal 2009; 2011). 2010 wurde dann nach Amtsantritt des neuen Präsidenten Janukovič der Gaspreis wiederum ermäßigt, nachdem dieser sicherheitspolitische Konzessionen eingeräumt hatte (Christie/Grätz 2011). Eine weitere Ermäßigung des immer noch sehr hohen Gaspreises wurde von Putin in Aussicht gestellt, wenn die Ukraine der Zollunion beitreten oder Gazprom die Kontrolle über das Staatsunternehmen Naftogaz Ukrainy erhalten würde, der die Gaspipelines und Speicher des Landes gehören (Euractiv 2012). Beides sind politisch motivierte Forderungen, da die Übernahme der Pipelines nach Investition in die Ostseepipeline und dem Baustart der South Stream Pipeline (siehe unten Abschnitt 7.6.5) wirtschaftlich wenig Sinn machen würde. Auf Grund der hohen Bedeutung von Erdgas für Industrie und Bevölkerung ergäben sich durch eine Übernahme des Gastransportsystems und stärkere Rolle im Gasverkauf stark erweiterte Möglichkeiten zur Beeinflussung der wirtschaftlichen und politischen Situation in der Ukraine. Der Beitritt zur Zollunion mit Russland, Kasachstan und Belarus würde den Abschluss des geplanten Freihandelsabkommens mit der EU unterbinden und die Ukraine so nicht an europäische Industriestandards heranführen (KyivPost 2011). Dies würde eine langfristig mögliche europäische Integration der Ukraine unwahrscheinlicher werden lassen.

Die Ostseepipeline verringert für Russland nun die Kosten des Ausübens wirtschaftlichen Drucks auf die Ukraine, da Gaslieferungen mit geringeren Kosten eingestellt werden können (Hubert/Ikonnikova 2008). Außerdem kann eine Blockade der Lieferungen durch die Ukraine zur Erreichung niedrigerer Gaspreise verhindert werden, was dem hohen bestehenden Gaspreis den Charakter eines konstant wirkenden, strukturellen Druckmittels gibt. Verringerte Einnahmen aus dem Gastransit, die direkt aus der Nord Stream Pipeline resultieren, verschlechtern zudem die wirtschaftliche Situation der Ukraine. In den ersten acht Monaten des Jahres 2012 wurde etwa ein Viertel weniger Gas durch die Ukraine transitiert als im selben Zeitraum des Vorjahrs (forUm 2012). Dies erhöht den wirtschaftlichen Druck auf die Ukraine.

Allerdings ist die Frage der Kontrolle über das Pipelinesystem innerhalb des ukrainischen Parteiensystems unumstritten und stark mit der ukrainischen Souveränität verbunden. Die Verhinderung russländischer Kontrolle über das System ist eines der wenigen Dinge, bei denen sich Opposition und Regierungspartei einig sind (RIANovosti 2012d), da dies als Bedrohung für die Souveränität wahrgenommen wird. Die Kosten einer Konzession erscheinen so allen Akteuren außerordentlich hoch, während die Ausübung von Druck über hohe Preise vor dem Hintergrund geringerer Preise im wohlhabenden Westeuropa als ungerecht empfunden wird. Die geteilte Bedrohungswahrnehmung führt so durch stärkere politische Zentralisierung zu größerer Widerstandskraft der Ukraine gegenüber dem steigenden wirtschaftlichen Druck. So wird inzwischen auch eine aktivere Politik zur Verringerung des Erdgasverbrauchs, zur Diversifikation der Bezugsquellen und zur Erhöhung der Eigenproduktion betrieben (BBC 2012c). Das konfliktive Verhalten Russlands führt entsprechend der Literatur zu Wirtschaftssanktionen zudem dazu, dass Konzessionen unwahrscheinlicher werden, da auch für die Zukunft weitere Konflikte erwartet werden müssen (Drezner 1999). Daher hatte Gazprom bisher trotz erhöhten Drucks Probleme, die Kontrolle über das ukrainische Pipelinesystem herzustellen. Die Integration der Ukraine in die Zollunion ist wahrscheinlicher, da der europäische Integrationskurs innerhalb der Ukraine umstritten ist und dem Druck unabhängig von den zusätzlich mobilisierten internen Ressourcen nicht dauerhaft standgehalten werden kann.

Dabei ist es gleichzeitig im Interesse der russländischen politischen Akteure, sich nicht von anderen Transitländern abhängig zu machen. Eine Stärkung des Transitstatus von Belarus könnte dazu führen, dass die politische Elite einen Teil ihrer Macht gegenüber diesem Land verliert, das allerdings noch abhängiger von russländischen Gaslieferungen ist. Die Führung einer Pipeline über die baltischen Staaten und Polen würde deren Macht gegenüber Russland ebenfalls stärken, da sie mit dem Transitstatus in eine neue Mittlerposition kämen (Hubert/Ikonnikova 2008). Die Ostseepipeline entspricht daher schon auf Grund ihrer Effekte auf die Ukraine und der vermiedenen Interdependenzen dem Interesse der politischen Akteure.

Im Zielland Deutschland und in Westeuropa führt der strategische Effekt der Investition zu geringerer Diversifikation und einem langfristig größeren Marktanteil russländischen Gases zu ölpreisgebundenen und daher vermutlich höheren Preisen. Zudem ergibt sich eine größere Marktmanipulationsmöglichkeit durch die Eigentümerschaft zusätzlicher Pipelines in EU, die von der Regulierung ausgenommen sind. Dies wird dadurch verstärkt, dass im nordmitteleuropäischen Raum keine redundanten Importmöglichkeiten bestehen, die eine Substituierung für einen Lieferausfall zu günstigen Kosten erlauben würden. Durch die daraus erwachsende höhere Verletzlichkeit wird die Fähigkeit der russländischen politischen Elite gesteigert, ihren Interessen in Deutschland Gehör zu verschaffen. Der strategische Effekt einer stärkeren Bindung der Wirtschaftsakteure an Gaslieferungen und Aufträge aus Russland verstärkt dies noch. Dies erhöht die Chancen, dass das Einfordern außenpolitischer Konzessionen durch Russland Erfolg hat. Die Anerkennung der Bedeutung Russlands für die Energieversorgung Deutschlands kann auch dazu führen, dass deutsche politische Eliten eine starke Kooperationsneigung mit Russland zeigen, um keinen Anlass für eine Lieferunterbrechung oder einen Preiskampf zu bieten. Eine solche Politik kann allerdings auch durch Exportinteressen der deutschen Industrie angeregt werden und ist daher nicht monokausal bedingt.

Auf Ebene der *Konzerne* bietet das Großprojekt Ostseepipeline auf Grund des hohen Auftragsvolumens und der zentralisierten Entscheidungsmöglichkeiten gegenüber kleineren Projekten auch verbesserte Chancen, Akteure innerhalb der Zielländer zu beeinflussen und dauerhafte Interessengruppen zu schaffen. Dies zeigt sich nicht nur an der Besetzung des Aufsichtsrats mit Gerhard Schröder, der in Folge auch auf diesem Posten für außenpolitische Positionen Russlands warb. Durch die Möglichkeit zur Vergabe lukrativer Aufträge wird auch die Verflechtung mit Wirtschaftsinteressen gestärkt, die sich für die Ziele Russlands einsetzen werden. Dies betrifft zum einen die Akteure, die direkt in der Gasindustrie tätig sind und zum anderen Akteure der Finanzwirtschaft und der Zulieferer in der Stahlindustrie. Im Falle der Nord Stream wurden 75 % der Röhren für den ersten Strang der Pipelines bei der deutschen Europipe bestellt, während 25 % von der russländischen OMK geliefert wurden. Auch für den zweiten Strang lieferte Europipe 65 % der Röhren, während OMK wiederum 25 % und die japanische Sumimoto 10 % des Auftrags erhielt (IBTimes 2010). Diese „Impulse für die deutsche Wirtschaft" (NordStream 2007) waren jeweils über € 1 Mrd. schwer. Europipe lieferte außerdem die Röhren für die OPAL (Europipe 2011). Die willkürlich anmutende Aufteilung der Aufträge verdeutlicht die Fähigkeit, Industrieinteressen gegeneinander auszuspielen und durch Auftragsvergabe Unterstützung zu generieren. Die Vergabepolitik des Pipelinebetreibers Nord Stream besteht auch ansonsten erkennbar darin, möglichst breit gestreute wirtschaftliche Unterstützergruppen in Westeuropa zu erzeugen. Dafür wurde eine Landkarte gefertigt, die die Unternehmen in den verschiedenen westeuropäischen Ländern zeigt, die in den Pipelinebau involviert sind (NordStream 2011). Hinzu kam die bessere Möglichkeit zur direkten Finanzierung von Unterstützern im Zielland, die für die Beschaffung von Pipelines belegt ist (siehe unten).

Das Großprojekt Ostseepipeline erhöht also auch die wirtschaftliche Anziehungskraft des russländischen Wirtschaftsmodells in Westeuropa, indem Ressourcen, die langfristig dem Transitland Ukraine zu Gute gekommen wären, zu Gunsten von Aufträgen an die westeuropäische Industrie umverteilt werden. Dies könnte langfristig auch die Attraktivität des russländischen Wirtschaftsmodells für einige Akteure erhöhen, das nicht auf Konkurrenz, sondern auf exklusiven Beziehungen zu machtvollen Akteuren beruht, die Finanzströme kontrollieren. Die Aktivität einiger Wirtschaftsakteure könnte sich von marktkonformem Verhalten auf *rent-seeking* durch die Kultivierung persönlicher Beziehungen zu den relevanten Akteuren verlagern, was zu unfairem Wettbewerb führen und die internationale Konkurrenzfähigkeit der Wirtschaft beeinträchtigen könnte.

Ein negativer Aspekt des Großprojekts Ostseepipeline ist in politischer Hinsicht die Frage der öffentlichen Wahrnehmung. Ein Großprojekt eignet sich gut nicht nur für positive Berichterstattung, sondern auch dazu, auf generelle Probleme mit russländischen Gaslieferungen hinzuweisen, die von diesem Projekt symbolisiert werden. Dabei wären die Stärkung des oligopolistischen Charakters der Gaslieferungen und die Betonung politischer Interessen in der Exportstrategie der Gazprom zu nennen, die sich am Symbol Ostseepipeline verdichten. Dies könnte dazu führen, dass öffentlicher Druck im Zielland zu Gunsten von Diversifikationsanstrengungen entsteht und diese mit politischer Unterstützung schließlich rascher erfolgen, als sie auf Grundlage einer Marktreaktion zu erwarten wären. Auch könnte stärker darauf geachtet werden, dass keine außenpolitischen Konzessionen erfolgen. Dies würde politische Gewinne Russlands beschädigen. Vor dem Hintergrund dieser Bedrohung werden russländische politische Akteure daran arbeiten, den öffentlichen Diskurs und die Wahrnehmung deutscher politischer Akteure dahingehend zu beeinflussen, dass der hohe Monopolisierungsgrad auf Grund zunehmender Knappheit von Erdgas als unausweichlich dargestellt wird. Ein Teil dieser Strategie ist, auf die Nachteile von Alternativen hinzuweisen, wie etwa auf die Umweltschädlichkeit der lokalen *shale gas*-Förderung. Außerdem wird versucht werden, die politischen Elemente der Strategie zu verdecken. Dies dürfte jedoch auf Grund von Lerneffekten auf längere Sicht schwerfallen.

Die Ostseepipeline ist damit insgesamt im außenpolitischen Interesse der russländischen politischen Elite: Sie sorgt sowohl für eine Vergrößerung der Druckmöglichkeiten gegenüber der Ukraine, als auch für die Stärkung russländischer Interessen in Deutschland und Westeuropa. In Deutschland wird sowohl der Status Russlands als Energielieferant, als auch als Auftraggeber erhöht. Auf ordnungspolitischer Ebene wird zudem die stärkere Europäisierung der Energiepolitik verhindert, was eine fortgesetzte Nutzung guter bilateraler Beziehungen erlaubt. Auch wird die Verflechtung mit politischen und gesellschaftlichen Akteuren gestärkt. Dies ist hilfreich, um mögliche öffentliche Imageverluste aus dem Großprojekt und der monopolistischen Strategie der Gazprom kurzfristig zu verhindern, was längerfristig allerdings nicht erfolgreich sein dürfte. Jedoch überwiegen die positiven politischen Effekte des Großprojekts die möglichen Risiken.

Für die *innenpolitischen Ziele* der russländischen politischen Elite ist v. a. die Stärkung der wirtschaftlichen Sicherheit interessant, die mit den strategischen Effekten des Projekts erzielt wird. Der mit dem Abschluss neuer Lieferverträge erfolgte Ausbau des Marktanteils erhöht die russländischen Staatseinnahmen, da größere Exporte unabhängig von der Profitabilität der Exportroute sich direkt auf staatliche Einnahmen auswirken. Damit werden die Möglichkeiten der politischen Elite gestärkt, die Einnahmen zur Kooptierung der Bevölkerung oder etwa für Rüstung auszugeben (Ochssée 2010: 372). Letzteres würde ebenfalls die außenpolitischen Fähigkeiten Russlands stärken. Durch die Projektfinanzierung wird auch eine zu starke Belastung der Finanzen von Gazprom oder von Staatsbanken verhindert, weshalb noch genügend Mittel für andere Projekte zur Verfügung stehen. Geht man davon aus, dass die mit der Nord Stream in Verbindung stehenden zusätzlichen Lieferverträge ohne die Pipeline nicht abgeschlossen worden wären, würde die Pipeline auf Grund strategischer Effekte nach etwas mehr als 15 Jahren einen positiven Projektwert erzielen. Opportunitätskosten entstehen wiederum, da Überlandpipelines günstiger gewesen wären und wahrscheinlich auch im Rahmen einer Überlandpipeline zusätzliche Lieferverträge abgeschlossen worden wären.

Außerdem wird durch Aufträge an die russländische Industrie die russländische Wirtschaft direkt gestärkt, was aber vor allem für den Zusammenhalt des Elitennetzwerks nützlich ist. Diese Dispersion von Mitteln aus dem Energiesektor in die Bauwirtschaft und Schwerindustrie ist ein nicht zu unterschätzender Faktor für die Stabilität des Elitennetzwerks. So wurde die Anbindungsleitung Grjazovec-Vyborg innerhalb Russlands von Strojgazmontaž gebaut, der Baufirma von Arkadij Rotenberg, der ein enger Freund von Putin ist (FSUOGM 2010b; Newsru.com 2010; Strojgazmontaž 2011). Sein Bruder Boris Rotenberg besitzt auch die Firma, die den russländischen Teil der Pipelines für die Ostseepipeline geliefert hat. Zudem sind beide Rotenberg-Brüder an der Firma Eurotube GmbH beteiligt, die als Zwischenhändler für einen Teil der von Europipe in Deutschland für das Großprojekt Ostseepipeline bezogenen Pipelinerohre dient. Das Unternehmen mit 25 Mitarbeitern erwirtschaftete 2010 einen Umsatz von € 255 Mio. und erzielte einen Überschuss von € 13,8 Mio. Außer den Rotenbergs sind noch zwei deutsche Akteure beteiligt, die bereits in die Erdgasröhrengeschäfte mit der Sowjetunion involviert waren (Roth 2012: Kap. 1).[116] Die Gazela-Pipeline in Tschechien wurde von Strojtransgaz gebaut, die dem Eigentümer der Gunvor und Freund Putins, Gennadij Timčenko gehört (BBC

---

[116] Vgl. Jahresabschluss 2010, Eurotube GmbH, Kaarst, abrufbar auf www.unternehmensregister.de; Abrufdatum 10.4.2012.

2013b). Dies verdeutlicht, wie über Zwischenhändler „transnationale Koalitionen" geschaffen werden können, die einerseits als Unterstützergruppen im Zielland dienen, und andererseits das russländische Elitennetzwerk stabilisieren.

Vor- und Nachteile für das Zielland

Als wirtschaftlicher Vorteil könnte zunächst angesehen werden, dass die Gaslieferungen Deutschlands sicherer werden, da Transitländer umgangen werden und Gazprom durch die Investition ein Interesse geschaffen hat, langfristig eher Erdgas nach Deutschland und Europa zu liefern als in andere Länder. Ersteres Argument wird durch die höheren technischen Risiken von Unterseepipelines zumindest teilweise relativiert. Einerseits sind Unterseepipelines eine relativ neue Technologie, andererseits ist die Behebung von Schäden an der Pipeline schwerer als bei Überlandpipelines (Kyriakides/Corona 2007).

Das letztere Argument über den wirtschaftlichen Bindungseffekt stellt sich ein, da Gazprom selbst erhebliche Ressourcen in die Pipeline investiert hat. Der Gastransport ist auf Grund dieser versunkenen Kosten und der Verbindlichkeiten gegenüber den Gläubigern durch die Ostseepipeline daher wahrscheinlicher als über Alternativrouten. Auch hat die Gazprom ein geringeres Interesse am Bau neuer Pipelines nach Asien und an der Umleitung von Erdgas auf andere Märkte, sofern diese den gleichen oder nur geringfügig höheren Erdgaspreis bieten. Bei beschränktem Produktionspotential werden daher die Opportunitätskosten der Belieferung eines alternativen Käufers ohne Pipelineanbindung angehoben. Die hohen Kosten der Ostseepipeline sorgen hier für einige Bindungskraft, da viel Kapital investiert wurde.

Dabei muss aber berücksichtigt werden, dass der deutsche und westeuropäische Erdgasmarkt der wichtigste Absatzmarkt für Gazprom ist. Andere Erdgasmärkte mit ähnlicher Größe und ähnlich hoher Zahlungsfähigkeit sind nicht in Sicht, wie die wenig erfolgreichen Verhandlungen mit China zeigen. China war dabei an großen Investitionen in die Produktion in Russland interessiert und bot nur geringere Preise. Gazprom wollte beides jedoch nicht akzeptieren (Paik 2012; Reuters 2012a). Würde sich Gazprom auf niedrige Preise für China einlassen als in der EU gezahlt würden, käme dies einer europäischen Subventionierung der chinesischen Wirtschaft gleich, zumal Gazprom die Infrastruktur zur Belieferung Chinas erst noch erstellen muss. Die europäischen Partner würden in diesem Fall ebenfalls Preisreduktionen verlangen und die Ölpreisbindung wäre gefährdet. Auch wenn Gazprom sich in Zukunft mit China über Gaslieferungen einigen wird, so werden diese aus ostsibirischen Feldern erfolgen, die kaum für Lieferungen in die EU genutzt werden können (Paik 2012; Platts 2013). Da Gazprom zudem auf dem chinesischen Markt nicht selbst tätig werden kann, sondern nur als externer Versorger auftritt, sind auch strategische Effekte schwer zu erzielen. Bezieht man diese Faktoren ein können China und die EU schlecht gegeneinander ausgespielt werden. Die Investition in eine Pipeline nach China hätte sich auch ohne die Nord Stream nicht gelohnt, da zu geringe Preise geboten wurden.

Nur wenn man davon ausgeht, dass Gasknappheit vorherrschen wird, kann die Pipeline als positiv angesehen werden, da sie bei Gazprom zusätzliche Lieferanreize erzeugt. Geht man zudem davon aus, dass kurz- und mittelfristig eine Ausweitung des Gasangebots erfolgen wird, was derzeit angenommen wird (IEA 2011a), so hat die Pipeline auf Grund der strategischen Effekte negative Auswirkungen auf die Zielmärkte, da sie Möglichkeiten zur Wahrnehmung von Marktchancen verringert. Die Pipeline hat daher einen Wert als Absicherungsstrategie gegenüber einer etwaigen Verschlechterung des Gasangebots, die derzeit nicht absehbar ist.

Uneingeschränkt positiv aus innenpolitischer deutscher Sicht sind die indirekten Effekte der erhöhten Auftragslage für die deutsche Industrie zu bewerten. Allerdings verursacht dies wiederum Probleme in der europäischen Nachbarschaft und insbesondere für die Stabilität der Ukraine.

In politischer Hinsicht wurde eine stärkere Partnerschaft mit Russland von Akteuren mit geopolitischen Konzepten befürwortet, die Europa in Konkurrenz zu Asien und den USA sehen und vor diesem Hintergrund eine Umorientierung Russlands in Richtung Asien befürchten. In diesem Kontext wird eine stärkere Bindung Russlands an Europa als Vorteil angesehen, um die Energie- und anderen Ressourcen Russlands für Europa nutzbar zu machen. Die Pipeline ist dann ein Element in einer langfristigen geopolitischen Strategie zur Rohstoffsicherung und Bindung Russlands an Europa. Eine solche Position wurde von Bundeskanzler Schröder vertreten (Schröder 2006; 2010). Auf die Bedeutung der politischen Akteure in Deutschland deutet auch die Prozessanalyse hin, bei der die deutsche Politik auf Rohstoffsicherung abzielte und dazu Kreditgarantien vergab. Vor dem Hintergrund des oben diskutierten Designs der Lieferungen nach China und des fehlenden Konsens über Preise, sowie der traditionell europäischen Identität Russlands erscheint diese Angst allerdings unbegründet.

Abgesehen von diesen utilitarischen Beweggründen wurde die engere Vernetzung mit der russländischen Elite auch mit dem weitergehenden sozialdemokratischen Konzept des „Wandels durch Annäherung" erklärt. Ähnlich wie in der EU sollten wirtschaftliche Interdependenzen einen *„spillover"* in politische Annäherung und Integration erzeugen. Dies wird auch in Bezugnahme einiger Protagonisten auf die EGKS deutlich. Das Kozept war bereits im Kontext der Bipolarität gegenüber der Sowjetunion zur Anwendung gekommen und hatte sich auch dort in konkreten Pipelineprojekten ausgedrückt (Lippert 2011). Die Konzerne sollten nun wiederum zum Instrument politischer und gesellschaftlicher „Verflechtung" werden. Die Integration Russlands mit Deutschland sollte über „Leuchtturmprojekte" vorangetrieben werden (Götz 2005; Steinmeier 2007). Die gesellschaftlichen Vorbedingungen einer solchen Integration und die Interessen der russländischen Elite an einer Demokratisierung wurden dabei meist ignoriert; oder es wurde darauf verwiesen, dass für die Transformation mehr Zeit nötig sei.

Diese Strategie Schröders war Ausdruck einer „machtpolitischen Resozialisierung" der deutschen Außenpolitik (Hellmann 2004; 2007), die frühere Konstanten der deutschen Außenpolitik zu Gunsten vermeintlicher Realpolitik über den Haufen warf und so nicht ohne Kosten blieb. So gehörte die Bundesrepublik zu den größten Unterstützern der Souveränität der Staaten der ehemaligen Sowjetunion. Durch den Bau der Ostseepipeline wurde jedoch bewusst eine russländische Elite gestärkt, die genau diese Souveränität beschränken möchte. Besonders deutlich wird dies in Bezug auf die Ukraine. Ebenso waren Verwerfungen mit den östlichen EU-Mitgliedern vorprogrammiert, da die Pipeline deren Interessen schädigt, indem sie deren Verhandlungsmacht gegenüber Russland verschlechtert (Götz 2005: 4). Außerdem wird durch die freiwillige Stärkung der russländischen Handlungsmacht in Deutschland und Osteuropa die Politik des traditionellen Alliierten USA durchkreuzt, die auf eine Autonomiesicherung dieser Staaten zielt.

Eine stärkere Bindung Deutschlands an die russländischen Konzerne und die damit einhergehende größere politische Einflussmöglichkeit entspricht auch genau den Interessen der russländischen politischen Elite, da Russland Interesse an stärkerem Einfluss in Europa auf Kosten der Westbindung hat. Daher wird die politische Elite Aktivitäten der russländischen Konzerne unterstützen, die auf eine Verstärkung eines solchen deutschen außenpolitischen Kurses zielen. Gleichzeitig besitzt sie genügend Instrumente um sicherzustellen, dass „Wandel" nicht ihre Funktion im politischen System meint, sondern diese durch das Pipelineprojekt noch gestärkt wird.

Außenwirtschaftspolitisch ist das Projekt deshalb interessant, weil es die Vernetzungen mit der russländischen politischen Elite stärkt. Indem den Wünschen der russländischen politischen Elite und der Gazprom Folge geleistet wird, kann in Zukunft verstärkter Warenaustausch und Zugang zu russländischem Nachfragepotential in verschiedenen Bereichen erwartet werden. Die deutsche Exportwirtschaft profitiert bereits stark vom durch Russland gewährten „Marktzugang". Eine über die Unterstützung der Ostseepipeline manifestierte Stärkung der Partnerschaft kann daher im außenwirtschaftspolitischen Interesse liegen und durch eine breite Koalition an Wirtschaftsinteressen gestützt werden. Dies verweist auf den hohen Wert der Zugangskontrolle zum russländischen Nachfragepotential, der den Wunsch nach stärkerer „Partnerschaft" mit der politischen Elite zusätzlich motivieren kann.

Obwohl also kein wirklicher Anlass für die Annahme bestand, Russland und Gazprom würden sich nach Asien umorientieren, konnten russländische Akteure offenbar erfolgreich eine solche Wende vortäuschen und Annahmen gegenseitiger Abhängigkeit gleichsam in den Wind schlagen. Dies war wesentlich für die politische Unterstützung des Projekts in Deutschland. Daneben spielte die größere Sicherheit der Erdgaslieferungen auf Grund der Umgehung von Transitstaaten eine Rolle. Noch wichtiger dürfte aber die Umverteilung zukünftiger Transiteinnahmen der Ukraine auf sofortige Aufträge für die deutsche Industrie gewesen sein haben. Hinzu kam die Möglichkeit der russländischen Akteure zur selektiven Öffnung des eigenen Marktes für deutsche Produkte und Investitionen, die als weiterer Anreiz genutzt werden konnten.

Auswertung

Das Projekt Ostseepipeline ist auf russländischer Seite vor allem politisch mit der Umgehung der Ukraine bei gleichzeitiger Vermeidung neuer Abhängigkeiten von Transitstaaten motiviert. Dadurch wird das Machtpotential gegenüber der Ukraine gestärkt. So wird das Erreichen politischer Ziele, etwa der Beitritt der Ukraine zur Zollunion mit Russland wahrscheinlicher, da die Ukraine weniger Druckmittel gegenüber Russland zur Verbesserung ihrer wirtschaftlichen Situation hat und daher stärker auf russländische Kooperation angewiesen ist. Die Priorität zur Stärkung des Machtpotentials gegenüber der Ukraine zeigt sich auch bei der Analyse der Geschichte des Projekts. Die Entscheidung für eine Unterseepipeline maximiert gleichzeitig die politische Unabhängigkeit Russlands von ostmitteleuropäischen und baltischen Staaten und kann die politischen und wirtschaftlichen Beziehungen zu Deutschland besser festigen, da weniger Akteure involviert sind.

Daneben spielen auch wirtschaftliche Ziele eine wichtige Rolle. Am wichtigsten ist erstens der Abschluss zusätzlicher Lieferverträge im Zusammenhang mit dem Pipelineprojekt. Sollte sich die Erwartung erfüllen, dass diese das bisherige ölpreisgebundene Preisbildungssystem in der EU stützen und damit das Preisniveau heben, so könnte dieser Effekt zu einer mittelfristigen Amortisation der Investitionen führen. Dieser Effekt kann aber durch ein längerfristiges Auftreten von wesentlich günstigeren Angeboten auf dem EU-Gasmarkt untergraben werden. In diesem Falle müsste Gazprom allmählich preisliche Konzessionen machen, die die erzielten Vorteile minimieren. Allerdings wird zweitens auch das Auftreten alternativer Anbieter behindert, da den beteiligten Akteuren aus Zielmärkten weniger Mittel zur Diversifikation der Bezüge zur Verfügung stehen. Langfristig haben die Akteure in Zielmärkten drittens auch ein Interesse, dass die Pipeline auch nach der Amortisationszeit genutzt wird, wenn Gazprom an deren Nutzung nicht mehr vertraglich gebunden ist. Daher ist langfristig (spätestens 22 Jahre nach Projektbeginn) der Abschluss weiterer Lieferverträge mit Gazprom wahrscheinlicher als er ohne die Pipeline gewesen wäre.

Strategische Effekte können auch gegenüber der Ukraine realisiert werden, da eine Reduktion des bestehenden Gaspreises vermieden werden kann. Wirtschaftlich weniger interessant wird durch den Bau der Ostseepipeline auch die Übernahme des ukrainischen Transit- und Gasspeichersystems, da Gazprom nicht beide Systeme füllen könnte, aber dennoch weiteres Kapital investieren müsste. Insofern müssen Versuche zur Übernahme des ukrainischen Gastransitsystems als politisch motiviert gelten, sofern nicht ein sehr geringer Kaufpreis vereinbart wird. Dies gilt insbesondere, wenn auch die South Stream Pipeline in der geplanten Größe gebaut wird. Sollte der Preis für das Gastransitsystem jedoch gering sein, die South Stream nicht gebaut werden, und im Zusammenhang mit der Übernahme ein günstigerer Gaspreis für die Ukraine geboten werden, wäre dies nicht zwangsweise wirtschaftlich irrational. Insbesondere könnte es Gazprom so gelingen, Diversifikationsbestrebungen der Ukraine zu verhindern und die Stellung auf dem Markt zu halten.

Das Projekt kann auf russländischer Seite auch nicht mit günstigeren Transportkosten oder verhinderten Lieferunterbrechungen des Transitstaats gerechtfertigt werden. Die Transportkosten einer Überlandpipeline wären geringer als die Transportkosten der Ostseepipeline, insbesondere wenn diese nicht über 30 Jahre voll ausgelastet werden kann, was sich abzeichnet. Lieferunterbrechungen außerhalb von Verhandlungsproblemen sind unwahrscheinlich, da die Ukraine wie auch die anderen Transitstaaten nicht von Staatszerfall bedroht ist und die Sicherheit der Infrastruktur gewährleistet ist. Auch kann eine Unterseepipeline schlechter gewartet werden, was technisch bedingte Lieferunterbrechungen wahrscheinlicher macht.

Russländische Akteure setzten vielfältige staatliche und korporative *Instrumente* ein. Bei Treffen mit Staatschefs wurde die Pipeline direkt von Putin vorangetrieben, während Gazprom auf korporativer Ebene arbeitete. Putin nutzte dabei auch das Interesse der Bundesregierung an größerem internationalem Einfluss, indem er Ressourcen aus dem Status Russlands in internationalen Organisationen einsetzte, um Anreize für kooperatives Verhalten zu setzen. Gazprom führte parallele Verhandlungen mit mehreren Konzernen, um für den zentralen Akteur E.ON Ruhrgas eine neue Attribuierung der Ostseepipeline zu erzeugen, während Investitionsmöglichkeiten in Russland zentral kontrolliert wurden. Von großer Bedeutung war auch die Partnerschaft mit der deutschen Wintershall, die die Strategie der Gazprom innerhalb Deutschlands aus Eigeninteresse fortführte und mit den eigenen organisationalen Ressourcen ausstattete, die diejenigen von Gazprom qualitativ weit übersteigen. Die Ressourcen aus dem Gemeinschaftsunternehmen und der Partnerschaft mit Wintershall können daher nicht hoch genug eingeschätzt werden, insbesondere was die Organisation der Anbindungsleitungen OPAL und NEL, sowie die Beeinflussung der öffentlichen Diskussion in Deutschland anbetrifft.

Manipulation des Kontextes über Attribuierung von Optionen wurde auch bei den russländischen Lieferunterbrechungen 2006 und 2009 an die Ukraine deutlich, die erfolgreich als „Transitkrise" verkauft werden konnten. Die Einstellung der Lieferungen wurde konzertiert mit einer PR-Strategie. Sie wurden dann seitens russländischer Akteure zusätzlich mit Hinweisen auf die europäische Energiesicherheit unterlegt, die durch eine direkte Pipeline besser gewährleistet werden könne als durch Transitpipelines. So wurde das Argument der „Diversifizierung von Lieferwegen" von russländischer Seite zum Vorantreiben der Pipeline genutzt. Interessant ist auch, dass die erste Attribuierung erst erfolgte, nachdem der Grundsatzbeschluss zum Bau der Ostseepipeline gefallen war, die politischen Mehrheitsverhältnisse in Deutschland sich aber verändert hatten. Durch die Attribuierung konnten diese neuen, nicht gleichermaßen personal oder ideologisch gebundenen Akteure letztlich auch vom Nutzen der Ostseepipeline überzeugt werden. Längerfristige Lerneffekte in der EU konnten allerdings nicht verhindert werden. Die EU traf längerfristig neue Maßnahmen zur Sicherung der Erdgasversorgung, die letztlich die Gasmärkte stärken und die Position der Gazprom schwächen werden.

Regulatorisch war die Manipulation auch erfolgreich, um eine Ausnahmegenehmigung der OPAL-Pipeline von der Regulierung zu erreichen. Dabei nutzte Gazprom Lücken in der Regulierung, um mit Gazela eine internationale Pipeline zu suggerieren und die OPAL und Gazela so für die Ausnahmegenehmigung zu qualifizieren. Die NEL konnte hingegen nicht von der Regulierung befreit werden. Gegenüber Tschechien wurden zudem Handlungsoptionen subtrahiert, da man den Gasnetzbetreiber vor die Wahl stellte, entweder Transitströme zu verlieren, oder den Bau der Gazela mit eigenen Mitteln zu bewerkstelligen.

Die Aufsicht durch die EU-Kommission sollte sich derweil als nützlich herausstellen, um eine gewisse Einschränkung der Ausnahme für die OPAL durchzusetzen und das Interesse der Gazprom an der vollen Nutzung der Pipeline in die Stärkung von Marktkräften umzulenken. Gazprom wollte diese Möglichkeit jedoch nicht nutzen, um den Erdgasmarkt nicht noch liquider werden zu lassen und verzichtete stattdessen auf die volle Nutzung der OPAL. Das letzte Wort ist in dieser Sache ist allerdings noch nicht gesprochen, da Gazprom seit Anfang der 2010er Jahre diesbezüglich erheblichen Druck auf deutsche politische Akteure ausübt und letztere sich bereiterklärt haben, sich für eine Aufhebung der Einschränkungen der OPAL einzusetzen (Interfax 2013a). Es ist daher noch unklar, ob europäisches Recht sich gegen die wirtschaftliche und politische Macht der Gazprom behaupten können wird.

Anreize erhielt Deutschland durch sofortige industriepolitische Vorteile aus den Milliardeninvestitionen in das Projekt. Die Umverteilung der (zukünftigen) Transitein-nahmen der Ukraine in sofortige Aufträge für die deutsche, russländische und italienische Industrie brachte einen Wachstumsschub für die deutsche Stahlbranche und den Prozess-anlagenbau mit sich. Die Ostseepipeline stellt somit auch angewandte Wirtschaftspolitik dar. Hier stellte sich wiederum Interessengleichheit mit russländischen Akteuren ein, da die deutschen Akteure ebenfalls davon profitierten, dass nur Deutschland und Russland als entscheidende Spieler in dem Projekt auftauchten. So mussten die Aufträge nicht unter noch weiteren Parteien aufgeteilt werden. Dabei fand eine Umverteilung zu Lasten der Gaswirtschaft und zu Gunsten der Schwerindustrie und des Anlagenbaus statt. Der Bau der Ostseepipeline hatte also auch konkrete positive wirtschaftliche Auswirkungen für bestimmte Gruppen innerhalb Deutschlands. Die Folgebereitschaft der Gaswirtschaft wurde über die Öffnung der E.ON Ruhrgas für politische Interessen hergestellt. Die politisch eingeleitete

Kooperation mobilisierte durch den Konkurrenzmechanismus eine wirtschaftliche Eigendynamik, die russländische Akteure zum eigenen Vorteil nutzen konnten und die von deutschen politischen Akteuren noch befördert wurde. Die Ausweitung des Handlungsspielraums der Politik brachte aber die deutsche Energiewirtschaft in ernsthafte Probleme (Schlandt 2010).

Als Anreize auf korporativer Ebene verwendete Russland dabei die Aussicht auf Zugang zu individuellen Investitionschancen in Rohstoffvorkommen innerhalb Russlands. Die Anreizwirkung war insbesondere für E.ON Ruhrgas hoch, die politische Verpflichtungen eingegangen war. Die Beteiligung hat letztlich aber eher symbolischen Charakter: Die Eigentumsrechte sind bei diesen Investitionen äußerst begrenzt, da die deutschen Unternehmen quasi nur Kapital bereitstellen und gemäß ihrem Anteil von Gazprom vergütet werden. Der Preis setzt sich dabei jeweils zur Hälfte aus dem russländischen und dem deutschen *netback*-Exportpreis zusammen. Eine wirkliche Reduktion der Preis- oder Versorgungsrisiken kann so nicht erreicht werden. Dies zeigt abermals, dass die auch politisch definierte Unternehmensstrategie der E.ON Ruhrgas AG und die Bewertungskriterien der deutschen Politik nicht ausreichend spezifiziert wurden. Wichtig und auch auf politischer Ebene wirksam war die Kontrolle über Zugang zum russländischen Markt, die für deutsche Produkte und Investitionen selektiv geöffnet werden konnte. Dies dürfte zusätzliche Anreize gegeben haben.

Daneben wurden auch potentielle Druckmittel zur Schau gestellt, wie etwa die (eigentlich leere, aber symbolisch wirksame) Drohung mit einer Diversifikation nach China und mit Unterinvestitionen in die Erschließung der eigenen Rohstoffbasis (Erzeugung von Defiziten). Ein weiteres Druckmittel war die Eskalation von regulatorischen Problemen auf die politische Ebene, die dort dann die Agenda monopolisieren konnten. Dabei wurden auch bilaterale Probleme multilateralisiert, um Deutschland innerhalb der EU eine Chance zu geben, kleinere Staaten zu kooperativem Verhalten zu bewegen.

Interessant ist die Beobachtung, dass die Gazprom nach dem Georgien-Krieg 2008 gegenüber der E.ON Ruhrgas verhandlungsbereiter wurde. Sicherheitspolitische Ereignisse hatten also einen Einfluss auf die Konzernstrategie in der Hoffnung, deutsche Akteure zu beschwichtigen. Dies deutet auf die russländische Erwartung hin, dass die Sachbereiche Sicherheitspolitik und Wirtschaft in Russland auch in Deutschland gemeinsam betrachtet und bewertet werden.

Nicht zuletzt nutzte Russland auch Netzwerkressourcen aus der Verflechtung mit politischen Akteuren. Die Freundschaft zwischen Putin und Schröder hat erheblich zum Erfolg des Projekts beigetragen. Seine guten Beziehungen in die Politik dürften auch im Aufsichtsrat der Pipelinegesellschaft nützlich gewesen sein. Auch für die Stärkung des Elitennetzwerks in Russland war das Projekt vorteilhaft, da regimenahe Akteure nicht nur in Russland Aufträge erhielten, sondern auch am Einkauf der Pipelines in Deutschland sowie am Pipelinebau in Tschechien mitverdienten.

Das Verhalten der Akteure im Projekt Ostseepipeline entspricht damit der vierten Hypothese, da es wirtschaftliche und politische Interessen auf optimale Weise verbindet. Dabei werden gewisse wirtschaftliche Risiken hingenommen. Über politische Akteure und geschicktes Taktieren konnten zudem Kosten auf dritte Parteien abgewälzt werden. Zudem wurden vielfältige Instrumente politischer und wirtschaftlicher Akteure verwendet.

Das Projekt wurde dabei mit erheblicher Unterstützung deutscher politischer Akteure realisiert. Diese gingen von knappen Erdgasressourcen aus und betonten vor diesem Hintergrund den Bindungseffekt der Pipeline für Gazprom oder unterstützten das Projekt aus ideologischen Gründen. Hinzu traten konkrete wirtschaftliche Anreize für die deutsche Wirtschaft aus Marktzugang in Russland und Aufträgen beim Bau der Pipeline.

Deutsche politische Akteure konnten ihre Interessen dabei gegenüber der deutschen Gaswirtschaft mit Mitteln der Industriepolitik durchsetzen. Vor dem Hintergrund von Knappheitserwartungen auf dem Erdgasmarkt oder aus bloßem Verflechtungsinteresse bestand ein politisches Interesse an der vertikalen Rückwärtsintegration deutscher Energiekonzerne in die russländische Erdgasproduktion. Trotz gegenteiliger Stellungnahmen der Gazprom war die deutsche Politik davon überzeugt, dass Investitionen deutscher Konzerne in die Erdgasförderung in Russland zur Aufrechterhaltung der Lieferfähigkeit und zur Sicherung der Erdgasversorgung notwendig wären. E.ON Ruhrgas war aber nicht an der teuren Ostseepipeline interessiert. Erst die Erteilung der Ministererlaubnis zur Übernahme der Ruhrgas AG durch die E.ON AG machte den Weg frei für politische Einflussnahme.

Strukturell führte die Fusion derweil zu einer horizontalen Dekonsolidierung der deutschen Gasindustrie, was neue Möglichkeiten für die Ausweitung der Kontrolle durch russländische Akteure bot. Die Offenheit des deutschen Gasmarktes wurde durch die Dekonsolidierung größer und Gazprom konnte auf ihren traditionellen Partner in Deutschland, die Wintershall AG und das Gemeinschaftsunternehmen Wingas zurückgreifen. Da die Wintershall AG auf Grund ihrer langjährigen Kooperationsbeziehung und des anderen Geschäftsmodells kompromissbereiter als die E.ON Ruhrgas AG war, konnte Gazprom durch eine Strategie des „Teile und Herrsche" den Bau der Ostseepipeline durchsetzen. Dies geschah auch zu Konditionen, die für Gazprom vorteilhaft waren (Sander 2012). Zentral war dabei die Kontrolle über die Investitionsmöglichkeiten in die russländische Gasindustrie und die Geschlossenheit zwischen politischen Akteuren und Gazprom. Dies verhinderte Umgehungsversuche der E.ON Ruhrgas AG. Die deutsche Politik unterstützte dabei alle Projekte, die Gazprom gemeinsam mit deutschen Akteuren durchführen wollte und schwächte so die Verhandlungsmacht der deutschen Akteure und damit auch ihre eigene Strategie zur Bildung eines starken *national champion*.

Ohne die spezifischen Bedingungen in Deutschland – die starke politische Unterstützung einer realpolitisch inspirierten Bundesregierung und der politisch befeuerten Konkurrenz zwischen den Konzernen – hätte die Strategie wohl kaum in dieser Form verwirklicht werden können. Ob sich das Projekt außer für die Politik und die deutsche Schwerindustrie auch gesamtwirtschaftlich lohnen wird, ist zu bezweifeln. Die Aufrechterhaltung ölpreisgebundener Gaspreise und Verzögerung der Entwicklung von Wettbewerb zwischen Gasanbietern an Erdgasbörsen ist vielmehr zentrales wirtschaftliches Ziel und die bestechendste wirtschaftliche Rechtfertigung der Pipeline für Gazprom. Nur wenn sich Erdgas tatsächlich stark verknappen und China auch Erdgas aus Westsibirien beziehen sollte, könnte die Pipeline von größerem Nutzen für die deutsche und europäische Versorgungssicherheit sein. Dies ist allerdings nicht absehbar, da die Erdgasressourcen weltweit zunehmen und China Erdgas von Russland nur aus Ostsibirien beziehen will, da dies wesentlich näher an den Märkten liegt und man Gazprom auch keinen Spielraum zum Umschalten der Lieferungen zwischen Europa und China eröffnen will. Denn diese Möglichkeit könnte nicht nur Europa, sondern auch China treffen (Paik 2012: 397).

7.4.7   Raffinerien in Deutschland: Leuna und Ruhr Oel

In der deutschen Ölindustrie zeigten russländische Akteure vor allem an den Raffinerien Interesse. Der liberalisierte Markt und die Privateigentümerschaft der Raffinerien verlangte dabei nach Verhandlungen mit den internationalen Ölkonzernen. Dementsprechend war eine Beteiligung deutscher Akteure nicht notwendig. Trotz des Interesses mehrerer russländischer Konzerne konnte bis Anfang 2012 nur ein Geschäft finalisiert werden.

Beteiligungsversuche in den 1990er Jahren: Leuna

Auf Grund der Einbindung der ostdeutschen Raffinationsindustrie in die Produktionskette für russländisches Öl über die Družba-Pipeline (siehe Abbildung 7.17) war eine Beteiligung russländischer Konzerne an ostdeutschen Raffinerien wahrscheinlich. Nach der Wiederver-einigung wollte die deutsche Bundesregierung die Arbeitsplätze am Petrochemie- und Raffinationsstandort Leuna erhalten. Der französische staatliche Ölkonzern Elf (heute Total) hatte sich dabei bereiterklärt, in Leuna eine neue Raffinerie mit einer Kapazität von 12 Mio. t jährlich zu bauen. Die Investitionskosten wurden mit DM 4,8 Mrd. angegeben, wobei Elf DM 1,4 Mrd. Subventionen aus den Bundes- und Landeshaushalten erhielt (Heinen 2001). Die Raffinerie würde von russländischen Lieferungen über die Družba-Pipeline weitgehend abhängig sein.

Da Elf zwar das Tankstellennetz der Minol übernehmen, aber die Kosten für den Bau neuer Raffinerien möglichst gering halten wollte, war auch sie an einer Beteiligung russländischer Konzerne interessiert. Dabei wurde schon 1994 eine Vereinbarung mit dem russländischen Energieministerium geschlossen, gemäß der sich Rosneft', Surgutneftegaz und Slavneft' mit 24 % an der Raffinerie beteiligen würden (EER 1994; EnergyEconomist 1994; Riedel 1994). Da die Firmen nicht über Kapital verfügten, wollten sie den Anteil mit Öllieferungen bezahlen. Es kam jedoch nie zu einer Beteiligung, da Surgutneftegaz sich nach der Privatisierung zurückzog und Rosneft' die Beteiligung nicht mehr mit Öllieferungen, sondern mit Geldzahlungen leisten wollte. Gleichzeitig verfügte das Unternehmen jedoch nicht über die nötigen Mittel und verlor auf Grund geringer Margen im Raffinationsgeschäft auch das Interesse (CHR 1997; Rhodes 1997). Später behaupteten die russländischen Firmen, Elf habe sie gegen ihren Willen aus dem Projekt ausgeschlossen und stoppten Anfang 1998 auch die Lieferungen an die Raffinerie, nachdem sie Ende 1997 fertig gestellt worden war, um einen Anteil zu erlangen (OCTW 1998). Die Lieferungen wurden jedoch kurze Zeit später wieder aufgenommen, nachdem Leuna über die Raffinerie Schwedt beliefert werden konnte. Die Auseinandersetzung ging einher mit Unstimmigkeiten innerhalb der russländischen Regierung über eine Beteiligung. Von Teilen der Regierung wurde die Beteiligung offenbar als wenig zielführend angesehen, da sie Investitionsmittel aus Russland abziehen würde, was von den hohen Kosten der Raffinerie und den niedrigen Ölpreisen bei geringen Raffinationsmargen untermalt wurde (Kommersant" 1998). So finanzierte Elf die Raffinerie letztlich auf eigene Kosten und mit Hilfe hoher staatlicher Subventionen. Die Beteiligung der russländischen Konzerne kam nie zu Stande. Dabei wird das Fehlen einer klaren Strategie bei den russländischen Akteuren deutlich, das den generellen Zustand der Ölindustrie in den 1990er Jahren spiegelt. Weder wird eine Strategie der politischen Akteure sichtbar, noch eine Konzernstrategie.

Grafik: Miriam Dahinden, basierend auf Europia (2006)
Abb. 7.17: Ölpipelines und Raffinerien Mitteleuropas

2000er Jahre: Beteiligung an der Ruhr Oel

Bereits 2001 hatte Hugo Chavez russländischen Konzernen das Angebot gemacht, die Ruhr
Oel zu übernehmen. Ruhr Oel war ein Gemeinschaftsunternehmen zwischen Veba Öl und
BP, sowie später zwischen BP und der venezolanischen PDVSA. Die Raffinationskapazitäten
der Ruhr Oel, die das Interesse der russländischen Konzerne weckten, haben eine jährliche
Kapazität von 23,2 Mio. t, was 20 % der deutschen Raffinationskapazität entspricht. Die
Raffinerien in Horst und Scholven bei Gelsenkirchen sind vollständig im Besitz der Ruhr
Oel. Hinzu kommen Minderheitsbeteiligungen an den Raffinerien MiRO in Karlsruhe (mit
16 Mio. t jährlicher Verarbeitungskapazität die größte deutsche Raffinerie), an den
Raffinerien der Bayernoil in Vohburg und Neustadt, sowie an der PCK-Raffinerie in Schwedt
(vgl. Abbildung 7.17). Der Käufer erhält damit Mitbestimmungsrechte an Raffinerien, die

knapp die Hälfte der deutschen Raffinationskapazität ausmachen. Außerdem gehören zur Ruhr Oel ein petrochemischer Komplex einer Kapazität von 3,3 Mio. t jährlich, sowie Beteiligungen an Ölpipelines und Ölhäfen. Strategisch bedeutsam ist dabei vor allem die Beteiligung an der TAL-Pipeline, die Erdöl vom Mittelmeer nach Süd- und Südwestdeutschland, sowie weiter nach Tschechien transportiert. Obwohl die Anteile paritätisch verteilt sind, hat BP in der Ruhr Oel die Betriebsführerschaft inne und kann einen Wechsel der Anteilseigner blockieren.

Zunächst hatte LUKoil im Sommer 2001 nach der Ankündigung des Rückzugs von Veba Öl aus Ruhr Oel Interesse daran gezeigt, Partner der PDVSA in dem Gemeinschaftsunternehmen zu werden. Die Konsultationen dazu fanden auf Konzernebene statt. Dies war für LUKoil vor allem wegen der Verbindung mit PDVSA interessant, von der sie eine Belieferung ihrer US-amerikanischen Tankstellen erhoffte, während LUKoil für den Fall des Einstiegs bei PDVSA die Raffinerien des Gemeinschaftsunternehmens beliefern wollte. LUKoil gab dabei Kosten von US-$ 4 bis 6 Mrd. für den Erwerb der Anteile an, die man erst überdenken müsste (Interfax 2001b; PON 2001b). Nachdem Chavez dann die Kontrolle über PDVSA übernommen hatte, strebte er einen Verkauf der Anteile an Ruhr Oel an, weshalb die Investition für LUKoil weniger interessant wurde. Auch hatte inzwischen schon die BP die gesamte Veba Oel übernommen, die Raffineriebeteiligungen wurden nicht separat verkauft.

2003 zeigten dann die russländischen Aktionäre von TNK-BP Interesse an der Übernahme des Anteils von PDVSA. Daran wurde sie jedoch von der BP gehindert, die eine Internationalisierung ihres russländischen Gemeinschaftsunternehmens verhindern wollte (siehe oben Abschnitt 6.5). Auch LUKoil zeigte wiederum Interesse am Erwerb der Beteiligung. LUKoil hatte dann zwar ein Angebot von Chavez erhalten, aber nach der Durchführung von wirtschaftlichen Prüfungen und der strategischen Allianz mit ConocoPhillips auf die Expansion in Deutschland verzichtet. Wahrscheinlich war dies Teil der Absprachen zur Beteiligung von ConocoPhillips an LUKoil, die ähnlich wie in Tschechien (siehe unten Abschnitt 7.5.6) zu einem vorübergehenden Strategiewandel der LUKoil führten (Interfax 2005c; Sharushkina 2005).

Im April 2010 wurde bei Regierungskonsultationen in Caracas über eine Übernahme des Anteils der PDVSA an Ruhr Oel durch Rosneft' verhandelt (Rebrov et al. 2010). Im Oktober wurde der Deal dann bei Chavez' neuntem Besuch in Russland unterzeichnet. Rosneft' erklärte sich dabei bereit, 50 % der Ruhr Oel für US-$ 1,6 Mrd. zu erwerben, was einem Preis von US-$ 6 900 pro Barrel Tageskapazität entspricht (Kerr 2010; Rosneft 2010). BP blockierte den Kauf der Anteile anschließend nicht, da sie mit Rosneft' einen weitergehenden Deal aushandelte, der auch die Erkundung und Förderung von Erdöl in der Arktis vorsah (Neff 2011b). Dieser „historische" Deal konnte jedoch vorerst nicht durchgeführt werden, da die russländischen Aktionäre von TNK-BP diesen vor westlichen Gerichten erfolgreich blockieren konnten (siehe oben Abschnitt 4.6). Die Beteiligung der Rosneft' an Ruhr Oel kam im Mai 2011 dennoch zustande.

Innerhalb der Ruhr Oel hat die BP die Betriebsführerschaft inne und betonte, dass sich die Geschäftstätigkeit des Gemeinschaftsunternehmens durch die Übernahme der Anteile durch Rosneft' nicht ändern werde (BP 2010c). Die Aktionärsvereinbarung sieht jedenfalls vor, dass Rosneft' keinen Zugriff auf den Vertrieb der Ölprodukte erhält (RIANovosti 2012b). Rosneft' kann so nur auf die Beschaffungsseite Einfluss nehmen. Auch könnte Rosneft' vielleicht zu einem späteren Zeitpunkt Zugriff auf die Unternehmensführung erhalten, da BP zwischenzeitlich eine recht enge Partnerschaft mit Rosneft' eingegangen ist. Auch hat sich Rosneft' über die geringe Profitabilität beschwert und Beteiligung am Absatz der Ölprodukte angemahnt. Dieses lukrative Geschäft will BP allerdings nicht aufgeben (NefteCompass 2012c; RIANovosti 2012b).

Rosneft' war dann bestrebt, ihren Anteil bei der Belieferung der Raffinerien auszubauen. In der PCK-Raffinerie Schwedt wird bereits fast ausschließlich russländisches Rohöl verarbeitet. Da Ruhr Oel hier mit 37,5 % beteiligt ist und die Raffinerie von der Družba-Pipeline abhängt ist es Rosneft' Anfang 2013 gelungen, nicht nur einen langfristigen Liefervertrag mit Ruhr Oel zur Belieferung der Raffinerie Schwedt, sondern auch mit ENI, Total und Shell, den anderen Anteilseignern der Raffinerie zu schließen (Oreanda 2013). Die Raffinerien in Horst und Scholven verarbeiten nach eigenen Angaben bereits überwiegend Erdöl aus Russland und der Nordsee, aber auch aus Afrika und Venezuela (BP 2010a: 6). Da Ruhr Oel hier der Alleineigentümer ist und die Raffinerien durch Anlagen zum katalytischen Kracken, Hydrokracken und Koksen gut auf russländisches Öl vorbereitet sind, kann hier erwartet werden, dass der Anteil russländischen Erdöls ausgebaut wird.

Interessant ist zudem die größte der Raffinerien, die MiRO Raffinerie in Karlsruhe, an der Ruhr Oel mit 24 % beteiligt ist. Sie gibt an, vor allem Öl aus Osteuropa, Zentralasien und Afrika zu verarbeiten (MiRo 2011). Hier scheint Rosneft' zu versuchen, die zentral-asiatischen und afrikanischen Lieferanten zu verdrängen, da die Raffinerie bereits über große Anlagen zur Entschwefelung und zum Koksen verfügt. Interessant ist in diesem Zusammen-hang, dass die MiRO die Bezüge über die SPSE-Pipeline im Herbst 2012 einstellte und die TAL und TAL-Oberrhein Pipelines für Rohölbezüge nutzte. Dies war möglich, da alle Anteilseigner der MiRO auch Anteile an der TAL-Pipeline halten, während sie nicht an der SPSE-Pipeline beteiligt sind. Dadurch konnte die Raffinerie angeblich Kosten sparen. Dies führte aber zu einer Überlastung der TAL-Pipeline. Während MiRO über einen alternativen Lieferweg verfügt, sind die Raffinerie in Österreich und die drei Raffinerien in Bayern auf die TAL-Pipeline angewiesen. Ein alternativer, aber noch nicht genutzter Lieferweg bestünde nur über den Südarm der Družba und die IKL-Pipeline aus Tschechien. Verwunderlich an der Entscheidung ist auch, dass selbst die MiRO Raffinerie zeitweise die Produktion einstellen musste, obwohl sie die SPSE-Pipeline hätte nutzen können. Die Beteiligung der Rosneft' mag die Entscheidung zum Wechsel der Pipeline begünstigt haben. Dahinter könnte einerseits das Interesse an der Übernahme der Pipeline stehen – die Pipelinegesellschaft der SPSE hat bereits angekündigt, dass man die Pipeline nicht mehr lange in Betrieb halten könne, wenn die Volumen der MiRO weiter ausfielen. Andererseits könnte Rosneft' ein Interesse an der Generierung eines dauerhaften Engpasses haben, der durch die Schließung der Pipeline generiert würde. Angesichts der Kapazitätsengpässe auf der TAL kündigte Rosneft' dann auch an, den Südarm der Družba und die IKL-Pipeline als mögliche Lieferroute für die MiRO zu prüfen. Es sind also deutliche Bestrebungen der Rosneft' erkennbar eine größere Rolle bei der Belieferung der MiRO-Raffinerie zu spielen (Platts 2012; Reuters 2012b; Zhdannikov 2013).

Die Generierung von Kapazitätsengpässen auf der TAL-Pipeline hatte auch Effekte auf Tschechien, das ohne die TAL von russländischen Lieferungen über die Družba abhängig ist. Kapazitätsengpässe können so auch genutzt werden, um Konkurrenten zu schädigen und Anteile an Raffinerien zu erhalten. Im Kontext der russländischen Strategie zur Schaffung von Überkapazitäten beim Export von Erdöl steht in Frage, inwiefern die Nord- und Südarme der Družba-Pipeline noch weiter genutzt werden, da keine *bottlenecks* beim

Erdölexport mehr bestehen. Das Beispiel der Beteiligung an der Raffinerie PCK Schwedt könnte genutzt werden, um eine Beteiligung an anderen, von russländischem Öl abhängigen Raffinerien zu einer Vorbedingung für deren weitere Belieferung machen. Anzeichen für eine solche Strategie gab es bezüglich der Tschechischen Česka Rafinerska (siehe auch unten Abschnitt 7.5.6). Nachdem Russland die neue Pipeline BTS-2 und der Ölhafen Ust'-Luga in Betrieb genommen wurde, erhielt Tschechien im Herbst 2012 weniger Erdöl über die Družba-Pipeline. Alternative Lieferungen über die TAL- und IKL-Pipeline waren nicht möglich. Dies bewirkte, dass die Raffinerien im Herbst 2012 zeitweise geschlossen werden mussten. Denn zuvor hatte Gunvor, der Ölhändler des Novaték-Miteigentümers und Putin-Vertrauten Timčenko die Raffinerie der Petroplus in Ingolstadt übernommen und wieder in Betrieb genommen. Diese wird auch über die TAL-Pipeline beliefert. Die Nutzung der Družba- und IKL-Pipelines zur Belieferung der MiRO Raffinerie durch Rosneft' könnte die Versorgungssituation in Tschechien weiter beeinträchtigen, setzte aber auch eine Einigung mit der staatlichen MERO voraus, die die IKL-Pipeline betreibt. Eine Beteiligung russländischer Konzerne an den verlustreichen tschechischen Raffinerien ist so inzwischen denkbar, wobei der tschechische Staat angekündigt hat, selbst die Mehrheit an dem Konzern übernehmen zu wollen (Hovet/Payne 2012; IEA 2012b; Intellinews 2013a; Platts 2012; PNB 2012; Reuters 2012b; Zhdannikov 2013).

Wirtschaftliche Rationalität der Beteiligung an Leuna und Ruhr Oel

Für die Beteiligung an Raffinerien ist zunächst der positive Nettogegenwartswert ausschlaggebend, da der strategische Wert einer Raffineriebeteiligung sich meist erst in Zusammenhang mit der Übernahme von Tankstellennetzen einstellt. Strategische Effekte können allerdings auch auf der *input*-Seite der Raffinerie durch das Umstellen der Beschaffung von Erdöl auf russländische Sorten und die Anpassung von Raffinations-kapazitäten auf die Verarbeitung russländischer Rohölsorten realisiert werden.

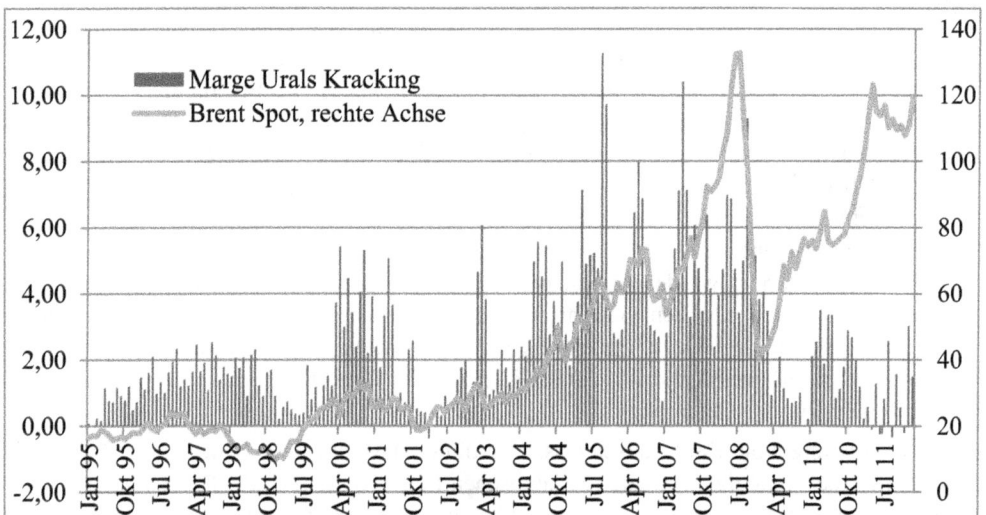

Quelle: Eigene Darstellung nach (EIA 2013; IEA 2012a).
Abb. 7.18: Raffinationsmargen und Brent Ölpreis, US-$ pro Barrel

Ob die Beteiligung an einer Raffinerie in Mitteleuropa mit wirtschaftlichen Chancen verbunden ist, hängt von den Raffinationsmargen ab. Diese waren in den 1990er Jahren gering, Mitte der 2000er Jahre hoch und seit Ende der 2000er Jahre wiederum gering, was mit den Überkapazitäten auf Grund der Wirtschaftskrise und der rückläufigen Nachfrage nach Ölprodukten in der EU zusammenhängt (siehe Abbildung 7.18). Demnach ist ein Zusammenhang zwischen der Entwicklung des Ölpreises und der Entwicklung der Raffinationsmargen noch bis etwa 2006 sichtbar, der danach jedoch entfällt.[117]

Das erste Projekt, das hier geprüft werden muss, ist die *Leuna-Raffinerie*. Beim Rückzug aus diesem Projekt handelten die russländischen Akteure wirtschaftlich rational, da die Investition unter Einbezug der Subventionen und der Annahme von WACC von 15 %, sowie unter Zuhilfenahme der mittleren Raffinationsmargen auch nach 26 Jahren noch einen negativen Nettogegenwartswert von knapp US-$ 140 Mio. hat. Dabei waren auch die hohen Raffinationsmargen zwischen 2003 und 2008 nicht zu erwarten gewesen. Eine wesentlich höhere Rendite hätte wohl mit der Investition in eine weniger moderne und daher günstigere bestehende Raffinerie erreicht werden können. Einen Überblick über die geschätzten diskontierten Cashflows gibt Abbildung 7.19. Strategische Effekte hätten von der Beteiligung auch nicht ausgehen können, da die Raffinerie in jedem Fall auf Lieferungen russländischen Erdöls über die Družba-Pipeline angewiesen ist. Außerdem hatte Russland in den 1990er Jahren noch wenige Exportmöglichkeiten, weshalb ein stärkerer Wettbewerb um die russländischen Öllieferungen nicht vorhergesehen werden konnte. Daher wären auch strategische Effekte erst in ferner Zukunft möglich gewesen, was sehr weitsichtige Akteure erfordert hätte.

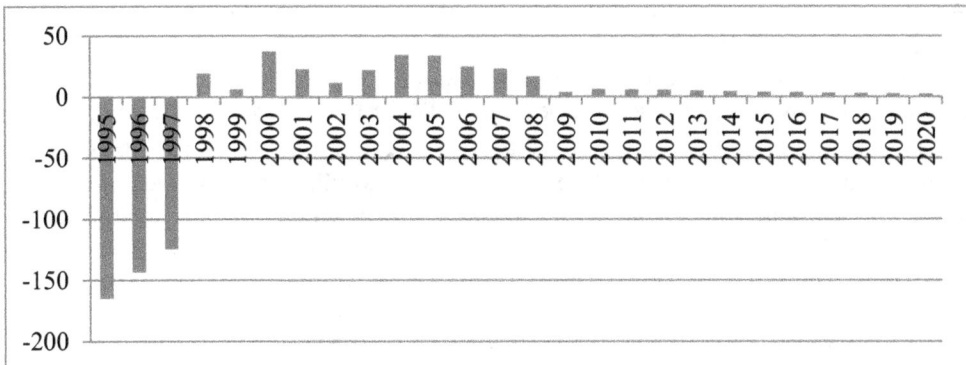

Quelle: Eigene Darstellung. Investitionskosten und Subventionen aus (Heinen 2001), Annahme
             Investitionssumme auf drei Jahre gleich verteilt, Dollarkurs berechnet auf Basis des mittleren Kurses
             für 1995. Annahme der WACC von 15 %. Berechnung der Einnahmen auf Basis der monatlichen
             Daten zu Raffineriemargen für Kracking-Raffinerie und Sorte Urals aus IEA (2012a). Annahme der
             durchschnittlichen Auslastung von 92 % auf Basis von Europia (2010). Für die Cashflows nach 2010
             wurde das Ergebnis von 2010 linear fortgeschrieben und mit jährlich 3 % inflationiert.
Abb. 7.19:   Diskontierte *cashflows* bei einem Anteil von 24 % an der Raffinerie Leuna, US-$

[117] Die Pearson's r-Korrelation zwischen Ölpreis und Raffinationsmarge ist bis einschließlich 2006 stark positiv (0,808) und Signifikant auf 0,01-Niveau, während anschließend kein Zusammenhang mehr nachweisbar ist.

Die Beteiligung an der *Ruhr Oel* fand hingegen in einem veränderten Kontext statt. Eine Beteiligung der LUKoil Anfang 2000er Jahre wäre auf Grund der hohen Margen und auf Grund der engeren Kooperationsmöglichkeiten mit PDVSA sicher wirtschaftlich vorteilhaft gewesen. Ähnliches gilt für die Beteiligung von LUKoil oder TNK-BP ab 2004, als ein Einbruch der Margen noch nicht absehbar gewesen ist. Dies kann aber alles unabhängig von einem Kaufpreis nicht eindeutig bewertet werden.

Fraglich ist indes, ob der *Nettogegenwartswert* der tatsächlich stattgefundenen Investition von Rosneft' positiv ist, da der westeuropäische Raffinationsmarkt seit 2009 nur geringe Margen abwirft (siehe Abbildung 7.18), die sich angesichts des sinkenden Verbrauchstrends und bestehender Überkapazitäten auch nicht wesentlich verbessern dürften. Dabei ist auch nicht davon auszugehen, dass sich die Raffinationsmargen in Zukunft wesentlich verändern, da der Ölverbrauch der EU seit 2006 absinkt und auch nach Projektionen von 2008–2035 jährlich um 0,5 bis 1,7 % abnehmen wird (IEA 2010b). Gleichzeitig besteht Bedarf zu weiteren Neuinvestitionen bei den Raffinerien in der EU, da die Umweltvorschriften weitere Reduktionsziele z. B. bei der Entschwefelung vorsehen (Quinlan 2011). Auch wird sich ein etwa steigender CO_2-Preis auf die Profitabilität der Raffinerien auswirken. Vor diesem Hintergrund ist eine Fortsetzung der seit 2010 vorherrschenden geringen Margen wahrscheinlich. Unter Annahme einer durchschnittlichen Marge von US-$ 2,82 pro Barrel, dem Mittelwert der Marge in den Jahren 2010 und 2011, weist die Investition bei einer angenommenen Auslastung von 90 % nach 20 Jahren einen recht hohen positiven Nettogegenwartswert von US-$ 377 Mio. auf (Quellen wie bei Abbildung 7.19).[118] Damit das Projekt lohnenswert ist darf die Raffinationsmarge jedoch nicht unter US-$ 2,30 pro Barrel fallen (in Preisen von 2010). Dies berücksichtigt nicht die wahrscheinlichen Zusatzinvestitionen, die nach dem Kauf des Anteils getätigt werden müssen. Wenn man einmal annimmt, dass Zusatzinvestitionen von US-$ 600 Mio. über den Zeitraum von 20 Jahren getätigt werden müssen, ist der Nettogegenwartswert bei der höheren Marge von US-$ 2,82 ebenfalls noch positiv. Die wirtschaftliche Rationalität der Investition scheint daher gegeben.

Bei Interviews mit Konzernvertretern der Rosneft' im Herbst 2009 wurden allerdings die oben genannten Determinanten auf dem europäischen Raffinationsmarkt identifiziert, die diesen als nicht sonderlich lukrativ charakterisieren. Daher sei dieser Markt wenig attraktiv für Rosneft'. Man verstehe die Strategie der LUKoil zur Expansion nach Europa nicht und wolle lieber auf den asiatischen Wachstumsmärkten aktiv werden.[119] Außerdem konnten Raffinerien in der EU im Jahre 2011 häufig zu wesentlich geringeren Preisen erworben werden. So zahlte die indische Essar für Raffinationskapazitäten ähnlicher Größe und Komplexität im Vergleich zu Rosneft' nur ein Fünftel des Preises pro Barrel Raffinationskapazität. Die US-Raffinationsfirma Valero zahlte für eine Raffinerie ein Drittel des von Rosneft' verausgabten Preises (Quinlan 2011). Auch entließ Sečin Anfang 2012 den Generaldirektor und andere leitende Mitglieder der Rosneft Trading in Genf, die für die Beschaffung von Erdöl für die Raffinerien zuständig waren, wegen Ärger über die niedrigen Margen (NefteCompass 2012c). Die wirtschaftliche Rationalität der Investition aus positivem Nettogegenwartswert ist daher wohl gegeben, aber recht schwach.

---

[118] Die jährlich berechneten Vorsteuergewinne decken sich dabei mit den Annahmen russländischer Analysten, siehe Rebrov et al. (2010).

[119] Quelle: Interviews des Autors mit Konzernvertretern in Moskau, Oktober 2009.

Außerdem könnten sich *strategische Effekte* ergeben. Mithin handelt es sich nicht um den Erwerb nur einer Raffinerie, sondern um Beteiligungen an mehreren Raffinerien, die geographisch über ganz Deutschland verteilt sind. Dies wäre vor allem dann interessant, wenn auf die Investitions- und Erwerbsstrategien der Raffinerien eingewirkt werden könnte. In diesem Fall könnte Rosneft' etwa erreichen, dass die Raffinationskapazitäten so erweitert werden, dass die Verarbeitung größerer Mengen russländischen Rohöls möglich und die Flexibilität der Raffinerien verringert wird. Auch könnte Rosneft' bereits beim Einkauf dafür sorgen, dass eigenes Rohöl bevorzugt wird, sofern die Anlagen der Raffinerie dafür geeignet sind. Schließlich könnte Rosneft' in Zusammenhang mit anderen russländischen Akteuren wie etwa Transneft' versuchen, das Pipelinenetz in Deutschland und Mitteleuropa so zu verändern, dass die Raffinerien stärker von russländischen Rohöllieferungen abhängig werden. Eine stärkere Abhängigkeit könnte auch dazu genutzt werden, die Profitabilität von abhängigen Raffinerien zu verringern, um diese dann günstig übernehmen zu können.

Die Intention zur Ausweitung der eigenen Lieferungen und der Lieferungen russländischen Erdöls hat Rosneft' klar gezeigt und war damit auch erfolgreich. Es kann daher erwartet werden, dass Rosneft' zunehmenden Einfluss auf die Beschaffungspolitik der Raffinerien nehmen kann. Dies erscheint wirtschaftlich rational, wenn dadurch russländische Konkurrenten vom Markt verdrängt werden können, aber könnte wenig rational sein, wenn dadurch günstigeres nicht russländisches Öl vom Markt verdrängt wird. Angesichts der geringen Raffinationsmargen ist aber unwahrscheinlich, dass Rosneft' sich mit einer solchen Strategie gegen andere Anteilseigner durchsetzen kann.

Zudem kann Rosneft' versuchen, durch die Erzeugung von Engpässen Anteile an anderen Raffinerien zu erlangen, deren Abhängigkeit von russländischem Erdöl gestärkt wird. Eine solche Möglichkeit wurde bereits in Tschechien deutlich, auch wenn Rosneft' kein Interesse an den dortigen Raffinerien bekundet hat. Die wirtschaftliche Rationalität einer solchen Strategie wäre zudem davon abhängig, ob Rosneft' die Raffinationskapazitäten günstig erwerben könnte, da die Margen auf dem europäischen Markt gering sind.

Interessant ist auch die Möglichkeit zur Sammlung von Informationen über Marktteilnehmer und zur Vernetzung mit den auf dem deutschen Markt tätigen Konzernen. Dies wird durch die breite geographische Streuung ermöglicht. Daraus können sich Möglichkeiten zur Ausweitung der Präsenz der Rosneft' ergeben. Auch können sich Möglichkeiten für weitere *asset swaps* und Tauschgeschäfte (etwa Zugang zu Ressourcen in Russland gegen Abschluss von Lieferverträgen) ergeben. Auf längere Sicht kann die Rosneft' so Chancen erhalten, auf den Großhandelsmarkt für Ölprodukte und in den Endkundenverkauf vorzudringen.

Die strategischen Effekte aus der Beteiligung sind daher kurzfristig vor allem auf Grund der neuen Strategiemöglichkeiten im kontinentalen Mitteleuropa interessant, wo die Abhängigkeit von russländischem Erdöl häufig am höchsten ist und durch neue Projekte leicht verstärkt werden kann. Dabei strebt Rosneft' offenbar eine Einschränkung der Konkurrenz auf dem mitteleuropäischen Erdölmarkt an. Allerdings findet dies in einem Kontext statt, in dem die Margen sehr gering sind, was den Manövrierraum beschränkt. Die Beteiligung an Ruhr Oel eröffnet dabei neue Strategiemöglichkeiten für dieses Ziel und kann außerdem als Modell dargestellt werden, wie trotz fehlender Diversifikation in Zukunft unterbrechungsfreie Lieferungen möglich sind. Sie kann auch weitere strategische Effekte erzeugen, etwa durch die besseren Möglichkeiten zur Vernetzung der Rosneft' mit Konzernen, die auf dem deutschen Markt tätig sind. Außerdem wäre der Erwerb von Tankstellen im nordwesteuropäischen Raum eine logische Folge aus der Beteiligung an den

Raffinerien. Die Beteiligung an den Raffinationsaktiva ist aber auch aus dem Nettogegenwartswert heraus wirtschaftlich lukrativ.

Rationalität für politische Akteure

Eine Investition in Raffinerien ist für russländische Akteure zunächst *außenpolitisch* interessant, da sie die wirtschaftliche Bedeutung Russlands für Deutschland verstärkt. Da Raffinerien auch recht viele Menschen beschäftigen können politische Akteure in einem kompetitiven Umfeld auch darauf verweisen, dass durch die Investition regionale Arbeitsplätze erhalten werden. Dies stärkt die *soft power* Russlands, da Russland sich hier als stabiler Partner profilieren kann.

Außenpolitisch interessant sind zudem die strategischen Effekte der Investition, die zu einer größeren Abhängigkeit von EU-Staaten von Russland führen können. Die Beschaffungspolitik der Rosneft' trägt bereits dazu bei, dass der Status Russlands als Öllieferant in Deutschland gestärkt wird. Auch dies kann genutzt werden, um die Kooperationsbereitschaft Deutschlands in außenpolitischen Fragen zu erhöhen.

Die Erzeugung von Engpässen für die Öllieferung nach Ostmitteleuropa und die dadurch wahrscheinlichere Beteiligung russländischer Konzerne trägt ebenfalls dazu bei, den außenpolitischen Handlungsspielraum dieser Staaten einzuschränken. Da Märkte eingeschränkt werden steigt die politische Verhandelbarkeit von Wirtschaftsbeziehungen. Die Folgen der Verlagerung von Rohöllieferungen zur MiRO auf die TAL für Tschechien passen sich jedenfalls gut in die Initiativen anderer Staatskonzerne ein, die ebenfalls auf eine Erhöhung der Abhängigkeit Ostmitteleuropas von russländischen Öllieferungen zielen. So arbeitet etwa die staatliche Zarubežneft' daran, die Flussrichtung der Adria-Pipeline umzukehren, um über den Südarm der Družba Erdöl an das Mittelmeer pumpen zu können. Zarubežneft' kündigte auch an, sich an der Pipeline beteiligen zu wollen (Socor 2012a). Dieses Projekt wurde aber auf Grund des geringen Interesses Kroatiens noch nicht realisiert (BM 2013a). Dies würde die Diversifikationsmöglichkeiten Ungarns, der Slowakei und Tschechiens beschneiden. Die Adria-Pipeline verläuft bisher vom kroatischen Omišalj zur Raffinerie der ungarischen MOL bei Budapest und besitzt eine Verbindung zur Družba-Pipeline in Slowenien (siehe oben Abbildung 7.1). So kann Erdöl vom Mittelmeer bezogen werden. Diese Möglichkeit wurde bisher kaum genutzt. Ende 2012 vereinbarten die Slowakei und Ungarn jedoch einen Ausbau der Verbindungspipeline, um Erdöl sowohl vom Mittelmeer beziehen zu können als auch in umgekehrter Richtung Öl von der Družba nach Kroatien zu leiten (BBC 2012a). Mit dem Ausbau der VSTO-Pipeline nach Asien wird jedoch auch die Möglichkeit zunehmen, Öllieferungen als Anreize einzusetzen.

Innenpolitisch entstehen direkte Vorteile durch den Kauf der Raffinerie lediglich durch die Stärkung der wirtschaftlichen Sicherheit der Rosneft', da der Kauf der Raffinationskapazitäten wahrscheinlich einen positiven Nettogegenwartswert generiert und weitere strategische Effekte erzeugt. Der Kauf der Raffinationsaktiva im Ausland ist jedoch unter Aspekten der Industrialisierungspolitik kritisch zu betrachten, da sie Kapital für die Modernisierung der russländischen Anlagen entzieht.

Für *deutsche politische* Akteure besteht der Vorteil der Beteiligung russländischer Produzenten vor allem an der gesicherten Rohstoffversorgung. Diese ist zwar kein Problem bei den westdeutschen und süddeutschen Raffinerien, aber bei den Raffinerien in Ostdeutschland, die von der Družba-Pipeline abhängig sind. Daher sichert die Beteiligung eines russländischen Ölkonzerns die unterbrechungsfreie Lieferung von Erdöl und damit den Fortbestand der Raffineriestandorte. Das in dieser Weise gelagerte Interesse an einer Beteiligung wurde durch den Bau zusätzlicher Exportkapazitäten in Russland befördert. Zudem eröffnete die Beteiligung der Rosneft' erstmals die Möglichkeit, Zwischenhändler aus der Družba zu entfernen. Dies dürfte von deutschen politischen Akteuren positiv bewertet werden, da die Transparenz der Lieferungen gestärkt wird.

Bezüglich der Beteiligung an den anderen Raffinerien könnte das politische Interesse negativ sein, falls Rosneft' gemeinsam mit anderen russländischen Akteuren versuchen sollte, die Öllieferungen zu Monopsonisieren und Märkte einzuschränken. Dies zeichnet sich bereits ab, auch wenn es zu einer sicheren Bewertung noch zu wenig Material gibt. Sofern dies nicht mit klaren wirtschaftlichen Vorteilen für die Raffinerien verbunden wäre, etwa durch günstigere Öllieferungen, würden die negativen Aspekte klar überwiegen. Selbst wenn Rosneft' günstigere Öllieferungen anbieten würde, müssten diese gegenüber einer verschlechterten Versorgungssicherheit abgewogen werden. Eine Schließung der SPSE wäre aus Gesichtspunkten der Versorgungssicherheit klar negativ zu beurteilen. Allerdings könnte sich auf Grund einer schlechteren Angebotslage auf dem Erdölmarkt und der forcierten Diversifikation russländischer Exportwege die Ansicht durchsetzen, dass nur mit einer stärkeren Monopsonisierung der Bezüge und mit Beteiligung russländischer Konzerne an Raffinerien die Versorgungssicherheit zu gewährleisten sei. Anfang der 2010er Jahre war der Erdölmarkt jedoch noch flexibel genug, sieht man von einigen politischen Versorgungskrisen einmal ab.

Auswertung

In der deutschen Raffinationsindustrie wurden zwei Investitionsprojekte betrachtet: Zum einen die Leuna-Raffinerie, bei der in den 1990er Jahren die Beteiligung russländischer Konzerne zur Debatte stand und zum anderen die Ruhr Oel, deren Teilerwerb während der 2000er Jahre immer wieder von Seiten Russlands erwogen wurde und der dann schließlich durch Rosneft' stattfand. In den 1990er Jahren zeigte sich, dass die Ölkonzerne unkoordiniert auftraten und kein wirkliches Interesse am Erwerb eines Anteils an der Raffinerie hatten. Die politischen Akteure traten dabei für einen Erwerb von Anteilen ein, konnten sich aber nicht durchsetzen. Die neue Leuna-Raffinerie war sehr teuer, während die Konzerne hohe Kapitalkosten hatten. Zudem hätten keine strategischen Effekte realisiert werden können, da die Raffinerie in jedem Fall auf russländisches Erdöl angewiesen sein würde. Die Möglichkeit eines Einstiegs in den deutschen Absatzmarkt für Erdölprodukte wurde nicht diskutiert und war auch ein zu geringer Anreiz. Die Konzerne handelten daher wirtschaftlich rational, als sie die Investition ablehnten. Dies entspricht der ersten Hypothese der vorliegenden Arbeit.

Die Investition der Rosneft' in Ruhr Oel wird zwar keinen großen, aber wohl noch positiven Nettogegenwartswert erzeugen. Zudem zeichnet sich ab, dass sich strategische Effekte aus der möglichen Kombination von Einfluss auf die Entscheidungen der Raffinerien und dem eigenen Rohölangebot realisieren lassen. Diese liegen einerseits in einer Ersetzung anderer russländischer Lieferanten durch eigene Öllieferungen und der Verdrängung von Zwischenhändlern, was bereits bezüglich der Družba-Pipeline realisiert wurde. Zum anderen zeichnet sich ab, dass Rosneft' den Marktanteil russländischen Erdöls generell ausweiten kann. Weitergehende strategische Effekte lassen sich durch den größeren Einfluss auf Lieferrouten für Erdöl realisieren, der über die Raffinerien gewonnen wurde. Damit können

Konkurrenten behindert werden. Insbesondere bei tschechischen Raffinerien zeichnet sich ab, dass zunehmende Engpässe die Erdölversorgung behindern werden. Dies könnte in Zukunft auch für die Raffinerie in Leuna drohen. Über die Verringerung der Profitabilität kann eine Beteiligung günstig erlangt werden. Außerdem kann versucht werden, den Markt für Rohöl einzuschränken, um höhere Preise durchzusetzen. Dies passt sich in die Strategie politischer Akteure und anderer Staatskonzerne zur Schaffung von Überkapazitäten beim Export und zur Begrenzung der Diversifikationsmöglichkeiten Ostmitteleuropas ein. Eine Einschränkung von Diversifikation und Märkten stärkt die politische Verhandelbarkeit von Wirtschaftsbeziehungen, was im Interesse der russländischen politischen Akteure ist.

Für den Erwerb der Raffinerien konnte Rosneft' Instrumente der politischen Akteure nutzen. So nutzte Sečin, damals noch Aufsichtsratsvorsitzender bei Rosneft', seine Doppelfunktion als Vorsitzender der zwischenstaatlichen Regierungskommission und seine guten persönlichen Kontakte, um den Deal direkt mit der venezolanischen Regierung auszuhandeln. Die russländische Partnerschaft mit Venezuela konnte also genutzt werden, um eine bessere Ausgangsposition zu erlangen. Außerdem konnte der Zugang zu russländischen Ressourcenbasis als Anreiz gegenüber BP genutzt werden. BP leistete dem Einstieg von Rosneft' so keinen Widerstand, wie sie es vorher etwa bei TNK-BP getan hatte. Mit diesen Ressourcen ausgestattet gelang es Rosneft' im Unterschied zu den früheren Versuchen von TNK-BP und LUKoil, den Anteil an Ruhr Oel zu erlangen.

Der Erwerb des Anteils an Ruhr Oel durch Rosneft' entspricht daher der vierten Hypothese dieser Studie, da politische und wirtschaftliche Interessen gleichzeitig verfolgt werden. Außerdem kann Rosneft' vielfältige staatliche Ressourcen für die Durchsetzung der Strategie nutzen.

7.4.8   Deutschland: Zusammenfassung

Nun können einige generelle Schlussfolgerungen bezüglich der in Deutschland analysierten Multinationalisierungsprojekte gezogen werden. Zunächst ist dabei die gute Kombination politischer und wirtschaftlicher Motivationen im Rahmen des verfestigten patrimonialen Kapitalismus zu bemerken.

In den 1990er Jahren zeigte sich dabei, dass die Konzerne wirtschaftlich rational handelten. Während die Ölkonzerne Investitionen auf Grund des fehlenden wirtschaftlichen Nutzens unterließen, hatte Gazprom ein starkes Interesse an ihrem größten Markt und konnte gemeinsam mit dem Partner Wintershall ihre Profite rasch erhöhen. Dafür reichte es aus, den Partner Ruhrgas aufzugeben und dessen Monopolrente durch den Bau neuer Pipelines und das Vordringen auf Endkundenmärkte zu erodieren, sowie etwas günstigeres Gas im Einkauf zur Verfügung zu stellen. Diese Strategie war offensichtlich nur in Deutschland möglich – auf Grund des privatwirtschaftlich organisierten, aber nicht liberalisierten Gasmarktes und des starken „*patient capital*" des rheinischen Kapitalismus. Während Gazprom versuchte, dies in mehreren anderen Märkten zu wiederholen, fanden sich entweder keine finanzstarken Partner, oder Gazprom wurde durch die staatliche Verfasstheit der Gasindustrie am Vordringen gehindert. In Bezug auf Ostdeutschland zeigte Gazprom hier auch, dass sie zu Lieferblockaden bereit war, um höhere Gewinne zu erreichen und die Anteilseigner zum Verkauf von Anteilen am Gasversorgungsunternehmens anzuregen. Die Erpressungsversuche waren zumindest in Bezug auf die Preise teilweise erfolgreich. Bei all diesen Strategien zeigte sich der große Wert der Partnerschaft mit Wintershall, die willfährig die Interessen der

Gazprom durchsetzte, da sie selbst davon profitieren würde. Auch zeigte sich, dass Gazprom russländische politische Akteure für ihre Ziele mobilisieren konnte.

Die Interessen politischer Akteure kamen aber erst im Rahmen des verfestigten Patrimonialen Kapitalismus zum Tragen. In dem Maße, in dem sich die Relevanz politischer Akteure in der russländischen Öl- und Gasindustrie verstärkte, wurde Wingas, das Gemeinschaftsunternehmen zwischen Gazprom und Wintershall, zu einem Sprachrohr für die außenpolitischen Interessen Russlands. Auch versuchte Gazprom wiederum, die Kontrolle über den ostdeutschen Gasversorger VNG zu erlangen. Mit der Zeit kam sie diesem Ziel ein gutes Stück näher, auch wenn sich der Marktkontext in Zwischenzeit wesentlich verändert hat. Die entscheidende Position politischer Akteure kam dann beim Großprojekt Ostseepipeline besonders zum Tragen. Dies ist zwar auch für Gazprom wirtschaftlich interessant, da es strategische Effekte auf den Zielmärkten erzeugt. So amortisieren die zusätzlich abgeschlossenen Lieferverträge in der EU die Pipeline in etwa zwei bis zweieinhalb Dekaden. Zudem kann die Ukraine die Gaspreise weniger gut revidieren. Die politischen Effekte gegenüber der Ukraine und gegenüber Deutschland sind aber ebenfalls stark, da in beiden Staaten die Abhängigkeit von Russland ansteigt. In Bezug auf eine mögliche Investition der Novaték zeigte sich zwar, dass diese Unterstützung politischer Akteure besitzt. Gazprom konnte jedoch letztlich ein Vordringen der Novaték in Deutschland vorerst verhindern und entwickelte eine eigene Lösung, wie die Kontrolle über VNG gemeinsam mit Wintershall hergestellt werden könnte. Auch bei der Investition der Rosneft' zeigte sich, dass die politischen Akteure profitieren: Während die wirtschaftliche Rationalität der Investition recht schwach ist, werden neue Strategien gegenüber Ostmitteleuropa möglich, die den Einfluss Russlands dort stärken können.

Ein interessanter Befund ist auch, dass die verwendeten Instrumente sehr vielfältig sind und auf den jeweiligen Kontext gut angepasst werden. Dies zeigt sich insbesondere im Vergleich mit den im *upstream*-Sektor analysierten Prozessen, die vor allem in zentralistischen Systemen stattfanden, in denen die Konzerne oft auf personale Verflechtung setzten. Demgegenüber ist personale Verflechtung nur ein Teil der in Deutschland angewandten Instrumente. Hier spielen vielmehr auch der geschickte Umgang mit Gesetzen und Regulierungen, sowie der Einfluss auf den Gesetzgebungsprozess eine Rolle für den Erfolg. Auch strategische Manipulation war bei den Projekten der Gazprom ein sehr bedeutsames Instrument, das erheblich zum Erfolg beigetragen hat.

Ein wichtiger Unterschied gegenüber den anderen hier betrachteten Kontexten ist die zeitweise starke politische Unterstützung der Projekte durch deutsche Akteure. Russländische politische Akteure konnten deutsche politische Akteure davon überzeugen, dass die Ostseepipeline im deutschen Interesse ist. Dies war möglich durch eine Bundesregierung, die im Kontext steigender Energiepreise und des beschlossenen Atomausstiegs um die deutsche Energiesicherheit besorgt war. Während dies eine Folie für die Rechtfertigung von stärkerer Zusammenarbeit mit der russländischen Elite bot, waren machtpolitische Ambitionen wichtiger. Bundeskanzler Schröder deutete Deutschland in machtpolitischen Kategorien als Mittelmacht. Ihn trieb offenbar die Überzeugung, Deutschland müsste eine stärkere Rolle in der Weltpolitik spielen und gemeinsam mit Russland gegen die USA und China konkurrieren. Der Energiesektor wurde dabei als ein wesentlicher Integrator gesehen, da Deutschland als Industriestandort günstige Rohstoffe aus Russland brauche, während Deutschland Russland technologisch und auch gesellschaftlich modernisieren könne. Diese Ideen brachen sich in der „Modernisierungspartnerschaft" Bahn.

Das durch die machtpolitische Deutung entstehende Bedürfnis nach größerer internationaler Bedeutung Deutschlands schuf zusätzliche Ansatzpunkte für die russländischen Akteure. In diesem Zusammenhang boten sie Deutschland z. B. ihre Unterstützung für einen Sitz im Sicherheitsrat der VN an. Die realpolitische Deutung deutscher Interessen entsprach auch generell dem Interesse russländischer Akteure, da dies Kooperation unabhängig von Wertbezügen ermöglicht und die machtpolitische Argumentation einige schlüssige Gründe für die stärkere Kooperation zwischen dem ressourcenreichen Russland und dem Industriestandort Deutschland angeben kann. Will man sich auf eine solch realistische Deutung deutscher Interessen einlassen, müsste allerdings auch die Bildung möglicher Gegenkoalitionen gegen die Achse Berlin-Moskau in das Kalkül einbezogen werden, was offen bis Anfang der 2010er Jahre nicht thematisiert worden war.

Konkret war die Regierung Schröder dafür verantwortlich, dass die deutsche Gaswirtschaft für politische Prioritäten geöffnet wurde. Die Kooperationspräferenz der Politik führte dann dazu, dass die Ostseepipeline auch gegen Bedenken der Gaswirtschaft vorangebracht wurde. Während die Politik zur Bildung von *national champions* auf die neuen Realitäten in Russland und auf globalen Energiemärkten gemünzt war, konnte sie den russländischen Akteuren dennoch nichts entgegensetzen. Vielmehr war die politische Öffnung nützlich für russländische Akteure, die über deutsche politische Akteure ihre Interessen auch in deutschen Konzernen durchsetzen konnten. Weitere politische Anreize für Konzerne und Banken wurden von Deutschland und Italien durch politische Kreditsubventionierungen gesetzt.

Die Investitionen russländischer Konzerne boten hingegen keinen Schutz gegen ein gewisses Abkühlen des politischen Verhältnisses zum Ende der 2000er Jahre hin. Die Abkühlung ging aber nur so weit, dass Russland nicht mehr als der zentrale Partner gesehen wurde und von politischer Seite weniger Projekte lanciert wurden. Die Investitionsprojekte und energiesicherheitliche Abhängigkeit Deutschlands waren aber weiterhin eine Basis für diejenigen Argumente, die deutsche Interessen in enger Kooperation mit Russland geschützt sahen. Sie moderierten so die Abkühlung des politischen Verhältnisses. Die Projekte schützten die Interessen russländischer politischer Akteure insofern, als die Wirtschaftskooperation angesichts der hohen Bedeutung Russlands für die deutsche Wirtschaft weiterhin hohe Priorität genoss. Auch konnten die Investitionen und daraus entstandene Abhängigkeiten weiterhin als Druckmittel auf politischer Ebene für Tauschgeschäfte eingesetzt werden.

7.5   Tschechische Republik

Als ostmitteleuropäisches Land mit einer starken industriellen Basis und auch historisch engen Verflechtung mit der deutschen Wirtschaft ist Tschechien ein weit entwickeltes und relativ reiches Industrieland, das seit 2006 der Gruppe der Hocheinkommensländer zugerechnet wird. Seit 1999 ist das Land Mitglied der NATO und seit dem 1. Mai 2004 auch der EU. Auch ist Tschechien Teil des Haupttransitkorridors für russländisches Erdgas. Tschechien ist allerdings ein recht kleines Land, das anders als etwa Polen innerhalb der EU nicht in der ersten Liga spielen kann.

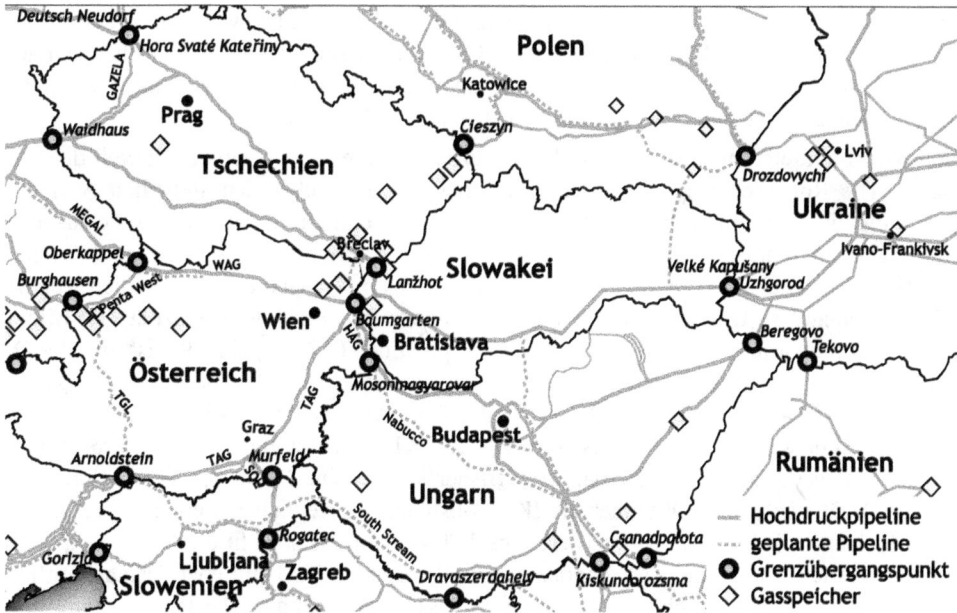

Grafik: Miriam Dahinden auf Grundlage von Entsog (2011)
Abb. 7.20:   Hochdruckpipelines und Gasspeicher in Mitteleuropa

7.5.1   Kontextfaktoren

Tschechien ist landumschlossen und hat auch keine gemeinsame Grenze mit Russland. Tschechien ist ein bedeutendes Transitland für russländisches Erdgas, durch das in den 2000er Jahren ungefähr 30 Mrd. m³ jährlich zu den hochwertigen Märkten Westeuropas (v. a. Deutschland und Frankreich) transportiert wurden (IEA 2005a: 77). Damit transitierte Gazprom etwa viermal so viel Gas durch Tschechien wie das Land von Gazprom kauft, was für recht starke Interdependenzen in der Gasindustrie sorgte. Gleichzeitig ist Tschechien mit ca. 19 % der Primärenergieversorgung weniger von Erdgas abhängig als etwa Ungarn oder die Slowakei, da viel heimische Kohle eingesetzt wird (vgl. Abbildung 7.5). Tschechien besaß Anfang der 2010er Jahre zudem ausreichend große physische Importkapazitäten für Erdgas auf Grund der vorhandenen Transitinfrastruktur, die auch im *reverse flow* Modus operieren kann. Am Grenzübergangspunkt Deutsch-Neudorf bzw. Olbernhau können so aus Deutschland maximal ca. 12,5 Mrd. m³ jährlich übernommen werden (vgl. Abbildung 7.20).[120] Physisch kann Tschechien daher einen Totalausfall russländischer Gaslieferungen kompensieren. Allerdings werden die auf deutscher Seite angrenzenden Pipelines von Wingas bzw. VNG kontrolliert, die beide unter Einfluss der Wintershall-Gazprom-Allianz stehen. Daher ist die effektive Regulierung der deutschen Erdgaspipelines zentral für die faktische Realisierungsmöglichkeit des *reverse flow* nach Tschechien. Tschechien war Anfang der 2010er Jahre auch der erste ostmitteleuropäische Staat, der seine

---

[120]   Quelle: Eigene Berechnungen auf Grundlage der Angaben in Entsog (2011).

Erdgaslieferungen in erheblichem Maße diversifizieren konnte und so weniger von Gazprom abhängig war (vgl. oben Abbildung 7.6). Die Gaskrise von 2009 zeigte, dass Tschechien auf Grund dieser Vorkehrungen trotz Einstellung der Lieferungen aus Russland keine substantiellen Lieferausfälle zu verzeichnen hatte (IEA 2010a: 73).

Auch bei Rohöllieferungen von ca. 8 Mio. t jährlich konnte Tschechien erfolgreich diversifizieren. Die Rohöllieferungen kommen zwar hauptsächlich über den südlichen Arm der Družba-Pipeline, der eine Kapazität von 9 Mio. t besitzt und an den alle drei tschechischen Raffinerien angeschlossen sind (vgl. Abbildung 7.17). Allerdings lieferte Russland Anfang der 2010er Jahre nur noch ca. 60 % bis zwei Drittel des in Tschechien verbrauchten Rohöls (vgl. Abbildung 7.8). Dafür ist die seit 1996 bestehende IKL-Pipeline (Kapazität 11,5 Mio. t jährlich) verantwortlich, die an die Transalpine Ölpipeline (TAL) angebunden ist, mit der Öl vom Mittelmeer nach Tschechien gebracht werden kann. Die TAL-Pipeline ist allerdings ein Flaschenhals, mehr Nachfrage für die Kapazität der TAL besteht als die Pipeline erfüllen kann. Dies könnte die vollständige Auslastung der IKL im Falle einer Lieferunterbrechung aus Russland verhindern (IEA 2010a: 78f). Bisher konnte eine Reduktion der Lieferungen über die Družba im Jahre 2008 über die IKL vollständig ausgeglichen werden (IEA 2010a: 83). 2012 kam es jedoch bereits zu Liefereinschränkungen, als sowohl die Družba-Pipeline weniger lieferte als auch die TAL überlastet war. Tschechien ist damit energiesicherheitlich von Russland abhängig, auch wenn wesentlich bessere Bedingungen bestehen als in allen anderen ostmitteleuropäischen Staaten. Die Diversifikation der Gas- und Ölbezugswege ist dabei auf die von Beginn an verfolgte Diversifikationsstrategie der tschechischen Politik zurückzuführen, die Versorgungssicherheit und Diversifikation gegenüber der kurzfristigen Wirtschaftlichkeit bevorzugte (Weichsel 2004: 180).

7.5.2 Aktiva

In der Gasindustrie sind v. a. die Hochdruckpipelines zur Fernübertragung von Erdgas interessant. Die Transitpipelines haben eine Gesamtlänge von 2460 km, während Pipelines für den Inlandsbedarf zusätzlich 1190 km betragen. Insgesamt gibt es fünf Pipelinesysteme. Die Leistung der Kompressoren beträgt 351 MW. Damit können jährlich zwischen 50 und 60 Mrd. m³ Erdgas transportiert werden (vgl. Abbildung 7.20). Hinzu kommen die Netze zur regionalen Verteilung von Gas in allen Landesteilen, die eine Gasversorgung für 66 % der Haushalte zur Verfügung stellen. Daneben gibt es acht Untergrundspeicher für Erdgas zum Ausgleich von saisonalen Verbrauchsschwankungen mit einer Gesamtarbeitskapazität von ungefähr 3 Mrd. m³ (IEA 2005a: 77; 2010a: 67f).

Tschechien verfügt über drei Raffinerien: Chemopetrol in Litvínov, Kaučuk in Kralupy und Paramo in Pardubice (vgl. Abbildung 7.17). Chemopetrol ist mit einer jährlichen primären Destillationskapazität von 5,5 Mio. t die größte der Raffinerien und besaß bereits zum Zeitpunkt der Desintegration des sozialistischen Wirtschaftssystems Einheiten zum Hydrokracken und integrierte Einheiten zur Produktion petrochemischer Produkte. Gleichzeitig fehlten hier Kapazitäten zum Reformieren. Kralupy war vor dem Jahrtausendwechsel eine einfache *hydroskimming*-Raffinerie mit einer primären Kapazität von 3,3 Mio. t jährlich. Anschließend wurde sie mit einer neuen Anlage zum katalytischen Kracken ausgerüstet. Die kleinste Raffinerie in Paramo in Pardubice ist nur eine einfache hydroskimming-Raffinerie und hat eine Kapazität von 0,8 Mio. t jährlich. Sie produziert vor allem schwere Produkte wie Diesel und Heizöl, aber auch Bitumen und Schmierstoffe (EUTR 1995a; IEA 2005a: 91; OGJ 2003).

7.5.3   Ölindustrie: Restrukturierung und Privatisierung

Die Restrukturierung der Raffinationsindustrie fand in mehreren Schritten statt, bei der die Partikularinteressen des Raffineriemanagements und der um ihre Funktion fürchtenden sozialistischen Außenhandelseliten in eine Auseinandersetzung mit der gemeinwohlorientierten Politik traten. Zunächst wurden die Raffinerien in einzelne Aktien-gesellschaften umgewandelt und während der zweiten Voucher-Privatisierung teilprivatisiert. Der nationale Vermögensfonds hielt den jeweils größten Anteil, hatte jedoch wenig Einfluss auf das Management, das innerhalb der Unternehmen rekrutiert wurde (Freeman 1995: 57). Die Politik plante anschließend die Teilprivatisierung der beiden großen Raffinerien an ausländische strategische Investoren, um die rasche technologische Modernisierung der Unternehmen zu ermöglichen. Dabei sollten Chemopetrol und Kaučuk horizontal in einer Aktiengesellschaft integriert und gemeinsam teilprivatisiert werden, wobei der Staat einen Mehrheitsanteil behalten würde. Hier war also eine Konsolidierung der Industrie geplant, um gegenüber der westeuropäischen Konkurrenz – die sich nahe an der Grenze in Leuna formierte – Marktmacht zu erzeugen.

Demgegenüber schlug das Management der Raffinerien in Koalition mit den alten sozialistischen Außenhandelseliten einen „Tschechischen Weg" vor, bei dem die Raffinerien sich durch den Erwerb von Anteilen zusammenschließen und nur die Gewinne, sowie zusätzliche Kredite zur Modernisierung ohne ausländischen Partner einsetzen würden. Vorgeschlagen wurden dabei auch Marktbarrieren gegenüber ausländischen Ölprodukten. Hier sollten also die tschechischen Konsumenten nicht nur eine etwaige Monopolrente, sondern auch zusätzliche Kosten aus der Abschottung des Marktes tragen, um die Konsoli-dierung nationalen Kapitals zu ermöglichen. Diese Version wurde von der Regierung ernsthaft erwogen, was zum Abbruch der Verhandlungen mit ausländischen Bietern führte. Dabei manifestierten sich sehr unterschiedliche Positionen innerhalb der Regierung.

Die Interessen des alten Außenhandelsmonopols Chemapol waren dabei klar auf die Perpetuierung der Abhängigkeit von russländischen Öllieferungen gerichtet, da nur so die Existenz und Ausweitung der eigenen Organisation gesichert werden konnte. Die weitgehend fehlende Aktivität russländischer Konzerne in diesem Zusammenhang verweist auf die fehlende Konsolidierung der russländischen Konzerne und den hohen Grad an Wettbewerb innerhalb Russlands um Ölexporte Anfang der 1990er Jahre. Dies ist auch auf die fehlenden Exportkanäle zurückzuführen (vgl. oben Abschnitt 7.2). So versuchte Chemapol ihre Kontakte zur weiteren Monopolisierung der Öllieferungen einzusetzen und so die Kontrolle über die Raffinerien zu erlangen. Während Chemapol ein Viertel von Kaučuk erwerben konnte, gelang es der Raffinerie Chemopetrol Litvínov, eigene Beziehungen zu russlän-dischen Lieferanten aufzubauen. Dies führte zu kurzzeitigen Lieferstopps für die Raffinerie, war schließlich jedoch erfolgreich (CTK 1994a; Freeman 1995: 57). Chemapol war zudem in fragwürdige Deals verwickelt, die dank einer kompetitiven Presselandschaft an die Öffentlichkeit drangen (Freeman 1995; Stojaspal 1995). Dies beschädigte die Glaubwürdigkeit des Unternehmens als Sachwalter tschechischer Interessen schließlich erheblich und der „tschechische Weg" wurde verworfen (BCE 1994; CTK 1994b; Freeman 1995; Gomez 1994a; b). Die Uneinigkeit der Regierung wurde von den desorganisierten

russländischen Akteuren nicht genutzt; die Auseinandersetzung war im Wesentlichen inner-
tschechischer Natur.

So hatte sich der „Tschechische Weg" letztlich selbst diskreditiert und es konnte ein Vertrag
zur Privatisierung mit internationalen Ölkonzernen (IOCs) geschlossen werden (Freeman
1995). Dabei erwarben Shell, ENI und Conoco jeweils 16,3 % der neu gebildeten Česka
Rafinerska, in der die Raffineriebetriebe der Chemopetrol Litvínov und Kaučuk aufgingen.
Dies war mit Investitionszusagen seitens der Konzerne verbunden, die auch an der raschen
Fertigstellung der IKL-Pipeline interessiert waren. Die restlichen Anteile wurden von der neu
gebildeten Staatsholding Unipetrol gehalten, in die auch die petrochemischen Betriebe
überführt wurden. Außerdem wurde aus dem staatlichen Tankstellenbetreiber und Groß-
händler Benzina s.p. die Aktiengesellschaft Benzina a.s. ausgegründet, die die lukrativen
Tankstellen erhielt. Diese gingen ebenfalls an Unipetrol (EUTR 1995a). Der Nationale
Eigentumsfonds hielt 63 % an Unipetrol, der Rest wurde an der Börse gehandelt (CTK
1999c). Die internationalen Ölkonzerne besaßen ihr jeweils eigenes Tankstellennetz in
Tschechien. Damit waren nicht nur die Raffination horizontal, sondern auch Raffination und
Vertrieb an Endkunden vertikal stark integriert.

7.5.4   Gasindustrie: Restrukturierung, Privatisierung und Liberalisierung

Die tschechische Gasindustrie wurde zunächst Mitte der 1990er Jahre gegen den Widerstand
der Industrie in acht regionale Unternehmen für Verteilung und Verkauf von Erdgas
aufgeteilt, die teilweise in das Eigentum der Städte und Gemeinden übergingen. Die
Fernübertragung von Erdgas in Hochdruckpipelines, d. h. auch die Transitpipelines, blieben
über die Transgas in den Händen des Staates (Estrada et al. 1995: 187; IEA 2005a: 76). Eine
Privatisierung der Transgas war für 1995 geplant, wurde dann aber um fünf Jahre
verschoben, da der Gasmarkt noch zu unattraktiv für Investoren schien und man vor der
Privatisierung eine Diversifikation durchführen wollte (EUTR 1995c; Reuters 1995). Die
technologisch gegebene hohe Abhängigkeit der *downstream*-Segmente vom staatlichen
Unternehmen Transgas erleichterte die Kontrolle und verhinderte weitgehend das Entstehen
unabhängiger Einflussgruppen.

Um die Privatisierung der Gasindustrie wurde Ende der 1990er Jahre dann eine lebhafte
Diskussion geführt, die sich auf Strom- und Gasindustrie bezog. Auf der einen Seite standen
Befürworter der fragmentierten Privatisierung, die für eine getrennte Privatisierung von
Fernübertragung und Verteilung eintraten und dabei auf die Vorteile für Konsumenten
verwiesen, da in einer solchen Konfiguration keine Monopolrenten entstehen würden. Diese
wurden von EU und OECD unterstützt (Parker 2002). Auf der anderen Seite standen die
Befürworter einer vertikal integrierten Privatisierung, die Marktmacht auf Kosten der
Konsumenten hervorbringen würde, aber den tschechischen Energiesektor auch besser gegen
die Marktmacht ausländischer Konzerne schützen würde. Eine vertikale Fragmentierung
führe zwar zu kurzfristigen Wohlfahrtsgewinnen, erleichtere aber auch die Übernahme durch
ausländische Konzerne, die dann wiederum die Produktionskette kontrollieren und so
Monopolrenten abschöpfen könnten. Für den Elektrizitätssektor war zudem das Argument
relevant, dass eine fragmentierte Privatisierung zu einer schrittweisen Abschaltung der
innerstaatlichen Kraftwerke führen könnte, da die ausländischen Investoren am Absatz
eigenen Stroms interessiert sein würden. In der Gasindustrie bedeutete eine fragmentierte

Privatisierung die schlechtere Steuerbarkeit der Importabhängigkeit. Außerdem wurde argumentiert, dass eine integrierte Privatisierung einen höheren Privatisierungserlös erbringen würde, da der Käufer sich die Monopolrente aneignen könne (Weichsel 2004: 196; Zemplinerová 2000). Wie in anderen Teilen der EU kam also die Frage der wirtschafts-theoretisch optimalen Marktorganisation mit der Realität substantieller externer Marktmacht auf den Energiemärkten in Konflikt. Begünstigt wurden dabei die Argumente der Befürworter vertikaler Integration durch die Tatsache, dass die Städte und Gemeinden bereits größere Anteile der regionalen Versorgungsunternehmen an ausländische Konzerne veräußert hatten, so auch an Gazprom nahestehende Unternehmen wie Wintershall oder SPP. Diese hatten im Rahmen eines liberalisierten Marktes ein Interesse daran, ihr eigenes Gas abzusetzen und nicht die von Transgas eingegangenen Lieferverträge zu nutzen. Daher wurde schließlich für die vertikal integrierte Privatisierung optiert. Die Regierung startete 2001 über Transgas ein Rückkaufprogramm für die regionalen Gasverteilerunternehmen, die schließlich zur Mehrheit von Transgas an sechs der acht regionalen Verteilern führten (Weichsel 2004: 197). Auch sechs der sieben tschechischen Erdgasspeicher gehören der Transgas, während der siebte Erdgasspeicher der Moravské naftové doly a.s. gehört, die bis Mai 2010 über SPP Bohemia und Europgas von E.ON Ruhrgas kontrolliert wurde, die ihren Anteil aber nach langjährigem Disput an den bisherigen Partner Karel Komarek verkaufte (Ekonom 2010; MND 2010; Roškanin 2008: 15; SPPB 2010). Bei der anschließenden Privatisierung der Gasindustrie wurden klare Regeln formuliert. Insbesondere war ein Verbot der Veräußerung von Anteilen der Transgas bis 2009 vorgesehen (Weichsel 2004: 198). Den Zuschlag erhielt schließlich die deutsche RWE.

Die Liberalisierungspolitik sah im Einklang mit den Richtlinien der Europäischen Union eine schrittweise Öffnung des Gasmarktes vor, die 2005 begann. Gemäß der dritten Gasmarkt-liberalisierungsrichtlinie (EC-73/2009/EC) wurde die Einrichtung einer unabhängigen Übertragungsgesellschaft beschlossen, die nur eine operative, aber keine eigentümerschaft-liche Entflechtung von Netz und Betrieb vorsieht. Das Importmonopol von Transgas wurde ebenfalls 2005 abgeschafft. Ab 2007 erhielten alle Kunden das Recht zur freien Wahl des Versorgers. 2006 führte RWE Transgas gemäß der zweiten Gasmarktliberalisierungsrichtlinie eine rechtliche Entflechtung von Netzbetreiber und Großhändler durch. Dabei wurde der Netzbetreiber Net4Gas geschaffen, der das Netz der Hochdruckpipelines betreibt. Ab 2007 erhielten auch Haushaltskunden die Möglichkeit, ihren Versorger selbst zu wählen (IEA 2005a: 83; 2010a). Die vertikal integrierte Struktur blieb also im Wesentlichen erhalten, gleichzeitig wurden durch die Liberalisierung des Marktes die Transaktionskosten erheblich gesenkt, was den Einstieg von Wettbewerbern ermöglichte.

7.5.5 LUKoil, Rosneft' und die Privatisierung der Paramo

Objekt- und Prozessbeschreibung

LUKoil zeigte bereits in den 1990er Jahren Interesse am Vordringen auf den Endkundenmarkt und begann mit dem Kauf einiger Tankstellen in Tschechien. Da auf Grund der Defizite der russländischen Raffinationsindustrie das Qualitätsniveau russländischer Kraftstoffe für den europäischen Markt unzureichend war, versuchte LUKoil Vereinbarungen über die Verarbeitung von Rohöl (*processing agreements*) mit Raffinerien in der EU zu schließen. Dabei wird an die Raffinerie zur Verarbeitung des eigenen Rohöls eine Gebühr bezahlt. Česka Rafinerska und Slovnaft lehnten *processing agreements* jedoch grundsätzlich ab, um Wettbewerb zu vermeiden (CTK 1999d; Zalatorius 1998). Insofern blieb LUKoil nur der Kauf zusätzlicher Aktiva, um die Integration der Produktion zu ermöglichen.

LUKoil zeigte dabei ab 1998 Interesse am Kauf der Raffinerie Paramo, die noch nicht privatisiert worden war und deren Staatsanteil von 70 % unabhängig von den anderen beiden Raffinerien zum Verkauf stand. Paramo verfügt über atmosphärische und Vakuumdestillation, sowie Anlagen zur Entschwefelung von Diesel, aber nicht über sekundäre Verarbeitungskapazitäten. Die Raffinerie stellt daher hohe Mengen an Diesel und schwerem Heizöl her. Insbesondere letzteres konnte gegen Ende der 2000er Jahre auf dem Markt nur schwer abgesetzt werden, da es die gesetzlichen Vorgaben der EU für den Schwefelgehalt erfüllte. Außerdem produziert die Raffinerie aus den Rückständen Bitumen und Schmieröle und ist daher von der Entwicklung dieser Märkte abhängig (Paramo 2001; 2008). Außerdem wollte LUKoil 180 Tankstellen des staatlichen Tankstellenbetreibers Benzina s.p. übernehmen (ACRB 1999; CTK 1999b; Zalatorius 1998). Diese war jedoch nicht zum Verkauf einzelner Tankstellen bereit.

Um Anreize zu setzen, bot sich LUKoil dabei auch als Vermittler zur Lösung der zwei größten außenwirtschaftlichkaraen Probleme in den tschechisch-russländischen Beziehungen an: Zum einen die russländischen Schulden, die Russland mit Warenlieferungen zurückzahlen wollte und zum anderen das hohe Handelsbilanzdefizit Tschechiens gegenüber Russland, das vor allem aus Öl- und Gasimporten resultierte. LUKoil bot dabei Aufträge an tschechische Firmen an und versprach den Barterhandel tschechischer Güter für Erdöl. Im Gegenzug wollte LUKoil eine Vorzugsbehandlung bei der Privatisierung erreichen, die ohne Wettbewerb stattfinden sollte. LUKoil bot US-$ 44 Mio. für die Raffinerie, was den Preis für den Anteil und spätere Investitionen einschließen sollte. Von tschechischer Seite wurde dennoch auf einer gewöhnlichen Ausschreibung bestanden (CTK 1999a; 2000e; d; Gismatullin 1999). In Russland gab es im Jahre 2000 daraufhin „Probleme" mit der Erdöllieferung, die zu einer geringeren Auslastung der Raffinerie Paramo führten und deren Ergebnis belasteten (Paramo 2001).

Als Bieter im Wettbewerb, der dann im Februar 2000 erfolgte, traten die staatliche Unipetrol, LUKoil, Norex und Cepramo auf (CTK 2000c). Norex war eine Firma mit wechselndem Sitz in Kanada und Zypern, der die russländische Jugraneft gehörte und deren Eigentümerstruktur unbekannt war. Cepramo war ein eigens für die Ausschreibung gegründetes tschechisches Unternehmen, das von Rosneft' finanziert wurde (CTK 2000b; ICIS 2000). Kurz vor dem Ende der Ausschreibung zog LUKoil jedoch ihr Gebot zurück, das lange auf dem ersten Platz rangiert hatte. LUKoil begründete dies mit der schlechten wirtschaftlichen, rechtlichen und Umweltsituation, die bei der Einsichtnahme in die Dokumente im Zuge der Informations-offenlegung offensichtlich geworden sei (CTK 2000a). Anschließend wurde Paramo für nur US-$ 4 Mio. an Unipetrol verkauft, die ein wesentlich geringeres Gebot als Norex abgege-ben, aber klare Investitionszusagen gemacht hatte (CHBN 2000a; ICIS 2000). Cepramo (Rosneft') hatte nur eine Krone pro Aktie geboten, gleichzeitig jedoch mit ca. US-$ 50 Mio. die bei weitem höchste Investitionssumme (ACRB 2000; CTK 2000b). Zum Kaufpreis hinzu kamen noch Verbindlichkeiten in Höhe von ca. US-$ 17 Mio., die sofort gezahlt werden mussten (CTK 2000a).

Rationalität des Erwerbsinteresses

Fraglich ist zunächst, ob der Erwerb der Raffinerie durch LUKoil oder Rosneft'
wirtschaftlich rational gewesen wäre. Zunächst einmal ist die Raffination russländischen
Erdöls in einer einfachen *hydroskimming*-Raffinerie wie der Paramo fast durchgängig ein
Verlustgeschäft gewesen (vgl. Abbildung 7.21). Dies zeigte sich auch an den Ergebnissen der
Raffinerie, die zum Verkaufszeitpunkt und auch anschließend immer wieder negativ gewesen
sind (Paramo 2001; 2003; 2006; 2008).

Fraglich ist, wie sich dies bei einer Übernahme durch die russländischen Akteure entwickelt
hätte. Die Investitionen der russländischen Interessenten hätten vermutlich auf eine
Verbesserung der Dieselherstellung durch Erweiterung der Vakuumdestillationskapazität und
weitere Entschwefelungsanlagen gezielt. Außerdem hätte in Anlagen zur Alkylierung und
Isomerisierung investiert werden müssen, um die Herstellung von Benzin
wettbewerbsfähiger zu machen. Die Investition in sekundäre Verarbeitungskapazitäten
(Kracking) hätte sich auf Grund der geringen Größe der Raffinerie und der damit
entgangenen Skaleneffekte nicht gelohnt. Durch die Investitionen wäre die Produktion der
Raffinerie stärker in den Wettbewerb mit den anderen beiden tschechischen Raffinerien
getreten, was durch die Privatisierung an Unipetrol verhindert wurde. Da die russländischen
Aktionäre an einer leistungsfähigen Raffinerie Interesse gehabt hätten, hätte sich deren
Ergebnis vermutlich auch gegenüber der jetzigen Eigentümerstruktur, in der Paramo ein
prekäres Nischendasein fristet, verbessert.

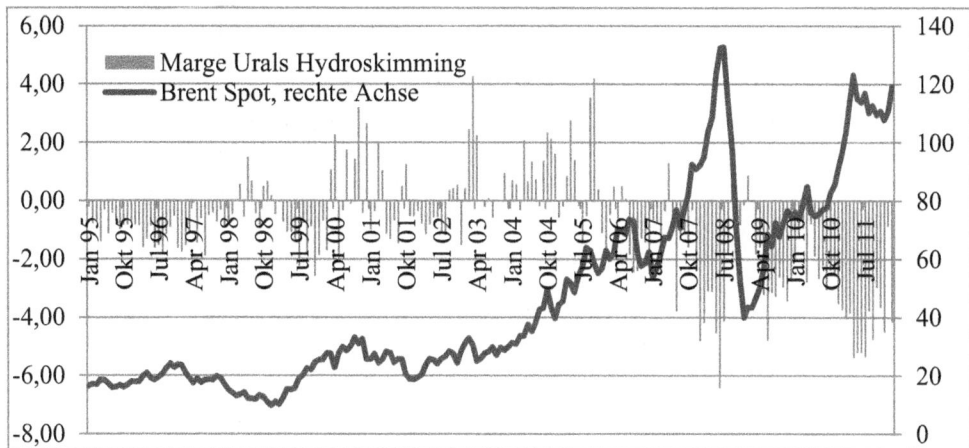

Quelle: Eigene Darstellung, Daten aus EIA (2013), IEA (2012a)
Abb. 7.21: Durchschnittliche Raffinationsmargen für Hydroskimming-Raffinerie und Ölpreis, US-$ pro Barrel

Dennoch ist fraglich, ob die Investitionen einen positiven Nettogegenwartswert zu generieren
in der Lage gewesen wären, da der Markt für die Produkte der Raffinerie begrenzt ist. Geht
man anhand der in Abbildung 7.21 präsentierten Daten davon aus, die erzielte
Raffinationsmarge hätte auf Grund der Investitionen bei einer Auslastung von 90 %
durchschnittlich US-$ 1,50 pro Barrel betragen, so hätte die Investitionen der LUKoil nach
14 Jahren gerade einen positiven Nettogegenwartswert erzeugt. Für die Investition der
Rosneft' sähe es auf Grund der höheren Investitionssumme noch schlechter aus. 14 Jahre

sind zwar kein sehr langer Zeitraum, jedoch auf Grund der geringen Größe der Raffinerie und der Risiken in diesem Segment relativ unattraktiv, insbesondere da der Ausbau der Paramo zu einer hocheffizienten Raffinerie kaum möglich gewesen wäre. Zudem ist die Annahme einer solch hohen Marge wahrscheinlich nicht gerechtfertigt. Starke strategische Effekte aus einer Integration der Produktion hätten mit Paramo auf Grund der begrenzten Produktionsbreite auch nicht erzielt werden können. Der Rückzug der LUKoil aus dem Projekt kann damit als wirtschaftlich rational bezeichnet werden.

Fragen wirft in diesem Kontext das hohe Gebot der Rosneft' auf, das durch die Cepramo abgegeben wurde. Hier ist generell unklar, wer die treibenden Akteure hinter dem Gebot gewesen sind. Die vorgeschlagene Investitionssumme liegt jedoch noch höher als bei LUKoil. Da Rosneft' auch keine Strategie zum Erwerb von Tankstellen hatte muss die wirtschaftliche Rationalität des Vorgehens hier bezweifelt werden.

Wie in der Betrachtung zu den *außenpolitischen Interessen* deutlich wurde, sahen politische Akteure vor, die wirtschaftliche „Orientierung" der ehemaligen Ostblockstaaten auf Russland zu erhalten und insbesondere westlichen Akteuren diesen Raum nicht zu überlassen. Dementsprechend waren sie daran interessiert, dass russländische Akteure die Wirtschaftsbeziehungen entwickelten und intensivierten. Eine Investition in die Paramo war daher von außenpolitischem Interesse, auch da es die Bindung Tschechiens an Rohöllieferungen aus Russland perpetuieren würde. Allerdings war dieses Interesse recht gering, da es sich um eine unbedeutende Raffinerie handelt, die keine starken Abhängigkeiten erzeugen kann.

Gleichzeitig war für russländische politische Akteure die innenpolitische Rationalität eines solchen Vorgehens nicht gegeben, da die Investition nicht sonderlich lukrativ erscheint und der russländische Raffinationssektor selbst großer Investitionen bedarf. Da ausländische Investoren in der russländischen Öl- und Gasindustrie nicht willkommen sind, müssen diese Investitionen von russländischen Konzernen aufgebracht werden. Sofern diese verstärkt in Raffinationskapazität im Ausland investieren wird die Notwendigkeit zur Investition in Russland geschmälert.

Angesichts der bereits erfolgten Beteiligung westlicher Konzerne an den wichtigsten Raffinerien und der Diversifikation der Bezugsmöglichkeiten mit der IKL hatte die tschechische Regierung offenbar keine Bedenken gegenüber einer Beteiligung der LUKoil (CTK 1999d). Dies wurde noch dadurch verstärkt, dass Paramo die kleinste der Raffinerien ist.

In *Tschechien* war durch die vertikale und horizontale Konsolidierung der Ölindustrie im Rahmen von Unipetrol und Česka Rafinerska war ein starker Konzern entstanden, der auch Interessen zur Monopolisierung des Marktes hatte. Die internationalen Konzerne hatten kein Interesse an der Entstehung von Konkurrenz auf dem tschechischen Raffinationsmarkt (Platts 1999). Ebensowenig waren die Anteilseigner von Unipetrol daran interessiert. Gleichzeitig lieferten russländische Konzerne weiterhin fast alles Erdöl; LUKoil lieferte aber 70 % des in Tschechien verarbeiteten Rohöls (CHBN 2000b). Daher ist es wahrscheinlich auf die Interessen der Aktionäre der Česka Rafinerska zurückzuführen, dass auch Paramo in die Unipetrol integriert wurde.

Auswertung

Die Beteiligung russländischer Akteure an der kleinen Raffinerie Paramo mag einerseits an der geringen wirtschaftlichen Rentabilität und dem daraus folgenden mangelnden Interesse der LUKoil gescheitert sein, andererseits an intransparenten Beteiligungsstrukturen im Falle der Rosneft'. Hinzu trat das Interesse der bereits auf dem Markt verankerten Akteure, einen Markteintritt weiterer Spieler zu verhindern. Da Paramo ein gesamtwirtschaftlich wenig bedeutender Akteur ist und alternative Lieferrouten für Rohöl bestehen, konnten russländische Akteure auch keine Druckmittel effektiv einsetzen.

LUKoil versuchte zunächst, außerhalb der Ausschreibung eine Beteiligung an Paramo zu erlangen, um so den Wettbewerb zu umgehen. Da keine starken Druckmittel zur Verfügung standen gab es für die tschechische Regierung wenig gute Gründe, sich darauf einzulassen. Als Anreize versuchte LUKoil, Lösungen für makroökonomische Probleme anzubieten, um eine bevorzugte Behandlung zu erhalten. Zwischenzeitliche Lieferunterbrechungen könnten ebenfalls ein Signal gewesen sein. LUKoil nahm dann jedoch am gewöhnlichen Bieterverfahren teil. Eine Beteiligung russländischer politischer Akteure ist nicht zu erkennen.

Rosneft' trat indes in Form eines Stellvertreters mit unklaren Beteiligungsverhältnissen auf, was das Gebot belastet haben dürfte. So blieb unklar, wie die Beziehung von Cepramo zu Rosneft' vertraglich ausgestaltet war. Da unklar ist, wie Rosneft' mit der Cepramo in Verbindung steht und in welcher Funktion sie sich am Gebot beteiligt hat kann eine Auswertung hier nicht erfolgen. Da die nach dem Ausstieg von LUKoil verbleibenden Bieter also wenig transparent waren, entschloss sich der tschechische Staat offenbar für eine Konsolidierung der Raffinationsindustrie in einem Unternehmen. Da die beiden anderen Raffinerien leistungsfähiger waren fristete Paramo fortan ein Nischendasein und spezialisierte sich auf die Herstellung von Schmierstoffen und Asphalt.

LUKoil hat im Falle der Paramo wirtschaftlich rational gehandelt. Sieht man von den vorübergehenden Lieferproblemen ab, deren Hergang unklar geblieben ist, so waren auch keine staatlichen Akteure beteiligt. Das Vorgehen der LUKoil entspricht daher der ersten Hypothese dieser Studie.

7.5.6   Beteiligungsversuche von Gazprom und Lukoil nach der Privatisierung

In Folge werden einige weitere fehlgeschlagene Beteiligungsversuche von Gazprom und LUKoil in der Ölindustrie gemeinsam betrachtet. LUKoil glückte nur der Erwerb eines Tankstellennetzes, der daher auch im Fokus der folgenden Analyse stehen wird. Zur Kontextualisierung wird zunächst ein Überblick über den Hergang der weiteren Privatisierung der Ölindustrie gegeben.

Ein Ende 2001 durchgeführter Privatisierungsversuch der Raffinations- und Petrochemie-holding Unipetrol favorisierte einen tschechischen Bieter und schlug fehl, da sich der Bieter als nicht solvent herausstellte. Aus Russland nahm an dieser Privatisierungsrunde nur die Gazprom-Tochter Sibur in einer Allianz mit TNK teil. Diese Allianz wurde aber bereits in der ersten Gebotsrunde disqualifiziert. LUKoil beteiligte sich nicht an der Ausschreibung. Da hier keine Gebote abgegeben werden konnten ist eine Bewertung der wirtschaftlichen Rationalität schwerlich möglich. Am 2003 durchgeführten zweiten Privatisierungsversuch nahm keiner der hier betrachteten russländischen Konzerne teil. Dabei wurde Unipetrol schließlich erfolgreich an die polnische PKN Orlen privatisiert.

LUKoil begründete ihre Nichtteilnahme mit einem Strategiewandel. Die Expansionspläne in Ostmitteleuropa würden vorerst fallen gelassen. Man werde stattdessen die eigene Position auf dem Balkan weiter festigen und sei eher an Aktiva der finnischen Fortum interessiert. Auch verkaufte LUKoil ihre drei Tankstellen in Tschechien wegen zu geringer Profitabilität und schloss das Büro in Prag (Interfax 2003a; c; ROGR 2003). Dabei deutet alles darauf hin, dass dies keine Veränderung der Strategie, sondern nur ein taktischer Schachzug gewesen ist, um den Einstieg der ConocoPhillips bei LUKoil vorzubereiten, der bereits 2003 mit intensiven Vorbereitungen verbunden war (Monga 2005). Dabei ist wahrscheinlich, dass bereits 2003 eine Absprache zwischen ConocoPhillips und LUKoil über einen späteren Verkauf der *downstream*-Aktiva in Tschechien gegeben hatte. Diese Schlussfolgerung drängt sich angesichts des später wiederum großen Interesses der LUKoil am tschechischen Markt und der erfolgten Geschäfte auf. LUKoil wollte also die Ressourcen ihrer strategischen Partnerschaft nutzen, um auf den tschechischen Markt zu gelangen. Einen ähnlichen Versuch startete später auch Gazprom, die ihre Allianz mit ENI nutzen wollte, um einen Anteil an der tschechischen Raffinationsindustrie zu erlangen.

Prozesse und Objektbeschreibungen

Nachdem Unipetrol im Jahre 2004 von PKN Orlen übernommen worden war, wurde zunächst kein weiteres Interesse von Seiten russländischer Konzerne bekundet. Erst 2006, nachdem die Allianz zwischen LUKoil und ConocoPhillips gefestigt war, wurde bekannt, dass ConocoPhillips sich aus Tschechien zurückziehen wolle und ihr Tankstellennetz sowie den Anteil an Česka Rafinerska an LUKoil verkaufen würde (DPA 2006; Interfax 2006j). Unipetrol äußerte sich jedoch sofort dahingehend, dass man den Anteil an Česka Rafinerska übernehmen wolle, was auf Grund des Vorkaufsrechts der bestehenden Anteilseigner auch ohne weiteres möglich war. Dies wurde durch die substantiellen Rechte begründet, die ein Minderheitsaktionär innerhalb des Unternehmens den Statuten nach wahrnehmen kann. Viele Entscheidungen würden einstimmig gefasst, weshalb ein neuer Anteilseigner großen Einfluss auf die Strategie nehmen könne (Interfax 2006m; l). Auch Verhandlungen der LUKoil mit den bestehenden Anteilseignern brachten keinen Erfolg (Interfax 2006h). So erwarb ENI Mitte 2007 den Anteil an der Raffinerie und baute ihren Anteil auf 33,4 % aus, nachdem sie ihr Tankstellennetz in Tschechien vergrößert hatte (Interfax 2007d; a; IOD 2007). Die Summe der Transaktion blieb dabei unbekannt.

Letztlich war LUKoil so nur beim Erwerb des Tankstellennetzes Jet von ConocoPhillips in Belgien, Tschechien und der Slowakei erfolgreich (NefteCompass 2006). ConocoPhillips verkaufte 376 Tankstellen an LUKoil, 44 davon in Tschechien. Dies entspricht ca. 3–4 % des tschechischen Endkundenmarktes. Der Gesamtwert des Deals betrug US-$ 442 Mio. (LUKoil 2008d: 13). Geht man vom gleichen Wert aller erworbenen Tankstellen aus, kostete der Erwerb in Tschechien US-$ 51,7 Mio. Weitere Kosten von US-$ 45 Mio. wurden für das *rebranding* der Tankstellen aufgewertet, also US-$ 5,26 Mio. für das tschechische Netz (Interfax 2009d). LUKoil schloss später eine der Tankstellen.

Die erklärte Strategie der LUKoil zielte nun darauf, einen größeren Marktanteil in Tschechien zu erlangen und dort langfristig einer der größten Akteure zu werden (Interfax 2009d). Dementsprechend war sie weiter in Gesprächen mit Anteilseignern der Raffinerien. Diese Bemühungen wurden im Herbst 2008 von Lieferunterbrechungen durch die Družba-

Pipeline begleitet, wobei der zwischen Russland und EU vereinbarte Vorwarnmechanismus nicht genutzt wurde. Die Unterbrechung wurde von Russland mit Konflikten zwischen verschiedenen Zwischenhändlern entlang der Pipeline begründet (NefteCompass 2008a; b). Dies mag der Fall gewesen sein, die interessante Frage ist dabei aber, warum Konflikte aufgetreten sind und warum nur die Tschechische Republik und nicht auch andere durch die Družba-Pipeline belieferte Länder betroffen waren (BMI 2008). Dabei ist es wahrscheinlich, dass auch das Interesse russländischer Konzerne am Erwerb von Anteilen den Ausschlag gegeben hat. So stellte die Unterbrechung keine Gefährdung der Versorgungssicherheit, wohl aber eine Erinnerung an den vorteilhaften Charakter der Handelsbeziehungen durch die Družba-Pipeline dar. Dazu passend stellte LUKoil-Chef Alekperov dann auch kurz nach Wiederaufnahme der Lieferungen die Ressourcenbasis als Argument in den Vordergrund, die für eine Beteiligung des Unternehmens an den Raffinerien spräche: LUKoil würde reale Ölextraktion managen und sei überdies mit Tschechien durch eine Pipeline verbunden (SNA 2008). Parallel dazu wurden Gerüchte laut, dass Shell einen Verkauf ihrer Anteile plane, was jedoch vom Unternehmen nicht bestätigt wurde (FN 2008).

LUKoil setzte in diesem Kontext vermutlich weitere russländische Ressourcen ein, um Anteile an Česka Rafinerska erwerben zu können. Während des World Economic Forum in Davos soll Alekperov den Chef der PKN Orlen, Jacek Krawiec, auf einen möglichen Tauschhandel angesprochen haben: Für eine Beteiligung der LUKoil an der Raffinerie Mažeikių oder an Česka Rafinerska würde Transneft' die direkten Lieferungen von Öl an Mažeikių wiederaufnehmen (Neff 2009d; PBN 2009; PNB 2009). Diese waren 2006 nach einem Leck der Pipeline auf russländischem Territorium eingestellt worden. Von der möglichen Attraktivität dieses Angebots für PKN Orlen aufgeschreckt, kündigte die tschechische staatliche Pipelinegesellschaft MERO an, den Anteil der Shell gegebenenfalls übernehmen zu wollen (CRT 2009; ROGR 2009). Bis zum Abschluss des Bearbeitungszeitraums hatte Shell ihren Anteil an den Raffinerien jedoch noch nicht verkauft. Auch PKN Orlen machte keine Verkaufsabsichten deutlich und ging damit nicht auf das Angebot Alekperovs ein. LUKoil gelang es daher nicht, einen Anteil an den Raffinerien zu erlangen. Nach dem Kauf der anderen Raffinationsaktiva in Italien und den Niederlanden (siehe Abschnitte 7.7 und 7.8) teilte LUKoil zudem mit, ein Erwerb tschechischer Kapazitäten sei nicht mehr vordringlich (CRT 2011c).

Inzwischen interessierte sich der Rivale Gazprom trotz fehlendem Vertriebsnetz für einen Anteil an den Raffinerien. Anfang 2011 wurde bekannt, dass ENI ihren großen Anteil an der Česka Rafinerska an Gazprom verkaufen wolle. Dies sei Teil des allgemeinen Programms über den Tausch von Aktiva zwischen den strategischen Partnern, so die Konzerne (Burchett 2011b; CTK 2011a). Nachdem der Verkauf angekündigt wurde, weigerte sich PKN Orlen in Gestalt von Unipetrol jedoch, am Aktionärstreffen teilzunehmen, da nicht genügend Informationen vorlägen. Bei diesem sollte der Verkauf diskutiert werden (Burchett 2011a; CRT 2011a). Auch teilte Unipetrol wiederum mit, vom Vorkaufsrecht des Anteils der ENI Gebrauch machen zu wollen (CRT 2011b). Dieses Verhalten der PKN wurde mit politischem Druck von tschechischer oder polnischer Seite begründet, da die Raffinationsaktiva in Europa keine hohen Gewinne abwerfen (Burchett 2011a). Auch der tschechische Staat bekräftigte sein Interesse an einem Einstieg bei den Raffinerien. Man wolle einen *national champion* aufbauen (Intellinews 2013a). Keiner der Konzerne verkaufte aber den Anteil bis zum Ende des Bearbeitungszeitraums und auch das Interesse der Gazprom war anscheinend nicht überragend stark ausgeprägt: man sehe den Erwerb von Raffinerien in Europa nicht als strategisches Projekt, sondern würde nur opportunistisch zugreifen, wenn sich eine günstige Möglichkeit böte, so der Chef der Gazprom Neft' Anfang 2012 (NefteCompass 2012a).

Rationalität der Investitionsprojekte

Zunächst muss hier die *wirtschaftliche Rationalität des Erwerbs von Tankstellen* durch LUKoil betrachtet werden. Dabei werden wiederum erst der Nettogegenwartswert und anschließend die möglichen strategischen Effekte bzw. Internalisierungsvorteile betrachtet. Zur Berechnung des Nettogegenwartswerts muss eine ungefähre Einschätzung der Profitabilität des Vertriebs von Erdölprodukten über Tankstellen erfolgen. Klar ist dabei, dass der Tankstellenbetrieb recht geringe Risiken aufweist, da der Kraftstoffverbrauch nur makroökonomischen Risiken unterliegt, im Wesentlichen unelastisch auf Preisschwankungen reagiert, und die technologischen Risiken gering sind. Der Endkundenvertrieb weist jedoch durch funktionierenden Wettbewerb geringe Margen auf (Kölbl 2009: 78), die häufig nur durch das Anbieten weiterer Services (Shop, Waschanlage) aufgebessert werden können (Datamonitor 2005). Tankstellen an Autobahnen sind dabei besonders lukrativ, da Kunden hier aus Gründen der Zeitökonomie zur Zahlung höherer Preise bereit sind, was höhere Margen ermöglicht, und auch die Zusatzangebote stärker frequentiert werden.

Die Tankstellen der LUKoil in Tschechien hatten Anfang der 2010er Jahre alle ein angeschlossenes Geschäft mit Kaffeeautomat und etwa die Hälfte der Tankstellen verfügte über eine Waschanlage. Einige Tankstellen boten auch Backwaren (LUKoil 2011f). Sieben Prozent der Tankstellen liegen an Autobahnen, dies ist wesentlich höher als der Durchschnitt tschechischer Tankstellen, die generell nur zu 3,5 % an Autobahnen liegen (Datamonitor 2010). Dies deutet darauf hin, dass die Marge der LUKoil-Tankstellen überdurchschnittlich sein könnte. Allerdings ist der durchschnittliche Durchsatz von LUKoil-Tankstellen in Europa und im „nahen Ausland" (eine bessere Disaggregation war nicht verfügbar) mit 2,55 Mio. t pro Tankstelle im Jahr recht gering (LUKoil 2010d). Zum Vergleich: Der Durchsatz der als wenig profitabel geltenden Benzina-Tankstellen der Unipetrol lag 2005 bei 2,14 Mio. t pro Jahr, während der Durchsatz von Shell-Tankstellen in Tschechien 5,36 Mio. t betrug (Datamonitor 2006). Insofern dürfte die Profitabilität der LUKoil-Tankstellen etwas höher als die Profitabilität des Benzina-Netzes sein.

Die Profitabilität des Benzina-Netzes (mit 337 Tankstellen das größte Netz in Tschechien) ist im Unterschied zu anderen, vertikal integrierten Holdings gut nachvollziehbar, da Česka Rafinerska auf Grund der Eigentümerstruktur als *processing*-Raffinerie arbeitet und nicht in die einzelnen Konzerne integriert ist. Daher bleiben die einzelnen Segmente innerhalb der Unipetrol getrennt und es werden keine Transferpreise verwendet. Umgerechnet auf 43 Tankstellen betrug das Vorsteuerergebnis der Benzina im Mittel von 2007 bis 2010 US-$ 3,69 Mio. (Unipetrol 2008: 170; 2010: 182; 2011: 132). Da die Stationen der LUKoil einen im Mittel 20 % größeren Durchsatz als die der Benzina aufweisen und überdurchschnittlich oft an Autobahnen liegen wird hier angenommen, dass die Stationen der LUKoil ein um ein Viertel besseres Ergebnis erzielen. Dies läge dann vor Steuern bei US-$ 4,61 Mio. jährlich. Schreibt man diese Gewinne in die Zukunft fort und diskontiert dies auf Grund der geringen Risiken der Investition mit einem niedrigeren Satz von sieben Prozent, so ist der Nettogegenwartswert auch nach 15 Jahren noch mit knapp US-$ 11 Mio. negativ. Erst bei einem nicht mehr annehmbaren Diskontsatz von knapp 3 % würde die Investition nach 15 Jahren einen neutralen Nettogegenwartswert aufweisen, wobei Steuern hier nicht berücksichtigt wurden. Erst nach zehn weiteren Jahren hätte sich auch bei dem höheren

Diskontsatz von 7 % die Investition gelohnt. Da auch dieser Diskontsatz gering ist und die Kapitalkosten der LUKoil in keiner Weise zu decken in der Lage ist, gilt dies als erstes Indiz, dass andere als wirtschaftliche Erwägungen für diese Investition ausschlaggebend waren.

Mit einem Marktanteil von 4 % kann auch keine Verzerrung der Märkte bewirkt werden, die strategische Effekte aus dem Erwerb begründen könnte. Internalisierungsvorteile könnten nur entstehen, wenn es Imperfektionen auf den Großhandelsmärkten für Erdölprodukte gibt, die LUKoil zum eigenen Vorteil nutzen könnte. Tschechien erzeugt selbst nicht genügend Diesel zur Befriedigung des Eigenbedarfs, jedoch verfügt die slowakische Slovnaft' über eine Produktpipeline, mit der zusätzlicher Diesel auf den Markt gebracht werden kann. Ob LUKoil die bisherigen Lieferbeziehungen von Česka Rafinerska an das Tankstellennetz beibehalten hat, also die Produkte auf dem tschechischen Markt kaufen musste, oder die Produktionskette eingegliedert hat, lässt sich annähernd anhand der tschechischen Importe von Ölprodukten ablesen. Sofern LUKoil den Bedarf der Tankstellen (ca. 132 Mio. t jährlich) mit Produkten aus eigener Raffination beliefert hat, müsste der Import von Ölprodukten aus Russland, Bulgarien, Rumänien, Ukraine, Italien und/oder den Niederlanden beträchtlich sein, da LUKoil hier Raffinationskapazitäten besitzt. Der höchste Importwert aus diesen Ländern betrug jedoch nur knapp 44.000 t im Jahre 2009, während die Hauptexporteure die Slowakei, Deutschland, Österreich, Polen und Ungarn sind (vgl. Abbildung 7.22). Insofern ist nicht davon auszugehen, dass LUKoil das erworbene Tankstellennetz bisher vertikal integrieren und Internalisierungsvorteile realisieren konnte.

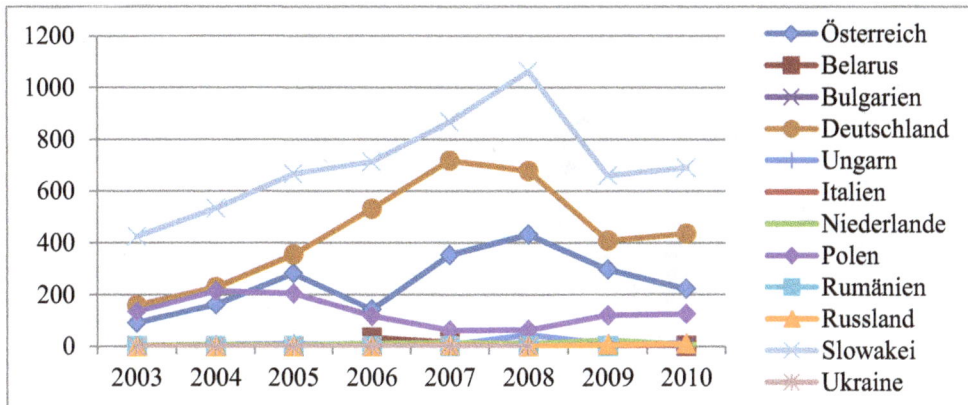

Quelle: UN Comtrade Database, Daten Abgerufen am 19.10.2011, SITC 3 Klassifikation, Code 334.
Abb. 7.22:   Importe von Ölprodukten nach Tschechien, größte Herkunftsländer, Mio. US-$

Der Erwerb von Tankstellen in Tschechien war daher entweder nicht wirtschaftlich rational oder ist Teil einer langfristigen Strategie, die entweder auf die Erlangung eines größeren Marktanteils zielt, sodass Märkte verzerrt werden können, oder eine Internalisierung des Absatzgeschäfts anstrebt. In Abwesenheit eigener Raffinationskapazitäten in der Region wird LUKoil jedoch immer gegen andere Spieler unterliegen, sodass eine erfolgreiche Internalisierung nur mit dem Kauf von Raffinationskapazitäten in der Slowakei oder in Tschechien möglich erscheint. Es ist auch bekannt, dass LUKoil versucht, weitere Tankstellen zu erwerben, um den eigenen Marktanteil zu vergrößern. Auch dabei trifft LUKoil aber auf starke Konkurrenz (Intellinews 2012). Gleichzeitig versucht das Unternehmen, den Betrieb der bestehenden Tankstellen an Konzessionsnehmer zu übergeben (Esmerk 2013b). Dies deutet wiederum auf die geringe Lukrativität des Geschäfts hin. Um eine Marktverzerrung zu erreichen müsste LUKoil auch einen sehr großen Marktanteil erlangen können. Davon ist das Unternehmen aber noch weit entfernt. Daher erscheint es wenig wahrscheinlich, dass die Investition von LUKoil in Tankstellen sich wirtschaftlich lohnen wird.

Dies gilt umso mehr, als der Erwerb von *Raffinationskapazitäten* in Tschechien bisher gescheitert ist. Sowohl Gazprom als auch LUKoil waren daran interessiert. Der Nettogegenwartswert der Raffinationsaktiva kann dabei nicht berechnet werden, da keine Informationen über den möglichen Kaufpreis vorliegen und der Kauf bisher nicht stattgefunden hat. Daran, dass die westlichen Konzerne ihre Anteile an Česka Rafinerska tendenziell verkaufen wollen zeigt sich jedoch, dass die Raffinationsaktiva nicht zu den effizientesten in ihrem Portfolio gehören. Ein Vergleich mit der von Unipetrol angegebenen durchschnittlichen Raffinationsmarge der Jahre 2005 bis Mitte 2011 (vgl. Abbildung 7.23) zeigt ebenfalls, dass die Marge um durchschnittlich US-$ 0,5 pro Barrel niedriger war als die für Kracking-Raffinerien von Urals-Öl in Nordwesteuropa von der IEA berechnete durchschnittliche Marge (IEA 2012a; Unipetrol 2007; 2008; 2011). Dabei muss allerdings berücksichtigt werden, dass Unipetrol auch die Paramo besitzt, die ja nicht über Sekundärkapazitäten verfügt und daher geringere Margen abwirft. Angesichts der vergleichsweise geringen Kapazität der Paramo dürfte dies jedoch nicht wesentlich zur Verschlechterung des Gesamtergebnisses beitragen.

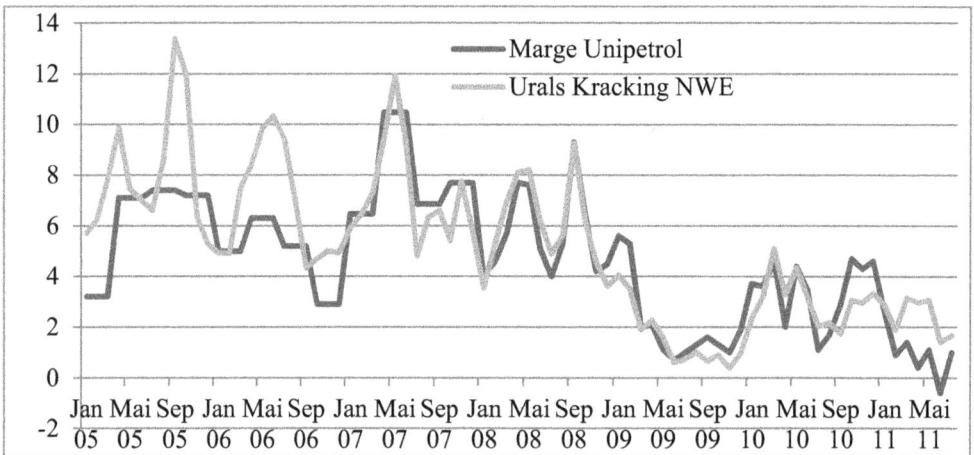

Quelle: Eigene Darstellung, Quellen siehe oben im Fließtext.
Abb. 7.23:   Margen Unipetrol und Durchschnitt für eine Urals Kracking Raffinerie Nordwesteuropa, US-$/Barrel

Vor dem Hintergrund der wenig attraktiven Performanz stellt sich die Frage, warum sich die russländischen Konzerne für den Anteil an den Raffinationskapazitäten interessieren, insbesondere da Raffinationskapazitäten in Russland wesentlich höhere Margen abwerfen. Ein Anreiz für die Beteiligung besteht zweifellos in der direkten Liefermöglichkeit russländischen Erdöls über die Družba-Pipeline. Dies könnte auf Grund der verringerten Transportkosten zu Internalisierungsvorteilen führen.

Da weitere Daten nicht vorliegen, kann nur die Einschätzung gegeben werden, dass für LUKoil eine Beteiligung an der Raffinerie nun nach Erwerb des Tankstellennetzes sicher wirtschaftlich rational sein würde. Es wären weitere Internalisierungsvorteile möglich. Mithin könnte der Erwerb von Tankstellen wirtschaftlich rational werden. Der Erwerb des ENI-Anteils an Česka Rafinerska durch Gazprom scheint dagegen nicht wirtschaftlich begründet, da das Unternehmen noch keine Tankstellen in der Region besitzt und die Vorteile aus der Internalisierung nicht gut erkennbar sind. Die abschließende Bewertung hängt hier allerdings vom Kaufpreis ab.

Für *politische Akteure* ist die Kontrolle über tschechische Raffinationskapazitäten von Bedeutung, da Tschechien mit der IKL-Pipeline über alternative Versorgungsmöglichkeiten verfügt, also nicht auf russländisches Erdöl zur Versorgung angewiesen ist. Dementsprechend kann die Erdölversorgung weniger gut als Druckmittel eingesetzt werden als in anderen ostmitteleuropäischen Staaten. Wirtschaftliche Kontrolle über den Raffinationssektor würde in diesem Kontext für größeren politischen Einfluss Russlands sorgen, da damit die Geschäftspolitik eines gesamtwirtschaftlich bedeutsamen Wirtschafts-sektors beeinflusst und eine Erhöhung russländischer Erdöllieferungen erreicht werden könnte. Der Erwerb von Raffinationskapazitäten muss dabei in Zusammenhang mit der oben betrachteten (Abschnitt 7.4.7) Strategie zur Einschränkung des Ölmarktes in Mitteleuropa gesehen werden.

Česka Rafinerska ist daher interessant, da sie alle bedeutsamen Raffinationskapazitäten des Landes vereint und der einzige Großkunde von Rohöl in Tschechien ist. So könnten über eine Kontrolle des Wirtschaftszweiges und die folgende Beeinflussung der Beschaffungspolitik Anreize für bestimmtes außenpolitisches Verhalten gesetzt werden. Tschechien war etwa ein möglicher Ort für die Stationierung einer Radarstation des US-amerikanischen Raketenschildes, der von Russland als Bedrohung aufgefasst wird. Er würde auch die Position der USA in Tschechien stärken. Dabei wurden die 2008 erfolgten Lieferunterbrechungen von Erdöl auch mit der kurz zuvor angekündigten Stationierung der Radarstation begründet (NefteCompass 2008a; b). Der Erwerb von Raffinationskapazitäten in Tschechien macht also Sinn, um Märkte einzuschränken und die Abhängigkeit von russländischen Öllieferungen zu erhöhen.

Außerdem könnten lokale Unterstützergruppen besser finanziell unterstützt werden. Sofern kein Anlass zum setzen negativer Anreize bestünde, könnten russländische außenpolitische Eliten zudem den Status als Arbeitsplatzgarant in der Raffinationsindustrie hervorheben, um Wohlverhalten auf tschechischer Seite zu erzeugen. Eine solche Aussage trüge angesichts der Überkapazitäten in der europäischen Raffinationsindustrie immer die Botschaft in sich, dass es auch alternative Szenarien geben könnte, die schlechter für Tschechien wären.

Was die Kontrolle über Tankstellen angeht, sind angesichts ihrer wenig strategischen Natur im Wesentlichen symbolische Gewinne zu verzeichnen, die sich auf den Status russlän-discher Konzerne als globale Akteure beziehen. Zusätzliche Vorteile bieten Tankstellen durch ihre Einbettung in das Stadt- und Straßenbild, die durch das *branding* die Präsenz russlän-discher Akteure im öffentlichen Raum veranschaulichen helfen. Wiederum können auch Eliten und Akteursgruppen unterstützt werden, die der russländischen Elite Russland ideologisch nahe stehen und ihre Interessen vertreten. So unterstützt LUKoil mit ihren Tankstellen die Stiftung des ehemaligen tschechischen Staatspräsidenten Vaclav Klaus und seiner Frau Livia finanziell (Lukoil 2011g). Der Euroskeptiker und Gegner des Diskurses zu anthropogenen Ursachen der Klimaerwärmung unterstützt häufig die russländische politische

Elite in der Außenpolitik (Feifer/Whitmore 2010). Er unterhält direkte persönliche Beziehungen zu LUKoil-Chef Alekperov und dankt diesem auf seiner Webseite für die Finanzierung der Übersetzung seines Buches ins Russische (Klaus 2009). Alekperov soll Klaus auch im Jahre 2008 zweimal getroffen haben, um über mögliche Beteiligungen zu sprechen. Dabei soll es auch um die staatliche MERO gegangen sein, die die Družba und IKL-Ölpipelines betreibt (Feifer/Whitmore 2010; PP 2009).

Innenpolitisch sind für russländische Akteure wiederum Nachteile zu verzeichnen, sofern die Investitionen nicht wirtschaftlich rational sind. Insbesondere stellt sich die Frage, ob nicht Investitionen in russländische Raffinationskapazität wirtschaftlich rationaler wären als Investitionen in ausländische Raffinerien. Die gleiche Frage stellt sich bezüglich der Tankstellen, da z. B. Tankstellen der LUKoil in Russland einen wesentlich höheren Durchsatz aufweisen als in Europa (LUKoil 2011a).

Für *politische Akteure im Zielland* war die Beteiligung russländischer Akteure an der Česka Rafinerska oder Unipetrol nicht im Interesse, da keine absolute Abhängigkeit von russländischen Rohöllieferungen bestand. Vor diesem Hintergrund war es im Rahmen einer allgemeinen Diversifikationsstrategie von Vorteil, die Raffinerien durch IOCs kontrollieren zu lassen, während die Lieferbeziehungen zu Russland aufrechterhalten und alternative Lieferanten gesucht wurden. Eine Kontrolle der Raffinerien durch russländische Konzerne hätte jedoch dazu geführt, dass diese sowohl der wichtigste Lieferant gewesen wären als auch die Raffinationsindustrie des Landes kontrollieren würden. Damit könnten außenpolitische Konzessionen extrahiert werden. Auch könnten russländische Konzerne versuchen, durch die Finanzierung von Unterstützergruppen auf die innenpolitische Machtbalance einzuwirken (siehe unten Abschnitt 7.5.7). Daher versuchten tschechische politische Akteure, die Übernahme durch russländische Konzerne zu verhindern. Dabei wurde auch versucht, politischen Einfluss auf die in Tschechen tätigen westlichen und mitteleuropäischen Konzerne zu nehmen. Der mögliche Vorteil einer größeren Profitabilität der Investitionen wurde dabei nicht berücksichtigt.

Auswertung

Tschechien konnte das energiesicherheitliche Druckpotential Russlands durch eine rasche Diversifikationspolitik verringern. Der hinzugewonnene Manövrierraum wurde genutzt, um zu verhindern, dass Raffinationskapazitäten an russländische Akteure verkauft wurden. Dies hätte zu einer Ausweitung der Abhängigkeit von russländischem Erdöl geführt. Allerdings verschlechterte sich die tschechische Position gegen Anfang der 2010er Jahre wieder, da neue Engpässe entstanden. Dabei waren russländische Akteure an der Generierung neuer Flaschenhälse auf der TAL-Pipeline beteiligt, die die tschechische Raffinationsindustrie wirtschaftlich schädigten (vgl. oben Abschnitt 7.4.7). Auch generell gewann Russland mit der Zeit an Möglichkeiten hinzu, die Wettbewerbsfähigkeit der Raffinerien zu beeinflussen und so Anreize zu setzen. Der schlechte wirtschaftliche Zustand der europäischen Raffinationsindustrie ist ein Faktor, auf den Russland keinen Einfluss hat. Die russländische Manipulation des Kontextes in Gestalt der Schaffung zusätzlicher Exportrouten ist jedoch ein weiterer Faktor (siehe oben Abschnitte 7.2 und 7.4.7). Dadurch wurden andere Exportoptionen als die Družba-Pipeline für russländische Ölkonzerne lukrativer, was den Preis für Družba-Erdöl erhöhte. Dies führte zu zusätzlichem Margendruck auf die tschechischen Raffinerien. Es gibt bereits Anzeichen, dass diese wirtschaftlichen Anreize bei der tschechischen Politik Wirkung zeigen (PNB 2012).

Der Erwerb des Tankstellennetzes durch LUKoil ist dabei ohne Raffinationskapazitäten wirtschaftlich nicht sonderlich rational. Er könnte höchstens als Vorstufe zum Erwerb von Anteilen an Raffinationskapazitäten wirtschaftlich sinnvoll sein, da dann Internalisierungsvorteile realisiert werden könnten. Für den Erwerb von Raffinationskapazitäten durch LUKoil gilt daher die Annahme wirtschaftlicher Rationalität, falls der Kauf zum Marktwert erfolgt. Das Interesse der Gazprom zum Erwerb von Anteilen an den Raffinerien scheint indes nicht wirtschaftlich getrieben, da Gazprom nicht über Tankstellennetze in Tschechien verfügt und die Raffinationsmargen sehr gering sind. Dies kann jedoch ohne eine etwaige Kaufsumme nicht abschließend beurteilt werden.

Ein Erwerb von Raffinationsaktiva ist indes im außenpolitischen Interesse politischer Akteure, da so die Abhängigkeit Tschechiens von russländischen Rohstoffen verstärkt werden kann. Dies kann auch politisch genutzt werden. Der Erwerb von Tankstellen in Tschechien hat dabei eher einen symbolischen Wert, da er vor allem Russlands Status als *global player* im wirtschaftlichen Sinn betont. Auch konnte LUKoil den Tankstellenerwerb zur Vernetzung mit lokalen politischen Akteuren nutzen, wie die Kooperation mit der Stiftung des Ex-Präsidenten Vaclav Klaus zeigte.

Generell profitierten russländische Konzerne von der staatlichen Manipulation des Kontextes in Form der Schaffung zusätzlicher Exportkapazitäten. LUKoil versuchte, die Ressource ihrer strategischen Partnerschaft mit ConocoPhillips zu nutzen, um eine Beteiligung zu erlangen. Als dies fehlschlug, versuchte LUKoil, die möglichen Ressourcen aus Anreizen der Transneft' zu nutzen, die durch die fortbestehende Lieferunterbrechung an Litauen entstanden sind. LUKoil stellte dabei gegenüber dem Eigentümer von Unipetrol, PKN Orlen, eine Verbesserung der wirtschaftlichen Situation in Litauen in Aussicht, falls man an Česka Rafinerska oder Mažeikiu beteiligt werde. Auch wurden Lieferunterbrechungen an Tschechien als Folie genutzt, um den strategischen Wert einer Beteiligung der LUKoil als Ölförderer zu unterstreichen. Gazprom versuchte ebenfalls, Ressourcen aus der strategischen Partnerschaft mit ENI zu nutzen, um ein Drittel an Česka Rafinerska zu erwerben.

Da die politischen Gewinne des Erwerbs von Tankstellen gering sind und das wirtschaftliche Resultat negativ zu sein scheint liegt hier offenbar eine Fluchtinvestition vor. Das Vorgehen der LUKoil entspricht dabei der dritten Hypothese. Eine Investition der LUKoil in die tschechische Raffinationsindustrie wäre auf Grund von Internalisierungseffekten wahrscheinlich wirtschaftlich rational. Das Interesse der Gazprom an den Raffinerien kann indes nicht abschließend bewertet werden, da das Unternehmen bisher nicht auf dem europäischen *mid-* und *downstream*-Markt für Erdöl aktiv ist.

7.5.7   Exkurs: Wirtschaftliche Stützung politischer Akteure

Um die oben skizzierten Möglichkeiten einer verstärkten Einflussnahme durch russländische Akteure auf das politische Gleichgewicht zu verdeutlichen, wird in Folge die Beteiligung der LUKoil am Flughafenversorger LUKoil Aviation Czech kurz skizziert. Dies ist eine weitere Beteiligung der LUKoil in Tschechien, die auf Grund nicht verfügbarer Wirtschaftsdaten nicht mit dem üblichen Schema analysiert werden kann. Sie ist aber wichtig für das Verständnis, wie wirtschaftlich abhängige Interessengruppen lokal verankert werden können. Diese Gruppen können anschließend geschäftlich, aber auch politisch interessante Partner werden.

LUKoil erhielt ab 2007 einen fünfjährigen Liefervertrag für 20 % des Treibstoffes für den Prager internationalen Flughafen, der ohne Ausschreibung vergeben wurde (Feifer/Whitmore 2010). Dieser Vertrag wird vom Unternehmen LUKOIL Aviation Czech s.r.o. bedient. Der Vertrag lief bis Ende 2012 und wurde dann bis Ende April 2013 verlängert (Esmerk 2013a). Unklar ist, was anschließend mit dem Unternehmen geschehen wird. LUKOIL Aviation Czech s.r.o. gehört nach Angaben des Firmenregisters zu 60 % der LUKOIL Aviation B.V., einer Tochter der LUKoil, und zu 40 % der ENE Investment a.s. Letztere Aktiengesellschaft wird ebenso wie LUKOIL Aviation Czech von Martin Nejedlý geführt. Wer Eigentümer der ENE Investment a.s. ist, ist nicht bekannt, allerdings ist der Aufsichtsrat mit Personen aus der Familie von Nejedlý und aus der Familie Galuška besetzt.[121] Es kann daher davon ausgegangen werden, dass Nejedlý die Mehrheit an dem Unternehmen gehört und Pavel Galuška ein weiterer Anteilseigner ist. Über die Profitabilität des Vertrags gibt es unterschiedliche Angaben. Während ein Vertreter der LUKoil behauptete, das Geschäft sei hochgradig defizitär so spricht Nejedlý davon, dass dies nicht der Fall sei (Esmerk 2013a). Unklar ist in jedem Fall, warum LUKoil dabei die ENE Investment beteiligte.

Dies kann mit dem Broker zusammenhängen, den LUKoil für die Vermittlung des Vertrags nutzte. LUKoil nutzte in Tschechien seit langem die Dienste von Miroslav Šlouf, ein einflussreicher tschechischer Unternehmer und Referent des früheren Premierministers und späteren Präsidenten, Miloš Zeman (CTK 2010b). Šloufs Firma „Slavia Consulting" spielte bei der Vermittlung des Vertrags offenbar eine maßgebliche Rolle (CTK 2010b; Feifer/Whitmore 2010). Ein Grund dafür könnte sein, dass der ehemalige Leiter sozialistischer Jugendverbände auch über gute ständige Kontakte zum Referenten des von 2006–2009 amtierenden Premierminister Mirek Topolanek verfügt (BBC 2008a).

Šlouf und Nejedly, der Chef von LUKoil Aviation Czech und von ENE Investment, sind ebenfalls befreundet und finanzierten das Comeback von Zeman mit der Partei „SPO Zemanovci" (BBC 2008a; Kolař/Piskáček 2010). Nejedlý war professioneller Volleyballspieler und machte sich anschließend im deutsch-russländischen Autohandel verdient. Dabei baute er nach eigenen Angaben bereits in den 1990er Jahren enge Beziehungen zu Mitarbeitern der LUKoil auf, die er auch anschließend pflegte (Kolař/Piskáček 2010). Šlouf wurde anschließend zum Hauptstrategen der Partei ernannt, während Nejedlý „Vizepräsident für Wirtschaft" wurde (CTK 2010a). Anfang 2013 wurde Nejedlý zum ersten Vizechef der Partei ernannt (CTK 2013b). Mitgründer der „SPO Zemanovci" ist auch Zdeněk Zbytek, ein ehemaliger Militäroffizier, der Anfang der 2010er Jahre stellvertretender Vorsitzender der Regionalorganisation der Partei in Südböhmen war. Nach dem Systemwechsel war er im Russlandgeschäft tätig und übernahm später die Leitung des „Club Russland" in Tschechien (CTK 2010c; b). Er soll Russland während der „samtenen Revolution" seine Dienste zur Niederschlagung des Aufstandes angeboten haben (CTK 2009). Zbytek und Zeman waren in den 2000er Jahren zudem regelmäßige Teilnehmer des vom Geheimdienstler und Chef der russländischen Eisenbahnen (RŽD) Vladimir Jakunin geleiteten „World Public Forum – Dialogue of Civilizations", das zur Verbreitung der russländischen Vision einer in mehrere gleichwertige Zivilisationen gegliederten „multipolaren Weltordnung" dient (CTK 2010b; Derstandard 2010; WPFDC 2013).[122]

---

[121]   Quelle: Tschechisches Unternehmensregister.

[122]   Während die Zentrale des World Public Forum in Wien liegt, ist die 2010 gegründete dazugehörige Jugendorganisation „Youth Time" in Prag ansässig. Sie wird von Julija Kinaš geleitet, einer ehemaligen

Zeman vertritt in der Außenpolitik Positionen, die denen der russländischen Elite entsprechen und war im Präsidentschaftswahlkampf der gegenüber dem Konkurrenten Karel Schwarzenberg favorisierte Kandidat Russlands (CTK 2013a). So kritisierte er die Pläne der USA, in Tschechien einen Teil ihres Raketenabwehrsystems zu installieren. Auch tritt Zeman gegen einen Beitritt Georgiens und der Ukraine zur NATO ein und vertritt die Position, dass Georgien den Krieg mit Russland im Jahre 2008 klar provoziert habe (Mlejnek 2011). Indessen ist er kein Euroskeptiker wie sein Vorgänger Klaus, tritt aber für einen Beitritt Russlands zur EU innerhalb der nächsten 20 Jahre ein (CTK 2012).

Aus Sicht von LUKoil kann die Finanzierung politischer Aktivitäten mehrere Gründe haben. Sie könnte zum einen unerwünscht sein, da die Reputation der LUKoil beschädigt werden könnte. Dann hätte LUKoil das Vertragsverhältnis mit Nejedlý jedoch beenden müssen, denn LUKoil wurde von Nejedlý über dessen politische Aktivitäten unterrichtet (Kolař/Piskáček 2010). Zweitens könnte LUKoil indifferent gegenüber den politischen Aktivitäten sein, da die Belieferung des Flughafens lukrativ ist und der Reputationsschaden nicht als groß eingeschätzt wird. In diesem Fall müsste angenommen werden, dass Nejedlý als Netzwerkpartner nicht ersetzt werden kann, da die Belieferung dann nicht aufrechterhalten werden könnte. Die Teilung der Profite mit einem lokalen Partner wäre so die Bezahlung für den Zugang zum lukrativen Vertrag. Allerdings wurde der Vertrag von LUKoil als wenig profitabel eingeschätzt. In diesem Fall ist unklar, warum LUKoil überhaupt auf diesem Markt tätig geworden ist. Einerseits könnte LUKoil auf Lukrativität des Projekts gehofft haben. Dies ist unwahrscheinlich, da die Rahmenbedingungen bekannt gewesen sein dürften. Wahrscheinlicher ist, dass LUKoil ein Interesse an der Tätigkeit der Partei hatte, da sie für russländische Interessen eintritt und mithin die Zugangsmöglichkeiten für russländisches Kapital in Russland verbessern will. Das Unternehmen könnte so nur für Nejedlý nützlich sein, der als Direktor auch für die fehlende Profitabilität verantwortlich sein dürfte. In diesem Fall könnte LUKoil wirtschaftliche Einbußen hinnehmen, um politische Aktivitäten zu finanzieren. Wirtschaftliche Motivation scheint für LUKoil also nicht zentral gewesen zu sein. LUKoil versuchte hier also höchstwahrscheinlich über die Schaffung persönlich motivierter vernetzter Akteure und Gruppen das politische Gleichgewicht in Tschechien zu beeinflussen.

Die Unterstützung der Partei SPO Zemanovci ist dabei im Interesse russländischer politischer Akteure, da so ein Kandidat unterstützt wurde, der eher russländische Interessen vertritt als der Gegenkandidat. Mit der Wahl von Zeman zum Präsidenten hat sich die Ausgangsposition Russlands gegenüber dem früheren Präsidenten Klaus zumindest nicht verschlechtert. SPO Zemanovci leistete dabei Wahlkampfhilfe für Zeman, allerdings ist ihr Beitrag zu seinem Sieg schwer zu ermessen, da es bei Präsidentenwahlen vor allem um die Person geht. Durch Parteienfinanzierung und lokale Vernetzung können demokratische Prozesse nicht außer Kraft gesetzt werden. Das Gemeinschaftsunternehmen der LUKoil verdeutlicht aber, dass die Unternehmen auch Anstrengungen unternehmen, das politische Spielfeld in Drittstaaten zu beeinflussen.

Studentin der Wirtschafts- und Managementfakultät an der staatlichen pädagogischen Universität Volgograd, die dort 2007 den Wettbewerb für das „schönste Gesicht" gewonnen hatte, vgl. AiF (2008).

7.5.8   Erdgasindustrie: Beteiligungsversuche an der Transgas in den 1990er Jahren

Nun werden noch die Multinationalisierungsversuche der Gazprom in der tschechischen Gasindustrie betrachtet. Gazprom versuchte zunächst, vernetzte Akteure zu nutzen um sich stärker in Tschechien zu verankern. Anschließend unternahm Gazprom Versuche, an der Privatisierung des Gastransporteurs Transgas teilzunehmen. Diese Versuche scheiterten jedoch. Im Rahmen des liberalisierten Gasmarktes konnte Gazprom dann eine Handelsfirma für Erdgas aufbauen, die unten in einem weiteren Abschnitt behandelt wird.

Prozessbeschreibung

Für Gasimporte nach Tschechien war nach dem Systemwechsel zunächst die privatisierte Außenhandelsfirma Metalimex zuständig gewesen, die die Importe als Staatsunternehmen schon innerhalb des sozialistischen Systems abgewickelt hatte und so auch über die entsprechenden Netzwerke in Russland verfügte. Der Gasimport machte dabei zwei Drittel des Umsatzes des Unternehmens aus (CTK 1996a). Daher war das Unternehmen bestrebt, seine Funktion zu erhalten und auszubauen. Die Regierung und das Transgas-Management agierten derweil geschlossen in ihrem Bestreben, Metalimex aus dem Gasmarkt zu drängen und die Importe direkt über die eigene Organisation abzuwickeln. Dem konnte Gazprom keine Lieferblockade oder Verweigerung von neuen Verträgen entgegensetzen, da sie vom Transit durch Tschechien für die Belieferung der westeuropäischen Märkte abhängig war. So wurde die Importlizenz für Metalimex Ende 1995 nicht weiter verlängert und Transgas konnte Anfang 1996 einen neuen Transit- und Importvertrag mit Gazéksport schließen. Der Transitvertrag lief dabei bis 2008, während der Importvertrag lediglich für drei Jahre mit der Möglichkeit einer Verlängerung um weitere drei Jahre geschlossen wurde. Ein Viertel der Lieferungen erfolgt dabei noch kostenlos auf Grund der Orenburg- und anderer sowjetischer Verträge (BBC 1996a; CTK 1996b). Damit hatte die Regierung unter Nutzung der strategischen Pipelineinfrastruktur der staatlichen Transgas das Importmonopol gesichert. Die alten Außenhandelsinteressen konnten sich nicht durchsetzen.

Bereits zuvor hatte Gazprom Ende 1994 versucht, wie auch in anderen Staaten Mitteleuropas ein Gemeinschaftsunternehmen mit dem Pipelinemonopol zu etablieren (siehe dazu auch unten Abschnitt 7.6.3), um die Lieferung russischen Gases zu „koordinieren" und traf darüber eine Vereinbarung mit der tschechischen Regierung (BBC 1994). Außerdem drückte Gazprom ihr Interesse aus, einen Anteil an Transgas zu erwerben, nachdem die Regierung 1994 kurzzeitig erwog, 30 % des Unternehmens zu privatisieren. Anfang 1995 entschied die Regierung jedoch, angesichts der Abhängigkeit von einem Lieferanten, die Privatisierung um fünf Jahre aufzuschieben, da man zunächst die Bezüge diversifizieren wolle und dazu den politischen Zugriff auf das Unternehmen benötige (EUTR 1995c; Reuters 1995).

Bei der Diversifikationspolitik wurde Mitte der 1990er Jahre ein Liefervertrag mit Norwegen angestrebt. Dabei kamen, wie schon bei der Privatisierung der Ölindustrie, zwei Fraktionen in der Regierung zum Vorschein, die einerseits mit den Interessen an einem „tschechischen Weg" und der Kooperation mit Russland und andererseits mit der Bindung an die EU identifiziert werden können. Das Industrieministerium und teilweise auch Premierminister Vaclav Klaus waren skeptisch gegenüber der Diversifikationspolitik und unterstützten den Vorschlag der Chemapol, den Handel mit Gazprom zu stärken. Dabei kamen die guten politischen Netzwerke der Chemapol wiederum zum Tragen, die den Barterhandel mit

Gazprom favorisierte, um das tschechische Außenhandelsdefizit mit Russland zu vermindern. Diese internen Konflikte wurden von Gazprom mit dem Angebot günstigerer Preise als sie Norwegen bieten konnte und der Drohung substantieller Preiserhöhungen ab 2001 für den Fall eines Vertragsabschlusses mit Norwegen begleitet (CTK 1997b; c). Zudem drohte Gazprom für den Fall der Diversifikation mit einer Verschlechterung der Außenhandelssituation. Tschechien werde dann noch weniger Güter als bisher nach Russland verkaufen können (CTK 1997d; Dow 1997). Bei zusätzlichen Gazprom-Lieferungen würde man hingegen deren Gegenwert vollständig zum Kauf tschechischer Produkte einsetzen (CTK 1997a). Ungeachtet dieser Anreize und der Druckausübung durch Gazprom setzte sich der bürgerliche und EU-offene Flügel unter Leitung des damaligen Präsidenten Vaclav Havel in der Regierung durch. Man entschied sich nach monatelangem Zuwarten schließlich im April 1997 doch noch für den norwegischen Vertrag, der eine Liefermenge von 3 Mrd. m³ jährlich für 20 Jahre vorsieht (Weichsel 2004: 187). Dies stellte den ersten und für lange Zeit einzigen großen Diversifizierungserfolg der ostmitteleuropäischen Staaten dar. Damit war der Gazprom ein wichtiger Hebel gegenüber Tschechien genommen worden.

Gazprom stärkte im Gegenzug ihre Netzwerke mit Akteuren, die an Kooperation interessiert waren. Mitarbeiter der Chemapol hatten dazu 1995 das Unternehmen „Gas Invest a.s." gegründet. Bis 2005 war nur bekannt, dass das Unternehmen zur einen Hälfte in den Händen russländischer und zur anderen Hälfte in den Händen tschechischer Individuen ist und das Unternehmen nach eigenen Angaben eng mit Gazprom kooperiert. Zum stellvertretenden Aufsichtsratsvorsitzenden wurde der frühere Vizeminister im Industrieministerium, Milan Černý ernannt (Gas-Invest 2003; Weichsel 2004). Černý war in den 1990er Jahren kurzzeitig auch Leiter des staatlichen tschechischen Elektrizitätsproduzenten ČEZ. Die Gas-Invest war anschließend aber nicht erfolgreich auf dem tschechischen Markt. Die Realisierung ihres Ziels, der Barterhandel mit Gas im Tausch für tschechische Güter, wurde auf Grund der fehlenden Importlizenz behindert. So konnten nur sehr geringe Mengen an zusätzlichem Erdgas aus Russland importiert werden (1999: 0,1 Mrd. m³). Gas Invest sollte für 38 % der Erlöse tschechische Güter kaufen (Interfax 1999). Doch schon 2000 und 2001 wurden die Dienste des Unternehmens nicht mehr benötigt, da die zwischen Gazprom und Transgas vertraglich vereinbarten Liefermengen ausreichten (CTK 2001a). So scheiterte das Geschäftsmodell von Gas-Invest im Wesentlichen durch die politische Unterstützung des Importmonopols von Transgas. Gas Invest versuchte später auf den Endkundensektor vorzudringen, der ab 2005 schrittweise liberalisiert wurde. Das Unternehmen erhielt von 2005 bis 2010 eine Lizenz zum Gashandel, die es jedoch nicht nutzte. Im Februar 2005 erwarb dann die deutsche Gazprom-Tochter ZMB (später Gazprom Germania) 2005 37,5 % der Gas-Invest von unbekannten Aktionären zu einem unbekannten Kaufpreis (Platts 2005; Reuters 2005). Später wurde die Beteiligungsstruktur mit jeweils 37,5 % ZMB und der mit Gazprom verbundenen Wiener Centrex Europe Energy & Gas AG angegeben (siehe Anhang III), während weitere 25 % von „Kleinaktionären" gehalten werden (Gas-Invest 2010). Nach Angaben des Firmenregisters befindet sich die Gesellschaft jedoch seit 2007 in Liquidation. Gazprom half also den früheren Aktionären, indem sie die Anteile eines offenbar wertlosen Unternehmens von ihnen kaufte.

Der 2001 durchgeführte Wettbewerb zur Privatisierung der Transgas zog dabei das Interesse mehrerer Konsortien westlicher Konzerne auf sich. Gazprom kündigte in Gestalt der Gas-Invest die Teilnahme an einem Konsortium an, das aus Ruhrgas, Gaz de France und SNAM bestand. Gazprom wollte hier also die Partnerschaft mit westeuropäischen Unternehmen nutzen, um Anteile zu erlangen. Die Teilnahme wurde jedoch nicht offiziell bekannt gegeben, es wurde nur darauf hingewiesen, dass Gazprom diesem Konsortium im Falle des Zuschlags beitreten würde (CTK 2001c; Interfax 2001c).[123] Ein weiteres Konsortium bestand aus RWE und Wintershall, wobei sich Wintershall später, nach Bekanntgabe der Teilnahme von Gazprom an dem anderen Konsortium, aus „internen Gründen" zurückzog (Reuters 2001). RWE erhielt schließlich den Zuschlag da sie mit € 4,1 Mrd. das höchste Gebot abgegeben hatte (AFP 2001; CTK 2001b). Damit besaß RWE ab 2002 die Mehrheit an sechs der acht regionalen Gasverteiler, sowie 100 % der Transgas. Der Verkauf der Transgas wurde von der Wettbewerbsbehörde unter der Auflage genehmigt, dass RWE während der Privatisierung keine Aktiva in der Elektrizitätsindustrie oder Wärmeproduktion erwerben würde oder selbst in diesen Sektoren tätig werden würde. Außerdem wurde RWE der Erwerb der Moravské naftové doly untersagt, die einen weiteren Erdgasspeicher besitzt. Zudem durfte RWE das Unternehmen für 10 Jahre nicht verkaufen (IEA 2005a: 76). Im Zuge der EU-Gasmarktliberalisierung wurde das Netz an Hochdruckpipelines in die Gesellschaft Net4Gas ausgelagert. Die Net4Gas wurde im Frühjahr 2013 an ein deutsch-kanadisches Konsortium von Finanzinvestoren veräußert (Reuters 2013a).

Rationalität der Beteiligung an Transgas

Zur Bewertung der *wirtschaftlichen Rationalität* einer Beteiligung der Gazprom kann zunächst der Nettogegenwartswert betrachtet werden. Geht man davon aus, Gazprom hätte bei den für sie im Jahre 2001 charakteristischen Kapitalkosten (13,1 %) die gleiche Summe für ihre Beteiligung gezahlt wie RWE und die gleichen Erlöse daraus gezogen, so ist der Nettogegenwartswert nach 20 Jahren noch negativ, allerdings nur mit einer Viertelmilliarde (vgl. Abbildung 7.24).

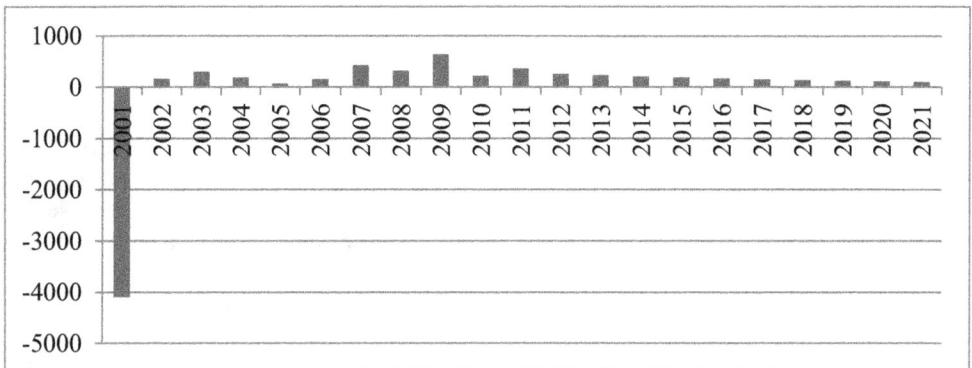

Quelle: Eigene Berechnungen auf Basis der Geschäftsberichte 2003–2012 der RWE (bis 2012).
            Geschäftsberichte abrufbar unter http://www.rwe.com/web/cms/de/110822/rwe/investor-
            relations/berichte/, Abrufdatum 7.4.2013. Nach 2012 Annahme dass das Ergebnis von 2012
            fortgeschrieben werden kann.
Abb. 7.24: Abdiskontierte *cashflows* des hypothetischen Erwerbs der Transgas durch Gazprom, € Mio.

---

[123]   Dies war ähnlich dem Vorgehen in der Slowakei, wo Gazprom eine Option zum Kauf eines Anteils an der
        Pipelinegesellschaft SPP erhielt, die sie jedoch nicht einlöste.

Nach 26 Jahren wird der Nettogegenwartswert unter den hier getroffenen Annahmen positiv. Da Gazprom der RWE in Tschechien Konkurrenz gemacht hat (vgl. unten 7.5.9) kann allerdings erwartet werden, dass das Ergebnis eines Unternehmens mit der Beteiligung von Gazprom etwas besser gewesen wäre. Auch Gazprom hätte allerdings wohl nicht den Markteintritt von dritten Wettbewerbern und die Beschaffung von Erdgas an Spotmärkten verhindern können, der durch die EU-Gasmarktliberalisierung und die gute Anbindung Tschechiens an das westeuropäische Erdgasnetz möglich ist. Gazprom hätte also einen langen Zeithorizont benötigt, um einen positiven Nettogegenwartswert aus der Investition ziehen zu können.

Während die Internalisierungseffekte auf Grund der angestrebten Minderheitsbeteiligung gering gewesen wären, könnten die strategischen Effekte mittelfristig erheblich sein. Gazprom hätte durch flexible Erdgasbeschaffung den Markteintritt von Wettbewerbern verhindern und die Abnahme norwegischen Erdgases aus dem Vertrag von 1997 auf ein Minimum reduzieren können. Hinzu kommt die Möglichkeit, den Liefervertrag mit Norwegen 2017 wieder auslaufen zu lassen und so die Diversifikation zurückzunehmen. Interessant ist die Beteiligung dabei auch auf Grund der Kontrolle über die Gasverteilerunternehmen, über die Gazprom die Gasbeschaffung hätte steuern können. Darüber hätte Gazprom unabhängige Beschaffungsstrategien weitgehend unterbinden können. Allerdings wären wohl vor allem Großverbraucher der Industrie dennoch zu alternativen Anbietern gewechselt. Diese Möglichkeit hängt jedoch von einer aktiven Regulierung der Gaspipelines ab.

Eine Beteiligung an der Transgas scheint damit wirtschaftlich rational für Gazprom gewesen zu sein, da sie die Marktdominanz sichern würde. Gleichzeitig nutzte Gazprom jedoch verbundene Akteure mit unklarer Eigentümerstruktur um eine Beteiligung zu erlangen, was Fragen bezüglich der Motivation der Gazprom aufwirft. Offenbar versuchte Gazprom so, politische Hürden in Tschechien zu umschiffen.

Die Beteiligung der Gazprom an Transgas und ein großer Marktanteil in Tschechien war für *politische Akteure in Russland* sowohl aus außen- als auch innenpolitischen Gründen interessant. Außenpolitisch würde dies der Strategie entsprechen, die bestehende wirtschaftliche „Orientierung" der früheren Teilnehmer des Warschauer Pakts auf Russland aufrecht zu erhalten und keinen Raum für die Expansion westlichen Kapitals zu lassen. Außerdem könnte die Abhängigkeit Tschechiens von russländischem Erdgas erhalten und ausgebaut werden, sowie der Bau von Pipelineverbindungen mit anderen Mitgliedstaaten und die Ausrüstung der Pipelines mit Rückflusskapazitäten verhindert werden. Durch eine Beibehaltung und Vertiefung der Abhängigkeit Tschechiens von russländischem Erdgas könnte auch der Einfluss auf politische Entscheidungen ausgebaut werden.

Innenpolitisch wäre eine solche Beteiligung ebenfalls interessant gewesen, da sie zwar Kapital aus der Gaswirtschaft abziehen würde, jedoch für den fortgesetzten und verbesserten Absatz russländischen Gases auf einem lukrativen Markt führen würde. Sie würde so höhere Ertragsströme der Gazprom ermöglichen.

An der beschriebenen *tschechischen Politik* und an der Nutzenverteilung für russländische Akteure lässt sich bereits ablesen, dass eine Beteiligung der Gazprom nicht von Vorteil für tschechische Akteure gewesen wäre. Dies hätte zur Verhinderung von Diversifikationspolitik und damit zu größerer politischer Abhängigkeit und höheren Preisen führen können. Von daher ist verständlich, dass tschechische Akteure die Privatisierung verschoben und die

Gaswirtschaft vor der Privatisierung vertikal integrierten. Die anschließend durchgeführte Privatisierung an einen deutschen Energiekonzern, der keine strategische Partnerschaft mit Gazprom besaß, schien dann eine unabhängige Verwaltung der Transgas zu garantieren. Die nicht stattgefundene Beteiligung der Gazprom ist wohl auf politischen Widerstand in Tschechien zurückzuführen. Das Unternehmen wäre wohl nicht an ein Konsortium privatisiert worden, an dem der Hauptlieferant Gazprom beteiligt gewesen wäre.

Auswertung

Die Beteiligung der Gazprom an Transgas wäre auf Grund von strategischen Effekten und auch eines langfristig positiven Nettogegenwartswerts wohl wirtschaftlich lohnenswert gewesen. Gazprom hätte die bestehende Diversifikation einschränken und zurücknehmen, sowie den Markteintritt von Wettbewerbern verringern können. Auch politisch wäre die Beteiligung für russländische Akteure interessant gewesen, da der Einfluss auf die Profitabilität der tschechischen Wirtschaft gestiegen wäre und die Kontrolle westlicher Konzerne über die neuen EU-Mitgliedstaaten gemindert worden wäre. Damit hätten politische Entscheidungen in Tschechien besser beeinflusst werden können. Aus diesen Gründen wollten tschechische Akteure die Teilnahme der Gazprom an einem Bieterkonsortium verhindern.

Tschechische Akteure konnten den Versuchen der Gazprom durch Ausübung von Druck, durch verbundene Akteure, durch auf die Außenhandelsbilanz bezogenen Anreizen, sowie dem Anreiz günstigerer Gaspreise eine Beteiligung zu erlangen widerstehen, da Tschechien in einer infrastrukturell und wirtschaftlich günstigen Position war. Als relativ weit entwickeltes Industrieland konnte Tschechien rasch in die Industriestrukturen Westeuropas einbezogen werden, wodurch der Anreiz von Exporten nach Russland nicht sonderlich hoch war. Da Deutschland und andere westeuropäische Erdgasmärkte über Tschechien beliefert wurden konnte Gazprom kaum mit einem Lieferstopp drohen. Umgekehrt fiel die Diversifikation Tschechiens auf Grund der bestehenden Pipelines leicht. Auch der Versuch zur Nutzung tschechischer vernetzter Akteure zur Ausweitung des Marktanteils schlug vorerst fehl, da die Regierung das Importmonopol der Transgas schützte. Dies verdeutlicht, wie wichtig die Kontextfaktoren für die Durchsetzungsfähigkeit russländischer Interessen sind.

Gazprom handelte somit wirtschaftlich rational, indem sie Interesse an der Transgas bekundete. Gleichzeitig bediente sie die Interessen der russländischen politischen Akteure. Letztere werden allerdings nicht sichtbar. Die verwendeten Instrumente verweisen ebenfalls auf die zentrale Stellung der Gazprom im russländischen System. Die Handlungen der Gazprom entsprechen daher der ersten Hypothese.

Durch tschechische Akteure an einer Beteiligung gehindert nutzte Gazprom im Rahmen des verfestigten patrimonialen Kapitalismus die Chancen der Gasmarktliberalisierung der EU, um in Tschechien Fuß zu fassen. Dabei sollte die Nutzung sozialistischer Geheimdienstnetzwerke bessere Wirkung zeigen als während der Privatisierung.

7.5.9 Gasmarktliberalisierung: *Margin squeeze* mit dem *greenfield*-Projekt Vemex

Die Gasmarktliberalisierungsrichtlinien der EU und ihre Umsetzung auf nationaler Ebene legten die Basis für das nun folgende Vordringen der Gazprom auf den Großkundenmarkt.

Bis heute ist allerdings unklar, wer eigentlich die Partner der Gazprom in dem Unternehmen sind, das innerhalb von vier Jahren 10 % des tschechischen Gasmarkts eroberte. Gazprom nutzte dabei wiederum vernetzte Akteure, die über exklusives Wissen in der tschechischen Gasindustrie verfügen.

Projektbeschreibung und Prozesse

Die „Vemex s.r.o." wurde laut Unternehmensregister im November 2001 vom russischen Staatsbürger Gennadij Michajlow und dem in Prag lebenden russischen Staatsbürgern Michail Ermakov, sowie dem in den USA lebenden Wesley Michalzcyk gegründet. Das Unternehmen nannte als Geschäftstätigkeit Großhandel, Spekulation, Immobiliendienstleistungen, Hotelgewerbe, Werbung, Catering, sowie Marketing, Vermittlungsdienste, und Organisation von Schulungen und Seminaren. Im Februar 2002 kamen noch der Facheinzelhandel, sowie Strom- und Gashandel hinzu. Das Ziel war offenbar, als Berater für Investoren aus Russland und Osteuropa aufzutreten (VEMEX 2002). Im Dezember 2002 ging das Unternehmen an die schweizerische „EW East-West Consult AG" mit Sitz in Appenzell über, die ebenfalls von Ermakov gemeinsam mit dem im Prager Immobiliengeschäft tätigen Jaroslav Čižinsky geführt wird, der zudem Vizepräsident der Vemex war und heute die Finanzen des Unternehmens verwaltet (Rysankova 2002; VEMEX 2002). Ermakov war auch bis zum Ende des Bearbeitungszeitraums Anfang 2013 noch der Geschäftsführer der Vemex. Am 18. Januar 2006 änderte sich die Eigentümerstruktur erneut: Nun erwarben die Berliner Gazprom-Tochter ZMB (später Gazprom Germania) und die intransparente, mit Gazprom und russländischen Außenhandelsinteressen verbundene Wiener Centrex Europe Energy & Gas AG (vgl. Anhang III) jeweils 33 %.[124] Damit zog auch Vasily Dinkov, von 2009–2010 Aufsichtsratsmitglied der ebenfalls zu Centrex und Gazprom Germania gehörenden Baarer Gas Project Development Central Asia AG in den Aufsichtsrat ein. Er wurde 2010 stellvertretender Direktor des Unternehmens. Außerdem erwarb ein Unternehmen Namens „Klub plynárenských podnikatelů ČR s.r.o." (Club der tschechischen Gasunternehmer) 5 % der Vemex. Dieses Unternehmen ist kein „Club", sondern gehört laut Handelsregister vollständig Alena Vitásková.[125] Die mit dem früheren Staatspräsidenten Klaus verbundene Vitásková machte noch zu sozialistischen Zeiten Karriere in der tschechischen Gaswirtschaft und wurde Anfang der 1980er Jahre vom tschechoslowakischen Geheimdienst rekrutiert (Kawaciukova 2003; Spurný 2007). Vor der Privatisierung der Transgas stieg sie 2001 zu deren Chefin auf. Nach der Übernahme durch RWE wurde sie 2002 von ihrer Position entfernt (Andress 2003). Anschließend war sie Chefin des Prager Gasnetzbetreibers Pražská Plynárenská. Außerdem war sie seit der Gründung im Jahre 2003 und bis 2011 Vorsitzende des Kuratoriums der Livia und Vaclav Klaus Stiftung. Im August 2011 wurde Vitásková zur Vorsitzenden des staatlichen Energieregulators ERO ernannt, der für Strom-, Gas- und Wärmemärkte zuständig ist (ERÚ 2011), was gewisse Fragen bezüglich der Unabhängigkeit der Regulierung aufwirft. Die Vorsitzende wird jeweils für sechs Jahre vom Staatspräsidenten auf Vorschlag der Regierung ernannt. Die RWE-Tochter Net4Gas

---

[124] Zunächst gab man sogar auf der Webseite von Vemex an, dass die Centrex über die Liechtensteiner „IDF Anlagegesellschaft" mehrheitlich der Vneštorgbank-Tochter Russische Kommerzial Bank gehöre, diese Information verschwand jedoch bald wieder von der Webseite, vgl. VEMEX (2006).

[125] Quelle der Firmenangaben: Tschechisches Handelsregister beim Stadtgericht in Prag, abrufbar über http://portal.justice.cz/, Schweizerisches Handelsamtsblatt, Abrufbar über http://www.moneyhouse.ch/. Abrufdatum 7.4.2013.

verzeichnete jedenfalls 2011 ein verschlechtertes Ergebnis auf Grund „geänderter regulatorischer Vorgaben" in Tschechien (RWE 2012: 61).

Die Firma Vitáskovás verschwand als Teilhaber der Vemex nach Angaben des Firmenregisters aber bereits im November 2006 wieder, zu Gunsten eines größeren Anteils der EW East-West Gas Consult. Außerdem wurde Hugo Kysilka zum Vizepräsidenten ernannt, ein weiterer ehemaliger Mitarbeiter der Transgas. Er ist ehemaliger tschechischer Repräsentant beim RGW und war dann Vertreter der Transgas in Moskau (CTK 1991; TASS 1999; Vemex 2011). Mit diesem Insiderwissen konnte Gazprom auf den Markt erfolgreich vordringen. Anfang 2009 fand schließlich ein erneuter Wandel der Eigentümerstruktur statt: Gazprom Germania (ZMB) erhöhte ihren Anteil an Vemex auf 50,14 % auf Kosten der EW East-West Consulting AG, deren Anteil auf 16,86 % reduziert wurde. Centrex behielt ihren Anteil bei. Damit bestehen erstmals seit Eintritt der Gazprom formal klare Mehrheitsverhältnisse. Anfang 2012 wurde der Anteil der EW East-West Consulting von KKCG übernommen, eine Firma des tschechischen Milliardärs Karel Komarek. Der Anteil wurde später an Komareks MND übergeben. Wie oben dargestellt besitzt MND den einzigen Gasspeicher Tschechiens der nicht zu RWE gehört. Außerdem ist Komarek in der Gasförderung tätig. Gazprom und Komarek wollen auch gemeinsam einen Gasspeicher mit knapp einer halben Milliarde Kubikmeter Kapazität in Tschechien bauen, der bis 2014 fertiggestellt werden soll. Dies wäre der größte Gasspeicher in Tschechien (Brunner 2013; Zapletnyuk 2012). Dies wäre zentral für Gazprom, um die Ukraine umgehen zu können und auch Kunden mit saisonal unterschiedlichen Bedürfnissen befriedigen zu können. Zudem könnte stärker auf Schwankungen in Spotmärkten reagiert werden.

Vemex wurde mit Hilfe der Gazprom also transformiert von einem Unternehmen tschechischer Insider zu einem von Gazprom dominierten Unternehmen. Später wurden die Ressourcen von starken lokalen Partnern wie Komarek angezapft, um einen größeren Marktanteil und größere Marktmacht zu erlangen. Die Insider bleiben dem Unternehmen jedoch noch im Management erhalten und steuern so ihr Wissen bei.

Vemex teilte im März 2006 mit, einen Gasliefervertrag mit Gazprom Éksport unterzeichnet zu haben und auf den tschechischen Großkundenmarkt vordringen zu wollen. Dabei strebe man möglichst rasch einen Anteil von fünf Prozent am tschechischen Markt an. Auch kündigte Ermakov im April 2006 an, man wolle in Gasspeicher investieren, um auf den Markt für Haushaltskunden vordringen zu können und auch Investitionsprojekte zur Verbrauchssteigerung von Erdgas vornehmen. Auch sprach er sich für bessere Implementation der Wettbewerbsregeln aus (Narovec 2006). Diese Taktik war dabei klar darauf gerichtet, den Marktanteil von RWE zu verringern: Man werde nur Großkunden in den Gebieten suchen, in denen RWE den Mehrheitsanteil an den regionalen Verteilerunternehmen halte, da man nicht daran interessiert sei, den beiden unabhängigen Verteilnetzbetreibern, Pražska Plynarenska (die von Vitásková gemanagte Firma) und Jihočenska Plynarenska in ihren Gebieten Konkurrenz zu machen. Mit den letzteren versuche man stattdessen, selbst Verträge zur Gasversorgung abzuschließen, so der Vemex-Vizepräsident Hugo Kysilka (CZPRDI 2006).

Wenig verwunderlich war, dass Vemex im Oktober 2006 als ersten Kunden die Pražska Plynarenska „gewinnen" konnte (Gazprom 2007), der Vitásková vorstand. Vemex erreichte rasch einen relativ großen Marktanteil, der 2008 mit 800 Mio. m³ 8 % betrug, während sich der Anteil von RWE Transgas von 80 auf 70 % verringerte (EUSPOT 2008; Gazprom 2009: 11). Dies sollte auch den vorläufigen Höhepunkt der Geschäftsentwicklung darstellen, da im

Zuge der Wirtschaftskrise 2009 nur noch 775 Mio. m³ und 2010 667 Mio. m³ abgesetzt wurden (Gazprom 2010c; 2011g). 2011 erhöhte sich der Absatz wieder geringfügig und der bisherige Marktanteil konnte leicht vergrößert werden (Vemex 2012). Dabei belieferte Vemex ca. 40 Großkunden, die angesichts der Gesamtabsatzmenge einen geschätzten mittleren Gasverbrauch von 25 Mio. m³ jährlich (ca. 1 Mio. GJ jährlich) aufweisen.

Im September 2011 erwarb Vemex zudem 51 % an der Gesellschaft RSP Energy a.s. für ca. 80 Mio. Tschechische Kronen (ca. € 3 Mio.) und benannte diese in Vemex Energy um. Das Unternehmen war im Mai 2009 gegründet worden und belieferte Kleinkunden mit Strom und Erdgas. Während es 2009 noch einen Verlust eingefahren hatte, konnte es 2010 einen geringen Profit bei einem Umsatz von US-$ 22 Mio. erzielen. Dabei belieferte es über 16 000 Kunden, verkaufte aber nur 13,8 Mio. m³ Erdgas. Es gehörte dabei zu den Kunden der Vemex. Das Unternehmen war vollständig im Besitz der RSPE Holding SA aus Genf. Hinter dieser 2009 gegründeten Aktiengesellschaft stehen offenbar israelische Investoren russländischer Herkunft, sowie russländische Investoren. Die RSPE Holding wird offiziell von nur einer Person geführt, bis Januar 2011 vom Portugiesen Joanes Daniel Roy aus Puplinge bei Genf und anschließend von Evgenij Abramov, einem russländischen Staatsbürger der ebenfalls nahe Genf wohnt. Der Portugiese war bis Januar 2011 auch gemeinsam mit zwei Einwohnern Israels, Vladimir Polivoy und Arie Goldshtein, sowie zwei Moskauer Einwohnern, Elena Efimova und Alexandr Gorškov, Mitglied des Vorstands. Mit dem Wechsel der Leitung der RSPE Holding im Januar 2011 wurden auch die Mandate aller bisherigen Vorstands- und Aufsichtsratsmitglieder der RSP Energy beendet. Lediglich Alexandr Gorškov verblieb und wurde zum Vorsitzenden ernannt. Arty Sutugin aus Prag, zuvor Aufsichtsratsvorsitzender und anschließend Prokuror des Unternehmens, rückte zum Vizechef auf. Beide mussten nach der Übernahme durch Vemex das Unternehmen verlassen. Bleiben durfte allerdings Oleg Soskovec. Er war 1991 sowjetischer Metallurgieminister und von 1993–1996 stellvertretender Regierungschef Russlands und wurde bereits im Januar 2011 zum Aufsichtsratsvorsitzenden ernannt. Er blieb auch nach der Übernahme durch Gazprom Mitglied des Aufsichtsrats. Soskovec arbeitete in den 1990er Jahren mit der Trans World Group von Vladimir Lisin und den Brüdern Černoj zusammen, die eine zentrale Rolle bei der Restrukturierung der russländischen Metallindustrie innehatte. Michail Černoj ist inzwischen israelischer Staatsbürger und wird unter anderem von der spanischen Staatsanwaltschaft wegen vermuteter Geldwäsche gesucht (CTK 2011b; Mazneva 2011a; Turulina/Sivakov 2007; US 2009).[126] Mit Soskovec schließt sich also die Verbindung nach Israel wieder. Die Vermutung liegt nahe, dass hinter den Anteilseignern der RSPE Holding weiterhin israelische Staatsbürger russländischer bzw. sowjetischer Abstammung stehen.

Die Umstellungen in Aufsichtsrat und Management bereits vor dem Kauf durch Vemex, die bestehenden Geschäftsbeziehungen, die Herkunft der früheren Anteilseigner, sowie der geringe Kaufpreis des Unternehmens deuten dabei darauf hin, dass Vemex bzw. Gazprom bereits vorher mit den bestehenden Anteilseignern Vereinbarungen über einen Einstieg in das Unternehmen getroffen hatte. Alternativ hat Gazprom einen Wechsel der Anteilseigner organisiert, um den Einstieg zu vereinfachen. In jedem Fall stellt sich wiederum die Frage, warum Vemex nicht selbst eine Tochtergesellschaft für das Endkundengeschäft gegründet

---

[126] Quelle der Firmenangaben: Tschechisches Handelsregister beim Stadtgericht in Prag, abrufbar über http://portal.justice.cz/, Schweizerisches Handelsamtsblatt, Abrufbar über http://www.moneyhouse.ch/. Abrufdatum 7.4.2013.

hat, sondern bereit ist, die Hälfte des Gewinns an andere Akteure abzugeben. Gazprom Germania war in den Erwerb der Vemex Energy jedenfalls einbezogen, denn sie stellte einen Kredit in Höhe des Kaufpreises zur Verfügung (Vemex 2012: 151).

Vemex wuchs durch Unterstützung der Gazprom, durch die Nutzung lokaler finanzstarker Partner und Netzwerkakteure, sowie unter Einbezug transnationaler russländischer Netzwerke rasch zu einem Wettbewerber für die etablierte RWE Transgas heran. Gazprom ging dabei wie auch in anderen Kontexten wiederum indirekt vor, indem sie keine Tochtergesellschaft gründete, sondern schrittweise Anteile an einem bestehenden Unternehmen übernahm. Dabei nutzte sie auch weitere vernetzte Akteure mit unklarer, verschachtelter Eigentümerstruktur, was das Vorgehen noch intransparenter werden lässt.

Rationalität der Investition

Wirtschaftlich könnte die Beteiligung an Vemex zunächst wiederum auf Grund des positiven Nettogegenwartswerts interessant sein. Dies könnte der Fall sein, wenn im Gashandel substantielle Margen möglich sind. Dies bestätigt sich auch bei einem Blick auf Abbildung 7.25, die mittlere Import- und Endkundenpreise für Großkunden in der Tschechischen Republik, sowie geschätzte Netznutzungsentgelte für große Industriekunden zeigt.[127] Zusätzlich auftretende Betriebskosten können hier nicht geschätzt werden, da dazu keine Daten vorliegen.

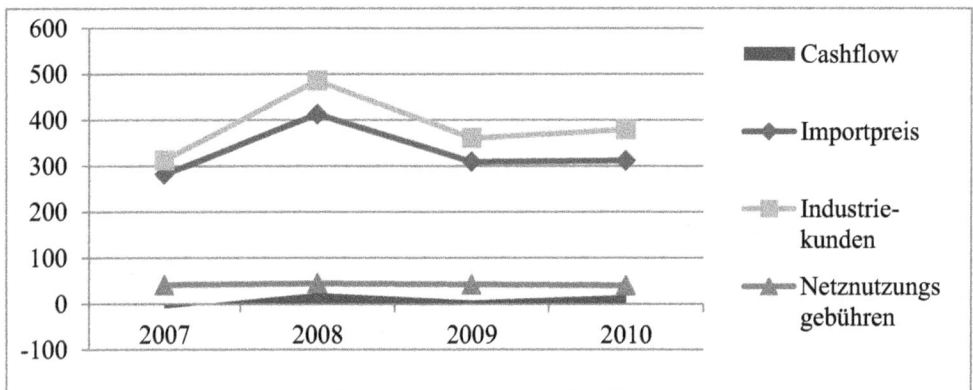

Quelle:　　Für Importpreis IEA (2011c), Annahme 1000 m³ ≈ 35,654 MMBTU; für Preis Industriekunden Eurostat Daten: Gas ab 2007, halbjährliche Preise, Landeswährung, Verbrauchsgruppe Verbraucher von 1–4 Mio. GJ jährlich, Annahme 1 GJ ≈ 26,609 m³ Erdgas, Umrechnung in US-$ mit kumuliertem Durchschnittskurs der Tschechischen Nationalbank für das jeweilige Jahr. Netznutzungsgebühren: Annahme dass diese konstant mit € 2,8 pro MWh abgegolten sind, siehe Frontier/ewi (2010: 150), Annahme, dass 1000 m³ Erdgas 10,8 MWh Leistung erbringen, Umrechnung in US-$ mit dem Jahreskurs der EZB.

Abb. 7.25:　Importpreis, Industriekundenpreis und geschätzte Netznutzungsgebühren, Marge pro 1000 m³, US-$

Die Geschäftsberichte der Vemex bestätigen diesen Befund. Dabei werden zwar 2007 und 2008 noch Verluste gemacht. Ab 2009 erzeugt das Unternehmen aber positive *cashflows*, was

---

[127]　Die genauen Netznutzungsentgelte konnten leider nicht berechnet werden, da die regulatorischen Dokumente die jeweils anzuwendende Methode nicht sonderlich transparent darstellen. Vgl. ERÚ (2010).

sich ab 2010 auch in einem positiven Beitrag zum Unternehmenswert niederschlägt. Allerdings muss Gazprom Germania immer wieder einspringen und Kredite oder Kreditgarantien vergeben, um dem Unternehmen Zugang zu Kapital zu verschaffen. Die Zinsen werden dabei häufig gestundet (Vemex 2010; 2012). Das Gasgeschäft der Vemex erscheint so wirtschaftlich rational, da die Investitionskosten vernachlässigbar sind und das Unternehmen auf Grund des Liefervertrags mit Gazprom die auf dem tschechischen Markt für große Industriekunden vorhandene Marge abschöpfen kann.

Wichtiger noch für Gazprom dürften allerdings die strategischen Effekte sein. Darauf deutet schon die undurchsichtige Beteiligungsstruktur hin, die zunächst auf eine Verschleierung der Kontrolle von Gazprom über Vemex zielte, später aber deutlicher wurde. Diese Vermutung bestätigt sich, wenn man berücksichtigt, dass Gazprom zumindest bis einschließlich 2011 nicht auf Dividendenzahlungen der Vemex bestanden hat. Die Gewinne wurden also im Unternehmen gelassen, während Gazprom Germania Aufwendungen für den Erwerb machte (Gazprom 2010c; Vemex 2010; 2012). Demzufolge sind also die strategischen Effekte wichtiger als Profiterzielung der Gazprom Germania. Vemex sorgt dafür, dass konkurrierende Akteure es schwerer haben, ihren Marktanteil in Tschechien auszuweiten. Zudem wird der Anteil russländischen Gases an den tschechischen Importen ausgebaut, da Vemex einen Vertrag mit Gazprom geschlossen hat. Dabei ist der russländische Importanteil seit 2008 wieder über 80 % der Gasversorgung gestiegen (vgl. Abbildung 7.6). Zudem wird Vemex nach einer Neuausrichtung durch die Beteiligung von Komareks MND auch im Gasspeichergeschäft tätig, was neue Vorteile bei der Belieferung von Endkunden und beim Handel an Spotmärkten schaffen wird.

Der zentrale strategische Effekt sollte jedoch gegenüber RWE erzielt werden. Dabei setzte Gazprom darauf, dass das Vordringen der Vemex Kosten bei RWE, aber nicht bei ihr selbst als Lieferant erzeugen würde. Dies ist der Fall, da RWE durch Langfristverträge mit *take or pay*-Klausel gebunden ist, also auch für den Bezug von Erdgas zahlen muss, wenn sie die vereinbarten Gasmengen nicht absetzen kann. Gazprom hoffte so, mit Vemex doppelt zu kassieren: Aus dem Langfristvertrag mit RWE hoffte sie, unabhängig von den tatsächlichen Lieferungen einen festgelegten Ertragsstrom zu ziehen. Mit Vemex kamen Ertragsströme aus zusätzlichen tatsächlichen Lieferungen hinzu und die Marge aus dem Verkauf an Endkunden, die Vemex aber bisher für sich behielt. Vemex erhielt wohl auch günstigere Gaslieferungen als RWE, um wettbewerbsfähig zu sein. Wie deutlich wurde hatte es Vemex auch gezielt auf Kunden der RWE abgesehen. Dieser *margin squeeze* würde die Profitabilität der tschechischen Aktivitäten der RWE verringern und RWE so Anreize für den Verkauf der tschechischen Aktiva bieten. Tatsächlich verkaufte RWE den Ferngasnetzbetreiber Net4Gas im Jahre 2013, wobei auch der Partner von Gazprom Komarek mit seiner MND ein Gebot abgab, jedoch nicht zum Zuge kam. Da das Veräußerungsverbot im Jahre 2011 abgelaufen ist könnten weitere Unternehmensteile folgen.

Für RWE war der Markteintritt der Vemex daher unerfreulich. Das Unternehmen reagierte darauf offiziell nicht, Quellen im Konzern waren aber „überrascht" oder reagierten mit Unverständnis, da man bereits in RWE einen verlässlichen Partner habe (EUSPOT 2006c; Reuters 2006). RWE Transgas schloss daraufhin Ende 2006 einen neuen Langfristvertrag bis 2035 mit Gazprom ab, vielleicht auch in der Hoffnung, dass Gazprom ihre Taktik eines *margin squeeze* im Gegenzug aufgeben würde (EUSPOT 2006d). Dies trat jedoch nicht ein, eher verschärfte Vemex noch ihr Vorgehen. Allerdings konnte Gazprom auch ihren Plan bisher nicht voll umsetzen. RWE nutzte nämlich eine Vertragsklausel im Liefervertrag mit

Gazprom, die anscheinend eine Reduktion der Abnahmeverpflichtungen von RWE für den Fall ermöglicht, falls Gazprom an RWE vorbei in den Markt liefert. RWE weigerte sich daher ab 2008, Strafzahlungen für nicht abgenommene Liefermengen zu zahlen. Diese beliefen sich bis 2011 auf über US-$ 500 Mio. Gazprom strengte ein Verfahren vor dem Wiener Internationalen Schiedsgericht an und unterlag im Oktober 2012. Die Kosten des Vordringens der Vemex konnten also vorerst nicht auf RWE abgewälzt werden. Gazprom sah die Entscheidung hingegen als Teil einer Kampagne gegen das Unternehmen und kündigte an, in Revision zu gehen (Bardsley 2012).

Anschließend versuchte Gazprom jedoch zunächst mit RWE zu verhandeln. Dabei ging es auch um das zweite anhängige Schiedsgerichtsverfahren über die Veränderung der Preisformel des Langfristvertrags, das RWE 2011 angestrengt hatte (IOD 2011). Die Verhandlungen scheiterten jedoch offenbar und Gazprom legte Anfang 2013 Berufung gegen das Schiedsgerichtsurteil ein (Enright 2013). Das Verfahren über die Preisformel konnte indes auch im ersten Quartal 2013 nicht abgeschlossen werden. Je nach Ausgang der Verfahren könnte es Gazprom doch noch gelingen, zusätzliche strategische Effekte aus dem Vordringen der Vemex zu ziehen. Doch auch wenn dies nicht gelingen sollte, so hätte sich die Gründung der Vemex für Gazprom wirtschaftlich gelohnt.

Für *russländische politische Akteure* ist das Auftreten der Vemex wegen der Möglichkeit zur Verdrängung von Konkurrenten, zur Erhöhung des Anteils russländischen Gases und zur Schwächung der RWE in Tschechien außenpolitisch interessant. Die Abhängigkeit Tschechiens von russländischen Gaslieferungen wird gestärkt; zudem entstehen neue Manipulationsmöglichkeiten durch den Bau von und die Beteiligung an Erdgasspeichern. Beides erhöht die Möglichkeiten zur politischen Instrumentalisierung von Wirtschaftsbeziehungen. Außerdem wird die direkte Kontrolle über die Gasbeschaffung wahrscheinlicher. Abgesehen davon ist die Vemex auch ohne eine Übernahme von RWE Tschechien nützlich, um sich mit lokalen Akteuren zu vernetzen und Unterstützergruppen in Tschechien zu gewinnen. So konnte der Einfluss auf das regulatorische Umfeld in Tschechien bereits ausgebaut werden.

Vemex entspricht auch den innenpolitischen Interessen der politischen Akteure, da mit ihr Dank der durch die EU-Gasmarktliberalisierung ermöglichten niedrigen Eintrittsbarrieren keine großen Investitionen, zunächst geringe wirtschaftliche Mehreinnahmen, aber später umso größere Chancen auf wirtschaftliche Dominanz und Profite einhergehen.

Für *politische Akteure in Tschechien* ist das Auftreten der Vemex negativ: Die angebotenen geringeren Preise gehen auf Kosten eines höheren Importanteils russländischen Gases und einer Schwächung der RWE. Dies macht aber eine Übernahme durch Gazprom wahrscheinlicher, was die Abhängigkeit der tschechischen Energiesicherheit von Russland auf ein kritisches Maß erhöhen würde. Die erreichte Diversifikation der Bezüge könnte zurückgenommen werden. Zudem stellt Vemex ein Beispiel da, wie Gazprom sich mit lokalen Akteuren vernetzt und diese für ihre Zwecke nutzt. Mit Vemex Energie wurde zudem ein weiteres transnationales Elitennetzwerk erschlossen, dessen Implikationen unklar sind. Positiv ist Vemex nur auf Grund der Investitionen in Gasspeicher und auf Grund der evtl. geringeren Gaspreise für Endkunden zu bewerten, was die Wettbewerbsposition Tschechiens stärken könnte. Dabei ist aber unklar, ob der gleiche Effekt nicht auch von anderen Händlern hätte erzielt werden können.

Auswertung: Strategische Effekte mit der Vemex

Mit der Vemex auf dem tschechischen Markt will Gazprom nicht in erster Linie einen positiven Nettogegenwartswert erwirtschaften, sondern strategische Effekte erzielen. Dies wird an der undurchsichtigen Eigentümerstruktur und der Taktik des schrittweisen Erwerbs von Anteilen deutlich, an der Dividendenpolitik der Vemex, sowie an der Strategie der Vemex auf dem Markt, die vor allem versuchte, Kunden in den Marktgebieten der RWE abzuwerben. Hinzu kommt das Verfahren von Gazprom gegen RWE. Gazprom versucht hier also, den Marktanteil russländischen Erdgases in Tschechien zu vergrößern und gleichzeitig über eine Verringerung der Profitabilität der tschechischen Gasaktiva Druckmittel gegenüber RWE aufzubauen. Dies kann genutzt werden, um diese Aktiva zu erwerben oder in Verhandlungen mit RWE anderweitige Konzessionen zu erlangen. Die strategischen Effekte konnten bisher allerdings auf Grund von rechtlichen Barrieren nicht voll erzielt werden. Für eine endgültige Schlussfolgerung ist es allerdings noch zu früh, da die Verfahren weiterhin hängig sind.

Gazprom setzte zur Durchführung dieser Taktik wiederum auf vernetzte Akteure, die persönlich motiviert waren. Mit dem Wissen der auf Grundlage von Anteilen motivierten tschechischen Insider konnte eine rasche Penetration des Marktes und somit maximale strategische Effekte bei minimalem Administrationsaufwand erzielt werden. Mit den Akteuren bestanden Vernetzungen teilweise noch aus dem RGW. So konnte mit Frau Vitásková als Leiterin des Prager Gasversorgers Pražska Plynarenska und spätere Leiterin der Regulierungsbehörde wichtige Handlungsmacht erschlossen werden. Durch die Beteiligung dritter Akteure am Unternehmen konnte die Taktik der Gazprom an die persönliche Motivation der Akteure delegiert werden. Dies war auch ohne Verluste möglich, da die Erzielung von positiven Ertragsströmen aus der Vemex für Gazprom nicht im Vordergrund steht. Eine solchermaßen „teilprivatisierte" Strategie war optimal, um den eigenen Marktanteil rasch zu steigern. Ähnlich ging Vemex beim Erwerb der RSP Energy vor. Anstatt eine eigene Tochter für den Kleinkundenmarkt zu gründen, erwarb man Anteile an einem undurchsichtigen Unternehmen. Dies brachte auch weitere Akteure eines israelisch-russländischen Netzwerks ins Spiel, zu dem auch ein früherer Minister Russlands gehört. Eventuell kommen hier auch persönliche Interessen des Gazprom-Managements zum Tragen.

Nachdem ein gewisser Marktanteil erreicht war und die Ressourcen der lokalen Akteure erschöpft schienen, engagierte Gazprom sich stärker und ersetzte einen Teil der bisherigen unbekannten Aktionäre durch den neuen strategischen Partner Komarek. So konnten neue lokale Ressourcen erschlossen werden. Eine Verselbständigung der Vemex, wie sie bei indirekter Steuerung prinzipiell möglich ist, wurde durch ein stärkeres Engagement der Gazprom Germania indes vermieden. Dies ermöglichte dann die Kurskorrektur durch die Verdrängung der bisherigen „Appenzeller" Aktionäre bei gleichzeitiger Beteiligung von Komarek. Durch die Eröffnung der Beteiligungsmöglichkeit konnte Gazprom größeren Einfluss auf das Vorgehen der Firma nehmen und weitere Ressourcen des finanzstarken und im Gasspeichergeschäft tätigen Komarek erschließen.

Vemex ist auch im außen- und innenpolitischen Interesse der russländischen politischen Akteure, da sie dank Gasmarktliberalisierung wenig kostspielig ist, aber weitreichende strategische Effekte zeitigen kann. Diese liegen unmittelbar in einer Erhöhung des Markt-anteils russländischen Gases, was als zusätzliches Druckmittel gegenüber Tschechien genutzt werden kann. Der gegenüber RWE leicht geringere Verkaufspreis für Erdgas fällt auch in innenpolitischer Hinsicht kaum ins Gewicht, zumal die Chance besteht, dass RWE die in den Verträgen vereinbarte Mindestabnahmemenge trotz geringerer Abnahme dennoch zahlen muss. Schließlich ist Vemex auch nur mit sehr geringen Investitionskosten verbunden, was die innenpolitische Verträglichkeit stärkt. Strategische Effekte könnten aber letztlich sogar zur Kontrolle über den tschechischen Gaseinkauf führen, wenn RWE aus dem Markt gedrängt werden kann. Dies hätte weitreichende Folgen für den mitteleuropäischen Gasmarkt und die Erfolgsaussichten der Gasmarktliberalisierung. Die Vernetzung mit lokalen Akteuren und transnationalen Netzwerken könnte zudem auf personale Ziele innerhalb der politischen Elite verweisen.

Die Bilanz der RWE wurde auch durch strategische Manipulation in Form einer Selektion von Handlungsoptionen beeinträchtigt: Der Bau der Nord Stream-Pipeline (vgl. Abschnitt 7.4.6) stellte RWE vor die Wahl, zukünftig entweder auf Einnahmen aus dem Gastransit zu verzichten, oder eine neue Pipeline zu bauen. RWE investierte schließlich in Gazela, um das Transitgeschäft erhalten zu können. Dadurch wurde die Finanzkraft von RWE geschmälert.

Das Vorgehen der Gazprom im Falle der Vemex entspricht damit der vierten Hypothese, da sowohl wirtschaftliche als auch politische Ziele verfolgt werden. Allerdings werden keine Instrumente staatlicher Akteure verwendet. Stattdessen wird auf vernetzte lokale Akteure aus Gasindustrie und Geheimdienst zurückgegriffen. Die durch die Centrex und die Beteiligung von RSPE Holding an Vemex Energy weiterhin bestehende undurchsichtige Eigentümer-struktur verweist zudem auch auf persönliche Interessen innerhalb des korporatistischen Kapitals und trägt zu dessen Stabilisierung bei.

Mit der Gasmarktliberalisierung eröffneten sich also neue Chancen zum Vordringen auf den Markt und zur Schwächung der RWE. Das Tochterunternehmen Vemex ist ein gutes Beispiel dafür, wie Gazprom die institutionellen Regeln liberalisierter Gasmärkte zu nutzen weiß, um die eigene Marktmacht zu steigern und Konkurrenten unter Druck zu setzen. Dabei werden die Möglichkeiten des Drittparteienzugangs gezielt ausgenutzt, um durch günstigere Lieferverträge den marktbeherrschenden Importeur zu verdrängen. Noch ist unklar, ob dies Erfolg haben wird, da der Liefervertrag mit RWE offenbar eine Schutzklausel enthält, die jedoch weiterhin umstritten ist. Generell zeigen sich wiederum die geringe Transparenz und die Beteiligung weiterer unbekannter Akteure aus russländischen Netzwerken. Dies ist charakteristisch für das Vorgehen der Gazprom.

7.5.10   Tschechien: Verbesserte Position Russlands

Tschechien ist geoökonomisch gut positioniert und konnte daher eine relativ unabhängige Energiepolitik von Russland betreiben. Russland war Ende der 2000er Jahre zwar auf Grund der Energierohstoffe viertwichtigster Importpartner von Tschechien, spielte aber bei den Exporten eine untergeordnete Rolle. Zudem wurden die tschechischen Exporte vornehmlich von transnationalen Konzernen organisiert, die in Deutschland oder anderen europäischen Staaten ansässig waren. Auch die tschechische Handelsbilanz ist seit Mitte der 2000er Jahre positiv. Tschechien ist außerdem zwar von russländischen Erdgas- und Erdöllieferungen abhängig, gleichzeitig aber bedeutender Transitstaat für russländisches Erdgas. Daher können Druckmittel im Erdgasbereich nicht gut eingesetzt werden. Gleichzeitig ist das Land zwar ein Binnenstaat, aber gut an westeuropäische Infrastrukturen angebunden. Dies alles ermöglichte eine rasche Diversifikation. Dazu trug aber auch die Geschlossenheit der tschechischen politischen Elite bei, die trotz einem nach dem Systemwechsel noch starken

Druck von Partikularinteressen einer gemeinwohlorientierten Politik zum Durchbruch verhalf und die strategischen Implikationen einer Diversifikation frühzeitig erkannte.

Dementsprechend gering waren die bisherigen Erfolge russländischer Konzerne in Tschechien. LUKoil ging bei der Privatisierung der Raffinationsindustrie in den 1990er Jahren leer aus, was auch aus eigenem, wirtschaftlichem Antrieb geschah. Die verbleibenden Brocken in Gestalt der Paramo waren wirtschaftlich so wenig lukrativ, dass LUKoil von einer Beteiligung absah. Rosneft' beteiligte sich zwar am Gebot, jedoch nur über dritte Akteure, sodass ihr Handeln nicht klar beurteilt werden kann. Auch während der 2000er Jahre gelang es LUKoil nicht, Anteile an der Raffinationsindustrie in Tschechien zu erlangen, obwohl sie dazu vielfältige Anreize zur Verfügung stellte. Auch Gazprom konnte bisher keine Beteiligung an Raffinationskapazitäten erlangen. Sie zeigte jedoch auch weniger Interesse. Notfalls stand der tschechische Staat bereit, einen Einstieg russländischer Akteure zu verhindern. Anstelle von Raffinerien investierte LUKoil in das margenschwache Tankstellengeschäft. Diese rätselhafte Entscheidung konnte nur als Fluchtinvestition erklärt werden, da sie auch kaum politische Gewinne bringt. Politisch vorteilhaft war hingegen die Beteiligung von LUKoil an der LUKoil Aviation Czech. Hier verbündete sie sich mit lokalen Akteuren, die Führungsmitglieder einer Partei sind, die seit 2013 den tschechischen Präsidenten stellt. Generell fällt auf, dass LUKoil Netzwerke in Tschechien fördert, die politisch für eine stärkere außenpolitische Orientierung auf Russland auftreten. Diese Förderung politischer Interessen besticht andererseits durch ihre relative Nachvollziehbarkeit. Es steht zu vermuten, dass andere russländische Akteure hier verdeckter vorgehen.[128]

In der Gaswirtschaft war Gazprom zunächst ebenfalls nicht erfolgreich. Bei der Privatisierung von Transgas kündigte Gazprom nur eine Beteiligung an Konsortien an, bot dann jedoch nicht mit. Hierfür waren wohl politische Widerstände in Tschechien verantwortlich. Aber auch der Managementwechsel bei Gazprom könnte eine Rolle gespielt haben, denn zur selben Zeit wurde Gazprom erst enger an das neue Elitennetzwerk angebunden. Transgas wurde gemeinsam mit der Mehrzahl der regionalen Gasversorger an die deutsche RWE privatisiert. Im Rahmen der von der EU durchgeführten Gasmarktliberalisierung wusste Gazprom dann jedoch ab Mitte der 2000er Jahre neue Chancen für sich zu nutzen. Mit Vemex installierte sie einen zunächst halbautonomen und dann stärker gesteuerten Akteur, der RWE unter Druck setzen sollte. Gazprom eroberte so rasch Marktanteile von RWE, ein Teil der strategischen Effekte konnte jedoch auf Grund rechtlicher Hürden im Liefervertrag zwischen Gazprom und RWE vorerst nicht realisiert werden. Rechtliche Mechanismen ermöglichen also einen gewissen Interessenausgleich. Der Druck auf RWE wurde jedoch nicht geringer, sondern stieg mit der Erschließung neuer Partner, die der Gazprom einen Einstieg in das tschechische Gasspeichergeschäft ermöglichen. Die Position der Gazprom verbessert sich daher im Vergleich zu den 2000er Jahren allmählich.

In der Erdölindustrie, in der Russland bisher auf die Družba-Pipeline für den Export angewiesen war, verschlechterte sich die Position Tschechiens ebenfalls. Dies hängt einerseits mit den erhöhten Exportkapazitäten Russlands und der Tarifpolitik der staatlichen Pipelinegesellschaft Transneft' zusammen (siehe oben Abschnitt 7.2). Dies erhöht die Preise für Erdöl in Tschechien im Rahmen eines bereits schlechten Marktumfelds für

---

[128] Für einige Hinweise siehe den Bericht des tschechischen Spionageabwehrdienstes BIS von 2010, vgl. http://www.bis.cz/n/ar2010en.pdf, abgerufen 10.10.2011.

Erdölprodukte. Andererseits wird die Position Tschechiens durch Entscheidungen in Raffinerien verschlechtert, an denen russländische Akteure beteiligt sind. So hat die Entscheidung der MiRO in Karlsruhe zur Einstellung der Lieferungen über die SPSE-Pipeline zur Überlastung der TAL-Pipeline und damit zu Engpässen für von Russland unabhängige Lieferungen nach Tschechien geführt. Rosneft' hat außerdem vorgeschlagen, die Flussrichtung der IKL-Pipeline umzukehren. Dies reiht sich ein in die Versuche der staatlichen Zarubežneft', die Umkehrung der Flussrichtung der Adria-Pipeline zu erreichen, was zu einem weiteren Diversifikationsverlust in der Region führen würde. Neue strategische Flexibilität, Engpässe und die schlechte wirtschaftliche Situation des Raffinationssektors in Tschechien machen daher Anfang der 2010er Jahre eine Beteiligung russländischer Akteure an den Raffinerien immer wahrscheinlicher.

Russländische politische Akteure zeichneten sich in Tschechien interessanterweise durch ihre weitgehende Abwesenheit vom Geschehen aus. Dies ist ein Unterschied etwa zu Deutschland. Vermutlich hielten sich politische Akteure im Hintergrund, um eine Beeinträchtigung der Konzernstrategien zu vermeiden, da eine Beteiligung politischer Akteure in der Öffentlichkeit wesentlich negativer aufgenommen worden wäre als etwa in Deutschland.

7.6   Ungarn

In Ungarn wird nur die Gasindustrie betrachtet, da in der Ölindustrie keiner der hier betrachteten Konzerne eine erfolgreiche Multinationalisierungsstrategie durchführen konnte. Es gab jedoch mehrere undurchsichtige Versuche von mit Gazprom und LUKoil verbundenen Akteuren, die durch eine geschickte Konzertierung der ungarischen Akteure schließlich scheiterten (Orban 2008). Das Vorgehen wurde zwar in einem ersten Schritt analysiert, dann jedoch aus der weiteren Analyse ausgeschlossen, da die schlechte Datenlage keine stringente Analyse erlaubte.

7.6.1   Kontextfaktoren

Ungarn ist landumschlossen und hat keine gemeinsame Grenze mit Russland. Das Land ist auf Grund der Größe des Gasmarkts (ca. 14–15 Mrd. m³ jährlich) und der für lange Zeit sehr hohen Abhängigkeit von russländischem Gas (vgl. Abbildung 7.6) der wichtigste Markt für Gazprom in Ostmitteleuropa, der allerdings kaum Wachstumspotential aufweist, da der Anteil von Erdgas in der Stromerzeugung bereits hoch ist. 14 % der Generierungskapazität für Elektrizität beruht auf Gaskraftwerken, zusätzlich werden 36 % durch Doppel-befeuerungskraftwerke, die entweder mit Gas oder Heizöl betrieben werden können, bereitgestellt. Es gibt hingegen nur ein Kohlekraftwerk (IEA 2007b: 63). 2008 entfielen ca. 30 % des Gasbedarfs auf die Elektrizitätsproduktion (IEA 2008).

Über Ungarn wurden Anfang der 2010er Jahre nur noch etwa 3 Mrd m³ russländisches Erdgas nach Serbien und Bosnien-Herzegowina transitiert. 2010 fielen zudem die Liefermengen nach Kroatien weg. Die Exportpipelines hatten dabei eine jährliche Kapazität von nur 4,5 Mrd. m³ nach Serbien und Bosnien-Herzegowina (Entsog 2011). Außerdem besteht seit 2011 eine zusätzliche Verbindung nach Kroatien mit einer Kapazität von 6,5 Mrd. m³ jährlich, sowie Verbindungen nach Österreich und Rumänien (vgl. Abbildung 7.20). Damit ist die Transitabhängigkeit der Gazprom von Ungarn gering. Erdgas stellt auch mehr als

43 % des Primärenergieverbrauchs bereit, was die Abhängigkeit der gesamtwirtschaftlichen Leistungsfähigkeit von russländischen Gaslieferungen erhöht. Zudem macht der Haushalts-sektor den größten Anteil am Gasverbrauch aus; 80 % der Haushalte sind an das Gasnetz angeschlossen (IEA 2007b: 99ff). Im Westen des Landes besteht seit 1996 eine Möglichkeit zum Import von Erdgas aus Österreich mit einer Kapazität von 4,2 Mrd. m³ jährlich (Entsog 2011).

Russland liefert auch fast 90 % des Rohölverbrauchs von jährlich ca. 8–9 Mio. t über die Družba-Pipeline. Da das restliche Rohöl im Inland gefördert wird ist Russland der einzige externe Lieferant (vgl. Abbildung 7.8). Des Weiteren besteht eine Importmöglichkeit von 10 Mio. t jährlich über die Adria-Pipeline nach Krk (IEA 2007b: 117; 2011d: 50). Die Pipeline gehört im kroatischen Teil der mehrheitlich staatlichen Aktiengesellschaft JANAF. Die Adria-Pipeline wurde jedoch bis 2007 von Ungarn nicht genutzt, sondern eher in Gegenrichtung zum Transport russländischen Öls nach Kroatien (IEA 2011d: 51; Orban 2008: 98). Auch war bis zum Abschluss der Arbeit kein zwischenstaatlicher Vertrag abge-schlossen worden, der die Nutzung der Adria-Pipeline regeln würde (IEA 2011d: 56). Ungarn ist demnach durch die fehlenden alternativen Importmöglichkeiten bei Gas und durch die hohen Anteile Russlands an den Öl- und Gaslieferungen energiesicherheitlich von Russland abhängig. Zumindest beim Erdöl könnte dies aber kurzfristig geändert werden, weshalb sich die Abhängigkeit vor allem auf die Gaswirtschaft bezieht.

7.6.2   Aktiva in der Gasindustrie und ihre Restrukturierung und Privatisierung

Das Gasübertragungsnetz hat eine Länge von knapp 5.200 km und verfügt über fünf Kompressorstationen (IEA 2007b: 102). Außerdem sind die sechs Gasspeicher mit einer Gesamtkapazität von 4,3 Mrd. m³ interessant, die auf Grund des hohen Anteils von Haushalten am Gasverbrauch sehr bedeutsam sind (IEA 2011d: 63). Davon werden seit den Lieferunterbrechungen im Jahre 2006 1,2 Mrd. m³ als strategische Reserve für den Fall von Lieferausfällen bereitgehalten. Die Speicher müssen auch für den serbischen Markt genutzt werden, der überhaupt keine Gasspeicher besitzt. Die Speicherkapazität wurde jedoch erst gegen Ende der 2000er Jahre erweitert, nachdem sie 2006 während der Lieferunter-brechungen durch Russland nicht ausgereicht hatte, um die Versorgung aufrecht zu erhalten (IEA 2007b: 106).

Ungarn entschied sich sehr früh für ein Privatisierungsmodell in der Energieindustrie und hatte daher unter den Transformationsstaaten einen gewissen Vorsprung. Bereits 1990 wurde unter Beratung von westlichen privaten und staatlichen Akteuren ein mögliches Modell für Restrukturierung und Privatisierung der Öl- und Gasindustrie ausgewählt. Ungarn wählte dabei den Weg der Konsolidierung eines eigenen nationalen und später regionalen Öl- und Gaskonzerns, der mit konzentrierter Marktmacht in Mitteleuropa tätig werden würde. Insofern wurde beschlossen, den bestehenden Öl- und Gaskonzern zu erhalten und in eine Aktiengesellschaft namens Magyar Olajipary (MOL) umzuwandeln (Ravasz 1991; WorldBank 1999). Die ungarische Öl- und Gasindustrie wurde so im Zuge der Transformation stark horizontal integriert. MOL erhielt sowohl den Großteil der Explorations- und Förderrechte und -Firmen in Ungarn, die Raffinerien, Tankstellen und das überregionale Gastransportnetz (Estrada et al. 1995: 186; PETREC 1995).

Vertikal weist die Gaswirtschaft jedoch eine geringere Integration auf als in manchen anderen ostmitteleuropäischen Staaten: Die fünf regionalen Gasversorger, die Haushaltskunden beliefern, wurden separat privatisiert (INGS 1994b). Dabei beliefert MOL jedoch große Industriekunden wie etwa Kraftwerke direkt mit Gas und kommt daher für ca. 30 % des Gasverkaufs auf (MTIE 1992). Auch die Mineralimpex, die frühere Außenhandelsorganisation für den Öl- und Gashandel mit der Sowjetunion, wurde nicht in MOL eingegliedert sondern verblieb als selbständiges Unternehmen. Mit der horizontalen Integration von Öl- und Gaswirtschaft entstand ein robuster Konzern, der eine Quersubventionierung der für das Land wichtigen Gasindustrie ermöglichte, indem Gewinne aus der Ölindustrie die Verluste in der Gaswirtschaft ausgleichen würden.

Die Privatisierung der MOL fand dann nicht an strategische Investoren statt, sondern wurde an Finanzinvestoren durch einen schrittweisen Verkauf der staatlichen Anteile an MOL vorgenommen. Diese fanden 1995, 1997 und 1998 statt. Die Privatisierung wurde von westlichen Investmentbanken durchgeführt. Die Aktien wurden v. a. von Investoren aus den USA, Großbritannien und Westeuropa erworben. Danach hielt der ungarische Staat noch 25 % der Aktien und eine goldene Aktie (EUTR 1995b; WorldBank 1999: 59). Der restliche Staatsanteil wurde ab 2004 schrittweise auf wenige Prozent reduziert.

Die Privatisierung der regionalen Gasverteiler wurde an strategische Investoren durchgeführt, die 50 % plus eine Aktie erhalten sollten. Die restlichen Anteile wurden vom Staat an die jeweiligen Städte und Gemeinden übergeben. Eine bedeutsame Privatisierungsbedingung war dabei die Diversifizierung der Bezüge. Das zur Verfügung stellen zusätzlicher Gasmengen wurde dabei zu einer Bedingung für die Teilnahme an der Privatisierung gemacht. Gleichzeitig wurde das Pipelinemonopol der MOL gewahrt, d. h. die zukünftigen Eigentümer der regionalen Verteiler dürften das angebotene Gas nicht selbst ein- und verkaufen, sondern mussten Import- und Abnahmeverträge mit MOL schließen. Dies hatte zur Folge, dass MOL während des Privatisierungsprozesses mehrere Angebote westeuropäischer Konzerne zur Diversifizierung der Bezüge erhielt (EUTR 1995b: 60).

Ab 2004 fand im Einklang mit den Regulierungen der EU eine schrittweise Gasmarktliberalisierung statt. Dazu wurden erstmals die Verkaufs- an die Einkaufspreise angepasst, sodass ein verlustfreies Geschäft möglich war. Der regulierte Verkaufspreis war erstmals an den Importpreis gekoppelt worden. Außerdem wurden die Richtlinien der EU für die Gasmarktliberalisierung und die schrittweise Marktöffnung umgesetzt. Dabei konnten ab 2004 Großkunden ihre Versorger frei wählen, seit Juni 2007 gilt dies für alle Kunden (IEA 2007b: 107f). Gleichzeitig war 2004 auch die horizontale Integration der Öl- und Gasindustrien gelockert worden, was zur Vorbereitung des Teilverkaufs der Gassparte durch MOL diente. Diese war dabei in drei Bereiche gegliedert worden: MOL Földgáztároló (Speicher), MOL Földgázszállító (Transport) und MOL Földgazellátó (Großhandel). Der Netzzugang wird von der Regulierungsbehörde Hungarian Energy Office (HEO) geregelt. Diese schlägt auch die Maximalpreise für die Versorgung von Haushaltskunden und die Netznutzungstarife vor, die vom Ministerium für Nationale Entwicklung festgesetzt werden. Die Vorgaben zur Entflechtung des Dritten Gasmarktliberalisierungspakets wurden in Form des unabhängigen Übertragungsnetzbetreibers realisiert, bei dem MOL weiterhin Eigentümer des Unternehmens zum Transport von Erdgas bleibt, während die Kontrolle durch Regulierung stark beschränkt wird (IEA 2011d). Die regulierten Verkaufspreise stellen die Gasversorger jedoch immer wieder vor große Probleme, da die Wirtschaftsbedingungen sehr schlecht vorhersehbar sind. Die Regierung setzte insbesondere im Zuge der Wirtschaftskrise die Preise sehr niedrig an, während die Importpreise weiter stiegen. Außerdem wurde eine Krisensteuer von zusätzlichen 1 % auf Gewinne erhoben (BBC 2011). Der ungarische Gasmarkt ist daher auf Ebene des Gasverkaufs an Kleinkunden mit hohen regulatorischen Risiken behaftet.

7.6.3   Zwischenhändler Panrusgaz: Preisdruck und Monopolisierung des Imports

Prozessbeschreibung

In Gestalt der Mineralimpex bestand wie in Tschechien auch in Ungarn eine ehemalige Außenhandelsorganisation für den Öl- und Gashandel mit der Sowjetunion. Diese wurde zunächst nicht in MOL eingegliedert, sondern verblieb als selbständiges Unternehmen, das jedoch ebenfalls in Staatshand war. Die Mitarbeiter der Minrealimpex konnten vor allem ihre guten Kontakte zum sowjetischen bzw. russländischen Energiesektor kapitalisieren und kamen daher für Gazprom als Vertragspartner auch in den neuen Bedingungen in Frage (OGJ 1994). Obwohl MOL bereits 1991 das Recht zum Gas- und Ölhandel erhielt und die Importpipeline kontrollierte, gelang es ihr daher nicht, zum Gasimporteur zu werden. Vielmehr konnte Mineralimpex über ihre Beziehungen zu Gazprom durchsetzen, dass die Umschreibung der bestehenden Importverträge auf MOL nicht erfolgte. Mineralimpex erhielt so weiter das Gas aus den Orenburg- und Jamburg-Verträgen und verkaufte es dann an MOL (Albert 1996a; BBCEE 1989; ENAL 1994; OGJ 1994; PETREC 1994). Dies erlaubte eine schnelle und einfache Kapitalakkumulation. Vor diesem Hintergrund ist es verständlich, dass das Management der Mineralimpex rasch in Joint Ventures zum Bau von Tankstellen investierte und auf eine schnelle Privatisierung drängte (MTIE 1991; Ravasz 1990). Letzteres war jedoch nicht von Erfolg gekrönt – das Unternehmen blieb weiter in Staatshand. Während MOL auf Grund der hohen Einkaufs- und staatlich festgesetzten Verkaufspreise für Erdgas Verluste einfuhr, profitierte Mineralimpex von der Vermittlerrolle (INGS 1994b). Die ungarische Regierung konnte angesichts der hohen Abhängigkeit von Gazprom ihre Interessen offenbar nicht durchsetzen.

Um selbst zum Handelspartner werden zu können und von Gazprom günstigere Preise zu erlangen machte MOL der Gazprom 1994 ein attraktives Angebot: Die Gründung eines Gemeinschaftsunternehmens für den Gasimport. Für die Politik war dies auch interessant, da es eine Lösung der zwei zentralen Probleme versprach, die die Staaten Ostmitteleuropas mit Russland zu lösen hatten: Die Rückzahlung der während der 1980er aufgelaufenen Schulden der Sowjetunion und das Außenhandelsdefizit mit Russland, das sich in den 1990er Jahren auf Grund der hohen Energieabhängigkeit auftat. Russland weigerte sich dabei, die Schulden durch Energielieferungen zurückzuzahlen (MTIE 1995a). So wurde 1994 der Zwischen-händler Panrusgaz gegründet, der Gasmengen über die von Mineralimpex importierten 5 Mrd. m³ hinaus abwickeln würde. Im Gegenzug sollte Panrusgaz ungarische Güter nach Russland im Gegenwert des importierten Gases verkaufen. Geplant waren auch Investitionen in die ungarische Elektrizitätsindustrie, der Verkauf von Gas an Endkunden und der Bau einer Transitpipeline nach Italien (EUTR 1994b; GSCN 2002; Luk'janov 1995; MTIE 1994a). Panrusgaz war dabei kein wirkliches Gemeinschaftsunternehmen, da es viele Anteilseigner hatte: Die ursprünglichen Eigentümer waren Gazprom Éksport mit 44 %, MOL mit 30 % und Mineralimpex mit 5 %. Außerdem erhielten Interprokom 6 % und DKG-East

15 %. Interprokom war eine sowjetische Außenhandelsfirma, die zu dieser Zeit bereits von Medget Rachimkulov kontrolliert wurde. Auch Tatjana Dedikova, die Tochter von Gazprom-Chef Vjachirev, hielt einen Anteil an Interprokom. DKG-East ist eine tschechische Firma, die über Interprokom ebenfalls von Gazprom kontrolliert wurde und Ausrüstung für die Gas-industrie herstellt. Rachimkulov wurde 1979 vom sowjetischen Außenhandelsministerium nach Budapest entsandt, um den Gas-für-Industriegüter Barterhandel abzuwickeln. Nun wurde er zum Chef von Panrusgaz ernannt und erhielt Jurij Vjachirev, den Sohn des Gaz-prom-Chefs als Stellvertreter (Hassel 2001; MTIE 1994b; Orban 2008: 46; Presse 2008; RUSOIG 2001). Panrusgaz stellt also eine Allianz zwischen MOL und den persönlichen Inte-ressen des Gazprom-Topmanagements, den alten Außenhandelseliten und weiteren Gruppen dar.

Anschließend gab Gazprom ihre Unterstützung für Mineralimpex auf. Im Februar 1995 ersetzte Panrusgaz daher entgegen ihres ursprünglich deklarierten, begrenzten Ziels die Mineralimpex als Zwischenhändler. Im Gegenzug für die dadurch gewährleistete Parti-zipation der Gazprom (und verbundener Privatpersonen) an den Gewinnen erhielt Panrusgaz einen etwas günstigeren Gaspreis, der MOL dennoch kein profitables Gasgeschäft ermöglichte. Zudem erhöhte MOL im Laufe des Jahres seinen Anteil an Panrusgaz auf 50 %, auf Kosten der Anteile von DKG East und der nun verschwundenen Mineralimpex. Interprokom konnte indes ihren Anteil auf 10 % erhöhen. (EUTR 1995d; 1996a; MTIE 1995b; c).

1996 wurde schließlich für die Zeit nach dem Ende der kostenlosen Jamburg-Lieferungen ein Langfristliefervertrag zwischen MOL und Panrusgaz geschlossen, gemäß dem Panrusgaz bis 2015 225 Mrd. m³ Gas an MOL liefern soll. Dies deckt den Gasbedarf Ungarns weitgehend ab. Zudem wurden die 3 Mrd. m³ Kapazität der 1996 gerade fertig gestellten westlichen Importpipeline HAG, die das österreichische Baumgarten mit dem ungarischen Pipelinenetz verbindet, durch die Verträge nahezu völlig ausgeschöpft. Denn es wurde vereinbart, dass Gazprom jährlich 7 Mrd. m³ über die traditionelle östliche Route liefert, während weitere 2,5 Mrd. m³ über die HAG geliefert werden sollen. Die restliche Kapazität wurde bereits durch einen vorher geschlossenen Liefervertrag zwischen MOL und Ruhrgas ausgeschöpft (Albert 1996b; FI 1996; MTIE 1996a). Auf diese Weise wurde Panrusgaz der einzige Importeur für russländisches Gas nach Ungarn und konnte durch die hohen Liefermengen und Vereinbarungen über Lieferwege eine Diversifikation fast vollständig verhindern.

Obwohl MOL die Hälfte an dem Unternehmen besaß, hatte es nur geringen Einfluss auf dessen Tätigkeit, die von mit Gazprom verbundenen Akteuren geführt wurde. MOL konnte aber die strategische Ausrichtung des Unternehmens beeinflussen. Der von Panrusgaz-Chef Rachimkulov geplante Einstieg in den Erdgasmarkt für Endkunden in Ungarn fand nicht statt (Kortes 1995; Luk'janov 1995; MTIE 1996b). Allerdings funktionierte auch der Barterhandel nicht wie geplant – Panrusgaz kaufte statt der vereinbarten Industriegüter nur ungarische Lebensmittel und Güter von geringem Wert. Daran änderten auch wiederholt erneuerte Vereinbarungen nichts (Orban 2008: 57).

Panrusgaz wurde in den 1990er Jahren immer stärker von lokalen mit Gazprom verbundenen Interessen kontrolliert: Die von Gazprom kontrollierte Gazprombank kaufte die Altalanos Ertekforgalmi Bank (AEB), die anschließend ebenfalls von Rachimkulov geführt wurde. Unter seiner Führung wurden die Anteile der Gazprombank an AEB zu Gunsten von *offshore*-Strukturen verwaschen. AEB erhielt dann auch einen Anteil an Panrusgaz auf Kosten des Gazprom-Anteils (Interfax 2001a; Reuters 1996; RUSOIG 2001; Világgazdaság

1997). Nach dem Managementwechsel bei Gazprom wurden die Machenschaften des alten Managements stärker an die Öffentlichkeit gebracht und auch die Tätigkeit von Rachimkulov wurde als „*kompromat*" genutzt. Gazprom kontrollierte das Unternehmen fortan stärker: Rachimkulov verlor 2002 seinen Posten als Präsident, der nun von Gazprom Èksport-Chef Oleg Sienko ausgeübt wurde (MTIE 2002b; a). Anscheinend wurde danach auch der Anteil der AEB an Panrusgaz zurückgegeben, jedenfalls ist seit 2003 wieder von einem 40-prozentigen Anteil der Gazprom die Rede (Novecon 2003). Nach 2004 wurde auch die Interprokom durch Centrex Hungaria Zrt., ein Tochterunternehmen der undurchsichtigen Wiener Centrex Europe Energy & Gas AG ersetzt (siehe Anhang III), jedoch ist unklar, wann dies geschah. Es wurden also auch unter dem neuen Gazprom-Management wiederum verbundene Akteure am Unternehmen beteiligt.

Im Zuge der Privatisierung der ungarischen Gasaktiva (siehe unten Abschnitt 7.6.4) wurde E.ON anstelle von MOL Anteilseigner an Panrusgaz. Die anderen Anteile veränderten sich fortan nicht mehr. Für 2013 wurde die Übernahme der gesamten ungarischen Gasaktiva der E.ON durch den staatlichen Stromversorger MVM angekündigt. Dies beträfe auch den Anteil an der Panrusgaz (dpa-AFX 2012). Dies fügt sich ein in den Trend eines Rückzugs deutscher Energiekonzerne aus Mitteleuropa im Zuge der Belastungen aus Finanzkrise und dem forcierten Atomausstieg in Deutschland.

Rationalität der Panrusgaz

Die *wirtschaftliche Rationalität* der Panrusgaz für Gazprom kann wiederum aus positivem Nettogegenwartswert und den strategischen Effekten der Investition stammen. Der Nettogegenwartswert der Investition muss nicht weiter berechnet werden. Er ist in jedem Fall positiv, da die Investitionskosten vernachlässigbar sind und das Unternehmen durch seine monopolistische Zwischenhändlerposition und die Bedienung der Langfristlieferverträge die Preis- und Volumenrisiken an MOL weitergeben konnte. So konnte eine vorher festgelegte Marge auf jeden Fall erwirtschaftet werden.

Fraglich ist aber, ob das Unternehmen auch für Gazprom insgesamt einen positiven Nettogegenwartswert generiert hat, da eine Voraussetzung für die Etablierung des Unternehmens die Ermäßigung des Gaspreises gewesen ist. Die Gewinne der Panrusgaz müssten damit höher sein als die Verluste, die Gazprom durch Preisermäßigungen entstanden sind. Auf Grund des simplen Geschäftsmodells der Panrusgaz werden keine komplizierten Berechnungen benötigt, um zu einer Einschätzung zu kommen: Ungarn zahlte generell einen wesentlich höheren Gaspreis als etwa Deutschland, in das zudem auf Grund der größeren Entfernung höhere Transportkosten bestehen. So zahlte Ungarn 1994 über US-$ 100 pro 1000 m³ Erdgas, während der Grenzübergangspreis nach Deutschland nur ca. US-$ 85 für die gleiche Menge betrug (EUTR 1995d; IEA 2002). Gazprom konnte hier also offenbar eine Monopolrente abschöpfen. Auch nach der Ermäßigung des Preises für Panrusgaz um ca. 10 % betrug der Preis immer noch knapp US-$ 90 für 1000 m³ Erdgas. Die Preisreduktion betrug damit ca. US-$ 110 Mio. jährlich (EUTR 1995d). Die Marge der Panrusgaz ist unbekannt; es ist jedoch nicht davon auszugehen, dass diese gemessen am Umsatz höher als 1–2 % gelegen hat.[129] Von dieser Marge erhielt Gazprom nach Abzug der Betriebskosten und Steuern auf Grund der (direkten) Beteiligung weniger als die Hälfte. Zeitweise war dies sogar noch weniger, da eine Vielzahl von Akteuren beteiligt war. Da Gazprom also auf einen

---

[129] 2010 wurde berichtet, die Marge der Panrusgaz liege unter einem Prozent, vgl. BBC (2011).

Teil seiner Renten verzichtete, ging die Gründung der Panrusgaz für Gazprom nicht mit einem insgesamt positiven Nettogegenwartswert einher.

Die preisliche Konzession und Gründung der Panrusgaz könnte jedoch einen strategischen Effekt für Gazprom haben, da es das wirtschaftliche Interesse Ungarns an der Diversifikation der Gaslieferanten verringerte und zudem lokale Unterstützergruppen finanzieren konnte, die zur Informationsgewinnung und Beeinflussung nützlich sind. Gazprom könnte daher mit der Konzession bezüglich des Gaspreises einem später geringeren Marktanteil und Preissenkungen vorgebeugt haben. Dies scheint auch geglückt zu sein, da Ungarn auch zum Ende des Untersuchungszeitraums noch keine maßgeblichen Diversifikationserfolge vorzuweisen hatte und die im Vergleich mit umliegenden Staaten höchsten Gasimportpreise zahlte (vgl. Abbildung 7.26). Dabei kann aus dem Vergleich mit Tschechien angesichts der ähnlichen geographischen Lage nur gemutmaßt werden, dass eine Diversifikation möglich gewesen wäre und zu niedrigeren Marktanteilen russländischen Gases und auch niedrigeren Preisen geführt hätte. Hätte z. B. Ungarn durch die 1996 fertiggestellte Importpipeline mit Österreich jährlich die möglichen 3 Mrd. m³ von anderen Versorgern importiert, so wären Gazprom zu damaligen Preisen jährlich US-$ 270 Mio. entgangen. Nach Abzug der Preisreduktion der Gazprom sind dies immer noch über US-$ 160 Mio.

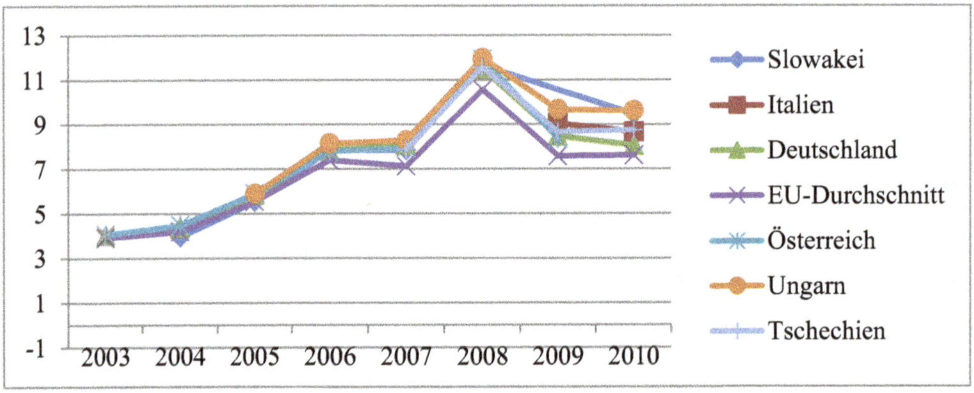

Quelle: IEA 2011: Coal and natural gas import costs and export prices: OECD – Natural gas import costs by importing country and by origin, IEA Energy Prices and Taxes Statistics (Datenbank), abgerufen am 3.11.2011; fehlende Datenpunkte extrapoliert (z. B. Slowakei 2009).
Abb. 7.26:   Gasimportpreise (Pipeline) verschiedener EU-Staaten im Vergleich, Durchschnittswerte, US-$/MMBTU

Weiterer bedeutsamer strategischer Effekt war die eröffnete Möglichkeit zur Finanzierung lokaler Akteure, die vor Ort Marktinformationen sammeln und die Strategie der Gazprom aus Eigeninteresse vorantreiben würden. Rachimkulov wurde z. B. später zu einem bedeutsamen Akteur in Ungarn, der die Interessen der Gazprom vor Ort vertrat und aus Eigeninteresse vorantrieb (Orban 2008). Daher verringerte Panrusgaz nicht nur das Interesse ungarischer Akteure an der Diversifikation, sondern war auch nützlich zur Vernetzung mit lokalen Akteuren und zur Informationsbeschaffung. Die wirtschaftliche Rationalität der Investition war also auf Grund strategischer Effekte gegeben. Hinzu kamen die personalen Interessen des Managements und der Familie der politischen Führung.

Es gelang Gazprom indes nicht, wie in Deutschland mit Wingas einen Wettbewerber zu etablieren. Ursprünglich waren auch für Panrusgaz der Bau von Pipelines und der Erdgasverkauf vorgesehen. Dazu fehlte es jedoch an einem finanzstarken Partner in Ungarn. Auch drang Panrusgaz nie auf den Markt für Endkunden vor, wie es Zwischenhändler der Gazprom in anderen Ländern getan hatten.

Es entsprach auch den *außenpolitischen Interessen* der politischen Akteure, die Abhängigkeit Ungarns von russländischen Gaslieferungen zu bewahren und die Verankerung russländischer Akteure in diesem Land auf Kosten anderer Akteure zu stärken. Dies entsprach der außenpolitischen Strategie, die bestehende „wirtschaftliche Orientierung" der Staaten auf Russland zu bewahren, um daraus politische Dividenden ziehen zu können. Dementsprechend war es positiv, dass Panrusgaz mit einer Preisermäßigung die Anreize gegen eine Diversifikation Ungarns setzte und über die Beteiligung an dem Unternehmen die Informationsbeschaffung und Verankerung russländischer Akteure vereinfachte.

Auch *innenpolitisch* war die Etablierung der Panrusgaz von Interesse, da sie zwar die Einnahmen der Gazprom kurzfristig verringerte, die Etablierung der Panrusgaz aber auch langfristig zur Sicherung des Marktanteils der Gazprom in Ungarn beigetragen hat. Ungarn hat zwar weniger Manövrierraum als Tschechien, da es von russländischen Gaslieferungen volkswirtschaftlich wesentlich abhängiger ist. Eine langsame Diversifikation wäre dennoch denkbar gewesen. Es war zudem keine kostspielige Multinationalisierung, da der Kapitaleinsatz vernachlässigbar gering war. Kapital wurde aus Russland also auf Grund der Investition nicht abgezogen. Davon abgesehen diente Panrusgaz zur Kapitalakkumulation verbundener Akteure und stabilisierte so das Elitennetzwerk.

Was die *Akteure im Zielland* angeht, so gab es drei Hauptinteressengruppen: Die MOL, die an günstigen Gasimporten interessiert war, da sie Erdgas auf dem regulierten Inlandsmarkt günstig abgeben musste, die Mineralimpex, die als Zwischenhändler an einer möglichst hohen Marge und dem Bestand ihres Geschäfts interessiert war und dazu die Kontakte nach Russland zu nutzen suchte, und die politischen Akteure, die an günstigen und nicht unterbrochenen Gasimporten, aber auch an der Regelung der Schuldenfrage und dem Ausgleich der Handelsbilanz interessiert waren. In Verbindung mit der hohen energiesicherheitlichen Abhängigkeit Ungarns von Gaslieferungen der Gazprom wird deutlich, dass es von Gazprom abhing, ob die Mineralimpex weiter eine Rolle im Importgeschäft haben würde. Daher konnten MOL und politische Akteure nicht unilateral handeln, sondern mussten sich mit Gazprom abstimmen. Gazprom hätte rasche Diversifikationsanstrengungen auf Grund der hohen Abhängigkeit Ungarns durch wirtschaftlichen Zwang wie etwa Lieferblockaden verhindern können. Diese hätten auf Grund der geringen Speicherkapazität auch erst nach einer substantiellen Erweiterung der Gasspeicherkapazitäten vorgenommen werden können. Insofern waren ungarische Akteure an einer kooperativen Lösung mit Gazprom interessiert. Diese Suche nach Interessenausgleich ließ sich mit Panrusgaz umsetzen. Das Unternehmen ist damit auch eine Antwort auf die Interessenlage in Ungarn gewesen. Gazprom konnte so langfristige strategische Effekte aus der Etablierung der Panrusgaz ziehen.

Auswertung

Mit der Panrusgaz konnte Gazprom gegenüber einem stark erdgasabhängigen Land einen Zwischenhändler langfristig durchsetzen, indem sie die Vernetzung mit den alten lokalen Außenhandelseliten instrumentalisierte und als Anreiz etwas günstigere Gaspreise bot.

Gazprom kam damit den neuen Akteuren in Ungarn entgegen, konnte aber eine Diversifikation Ungarns weitgehend verhindern. Das Unternehmen mit sechs Personen gehörte Anfang der 2010er Jahre auch zu den umsatzstärksten Unternehmen Ungarns, das so häufig unter den zehn größten Konzernen war (Gáz.Áram 2010). Gazprom gelang es jedoch mit Panrusgaz nicht, einen Erfolg ähnlich der deutschen Wingas zu wiederholen. Dafür stand kein finanzkräftiger Partner zur Verfügung. Zudem hätte Panrusgaz ohne Beteiligung des Monopolisten MOL sicher nicht die strategischen Effekte erzielen können, sondern eher zu einer beschleunigten Diversifikation geführt. Panrusgaz diente so dem Interessenausgleich zwischen Gazprom und MOL: MOL unterließ Diversifikationsanstrengungen weitgehend, während Gazprom den Erdgaspreis etwas ermäßigte und vorübergehend auf das Vordringen auf Endkundenmärkte verzichtete. Mit Emfesz wurde Gazprom später dennoch auf dem ungarischen Erdgasmarkt präsent, wenn auch nur indirekt (siehe unten Abschnitt 7.6.6).

Nicht zuletzt durch den Interessenausgleich konnte Gazprom jedoch mit Panrusgaz verhindern, dass Ungarn ambitionierte Diversifikationsanstrengungen verfolgte. Dadurch konnte das Unternehmen die Abhängigkeit Ungarns von russländischen Gaslieferungen fortsetzen, sowie die Verankerung russländischer Akteure in Ungarn und Vernetzung verbessern. Dies alles fand zu geringen Kosten statt. Dabei setzte Gazprom gezielte wirtschaftliche Anreize ein, um die Panrusgaz in Ungarn zu etablieren. Von der Verwendung wirtschaftlichen Zwangs ist nichts bekannt, das Wissen über deren mögliche Anwendung dürfte jedoch angesichts der hohen Abhängigkeit bei den ungarischen Entscheidungsträgern vorhanden gewesen sein und hat wahrscheinlich zur Kooperationsbereitschaft auf ungarischer Seite beigetragen. Außerdem konnten über die Mineralimpex verbundene Akteure genutzt werden. Panrusgaz ist so auch nützlich für politische Akteure, da es mit seinen strategischen Effekten den fortgesetzten Verweis auf die Bedeutung Russlands für die Gasversorgung Ungarns ermöglicht. Dies sollte auch bei der South Stream Pipeline bedeutsam werden (siehe unten Abschnitt 7.6.5).

Das Gazprom-Management und politische Akteure verfolgten mit der Etablierung der Panrusgaz auch persönliche Ziele, wie aus der direkten Verbindung der mit den wirtschaftlichen und politischen Eliten vernetzten Akteure mit dem Unternehmen deutlich wird. Diese personalen Interessen bestehen auch nach dem Managementwechsel fort, da lediglich die beteiligten Akteure ausgetauscht werden. Persönlicher Nutzen wird hier so mit strategischen Effekten für Gazprom und Russland verbunden.

Panrusgaz entspricht so der ersten Hypothese, da Gazprom wirtschaftlich rational gehandelt hat. Allerdings sind in den 1990er Jahren starke Elemente personaler Interessen zu erkennen, da sich zu Beginn einerseits lokale Akteure und andererseits Regimeakteure und Akteure aus dem Gazprom-Management an dem Unternehmen beteiligen können. Die Motivation des Managements war also sowohl wirtschaftlich als auch personal. Die Fortführung der Panrusgaz entspricht auch der vierten Hypothese, da das Unternehmen weiterhin Gewinne abwarf und auch bedeutsam für die Ziele politischer Akteure war. Das personale Element schwächt sich ab, bleibt aber auch unter dem neuen Management erhalten. Allerdings war eine Einflussnahme politischer Akteure nicht erkennbar.

7.6.4   Die Gassparte der MOL als *brownfield*-Projekt

Mit Panrusgaz als Zwischenhändler hatte Gazprom bereits eine ständige Rentenquelle für lokale Akteure geschaffen. Allerdings hatte Gazprom noch keine weitere Kontrolle über die ungarische Gasindustrie erlangt. Auch der Versuch zur Beteiligung an Gasaktiva der MOL scheiterte vorerst.

Objektbeschreibung und Prozesse

Das Management der MOL erhielt 2004 die Erlaubnis der ungarischen Regierung, das Erdgasnetz ohne vorherige Konsultation mit dem Aufsichtsrat zu verkaufen, um die horizontale Integration aufzulösen. Die einzige Bedingung war, dass MOL eine Sperrminorität behalten würde (Yilmaz 2003; 2004b). MOL lud anschließend mehrere westeuropäische Bieter, sowie Gazprom und die ukrainische Naftogaz ein, Gebote für die Anteile abzugeben. Außerdem wollte MOL ihren Anteil an Panrusgaz veräußern, wozu die Zustimmung von Gazprom erforderlich war, da Gazprom das Vorkaufsrecht besaß. Der gemeinsame Verkauf der Gasaktiva machte Sinn, da der Großhändler insbesondere darauf angewiesen ist, dass Panrusgaz nicht selbst im Gashandel tätig wird und so die Margen drückt.[130] Dies würde die eigenen Absatzchancen unter Druck bringen, was im Rahmen von *take or pay*-Verpflichtungen den Großhändler in den Ruin treiben könnte. Daher war der Verkauf nur in einem Paket denkbar, das dem zukünftigen Besitzer des Großhändlers entscheidenden Einfluss auf den Zwischenhändler Panrusgaz geben würde. Insofern hatte Gazprom auf Grund ihres Vorkaufsrechts erhebliches Mitspracherecht bezüglich des Verkaufs des Gasgroßhändlers durch MOL.

Gazprom war dabei nach Aussagen von Exportchef A. Medvedev daran interessiert, sich an den Sparten Gasspeicher, sowie Verteilung und Verkauf selbst zu beteiligen. An der Transportsparte wolle man hingegen in einem Konsortium mit westlichen Konzernen teilnehmen (MTIE 2004b). MOL versuchte dabei in Verhandlungen mit Gazprom im Gegenzug für eine Beteiligung am Gasnetz Zugang zu Erdölförderung in Russland zu erlangen (Interfax 2004b). Parallel verhandelte Gazprom mit E.ON Ruhrgas über eine mögliche Beteiligung an Panrusgaz. Schließlich wurde Ende 2004 der Vertrag zum Verkauf von 75 % minus einer Aktie der Großhandels- und Speichersparte mit E.ON unterzeichnet. Außerdem erwarb E.ON Ruhrgas den Anteil an Panrusgaz und eine Option zum Kauf von 75 % minus einer Aktie an der Transportsparte (Yilmaz 2004a). Nach längerer Prüfung durch die Wettbewerbsbehörden und die EU-Kommission wurde 2005 schließlich verfügt, dass E.ON Ruhrgas die Großhandels- und Speichersparte vollständig übernehmen müsse, während MOL die Transportfirma nicht an E.ON Ruhrgas verkaufen dürfe (Orban 2008: 158). E.ON kaufte dann 2006 die Großhandels- und Speichersparte vollständig für Gesamtkosten von € 1,05 Mrd. (E.ON 2006).

Dass Gazprom sich bei der Privatisierung der Gassparte zurückhielt und E.ON Ruhrgas als neuen Anteilseigner der Panrusgaz akzeptierte, geschah vor dem Hintergrund von Vereinbarungen, denen zufolge Ruhrgas später Anteile an Gazprom veräußern würde. Dies war bereits Gegenstand von Verhandlungen zwischen Gazprom und Ruhrgas, die im Kontext der Vereinbarung über die Ostseepipeline diskutiert wurden (vgl. Kapitel 7.4.6 und Anhang V). Demzufolge wurde die Erlaubnis zur Beteiligung von E.ON Ruhrgas an Panrusgaz von Gazprom als eine Verstärkung der strategischen Partnerschaft zwischen beiden Unternehmen angesehen, denen weitere Deals folgen würden (Interfax 2004c). Nachdem E.ON Ruhrgas 2005 die Erlaubnis für den Kauf der Anteile erreicht hatte, wurde die Beteiligung der

---

[130] Panrusgaz besaß seit 2004 eine Lizenz für den Gashandel, die es 2011 aus steuerlichen Gründen zurückgab, vgl. Interfax (2004a); MTIE (2011).

Gazprom an den neu erworbenen Tochterfirmen in Ungarn Teil der Verhandlungen über die Beteiligung von Ruhrgas am Gasfeld Južno-Russkoe in Westsibirien, die als Anreiz im Zusammenhang mit der Ostseepipeline genutzt wurde. Ursprünglich war in diesem Rahmen vereinbart worden, dass Ruhrgas einen Teil der Aktien der Gazprom, die in ihrem Besitz waren, gegen die Beteiligung am Feld eintauschen würde (siehe Kapitel 7.4.6). Gazprom wollte nun aber mehr – gewünscht war ein *asset swap*. Zunächst wollte Gazprom an E.ON Ruhrgas selbst beteiligt werden, was diese jedoch ablehnte (Leuschner 2006a). Stattdessen wurden Aktiva in Ungarn und anderen Märkten angeboten. Zuletzt hatte E.ON Ruhrgas der Gazprom dabei jeweils 50 % minus eine Aktie an der ungarischen Speicher- und Großhandelsgesellschaft angeboten, sowie weitere 25 % am Stromerzeuger E.ON Hungary. Allerdings kamen die Gespräche nicht voran. Gazprom vertrat die Ansicht, dass die ungarischen Aktiva im Vergleich zum Anteil am Gasfeld einen zu geringen Wert hätten.

Im Herbst 2008 lenkte Gazprom schließlich ein und erklärte sich bereit, den ursprünglichen Tausch der von E.ON an Gazprom gehaltenen Anteile vorzunehmen. Dies wurde auf die Interessen der politischen Eliten nach dem Georgienkrieg zurückgeführt (vgl. oben Abschnitt 7.4.6). Die Entscheidung der Gazprom sollte Offenheit für westliche Investitionen signalisieren und das Image Russlands verbessern (Interfax 2004c; OKINB 2006; Orban 2008: 158f; Prime-TASS 2010; Sander 2012).

Rationalität des Vorgehens

Zunächst ist fraglich, ob eine Beteiligung für Gazprom *wirtschaftlich* lohnenswert gewesen wäre. Gazprom interessierte sich für den Erwerb der Kontrolle über den Großhandel und die Gasspeicher. Außerdem wollte das Unternehmen gemeinsam mit westeuropäischen Konzernen die Kontrolle über das Gastransportnetz ausüben. Gazprom stimmte 2004 der Übernahme des Anteils der MOL an Panrusgaz durch E.ON Ruhrgas zu. Dies geschah in der Erwartung, so die strategische Partnerschaft mit E.ON Ruhrgas vertiefen zu können und an weiteren Projekten beteiligt zu werden.

Der Nettogegenwartswert kann ohne Daten über einen Kaufpreis nicht abschließend beurteilt werden. Wahrscheinlich wäre dieser aber negativ gewesen, da die Gaspreise staatlich reguliert wurden. So wird darauf verwiesen, dass der Gewinn der E.ON Ruhrgas in Ungarn recht gering ausfällt (BBC 2011), was kaum zur Amortisation der Investitionskosten ausreichen dürfte. Dies bestätigt sich bei einem Blick auf die Bilanzen der E.ON: Das Ergebnis ist z. B. 2007 negativ, insbesondere beim Erdgashandel. In den Folgejahren beträgt das Ergebnis vor Steuern, aber nach Abschreibungen auf Sachanlagen und immaterielle Vermögensgegenstände nur ca. € 100 Mio. (E.ON 2008; 2009; 2012). Berücksichtigt werden müssen noch die höheren WACC für Gazprom im Vergleich zu E.ON Ruhrgas, die eine Investition noch einmal weniger lukrativ erscheinen lassen. Der Nettogegenwartswert einer Beteiligung für Gazprom wäre daher wohl nicht positiv gewesen.

Strategische Effekte hätten durch eine Beteiligung vor allem auf Grund der Einflussnahme auf die Diversifikationspolitik Ungarns entstehen können. Allerdings wollte E.ON Ruhrgas Gazprom nur als Juniorpartner akzeptieren, was Fragen bezüglich der Beeinflussbarkeit der Geschäftspolitik aufwirft. Daher ist der strategische Wert der Investition ebenfalls recht schwer zu beziffern. Denn im Handel mit Gas konnte nach der Marktliberalisierung jeder Akteur tätig werden, der über eine Importlizenz und über Lieferverträge verfügte. Dies konnte Gazprom also auch selbst oder mit Hilfe anderer Akteure durchführen (siehe Abschnitt 7.6.6). Zudem konnte Gazprom sich keine weitreichenden Vernetzungseffekte von diesem Geschäft erhoffen, da Ruhrgas bereits der bedeutendste Partner des Unternehmens war. Lediglich die Speicher waren für Gazprom strategisch interessant, um auf volatile Märkte vordringen und den Anteil von Erdgas im Haushaltskundenbereich weiter ausbauen zu können.

Mit einer Beteiligung hätten so keine weitreichenden strategischen Effekte realisiert werden können. Gazprom hat daher wohl bald das Interesse an einer Beteiligung verloren, zumal sie keine Kontrolle ermöglichen würde. Ab ca. 2006 verringerte sich das Interesse von Gazprom weiter, da das Unternehmen nun mit der Blue/South Stream-Pipeline eine weitere Strategie in der Region verfolgte, in deren Rahmen neue Transport- und Speicherinfrastruktur auf ungarischem Boden vorgesehen war (siehe dazu unten 7.6.5). Dies würde noch größere strategische Effekte erzeugen als die Beteiligung an den bestehenden Aktiva. Zusammenfassend wurde deutlich, dass die wirtschaftliche Rationalität der Beteiligung zwar vorhanden war, aber nicht sonderlich stark gewesen ist.

Für *politische Akteure* in Russland war die Strategie der Gazprom im außenpolitischen Interesse, da sie die Abhängigkeit Ungarns von russländischen Gaslieferungen perpetuieren und außerdem die Partnerschaft der Gazprom mit einem wichtigen Akteur auf mitteleuropäischen Gasmärkten stärken würde. Allerdings war Ungarn bereits stark von russländischen Ressourcen abhängig, sodass eine Steigerung der Abhängigkeit nicht vordringlich war. Innenpolitisch war die Strategie ebenfalls interessant, da sie den Marktanteil der Gazprom bewahren und so deren fortgesetzte Wirtschaftskraft garantieren würde. Letztlich priorisierten politische Akteure aber den Einstieg bei E.ON in Ungarn nicht, sondern forderten Gazprom auf, die Gespräche über eine Beteiligung am Gasfeld zu einem raschen Abschluss zu bringen. Geschwindigkeit war also zu einem gewissen Zeitpunkt wichtiger als die möglichen politischen Gewinne aus einer Beteiligung in Ungarn, da nach dem Georgienkrieg die wirtschaftliche Kooperation rasch gestärkt werden musste (Sander 2012: 184). Politische Opportunitäten spielten hier also wohl eine größere Rolle als langfristige Interessen.

Die *politischen Akteure im Zielland* waren an der Wahrung ihrer Energiesicherheit interessiert, was unterbrechungsfreie und kostengünstige Lieferungen voraussetzt. Da Ungarn energiesicherheitlich abhängig war und Gazprom über Panrusgaz ein Mitspracherecht bei der Privatisierung zukam, mussten die Akteure an einer kooperativen Lösung interessiert sein. Gleichzeitig hatten sie jedoch ein Interesse daran, die Abhängigkeit von Gazprom zu verringern. Dies musste jedoch graduell und langsam erfolgen, um keine die Energiesicherheit schädigenden Gegenreaktionen von Gazprom auszulösen. Sie versuchten daher, eine Beteiligung von Gazprom an den Aktiva der E.ON zu verhindern (Leuschner 2006b; a), kooperierten aber gleichzeitig beim Projekt South Stream (vgl. unten Abschnitt 7.6.5), das für die russländische politische Elite einen wesentlich höheren Stellenwert hatte.

Auswertung

Beim Versuch zur Beteiligung an der Gaswirtschaft wurden sichtbar nur korporative Ressourcen der Gazprom eingesetzt, die sich über Ressourcen der strategischen Partnerschaft, sowie über *asset swaps* mit E.ON Ruhrgas und MOL Zugang verschaffen wollte. Dabei sollte der Zugang zu Gas- bzw. Ölförderung gegen Aktiva in Ungarn getauscht werden. Das wirtschaftliche Interesse der Gazprom war allerdings angesichts des vermutlich negativen Nettogegenwartswerts und der geringen strategischen Effekte nicht stark. Das

Interesse politischer Akteure war stärker, jedoch änderten sich die Präferenzen im Zuge des Georgienkrieges zu Gunsten eines raschen Abschlusses des Geschäfts mit E.ON Ruhrgas. Da dies mit den ungarischen Aktiva nicht möglich war, gab Gazprom die Beteiligung auf. Gazprom handelte hier also nach dem Wunsch politischer Akteure, musste aber keine großen wirtschaftlichen Einbußen hinnehmen. Dies entspricht der vierten Hypothese. Ressourcen politischer Akteure wurden aber erkennbar nicht genutzt.

Auch generell konzentrierte sich Gazprom auf neue *greenfield*-Großprojekte, die eine eigene Infrastruktur schaffen und so stärkere strategische Effekte erzeugen würden als eine Beteiligung an den bestehenden Gasversorgern. Dabei kamen dann auch vermehrt staatliche Ressourcen zum Einsatz, wie der nächste Abschnitt zeigen wird.

7.6.5 Ungarn und das greenfield-Großprojekt Blue- bzw. South Stream

In der Strategie der Gazprom zu einer Diversifikation der Lieferrouten kam Ungarn ebenfalls eine Rolle zu. Da hier im Unterschied zu einer Übernahme bestehender Infrastrukturen weitreichende strategische Effekte zu realisieren waren erscheint der Versuch zur Beteiligung an den Gasaktiva der E.ON wie ein Nebenschauplatz. Um die Routendiversifikation vornehmen zu können, muss Gazprom sowohl in neue Pipelines als auch in neue Gasspeicherkapazitäten innerhalb der EU investieren, damit die Lieferungen an die saisonalen Nachfrageschwankungen auch ohne Nutzung der Speicher in der Westukraine gewährleistet werden können.

Das Multinationalisierungsprojekt ist in diesem Fall deutlich stärker von politischen Akteuren gesteuert als in anderen Fällen. Die Steuerung durch politische Akteure, sowie die geopolitische Fragmentierung der südosteuropäischen Region in mehrere kleine Staaten, die teils der EU angehören, teils Kandidaten sind und teils in ihrem politischen Kurs unentschlossen, ergibt eine gute Manövriermasse zur Erzeugung von Konkurrenz, da das Pipelineprojekt lediglich auf Territorium und geologische Bedingungen für Gasspeicher angewiesen ist und die Routenführung recht flexibel gestaltet werden kann. Die Manipulation des individuellen Entscheidungskontextes ist also einfach: Das Projekt kann so dargestellt werden, als ob es unabhängig von den Entscheidungen eines individuellen Landes realisiert werden würde. Im Zielland wird so die Kosten-/Nutzenkalkulation verändert. Die Bereitschaft zu einer raschen Akzeptanz der russländischen Forderungen wird gesteigert, da man sich die Investitionen und Transiteinnahmen nicht entgehen lassen will. Währenddessen sinken für die politischen Eliten im Zielland die innenpolitischen Kosten des Projekts, da diese die Entscheidung für die Unterstützung des Projekts lediglich gegen die Folie des ansonsten entgangenen Nutzens rechtfertigen müssen. Darüber hinausgehende Fragestellungen können durch den Hinweis auf die Konkurrenz um die Routenführung zurückgewiesen werden. Russländische Akteure planten dabei zunächst den Bau der Blue Stream Pipeline, in die Ungarn einbezogen werden sollte. Diese wurde später jedoch verworfen und durch die South Stream ersetzt.

Die Projekte Blue und South Stream müssen dabei im Kontext des europäischen Nabucco-Projektes und weiterer Pipelineprojekte zum Transport von Erdgas aus dem kaspischen Raum auf den EU-Erdgasmarkt gesehen werden. Im Unterschied zur Nord Stream Pipeline existiert in Südosteuropa also ein konkreter Wettbewerber für russländisches Erdgas, gegenüber dem strategische Effekte erzielt werden können. Nabucco war ein Pipelineprojekt, das Gas aus dem kaspischen Raum (ursprünglich Aserbaidschan, Turkmenistan) und dem

Nordirak nach Mitteleuropa transportieren sollte. Dies sollte es ermöglichen, die durch Gazprom monopolisierten Märkte der südosteuropäischen Region zu diversifizieren und gleichzeitig zentralasiatischen Produzenten neue Abnehmer zu bieten. Das Pipelinekonsortium wurde 2002 gebildet und besteht aus der österreichischen OMV, MOL, Bulgargaz (Bulgarien), Transgaz (Rumänien), Botas (Türkei) und der deutschen RWE. Die Pipeline sollte zunächst eine Kapazität von 31 Mrd. m³ jährlich besitzen und bis nach Baumgarten in Österreich führen (Fernandez 2011: 70). Parallel dazu entwickelten einige Konsortien europäische Energiekonzerne weitere, weniger ambitionierte Pipelineprojekte wie etwa die Trans-Adriatische Pipeline (TAP), die Erdgas von der türkisch-bulgarischen Grenze über Griechenland und Albanien nach Italien bringen will. Ein weiteres Projekt war die Interconnector Turkey-Greece-Italy (ITGI) mit einer ähnlichen Route. TAP und ITGI sollen eine Jahreskapazität von 10 Mrd. m³ erreichen und wollten daher ursprünglich das bestehende türkische Pipelinenetz nutzen, um Lieferungen aus Aserbaidschan zu erhalten, die aus geo- und sicherheitspolitischen Gründen Anfang der 2010er Jahre einzig realistisch erscheinende Möglichkeit. Konkret geht es dabei um die Felder des Shah-Deniz-Konsortiums in Aserbaidschan. Daher konkurrierten alle drei Pipelines letztlich um Bezüge aus Aserbaidschan, wodurch das Shah-Deniz-Konsortium eine Schlüsselrolle erhielt. Es entschied sich 2012 gegen die ITGI-Pipeline, die damit aus dem Rennen ausschied (Kahn 2012). Bereits zuvor hatten die Türkei und Aserbaidschan im Dezember 2011 mit der Trans-Anatolischen Pipeline (TANAP) eine eigene Pipeline von der georgisch-türkischen Grenze zur türkisch-bulgarischen Grenze mit einer geplanten Jahreskapazität von 16 Mrd. m³ lanciert. Dies veranlasste Nabucco dazu, ihre ambitionierten Pläne aufzugeben und die Pipeline ebenfalls an der türkisch-bulgarischen Grenze zu beginnen und zu verkleinern (Nabucco 2013; Socor 2012b). Die so entstandene Variante „Nabucco-West" konkurrierte Anfang 2013 damit direkt mit TAP, da beide Pipelines nun ein ähnliches Ambitionsniveau aufwiesen, jedoch unterschiedliche Märkte bedienen.

Blue Stream II: Prozesse

Die erste Blue Stream Pipeline, die russländisches Gas durch das Schwarze Meer in die Türkei liefert, wurde im November 2005 eröffnet. Bei der Eröffnung sprach Putin erstmals öffentlich von der Möglichkeit zum Bau einer zweiten Blue Stream Pipeline. Diese solle nicht mehr für den türkischen Markt, sondern zur Belieferung von Italien, Südeuropa und Israel eingesetzt werden. Gazprom-Chef Miller sprach dabei davon, dass auch Zentraleuropa, Ungarn und Österreich beliefert werden könnten. Der türkische Präsident Erdogan war von dieser Idee angetan, da es den Status der Türkei als Transitland und Gas-Hub stärken würde (ROGR 2005b; WGI 2005).

Anfang 2006 griff Gazprom zu wirtschaftlichen Zwangsmaßnahmen, indem sie die Lieferungen an die Ukraine reduzierte (vgl. oben Abschnitt 6.2.5), was in Ungarn eine Versorgungskrise zur Folge hatte. Schon Anfang Februar 2006 reiste Miller nach Libyen, Algerien, Griechenland und Ungarn. Beiden EU-Staaten bot er einen Status als Transitland im Rahmen der Blue Stream II an. In Ungarn traf er auf den Finanzminister János Veres und Transportminister János Kóka, denen er zusätzlich den Bau von Untergrundspeichern für Erdgas vorschlug (Interfax 2006b). Dies war auf Grund der vorteilhaften geologischen Bedingungen Ungarns für Gazproms neue Strategie zur Umgehung von Transitstaaten besonders interessant, da der ukrainische Transportkorridor ohne neue Speicher nicht ersetzbar ist.

Kurz vor den Parlamentswahlen im April 2006 stimmte Premierminister Ferenc Gyurcsany bei einem Besuch Putins in Ungarn der Verlängerung der Pipeline nach Ungarn zu. Außerdem drückte Putin das Interesse Russlands am Bau des strategischen Speichers in Ungarn aus, der kurz zuvor zur Vermeidung erneuter Gasversorgungskrisen beschlossen worden war (BBC 2006a; EUSPOT 2006e; Interfax 2006c; Prime-TASS 2006b). Gyurcsany betonte in der Presse anschließend vor allem die Vorteile für Ungarn, die aus dem Status als „Gas-Hub" entstehen würden. Er habe die Versicherung von Putin erhalten, dass die Pipeline rasch gebaut würde (Interfax 2006k).

Die Sozialdemokraten gewannen die Wahlen im April 2006 und Gyurcsany blieb Ministerpräsident. Im Juni 2006 konkretisierte sich das Projekt bei einem Besuch von Gazprom-Chef Miller und Exportchef Aleksandr Medvedev in Budapest, wo sie sich mit MOL-Chef Zsolt Hernadi, Gyurcsany und Wirtschaftsminister Kóka trafen. Dabei wurde eine Vereinbarung über die Bildung eines Gemeinschaftsunternehmens auf paritätischer Basis zwischen Gazprom und MOL unterzeichnet, das den Bau des ungarischen Teilstücks der Blue Stream und die Investition in Untergrundspeicher prüfen sollte. Das ungarische Teilstück der Blue Stream sollte eine Kapazität von mindestens 10 Mrd. m^3 haben, die Gasspeicher sollten ebenfalls bis zu 10 Mrd. m^3 beherbergen können. Allein die Investitionen in die Gasspeicher wurden auf US-$ 4 Mrd. geschätzt. Das Projekt wurde bereits als eine der größten Investitionen in der ungarischen Geschichte bezeichnet (AFX 2006; EUSPOT 2006b; Orban 2008: 150).

Die Kooperation sollte sich für Ungarn makroökonomisch auszahlen. Nach der Zustimmung zur Blue Stream II stiegen insbesondere die Ausfuhren von ungarischen Industriegütern (Maschinen und Transportmittel) nach Russland sprunghaft an, was das Ungleichgewicht der Handelsbilanz etwas ausglich (siehe Abbildung 7.27). Von 2005 auf 2006 wuchsen die ungarischen Exporte nach Russland um mehr als 70 % und im Folgejahr noch einmal um über 50 % an. Währenddessen wuchsen die Gesamtexporte Ungarns im gleichen Zeitraum nur 19 % von 2005 auf 2006 bzw. 27 % von 2006 auf 2007. Das Wachstum der Exporte nach Russland liegt also deutlich über dem Trend und kann nicht nur mit der Verlagerung von Produktionskapazitäten multinationaler Konzerne erklärt werden. Auch auf korporativer Ebene wurden Anreize gesetzt: MOL erhielt größeren Zugang zum russländischen *upstream*-Sektor: Sie konnte 2006 den Block Surgut-7 und die russländische Firma Baitex erwerben, die ab 2014 mehr als 10 % der Ölförderung des Unternehmens ausmachen soll (MOL 2007).

Dies verstärkte das Kooperationsinteresse ungarischer Akteure. Bei einem Besuch Gyurcsanys in Soči im September 2006 warb Gyurcsany intensiv um die Gunst Putins. Gyurcsany betonte die Vorteile der Kooperation mit Russland und sagte, wer nicht verstehe, dass Europa Russlands Energieressourcen benötige, während Russland europäische Konsumenten brauche, werde schließlich verlieren. Die Ungarn würden Russland verstehen wollen. Für bessere Beziehungen mit Russland wolle er auch einen Kampf gegen Kritiker in Ungarn führen. Auch sei Ungarns Energiepolitik mit der Politik der EU vereinbar, da sie die Versorgungssicherheit erhöhe. Putin betonte die Zuverlässigkeit Russlands und verwies auf die „Offenheit" des russländischen Marktes für ungarische Waren, die sich in der Vergrößerung der Einfuhren aus Ungarn abbilde (Interfax 2006i; MTIE 2006; Socor 2006).

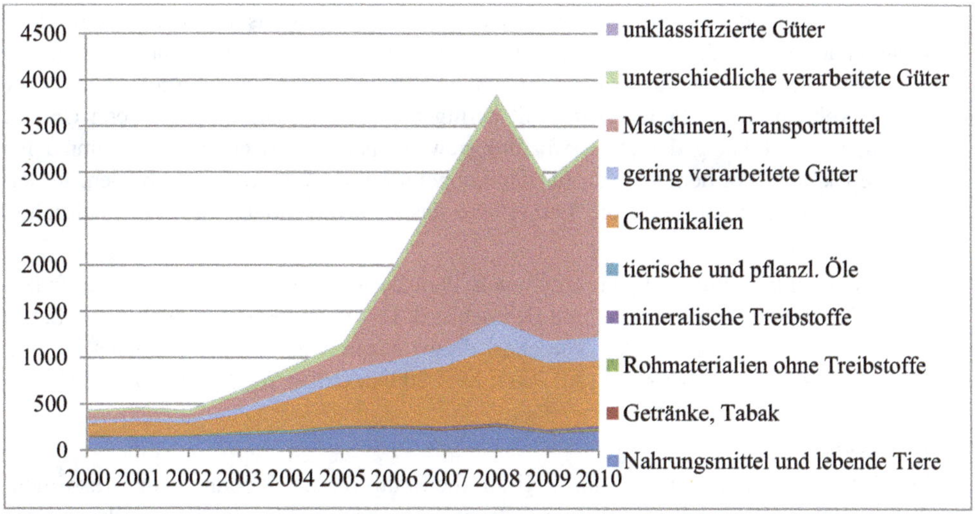

Quelle: UN Comtrade Datenbank (http://comtrade.un.org), Abruf der Daten am 2.8.2011.
Abb. 7.27:   Ausfuhren Ungarns nach Russland, US-$ Mio. SITC, 3. Revision

Andere Mitglieder der Regierung motivierten die Zusammenarbeit mit den Sachzwängen, die durch die Manipulation des Kontextes in Form der Generierung von Wettbewerb zwischen potentiellen Transitstaaten als entstanden waren. Wirtschaftsminister Kóka war der Meinung, dass ein Wettlauf um die Etablierung eines regionalen Gas-Hubs geführt werde, den man gewinnen müsse (EUSPOT 2006b; Interfax 2006a).

Auch die Anwendung wirtschaftlichen Zwangs zeigte Wirkung, denn die Blockade gegenüber der Ukraine hatte auch auf Ungarn Auswirkungen gehabt. Kóka war der Meinung, dass durch die neue Pipeline eine erhöhte Versorgungssicherheit garantiert werde. Zudem minimierte die geplante Investition in Speicherkapazitäten darüber hinaus auch technologische Risiken durch die begrenzten Kapazitäten von Pipelines an Grenzübergängen. Als zusätzlichen Anreiz nannte er die Möglichkeit zur Reduktion des Bezugspreises von Erdgas bei engerer Kooperation mit Gazprom (EUSPOT 2006b; Interfax 2006a).

Andere Möglichkeiten zur Gewährleistung von Versorgungssicherheit wurden dabei als mit hohen Risiken behaftet angesehen. Der Chef der Energieeffizienzagentur, Laszlo Molnar, war der Meinung, es sei absolut unmöglich, die Abnahmemenge von Erdgas aus Russland drastisch zu reduzieren, was aber notwendig sei, wenn Nabucco gebaut würde (Interfax 2006n). Gyurcsany stieß in das gleiche Horn: man müsse die Häuser auch in zwei Jahren noch heizen können, was mit Nabucco nicht garantiert sei (MTI 2007a). Wenn er eine andere Wahl hätte, würde er einen anderen Gasversorger vorziehen, so Gyurcsany (ROGR 2007). Auch Außenministerin Kinga Göncz sah den Handlungsspielraum als limitiert an, als sie Anfang 2007 für Verständnis für die ungarische Russlandpolitik warb, die auf Grund der hohen Energieabhängigkeit „pragmatisch" sein müsse (Interfax 2007f). Wer Diversifikation befürworte, ohne Verantwortung für die Versorgung in der Zwischenzeit zu übernehmen, handle unverantwortlich (MTI 2007b). Unklar ist, worauf sie dabei anspielten, da der bestehende Liefervertrag mit Gazprom 2015 auslief und die Nabucco-Pipeline damals eigentlich 2014 oder 2015 fertig gestellt sein sollte (Zaman 2010). Vermutlich erschien die

Zeitplanung der Pipeline als zu unsicher und andere Diversifikationsoptionen wie ein LNG-Terminal an der Adria würden zu geringe Mengen bereitstellen. Ungarn hätte also bereits vor Fertigstellung der Pipeline mit Gazprom neu verhandeln müssen. Gazprom hätte aber vermutlich keinem neuen Liefervertrag mit geringeren Mengen zugestimmt, wenn Ungarn die unkooperative Lösung der Diversifikation gewählt hätte. Dies ergab ein Dilemma für ungarische Akteure, bei dem sie sich für die Kooperation mit Gazprom entschieden. In den Argumenten sind deutlich auch die Lerneffekte aus der Anwendung des wirtschaftlichen Zwangs zu erkennen.

In der Öffentlichkeit nutzte Gyurcsany auch den Verweis auf die gewöhnliche Praxis bilateraler Deals zwischen Russland und Deutschland, Italien und Frankreich als Modell, um seine Politik zu vermarkten. Das Vorgehen dieser Staaten zeige, wie europäische und nationale Interessen vereinbar seien (AP 2007; MTI 2007a; Orban 2008: 151; Socor 2007a).

South Stream: Prozesse

Im Juni 2007 kündigten Gazprom und ENI an, die South Stream Pipeline bauen zu wollen. South Stream ist eine Gaspipeline die von Gazprom kontrolliert werden und direkt von der russländischen Schwarzmeerküste in vier Strängen mit einer Gesamtkapazität von 63 Mrd. m³ jährlich durch die Wirtschaftszonen Russlands, der Türkei und Bulgariens im Schwarzen Meer nach Bulgarien führen soll. Die Routenführung auf dem Festland wurde entsprechend der Taktik zum Setzen von Anreizen häufig geändert. Seit Ende 2012 soll jedoch eine offizielle Route durch Bulgarien, Serbien, Ungarn und Slowenien an den italienischen Grenzpunkt Tarvis führen. Zudem sind Abzweige in die Serbische Republik in Bosnien und Herzegowina und nach Kroatien geplant (SouthStream 2013). Ein zuvor vorgesehener Südarm durch Griechenland nach Italien wurde aus Kostengründen gestrichen. Gazprom motivierte die neue Pipeline mit der Umgehung des Transitlandes Türkei. Die zweite Phase der Blue Stream sollte nun nur noch zur Versorgung der Levante gebaut werden (Neff 2007).

Nachdem Gazprom so die Option Blue Stream II vom Tisch genommen hatte, zeigte die ungarische Regierung vorübergehend erneutes Interesse für die Nabucco-Pipeline. Wirtschaftsminister Kóka sagte, dass man einen „Fehler" begangen hätte, da man nur wiederholt habe, dass das Projekt ein Traum sei (AFP 2007). Diese Erkenntnis sollte jedoch nicht lange anhalten.

Putin und Gazprom brachten Ungarn rasch mit Manipulationen des Kontextes wieder an Bord. An erster Stelle stand dabei eine Attribuierung, die wiederum den Verzicht Ungarns als unvorteilhaft und Fragen nach den Nachteilen des Projektes damit als überflüssig erscheinen ließ. Sie unterzeichneten noch 2007 bilaterale Abkommen mit Bulgarien, Österreich und Serbien über South Stream. Dabei sollte Österreich die Rolle einer Gasdrehscheibe zukommen. Um die Unsicherheiten in Ungarn zu erhöhen, sprach der russländische Botschafter vor einem Besuch von Vizepremier Viktor Zubkov im Dezember 2007 davon, dass zwar die Route nach Österreich festgelegt sei, aber nicht die Route nach Italien. Diese könne sowohl südlich über Griechenland, als auch nördlich über Ungarn verlaufen, weshalb Ungarn weiterhin eine Gasdrehscheibe werden könne. Durch diese Manipulation war das Interesse der ungarischen Politik wieder geweckt, da eine Nichtteilnahme nun als nachteilig erschien. Ungarn erhielt kurze Zeit später laut Gyurcsany ein „Versprechen" von Zubkov, dass South Stream auch durch Ungarn verlaufen würde (Orban 2008: 153; Socor 2007b).

Im Unterschied zur wenig formalisierten Blue Stream Pipeline setzte Russland nun auf eine stärkere Bindung der Partner mit zwischenstaatlichen Verträgen. Dabei wurden über eine Manipulation des Kontextes in Form einer Subtraktion von Handlungsoptionen starke Anreize gegeben, um Ungarn rasch zur Kooperation zu bewegen. Ungarn wurden dabei zwei Optionen präsentiert: Bei nicht kooperativem Verhalten würde Ungarn seine bisherige geringe Transitrolle ganz verlieren und Gaslieferungen anstatt über die Ukraine über Serbien aus dem Süden erhalten. South Stream würde in diesem Fall über Kroatien verlaufen, mit dem russländische Akteure gleichzeitig verhandelten. In der kooperativen Option würde Ungarn selbst zum Transitland von Gas werden, das aus Serbien nach Österreich transitiert werde. Dabei würden Transiteinnahmen anfallen, aber die Option zum Import von Gas aus Österreich würde wegfallen, da die Flussrichtung am bestehenden österreichischen Grenzübergangspunkt umgekehrt verlaufen würde.

Vor diesem Hintergrund fuhr Finanzminister Veres Anfang Februar 2008 nach Moskau, um den Vertrag auszuhandeln. Ende desselben Monats reiste er wiederum nach Moskau. Der Zweck des Aufenthalts wurde von der ungarischen Regierung geheim gehalten. Erst anschließend wurde bekannt, dass Gyurcsany Veres mit allen nötigen Vollmachten zur Verhandlung eines zwischenstaatlichen Abkommens ausgestattet hatte. Veres brach die Verhandlungen aber ohne Resultat ab. Daraufhin kündigte der Präsidentschaftskandidat und Gazprom-Aufsichtsratschef Dmitrij Medvedev seinen Besuch für die folgende Woche an und formulierte die Bedingungen Russlands (Chazan 2008; Orban 2008: 154f). Medvedev und Miller kamen dann Ende Februar nach Budapest und stimmten die letzte Version des zwischenstaatlichen Abkommens mit Gyurcsany ab. Drei Tage später unterzeichnete Gyurcsany das Abkommen in Moskau mit Präsident Putin (WGI 2008). Putin dankte Gyurcsany für seine „pragmatische Position" und betonte, dass es keine vorteilhaftere Alternative als die Zusammenarbeit mit Russland gäbe (Prezident Rossii 2008a; SKRIN 2008a). Die Bemerkungen von Außenministerin Göncz zeigen, dass die russländische Manipulation des Kontextes gewirkt hatte: Die Pipeline wäre auch ohne Ungarn gebaut worden, also sei es besser, wenn man teilnehme, so Göncz. Die Regierung betonte wiederum, dass die Zustimmung zu South Stream Nabucco nicht ausschließe und beide Projekte weiterhin möglich seien (Interfax 2008d).

Das Abkommen ist für 30 Jahre gültig und sieht den Bau einer Pipeline mit mindestens 10 Mrd. m³ Kapazität vor. Außerdem soll ein Gasspeicher mit mindestens 1 Mrd. m³ gebaut werden. Als Projektpartner auf ungarischer Seite ist nicht MOL, sondern die staatliche ungarische Entwicklungsbank (MFB) vorgesehen. Das Unternehmen soll paritätisch von Gazprom und MFB kontrolliert werden. Daneben erreichte Russland einige Konzessionen, die die EU-Richtlinie zur Gasmarktliberalisierung unterlaufen: Die Durchleitungsgebühren durch die Pipeline werden ausschließlich vom Betreiber der Pipeline bestimmt, was einer Regulierung der Gebühren durch die Regulierungsbehörde widerspricht. Ebenso enthält das Abkommen eine Klausel, gemäß derer die Gesamtkapazität der Leitung von Gazprom genutzt werden darf. Dies widerspricht dem Drittparteienzugang. Außerdem wird die Pipeline von Regeln ausgenommen, die gleichbedeutend sind mit Enteignung oder Verstaatlichung, womit auf die im Liberalisierungspaket vorgesehene Entflechtung von Produktion und Netzbetrieb angespielt wird. Die ungarische Regierung verpflichtet sich auch dazu, innerhalb der EU dafür einzutreten, dass die Pipeline den Status eines transeuropäischen Energienetzes erhält (Magyar Közlöny 2008). Die ungarische Regierung garantiert mit dem Abkommen also gegenüber Russland, EU-Recht nicht umzusetzen. Die

EU-Kommission war von diesem Präzedenzfall alarmiert und reichte 2011 einen Vorschlag für eine EU-Entscheidung ein, die eine Informationspflicht für zwischenstaatliche Verhandlungen und Abkommen im Energiebereich vorsah und die Möglichkeit der Kommission, an solchen Verhandlungen teilzunehmen regelte. Dieser Vorschlag wurde anschließend im Rat verwässert. Die Mitgliedstaaten sind in der 2012 erlassenen Entscheidung nicht verpflichtet, der Kommission die Verhandlungen zu melden, sondern nur bereits ratifizierte Abkommen. Die Kommission kann auch keine Teilnahme an den Verhandlungen gegen den Willen eines Mitgliedstaats durchsetzen (EC-994/2012/EU). Die Entscheidung ändert so wenig am vorherigen Sachstand und kann insbesondere den Abschluss ähnlicher EU-widriger zwischenstaatlicher Verträge nicht verhindern.

MOL wurde von dieser Entwicklung überrascht, insbesondere auch da die neue Pipeline unabhängig vom bestehenden Pipelinenetz entwickelt und betrieben werden sollte (Glazov/Ritchie 2008; Socor 2008a). Kurz vor dem Rücktritt Gyurcsanys wurde im März 2009 das Übereinkommen für die Gründung eines Gemeinschaftsunternehmens zwischen MFB und Gazprom unterzeichnet. Der Gasspeicher sollte nun gemeinsam mit MOL gebaut werden. Dazu unterzeichnete der Konzern ein Übereinkommen mit Gazprom über die gemeinsame Investition in den Gasspeicher Pusztaföldvar mit der Kapazität von 1,3 Mrd. m³ (Neff 2009b). Die Gründung des Unternehmens zwischen MFB und Gazprom sollte nach den Vereinbarungen bis spätestens September 2009 erfolgt sein (Interfax 2009c).

Die erneute Zwangsanwendung durch Gazprom in Form einer Einstellung der Gaslieferungen an die Ukraine und die EU Anfang 2009 sorgte wiederum für eine zwischenzeitlich stärkere Betonung der Notwendigkeit von Diversifikation. Gyurcsany machte nach Abschluss der Vereinbarungen seine Unterstützung für Nabucco deutlich und widersprach Putin, der nun argumentierte, man müsse außer South Stream keine zusätzlichen Pipelines mehr bauen, da Ungarn bereits über Russland zentralasiatisches Gas erhalte. Gyurcsany stellte seinerseits eine Beziehung zwischen Abhängigkeit von Energieimporten und nationaler Souveränität her und betonte die Notwendigkeit zur Diversifikation von Lieferanten, um die Unabhängigkeit zu gewährleisten (Interfax 2009b; SSN 2009). Die Nabucco-Pipeline bekam für einige Zeit höhere Priorität. Ein hochkarätiger Sonderbotschafter wurde im Frühling 2008 mit der Koordination des Nabucco-Projekts beauftragt (BBC 2008b). Gyurcsany besuchte im Herbst 2008 Aserbaidschan, Turkmenistan und die Türkei, um für Nabucco zu werben. Außerdem wurde die Kooperation mit Kasachstan intensiviert. Im Januar 2009 organisierte Ungarn außerdem einen Nabucco-Gipfel (Balla 2009; Socor 2008b).

Auch unter dem neuen Premierminister Gordon Bajnai wurde Nabucco der Vorzug über South Stream gegeben. Die Gründung des Gemeinschaftsunternehmens mit MFB wurde nicht innerhalb des vorgesehenen Zeitraums abgeschlossen. Dies ist auch auf taktische Züge von Gazprom zurückzuführen, die statt der im Abkommen vereinbarten Parität doch noch einen Mehrheitsanteil an der Pipelinegesellschaft erreichen wollte. Außerdem kam das South Stream Projekt generell nicht so rasch voran, wie geplant (BBC 2009c). Das Gemeinschaftsunternehmen wurde daher erst im Januar 2010 gegründet (MTIE 2010c). Derweil wurde das Speicherprojekt ad acta gelegt, da die Machbarkeitsstudie angeblich keine positiven Resultate erbracht hatte (Enright 2012).

Nachdem der konservativ-populistische Fidesz die Wahlen im April 2010 mit einer Mehrheit von zwei Dritteln gewonnen hatte, wurde die Unterstützung für South Stream wieder stärker. Die neue Regierung bekräftigte bald ihre Bereitschaft zur Teilnahme an der South Stream

(BBC 2010b; d; Grainge 2010). Außenpolitisch war Orbán zwar mit russlandkritischen Positionen angetreten, die jedoch angesichts der Wirtschaftskrise und der wachsenden Kritik aus der EU für den wenig demokratischen Regierungsstil Orbáns bald der Bewunderung für die wirtschaftliche Dynamik der „BRIC"-Staaten wich. Genau wie Schröder und Rahr, die in Deutschland geopolitisch argumentieren, trat Orbán schließlich auch für eine Vereinigung des technologischen Potentials der EU mit den „potentiell unlimitierten Naturressourcen" Russlands ein, um gegen Asien und die USA konkurrenzfähig zu bleiben (Euractiv 2013).

Die stärkere Annäherung an Russland wurde im Frühjahr 2011 durch den Verkauf der 2009 erworbenen undurchsichtigen Beteiligung des russländischen Ölkonzerns Surgutneftegaz an der ungarischen Ölgesellschaft MOL erleichtert, die vom ungarischen Staat übernommen wurde (Grainge 2011; Hanson 2010). Russländische politische Akteure mussten nun weniger deutlich in Erscheinung treten als zuvor, während das Projekt dennoch von ungarischen Akteuren unterstützt wurde. Dies könnte eine Konzession Ungarns für die Kooperation bei Surgutneftegaz gewesen sein. Der russländische Vizepremier Zubkov kündigte anschließend an, dass man nun die Version der Routenführung unter Umgehung Ungarns aufgeben könne (MTI 2011b). Der für die Kooperation mit Russland zuständige Entwicklungsminister Tamás Fellegi kritisierte das Nabucco-Projekt dann auch für die fehlenden Zusicherungen von Käufern und Verkäufern und für dessen hohe Kosten (TPR 2011). An einem Punkt stellten Orbán und MOL sogar die ungarische Beteiligung an Nabucco in Frage. Nachdem das Projekt auf Nabucco-West reduziert worden war, erhielt es dennoch weiterhin Unterstützung Ungarns, schon um ein Druckmittel gegenüber Russland nicht aus der Hand zu geben. Allerdings war diese wenig enthusiastisch und MOL reduzierte im Herbst 2012 ihren Anteil am Nabucco-Konsortium (Interfax 2012b; NefteCompass 2012b; UPI 2012).

Ende Oktober 2012 konnte Gazprom-Exportchef Medvedev so mit dem Chef des staatlichen Elektrizitätsversorgers MVM einen Aktionärsvertrag über die Errichtung des Gemeinschaftsunternehmens zum Bau des ungarischen Teilstücks der Pipeline unterzeichnen. Beide Seiten würden die Pipeline paritätisch finanzieren, allerdings sollten 70 % der erwarteten Kosten von € 600 Mio. über Kredite finanziert werden. Diesen Vertrag bezeichneten beide Seiten gleichzeitig als „endgültige Investitionsentscheidung" für den Bau der Pipeline. Dieser Begriff wurde allerdings von der EU-Kommission in Frage gestellt, da es weder detaillierte Planungen für die Pipeline gegeben habe, noch die Dokumente für die im EU-Recht notwendige Umweltverträglichkeitsprüfung eingereicht worden seien. So könnten die Kosten noch gar nicht feststehen (MVM 2012; Smedley 2012; SouthStream 2012b; Xinhua 2012). Gazprom konnte also eine rasche Entscheidung erreichen, die zumindest auf dem Papier definitiv wirkt, aber auf Grund der fehlenden Dokumentation relativ risikoreich ist.

Die Kooperation Ungarns mit Russland ging auch mit einer stärkeren staatlichen Kontrolle über den Energiesektor einher. Diese wollte die Regierung nutzen, um größere Verhand-lungsmacht gegenüber Gazprom für die Neuverhandlung des 2015 auslaufenden Liefer-vertrags zu erhalten. So wurden nicht nur die Aktiva der MOL vom Staat übernommen. Auch die Aktiva von E.ON in Ungarn sollen an die staatliche MVM übergeben werden. Diese erhielt zudem die Kontrolle über die Erdgaspipeline zwischen Kroatien und Ungarn und die South Stream. Zudem sollen die Gasspeicher verstaatlicht werden. Mit einer Stärkung der staatlichen Kontrolle über den Energiesektor hofft Orbán offenbar, gegenüber Russland eine bessere Verhandlungsposition in der Frage der Gaspreise zu erreichen (BBC 2012b; Marzec-Manser 2012).

Wirtschaftliche Rationalität

Bei der Betrachtung der wirtschaftlichen Rationalität ist zu berücksichtigen, dass die Pipelines auf den gesamten südosteuropäischen Markt abzielen und Ungarn daher nur ein Teil in der Strategie ist. Dementsprechend muss die Rationalität des Vorgehens auf das Gesamtprojekt bezogen bewertet werden. Wie schon bei der Nord Stream Pipeline bemisst sich die wirtschaftliche Rationalität des Vorgehens nach dem positiven Nettogegenwartswert und dem strategischen Wert des Vorhabens. Da die Blue Stream Pipeline als Projekt von der russländischen Seite rasch aufgegeben wurde und bei South Stream ähnliche Instrumente genutzt wurden, wird hier nur die South Stream Pipeline betrachtet. Diese findet in einem ähnlichen strategischen Kontext statt und verfolgt das gleiche Ziel wie die bereits analysierte Nord Stream Pipeline, weshalb einige Schlussfolgerungen übertragen werden können.

South Stream soll eine Kapazität von 63 Mrd. m^3 erhalten und von der russländischen Schwarzmeerküste 900 km unter Wasser verlaufen, um in Bulgarien anzulanden. Von dort aus sind ein südlicher Abzweig über Griechenland nach Italien und ein nördlicher über Serbien und Ungarn nach Baumgarten in Österreich geplant. Innerhalb Russlands müssen zudem 2300 km neuer Pipeline verlegt, sowie 10 neue Kompressorstationen gebaut werden. Die Kosten der South Stream wurden zunächst auf € 24 Mrd. geschätzt (Bush 2009; Gazprom 2011a). Gemeinsam mit den Pipelines, die innerhalb Russlands notwendig sind, aber bereits ohne den zunächst geplanten Südarm betrugen die Schätzungen Anfang 2013 schon über € 50 Mrd. (EEGAS 2013b). Gazprom selbst bezifferte die Kosten gleichzeitig geringer, aber immerhin auf US-$ 39–40 Mrd. (Intellinews 2013b; Reuters 2013b). Das Projekt wurde zunächst von ENI und Gazprom gemeinsam vorangetrieben, 2011 erhielten Wintershall und die französische EdF jeweils 15 % an der Pipeline, während sich der Anteil der ENI auf 20 % reduzierte (Allpress 2011).

Es kann sein, dass South Stream die günstigste Variante wäre, Erdgas aus Russland auf die südosteuropäischen Märkte zu befördern. Da ein Teilstück von 900 km als Unterseepipeline verläuft, werden sich wiederum wie bei der Nord Stream ähnliche Einsparungen von zwei Dritteln der Kompressorleistung gegenüber dem Überlandtransport ergeben. Die höhere Effizienz des Unterwassertransports und der kürzere Transportweg von der Jamal-Halbinsel sind bei Chyong, Noel und Reiner (2010) ausschlaggebend für die positive Bewertung der Nord Stream-Pipeline.

Für die South Stream gilt dies jedoch nicht, da sich die Wegstrecke auf die meisten Märkte verlängert. Für den Transport von russländischem Gas nach Bulgarien und Südosteuropa muss eine ca. 500 km längere Wegstrecke zurückgelegt werden als wenn das Gas auf dem bisherigen Weg durch die Ukraine transportiert werden würde. Dabei werden die durch den Unterwassertransport realisierten Effizienzgewinne fast vollständig kompensiert. Die Strecke nach Ungarn ist gar ca. 1200 km länger als die bestehende Strecke durch die Ukraine. Lediglich für den Transport von zentralasiatischem Gas von der kasachisch-russländischen Grenze nach Bulgarien und Südosteuropa sind die Strecken annähernd gleich. Dies gilt aber ebenfalls nicht für den Transport zentralasiatischen Gases nach Mitteleuropa.[131]

Gemeinsam mit den hohen Kosten einer Unterseepipeline schlägt sich dies auch in den Transportkosten nieder. Dabei ergibt sich auch kein Vorteil von der Verschiebung des Produktionszentrums aus der Nadym-Pur-Taz Region in die Jamal-Halbinsel. Selbst nach

---

[131] Eigene Berechnungen auf Basis von Chyong et al. (2010: 38); EEGAS (2008).

konservativen Schätzungen liegen die Transportkosten bis an die ungarische Grenze bei voller Auslastung der Pipeline ein Viertel über den Transportkosten des ukrainischen Korridors. Sogar für Lieferungen nach Bulgarien ist die South Stream Pipeline etwas teurer (Chyong/Hobbs 2011: 76ff). Damit sind auch Lieferungen in die Türkei, dem nach Italien zweitgrößten Markt der Region, nicht günstiger als die bisher über die westliche Route abgewickelten Lieferungen. Auch Lieferungen nach Italien, das der größte Kunde von Erdgas aus der South Stream werden dürfte, werden erheblich teurer als bisher.

Der Nettogegenwartswert der Pipeline wird damit auch bei voller Auslastung nicht positiv werden. Die Auslastung der Pipeline ist auch ungeklärt, da die Pipeline nur zu etwas mehr als der Hälfte ausgelastet wäre, selbst wenn alle vereinbarten Liefermengen nach Bulgarien, Serbien, Slowenien, Österreich, Ungarn und Italien über South Stream umgeleitet würden. Daher ist mit einer geringen Auslastung zu rechnen, was die Wirtschaftlichkeit des Projektes abermals verschlechtert. South Stream stellt also keine wirtschaftlich optimale Route für den Transport von Erdgas auf die Zielmärkte dar, zumal sich auch ein positiver Nettogegen-wartswert am Ausbau alternativer Transportmöglichkeiten für Erdgas zu messen hätte. Eine Überlandpipeline würde dabei sicher wesentlich geringere Investitionskosten aufweisen, wenn sie denn auf Grund größerer Transportmengen überhaupt notwendig wäre.

South Stream könnte aber *strategische Effekte* erzeugen und daher wirtschaftlich gerechtfertigt sein. Wie schon bei Nord Stream kalkulierte Smeenk (2010) auch für South Stream auf Basis eines spieltheoretischen Modells mit integrierter Realoptionsanalyse den möglichen Nettoprojektwert für Gazprom. Dabei kommt er zum Schluss, dass der Nettoprojektwert einer frühen Investitionsentscheidung positiv sei, da die Pipeline Wettbe-werber abhalte und der südosteuropäische Gasmarkt substantielles Wachstumspotential aufweise. Gleichzeitig stünden mit Aserbaidschan, Iran, Irak, Algerien, Libyen und Ägypten eine Vielzahl potentieller Anbieter bereit, die Gas zudem zu geringeren Kosten als Gazprom erzeugen und auf Märkte transportieren könnten (IEA 2009a: 482; Smeenk 2010). Bei einem hohen Anstieg der Nachfrage könnte Gazprom den Eintritt von Wettbewerbern in der Region sogar vollständig verhindern, da durch South Stream die notwendige Infrastruktur frühzeitig geschaffen worden wäre und andere Wettbewerber so vom Markt abgeschreckt würden, da Gazprom jederzeit die Lieferungen erhöhen könnte (Smeenk 2010: 291). Dies generiere einen hohen Nettoprojektwert für South Stream, der auch bei weniger positiver Nachfrageentwicklung noch gut ausfällt. South Stream sei daher positiver zu bewerten als Nord Stream. Allerdings geht Smeenk hier von einem recht starken Verbrauchsanstieg in der Region aus, der in seinem Modell auch von Russland gedeckt werden kann, was angesichts des Produktionspotentials fraglich ist (Söderbergh et al. 2010). Außerdem nimmt Smeenk niedrige WACC von 8,5 % und viel zu geringe Transportkosten von nur US-$ 15,4 pro 1000 m³ an, da er die notwendigen Investitionen auf dem russländischen Festland nicht einbezieht und von einer hohen Auslastung ausgeht. Wie die Sensitivitätsanalyse zeigt, wird das Projekt bei niedrigerem Nachfragewachstum, aber vor allem auch bei höheren WACC und wachsenden Transportkosten rasch unprofitabel (Smeenk 2010: 294f).

Die Frage ist also, ob es plausibel erscheint, dass Gazprom mit South Stream Konkurrenten vom südosteuropäischen Markt fernhalten kann und aus den Gaslieferungen dennoch Gewinne zieht. Dies impliziert, dass die Transport- und Produktionskosten nach Steuern nicht höher sein dürfen als der Preis, zu dem Gazprom Erdgas absetzen kann. Verhinderte Diversifikation selbst hat dabei – wie bei der Ostseepipeline – auch einen Wert, denn es können höhere Preise extrahiert werden. Dies behindert aber wiederum das Wachstum des

Gasmarkts, da die Nachfrage zwar zunächst unelastisch ist, mittel- und langfristig aber durchaus elastisch auf Preissteigerungen reagiert, da Erdgas im Unterschied zu Erdöl leichter substituierbar ist. Dies verweist wiederum darauf, dass das Ziel der South Stream analog zu Nord Stream nicht die Lieferung größerer Mengen auf die Zielmärkte ist, sondern das Aufrechterhalten einer Monopolposition, die das Entstehen von kompetitiven Gasmärkten verhindert und den Preis für Erdgas möglichst hoch belässt. Dies widerspricht gewissermaßen der Schaffung neuer Exportkapazitäten. Da South Stream ungleich Nord Stream gegenüber der gegenwärtigen Route auch keine kürzere Strecke oder geringere Transportkosten mit sich bringt, sondern die Transportkosten der Gazprom erhöht, so verschlechtert sie auch die Fähigkeit der Gazprom, flexibel auf Wettbewerber zu reagieren. Während das Pipelineprojekt in einem reinen Preiskampf also Konkurrenten besser stellt als bisher, könnte deren Markteintritt andererseits durch konkrete Bindungseffekte der Pipeline bei Akteuren in Zielländern erschwert werden, sowie wenn es gelingt, mit dem Projekt generell die Politik der Vermarktlichung des Erdgassektors in der EU zurückzudrängen.

Bindungseffekte können durch Anreize und Druckmittel in den Zielmärkten entstehen, mit Hilfe derer Situationen erzeugt werden, in denen sich gegenwärtige strukturelle Abhängigkeiten mittels langfristiger Verträge und persönlicher Vernetzung in einen längerfristigen Zustand transformieren lassen. Da South Stream mit Nabucco einen Konkurrenten hat, ging es dabei darum, das Projekt möglichst zu verhindern oder wenigstens zu verzögern. Gegenüber dem *status quo* verbessert das Projekt South Stream die Position der Gazprom in den Zielmärkten, da sie direkt an Pipelinegesellschaften teilnimmt und so direkten Zugang zu den Märkten erhält, zu denen sie vorher nur mittelbar Zugang hatte. Dies ermöglicht neue Strategien und die Vernetzung mit lokalen Akteuren. Am wichtigsten ist aber der Effekt, den das Projekt South Stream auf das Interesse der Zielländer an Nabucco hatte. Dieses Interesse hat sich verringert, da South Stream zwar keine Diversifikation der Quellen bringt, aber durch die Umgehung von Transitstaaten zumindest das Problem der Lieferunterbrechungen zu beheben verspricht. Hinzu kommt der Anreiz von Investitionen in Infrastruktur und aus langfristigen Transiteinnahmen. Im Falle Ungarns hat beides dazu beigetragen, die Unterstützung für Nabucco zu schwächen.

Langfristige Bindungseffekte entstehen in diesem Zusammenhang durch die Verschiebung der Realisierung der Nabucco-Pipeline oder ihrer vollständigen Verhinderung bei gleichzeitiger Notwendigkeit der Staaten zur Deckung ihres Erdgasbedarfs. Sofern keine alternativen Lieferanten zur Verfügung stehen, kann Gazprom Bedingungen stellen und langfristige Lieferverträge durchsetzen. Dies erschwert den Einstieg von Konkurrenten, auch wenn diese niedrigere Preise bieten. Bis zum Abschluss der vorliegenden Studie wurden zwar nur in geringem Ausmaß neue Langfristlieferverträge geschlossen, weitere sind daher jedoch zu erwarten.

Anfang 2013 schlossen Gazprom und Serbien einen zehnjährigen Liefervertrag für die Lieferung von jährlich 1,5 Mrd. m³ Erdgas. Dies deckt den Jahresverbrauch Serbiens vollständig ab. Es war auch der erste Langzeitliefervertrag, den Gazprom mit Serbien unterzeichnete. Der Vertrag ermäßigt die Gaslieferungen um ca. 13 % gegenüber der vorherigen Praxis jährlicher Verträge (Gazprom 2013a). Der Vertragsabschluss wäre ohne South Stream sicher nicht zustande gekommen, ist jedoch auf Grund der geringen Dauer wenig nützlich.

Strategische Effekte entstehen auch gegenüber Bulgarien. Zwar war der bestehende Liefervertrag schon zum 1. Januar 2013 ausgelaufen und hätte daher auch bei einem raschen

Bau der Nabucco-Pipeline oder eines anderen Projekts erneuert werden müssen. Die Erneuerung fand im November 2012 statt, allerdings für 10 Jahre anstatt der von Bulgarien gewünschten 6 Jahre und für eine Menge von jährlich 2,9 Mrd. m³ (Bivol 2012; Novinite 2012). Allerdings entstehen Bindungseffekte aus dem Einbezug lokaler Akteure in die Finanzierung des Pipelinebaus auf bulgarischem Territorium. Die Pipeline wird zur Hälfte von Bulgarien über einen russländischen Kredit in Höhe von € 3 Mrd. bezahlt, der anschließend mit den Transiteinnahmen Bulgariens über 15 Jahre hinweg abgezahlt werden soll (Novinite 2013). So entstehen neue finanzielle Abhängigkeiten und damit ein Interesse Bulgariens an der Nutzung der Pipeline. Bulgarien besitzt dabei mit dem Zugang zur Türkei aber auch weitere Bezugsmöglichkeiten.

Hingegen kann davon ausgegangen werden, dass Gazprom bei einer raschen Umsetzung der Nabucco ab 2015 zumindest einen Teil der Liefermenge nach Ungarn verloren hätte. Zudem hat South Stream wahrscheinlich ein LNG-Terminal in Kroatien verhindern können, das auch von Ungarn hätte genutzt werden sollen (BBC 2013a; b; WGI 2013). So kann davon ausgegangen werden, dass South Stream für Gazprom eine Liefermenge von ca. 5 Mrd. m³ jährlich nach Ungarn gesichert hat, die sonst verloren gegangen wäre. Auch wird Gazprom gegenüber Ungarn wahrscheinlich einen längerfristigen Liefervertrag durchsetzen können, da das Land stark vom Erdgas abhängig ist und nur wenige alternative Importmöglichkeiten besitzt.

Bindungseffekte könnten allerdings gegenüber dem wichtigsten südosteuropäischen Markt, Italien, kaum auftreten. Selbst wenn die nordafrikanischen Lieferungen auf Grund interner Konflikte und terroristischer Bedrohungen unsicherer werden sollten, so könnten Libyen und Algerien wesentlich geringere Preise bieten und trotzdem profitabel liefern (Smeenk 2010: 206). Wenn die Bezüge aus Nordafrika zu unsicher werden sollten, würde Italien auch ohne die South Stream Pipeline größere Lieferungen aus Russland beziehen. Zudem könnte Italien in Zukunft auch von aserbaidschanischem Erdgas profitieren. Die bestehenden Lieferverträge mit Gazprom gelten hingegen bis 2035. Auch weist der italienische Erdgasmarkt wohl kein großes Wachstumspotential auf. Dies gilt auch, da Italien als Industriestandort sensitiv gegenüber globalen Veränderungen auf Erdgasmärkten ist und die andernorts tieferen Erdgaspreise daher zu Abwanderung von Industrie führen könnten. Die South Stream Pipeline könnte aber etwa den Bau eines LNG-Terminals verhindern, da ENI führender Projektpartner der Gazprom bei South Stream ist. So steht weniger Kapital für die Diversifikation zur Verfügung und diese erscheint ENI auch weniger vordringlich. Rumänien, ein langfristig evtl. interessanter Markt auf Grund der recht großen, aber sinkenden Inlandsproduktion, wird wohl auch mehr Erdgas aus Russland beziehen, wenn Nabucco nicht gebaut wird. Die bestehenden Lieferverträge laufen aber bis 2030. Gegenüber der Türkei erzeugt die Pipeline keine Bindungseffekte.

Geht man davon aus, dass durch South Stream gegenüber einem alternativen Szenario ohne South Stream und mit Bau der Nabucco-Pipeline jährlich 1,5 Mrd. m³ zusätzlich nach Serbien, 2,9 Mrd. m³ nach Bulgarien, 5 Mrd. m³ nach Ungarn, 4 Mrd. m³ nach Rumänien und weitere 4 Mrd. m³ aus dem verhinderten LNG-Terminal nach Italien exportieren kann, so würde Gazprom Kapitalströme erhalten, die ohne Diskontierung nach etwa 16 Jahren den Baukosten entsprechen würden (gleiche Annahmen für Preise und Kosten wie oben in Abschnitt 7.4.6, Annahme Baukosten von US-$ 40 Mrd.). Die Amortisierung könnte sogar etwas früher eintreten, da ein Teil der Kapitalkosten der Pipeline bereits in den Transportkosten enthalten ist, die von den Gewinnen bereits abgezogen wurden. Die Größe der Effekte unterliegt allerdings hoher Unsicherheit, da noch unklar ist, ob Nabucco tatsächlich nicht gebaut werden wird und ein Teil der Verträge nur eine Laufzeit von 10 Jahren hat. Zudem ist unklar, in welcher Größe Nabucco gebaut worden wäre und wie groß daher die Verdrängungseffekte gewesen wären. Relativ sicher scheint nur, dass Gazprom durch die Verzögerung der Nabucco-Pipeline die Marktdominanz in Serbien, Ungarn und Bulgarien wird fortsetzen können. Gazprom hätte jedoch die über diese 9,4 Mrd. m³ jährlich hinausgehenden Lieferungen an Italien und Rumänien wahrscheinlich zu einem geringeren Preis (US-$ 8,5/MMBtu) anbieten müssen als mit South Stream, da eine Diversifikation erfolgt wäre. Berücksichtigt man nur die in Serbien, Ungarn und Bulgarien erzielten Effekte und die entgangene Marge auf den anderen Märkten, so wäre die Pipeline nach ca. 23 Jahren amortisiert. Die Pipeline birgt also recht hohe Risiken und erhöht die Transportkosten. Dies gilt insbesondere, da die Baukosten vermutlich noch steigen werden. Die strategischen Effekte auf die Marktstruktur könnten über Bindungseffekte aber erheblich sein und so den Bau wirtschaftlich rechtfertigen. Vermutlich hätte die Pipeline aber nicht so groß dimensioniert werden müssen, um die gleichen Effekte zu erzielen. Auch reichten bereits die glaubhafte Ankündigung der Pipeline und die Arbeit mit lokalen Akteuren in Zielmärkten aus, um das Konkurrenzprojekt erheblich zu schwächen und Bindungseffekte zu erreichen.

Darüber hinaus werden die strategischen Effekte auf die Ukraine verstärkt, die im Abschnitt zu Nord Stream (vgl. oben 7.4.60) ausführlich diskutiert wurden. Analog gilt dabei, dass insbesondere die Chance für die Kontrolle über das ukrainische Pipelinenetz steigt und dessen Wert verringert wird. Die Chancen, dass Gazprom das Pipelinesystem günstig erwerben kann, werden also erhöht. Gleichzeitig sinkt jedoch das Interesse bei Gazprom, das System zu erwerben, da sie hohe Investitionen in South Stream getätigt hat. Wenn die Projektstruktur der South Stream wie bei Nord Stream die Risiken mit Hilfe von Projektfinanzierung und Nutzungsgarantien der Gazprom, sowie durch den Einbezug lokaler Akteure in die Finanzierung der Pipelineabschnitte auf die Projektpartner in der EU umverteilt hat, gilt hier für den Fall des Erwerbs des ukrainischen Transitnetzes das gleiche wie bei Nord Stream – Gazprom erhält einen Anreiz, die Verträge zu brechen und das ukrainische System zu nutzen. Dieser Anreiz ist auf Grund der hohen Transportkosten der South Stream noch größer als bei Nord Stream. Je nachdem, ob die *ship-or-pay* Verträge durch eine Erfolgsgarantie der Gazprom abgesichert werden, müsste Gazprom jedoch bankrottiert werden, damit ein Bruch der Verträge möglich ist.

Rationalität für politische Akteure

Für politische Akteure ist außenpolitisch die Möglichkeit zur Erlangung politischer Konzessionen der Ukraine interessant, was bereits oben diskutiert wurde (Abschnitt 7.4.6) und hier daher nicht wiederholt wird. Da South Stream den Druck auf die Ukraine erhöht ist sie nützlich für dieses Ziel der politischen Akteure. Die Ukraine könnte für Lieferungen nach Europa und in die Türkei mithin völlig umgangen werden, da South und Nord Stream genügend Kapazität bieten. Damit könnten Gaslieferungen an die Ukraine unter Umständen vollständig eingestellt werden, bis die Ukraine die russländischen Forderungen erfüllt, ohne die Beziehungen zu den westlichen Abnehmern zu belasten.

Zudem erhöht South Stream den Einfluss Russlands in den Zielmärkten, nicht nur durch die Verdrängung anderer Projekte, sondern auch bereits zuvor durch die Möglichkeit der russländischen Eliten zum Setzen von Anreizen in der Planungsphase. Dies zeigt sich z. B. an den in Aussicht gestellten Transiteinnahmen, die bei den kleinen Staaten in der Region zu verstärkter Konkurrenz führten. Russland setzte dabei der institutionellen Integration in die EU eine strukturelle Integration mit dem eigenen Wirtschaftsraum entgegen. Damit war Russland auch recht erfolgreich, nicht nur auf dem Balkan, sondern auch in EU-Staaten, wie die zwischenstaatlichen Abkommen zeigen, die EU-Recht widersprechen. Die in Aussicht gestellten Investitionen und Einnahmen stärken auch die Attraktivität des russländischen Wirtschaftsmodells in der Peripherie der EU und in den angrenzenden Staaten, die häufig nicht die beliebtesten Destinationen für Kapital aus dem Zentrum der EU darstellen. Dies zeigte sich nicht nur in Serbien, wo Gazprom mit der Aussicht auf Verlegung der Pipeline und der Investition in einen Untergrundspeicher gleich noch die nationale Ölgesellschaft NIS zu einem ermäßigten Preis übernehmen durfte (EURGAS 2008; Kupchinsky 2008; Platts 2008). Auch im Westbalkan will Russland mit South Stream an Einfluss gewinnen und die westlichen Ziele zur Neuordnung des Raumes behindern. So soll eine Abzweigung in die Serbische Republik in Bosnien und Herzegowina gebaut werden, mit deren Hilfe auch von Gazprom finanzierte Gaskraftwerke betrieben werden sollen. Dies erscheint als Teil der auch andernorts aufscheinenden Taktik zur Stärkung der Autonomiebestrebungen Banja Lukas, und dient zur Schwächung der Zukunftsaussichten von Bosnien-Herzegovina als einheitlicher Staat (Bugajski 2012; SouthStream 2012c). Nach Kroatien soll ebenfalls eine Abzweigung gebaut werden, mit der Gazprom wiederum auf den kroatischen Gasmarkt vordringen und ebenfalls den Einstieg auf den Elektrizitätsmarkt und die Erdgasproduktion in Kroatien vornehmen will. Kroatien hatte seit 2010 kein Erdgas mehr von Gazprom bezogen und wollte eigentlich ein LNG-Terminal bauen, was nun jedoch in Frage gestellt wird (BBC 2013a; SouthStream 2012a; WGI 2013). Durch die Wiederherstellung von wirtschaftlichen Beziehungen können auch politische Akteure an Einfluss gewinnen.

Auf symbolischer Ebene trägt die Pipeline zum Prestige Russlands als globale Energiemacht bei, da sie sowohl ein großes Projekt als auch eine technisch anspruchsvolle Leistung darstellt und die Macht Russlands gegenüber zentralasiatischen Produzenten, der Ukraine und den Akteuren in Zielmärkten demonstriert, die nicht zum Bau einer eigenen Pipeline fähig waren. In Frage gestellt wird dies nur durch die stärkere Aktivität Chinas in Zentral-asien, die verdeutlicht, dass Russland zwar gegenüber Europa an Handlungsmacht gewinnen kann, aber die Einflusszone in Zentralasien nicht erhalten konnte.

Innenpolitische Gewinne entstehen eher durch die Möglichkeit zur gezielten Vergabe von Aufträgen an verbundene Akteure als durch die wirtschaftlichen Vorteile des Projektes. Einerseits wird dadurch das korporatistische Kapital stabilisiert und dessen Herrschaft perpetuiert, da Teile der Erdgasrente umverteilt werden. Andererseits kann auch die russlän-dische Industriestruktur technologisch aufgewertet werden, da Betriebe Anreize zum Import neuer Maschinen erhalten und dann hochwertigere Produkte als bisher herstellen können. So hat etwa die Severstal' von Aleksej Mordašov ein Walzwerk modernisiert, um die Röhren für die South Stream-Unterseestrecke liefern zu können (Severstal 2013). Auch ist eine Stärkung der allgemeinen wirtschaftlichen Sicherheit für den Fall zu erwarten, dass strategische Gewinne realisiert werden können. Diese werden aber vermutlich geringer ausfallen als mit einem alternativen, anders geführten und günstigeren Pipelineprojekt. Das Projekt ist dennoch für russländische politische Akteure hochgradig interessant, da es außenpolitische Interessen und innenpolitische Interessen verbindet. Dabei werden gewisse Opportunitäts-kosten hingenommen, die sich auf das Ergebnis der Gazprom negativ auswirken.

Rationalität für Akteure im Zielland

Die politischen Akteure in Ungarn mussten auf Grund ihrer hohen energiesicherheitlichen Abhängigkeit und auch der problematischen Zahlungsbilanz an der Kooperation mit Russland interessiert sein. Da Russland 2006 und 2009 durch Zwangsanwendung glaubhaft gemacht hatte, dass es die Lieferungen unterbrechen konnte war man bemüht, keinen Anlass für weitere Unterbrechungen zu geben. Da Russland die Ukraine als einzigen Grund für die Lieferunterbrechungen ansah und ein Projekt zur Eliminierung dieses Risikos vorschlug, erhielten ungarische Akteure in der Unterstützung einer Umgehungspipeline eine Möglichkeit zur Stabilisierung der Lieferungen. Die Botschaft war, dass man nur das russländische Projekt unterstützen müsse, um in Zukunft eine zuverlässige Lieferung zu erhalten. Umgekehrt war eine Unterstützung des Nabucco-Projekts mit wesentlich höheren Risiken verbunden, da erstens noch keine Lieferzusagen bestanden und zweitens Russland bis zu dessen Realisierung immer wieder den Gasfluss unterbrechen könnte. Die ungarischen Akteure verstanden diese Botschaft. Aus den Lieferunterbrechungen und dem russländischen Projekt zu deren Abschaltung ergab sich eine generelle Kooperationsneigung der politischen Akteure. Dies wird auch aus den aufgeführten Rechtfertigungen der politischen Akteure deutlich, die um die Konsequenzen nichtkooperativen Verhaltens fürchteten. Hinzu kamen große Vorbilder innerhalb der EU.

Außerdem konnte Russland Anreize bieten, wie etwa die Vergabe von Aufträgen an die Industrie oder die Verbesserung der Zahlungsbilanz durch „Marktöffnung". Auch erhofften sich die politischen Akteure von der Kooperation verstärkte Aufträge für die eigene Industrie (MTI 2011a). Zudem winkten die Investitionen und die Transiteinnahmen der Pipeline.

Abgesehen von den Zwängen und Kooperationsanreizen war die Pipeline klar nachteilig, da sie die Energiesicherheit nicht erhöhen und die Abhängigkeit von einem Versorger noch vertiefen würde. Dies würde die politische Abhängigkeit Ungarns von Russland noch verstärken. Daher ist die lavierende Haltung der ungarischen Regierung verständlich, die einerseits mit Russland kooperieren musste, um die Energiesicherheit zu gewährleisten und andererseits das Nabucco-Projekt vorantreiben wollte, um in Zukunft größere Unabhängigkeit von russländischen Lieferungen zu erlangen.

South Stream: Marktmacht und politischer Einfluss

Die South Stream-Pipeline scheint im wirtschaftlichen Interesse der Gazprom zu sein und bringt Vorteile für politische Akteure. Für erstere sind v. a. die strategischen Effekte auf die Zielmärkte interessant, die sich bereits durch die Ankündigung des Projektes und die damit verbundenen Möglichkeiten zur Bindung von Abnehmern ergeben. Das Ziel ist dabei wie bei Nord Stream anti-kompetitiv: Die Marktstruktur soll beeinflusst werden, sodass die dominante Position der Gazprom gewahrt und gefestigt wird und die Kunden in den Zielmärkten über höhere Erdgaspreise die Pipeline finanzieren. Gazprom gelang es dabei, die Nabucco-Pipeline und auch andere Diversifikationsoptionen wie LNG-Terminals zu verzögern, wenn nicht gar vollständig zu verhindern. Durch die zwischenzeitliche Notwendigkeit der Akteure in Zielländern zum Verlängern bestehende Lieferverträge kann die Marktdominanz der Gazprom gewahrt und vermutlich noch ausgebaut werden, auch wenn bis zum Ende des Bearbeitungszeitraum kaum Lieferverträge im Zusammenhang mit der South Stream-Pipeline geschlossen worden waren. Die Pipeline unterwandert dabei ein „grundlegendes Prinzip" der Gazprom, das sie zur Rechtfertigung von ölpreisgebundenen Langfristverträgen nutzt: Erdgas müsse erst verkauft werden, ehe man an Investitionen in

Pipelines und Erdgasvorkommen tätigen könne (Miller 2012). In diesem Fall dürfte die Investitionsentscheidung für die South Stream nicht getroffen worden sein, was jedoch 2012 geschehen ist.

In Bezug auf die Ukraine gelten die gleichen Aussagen, die schon in Bezug auf Nord Stream (siehe oben Abschnitt 7.4.6) gemacht wurden – eine Übernahme des Transitnetzes wird zwar günstiger, gleichzeitig aber wirtschaftlich weniger interessant für Gazprom. Auf Grund der enormen Projektkosten und der unklaren Auslastung entgehen Gazprom jedoch Opportunitätskosten, da es wahrscheinlich scheint, dass eine andere Pipelinelösung, etwa die Erweiterung der Blue Stream Pipeline, ähnliche strategische Effekte gebracht hätte, aber weit günstiger gewesen wäre. Zudem ist die Realisierung der strategischen Effekte weiterhin mit hohen Risiken behaftet. Daher ist das wirtschaftliche Interesse der Gazprom nicht der einzige Faktor, der die Pipeline erklären kann.

Für die politischen Akteure ist das Projekt hochinteressant, da der russländische Einfluss nicht nur in den Zielmärkten, sondern auch gegenüber der Ukraine und den zentral-asiatischen Produzenten gestärkt wird. Zudem können neue Instrumente gegenüber dem Westbalkan genutzt werden, der bisher nur schwach mit Russland integriert ist, geopolitisch jedoch regional hohe Wichtigkeit besitzt. Erstes deutliches Opfer ist dabei die Regulierungs-macht der EU, der sich Russland direkt durch die mit dem South Stream Projekt verbun-denen zwischenstaatlichen Vereinbarungen entgegenstellt. So wird versucht, den europä-ischen Integrationsraum im Energiebereich mit Hilfe des Pipelineprojekts auszuhöhlen und ihm eine strukturelle Integration mit Russland entgegenzusetzen. Hinzu kommt, dass sich die Pipeline nicht nur gegen Institutionen, sondern auch gegen von der EU favorisierte Struk-turen richtet, die eine verstärkte EU-Integration unterstützen und den Einfluss Russlands begrenzen sollen. Dies wird anhand der direkten Konkurrenz mit dem von der EU favorisierten Nabucco-Projekt deutlich, auf dessen Verhinderung sich South Stream richtet. Innerhalb der EU kann stärkere Integration verhindert werden zu Gunsten eines konkreten „gemeinsamen Wirtschaftsraums" mit Russland. Außerdem steigt der Einfluss durch die Wahrung und den möglichen Ausbau des Marktanteils in den Zielmärkten und die Kontrolle über Infrastruktur. Damit können auch in Zukunft Konzessionen erlangt werden, bzw. der Entscheidungskontext für die Akteure verändert sich derart, dass diese die Interessen der russländischen Elite mit berücksichtigen. In Zentralasien und im Kaukasus wird die Wirtschafts- und politische Macht Russlands gestärkt und eine stärkere Bindung an die EU verhindert. Dadurch wird die geopolitische Mittlerposition russländischer politischer Eliten gestärkt, während andere Akteure stärker in die Peripherie verdrängt werden. Dadurch kann der Informationsfluss gesteuert werden und die Fähigkeit zur Setzung von selektiven Anreizen wird sowohl gegenüber den *upstream*-Akteuren als auch gegenüber Zielmärkten verbessert. Ebenso wird gegenüber der Ukraine das Machtpotential gestärkt, da die Wichtigkeit des Transitkorridors für Russland abnimmt.

Im Unterschied zu Nord Stream zielt South Stream zuvorderst auf die Peripherie der EU ab. Diese Staaten sind generell schwächer mit der EU integriert und keine wichtigen Akteure innerhalb der EU. Es fällt dabei auch auf Grund der schwachen Wirtschaft und häufig wesentlich höheren Abhängigkeit von russländischen Energielieferungen einfacher, Konzessionen zu erlangen und den Einfluss auszubauen. Die daraus entstehenden Gewinne in der EU sind jedoch schwächer.

Zum Erreichen des Ziels setzte Russland vielfältige Instrumente ein. Der Kontext wurde durch die „Gaskrisen" von 2006 und 2009 manipuliert, bei denen Gazprom den Gasfluss an die Ukraine stoppte. Dies erhöhte die Risikokalkulation für den ukrainischen Transitkorridor und damit die relativen Kosten dieses Korridors gegenüber alternativen Optionen. Während dies für alle Akteure gilt, die durch den ukrainischen Korridor gespeist werden, hatten die Gaskrisen für Ungarn auf Grund der großen energiesicherheitlichen Abhängigkeit von Russland auch den Zwangscharakter eines wirtschaftlichen Druckmittels, da die Gaslieferungen zeitweise unterbrochen wurden und nicht mit alternativen Versorgern ausgeglichen werden konnten. Die Ausübung dieses Drucks war gegenüber Ungarn zwar nicht mit konkreten Forderungen verbunden. Gleichzeitig machten russländische politische Akteure und Gazprom aber sofort klar, dass es sich ihrer Ansicht nach um eine „Transitkrise" und nicht um eine Gasversorgungskrise handele (BBC 2009e; IHS 2009). Dies impliziert, dass nicht der Versorger, sondern die Lieferroute gewechselt werden müsse. Noch während der Krise wurde als Lösung dieses Problems die Investition in alternative Lieferrouten wie South Stream als Lösung propagiert (RIANovosti 2009). Damit war die Botschaft klar: Russland besitzt die Möglichkeit zur Ausübung wirtschaftlichen Drucks und wird diese nutzen, sofern die Akteure in abhängigen Ländern keine Bereitschaft zur Investition in South Stream zeigen würden. Dadurch, dass Russland für Ungarn und auch andere abhängige Zielländer mit dem Projekt South Stream eine Möglichkeit formuliert hat, wie die Akteure mit Russland kooperieren können, um zukünftige Lieferunterbrechungen zu vermeiden, wurde der Entscheidungskontext zu Gunsten der russländischen Akteure manipuliert. Da man selbst eine kooperative Option auf den Tisch gelegt hatte, konnten andere Optionen als nichtkooperativ gekennzeichnet werden, während die Zwangsausübung als Beispiel möglicher Sanktionen für Nichtkooperation diente.

Bedeutsam war neben der Zwangsanwendung und Attribuierung des ukrainischen Korridors als risikoreich, sowie der Addition der kooperativen Handlungsoptionen Blue und South Stream aber auch die Attribuierung von Optionen. Durch die Erzeugung von Konkurrenz zwischen verschiedenen südosteuropäischen und mitteleuropäischen Transitstaaten wurden Faktoren subtrahiert, die sich negativ auf die Bewertung der South oder Blue Stream hätten auswirken können. Die erzeugten kompetitiven Beziehungen sorgten dafür, dass die Verhandlungsmacht der einzelnen Akteure erodierte. Dies war im demokratischen Kontext besonders bedeutsam, da es politischen Akteuren so leichter fiel, die Unterstützung der Pipelineprojekte trotz der substantiellen Kosten vertiefter Abhängigkeit – sowohl was außenpolitische Handlungsfähigkeit als auch Preise angeht – von russländischem Erdgas aufrechtzuerhalten.

Als weiteres Druckmittel stand zudem die Investition der Surgutneftegaz in MOL zur Verfügung. Die Kooperation in Bezug auf Surgutneftegaz wurde dann anscheinend gegen die Unterstützung des South Stream Projekts durch Ungarn getauscht. Jedenfalls vergrößerte sich die Kooperationsneigung nach dem Abschluss des Ausstiegs ungemein. Hinzu kam der 2015 auslaufende Liefervertrag, wodurch Ungarn auf eine Verlängerung angewiesen war. Dies verdeutlicht auch, wie wenig Alternativen die EU Ungarn anzubieten hatte. Da die Diversifikationspolitik nicht rasch genug vorankam, wurde Ungarn in die Hände Russlands getrieben. Ungarn entstanden so konkrete Kosten der verzögerten, oder gar verhinderten Diversifikation.

Als positive Kooperationsanreize dienten zusätzlich die in Aussicht gestellten Investitionen und Transitgebühren, sowie eine Verbesserung der makroökonomischen Situation durch die rasche Förderung von Exporten nach Russland. Die kompetitive Attribuierung verstärkte die Wirkung dieser Anreize, da sie die relativen Verluste bei Nichtkooperation verdeutlichte. Im

Falle Ungarns war ein weiterer Anreiz auf korporativer Ebene auch die selektive Ermöglichung von Zugang zu russländischen Ölvorkommen für die Ölgesellschaft MOL.

Das Vorgehen der Gazprom im Falle South Stream entspricht damit der vierten Hypothese,
da eine Vielzahl von Instrumenten verwendet wurde und staatliche Akteure dabei in einer
koordinierenden Funktion auftraten und auch direkt tätig wurden. Zudem ist das Projekt
sowohl politisch, aber auch wohl wirtschaftlich rational. Es bietet für politische Akteure hohe
außenpolitische und auch innenpolitische Gewinne durch die Möglichkeit zur Umverteilung
innerhalb der Elite und zur technologischen Erneuerung der Industriestruktur. Allerdings sind
ähnliche Effekte mit einer günstigeren Pipeline möglich, weshalb für Gazprom gewisse
Opportunitätskosten entstehen werden. Diese könnten aber auch teilweise externalisiert
werden, falls die Projektstruktur ähnlich wie bei Nord Stream aufgebaut sein wird und
Gazprom bankrottiert werden sollte. Eine andere russländische Organisation könnte die
strategischen Gewinne in diesem Fall dennoch weiter für sich nutzen. In diesem Fall sind
allerdings starke Reaktionen der EU zu erwarten, da bedeutende Wirtschaftsinteressen
getroffen würden.

7.6.6   Greenfield-Projekt Emfesz: Autonomer Akteur im liberalisierten Markt

Ein rätselhaftes Multinationalisierungsprojekt war der ungarische Gashändler Emfesz Kft. Er
wurde 2003 als Teil der vom ukrainischen „Oligarchen" Dmitro Firtaš kontrollierten Firmen
Group DF und Mabofi Holdings gegründet und konnte seit der Marktliberalisierung 2004
Erdgas an Endkunden vertreiben. Dass Firtaš der Eigentümer war ist bis Mitte 2006
unbekannt gewesen. Firtaš gehören über die Centragas Holding AG (Wien) gleichzeitig 45 %
an dem Gashändler RosUkrÈnergo AG (Zug), der seit 2004 mit der Ukraine Gas handelte
und an dem zunächst die Gazprombank über Arosgas Holding AG (Wien) und später
Gazprom direkt 50 % hielten (vgl. oben Abschnitt 6.2.5). Emfesz konnte auf Basis eines
Liefervertrags mit der von Gazprom kontrollierten RosUkrÈnergo innerhalb kurzer Zeit ein
Fünftel des ungarischen Marktes erobern, da das Unternehmen günstigeres Gas als die
Wettbewerber erhielt. Ihm wurde jedoch 2011 die Lizenz entzogen, da es die
Netznutzungsgebühren nicht mehr zahlen konnte.

Projektbeschreibung und Prozesse

Emfesz schloss 2004 einen zehnjährigen Liefervertrag über jährlich 3 Mrd. m³ mit
RosUkrÈnergo ab. Da RosUkrÈnergo die Ukraine mit formell turkmenischem Gas auf Basis
günstigerer Preise als das Gazprom-Gas belieferte und RosUkrÈnergo das Recht zum Reexport von Gas aus der Ukraine hatte (vgl. Abschnitt 6.2.5), konnte auch der Gaspreis für die
Emfesz günstiger als das von Panrusgaz verkaufte Gas sein. So ermöglichte die Preisdiffe-
renzierung ein rasches Wachstum des Unternehmens, sodass es 2008 bereits über 20 % des
ungarischen Gasbedarfs deckte. 2006 wurde auch der erste Vertrag zur Belieferung von
Industriekunden in Polen geschlossen, der jedoch auf Grund von Problemen mit dem Netzbetreiber (damals noch PGNiG) nicht erfüllt werden konnte. 2007 wurde der Händler auch im
Stromimport aus der Ukraine aktiv und begann den Bau eines 2400MW-Gaskraftwerks im
Osten Ungarns. Außerdem war der Bau einer zusätzlichen Importpipeline zu den Gasspeichern in der Ukraine und Investitionen in Gasspeichern in Ungarn geplant (EURGAS 2006a;
b; Globalwitness 2009; MTIE 2004a; Novecon 2007; Presse 2007; Reznik 2008).

Emfesz diente dabei als Mittel zur kontinuierlichen Kapitalbeschaffung für Firtaš und mit ihm assoziierte Personen. Die russländische Wirtschaftszeitung *Vedomosti* zitierte aus Dokumenten der Emfesz, die den *modus operandi* des Unternehmens offenlegen: Emfesz erhielt das Gas von RosUkrÉnergo als Vorschuss und musste nur einmal jährlich zahlen. Die gesamten monatlichen Überschüsse der Emfesz wurden der Mabofi Holdings als Kredit geliehen. Die Kreditsicherheit seitens der Mabofi waren die jährlichen Dividenden der RosUkrÉnergo. Am Ende des Geschäftsjahres wurden die Dividenden an Mabofi ausgeschüttet und mit diesen die Kredite der Emfesz getilgt. Diese konnte dann ihre Gaslieferungen bezahlen (Reznik 2009b). Wie schon bei RosUkrÉnergo stellt sich bei Emfesz die Frage, warum Gazprom einem solchen Arrangement zustimmte, da in Ungarn kurzfristig keine starke Konkurrenz alternativer Gasproduzenten drohte, Emfesz aber die Margen des Partners und Abnehmers E.ON Ruhrgas beschädigte.

Emfesz hing von 2004–09 nicht nur auf Grund des Liefervertrages, sondern auch finanziell vollständig von RosUkrÉnergo ab. Nachdem letztere nach dem Gasstreit von 2008/2009 aus den Lieferbeziehungen zwischen Turkmenistan, Gazprom und Ukraine entfernt worden war, erhielt Emfesz nicht nur kein Gas mehr, sondern hatte auch Schulden gegenüber RosUkrÉnergo. Emfesz-Manager Ištvan Goczi machte seinerseits Ansprüche gegen Mabofi aus den Kreditverträgen geltend (Reznik 2009a). Um in dieser neuen Situation Gas zu erhalten und seine Kunden beliefern zu können, musste Emfesz vorübergehend teureres Gas von E.ON Földgáz Trade kaufen. Im April 2009 kündigte Emfesz dann an, zukünftig von RosGas AG beliefert zu werden. Dies ist ein zuvor unbekanntes, im schweizerischen Zug registriertes Unternehmen mit unbekannter Eigentümerstruktur und war zuvor von Ikron AG zu RosGas AG umbenannt worden. Emfesz behauptete, RosGas würde zur „Sphäre von Gazproms Wirtschaftsinteressen" gehören, was Gazprom ihrerseits negierte. Im Mai 2009 und verkaufte Goczi Emfesz mit Hilfe einer alten Vollmacht für US-$ 1 an die RosGas. Dies geschah gegen den Willen von Firtaš. Kurze Zeit später erklärte Goczi in einem Interview hinter RosGas stünden russländische Akteure, die schon lange an Emfesz interessiert seien und die Probleme mit den Schulden innerhalb Russlands „untereinander" regeln, sowie das Unternehmen mit Gas beliefern würden (MTIE 2010d; Reznik 2009a; d; c).

Wem die RosGas gehört ist bis zum Ende des Bearbeitungszeitraums unbekannt geblieben. Unklar ist auch, woher das Gas der Emfesz nach der Übernahme stammte. Emfesz nannte dabei E.ON Földgáz Trade und MOL Energiakereskedő (MOL Energy Trade) als Versorger (BBC 2010a; ROGR 2010). Fest steht jedoch, dass Emfesz ihre Geschäftätigkeit zunächst erfolgreich fortführen konnte. Emfesz erlangte bis 2010 über 300.000 Haushaltskunden (IEA 2011d: 60). Das Gas der Emfesz war so günstig, dass sie auch die Ausschreibung für die Lieferung von knapp 1 Mrd. m³ Erdgas für den ungarischen strategischen Speicher gewann (MTIE 2009).

Mit dieser Preispolitik mag es zusammenhängen, dass sich die finanzielle Situation des Händlers immer mehr verschlechterte. Das Geschäftsmodell war also nicht langfristig angelegt. Ende 2010 konnte Emfesz schließlich die Gaslieferungen nicht mehr bezahlen. Anfang 2011 suspendierte die ungarische Aufsichtsbehörde dann die Lizenz für 90 Tage und wies die Kunden der Emfesz den anderen Versorgern zu, nachdem die Lieferanten der Emfesz auf Grund von Zahlungsrückständen mit einem Lieferstopp gedroht hatten. Nachdem Emfesz ihre Schulden gegenüber Netzbetreiber und Lieferanten auch im April 2011 nicht beglichen hatte, wurde die Lizenz vollständig entzogen (Burchett 2010; HT 2011; MTIE 2010a; NefteCompass 2011a). Das Problem der Schulden gegenüber RosUkrÉnergo lösten die russländischen Aktionäre auch nicht „untereinander", sondern vor dem Stockholmer Arbitragegericht. Dies stellte im März 2011 fest, dass Emfesz Schulden in Höhe von US-$ 527 Mio. gegenüber RosUkrÈnergo habe (Neff 2011a; Reznik 2009b). Auch bezüglich der Eigentumsrechte war der April 2011 entscheidend: Ein ungarisches Gericht kam zu dem Schluss, dass der Verkauf der Emfesz an RosGas illegal gewesen war. Seitdem ist Firtaš wiederum Eigentümer des Unternehmens (Marzec-Manser 2011). Emfesz wird jedoch kaum wieder auf dem ungarischen Markt tätig werden können und befindet sich in Liquidation.

Rationalität eines halbautonomen Zwischenhändlers

Die wirtschaftliche Rationalität der Tätigkeit der Emfesz für Gazprom ist fragwürdig, da das Unternehmen Tätigkeiten ausführte, die Gazprom selbst hätte ausführen können und die ihre Partner schädigten. Der Nettogegenwartswert ist auf keinen Fall positiv, da Gazprom nicht am Unternehmen beteiligt war. Auch wenn Gazprom nicht der Eigentümer des Unternehmens war, so war Emfesz doch von Entscheidungen der Gazprom direkt abhängig, sodass es sich hier um ein Multinationalisierungsprojekt handelt. Zunächst einmal trug Gazprom zur Etablierung der Emfesz und zu ihrem Erfolg bei, indem sie das Schema der RosUkrÈnergo unterstützte. Hier stellt sich die Frage, warum RosUkrÈnergo überhaupt von Gazprom zugestanden wurde, Gas zu günstigen Preisen zu Re-Exportieren, da es damit die Margen auf den Endkundenmärkten senkte, was auch Gazprom nicht gefallen dürfte. Gazprom bzw. die damals noch von ihr kontrollierte Gazprombank musste ja dem Liefervertrag in der RosUkrÈnergo als gleichberechtigter Anteilseigner zugestimmt haben. Emfesz konnte so die Tätigkeit ausführen, die Gazprom eigentlich schon seit 1994 mit Panrusgaz erstrebte. Gazprom hätte diese Funktion also eher selbst ausführen wollen.

Vorteile könnte Emfesz nur auf Grund von *strategischen Effekten* haben. Zum Beispiel könnte man annehmen, dass ein Tochterunternehmen der Gazprom auf Grund des bereits hohen Anteils russländischen Gases wegen kartellrechtlicher Vorschriften nicht hätte tätig werden können. In diesem Fall käme Emfesz eine nützliche Rolle bei der langfristigen Vergrößerung des Anteils von Erdgas am ungarischen Primärenergiebedarf zu, wie es sich etwa im Bau von Gaskraftwerken niederschlägt. Solche Investitionen könnten auf Grund der dadurch erzeugten unelastischen Nachfrage später auch für einen erhöhten Marktanteil der Gazprom sorgen. Es ist aber unwahrscheinlich, dass Gazprom die Emfesz auf Grund dieser recht unsicheren zukünftigen Chancen gewähren ließ. Ein weiterer wirtschaftlicher Grund für das Auftreten der Emfesz besteht in der Schwächung des dominanten Akteurs E.ON Ruhrgas, der mit Langfristverträgen gebunden war. Hätte Gazprom dem „strategischen Partner" mit einem Tochterunternehmen Konkurrenz gemacht, wäre das Verhältnis der Konzerne vermutlich erheblich belastet worden. So konnte Emfesz zur Verringerung der Profitabilität der Gassparte der E.ON Ruhrgas in Ungarn genutzt werden. Dies war insbesondere auf Grund der Verhandlungen von Gazprom über eine Beteiligung an den ungarischen Aktiva von Interesse. Dagegen kann eingewendet werden, dass Gazprom sich im tschechischen Fall ebenfalls nicht gescheut hat, gegenüber RWE einen Konkurrenten aufzubauen (vgl. oben Abschnitt 7.5.9). Jedoch ist die Zusammenarbeit mit E.ON Ruhrgas wesentlich enger als mit RWE, die nicht an der Nord Stream oder South Stream Pipeline, wohl aber an Konkurrenzprojekt Nabucco beteiligt ist. Daher ist es wahrscheinlich, dass Emfesz als semi-autonomer Akteur nützlich für Gazprom war, um die Profitabilität der E.ON in Ungarn zu verringern.

Emfesz war auch im *außenpolitischen Interesse* russländischer politischer Akteure, da dadurch der Anteil von Erdgas am ungarischen Primärenergieverbrauch tendenziell ansteigt und das von Emfesz bezogene Erdgas von russländischen Akteuren kontrolliert wird. Es werden also strukturelle Effekte geschaffen, die die Abhängigkeit von russländischem Erdgas erhöhen. Noch besser wäre es, wenn eine Übernahme von Aktiva der E.ON Ruhrgas durch Gazprom gelungen wäre. Das innenpolitische Interesse russländischer politischer Akteure wäre jedoch gleichzeitig durch einen von Gazprom kontrollierten Gashändler besser erfüllt worden, da die Einkünfte der Emfesz russländischen Akteuren nicht zu Gute zu kommen scheinen.

Es können jedoch noch weitergehende politische Interessen an der Schaffung abhängiger interner Gruppen in der Ukraine, sowie personale Interessen der politischen und wirtschaftlichen Elite Russlands eine Rolle gespielt haben. Die internen Gruppen in der Ukraine könnten durch die Finanzierung politischer Alternativen zur Beeinflussung des politischen und wirtschaftlichen Gleichgewichts durch russländische Akteure genutzt werden (vgl. oben Abschnitt 6.2.5). Dass personale Interessen innerhalb Russlands und der Ukraine eine Rolle gespielt haben ist auf Grund der intransparenten Struktur der Anteilseigner ebenfalls plausibel (Balmaceda 2008: 134).

Für die *politischen Akteure im Zielland* bedeutete das Auftreten der Emfesz einerseits eine Verschlechterung der nationalen Sicherheit, da dadurch die Intransparenz der Gasindustrie gefördert und vermutlich kriminelle Akteure unterstützt wurden. Dies führte schlussendlich zu regulatorischen Eingriffen und zur Bankrottierung des Unternehmens. Andererseits verbesserte Emfesz die makroökonomischen Bedingungen auf Grund der Tatsache, dass sie kurzfristig Gas zu geringeren Preisen als die Wettbewerber verfügbar machte.

Allerdings müsste es eigentlich im langfristigen Interesse der politischen Akteure gewesen sein, die wirtschaftliche Leistungsfähigkeit der bestehenden Akteure auf dem Gasmarkt nicht durch intransparente Akteure schädigen zu lassen, da dies langfristig die Leistungsfähigkeit der etablierten Akteure schädigt und die Wahrscheinlichkeit erhöht, dass Gazprom die Aktiva übernimmt. Die ungarischen Regierungen unternahmen jedoch nichts gegen die Aktivitäten der Emfesz, was darauf hindeutet, dass sie die kurzfristigen makroökonomischen Vorteile als vorteilhafter einschätzten als die langfristigen Nachteile. Auch die Probleme Anfang 2009 und die merkwürdigen Umstände des Eigentümerwechsels schienen nicht zu stören. So stellte sich die ungarische Regierung bei zwischenstaatlichen Verhandlungen mit Russland immer wieder vor den Händler, während sich die russländische Seite an der Schuldentilgung gegenüber RosUkrÈnergo interessiert zeigte (BBC 2010f; Grainge 2009). Auch soll die ungarische Regierung Gazprom gedrängt haben, Emfesz oder deren Kunden langfristig zu übernehmen (BBC 2010e; Grainge 2009; MTIE 2010b). Auch das Hungarian Energy Office (HEO), das die Übertragung der Anteile an RosGas prüfen musste, erhob keine Einwände dagegen. Der Leiter des HEO äußerte sich in einem im Januar 2010 durchgeführten Interview nur ausweichend zu den Fragen zur Emfesz und sah keine Notwendigkeit für eine nähere Untersuchung (BBC 2010c). Es kann daher festgehalten werden, dass die ungarische Regierung (sowohl Sozialisten als auch Konservative) und die Regulierungsbehörde der Emfesz gegenüber wohlwollend eingestellt waren. Damit stellte sich die ungarische Regierung schließlich auf die Seite der russländischen Aktionäre der RosGas und gegen Firtaš, der in einen langwierigen Gerichtsstreit mit RosGas wegen der Übertragung der Eigentumsrechte einging (Holovatiuk 2010; INTON 2009; Presse 2009; Reznik 2009c). Auch wurde deutlich, dass ein Vordringen der Gazprom auf den ungarischen Endkundenmarkt auf Grund der günstigeren Preise politisch erwünscht war (BBC 2009d; Interfax 2009a; MTIE 2010b). Dies wirft einige Fragen bezüglich der Motivation der ungarischen Akteure auf, die nicht weiter geklärt werden konnte.

Auswertung

Für Gazprom könnte Emfesz nur interessant gewesen sein, um mittels eines *margin squeeze* Druck auf E.ON Ruhrgas ausüben zu können, ohne dabei die Ressourcen der „strategischen Partnerschaft" zu beschädigen. Dadurch mag sich Gazprom eine leichtere Beteiligung an den Gasmarkt-Aktiva in Ungarn erhofft haben. Für politische Akteure war Emfesz interessant, da sie den Anteil des von Russland kontrollierten Gases in Ungarn erhöhte und den Erwerb von Aktiva durch Gazprom wahrscheinlicher machte. Außerdem war festgestellt worden, dass Emfesz ein Nebenprodukt der auf die Ukraine bezogenen außenpolitischen Interessen gewesen ist, da mit RosUkrÈnergo ein rentenfinanziertes Vernetzungsinstrument geschaffen wurde, das zur Unterstützung politischer Gruppen in der Ukraine genutzt wurde. Die Übernahme durch RosGas wurde anscheinend auch von diesen Akteuren unterstützt. Die ungarische Politik interessierte sich derweil nicht für diese Aspekte, sondern war lediglich an den positiven makroökonomischen Effekten des Gashändlers interessiert.

Emfesz lässt sich daher am besten mit den Interessen der politischen Akteure erklären, während die wirtschaftlichen Implikationen für Gazprom wenig deutlich wurden. Das bedeutendste Element sind allerdings personale Interessen der politischen Akteure in Russland. Diese Interessen sprengen den Rahmen der Annahmen der Untersuchung, denen zufolge Konzerninteressen und Interessen der politischen Akteure als zentrale Kategorien dienen. Der Fall verweist jedoch auf die Fraktionierung der politischen Akteure innerhalb Russlands, die in diesem Fall eine konkrete Auswirkung auf die Projekte der Gazprom haben. Interessant ist dabei die Verbindung von politischen Zielen Russlands in der Ukraine mit personalen Interessen von Partikularinteressen an Bereicherung. Das Unternehmen entspricht damit keiner der Hypothesen. Es ist eine Kombination von personalen und politischen Interessen, die so nicht in den Hypothesen abgebildet ist. Staatliche Instrumente Russlands wurden so zwar gegenüber der Ukraine eingesetzt, nicht aber in Ungarn zur Unterstützung der Emfesz.

Das Unternehmen zeigt die neuen Möglichkeiten auf, die durch die Liberalisierung des Erdgasmarktes geschaffen wurden. Gesicherte Gaslieferungen genügen, um rasch ein erfolgreiches Geschäft aufzubauen und dominante Spieler unter Druck zu setzen. Dabei wird wie schon bei der Betrachtung von RosUkrÈnergo im Rahmen der Studie zu Turkmenistan deutlich, dass auch einzelne vernetzte Akteure Zugang zu Erdgaslieferungen erhalten können, sofern sie nützlich für die Ziele Russlands sind. Dies war für Firtaš in der Ukraine der Fall. Nachdem Firtaš fallen gelassen worden war, konnten sich innerhalb Russlands andere, unbekannte Interessen durchsetzen, die eine Weile und den Händler schließlich bankrottieren.

7.6.7   Ungarn: Konservierte Abhängigkeit

In Ungarn zeigt sich deutlich der Unterschied zum geoökonomisch wesentlich besser positionierten Tschechien, das nicht nur einen wesentlich geringeren Gasbedarf aufweist, sondern auch für den Haupttransit russländischen Erdgases nach Westeuropa zuständig war. Während Gazprom in Tschechien erst im Umfeld der Gasmarktliberalisierung erfolgreich war, konnten sich die russländischen Akteure in Ungarn in wesentlich größerem Maße durchsetzen. Dabei gelang es russländischen Akteuren zwar, Diversifikation weitgehend zu verhindern, nicht aber, die Erdgasindustrie zu kontrollieren. Auch in der Ölindustrie zeigte sich, dass politische Akteure im Zielland sich trotz widriger Umstände durchsetzen können. Jedoch versuchten russländische Akteure mit der hier nicht betrachteten Surgutneftegaz auch hier, Einfluss zu erlangen.

Insbesondere bei der Panrusgaz zeigte sich die hohe Abhängigkeit, die es Gazprom erlaubt, einen Zwischenhändler dauerhaft zu installieren. Wie in anderen ehemaligen Mitgliedern des RGW waren dabei interne vernetzte Akteure hilfreich. Der Zwischenhändler konnte auch zum Aufbau neuer Vernetzungen und zur Finanzierung der Familien politischer Akteure und des Gazprom-Managements genutzt werden. Da finanzstarke Akteure fehlten und die ungarische Regierung sich hinter den neuen Ölkonzern MOL gestellt hatte, war eine weitere Penetration des Marktes wie in Deutschland nicht möglich. Panrusgaz blieb daher ein Zwischenhändler, der über etwas geringere Preise Anreize für Ungarn setzte, Diversifikationsanstrengungen zu unterlassen.

Auf Grund ihrer bereits dominanten Stellung als Importeur von Erdgas wusste Gazprom wohl, dass die Kontrolle über die Gassparte der MOL nicht möglich sein würde. Daher versuchte sie, wie in Tschechien Ressourcen aus strategischen Partnerschaften mit westeuropäischen Gasimporteuren zu nutzen, um eine Beteiligung zu erwerben. Mit der Zeit ließ aber sowohl das Interesse der Gazprom als auch der politischen Akteure nach, da mit der South Stream ein bedeutenderer Schritt auf den ungarischen Markt geplant war.

Bei der 2011 wieder untergegangenen Emfesz wurden die erweiterten Möglichkeiten deutlich, die sich aus der Gasmarktliberalisierung ergeben. Hier konnten sich persönliche Interessen mit Zugang zu Erdgas der Gazprom bzw. RosUkrÉnergo rasch einen recht großen Marktanteil verschaffen. Auf Grund der kostensenkenden Wirkung und vielleicht auch auf Grund von Vorteilen für lokale Akteure wurde der Händler von der ungarischen Politik gestützt. Der Nutzen für Gazprom ist abseits der Konkurrenz für die etablierte E.ON Ruhrgas unklar geblieben. Dementsprechend wurde er auch von russländischen Akteuren nicht weiter gestützt, nachdem die Partnerschaft mit verbundenen Akteuren in der Ukraine beendet worden war.

Während die bisherigen Projekte weitgehend ohne Einmischung politischer Akteure auskamen, wurde zur Durchsetzung der South Stream eine ganze Reihe von Instrumenten politischer Akteure verwendet. Dabei ist es das Hauptziel des Projekts, die starke Position der Gazprom auf den Erdgasmärkten zu bewahren und die Entstehung eines kompetitiven und diversifizierten Gasmarktes zu verhindern. Damit kann auch der politische Einfluss in der Region zementiert und vertieft werden. Hier wurde wiederum die Verletzlichkeit Ungarns deutlich, die aus der großen Abhängigkeit von russländischem Erdgas auf Grund der unterbliebenen Diversifikation herrührt. Es zeigte sich auch, dass die zentrale Steuerung des Projektes durch politische Akteure in Russland recht effizient war, da sie rasch auf Gelegenheitsstrukturen reagieren kann. So konnte der Kontext gezielt manipuliert werden, indem etwa Konkurrenz für die Vorteile aus dem Projekt (Investitionen und Transiteinnahmen) zwischen den möglichen Staaten erzeugt wurde oder Lieferunterbrechungen einerseits die Abhängigkeit vor Auge führten und dann gezielt mit dem Problem des Gastransits assoziiert werden konnten. Die Schnelligkeit des Handelns war dabei essentiell, um politische Diskussion in Ungarn zu unterbinden und so die eigenen Präferenzen durchzusetzen.

Auf Seiten der EU und ihrer Nachbarn hat das Projekt South Stream deutlich die Schwächen aufgezeigt: Zum einen die fehlende Koordination und Kooperation zwischen den Staaten der Region, die eine Manipulation des Kontextes durch Erzeugen von Konkurrenz erst ermöglicht. Durch den jeweils nationalen Handlungsrahmen der politischen Eliten und die nationale Konzeption von Energiesicherheit wurde eine übergreifende Kooperation verhindert. Bestärkt in ihrer nationalen Perspektive wurden die ostmitteleuropäischen Staaten durch große „Vorbilder" wie Deutschland, die ebenfalls auf nationale Interessen bei der Kooperation mit Russland geachtet haben. Deutschland ist gegenüber Russland im Vergleich zu Ungarn auch in einer wesentlich komfortableren Position. Die nationalen Egoismen wurden auch zur Hürde für das Nabucco-Projekt, das auf die Kooperation der Projektpartner angewiesen ist. Die EU-Kommission konnte dieses Defizit ebenfalls nicht kompensieren. Zu gering waren die Kompetenzen und zu groß die geopolitischen Hürden im kaspischen Raum. Russland kann auch hier lokale Konfliktlagen nutzen, um die Risiken für die am Nabucco-Projekt beteiligten Akteure zu steigern. Die EU konnte also Ungarn keine Alternative zu russländischem Erdgas rechtzeitig zum Auslaufen der Lieferverträge mit Russland anbieten. Auch bezüglich der Konstruktion eines internen Gasmarktes zeigten sich die Probleme des europäischen Projekts in Ungarn: Während die Liberalisierung erfolgreich war und neuen Akteuren wie Emfesz den Markteintritt erleichterte, hat die EU Probleme, die Regeln des internen Marktes gegen Widerstände wirksam durchzusetzen. Dies wurde beim zwischenstaatlichen Abkommen mit Russland deutlich, dass zentralen Prinzipien im EU-Recht widerspricht. Der Rechtsraum EU kann sich gegen machtvolle Akteure also teilweise nicht behaupten. Zudem wird geht die Liberalisierung in Ungarn mit einer wachsenden Rolle des Staates im Energiesektor einher, was auch eine Reaktion auf die großen Unsicherheiten des wirtschaftlichen Umfelds ist. Die EU konnte den russländischen Taktiken so bisher wenig entgegensetzen und die einzelnen Staaten wurden leicht zum Spielball Russlands.

7.7   Italien: ISAB-Raffinerie auf Sizilien

In Italien werden nur die Projekte in der Ölindustrie betrachtet, um das Übergewicht in der Gasindustrie etwas auszugleichen. Italien hat direkten Zugang zum Mittelmeer und keine gemeinsame Grenze mit Russland. Russland stellt auch nur unter 30 % der Gaslieferungen zur Verfügung. Damit besteht keine energiesicherheitliche oder wirtschaftliche Verletzlichkeit Italiens. Druckmittel können daher nicht eingesetzt werden. Italien ist jedoch einer der wichtigsten Geschäftspartner Russlands in Europa und es bestehen enge Netzwerke und Investitionen auf der Firmenebene.

7.7.1   Aktiva und Struktur

Italien besitzt insgesamt 16 Raffinerien mit einer jährlichen Kapazität von 118 Mio. t, was den Inlandsverbrauch weit übertrifft. Die Raffinerien sind meist an der Küste gelegen, was die Flexibilität bei Bezug und Vermarktung erhöht und Italien zu einem regionalen Raffinationszentrum macht. Über 20 % der Raffinationskapazität ist in den Händen des italienischen Ölkonzerns ENI, die anderen Kapazitäten werden von italienischen Unternehmern und kleine Anteile auch von internationalen Ölkonzernen gehalten (UP 2011).

7.7.2   Projektbeschreibung und Prozesse

Die ISAB-Raffinerie mit liegt an der sizilianischen Küste nahe des bedeutenden Ölhafens Augusta. Mit einer sekundären Kapazität von 16 Mio. t jährlich (320 000 Barrel pro Tag) ist sie eine sehr große Raffinerie und hat eine überdurchschnittliche Verarbeitungstiefe. Die Raffinerie ist dabei auf die Produktion von Diesel und anderen mittleren Destillaten spezialisiert (FD 2008). Die Raffinerie verfügt jedoch nur über Anlagen zum „weichen" Hydrokracken, über eine kleine Anlage zum katalytischen Kracken, nicht aber über Anlagen für verzögertes Koksen (LUKoil 2010b; Neff 2008b). Daher ist sie weniger für die Verarbeitung von schwerem russländischen Rohöl und Masut geeignet (NefteCompass 2009b). Die Raffinerie war vor dem Verkauf im Besitz des börsennotierten Familienunternehmens ERG SpA, die mehrheitlich im Besitz der Familie Garrone ist, die das Unternehmen auch führt. Ihr Wert wurde von Analysten im Frühjahr 2008 mit € 2 Mrd. angegeben (Simpson 2008).

Im März 2008 wurde bekannt, dass ERG einen Verkauf der Raffinerie oder eines Teils plant. Dabei wurden LUKoil und ein italienisches Unternehmen als mögliche Käufer genannt. LUKoil wurden gute Chancen eingeräumt, da das Unternehmen die Raffinerie schon seit geraumer Zeit beliefere und daher gute Kontakte haben müsse (Simpson 2008). Im Juni wurde dann bekannt, dass LUKoil 49 % der Raffinerie erwerben und dafür € 1,35 Mrd. (ca. US-$ 1,87 Mrd.) zahlen werde. Dies sind ca. US-$ 11 920 pro Barrel täglicher Kapazität. Dies umfasst auch die Verladeterminals und Tanks der Raffinerie und ein an die Raffinerie angeschlossenes Kraftwerk. Der Kaufvertrag wurde im Dezember 2008 abgeschlossen und sicherte ERG eine *put*-Option mit Laufzeit von 2010–2014 für ihren gesamten restlichen Anteil zu. LUKoil verpflichtete sich also, auf Wunsch der ERG die restlichen Anteile der Raffinerie zu einem Marktpreis zu übernehmen, der aber nicht geringer als € 2 Mrd. für die gesamte Raffinerie sein darf (DJI 2008; ERG 2012). Für die Vorräte an Öl- und Ölprodukten sollte LUKoil jedoch einen zusätzlichen Betrag zahlen (Sharushkina 2008). LUKoil schätzte, dass der Profit durch den Kauf um ein Prozent gesteigert werden könne, während der Umsatz um jährlich US-$ 100–150 Mio. steige (BBC 2008d). Gleichzeitig gab LUKoil an, die Raffinerie werde die dominierende Position auf den Märkten des Balkans stärken, wo man nun das Tankstellennetz um zwei Drittel erweitern müsse, um die Produktion absetzen zu können. Man habe die Tankstellen in Montenegro und Kroatien bereits mit Blick auf den Kauf der Raffinationskapazitäten erworben (FD 2008). Im Juli 2008 erwarb LUKoil zudem die türkische Vertriebskette Akpet, was ihr einen Marktanteil von 7 % des türkischen Kraftstoffmarktes bescherte (Prime-TASS 2008a).

Bei Abschluss des Deals hatte LUKoil noch behauptet, den Anteil ohne Inanspruchnahme von Krediten erwerben zu können (FD 2008). Die Weltwirtschaftskrise machte dem jedoch einen Strich durch die Rechnung. LUKoil leistete nur eine Anzahlung von € 600 Mio. und erreichte eine Vereinbarung, die Zahlung des Restbetrags bis zum Ende des 3. Quartals 2009 zu verschieben. Parallel versuchte LUKoil, staatliche Kredite aus Russland zu erlangen, die das Unternehmen aber als zu teuer ablehnte (Neff 2008a). Schließlich erhielt LUKoil zunächst einen kurzfristigen Kredit in Höhe von US-$ 800 Mio. von internationalen Banken und anschließend einen Kredit mit dreijähriger Laufzeit in Höhe von US-$ 1,3 Mrd. von der Gazprombank ohne Kreditsicherheit, der zur Rückzahlung des vorherigen Kredits genutzt werden sollte (Neff 2009c; TendersInfo 2008b). 2011 löste ERG einen Teil der *put*-Option aus, wodurch LUKoil ihre Beteiligung durch Zahlung von weiteren € 205 Mio. auf 60 %

erhöhte (Mordjušenko 2011). Auf Grund der Wirtschaftskrise konnte LUKoil eine Veränderung der *put*-Option durchsetzen und den minimalen Kaufpreis um € 15 Mio. senken, was sich hier niederschlug (ERG 2012). 2012 verkaufte ERG weitere 20 % der Raffinerie an LUKoil zum Preis von € 400 Mio. (US-$ 521 Mio.) (Mordjušenko 2011). Dadurch sanken die Kosten für den Erwerb eines Barrels Tageskapazität nur leicht auf ca. US-$ 10 375, was wesentlich mehr ist als der Preis, den Rosneft' für die 2010 in Deutschland erworbenen Raffinationsaktiva gezahlt hat.

Von politischer Seite fand in Bezug auf dieses Geschäft keine vorherige Stellungnahme oder sichtbare Einmischung statt. LUKoil suchte jedoch Unterstützung von Premierminister Putin auf einem Treffen im Juli. Alekperov hob hervor, dass die Raffinerie für russländisches Öl besonders geeignet sei. Putin lobte das Projekt, da man damit auf den europäischen Markt vordringen könne und versprach Alekperov Unterstützung, falls es Probleme mit der EU-Kommission geben sollte (Pravitel'stvo Rossijskoj Federacii 2008). Im Oktober berichtete Alekperov dann Präsident Medvedev von seinen Plänen. Dieser lobte das Vorhaben, weil es die Zusammenarbeit mit dem Schlüsselpartner Italien stärke und die Marke LUKoil an Tankstellen erscheinen werde (Prezident Rossii 2008b), was mit dem Erwerb der Raffinerie aber eigentlich nicht verbunden ist. Der Deal wurde schließlich offiziell bei einem Besuch von Premierminister Silvio Berlusconi in Moskau unterzeichnet (Neff 2008a).

7.7.3   Wirtschaftliche Rationalität

Die wirtschaftliche Rationalität der Investition könnte aus deren positiven Nettogegenwartswert oder aus strategischen Effekten herrühren. In der Tat spricht LUKoil zur Motivation der Investition von Marktdominanz als strategischem Effekt der Investition. Dazu müsste jedoch durch den Erwerb der Raffinerie eine Möglichkeit zur Beeinflussung der Preise geschaffen werden, die anders nicht gegeben war. Dies setzt voraus, dass LUKoil durch die Investition eine bessere Position auf den regionalen Märkten für Ölprodukte erlangen kann.

Die Beteiligung an der ISAB-Raffinerie könnte zunächst aus sich selbst heraus wirtschaftlich lohnenswert sein. Dafür sprechen die günstige Lage der Raffinerie und ihre hohe Verarbeitungstiefe. Gegen eine solche Annahme sprechen der sehr hohe Kaufpreis der Beteiligung, der über ein Drittel über dem geschätzten Wert der Raffinerie lag und noch wesentlich höher war als die Beteiligung der Rosneft' an Ruhr Oel. Hinzu kommt die gegenüber dem nordwesteuropäischen Markt generell geringere Marge von Raffinerien im Mittelmeerraum. Auch stürzten die Raffinationsmargen auf Grund der Wirtschaftskrise kurz nach Bekanntgabe des Kaufs ab und erholten sich auch nicht wieder (vgl. Abbildung 7.28). Im Unterschied zu Raffinerien in Nordwesteuropa wurden die Margen sogar zeitweise negativ. Trotz der radikal geänderten Marktsituation wurde der Kauf durchgeführt.

Die Frage ist aber angesichts der krisenhaften Entwicklung weniger, wie sich die tatsächliche Marktsituation entwickelt hat, sondern mit welchen Annahmen LUKoil an die Bewertung der Raffinerie ging. Vorhersehbar war dabei wohl nur der generell sinkende Verbrauch von Kraftstoffen in Westeuropa, was aber auf Grund der Lage der Raffinerie, die einen Export der Produkte auf verschiedene Märkte ermöglicht, wahrscheinlich weniger wichtig gewesen ist. Das Ausmaß der Finanzkrise war wohl nicht vorhersehbar, obwohl diese bereits 2007 einge-setzt hatte. LUKoil selbst rechnete jedoch relativ konservativ mit US-$ 100–150 Mio. Ein-nahmen im Jahr aus dem Betrieb der Raffinerie, was einer Marge zwischen US-$ 2 und US-

$ 3 entspricht. Geht man von der oberen von LUKoil erwarteten Einnahmegrenze mit einer durchschnittlichen Marge von US-$ 3 und einer durchschnittlichen Auslastung von 90 % aus, so ist der Nettogegenwartswert unter Berücksichtigung des Zukaufs im Jahre 2011 auch nach 30 Jahren noch mit über US-$ 360 Mio. negativ. Nur wenn die Raffinerie eine größere Marge von US-$ 3,65 pro Barrel abwerfen würde, hätte sich die Investition nach 30 Jahren leicht gelohnt. Verglichen mit der Investition in eine einfache russländische Raffinerie, wo fast durchgängig wesentlich höhere Margen erzielbar waren (LUKoil 2010a: 51), gibt die Investition also eine sehr schlechte Figur ab. So bezeichnete auch ERG die Raffinerie als verlustreich (FD 2013). Dies wurde auch durch LUKoil bestätigt: Chef Alekperov sagte Anfang 2013, man habe ein Problem mit der Raffinerie, da man den Deal vor der Finanzkrise abgeschlossen habe. LUKoil sucht daher Partner im arabischen Raum, die ihr Erdöl dort verarbeiten wollen (IOD 2013). Betrachtet man also nur den Nettogegenwartswert der Raffinerie so scheint die Investition nicht als wirtschaftlich motiviert.

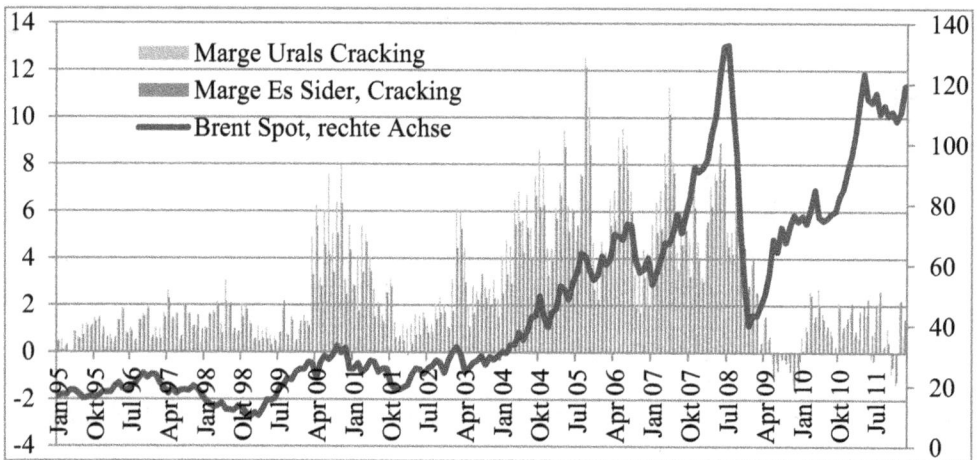

Quelle: Eigene Darstellung Daten aus EIA (2013); IEA (2012a)
Abb. 7.28:   Raffinationsmargen im Mittelmeerraum und Brent-Ölpreis, US-$ pro Barrel

LUKoil gab jedoch vor dem Kauf an, dass die Synergieeffekte sowie *strategische Effekte* aus dem Erwerb der Raffinerie bis zu US-$ 400 Mio. betragen würden. Zusätzlich muss berücksichtigt werden, ob LUKoil durch die Raffinerie Vorteile aus der Internalisierung erhält, also weniger Ölprodukte hinzukaufen muss, und besser strategisch auf den Märkten agieren kann.

Als erster Anhaltspunkt kann das Ergebnis der Raffinations- und Vertriebssparte der LUKoil betrachtet werden. Hier sind jedoch kurzfristig keine Effekte erkennbar. Vergleicht man z. B. das Ergebnis des Jahre 2007 mit dem Ergebnis des Jahres 2010, die ein ähnliches Ölpreisniveau aufwiesen, so ist 2010 trotz wesentlich höheren Umsatzes ein wesentlich schlechteres Ergebnis erzielt worden (LUKoil 2008a; 2011d). Dies ist auf den Einbruch der Raffinationsmargen zurückzuführen, die jedoch laut LUKoil durch die strategischen Effekte zumindest teilweise kompensiert werden müssten. Nun ist jedoch nicht bekannt, wie das Ergebnis ohne den Erwerb der Raffinerie ausgesehen hätte. LUKoil gibt dabei an, dass die Raffinationsmargen schneller gefallen seien als das Ergebnis des Geschäftsbereichs, dabei wurde allerdings auch die Auslastung der Raffinerien auf ein Rekordniveau erhöht, was eher gegen den Einfluss von Internalisierungsvorteilen auf das Ergebnis des Geschäftsbereichs spricht (LUKoil 2010a: 50).

Auch ist unklar, ob und wenn ja wie der Kauf der Raffinerie auf die Marktmacht im mediterranen Raum einen Einfluss hatte. Grundsätzlich gilt dabei, dass die Marktanteile in den verschiedenen Ländern eher durch den Kauf von Tankstellen und durch Aktivitäten auf dem Großhandelsmarkt gewonnen werden. Der Zugang zur Raffinerie ist daher insbesondere auf Grund des Zugangs zu den strategisch günstigen Ölterminals und -Speichern der Raffinerie interessant, von denen aus der Mittelmeerraum und auch andere Weltregionen beliefert werden können und der als Grundlage zum Ausbau von Aktivitäten im Großhandel dienen kann. LUKoil kann dabei wahrscheinlich auf dem Großhandel in Italien eine gewisse Rolle spielen. LUKoil konnte dabei auch den Anteil auf den Märkten für Ölprodukte der Region leicht ausbauen. Allerdings sind dies außer der Türkei (32,5 Mio. t) sehr kleine Märkte mit einer Größe zwischen 1 Mio. t (Georgien, Mazedonien) und 4,6 Mio. t (Kroatien) Jahresverbrauch (EIA 2012a). Eine starke Position hat LUKoil auch außer vielleicht in Georgien, Serbien und Mazedonien auch auf keinem der Märkte erreichen können (vgl. Abbildung 7.29). LUKoil will allerdings auf dem Balkan stärker tätig werden und in Kroatien einen Marktanteil von 20 % erreichen (Interfax 2013d). Die Raffinerie mit ihren Verladeterminals bietet dabei eine gute Position zur weiteren Stärkung der Marktmacht in der Zukunft. Ob dies wirtschaftlich lohnenswert ist, ist eine andere Frage.

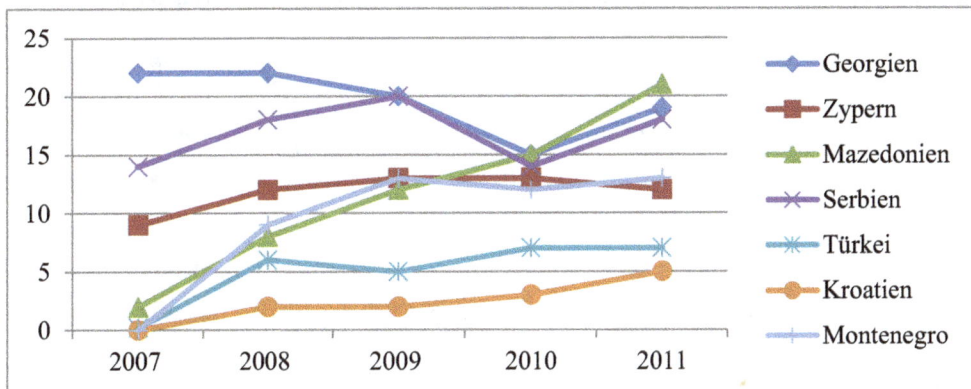

Quelle: Eigene Darstellung nach LUKoil (2011a; 2012b)
Abb. 7.29:   Anteil der LUKoil auf Märkten für Ölprodukte im Mittelmeerraum, Prozent

Auf den Handel mit Öl und Ölprodukten hatte die Beteiligung an der Raffinerie ebenfalls keine erkennbaren Effekte. Es wurden nach wie vor etwa die Hälfte der im Ausland im Groß- und Einzelhandel abgesetzten Ölprodukte von Dritter Seite eingekauft und nicht selbst produziert. Ein Effekt des Kaufs der Raffinerie auf das Verhältnis intern und extern beschaffter Produkte ist also kaum auszumachen (vgl. Abbildung 7.30). Auch kann die Raffinerie auf der Beschaffungsseite nur teilweise vertikal integriert werden, da sie sich nicht für den ausschließlichen Betrieb mit schwerem russländischen Öl eignet (NefteCompass 2009b).

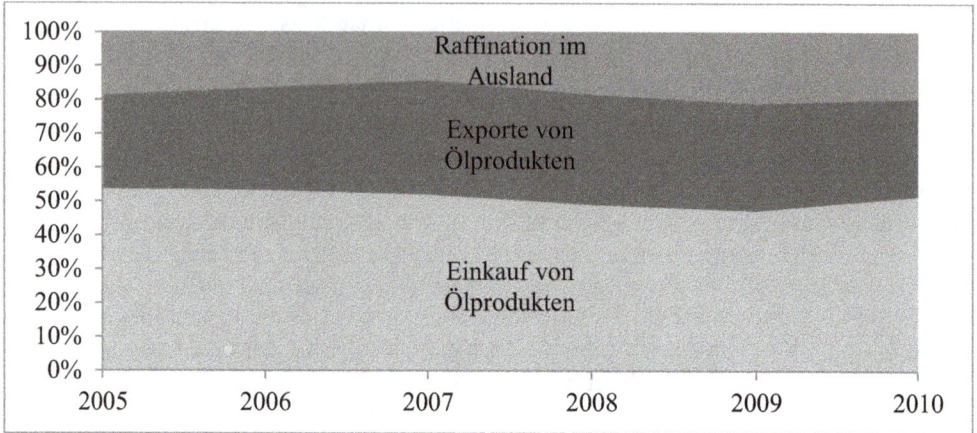

Quelle: Eigene Darstellung nach LUKoil (2006; 2007; 2008d; 2009b; 2010a; 2011e)
Abb. 7.30:   Zusammensetzung der von LUKoil auf internationalen Märkten abgesetzten Ölprodukte

Außer in Bezug auf die Türkei und vielleicht auch Kroatien zeigt sich für die Märkte, auf denen LUKoil tätig ist auch keine Vergrößerung der Importe von Erdölprodukten aus Italien (vgl. Abbildung 7.31). Die Menge der auf diese Märkte exportierten Ölprodukte war 2011 auch nicht größer als 3,5 Mio. t, während LUKoil zumindest 9,6 Mio. t Kapazität erworben hat.

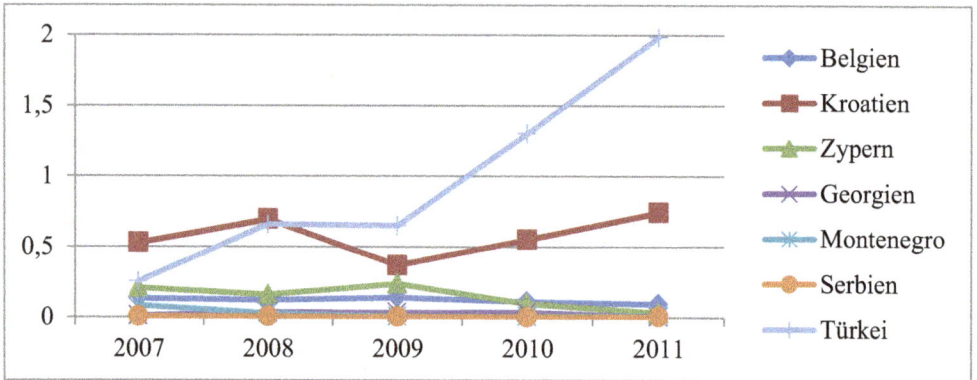

Quelle: UN Comtrade, http://comtrade.un.org/, abgerufen am 14.4.2013
Abb. 7.31:   Importe von Erdölprodukten aus Italien, Mio. t

Es ist vor diesem Hintergrund zweifelhaft, dass LUKoil aus strategischen Effekten Vorteile aus dem Kauf der Raffinerie ziehen konnte. Selbst wenn es gelingt, auf gewissen Märkten einen größeren Marktanteil zu erlangen, müsste die wirtschaftliche Lukrativität dieser Strategie geprüft werden. Fest steht nur, dass die Verlade- und Speicherkapazitäten hilfreich für die Expansion der LUKoil im Mittelmeerraum sind und LUKoil wahrscheinlich einen geringeren Anteil hochwertiger Ölprodukte zur Versorgung ihrer Tankstellen in der Region hinzukaufen muss.

Ein weiterer Aspekt sind Vorteile aus der Verflechtung mit dem Partner ERG und in Zukunft auch mit weiteren Geschäftspartnern. So gründeten ERG und LUKoil das Gemeinschaftsunternehmen Lukerg zur Investition in erneuerbare Energien in Bulgarien und Rumänien. Auf Grund von staatlich festgesetzten hohen Einspeisetarifen oder Zertifikatemärkten ist dies ein lukrativer Geschäftszweig (Taroni 2013).

Die abschließende wirtschaftliche Bewertung der Investition bleibt daher negativ: Die gegenwärtig verfügbaren Daten zu Nettogegenwartswert und strategischen Effekten sprechen nicht für die wirtschaftliche Rationalität der Investition, da sich sowohl die Raffinationsmargen als auch das gesamte Raffinations- und Vertriebsgeschäft nicht sonderlich erfolgreich entwickelt haben. Auch wenn dies zum Zeitpunkt der Investition noch nicht abzusehen war, so ist nicht verständlich, warum LUKoil 2011 weitere Anteile erwarb, nachdem das Ausmaß der Krise wesentlich deutlicher geworden war. Außerdem hat LUKoil auch unter guten Wirtschaftsbedingungen einen zu hohen Kaufpreis für die Raffinerie gezahlt.

7.7.4   Rationalität für politische Akteure

Politische Akteure spielten im Vorfeld des Deals keine Rolle, unterstützten ihn jedoch symbolisch und erhoben keine Einwände. Die wirtschaftliche Verflechtung mit Italien und mit italienischen Wirtschaftsakteuren wird durch das Gemeinschaftsunternehmen mit ERG jedenfalls gestärkt. Damit erhöhen sich die Möglichkeiten, über die Verflechtung von Wirtschaftsakteuren Einfluss auf die Politikformulierung in Italien zu nehmen. Außerdem ist die Raffinerie einer der bedeutendsten Steuerzahler in der strukturschwachen sizilianischen Region (LUKoil 2011e). Dies führt dazu, dass LUKoil rasch zu einem recht wichtigen lokalen Akteur werden könnte, der auch regionale politische Prozesse beeinflussen kann. Das LUKoil-Management ist sich im Allgemeinen auch der politischen Funktionen von Investitionen bewusst: So sprach LUKoil-Chef Alekperov in Bezug auf Bulgarien davon, dass die Politiker dort keine „antirussländische" Politik machen würden, da die Ölindustrie praktisch vollständig von russländischem Kapital kontrolliert werde (Zvezda 2001). Auch ist noch das Prestige zu nennen, das durch die Investition in Westeuropa generiert wird. Darauf deutet auch die Bemerkung von Präsident Medvedev hin, der im Nachgang der Investition das *branding* der Tankstellen mit LUKoil-Logo im Ausland positiv hervorhob.

Die größten politischen Dividenden lassen sich aber aus einer stärkeren Marktposition der LUKoil auf dem Westbalkan und in der Türkei ziehen, die durch die Investition befördert werden. So unterstützt der Erwerb der Raffinerie die Fähigkeit der LUKoil zum Vordringen auf dem Westbalkan, nachdem das Unternehmen bereits eine starke Position in Rumänien und Bulgarien mit 20 % bzw. 25 % Marktanteil besitzt (LUKoil 2012b). Gemeinsam mit den Investitionen anderer russländischer Konzerne wie Gazprom und Zarubežneft' ließe sich über stärkere Vernetzung mit lokalen Akteuren und die größere wirtschaftliche Bedeutung so stärkerer politischer Einfluss auf den Westbalkan nehmen. Dass ein solches Vorgehen nicht unwahrscheinlich ist, zeigt die vereinbarte Kooperation zwischen LUKoil und Zarubežneft' über die gemeinsame Belieferung der Märkte in Kroatien und Bosnien-Herzegowina (Interfax 2013d). Gewisse außenpolitische Vorteile lassen sich also mit der Investition erzielen.

Die fehlende wirtschaftliche Rationalität der Investition führt zu der Schlussfolgerung, dass die Investition keine innenpolitischen Gewinne bringt. So erschließt die Investition zusätzliche Kapitalströme wenn überhaupt wohl erst in ferner Zukunft und führt vorerst zu einem Abfluss von Kapital aus dem Inland, das beispielsweise in die eigene marode Raffinationsindustrie hätte investiert werden können. Die fehlenden staatlichen Anreize zu einer solchen Unternehmenspolitik werfen allerdings Fragen bezüglich der Interessen staatlicher Akteure auf. Aus innenpolitischer Sicht ist die Investition daher klar negativ zu bewerten.

7.7.5   Auswertung: Eine weitere Fluchtinvestition

Der Erwerb der ISAB-Raffinerie erschien als eine normale wirtschaftliche Transaktion ohne Notwendigkeit politischer Einflussnahme. LUKoil hielt sich auch anschließend an die Absprachen, obwohl sich die wirtschaftlichen Rahmenbedingungen stark verändert hatten. Die Überkapazitäten in der italienischen Raffinationsindustrie erzeugten Interesse am Abverkauf von Anteilen und machten den Einstieg der LUKoil möglich.

Die Beteiligung an der ISAB-Raffinerie wurde als wirtschaftlich nicht sonderlich rational bewertet. Daran hatte der scharfe Einbruch der Margen auf Grund der Wirtschaftskrise seinen Anteil, allerdings hätte LUKoil die anderen strukturellen Faktoren wie den geringeren Erdölbedarf durchaus vorhersehen können. Gewisse Internalisierungsvorteile und strategische Effekte auf Märkte für Großhandelsprodukte sind mit der Raffinerie zwar möglich, jedoch ist zweifelhaft, ob sie den Erwerb rechtfertigen können.

Wirtschaftlichen und innenpolitischen Verlusten stehen dabei mögliche außenpolitische Gewinne gegenüber, die vor allem durch die stärkere Position russländischer Akteure auf den kleinen Märkten des Westbalkans erzielt werden können. Eine stärkere Präsenz der LUKoil kann das Vorgehen anderer russländischer Konzerne in der Region unterstützen und bietet weitere Anreize zur Kooperation mit Russland. Zudem wird westliches Kapital aus der Region verdrängt. Hingegen kann LUKoil keine staatlichen Instrumente zur Durchführung der Multinationalisierung nutzen, was aber auch nicht notwendig war. Die Motivation für die Investition war wohl eine Mischung aus Fluchtinvestition und politischer Motivation auf Seiten der LUKoil. Damit wollte LUKoil ihre Position in Russland verbessern, wie auch aus den Kommentaren Alekperovs hervorgeht. Dies entspricht auch der dritten Hypothese.

7.8   Niederlande

Bei Gaslieferungen sind die Niederlande unabhängig von Russland, da sie selbst Gasexporteur sind. In Zukunft könnte sich dies aber auf Grund schrumpfender Reserven ändern. Die Niederlande sind Umschlagplatz für einen großen Teil des in die EU gelieferten russländischen Erdöls. Daraus resultiert jedoch keine Abhängigkeit der Niederlande von russländischen Öllieferungen, da ähnliche Hafenanlagen und Verteilerstrukturen in der EU nicht zur Verfügung stehen und russländische Akteure daher nicht mit einem Ausweichen drohen können, sofern sie das Öl in der EU absetzen wollen. Sollte Russland seine Öllieferungen an die EU ganz einstellen, so hätte dies zwar erhebliche Auswirkungen auf die restliche EU, nicht aber auf die Niederlande, da sie weiterhin Umschlagplatz für das Erdöl aus anderen Staaten sein würden. Für Russland stehen daher keine Druckmittel zur Verfügung.

7.8.1   Aktiva und Struktur

Die Raffinationsindustrie der Niederlande ist im Vergleich zum Inlandsverbrauch sehr groß, ihre Kapazität liegt bei ca. 60 Mio. t im Jahr. Die meisten Raffinerien sind in der Hafenregion um Rotterdam angesiedelt. Die Niederlande exportieren dementsprechend eine signifikante Menge von Ölprodukten. Die Raffinerien werden von den internationalen Ölkonzernen Shell, BP, ExxonMobil und Total kontrolliert, während eine Raffinerie auch vom nationalen Ölkonzern Kuwait Petroleum kontrolliert wird (IEA 2009b: 74). Die staatlichen Akteure in den Niederlanden haben daher kaum Einfluss auf die Raffinationsindustrie.

7.8.2   LUKoil und die Europoort-Raffinerie der Kuwait Petroleum

Objektbeschreibung und Prozesse

Auf Grund ihrer zentralen Funktion innerhalb der westeuropäischen Produktionskette für Erdöl und Petrochemie sind die hochindustrialisierten Hafengebiete der Niederlande ein bevorzugtes Ziel für Investitionen in Raffinationskapazitäten und Verladeterminals. Die Europoort-Raffinerie der Kuwait Petroleum Company (KPC) liegt im Europoort-Hafenareal bei Rotterdam. Zur Raffinerie gehört außerdem ein Anteil von 25 % am nahegelegenen Maasvlakte-Ölterminal, einem der größten Terminals der Welt. Die Raffinerie hat eine Kapazität von ca. 4 Mio. Tonnen jährlich (80 000 Barrel pro Tag) und verfügt über umfangreiche Hydrotreating-Einheiten zur Entschwefelung von Benzin, Diesel und Flugbenzin, was den sauren Ölsorten der Golfregion angepasst ist. Zur Unterstützung des Prozesses steht eine kleine Anlage zur Wasserstoffherstellung bereit. Außerdem verfügt sie über eine Anlage zur katalytischen Reformierung und zur Isomerisierung. Gleichzeitig ist die Verarbeitungstiefe recht gering, da keine Anlagen zum katalytischen Kracken, Hydrokracken und Koksen, sondern nur zum Visbreaking und thermischen Kracken bestehen (APSD 2007; OGJ 2003). Damit eignet sich die Raffinerie eher für leichtere und saure Ölsorten der Golfregion als für das russländische schwere und saure Rohöl, da die schweren Moleküle nicht gekrackt und Rückstände nicht zu Koks verarbeitet werden können. Um die Emissionen der Raffinerie in Einklang mit den umweltrechtlichen Vorschriften zu bringen, waren außerdem zum Erwerbungszeitpunkt zusätzliche Investitionen notwendig (Skorlygina 2006a).

Auf Grund der notwendigen Investitionen beschloss KPC Anfang 2006 den Verkauf der Raffinerie (Skorlygina 2006a). LUKoil beteiligte sich an dem Wettbewerb und gab das höchste Gebot für die Raffinerie ab. Das Gebot ist unbekannt, der Wert der Raffinerie wurde aber auf US-$ 1 Mrd. geschätzt, was einem hohen Preis von US-$ 12 500 pro Barrel Tageskapazität entspricht. Daher sah es so aus, als ob LUKoil die Raffinerie erhalten würde. In letzter Minute änderte KPC jedoch die Strategie nach einer Intervention des kuwaitischen Scheichs Ali, der dafür votierte die Raffinerie zu behalten und die notwendigen Investitionen selbst vorzunehmen. Daher wurde das Geschäft mit LUKoil im Oktober 2006 gestoppt und letztlich nicht abgewickelt. Als Motivation wurde angegeben, dass die Raffinerie Gewinne generiere und für die Belieferung des eigenen Tankstellennetzes erforderlich sei (Golubkova 2007a; SKRIN 2006). In der Tat mutet die Entscheidung zum Verkauf der Raffinerie seltsam an, da KPC über ein großes Tankstellennetz in Nordeuropa und Skandinavien verfügt (Q8), jedoch nur je eine Raffinerie in Kuwait und in den Niederlanden besitzt. Außerdem waren die Margen in der nordwesteuropäischen Raffinationsindustrie damals auf einem historischen Hoch (vgl. Abbildung 7.18).

Politische Akteure hatten keine wahrnehmbare aktive Rolle in dem Prozess. Politische Druckmittel konnte Russland auch gegenüber Kuwait nicht anwenden, da das Land weder wirtschaftlich noch politisch von Russland abhängig ist. Auch mobilisierte LUKoil keine innerstaatlichen Akteure in den Niederlanden, was angesichts der fehlenden Entscheidungsmacht dieser Akteure auch wenig Sinn gemacht hätte. LUKoil konnte auch die Anziehungskraft des russländischen upstream-Marktes gegenüber einem Ölförderland nicht einsetzen. LUKoil-Chef Alekperov versäumte es jedoch nicht, vorab im Februar 2006 die Zustimmung von Präsident Putin einzuholen, dem die Perspektive „riesiger Erwerbungen auf den europäischen und amerikanischen Märkten" zu gefallen schien. Diese Möglichkeit gewann zusätzlich an Reiz, da Alekperov erklärte, dass man dadurch zusätzliche Gewinnmargen nach Russland transferieren könne, die momentan von ausländischen Unternehmen abgeschöpft werden würden (Butrin 2006a). Gleichzeitig machte LUKoil aber auch deutlich, dass man nicht in neue Raffinerien in Russland investieren werde, da dort kein Markt für die hochwertigen Produkte existiere (ROGR 2006). Dies wurde von politischen Akteuren nicht öffentlich kritisiert.

Rationalität des Erwerbungsversuchs

Nimmt man zur Ermittlung der *wirtschaftlichen Rationalität* eine gegenüber den damals vorherrschenden Margen geringere durchschnittliche Marge von US-$ 5 pro Barrel an, so hätte die Investition bei einer Diskontierung mit 11,2 %, einer Auslastung von 90 % und einer angenommenen Kaufsumme von US-$ 1 Mrd. nach 14 Jahren einen positiven Nettogegenwartswert ergeben. Nicht einberechnet sind dabei jedoch notwendige Zusatzinvestitionen. Als wirtschaftlich rational hätte die Investition auf Grund dieser zusätzlichen Auslagen daher nur bezeichnet werden können, wenn LUKoil weniger als US-$ 1 Mrd. gezahlt hätte. Generell erscheint der Kaufpreis auf Grund der notwendigen Anpassungen der Raffinerie recht hoch.

Der Erwerb der Raffinerie hätte jedoch Internalisierungseffekte ergeben können, da die Raffinerie strategisch günstig gelegen ist und eine für die Bedürfnisse der LUKoil gute Größe aufweist. LUKoil benötigte zu dieser Zeit jährlich ca. 2,5 Mio. t zusätzlicher hochwertiger Kraftstoffe für die Versorgung des eigenen, von ConocoPhillips erworbenen Tankstellennetzes. Darüber hinaus hätte LUKoil auch von Rotterdam aus auch auf dem Großhandelsmarkt höhere Marktanteile erreichen können. Denn Rotterdam ist als zentraler Ölhafen des nördlichen Kontinentaleuropas strategisch günstig gelegen um das Tankstellennetz der LUKoil in der EU zu beliefern und vor allem die Position im Großhandel hochwertiger Ölprodukte zu stärken. Auch die Tatsache, dass die Raffinerie und der zugehörige Anteil am Ölterminal vollständig verkauft werden sollte, war für LUKoil interessant, da sie die Raffinerie in diesem Fall ganz auf die selbst gelieferten Rohstoffe hätte anpassen können. Außerdem besaß LUKoil bereits seit 2005 die Hälfte des Service Terminal Rotterdam (STR) in der Botlek-Hafenregion, das nur 12 km von der Raffinerie entfernt liegt und zusätzlich für Arbitrage genutzt werden könnte.

Für *politische Akteure* können vor allem symbolische Gewinne durch die Beteiligung an einer modernen Raffinerie im Ausland erwartet werden. Auch die Verflechtung mit niederländischen Wirtschaftsinteressen wäre gestärkt worden, wenn auch nicht in erheblichem Maße. Innenpolitisch wäre die Transaktion interessant gewesen, sofern sie einen positiven Nettogegenwartswert erzeugt und so die wirtschaftliche Sicherheit Russlands erhöht hätte. Darauf spielte auch Alekperov an, der die positiven Effekte für den russländischen Staatshaushalt betonte.

Auswertung

Der Erwerb der Raffinerie der KPC wäre wahrscheinlich wirtschaftlich rational gewesen, da die Margen 2006 sehr hoch gewesen sind und die Raffinationskapazitäten nach Zusatzinvestitionen auch Internalisierungseffekte erbracht hätten. Politisch sprechen vor allem symbolische Gewinne für den Erwerb von Raffinationskapazitäten im Ausland, da ein erheblicher Einfluss auf die Ölmärkte dadurch nicht zu erwarten ist. Es wurden auch keine erkennbaren staatlichen Instrumente für den Erwerb der Raffinerie eingesetzt. Der Erwerb wäre daher für LUKoil wirtschaftlich rational gewesen. Das Verhalten der LUKoil entspricht damit der dritten Hypothese.

7.8.3   LUKoil und die Raffinerie der Total

Projektbeschreibung und Prozesse

Die Total Raffinaderij Nederland (TRN) in Vlissingen gehörte zu 55 % der Total und zu 45 % Dow Chemical. Vlissingen liegt in der Nähe der Belgischen Stadt Antwerpen, dem zweitgrößten Seehafen Europas, und ist daher ebenfalls eine strategisch günstige Region. Die Raffinerie besitzt eine Destillationskapazität von jährlich 8 Mio. Tonnen. Sie besitzt eine große Anlage zur Herstellung von Wasserstoff (aus Erdgas, 730 Mio. m³ jährlich) und große Anlagen zum konventionellen Hydrokracken (3,4 Mio. t jährlich), zur Entschwefelung von Diesel (1,85 Mio. t jährlich) und zur Herstellung elementaren Schwefels aus dem dabei entstehenden Schwefelwasserstoff. Außerdem besitzt die Raffinerie einen Anteil am riesigen Maasvlakte-Ölterminal bei Rotterdam und ist an dieses mit einer eigenen Pipeline angebunden (LUKoil 2010b; OGJ 2003). Sie ist auf Grund der großen Anlagen zur Herstellung von Wasserstoff, zum Hydrokracken und zur Entschwefelung sehr gut zur Verarbeitung des schweren und sauren russländischen Rohöls geeignet. LUKoil gibt außerdem an, dass die Kapazität auf Grund der großen Anlagen zum Hydrokracken auch eine Kapazität von 10–12 Mio. t im Jahr erreichen kann (LUKoil 2009c: 15). Dies bezieht sich wahrscheinlich auf bereits primär raffinierte Zwischenprodukte wie schweres Heizöl (Mazut), die durch Hydrokracking zu hochwertigem Diesel konvertiert werden können.

Dow Chemical wollte den Anteil an der Raffinerie schon seit längerem verkaufen, da der Besitz von Raffinerien für den Chemiekonzern nicht mehr als notwendig zur Sicherung der Bezüge angesehen wurde. Im Jahre 2009 zeigte sich der größte US-amerikanische Raffinierer Valero interessiert und vereinbarte den Kauf des Anteils von Dow für US-$ 725 Mio. inkl. vorhandene Ölvorräte. Dabei machte Total jedoch von ihrem Vorkaufsrecht Gebrauch und kaufte Dow den Anteil selbst ab, um ihn anschließend an LUKoil zum selben Preis weiter zu verkaufen. Dies wurde von Total als die „Entwicklung einer neuen Partnerschaft" zwischen den beiden Unternehmen bezeichnet (ChemWeek 2009; Rjazanov 2009). LUKoil erhielt damit jedoch keinen Zugriff auf die Produktionseinheiten für Benzin, die vollständig in Händen von Total verblieben, während LUKoil ansonsten mit 45 % beteiligt wurde (LUKoil 2010a: 53). Der Preis ohne Vorräte betrug US-$ 600 Mio. oder US-$ 9 090 pro Barrel Tageskapazität (Quinlan 2011), war also günstiger als die Raffinations-kapazitäten in Italien, ist besser an das russländische Rohöl angepasst und kann große

Mengen hochwertiger Dieselkraftstoffe produzieren, die in Westeuropa stärker als Benzin nachgefragt werden. Daher können hier überdurchschnittliche Margen erzielt werden. Hinzu kommt auch die gegenüber dem Mittelmeerraum generell höhere mittlere Raffinationsmarge.

Die Verhandlungen über den Kauf durch Total und Weiterverkauf an LUKoil fanden dabei ohne Information der Öffentlichkeit statt. Er wurde zu einem Zeitpunkt bekannt gegeben, als sich Präsident Medvedev gerade zu seinem Staatsbesuch in den Niederlanden befand (Neff 2009a). Total erhielt dabei Anreize in Form eines Tauschs von Aktiva: Kurze Zeit nach dem Abschluss des Geschäfts traf Total-Chef Christophe de Margerie mit Putin zusammen. Dabei wurde zwischen Total und Novaték das Gemeinschaftsunternehmen Terneftegaz zur Erschließung des Gasfeldes Termokarstovoe auf der Jamal-Halbinsel gegründet, an dem Total mit 49 % beteiligt wurde. Das Feld ist noch wenig erkundet. Putin lobte das Projekt und ließ erkennen, dass Total auch für den Fall, dass das Vorkommen groß sein sollte und daher unter die Gesetzgebung für Felder von „föderaler Signifikanz" fallen würde, keine Probleme bekommen würde. Außerdem hieß er die Beteiligung der Total für die zweite Phase des Štokman-Projekts gut (BMI 2009; Kolesnikov 2009; Rjazanov 2009). Dies stellt eine selektive Förderung von Kapitalimport dar, da ausländische Unternehmen eigentlich einer Genehmigungspflicht bei Feldern mit „föderaler Signifikanz" unterliegen, wie in Abschnitt 5.3 beschrieben wurde. Nach dem Geschäft mit LUKoil verbesserte sich auch die Beziehung zu Total, die lange Zeit durch Auseinandersetzungen über das Char'jaga-Feld in der Region Timano-Pečora belastet gewesen war. Im Gegenzug für die Raffinerie war LUKoil anschließend bei der Beteiligung von Total am Chvalynskoe-Feld im kaspischen Meer hilfreich, das von Kasachstan ausgeschrieben worden war. Über die Logik dieses Deals sagte de Margerie später: „It doesn't mean that the swap is done on the same day. One day you are helping them; one day they are helping you – that's what I call a swap, a partnership" (NefteCompass 2009a).

Rationalität des Erwerbs der Anteile an TRN

Die *wirtschaftliche Rationalität* der Investition setzt sich aus dem Nettogegenwartswert und dem möglichen strategischen Wert aus Internalisierungsvorteilen zusammen. Der Nettogegenwartswert der Investition ist bei der realistischen Annahme einer mittleren Marge von US-$ 3,5 und einer Auslastung von 90 % bei einer Diskontierung mit 12 % nach 20 Jahren positiv. Dies dürfte die Gewinne der Raffinerie noch unterschätzen, da die Margen der TRN-Raffinerie 2007 im Vergleich mit anderen westeuropäischen Raffinerien überdurchschnittlich hoch waren (LUKoil 2009c: 15) und LUKoil auf Grund der großen Hydrokracking-Kapazitäten schweres Heizöl aus russländischen Raffinerien weiter veredeln kann. Hinzu kommen noch die positiven strategischen Effekte aus dem Zugang zur bedeutendsten Raffinationsregion Europas mit exzellenten Anbindungen an Transportwege nach Nordwesteuropa. Damit kann der Marktanteil in Westeuropa und die Position der LUKoil auf dem Großhandelsmarkt vermutlich ausgebaut werden. Die Investition ist daher trotz des hohen Kaufpreises als wirtschaftlich rational auf Grund zu bewerten.

Für *politische Akteure* war die Investition außenpolitisch interessant, da sie die Verflechtung mit der französischen Total stärkte und durch die verhinderte Übernahme durch Valero US-amerikanische Wirtschaftsinteressen in Westeuropa zurückdrängen konnte. Total ist ein wichtiger Ölkonzern, dessen stärkere Verflechtung mit russländischen Interessen weitere Anteile an interessanten Projekten und politische Unterstützung innerhalb der EU, sowie auf Grund der starken Vernetzung französischer Großkonzerne mit der Politik auch innerhalb

Frankreichs generieren kann. Darüber hinaus werden die Möglichkeiten für Arbitrage auf dem nordwesteuropäischen Markt für Dieselkraftstoffe stark ausgeweitet. Der Großhandelspreis für Diesel in Rotterdam ist auch für die Gaspreise in vielen Langzeitverträgen für Erdgas bedeutsam. Ob durch die Beteiligung Möglichkeiten zur Beeinflussung des Preises bestehen kann im Rahmen der Arbeit jedoch nicht festgestellt werden. Letztlich wird wiederum das Prestige Russlands erhöht, da ein russländischer Konzern an einer technologisch hochwertigen Raffinerie in Westeuropa beteiligt ist und sich auch der Bestand an Auslandsdirektinvestitionen erhöht. Dies kann den Anspruch Russlands auf Mitgliedschaft in der Gruppe der BRIC-Staaten untermauern. Innenpolitisch ist die Investition interessant, da sie einen positiven Nettogegenwartswert generiert und daher erhöhte wirtschaftliche Sicherheit Russlands verspricht.

Akteure im Zielland dürften einer Beteiligung der LUKoil positiv gegenüber gestanden haben, da sie den Fortbestand des Raffineriestandortes garantiert. Im Gegensatz zu anderen Raffinerien an der Küste, die verkauft und geschlossen wurden, hat LUKoil ein Interesse am fortgesetzten Betrieb der Raffinerie. Auf Konzernebene bestanden für Total Anreize aus möglichen *asset swaps*. Darüber hinaus könnte die Beteiligung der LUKoil auch aus weiteren Gründen interessanter für Total gewesen sein als die Beteiligung von Valero. Zum einen verarbeitete die Raffinerie bereits zuvor große Mengen russländischen Erdöls und LUKoil würde die fortgesetzte Belieferung der Raffinerie sicherstellen. Zum anderen würde die Beteiligung eines großen Konkurrenten auf dem Raffinationsmarkt in Form von Valero noch zu dessen Stärkung führen. LUKoil hingegen ist auf dem Raffinationsmarkt noch nicht stark vertreten und daher ein geringerer Konkurrent für Total (Akin/Bergin 2009; Rjazanov 2009).

Auswertung

LUKoil hat hier ihren wirtschaftlichen Interessen entsprechend gehandelt und eine Investition getätigt, die sich auf Grund eines positiven Nettogegenwartswerts, aber auch aus strategischen Effekten relativ rasch auszahlen dürfte. Dies entspricht auch den Zielen staatlicher Akteure, da dadurch die wirtschaftliche Präsenz US-amerikanischer Konzerne in Westeuropa zurückgedrängt und die Verflechtung russländischer Konzerne mit der französischen Total gestärkt wird. Die Rolle Russlands auf dem europäischen Markt für Rohöl wird ebenfalls gestärkt, da die Raffinerie gut für russländisches Rohöl geeignet ist und sich daher Ölsorten aus anderen Ländern leicht ersetzen lassen. Die politischen Implikationen sind aber weniger deutlich als die wirtschaftlichen Vorteile.

Staatliche Akteure unterstützten die LUKoil bei der globalen Expansion durch die Eröffnung von Investitionschancen für Total in Russland in einem *package deal*. Das Geschäft kam mit Hilfe von Anreizen politischer Akteure zu Stande, in Form von Unterstützung von Premierminister Putin für ein genehmigungspflichtiges Geschäft im *upstream*-Bereich. Damit wurde Total für die Nutzung ihres Vorkaufsrechts entschädigt, da sonst eine US-amerikanische Firma den Anteil erhalten hätte. LUKoil konnte so mit Hilfe politischer Akteure die globale Knappheit auf den Märkten für *upstream*-Investitionen nutzen, um als Partner für die Raffinerie in Frage zu kommen. Die Investition entspricht daher nicht der dritten Hypothese, da LUKoil zwar wirtschaftlich rational gehandelt hat, gleichzeitig aber staatliche Unterstützung für ihr Vorhaben erhielt.

7.9   *Downstream*-Sektor: Zusammenfassung

Zusammenfassend lassen sich einige kontextübergreifende Beobachtungen machen, die das Vorgehen im *mid-* und *downstream*-Sektor und den variierenden Erfolg der Projekte kennzeichnen. Zum einen sind die großen Unterschiede im Agieren der Akteure zwischen Öl- und Gasindustrie zu vermerken, aber auf Grund deren unterschiedlicher Marktstruktur, die vor allem in den Sektoren *mid-* und *downstream* zum Tragen kommt, auch nicht verwunderlich. Allerdings liegt das auch an der Marktposition der Akteure: Gazprom besaß bereits einen großen Marktanteil in vielen der Märkte und erhielt daher Anreize, Marktstruktur und Preisgestaltung zu beeinflussen. Für Novatėk zählte hingegen auf Grund ihrer kaum vorhandenen Position auf externen Erdgasmärkten lediglich der Zugang zu diesem Markt, um größere Gewinne erzielen zu können. Auf Grund ihrer geringen Größe würde sie sich wohl auch kompetitiv verhalten.

Zum anderen zeigen sich deutliche Unterschiede zwischen den 1990er Jahren und dem veränderten System der 2000er Jahre. In den 1990er Jahren handelten alle Konzerne gemäß ihren wirtschaftlichen Interessen, die häufig recht kurzfristig angelegt waren. Insbesondere die Gazprom konnte dabei auch staatliche Ressourcen hinzuziehen, um ihre Interessen durchzusetzen. Seit den 2000er Jahren zeigte sich eine deutliche Politisierung und längerfristige Orientierung des Vorgehens.

Da eine Multinationalisierung der Novatėk auf europäische Erdgasmärkte vorerst innerhalb Russlands unterbunden wurde, dominiert in der Gasindustrie die Gazprom. Dies ist von russländischen politischen Akteuren auch so gewünscht, um maximale strategische Handlungsfähigkeit zu wahren und keine Konkurrenz zwischen russländischen Produzenten auf externen Märkten zuzulassen. Dies würde zu einer Erosion der Rentenextraktionsfähigkeit von Gazprom führen. Dementsprechend zielte die Strategie der Gazprom vor allem darauf, Einfluss auf die Marktgestaltung zu erlangen. Dabei waren der Erhalt der ölpreisgebundenen Langfristverträge und die Verhinderung von Diversifikation und Märkten wichtiger als die Ausweitung des Marktanteils und die Reputation der Gasindustrie. Dementsprechend wurde auf Ebene der Gasimporte versucht, konkurrierende Anbieter mit Hilfe kostspieliger strategischer Investitionen möglichst zu verhindern. Gleichzeitig versuchte Gazprom, zusätzliche Margen durch das Vordringen auf Endkundenmärkte zu erschließen. Dies widersprach sich teilweise, da Gazprom einerseits das Gasangebot limitieren wollte um den Einfluss auf die Preise zu erhalten, gleichzeitig aber weitere Erdgasmengen auf den Markt gab, um den Marktanteil des eigenen Tochterunternehmens zu vergrößern.

Die Strategie zum Erhalt ölpreisgebundener Verträge und zur Verhinderung von Diversifikation birgt auch erhebliche wirtschaftliche Risiken. Dies wurde im Falle der Pipelineprojekte Nord und South Stream deutlich, die auf Grund ihrer hohen Kosten auf der Unterstützung politischer Akteure beruhen, die sich daraus auch außenpolitische Gewinne erhoffen. Zwar sind die Projekte wirtschaftlich langfristig potentiell lukrativ. Die hohen Risiken würden durch ein kommerziell agierendes Unternehmen aber kaum übernommen werden können. Da die Konzerne aber politische Rückendeckung haben, können sie die größeren Risiken eingehen. Die politischen Akteure können so die Zeithorizonte der Konzerne verlängern und deren Strategie in außenpolitisch interessante Projekte umlenken. Für politische Akteure stand dabei im Vordergrund, ob sich die Projekte zur stärkeren infrastrukturellen Integration und Vernetzung mit Russland und zur Zurückdrängung von Europäisierung eignen, um größeren politischen Einfluss ausüben zu können. Ob dies auch gesamtwirtschaftlich für Russland vorteilhaft ist, muss allerdings bezweifelt werden. Wirtschaft und Politik sind also nicht leicht zu trennen, insbesondere da politische Akteure in Russland auch viele Rahmenbedingungen kontrollieren, die für den Erfolg der Wirtschaftsakteure entscheidend sind.

Hervorstechend in der Gasindustrie sind personale Elemente in einigen Projekten, insbesondere in Ostmitteleuropa. So finden sich sowohl in Tschechien als auch in Ungarn Akteure, an denen undurchsichtige Anteilseigner beteiligt sind. Dies kann einerseits wie bei klassischen Gemeinschaftsunternehmen zur Erschließung lokaler Wissensbestände und Einflussmöglichkeiten dienen, wenn wie bei Vemex in Tschechien lokale Akteure beteiligt werden. Später wurden jedoch hier wie auch bei Panrusgaz in Ungarn mit Gazprom bereits verbundene Wirtschaftsakteure beteiligt. Dies dient vermutlich zur Stabilisierung des korporatistischen Kapitals in Russland.

In der Ölindustrie haben russländische Akteure eine schlechtere Ausgangsposition als beim Erdgas. Hier wird jedoch seit den 2010er Jahren ebenfalls versucht, stärkeren Einfluss auf die Marktstruktur zu nehmen und auch politischen Einfluss zu erlangen, wie bei der Investition der Rosneft' in Deutschland deutlich wird, oder bei LUKoil in Italien möglich erscheint. Auch die Unterstützung politischer Gruppen findet, wie bei LUKoil in Tschechien statt. Daneben finden sich aber eine Reihe von Projekten, die wenig politischen, aber wirtschaftlichen Sinn ergeben.

Bei den verwendeten Instrumenten und den Erfolgsaussichten der Projekte wurden einige Regelmäßigkeiten bezüglich des Kontextes deutlich. So sorgte eine größere energie-sicherheitliche Abhängigkeit des jeweiligen Landes für eine bessere Einsatzmöglichkeit von Anreizen und Zwangsmaßnahmen, die zum Erfolg von Projekten beitragen konnten. Dies zeigte sich etwa bei der Panrusgaz in Ungarn oder auch bei der VNG, wo allerdings auf Grund der Eingliederung Ostdeutschlands in einen neuen politischen Kontext und der größeren Handlungsfreiheit Westdeutschlands nur Preiserhöhungen durchgesetzt werden konnten. Indes waren russländische Konzerne bei Privatisierungen von Staatseigentum kaum erfolgreich. In Tschechien, Ungarn, aber auch in Deutschland sorgte die politische Steuerung des Privatisierungsprozesses für geringen Erfolg russländischer Konzerne. Erfolgreich waren sie dafür im Rahmen der Gasmarktliberalisierung, die neue, allgemein zugängliche Einstiegsmöglichkeiten eröffnete. Für das Scheitern von Projekten waren häufig politische Vorbehalte in den Zielländern und die entsprechenden politischen Einflussmöglichkeiten auf Wirtschaftsakteure im Zielland verantwortlich. Dabei stellte sich eine vertikale und horizontale Integration der Öl- und Gasindustrie als vorteilhaft für eine Begrenzung von Möglichkeiten zur Übernahme heraus. Verstärkt wurde dies, wenn sich die Industrie in Staatshand befand. Auch ein Vorkaufsrecht für veräußerte Anteile oder eine Verhinderung raschen Abverkaufs von Anteilen durch den strategischen Investor stellte eine wirksame Barriere gegen Übernahme durch russländische Akteure dar. Umgekehrt konnten politische Akteure auch die von Russland favorisierten Projekte befördern, wie es im Falle der Ostseepipeline geschehen ist. Dabei war der politische Kontext in Deutschland und die politische Einflussnahme auf die Gasindustrie mitentscheidend für den Erfolg des Projekts.

Die für die Multinationalisierung genutzten Instrumente waren dabei vielfältig und gingen über die gewöhnlichen korporativen Instrumente in vielen Fällen weit hinaus. Es wurden zwar auch häufig Partnerschaften mit anderen Wirtschaftsakteuren genutzt, die z. B. über *asset swaps* Zugang ermöglichten. Auch Gemeinschaftsunternehmen mit lokalen Partnern – die entweder bereits mit Gazprom vernetzt waren oder neue, interessante Ressourcen besaßen – wurden insbesondere von Gazprom zur Durchführung von Projekten genutzt. So konnte die Effizienz des Vorgehens gesteigert werden, wenn auch Verselbständigungstendenzen nicht ausblieben. Besonders in der Gasindustrie, aber auch in der Ölindustrie, wurden auch Zwangsinstrumente wie z. B. Lieferunterbrechungen eingesetzt, um den Entscheidungskontext zu manipulieren und die möglichen Kosten abweichenden Verhaltens zu verdeutlichen.

8   Die Konzerne als globale Akteure

Dieses Kapitel fasst die Ergebnisse der Studie für die untersuchten Konzerne zusammen und überprüft, wie gut die Hypothesen das Konzernhandeln erklären konnten. Es bildet das Gegenstück zur allgemeinen Charakterisierung der Konzerne in Kapitel 4. Die vorliegende Studie nahm dabei zwei bedeutsame Differenzierungen vor: Eine zeitliche Differenzierung anhand der relativen Konsolidierung des zentralen Gewaltmonopols in die 1990er Jahre und die Zeit nach 2000. In ersterer Periode des liquiden patrimonialen Kapitalismus war die zentrale Verfügungsmacht über das staatliche Gewaltmonopol schwach, was einen guten Zugang aller wirtschaftlich starken Konzerne zum Entscheidungszentrum ermöglichte. In der anschließenden Periode des verfestigten patrimonialen Kapitalismus wurde die zentrale Verfügungsmacht auf Kosten regionaler Akteure und auf Kosten der Wirtschaftsakteure gestärkt. Da gleichzeitig keine Verrechtlichung der Zwangsgewalt stattgefunden hat, war die Folge, dass politische Akteure zwischen Wirtschaftsakteuren diskriminieren konnten. Der nun entstehende, hierarchische Unterschied zwischen Konzernen wurde mit der zweiten Differenzierung zwischen eng vernetzten und gering vernetzten Konzernen abgebildet. Diese Vernetzung wurde als „korporatistisches Kapital" gefasst und die Konzerne wurden ab den 2000er Jahren in solche mit viel und wenig korporatistischem Kapital differenziert. Die Unterscheidung in staatliche und private Konzerne wurde so bewusst aufgegeben, auch wenn staatliche Konzerne meist viel korporatistisches Kapital aufweisen werden. Konzerne in staatlicher Eigentümerschaft sind aber nicht die einzigen, die viel korporatistisches Kapital besitzen.

Die Hypothesen beziehen sich auf diese Differenzierungen. Für die 1990er Jahre wurde in der *ersten* Hypothese angenommen, dass die Konzerne ihre wirtschaftlichen Interessen verfolgen und dabei auch die politischen Akteure dafür instrumentalisieren können. Während der 2000er Jahre nahm die *zweite* Hypothese Bezug auf die Verteilung der Rohstoffvorkommen in Russland, da diese bedeutsam für die Anreize der Konzerne für Multinationalisierung ist. Hier wurde angenommen, dass Konzerne mit viel korporatistischem Kapital mehr Zugang zu Rohstoffvorkommen in Russland erhalten als die anderen Konzerne. Die *dritte* Hypothese nahm dann auf die Multinationalisierung von Konzernen mit wenig korporatistischem Kapital Bezug. Bei ihnen wurde erwartet, dass sie in Rohstoffvorkommen im Ausland investieren, um im Inland entstandene Nachteile zu kompensieren. Zudem wurde erwartet, dass sie vornehmlich wirtschaftliche Investitionen vornehmen. Allerdings wurden auch einzelne, gut sichtbare politische Investitionen erwartet, da die Konzerne mit diesen ihre Position in Russland verbessern wollen. Zudem wurden auch Investitionen erwartet, die weder wirtschaftlichen noch großen politischen Nutzen haben, da die Konzerne auf Grund ihrer unsicheren Position in Russland bereit sind, auch geringe oder nicht vorhandene Renditen zu akzeptieren, wenn sie dafür sichere Aktiva im Ausland erhalten können. Bezüglich der Instrumente wurde erwartet, dass die Konzerne kaum auf politische Akteure zurückgreifen können, um Multinationalisierungsprojekte zu realisieren. In der *vierten* Hypothese wurden dann Erwartungen für das Verhalten der

Konzerne mit viel korporatistischem Kapital formuliert. Hier wurde erwartet, dass sie nur in Rohstoffvorkommen im Ausland investieren, wenn dies von überragendem politischem Interesse ist, da sie Zugang zu genügend Rohstoffvorkommen im Inland besitzen. Ansonsten wurde erwartet, dass sie wirtschaftliche und politische Ziele verbinden und bei der Verwendung der Instrumente politischer Akteure privilegiert werden.

8.1   Gazprom

Gazprom ist der wichtigste Konzern in dieser Arbeit, da er zwar einen gemessen an seiner Größe recht geringen Grad an Multinationalisierung aufweist, aber auf Grund eben dieser Größe der wichtigste russländische Akteur im Energiesektor ist. Dadurch nimmt Gazprom eine gewisse Sonderstellung ein. Dies wird verstärkt durch die Kontrolle über die russländischen Erdgaspipelines, die Gazprom viele Instrumente eröffnet, die anderen Konzernen nicht zur Verfügung stehen. Vor diesem Hintergrund ist nicht verwunderlich, dass Gazprom einen besonderen Raum im Rahmen dieser Studie eingenommen hat und auf Gazprom numerisch fast die Hälfte der hier analysierten Multinationalisierungsprojekte entfallen, die auf Grund ihrer großen Komplexität auch noch mehr Raum in der Analyse einnehmen als die Projekte der anderen Konzerne. Gazprom ist auch ein Konzern mit viel korporatistischem Kapital, weshalb die dritte Hypothese für Gazprom nicht einschlägig ist.

Tabelle 8.1 enthält eine nach Ländern gegliederte Übersicht über die 19 hier analysierten Multinationalisierungsprojekte der Gazprom, deren Typ und wirtschaftlichen Zweck, das ermittelte primäre Interesse und eine Aufzählung verwendeter Instrumente. Die Tabellenform ist dabei nicht optimal, um die häufig komplexe Interessenlage darzustellen, dient aber als erster Überblick.

Tab. 8.1:   Untersuchte Multinationalisierungsprojekte der Gazprom

Projekt	Zeit	Typ	Zweck	Interesse*	Instrumente
Karačaganak (KAZ)	1995–1997	brownfield, Beteiligung (Gas)	Förderung	w (erfolglos)	wirtschaftlicher Zwang (Pipelinemonopol)
Turkmenrosgaz (TM)	1995–1997	brownfield, JV, (Gas)	Förderung, Handel	w (erfolglos)	wirtschaftlicher Zwang (Pipelinemonopol), Preisdruck; Subtraktion von Handlungsoptionen, innenpolitische Konzessionen; selektive Steuererleichterungen
Monopson turkm. Gas, RosUkrEnergo (TM)	2005–	greenfield, JV (Gas)	Handel, Monopoli-sierung, Pipeline-betrieb	p / sE	wirtschaftlicher Zwang (Pipelinemonopol), Addition/ Subtraktion von Handlungsoptionen, innenpolitische Konzessionen
Šachpachty, Ustjurt (UZ)	2004–	greenfield, brownfield, JV (Gas)	Förderung, Erkundung	p / pers.	*issue-linkage,* Bereitstellung von Risikokapital
Kokdumalak/ Gissarneftegaz (UZ)	2007–2010	brownfield, Beteiligung (Gas)	Förderung	pers. / w	*issue-linkage,* Nutzung lokaler vernetzter Akteure; selektive Steuererleichterung
Rafael Urdaneta (VE)	2005–2010	greenfield (Gas)	Erkundung	p	Investitionen in Erkundung; staatliche Kredite; staatliche Koordination
Ayacucho-3 / NNK (VE)	2006–2010	greenfield (Öl)	Erkundung	p	Investitionen in Erkundung; staatliche Koordination
Delta Caribe (VE)	2008–	greenfield,Beteiligung (Gas)	Förderung, Export	p	staatliche Koordination, staatliche Kredite, *issue-linkage*
Servicios VenRus (VE)	2009–	brownfield, JV (Öl)	Ölservice	p	staatliche Koordination
Wingas (DE)	1991–	greenfield, JV (Gas)	Import, Handel, Pipeline-betrieb, Speicher	w / sE	Ermäßigung von Exportgütern (Langfristlieferverträge); strategische Partnerschaft; Einfluss auf Regelsetzung/-Anwendung; Einflussnahme auf öffentliche Debatte
VNG (DE)	1991–, 2010	brownfield, Beteiligung (Gas)	Import, Handel, Pipelinebau und -betrieb	w / sE	Druck: Entfremdung zwischenstaatlicher Verträge, Preiserhöhungen, Lieferkürzungen, Lieferblockaden, *margin squeeze*; staatliche Foren; Anreize: Zugang zu russländischer Ressourcenbasis; Nutzung lokaler vernetzter Akteure; strategische Partnerschaft
Ostseepipeline Nord Stream (DE)	2003–	greenfield, JV (Gas)	Pipelinebau und -betrieb	p / sE	Anreiz: Zugang zu russländischer Ressourcenbasis; Attributierung von Optionen (Zwangsanwendung gegenüber Dritten); strategische Partnerschaft; Langfristlieferverträge; staatliche Koordination; Einfluss auf Regelsetzung /-Anwendung; Androhung von Unterinvestitionen / Vertragsbruch; Multilateralisierung bilateraler Probleme; Kooptation von Eliten; Aufbau lokaler Unterstützergruppen, Anreize für Großindustrie
Česka Rafinerska (CZ)	2010	brownfield, Beteiligung (Öl)	Raffinerie-betrieb	? / erfolglos	Strategische Partnerschaft

Transgas (CZ)	1996, 2001	brownfield, Beteiligung (Gas)	Pipeline-betrieb	w / sE erfolglos	Preisdruck; Anreiz: Verbesserung der Außenhandelsbilanz (Exportförderung); Nutzung verbundener Akteure
Vemex (CZ)	2006–	greenfield, indirekte Steuerung (Gas)	Import, Handel	w / sE / pers.	Ermäßigung von Exportgütern; *margin squeeze,* Nutzung lokaler vernetzter Akteure, Erschließung neuer vernetzter Akteure und transnationaler Netzwerke
Panrusgaz (HU)	1994–	greenfield, JV (Gas)	Import, Handel	w / sE	Preisdruck; Anreiz: Ermäßigung von Exportgütern, Nutzung verbundener Akteure
MOL-Gassparte (HU)	2004	brownfield, Beteiligung (Gas)	Import, Handel, Speicher	w / sE erfolglos	Strategische Partnerschaft; Anreiz: Zugang zu russländischer Ressourcenbasis
Blue/South Stream (HU)	2005–	greenfield, JV (Gas)	Pipelinebau und -betrieb, Speicher	p / sE	Zwang: Lieferunterbrechung; Addition/ Attributierung von Handlungsoptionen; Anreize: Transitgebühren, Ermäßigung von Exportgütern, makroökonomische Anreize, Investitionen in Gasspeicher, Zugang zu russländischer Rohstoffbasis; Einfluss auf Regelsetzung / -Anwendung; staatliche Koordination; Kooptation von Eliten
Emfesz (HU)	2004– 2011	greenfield, indirekte Steuerung (Gas)	Import, Handel	pers. / p	Anreiz: Ermäßigung von Exportgütern; Nutzung lokaler vernetzter Akteure; *margin squeeze*

Schlüssel: w = wirtschaftlich; p = politisch; pers. = personal; sE = strategische Effekte.

Zunächst einmal kann festgehalten werden, dass Gazprom vor allem in der Gasindustrie tätig geworden ist. Investitionen mit Fokus auf die Ölindustrie waren indes alle politisch motiviert oder fanden nicht statt. Wie der Fallvergleich in Kapitel 5 zeigt, hatte Gazprom im verfestigten patrimonialen Kapitalismus überdurchschnittlich guten Zugang zu Rohstoff-vorkommen in Russland, wodurch Gazprom die zweite Hypothese bestätigte. Auch wird aus der Tabelle deutlich, dass die Projekte der Gazprom während der 1990er Jahre vornehmlich wirtschaftlich motiviert waren. Dies bestätigt die erste Hypothese. Wirtschaftlich motivierte Investitionen in Förderung finden denn auch nicht statt. Allerdings zeigt sich auch hier be-reits eine recht deutliche Variation in den Motivationen, die anschließend noch zunimmt und von den Hypothesen nicht erfasst werden kann. Es erscheint daher sinvoll, die Projekte in Gruppen gemäß der Motivation zusammenzufassen, um das Vorgehen näher zu charakteri-sieren. Dabei werden für die Projekte aller Konzerne insgesamt sieben Gruppen gebildet.

Die *erste Gruppe* bilden Projekte, bei denen sich Gazprom wirtschaftlich rational verhalten hat. Dabei handelte Gazprom auch gegen den ausdrücklichen Willen politischer Akteure. Alle Projekte der Gazprom in dieser Gruppe gingen auch mit dem Instrument der Blockade einher und wurden durch Nichtteilnahme rational. Beide Projekte dieser Gruppe fanden in den 1990er Jahren in Zentralasien statt. Dabei handelt es sich zum einen um das Gas- und Ölprojekt Karačaganak (Abschnitt 6.4.4), bei dem Gazprom zwar auf Wunsch Kasachstans und politischer Akteure beteiligt wurde, aber nicht bereit war, zusätzliche Investitionen vorzunehmen. Das Konsortium war aber auf Gazprom für die Aufbereitung des geförderten Gasgemischs angewiesen. Gazprom stieg daher aus dem Konsortium aus und blockierte anschließend die Gaslieferungen in die eigene Aufbereitungsanlage bzw. bot einen sehr geringen Abnahmepreis. Dies führte dazu, dass das Konsortium kaum Erdgas, sondern vor allem Erdöl produzierte, was für Gazprom auf Grund von Überkapazitäten rational war. Auch bei dem Projekt Turkmenrosgaz (Abschnitt 6.2.4) handelte Gazprom zum anderen nicht gemäß den getroffenen politischen Vereinbarungen und war nicht bereit, einen hohen Preis für das von Turkmenistan gelieferte Erdgas zu zahlen. Auch politisch vereinbarte Investitionen in turkmenische Erdgasproduktion lehnte Gazprom ab. So fand eine effektive Blockade der turkmenischen Erdgaslieferungen statt. Dies war für Gazprom auf Grund des Überangebots an eigenem Erdgas rational. Gazprom führte dann auch marktschließende strategische Investitionen in der Türkei durch, um eine Diversifikation Turkmenistans auf diesen Markt zu verhindern. Dabei konnte sie sich die Unterstützung politischer Akteure sichern, was auch zu Steuererleichterungen führt. Bei dieser Gruppe wird deutlich, dass Gazprom sich in den 1990er Jahren den Interessen politischer Akteure widersetzen kann und eigene Wirtschaftsinteressen durchsetzen kann. Sie entsprechen also der ersten Hypothese.

Eine *zweite Gruppe* von Projekten im *downstream*-Sektor war zwar wirtschaftlich motiviert, zielte aber vornehmlich auf strategische Effekte in den Zielmärkten. Mit den Investitionen soll einerseits eine vertikale Integration der Großhandels- und Endkundenmärkte stattfinden, was zusätzliche Einnahmen bringen kann. Zudem wird das Wissen über lokale Märkte und die Verflechtung mit lokalen Akteuren gestärkt. Dies ermöglicht andererseits auch eine bessere Steuerung der Erdgaseinfuhren in das betreffende Land, wodurch strategische Vorteile gegenüber anderen Erdgasproduzenten erzielt werden können. Letztlich geht es Gazprom dabei um Einfluss auf die Marktstruktur – ein oligopolistisch organisierter Erdgas-markt mit einem möglichst großen Anteil der Gazprom soll erhalten bleiben, während eine stärkere Vermarktlichung und Europäisierung vermieden werden soll. Es wäre vorstellbar, dass auch ein Konzern aus einem anderen Kontext bei einer ähnlichen Marktstruktur solche Projekte verfolgen könnte. Als Nebeneffekt ergeben diese Projekte aber auch neue Abhängigkeiten, die durch politische Akteure instrumentalisiert werden können. Durchgeführt wurden die Projekte häufig mit dem Instrument Preisdruck auf die Zielmärkte, sowie mit Hilfe strategischer Partnerschaften mit ressourcenstarken Akteuren oder bereits vernetzten lokalen Akteuren. Wo nötig konnte Gazprom in den 1990er Jahren wiederum politische Akteure für ihre Ziele nutzen, jedoch blieben diese hauptsächlich im Hintergrund. In diese Gruppe gehören sowohl die Beteiligung an der VNG (Abschnitt 7.4.4) und das Gemeinschaftsunternehmen Wingas (Abschnitt 7.4.5) in Deutschland, die Gemeinschafts-unternehmen Panrusgaz (Abschnitt 7.6.3) in Ungarn und Vemex (Abschnitt 7.5.9) in Tschechien, sowie die Versuche zur Beteiligung an den Gasaktiva der MOL in Ungarn (Abschnitt 7.6.4) und an Transgas in Tschechien (Abschnitt 7.5.8). Bezüglich dieser Projekte geben die Hypothesen eine weniger gute Figur ab, da sie deren Komplexität nicht erfassen können. Die Projekte sind zwar primär wirtschaftlich motiviert, können aber auch politisch genutzt werden, da sie auf die Generierung neuer Abhängigkeiten zielen. So war etwa Wingas in den 1990er Jahren ein vornehmlich wirtschaftlich motiviertes Projekt, in den 2000er Jahren fiel das Unternehmen jedoch vermehrt durch politische Parteinahme für Russland auf und finanzierte Akteure, die in Deutschland für eine enge Partnerschaft mit der gegenwärtigen russländischen Elite eintreten. Auch konnte die durch Panrusgaz lange Zeit unterbliebene Diversifikation der ungarischen Erdgasbezüge genutzt werden, um Ungarn offener für die Zusammenarbeit beim Projekt South Stream zu machen.

Damit ist auch die *dritte Gruppe* von Projekten angesprochen, die vornehmlich politisch motivierte Projekte repräsentiert, die wie die Projekte der zweiten Gruppe gleichzeitig auf die Veränderung der Marktstruktur zielen. Dabei geht es auch hier um die Verringerung oder gar Verhinderung der Diversifikation von Lieferbeziehungen und die Verhinderung von Märkten. Dies bedeutet, dass Gazprom möglichst als einziger Käufer oder Verkäufer auftreten will. Gegenüber Abnehmern bedeutet es zusätzlich, dass eine Konservierung der ölpreisgebundenen Langfristverträge als primäres Prinzip für den Erdgasbezug erreicht werden soll. Die Projekte dieser Gruppe zeichnen sich gegenüber der zweiten Gruppe dabei durch einen längerfristigen Zeithorizont und eine vergrößerte Risikoübernahme aus. Dies lässt sie zu primär politisch motivierten Projekten werden, da rein kommerziell agierende Konzerne nicht zur Übernahme solch hoher Risiken bereit gewesen wären und vermutlich weniger ambitionierte Vorhaben verfolgt hätten. Dies gilt unbeschadet davon, dass mit den Vorhaben auch wirtschaftliche Chancen verbunden sind. Ein Ziel der politischen Akteure ist dabei, den wirtschaftlichen Druck auf die Ukraine zu erhöhen, daneben geht es auch um die Vergrößerung des Einflusses in Absatzmärkten. Bei den Instrumenten ist eine starke Involvierung politischer Akteure zu bemerken, die den gesamten Prozess überwachen und koordinieren und dabei auch erhebliche Ressourcen einsetzen. Zu dieser Gruppe gehört die Monopsonisierung des turkmenischen Gasexports (Abschnitt 6.2.5), was wirtschaftlich für Gazprom nicht notwendig gewesen wäre. Die Monopsonisierung wurde von Putin vorgeschlagen und erst später gegenüber Gazprom durchgesetzt, als der politische Druck gegenüber der Ukraine erhöht werden musste. Das Projekt barg auf Grund der langfristig abgeschlossenen Verträge auch hohe Risiken, die sich nur daher nicht materialisierten, weil Gazprom den Abnahmevertrag brach. Weitere Projekte sind die Nord (Abschnitt 7.4.6) und South Stream (Abschnitt 7.6.5) Pipelines nach Europa. Diese haben das Potential, die Marktstruktur langfristig zu beeinflussen, aber tragen auch hohe Risiken, da sie sehr großen Kapitaleinsatz beinhalten. Sicher ist hingegen, dass sie die Verhandlungsmacht der Ukraine und die von der EU vorangetriebene Vermarktlichung der Erdgasindustrie schwächen. Zur Durchsetzung wurde eine breite Palette an Anreizen angewendet, die von wirtschaftlichen Zwangsmaßnahmen, über die Manipulation des Kontextes durch Attributierung von Lieferrouten und Addition von Handlungsoptionen bis hin zur Kooptation lokaler Eliten reichte, die das Projekt im Zielland vorantrieben. Die vierte Hypothese kann das Verhalten der Gazprom für diese Gruppe gut vorhersagen, da politische Ziele mit Hilfe von großem Mitteleinsatz politischer Akteure verfolgt werden. Gleichzeitig können die Projekte potentiell wirtschaftlich lukrativ für Gazprom sein.

In die *vierte Gruppe* von Projekten fallen solche, die rein geopolitisch motiviert sind. Die kommerziellen Erfolgsaussichten sind hier also außerordentlich dünn oder nicht vorhanden, während politische Akteure deutliche Interessen an dem Projekt zeigen, da sie Anreize für das entsprechende Land zur Kooperation mit Russland erzeugen wollen. Dies sind häufig Projekte, die wirtschaftlich nicht lukrativ oder hoch risikoreich sind und auch keine strategischen Effekte wie etwa Einfluss auf die Marktstruktur erzeugen können. Solche Projekte finden also in Kontexten statt, in denen Gazprom keinen großen Marktanteil hat und es auch nicht leicht fällt, diesen zu erreichen. Das Projekt in Usbekistan ist darauf gerichtet, das usbekische Regime für dessen stärkere Annäherung an Russland zu belohnen und die Vorteile einer weiteren Integration zu verdeutlichen. In Venezuela fallen zudem Aufträge für die russländische verarbeitende Industrie im Austausch für ein Engagement der Gazprom ab. Die Instrumente sind von den politischen Akteuren verwaltete Anreize wie sicherheits-politische Kooperation, Kredite oder Koordinationsressourcen. Die Investitionen der Gazprom in Venezuela fallen in diese Gruppe (Abschnitt 6.5.5), ebenso wie die Investitionen in Erkundung in Usbekistan (Abschnitt 6.3.5). Gazprom führte diese Investitionen durch, jedoch nicht mit großem Enthusiasmus. Dies wurde etwa in Usbekistan deutlich, wo Gazprom zunächst zu wenig investierte oder in Venezuela, wo in der Ölindustrie lange Zeit keine Aktivitäten erfolgten. Die vierte Gruppe kann ebenfalls mit der vierten Hypothese erklärt werden, jedoch könnten solche Aktivitäten wohl auch mit der dritten Hypothese erklärt werden. An dieser Stelle sind die Hypothesen daher wenig trennscharf.

Einer *sechsten Gruppe* (die fünfte Gruppe wird aus systematischen Gründen bei LUKoil eingeführt) sind solche Investitionsprojekte zugeordnet, die sich vor allem mit personaler Motivation erklären lassen, so etwa die Emfesz in Ungarn (Abschnitt 7.6.6) oder das Projekt Kokdumalak / Gissarneftegaz in Usbekistan (Abschnitt 6.3.6). Dabei werden dritte Akteure an lukrativen Projekten beteiligt. Diese können jedoch auch noch andere Funktionen haben, wie etwa zur politischen Annäherung beitragen wie bei Kokdumalak / Gissarneftegaz oder ein Produkt des Vorgehens politischer Akteure in der Ukraine sein, wie es bei der Emfesz der Fall ist. Im Vordergrund steht aber die persönliche Motivation der beteiligten Akteure, von der Gazprom im Falle des usbekischen Projekts teilweise und im Falle der Emfesz nicht profitiert hat. Personale Interessen zeigen sich auch bei anderen Projekten, etwa bei der Panrusgaz in Ungarn oder bei der Vemex in Tschechien, aber sie stehen dort nicht im Vordergrund des jeweiligen Multinationalisierungsprojekts. Die Hypothesen können dies freilich nicht erklären, da für personale Motivation kein Raum gelassen wurde.

Wie dieser Überblick verdeutlicht, weist die Motivation der Projekte eine größere Vielfalt auf als mit den Hypothesen erwartet wurde. Die erste Hypothese konnte das Verhalten der Gazprom im Rahmen des liquiden patrimonialen Kapitalismus aber recht gut vorhersagen. Dies gilt insbesondere für die Nutzung der Gazprom als Instrument politischer Akteure, die erst im verfestigten patrimonialen Kapitalismus nach 2000 möglich war. Die vierte Hypothese lag mit der Erwartung richtig, dass Gazprom keine wirtschaftlich motivierten Projekte im *upstream*-Sektor durchführen würde. Auch die dritte Gruppe von Projekten blieb im Rahmen der vierten Hypothese, die im verfestigten patrimonialen Kapitalismus Investitionen erwartet hat, die politische und wirtschaftliche Rationalitäten kombinieren. Bezüglich der vierten Gruppe von Projekten zeigte sich die Hypothese wenig trennscharf, da ähnliche Projekte auch von der dritten Hypothese erwartet worden wären. Lediglich die starke Involvierung politischer Akteure wäre von der vierten Hypothese erwartet worden. Hinzu kommen personal motivierte Projekte, die nicht erwartet worden waren.

Die fehlende Trennschärfe der Hypothesen verweist darauf, dass auch der Kontext bedeutsam ist und hätte berücksichtigt werden müssen. Nicht in jedem Kontext können politisch motivierte Strategien durchgeführt werden, die gleichzeitig Chancen auf wirtschaftliche Lukrativität haben. Dies gilt, wenn die entsprechenden Länder nicht wirtschaftlich oder energiesicherheitlich von Russland abhängig sind und ein zentralisiertes politisches System haben, in dem sich Rechtsansprüche kaum durchsetzen lassen. Umgekehrt gilt in wirtschaftlich abhängigen Kontexten, dass auch wirtschaftlich rationale Projekte durch Erzeugung neuer Abhängigkeiten später politisch genutzt werden können, selbst wenn politische Akteure zum Investitionszeitpunkt andere Prioritäten haben.

Wie Tabelle 8.1 ebenfalls verdeutlicht nutzte Gazprom in mehr als der Hälfte der analysierten Fälle Minderheitsbeteiligungen zur Multinationalisierung oder gründete Gemeinschafts-unternehmen. Letztere ermöglichen die Teilung der Investitionsrisiken unter zwei oder mehreren Parteien, maximieren dabei die Vernetzungsmöglichkeiten mit diesen Parteien und begründen aber auch neue Risiken aus der gemeinsamen Steuerung des Gemeinschafts-unternehmens. Teilweise sind die Eigentumsverhältnisse aber auch relativ unklar, da

Gazprom auch vernetzte Akteure zur Steuerung von Aktiva nutzt. Nur die Hälfte der Projekte sind allerdings auch *greenfield*-Projekte, beziehen sich also auf Investitionen in neue Projekte. Die andere Hälfte strebt die Übernahme und den Betrieb bereits bestehender Aktiva an.

8.2   LUKoil

LUKoil gehört zur Gruppe der Konzerne mit wenig korporatistischem Kapital, was sich gemäß der zweiten Hypothese auf den Zugang zu Reserven in Russland auswirkt. LUKoil ist dabei aber gemessen an ihren Gesamtaktiva das am stärksten multinationalisierte Unternehmen in der russländischen Öl- und Gasindustrie. Auf Grund der geringeren Größe des Unternehmens resultiert dies jedoch nicht in absolut mehr Multinationalisierungsprojekten als bei der Gazprom. Jedoch findet die Multinationalisierung der LUKoil auch und vor allem im *upstream*-Sektor statt, was der dritten Hypothese entspricht. Tabelle 8.2 gibt einen Überblick über die zwölf hier analysierten Multinationalisierungsprojekte der LUKoil.

Tab. 8.2:   Untersuchte Multinationalisierungsprojekte der LUKoil

Projekt	Zeit	Typ	Zweck	Interesse*	Instrumente
Karačaganak (KAZ)	1997–	brownfield, Beteiligung	Förderung	p	staatliche Ernennung
Nelson Resources (KAZ)	2005–	brownfield, Beteiligung	Förderung	w	Nutzung lokaler vernetzter Akteure
Kandym-Chauzak-Šady-Kungrad (UZ)	2004–	greenfield, JV (PSA)	Förderung	w / p	*issue-linkage*, staatliche Foren
Junin-3 (VE)	2004–2010	greenfield	Erkundung	w / p	staatliche Foren
NNK (VE)	2008–	greenfield, Beteiligung	Förderung	w / p	staatliche Koordination
Paramo (CZ)	1998	brownfield	Raffination	w (erfolglos)	makroökonomische Anreize
Česka Rafinerska (CZ)	2006–	brownfield, Beteiligung	Raffination	w / p (erfolglos)	strategische Allianz, Aufhebung wirtschaftlichen Drucks gegenüber Dritten; wirtschaftlicher Druck
Tankstellennetz Jet (CZ)	2006–	brownfield	Verkauf	Flucht	strategische Allianz
LUKoil Aviation / SPO Zemanovci (CZ)	2007–	greenfield, JV	Verkauf	p	Aufbau interner Unterstützergruppen; Nutzung lokaler vernetzter Akteure
ISAB (IT)	2008; 2010–	brownfield	Raffination	Flucht / sE	–
KPC (NL)	2006	brownfield	Raffination	w (erfolglos)	–
TRN (NL)	2008–	brownfield, JV	Raffination	w	Zugang zu russländischer Ressourcenbasis, Koordination durch politische Akteure

*Schlüssel: w = wirtschaftlich; p = politisch; pers. = personal; sE = strategische Effekte.

Bei den beiden Projekten während des liquiden patrimonialen Kapitalismus zeigt sich, dass LUKoil nicht immer der ersten Hypothese entsprechend handelte. Das Unternehmen führt mit Karačaganak ein Projekt in Kasachstan durch, das der oben diskutierten vierten Gruppe entspricht, da politische Akteure an der Teilnahme am Projekt interessiert waren (Abschnitt

6.4.4). Für LUKoil machte dies auf Grund der hohen Kapitalkosten und der hohen Komplexität des Projektes aber keinen Sinn. Die positiven Effekte für LUKoil beschränkten sich dabei auf Vernetzung mit anderen, global tätigen Konzernen und dem möglichen Wissenserwerb. Nur in Tschechien (Abschnitt 7.5.5), dem einzigen hier behandelten anderen Projekt, das während der 1990er Jahre stattfand, handelte LUKoil wirtschaftlich rational und damit entsprechend der ersten Hypothese. Es kann damit in der bei Gazprom diskutierten ersten Gruppe plaziert werden. Das Unternehmen nahm hier schließlich nicht an der Privatisierung einer recht maroden Raffinerie teil. Dies wäre allerdings auch nicht im außenpolitischen Interesse gewesen. Die erste Hypothese konnte das Verhalten der LUKoil im liquiden patrimonialen Kapitalismus daher nicht gut vorhersagen.

Weitere Projekte der ersten Gruppe finden sich bei LUKoil im Unterschied zu Gazprom auch während des verfestigten patrimonialen Kapitalismus. Dies gilt für die Investition in Nelson Resources (Abschnitt 6.4.5), die ohne die Unterstützung politischer Akteure vorgenommen wurde und dann auch wieder, entgegen den Interessen politischer Akteure, zur Hälfte verkauft wurde. Hier handelte LUKoil offenbar im Interesse lokaler Akteure in Kasachstan. Auch der versuchte Erwerb der Raffinerie der KPC (Abschnitt 7.8.2) war politisch wenig interessant, aber wirtschaftlich rational und fand ohne Unterstützung politischer Akteure statt. Gleiches gilt für den Erwerb von Anteilen an der TRN-Raffinerie in den Niederlanden (Abschnitt 7.8.3). Diese ist wirtschaftlich für LUKoil interessant, aber nicht von überragendem politischem Interesse. Hier werden allerdings staatliche Anreize des Zugangs zur russländischen Ressourcenbasis genutzt, um Anreize für eine Beteiligung zu setzen. Während das wirtschaftlich rationale Verhalten von der dritten Hypothese erwartet worden war, ging der Einsatz wirtschaftlicher Anreize durch staatliche Akteure hier über die Erwartungen hinaus.

Viele der von LUKoil verfolgten Projekte müssen jedoch in einer neuen, *fünften Gruppe* angesiedelt werden. Diese Projekte sind zwar wirtschaftlich rational, gleichzeitig dienen sie aber den Interessen politischer Akteure. Sie erfolgen also dort, wo es politisch opportun ist und nicht dort, wo sich die besten Marktchancen bieten. Dies gilt etwa für die Investitionen von LUKoil in Venezuela und in Usbekistan (Abschnitt 6.3.4). Letztere war zwar wirtschaftlich lukrativ für LUKoil, aber sie ist auch für politische Akteure interessant, da sie den Nutzen der Zusammenarbeit mit Usbekistan hervorhebt, und war von deren Unterstützung abhängig. *Issue-linkages* mit sicherheitspolitischen Themen ermöglichten erst die Investition. Auch in Venezuela (Abschnitt 6.5.4) war LUKoil zu Investitionen bereit, von denen sich das Unternehmen hohe Gewinne erhoffte. LUKoil ordnete sich dann auch ohne Umschweife dem von Sečin geführten Nationalen Ölkonsortium unter, als es ihr mangels politischer Unterstützung nicht gelungen war, ihre Investition in die Erkundung in ein Projekt zur Erschließung von Rohstoffen umzuwandeln. Auch im Versuch zum Erwerb von Anteilen an den Raffinerien in Tschechien (Abschnitt 7.5.6) zeigte sich die Kombination wirtschaftlicher und politischer Rationalitäten. Hier bot LUKoil auch Anreize, die in den Bereich der staatlichen Transneft' fallen; außerdem fanden Lieferunterbrechungen statt, deren Herkunft ungeklärt ist. Dies ist von der dritten Hypothese so nicht erwartet worden, da nur einzelne deutlich politische Projekte vorhergesehen wurden. Es fügt sich jedoch ein in die Logik korporatistischen Kapitals, da die Akteure mit geringer Vernetzung häufig ihre Loyalität beweisen müssen und die Auswahl von wirtschaftlich rationalen Projekten nach politischer Opportunität eine günstige Möglichkeit dafür ist.

Ein rein politisches Projekt der vierten Gruppe wurde aber mit der LUKoil Aviation Czech (Abschnitt 7.5.7) ebenfalls festgestellt. Es ist unklar, ob die Firma wirtschaftlich lukrativ ist, aber sie finanziert einen Funktionär in der Partei des seit 2013 amtierenden tschechischen Präsidenten Zeman. LUKoil versucht so, auf die politische Landschaft in Tschechien Einfluss zu nehmen. Alternativ kann das Projekt als personal motiviert bezeichnet werden, da die Akteure bereits vorher mit LUKoil vernetzt waren.

Nicht zuletzt gibt es auch noch Multinationalisierungsprojekte der *siebten Gruppe* – solche die sich weder wirtschaftlich noch politisch lohnen und daher als Fluchtinvestitionen bezeichnet werden können. Dazu gehören die Investition in tschechische Tankstellen (Abschnitt 7.5.6) und der Erwerb der ISAB-Raffinerie in Italien (Abschnitt 7.7). Letztere kann allerdings durchaus in Zukunft strategisch Effekte erzeugen und auch für die Ziele politischer Akteure auf dem Westbalkan nützlich sein. Allerdings verursacht sie vorerst wirtschaftliche Schäden und politische Gewinne sind noch schwer abzusehen.

Die Hypothesen können dabei die Handlungen der LUKoil nur teilweise erklären. Sie handelt politischer als erwartet worden war und erhält auch teilweise mehr Unterstützung durch politische Akteure. Gleichzeitig treffen jedoch die zweite Hypothese über Zugang zu Rohstoffen und der Teil der dritten Hypothese über das Interesse der LUKoil an der Investition in Rohstoffe im Ausland zu. Auch führt LUKoil Fluchtinvestitionen und mehr rein wirtschaftliche Investitionen durch als Gazprom. Die größere Politisierung kann auf den prekären Status der LUKoil in Russland zurückgeführt werden. Investitionen, die politische und wirtschaftliche Ziele mischen dienen dazu, zusätzliche Unterstützung zu generieren.

LUKoil nutzt bei den hier untersuchten Projekten vornehmlich Minderheitsbeteiligungen und Gemeinschaftsunternehmen für die Multinationalisierung und strebte in fünf Fällen die Mehrheit über die Tochterunternehmen an. Auch waren nur drei der Projekte Neugründungen, während die restlichen alle auf bereits bestehende Aktiva zielten.

8.3   Novatėk

Novatėk ist ein mehrheitlich privater Erdgaskonzern und gehört zu den Akteuren mit viel korporatistischem Kapital. Wie im Rahmen des Fallvergleichs festgestellt wurde hat Novatėk dabei größeren Zugang zu russländischen Rohstoffen als Akteure mit wenig korporatistischem Kapital, was die zweite Hypothese bestätigt.

Für Novatėk konnte lediglich ein Multinationalisierungsprojekt untersucht werden, da das Unternehmen kaum internationalisiert ist. Das untersuchte Multinationalisierungsprojekt – die Minderheitsbeteiligung an der deutschen VNG – konnte nicht abgeschlossen werden. Die Multinationalisierung wäre für das Unternehmen sicher wirtschaftlich lukrativ, da Novatėk so Zugang zu Exportmärkten erhalten würde. Dies hängt jedoch von den Konditionen ab, die Gazprom dem Unternehmen anbieten kann. Gazprom konnte auch verhindern, dass Novatėk Zugang zu Exportmärkten erhält. Die direkte Konkurrenz mit der ebenfalls eng vernetzten Gazprom behinderte hier die Durchsetzungsfähigkeit von Novatėk. Dies konnte mit der vierten Hypothese nicht vorhergesagt werden.

8.4   Rosneft'

Rosneft' ist der größte und mehrheitlich staatliche Konzern in der Ölindustrie Russlands und ein Akteur mit viel korporatistischem Kapital. Dies geht einher mit privilegiertem Zugang zu Rohstoffvorkommen in Russland, wie im Fallvergleich gezeigt wurde. Auch hier wurde also die zweite Hypothese bestätigt. Augenscheinlich wird dies im Schicksal des Ölkonzerns JUKOS, dessen Hauptaktiva von Rosneft' übernommen werden konnten. Ein weiteres Beispiel ist TNK-BP, die ebenfalls von Rosneft' geschluckt wurde, allerdings schon nach Beendigung dieser Studie.

Tab. 8.3:   Untersuchte Multinationalisierungsprojekte der Rosneft'

Projekt	Zeit	Typ	Zweck	Interesse*	Instrumente
Adaj (KAZ)	2001–2010	greenfield, JV	Förderung	w	–
Kurmangazy (KAZ)	2002–2010	greenfield, JV	Erkundung	w / p	staatliche Ernennung; staatliche Foren
NNK (VE)	2008–	greenfield, Beteiligung	Förderung	p	staatliche Ernennung und Koordination, staatliche Kredite, Waffenlieferungen
Leuna (DE)	1994–1997	greenfield, Beteiligung	Raffination	w	staatliche Ernennung, wirtschaftlicher Druck (Lieferblockade)
Paramo (CZ)	1999	brownfield	Raffination	?	Vernetzung mit lokalen Akteuren
Ruhr Oel (DE)	2010–	brownfield, JV	Raffination	w / sE	Zugang zu russländischer Ressourcenbasis, staatliche Foren; staatliche Kredite; strategische Allianz

*Schlüssel: w = wirtschaftlich; p = politisch; pers. = personal; sE = strategische Effekte.

Bei Rosneft' wurden Projekte aus vier unterschiedlichen Kontexten untersucht, drei davon im *upstream*- und drei im *downstream*-Sektor. Zwei davon finden während des liquiden patrimonialen Kapitalismus statt. Dabei bestätigt das Verhalten der Rosneft' in Leuna (Abschnitt 7.4.7) die erste Hypothese: Rosneft' wird von staatlichen Akteuren zur Investition aufgefordert, nimmt diese jedoch nicht vor. Zwar findet auch aus ungeklärten Gründen eine Lieferblockade statt, diese bleibt jedoch folgenlos. Es liegt nahe dass staatliche Akteure die Beteiligung befürworteten, während Rosneft' an raschen Einnahmen und daher nicht an der Beteiligung interessiert war (die gegen kostenlose Öllieferungen erlangt werden sollte). Einige staatliche Akteure favorisierten hingegen die stärkere Expansion russländischer Konzerne, obschon in den 1990er Jahren der Kapitalbedarf in Russland sehr hoch war. Das Verhalten bezüglich der Paramo (Abschnitt 7.5.5) kann nicht beurteilt werden, da die Rolle der Rosneft' unklar und passiv blieb. Auch innerhalb des verfestigten patrimonialen Kapitalismus gibt es mit Adaj in Kasachstan ein wirtschaftlich motiviertes Projekt (Abschnitt 6.4.6). Rosneft' ging hier einige Risiken ein, wie sich an der späteren Entwicklung zeigen sollte. Das Projekt ist jedoch so klein, dass es politisch nicht interessant ist. Das Verhalten der Rosneft' gehört daher hier deutlich in die erste Gruppe der Motivationen.

Das Projekt Kurmangazy (Abschnitt 6.4.6) gehört in die fünfte Kategorie politisch motivierter aber wirtschaftlich potentiell lohnenswerter Projekte mit hohen Risiken. Rosneft' investierte dabei mit Kurmangazy in ein Projekt, das politisch ausgehandelt wurde und welches sich als wirtschaftlich nicht lohnenswert herausstellte, das aber mit hohen wirtschaftlichen Erwartungen verbunden war. Dieses Vorgehen entspricht auch der vierten Hypothese.

Mit der Investition in die NNK (Abschnitt 6.5.7) nimmt Rosneft' auch ein Projekt der vierte, rein geopolitisch motiverten Kategorie vor. Hier wurde Rosneft' durch Sečin in ein sehr risikoreiches Projekt gebracht und übernahm immer größere Risiken. Rosneft' zahlte auch Vorschüsse und vergab Kredite, um die politische Partnerschaft mit Venezuela zu stärken. Dieses Verhalten wurde von Akteuren mit viel korporatistischem Kapital auch erwartet.

Nicht zuletzt gibt es mit der Ruhr Oel (Abschnitt 7.4.7) auch eine Investition der zweiten Kategorie, bei der wirtschaftliche Interessen leitend sind, aber strategische Effekte auf die Zielmärkte erzielt werden können. Dies stärkt wiederum die Handlungsfähigkeit politischer Akteure und eröffnet weitere Beteiligungsmöglichkeiten für russländische Konzerne. Dabei waren wiederum politische Akteure für die Koordination des Erwerbs und das Angebot von Beteiligungsmöglichkeiten in Russland entscheidend. Das Vorgehen war auch so von der vierten Hypothese erwartet worden.

8.5   TNK-BP

TNK-BP war ein Gemeinschaftsunternehmen in privater Eigentümerschaft des internationalen Ölkonzerns BP und russländischer Geschäftsmänner und besaß wenig korporatistisches Kapital. Im Fallvergleich wurde bereits gezeigt, dass dies mit einem vergleichsweise schlechten Zugang zu Rohstoffvorkommen in Russland korrespondiert und so die zweite Hypothese bestätigt. 2013 wurde das Unternehmen von Rosneft' übernommen.

Zu TNK-BP wurden nur zwei Internationalisierungsprozesse untersucht, die beide in Venezuela stattfinden. Dabei geht es zum einen um die Zertifizierung von Schwerölreserven im Orinoco-Becken, die 2007 begonnen wurde, und zum anderen um den Kauf der Aktiva von BP in Venezuela, der 2010 stattfand (Abschnitt 6.5.6). Beide Projekte waren politisch motiviert, da sowohl die Zertifizierung von Schwerölreserven als auch die Investition in Förderprojekte in einem regulatorisch und fiskalisch hochgradig volatilen Umfeld stattfindet. So war TNK-BP bestrebt, das eigene Projekt zur Zertifizierung in NNK einzugliedern. Das Förderprojekt dürfte sich bei der gegenwärtigen Besteuerung hingegen nicht rechnen. TNK-BP diente so dem Interesse staatlicher Akteure an einer Intensivierung wirtschaftlicher Beziehungen zu Venezuela, um die Kooperation mit Russland attraktiver zu machen und eine multipolare Weltordnung durch die Bereitstellung von westlichen Akteuren unabhängiger Investitionsmittel voranzutreiben. Die Projekte der TNK-BP fallen damit in die vierte Gruppe.

TNK-BP konnte dabei nur staatliche Foren nutzen, um einen Anteil zu erlangen, erhielt aber keine weiteren staatlichen Instrumente. Das durch Kredite und andere russländische Instrumente verbesserte Verhältnis zu Venezuela half aber sicher dabei, Zugang zu erlangen. Die Multinationalisierung von TNK-BP bestätigt die dritte Hypothese, da dem Unternehmen keine wesentliche staatliche Unterstützung zuteil wurde und es gut sichtbare politisch lohnenswerte Projekte durchführte. Allerdings wären mehr wirtschaftlich motivierte Projekte erwartet worden. Deren Fehlen mag aber auch an der geringen Multinationalisierung des Unternehmens liegen, was auf die Eigentümerstruktur zurückzuführen war.

8.6   Sieben Motivationen

Im Ergebnis hat sich gezeigt, dass die Aufteilung in politische, wirtschaftliche und mit Fluchtimpuls motivierte Projekte der Konzerne weiter differenziert werden muss. Zunächst war dabei die klare Einteilung in politische und wirtschaftliche Projekte problematisch, da sie eine klare Trennbarkeit der Sachbereiche suggeriert und auch keine Differenzierung nach dem Charakter eines wirtschaftlichen Projektes zulässt. Deutlich wurde nur, dass politische Akteure in Russland nach 2000 über eine direkte Durchgriffsmöglichkeit auf die Konzerne verfügen und so Wettbewerb zwischen russländischen Akteuren auf externen Märkten ausschalten können. Dieses Merkmal ist zentral für die potentielle politische Nutzung wirtschaftlicher Abhängigkeiten und die Nutzung der Konzerne als politisches Instrument.

Bei der Analyse der Projekte wurde indes deutlich, dass die spezifische Marktstruktur dafür ausschlaggebend ist, wie politische und wirtschaftliche Motive verbunden werden können. Auf einem oligopolistischen Markt mit relativ wenigen oder nur einem Verkäufer und hohen Zutrittsbarrieren fällt es leichter, politische und wirtschaftliche Motive zu verbinden als auf einem kompetitiven Markt. Die Erhöhung des Marktanteils und Verdrängung von Wettbewerbern bringt (zumindest kurzfristig) größere Profite mit sich, da auf dem recht inelastischen Energiemarkt Preise gesetzt werden können. Ein größerer Marktanteil bietet dann aber auch politische Vorteile, da sich die größere wirtschaftliche Abhängigkeit durch die Ausschaltung von Wettbewerb in politische Handlungsfähigkeit transformieren lässt. In kompetitiven Märkten ist dies hingegen schwer möglich, da die wirtschaftlichen Abhängigkeiten schwach sind. Auf Basis dieser Überlegungen wurden sieben Gruppen von Motivationen der Multinationalisierungsprojekte identifiziert, die im Folgenden aufgeführt werden.

1.   Wirtschaftlich rationale Projekte, die sich gegen die Interessen politischer Akteure richten oder keine politische Relevanz haben. Dabei handeln die Wirtschaftsakteure so, wie man es von kommerziell agierenden Konzernen erwarten würde. Teilweise hat dieses Verhalten aber auch negative politische Auswirkungen, etwa wenn die Wirtschaft ganzer Staaten geschädigt wird. Solche Projekte finden meist während der 1990er Jahre statt, im Falle der Akteure mit wenig korporatistischem Kapital aber auch zu späteren Zeitpunkten.

2.   Wirtschaftlich rationale Projekte, die auf die Erzielung strategischer Effekte gerichtet sind, die auch im Interesse politischer Akteure sind. Darunter fallen Projekte, die im Rahmen oligopolistischer Märkte stattfinden und auf eine Ausweitung des Marktanteils und die Einschränkung von Wettbewerb zielen. Ein kommerziell agierender Konzern in einer ähnlichen Marktposition würde sich vermutlich genauso verhalten. Der durch politische Akteure in Russland ermöglichte Durchgriff auf Wirtschaftsakteure im Rahmen des korporatistischen Kapitals sorgt aber dafür, dass diese Projekte auch politisch genutzt werden können. Solche Projekte werden nur von Akteuren mit viel korporatistischem Kapital durchgeführt.

3.   Das Gegenstück zu den Projekten der dritten Gruppe ist von politischen Akteuren vorangetrieben, zielt aber ebenfalls strategische Effekte, die auch wirtschaftlich positiv für die Konzerne sein können. Das Risikoprofil der Konzerne wird aber mit Hilfe politischer Akteure so verändert, dass diese im Interesse politischer Akteure Projekte durchführen, die von kommerziell agierenden Konzernen als zu risikoreich betrachtet werden würden. Dies betrifft vor allem sehr große und kapitalintensive Projekte, die auf strategische Effekte zielen. Da es dabei um Einfluss auf die Marktstruktur geht und nicht

nur um die allgemeine Entwicklung von Marktpreisen sind die Projekte mit hoher Unsicherheit behaftet. Diese Projekte wurden nur von Gazprom durchgeführt.

4. Die vierte Gruppe bilden Projekte, die rein geopolitisch motiviert sind, also wirtschaftliche Verluste oder äußerst unsichere Aussicht auf wirtschaftliche Gewinne mit sich bringen, während sie den außenpolitischen Interessen der politischen Elite nutzen. Dies ist der Archetyp einer „politischen" Investition, da die Konzerne hier als reine Instrumente für politische Ziele verwendet werden. Solche Investitionen werden sowohl von Konzernen mit viel als auch mit wenig korporatistischem Kapital durchgeführt.

5. Wirtschaftlich rationale Projekte, die nicht auf strategische Effekte zielen, aber bei denen das Land der Investition nach politischen Gesichtspunkten ausgewählt wurde bilden die fünfte Gruppe. Hier ergibt sich der politische Effekt nicht aus zukünftigen Druckmitteln, sondern eher aus der stärkeren Verflechtung und Attraktion Russlands als Investor. Es ist eine günstige Möglichkeit für die Konzerne, die Interessen politischer Akteure zu erfüllen und gleichzeitig profitable Investitionen vorzunehmen. Solche Projekte werden sowohl von Konzernen mit viel als auch mit wenig korporatistischem Kapital durchgeführt.

6. Die sechste Gruppe sind primär personal motivierte Investitionen. Sie sind wirtschaftlich lukrativ, gleichzeitig wird jedoch ohne erkennbaren Grund ein Teil der Anteile an undurchsichtige Firmen mit wechselnden Anteilseignern abgegeben. Die Investitionen können auch politisch nützlich sein. Solche Investitionen wurden nur von Gazprom durchgeführt.

7. Die siebte Gruppe sind Fluchtinvestitionen, die weder wirtschaftlich noch politisch von Interesse sind. Sie zielen darauf ab, eine bessere Sicherung der Konzernaktiva durch Investitionen im Ausland zu erzielen. Solche Investitionen wurden nur von LUKoil durchgeführt.

9 „Russland" als globaler Wirtschaftsakteur

An dieser Stelle können nun die Schlussfolgerungen aus der empirischen Untersuchung gezogen werden. Diese beziehen sich zunächst nochmals auf die Hypothesen und deren Aussagekraft, sowie auf die Instrumente, die bei der Multinationalisierung der Konzerne verwendet wurden. Anschließend werden Schlussfolgerungen für den theoretischen Rahmen und die Forschungsfrage gezogen und praktische Implikationen für weitere Forschung und Politik diskutiert.

9.1 Ergebnisse in Bezug auf die Hypothesen

Hier erfolgt eine Auswertung der Arbeit bezüglich der Vorhersagekraft der Hypothesen. Diese beziehen sich innerhalb des verfestigten patrimonialen Kapitalismus auf den Zusammenhang zwischen korporatistischem Kapital und Konzernressourcen und -Interessen. Außerdem beziehen sich die Hypothesen auf die Auswirkungen des Übergangs vom liquiden zum verfestigten patrimonialen Kapitalismus.

9.1.1 Wandel der Ordnung führt zu Politisierung

Mit der Ausnahme eines Projekts der LUKoil, das in den 1990er Jahren stattfindet und nicht wirtschaftlich gerechtfertigt werden kann, sind alle im Rahmen des liquiden patrimonialen Kapitalismus durchgeführten Projekte wirtschaftlich rational, gehören also zur ersten der in Kapitel 8 definierten Gruppen. Auch Staatskonzerne wie Rosneft' unterlassen wirtschaftlich irrationale Projekte, die politische Vorteile gebracht hätten, wie etwa die Investition in die Leuna-Raffinerie. Auch Fluchtinvestitionen sind nicht erkennbar. Staatliche Akteure können von den Konzernen zu ihren Zwecken genutzt werden, haben aber wenig Macht über die Konzernentscheidungen. Die erste Hypothese konnte damit in fast allen Fällen bestätigt werden. Im Vergleich mit den Projekten, die anschließend durchgeführt wurden, zeigen sich damit deutliche Unterschiede in der Politisierung und auch in der Rolle politischer Akteure. Dies bestätigt auch, dass eine Trennung zwischen liquidem und verfestigtem patrimonialen Kapitalismus gewinnbringend ist, da die verschiedenen Ordnungen deutliche Auswirkungen auf das Konzernhandeln zeitigen. Die Monopolisierung staatlicher Zwangsgewalt und die korrespondierende Schließung des Netzwerkzugangs sind also bedeutsam für die Beschreibung der Möglichkeiten und Beschränkungen der Konzerne.

9.1.2 Korporatistisches Kapital bestimmt Zugang zu Rohstoffreserven

Als robusteste Hypothese der Arbeit hat sich diejenige erwiesen, die auch am einfachsten zu prüfen war: Die zweite Hypothese über den Zusammenhang zwischen korporatistischem Kapital und dem Zugang zu Rohstoffen in Russland im Rahmen des verfestigten patrimonialen Kapitalismus. Im Fallvergleich zeigte sich, dass weder Staatseigentum, noch Größe oder Industriezugehörigkeit den Zugang zu Rohstoffen besser erklären konnten als das über soziale Netzwerkanalyse erhobene korporatistische Kapital der Konzerne: Konzerne mit viel korporatistischem Kapital wiesen besseren Zugang auf und umgekehrt. Daraus ergeben sich auch unterschiedliche Anreize für die rohstoffsuchende Multinationalisierung der verschiedenen Konzerne. So verfolgen die eng angebundenen Konzerne kaum wirtschaftlich motivierte Projekte im *upstream*-Sektor, sondern konzentrieren sich auf den *downstream*-Sektor. Währenddessen verfolgt LUKoil einige wirtschaftlich motivierte Projekte im *upstream*-Bereich. Da allerdings auch politische Investitionen in Rohstoffe vorgenommen werden, kann der Zugang zu Rohstoffreserven zwar die Motivation der Konzerne beeinflussen, aber nicht das Investitionsmuster der Konzerne vorhersagen. Dies hängt von weiteren, politischen Faktoren ab.

9.1.3   Korporatistisches Kapital bestimmt Zugang zu staatlichen Instrumenten

Im Rahmen des verfestigten patrimonialen Kapitalismus ist korporatistisches Kapital auch für den Zugang zu staatlichen Instrumenten für die Unternehmensstrategie auf globaler Ebene verantwortlich. In Bezug auf die Instrumente erwiesen sich die Hypothesen Drei und Vier somit als robust: Konzerne mit wenig korporatistischem Kapital konnten weit weniger häufig auf staatliche Instrumente zurückgreifen als Konzerne mit viel korporatistischem Kapital. Auch waren die Instrumente, die letzteren Akteuren zur Verfügung standen, meist wertvoller als die Instrumente für die anderen Akteure. Diese vergleichende Schlussfolgerung leidet dabei allerdings darunter, dass mehr Projekte von Akteuren mit viel als mit wenig korporatistischem Kapital untersucht wurden. Konzerne mit wenig korporatistischem Kapital erhielten ebenfalls vereinzelt staatliche Unterstützung.

Tabelle 9.1 gibt einen Überblick über die für die Multinationalisierung verwendeten Instrumente (innerhalb des verfestigten patrimonialen Kapitalismus) nach deren konzeptueller Zuordnung zu einem staatlichen oder Konzernkontext und dem Bereich ihrer Verwendung. Die ersten vier Kategorien bezeichnen dabei Instrumente, die meist in staatlicher Verfügungsmacht stehen. Allerdings sind die Instrumente der ersten Kategorie im Falle der Gazprom prinzipiell in der Verfügungsmacht des Konzerns selbst, da der Konzern über das Pipelinemonopol verfügen kann. So konnte das Unternehmen Lieferblockaden selbst ausüben und so gegenüber ganzen Staaten Druck ausüben. Dies verdeutlicht die Hybridität des Akteurs Gazprom, der in vielen Fällen auf Grund der Verletzlichkeit der Interaktionspartner Zwang auch gegenüber Drittstaaten anwenden konnte. Allerdings werden auch bei Gazprom häufig staatliche Instrumente zur Unterstützung verwendet, so etwa bei den Strategien zum Bau von Nord- bzw. South Stream. Auch einige Instrumente staatlicher Natur der zweiten Kategorie, wie etwa makroökonomische Anreize, wurden von Konzernen angeboten. Dies verdeutlicht die fehlende Trennschärfe der Unterscheidung von staatlichen Ressourcen und Konzernressourcen im russländischen Fall.

Tab. 9.1:   Verwendung von Instrumenten im verfestigten patrimonialen Kapitalismus

Instrument	Kontextfaktoren*	vK**	wK**
externe Instrumente: Zwang (teilw. staatlich, teilw. Konzerninstrument)			
Blockade oder Drohung mit	eA, D; wA, Z; eA, O; D	x	x
staatliche externe Instrumente: Anreize			
Erteilung staatlicher Kredite	S, Z	x	
Aufhebung von Exportblockaden / makroökonomische Anreize	eA, D	x	
Investitionszusagen von außerordentlichem Wert	S, Z; eA, D	x	
In Aussicht stellen von Renten (z.B. Transit)	eA, D	x	
sicherheitspolitische Konzessionen (*issue linkage*)	S, Z	x	x
innenpolitische Konzessionen (*issue linkage*)	wA, Z	x	
selektive Förderung von Kapitalimport (*asset swaps*)	eA, D; D	x	x
Verbesserung der Handelsbilanz	eA, D	x	
Beeinflussung der Rahmenbedingungen			
Addition / Subtraktion von Optionen	wA, Z; eA, D	x	
Attributierung (Veränderung der Repräsentation der Vor- und Nachteile)	eA, D	x	
Kooptation von und Vernetzung mit Eliten im Zielland	eA, D	x	
Aufbau lokaler Unterstützergruppen	eA, D	x	x
Umgehung/Beeinflussung der Regelsetzung /-Anwendung	eA, D	x	
Beeinflussung öffentlicher Meinung	eA, D	x	
Anreize für Großindustrie – kommerzielle fünfte Kolonne	eA, D	x	
Multilateralisierung bilateraler Probleme	eA, D	x	
Koordinationsressourcen / interne Ressourcen			
staatliche Foren	S, Z	x	x
Ernennung/Koordination durch staatliche Akteure	eA, D; S, Z; eA, O	x	
selektive Steuererleichterungen	S, Z	x	
Konzerninstrumente			
wirtschaftlicher Zwang / Preisdruck gegenüber einzelnem Akteur (*margin squeeze* etc.)	eA, D	x	
Ermäßigung des Gutes (Anreiz)	eA, D	x	
vertragliche Vereinbarungen (strategische Allianz/Partnerschaft)	eA, D	x	x
indirekte Steuerung (strategische Partnerschaft)	eA, D	x	
langfristige Lieferverträge (strategische Partnerschaft)	eA, D; wA, Z	x	
Tochterunternehmen (vollständige Kontrolle)	eA, D; S, Z	x	x
Gemeinschaftsunternehmen	eA, D; S, Z	x	x
Minderheitsbeteiligung	eA, D; S, Z; wA, Z	x	x
Nutzung lokaler vernetzter Akteure	S, Z; eA, D; eA, O	x	x
Beteiligung aus personalem Interesse	S, Z, eA, D	x	

* S: sicherheitspolitische Bedrohung; eA: energiesicherheitliche Abhängigkeit; wA: wirtschaftliche Abhängigkeit;
  Z: zentralistisches System; O: oligarchisch-pluralistisches System; D: demokratisch-rechtsstaatliches
  System. In der Arbeit untersuchte Kombinationen: S, Z; wA, Z; eA, O; eA, D; D.
** vK: viel korporatistisches Kapital; wK: wenig korporatistisches Kapital.

Einziges staatliches *Druckmittel*, das im Kontext des verfestigten patrimonialen Kapitalismus eingesetzt wurde, ist die Androhung oder Anwendung von Lieferblockaden. Preisdruck, die

Forderung höherer Preise im Verkauf oder geringerer Preise im Einkauf, die gegen Konzessionen fallen gelassen werden, kamen dabei gegenüber Staaten erkennbar nur im Rahmen des liquiden patrimonialen Kapitalismus zum Einsatz. Entsprechend der Literatur zu Wirtschaftssanktionen sind Drohungen mit Lieferblockaden wesentlich häufiger als deren tatsächliche Ausführung; allerdings kam die Blockade in der Gasindustrie recht häufig zur Anwendung. Drohungen mit zukünftigen Lieferblockaden wurden auch ganz allgemein bezüglich aller EU-Staaten ausgesprochen, unabhängig von deren energiesicherheitlicher Abhängigkeit, so im Rahmen des Projekts Ostseepipeline (vgl. Anhang V). Einstellungen der Lieferungen als Druckmittel waren ebenfalls häufig, richteten sich jedoch gegen energiesicherheitlich oder wirtschaftlich abhängige Staaten, so etwa im Rahmen der Strategie zum Bau der Blue- bzw. South Stream-Pipeline, bei denen die Lieferungen an Ungarn und andere ostmitteleuropäische Staaten im Januar 2009 eingestellt wurden, was Notmaßnahmen zur Aufrechterhaltung der Grundversorgung von Haushaltskonsumenten erforderte. Auch im turkmenischen Kontext wurden die Exportmöglichkeiten durch Gazprom immer wieder blockiert, hier jedoch aus wirtschaftlichem Interesse heraus. In der Ölindustrie fanden Lieferblockaden weniger häufig statt und waren weniger deutlich mit Multinationalisierungs-strategien verbunden. Sie spielten jedoch eine Rolle als Anreiz: LUKoil bot PKN-Orlen die Verbesserung der wirtschaftlichen Situation der unter einer Lieferblockade leidenden Raffinerie Mažeikių an. Dieser Anreiz war nur auf Grundlage der vorhergehenden Blockade möglich. Dies verdeutlicht die Rolle von Blockaden als Grundlage für Anreize zur Multinationalisierung. Blockaden haben zudem eine wichtige Rolle bei der Manipulation des Kontextes, was weiter unten behandelt wird.

Die staatlichen *Anreize* sind dabei nicht nur wirtschaftlicher, sondern auch sicherheitspolitischer und innenpolitischer Art. Sicherheitspolitische Anreize nutzen die sicherheitspolitischen Bedürfnisse des Ziels und verbinden sie durch *issue linkages* mit den Multinationalisierungsprojekten der Konzerne. Dies war vor allem in Usbekistan und Venezuela der Fall. In ersterem Fall wurden sicherheitspolitische Garantien gegen eine außenpolitische Ausrichtung Usbekistans auf die Integrationsprojekte mit Russland getauscht, wozu auch der Zugang für die Unternehmen gehörte. Um die Integration mit Leben zu füllen wurden russländische Konzerne wirtschaftlich tätig. Im Falle der Gazprom war dies mit hohen Verlusten und der Realisierung personaler Interessen verbunden, im Falle der LUKoil gingen die Investitionen mit Gewinnen einher. Im venezolanischen Kontext waren russländische politische Akteure ebenfalls an geopolitischen Dividenden und an Aufträgen für die russländische Industrie interessiert. Da diese aber wiederum mit Hilfe russländischer Kredite finanziert wurden, deren Rückzahlung in Vergangenheit häufig nicht erfolgte, kommen die Waffenlieferungen einer sicherheitspolitischen Konzession Russlands gleich. Innenpolitische Konzessionen wurden gegenüber Turkmenistan gemacht, wo der Minderheitenschutz gegen eine Monopsonisierung der Gaslieferungen getauscht wurde. Die sicherheits- und innenpolitischen *issue linkages* fanden dabei nur in zentralistischen Kontexten statt. Dies deutet darauf hin, dass die Verbindung verschiedener Sachbereiche für Russland hier einfacher ist als in anderen Ordnungen mit größerer Institutionalisierung von Entscheidungsprozessen. Dafür war der so gebildete Interessenausgleich auch meist recht kurzlebig. Die Wirtschaftskooperation überlebte in einigen Fällen jedoch, da die Zielländer aus den Investitionen Vorteile ziehen konnten.

Investitionszusagen in risikoreiche Projekte als wirtschaftliche Anreize wurden nur in der Gasindustrie durch Gazprom verwendet. Dieses Instrument bezieht sich auf Projekte, für die es im Allgemeinen schwer ist, Investitionsmittel zu erhalten, wie z. B. Erkundung, oder wo sehr hohe Investitionssummen versprochen wurden, die das Investitionsangebot von denen anderer Spieler unterscheiden. Dieses Instrument wurde zu politischen Zielen im usbekischen Kontext für die Erkundung von Energierohstoffen verwendet, aber etwa auch im ungarischen Kontext, wo sehr hohe Investitionen in Gasspeicher und Pipelines in Aussicht gestellt wurden, um das Projekt South Stream voranzutreiben.

Im Rahmen der South Stream, sowie bei früheren Projekten wie etwa der Panrusgaz, wurden auch makroökonomische Anreize wie die Verbesserung der Handelsbilanz eingesetzt, um die Vorteile einer Kooperation mit Russland zu verdeutlichen. Ähnliches fand in Deutschland mit der Nord Stream Pipeline statt, jedoch weniger explizit. Dies verweist auf den großen russländischen Binnenmarkt, der über die zentralisierte Steuerung von Marktzugang als Anreiz verwendet werden kann. Die selektive Förderung von Kapitalimport (*asset swap*) war ebenfalls ein Instrument, das auf der zentralisierten Steuerung von Zugang zum russländischen Markt beruht. Dabei geht es um den Markt für Lizenzen oder Beteiligungen an Projekten zur Ausbeutung von Bodenschätzen. Durch die allgemeine Beschränkung von Zugang und die gezielte, politisch sanktionierte Gewähr von Ausnahmen können politische Akteure Anreize gegenüber einzelnen Konzernen setzen und so Marktzugang für russländische Konzerne im Ausland organisieren. Da dieses Instrument von der Transnationalität der westlichen Konzerne Gebrauch macht, wird es vor allem in demo-kratisch-rechtstaatlichen Kontexten eingesetzt, wo die Konzerne über ihre Anteile ungehindert verfügen können.

Die *dritte* Kategorie enthält darüber hinausgehende Instrumente, die nicht auf direkte Kompensation oder auf Zwang zur Verhaltensänderung setzen, sondern stattdessen den Kontext so manipulieren, dass der Zielakteur sein Verhalten selbständig ändert, von Dritten dazu gedrängt wird, oder die internen Bedingungen so geändert werden, dass eine Änderung der Interessen stattfindet. Hierzu gehören auch Strategien zur Umgehung oder Beeinflussung der Regeln bzw. der Regelsetzung, womit Projekte möglich werden, die sonst auf rechtliche Hindernisse im Zielkontext stoßen würden. Die Instrumente dieser Kategorie können besonders häufig eingesetzt werden, da sie geringere Kosten mit sich bringen als das Setzen von Anreizen oder das Ausüben von Druck.

Instrumente zur *Manipulation des Kontextes* wie Addition oder Subtraktion von Handlungsoptionen oder die Attributierung von Optionen können dabei nur im Kontext von Abhängigkeit eingesetzt werden, da der Sender *per definitionem* Einfluss auf die Verfügbarkeit von Handlungsoptionen des Ziels haben muss, was ohne gewisse Abhängigkeiten kaum wirksam ist. Eine gelungene Manipulation setzt dabei den Einsatz einer Reihe anderer Instrumente voraus, wie etwa die Anwendung von Zwang gegenüber Dritten, Anreize, die zur erfolgreichen oder zumindest vermeintlich erfolgreichen Kooperation Dritter Staaten führen und diplomatische Ressourcen, um nur einige der Möglichkeiten zu nennen. Addition und Subtraktion von Handlungsoptionen wurden etwa gegenüber Turkmenistan eingesetzt, da einerseits über die Blue Stream Pipeline Märkte geschlossen wurden, andererseits jedoch Pipelineprojekte für den Export turkmenischen Gases durch russländisches Territorium unterstützt wurden.

Eine Addition von Handlungsoptionen wurde auch gegenüber den *downstream*-Akteuren in Bezug auf die Pipelineprojekte Nord- und South Stream eingesetzt (Abschnitte 7.4.6 bzw. 7.6.5). Zum einen wurden mit den Projekten Optionen addiert, bei denen durch die vorherige Zwangsausübung gegenüber der Ukraine und durch die erfolgreiche Deutung des Problems als „Transitproblem" signalisiert wird, dass sie die beste Lösung für das zuvor mit generierte Problem darstellen. Die fortgesetzte Nutzung des ukrainischen Korridors hat vor dem Hintergrund des „Transitproblems" nun ein höheres Risiko. Da Transit auch als generelles Risiko in den Vordergrund gerückt wurde, erscheinen auch alternative Transitrouten als risikoreich. So erscheinen die von Russland vorgeschlagenen Unterseepipelines als die optimale Lösung für das Problem der Gasversorgung.

Eine positive Attribuierung des russländischen Projekts erfolgte zudem durch die Erzeugung von Wettbewerb zwischen potentiellen Transitländern. Die Realisierung des russländischen Projekts erscheint dadurch hochwahrscheinlich. Da Russland auf keinen der europäischen Akteure angewiesen scheint, erhöht sich deren Bereitschaft zur Kooperation zusätzlich. Diese Attribuierung ermöglichte den politischen Akteuren im Zielland auch eine leichtere Rechtfertigung der Kooperation vor dem innerstaatlichen Publikum, da eine Diskussion der Nachteile der Kooperation vermieden werden konnte.

Der Möglichkeit, die Risikoprofile der Zielstaaten zu manipulieren, liegt dabei deren Wissen über die Verletzlichkeit bei der Gasversorgung zu Grunde, die ebenfalls bereits durch die Lieferunterbrechung durch die Ukraine verdeutlicht wurde. Strategische Manipulation beruht also auf der geschickten Kombination von struktureller Abhängigkeit mit Zwangsmitteln, Anreizen, diplomatischen und geheimdienstlichen Ressourcen, sowie Versuchen zur Beeinflussung der Debatte. Sie setzt daher auf mehreren Ebenen an und benötigt gutes Wissen über die Präferenzen des Ziels und deren Intensitäten. An der hohen Relevanz strategischer Manipulation für die Realisierung der Projekte zeigt sich auch, dass Zwangsinstrumente ein integraler Bestandteil der Multinationalisierungsprozesse zumindest der Gazprom ist.

Die vorhergehende Diskussion verweist auch auf die Mittel zur Beeinflussung der internen Kräfteverhältnisse eines Staates. Kooptation und Vernetzung mit Eliten im Zielland ist ein besonders wirksames Instrument, da diese Eliten ihre Kontakte und ihr Herrschaftswissen in den Dienst der Multinationalisierungsstrategie stellen können. Durch die Exklusivität ihres Wissens und ihrer Kontakte sind solche Eliten von besonderem Wert. Sie tragen auch das Potential in sich, dass die Interessendefinition des Ziellandes zu Gunsten des Senders verändert werden kann (siehe dazu unten Abschnitt 9.2.2). Diese Eliten, oder auch die verbundenen Wirtschaftsakteure, können dann auch Instrumente zur Beeinflussung der öffentlichen Meinung einsetzen, die in einem demokratisch-rechtstaatlichen Kontext bedeutsam ist. So setzte sich etwa Gerhard Schröder öffentlich für russländische außenpolitische Interessen und die Legitimität der Herrschaftsinteressen des russländischen Regimes ein, genauso wie das Management des Gemeinschaftsunternehmens Wingas und vom Unternehmen finanzierte Experten. Letzteres Beispiel zeigt, dass auch Wirtschaftsakteure durchaus gewillt sind, eine politische Rolle in der Gesellschaft zu übernehmen.

Wirtschaftliche Anreize wurden gegenüber der Großindustrie gegeben. Hier geht es nicht um Netzwerksteuerung, sondern um das Setzen struktureller Anreize, woraufhin bestimmte Gruppen ein Interesse am Ausbau der wirtschaftlichen und politischen Beziehungen entwickeln sollen. Dies geschah in Deutschland beispielsweise mit der Stahlindustrie, deren Interessen ein weiterer Anreiz für deutsche politische Akteure gewesen sein dürften, die Ostseepipeline zu bauen.

Auf *rechtlicher* Ebene geht es hauptsächlich um die Beeinflussung der Rahmenbedingungen für russländische Investitionen in der Gasindustrie, die von einem wachsenden Grad an Regulierung durch die EU gekennzeichnet ist. Da sowohl die mitgliedstaatlichen Unternehmen als auch russländische Unternehmen ein Interesse an Ausnahmegenehmigungen haben und Russland weitere Anreize wie etwa Transitgebühren oder günstigere Lieferverträge bieten kann, gelang es teilweise, Regierungen zur Unterzeichnung von zwischenstaatlichen Abkommen zu bewegen, die EU-Recht widersprechen (so etwa in Ungarn). So wird direkte Konkurrenz zwischen der EU-Integration und der Integration mit Russland erzeugt. Anderswo, etwa in Bezug auf die Ostseepipeline, gelang es, auf regulatorischer Ebene Ausnahmegenehmigungen zu erlangen, die das EU-Recht *de facto* unterhöhlen. Auch hierzu waren die Lieferunterbrechungen gegenüber Ukraine hilfreich. Auch hier gilt, dass sowohl russländische als auch deutsche Unternehmen ein gemeinsames Interesse am Erlangen der Ausnahmen besitzen. Ausgehend von diesen Breschen, die in den Integrationsraum EU geschlagen wurden, versucht Russland parallel auf EU-Ebene, eine generelle Ausnahmegenehmigung für seine Investitionen zu erlangen und Einschränkungen des EU-Rechts, die das Interesse Russlands an Umgehunge der Ukraine in ein besseres Funktionieren des Erdgasmarktes umlenken sollen, durch politischen Druck auszuhebeln. Das Vorgehen ist hier jedoch weitgehend reaktiv und erfolgt meist erst nach erfolgter Gesetzgebung.

Die *vierte* Kategorie enthält interne Ressourcen, die einen geringeren Instrumentencharakter gegenüber dem Ziel aufweisen und den Konzernen zur Multinationalisierung von staatlicher Seite zur Verfügung gestellt werden können. Dies reicht vom Zugang zu staatlichen Foren, in denen Kontaktaufnahme zu ausländischen staatlichen Akteuren möglich ist, bis hin zur staatlichen Steuerung der Konzerntätigkeit in Bezug auf ein bestimmtes Multinationalisierungsprojekt. Staatliche Steuerung ist auch erforderlich zur Manipulation des Kontextes, da hier viele Instrumente konzertiert eingesetzt werden müssen. Aber sie kann auch darüber hinaus eingesetzt werden, wenn Zugang z. B. in zentralistischen Systemen nur über politische Akteure möglich ist. Sie kommt daher in Bezug auf viele Kontexte zum Einsatz, so etwa im zentralisierten Kontext Venezuela, aber auch in Deutschland oder Ungarn zur Durchführung der Ostseepipeline und der South Stream. Als weitere Ressource wurden selektive Steuererleichterungen zur Unterstützung der Multinationalisierung gewährt. Dies betrifft im Rahmen des verfestigten patrimonialen Kapitalismus die Investitionen der Gazprom mit personaler Motivation in Usbekistan, deren Exporte von der russländischen Exportsteuer freigestellt werden.

Die *fünfte* Kategorie bilden dabei die Instrumente, die in vornehmlicher Verfügungsmacht der Konzerne stehen. Hier stehen gewöhnliche Konzerninstrumente, wie Tochterunternehmen, strategische Partnerschaften und Allianzen, Gemeinschaftsunternehmen und Beteiligungen neben weiteren Möglichkeiten zur Beeinflussung von Akteuren in Drittstaaten, wie indirekte Steuerung über die Beeinflussung von Ressourcenströmen oder Vertragsbeziehungen. Die gewöhnlichen Konzerninstrumente zur Multinationalisierung werden dabei – wenig verwunderlich – von Akteuren mit viel und wenig korporatistischem Kapital gleichermaßen verwendet. Dabei kommen in oligarchisch-pluralistischen Kontexten oder Ländern, die nur wirtschaftlich abhängig sind, keine Tochterunternehmen zum Einsatz. Instrumente, die einem unlauteren Wettbewerb entsprechen können, wie etwa ein *margin squeeze*, wurden von Gazprom in der Gaswirtschaft in Tschechien, in Ungarn mittelbar, sowie in Deutschland eingesetzt. Bei den Anreizen der Konzerne selbst zeigen sich ansonsten keine großen Unterschiede; allerdings werden die indirekte Steuerung und die Nutzung von Langfristverträgen erkennbar nur von Gazprom eingesetzt. Dies ist vor allem auf die Struktur des Gasmarktes zurückzuführen. Langfristverträge existieren auch in der Ölindustrie, über deren Struktur ist jedoch wenig öffentlich bekannt. „Langfrist" bedeutet hier auch wesentlich geringere Zeiträume von ca. 1 Jahr (Encharter 2007).

Die Nutzung lokaler vernetzter Akteure ist eine Form der Netzwerksteuerung von Akteuren im Zielkontext, die häufig zur Anwendung kommt. Die Akteure können entweder politische Gruppierungen oder auch gut vernetzte Akteure in der Industrie sein und sind meist keine neuen, sondern bestehende Vernetzungen, die für die eigenen Ziele genutzt werden. Die Nutzung dieser Gruppen zielt auf die Erschließung lokaler wirtschaftlicher Ressourcen, insbesondere Informationen, und auf Beeinflussung des politischen Gleichgewichts in eine Richtung, die eine größere Kongruenz der Interessen des Ziellands mit den politischen und / oder wirtschaftlichen Interessen der russländischen Akteure ergibt. Sie war in Deutschland im Rahmen der Ostseepipeline zu beobachten, wo mit der Stahlindustrie verbundene Gruppen gezielt gefördert werden, oder in Tschechien, wo LUKoil die wirtschaftliche Basis einer politischen Partei verbessert, die für die Annäherung an Russland eintritt. Ganz generell werden die lokalen vernetzten Akteure zur Durchführung der Konzernstrategie in Ostmitteleuropa genutzt. Sie kommen aber auch in zentralisierten Kontexten zum Einsatz, wie etwa in Usbekistan oder in oligarchisch-pluralistischen Kontexten, wie in Kasachstan. Dabei dienen sie jeweils der Erschließung lokaler Ressourcen. Dies verdeutlicht, dass lokale Ressourcen auch in diesen Kontexten über Netzwerke erschlossen werden können. Allerdings zeigt sich im zentralistischen Kontext Usbekistans, dass diese Strategie auch scheitern kann. In zentralistischen Kontexten ist sie also mit hohen Risiken verbunden, da die lokalen Akteure häufig große Macht haben, diese aber auch rasch wieder verlieren können.

Beteiligung aus personalem Interesse meint russländische Akteure oder russländische transnationale Netzwerke, die an Projekten beteiligt werden. Damit werden personale Interessen innerhalb des korporatistischen Kapitals, also sowohl von wirtschaftlichen als auch politischen Akteuren bedient. Unklar ist, ob damit weitere Ressourcen erschlossen werden können. Gazprom ist der einzige Akteur, der erkennbar solche Akteure beteiligt hat.

Ein Vergleich der eingesetzten Instrumente und der Kontexte verdeutlicht, dass die meisten Instrumente nur im Kontext von Abhängigkeit eingesetzt werden, während im Kontext sicherheitspolitischer Bedrohung und zentralistischer Systeme nur Anreize wie Kredite, Investitionszusagen, *issue linkages* und das weite Feld der Koordinationsressourcen und Konzerninstrumente zum Einsatz kommen. Im Kontext von fehlender Abhängigkeit und fehlender sicherheitspolitischer Bedrohung kommt nur ein Anreiz, die selektive Förderung von Kapitalimport, zum Einsatz. Interessant ist auch, dass in demokratisch-rechtsstaatlichen abhängigen Kontexten eine sehr viel größere Vielfalt an Instrumenten zum Einsatz kommt als in anderen Kontexten. Dies ist auch zu erwarten gewesen, da diese Kontexte einen wesentlich höheren Institutionalisierungs- und Differenzierungsgrad aufweisen und daher die eine Differenzierung der Instrumente erfordern, aber auch die Kanäle für Beeinflussung vervielfältigen. Stärker institutionalisierte Kontexte erfordern insgesamt eine verfeinerte Strategie, um erfolgreich zu sein, da die Steuerung dezentralisierter erfolgt und die Rechtsregeln einen hohen Grad an Autonomie aufweisen, so dass zusätzlich zu politischen Instrumenten weitere Instrumente entwickelt werden müssen.

9.1.4   Wenig korporatistisches Kapital führt zu Fluchtinvestitionen

Bestätigt hat sich auch eine weitere Teilaussage der dritten Hypothese über die Durchführung von Fluchtinvestitionen bei Akteuren mit wenig korporatistischem Kapital im Rahmen des verfestigten patrimonialen Kapitalismus. Dies wurde deutlich bei Investitionen der LUKoil, die weder als wirtschaftlich rational bezeichnet werden konnten, die auch keine starke außenpolitische Ratio aufwiesen und die ebenso nicht personal motiviert erschienen. Dabei liegt nahe, dass die Investitionen stattgefunden haben, um das Unternehmen durch eine stärkere Multinationalisierung vor dem Zugriff staatlicher Akteure zu schützen oder die hohe Unsicherheit in Russland durch Kapitaltransfer ins Ausland zu begrenzen. Es handelt sich daher wohl um Fluchtinvestitionen.

9.1.5   Alle Konzerne verfolgen politische Projekte, aber in unterschiedlicher Weise

Die geringe Trennschärfe der Unterscheidung „politischer" und „wirtschaftlicher" Motivationen wurde bereits im achten Kapitel bemerkt. Häufig kann beides kombiniert werden, sodass rein politische Projekte nur einen Teil der Projekte mit politischer Motivation ausmachen. Jedenfalls wurde deutlich, dass sich nach dem Jahr 2000 beide Typen von Konzernen – eng vernetzte sowohl als auch gering vernetzte – sich als Instrumente politischer Akteure instrumentalisieren lassen und solche Investitionen vornehmen. Dies fand in Venezuela statt oder im Fall der LUKoil in Tschechien, wenn auch in sehr geringem Maße. Dies verweist darauf, dass das Ausmaß der Instrumentalisierbarkeit für die Akteure mit viel korporatistischem Kapital größer ist. Diese kommen andernorts in den Genuss staatlicher Ressourcen und Instrumente, müssen sich aber auch stärker instrumentalisieren lassen.

Dabei bedeutet „politische Interessen" vor allem außenpolitische Interessen. Diese werden häufig gegenüber innenpolitischen Interessen privilegiert, sodass interne Wirtschaftsentwicklung gegenüber dem Interesse von Kapital zur Expansion und Interessen zu einer raschen Ausweitung politischen Einflusses zurücksteht.

Auch gibt es eine Reihe von Projekten, die nur von Konzernen mit viel korporatistischem Kapital verfolgt werden. Dies sind Projekte der zweiten und dritten Gruppe, die auf strategische Effekte zielen und dabei wirtschaftliche und politische Interessen verbinden. Bei diesen Projekten ist Gewinnerzielung möglich und findet in vielen Fällen auch statt. Die Projekte zielen aber darauf, Märkte möglichst einzuschränken, um höhere Preise durchsetzen zu können und wirtschaftliche Abhängigkeiten zu erzeugen, die auch politisch genutzt werden können. Dies verdeutlicht die Bedeutung der Marktstruktur für die Möglichkeiten, die sich für Konzerne und politische Akteure bieten. Gelingt die Fragmentierung von Märkten und die Verdrängung von Wettbewerbern, so kann letztlich jedes Projekt wirtschaftlich attraktiv gemacht werden, so lange eine zahlungsfähige Nachfrage besteht. Die Größe der Konzerne selbst ist dabei eine Voraussetzung für den Erfolg dieser Strategien, die mögliche Konzertierung der eng angebundenen Akteure durch politische Akteure ist eine weitere Voraussetzung. Die Größe der Konzerne Rosneft' und Gazprom erzeugt daher Anreize für solche Strategien, wobei diese in der oligopolistischen Gasindustrie nochmals stärker sind. Die geringeren Koordinations- und Eingriffsmöglichkeiten durch politische Akteure erklären auch, warum Konzerne mit wenig korporatistischem Kapital solche Strategien schlecht verfolgen können.

Daneben wurden auch noch Projekte identifiziert, die zwar wirtschaftlich rational sind und auch nicht auf strategische Effekte zielen, aber in geographischer Hinsicht politischen Prioritäten folgen. Politisch sind sie vorteilhaft, da sie der Verflechtung dienen und Anreize im Zielland zur Kooperation mit Russland erzeugen sollen. Druckmittel generieren sie aber kaum. Diese werden sowohl von Akteuren mit viel und von Konzernen mit wenig korporatistischem Kapital durchgeführt.

Die Hypothesen zeigen sich also bezüglich der Frage der Unterscheidung politisch und wirtschaftlich motivierter Projekte wenig trennscharf. Lediglich bei Projekten die auf die Erzielung strategischer Effekte zielen waren nur die eng angebundenen Konzerne präsent. Sie bieten sich auch an für ein integriertes Vorgehen von staatlichen und wirtschaftlichen Akteuren. Korporatistisches Kapital führt hier dazu, dass die Akteure hybridisiert werden: Sowohl „Staat" als auch „Wirtschaftsakteur" verlieren ihre eigenständige Identität und integrieren in zu einer neuen Einheit, für die diese kategoriale Trennung in politisch und wirtschaftlich kaum noch sinnvoll ist. Beide Akteure verfügen zwar über ein unterschiedliches Instrumentarium zur Durchsetzung von Interessen und unterschiedliche Aufgabenbereiche, die Rationalitäten werden aber integriert. Dies trägt zwar zu einer Erweiterung des Instrumentariums der jeweiligen Akteure bei, was jedoch mit einer Verschmelzung der Rationalitäten bezahlt wird. Die staatlichen Akteure können so keine kohärenten, im idealtypischen Sinne „staatlichen" Strategien verfolgen (z. B. eine Wirtschaftspolitik durchführen), während die Interessen der Wirtschaftsakteure politisch infiziert werden. Die Integration bringt jedoch im Rahmen des patrimonialen Kapitalismus Vorteile für politische und wirtschaftliche Akteure, da so die Ressourcen der Gegenseite erschlossen werden können und die Mitglieder des über korporatistisches Kapital gebildeten Entscheidungsnetzwerk auch weitere wirtschaftliche und politische Ressourcen von den Konkurrenten mit wenig korporatistischem Kapital erschließen können.

9.2   Weitergehende Beobachtungen

9.2.1   Personale Interessen sind ebenfalls bedeutsam

Neben den idealisierten politischen und wirtschaftlichen Interessen, die in die Hypothesen Eingang fanden, spielt auch personale Motivation der beteiligten Akteure eine wichtige Rolle bei den Projekten der Akteure mit viel korporatistischem Kapital. Dies wird insbesondere deutlich bei Projekten in Ostmitteleuropa und in Zentralasien, wo mit dem Management der Gazprom oder mit politischen Akteuren verbundene Firmen an wirtschaftlich lukrativen Projekten beteiligt wurden. Auch bei Turkmenistan bzw. der Strategie zur Monopolisierung der Erdgasexporte mittels eines Zwischenhändlers zeigte sich, dass personale Interessen von Akteuren mit viel korporatistischem Kapital eine Rolle spielten. Deren Bedeutung nahm auch im Zeitverlauf nicht ab.

Personale Interessen spielten aber auch dort eine Rolle, wo man sie vielleicht zunächst nicht vermutet hätte, z. B. bei der Beschaffung von Pipelines in Deutschland. Hier verdienten Akteure des russländischen Entscheidungsnetzwerks an Aufträgen mit, was sowohl für deutsche vernetzte Akteure (die für die deutschen Unternehmen als „Marktöffner" agieren) als auch für die russländischen Akteure lukrativ, mit Sicherheit aber gesamtwirtschaftlich nicht effizient war. Auch generell ist der Bau von Pipelines in Russland ein wichtiges

Element zur Umverteilung von Mitteln innerhalb des Entscheidungsnetzwerks. Dies verdeutlicht die Funktionsweise des patrimonialen Kapitalismus, der auf personale Motivationen zur Stabilisierung des Entscheidungsnetzwerks angewiesen ist.

Das Element personaler Motivationen verweist auf eine weitere Dimension korporatistischen Kapitals, die zur Fusion wirtschaftlicher und (vor allem außen-) politischer Rationalitäten hinzutritt, besonders bei den Projekten, bei denen strategische Effekte erzielt werden können. Außenpolitische Interessen, wirtschaftliche Gewinne des Konzerns und persönliche Vorteile werden so in einer Weise kombiniert, die alle Ziele gleichzeitig zu erreichen sucht bzw. personale Ziele ebenfalls berücksichtigen hilft. Auf Grund der hohen Personalisierung ist dies ein endemisches Merkmal des verfestigten patrimonialen Kapitalismus und seiner Steuerung über korporatistisches Kapital: Zum einen trägt die Artikulation personaler Interessen zur Stabilisierung des Netzwerks bei, indem Ressourcen nicht nur innerhalb einer Konzernhierarchie akkumuliert, sondern zwischen den Mitgliedern des Entscheidungs- netzwerks umverteilt werden. Dieser Umverteilungseffekt sorgt für das Interesse aller Akteure mit viel korporatistischem Kapital an der Aufrechterhaltung der Ordnung. Er ist bedeutsam, da die Öl- und Gasindustrie die wichtigste Einnahmequelle ist, was trotz Besteuerung zu großen Ungleichgewichten finanzieller Stärke Entscheidungsnetzwerk führen würde. Zudem kann mit der Allokation lukrativer Aufträge oder Beteiligung an Projekten auch Verhaltenssteuerung durch Kooptation von Mitgliedern des korporatistischen Kapitals erreicht werden. Die Artikulation personaler Interessen setzt sich auch in der Nutzung personaler Vernetzung als Steuerungsinstrument und zur Erschließung externer Ressourcen fort, die im Folgenden behandelt wird.

9.2.2 Personale Vernetzung zur Steuerung und Erschließung von Ressourcen

Aus Tabelle 9.1 wird auch der große Anteil von Instrumenten ersichtlich, die auf Vernetzung mit den Akteuren im Zielkontext als Instrumente aufbauen. Dies wurde auch oben bei der Thematisierung personaler Motivation bereits angesprochen. Diese gehen dabei weit über das hinaus, was in der theoretischen Literatur mit dem Aufbau einer „kommerziellen fünften Kolonne" beschrieben wurde. Es werden nicht nur bestimmte Industriezweige im Inland unterstützt oder Exportinteressen durch Einräumung von Marktzugang gefördert. Dieser indirekte Vernetzungsaspekt, der nicht unbedingt auf persönlichen Kontakten beruhen muss, um einen politischen Effekt zu erzielen, ist zwar bedeutsam, aber nur ein Teil des Repertoires.

Bedeutsamer ist vielmehr die Vernetzung auf personaler Basis. Häufig sind dies lokale Akteure, die bereits aus der sowjetischen Dominanz im Rahmen des sozialistischen Systems verbunden waren und so an einer Aufrechterhaltung der Beziehung interessiert waren. Dies sind oft Akteure aus den Geheimdiensten und / oder Außenhandelsorganisationen. Dieser Effekt wurde teilweise gestärkt, indem um verbundene Akteure herum gezielt lokale Gruppen aufgebaut werden, die Russland außenpolitisch unterstützen und zu diesem Zweck eine wirtschaftliche Basis im Zielland erhielten. Die Bedeutung „alter" vernetzter Akteure verringerte sich im Zeitverlauf, auch da einige von ihnen aus Altersgründen ausschieden oder für die Zwecke der Unternehmen nicht mehr nützlich schienen. Stattdessen wurde im Zeitverlauf verstärkt versucht, lokale Akteure mit neuen Ressourcen zu erschließen.

Auch als Steuerungsinstrument wurden Netzwerke mit lokalen, manchmal auch kriminellen Akteuren eingesetzt. Persönliche Beziehungen und Vernetzung mit lokalen Akteuren spielen eine bedeutsame Rolle bei der Multinationalisierung aller Akteure, besonders aber bei Gazprom. Wird keine starke Kontrolle benötigt ist eine solche Multinationalisierung auf Grund der Erschließung lokaler Informationen und Potenziale auch sehr effizient und kann zur Anonymisierung einer Multinationalisierung und zur Umgehung von Kartellrecht oder anderer Rechtsregeln genutzt werden. Werden bereits verbundene Akteure genutzt, wie dies meist der Fall ist, werden die Kontrollkosten zudem auf Grund des vorhandenen Wissens über die Vergangenheit der Akteure, sowie deren vorhandene Verbundenheit verringert. Insofern über die personale Vernetzungsstrategie mit formal unabhängigen Akteuren lokale Unterstützergruppen gewonnen werden, die nicht mit dem Konzern in Verbindung gebracht werden können, kann die Effizienz der Interessendurchsetzung daher noch gesteigert werden, weil die Herkunft der Loyalitäten nicht erkennbar ist oder die Kontrolle nicht gegeben erscheint.

Die Vernetzung mit neuen Akteuren, wie sie vor allem in Westeuropa erfolgte, bietet hingegen die Möglichkeit zur Erschließung völlig neuer politischer und wirtschaftlicher Ressourcen, verlangt aber stärkere Kontrolle und Führung von russländischer Seite. Sie findet besonders in den alten EU-Mitgliedstaaten statt. Hier wurden gezielt Beziehungen zwischen Regierungschefs oder anderen gut vernetzten Akteuren aufgebaut, so etwa zwischen Putin und Gerhard Schröder, die sich als „Männerfreundschaften" auch politisch und für die Konzernstrategie auszahlen sollten. Politisch, indem die bilateralen Beziehungen zu wichtigen Mitgliedstaaten der EU gestärkt wurden und sich die vernetzten Akteure öffentlich und in relevanten politischen Foren für die Legitimität der russländischen außenpolitischen Interessen und des internen Herrschaftsanspruchs von Putin einsetzen, was regimestabilisierend wirkte. Für die Konzernstrategie, da Schröder etwa die Voraussetzungen schuf, um auf die Gaswirtschaft stärkeren Einfluss nehmen zu können und sie zur stärkeren Kooperation mit Gazprom zu bewegen.

Personalisierung bedeutet auch, dass Einzelpersonen innerhalb des korporatistischen Kapitals außerordentliche Bedeutung für die Internationalisierung der Konzerne erlangen können. Dies zeigt sich etwa im Kontext Venezuela, bei dem sich der Charakter der Steuerung nach dem Übergang der Rolle des Koordinators an Igor' Sečin stark veränderte. Sečin entwickelte das NNK, trieb es voran und handelte im Zusammenhang damit auch Paketdeals aus. Letzteres war möglich, da mehrere mit Sečin verbundene Akteure die betroffenen Organisationen leiteten und er daher über die notwendigen Koordinationsressourcen verfügte.

Vernetzung als Strategie zur Steuerung bietet sich auch auf Grund des personalisierten Charakters und der hohen Stabilität des korporatistischen Kapitals an. Die fehlende Institutionalisierung und der hohe Grad an Personalisierung von Entscheidungsmacht im korporatistischen Kapital erschweren die Zusammenarbeit mit ausländischen Partnern, sofern nicht auf Vernetzung zurückgegriffen wird. Insofern ist das russländische korporatistische Kapital auf eine Replikation der internen Organisationsprinzipien angewiesen. Dies führt einerseits zu Intransparenz, kann auf Grund der Informalität andererseits hocheffizient sein, bietet aber auch immer wieder Möglichkeiten zur Verselbständigung einzelner Teilnetzwerke. Diese semi-autonome Steuerung mag das funktionalste Organisationsprinzip sein, das eine nur gering institutionalisierte und stark zentralisierte Ordnung wie die des patrimonialen Kapitalismus hervorbringen kann.

Vernetzung mit ressourcenreichen Akteuren im Zielland und Nutzung von bestehenden Netzwerkpartnern ist damit eine generelle Strategie zur Ermöglichung der Multinationalisierungsprojekte und über die Schaffung einer wirtschaftlichen Basis für die vernetzten Akteure auch zur Stärkung der außenpolitischen Interessen Russlands. Die Vernetzungsinstrumente können derweil nicht gut in zentralistischen Systemen angewendet werden, da die Akteure nicht genügend Autonomie besitzen. Daher wurden Vernetzungsinstrumente vor allem in demokratischen Kontexten, aber auch in oligarchisch-pluralistischen Kontexten angewendet.

Vernetzung und die Nutzung alter Netzwerke als Multinationalisierungsstrategie bedeutet also nicht, dass die russländische Ordnung ineffizient beim Erreichen außenpolitischer und wirtschaftlicher Vorteile ist. Eine perfekt institutionalisierte Ordnung wäre freilich wahrscheinlich effizienter. Diese Frage stellt sich hier aber nicht, da sie grundsätzlich andere Interessen verfolgen würde und daher die Frage der Effektivität vor der Frage nach Effizienz gestellt werden müsste.[132] Bleibt man aber im Bezugsrahmen der Ziele, die vom patrimonialen Kapitalismus verfolgt werden, so kann die Nutzung personaler Motivation durchaus als produktiv bezeichnet werden.

9.2.3 Kontextfaktoren: Abhängigkeit und Demokratie erhöhen Erfolgschancen

Demokratisch-rechtsstaatliche Systeme haben einerseits zur Folge, dass Instrumente differenziert werden müssen. Andererseits bestehen aber auf Grund der gesellschaftlichen Differenzierung auch mehr unabhängige Ansatzpunkte für den Einsatz von Instrumenten. In Zusammenhang mit energiesicherheitlicher Abhängigkeit führt dies auch zu größerem Erfolg der Multinationalisierungsprojekte. Generell zeigte sich dabei, dass russländische Akteure vor allem dann erfolgreich waren, wenn die Abhängigkeit von russländischen Energielieferungen vorhanden war und die Kosten der Diversifikation auf Grund einer ungünstigen geoökonomischen Position hoch waren. Die strukturellen Rahmenbedingungen sind daher von hoher Bedeutung.

Allerdings kommt auch den Akteuren in den Zielmärkten und ihre Handlungen eine wichtige Rolle zu, da diese je nach ihrer Handlungs- und Mobilisierungsfähigkeit Kosten intern umverteilen können. Sie können selbst auch auf die strukturellen Rahmenbedingungen Einfluss nehmen. So können gezielte Schritte zur Verringerung der Abhängigkeit durchaus unternommen werden, wenn die politischen Akteure die nötige Geschlossenheit besitzen, wie der Fall Tschechiens zeigt. Kombiniert mit für das eigene politische Interesse offenen Wirtschaftsakteuren lässt sich so das eine oder andere Multinationalisierungsprojekt vereiteln, wie in Tschechien und Ungarn deutlich wurde. Dies ist aber auch mit wirtschaftlichen Kosten verbunden. Andererseits zeigte sich im Falle von Deutschland, wie politische Akteure Multinationalisierungsprozesse aus geopolitischem Interesse und unter Einfluss wirtschaftlicher Interessen noch beschleunigen können, obschon gar keine erhebliche Abhängigkeit von russländischen Rohstoffen bestand. Der strukturelle Kontext hat daher eine ermöglichende und einschränkende, aber keine determinierende Wirkung. Die Fähigkeit der politischen Akteure zur Mobilisierung von Ressourcen gegen Marktdominanz

---

[132] Eine institutionalisierte Ordnung mit starker staatlicher Kapazität würde im strukturellen russländischen Kontext wohl eine entwicklungsstaatliche Politik verfolgen, die weniger expansiv wäre.

russländischer Akteure stößt allerdings rasch auf wirtschaftliche Grenzen wie sich immer wieder gezeigt hat. Die Strategien russländischer Akteure richteten sich denn auch darauf, Projekte zur für Russland nachteiligen Veränderung des strukturellen Kontextes möglichst zu verhindern und solche herbeizuführen, die für Russland vorteilhaft sind. Dies zeigt sich bei den Investitionen, die auf strategische Effekte zielen.

Die hohe Flexibilität in den Instrumenten und deren Konzertierung verschafft den russländischen Akteuren also Vorteile gegenüber stärker institutionalisierten Kontexten. Auf Grund dieser Vorteile der russländischen Akteure im globalen Wettbewerb sehen sich die Akteure in (zuvor) stärker institutionalisierten Zielkontexten dazu genötigt, ebenfalls mit einer Konzertierung zu antworten – Politik und Wirtschaft rücken in den Zielkontexten stärker zusammen. Dies kann einerseits auf eine Politisierung der Wirtschaft gerichtet sein, geht oft aber auch mit einer Ökonomisierung der Außenpolitik einher, bei der Wirtschaftsakteure versuchen, die Politik für ihre Interessen einzuspannen, da sie Probleme mit Marktzugang in Russland politisch lösen wollen. Druckpotential und Anziehungskraft des russländischen Rohstoffreichtums und des Binnenmarkts schaffen durch die Organisationsform des korporatistischen Kapitals also Anreize zu einer Konzertierung politischer und wirtschaftlicher Ressourcen des jeweiligen Gegenübers.

In zentralistischen Systemen zeigt sich hingegen, dass kaum Ansatzpunkte für Vernetzung bestehen. Vernetzung ist nur mit regimenahen Akteuren möglich, die aber keine autonome Machtbasis haben und daher Opfer von internen Machtkämpfen werden können. Sind zentralistische Systeme auch noch unabhängig, so ist das Risiko sehr hoch und die Multinationalisierungsprojekte vom Scheitern bedroht. Allerdings können sie auch hier glücken, wenn sie für das Regime vor Ort von hoher wirtschaftlicher Bedeutung sind, wie das *greenfield*-Projekt der LUKoil in Usbekistan zeigte, das erheblich zur Gasförderung der zentralasiatischen Republik beiträgt. In oligarchischen Systemen ist Vernetzung möglich, aber ebenfalls anfällig für interne Machtkämpfe. Hier können jedoch die russländischen Akteure leichter eine Nische zwischen verschiedenen Gruppen finden und durch Konzessionen gegenüber einer Gruppe ihre Projekte vor dem Scheitern bewahren.

9.2.4   Von Ökonomisierung der Politik zu außenorientiertem Merkantilismus

An dieser Stelle kann nun versucht werden, für das Handeln der russländischen Akteure auf globaler Ebene einen übergreifenden Begriff zu finden. Die Auswertung der Ergebnisse ergab deutliche Unterschiede bezüglich der Interessen innerhalb des liquiden und verfestigten patrimonialen Kapitalismus.

Innerhalb des liquiden patrimonialen Kapitalismus zeigte sich eine überwiegende Konsistenz bezüglich der Projekte, die fast alle wirtschaftlich motiviert waren. Mit „Ökonomisierung der Politik" (Christophe 1998) scheint man dies treffend fassen zu können, da die Konzerne je nach ihrer Marktposition wirtschaftlich rational und auch recht kurzfristig orientiert handelten und dabei politische Akteure für ihre wirtschaftlichen Ziele instrumentalisieren konnten.

Während der Periode des verfestigten patrimonialen Kapitalismus kann die Ratio und das Verhalten der Akteure als *außenorientierter Merkantilismus* bezeichnet werden. Wie im klassischen Merkantilismus liegt das Augenmerk auf der Stärkung der eigenen

Wirtschaftsunternehmen und der Unabhängigkeit von negativen externen Einflüssen. Kapitalverkehrskontrollen und weitere informale Beschränkungen sorgen etwa dafür, dass Kapitalimport politisch kontrolliert werden kann und die Unternehmen geringer Konkurrenz ausgesetzt sind. Mit großen Unternehmen lassen sich Verzerrungen der Marktstruktur auf globalen oder regionalen Märkten generieren, die auch in politische Macht übersetzt werden können, während alternative Koordinationsmechanismen unterminiert werden (Oleinik 2011: 7). Dabei wird insbesondere deutlich, dass Russland versucht, die eigenständige Rolle von Marktkoordination zurückzudrängen. Der Merkantilismus ist dabei außenorientiert, da er rasche außenpolitische Gewinne über das ursprünglich merkantilistische Ziel – die Entwicklung der nationalen Industrie zum Zwecke der Machtmehrung – stellt. Kapitalexport wird privilegiert, auch wenn Investitionen in die nationale Wirtschaft nützlicher wären. Es handelt sich somit nicht um eine langfristig und wirtschaftsstrukturell angelegte, sondern eine an relativ kurzfristigen Gewinnen orientierte merkantilistische Politik.

Der außenorientierte Merkantilismus entspricht den Bedürfnissen des korporatistischen Kapitals im verfestigten patrimonialen Kapitalismus nach Machterhalt und Ausweitung der Ressourcen, da er kaum Möglichkeiten zur internen Wirtschaftsentwicklung hat und daher auf externe Renten angewiesen ist. Der Zugriff auf die externen Ressourcen globaler Märkte ist daher das zentrale Aktionsfeld dieser Formation. Um die negativen Einflüsse auf die eigene Ordnung abzufedern, ist es logisch, dass die Akteure auf eine Beeinflussung der Märkte zielen. Gleichzeitig sind die Akteure aber an der Präsenz offener Kapitalmärkte, schwacher Marktregeln und stabiler Eigentumsrechte, sowie an der Aufrechterhaltung der liberalen Ideologie offener Märkte interessiert, da auf diese Weise Zugang leichter zu erlangen ist und Investitionen rechtlich geschützt werden. Außerdem kann von offenen Kapitalmärkten und Gütermärkten für die Produktionsinputs profitiert werden, was zusätzliche Ressourcen zur Aufrechterhaltung der eigenen Ordnung erschließt. Die Akteure des verfestigten patrimonialen Kapitalismus verhalten sich gegenüber Märkten also opportunistisch – einerseits sind sie auf deren Präsenz angewiesen, andererseits arbeiten sie darauf hin, diese zu unterminieren. Es handelt sich beim verfestigten patrimonialen Kapitalismus also um eine Ordnung, die eine direkte Ausweitung ihres Herrschaftsbereichs auf neue Kontexte über interne Wirtschaftsentwicklung privilegiert. Dabei wird erwartet, dass die durch Ausweitung von Kontrolle gewonnene Gestaltungsmacht auch wieder auf die eigene Wirtschaftskraft zurückwirkt. Eine Ausweitung der Kontrolle der politisch-ökonomischen Formation und vergrößerte Wirtschaftsleistung sind in dieser Sichtweise also nur zwei Seiten derselben Medaille.

Diese Prioritätensetzung zu Gunsten der Expansion bedroht die interne Kontrolle des Netzwerks über wirtschaftliche und politische Ressourcen nicht, da eine optimale Politik zur Wirtschaftsentwicklung nicht angestrebt wird. Zwar wird eine importsubstituierende Politik durch Zölle und Lokalisierungsanforderungen bei Industriegütern betrieben, diese ist aber nicht von einer aktiven staatlichen Entwicklungspolitik begleitet. Dazu müsste zunächst die Administration rationalisiert und in ihrer infrastrukturellen Kapazität gestärkt werden. Damit müssten allerdings eine Selbstbeschränkung der Macht des zentralen Entscheidungs-netzwerks, z. B. über die Regionen, und die gemeinschaftliche Formulierung eines nach innen gerichteten Projekts nationaler Entwicklung einhergehen.

9.3   Schlussfolgerungen für die theoretischen Vorannahmen

Hier werden nun weitere Schlussfolgerungen gezogen, die die Ergebnisse der Arbeit auf die
eingangs im Theorieteil angesprochenen theoretischen Debatten beziehen. Dabei wird mit
der auf Russland bezogenen Debatte begonnen und anschließend auf die allgemeineren
Debatten zu „neuen Akteuren" unter den MNE eingegangen. Schließlich wird auf die
Forschungsfrage und auf praktische Implikationen eingegangen.

9.3.1   Liquider und verfestigter patrimonialer Kapitalismus

Der Begriff des patrimonialen Kapitalismus konnte die russländische Wirtschafts- und
Herrschaftsordnung und ihre Implikationen für das Verhalten der Konzerne am präzisesten
konzeptualisieren. Das Konzept betont sowohl die Konzentration politischer und
wirtschaftlicher Macht innerhalb eines kleinen Netzwerks von Eliten, deren Rekrutierung auf
klientelistischer Basis erfolgt; die Möglichkeiten dieser Elite zum Rückgriff auf
administrative Apparate, die zur Durchsetzung von Entscheidungen genutzt werden können,
aber keine hohe Kapazität besitzen; sowie die selektive Einbindung des wirtschaftlichen
Systems in die Weltwirtschaft und dessen Abhängigkeit von externen Renten. Der Einfluss
globaler Märkte sorgt für Modernisierungsdruck, während eine entwicklungsstaatliche
Politik in diesem System nicht verfolgt werden kann. Da die Spannung zwischen
Machterhalt des Netzwerks und wirtschaftlicher Entwicklung im Innern kaum aufgelöst
werden kann, muss versucht werden, den Anpassungsdruck globaler Märkte zu verringern
und Renten extern durch Einflussnahme auf die Märkte verfügbar zu machen.

Dabei wurde im Rahmen der Arbeit auch vorgeschlagen, zwischen einem „liquiden" und
einem „verfestigten" Subtyp des patrimonialen Kapitalismus zu unterscheiden, die sich nach
den Möglichkeiten für Zugang zum Entscheidungsnetzwerk differenzieren. Während im
liquiden Subtyp eine kohärente Einflussnahme auf äußere Rahmenbedingungen auf Grund
der ständig wechselnden Akteurskonstellationen nicht möglich ist und den Machterhalt
bedroht, kann die Einflussnahme auf globale Märkte im verfestigten Subtyp effektiviert und
in den Dienst des Machterhalts des Netzwerks gestellt werden.

Der Vorteil einer solchen Unterscheidung wird durch die empirischen Ergebnisse bestätigt,
da sich deutliche Unterschiede im Außenverhalten der Akteure zwischen den Ordnungen
zeigten: In der liquiden Ordnung verfolgten die Konzerne großenteils ihre eigenen
wirtschaftlichen Interessen, während es in der verfestigten Ordnung zu einer stärkeren
Konzertierung kam, sodass die Interessen staatlicher und wirtschaftlicher Akteure sich bei
einigen Konzernen nicht mehr unterscheiden ließen, während andere Konzerne entweder
politische oder wirtschaftlich motivierte Projekte verfolgten. Die Außenorientierung der
Ordnung wurde so effektiviert, da einige Akteure stärkere Anreize erhielten, außenpolitisch
relevante Investitionsprojekte durchzuführen und andere Akteure direkt gesteuert werden
können. Insgesamt ergab sich dadurch eine wesentlich kohärentere Außenorientierung des
verfestigten patrimonialen Kapitalismus, was die Stabilität der Herrschaft gegenüber dem
liquiden patrimonialen Kapitalismus erhöhte, da eine größere Schließung gegenüber externen
Einflüssen erfolgte und stärker versucht wurde, diese selbst zu beeinflussen.

Auch den Befund der Verbindung wirtschaftlicher, politischer und personaler Interessen in
den Multinationalisierungsstrategien kann das Konzept des patrimonialen Kapitalismus mit

seiner Betonung informaler Koordination und fehlender gesellschaftlicher Kontrolle der Eliten weiter substantiieren. Gleichzeitig sind die Konzerne sowohl in ihrer Organisation als auch von ihrer Einbindung in Finanzmärkte und andere globale Räume selbst ein modernes Element in diesem System, was der Betonung des patrimonialen Kapitalismus auf die Kombination traditionaler und moderner Elemente entspricht. Während das Entscheidungsnetzwerk also personal bleibt, weisen die Konzerne rational-moderne Bereiche auf, die zur Erschließung neuer Ressourcen genutzt werden können. Diese stehen in ständiger Spannung mit den Anforderungen des patrimonialen Elements.[133] Die Angemessenheit der Verwendung des Konzepts „patrimonialer Kapitalismus" wird auch durch die Persistenz personaler Elemente deutlich, die im Zeitverlauf nicht abnehmen. Das System beweist also erstaunliche Flexibilität zur Anpassung an globale Zwänge.

Die Anforderungen des patrimonialen Kapitalismus an die Außenwelt bilden sich im Konzept des außenorientierten Merkantilismus ab. Dieser ist weniger auf interne Wirtschaftsentwicklung als auf externe Machtpolitik und Expansion des Kapitals ausgelegt. Die Erweiterung des eigenen Einflusses im Ausland gilt auch der Schaffung vorteilhafter, wenn nicht gar exklusiver, Investitionsmöglichkeiten für die eigenen Konzerne. Zentrales Ziel ist dabei die Monopolisierung von Märkten, um langfristige Renten abschöpfen zu können. Letztlich konnte dies auf Basis der Annahmen des patrimonialen Kapitalismus erwartet werden: Dass interne Entwicklungsblockaden bei gleichzeitiger externer Ressourcenabhängigkeit zu einer extern orientierten Politik führen.

Gegenüber rivalisierenden Konzepten besitzt der patrimoniale Kapitalismus größere Erklärungskraft. Dem ähnlichen Konzept des russländischen Staates von Gerald Easter (2008) ist es überlegen, da es die Einbindung in den globalen Kapitalismus zu thematisieren vermag. Easters Modell kann keine Prognosen über die Auswirkungen dieser Einbindung anstellen und damit auch nicht das Außenverhalten einer solchen Ordnung thematisieren. Aussagen dazu sind aber zentral für die Untersuchung der Multinationalisierung der Konzerne.

Das Modell vom „Doppelstaat" (Sakwa 2010a; c; 2011) thematisiert ebenfalls nicht die Einbindung in globale Wirtschaftsprozesse. Darüber hinaus wäre eine stärkere eigenständige Wirkung formaler Institutionen zu erwarten gewesen. Dies konnte aber im Rahmen der Arbeit nicht festgestellt werden: Russländische Gesetze diskriminieren zwar bei der Lizenzvergabe zwischen staatlichen und privaten Öl- und Gaskonzernen, dennoch erhielt die private Novatėk wesentlich größeren Zugang zu Öl- und Gasvorkommen als andere private Konzerne, sodass sie gemessen an ihrer Größe in der gleichen Liga mit staatlichen Akteuren spielt. Auch sind personale Interessen und personale Steuerung im Zeitverlauf nicht weniger bedeutsam geworden, was aber bei einem emergenten „Verfassungsstaat" zu erwarten gewesen wäre. Dieser hätte zumindest die korrupten Praktiken einschränken müssen, die gesamtwirtschaftlich wenig effizient sind. Dabei ist jedoch eher ein noch weiteres Ausgreifen als eine Beschränkung erkennbar, wie etwa beim Bau der Nord Stream Pipeline deutlich wurde.

---

[133] So z. B. die Anforderung globaler Finanzmärkte, effizienter zu wirtschaften und Korruption auszumerzen, die jedoch mit den systemstabilisierenden Erfordernissen konfligiert. Ähnliches gilt für viele politisch motivierte Projekte, bei denen die Investitionsabteilungen der Konzerne, in denen zweifelsohne geschulte Finanzexperten arbeiten, wohl öfters die Zähne zusammenbeißen müssen. Dies wird freilich nicht öffentlich gemacht.

Eine komplementäre, für die Arbeit aber weniger relevante Perspektive bietet die Literatur zu „hybriden Regimen" (Hale 2010; Levitsky/Way 2002; Way 2004; 2006). Diese Literatur fokussiert stärker auf den politischen Prozess und die Interaktion von Regime und Bevölkerung weist darauf hin, dass Wahlen zwar stattfinden, aber der Erfolg eher vom Management „politischer Maschinen" abhängt, die über Beziehungen Patron-Klient gesteuert werden. Während Wahlen also eine Funktion zur Kanalisation von Unmut haben und gewisse Unsicherheit erzeugen, sind sie nicht wirklich bedrohlich für das Regime, solange wie politische Maschinen eingesetzt werden können. Gegenüber Autokratien ist jedoch die öffentliche Meinung in hybriden Regimen bedeutsamer für die Stabilität (Hale 2010). In Zusammenhang mit den internen Entwicklungsblockaden des patrimonialen Kapitalismus gibt die Regimeliteratur also weitere Anhaltspunkte dafür, warum eine nach außen gerichtete merkantilistische Orientierung erfolgt.

Die Arbeit konnte also das Konzept patrimonialen Kapitalismus erweitern und konkretisieren. Als Erweiterung stellte sich eine Einteilung in einen liquiden und verfestigten Subtyp als fruchtbar heraus, um das veränderte Außenverhalten der Ordnung zu erfassen und über die anderen Zugangsregeln zum Entscheidungsnetzwerk zu erklären. Konkretisiert wurde das Konzept durch den Befund, dass personale Interessen sich auch im Außenverhalten manifestieren und so außenpolitische Interessen, wirtschaftliche Gewinne des Konzerns und persönliche Vorteile kombiniert werden. Außerdem wurde die außenpolitische und -wirtschaftliche Dimension des verfestigten patrimonialen Kapitalismus konkretisiert und mit dem Begriff „außenorientierter Merkantilismus" gekennzeichnet. Dies verweist auf die Entwicklungsblockaden im Innern, die durch das Streben des Entscheidungsnetzwerks nach Machterhalt entstehen, sowie die Abhängigkeit von Weltmärkten, die im Zusammenhang mit den Wahrnehmungskategorien der Eliten zu einer nach außen gerichteten Machtpolitik führen, die auf relative Gewinne zielt. Diese Außenorientierung findet zusätzliche Unterstützung in der Literatur zu hybriden Regimen, die auf die Rolle öffentlicher Meinung für den Machterhalt verweist. Für Russland bedeutet dies die Verfolgung einer Großmachtpolitik, die auf Erhalt und Ausbau exklusiver Einflusszonen und die Zurückdrängung des Einflusses der USA zielt. Einher geht dies mit Suche und Erhalt von lukrativen Absatzmärkten für russländische Produkte insgesamt, um die russländische Wirtschaftskraft zu stärken. Die Konzerne können aber nicht alle gleichermaßen dafür instrumentalisiert werden, was auf die Kategorie des korporatistischen Kapitals verweist.

9.3.2   Konzept des korporatistischen Kapitals

Korporatistisches Kapital wurde im Rahmen dieser Arbeit als Begriff zur Differenzierung der Möglichkeiten und Beschränkungen vorgeschlagen, über die die Konzerne im Rahmen des verfestigten patrimonialen Kapitalismus verfügen. Viel korporatistisches Kapital wurde dabei als im Einklang mit der Literatur zu „politischem Kapital" (Faccio 2006; 2010; Nee/Opper 2010; Sun et al. 2011; Zhou 2009) als vorteilhaft für den Zugang zu heimatstaatlichen Vorteilen, für die Stabilisierung der Verfügungsmacht über das Unternehmen und für den Zugang zu staatlichen Instrumenten bei der Multinationalisierung angesehen. Für die Akteure mit viel korporatistischem Kapital wurde dementsprechend angenommen, dass sie relativ weniger Zugang zu diesen Vorteilen haben würden und auf Grund unsicherer Rahmenbedingungen stärker zu Fluchtinvestitionen als Mittel zur Sicherung von Aktiva greifen. Über die Literatur hinausgehend wurde allerdings postuliert, dass sich auch eine Veränderung der Handlungsrationalitäten der Konzerne ergibt. Solche mit viel korporatistischem Kapital können leicht für die Interessen politischer Akteure vereinnahmt und über die Netzwerke gesteuert werden, was gemeinsam mit dem guten Zugang der Konzerne zu staatlichen Ressourcen der Verbindung politischer und wirtschaftlicher Rationalitäten Vorschub leistet. Wirtschaftsakteure mit wenig korporatistischem Kapital werden durch den verfestigten patrimonialen Kapitalismus dazu angeregt, Fluchtinvestitionen vorzunehmen und auch deutlich erkennbare politische Investitionen durchzuführen, um ihre Stellung im russländischen System durch das Erbringen von „Dienstleistungen" für das Entscheidungs-netzwerk zu verbessern. Die Unterschiede in der Motivation der Konzerne waren zwar vorhanden, allerdings weniger deutlich ausgeprägt als erwartet worden war.

Diese Differenzierung zwischen den Konzernen anhand von korporatistischem Kapital ermöglichte es im Rahmen dieser Arbeit, zwei Probleme zu lösen: Zum einen das Paradox, dass russländische Konzerne trotz großer Rohstoffbasis im Inland rohstoffsuchende Investitionen im Ausland vornehmen. Korporatistisches Kapital konnte dies dahingehend präzisieren, dass für Konzerne mit wenig korporatistischem Kapital auch ein wirtschaftlicher Anreiz für solche Investitionen besteht, da sie beim Zugang zu russländischen Vorkommen benachteiligt werden. Zum anderen wurde das Problem politischer Motivationen bei der Multinationalisierung differenziert:[134] Akteure mit viel korporatistischem Kapital können dabei wirtschaftliche Gewinne des Konzerns und die Umsetzung politischer Interessen besser verbinden als Akteure mit wenig korporatistischem Kapital. Bei ersteren kann dies als die Durchsetzung einer Gesamtrationalität interpretiert werden, bei der (außen-)politische, wirtschaftliche und personale Ziele kombiniert werden. Bei letzteren findet eine stärkere Trennung wirtschaftlich motivierter und politisch motivierter Projekte statt, auch da sie nicht in gleichem Maße auf staatliche Unterstützung bei der Multinationalisierung zurückgreifen können.

Gegenüber der Konzeptualisierung von Vernetzungen der Firmen mit der Politik als „politisches Kapital", die nur auf die Ressourcen verweist, die Konzerne aus der Vernetzung ziehen können, hat der Begriff „korporatistisches Kapital" den Vorteil, den politischen Einfluss auf vernetzte Konzerne thematisieren zu können. Er macht klar, dass Netzwerke keine Einbahnstraße sein können. „Politisches Kapital" hätte im Rahmen dieser Arbeit zwar das erste der oben genannten Probleme – den Zugang zu staatlichen Ressourcen – lösen können, nicht aber die veränderte Rationalität der Akteure mit viel korporatistischem Kapital, die als Resultat der Vernetzung wirtschaftliche, politische als auch personale Aspekte verbindet.

Der Fokus auf korporatistisches Kapital hat im Rahmen des verfestigten patrimonialen Kapitalismus zudem höhere Erklärungskraft als der Verweis auf Staatseigentum oder Größe zur Differenzierung der Akteure. Dies lässt sich am Akteur Novaték verdeutlichen, der klein und nicht mehrheitlich in Staatseigentum ist, aber dennoch privilegierten Zugang zu Rohstoffvorkommen hat. So konnte das Unternehmen wesentlich schneller wachsen als seine nichtstaatlichen Wettbewerber mit wenig korporatistischem Kapital.

---

[134]   Dies erforderte auch eine Präzisierung des Politikbegriffs. Auch müssen nicht alle politisch motivierten Projekte wirtschaftlich nachteilig sein. Dies wurde mit der Bildung von sieben Gruppen von identifizierten Motivationen abgebildet.

9.3.3   Motivationen der russländischen Konzerne und MNE aus
         emerging markets

In der Literatur zu den Motivationen russländischer Öl- und Gaskonzerne zur
Multinationalisierung wurden im Theorieteil (oben Abschnitt 2.2.3) einige Widersprüche und
Defizite identifiziert. Teilweise war eine politische Motivation von Investitionen
ausgeschlossen worden (Deloitte 2008; Kuznetsov 2007), während andere Autoren sie nicht
ausschließen, aber auch nicht belegen konnten (Hanson 2010) und wieder andere Autoren sie
als gegeben ansahen, aber nicht näher spezifizierten (Kalotay 2008; Liuhto 2007;
Liuhto/Vahtra 2007; Vahtra/Liuhto 2004).

Auf dieses Problem reagierte die Arbeit auf mehreren Ebenen. Zunächst wurde ein Problem
der Literatur auf konzeptioneller Ebene identifiziert, da diese von einer klaren Trennbarkeit
politischer und wirtschaftlicher Rationalitäten im Rahmen einer klar institutionalisierten
liberalen Wirtschaftsordnung ausgeht. Dabei wurde argumentiert, dass diese
Voraussetzungen historisch nicht immer vorhanden gewesen sind und auch gegenwärtig nicht
überall zutreffen. Stattdessen wurde deutlich gemacht, dass Staaten sehr unterschiedliche
Rollen in der Wirtschaft einnehmen und daher auch vielfältige politische Interessen in Bezug
auf Wirtschaftsakteure formulieren können. Als zusätzliches Argument für die Notwendigkeit
einer Neukonzeptionalisierung diente der Verweis auf und die Untersuchung der vielfältigen
staatlichen Instrumente, die bei der Multinationalisierung (für sehr unterschiedliche Ziele)
eingesetzt wurden. Mit einem solchermaßen flexibilisierten Politikbegriff wurde es dann
möglich, sowohl außenpolitische Strategien im „klassischen" liberalen Sinne, als auch solche
Strategien zu untersuchen, die wirtschaftlichen Erfolg versprechen, aber auch außenpolitische Gewinne abwerfen.

So konnte belegt werden, dass der Teil der Literatur Fehlannahmen trifft, der für die Projekte
innerhalb des verfestigten patrimonialen Kapitalismus keinerlei außenpolitische
Motivationen zu erkennen vermag. Es gab durchaus Investitionen, die wirtschaftlich wenig
Sinn für die Konzerne machen, aber im außenpolitischen Interesse der politischen Akteure
liegen, wie etwa in Venezuela. Hier wurden über die Investitionen der Energiekonzerne
sowohl Vorteile für andere russländische Industrien geschaffen, als auch die Wirtschaftskraft
und politische Potenz eines Landes gestärkt, das russländische außenpolitische Ziele
unterstützt.

Viele Investitionen verbinden derweil wirtschaftliche und politische Aspekte im Rahmen von
oligopolistischen Märkten. Sie sind teilweise auch primär politisch motiviert und könnten
ohne die Unterstützung und Koordination durch politische Akteure nicht stattfinden. Ziel ist
dabei eine Monopolisierung und regionale Fragmentierung von Märkten, um langfristige
Renten erzielen zu können. Mit Hilfe wirtschaftlicher Abhängigkeiten können dann aber
nicht nur Gewinne, sondern auch politische Konzessionen extrahiert werden. Die
Investitionen wurden teilweise auch als Anreize für kooperatives Verhalten der politischen
Akteure im Zielland genutzt oder für die Exportförderung anderer russländischer Industrien.

Verbessert werden konnte auch die Erklärung von Fluchtinvestitionen, die als bedeutsam für
den Kapitalstock Russlands im Ausland angesehen werden (Filippov 2010; Hanson 2010:
640; Kalotay 2008; Kuznetsov 2007: 3; Pelto et al. 2003). Hier zeigte sich, dass vor allem
solche Akteure mit wenig korporatistischem Kapital Fluchtinvestitionen vornehmen, da sie
über ein unsicheres Umfeld innerhalb Russlands verfügen. Wie oben bereits angesprochen,

konnte über das korporatistische Kapital auch das Paradox der rohstoffsuchenden Investitionen aufgelöst werden (Grätz 2013).

Es handelt sich also weder um rein kommerziell handelnde Akteure, noch um Akteure eines Staatskapitalismus. In letzterem Fall wäre eine andere Rationalität der Ordnung zu erwarten: Weniger personale Motive bei der Multinationalisierung, größerer Fokus auf die Entwicklung der Binnenwirtschaft und eine klare Präferenz für Akteure in Staatseigentum bei der Multinationalisierung. Für die Literatur zu russländischen MNE bedeutet dieser Befund, dass eine bessere Konzeptualisierung nicht nur des Politikbegriffs, sondern auch des Staatsbegriffs notwendig ist, um die für die Erforschung der russländischen Akteure notwenige konzeptionelle Flexibilität zu erhalten.

Für die Theorien zu MNE sind die Ergebnisse der Arbeit ein Hinweis für die Notwendigkeit und Produktivität der Einbeziehung des heimatstaatlichen Kontexts in die Untersuchung. Dies bietet sich insbesondere dann an, wenn die Konzerne auf heimatstaatliche Vorteile bei der Multinationalisierung zurückgreifen, die den Charakter eines ausschließbaren und rivalisierenden Gutes haben wie es z. B. bei Rohstoffvorkommen in der Öl- und Gasindustrie, aber auch in anderen rohstoffbasierten Industrien der Fall ist. Ein weiteres Indiz dafür, dass der heimatstaatliche Kontext einbezogen werden sollte, ist die Verwendung staatlicher Instrumente zum Zwecke der Multinationalisierung. Dieses relativ leicht erkennbare Merkmal sollte zu einer näheren Untersuchung des Kontextes Anlass geben. Die heimatstaatlichen Vorteile sollten dann auch stärker disaggregiert werden, da sie von ihrer Wirkung her sehr unterschiedlich sein können. Während gezeigt wurde, dass der Vorteil eines privilegierten Zugangs zur russländischen Ressourcenbasis die allgemeine Größe des Unternehmens befördert und daher auch der Multinationalisierung zuträglich ist, werden ressourcensuchende Investitionen dadurch nicht angeregt. Vielmehr nehmen die Unternehmen mit vorteilhaftem Zugang vor allem marktsuchende Investitionen vor. Auch sollte besser untersucht werden, wie der Zugang zu heimatstaatlichen Vorteilen erfolgt. Hier kann an die bestehende Literatur zu „politischem Kapital" oder „politischer Verbundenheit" von Unternehmen angeknüpft werden (Boubakri et al. 2009; Bunkanwanicha/Wiwatta-nakantang 2009; Chen/Touve 2011; Fisman 2001; Khwaja/Mian 2005; Li et al. 2008; Sun et al. 2011; Zhou 2009).

9.3.4   Wirkung auf regionale und globale Ordnungen

Der außenorientierte Merkantilismus, den der verfestigte patrimoniale Kapitalismus hervorbringt, zeichnet sich durch eine nur begrenzte Öffnung gegenüber dem Weltmarkt aus, während die Konzerne als Instrumente zur Beeinflussung der wirtschaftlichen und politischen Umfelder eingesetzt werden. Beschränkungen des Kapitalverkehrs, insbesondere ausländischer Investitionen in „strategische Sektoren" und das generell schlechte Investitionsklima für nicht vernetzte Akteure schützen die russländischen Wirtschaftsakteure vor Konkurrenz oder feindlichen Übernahmen aus dem Ausland und ermöglichen so deren Wachstum und das Abschöpfen von Renten im Inland. Dies ist für die Expansion der Konzerne zuträglich. Kontrolle und internationale Wettbewerbsfähigkeit der Konzerne wird damit über Effizienz gestellt. Innerhalb Russlands werden zudem einige Konzerne nach ihrem Vernetzungsgrad mit dem Entscheidungszentrum privilegiert.

Neben diese allgemein vorteilhaften strukturellen Rahmenbedingungen tritt eine aktive Unterstützung der Konzerne durch staatliche Instrumente bei ihren

Multinationalisierungsprojekten. Bedeutsam ist dabei die Konzertierung von Konzern- und staatlichen Instrumenten, die zentralisierte Entscheidungen über deren Einsatz ermöglicht. Dies reicht von Anreizen wie staatlichen Krediten über strategische Manipulation des Kontextes und zur Verfügung stellen diplomatischer sowie geheimdienstlicher Ressourcen bis hin zur Ausübung wirtschaftlichen Zwangs. Besonders häufig wurde wirtschaftlicher Zwang gegenüber Dritten zur Manipulation des Kontextes für den Zielakteur genutzt. Bei der Manipulation des Kontextes als günstiges Instrument zur Beeinflussung des Zielakteurs wird der Wert der Konzertierung von staatlichen und Konzernressourcen besonders deutlich. Denn Manipulation des Kontextes ist nur möglich, wenn Konkurrenz zwischen russländischen Akteuren ausgeschlossen werden kann. Wenn Abhängigkeiten des Zielakteurs hinzutreten, können dessen Handlungsoptionen wirksam manipuliert und seine Handlungen auf die gewünschte Option gelenkt werden.

Der Rückgriff auf staatliche Instrumente und deren Konzertierung ermöglicht eine hohe Anpassungsfähigkeit an den jeweiligen Kontext, da in liberalen Demokratien die rationale Fassade des multinationalen Konzerns und die Vorteile der rechtlichen Trennung politischer und wirtschaftlicher Sphären genutzt werden kann, während in zentralisierten Ordnungen politische und wirtschaftliche Ressourcen auf eine Ebene reduziert werden können.[135] Gegenüber liberalen Demokratien ergibt sich der Vorteil, dass gleichzeitig auf zwei oder drei Ebenen gearbeitet werden kann: Auf politischer Ebene zur Beeinflussung der politischen und rechtlichen Rahmenbedingungen, auf wirtschaftlicher Ebene innerhalb eines rechtlich geschützten Raumes und auf gesellschaftlicher Ebene durch Vernetzungen und Beeinflussung des Diskurses.

Die Fusion staatlicher und wirtschaftlicher Instrumente wird dabei nicht nur in den Dienst politischer und wirtschaftlicher, sondern auch personaler Ziele des Entscheidungsnetzwerks gestellt. Insofern kann durchaus von einer Privatisierung des Staats durch das Netzwerk gesprochen werden. Dies sorgt dafür, dass Vorhersagen des Verhaltens schwierig sind, da nicht nur politische und wirtschaftliche, sondern auch personale Ziele in die Gleichung einfließen.

Die fehlende Berechenbarkeit des Verhaltens, sowie die beschriebene Konzertierung der Instrumente haben im Rahmen rechtsstaatlicher Demokratien einen Lerneffekt zur Folge, der teilweise ebenfalls zur partiellen Konzertierung staatlicher und wirtschaftlicher Akteure führte. Die Nachfrage danach kann entweder von wirtschaftlichen Akteuren kommen, die sich bessere Geschäftschancen durch politische Unterstützung ausrechnen, oder von politischen Akteuren vorgenommen werden, um die eigenen Wirtschaftsakteure vor Übernahmen zu schützen. Dies wirkt destabilisierend auf die regionalen Märkte und verhindert deren Institutionalisierung zu Gunsten einer stärkeren Politisierung. Die Qualität wirtschaftlicher Entscheidungen verringert sich dadurch, da politische Rationalitäten, die häufig nicht viel mit wirtschaftlichen Zielen zu tun haben, in die Entscheidungen einfließen.

Allerdings ist Russland nur insofern an solch einer Konzertierung interessiert, als es nicht gegen die eigenen Interessen gerichtet ist. Hier wird das Spannungsfeld deutlich, dass sich daraus ergibt, dass das eigene Vorgehen eine Konzertierung und Politisierung des Gegenübers anregt, diese aber gleichzeitig nur bedingt im Interesse russländischer Akteure ist. Um bei bestehender Konzertierung der eigenen Instrumente „das Beste aus zwei Welten"

---

[135]   Hier artikuliert sich das Prinzip des „flex organising", das bereits aus der Transformationsforschung bekannt
       ist, abermals. Vgl. Wedel (2005).

zu erhalten – freien Zugang zu Kapitalmärkten, zu Märkten für Investitionen und Konzernübernahmen und den rechtlichen Schutz der Eigentumsrechte – sind russländische Akteure nur an politischer Beeinflussung von Institutionen in ihrem Interesse, nicht aber an einer allgemeinen Deinstitutionalisierung liberaler Marktwirtschaften interessiert. So gehört es zum Standardrepertoire russländischer Akteure, auf den wirtschaftlichen Charakter der Investitionen zu verweisen und vor deren „Politisierung" zu warnen (Lavrov 2011; Medvedev 2011). Die Ideologie offener Märkte wird also zur Verschleierung des eigenen Vorgehens genutzt.

Auch anderswo zeigte sich, dass russländische Akteure auf eine gewisse Institutionalisierung angewiesen sind. In Venezuela erzeugten die politisch angeregten Investitionen für eine Nachfrage nach stärkerer Institutionalisierung der Zusagen von Chavez, da russländische Akteure hier verletzlich sind. Daher bemühte man sich um eine stärkere Abstützung der Deals im Parlament.[136] In wenig institutionalisierten Kontexten können die Investitionen russländischer Konzerne also zu positivem Druck auf Institutionalisierung führen.

Der merkantilistische Fokus auf relative Gewinne und das politische Ziel der Gewinnung machtpolitischen Einflusses verunmöglichen zudem den Aufbau kooperativer Beziehungen mit Akteuren, die die russländischen Ziele nicht teilen. Daher stärkt der außenorientierte Merkantilismus Russlands im Allgemeinen den konflikthaften Charakter internationaler Beziehungen. Durch die gleichzeitige Schwächung der Institutionalisierung der Märkte schlägt dies auch auf die Wirtschaftsbeziehungen durch.

Russländische Akteure zeigen in Bezug auf abhängige Kontexte auch eine geringe Hemmschwelle bezüglich einer Eskalation von Konflikten, was in der häufigen Anwendung von Zwangsinstrumenten deutlich wird. Konflikteskalation wird so als Mittel genutzt, um gegenüber der Gegenseite, die eine andere, etwa kooperative Handlungsdisposition aufweist, durch Überraschung rasche Gewinne zu erzielen. So können russländische Akteure durch hohe Konflikttoleranz die Erwartungen der Zielakteure enttäuschen, was diese ohne adäquate Mittel zur Reaktion lässt. Eventuelle Lerneffekte bei den Zielakteuren können erst später auftreten, wenn die gewünschten Ziele meist bereits erreicht worden sind. Auch kann versucht werden, Lerneffekte durch Vernetzung mit relevanten Akteuren und Öffentlichkeitsarbeit zu verhindern.

Die hohe Konflikttoleranz scheint so das Erzielen kurzfristiger Gewinne gegenüber längerfristigen zu maximieren. Sofern man auf die politische Ebene fokussiert scheint dies auch der Fall zu sein. Allerdings können die kurzfristigen Gewinne im Rahmen von langfristig angelegten Projekten, wie etwa Pipelines, auf Dauer gestellt werden. Diese Projekte versuchen, ein kurzfristig hergestelltes Äquilibrium auf langfristige Dauer zu stellen. Sofern also mit Hilfe von Konflikten politische Rahmenbedingungen erzeugt werden können, die für die Überführung der kurzfristigen „politischen Zeit" in die langfristige, fixierte Zeit von Wirtschaftsstruktur, so kann eine solche, kurzfristige Gewinnerzielung mit Hilfe von Konflikten durchaus lohnenswert sein.

Das Konzept „Interdependenz" ist vor diesem Hintergrund wenig geeignet, um den Charakter der Beziehungen zwischen Russland und der EU zu beschreiben.[137] Der Begriff

---

[136] Quelle: Interviews mit Konzernvertretern, September 2009.

[137] So aber Gazprom, vgl. Medvedev (2011), und auch die ganz überwiegende öffentliche Debatte und viele wissenschaftliche Publikationen, vgl. nur Finon/Locatelli (2008); Kießner (2006); Proredrou (2007). Anders gegenüber Asien jedoch Ziegler (2010).

Interdependenz betont die Wechselseitigkeit der Abhängigkeit, die beide Seiten im Bewusstsein der Verletzlichkeit zu Kooperation nötigt. Allerdings ist auf Seiten der russländischen Akteure das Ziel meist nicht der Aufbau kooperativer Beziehungen, was durch die häufige Verwendung von Zwangsinstrumenten deutlich wird. Vielmehr wird der Aufbau von einseitigen Abhängigkeiten angestrebt, um externe Einflüsse möglichst zu minimieren. Kooperationsneigungen auf Seiten der EU sind so dazu dienlich, von russländischen Akteuren genutzt zu werden, etwa indem Konflikte eskaliert werden, worauf die Gegenseite auf Grund anderer Verhaltenserwartungen keine adäquaten Antworten hat.

Auch die Evidenz für „Interdependenz" auf struktureller Ebene ist schwach: Natürlich ist Russland auf den Markt der EU angewiesen, um Erdöl, und vor allem Erdgas abzusetzen. Auch dient die EU als Technologielieferant für Russland. Die unterschiedliche Spezifizität der Güter (Erdgas vs. Geld), die zumindest mittelfristig unelastische Nachfrage nach Energierohstoffen und fehlende Diversifikationsmöglichkeit, sowie die fehlende Möglichkeit zur Konzertierung der Akteure auf Seiten der EU sorgen jedoch dafür, dass die EU selbst etwa vorhandene Abhängigkeiten Russlands nicht effektiv nutzen kann (Christie/Grätz 2009). Hinzu kommt noch, dass die EU auch wirtschaftlich von Exporten verarbeiteter Güter nach Russland abhängig ist, sodass Technologielieferungen an Russland keine sonderlichen Abhängigkeiten erzeugen können und Marktöffnung in Russland als zusätzlicher Anreiz genutzt werden kann. Militär- oder Nukleartechnologie, die Abhängigkeiten erzeugen könnte, wird z. B. kaum an Russland geliefert. Technologisches Containment erscheint so heute unmöglich.

Die Vermischung der verschiedenen Rationalitäten und die hohe Toleranz von Konflikten sorgen letztlich dafür, dass das Verhalten der russländischen Akteure wenig vorhersagbar wird. Im Kontext von asymmetrischen Abhängigkeiten, bei denen zumindest die unterschiedliche Spezifizität der Güter für eine kurzfristig geringere Verletzlichkeit Russlands sorgt, liegen die Vorteile so auf russländischer Seite, selbst wenn später Lernprozesse auf Seiten der Zielakteure einsetzen.

Der außenorientierte Merkantilismus sorgt auch noch in anderer Weise für eine Destabilisierung wirtschaftlicher Beziehungen: Die Verzerrung der Investitionsprioritäten und die schlechten Beziehungen zu zentralasiatischen Versorgern führten Anfang 2012 zu Lieferausfällen in Richtung Europa (Grätz 2012a; Krutichin 2012). Dies war bereits lange zuvor befürchtet worden (Heinrich 2008; Tompson 2006). Es verweist auf die strukturellen Probleme des außenorientierten Merkantilismus, der interne Wirtschaftsentwicklung gegenüber Machterhalt und internationaler Machtmehrung vernachlässigt. Die daraus resultierende technische Unzuverlässigkeit könnte sich noch zu einem ernsthaften Problem für den patrimonialen Kapitalismus in Russland entwickeln, da die politischen Grundlagen von wirtschaftlicher Tätigkeit spürbar werden, die der vom Regime favorisierten klaren diskursiven Unterscheidung zwischen Politik und Wirtschaft zuwiderlaufen.

9.4   Implikationen für die politische Debatte in Deutschland und der EU

Russland wird vielfach als bedeutendster zukünftiger Rohstofflieferant der EU angesehen. In einem Kontext steigender Importabhängigkeit und auf Grund der geographischen Nähe und Ressourcenausstattung ist dies auch nicht verwunderlich. Die Perspektive wachsender

Importe von Öl und Gas zwingt zu einer offenen Diskussion möglicher Szenarien und Politikoptionen und zur aktiven Gestaltung des Verhältnisses.

Für die Diskussion über Hanldungsoptionen in ein Verständnis der Motivationen und Instrumente des Partners zentral. In Bezug auf die Motivationen der russländischen Konzerne bietet die vorliegende Studie Instrumente zur Präzisierung an. Die Studie hat gezeigt, dass die Konzerne nur in den wenigsten Fällen Projekte durchführen, die im politischen Interesse sind, aber keine Profite erzielen. Rein „politische" Motive, die mit realen Verlusten für die Konzerne verbunden sind, finden sich also tatsächlich selten, da dies eben auch mit Kosten für die politischen Akteure in Russland einhergehen würde, die auf die Fähigkeit der Konzerne zur Profiterzielung angewiesen sind. Würde Profitstreben keine Rolle spielen, so hätte Russland beispielsweise sicher schon eine Pipeline nach China gebaut, mit der sich Erdgas zwischen den Märkten EU und China umleiten lässt, obwohl China nicht bereit ist, einen angemessenen Preis zu zahlen. Damit hätte der Druck auf die EU noch erhöht werden und weitere Konzessionen erzielt werden können. Der politische Wille ist auch vorhanden gewesen, wie die Androhung einer solchen Option im Jahre 2006 und zu späteren Zeitpunkten gezeigt hat. Dies wäre aber mit hohen Verlusten verbunden gewesen. Der politische Handlungsspielraum findet also gewisse wirtschaftliche Grenzen.

Profitstreben ist aber umgekehrt nicht gleichbedeutend mit dem Fehlen einer politischen Motivation oder der Abwesenheit politischer Implikationen für das Zielland. Die Möglichkeit zur zentralen Steuerung der Konzerne existiert und sie wird von politischen Akteuren genutzt, wo es politisch opportun erscheint. Im Rahmen einer größeren Strategie kann dies durchaus mit wirtschaftlichen Kosten für die Konzerne verbunden sein. Durch die hohen Renten in der Energiewirtschaft ergibt sich genügend Manövrierraum, um von einem gewinnmaximierenden Optimum abzuweichen und weitere, politische und personale Ziele zu verfolgen. Dies erzeugt Opportunitätskosten für die Konzerne, aber auch politische und personale Dividenden.

In der Tat erscheint das extreme Szenario eines „Gaskriegs" mit einer Totalblockade der EU sehr unwahrscheinlich (Götz 2012). Die Wahrscheinlichkeit steigt jedoch in dem Maße, in dem die EU auf Erdgas als Energieträger etwa auch zur Stromerzeugung angewiesen ist, alternative Lieferanten fehlen und die Nachfrage nach russländischem Erdgas gestiegen ist. Wirtschaftlich irrationale Handlungen können zudem nie ausgeschlossen werden, sofern sich politische Akteure davon Vorteile erhoffen. So war auch die Lieferblockade gegenüber der Ukraine langfristig wirtschaftlich irrational, da nicht nur das Vertrauen in Gazprom, sondern auch in Erdgas als Energieträger beschädigt und so das Marktwachstum zusätzlich begrenzt wurde.

Das eigentliche Problem ist denn auch nicht die wachsende Energieabhängigkeit von Russland an sich, sondern die Größe und Macht der Konzerne und die Möglichkeit zu deren Instrumentalisierung seitens politischer Akteure. Sehr große Konzerne wie etwa Gazprom auf einem oligopolistischen Erdgasmarkt haben schon aus Profitstreben heraus ein Interesse daran, den Markt zu segmentieren, Konkurrenten auszuschließen und Monopolmacht zu erlangen. Es ist allerdings ebenso verständlich, wenn das Zielland sich mit der Dominanz eines Konzerns über einen strategisch wichtigen Wirtschaftsbereich nicht zufriedengeben will und Maßnahmen ergreift, die dessen Marktmacht beschränken. Wie das Kartellrecht verdeutlicht ist die Durchsetzung transparenter Märkte auch in anderen Wirtschaftsbereichen Normalität. Allerdings transformiert sich ein analoges Vorgehen im Falle der Gazprom und anderer russländischer Konzerne von einer Auseinandersetzung über Marktstruktur sofort in ein zwischenstaatliches Problem. Auch wenn die Konzerne also „nur" nach Profit streben, können sich für die Zielländer also politische Probleme ergeben.

Die Debatte wirtschaftlich vs. politisch spielt sich somit auf zwei Ebenen ab: Erstens auf der Ebene der Struktur mit dem politischen Faktum, dass die russländische Politik die Bildung großer Konzerne nicht nur duldet und unterstützt, sondern auch aktiv vorantreibt, und Konkurrenz der Konzerne zumindest auf dem Erdgasmarkt bisher vermeiden konnte. Dies führt zu wirtschaftlichen Anreizen für die Konzerne zur Einflussnahme auf die Markt- struktur, was Konflikte mit Konsumenten befördert. Die zweite ist die Ebene konkreter Projekte und Initiativen. Politisch explosiv sind dabei nicht so sehr die Projekte mit rein politischer Motivation, sondern diejenigen, die eine Veränderung der Markstruktur zum Ziel haben. Der Grund dafür ist, dass die rein politisch motivierten Projekte keine wirtschaftliche Basis besitzen und daher entweder recht klein sein müssen oder nicht lange durchgehalten werden können. Für die Projekte, die auf Veränderung der Marktstruktur zielen, gilt dies nicht.

Auf dieser zweiten Ebene wurden im Rahmen dieser Studie verschiedene Möglichkeiten identifiziert, wie wirtschaftliche und politische Strategien verbunden sein können. Erstens können die Konzerne auf kompetitiven Märkten völlig frei oder sogar gegen die Interessen politischer Akteure handeln. Dies kam freilich meist in den 1990er Jahren vor. Zweitens haben die Konzerne auf oligopolistischen Märkten nach der Vergrößerung des Marktanteils und Verdrängung von Konkurrenten gestrebt. Auch dies ist eine wirtschaftliche Strategie; allerdings kann auch die russländische Politik daraus Vorteile ziehen, und sei es nur durch den Verweis auf die größere Bedeutung Russlands für die Prosperität des Landes. Drittens können politische Akteure ein bestimmtes Projekt auf oligopolistischen Märkten vorantreiben, das hohe wirtschaftliche Risiken beinhaltet, aber außenpolitische Vorteile mit sich bringt. Dieses wäre von einem gewöhnlichen Unternehmen nicht verfolgt worden. Die Koordination durch politische Akteure und deren großes Interesse senkt jedoch die Risiken ab, sodass auch wirtschaftliche Chancen damit verbunden sind. Die Nord Stream Pipeline wäre ein Beispiel. Viertens gibt es auch rein geopolitische Projekte, die keine wirtschaftlichen Vorteile bringen, aber den Einfluss Russlands in bestimmten Weltregionen erhöhen sollen. Einige Investitionen in Venezuela fallen in diese Gruppe, ebenso wie einige im Rahmen dieser Studie nicht betrachtete Projekte auf dem Westbalkan. Eine fünfte Gruppe bilden Investitionen, die zwar wirtschaftlich lohnenswert sind, geographisch aber nach politischer Opportunität ausgewählt werden. Diese sind weniger gefährlich als die anderen politisch motivierten Investitionen, da sie nicht auf die Veränderung der Marktstruktur zielen.

Die EU kann dagegen nur ankommen und ihre Macht als Käufer umsetzen, wenn sie selbst Verhandlungsmacht aggregiert und versucht, auf stärkere Marktdominanz gerichtete Strategien abzuwehren. Nur so können Anreize für Russland gesetzt werden, die Öl- und Gasindustrie stärker zu öffnen. Der bisher beschrittene Weg, sich über *asset swaps* Zugang zu verschaffen, ist wenig zielführend, da die Eigentumsrechte an den Aktiva innerhalb Russlands durch politische Durchgriffsmöglichkeiten stark eingeschränkt sind, sodass es sich häufig eher um eine Portfolio- anstelle strategischer Investitionen handelt. Zudem wird die Marktmacht der bestehenden Akteure noch gestärkt und nicht gebrochen. Selbst wenn eine stärkere Aggregation von Verhandlungsmacht auf Seiten der EU nicht die stärkere Öffnung Russlands hervorbringen sollte, so bietet sie immerhin eine bessere Verhandlungsposition gegenüber Russland. Die Vorschriften der EU zum Energiebinnenmarkt sind dazu ein erster Schritt, deren Umsetzung ist aber häufig lückenhaft oder sogar rückläufig. Nur eine starke

Durchsetzung kann aber dazu führen, dass sich die Interessenlage innerhalb Russlands zu Gunsten stärkerer Konkurrenz ändert. Weitere Schritte sind die Schaffung einer zentralen Einkaufsorganisation für Erdgas, für die Planungen aufgenommen werden sollten. Generell gilt dabei, dass Auseinandersetzungen nicht gescheut werden sollten.

Die Studie macht auch deutlich, dass eine Veränderung der Struktur und des Verhaltens der gegenwärtigen Elite nur durch externen Druck wahrscheinlich ist. Der patrimoniale Kapitalismus hat sich verfestigt und ist kaum reformfähig, sodass Kooperation vor allem zu seiner Verstetigung führt, da neue Ressourcen bereitgestellt werden. Auf interne Probleme wird mit stärkerer Schließung und ideologischer Verhärtung reagiert. Veränderungen lassen sich daher nur durch politischen Druck von außerhalb des korporatistischen Kapitals oder durch einen Schock auf externen Märkten erreichen.

Literatur

Wissenschaftliche Artikel, Monographien, Studien und Datenbanken

Abdelal, Rawi 2012: The profits of power: Commerce and realpolitik in Eurasia, in: Review of International Political Economy 19: 4, 1–36.

Adams, Jan S. 2002: Russia's Gas Diplomacy, in: Problems of Post-Communism 49: 3, 14–22.

Aggarwal, Raj und Agmon, Tamir 1990: The International Success of Developing Country Firms: Role of Government-Directed Comparative Advantage, in: Management International Review 30: 2, 163–180.

Ahrend, Rudiger und Tompson, William 2004: Russia's Gas Sector: The Endless Wait for Reform?, OECD Working Paper No. 402, Paris: OECD.

Aïssaoui, Ali 1999: Algerian Gas: Sonatrach's Policies and the Options Ahead, in: Mabro, Robert und Wybrew-Bond, Ian (Hrsg.): *Gas to Europe. The Strategies of Four Major Suppliers*, Oxford: Oxford University Press, 33–92.

Alexandrova, Olga 2003: Rußlands Außenpolitik gegenüber dem postsowjetischen Raum, in: Alexandrova, Olga, Götz, Roland und Halbach, Uwe (Hrsg.): *Rußland und der postsowjetische Raum*, Baden-Baden: Nomos, 15–30.

Alon, Titan 2010: Institutional Analysis and the Determinants of Chinese FDI, in: Multinational Business Review 18: 3, 1–24.

Anceschi, Luca 2010: Integrating domestic politics and foreign policy making: the cases of Turkmenistan and Uzbekistan, in: Central Asian Survey 29: 2, 143–158.

Anderson, Perry 1979: Die Entstehung des absolutistischen Staates, Frankfurt: Suhrkamp.

Arentsen, Maarten J. 2004: Politics and Regulation of Gas in Europe, in: Finon, Dominique und Midttun, Atle (Hrsg.): *Reshaping European gas and electricity industries: regulation, markets and business strategies*, Amsterdam: Elsevier, 69–109.

Arentsen, Maarten J. und Künneke, Rolf W. 2003: Dilemmas of Duality: Gas Market Reform in the Netherlands, in: Arentsen, Maarten J. und Künneke, Rolf W. (Hrsg.): *National reforms in European gas*, Amsterdam: Elsevier, 103–132.

Armstrong, Adrienne 1981: The Political Consequences of Economic Dependence, in: Journal of Conflict Resolution 25: 3, 401–428.

Arrighi, Giovanni 1994: The long twentieth century: money, power, and the origins of our times, London: Verso.

Åslund, Anders 2006: Russia's Energy Policy: A Framing Comment, in: Eurasian Geography and Economics 47: 3, 321–328.

Attanasi, E. D. und Meyer, R. F. 2007: Natural bitumen and extra-heavy oil, in: Trinnaman, J. und Clarke, A. (Hrsg.): *2007 Survey of Energy Resources*, London: World Energy Council, 119–143.

Babusiaux, Denis 2004: Oil and gas exploration and production, Institut Français du Pétrole Publications, Paris: Editions Technip.

Bacon, Robert 1986: The Brent Market. An Analysis of Recent Developments, WPM 8, Oxford: Oxford Institute for Energy Studies.

Baena, César E. 1999: The policy process in a petro-state: a decision-making analysis of PDVSA's internationalisation policy, Aldershot: Ashgate.

Baev, Pavel K. 2008: Russian Energy Policy and Military Power. Putin's Quest for Greatness, London u. a.: Routledge.

Baldwin, David A. 1985: Economic Statecraft, Princeton, NJ: Princeton University Press.

Balmaceda, Margarita 2004: Der Weg in die Abhängigkeit: Ostmitteleuropa am Energietropf der UdSSR, in: Osteuropa 54: 9–10, 162–179.

---- 2006: Russian Energy Companies in the New Eastern Europe: the Cases of Ukraine and Belarus, in: Wenger, Andreas, Perovic, Jeronim und Orttung, Robert W. (Hrsg.): *Russian Business Power: The Role of Russian Business in Foreign and Security Relations*, London and New York, N.Y.: RoutledgeCurzon, 67–87.

---- 2008: Energy Dependency, Politics and Corruption in the Former Soviet Union: Russia's Power, Oligarchs' Profits and Ukraine's Missing Energy Policy 1995–2006, Abingdon, u. a.: Routledge.

Barnes, Joe, Hayes, Mark H., Jaffe, Amy M. und Victor, David G. 2006: Introduction to the study, in: Victor, David G., Jaffe, Amy M. und Hayes, Mark H. (Hrsg.): *Natural gas and geopolitics: from 1970 to 2040*, Cambridge: Cambridge University Press, 3–24.

Barney, Jay 1991: Firm Resources and Sustained Competitive Advantage, in: Journal of Management 17: 1, 99–120.

Barrera-Rey, Fernando und Seymour, Adam 1996: The Brent Contract for Differences (CFD): A Study of an Oil Trading Instrument, its Market and its Influence on the Behaviour of Oil Prices, Studie SP 5, Oxford: Oxford Institute for Energy Studies.

Bartsch, Ulrich 1999: Norwegian Gas: The Struggle between Government Control and Market Developments, in: Mabro, Robert und Wybrew-Bond, Ian (Hrsg.): *Gas to Europe. The Strategies of Four Major Suppliers*, Oxford: Oxford University Press, 201–254.

Basedau, Matthias, Portela, Clara und Soest, Christian von 2010: Peitsche statt Zuckerbrot: Sind Sanktionen wirkungslos?, in: GIGA Focus 2010: 11, 1–8.

Beamish, Paul W. und Banks, John C. 1987: Equity Joint Ventures and the Theory of the Multinational Enterprise, in: Journal of International Business Studies 18: 2, 1–16.

Beausang, Francesca (Hrsg.) 2003: Third World Multinationals: Engine of Competitiveness or New Form of Dependency?, Palgrave Macmillan, New York, N.Y.

Becker, Abraham S. 1996: Russia and Economic Integration in the CIS, in: Survival 38: 4, 117–136.

Behrens, Maria, Hummel, Hartwig und Scherrer, Christoph 2005: Internationale Politische Ökonomie, Hagen: Fernuniversität Hagen.

Benninghaus, Hans 2007: Deskriptive Statistik: Eine Einführung für Sozialwissenschaftler, 11. Auflage, Wiesbaden: VS Verlag.

Berger, Johannes 1996: Was behauptet die Modernisierungstheorie wirklich – und was wird ihr bloss unterstellt?, in: Leviathan 24: 1, 45–62.

BGR 2009: Energierohstoffe 2009: Reserven, Ressourcen, Verfügbarkeit, Hannover: Bundesanstalt für Geowissenschaften und Rohstoffe (BGR).

Bhagwati, Jagdish N. 1982: Directly Unproductive, Profit-Seeking (DUP) Activities, in: Journal of Political Economy 90: 5, 988–1002.

Blanchard, Jean-Marc F. und Ripsman, Norrin M. 2008: A Political Theory of Economic Statecraft, in: Foreign Policy Analysis 2008: 4, 371–398.

Blank, Stephen 2003: Assassins in Gray Suits, in: Acque & Terre, Marco Polo Magazine 2003: 2, 3–7.

---- 2009: Russia in Latin America: Geopolitical Games in the Neighborhood, Russie Nei Visions No. 38, Paris: Ifri.

Blatter, Joachim K., Janning, Frank und Wagemann, Claudius 2007: Qualitative Politikanalyse: Eine Einführung in Forschungsansätze und Methoden, Wiesbaden: VS Verlag.

Bogner, Alexander, Littig, Beate und Menz, Wolfgang (Hrsg.) 2005: Das Experteninterview: Theorie, Methode, Anwendung, 2. Auflage, Wiesbaden: VS Verlag.

Bonfadelli, Heinz 2002: Medieninhaltsforschung: Grundlagen, Methoden, Anwendungen, Konstanz: UVK Verlags-Gesellschaft.

Borgatti, S.P. 2002: NetDraw Software for Network Visualization, Lexington, KY: Analytic Technologies.

Borgatti, S.P., Everett, M.G. und Freeman, L.C 2002: Ucinet for Windows: Software for Social Network Analysis, Harvard, MA: Analytic Technologies.

Boubakri, Narjess, Cosset, Jean-Claude und Saffar, Walid 2009: Politically Connected Firms: An International Event Study, online: <http://www.clsbe.lisboa.ucp.pt/resources/documents/PROFESSORES/seminarios/Paper_20Abr2009.pdf> (abgerufen: 20.1.2012).

Boycko, Maxim, Shleifer, Andrei und Vishny, Robert W. 1995: Privatizing Russia, Cambridge, MA u. a.: MIT Press.

Bremmer, Ian 2008: The Return of State Capitalism, in: Survival 50: 3, 55–64, 2012/04/01.

---- 2010: The end of the free market: who wins the war between states and corporations?, in: European View 9: 2, 249–252.

Bremmer, Ian und Charap, Samuel 2007: The Siloviki in Putin's Russia: Who They Are and What They Want, in: The Washington Quarterly 30: 1, 83–92.

Bros, Thierry 2012: European Gas Supply: On the Verge of Being Mostly Spot-Indexed, in: Oxford Energy Forum 89: August 2012, 3–4.

Buckley, Peter J. und Casson, Mark 2002: A Theory of Cooperation in International Business, in: Contractor, Farok J. und Lorange, Peter (Hrsg.): *Cooperative Strategies in International Business: Joint Ventures and Technology Partnerships between Firms*, 2. Auflage, Oxford: Elsevier Science, 31–53.

Bunkanwanicha, Pramuan und Wiwattanakantang, Yupana 2009: Big Business Owners in Politics, in: Review of Financial Studies 22: 6, 2133–2168.

Buzan, Barry 1984: Economic Structure and International Security: The Limits of the Liberal Case, in: International Organization 38: 4, 597–624.

Cantwell, John und Barnard, Helena 2008: Do firms from emerging markets have to invest abroad? Outward FDI and the competitiveness of firms, in: Sauvant, Karl P. (Hrsg.): *The Rise of Transnational Corporations from Emerging Markets: Threat or Opportunity?*, Cheltenham: Edward Elgar, 55–85.

CAPCP 2008: Russian Oil and Gas Auctions, Center for the Study of Auctions, Procurements and Competition Policy, Penn State University, online: <http://capcp.psu.edu/RussianData/index.html> (abgerufen: 9.9.2011).

Carothers, Thomas 2002: The End of the Transition Paradigm, in: Journal of Democracy 13: 1, 5–21.

Cerny, Philip G. 2010: The competition state today: from raison d'Etat to raison du Monde, in: Policy Studies 31: 1, 5–21.

Chang, Ha-Joon 2002: Kicking Away the Ladder: Development Strategy in Historical Perspective, London: Anthem.

Chen, Ying und Touve, David 2011: Conformity, political participation, and economic rewards: The case of Chinese private entrepreneurs, in: Asia Pacific Journal of Management 28: 3, 529–553.

Christie, Edward und Grätz, Jonas 2009: Strategic asymmetry in Europe-Russia gas relations: a conceptual note, online: <http://www.osce.org/eea/37936> (abgerufen: 3.3.2012).

---- 2011: Russlands Erdöl und -gas: Treibstoff für Autoritarismus und Großmachtanspruch, in: Basedau, Matthias (Hrsg.): *Machtquelle Erdöl*, Baden-Baden: Nomos, 223–252.

Christophe, Barbara 1998: Von der Politisierung der Ökonomie zur Ökonomisierung der Politik. Staat, Markt und Außenpolitik in Rußland, in: Zeitschrift für Internationale Beziehungen 5: 2, 201–240.

---- 2005: Metamorphosen des Leviathan in einer post-sozialistischen Gesellschaft: Georgiens Provinz zwischen Fassaden der Anarchie und regulativer Allmacht, Bielefeld: Transcript.

Chyong, Chi Kong und Hobbs, Benjamin F. 2011: Strategic Eurasian Natural Gas Model for Energy Security and Policy Analysis, Cambridge working papers in economics No. 1134, Cambridge: Univ. of Cambridge, Electricity Policy Research Group.

Chyong, Chi Kong, Noel, Pierre und Reiner, David M. 2010: The economics of the Nord Stream pipeline system, Cambridge working papers in economics No. 1051, Cambridge: Univ. of Cambridge, Dep. of Applied Economics, Faculty of Economics.

Coase, Ronald H. 1937: The Nature of the Firm, in: Economica 4: 16, 386–405.

Cohen, Ariel 2008: Kazakhstan: The Road to Independence, Washington, DC: Central Asia-Caucasus Institute & Silk Road Studies Program.

Coleman, James S. 1991: Grundlagen der Sozialtheorie, München: Oldenbourg.

Collier, David und Levitsky, Steven 1997: Democracy with Adjectives: Conceptual Innovation in Comparative Research, in: World Politics 49: 3, 430–451.

Contractor, Farok J. und Lorange, Peter 2002: Why Should Firms Cooperate? The Strategy and Economics Basis for Cooperative Ventures, in: dies. (Hrsg.): *Cooperative Strategies in International Business: Joint Ventures and Technology Partnerships between Firms*, 2. Auflage, Oxford: Elsevier Science, 3–28.

Corley, T. A. B. 1983: A History of the Burmah Oil Company 1886–1924, London: William Heinemann.

Cox, Robert W. 1981: Social Forces, States and World Orders: Beyond International Relations Theory, in: Millennium 10: 2, 126–155.

Crouch, Colin 2011: Das befremdliche Überleben des Neoliberalismus, Berlin: Suhrkamp.

Crumm, Eileen M. 1995: The Value of Economic Incentives in International Politics, in: Journal of Peace Research 32: 3, 313–330.

Cuervo-Cazurra, Alvaro und Genc, Mehmet 2008: Transforming disadvantages into advantages: developing-country MNEs in the least developed countries, in: Journal of International Business Studies 39, 957–979.

Dailami, Mansoor und Hauswald, Robert 2000: Risk Shifting and Long-Term Contracts: Evidence from the Ras Gas Project, Policy Research Working Paper No. 2469, Washington: World Bank Institute.

Darden, Keith 2001: Blackmail as a tool of state domination, in: East European Constitutional Review 10, 67–72.

Däuper, Olaf und Wöstehoff, Knut 2009: Die Entscheidung der Bundesnetzagentur in Sachen OPAL – Eine kritische Auseinandersetzung, in: Zeitschrift für Neues Energierecht 13: 2, 99–106.

Deloitte 2008: Russian Multinationals: New Players in the Global Economy, Moscow: Deloitte & Touche Regional Consulting Services Limited.

Dierickx, Ingemar und Cool, Karel 1989: Asset Stock Accumulation and Sustainability of Competitive Advantage, in: Management Science 35: 12, 1504–1511.

Dinello, Natalia 2001: Clans for Market or Clans for Plan: Social Networks in Hungary and Russia, in: East European Politics and Societies 15: 3, 589–624.

Dorussen, Han 2006: Heterogeneous Trade Interests and Conflict: What You Trade Matters, in: Journal of Conflict Resolution 50: 1, 87–107.

Drezner, Daniel 1997: Allies, Adversaries, and Economic Coercion: Russian Foreign Economic Policy since 1991, in: Security Studies 6: 3, 65–111.

---- 2003: The Hidden Hand of Economic Coercion, in: International Organization 57: 3, 643–659.

Drezner, Daniel W. 1999: The sanctions paradox, Cambridge: Cambridge University Press.

Dubovcev, V.A. und Rozov, N.S. 2007: Priroda „Russkoj Vlasti“: Ot metafor k koncepcii (Das Wesen der „Russischen Macht“: Von Metaphern zur Konzeption), in: POLIS 2007: 3, 8–23.

Duckett, Jane 1998: The entrepreneurial state in China: real estate and commerce departments in reform era Tianjin, New York, NY: Routledge.

Dunning, John H. 1983: Market power of the firm and international transfer of technology : A historical excursion, in: International Journal of Industrial Organization 1: 4, 333–351.

---- 1988a: The Eclectic Paradigm of International Production: A Restatement and Some Possible Extensions, in: Journal of International Business Studies 19: 1, 1–31.

--- 1988b: Explaining International Production, London u. a.: Routledge.

---- 1995: Reappraising the Eclectic Paradigm in an Age of Alliance Capitalism, in: Journal of International Business Studies 26: 3, 461–491.

---- 1998: Location and the Multinational Enterprise: A Neglected Factor?, in: Journal of International Business Studies 29: 1, 45–66.

---- 2001: The Eclectic (OLI) Paradigm of International Production: Past, Present and Future, in: International Journal of the Economics of Business 8: 2, 173–190.

---- 2006: Towards a New Paradigm of Development: Implications for the Determinants of International Business Activity, in: Transnational Corporations 15: 1, 173–227.

Dunning, John H., Kim, Changsu und Park, Donghyun 2008: Old wine in new bottles: a comparison of emerging-market TNCs today and developed-country TNCs thirty years ago, in: Sauvant, Karl P. (Hrsg.): *The Rise of Transnational Corporations from Emerging Markets: Threat or Opportunity?*, Cheltenham: Edward Elgar, 158–180.

Durnev, Art 2010: Comment: Do We Need a New Theory to Explain Emerging Market Multinational Enterprises?, in: Sauvant, Karl P., McAllister, Geraldine und Maschek, Wolfgang A. (Hrsg.): *Foreign Direct Investments from the Emerging Markets*, Basingstoke: Palgrave Macmillan, 89–93.

Dussauge, Pierre und Garrette, Bernard 1995: Determinants of Success in International Strategic Alliances: Evidence from the Global Aerospace Industry, in: Journal of International Business Studies 26: 3, 505–530.

Easter, Gerald 2008: The Russian State in the Time of Putin, in: Post Soviet Affairs 24: 3, 199–230.

Ebner, Alexander 2007: Public policy, governance and innovation: entrepreneurial states in East Asian economic development, in: International Journal of Technology and Globalisation 3: 1, 103–124.

Ehrstedt, Stefan und Vahtra, Peeter 2008: Russian Energy Investments in Europe, Electronic Publications of Pan-European Institute 4/2008, online: <http://www.helsinkisummerschool.fi/media/userfiles/file/Ehrstedt_Vahtra_42008-2.pdf> (abgerufen: 22.1.2011).

Eicher, Claudia und Beichelt, Timm 2006: Osteuropa, in: Merkel, Wolfgang, Puhle, Hans-Jürgen, Croissant, Aurel und Thiery, Peter (Hrsg.): *Defekte Demokratie* (Band 2: Regionalanalysen), Wiesbaden: VS Verlag, 295–463.

Eising, Rainer 2000: Liberalisierung und Europäisierung: die regulative Reform der Elektrizitätsversorgung in Großbritanien, der Europäischen Gemeinschaft und der Bundesrepublik Deutschland, Reihe Gesellschaftspolitik und Staatstätigkeit, Opladen: Leske + Budrich.

Ekin, A. Cemal und King, Thomas R. 2009: A struggling international partnership: TNK-BP joint venture, in: International Journal of Strategic Business Alliances 1: 1, 89–106.

Elsenhans, Hartmut 1986: Dependencia, Unterentwicklung und der Staat in der Dritten Welt, in: Politische Vierteljahresschrift 27: 2, 133–168.

---- 1996: State, Class and Development, New Delhi: Radiant.

---- 1997: Politökonomie der Rente als Herausforderung des Kapitalismus in seiner Genese und in seiner möglichen Transformation, Opladen: Leske+Budrich, 64–120.

Elwert, Georg 2001: The Command State in Africa. State deficiency, clientelism and power-locked economies, in: Wippel, Steffen und Cornelssen, Inse (Hrsg.): *Entwicklungspolitische Perspektiven im Kontext wachsender Komplexität: Festschrift für Prof. Dr. Dieter Weiss*, München, u.a.: Weltforum, 419–452.

Encharter 2006: Gas transit tariffs in selected Energy Charter Treaty Countries, Brussels: Energy Charter Secretariat.

---- 2007: Putting a Price on Energy. International Pricing Mechanisms for Oil and Gas, Brussels: Energy Charter Secretariat.

Ericson, Richard E. 1998: Economics and the Russian Transition, in: Slavic Review 57: 3, 609–625.

Ernst&Young 2010: Kazakhstan oil and gas tax guide, Almaty: Ernst & Young Advisory.

Estrada, Javier, Moe, Arild und Martinsen, Kåre Dahl 1995: The development of European gas markets: environmental, economic and political perspectives, Chichester: Wiley.

Esty, Benjamin C. 2004: Modern Project Finance. A Casebook, Hoboken: John Wiley & Sons.

Evans, Peter B. 1971: National Autonomy and Economic Development: Critical Perspectives on Multinational Corporations in Poor Countries, in: International Organization 25: 3, 675–692.

---- 1995: Embedded Autonomy: States and Industrial Transformation, Princeton, NJ: Princeton University Press.

EWI/GWS/Prognos 2010: Energieszenarien für ein Energiekonzept der Bundesregierung, Basel/Köln/Osnabrück: Prognos AG/Energiewirtschaftliches Institut an der Universität zu Köln/Gesellschaft für Wirtschaftliche Strukturforschung mbH.

EWI/Prognos 2007: Energieszenarien für den Energiegipfel 2007, Basel/Köln: Prognos AG/Energiewirtschaftliches Institut an der Universität zu Köln.

Faccio, Mara 2006: Politically Connected Firms, in: American Economic Review 96: 1, 369–386.

---- 2010: Differences between Politically Connected and Nonconnected Firms: A Cross-Country Analysis, in: Financial Management 39: 3, 905–928.

Fahrmeir, Ludwig, Künstler, Rita, Pigeot, Iris und Tutz, Gerhard 2007: Statistik. Der Weg zur Datenanalyse, 6. Auflage, Berlin u.a.: Springer.

Fernandez, Rafael 2011: Nabucco and the Russian gas strategy vis-a-vis Europe, in: Post-Communist Economies 23: 1, 69–85.

Filippov, Sergey 2010: Russian companies: the rise of new multinationals, in: International Journal of Emerging Markets 5: 3/4, 307–332.

Finon, Dominique 2004: European Gas Markets: Nascent Competition and Integration in a Diversity of Models, in: Finon, Dominique und Midttun, Atle (Hrsg.): *Reshaping European gas and electricity industries: regulation, markets and business strategies*, Amsterdam: Elsevier, 183–235.

Finon, Dominique und Locatelli, Catherine 2008: Russian and European gas interdependence: Could contractual trade channel geopolitics?, in: Energy Policy 36: 1, 423–442.

Finon, Dominique und Midttun, Atle 2004: Reshaping European Energy Industry: Patterns and Challenges, in: Finon, Dominique und Midttun, Atle (Hrsg.): *Reshaping European gas and electricity industries: regulation, markets and business strategies*, Amsterdam: Elsevier, 357–387.

Fisman, Raymond 2001: Estimating the Value of Political Connections, in: American Economic Review 91: 4, 1095–1102.

Fortescue, Stephen 2006: Russia's Oil Barons and Metal Magnates. Oligarchs and the State in Transition, Houndmills, Basingstoke.

Fraenkel, Ernst 1999: Gesammelte Werke (Band 2: Der Doppelstaat), Baden-Baden: Nomos.

Franko, Lawrence G. 1989: Use of Minority and 50–50 Joint Ventures by United States Multinationals during the 1970s: The Interaction of Host Country Policies and Corporate Strategies, in: Journal of International Business Studies 20: 1, 19–40.

Freeman, Jeff 1995: A Long Wait for Oil-Refinery Privatization, in: Transition 1: 17, 56–59.

Freeman, Linton C. 1978: Centrality in Social Networks. Conceptual Clarification, in: Social Networks 1, 215–239.

Frontier/ewi 2010: Energiekosten in Deutschland - Entwicklungen, Ursachen und internationaler Vergleich, London: Frontier Economics.

Fujimori, Shinkichi 2005: Ukrainian Gas Traders, Domestic Clans and Russian Factors: A Test Case for Meso-Mega Area Dynamics, in: Matsuzato, Kimitaka (Hrsg.): *Emerging Meso-Areas in the Former Socialist Countries: Histories Revived or Improvised?*, Sapporo: Slavic Research Center, Hokkaido University, 113–136.

Geden, Oliver 2008: Mehr Pragmatismus, weniger Geopolitik, in: SWP-Aktuell A 83, Nov. 2008.

Gelman, Lev M. und Morozova, Alexandra G. 1996: Capital Markets in Russia: Putting the Cart Before the Horse?, in: Rautava, Jouko (Hrsg.): *Russia's Financial Markets and the Banking Sector*, Helsinki: Suomen Panki, 145–166.

George, Alexander L. und Bennett, Andrew 2005: Case Studies and Theory Development in the Social Sciences, Cambridge, MA: MIT Press.

Gereffi, Gary, Humphrey, John und Sturgeon, Timothy 2005: The Governance of Global Value Chains, in: Review of International Political Economy 12: 1, 78–104.

Gereffi, Gary und Korzeniewicz, Miguel (Hrsg.) 1994: Commodity Chains and Global Capitalism, Westport, CT: Praeger.

Gerring, John 2007: Case Study Research. Principles and Practices, Cambridge, NY u. a.: Cambridge University Press.

Gerschenkron, Alexander 1962: Economic Backwardness in Historical Perspective, Cambridge, MA.: Belknap.

Gibler, Douglas M. 2010: Outside-In: The Effects of External Threat on State Centralization, in: Journal of Conflict Resolution 54: 4, 519–542.

Gilpin, Robert 1975: U.S. Power and the Multinational Corporation. The Political Economy of Foreign Direct Investment, London u. a.: Basic Books.

---- 1987: The Political Economy of International Relations, Princeton, NJ: Princeton University Press.

Goldman, Marshall 2008: Petrostate. Putin, Power, and the New Russia, Oxford: Oxford University Press.

Goldstein, Andrea E. 2007: Multinational Companies from Emerging Economies: Composition, Conceptualization and Direction in the Global Economy, Basingstoke, Hampshire u.a.: Palgrave Macmillan.

Gonchar, Mykhailo, Duleba, Alexander und Malynovskyi, Oleksandr 2011: Ukraine and Slovakia in a post-crisis architecture of European energy security: Prospects for transport of hydrocarbons and bilateral cooperation, Bratislava: Research Center of the Slovak Foreign Policy Association.

Götz, Roland 2005: Die Ostseegaspipeline. Instrument der Versorgungssicherheit oder politisches Druckmittel?, SWP-Aktuell 41/2005, Berlin: Stiftung Wissenschaft und Politik.

---- 2009b: Pipeline-Popanz - Irrtümer der europäischen Energiedebatte, in: Osteuropa 59: 1, 3–18.

---- 2012: Mythen und Fakten: Europas Gasabhängigkeit von Russland, in: Osteuropa 62: 6–8, 435–458.

Grace, John D. 2005: Russian oil supply, Oxford u.a.: Oxford Univ. Press.

Granovetter, Mark 1985: Economic Action and Social Structure: The Problem of Social Embeddedness, in: American Journal of Sociology 91: 3, 481–510.

Grätz, Jonas 2009: Zwischen Macht- und Ordnungspolitik: Russländische Mediendiskurse über die "orangene Revolution", in: Tatur, Melanie (Hrsg.): *Nationales oder kosmopolitisches Europa? Fallstudien zur Medienöffentlichkeit in Europa*, Wiesbaden: VS Verlag, 263–284.

---- 2011: Common Rules without Strategy: EU Energy Policy and Russia, in: Duffield, John und Birchfield, Vicki (Hrsg.): *Toward a Common European Union Energy Policy: Problems, Progress, and Prospects*, Basingstoke: Palgrave Macmillan, 61–85.

---- 2012b: Control and Internationalization: Rosneft Swallows TNK-BP, in: Russian Analytical Digest 120, 12–13.

---- 2013: Home-country specific advantages and foreign investment of Russian oil and gas companies: a network approach, in: Int. J. of Technological Learning, Innovation and Development 6: 1/2, 62–87.

Grätz, Jonas und Westphal, Kirsten 2009: Ende gut, alles gut? Das russisch-ukrainische Gasabkommen auf dem Prüfstand, in: SWP-Aktuell A 03, Januar 2009.

---- 2011: Die Ukraine in der Energiegemeinschaft: Die Zukunft des Gastransits, in: SWP-Aktuell A 13, März 2011.

Gumpel, Werner 1976: Der Rat für Gegenseitige Wirtschaftshilfe als Instrument sowjetischer Hegemonie, in: Osteuropa 11/1976, 997–1006.

Guriev, Sergei und Sonin, Konstantin 2009: Dictators and oligarchs: A dynamic theory of contested property rights, in: Journal of Public Economics 93, 1–13.

Hale, Henry E. 2005: Regime Cycles: Democracy, Autocracy, and Revolution in Post-Soviet Eurasia, in: World Politics 58, 133–165.

---- 2010: Eurasian polities as hybrid regimes: The case of Putin's Russia, in: Journal of Eurasian Studies 1: 1, 33–41.

Hall, Peter A. 1993: Policy Paradigms, Social Learning, and the State: The Case of Economic Policymaking in Britain, in: Comparative Politics 25: 3, 275–296.

Hanneman, Robert A. und Riddle, Mark 2005: Introduction to social network methods, Riverside, CA: University of California (online: http://faculty.ucr.edu/~hanneman/nettext/, abgerufen 1.2.2010).

Hanson, Philip 2009: The Resistible Rise of State Control in the Russian Oil Industry, in: Eurasian Geography and Economics 50: 1, 14–27.

---- 2010: Russia's Inward and Outward Foreign Direct Investment: Insights into the Economy, in: Eurasian Geography and Economics 51: 5, 632–652.

Harris, Jerry 2009: Statist Globalization in China, Russia and the Gulf States, in: Perspectives on Global Development and Technology 8: 2–3, 139–163.

Haukkala, Hiski 2009: Lost in Translation? Why the EU has Failed to Influence Russia's Development, in: Europe-Asia Studies 61: 10, 1757–1775.

Hedlund, Stefan 2005: Vladimir the Great, Grand Prince of Muscovy : resurrecting a Russian service state, Arbetsrapporter 97, Department of East European Studies, Uppsala: Uppsala University.

Heinrich, Andreas 1999: Russlands Gazprom. Teil 2: Gazprom als Akteur auf internationaler Ebene, Bonn, BIOst.

---- 2001: Large Corporations as National and Global Players: The Case of Gazprom, in: Segbers, Klaus (Hrsg.): *Explaining Post-Soviet Patchworks* (Band 1: Actors and Sectors in Russia between Accommodation and Resistance to Globalization), Aldershot u.a.: Ashgate, 97–115.

---- 2003: Internationalisation of Russia's Gazprom, in: Journal for East European Management Studies 8: 1, 46–66.

---- 2006: Russian Companies in Old EU Member States, in: Journal of East-West Business 11: 3–4, 41–59.

---- 2008: Under the Kremlin's Thumb: Does Increased State Control in the Russian Gas Sector Endanger European Energy Security?, in: Europe-Asia Studies 60: 9, 1539–1574.

Hellman, Joel S. 1998: Winners Take All: The Politics of Partial Reform in Postcommunist Transitions, in: World Politics 50: 2, 203–234.

Hellman, Joel S., Geraint, Jones und Kaufmann, Daniel 2000: „Seize the State, Seize the Day". State Capture, Corruption, and Influence in Transition, World Bank Research Working Paper No. 2444, Washington, DC: World Bank.

Hellman, Joel und Schankerman, Mark 2000: Intervention, Corruption and Capture: The Nexus between Enterprises and the State, in: Economics of Transition 8: 3, 545–576.

Hellmann, Gunther 2004: Wider die machtpolitische Resozialisierung der deutschen Außenpolitik, in: WeltTrends 12: 42, 79–88.

---- 2007: Die neue Ostpolitik - Deutschland, Europa und der Osten - Warum eine Re-Europäisierung des deutschen Interessendiskurses nötig ist, in: Internationale Politik 62: 3, 20–29.

Henderson, James 2012: The Potential of North American LNG Exports, NG 68, Oktober 2012, Oxford: Oxford Institute for Energy Studies.

Hennart, Jean-Francois 2000: Transaction costs theory and the multinational enterprise, in: Pitelis, Christos N. und Sugden, Roger (Hrsg.): *The Nature of the Transnational Firm*, 2. Auflage, London: Routledge, 72–118.

Hettne, Bjorn 2010: Development Beyond Market-led Globalization, in: Development 53: 1, 37–41.

Hettne, Björn 1993: The Concept of Neomercantilism, in: Magnusson, Lars (Hrsg.): *Mercantilist Economics*, Boston: Kluwer, 235–255.

Hill, Fiona und Fee, Florence 2002: Fueling the future: The prospects for Russian oil and gas, in: Demokratizatsiya 10: 4, 462–487.

Hirschman, Albert O. 1945: National Power and the Structure of Foreign Trade, Berkeley, CA: Univ. of California Press.

---- 1980: National Power and the Structure of Foreign Trade, Expanded. Auflage, Berkeley, CA u.a.: Univ. of California Press.

Hishow, Ognian N. 2003: Wirtschaftspolitik im postsowjetischen Raum: Die internationalen Finanzorganisationen bestimmen die Richtung, in: Aleksandrova, Olga, Götz, Roland und Halbach, Uwe (Hrsg.): *Rußland und der postsowjetische Raum*, Baden-Baden: Nomos, 437–460.

Hubert, Franz und Ikonnikova, Svetlana 2008: Investment Options and Bargaining Power in the Eurasian Supply Chain for Natural Gas, Humboldt University, Berlin. URL: http://www.wise.xmu.edu.cn/Activity/XMU-HUB2008/paper/HUBERT.pdf

Hults, David 2007: Petróleos de Venezuela, S.A.: The Right-Hand Man of the Government, Working Paper No. 70, Stanford, CA: Center for Environmental Science and Policy.

Hundal, Hardeep 2011: Students' Guide to Refining, online: <http://www.cheresources.com/refining.pdf> (abgerufen: 25.4.2011).

Huntington, Samuel P. 1973: Transnational Organizations in World Politics, in: World Politics 25: 3, 333–368.

Hymer, Stephen H. 1976: The international operations of national firms: a study of direct foreign investment, Cambridge, M.A. u.a.: MIT-Press.

IMEMO/Vale 2009: Russian multinationals continue their outward expansion in spite of the global crisis, Moscow and New York, NY: Institute of World Economy and International Relations and Vale Columbia Center on Sustainable International Investment.

---- 2011: Investment from Russia stabilizes after the global crisis, Moscow and New York, NY: Institute of World Economy and International Relations and Vale Columbia Center on Sustainable International Investment.

Inkoték 2009: Neftegazovaja promyšlennost' Rossii i stran bližnego zarubež'ja [Die Öl- und Gaswirtschaft Russlands und der Länder des nahen Auslands (Karte)], Moskva: Inkoték.

Jäger, Johannes und *Leubolt, Bernhard* 2012: Rohstoffe und Entwicklungsmodelle in Lateinamerika, Paper, DVPW Sektionstagung Politik und Ökonomie in globaler Perspektive: Der (Wieder) Aufstieg des Globalen Südens, Frankfurt, 5.–7.3.2012.

Jiang, Julie und Sinton, Jonathan 2011: Overseas Investments by Chinese National Oil Companies: Assessing the drivers and impacts, Paris: OECD/IEA.

Johanson, Jan und Vahlne, John-Erik 1977: The Internationalization Process of the Firm: A Model of Knowledge Development and Increasing Foreign Markets Commitment, in: Journal of International Business Studies 8: 1, 23–32.

Johnson, Chalmers 1982: MITI and the Japanese Miracle. The Growth of Industrial Policy 1925–1975, Stanford, CA: Stanford University Press.

---- 1995: Japan: who governs? The Rise of the Developmental State, New York, NY: Norton.

Johnson, Simon und Kroll, Heidi 1991: Managerial Strategies for Spontaneous Privatization, in: Soviet Economy 7: 4, 281–316.

Kaiser, Mark J. und Pulsipher, Allan G. 2007: A review of the oil and gas sector in Kazakhstan, in: Energy Policy 35: 2, 1300–1314.

Kalotay, Kálmán 2008: Russian transnationals and international investment paradigms, in: Research in International Business and Finance 22: 2, 85–107.

---- 2010: Takeoff and Turbulence in the Foreign Expansion of Russian Multinational Enterprises, in: Sauvant, Karl P., McAllister, Geraldine und Maschek, Wolfgang A. (Hrsg.): *Foreign Direct Investments from the Emerging Markets*, Basingstoke: Palgrave Macmillan, 113–144.

Kalotay, Kálmán und Sulstarova, Astrit 2010: Modelling Russian outward FDI, in: Journal of International Management 16, 131–142.

Kazakova, Nadia 2007: Rosneft. Access all areas - initiate with Overweight, Moskau: JPMorgan Chase & Co. Russia Equity Research.

Kazakova, Nadia und Gromadin, Andrej 2008: Russian Energy. Should weather crisis but still de-rate, Moskau: JPMorgan Chase & Co. Russia Equity Research.

Kazantsev, Andrei 2008: Russian Policy in Central Asia and the Caspian Sea Region, in: Europe-Asia Studies 60: 6, 1073–1088.

Kazemi, Leila 2003: Domestic Sources of Uzbekistan's Foreign Policy, 1991 to the Present, in: Journal of International Affairs 56: 2, 205–216.

Keohane, Robert und Nye, Joseph 1977: Power and Interdependence. World Politics in Transition, Boston: TBS.

Khanna, Tarun und Palepu, Krishna 2000: The Future of Business Groups in Emerging Markets: Long-Run Evidence from Chile, in: Academy of Management Journal 43: 3, 268–285.

---- 2006: Emerging Giants: Building World-Class Companies in Developing Countries, in: Harvard Business Review 84: 10, 60–70.

Khwaja, Asim Ijaz und Mian, Atif 2005: Do Lenders Favor Politically Connected Firms? Rent Provision in an Emerging Financial Market, in: The Quarterly Journal of Economics 120: 4, 1371–1411.

Kießner, Melanie 2006: Dialogue for Power? Energy Relations between the European Union and Russia, in: Jesien, Leszek (Hrsg.): *The Future of European Energy Security*, Kraków, Tischner European University, 121–140.

Kirshner, Jonathan 1999: Keynes, capital mobility and the crisis of embedded liberalism, in: Review of International Political Economy 6: 3, 313–337.

Knoke, David und Yang, Song 2008: Social network analysis, Quantitative applications in the social sciences: a Sage university paper series, Thousand Oaks, C.A.: Sage.

Kölbl, Georg 2009: An investigation of the oil refining industry in Central and Eastern Europe, Diplomarbeit, Wien: Universität Wien.

Kononczuk, Wojciech 2012: Russia's best ally: The situation of the Russian oil sector and forecasts for its future, OSW Studies 39, Warsaw: Ośrodek Studiów Wschodnich.

Konoplyanik, Andrei 2005: Russian Gas to Europe: From Long-Term Contract, On-Border Trade and Destination Clauses to...?, in: Journal of Energy & Natural Resources Law 23: 3, 282–307.

Kordonskij, Simon Gdalevič 2000: Rynki Vlasti: Administrativnye rynki SSSR i Rossii [Machtmärkte: Administrative Märkte der UdSSR und Russlands], Moskva: OGI.

Koržubaev, Andrej und Filimonova, Irina 2007: Neftegazovyj kompleks Uzbekistana v meždunarodnoj sisteme ėnergoobesbečenija [Die Öl- und Gasindustrie Usbekistans im internationalen Energieversorgungssystem], in: Problemy Dal'nego Vostoka 5: 2007, 108–123.

Krjukov, Valerij A. 1998: Institucional'naja struktura neftegazovogo sektora: problemy i napravlenija transformacii [Institutionelle Struktur des Öl- und Gassektors: Probleme und Transformationspfade], Novosibirsk: Izdatel'stvo IÈiOPP Sibirskogo Otdelenija Rossijskoj Akademii Nauk.

---- 2001: Ownership Rights, Hierarchical Bargaining and Globalization in the Oil Sector, in: Segbers, Klaus (Hrsg.): *Explaining Post-Soviet Patchworks* (Band 2: Pathways from the Past to the Global), Aldershot u. a., 170–192.

Krjukov, Valerij A. und Moe, Arild 1996: The New Russian Corporatism? A Case Study of Gazprom, London, Royal Institute of International Affairs.

---- 1999: Banks and the Financial Sector, in: Lane, David (Hrsg.): *The Political Economy of Russian Oil*, Lanham, ML: Rowman & Littlefield, 47–74.

Kropp, Per 2008: Methodologischer Individualismus und Netzwerkforschung. Ein Diskussionsbeitrag, in: Stegbauer, Christian (Hrsg.): *Netzwerkanalyse und Netzwerktheorie: Ein neues Paradigma in den Sozialwissenschaften*, Wiesbaden: VS-Verlag, 145–153.

Krueger, Anne O. 1974: The Political Economy of the Rent-Seeking Society, in: The American Economic Review 64: 3, 291–303.

Kryshtanovskaya, O. und White, S. 2003: Putin's Militocracy, in: Post Soviet Affairs 19, 289–306.

Kryshtanovskaya, Ol'ga und White, Stephen 2005: Inside the Putin Court: A Research Note, in: Europe-Asia Studies 57: 7, 1065–1075.

---- 2009: The Sovietization of Russian Politics, in: Post Soviet Affairs 25: 4, 283–309.

Kupchinsky, Roman 2008: YugoRosGaz – Another Gazprom Scandal, in: Eurasia Daily Monitor 5: 212, Nov. 5, 2008.

---- 2009: The Strange Ties between Semion Mogilevich and Vladimir Putin, in: Eurasia Daily Monitor 6: 57.

Kuz'mina, E.M. 2007: Geopolitika Central'noj Azii [Geopolitik Zentralasiens], Moskva: Nauka.

Kuznetsov, Aleksei V. 2010: Urgent tasks for research on Russian TNCs, in: Transnational Corporations 19: 3, 81–95.

Kuznetsov, Alexei V. 2007: Prospects of various types of Russian transnational corporations (TNCs), in: Electronic Publications of Pan-European Institute 10/2007, http://www.tukkk.fi/pei/verkkojulkaisut/Kuznetsov_102007.pdf; 20.9.2007.

Kyriakides, S. und Corona, Eduardo 2007: Mechanics of offshore pipelines, Amsterdam: Elsevier.

Labirint 2008: Novatek, in: Labirint Datenbank, Version 2008.

Lake, David A. 2010: Authority, Coercion and Power in International Relations, Department of Political Science, University of California, San Diego, Draft 3.0, online: <http://dss.ucsd.edu/~dlake/documents/LakeforKrasnerv3.pdf> (abgerufen: 27.12.2011).

Lane, David 2000: The Transformation of State Socialism in Russia. From „Chaotic" Economy to State-led Cooperative Capitalism, in: Dobry, Michel (Hrsg.): *Democratic and Capitalist Transitions in Eastern Europe. Lessons for the Social Sciences*, Dordrecht: Kluwer, 181–196.

---- 2005: Emerging Varieties of Capitalism in Former State Socialist Societies, in: Competition & Change 9: 3, 227–247.

Lane, David und Seifulmulukov, Iskander 1999a: Company Profiles: LUKoil, YuKOS, Surgutneftegaz, Sidanko, in: Lane, David (Hrsg.): *The Political Economy of Russian Oil*, Lanham, ML: Rowman & Littlefield, 111–124.

---- 1999b: Structure and Ownership, in: Lane, David (Hrsg.): *The Political Economy of Russian Oil*, Lanham, ML: Rowman & Littlefield, 15–45.

Larsson, Robert L. 2006: Russia's Energy Policy: Security Dimension and Russia's Reliability as an Energy Supplier, Stockholm: Swedish Defence Research Agency.

---- 2008: Energikontroll: Kreml, Gazprom och rysk energipolitik [Energiekontrolle: Der Kreml, Gazprom, und russische Energiepolitik], Stockholm: Swedish Defence Research Agency.

Laumann, Edward O., Marsden, Peter V. und Prensky, David 1992: The Boundary Specification Problem in Network Analysis, in: Freeman, Linton C., White, Douglas R. und Romney, A. Kimball (Hrsg.): *Research Methods in Social Network Analysis*, New Brunswick, NJ: Transaction Publishers, 61–83.

Lavigne, Marie 1983: The Soviet Union inside Comecon, in: Soviet Studies 35: 2, 135–153.

Ledeneva, Alena 2009: From Russia with Blat: Can Informal Networks Help Modernize Russia?, in: Social Research 76: 1, 257–288.

Ledyaev, Valeri 2008: Domination, Power and Authority in Russia: Basic Characteristics and Forms, in: Journal of Communist Studies and Transition Politics 24: 1, 17–36.

Levitsky, Steven und Way, Lucan 2002: The rise of competitive authoritarianism, in: Journal of Democracy 13: 2, 51–65.

Li, Hongbin, Meng, Lingsheng, Wang, Qian und Zhou, Li-An 2008: Political connections, financing and firm performance: Evidence from Chinese private firms, in: Journal of Development Economics 87: 2, 283–299.

Libman, Aleksandr und Hejfec, Boris 2007: Korporativnaja model' regional'noj ėkonomičeskoj integracii, in: Mirovaja ėkonomika i meždunarodnye otnošenija 3, 15–22.

Lippert, Werner D. 2011: The economic diplomacy of Ostpolitik. The origins of NATO's energy dilemma, New York, NY: Berghahn Books.

Litovkin, Viktor 2008: Sindrom Karibskogo krizisa 1962 goda [Syndrom der Karibikkrise von 1962], in: Nezavisimoe Voennoe Obozrenie, No. 32 (12–18.9.2008).

Liuhto, Kari 2001: Russian Gas and Oil Giants Conquer Markets in the West: Evidence on the Internationalization of Gazprom and LUKoil, in: Journal of East-West Business 7: 3, 31–72.

---- 2007: A future role of foreign firms in Russia's strategic industries, in: Electronic Publications of Pan-European Institute 4/2007, http://www.tukkk.fi/pei/verkkojulkaisut/Liuhto_42007.pdf; 20.9.2007.

---- 2010: Energy in Russia's foreign policy, Electronic Publications of Pan-European Institute 10/2010, Turku: Turku School of Economics.

Liuhto, Kari und Vahtra, Peeter 2007: Foreign Operations of Russia's Largest Industrial Corporations – Building a Typology, in: Transnational Corporations 16: 1, 118–144.

Ljutjagin, Dmitrij 2010: Gazprom. Rossijskij gaz protiv slancevogo [Gazprom: Russländisches Gas gegen schieferisches], Moskau: Veles Kapital.

Locatelli, Catherine 2006: The Russian oil industry between public and private governance: obstacles to international oil companies' investment strategies, in: Energy Policy 34: 9, 1075–1085.

Luhmann, Niklas 2000: Vertrauen: Ein Mechanismus zur Reduktion sozialer Komplexität, 4. Auflage, Stuttgart: Lucius und Lucius.

Luo, Yadong und Tung, Rosalie L. 2007: International expansion of emerging market enterprises: A springboard perspective, in: Journal of International Business Studies 38, 481–498.

Lynch, Allen C. 2005: How Russia is Not Ruled: Reflections on Russian Political Development, Cambridge: Cambridge University Press.

Mahoney, James 2003: Strategies of Causal Assessment in Comparative Historical Analysis, in: Mahoney, James und Rueschemeyer, Dietrich (Hrsg.): *Comparative Historical Analysis in the Social Sciences*, Cambridge: Cambridge University Press, 337–372.

Maihold, Günther 2009: Foreign Policy as Provocation. Rhetoric and Reality in Venezuela's External Relations under Hugo Chávez, SWP Research Paper No. 1/2009, Berlin: Stiftung Wissenschaft und Politik.

Mann, Michael 1986: A history of power from the beginning to A.D. 1760 (Band Vol. 1), The sources of social power, Cambridge: Cambridge University Press.

Mares, David R. und Altamirano, Nelson 2007: Venezuela's PDVSA and World Energy Markets: Corporate Strategy and Political Factors Determining its Behavior and Influence, Houston, TX: Baker Institute Policy Report, Rice University.

Marten, Kimberly 2007: Russian Efforts to Control Kazakhstan's Oil: The Kumkol Case, in: Post-Soviet Affairs 23: 1, 18–37.

Mathews, John 2006: Dragon Multinationals: New Players in 21st Century Globalization, in: Asia Pacific Journal of Management 23: 1, 5–27.

Mayring, Philipp 1999: Einführung in die qualitative Sozialforschung, 4. Auflage, Weinheim: Beltz-Psychologie Verlags Union.

McFaul, Michael 1995: State Power, Institutional Change, and the Politics of Privatization in Russia, in: World Politics 47: 2, 210–243.

---- 1997: When Capitalism and Democracy Collide in Transition, Working Paper No. 1, Program on New Approaches to Russian Security (PONARS), Center for Strategic and International Studies, Washington DC, September 1997, online: <http://csis.org/files/media/csis/pubs/ruseur_wp_001.pdf> (abgerufen: 12.2.2012).

Merkel, Wolfgang 2003: Theorie, Defekte Demokratie; Bd. 1, Wiesbaden: Verlag für Sozialwissenschaft.

Merkel, Wolfgang und Puhle, Hans-Jürgen 1999: Von der Diktatur zur Demokratie: Transformationen, Erfolgsbedingungen, Entwicklungspfade, Opladen u.a.: Westdeutscher Verlag.

Merkel, Wolfgang und Thiery, Peter 2002: Systemwechsel, in: Lauth, Hans-Joachim (Hrsg.): *Vergleichende Regierungslehre: Eine Einführung*, Wiesbaden: Westdeutscher Verlag, 154–178.

Moe, Arild und Krjukov, Valeriy 1994: Observations on the Reorganization of the Russian Oil Industry, in: Post-Soviet Geography 35: 2, 89–101.

Müller, Martin 2011: Market meets nationalism: making entrepreneurial state subjects in post-Soviet Russia, in: Nationalities Papers 39: 3, 393–408.

Murray, Craig 2006: Murder in Samarkand. A British Ambassador's Controversial Defiance of Tyranny in the War on Terror, Edinburgh: Mainstream Publishing.

Mutinelli, Marco und Piscitello, Lucia 1998: The entry mode choice of MNEs: an evolutionary approach, in: Research Policy 27, 491–506.

Nee, Victor und Opper, Sonja 2010: Political Capital in a Market Economy, in: Social Forces 88: 5, 2105–2132.

Newnham, Randall 2011: Oil, carrots, and sticks: Russia's energy resources as a foreign policy tool, in: Journal of Eurasian Studies 2, 134–143.

Noel, Pierre 2008: Beyond Dependence: How to Deal With Russian Gas, in: ECFR Policy Brief 9/November 2008, London: ECFR.

Nölke, Andreas 2010: A „BRIC"-variety of capitalism and social inequality: The case of Brazil, in: Revista de Estudos e Pesquisas sobre as Américas 4: 1, 1–14.

North, Douglass C. 1990: Institutions, institutional change and economic performance, Cambridge u.a.: Cambridge Univ. Press.

North, Douglass C. und Thomas, Robert Paul 1973: The Rise of the Western World. A New Economic History, Cambridge: Cambridge University Press.

Nowell, Gregory P. 1994: Mercantile States and the World Oil Cartel 1900–1939, Ithaca u. a.: Cornell University Press.

o. V. 2009: Turkmenistan: An Exporter in Transition, in: Pirani, Simon (Hrsg.): *Russian and CIS gas markets and their impact on Europe*, Oxford u.a.: Oxford University Press, 271–315.

Ochssée, Timothy Alexander Boon von 2010: The Dynamics of Gas Supply Coordination in a New World. Cooperation or competition between gas-exporting countries from a Russian perspective, Den Haag: Clingendael International Energy Programme.

Offe, Claus 1991: Das Dilemma der Gleichzeitigkeit, in: Merkur 45: 4, 279–292.

Olcott, Martha Brill 2002: Kazakhstan: Unfulfilled Promise, Washington, D.C.: Brookings Institutions Press.

---- 2007: Kazmunaigaz: Kazakhstan's National Oil and Gas Company, Houston, TX: Baker Institute Policy Report, Rice University.

Oleinik, Anton 2011: Market as a Weapon: The Socio-Economic Machinery of Dominance in Russia, New Brunswick, NJ: Transaction Publishers.

Önis, Ziya 1991: The Logic of the Developmental State, in: Comparative Politics 24: 1, 109–126.

Orban, Anita 2008: Power, Energy and the New Russian Imperialism, Westport, CT: Praeger.

Paik, Keun-Wook 2012: Sino-Russian Oil and Gas Cooperation, Oxford: Oxford University Press.

Pappè, Yakov Šajavič 1995: Russian Economic Elites: A Group Portrait Anno 1994, in: Segbers, Klaus und De Spiegeleire, Stephan (Hrsg.): *Post-Soviet Puzzles. Mapping the Political Economy of the Former Soviet Union* (Band III: Emerging Societal Actors - Economic, Social and Political Interests. Theories, Methods and Case Studies), Baden-Baden: Nomos, 39–57.

---- 2000: „Oligarchi": ėkonomičeskaja chronika, 1992–2000 [„Oligarchen": Wirtschaftliche Chronik, 1992-2000], 2. Auflage, Moskva: Vyssaja Škola Ėkonomiki.

Parkash, Surinder 2003: Refining Processes Handbook, Amsterdam: Elsevier.

Parker, David 2002: Review of Sectoral Reforms in the Czech Republic. Energy and Transportation Sectors, in: OECD Journal of Competition Law and Policy 4: 3, 7–100.

Parrish, William R . und Kidnay, Arthur J . 2006: Fundamentals of Natural Gas Processing, Boca Raton: CRC Press.

Pastuchov, V.B. 2009: Medvedev i Putin: Dvoemyslie kak al'ternativa dvoevlastiju. Posleslovie političeskogo cinika k diskussii o liberal'nom povorote [Medvedev und Putin: Doppeldenk als Alternative zur Doppelherrschaft. Nachwort eines politischen Zynikers zur Diskussion über einen liberalen Umschwung], in: POLIS 2009: 6, 119–139.

Peck, Anne E. 2004: Economic development in Kazakhstan: The role of large enterprises and foreign investment, London u. a.: RoutledgeCurzon.

Peebles, Malcolm 1999: Dutch Gas: Its Role in the Western European Gas Market, in: Mabro, Robert und Wybrew-Bond, Ian (Hrsg.): *Gas to Europe. The Strategies of Four Major Suppliers*, Oxford: Oxford University Press, 93–134.

Pelto, Elina, Vahtra, Peeter und Liuhto, Kari 2003: Cyp-Rus Investment Flows to Central and Eastern Europe, in: Electronic Publications of Pan-European Institute 2/2003, http://www.tse.fi/FI/yksikot/erillislaitokset/pei/Documents/Julkaisut/Pelto_Vahtra_Liuhto_22003.pdf; 27.5.2008.

Pempel, T. J. und Tsunekawa, Yoshio 1979: Corporatism Without Labour? The Japanese Anomaly, in: Schmitter, Philippe und Lehmbruch, Gerhard (Hrsg.): *Trends Towards Corporatist Intermediation*, Beverly Hills, CA: Sage, 231–270.

Peng, Mike W. 2003: Institutional Transitions and Strategic Choices, in: The Academy of Management Review 28: 2, 275–296.

Peng, Mike W. und Luo, Yadong 2000: Managerial Ties and Firm Performance in a Transition Economy: The Nature of a Micro-Macro Link, in: Academy of Management Journal 43: 3, 486–501.

Pennings, Johannes M. 1980: Interlocking directorates: Origins and consequences of connections among organizations' Board of Directors, San Francisco, CA: Jossey-Bass.

Penrose, Edith 1968: The Large International Firm in Developing Countries, Cambridge, MA: MIT Press.

Peteraf, Margaret A. 1993: The Cornerstones of Competitive Advantage: A Resource-Based View, in: Strategic Management Journal 14: 3, 179–191.

Peterson, D.J. und Mahnovski, Sergej 2003: New Forces at Work in Refining. Industry Views of Critical Business and Operations Trends, Santa Monica, CA: RAND Corporation.

Peuch, Jean-Christophe 1999: Russian Interference in the Caspian Sea Region: Diplomacy Adrift, in: Lane, David (Hrsg.): *The Political Economy of Russian Oil*, Lanham, ML: Rowman & Littlefield, 189–212.

Pfeffer, Jeffrey und Salancik, Gerald R. 1978: The External Control of Organizations. A Resource Dependence Perspective, New York, NY.

Pirani, Simon 2009: Ukraine: A Gas Dependent State, in: Pirani, Simon (Hrsg.): *Russian and CIS gas markets and their impact on Europe*, Oxford u.a.: Oxford University Press, 93–132.

Pleines, Heiko 1998: Korruption und Kriminalität im russischen Bankensektor, in: Berichte des Bundesinstituts für ostwissenschaftliche und internationale Studien: 28–1998.

---- 2002: Der politische Einfluß von Wirtschaftseliten in Rußland. Die Öl- und Gasindustrie in der Ära Jelzin, Arbeitspapiere und Materialien der Forschungsstelle Osteuropa Bremen Nr. 41/2002, Bremen.

---- 2003: Der politische Einfluss von Wirtschaftseliten in Russland. Die Banken in der Ära Jelzin, in: Forschungsstelle Osteuropa - Arbeitspapiere und Materialien: Nr. 43 - Februar 2003.

---- (Hrsg.) 2005: Die Jukos-Affäre. Russlands Energiewirtschaft und die Politik, Pleines, Heiko, Forschungsstelle Osteuropa, Bremen.

---- 2008: Reformblockaden in der Wirtschaftspolitik: die Rolle von Wirtschaftsakteuren in Polen, Russland und der Ukraine Wiesbaden: VS-Verlag.

Pleines, Heiko und Westphal, Kirsten 1999: Russlands Gazprom, Teil 1: Die Rolle des Gaskonzerns in der russischen Politik und Wirtschaft, Bonn, BIOst.

Polachek, Solomon William 1980: Conflict and Trade, in: The Journal of Conflict Resolution 24: 1, 55–78.

Polanyi, Karl 1978: The great transformation: Politische und ökonomische Ursprünge von Gesellschaften und Wirtschaftssystemen, Frankfurt/Main: Suhrkamp.

Polyakov, Leonid 2009: An Ideological Self-Portrait of the Russian Regime, in: Krastev, Ivan, Leonard, Mark und Wilson, Andrew (Hrsg.): *What Does Russia Think?*, London: European Council on Foreign Relations, 21–24.

Pomfret, Richard 2008: Turkmenistan's Foreign Policy, in: China and Eurasia Forum Quarterly 6: 4, 19–34.

Popova, Tatyana 1998: Financial-Industrial Groups (FIGs) and Their Roles in the Russian Economy, in: Review of Economies in Transition 7, 5–28.

Porter, Michael E. 1979: How competitive forces shape strategy, in: Harvard Business Review 57: 2, 137–145.

Poussenkova, Nina 2007: Lord of the Rigs: Rosneft as a Mirror of Russia's Evolution, Houston, TX: Baker Institute Policy Report, Rice University.

---- 2010: The global expansion of Russia's energy giants, in: Journal of International Affairs 63: 2, 103–124.

Proredrou, Filippos 2007: The EU-Russia Energy Approach under the Prism of Interdependence, in: European Security 16: 3–4, 329–355.

Putin, Vladimir 1999: Mineral'no-Syrevye resursy v strategii razvitija rossijskoj ėkonomiki (Mineralische Rohstoffressourcen in der Strategie der russischen Wirtschaftsentwicklung), in: Zapiski Gornogo Instituta, St. Peterburg 144: 1, 3–9.

Putnam, Robert 2001: Bowling alone: the collapse and revival of American community, New York: Simon & Schuster.

Putnam, Robert D., Leonardi, Robert und Nanetti, Raffaella Y. 1993: Making democracy work: civic traditions in modern Italy, Princeton, NJ: Princeton University Press.

Radetzki, Marian 1999: European natural gas: market forces will bring about competition in any case, in: Energy Policy 27: 1, 17–24.

Remington, Thomas 2008: Patronage and the Party of Power: President–Parliament Relations Under Vladimir Putin, in: Europe-Asia Studies 60: 6, 959–987.

Ren, Bing, Liang, Hao und Zheng, Ying 2010: Chinese Multinationals' Outward Foreign Direct Investment: An Institutional Perspective and the Role of the State (April 26, 2010). 4th China Goes Global Conference, Harvard University, online: <http://ssrn.com/abstract=1603763> (abgerufen: 11.11.2011).

Robinson, Neil 2011: Russian Patrimonial Capitalism and the International Financial Crisis, in: Journal of Communist Studies and Transition Politics 27: 3–4, 434–455, 2012/03/31.

Rodrigue, Jean-Paul 2004: Straits, Passages and Chokepoints: A Maritime Geostrategy of Petroleum Distribution, in: Cahiers de Géographie du Québec 48: 135, 357–374.

Root, Franklin R. 2002: Some Taxonomies of International Cooperative Arrangements, in: Contractor, Farok J. und Lorange, Peter (Hrsg.): *Cooperative Strategies in International Business: Joint Ventures and Technology Partnerships between Firms*, 2. Auflage, Oxford: Elsevier Science, 69–80.

Rosecrance, Richard 1987: Der neue Handelsstaat: Herausforderungen für Politik und Wirtschaft, Frankfurt/Main: Campus.

Ross, Stephen A., Westerfield, Randolph W. und Jaffe, Jeffrey F. 2001: Corporate finance, 6. Auflage: Boston, MA: McGraw-Hill.

Roth, Jürgen 2012: Gazprom - das unheimliche Imperium: Wie Verbraucher betrogen und Staaten erpresst werden, Frankfurt/M: Westend.

Ruggie, John Gerard 1982: International Regimes, Transactions, and Change: Embedded Liberalism in the Postwar Economic Order, in: International Organization 36: 2, 379–415.

Rugman, Alan M. 2010: The Theory and Regulation of Emerging Market Multinational Enterprises, in: Sauvant, Karl P., McAllister, Geraldine und Maschek, Wolfgang A. (Hrsg.): *Foreign Direct Investments from the Emerging Markets*, Basingstoke: Palgrave Macmillan, 75–87.

Rutland, Peter 1999: Oil, Politics, and Foreign Policy, in: Lane, David (Hrsg.): *The Political Economy of Russian Oil*, Lanham, ML: Rowman & Littlefield, 163–188.

Saeid, Mokhatab, William, A. Poe und Speight, James G. 2006: Handbook of Natural Gas Transmission and Processing, Burlington: Gulf Professional Publishing.

Sagers, Matthew 2006: Russia's Energy Policy: A Divergent View, in: Eurasian Geography and Economics 47: 3, 314–320.

Sakwa, Richard 2009: The Quality of Freedom. Khodorkovsky, Putin, and The Yukos Affair, Oxford: Oxford University Press.

---- 2010a: The Crisis of Russian Democracy: The Dual State, Factionalism and the Medvedev Succession, Cambridge: Cambridge University Press.

---- 2010b: Dualističnoe gosudarstvo v Rossii: parakonstitutcionalizm i parapolitika [Dualistischer Staat in Russland: Parakonstitutionalismus und Parapolitik], in: POLIS 2010: 1, 8–26.

---- 2010c: The Dual State in Russia, in: Post-Soviet Affairs 26: 3, 185–206.

---- 2011: The crisis of Russian democracy: the dual state, factionalism, and the Medvedev succession, Cambridge: Cambridge University Press.

Sanchez, Alejandro 2010: Russia and Latin America at the dawn of the twenty-first century, in: Journal of Transatlantic Studies 8: 4, 362–384.

Sander, Michael 2012: Deutsch-russische Beziehungen im Gassektor: Wirtschaftliche Rahmenbedingungen, Interorganisationsnetzwerke und die Verhandlungen zur Nord Stream Pipeline, Baden-Baden: Nomos.

Savchik, Elena, Bunkov, Slava und Lakeychuk, Anna 2011: Russian oils - strangled by taxes, Moskau: Aton Equity Research.

Schlumberger, Oliver 2005: Patrimonial capitalism: Economic reform and economic order in the Arab world, Universitätsbibliothek Tübingen, Tübingen, http://tobias-lib.uni-tuebingen.de/volltexte/2005/1947.

---- 2008: Structural reform, economic order, and development: Patrimonial capitalism, in: Review of International Political Economy 15: 4, 622–649, 2012/03/06.

Schröder, Hans-Henning 1998: Jelzin und die „Oligarchen". Materialien zum Bericht des BIOst 40/1998, Sonderveröffentlichung des BIOst 1998, Bonn.

---- 1999: El'tsin and the Oligarchs: The Role of Financial Groups in Russian Politics Between 1993 and July 1998, in: Europe-Asia Studies 51: 6, 957–988.

---- 2001: Unternehmer und Finanzgruppen als Kräfte in der russischen Außenpolitik, in: Osteuropa 51: 4–5, 393–407.

Shlapentokh, Vladimir 1996: Early Feudalism. The Best Parallel for Contemporary Russia, in: Europe-Asia Studies 48: 3, 393–411.

---- 2008: Big Money as an Obstacle to Democracy in Russia, in: The Journal of Communist Studies and Transition Politics 24: 4, 512–530.

Shvetsov, Iu 2007: The Budget as a Tool for the Reproduction of the Bureaucracy in Russia, in: Problems of Economic Transition 50: 4, 66–78.

Sláma, Jiří 1976: Zum Verhältnis von Politik und Ökonomie in der Tschechoslowakei, in: Osteuropa 06/1976, 471–481.

Smeenk, Tom 2010: Russian Gas for Europe: Creating Access and Choice, The Hague: Clingendael International Energy Programme.

Smith, Keith C. 2004: Russian Energy Politics in the Baltics, Poland, and Ukraine: A New Stealth Imperialism?, CSIS, Washington, DC: Center for Strategic and Internat. Studies.

Smith, Mark A. 2009: Russia & Latin America: Competition in Washington's „Near Abroad"?, Shrivenham: Defence Academy of the United Kingdom, Research & Assessment Branch.

Socor, Vladimir 2006: Putin-Gyurcsany meeting steers Hungary's government on the „Third Path", in: Eurasia Daily Monitor 3: 174 (21.9.2006).

---- 2007a: Hungary's Prime Minister in Moscow gives Nabucco another chance, in: Eurasia Daily Monitor 4: 59 (26.3.2007).

---- 2007b: Hungary's MOL stays with Nabucco, but Prime Minister weighs South Stream also, in: Eurasia Daily Monitor 4: 235 (19.12.2007).

---- 2008a: Hungary's socialist government joins Gazprom's South Stream project, in: Eurasia Daily Monitor 5: 39 (29.2.2008).

---- 2008b: Hungary Doubling Efforts for Nabucco Ahead of Budapest Summit, in: Eurasia Daily Monitor 5: 237 (12.12.2008).

---- 2012a: Russian Oil Business Targeting EU's Entrant Croatia, in: Eurasia Daily Monitor 9: 20 (30.1.2012).

---- 2012b: Interest Growing All-Round in Trans-Anatolia Pipeline Project, in: Eurasia Daily Monitor 9: 70 (9.4.2012).

Söderbergh, Bengt, Jakobsson, Kristofer und Aleklett, Kjell 2010: European energy security: An analysis of future Russian natural gas production and exports, in: Energy Policy 38: 12, 7827–7843.

Sonin, Konstantin 2003: Why the rich may favor poor protection of property rights, in: Journal of Comparative Economics 31, 715–731.

Spechler, Dina Rome und Spechler, Martin C. 2009: Uzbekistan among the great powers, in: Communist and Post-Communist Studies 42, 353–373.

Stal, Eva und Cuervo-Cazurra, Alvaro 2011: The Investment Development Path and FDI From Developing Countries: The Role of Pro-Market Reforms and Institutional Voids, in: Latin American Business Review 12: 3, 209–231.

Staniszkis, Jadwiga 1991: „Political Capitalism" in Poland, in: East European Politics and Societies 5: 1, 127–141.

---- 1995: In Search of a Paradigm of Transformation, in: Wnuk-Lipinski, Edmund (Hrsg.): *After Communism. A Multidisciplinary Approach to Radical Social Change*, Warschau, 19–55.

---- 1998: Postkommunismus. Versuch einer soziologischen Analyse, in: Prokla 112, 375–394.

Stark, David 1990: Privatization in Hungary: from Plan to Market or from Plan to Clan?, in: East European Politics and Societies 4: 3, 351–392.

--- 1992: Path dependence and privatization strategies in East Central Europe, in: East European Politics and Societies 6: 1, 17–54.

---- 1994: Nicht nach Design: Rekombiniertes Eigentum im osteuropäischen Kapitalismus, in: Prokla 94, 127–142.

---- 1996: Recombinant Property in East European Capitalism, in: American Journal of Sociology 101: 4, 993–1027.

Stark, David und Bruszt, Laszlo 2001: One Way or Multiple Paths: For a Comparative Sociology of East European Capitalism, in: American Journal of Sociology 106: 4, 1129–1137.

Stark, David und Bruszt, László 1998: Postsocialist Pathways: Tranforming Politics and Property in East Central Europe, Cambridge u.a.: Cambridge Univ. Press.

Staun, Jørgen 2007: Siloviki versus Liberal-Technocrats. The Fight for Russia and Its Foreign Policy, in: DIIS Report 2007: 9, http://www.ciaonet.org/wps/diis10185/diis10185.pdf; 11.2.2010.

Steinmeier, Frank-Walter 2007: Verflechtung und Integration, in: Internationale Politik March 2007, 6–11.

Stent, Angela 2007: Reluctant Europeans: Three Centuries of Russian Ambivalence Toward the West, in: Legvold, Robert (Hrsg.): *Russian foreign policy in the twenty-first century and the shadow of the past*, New York, NY: Columbia University Press, 393–441.

Stern, Jonathan 1998: Competition and Liberalization in European Gas Markets: A Diversity of Models, London: Chatham House.

---- 1999: Soviet and Russian Gas: The Origins and Evolution of Gazprom's Export Strategy, in: Mabro, Robert und Wybrew-Bond, Ian (Hrsg.): *Gas to Europe. The Strategies of Four Major Suppliers*, Oxford: Oxford University Press, 135–200.

---- 2005: The Future of Russian Gas and Gazprom, Oxford: Oxford University Press.

---- 2006: The Russian-Ukrainian gas crisis of January 2006, Oxford Institute for Energy Studies, Oxford.

---- 2007: Is There A Rationale for the Continuing Link to Oil Product Prices in Continental European Long-Term Gas Contracts?, Oxford Institute for Energy Studies Discussion Paper NG 19, April 2007, Oxford.

---- 2009: The Russian Gas Balance to 2015: Difficult Years Ahead, in: Pirani, Simon (Hrsg.): *Russian and CIS gas markets and their impact on Europe*, Oxford u.a.: Oxford University Press, 54–92.

Stiglitz, Joseph E. 2002: Die Schatten der Globalisierung, Bonn: Bundeszentrale für politische Bildung.

Ströbele, Wolfgang, Pfaffenberger, Wolfgang und Heuterkes, Michael Energiewirtschaft. Einführung in Theorie und Politik, 2. Auflage, München: Oldenbourg.

Sun, Pei, Xu, Haoping und Zhou, Jian 2011: The value of local political capital in transition China, in: Economic Letters 110, 189–192.

Tatur, Melanie 1995: Interessen und Norm. Politischer Kapitalismus und die Transformation des Staates in Polen und Russland, in: Leviathan - Sonderheft 15/1995, 93–116.

---- 1998: Ökonomische Transformation, Staat und moralische Ressourcen in den post-sozialistischen Gesellschaften, in: Prokla 112, 339–374.

---- 1999: Zur „Eingebettetheit" des Systemwechsels in Osteuropa, in: Höhmann, Hans Hermann (Hrsg.): *Eine unterschätzte Dimension? Zur Rolle wirtschaftskultureller Faktoren in der osteuropäischen Transformation*, Bremen, 193–220.

---- 2004: Introduction: Conceptualising the Analysis of „Making Regions" in Post-socialist Europe, in: Tatur, Melanie (Hrsg.): *The Making of Regions in Post-Socialist Europe - the Impact of Culture, Economic Structure and Institutions. Case Studies from Poland, Hungary, Romania and Ukraine* (Band 1), Wiesbaden: VS Verlag, 15–47.

Tilly, Charles 1990: Coercion, Capital, and European States, ad 990–1990, Cambridge, MA: Basil Blackwell.

Tompson, William 2005a: The Political Implications of Russia's Resource-Based Economy, in: Post Soviet Affairs 21, 335–359.

---- 2005b: Putting Yukos in Perspective, in: Post Soviet Affairs 21, 159–181.

---- 2006: Possible Russian development paths and their implications for Europe: some back-of-the-envelope musings, online: <http://eprints.bbk.ac.uk/292/> (abgerufen: 12.4.2012).

Treisman, Daniel 2007: Putin's Silovarchs, in: Orbis 51: 1, 141–153.

Tudoroiu, Theodor 2007: Rose, Orange, and Tulip: The failed post-Soviet revolutions, in: Communist and Post-Communist Studies 40: 3, 315–342.

Tugendhat, Christopher und Hamilton, Adrian 1975: Oil the biggest business, 2. überarb. Auflage, London: Methuen.

Tulder, Rob van 2010: Toward a Renewed Stages Theory for BRIC Multinational Enterprises? A Home Country Bargaining Approach, in: Sauvant, Karl P., McAllister, Geraldine und Maschek, Wolfgang A. (Hrsg.): *Foreign Direct Investments from the Emerging Markets*, Basingstoke: Palgrave Macmillan, 61–74.

Vahtra, Peeter und Liuhto, Kari 2004: Expansion or Exodus? – Foreign Operations of Russia's Largest Corporations, in: Electronic Publications of Pan-European Institute 8/2004, http://www.tukkk.fi/pei/verkkojulkaisut/Vahtra_Liuhto_82004.pdf; 20.9.2007.

van Evera, Steven 1997: Guide to Methods for Students of Political Science, Ithaca, NY: Cornell University Press.

Vatansever, Adnan 2010: Russia's Oil Exports: Economic Rationale Versus Strategic Gains, Carnegie Papers No. 116, December 2010, Washington, DC: Carnegie Energy and Climate Programme.

Venn, Fiona 1986: Oil Diplomacy in the Twentieth Century, Basingstoke u. a.: Macmillan.

Vernon, Raymond 1966: International Investment and International Trade in the Product Cycle, in: The Quarterly Journal of Economics 80: 2, 190–207.

---- 1971: Sovereignty at bay: the multinational spread of U.S. enterprises, New York, N.Y. u.a.: Basic Books.

---- 1972: The Economic and Political Consequences of Multinational Enterprise: An Anthology, Boston: Harvard University.

Victor, Nadejda M. und Victor, David G. 2006: Bypassing Ukraine: exporting Russian gas to Poland and Germany, in: Victor, David G., Jaffe, Amy M. und Hayes, Mark H. (Hrsg.): *Natural gas and geopolitics: from 1970 to 2040*, Cambridge: Cambridge University Press, 122–168.

Viner, Jacob 1958: The Long View and the Short: Studies in Economic Theory and Policy, New York, NY: Free Press.

Walder, Andrew G. 2003: Elite Opportunity in Transitional Economies, in: American Sociological Review 68: 6, 899–916.

Wan, William P. und Hoskisson, Robert E. 2003: Home Country Environments, Corporate Diversification Strategies, and Firm Performance, in: The Academy of Management Journal 46: 1, 27–45.

Wassermann, Stanley und Faust, Katherine 1994: Social Network Analysis: Methods and Applications, Cambridge: Cambridge University Press.

Way, Lucan 2004: The Sources and Dynamics of Competitive Authoritarianism in Ukraine, in: Journal of Communist Studies and Transition Politics 20: 1, 143–161.

---- 2006: Pigs, Wolves and the Evolution of Post-Soviet Competitive Authoritarianism, 1992–2005, in: CDDRL Working Papers Juni 2006: 62, http://iis-db.stanford.edu/pubs/21148/Way_No_62.pdf; 10.2.2010.

Weber, Max 1980: Wirtschaft und Gesellschaft: Grundriss der verstehenden Soziologie, 5., rev. Auflage, Tübingen: Mohr.

Wedel, Janine R. 2005: Flex Organising and the Clan-State: Perspectives on Crime and Corruption in the New Russia, in: Pridemore, William A. (Hrsg.): *Ruling Russia: law, crime, and justice in a changing society*, Lanham, MD: Rowman & Littlefield, 101–116.

Wedel, Janine R. 1998: Collision and collusion: the strange case of western aid to Eastern Europe, 1989–1998, New York, NY: St. Martin's Press.

Wegren, Stephen K. und Konitzer, Andrew 2007: Prospects for Managed Democracy in Russia, in: Europe-Asia Studies 59: 6, 1025–1047.

Weichsel, Volker 2004: Atom, Monopol und Diversifikation. Elemente Tschechischer Energiepolitik, in: Osteuropa 54: 9–10, 180–202.

Wernerfelt, Birger 1984: A Resource-Based View of the Firm, in: Strategic Management Journal 5: 2, 171–180.

Westphal, Kirsten 2000: Russische Energiepolitik. Ent- oder Neuverflechtung von Staat und Wirtschaft?, Baden-Baden: Nomos.

Whitmore, Sarah 2011: Parliamentary Oversight in Putin's Neopatrimonial State. Watchdogs or Showdogs?, in: Europe-Asia Studies 62: 6, 999–1025.

Wiesenthal, Helmut 1994: Die Krise holistischer Politikansätze und das Projekt der gesteuerten Systemtransformation, Antrittsvorlesung, 21.11.1994, online: <http://edoc.hu-berlin.de/humboldt-vl/wiesenthal-helmut/PDF/Wiesenthal.pdf> (abgerufen: 12.4.2012).

Wilson, Andrew 2005: Virtual Politics. Faking Democracy in the Post-Soviet World, New Haven und London.

Wubiao, Zhou 2009: Bank Financing in China's Private Sector: The Payoffs of Political Capital, in: World Development 37: 4, 787–799.

Wybrew-Bond, Ian 1999: Setting the Scene, in: Mabro, Robert und Wybrew-Bond, Ian (Hrsg.): *Gas to Europe. The Strategies of Four Major Suppliers*, Oxford: Oxford University Press, 5–32.

Yakovlev, Andrei 2006: The evolution of business - state interaction in Russia: From state capture to business capture?, in: Europe-Asia Studies 58: 7, 1033–1056.

Yenikeyeff, Shamil 2009: Kazhakhstan's Gas Sector, in: Pirani, Simon (Hrsg.): *Russian and CIS gas markets and their impact on Europe*, Oxford u.a.: Oxford University Press, 316–354.

---- 2011: BP, Russian billionaires, and the Kremlin: a Power Triangle than never was, Oxford Energy Comment, November 2011, online: <http://www.oxfordenergy.org/wpcms/wp-content/uploads/2011/11/BP-Russian-billionaires-and-the-Kremlin.pdf> (abgerufen: 14.2.2013).

Yin, Robert K. 2009: Case study research: design and methods, 4. Auflage: Los Angeles, Calif.: Sage.

Zakharov, Sergei 2005: OAO „LUKOIL", Analytical Overview, 11 March 2005, Moskau: Kapital Investment Group.

Zemplinerová, Alena 2000: Privatisation of Network Industries: the Case of the Czech Energy Sector, Paper prepared for the 14th plenary session „Managing Commercial Assets under State Ownership" of Advisory Group on Privatisation OECD, held in Budapest, 19–20 September 2000, online: <http://www.oecd.org/dataoecd/47/62/1929608.pdf> (abgerufen: 29.6.2011).

Zhou, Wubiao 2009: Bank Financing in China's Private Sector: The Payoffs of Political Capital, in: World Development 37: 4, 787–799.

Zhukov, Stanislav 2009: Uzbekistan: A Domestically Oriented Gas Producer, in: Pirani, Simon (Hrsg.): *Russian and CIS gas markets and their impact on Europe*, Oxford u.a.: Oxford University Press, 355–394.

Ziegler, Charles E. 2010: Neomercantilism and Energy Interdependence: Russian Strategies in East Asia, in: Asian Security 6: 1, 74–93, 2012/03/29.

Ziegler, Rolf 1984: Das Netz der Personen- und Kapitalverflechtungen deutscher und österreichischer Wirtschaftsunternehmen, in: Kölner Zeitschrift für Soziologie und Sozialpsychologie 36, 557–584.

Zudin, Aleksej Iu. 2000: Oligarchy as a Political Problem of Russian Postcommunism, in: Russian Social Science Review 41: 6, 4–33.

---- 2006: Gosudarstvo i biznes v Rossii: évoljucija modeli vzaimootnošenij (Staat und Wirtschaft in Russland: Evolution von Modellen ihrer wechselseitigen Beziehungen), in: Neprikosnovennyj Zapas 6, 200–212.

Zweynert, Joachim 2010: Conflicting Patterns of Thought in the Russian Debate on Transition: 2003–2007, in: Europe-Asia Studies 62: 4, 547–569.

Dokumente und Berichte staatlicher und zwischenstaatlicher Organisationen

BMWi 2001: Energiebericht: Nachhaltige Energiepolitik für eine zukunftsfähige Energieversorgung, Berlin: Bundesministerium für Wirtschaft und Technologie.

---- 2002: Der Bundesminister für Wirtschaft und Technologie: Verfügung im Verwaltungsverfahren auf Erteilung der Erlaubnis zu einem vom Bundeskartellamt untersagten Zusammenschluss von Unternehmen nach § 42 des Gesetzes gegen Wettbewerbsbeschränkungen (GWB), online: <http://www.bmwi.de/BMWi/Redaktion/PDF/Wettbewerbspolitik/ministererlaubnis-5-juli-2002> (abgerufen: 23.8.2011).

---- 2011a: Rösler würdigt 50-jähriges Bestehen der Bundesgarantien für Ungebundene Finanzkredite, online: <http://www.bmwi.de/DE/Presse/pressemitteilungen,did=442006.html> (abgerufen: 24.9.2012).

---- 2011b: Energiedaten, online: <http://www.bmwi.de/BMWi/Navigation/Energie/Statistik-und-Prognosen/energiedaten.html> (abgerufen: 13.8.2011).

---- 2013: Gesamtausgabe der Energiedaten - Datensammlung des BMWi, online: <http://www.bmwi.de/BMWi/Redaktion/Binaer/energie-daten-gesamt,property=blob,bereich=bmwi2012,sprache=de,rwb=true.xls> (abgerufen: 6.3.2013).

Bundesgerichtshof 1995: Rechtsprechung: Kartellrecht, in: Wettbewerb in Recht und Praxis 4: 1995, 312–320.

Bundeskartellamt 2012a: Bundeskartellamt beabsichtigt, Minderheitsbeteiligung von Gazprom an VNG freizugeben, online: <http://www.bundeskartellamt.de/wDeutsch/download/pdf/Presse/2012/2012-01-13_PM_Gazprom_VNG.pdf> (abgerufen: 25.2.2012).

---- 2012b: Bundeskartellamt gibt Minderheitsbeteiligung von Gazprom an VNG frei, online: <http://www.bundeskartellamt.de/wDeutsch/download/pdf/Presse/2012/2012-02-01_PM_Gazprom_VNG-neu.pdf> (abgerufen: 25.2.2012).

Deutscher Bundestag 2005: Stenografischer Bericht, 186. Sitzung, Plenarprotokoll 15/186, 7.9.2005, Berlin.

---- 2006a: Regierung: Kanzleramt wurde nicht über Gasprom-Bürgschaft informiert, online: <http://webarchiv.bundestag.de/cgi/show.php?fileToLoad=2455&id=1041> (abgerufen: 23.9.2012).

---- 2006b: Antwort der Bundesregierung auf die Kleine Anfrage der Abgeordneten Jürgen Koppelin, Ulrike Flach, Dr. Claudia Winterstein, Birgit Homburger und der Fraktion der FDP, Bundesgarantie für einen ungebundenen Finanzkredit (UKF-Garantie) nach § 3 Abs. 1 Satz 1 Nr. 2a des Haushaltsgesetzes 2005 an GASPROM, Berlin: Drucksache 16/1366.

---- 2010: Antwort der Bundesregierung auf die Kleine Anfrage der Abgeordneten Marieluise Beck (Bremen), Dr. Frithjof Schmidt, Volker Beck (Köln), weiterer Abgeordneter und der Fraktion BÜNDNIS 90/DIE GRÜNEN, Bürgschaften der Bundesregierung für die Ostsee-Pipeline, Berlin: Drucksache 17/1375.

DGCOMP DG Competition report on energy sector inquiry, 10.1.2007, SEC (2006) 1724.

EC, European Commission: Commission Staff Working Paper on Refining and the Supply of Petroleum Products in the EU, SEC(2010) 1398 final.

----, Kommission der Europäischen Gemeinschaften: Ausnahmegenehmigung der Bundesnetzagentur für die Opal-Gasleitung gemäß Art. 22 der Richtlinie 2003/55, K(2009) 4694.

----, Council of the European Union and European Parliament: Directive of the European Parliament and of the Council of 13 July 2009 concerning common rules for the internal market in natural gas and repealing Directive 2003/55/EC 73/2009/EC

----, Decision No 994/2012/EU of the European Parliament and of the Council of 25 October 2012 establishing an information exchange mechanism with regard to intergovernmental agreements between Member States and third countries in the field of energy Text with EEA relevance, 994/2012/EU.

---- - DG TREN: Energy & Transport in Figures, Luxembourg: Office for Official Publications of the European Communities, 2010.

EG, Richtlinie des Rates vom 13. Februar 1975: Über die Einschränkung des Einsatzes von Erdgas in Kraftwerken, 75/404/EWG.

----, Richtlinie des Rates vom 18. März 1991: Aufhebung der Richtlinie 75/404/EWG über die Einschränkung des Einsatzes von Erdgas in Kraftwerken, 91/148/EWG.

ERÚ 2010: Energy Regulatory Office Price Decision No. 3/2010 of 29 November 2010, on prices of regulated services related to gas supply, online: <http://www.eru.cz/user_data/files/plyn/CR_3_2010_ENG%20_2_.pdf> (abgerufen: 20.10.2011).

---- 2011: ERO Chairwoman, online: <http://www.eru.cz/dias-read_article.php?articleId=315> (abgerufen: 20.10.2011).

EU, Verordnung (EU) Nr. 994/2010 des Europäischen Parlaments und des Rates vom 20. Oktober 2010 über Maßnahmen zur Gewährleistung der sicheren Erdgasversorgung und zur Aufhebung der Richtlinie 2004/67/EG des Rates, L 295/1 (2010).

FBI 2009: Top Ten Fugitives Stories – Mogilevich, online: <http://www.fbi.gov/news/stories/2009/october/mogilevich_102109> (abgerufen: 20.2.2013).

IEA 1995: World Energy Outlook 1995, International Energy Agency, Paris.

---- 1998: Caspian Oil and Gas International Energy Agency, Paris.

---- 2000: World Energy Outlook 2000, International Energy Agency, Paris.

---- 2002: Natural Gas Information 2001, Paris: IEA/OECD.

---- 2004: World Energy Outlook 2004, International Energy Agency, Paris.

---- 2005a: Energy Policies of IEA Countries: The Czech Rebublic Review 2005, Paris: International Energy Agency.

---- 2005b: Resources to Reserves: Oil & Gas Technologies for the Energy Markets of the Future, Paris: OECD/IEA.

---- 2007a: Germany 2007 Review, Reihe: Energy Policies of IEA Countries, International Energy Agency, Paris.

---- 2007b: Energy Policies of IEA Countries: Hungary 2006 Review, Paris: International Energy Agency.

---- 2008: Natural Gas Information 2008, Paris: IEA/OECD.

---- 2009a: World Energy Outlook 2009, International Energy Agency, Paris.

---- 2009b: The Netherlands 2008 Review, Energy Policies of IEA Countries, International Energy Agency, Paris.

---- 2010a: Energy Policies of IEA Countries: The Czech Rebublic Review 2010, Paris: International Energy Agency.

---- 2010b: World Energy Outlook 2010, International Energy Agency, Paris.

---- 2011a: World Energy Outlook 2011 - special report: Are we entering a golden age of gas?, Paris: IEA/OECD.

---- 2011b: World Energy Outlook 2011, Paris: OECD/IEA.

---- 2011c: Natural Gas Information 2011, Paris: IEA/OECD.

---- 2011d: Energy Policies of IEA Countries: Hungary 2011 Review, Paris: International Energy Agency.

---- 2012a: Oil Market Report - Historical Monthly Refining Margins (New Methodology), online: <http://omrpublic.iea.org/SpecialFeatures/Ref_Margins.xls> (abgerufen: 1.3.2013).

---- 2012b: Refining: Pipeline Bottlenecks Create IEA Supply Disruptions, in: IEA Oil Market Report (13.11.2012), Seite 50.

Magyar Közlöny 2008: A Kormány 45/2008. (II. 29.) Korm. rendelete a Magyar Köztársaság Kormánya és az Oroszországi Föderáció Kormánya között a földgáz Magyar Köztársaság területén történõ tranzitszállítását szolgáló gázvezeték megépítésével kapcsolatos együttmûködésrõl szóló Megállapodás kihirdetésérõl [Vereinbarung der Regierung der Republik Ungarn und der Russischen Föderation über die Zusammenarbeit im Bereich des Erdgastransits und zum Bau einer Erdgaspipeline], in: Magyar Közlöny [Ungarisches Amtsblatt] 2008: 34. szám (29.2.2008), 1660-1662.

OSCE 1999: Istanbul Summit: Istanbul Document 1999, online: <http://www.osce.org/mc/39569> (abgerufen: 6.10.2011).

Pravitel'stvo RSFSR 1991: Postanovlenie Pravitel'stva RSFSR ot 25.11.1991 No. 18 „Ob Obrazovanii Neftjanogo Koncerna Langepasurajkogalymneft' (LUKoil)" [Beschluss der Regierung der Russischen Sozialistischen Föderativen Sowjetrepublik über die Bildung des Ölkonzerns Langepasurajkogalymneft' (LUKoil)].

Pravitel'stvo Rossii 1993: Postanovlenie Soveta Ministrov – Pravitel'stva RF „Ob učreždenii akcionernogo obščestva otkrytogo tipa „Neftjanaja kompanija „LUKoil" [Beschluss des Ministerrats der Regierung der Russischen Föderation über die Errichtung einer offenen Aktiengesellschaft „Ölfirma LUKoil"], 5.4.1993, No. 299, in: Sobranie aktov Prezidenta i Pravitel'stva Rossijskoj Federacii, 12.4.1993, No. 15, St. 1289.

---- 2008: Vladimir Putin provel vstreču s prezidentom kompanii «LUKOJL» V.Ju.Alekperovym [Vladimir Putin hat ein Treffen mit dem Präsidenten der Firma LUKoil, V.Ju. Alekperov, durchgeführt], online: <http://premier.gov.ru/events/news/1594/> (abgerufen: 29.4.2011).

---- 2008b: Vstreča s prezidentom neftjanoj kompanii «LUKOJL» Vagitom Alekperovym, online: <http://www.kremlin.ru/news/1578> (abgerufen: 29.4.2011).

Regjeringen 2011: An industry for the future – Norway's petroleum activities, Ministry of Petroleum and Energy, online: <http://www.regjeringen.no/en/dep/oed/documents-and-publications/propositions-and-reports/reports-to-the-storting/2010-2011/meld-st-28-2010---2011/5/5.html?id=661049> (abgerufen: 1.3.2013).

Russische Föderation 1993: Foreign Policy Conception of the Russian Federation, abgedruckt in, in: Melville, Andrei und Shakleina, Tatiana (Hrsg.): *Russian Foreign Policy in Transition. Concepts and Realities*, Budapest, 2005: Central European University Press, 27–64.

---- 1997: Koncepcija nacional'noj bezopasnosti Rossijskoj Federacii [Konzeption der nationalen Sicherheit der Russländischen Föderation], in: Krasnaja zvezda (27.12.1997).

---- 2000a: Foreign Policy Conception of the Russian Federation, abgedruckt in, in: Melville, Andrei und Shakleina, Tatiana (Hrsg.): *Russian Foreign Policy in Transition. Concepts and Realities*, Budapest, 2005: Central European University Press, 89–103.

---- 2000b: National Security Conception of the Russian Federation, in: Melville, Andrei und Shakleina, Tatiana (Hrsg.): *Russian Foreign Policy in Transition. Concepts and Realities*, Budapest, 2005: Central European University Press, 129–146.

---- 2008a: The Foreign Policy Concept of the Russian Federation, online: <http://archive.kremlin.ru/eng/text/docs/2008/07/204750.shtml> (abgerufen: 3.6.2011).

---- 2008b: Strategija nacional'noj bezopasnosti Rossijskoj Federacii do 2020 goda [Strategie der nationalen Sicherheit der Russländischen Föderation bis 2020], online: <http://www.scrf.gov.ru/documents/1/99.html> (abgerufen: 3.6.2011).

UNCTAD 2010: Unctadstat, online: <www.unctad.org> (abgerufen: 10.1.2011).

---- 2011: Review of Maritime Transport 2011, United Nations Conference on Trade and Development, online: <http://unctad.org/en/Docs/rmt2011_en.pdf> (abgerufen: 22.10.2012).

US 2008: Ukraine: Firtash makes his case to the USG, Embassy of the United States of America, Kyiv, online: <http://www.guardian.co.uk/world/us-embassy-cables-documents/182121> (abgerufen: 2.12.2010).

---- 2009: Updates in Spain's investigations of Russian mafia, Embassy of the United States of America, Madrid, online: <http://www.wikileaks.ch/cable/2009/08/09MADRID869.html> (abgerufen: 5.5.2011).

---- 2010: Uzbekistan: From A to Zeromax, online: <http://wikileaks.org/cable/2010/01/10TASHKENT27.html> (abgerufen: 21.3.2012).

WorldBank 1999: Privatization of the Power and Natural Gas Industries in Hungary and Kazakhstan, World Bank Technical Paper No. 451, Washington, D.C.: The International Bank for Reconstruction and Development / The World Bank.

Pressebeiträge, Konzerninformationen und Webseiten

ACRB 1999: Lukoil: a jump into the Czech petrochemical industry?, in: Access Czech Republic Business Bulletin (11.10.1999).

---- 2000: Cepramo offers one share in refinery for mere 1 Kc, in: Access Czech Republic Business Bulletin (17.7.2000).

AEI 2008: TNK-BP Seeks to Compete with BP, in: Africa Energy Intelligence (29.10.2008).

---- 2011: Marking out continues on el Assel, in: Africa Energy Intelligence (8.6.2011).

---- 2012: Gazprom waiting for its moment, in: Africa Energy Intelligence (18.1.2012).

AFP 1997: Russia's Gazprom ruels out access for Kazakh gas exports, in: Agence France Presse (7.8.1997).

---- 2001: RWE buys Czech gas group Transgas, in: Agence France Presse (17.12.2001).

---- 2004: Venezuela, Russia issue joint policy, trade declaration, in: Agence France Presse (26.11.2005).

---- 2007: After wobbling, Hungary now firmly backs Nabucco pipeline project: minister, in: Agence France Presse (11.9.2007).

AFX 1992: British Gas, Agip awarded Kazakhstan gas/oil field negotiating rights, in: AFX News (1.7.1992).

---- 2001: PDVSA moots becoming supplier for LUKoil's US retail network, in: AFX European Focus (31.5.2001).

---- 2005a: Total target Novatek to sign strategic agreement with Gazprom, in: AFX.com (3.5.2005).

---- 2005b: LukOil signs deal with Venezuela's PDVSA to investigate Junin-3 block, in: AFX News Limited (12.10.2005).

---- 2006: Hungary gas co. signs deal with Gazprom, in: AFX International Focus (21.6.2006).

AiF 2008: Studenty vybirajut 99 samych krasivych ljudej [Die Studenten wählen die 99 schönsten Leute aus], in: Argumenty i Fakty – Nižnee Povolž'e (15.10.2008), Seite 3.

AK&M 2006: Gazprom i Uzbekistan v pervoj polovine 2006 goda planirujut podpisat' SRP mestoroždenij Ustjurtskogo regiona srokom na 25 let [Gazprom und Usbekistan planen in der ersten Jahreshälfte 2006 PSA für Vorkommen in der Ustjurt-Region für eine Dauer von 25 Jahren zu unterzeichnen], in: Informagenstvo AK&M „Online news" (25.1.2006).

Akin, Melissa und Bergin, Tom 2009: Lukoil trumps Valero for Total refinery stake, in: The Calgary Herald (Alberta) (20.6.2009).

Albert, Denes 1996a: Russian Gazprom's Trojan horse in Hungary, in: Reuters News (24.9.1996).

---- 1996b: Hungary MOL signs record gas deal with Panrusgaz, in: Reuters News (8.11.1996).

Alimov, Gajaz 2001: Osobyj priem [Besonderer Empfang], in: Izvestija (4.5.2001).

Allpress, James 2011: South Stream is set to be realised on schedule – CEOs, in: European Gas Markets (27.10.2011).

Andress, Mark 2003: Transgas chief out as RWE rejigs company, in: Utility Week (25.7.2003).

ANSA 2004: Russia: Relations with Venezuela flourishing, in: ANSA English Media Service (7.10.2004).

AP 2007: Russian president, Hungarian PM hail increase in trade, Hungarian exports, in: The Associated Press (22.3.2007).

APSD 2007: KUWAIT – The European Market, in: APS Review Downstream Trends (18.6.2007).

Aptekar', Pavel 2004: Kučma perevernulsja [Kučma hat sich gewendet], in: Gazeta (27.7.2004).

Argus 2010: Argus Crude: Methodology and Specifications Guide, online: <www.argusmedia.com> (abgerufen: 9.9.2010).

ARNS 2005: Nelson Resources Limited Completion of Amalgamation, in: London Stock Exchange Aggregated Regulatory News Service (6.12.2005).

Arzt, Ingo, Donath, Klaus-Helge und Schlieter, Kai 2012: Millionen für den Nikolaus, in: taz, die tageszeitung (8.9.2012), Seiten 20–22.

Aslamova, Dar'ja 2012: Nemeckij politolog Aleksandr Rar: Zapad vedet sebja tak že, kak i Sovetskij Sojuz [Deutscher Politologe Aleksander Rahr: Der Westen verhält sich genauso wie die Sowjetunion], Komsomol'skaja Pravda, online: <http://www.kp.ru/daily/25878/2841694/> (abgerufen: 26.3.2013).

Åslund, Anders 2009: Will the real Gazprom CEO please stand up, online: <http://www.europeanenergyreview.eu/site/pagina.php?id=512> (abgerufen: 27.7.2011).

Aton 2004: Aton Capital Flashnote: Nelson Resources, online: <http://www.skrin.com/analytics/reviews/documents/nelson_3q04-gaap_nov04.pdf?2a721860fdb7479e97258a08a0693896> (abgerufen: 4.10.2011).

---- 2005: Aton Capital Flashnote: Nelson Resources, online: <http://skrin.com/analytics/reviews/documents/nelson_3q05_us_gaap_results_nov05.pdf?cff675f57cac4bcfb4845950b8cdd763> (abgerufen: 4.10.2011).

Balla, Mihaly 2009: „Yes to Nabucco Natural Gas Pipeline – It Is Important That EU's Common Energy Policy Creates Balance With Russia's Economic Interests", in: BBC Monitoring Europe - Political (8.1.2009).

Bardsley, Daniel 2012: Court win sees gas tension rise, in: The Prague Post (7.11.2012).

BBC 1990: German Democratic Republic; Arrangements for gas supply by new energy company, in: BBC Summary of World Broadcasts (14.6.1990).

---- 1994: Russia and Czech Republic sign deal on oil supplies, nuclear cooperation, in: BBC Monitoring Service Former USSR (9.12.1994).

---- 1996a: Czech-Russian deal on natural gas supply signed, in: BBC Summary of World Broadcasts (1.2.1996).

---- 1996b: Turkmen gas exports for the first quarter, in: BBC Summary of World Broadcasts (9.5.1996).

---- 1997: Existing Russian pipelines to be used for Karchaganak exports, in: BBC Summary of World Broadcasts (28.11.1997).

---- 2000: Business profile of president's son-in-law, in: BBC Summary of World Broadcasts (20.10.2000).

---- 2001a: Russian, Uzbek presidents play down differences during Kremlin summit, in: BBC Monitoring Former Soviet Union - Political (4.5.2001).

---- 2001b: Uzbek leader's motives in new attitude to Russia viewed, in: BBC Monitoring Former Soviet Union - Political (14.5.2001).

---- 2001c: Russia protests at Kazakh decision to sell disputed oilfield in Caspian Sea, in: BBC Monitoring Former Soviet Union - Economic (2.11.2001).

---- 2001d: Russia to get Uzbek cotton, gas, fruit, vegetables for arms, in: BBC Monitoring Former Soviet Union - Economic (4.5.2001).

---- 2001e: Putin not inclined to dramatize Central Asian terrorism, calls for analysis, in: BBC Monitoring Former Soviet Union - Political (4.5.2001).

---- 2001f: Putin wants Russia to increase economic investment in Uzbekistan, in: BBC Monitoring Former Soviet Union - Political (4.5.2001).

---- 2001g: Kazakhstan announces tender for disputed oilfield in Caspian, in: BBC Monitoring Former Soviet Union - Economic (13.10.2001).

---- 2002: New Kazakh-Russian gas company to have broad remit, in: BBC Summary of World Broadcasts (21.5.2002).

---- 2004: Russian, Venezuelan oil firms moot swaps, joint projects, in: BBC Summary of World Broadcasts (26.11.2004).

---- 2006a: Putin in Budapest invites Hungary to participate in Blue Stream gas project, in: BBC Monitoring Former Soviet Union - Political (28.2.2006).

---- 2006b: Russia's Gazprom advises Ukraine to negotiate transit with Turkmenistan, in: BBC Monitoring International Reports (6.7.2006).

---- 2008a: Czech daily examines contacts, incomes of former opposition leader's aide, in: BBC Monitoring Europe - Political (13.10.2008).

---- 2008b: Hungary's coordinator gas pipeline interviewed, in: BBC Monitoring Europe - Political (10.4.2008).

---- 2008c: Russian paper views TNK-BP shareholders' conflict, in: BBC Monitoring Former Soviet Union - Political (27.5.2008).

---- 2008d: Russia Lukoil may become sole owner of oil refinery on Sicily, in: BBC Monitoring Former Soviet Union - Political (24.6.2008).

---- 2009a: Site publishes full text of 10-year gas deal between Ukraine and Russia, in: BBC Monitoring Former Soviet Union - Political (29.1.2009).

---- 2009b: Visiting senior Russian official attends signing of several deals with Venezuela, in: BBC Monitoring Former Soviet Union - Political (28.7.2009).

---- 2009c: Planning of Gazprom's gas route reported delayed until 2010 Hungarian election, in: BBC Monitoring Europe - Political (23.10.2009).

---- 2009d: Gazprom subsidiary to buy share in controversial Hungarian gas trader - paper, in: BBC Monitoring Europe - Political (20.12.2009).

---- 2009e: Russian envoy sees no need for investigation of „gas crisis" by EU, in: BBC Monitoring Former Soviet Union - Political (3.2.2009).

---- 2010a: Hungarian energy company's board members may be linked to Russian firm - paper, in: BBC Monitoring Europe - Political (3.2.2010).

---- 2010b: Daily notes similarities in Hungarian, Russian government moves, in: BBC Monitoring Europe - Political (30.11.2010).

---- 2010c: Hungarian energy office head vows to integrate markets, boost capacities, in: BBC Monitoring Europe - Political (19.1.2010).

---- 2010d: Hungarian minister plans to place ties with Russia on new foundations, in: BBC Monitoring Europe - Political (7.9.2010).

---- 2010e: Gazprom official tells Hungarian daily Russia not jealous of Nabucco project, in: BBC Monitoring Europe - Political (3.2.2010).

---- 2010f: Hungary hopes for cheaper Russian gas after reported deal on provider, in: BBC Monitoring Europe - Political (6.9.2010).

---- 2011: Hungarian paper looks at gas market, effects of crisis tax, in: BBC Monitoring Europe - Political (16.5.2011).

---- 2012a: Slovak, Hungarian firms sign accord on increasing capacity of oil pipeline, in: BBC Monitoring Europe - Political (8.12.2012).

---- 2012b: Hungarian government postpones long-term gas supply deal with Russia - web-site, in: BBC Monitoring Europe - Political (17.11.2012).

---- 2012c: Influential Ukrainian weekly says energy reform ineffective, in: BBC Monitoring Kiev Unit (3.9.2012).

---- 2013a: Croatian minister pledges cheaper electricity after Gazprom deal, in: BBC Monitoring Europe - Political (24.1.2013).

---- 2013b: Head of Czech gas distributor discusses significance of pipeline project, in: BBC Monitoring Europe - Political (19.1.2013).

BBCEE 1989: Agreement on import of Soviet gas for 1989, in: BBC Monitoring Service: Central Europe & Balkans (20.7.1989).

BCE 1994: Extended family feud. Czech oil privatization, in: Business Central Europe (1.9.1994).

Bekker, Aleksandr 2000: „Ukrainu vydast truba" [Die Ukraine liefert die Pipeline aus], in: Vedomosti (25.12.2000).

Bekker, Aleksandr, Bušueva, Julija, Ščerbakova, Anna und Osetinskaja, Elizaveta 2001: Nezamenimyh net [Unersetzliche gibt es nicht], in: Vedomosti (31.5.2001).

Belton, Catherine 2003a: Mobster casts shadow on Gazprom partner, in: St. Petersburg Times (2.12.2003).

---- 2003b: The Mob, an Actress and a Pile of Cash, in: Moscow Times (27.11.2003).

Belton, Catherine und Buckley, Neil 2008: On the offensive: How Gunvor rose to the top of Russian oil trading, in: Financial Times (14.5.2008).

BFAI 2006: Venezuela – Energiewirtschaft 2004/05, bfai Länder und Märkte, Bonn: Bundesagentur für Außenwirtschaft.

---- 2010: Energiewirtschaft Venezuela 2008/09, bfai Länder und Märkte, Bonn: Bundesagentur für Außenwirtschaft.

Birjukov, Valerij 2002: Gazprom idet v Uzbekistan [Gazprom geht nach Usbekistan], in: Trud-7 (19.12.2002).

Bivol, Alex 2012: Bulgaria signs South Stream, gas delivery contracts with Gazprom, online: <http://sofiaglobe.com/2012/11/15/bulgaria-signs-south-stream-gas-delivery-contracts-with-gazprom/> (abgerufen: 10.4.2013).

Blank, Stephen 2007a: Turkmenistan and Central Asia after Niyazov, online: <http://www.strategicstudiesinstitute.army.mil/pdffiles/pub791.pdf> (abgerufen: 8.12.2010).

---- 2007b: Turkmenistan and Central Asia after Niyazov, Strategic Studies Institute, September 2007, online: <http://www.dtic.mil/cgi-bin/GetTRDoc?AD=ADA472948> (abgerufen: 17.2.2013).

BM 2013a: Jadranski Naftovod (Janaf) – Q1 2013, in: Business Monitor Croatia Oil & Gas Report (1.1.2013).

---- 2013b: Zeromax – Summary Q1 2013, in: Business Monitor Uzbekistan Oil and Gas Report, (1.1.2013).

BMI 2008: Oil Supplies Kept In Czech, in: BMI Emerging Europe Oil and Gas Insights (1.9.2008).

---- 2009: Total Gets Approval For Russian Expansion, in: BMI Emerging Europe Oil and Gas Insights (1.7.2009).

BNA 2005a: Report: Eni, Repsol, Petrobras among winners in Rafael Urdaneta phase B, in: Business News Americas (10.11.2005).

---- 2005b: Twenty-nine line up for Rafael Urdaneta natgas licenses, in: Business News Americas (22.4.2005).

---- 2005c: Gazprom, Chevron win Rafael Urdaneta licenses, in: Business News Americas (8.9.2005).

---- 2006a: PDVSA; Gazprom to perform E&P in Orinoco, design pipeline, in: Business News Americas (9.8.2006).

---- 2006b: First Orinoco block to be certified Nov, holds 5Bb, in: Business News Americas (31.5.2006).

---- 2008: Lukoil finalizes reserve certification on Junín 3, in: Business News Americas (17.6.2008).

Boersen-Zeitung 1991: WIEH price dispute with VNG to be settled in court, in: Boersen-Zeitung (30.4.1991), Seite 10.

---- 1995a: VNG halbiert planmaessig Verlust, in: Boersen-Zeitung (5.7.1995).

---- 1995b: Wintershall vereinbart neue Lieferungen, in: Boersen-Zeitung (29.9.1995).

---- 1996: Wintershall-Ergebnis wird 1996 explodieren, in: Boersen-Zeitung (24.4.1996).

---- 1997: „Unser Aral-Anteil ist nicht im Markt", in: Boersen-Zeitung (10.4.1997).

---- 1998a: Wintershall will Exploration kraeftig ausbauen, in: Boersen-Zeitung (1.4.1998).

---- 1998b: Ruhrgas hebt den letzten Steuerschatz, in: Boersen-Zeitung (13.5.1998).

---- 1999: Wintershall „auf noch haertere Zeiten vorbereitet", in: Boersen-Zeitung (24.3.1999).

---- 2000: „Ernte und Wachstum" bei Wintershall, in: Boersen-Zeitung (23.3.2000).

---- 2001: Wintershall läuft wie geölt, in: Boersen-Zeitung (23.3.2001).

---- 2004: Ruhrgas will stärker in Gasproduktion einsteigen, in: Boersen-Zeitung (12.5.2004).

---- 2012: Eon verkauft Pipelines für 3,2 Mrd. Euro, in: Boersen-Zeitung (18.5.2012).

Bourne, James 1994: BG sought Kazakh role for Gazprom, in: Platt's Oilgram News (14.12.1994), Seite 6.

---- 1995: BG says no deal yet with Gazprom for Kazakh gas, in: Platt's Oilgram News (17.4.1995), Seite 1.

---- 2013: Rosneft Signs On to Venezuela Offshore Gas Project, in: International Oil Daily (31.1.2013).

Bourne, James und Sladkova, Nadezhda 2011: Venezuela: Russia's Orinoco Push, in: Energy Compass (16.12.2011).

---- 2012: Latin America: Russian Energy Strategy More Politics Than Profit, in: Energy Compass (20.7.2012).

BP 2009: BP Statistical Review of World Energy 2009, online: <http://www.bp.com/statisticalreview> (abgerufen: 2.5.2009).

---- 2010a: BP in Gelsenkirchen, online: <http://www.deutschebp.de/liveassets/bp_internet/germany/STAGING/home_assets/assets/bg_gelsenki rchen/downloads_pdf/Standortbroschuere_2010.pdf> (abgerufen: 2.9.2011).

---- 2010b: BP Statistical Review of World Energy 2010, online: <http://www.bp.com/statisticalreview> (abgerufen: 8.12.2010).

---- 2010c: BP bekommt mit Rosneft einen neuen Partner im deutschen Raffinerie Joint Venture, online: <http://www.deutschebp.de/genericarticle.do?categoryId=2010149&contentId=7065590> (abgerufen: 2.9.2011).

---- 2011a: BP Statistical Review of World Energy 2011, online:
<http://www.bp.com/statisticalreview> (abgerufen: 3.10.2011).

---- 2011b: Financial and operating information – Exploration and production, online:
<http://www.bp.com/liveassets/bp_internet/globalbp/STAGING/global_assets/downloads/F/FOI_2006
_2010_exploration_and_production.pdf> (abgerufen: 14.10.2011).

---- 2012: BP Statistical Review of World Energy 2012, online:
<http://www.bp.com/assets/bp_internet/globalbp/globalbp_uk_english/reports_and_publications/statisti
cal_energy_review_2011/STAGING/local_assets/spreadsheets/statistical_review_of_world_energy_ful
l_report_2012.xlsx> (abgerufen: 12.2.2013).

BR 2005: 25MLN from Gazprombank for ...$, in: Interfax Business Report (5.5.2005).

Brichambaut, Marc Perrin de 2010: The Indivisibility of Euro-Atlantic Security, Speech of the
Secretary General at the 18th Partnership for Peace Research Seminar, 4.2.2010, online:
<http://www.osce.org/sg/41452> (abgerufen: 6.10.2011).

Brower, Derek 2011: BP's Russian pips about to squeak, in: Petroleum Economist (April 2011).

Brunner, Simone 2013: Gazprom baut Gasspeicher in Südmähren, in: Wirtschaftsblatt (26.3.2013).

BTI 2010: Bertelsmann Transformation Index 2010, online: <http://www.bertelsmann-transformation-
index.de/fileadmin/pdf/Anlagen_BTI_2010/BTI_2010__Rankingtabelle_D_web.pdf> (abgerufen:
7.11.2010).

Bugajski, Janusz 2012: Commentary says Russia using energy to establish influence in Balkans, in:
BBC Monitoring Europe - Political (27.11.2012).

Burchett, Kash 2010: Emfesz On Verge of Bankruptcy, in: Global Insight (29.12.2010).

---- 2011a: PKN Orlen Pulls Back from Sale of Czech Refinery to Gazprom, in: Global Insight
(23.3.2011).

---- 2011b: Gazprom Reportedly in Talks with Eni to Acquire Czech Refinery, in: Global Insight
(16.3.2011).

Burčilina, Tat'jana 1995: Soglašenie est', no net soglasija [Es gibt eine Vereinbarung, aber keine
Übereinstimmung], in: Kommersant" (4.3.1995).

Bush, Jason 2009: Russia's South Stream Project Gets a Boost, SpiegelOnline, online:
<http://www.spiegel.de/international/business/0,1518,625697,00.html> (abgerufen: 4.11.2011).

Bušueva, Julija und Karpov, Vladimir 2003: LUKojl rasproščalsja s Iteroj [LUKoil hat sich von Itera
verabschiedet], in: Vedomosti (26.9.2003).

Butrin, Dmitrij 2003a: Aleksej Miller zanjalsja čelnočnoj diplomatiej [Aleksej Miller hat
Pendeldiplomatie betrieben], in: Kommersant" (15.4.2003), Seite 13.

---- 2003b: „Naša sovmestnaja kompanija stoit $18,1 mlrd" [„Unsere gemeinsame Firma kostet US-
$ 18,1 Mrd.], in: Kommersant" (12.2.2003).

---- 2006a: LUKOJL poobeščal prezidentu pererabatyvat' bol'še nefti [LUKoil hat dem Präsidenten
versprochen, mehr Öl zu verarbeiten], in: Kommersant" (14.2.2006).

---- 2006b: Koktejl Millera [Millers Cocktail], in: Kommersant" (10.1.2006).

Butrin, Dmitrij und Grib, Natalija 2005a: „Gazprom" prekraščaet postavki na Ukrainu [Gazprom stellt
die Lieferungen in die Ukraine ein], in: Kommersant" (30.12.2005).

---- 2005b: Peregazirovka [Umgasung], in: Kommersant" (29.3.2005).

Butrin, Dmitrij, Grib, Natalija und Černikov, Andrej 2004: Ukraine vnedrili sistemu „gaz-vybory" [In
der Ukraine wurde das „Gaswahlsystem" eingeführt, in: Kommersant" (30.7.2004).

Butyrina, Elena 2011: „Rosneft'" i Sinopec vyšli iz SRP po proektu Adajskogo bloka [Rosneft' und Sinopec sind aus dem PSA des Adaj-Blocks ausgetreten], in: Panorama (24.6.2011).

Čalyj, Aleksandr 2006: Ènergetičeskaja diplomatija Ukrainy — plan dejstvij dlja G-8 [Energiediplomatie der Ukraine - Handlungsplan für die G-8], online: <http://zn.ua/articles/47228> (abgerufen: 21.8.2011).

Čarodeev, Gennadij 2001: Kljatvy ostavim pioneram [Die Schwüre überlassen wir den Pionieren], in: Izvestija (5.5.2001).

Černickij, Oleg 2001: Rosneft' vchodit v Kazachstan [Rosneft' betritt Kasachstan], in: Vremja Novostej (11.1.2001).

CH 2008: Spain prefers other Repsol buyer, in: The Calgary Herald (26.11.2008).

Chazan, Guy 2008: Russia outflanks EU's pipeline plan, in: The Wall Street Journal (16.6.2008).

CHBN 2000a: Paramo gets under control of Unipetrol definitively, in: Chemical Business Newswire (4.12.2000).

---- 2000b: Lukoil applies for a stake in Paramo, in: Chemical Business Newswire (3.7.2000).

ChemWeek 2009: Total Exercises Its Rights Over Dow's Stake in Dutch Refinery, in: ChemWeek's Business Daily (19.6.2009).

Chernitsky, Oleg 2001: Rosneft to Get Involved in Oil Production in Kazakhstan, in: Bizekon-Russica Izvestija (11.1.2001).

Child, John und Rodrigues, Suzana B. 2005: The Internationalization of Chinese Firms: A Case for Theoretical Extension?[1], in: Management and Organization Review 1: 3, 381–410.

CHR 1997: Mitteldeutsche Erdölraffinerie Gmbh, in: Chemische Rundschau (11.4.1997).

Chrennikov, Il'ja 2003: „Opyt s „SIDANKO" nas mnogomu naučil" [Die Erfahrung mit Sidanko hat uns vieles gelehrt], in: Vedomosti (13.2.2003).

Comtex 2010: Japanese companies reconstruct Turkmenbashi Refinery, online: <http://smart-grid.tmcnet.com/news/2010/09/17/5013929.htm> (abgerufen: 17.9.2011).

CPC 2004: CPC Project Basic Features, online: <http://www.cpc.ru/portal/alias!press/lang!en-US/tabID!3444/DesktopDefault.aspx> (abgerufen: 2.10.2011).

CPNW 2005a: Minority shareholders blast Nelson Resources while Lukoil claims 65% support, in: Canadian Press NewsWire (3.10.2005).

---- 2005b: Nelson Resources shares drop 10% following takeover offer by Russia's Lukoil, in: Canadian Press NewsWire (30.9.2005).

Crooks, Ed 2010: Mulva warns of challenge to growth efforts, in: Financial Times (26.3.2010).

CRT 2009: Oil company Mero eyes 16.33% stake in Ceska Rafinerska., in: Czech Republic Today (7.5.2009).

---- 2011a: Unipetrol holds off Gazprom bid for Ceska Rafinerska, in: Czech Republic Today (23.3.2011).

---- 2011b: Unipetrol eyes Eni's stake in Czech refinery, in: Czech Republic Today (24.5.2011).

---- 2011c: Lukoil says Czech refinery not on top of acquisition agenda, in: Intellinews Czech Republic Today (3.6.2011).

CTK 1991: Discussions on CMEA property division deadlocked, in: CTK Business News (6.8.1991).

---- 1994a: Czech company to purchase oil on Russian commodities market, in: CTK Business News (14.2.1994).

---- 1994b: Newspaper hopes interior minister's analysis to clarify matters, in: CTK Business News (28.6.1994).

---- 1996a: Metalimex had turnover of Kc33 billion last year, in: CTK Business News Wire (28.2.1996).

---- 1996b: Imports of 9.0bn m3 of Russian gas planned for 1998, in: CTK Business News (30.1.1996).

---- 1997a: Potential gas suppliers offering increasingly better terms, in: CTK Business News (3.2.1997).

---- 1997b: Cabinet approves Norwegian imports, in: CTK Business News Wire (2.4.1997).

---- 1997c: Gazexport neither confirms nor denies offer of cheap gas, in: CTK Business News Wire (11.2.1997).

---- 1997d: Gazprom gas campaign fails – profile, in: CTK Business News (19.3.1997).

---- 1999a: Slovakia under persisting Russian influence – press, in: CTK National News Wire (4.10.1999).

---- 1999b: Russian LUKoil interested in Unipetrol privatisation – press, in: CTK Business News Wire (27.9.1999).

---- 1999c: EU investor alleged to buy Unipetrol shares – Euro weekly, in: CTK Business News (12.7.1999).

---- 1999d: Talks on Paramo privatisation by LUKoil to continue – ministry, in: CTK Business News Wire (31.3.1999).

---- 2000a: Paramo registers three bidders, in: CTK Business News Wire (30.6.2000).

---- 2000b: Rusian Rosneft in play for Paramo refinery – press, in: CTK Business News Wire (28.6.2000).

---- 2000c: Unipetrol wants 70.87 pct of shares of Paramo refinery, in: CTK Business News Wire (25.2.2000).

---- 2000d: Lukoil plans imports of $50m worth of Czech goods for its oil, in: CTK Business News Wire (22.3.2000).

---- 2000e: LUKoil keen on Paramo, offers Czechs help with Russian debt – press, in: CTK Business News Wire (18.1.2000).

---- 2001a: Swaps of Czech goods for Russian gas suspended, in: CTK Business News (4.6.2001).

---- 2001b: Both consortiums formally excluded from tender for Transgas, in: CTK Business News Wire (16.12.2001).

---- 2001c: Snam withdraws from consortium bidding for Transgas purchase, in: CTK Business News (16.12.2001).

---- 2009: Zeman's man has controversial Communist past – Czech press, in: CTK Daily News (18.5.2009).

---- 2010a: Zeman's party starts campaign ahead Czech elections, in: CTK National News Wire (7.3.2010).

---- 2010b: Klaus, Zeman may be Lukoil's Czech lobbyists – press, in: CTK National News Wire (15.2.2010).

---- 2010c: Czech SPO's ties with Russian sponsors pose security risk – press, in: CTK National News Wire (19.1.2010).

---- 2011a: Eni set to sell one-third of Ceska rafinerska to Gazprom – server, in: CTK Business News Wire (15.3.2011).

---- 2011b: RSP Energy makes Kc5m profit in 2010 after Kc10m loss in 2009, in: CTK National News Wire (26.7.2011).

---- 2012: Zeman shows part of his real qualities in new Czech book – press, in: CTK National News Wire (10.10.2012).

---- 2013a: Czech President Zeman's foreign policy may be unpredictable – press, in: CTK National News Wire (31.1.2013).

---- 2013b: Stengl becomes new chairman of Czech SPOZ party, in: CTK National News Wire (23.3.2013).

Čubajs, Anatolij 2003: Missija Rossii v XXI veke [Die Mission Russlands im 21. Jahrhundert], in: Nezavisimaja Gazeta (1.10.2003).

CZPRDI 2006: Vemex Negotiates with 7 Large Customers, in: Ceska informacni agentura (18.10.2006).

Dahlkamp, Jürgen, Dohmen, Frank, Klußmann, Uwe, Latsch, Gunther, Schmitt, Jörg und Simons, Stefan 2008: Giftiger Cocktail, in: Der Spiegel, 35/2008 (25. August 2008), Seite 78–86.

DAPD 2012: Zeitung: E.on Ruhrgas hatte Kontakt zu Geschäftsmann Bykow, in: dapd Dow Jones Wirtschaftsnachrichten (27.6.2012).

Datamonitor 2005: CEE fuel retailing: network rationalization over expansion, online: <http://www.datamonitor.com/store/News/cee_fuel_retailing_network_rationalization_over_expansion ?productid=731DEA22-23A0-488D-9D5B-15E88CE1C12C> (abgerufen: 17.10.2011).

---- 2006: PKN Orlen: rebrand in haste, repent at leisure?, online: <http://www.datamonitor.com/store/News/pkn_orlen_rebrand_in_haste_repent_at_leisure?productid=1 A685F86-1037-4583-9C71-8107DAD304EE> (abgerufen: 17.10.2011).

---- 2010: Service Station Retailing in Czech Republic 2010, online: <http://www.datamonitor.com/store/Product/toc.aspx?productId=CM00055-008> (abgerufen: 17.10.2011).

DC 2013: PM in Russia: A shift in foreign policy?, in: Dhaka Courier (30.1.2013).

DDP 2009: Erfurt stockt Anteile an Gasversorger deutlich auf, in: ddp Basisdienst (3.6.2009).

Derstandard 2010: China und der Januskopf des Herrn Jagland in: Der Standard (11.10.2010).

Devereux, Charlie 2009: Venezuelan Troops Seize Service Installations, in: International Oil Daily (11.5.2009).

DJI 2008: Erg, Lukoil Sign Refining Sector Partnership, in: Dow Jones International News (24.6.2008).

Donati, Jessica 2011: Exclusive - Libya summons Gazprom over Gaddafi-era oil deal, Reuters Africa, online: <http://af.reuters.com/article/worldNews/idAFTRE79K4M620111021?sp=true> (abgerufen: 17.2.2012).

Dow 1997: Norway/Gas Contract/Czech-2: 'Still some open points', in: Dow Jones Telerate Energy Service (13.3.1997).

dpa-AFX 2012: Eon vor Verkauf von Gas-Geschäft in Ungarn - Staatskonzern übernimmt, in: dpa-AFX ProFeed (30.11.2012).

DPA 2004: BASF-Tochter Wintershall erzielte 2003 Rekordergebnis, in: DPA-AFX (23.3.2004).

---- 2006: LUKoil: Interesse an Ceska rafinerska-Beteiligung, in: DPA-AFX (28.9.2006).

---- 2009: BASF-Tochter Wintershall signalisiert Interesse an Anteilsaufstockung bei VNG, in: DPA-AFX ProFeed (19.6.2009).

---- 2011: Erdgasleitung Opal ist fertig, in: DPA-AFX (13.7.2011).

Dragonoil 2013: Turkmenistan – the Cheleken Contract Area, online: <http://www.dragonoil.com/our-operations/turkmenistan.aspx> (abgerufen: 16.2.2013).

Duparc, Agathe 2007: Genève, plate-forme de „Kremlin Oil", in: Le Monde (11.7.2007), Seite 3.

Dvoržovec, Oleg 2001: Ukraina: Turkmenskaja pauza dlja gazproma [Ukraine: Turkmenische Pause für Gazprom], in: Neftegazovyj Vertikal' (21.3.2001).

---- 2003: Bol'šaja poterja [Der große Verlust], in: Neftegazovaja Vertikal' (9.2.2003).

Džemal', Orchan 2012: Prozračnoe prostranstvo [Transparentes Gebiet], in: Izvestija (18.1.2012).

E.ON 2006: E.ON übernimmt Gashandels- und Speichergeschäft von MOL vollständig, online: <http://www.eon.com/de/presse/news/pressemitteilungen/2006/1/13/e-dot-on-uebernimmt-gashandels-und-speichergeschaeft-von-mol-vollstaendig.html> (abgerufen: 9.4.2013).

---- 2008: E.ON Geschäftsbericht 2007, online: <http://www.eon.com/content/dam/eon-com/de/downloads/e/EON_Geschaeftsbericht_2007.pdf> (abgerufen: 9.4.2013).

---- 2009: E.ON Finanzbericht 2008, online: <http://www.eon.com/content/dam/eon-com/de/downloads/e/EON_FB_D_2008_.pdf> (abgerufen: 9.4.2013).

---- 2012: E.ON Geschäftsbericht 2011, online: <http://www.eon.com/content/dam/eon-com/de/downloads/e/E.ON_Geschaeftsbericht_2011_.pdf> (abgerufen: 9.4.2013).

Economist 1994: Lukoil: Vagit Rockefeller, in: The Economist (16.7.1994), Seite 57.

---- 2006: Oil's dark secret – National oil companies, in: The Economist (12.8.2006).

---- 2008a: Economist Intelligence Unit – Country Profile 2008: Turkmenistan, London: The Economist Intelligence Unit.

---- 2008b: Economist Intelligence Unit – Country Profile 2008: Uzbekistan, London: The Economist Intelligence Unit.

---- 2008c: Economist Intelligence Unit – Country Profile 2008: Kazakhstan, London: The Economist Intelligence Unit.

---- 2009: Economist Intelligence Unit – Country Profile 2009: Venezuela, London: The Economist Intelligence Unit.

Edemskij, Andrej 1996: Rossijskij TĖK pojdet svoim putem [Der russländische Brennstoff-Energiekomplex geht seinen eigenen Weg], in: Delovye Ljudi (5.1.1996).

EEGAS 2008: South Stream Gas Pipeline Project, online: <http://eegas.com/southstream1.htm> (abgerufen: 1.10.2011).

---- 2009: Record High Pipeline Construction Costs of Gazprom, online: <http://eegas.com/sochi_e.htm> (abgerufen: 19.2.2012).

---- 2011: Average gas production cost of Gazprom in 2000–2011, online: <http://eegas.com/rep2011q1-cost_e.htm> (abgerufen: 1.10.2011).

---- 2013a: Daily Gas Flows at Selected Terminals, mmcm/day, online: <http://eegas.com/terminal_flows.htm> (abgerufen: 28.3.2013).

---- 2013b: Full cost of the South Stream project to exceed €50 Billion, online: <http://eegas.com/S-Stream_cost_en.htm> (abgerufen: 31.1.2013).

EER 1992: East Germans argue on gas prices amid Russian supply disruption, in: FT Energy Newsletters - European Energy Report (30.10.1992), Seite 1.

---- 1994: Rosneft to bail out Elf on Leuna, in: FT Energy Newsletters - European Energy Report (18.3.1994), Seite 8.

Egorova, T. und Reznik, Irina 2005: „Gazprom" prosjat podelit'sja [Man bittet Gazprom zu teilen], in: Vedomosti (29.3.2005).

Egorova, Tat'jana und Trudoljubov, Maksim 2005: Interv'ju: Džon Braun, glavnyj upravljajuščij direktor gruppy BP „Biznes ne možet idti sovsem gladko" [Interview: John Browne, CEO der Gruppe BP „Das Geschäftsleben kann nicht nur völlig reibungslos verlaufen"], in: Vedomosti (1.6.2005).

EIA 2010: Country Analysis Briefs – Venezuela, U.S. Energy Information Administration, online: <http://www.eia.doe.gov/cabs/venezuela/oil.html> (abgerufen: 14.3.2011).

---- 2012a: Countries, online: <http://www.eia.gov/countries/> (abgerufen: 14.4.2013).

---- 2012b: Country Analysis Briefs – Turkmenistan, U.S. Energy Information Administration, online: <http://www.eia.gov/cabs/Turkmenistan/pdf.pdf> (abgerufen: 14.2.2013).

---- 2013: Petroleum & Other Liquids: Europe Brent Spot Price FOB (Dollars per Barrel), U.S. Energy Information Administration, online: <http://www.eia.gov/dnav/pet/hist_xls/RBRTEm.xls> (abgerufen: 3.3.2013).

Ekonom 2010: MND to be completely taken over by KKCG, in: Ekonom (27.5.2010).

Ėkspert 1995: Neftjanye kompanii obretajut formu [Die Ölkonzerne nehmen Form an], in: Ėkspert (19.9.1995).

---- 2000: Podkovernaja revoljucija [Revolution unter dem Teppich], in: Ėkspert (6.11.2000).

---- 2001a: V svjazi s okončaniem kontrakta [Auf Grund des auslaufenden Vertrags], in: Ėkspert (4.6.2001).

---- 2001b: Povestka dnja [Tagesordnung], in: Ėkspert (7.5.2001).

ENAL 1994: Hungary to Import Russian Natural Gas in: Energy Alert Vestlash Group (10.2.1994).

EnergyEconomist 1991: Energy Market Report: Natural Gas, in: FT Energy Newsletters – Energy Economist (1.10.1991), Seite 26.

---- 1994: Leuna Module, in: FT Energy Newsletters – Energy Economist (1.3.1994), Seite 9.

Enright, James 2012: Gazprom and MOL shelve plans for Hungarian gas storage JV, in: European Spot Gas Markets (16.2.2012).

---- 2013: Gazprom appeals lost lawsuit with Czech RWE as sales fall, in: European Gas Markets (31.1.2013).

Entsog 2011: The European Natural Gas Network, online: <http://www.entsog.eu/download/maps_data/ENTSOG_CAP_June2011.pdf> (abgerufen: 28.6.2011).

---- 2012: The European Natural Gas Network, online: <http://www.entsog.eu/public/uploads/files/maps/transmissioncapacity/2012/ENTSOG_CAP_MAY20 12_UPDATED.pdf> (abgerufen: 25.3.2013).

ERG 2012: Put Option on the equity investment in ISAB S.r.l., online: <http://bilanciointerattivo.erg.it/en/2011/financial-statments/opzione-Put-partecipazione-ISAB.html> (abgerufen: 14.4.2013).

Esmerk 2010: Russia: NNK to get assets of Lukoil, TNK-BP, Gazprom Neft' in Venezuela, in: Esmerk Russia News (17.7.2010), Seite 4.

---- 2013a: Czech Republic: End of Lukoil Aviation's contract and audit, in: Esmerk Czech Republic News (1.2.2013).

---- 2013b: Czech Republic: Lukoil plans franchise for its fuel stations, in: Esmerk-Hospordaske Noviny (7.1.2013).

Euler Hermes 2008: Der Interministerielle Ausschuss für Exportkreditgarantien, online: <http://www.60jahrehermesdeckungen.de/flash/ima_im_blick.html> (abgerufen: 23.9.2012).

Euractiv 2012: Russia, Ukraine in gas-for-influence tug of war, online: <http://www.euractiv.com/europes-east/russia-ukraine-gas-influence-tug-news-513895> (abgerufen: 23.9.2012).

---- 2013: Hungarian PM calls for new deal with Russia, online: <http://www.euractiv.com/global-europe/orban-calls-new-deal-russia-news-517471> (abgerufen: 10.4.2013).

EURGAS 2006a: Focus on Hungary, in: European Gas Markets (31.3.2006).

---- 2006b: Focus on RosUkrEnergo, in: European Gas Markets (15.5.2006).

---- 2008: South Stream momentum builds with two more accords, in: European Gas Markets (29.2.2008).

---- 2011: Gazprom Germania set for VNG board voting rights ruling, in: European Gas Markets (29.9.2011).

Europia 2006: Refineries & Oil pipelines in Europe 2006, Brussels: Europia/Concawe.

---- 2010: Statistics, online: <http://europia.eu/content/Default.asp?PageID=398> (abgerufen: 26.4.2011).

Europipe 2011: OPAL, online: <http://www.europipe.com/140-0-OPAL.html> (abgerufen: 13.12.2011).

Europolgaz 2011: Gazociąg [Gaspipeline], online: <http://www.europolgaz.com.pl/gazociag/> (abgerufen: 13.8.2011).

EUSPOT 2005: Gazprom's ZGG shows weaker H1 performance despite turnover increase, in: European Spot Gas Markets (30.8.2005).

---- 2006a: Gazprom's Miller warns of looming crisis as Turkmen price fixed for Q3, in: European Spot Gas Markets (30.6.2006).

---- 2006b: Gazprom moves Blue Stream extension forward in deal with Hungary's MOL, in: European Spot Gas Markets (21.6.2006).

---- 2006c: RWE Transgas faces competition in Czech Republic, in: European Spot Gas Markets (30.3.2006).

---- 2006d: RWE Transgas renews supply/transit contracts with Gazprom to 2035, in: European Spot Gas Markets (21.12.2006).

---- 2006e: Russia and Hungary agree to extend Blue Stream pipeline, in: European Spot Gas Markets (1.3.2006).

---- 2006f: Gazprom to shoulder financial risk of NEGP - report, in: European Spot Gas Markets (4.9.2006).

---- 2008: Gazprom's Vemex increases share of Czech market to 9%, in: European Spot Gas Markets (10.6.2008).

EUTR 1994a: Kazakh pipeline options remain a headache for all, in: East European Energy Report (25.11.1994), Seite 3.

---- 1994b: MOL and Gazprom establish gas trading joint venture for Hungary in: East European Energy Report (11.11.1994), Seite 23.

---- 1995a: Czechs sign refinery deal despite Total's absence, in: FT Energy Newsletters – East European Energy Report (24.7.1995), Seite 6.

---- 1995b: British and US investors may buy most of MOL issue, in: FT Energy Newsletters – East European Energy Report (27.11.1995), Seite 9.

---- 1995c: Czech government to keep gas monopoly in state hands, in: East European Energy Report (26.4.1995), Seite 21.

---- 1995d: New import contract for MOL in: East European Energy Report (27.2.1995), Seite 19.

---- 1995e: Turkmen-Gazprom firm to handle Turkmen exports, in: East European Energy Report (27.11.1995), Seite 27.

---- 1995f: British Gas/Agip/Gazprom sign interim Karachaganak pact, in: FT Energy Newsletters – East European Energy Report (27.3.1995), Seite 17.

---- 1996a: MOL indecision over Mineralimpex continues, in: East European Energy Report (1.2.1996), Seite 4.

---- 1996b: Kazakhs ponder Karachaganak as Lukoil replaces Gazprom, in: FT Energy Newsletters – East European Energy Report (26.7.1996), Seite 6.

---- 1996c: British Gas/Agip running out of Karachaganak options, in: East European Energy Report (21.6.1996), Seite 1.

FAZ 1994a: „Beim Erdgas Kosten einsparen statt Preise erhöhen", in: Frankfurter Allgemeine Zeitung (21.6.1994), Seite 14.

---- 1994b: „Europa braucht höhere russische Erdgas-Importe", in: Frankfurter Allgemeine Zeitung (6.11.1993), Seite 16.

FD 2004: E.ON AG / Gazprom – MoU Conference Call – Final, in: Fair Disclosure Wire (9.7.2004).

---- 2008: Lukoil Conference Call on Acquisition Strategy – Final, in: Fair Disclosure Wire (24.6.2008).

---- 2013: Q4 2012 ERG SpA Earnings Conference Call – Final, in: Fair Disclosure Wire (8.3.2013).

Feifer, Gregory und Whitmore, Brian 2010: Czech Power Games: How Russia Is Rebuilding Influence In The Former Soviet Bloc, online: <http://www.rferl.org/content/Czech_Mate_How_Russia_Is_Rebuilding_Influence_In_The_Former_S oviet_Bloc/2168090.html> (abgerufen: 6.7.2011).

Fergana 2004: Gazprom podpisal soglašenie s Uzbekneftegazom i stroit plany na razrabotku mestoroždenij Ustjurta [Gazprom unterschrieb eine Vereinbarung mit Usbekneftegaz und baut Pläne für die Erschließung von Vorkommen in Ustjurt], in: IA „Fergana" (14.4.2004).

---- 2007: <Zeromax> ob"javila o prodaže časti svoich aktivov <Gazpromu> [Zeromax hat erklärt, einen Teil ihrer Aktiva an Gazprom zu verkaufen], in: IA „Fergana" (1.3.2007).

FI 1996: Zaključen kontrakt s Vengriej na $24 Mlrd (Vertrag mit Ungarn über $24 Mrd. abgeschlossen), in: Finansovye Izvestija (28.11.1996).

Firtaš, Dmitrij 2011: Dmitry Firtash: „Putin Outplayed Everybody", online: <http://en.dmitryfirtash.com/stance/dmitriy_firtash_putin_outplayed_everybody> (abgerufen: 20.2.2013).

FN 2008: Czech Republic: Lukoil wants to buy local refinery, in: Financni Noviny (21.11.2008).

Focht, Peter 2001: Kasseler Wintershall weiter auf Wachstumskurs, in: Energie & Management (27.3.2001).

---- 2002: Bilanz: Zufriedene Gesichter bei Wintershall, in: Energie & Management (21.3.2002).

---- 2003: Wintershall im Aufschwung, in: Energie & Management (26.3.2003).

---- 2004a: „Gut angekommen und bestens aufgestellt", in: Energie & Management (12.5.2004).

---- 2004b: Wintershall wächst auf solider Basis, in: Energie & Management (24.3.2004).

---- 2009: VNG freut sich auf den Aktionär EnBW, in: Energie & Management (15.5.2009).

Forbes 2010: The global 2000, online: <http://www.forbes.com/lists/2010/18/global-2000-10_The-Global-2000_Counrty_11.html> (abgerufen: 14.6.2011).

---- 2012: The World's Biggest Public Companies, online: <http://www.forbes.com/global2000/list/> (abgerufen: 16.2.2012).

forUm 2012: Ukraine reduced gas transit to EU, online: <http://en.for-ua.com/news/2012/09/10/130744.html> (abgerufen: 27.9.2012).

Fredholm, Michael 2008: Natural-Gas Trade between Russia, Turkmenistan, and Ukraine: Agreements and Disputes, Asian Cultures and Modernity Research Report No. 15, Stockholm University, online: <http://gpf-europe.com/upload/iblock/2fa/fredholm.ukraine.russia.gas.rr15.pdf> (abgerufen: 17.2.2013).

FreedomHouse 2009: Map of Freedom in the World online: <http://freedomhouse.org/template.cfm?page=363&year=2010> (abgerufen: 25.1.2011).

---- 2010: Nations in Transit 2010, online: <http://www.freedomhouse.org/images/File/nit/2010/NIT-2010-Tables-final.pdf> (abgerufen: 7.11.2010).

Froley, Alex 2008: Czech RWE Transgas gets OK for new gas pipeline, in: Platts Oilgram News (19.9.2008).

FSUOGM 2010a: LUKoil buys back another 5% stake from ConocoPhillips, in: FSU Oil & Gas Monitor 38: 601, 29.9.2010, 8.

---- 2010b: Gazprom to sell off drilling unit, in: FSU Oil & Gas Monitor 2010: 50, 10.

FTD 2003: Eon visiert russische Gasförderer an, in: Financial Times Deutschland (30.10.2003).

FTEI 1991: Investigations in eastern Germany, in: FT Energy Newsletters – International Gas Report (7.2.1991), Seite 5.

---- 1992a: Conference Report: Europe's gas – a cold wind in the east?, in: FT Energy Newsletters – International Gas Report (27.11.1992), Seite 7.

---- 1992b: Jamburg gas costs unveiled, in: FT Energy Newsletters – International Gas Report (11.12.1992), Seite 13.

---- 1992c: VNG/WIEH sign long term deal, in: FT Energy Newsletters – International Gas Report (5.2.1994), Seite 6.

---- 1994: Karachaganak pressure mounts, in: FT Energy Newsletters – International Gas Report (11.11.1994), Seite 5.

---- 1995a: New JV to feed Turkmen sales, in: FT Energy Newsletters – International Gas Report (24.11.1995), Seite 14.

---- 1995b: Gazprom in Karachaganak deal, in: FT Energy Newsletters – International Gas Report (6.1.1995), Seite 7.

Gabuev, Aleksandr 2005: Vladimir Putin opravdal doverie Islama Karimova [Das Vertrauen in Vladimir Putin bewährte sich für Islam Karimov], in: Kommers (30.6.2005).

---- 2007: Ugo Čaves vstrečajut bez počestej [Hugo Chavez trifft man ohne Ehrenbezeugungen], in: Kommersant" (28.6.2007).

---- 2008: V Venesuėlu zakladyvajut kontraktnuju osnovu [In Venezuela legt man die vertragliche Grundlage], in: Kommersant" (7.11.2008).

Gabuev, Aleksandr und Grib, Natal'ja 2009: Predmet mnogogazovogo potreblenija [Gegenstand vielgasigen Gebrauchs], in: Kommersant" (15.12.2009).

Gabuev, Aleksandr und Grickova, Aleksandra 2008: Ugo Čavesa podvergnut konversii [Hugo Chavez unterwirft man der Konversion], in: Kommersant" (23.7.2008).

Gabuev, Aleksandr, Grickova, Aleksandra und Grib, Natalija 2008: Igor' Sečin otkryl sojuznuju Ameriku [Igor' Sečin hat das verbündete Amerika entdeckt], in: Kommersant" (18.9.2008).

Gabuev, Aleksandr und Tarasenko, Pavel 2012: Tanki kursa ne menjajut [Die Panzer wechseln den Kurs nicht], in: Kommersant" (27.6.2012).

Gaddy, Clifford und Ickes, Barry 1998: Russia's Virtual Economy, in: Foreign Affairs 77: 5, 53–67.

---- 2005: Resource Rents and the Russian Economy, in: Eurasian Geography and Economics 46: 8, 559–583.

Gas-Invest 2003: About the company, online: <http://web.archive.org/web/20030713224415/www.gasinvest.cz/En/home.html> (abgerufen: 24.7.2010 (via archive.org)).

---- 2010: Shareholders, online: <http://www.visualpoint.net/gazinvest/en/company/summary.html> (abgerufen: 24.7.2010).

Gassmann, Michael 2004: Russisches Erdgas lockt deutsche Firmen an, in: Financial Times Deutschland (17.6.2004).

---- 2009: Dämpfer für Expansionsplan von EnBW im Gasgeschäft, in: Financial Times Deutschland (16.6.2009).

Gavšina, Oksana 2010a: Pervyj trofej [Erste Trophäe, in: Vedomosti (19.10.2010).

---- 2010b: Poleznaja avarija, in: Vedomosti (30.07.2010).

---- 2010c: Varen'e ot Čavesa [Marmelade von Chavez], in: Vedomosti (18.10.2010).

Gáz.Áram 2010: „In our daily business we handle our gas purchase contracts with Gazprom export and our gas sales contracts with E.ON Földgáz Trade", in: gáz.áram: The E.ON Energy Magazine in Hungary Spring 2010, 18–21.

Gazprom 2003a: Ob itogach vizita delegacii „Gazproma" v Uzbekistan [Über die Resultate des Besuchs der Gazprom-Delegation in Usbekistan], online: <http://www.gazprom.ru/press/news/2003/july/article54480/> (abgerufen: 18.11.2010).

---- 2003b: Gazprom placed 144A ten-year bond issue in the amount of US$ 1.75 billion, online: <http://www.gazprom.com/press/news/2003/february/article87972/> (abgerufen: 19.11.2011).

---- 2003c: OAO Gazprom launched a debut bond tranche in euro, online: <http://www.gazprom.com/press/news/2003/september/article62561/> (abgerufen: 16.9.2003).

---- 2004: Zarubezhneftegaz and Uzbekneftegaz signed agreement to keep developing Shakhpakhty field, online: <http://www.gazprom.com/press/news/2004/april/article62714/> (abgerufen: 25.2.2013).

---- 2006a: O podpisanii soglašenij o razdele produkcii s Respublikoj Uzbekistan [Über die Unterzeichnung von PSA mit der Republik Usbekistan], online: <http://www.gazprom.ru/press/news/2006/january/article55573/> (abgerufen: 18.11.2010).

---- 2006b: Ob itogach vizita v Respubliku Uzbekistan [Über die Ergebnisse des Besuchs in der Republik Usbekistan], online: <http://www.gazprom.ru/press/news/2006/january/article55579/> (abgerufen: 18.11.2010).

---- 2007: GAZPROM Germania GmbH. Jahresabschluss zum 31.12.2006, Berlin: Gazprom Germania GmbH.

---- 2008a: Otčet rukovodstva OAO Gazprom za 2008 god [Managementbericht der Gazprom für 2008], Berlin, online: <http://www.gazprom.ru/f/posts/59/948424/management_report_2008_rus.pdf> (abgerufen: 12.2.2013).

---- 2008b: GAZPROM Germania GmbH: Konzernabschluss zum 31. Dezember 2007, Berlin: Gazprom Germania.

---- 2008c: Ustyurt: the first stage in the active phase. 3–4 new deposits of hydrocarbons are quickly revealed, online: <http://gazprom-international.com/en/news-media/articles/ustyurt-first-stage-active-phase-3-4-new-deposits-hydrocarbons-are-quickly> (abgerufen: 22.2.2013).

---- 2009: Gazprom Germania – Geschäftsbericht 2008, Berlin: Gazprom Germania GmbH.

---- 2010a: Gazprom Databook 2009, Moskva: Gazprom.

---- 2010b: Dobyča za rubežom [Förderung im Ausland], in: Korporativnyj žurnal „Gazprom" 2010: 11, November 2010.

---- 2010c: Gazprom Germania – Geschäftsbericht 2009, Berlin: Gazprom Germania GmbH.

---- 2010d: 40-letie puska v ėkspluataciju sistemy magistral'nych gazoprovodov „Srednjaja Azija - Centr" [40-jähriges Jubiläum der Eröffnung des Systems der magistralen Gasleitungen „Zentralasien - Zentrum"], online: <http://gazprom.ru/about/history/events/130907/about-gazprom/> (abgerufen: 7.11.2010).

---- 2010e: Ežekvartal'nyj otčet: Otkrytoe akcionernoe obščestvo „Gazprom" za 3 kvartal 2010 [Quartalsbericht Offene Aktiengesellschaft Gazprom für das 3. Quartal 2010], Moskau: Gazprom.

---- 2011a: South Stream, online: <http://www.gazprom.com/production/projects/pipelines/south-stream/> (abgerufen: 4.11.2011).

---- 2011b: GAZPROM Germania GmbH. Jahresabschluss (HGB) 2010, Berlin: Gazprom Germania GmbH.

---- 2011c: Grjazovec-Vyborg, online: <http://www.gazprom.ru/production/projects/pipelines/gvg/> (abgerufen: 13.8.2011).

---- 2011d: Bolivija [Bolivien], online: <http://www.gazprom.ru/production/projects/deposits/bolivia/> (abgerufen: 17.2.2012).

---- 2011e: Livija [Libyen], online: <http://www.gazprom.ru/production/projects/deposits/libya/> (abgerufen: 17.2.2012).

---- 2011f: Énergetika: Profil'nyj biznes [Elektrizität: Kerngeschäft], online: <http://www.gazprom.ru/production/energetics/> (abgerufen: 16.2.2012).

---- 2011g: GAZPROM Germania GmbH. Jahresabschluss zum 31.12.2010, Berlin: Gazprom Germania GmbH.

---- 2012a: Natural gas production at Shakhpakhty increases by 40%, online: <http://gazprom-international.com/en/news-media/articles/natural-gas-production-shakhpakhty-increases-40> (abgerufen: 25.2.2013).

---- 2012b: Gazprom keeps actively implementing Eastern Gas Program, online: <http://www.gazprom.com/press/news/2012/december/article151548/> (abgerufen: 12.2.2013).

---- 2012c: Gazprom International completes geological exploration works in Ustyurt Region of Uzbekistan, online: <http://gazprom-international.com/en/news-media/articles/gazprom-international-completes-geological-exploration-works-ustyurt-region> (abgerufen: 22.2.2013).

---- 2012d: Uzbekistan, online: <http://gazprom-international.com/en/operations/country/uzbekistan?overlay=true> (abgerufen: 25.2.2013).

---- 2012e: Gazprom in questions and answers: Production, online: <http://eng.gazpromquestions.ru/?id=7> (abgerufen: 29.10.2012).

---- 2012f: OOO „Gazprom PChG" [OOO Gazprom-Untergrundspeicher], online: <http://gazprom.ru/subsidiaries/list-items/gazprom-ugs/> (abgerufen: 17.2.2012).

---- 2012g: The Company, online: <http://gazprom-international.com/en/about-us/company> (abgerufen: 22.2.2013).

---- 2012h: A delegation from PDVSA Intevep visits Gazprom International, online: <http://gazprom-international.com/en/news-media/articles/delegation-pdvsa-intevep-visits-gazprom-international> (abgerufen: 1.3.2013).

---- 2012i: Timur Askarovič Kulibaev, online: <http://www.gazprom.ru/about/management/directors/kulibaev/> (abgerufen: 28.2.2013).

---- 2012j: Sachalin-3, online: <http://www.gazprom.ru/about/production/projects/deposits/sakhalin3/> (abgerufen: 12.2.2013).

---- 2013a: A long-term contract was signed for gas supplies to Serbia, online: <http://www.gazprom.com/press/news/2013/march/article159044/> (abgerufen: 27.3.2013).

---- 2013b: Gazprom International will soon start drilling in Bangladesh, online: <http://gazprom-international.com/en/news-media/articles/gazprom-international-will-soon-start-drilling-bangladesh> (abgerufen: 12.2.2013).

---- 2013c: India – Gazprom International, online: <http://gazprom-international.com/en/operations/country/india?overlay=true> (abgerufen: 12.2.2013).

---- 2013d: Vietnam – Gazprom International, online: <http://gazprom-international.com/en/operations/country/vietnam?overlay=true> (abgerufen: 12.2.2013).

---- 2013e: Commonwealth of Independent States, online: <http://gazprom-international.com/en/operations/country/kyrgyzstan> (abgerufen: 12.2.2013).

Gazprombank 2012: NOVATEK: iceberg of value – seeing beyond the tip, online: <http://www.gazprombank.ru/upload/iblock/39e/novatek_initiation.pdf> (abgerufen: 12.2.2013).

GBF 2011: Dr. Bernd Pfaffenbach, online: <http://www.gbf.com/gbf/speakers.asp?ConfNo=1017&SpeakerNo=102> (abgerufen: 23.9.2012).

Geddie, John 2011: Deal Analysis: Nord Stream 2, in: Trade Finance (April 2011).

Gel'tišček, Petr 2009: Ugovodorodnyj konsorcium [Hugokohlenwasserstoffliches Konsortium], in: Vremja Novostej (7.7.2009).

Gentile, Carmen 2007: Analysis: Venezuela, Russia team up on oil, in: UPI Energy (19.9.2007).

Geraščenko, Viktor 2004: Stracha net [Keine Angst], in: Novaja Gazeta (27.12.2004).

German, Tracey 2001a: Agreement on Russian-US Oil Holding Company, in: World Markets Analysis (5.4.2001).

---- 2001b: Energy Co-operation with Kazakhstan Mooted, in: World Markets Analysis (12.4.2001).

GI 2006: Thirteen Companies Show Interest in Venezuelan Gas Blocks, in: World Markets Research – Global Insight (24.8.2006).

GIE 2012: Gas Infrastructure Europe: Aggregated Gas Storage Inventory, online: <http://transparency.gie.eu.com/> (abgerufen: 17.2.2012).

Gismatullin, Eduard 1999: LUKoil Determined on Eastern Europe Expansion, in: The Moscow Times (14.10.1999).

Glazov, Andrei und Ritchie, Michael 2008: Russia Firms Up South Stream, US Backs Nabucco, in: Nefte Compass (28.2.2008).

Glikin, Maksim 2004: Putina poprosili odobrit' [Sie haben Putin gebeten gutzuheißen], in: Nezavisimaja Gazeta (27.7.2004).

Globalwitness 2006: It's a gas. Funny business in the Turkmen-Ukraine gas trade, Washington: Global Witness Publishing Inc.

---- 2009: More funny business in Europe's gas trade, Global Witness Briefing May 2009, http://www.globalwitness.org/media_library_get.php/889/1244496335/gw_emfesz_may09.pdf; 13.6.2009.

Globe 2001: TSE firms used to get Kazakhstan assets, in: The Globe and Mail (17.4.2001).

---- 2005a: Lukoil deal is a private affair, in: The Globe and Mail (4.10.2005).

---- 2005b: Lukoil gets control of Nelson, in: The Globe and Mail (14.10.2005).

---- 2005c: Nelson minority investors resigned to Lukoil deal, in: The Globe and Mail (18.10.2005).

Glumskov, Dmitrij 2003: Ukraina iščet al'ternativu rossijskomu gazu [Die Ukraine sucht eine Alternative für russländisches Gas], in: Kommersant" (6.9.2003), Seite 5.

Glumskov, Dmitrij und Skorobogat'ko, Denis 2004: „Rosneft'" poterjala nadeždu na l'goty v Kazachstane [Rosneft' hat die Hoffnung auf Vergünstigungen in Kasachstan aufgegeben], in: Kommersant" (14.4.2004).

Götz, Roland 2009a: „Moskau nutzt seine Energie nicht als Waffe", online: <http://www.sueddeutsche.de/politik/gas-streit-moskau-nutzt-seine-energie-nicht-als-waffe-1.384566> (abgerufen: 21.4.2012).

Golubkova, Ekaterina 2007a: Chusejn podvel LUKOJL [Hussein hat LUKoil im Stich gelassen], in: RBK Daily (19.1.2007).

---- 2007b: LUKOJLu nužny garantii Čavesa [LUKoil braucht Garantien von Chavez], in: RBK daily (18.9.2007), Seite 5.

Golubov, Boris 2004: Jadernye korni problem razrabotki Orenburgskogo mestoroždenija [Kern-Wurzeln der Probleme bei der Förderung des Orenburg-Vorkommens], in: Neft' i Kapital (9/2004).

Gomez, Victor 1994a: Questions Still Burning Over Future Of Czech Oil, in: Prague Post (10.8.1994).

---- 1994b: What Spy Past? Asks Top Oil Man, in: Prague Post (7.9.1994).

Goodhart, David 1990: World Trade News: Moscow set to buy into E German gas industry, in: Financial Times (20.9.1990), Seite 7.

Gorelov, Nikolaj 2003: „Èto vse ot našej vseobščej bednosti" [„Das kommt alles von unserer allgemeinen Armut"], in: Vremja Novostej (12.3.2003).

Gorst, Isabel 2002: Lukoil reveals potential of Capsian Sea plays, in: Platts Oilgram News (31.5.2002), Seite 1.

---- 2007: Lukoil: Russia's Largest Oil Company, in: Baker Institute Policy Report, Rice University, Houston, TX, No. 35/April 2007, online: <http://www.bakerinstitute.org/programs/energy-forum/publications/docs/NOCs/Papers/NOC_Lukoil_Gorst.pdf> (abgerufen 5.7.2009).

Gotova, Natal'ja 2004: Plov i vyška [Plow und Turm], in: Profil' (21.6.2004).

Grainge, Zoe 2009: Gazprom Export „Interested" in Purchasing Hungary's Emfesz, in: Global Insight (30.11.2009).

---- 2010: New Government of Hungary Tightens Grip on Energy Sector, in: Global Insight (18.8.2010).

---- 2011: Hungarian State Buys Surgutneftegaz Stake in MOL, in: IHS Global Insight (25.5.2011).

Grätz, Jonas 2012a: Gazprom: Selective reliability as a power instrument, online: <http://www.neweasterneurope.eu/node/225> (abgerufen: 21.4.2012).

Grib, Natalija 2005: „Gazprom" zakontraktoval Uzbekistan [Gazprom hat Usbekistan unter Vertrag genommen], in: Kommersant" (8.2.2005).

---- 2006: Sdelka [Deal], in: Kommersant" (13.7.2006).

---- 2007: „Struktura beneficiarov RosUkrĖnergo perežila vsech politikov, kotorye stojali u vlasti na Ukraine" [Die Struktur der Benefiziäre von RosUkrĖnergo hat alle Politiker überlebt, die in der Ukraine an der Macht waren], in: Kommersant" (22.1.2007), Seite 20.

---- 2009a: Novatėk priblizilsja k Gazpromu [Novatėk became closer to Gazprom], in: Kommersant" (27.5.2009).

---- 2009b: „Esli Aleksandr Medvedev zachočet prodlit' kontrakt do 3000 goda, ja podpišu bez voprosov" [„If Aleksandr Medvedev wants to prolong the contract until the year 3000 I will sign without questions"], in: Kommersant" (25.3.2009).

Grib, Natalija und Gavriš, Oleg 2005: „Gazprom" ocenil otkaz Ukrainy [Gazprom hat die Zurückweisung der Ukraine bepreist], in: Kommersant" (15.12.2005).

Grickova, Aleksandra und Lantratov, Konstantin 2007: Ugo Čaves uglubljaet sotrudničestvo s Moskvoj [Hugo Chavez vertieft die Zusammenarbeit mit Moskau], in: Kommersant" (14.6.2007).

Grivač, Aleksej und Dubnov, Arkadij 2003: Sdelka po-turkmenski, in: Vremja Novostej (15.4.2003), Seite 7.

Gromadin, Andrej 2007: Lukoil. Consumed by Capex – initiate with Neutral, Moskau: JPMorgan Chase & Co. Russia Equity Research.

GroupDF 2010: Statement on behalf of Mr Dmitry Firtash relating to the unlawful leaking of US Ambassador Taylor's alleged confidential memo of his meeting with Mr Firtash on 8 December 2008, online: <http://web.archive.org/web/20111108174149/http://www.groupdf.com/News_301.asp> (abgerufen: 12.2.2013).

---- 2012: History, online: <http://groupdf.com/en/about/history> (abgerufen: 13.2.2013).

GSCN 2002: Gas titan steps up rebuilding efforts, in: Gas Connections (7.6.2002).

Gutterman, Steve 2008: Russia, Venezuela sign oil and gas deals, in: The Associated Press (26.9.2008).

Handelsblatt 1990a: Der Bezug von 3,5 Mrd. cbm Importgas ist noch ungesichert, in: Handelsblatt (7.12.1990), Seite 21.

---- 1990b: Wintershall: „Wir sind keine Halsabschneider", in: Handelsblatt (19.12.1990), Seite 19.

---- 1991a: VERBUNDNETZ GAS AG Eine Mrd.DM Verkaufserloes, in: Handelsblatt (25.9.1991), Seite 23.

---- 1991b: WIEH/VNG: Gashahn wird 1992 gesperrt, in: Handelsblatt (2.12.1991), Seite 13.

---- 1991c: BASF-Tochter bleibt hart im Streit mit VNG, in: Handelsblatt (9.12.1991), Seite 16.

---- 1991d: VNG und UdSSR mit neuem Gasvertrag, in: Handelsblatt (24.5.1991), Seite 15.

---- 1992: Erdgasbezugspreise: Ruhrgas-Vorstand Bergmann weist russische Vorwuerfe zurueck, in: Handelsblatt (5.2.1992), Seite 16.

---- 2004: Wingas verlängert Erdgaslieferverträge mit Russland bis 2030, online: <http://www.handelsblatt.com/archiv/wingas-verlaengert-erdgasliefervertraege-mit-russland-bis-2030/2425332.html> (abgerufen: 24.9.2012).

---- 2006: Schröder: „Ich hatte keine Kenntnis von dem Vorgang", Handelsblatt, online: <http://www.handelsblatt.com/politik/deutschland/interview-mit-alt-bundeskanzler-schroeder-ich-hatte-keine-kenntnis-von-dem-vorgang/2636358.html> (abgerufen: 23.9.2012).

Handschuch, Konrad 1992: Steuern: Bewährtes Muster, in: WirtschaftsWoche (23.10.1992), Seite 27.

Hassel, Florian 2001: Gazprom Assets: A Family Affair, in: Moscow Times (21.5.2001).

Heinen, Guido 2001: Staatsanwaltschaft schließt Akte Leuna, Welt Online, online: <http://www.welt.de/print-welt/article484003/Staatsanwaltschaft_schliesst_Akte_Leuna.html> (abgerufen: 1.9.2011).

Herb, Ernst 1995: Harter Kampf um die Reichtuemer Zentralasiens, in: Boersen-Zeitung (9.8.1995), Seite 17.

Higgins, Andrew 1995: Russia's pipe dreams fuel oil rush on Caspian Sea, in: The Independent (18.5.1995), Seite 14.

Höhne, Steffen 2013: Ostdeutsches Gasnetz steht zum Verkauf, online: <http://www.mz-web.de/wirtschaft/verbundnetz-gas-ag-ostdeutsches-gasnetz-steht-zum-verkauf,20642182,22075048.html> (abgerufen: 23.3,2013).

Holovatiuk, Yevhen 2010: Hungarian Court Affirms That Hungarian Energy Office Illegally Approved Sale Of Emfesz To Swiss-Based RosGas, in: Ukrainian News (19.5.2010).

Horsnell, Paul 2000: Oil Pricing Systems, Oxford Energy Comment May 2000, online: <http://www.oxfordenergy.org/comment.php?0005> (abgerufen: 9.9.2010).

Hovet, Jason und Payne, Julia 2012: UPDATE 2-Pipeline bottleneck heightens Europe fuel supply crunch, online: <http://www.reuters.com/article/2012/10/22/unipetrol-refinery-idUSL5E8LM8CI20121022> (abgerufen: 29.3.2013).

HT 2011: Energy watchdog withdraws Emfesz gas supply licence, in: Hungary Today (14.4.2011).

Huber, Maria und Kemmer, Heinz-Günter 1991: Kampf der Monopole, in: Die Zeit (13.12.1991), Seite 30.

IBI 2010: Mittal Investments sells Kazakh oilfield stake to China's Sinopec, in: India Business Insight (12.10.2010).

IBTimes 2010: Nord Stream bestellt halbe Millionen Tonnen Stahlrohre bei Europipe, online: <http://de.ibtimes.com/articles/20100123/nord-stream-erdgas-pipeline-megaauftrag.htm> (abgerufen: 13.12.2011).

ICIS 2000: Czech govt sells Paramo to Unipetrol in disputed deal, online: <http://www.icis.com/Articles/2000/09/07/120179/czech-govt-sells-paramo-to-unipetrol-in-disputed-deal.html> (abgerufen: 1.7.2011).

Ignatova, Marija 2001: Triumvirat, in: Izvestija (24.7.2001).

Igorev, Vladimir 2010: Caspian Progress: The Caspian Pipeline Consortium is on the verge of important new changes, online: <http://www.oilru.com/or/43/893/> (abgerufen: 3.10.2011).

IHS 2008: Venezuela Signs Mixed Companies for LNG Trains, in: IHS Global Insight (22.9.2008).

---- 2009: Russian President Proposes Alternative Energy Rules to Replace European Energy Charter, in: IHS Global Insight (21.4.2009).

IHT 2007: Oil supplies from Russia to Germany fall sharply, in: The International Herald Tribune (25.8.2007), Seite 11.

INFOLine 2010: Gazprom neft' prinimaet vyzov v Venesuéle [Gazprom Neft' nimmt die Herausforderung in Venezuela an], in: INFOLine - Russian Oil and Refining Industry (17.12.2010).

Ingersoll, Robert 1990: Wintershall denies it seeks to disrupt E. German gas supply, in: Platt's Oilgram News (16.11.1990), Seite 5.

---- 1995: Gazprom gets funding for Wingas work, in: Platt's Oilgram News (2.8.1995), Seite 3.

INGS 1994a: Lukoil eyes Gazprom sector, in: International Gas Report (18.2.1994), Seite 15.

---- 1994b: Gas firms head energy sell-off, in: International Gas Report (9.12.1994), Seite 7.

Inosmi 2004: 'Rosneft" – flagman pod rossijskim gosudarstvennym flagom [Rosneft' – Flaggschiff unter der russländischen staatlichen Flagge], online: <http://www.inosmi.ru/inrussia/20040427/209280.html> (abgerufen: 15.9.2011).

Intellinews 2012: Hungary's MOL completes deal on Czech acquisitions, in: Intellinews – Hungary Today (2.10.2012).

---- 2013a: Companies and Industries, in: Intellinews – Czech Republic This Week (25.1.2013).

---- 2013b: Gazprom ups cost of South Stream pipeline by USD 16bn., in: Intellinews Russia Today (30.1.2013).

Interfax 1994: Karachaganak: A Still Undivided Tasty Morsel, in: Interfax News Agency (1.11.1994).

---- 1997: Kazakh PM praises oil and gas agreements signed in Washington, in: Interfax (19.11.1997).

---- 1999: Transgas, Gas Invest ink supplementary import agreement, in: Interfax Czech Republic Business News Service (1.12.1999).

---- 2001a: Gazprombank lowers its stake in Altalanos Ertekforgalmi Bank to 22.54%, in: Interfax Russian company news (24.5.2001).

---- 2001b: Lukoil considers involvement in Ruhr-Oil joint venture, in: Interfax News Bulletin (28.6.2001).

---- 2001c: Gazprom to join Ruhrgas/Gaz de France/SNAM consortium in Czech gas privatization, in: Interfax Companies & Commodities (8.10.2001).

---- 2003a: Lukoil expands geography of foreign projects, in: Interfax Petroleum Report (17.9.2003).

---- 2003b: Uzbekistan to independently use gas pipelines to transport its own gas, in: Interfax Petroleum Report (23.7.2003).

---- 2003c: Lukoil sells Czech filling stations in sales asset restructure, in: Interfax Business Report (15.12.2003).

---- 2004a: Gas liberalization seen bringing moderate results – conference, in: Interfax Hungary Business Report (8.2.2004).

---- 2004b: MOL satisfied with gas business sale process; seeks acquisitions in upstream segment, in: Interfax Hungary Business Report (13.9.2004).

---- 2004c: E.ON Ruhrgas, Gazprom to share Hungary gas market, in: Interfax: Petroleum Report (10.11.2004).

---- 2004d: Russia, Venezuela to sign fuel, energy memorandum, in: Interfax News Bulletin (25.11.2004).

---- 2005a: Gazprom, PdVSA to discuss gas supplies, in: Interfax News Bulletin (17.1.2005).

---- 2005b: Lukoil to discuss cooperation with PdVSA in May, in: Interfax News Bulletin (14.2.2005).

---- 2005c: Lukoil may build refineries in Venezuela, in: Interfax News Bulletin (2.3.2005).

---- 2006a: Hungary's MOL, Russian Gazprom plan extension to Blue Stream gas pipeline, in: Interfax Hungary Business Weekly (23.6.2006).

---- 2006b: Gazprom prepares for new transport route to Europe, in: Interfax Russia & CIS Energy Newswire (8.2.2006).

---- 2006c: Hungary, Russia agree to work on plans for Southern European gas supply route, in: Interfax Hungary Business Newswire (28.2.2006).

---- 2006d: Lukoil, PdVSA complete Phase-1 evaluation work at Junin-3 block, in: Interfax Russia & CIS Business and Financial Newswire (15.6.2006).

---- 2006e: Ukraine talking with Turkmenistan on Q4 gas purchases – Miller, in: Interfax Central Asia General Newswire (30.6.2006).

---- 2006f: Gazprom develops plan for Venezuelan gas sector, in: Interfax Russia & CIS Business and Financial Newswire (28.7.2006).

---- 2006g: Foreign Investment in Uzbekistan down by 4.7% in 2005, in: Interfax Central Asia & Caucasus Business Weekly (7.3.2006).

---- 2006h: Russian Lukoil mulling major refinery buy in Europe, Czech Unipetrol's refinery stake, in: Interfax Czech Republic Business Newswire (11.12.2006).

---- 2006i: Russia, Hungary considering expansion of gas pipelines, storage facilities – President Putin, in: Interfax Hungary Business Newswire (18.9.2006).

---- 2006j: Conocophillips considers Lukoil obvious buyer of Czech refinery, in: Interfax Russia & CIS Oil and Gas Weekly (22.11.2006).

---- 2006k: New Southern European gas route to Hungary to cost HUF 1 trln, says PM Gyurcsany, in: Interfax Hungary Business Weekly (3.3.2006).

---- 2006l: Unipetrol plans to buy ConocoPhillips share in Ceska Rafinerska, in: Interfax Russia & CIS Oil and Gas Weekly (27.12.2006).

---- 2006m: Czech Unipetrol confirms interest in ConocoPhillips Ceska rafinerska stake, in: Interfax Czech Republic Business Newswire (22.11.2006).

---- 2006n: Russia-Turkey gas pipeline plan preferred supply route over Central Asia op-tion, Hungarian official, in: Interfax Hungary Business Weekly (4.9.2006).

---- 2007a: PRESS: Italian Agip to take over ExxonMobil's 43 Czech Esso brand petrol stations, in: Interfax Czech Republic Business Newswire (27.4.2007).

---- 2007b: Lukoil doubts JV talks with Venezuela's PdBSA will end by year-end, in: Interfax Russia & CIS Business and Financial Newswire (18.9.2007).

---- 2007c: JV finds gas condensate field in Uzbekistan, in: Interfax Russia & CIS Oil and Gas Weekly (8.5.2007).

---- 2007d: Italian Eni buys EUR 500 mln, 16.7% stake in Czech refinery CRa; higher than forecast, say analysts, in: Interfax Central Europe Energy Weekly (18.5.2007).

---- 2007e: Gazprom eyeing three gas fields in Venezuela – Zhukov, in: Interfax Russia & CIS Business and Financial Newswire (29.10.2007).

---- 2007f: Hungarian foreign minister reaffirms country's goal of reducing reliance on Russian energy, in: Interfax Hungary Business Newswire (9.2.2007).

---- 2008a: The Russian and Venezuelan energy ministriessigned a memorandum of un-derstanding in Orenburg on September 26 that envisions the creation of a Russian-Venezuelan consortium, in: Interfax Russia & CIS Business & Investment Weekly (26.9.2008).

---- 2008b: Venezuela wants Gazprom to join LNG project, in: Interfax Russia & CIS Business & Financial Daily (23.7.2008).

---- 2008c: Gazprom gets stake in Venezuelan LNG project, in: Interfax Russia & CIS Oil and Gas Weekly (29.9.2008).

---- 2008d: Hungary's South Stream agreement does not rule out other gas pipelines, government says, in: Interfax Hungary Business Newswire (27.2.2008).

---- 2009a: Gazprom wants to enter Hungarian market, not planning to buy EMFESZ – deputy chairman, in: Interfax Russia & CIS Energy Newswire (14.11.2009).

---- 2009b: Gazprom, Hungary to create South Stream JV by May 15, in: Interfax Kazakhstan Oil & Gas Weekly (16.3.2009).

---- 2009c: Hungary's top oil/gas firm MOL, Russia's Gazprom to build 1.3 bln, in: Interfax Hungary Business Weekly (13.3.2009).

---- 2009d: Lukoil plans to expand Czech fuel station network, in: Interfax Russia & CIS Oil and Gas Weekly (28.1.2009).

---- 2009e: Surgutneftegas buys stake in consortium for Venezuela project, in: Interfax Russia & CIS Business & Investment Weekly (6.11.2009).

---- 2010a: Russian oil production in Venezuela may reach 10%–12% of Russian total – Shmatko, in: Interfax Russia & CIS General Newswire (8.4.2010).

---- 2010b: Uzbek court rules bankruptcy on two JVs Gazprom involved with, in: Interfax – Russia & CIS Energy Newswire (10.9.2010).

---- 2010c: Russia ready to pay another $1 bln to Venezuela as bonus on energy projects – Putin, in: Interfax Russia Defense Industry Weekly (9.4.2010).

---- 2011a: Gazprom eyes 20% of Acero project in Bolivia, in: Interfax Russia & CIS Energy Newswire (16.6.2011).

---- 2011b: Lukoil Overseas to commence gas utilization at its western Kazakhstan fields by yearend, in: Interfax Kazakhstan General Newswire (18.8.2011).

---- 2011c: Rosneft, Transneft could take CNPC to court in 2–3 wks – source, in: Interfax Russia & CIS Energy Newswire (25.5.2011).

---- 2012a: NOVATEK thought about buying Verbundnetz gas shares, couldn't agree on price, in: Interfax Russia & CIS Energy Newswire (20.7.2012).

---- 2012b: Hungary's MOL reduces stake in construction of Nabucco West gas pipeline, in: Interfax Russia & CIS Energy Newswire (10.10.2012).

---- 2012c: Uzbekneftegaz to issue new shares for Zeromax assets, in: Interfax Central Asia General Newswire (4.6.2012).

---- 2012d: Gazprom increases stake in Uzbek Gissarneftegaz from 20% to 25%, in: Interfax Russia & CIS Energy Newswire (10.1.2012).

---- 2013a: Russia, Germany to ask EC to exempt OPAL from Third Energy Package, online: <http://www.interfax.com/newsinf.asp?pg=14&id=409241> (abgerufen: 14.4.2013).

---- 2013b: NOVATEK may secure another gas sales contract in Europe this year – Mikhelson, in: Interfax Russia & CIS Energy Newswire (23.1.2013).

---- 2013c: Rosneft might pay 1st part of bonus for Carabobo-2 in March, in: Interfax Russia & CIS Energy Newswire (15.2.2013).

---- 2013d: Lukoil, Zarubezhneft agree on supplying oil products in Balkans, in: Interfax Russia & CIS Business and Financial Newswire (26.3.2013).

---- 2013e: Venezuelan friendship: come back tomorrow, in: Interfax Russia & CIS Energy Newswire (4.2.2013).

Interfin 2005: Novatėk, Finansovaja Kompanija Interfin Trejd, online: <http://www.google.de/url?sa=t&source=web&cd=1&ved=0CBoQFjAA&url=http%3A%2F%2Fwww. skrin.ru%2Fanalytics%2Fstats.asp%3Furl%3D%2Fanalytics%2Freviews%2Fdocuments%2F%25ED% 25EE%25E2%25E0%25F2%25FD%25EA_.pdf%26doc%3D409fd4b9bad34f3882608c8b4de57dc7%2 6author%3D970a4df805d8d67743256a79003d7644&rct=j&q=%D0%BD%D0%BE%D0%B2%D0%B 0%D1%82%D1%8D%D0%BA%20%D1%80%D1%8B%D0%BD%D0%BE%D1%87%D0%BD%D0 %B0%D1%8F%20%D0%BA%D0%B0%D0%BF%D0%B8%D1%82%D0%B0%D0%BB%D0%B8% D0%B7%D0%B0%D1%86%D0%B8%D1%8F%20%D0%B8%D0%BD%D1%82%D0%B5%D1%80 %D1%84%D0%B8%D0%BD&ei=X8dwTu_UDqj24QTY28mqCQ&usg=AFQjCNH1zj3TofNIp_Mh EB-lqCiGdREoGw> (abgerufen: 9.9.2011).

INTON 2009: Firtash & RosGas Vie for Russian Gas, in: Intelligence Online (26.11.2009).

IOD 2003a: Nelson Snaps Up Stake in Kazakh Prospect From China's CNPC, in: International Oil Daily (2.12.2003).

---- 2003b: Lukoil Interested in Sale of Finnish Fortum, Shuns Other Privatizations in Core Regions, in: International Oil Daily (15.9.2003).

---- 2005a: Gazprom Lends Money for Uzbek Project With Political Links, in: International Oil Daily (9.5.2005).

---- 2005b: Gazprom buys Turkmen Gas, in: International Oil Daily (30.12.2005).

---- 2005c: Lukoil Says No Talks Ongoing With ONGC Over PetroKazakhstan, in: International Oil Daily (29.8.2005).

---- 2006a: Lukoil Chaparral Buy Backed, in: International Oil Daily (3.10.2006).

---- 2006b: Mittal Breaks Into Oil With Major Allies, in: International Oil Daily (14.12.2006).

---- 2007: Eni Beats Lukoil to Czech Unit, in: International Oil Daily (25.5.2007).

---- 2008: Steel Tycoon Mittal Blames Kazakh Law for Cutting ONGC Out of Upstream Deal, in: International Oil Daily (5.3.2008).

---- 2010a: Gazprom Quits Venezuela Block, in: International Oil Daily (29.10.2010).

---- 2010b: Lukoil Looks at Listing Shares in Hong Kong or Singapore, in: International Oil Daily (7.10.2010).

---- 2011: RWE, Gazprom end JV talks, in: (23.12.2011).

---- 2013: Lukoil Seeks Partner for Sicily Refinery, in: International Oil Daily (8.3.2013).

IPF 2003: Lukoil Plans Response To YukosSibneft Threat, in: International Petroleum Finance (6.5.2003).

ISD 2006: V 2007–2008gg. Ukraina možet polučit' 3 mlrd kub gaza ot Uzbekistana [In den Jahren 2007–2008 kann Usbekistan 3 Mrd. Kubikmeter Gas aus Usbekistan erhalten], online: <http://www.isd.com.ua/press/news/article.html?id=887> (abgerufen: 16.11.2010).

ITAR-TASS 2005a: Nijazov: Turkmenistan postavit Ukraine v 2006 godu 40 mlrd kubometrov gaza [Nijazov: Turkmenistan liefert der Ukraine 2006 40 Mrd m³ Gas], in: Itar-TASS SNG (29.12.2005).

---- 2005b: Saparmurat Nijazov: Ėksportnaja cena turkmenskogo gaza v 2006 godu sostavit 60 dollarov za tysjaču kubov protiv nynešnich 44 dollarov [Saparmurat Nijazov: Der Exportpreis turkmenischen Gases beträgt im Jahr 2006 60 Dollar für tausend Kubik im Vergleich zu den heutigen 44 Dollar], in: Itar-TASS SNG (18.11.2005).

---- 2005c: Prezident Turkmenistana predložil Rossii, Ukraine i Iranu do 10 dekabrja dogovorit'sja o zakupkach turkmenskogo gaza v 2006 godu [Der Präsident von Turkmenistan hat Russland, der Ukraine und Iran vorgeschlagen, bis zum 10. Dezember über die Einkäufe turkmenischen Gases im Jahr 2006 Einigung zu erlangen], in: Itar-TASS SNG (18.11.2005).

Ivanov, Nikolaj 1998: Novogodnjaja skazka o dobrom „Gazprome" [Neujahrsmärchen über die gute Gazprom], in: Segodnja (29.12.1998), Seite 5.

Ivženko, Tat'jana 2001: Cenu gaza uznaj na granice [Den Gaspreis erfährst du an der Grenze], in: Nezavisimaja Gazeta (16.5.2001).

Izvestija 2001: Sovet direktorov da ljubov' [Aufsichtsrat und Liebe], in: Izvestija (30.6.2001).

---- 2003: LUKoil okazalsja v Latinskoj Amerike [LUKoil findet sich in Lateinamerika wieder], in: Izvestija (26.11.2003).

Jaspert, Werner 1992: Im Erdgasstreit haben jetzt Gerichte das letzte Wort, in: Süddeutsche Zeitung (14.1.1992).

Jastrebcov, Gennadij 2003: Rossija-Turkmenija: Gazovyj kontrakt na četvert' veka [Russland-Turkmenistan: Gasvertrag für ein Vierteljahrhundert], in: Trud (12.4.2003).

JFI 2011: Rising Tide of Imports Spur Euro Refinery Conversion, in: Jet Fuel Intelligence (7.3.2011).

Kahn, Michael 2012: ITGI pipeline looks to eastern Mediterranean gas fields, online: <http://www.reuters.com/article/2012/09/11/energy-gas-pipelines-idUSL5E8KBF1R20120911> (abgerufen: 10.4.2013).

Kaiser, Arvid 2013: BASF mischt mit im Öl- und Gasmonopoly, in: manager magazin online (26.2.2013).

Karlsch, Rainer 2008: Erdgasverträge und Trassenbau, in: Medium Gas (VNG) 2008: 1, 54–57.

Kaufmann, Klaus Dieter und Feizlmayr, Adolf H. 2004: Analysis pegs pipeline ahead of LNG for Caspian area gas to China, in: Oil & Gas Journal (3.8.2004).

Kawaciukova, Zuzana 2003: Boardroom agents, in: Prague Post (17.4.2003).

KazRosGaz 2011: Resursnaja baza TOO „KazRosGaz" (2002–2010 gg.) [Ressourcenbasis der TOO KazRosGaz (2002–2010)], online: <http://www.kazrosgas.org/?p111&version=ru> (abgerufen: 4.10.2011).

Kemmer, Heinz-Günter 1991: Teure Schwarze Pumpe, in: Die Zeit (8.2.1991).

Kerr, Juliette 2006: Thirteen Companies Show Interest in Venezuelan Gas Blocks, in: World Markets Research – Global Insight (24.8.2006).

---- 2010: Rosneft, PDVSA Strike Deal on German Refiner As Russia and Venezuela Strengthen Energy Ties, in: World Markets Research – Global Insight (18.10.2006).

Keuchel, Jan 2012: Interview Andrey Bykov „EnBW wird sich bis auf die Knochen blamieren", online: <http://www.handelsblatt.com/unternehmen/industrie/interview-andrey-bykov-enbw-wird-sich-bis-auf-die-knochen-blamieren-seite-all/6739100-all.html> (abgerufen: 24.3.2013).

Kezik, Irina 2009: Družeskie barreli [Freundlich gesinnte Barrel], in: Izvestija (17.9.2009), Seite F3.

KGN 2005: Two board members of Nelson withdrew from board of directors, in: Interfax - Kazakhstan General Newswire (7.11.2005).

---- 2006a: Tube making plant kicked-off in Aktau, in: Interfax – Kazakhstan General Newswire (5.10.2006).

---- 2006b: No one is safe from mine accidents irrespective of how reliable safety system is – Nazarbaev, in: Interfax – Kazakhstan General Newswire (21.9.2006).

---- 2006c: Mittal Investments becomes Lukoil's partner in Kazakhstan, in: Interfax – Kazakhstan General Newswire (25.12.2006).

---- 2006d: Court sanctioned voting for Lukoil's buying the shares of Chaparral's minority shareholders, in: Interfax – Kazakhstan General Newswire (26.9.2006).

Klaus, Vaclav 2009: Vstupitel'noe slovo k prezentacii knigi «Sinjaja, no ne zelenaja planeta» v Moskve [Einführende Worte zur Präsentation des Buches „Blauer, aber nicht grüner Planet" in Moskau], online: <http://www.klaus.cz/clanky/2485> (abgerufen: 8.7.2011).

Klebnikov, Paul 1996: LUKoil: Kingpin of the Caspian, in: The Moscow Times (27.2.1996).

Knips, Walter und Hupe, Rainer 1992: „Bis zum letzten Blutstropfen". Wintershall-Chef Herbert Detharding über den Kampf um den deutschen Energiemarkt, in: Der Spiegel, Nr. 3/1992, Seite 89–96.

Knott, David 1997: FSU megadeal action suddenly heating up, in: Oil and Gas Journal (24.11.1997), Seite 42.

Kolař, Petr und Piskáček, Vladimír 2010: Byznys? Šlouf mi obcas poradí [Geschäft? Šlouf berät mich manchmal], in: Lidove Noviny (11.10.2010).

Kolesnikov, Andrej 2003: Prezidenty Rossii i Turkmenii vozglavili revoljuciju [Die Präsidenten Russlands und Turkmenistans haben die Revolution angeführt], in: Kommersant" (11.4.2003).

---- 2004: Dvorcovyj tovarooborot [Höfischer Warenumschlag], in: Kommersant" (27.7.2004).

---- 2008: Ugo Čaves predložil Dmitriju Medvedevu ruku i serdce [Hugo Chavez bietet Dmitrij Medvedev Hand und Herz an], in: Kommersant" (23.7.2008).

---- 2009: Bol'šoj vopros rešilsja komplimentarnym obrazom [Eine große Frage wurde in komplementärer Weise entschieden], in: Kommersant" (25.6.2009).

Kolodin, Grigorij 1995: Rossijsko-Turkmenskie svjazi: dolgoždannoe oživlenie [Russländisch-turkmenische Beziehungen: lang erwartete Belebung], in: Nezavisimaja Gazeta (17.11.1995).

Kommersant" 1998: Rossijskie kompanii proigrali francuzskoj v borbe za neftjanoj rynok [Russländische Firmen unterlagen der Französischen im Kampf um den Ölmarkt], in: Kommersant" (2.10.1998).

---- 2001: „Gazprom" stal goskompaniej [Gazprom wurde zu einem Staatskonzern], in: Kommersant" (30.6.2001).

---- 2002a: „Rosneft'" podelitsja kazachskim šel'fom [Rosneft' teilt das kasachische Schelf mit anderen], in: Kommersant" (20.6.2002).

---- 2002b: Prezident RF Vladimir Putin, in: Kommersant" (29.7.2002).

---- 2003a: Putin odobril sdelku BP i TNK [Putin hat dem Deal zwischen BP und TNK zugestimmt, in: Kommersant" (11.2.2003).

---- 2003b: „Teper' u nas est' kolossal'nyj ėkonomičeskij sovmestnyj interes" [„Jetzt haben wir eine kolossales gemeinsames wirtschaftliches Interesse], in: Kommersant" (12.2.2003).

---- 2008: „Gazprom" sertificiroval „Ajakučo-3" [Gazprom hat Ayacucho-3 zertifiziert], in: Kommersant" (2.9.2008).

---- 2010: Včera [Yesterday], in: Kommersant" (22.7.2010).

Korchemkin, Mikhail 2012: Russian Gas Export to the EU: Can It Stay Profitable?, online: <http://eegas.com/images/archive/2012-12-07_Korchemkin_Moscow.pdf> (abgerufen: 11.4.2013).

Koreckij, Aleksandr 1995: Vizit Turkmenbaši v Moskvu [Besuch von Turkmenbaschi nach Moskau], in: Kommersant" (19.5.1995).

Korsunskaya, Darya 2012: Russia's Putin hints oil tsar Sechin will keep influence, online: <http://www.reuters.com/article/2012/03/07/russia-putin-sechin-idUSL5E8E76L020120307> (abgerufen: 11.3.2012).

Kortes 1994: V Moskve podpisano soglašenie meždu ministerstvom neftjanoj i gazovoj promyšlennosti Kazachstana i RAO „Gazprom" o sovmestnom dejatel'nosti po razrabotke i razvitiju Karačaganakskogo mestoroždenija [In Moskau wurde eine Vereinbarung zwischen dem Ministerium für Öl- und Gasindustrie Kasachstans und RAO Gazprom über die gemeinsame Tätigkeit zur Erschließung und Entwicklung des Vorkommens Karachaganak unterschrieben], in: Kortes – Neftegazovyj Kompleks (17.12.1994).

---- 1995: Rossijskij gaz kak sostavnaja chast' Vengerskoj ėkonomiki (Russisches Gas als Grundbestandteil der ungarischen Wirtschaft), in: Kortes – Neftegazovyj Kompleks (13.05.1995).

---- 1996a: 14 oktjabrja Moskvu posetil s rabočim vizitom prezident Turkmenii S.Nijazov [Am 14. Oktober hat der Präsident Turkmenistans S. Nijazov Moskau einen Arbeitsbesuch abgestattet], in: Kortes – Neftegazovyj Kompleks (19.10.1996).

---- 1996b: Podpisan protokol o postavkach turkmenskogo gaza v zapadnuju Evropu v 1997 g. [Es wurde ein Protokoll über die Lieferung turkmenischen Gases nach Westeuropa für das Jahr 1997 unterschrieben], in: Kortes – Neftegazovyj Kompleks (10.11.1996).

---- 1996c: Vagit Alekperov: Interesy i stabil'nost' Rossii prevyše vsego [Vagit Alekperov: Die Interessen und die Stabilität Russlands sind wichtiger als alles andere], in: Kortes – Neftegazovyj Kompleks (25.5.1996).

---- 1998a: Ukraina i Turkmenija prišli k soglašeniju o prodolženiju postavok turkmenskogo gaza na Ukrainu [Die Ukraine und Turkmenistan sind bei einer Vereinbarung über die Fortsetzung der Lieferungen turkmenischen Gases in die Ukraine angelangt], in: Kortes – Neftegazovyj Kompleks (26.12.1998).

---- 1998b: RAO „Gazprom", RVO „Zarubežneft', i ZAO „Strojtransgaz" učredili ZAO „Zarubežneftegaz" dlja razrabotki mestoroždenij v Angole, V'etname [Gazprom, Zarubežneft' und Strojtransgaz haben die geschlossene Aktiengesellschaft Zarubežneftegaz für die Erschließung von Vorkommen in Angola, Vietnam gegründet], in: „Neftegazovyj Kompleks" (Kortes) (4.7.1998).

---- 2002a: „LUKOJL" vedet peregovory s RUHRGAS o vozmožnom sovmestnom učastii v razrabotke gazovych mestoroždenij [LUKoil führt Verhandlungen mit Ruhrgas über die mögliche Beteiligung an der Erschließung von Gasvorkommen], in: Kortes – Neftegazovyj Kompleks (4.6.2002).

---- 2002b: „Gazprom" i „Uzbekneftegaz" zaključili soglašenie o sotrudničestve [Gazprom und Uzbekneftegaz schlossen eine Vereinbarung über die Zusammenarbeit], in: „Neftegazovyj Kompleks" (Kortes) (23.12.2002).

---- 2003a: „Rosneft'„ kupila 100% akcij „Servernoj Nefti" za $ 600 mln [Rosneft' hat 100% der Aktien von Severnaja Neft' für US-$ 600 Mio. gekauft], in: Kortes – Neftegazovyj Kompleks (17.2.2003).

---- 2003b: LUKojl predstavil proekty v Uzbekistane [LUKoil hat die Projekte in Usbekistan vorgestellt], in: „Neftegazovyj Kompleks" (Kortes) (30.9.2003).

---- 2003c: „LUKOJL" i „ROSNEFT'" opredelili osnovnye principy sotrudničestva v Timano-Pečorskom regione [LUKoil und Rosneft' haben die Grundprinzipien der Zusammenarbeit in der Region Timano-Pečora festgelegt], in: Kortes – Neftegazovyj Kompleks (4.3.2003).

---- 2004: „Lukojl" i Uzbekistan podpisali SRP po razrabotke Kandymskich gazovych mestoroždenij [Lukoil und Usbekistan unterschrieben ein PSA zur Erschließung der Gasvorkommen in Kandym, in: „Neftegazovyj Kompleks" (Kortes) (28.6.2004).

Korytina, Evgenija 2010: «Južnyj potok» podorožal vdvoe [Die Kosten für South Stream verdoppelten sich], in: RBC Daily (1.12.2010).

Kowalewsky, Reinhard 1992: Erdgas: Nächste Runde im Kampf um den lukrativen Markt, in: Wirtschaftswoche (25.9.1992), Seite 164.

Koza, Patricia 2005: Lukoil bids on Kazakhstan assets, in: Daily Deal (3.10.2005).

KP 2001: Počemu Vjachirev chotel stat' na koleni pered Turkmenbaši, in: Komsomol'skaja Pravda (28.6.2001), Seite 14–15.

KPO 2009: Karačaganak: obzor za 2008 god [Karačaganak: Zusammenfassung für das Jahr 2008], online: <http://www.kpo.kz/fileadmin/user_upload/corporate_publications/russian/karachaganak_ru.pdf> (abgerufen: 3.10.2011).

---- 2010: Karachaganak Sustainability Report 2009, online: <http://www.kpo.kz/fileadmin/user_upload/corporate_publications/english/Karachaganak_Sustainabilit y_Report_2009.pdf> (abgerufen: 3.10.2011).

---- 2011a: Otčet KPO ob ustojčivom razvitii za 2010 god [Bericht der KPO über nachhaltige Entwicklung im Jahre 2010], online: <http://www.kpo.kz/fileadmin/user_upload/corporate_publications/russian/sustainability_report_2010_ ru_low.pdf> (abgerufen: 3.10.2011).

---- 2011b: O kompanii [Über die Firma], online: <http://www.kpo.kz/about-kpo.html?&L=1> (abgerufen: 3.10.2011).

Krutichin, Michail 2012: Presidential election, storage capacity and Turkmen gas affected Gazprom exports, online: <http://eegas.com/shortage_2012-02e.htm> (abgerufen: 12.3.2012).

Kulikov, Sergej 2010: „Gazprom" rvetsja v Južnuju Ameriku [Gazprom strebt nach Südamerika], in: Nezavisimaja Gazeta (18.10.2010).

KyivPost 2011: Russia ignores Ukraine's gas plea, talks customs union, online: <http://www.kyivpost.com/content/ukraine/russia-ignores-ukraines-gas-plea-talks-customs-uni-102216.html> (abgerufen: 27.9.2012).

---- 2012: Nord Stream tariff still double that of Ukrainian transit, online: <http://www.kyivpost.com/content/ukraine/nord-stream-tariff-still-double-that-of-ukrainian-transit-312571.html> (abgerufen: 6.9.2012).

LAND 2009: PDVSA to team up with Gazprom for nationalised oil services - report, in: Latin America News Digest (3.8.2009).

Lavrov, Sergei 2011: Russian Foreign Minister Sergey Lavrov Interview to Reuters News Agency, 23.12.2011, online: <http://www.russianmission.eu/en/news/russian-foreign-minister-sergey-lavrov-interview-reuters-news-agency> (abgerufen: 21.4.2012).

Lenta 2012: Michel'son, Leonid, online: <http://www.lenta.ru/lib/14202946/> (abgerufen: 12.2.2012).

Leont'ev, Michail 1992: Ukraina proprosalas' turkmenskim gazom [Die Ukraine hat sich mit turkmenischem Gas überworfen], in: Nezavisimaja Gazeta (7.3.1992).

Leuschner, Udo 1991: Beruhigung im Erdgas-Streit zwischen Ruhrgas und Wintershall, online: <http://www.energie-chronik.de/911208.htm> (abgerufen: 2.1.2012).

---- 1992: Gerichtstermin im Erdgas-Streit vertagt - Kontrahenten treiben ihre Pipelines voran, online: <http://www.energie-chronik.de/920110.htm> (abgerufen: 2.1.2012).

---- 1994: Neue Runde im Gas-Streit zwischen Ruhrgas und BASF, online: <http://www.energie-chronik.de/940107.htm> (abgerufen: 2.1.2012).

---- 2006a: Gazprom drängt auf Beteiligung an westeuropäischen E.ON-Töchtern, online: <http://www.energie-chronik.de/060313.htm> (abgerufen: 9.4.2013).

---- 2006b: Auch E.ON an sibirischem Erdgasfeld beteiligt – Hohe Hürden für Übernahme der Endesa, online: <http://www.energie-chronik.de/060703.htm> (abgerufen: 9.4.2013).

---- 2007: Machtkampf bei VNG: Brinker als Vorsitzender des Aufsichtsrats abgewählt, online: <http://www.udo-leuschner.de/energie-chronik/070504.htm> (abgerufen: 2.1.2012).

---- 2008: Der Streit um die ostdeutsche Gasversorgung, online: <http://www.udo-leuschner.de/energie-chronik/080817d.htm> (abgerufen: 2.1.2012).

---- 2009: EnBW tut sich schwer mit dem Einstieg bei VNG, online: <http://www.udo-leuschner.de/energie-chronik/090901.htm> (abgerufen: 2.1.2012).

---- 2010: Gazprom erlangt 10,52 Prozent an VNG, online: <http://www.udo-leuschner.de/energie-chronik/100211.htm> (abgerufen: 2.1.2012).

---- 2013: EnBW unterliegt im Streit mit dem Russen Bykov ein weiteres Mal, online: <http://www.energie-chronik.de/130114.htm> (abgerufen: 24.3.2013).

Litasco 2009: LITASCO Group Companies, online: <http://www.litasco.com/about_us/group_companies.html> (abgerufen: 7.7.2009).

Ljutova, Margarita 2013: Rossija i ES dogovorilis' postroit' obščij ėnergorynok k 2050 g. [Russland und die EU haben sich darauf geeinigt, bis 2050 einen gemeinsamen Energiemarkt aufzubauen], in: Vedomosti (25.3.2013).

LLI 1990a: Major changes in Europe's gas supplies will result from Wintershall's deal with USSR's Gasprom, in: Lloyd's List International (11.10.1990), Seite 5.

---- 1990b: Gas trading organisation Sojuzgas separated from government and formed into independent trading company, in: Lloyd's List International (12.10.1990), Seite 12.

---- 1990c: Wintershall Erdgashandelshaus makes new gas supply offer to Verbundnetz Gas, in: Lloyd's List International (22.12.1990), Seite 3.

---- 1991: Gas supplies withheld in row between Wintershall Erdgas Handelshaus and Verbundnetz Gas, in: Lloyd's List International (25.9.1991), Seite 4.

---- 1992: Cartel office forces gas price row settlement between Wintershall Erdgas Handelshaus and Verbundnetz Gas, in: Lloyd's List International (9.1.1992), Seite 12.

LNG 2011: Novatek sends another tanker via northern sea route, online: <http://www.lngworldnews.com/novatek-sends-another-tanker-via-northern-sea-route/> (abgerufen: 12.2.2012).

Lofts, Graham 2009: Nord Stream: Structuring a Landmark Financing, online: <http://webcache.googleusercontent.com/search?q=cache:iPMLqf3V-g0J:euromoneyseminars.com/EventDocument.aspx%3FeventID%3D1135%26DiscussionID%3D3009%26SpeakerID%3D0+&cd=4&hl=en&ct=clnk&gl=ch&lr=lang_de%7Clang_en%7Clang_ru > (abgerufen: 17.4.2013).

Łoskot-Strachota, Agata 2009: Gazprom's expansion in the EU: co-operation or domination?, online: <http://kms1.isn.ethz.ch/serviceengine/Files/ISN/113176/ipublicationdocument_singledocument/bc9cc c52-1b99-4b3f-8f2d-47ec35b544fd/en/GP_EU_10_09_en.pdf> (abgerufen: 17.2.2012).

Luk'janov, Fedor 1995: Dlja Evropy, no ne besplatno (Für Europa, aber nicht kostenlos), in: Rossijskaja Gazeta (2.6.1995).

LUKoil 2003: Karachaganak Background Information, online: <http://www.lukoil.com/static.asp?id=76> (abgerufen: 3.10.2011).

---- 2004: SRP po gazovomu proektu „Kandym-Chauzak-Šady" vstupilo v zakonnuju silu [Das PSA für das Gasprojekt „Kandym-Chauzak-Šady" hat Gesetzeskraft erlangt], online: <http://www.lukoil.ru/press.asp?div_id=1&year=2004&id=670&pr=yes> (abgerufen: 20.9.2011).

---- 2005: Lukoil President Vagit Alekperov pays working visit to Venezuela, online: <http://www.lukoil.com/press.asp?div_id=1&id=2343&year=2005> (abgerufen: 18.3.2011).

---- 2006: Annual Report 2005, Moskau: LUKoil.

---- 2007: Annual Report 2006, Moskau: LUKoil.

---- 2008a: Consolidated Financial Statements. As of December 31, 2007 and 2006 and for each of the years in the three-year period ended December 31, 2007, Moskau: LUKoil.

---- 2008b: LUKoil – osnovnye fakty 2008: Meždunarodnye proekty [LUKoil – grundlegende Fakten 2008: Internationale Projekte], online: <http://lukoil.ru/materials/doc/Books/2008/Facts2008/part3.pdf> (abgerufen: 4.10.2011).

---- 2008c: LUKoil – osnovnye fakty 2008 [LUKoil – grundlegende Fakten 2008], online: <http://www.lukoil.ru/materials/doc/Books/2008/facts2008rus.pdf> (abgerufen: 12.2.2013).

---- 2008d: Annual Report 2007, Moskau: LUKoil.

---- 2009a: 2008 Financial Results (US GAAP), online: <http://www.lukoil.com/df.asp?id=35> (abgerufen: 4.10.2011).

---- 2009b: Annual Report 2008, Moskau: LUKoil.

---- 2009c: LUKOIL: Sustainable Growth, Sustainable Success, Moskau: Lukoil.

---- 2009d: LUKoil – osnovnye fakty 2009: Meždunarodnye proekty [LUKoil – grundlegende Fakten 2009: Internationale Projekte], online: <http://lukoil.ru/materials/doc/Books/2009/Facts2009/part3.pdf> (abgerufen: 4.10.2011).

---- 2010a: Annual Report 2009, Moskau: LUKoil.

---- 2010b: LUKoil – osnovnye fakty 2010: Pererabotka (v tom čisle neftechimija) i sbyt [LUKoil – grundlegende Fakten 2010: Weiterverarbeitung (darunter auch Petrochemie) und Vertrieb], online: <http://lukoil.ru/materials/doc/Books/2010/FB/part4.pdf> (abgerufen: 25.4.2011).

---- 2010c: LUKoil – osnovnye fakty 2010: Meždunarodnye proekty [LUKoil – grundlegende Fakten 2010: Internationale Projekte], online: <http://lukoil.ru/materials/doc/Books/2010/FB/part3.pdf> (abgerufen: 4.10.2011).

---- 2010d: LUKoil – Spravočnik analitika [LUKoil – Analystenhandbuch], online: <http://lukoil.ru/materials/doc/Books/2010/DB/db2010rus.xls> (abgerufen: 25.4.2011).

---- 2011a: Analyst Databook 2011, online: <http://www.lukoil.com/materials/doc/DataBook/DBP/2011/db2011eng.xls> (abgerufen: 7.10.2011).

---- 2011b: LUKojl privlečet 500 Mln. dollarov SŠA dlja finansirovanija proektov v Uzbekistane [LUKoil strebt einen Kredit von US-$ 500 Mio. für die Finanzierung von Projekten in Usbekistan an], online: <http://www.lukoil.ru/press.asp?div_id=1&year=2011&id=2858&pr=yes> (abgerufen: 6.6.2011).

---- 2011c: LUKoil – osnovnye fakty 2011: Meždunarodnye proekty [LUKoil – grundlegende Fakten 2011: Internationale Projekte], online: <http://lukoil.ru/materials/doc/Books/2011/FB/part_03.pdf> (abgerufen: 4.10.2011).

---- 2011d: Consolidated Financial Statements. As of December 31, 2010 and 2009 and for each of the years in the three-year period ended December 31, 2010, Moskau: LUKoil.

---- 2011e: Annual Report 2010, Moskau: LUKoil.

---- 2011f: Čerpací stanice [Tankstellen], online: <http://lukoil.cz/cmspages/map.aspx?culture=cs-CZ> (abgerufen: 17.10.2011).

---- 2011g: Zastavte se u nás [Halten Sie bei uns an], online: <http://lukoil.cz/Produkty-a-sluzby/Sluzby/Kava.aspx> (abgerufen: 17.10.2011).

---- 2012a: Annual Report 2011, Moskau: LUKoil.

---- 2012b: Analyst Databook 2012, online: <http://www.lukoil.ru/materials/doc/Books/2012/db2012rus.xlsx> (abgerufen: 7.2.2013).

Maley, Patrick 1994: Russia flexes its oil muscle in C. Asia, in: United Press International (24.9.1994).

Malkova, Irina 2009: Podgotovka k ėkspansii [Vorbereitung zur Expansion], in: Vedomosti (13.10.2009).

Manager-Magazin.de 2006: Schröder, Westerwelle und das verbotene Rubel-Wort, online: <http://www.manager-magazin.de/unternehmen/karriere/0,2828,409558,00.html> (abgerufen: 23.9.2012).

Marzec-Manser, Tom 2011: Budapest court rules in favour of Mabofi in Emfesz dispute, in: European Gas Markets (13.4.2011).

---- 2012: Will Hungarian hub go not-for-profit?, in: European Gas Markets (31.10.2012).

Mazneva, Elena 2008: Podelili Orinoko [Sie haben den Orinoko aufgeteilt], in: Vedomosti (23.7.2008).

---- 2011a: Zasvetilsja v Čechii [In Tschechien aufgeblüht], in: Vedomosti (9.9.2011).

---- 2011b: Neft' ot Čavesa [Öl von Chavez], in: Vedomosti (10.10.2011).

Mazneva, Elena, Tutuškin, Aleksandr und Chripunov, Kirill 2009: 6% ot Venesuėly, in: Vedomosti (17.04.2009).

McCutcheon, Hilary und Osbon, Richard 2001: Risks temper Caspian rewards potential, in: Oil & Gas Journal (24.12.2001).

McKillop, Andrew 2012: Germany Marches East – Russia Moves West, Putin's Energy Diplomacy, online: <http://www.naturalgaseurope.com/germany-russia-energy-diplomacy> (abgerufen: 14.3.2012).

Medvedev, Alexander 2011: The role of natural gas in enhancing global energy security, Speech at the IEA Ministerial meeting, Paris, 18 October 2011, online: <http://www.gazpromexport.com/files/medvedev_role_of_natural_gas_iea_eng79.pdf> (abgerufen: 21.4.2012).

Mel'nikov, Kirill 2008: „Nas ne sprosili" [„Man hat uns nicht gefragt"], in: Vremja Novostej (29.9.2008).

Mel'nikov, Kirill, Gabuev, Aleksandr und Černenko, Elena 2012: Esli drug otkazalsja vdrug [Wenn der Freund plötzlich absagt], in: Kommersant"-Vlast' (15.10.2012).

Mergerstat 2010: Target: VNG Verbundnetz Gas AG, in: Mergerstat M & A Database (25.3.2010).

Miklaševskaja, Alena 2004: SŠA svoračivajut pomošč' Uzbekistanu, sojuzniku v vojne protiv terrora [Die USA drosseln die Hilfe an Usbekistan, einen Verbündeten im Kampf gegen den Terror], in: Kommersant" (16.7.2004).

Mileva, Elitza und Siegfried, Nikolaus 2012: Oil market structure, network effects and the choice of currency for oil invoicing, in: Energy Policy 44: 0, 385-394.

Miller, Aleksej 2012: Speech by Alexey Miller at the General Shareholders Meeting, online: <http://www.gazprom.com/press/miller-journal/936857/> (abgerufen: 13.4.2013).

MiRo 2011: MiRO in Zahlen, online: <http://www.miro-ka.de/german/default.htm> (abgerufen: 2.9.2011).

Mlejnek, Josef 2011: Jezevec ve stopách veverek [Dachs in den Fußstapfen von Eichhörnchen], in: Lidove Noviny (7.7.2011).

MM 2003: Trennung wie befohlen, Manager Magazin online, 8.12.2003, online: <http:/www.manager-magazin.de/unternehmen/artikel/0,2828,277411,00.html> (abgerufen: 6.12.2011).

MND 2010: Shareholders of Moravské naftové doly, a.s., online: <http://www.mnd.cz/204/137/shareholders-of-moravske-naftove-doly-a-s/> (abgerufen: 24.7.2010).

MOL 2007: MOL Group Annual Report 2006, online: <http://ir.mol.hu/sites/default/files/en/down2/Annual_Reports/MOL%20Plc%27s%20Annual%20Repo rt%202006.pdf> (abgerufen: 2.8.2011).

Monga, Vipal 2005: ConocoPhillips-Lukoil: One strange cocktail, in: The Deal (7.2.2005), Seite 21.

Mordjušenko, Ol'ga 2011: Lukojl rasširjaetsja v Italii, in: Kommersant" (2.2.2011).

Moscowtimes 2003: Yukos' Market Cap Hits $30Bln, online: <http://www.themoscowtimes.com/business/article/yukos-market-cap-hits-30bln/237668.html> (abgerufen: 9.9.2011).

---- 2013: Gazprom Expects Gas Out of Shtokman in 2030, online: <http://www.themoscowtimes.com/business/article/gazprom-expects-gas-out-of-shtokman-in-2030/475304.html> (abgerufen: 12.2.2013).

MTI 2007a: Russia talks no hidden agenda on gas pipeline, says PM – paper, in: MTI (21.3.2007).

---- 2007b: Hungary needs to have gas while EU gets common energy policy, in: MTI (9.5.2007).

---- 2011a: Update – Fellegi disusses South Stream with Gazprom heads (recasts, adds ministry), in: MTI (16.9.2011).

---- 2011b: Hungary section of South Stream pipeline could be transferred to MVM – paper, in: MTI (20.10.2011).

MTIE 1991: Mineralimpex sets about privatization, in: MTI – Econews (16.10.1991).

---- 1992: Gas price in Hungary and what it contains, in: MTI – Econews (25.3.1992).

---- 1994a: Agreement on Hungarian-Russian natural gas trading house, in: MTI – Econews (28.9.1994).

---- 1994b: DKG majority holders to merge, in: MTI – Econews (18.7.1994).

---- 1995a: Socialist MP hints at attempted share manipulation behind 'oilgate' row, in: MTI – Econews (8.12.1995).

---- 1995b: MOL-Panrusgas sign contract for gas delivery, in: MTI – Econews (8.2.1995).

---- 1995c: MOL Rt becomes largest stakeholder in Panrusgaz, in: MTI – Econews (2.11.1995).

---- 1996a: MOL - Panrusgaz contract for gas supply to 2015, in: MTI – Econews (8.11.1996).

---- 1996b: Panrusgaz could sell gas 15–20PC cheaper than MOL, in: MTI – Econews (13.11.1996).

---- 2002a: Panrusgaz AGM appoints new chairman, in: MTI – Econews (12.4.2002).

---- 2002b: Mr Rahimkulov resigns as chairman of Panrusgaz board, in: MTI – Econews (11.4.2002).

---- 2004a: Emfesz targets big revenue increase in 2006, in: MTI – Econews (29.5.2006).

---- 2004b: Gazprom eyeing Mol's gas division, says Gazexport head, in: MTI – Econews (2.3.2004).

---- 2006: Hungarian PM, Russian President say they are pleased with progress after meeting, in: MTI – Econews (18.9.2006).

---- 2009: EMFESZ provides Hungary's gas reserve with 900m cubic metres of gas, in: MTI – Econews (22.12.2009).

---- 2010a: Gas suppliers threaten to stop deliveries to EMFESZ – paper, in: MTI – Econews (22.12.2010).

---- 2010b: No official talks on gas distributor's client transfer to Gazprom, says CEO, in: MTI – Econews (29.1.2010).

---- 2010c: UPDATE 2 – Hungary's South Stream pipeline project company established (adds detail), in: MTI Econews (29.1.2010).

---- 2010d: Emfesz contracts 2.5bn cubic metres of gas, in: MTI – Econews (4.3.2010).

---- 2011: Energy office withdraws Panrusgaz gas-trading license at company's request - newspaper, in: MTI Econews (2.3.2011).

MVM 2012: The Shareholders' Agreement on Hungarian Section of South Stream Project was signed, online: <http://www.mvm.hu/en/news/sitepages/newsdetails.aspx?newsid=221> (abgerufen: 10.4.2012).

Nabucco 2013: Nabucco West Scenario, online: <http://www.nabucco-pipeline.com/portal/page/portal/en/press/Nabucco%20West%20Scenario> (abgerufen: 10.4.2013).

Nakanishi, Nao 1991: BASF Soviet deal dismantles Ruhrgas monopoly, in: Reuters News (8.11.1991).

Narovec, Radek 2006: INTERVIEW-Vemex to invest in Czech gas infrastructure, in: Reuters News (5.4.2006).

Narzikulov, Rustam 1997: „Ljudi predpočitajut videt' mir v černo-belych kraskach" [Die Menschen ziehen es vor, die Welt in Schwarz-Weiß zu sehen], in: Nezavisimaja Gazeta (18.2.1997).

NATO 2010: Central Europe Pipeline System, online: <http://www.nato.int/cps/en/SID-0D511FBF-F0370691/natolive/topics_49151.htm#Facts> (abgerufen: 13.8.2011).

Neff, Andrew 2007: South Stream Pipeline Threatens Turkey's Role in Gas Transit to Europe, in: Global Insight (26.6.2007).

---- 2008a: Russian, Italian Leaders Sign Slew of Energy Co-Operation and Investment Deals, in: Global Insight (7.11.2008).

---- 2008b: LUKoil Eyeing Stake in Italian Refinery, in: Global Insight (14.3.2008).

---- 2009a: Total Sidelines Valero in Deal with LUKoil for Dutch Refinery Stake, in: Global Insight (22.6.2009).

---- 2009b: South Stream Gas Pipeline Project Secures Boost with Russia-Hungary Co-Operation Agreement, in: Global Insight (11.3.2009).

---- 2009c: LUKoil Receives $1US.3-bil. Unsecured Loan From Gazprombank, in: Global Insight (11.2.2009).

---- 2009d: Russia's LUKoil, Transneft Reported to Have Approached PKN About Stakes in Lithuanian, Czech Refineries, in: Global Insight (7.4.2009).

---- 2011a: Arbitration Tribunal Rules Against Hungary's Emfesz, Awards USD527 Mil. in Damages to RosUkrEnergo, in: Global Insight (22.3.2011).

---- 2011b: BP, Rosneft Announce Historic Share-Swap Deal, Joint Arctic Exploration Alliance, in: Global Insight (17.1.2011).

NefteCompass 2002a: Kazakhstan: Kulibaev Steps Down, in: Nefte Compass (27.10.2005).

---- 2002b: King Size: Kurmangazy To Challenge For Caspian Crown, in: Nefte Compass (15.5.2002).

---- 2003a: Kazakhstan: Gazprom Pressed To Pay More For Karachaganak Gas, in: Nefte Compass (3.9.2003).

---- 2003b: Kazakhstan: Nelson Resources Shares Out The Spoils, in: Nefte Compass (16.4.2003).

---- 2005: Gazloan: Gazprombank Lends To Uzbekneftegas, in: Nefte Compass (12.5.2005).

---- 2006: Retail Therapy: Lukoil Agrees To Buy European Retail Chain, in: Nefte Compass (14.12.2006).

---- 2007: Lukoil Completes Kazakh Sale To Mittal, in: Nefte Compass (26.4.2007).

---- 2008a: Changes Expected In Russian Exports, in: Nefte Compass (18.9.2008).

---- 2008b: Supplies To Czech Republic Restored, in: Nefte Compass (23.10.2008).

---- 2008c: Chavez Brings Deals To TNK-BP, Gazprom, Lukoil, in: Nefte Compass (24.7.2008).

---- 2009a: Tactical Change Pays Off For Total In Russia, in: Nefte Compass (29.10.2009).

---- 2009b: Lukoil Finalizes Dutch Refinery Purchase, in: Nefte Compass (3.9.2009).

---- 2010a: Lukoil Abandons Caspian Block, in: Nefte Compass (23.9.2010).

---- 2010b: Lukoil Changes Tack in Venezuela, in: Nefte Compass (2.9.2010).

---- 2011a: Hungarian Gas Trader Has License Suspended, in: Nefte Compass (13.1.2011).

---- 2011b: Novatek Linked With German Tie-Up, in: Nefte Compass (21.7.2011).

---- 2012a: Gazprom Neft Looks at European Refiners, in: Nefte Compass (12.4.2012).

---- 2012b: Hungary Gives Nabucco Environmental Go-Ahead, in: Nefte Compass (16.8.2012).

---- 2012c: Rosneft Fires Geneva Staff, in: Nefte Compass (29.3.2012).

---- 2012d: Russia's Latin American Projects Face Moment of Truth, in: Nefte Compass (26.7.2012).

---- 2013: Russian Companies Eye Libya, in: Nefte Compass (10.1.2013).

NEL-Pipeline 2011: NEL pipeline crosses the Elbe with Europe's largest horizontal drill channel, online: <http://www.nel-pipeline.de/public/nel-en/news/news11.html> (abgerufen: 23.9.2012).

Net4Gas 2012: FAQ, online: <http://www.net4gas.cz/en/faq-gazela/> (abgerufen: 23.9.2012).

Newsru.com 2010: Biznesmen Rotenberg priznalsja v družbe s Putinym, no oproverg, čto byl ego trenerom po dzjudo: „Ja ne takoj staryj" [Der Geschäftsmann Rotenberg hat die Freundschaft mit Putin zugegeben, aber zurückgewiesen, dass er sein Judo-Trainer gewesen ist: „Ich bin nicht so alt"], online: <http://www.newsru.com/russia/28apr2010/rotenberg.html> (abgerufen: 13.12.2011).

NG 1996: Vosroditsja li Sojuz? Buduščee postsovetskogo prostranstva. Tezisy Soveta po vnešnej i oboronnoj politike [Wird die Union wiedererstehen? Die Zukunft des postowjetischen Raums. Thesen des Rats für Außen- und Verteidigungspolitik (SVOP)], in: Nezavisimaja Gazeta (23.5.1996).

NGA 2011: Gazprom in Gas MoU with Venezuela, Natural Gas Americas, online: <http://naturalgasforamerica.com/gazprom-gas-mou-venezuela.htm> (abgerufen: 14.10.2011).

NIK 2002a: Turkmenskij paradoks [Turkmenisches Paradox], in: Neft' i Kapital (5/2002).

---- 2002b: „JUKOS" sobiraetsja dobyvat' v Kazachstane [Jukos hat vor, in Kasachstan zu fördern], in: Neft' i Kapital (3/2002).

---- 2002c: Tjaželye razdum'ja pered rešitel'nym šagom [Schwere Überlegungen vor dem entschlossenen Schritt], in: Neft' i Kapital (10/2002).

---- 2003a: Turkmenskie perspektivy „Gazproma" [Perspektiven der Gazprom in Turkmenistan], in: Neft' i Kapital (5/2003).

---- 2003b: Vremja razdela [Zeit des Aufteilens], in: Neft' i Kapital (4/2003).

---- 2004a: Čeleken i ego nemnogočislennye sosedy [Čeleken und seine nicht zahlreichen Nachbarn], in: Neft' i Kapital (5/2004).

---- 2004b: Vostok – delo tonkoe [Der Osten ist eine schwierige Sache], in: Neft' i Kapital (12/2004).

---- 2005a: Naši v Venesuėle [Unsere in Venezuela], in: Neft' i Kapital (10/2005).

---- 2005b: Prišel, postroil i dobyl [Kam, baute und förderte], in: Neft' i Kapital (5/2005).

---- 2006a: Dvuchletnij tajm-out [Zweijährige Auszeit], in: Neft' i Kapital (9/2006).

---- 2006b: Taškent gotov podelit'sja [Taschkent ist bereit zu teilen, in: Neft' i Kapital (7/2006).

---- 2006c: Gazovyj Debjut [Gasförmiges Debut], in: Neft' i Kapital (10/2006).

Nikol'skij, Aleksej und Derjagina, Ol'ga 2003: Gazprom polučil svoe, in: Vedomosti (7.8.2003).

NIS 2011: Presentation for investors and shareholders for first half of 2011, online: <http://www.nis.rs/wp-content/uploads/2011/12/h12011-prezentacija-en.pdf> (abgerufen: 11.11.2011).

---- 2013: NIS launched a new premium retail brand GAZPROM, online: <http://www.nis.rs/o-nama/nasi-brendovi/gazprom?lang=en> (abgerufen: 12.2.2013).

NNK 2010: Nacionalnyj Neftjanoj Konsorcium – Otčet 2009, online: <http://consorcio.ru/documents/reports/1.pdf> (abgerufen: 15.10.2011).

Nord Stream 2011a: Hintergrundinformation, online: <http://www.nord-stream.com/download/document/10/?language=de> (abgerufen: 24.11.2011).

---- 2011b: Nord Stream Pipeline Temporarily Shut Down for Planned Maintenance of Russian Onshore Connection, online: <http://media.nord-stream.com/media/news/press_releases/en/2011/12/nord-stream-pipeline-temporarily-shut-down-for-planned-maintenance-of-russian-onshore-connection_393_20111212.pdf> (abgerufen: 24.2.2012).

NordStream 2007: Impulse für die deutsche Wirtschaft, online: <http://www.nord-stream.com/de/presse-informationen/pressemitteilungen/impulse-fuer-die-deutsche-wirtschaft-144/> (abgerufen: 13.12.2011).

---- 2011: Partner, online: <http://www.nord-stream.com/fileadmin/Dokumente/3__PNG_JPG/1__Charts/Nord_Stream_Partners_GER.jpg> (abgerufen: 22.8.2011).

Novatek 2011: Novatek. Dawn of a New Decade, online: <http://novatek.ru/common/upload/doc/2011.09.07-09--DB_NYC_GEM_1on1.pdf> (abgerufen: 17.2.2012).

---- 2012: Production, online: <http://novatek.ru/en/business/production/> (abgerufen: 17.2.2013).

---- 2013: South–Tambeyskoye Field, online: <http://www.novatek.ru/en/business/yamal/southtambey/> (abgerufen: 17.2.2013).

Novecon 2003: Panrusgaz Management Reshuffled in: Novecon (24.09.2003).

---- 2007: Dmitry Firtash Accompanies GAZPROM to Hungary, in: Novecon (3.7.2007).

Novinite 2012: Bulgaria to Sign 6+4 Year Contract with Gazprom, online: <http://www.novinite.com/view_news.php?id=145125> (abgerufen: 10.4.2013).

---- 2013: Bulgarian PM Calls for Detailed Review of South Stream, online:
<http://www.novinite.com/view_news.php?id=149418> (abgerufen: 13.4.2013).

Novoprudskij, Semen 1998: Rossijskij gaz dorože deneg [Russländisches Gas ist teurer als Geld], in: Izvestija (21.10.1998).

---- 1999a: Podvig patriota [Heldentat eines Patrioten], in: Izvestija (21.12.1999).

---- 1999b: Ukrainskij tranzit gorit sinim plamenem [Der ukrainische Transit brennt mit blauer Flamme], in: Izvestija (2.10.1999).

---- 1999c: Sdvig na gaze [Verschiebung auf dem Gas], in: Izvestija (2.10.1999).

NV 2001: K voprosu o reformirovanii Gazproma, in: Neftegazovaja Vertikal' (17.9.2001).

---- 2005: Rossijsko-Kazachstanskoe sotrudničestvo [Russländisch-Kasachische Zusammenarbeit], in: Neftegazovaja Vertikal' (17.9.2005).

---- 2009a: LUKojlu nužen sobstvennyj rynok gaza [LUKoil braucht einen eigenen Gasmarkt], in: Neftegazovaja Vertikal' (18.12.2009).

---- 2009b: Uzbekistan: buduščee za gazom [Uzbekistan: Die Zukunft liegt beim Gas], in: Neftegazovaja Vertikal' (16.5.2009).

---- 2009c: Strategičeskij pereves? [Strategisches Übergewicht?], in: Neftegazovaja Vertikal' (15.4.2009).

---- 2011: Rossijskij apstrim: Latinskaja Amerika [Russisches upstream: Lateinamerika], in: Neftegazovaja Vertikal' (21.6.2011).

OCTW 1998: Russians create crude-supply pinch at German refinery, in: Octane Week (23.3.1998).

OD 2008: TNK-BP Eyes Libya, in: Oil Daily (21.10.2008).

OGJ 1994: Hungary petroleum privatization limited by economic concerns, in: Oil & Gas Journal (4.7.1994), Seite 21.

---- 2003: 2003 Worldwide Refining Survey, in: Oil & Gas Journal (22.12.2003).

Oilreview 2011: Sdelka „Rosnefti" i BP: ne putajte resursy s zapasami! [Der Deal zwischen Rosneft' und BP: Verwechselt nicht Ressourcen und Reserven!], online:
<http://oilreview.livejournal.com/16377.html> (abgerufen: 5.10.2011).

OKINB 2006: Gazprom officials press conference Gazprom office, 11.00, June 20, 2006, in: Official Kremlin International News Broadcast (20.6.2006).

OPAL-Pipeline 2012: Projektbeteiligte, online: <http://www.opal-pipeline.com/public/de/projektbeteiligte.html> (abgerufen: 23.9.2012).

Oreanda 2004: LUKOIL To Be Interested In Oil Production In Venezuela, in: RIA Oreanda (5.10.2004).

---- 2005: Vagit Alekperov, President of LUKOIL Discussed Implementation of Memo-randum of Understanding with Management of Petroleos de Venezuela S.A., in: RIA Oreanda (24.5.2005).

---- 2013: Rosneft Signs Long-Term Supply Deals via Druzhba Pipeline, in: RIA Oreanda (6.2.2013).

Otzen, Katharina 1990: DDR Gaswirtschaft: Westliche Investoren stehen Schlange, in: Wirtschaftswoche (24.8.1990), Seite 140.

Panfilov, Oleg 1995: Gosdepartament SŠA ozaboček situaciej na tadžiksko-afganskoj granice [Das State Department der USA ist besorgt über die Situation an der tadschikisch-afghanischen Grenze], in: Nezavisimaja Gazeta (17.1.1995).

Paramo 2001: The Report of Paramo for the Year 2000, online:
<http://www.paramo.cz/miranda2/export/sites/www.paramo.cz/en/sys/galerie-download/Paramo-2000-ENG.pdf> (abgerufen: 16.10.2011).

---- 2003: Year Report 2002, online:
<http://www.paramo.cz/miranda2/export/sites/www.paramo.cz/en/sys/galerie-download/Paramo-2002-ENG.pdf> (abgerufen: 16.10.2011).

---- 2006: Year Report 2005, online:
<http://www.paramo.cz/miranda2/export/sites/www.paramo.cz/cs/sys/galerie-download/rocni-zprava-2005.pdf> (abgerufen: 16.10.2011).

---- 2008: Annual Report 2007, online:
<http://www.paramo.cz/miranda2/export/sites/www.paramo.cz/cs/sys/galerie-download/Paramo_AR_2007_EN.pdf> (abgerufen: 16.10.2011).

Parraga, Marianna 2012: PDVSA debts crimp Venezuela's ambitious oil output plans, online:
<http://uk.reuters.com/article/2012/03/02/venezuela-oil-pdvsa-idUKL2E8E19OZ20120302> (abgerufen: 11.3.2012).

PB 2007: Vorstandskarussell - Streit um Einfluss beim Energieversorger VNG spitzt sich zu, in: Platow – Brief (14.9.2007).

PBN 2009: PRESS: Russia's Lukoil eyes Poland's PKN Orlen assets in Lithuania, Czech Republic, in: Poland Business Newswire (7.4.2009).

PDVSA 2005: True Nationalization, online:
<http://www.pdvsa.com/index.php?tpl=interface.en/design/readmenuprinc.tpl.html&newsid_temas=44> (abgerufen: 6.10.2011).

Pecka, Michael 2001: Wintershall präsentiert Geschäftszahlen 2000, in: Energie & Management (22.3.2001).

Persikov, Alexander 1993: Russian Shell Begins With Nearest Abroad, in: RusData DiaLine-BizEkon News (16.10.1993).

PETREC 1992: Gas diversification plans stall as region looks for new oil and gas suppliers, in: Petroleum Economist (31.5.1992), Seite 32.

---- 1994: Russian gas supply goes private, in: Petroleum Economist (24.3.1994), Seite 41.

---- 1995: Petroleum Economist Special Report on National Energy Companies – Eastern Europe, in: Petroleum Economist (30.9.1995), Seite 22.

---- 2009: Refining profits slump on adverse fundamentals, in: Petroleum Economist (1.9.2009).

---- 2010: Downstream depression, in: Petroleum Economist (6.4.2010).

---- 2011: European refinery sales accelerate, in: Petroleum Economist (03/2011).

PF 2010: Nord Stream: Gazprom enhanced, in: Project Finance (April 2010).

---- 2011: Nord Stream may choose early refinancing, in: Project Finance (Juni 2011).

Pimpl, Roland 1999: Wie David gegen Goliath Gas gab, in: Horizont (19.8.1999), Seite 30.

PLATTS 1989: Wintershall plans $ 408-million gas pipeline in W. Germany, in: Platt's Oilgram News (2.11.1989), Seite 2.

---- 1990a: Eastern Germany's VNG must negotiate for part of its Soviet gas supplies, in: Platt's Oilgram News (27.11.1990), Seite 5.

---- 1990b: Plan for VNG Shares Reported, in: Platt's Oilgram News (19.12.1990), Seite 2.

---- 1990c: Soviets eyeing E. German gas stake, in: Platt's Oilgram News (11.9.1990), Seite 4.

---- 1991a: German court continues Russian gas supplies, in: Platt's Oilgram News (26.12.1991), Seite 2.

---- 1991b: VNG rejects WIEH gas delivery offer, in: Platt's Oilgram News (10.12.1991), Seite 4.

---- 1992a: German Gas Supplier Trims Spending – Rocky Financial Start is Cited, in: Platt's Oilgram News (15.6.1992), Seite 3.

---- 1992b: MIDAL gasline contracts awarded for pipelaying, in: Platt's Oilgram News (2.4.1992), Seite 3.

---- 1999: Gov't infighting delays Czech refinery sale, in: Platt's Oilgram News (22.11.1999), Seite 2.

---- 2005: Gazprom moves into Czech market in: Platts Energy in East Europe, Issue 57 (4.2.2005).

---- 2008: South Stream JV to be set up, in: Platts Energy in East Europe (28.3.2008).

---- 2010: Platts: Methodology and Specifications Guide Crude Oil, online: <www.platts.com> (abgerufen: 9.9.2010).

---- 2012: Analysis: Did new Russian port cause German refinery shortage?, online: <http://www.platts.com/RSSFeedDetailedNews/RSSFeed/Oil/8855746> (abgerufen: 29.3.2013).

---- 2013: Russia, China to agree gas price via eastern route in June: official, online: <http://www.platts.com/RSSFeedDetailedNews/RSSFeed/NaturalGas/8266429> (abgerufen: 28.3.2013).

PNB 2009: Russians Interested in Orlen's Lithuanian and Czech Stakes, in: Polish News Bulletin (7.4.2009).

---- 2012: Czechs Want Russians to Help Oust Orlen from Unipetrol, in: Polish News Bulletin (27.11.2012).

Podobedova, Ljudmila 2008: Jamal'skaja ėkspansija «Gazproma» [Jamal-Expansion der Gazprom], RBK Daily, online: <http://www.rbcdaily.ru/tek/562949978978077> (abgerufen: 12.2.2013).

PON 1983: Soviets expected to open bidding on Karachaganak gas project in late '84, in: Platt's Oilgram News (11.11.1983), Seite 1.

---- 1984: Soviets prep major gasfield for startup, in: Platt's Oilgram News (31.7.1984), Seite 1.

---- 1994: Gazprom sets terms for a Kazakh role, in: Platt's Oilgram News (18.10.1994), Seite 2.

---- 1995: BG reviews position of its Karachaganak project, in: Platt's Oilgram News (28.7.1995).

---- 1996a: Lukoil eyes Gazprom's 15% stake in Kazakh field, in: Platt's Oilgram News (30.9.1996), Seite 4.

---- 1996b: Gazprom not interested in Karachaganak stake, in: Platt's Oilgram News (3.7.1996), Seite 1.

---- 2001a: Russian Lukoil sets sights on Venezuelan oil patch, in: Platt's Oilgram News (29.6.2001), Seite 6.

---- 2001b: PDVSA in talks to supply LUKOIL 'gas' stations in US, in: Platt's Oilgram News (1.6.2001), Seite 1.

---- 2003: LUKoil to export product for US retail, in: Platt's Oilgram News (29.9.2003), Seite 5.

---- 2004: Consolidation continues with small Kazakh producers, in: Platt's Oilgram News (18.5.2004), Seite 1.

Posch, Michael 2011: „Europa ist der größte Absatzmarkt": Bundeswirtschaftsminister Philipp Rösler über die europäische Versorgungssicherheit, die Bedeutung von Gas und erneuerbaren Energien, in: Welt am Sonntag (13.11.2011).

Pott, Wolfgang 2003: Wellengang bei Ruhrgas, in: Die Welt (5.10.2003).

PP 2009: A hug among friends, in: Prague Post (21.10.2009).

PPR 1991a: WIEH threatens to stop delivery unless VNG bills are paid in full, in: Platt's Petrochemical Report (5.12.1991), Seite 4.

---- 1991b: BASF raps Bonn and Ruhrgas on German gas market stance, in: Platt's Petrochemical Report (17.10.1991), Seite 4.

Presse 2007: Wie Ungarn Billigstrom aus der Ukraine importiert, in: Die Presse (7.2.2007).

---- 2008: Ungarns einstige Nummer eins kehrt heim, in: Die Presse (31.5.2008).

---- 2009: Gasdiskonter mit KGB-Kontrakt, in: Die Presse (13.11.2009).

Preuß, Olaf 2001: Wintershall gegen Gasmarkt-Regulierer, in: Financial Times Deutschland (23.3.2001).

Prime-TASS 2003: Russia Lukoil may bid for Venezuelan gas deal – report, in: Prime-Tass English-language Business Newswire (13.11.2003).

---- 2004: Lukoil, PdVSA mull oil, gas joint venture in Venezuela, in: Prime-Tass English-language Business Newswire (25.11.2004).

---- 2006a: PdVSA says Gazprom trails its peers in Orinoco reserve study, in: Prime-Tass English-language Business Newswire (20.7.2006).

---- 2006b: DJ Russia, Hungary agree on building gas pipeline from south, in: Prime-Tass English-language Business Newswire (1.3.2006).

---- 2007: Zhukov says Gazprom bidding to develop 3 gas fields in Venezuela, in: Prime-Tass English-language Business Newswire (29.10.2007).

---- 2008a: Lukoil unit inks deal to buy 693 gas stations in Turkey, in: Prime-Tass English-language Business Newswire (28.7.2008).

---- 2008b: Lukoil, PdVSA ink new agreement on Junin-3 block in Venezuela, in: Prime-Tass English-language Business Newswire (22.7.2008).

---- 2009: Press: Usmanov sells Yuzhno-Tambeiskoye gas field to Gazprombank, in: Prime-TASS English-language Business Newswire (30.1.2009).

---- 2010: Gazprom gets 67 mln euros under asset swap deal with E.ON Ruhrgas, in: Prime-TASS Energy Service (29.4.2010).

Pusenkova, Nina 2010: Riski zarubežnych investicij [Die Risiken internationaler Investitionen], in: Nezavisimaja Gazeta (12.1.2010).

Pusyrev, Ivan 1994: Situacija vokrug mestoroždenja gaza [Die Situation der Gasvorkommen], in: Kommersant" (11.11.1994).

Putin, Vladimir 2012: Vladimir Putin had a working meeting with Gazprom CEO Alexei Miller, online: <http://eng.kremlin.ru/news/4572> (abgerufen: 12.2.2013).

PwC 2008a: UFK-Garantien: Verfahren, online: <http://www.agaportal.de/pages/ufk/verfahren.html> (abgerufen: 23.9.2012).

---- 2008b: UFK-Garantien der Bundesrepublik Deutschland, online: <http://www.agaportal.de/pages/ufk/index.html> (abgerufen: 23.9.2012).

Quinlan, Martin 2011: European refining suits some, in: Petroleum Economist (Mai 2011), Seite 6–7.

Radzio, Heiner 1990: Gespräch mit dem Wintershall-Vorstandsvorsitzenden Heinz Wuestefeld, in: Handelsblatt (16.11.1990), Seite 22.

Rahr, Alexander 2008: Wie vertrauenswürdig ist Russland?, in: Welt am Sonntag (15.6.2008), Seite WS 7.

Ravasz, Karoly 1990: Hungary, Foreign Partners Making Slow Progress in 'Gas' Ventures, in: Platt's Oilgram News 68: 147, 1.

---- 1991: Hungary's Privatization Advances, in: Platt's Oilgram News 69: 185, 4.

RB.ru 2008: Sovladel'cem Gunvor okazalsja vovse ne drug Putina [The co-owner of Gunvor turns out to be not at all a friend of Putin], online: <http://www.rb.ru/topstory/business/2008/05/22/173608.html> (abgerufen: 10.8.2009).

Rebrov, Denis 2003: Bezymjannaja kompanija [Namenlose Firma], in: Vremja Novostej (12.2.2003).

---- 2009: „Oživlenie čuvstvuetsja, stabil'nosti net" [Eine Belebung ist spürbar, aber keine Stabilität], in: Kommersant" (1.9.2009).

Rebrov, Denis, Mordjušenko, Ol'ga und Džodžua, Tamila 2010: „Rosneft'" potečet v Germaniju čerez Venesuélu [Rosneft' (Russländisches Öl) fließt nach Deutschland durch Venezuela], in: Kommersant" (2.4.2010).

REGNUM 2006a: Turkmenija podnjala ceny na gaz dlja „Gazproma" [Turkmenistan hat die Gaspreise für Gazprom angehoben], in: IA Regnum (21.6.2006).

---- 2006b: Dvojnoj udar: turkmenskij gaz, prednaznačennyj dlja Ukrainy, postupaet na balans „Gazproma" [Zweifacher Schlag: Das turkmenische Gas, das für die Ukraine bestimmt ist, geht auf die Balance der Gazprom], in: IA Regnum (1.1.2006).

---- 2006c: V Rossiju ne postupal turkmenskij gaz, prednaznačennyj Ukraine [In Russland kam kein turkmenisches Gas an, das für die Ukraine bestimmt ist], in: IA Regnum (1.1.2006).

Reuters 1991a: BASF unit offers to supply gas to E. Germany, in: Reuters News (6.12.1991).

---- 1991b: Deal Signed to Privatise East German Gas Network, in: Reuters News (24.9.1991).

---- 1991c: Bonn backing Treuhand's VNG offer to Wintershall, in: Reuters News (19.2.1991).

---- 1994: VNG beziehg mehr Erdgas von WIEH, in: Reuters – Nachrichten auf Deutsch (15.9.1994).

---- 1995: State control of Czech gas company needed – minister, in: Reuters News (24.3.1995).

---- 1996: Hungary Bank unit AEB to finance Gazprom projects, in: Reuters News (23.8.1996).

---- 2001: Wintershall quits Czech gas tender, RWE stays, in: Reuters News (24.10.2001).

---- 2005: Gazprom buys 37.5 pct in Czech gas distributor, in: Reuters News (3.2.2005).

---- 2006: UPDATE 2-Gazprom agrees direct gas deliveries to Czech Rep, in: Reuters News (29.3.2006).

---- 2012a: Russia wants China to prepay for gas to fund pipe, online: <http://af.reuters.com/article/energyOilNews/idAFL5E8KREXD20120927?sp=true> (abgerufen: 29.9.2012).

---- 2012b: Rosneft may up Druzhba link crude supply to Germany-sources, online: <http://www.reuters.com/article/2012/10/25/rosneft-pipeline-idUSL5E8LPJW820121025> (abgerufen: 29.3.2013).

---- 2013a: UPDATE 2-Allianz, Borealis to buy RWE's Net4Gas for $2 bln, online: <http://www.reuters.com/article/2013/03/28/rwe-net4gas-idUSL5N0CK38T20130328> (abgerufen: 28.3.2013).

---- 2013b: UPDATE 1-Gazprom sees South Stream costing $39 bln, online: <http://uk.reuters.com/article/2013/01/29/gazprom-southstream-idUKL5N0AYAW620130129> (abgerufen: 13.4.2013).

Reznik, Irina 2002: Neznakomec v „Gazėksporte" [Unbekannter bei Gazėksport], in: Vedomosti (20.8.2002).

---- 2006: Dmitrij Firtaš: „Ja vsego dobilsja sam" [Dmitrij Firtaš: „Ich habe alles selbst erreicht"], in: Vedomosti (27.6.2006).

---- 2008: Analitika: Jamalorossijskaja torgovlja [Analyse: Jamalorussländischer (wenig russländischer) Handel], in: Vedomosti (1.4.2008).

---- 2009a: «Ja ne chozjain», — Ištvan Goci, gendirektor Emfesz [„Ich bin nicht der Hausherr", – Ištvan Goczi, Generaldirektor von Emfesz], in: Vedomosti (23.6.2009).

---- 2009b: Kak «Gazprom» kreditoval Dmitrija Firtaša [Wie Gazprom an Dmitrij Firtaš Kredite vergeben hat], in: Vedomosti (23.6.2009).

---- 2009c: Odin „Rosgas" i dva Putina (Ein „Rosgas" und zwei Putins), in: Vedomosti (9.9.2009).

---- 2009d: Nekto vmesto Firtaša [Irgendjemand anstelle von Firtaš], in: Vedomosti (7.5.2009).

RFE/RL 2011: Kazakh President Visits Troubled Western Region, Sacks Officials, in: Radio Free Europe (22.12.2011).

Rhodes, Anne K. 1997: Environmentally advanced refinery nears start-up in Germany, in: Oil & Gas Journal (17.3.1997), Seite 49.

RIANovosti 2005a: Nazarbaev obsudil s glavoj LUKOJLa plany po rasšireniju investicionnogo sotrudničestva [Nazarbaev hat mit dem Chef von LUKoil die Pläne zur Ausweitung der Investitionszusammenarbeit diskutiert], in: RIA Novosti (21.10.2005).

---- 2005b: Prem'er-Ministr Kazachstana Danial Achmetov i prezident LUKOJLa Vagit Alekperov obsudili perspektivy sotrudničestva [Der Premierminister Kasachstans Danial Achmetov und der Präsident LUKoils Vagit Alekperov haben Perspektiven der Zusammenarbeit diskutiert], in: RIA Novosti (20.10.2005).

---- 2007: Russia drops second leg of gas pipeline via Belarus, in: RIA Novosti (1.11.2007).

---- 2008a: Venezuela to control oil, gas consortium to be set up with Russia, in: RIA Novosti (26.9.2008).

---- 2008b: „Gazprom" polučil licenziju na Čajandinskoe mestoroždenie [Gazprom hat die Lizenz für das Čajanda-Vorkommen erhalten], RIA Novosti, online: <http://ria.ru/economy/20080906/151030196.html> (abgerufen: 15.9.2011).

---- 2009: Gazprom, Eni CEOs agree to speed up South Stream project, in: RIA Novosti (16.1.2009).

---- 2010: „Permskie motory" postavili 10 gazoturbinnych ustanovok dlja „Severnogo potoka" [Die Permer Motorenwerke haben 10 Gasturbinen für Nord Stream geliefert], in: RIA Novosti (7.9.2010).

---- 2011: Russia, EU to discuss 3rd energy package exemptions for Moscow in early 2012, online: <http://en.rian.ru/world/20111201/169212008.html> (abgerufen: 6.3.2013).

---- 2012a: „Gazprom" do konca goda ocenit perspektivy ploščadi Kumoj v Uzbekistane [Gazprom bewertet die Perspektiven des Gebiets Kumoj in Usbekistan bis Ende des Jahres], in: (6.3.2012).

---- 2012b: Rosneft und BP: Ärger um deutsche Raffinerien – „Kommersant", online: <http://de.rian.ru/industry_agriculture/20120311/263023172.html> (abgerufen: 28.3.2013).

---- 2012c: „Gazprom" rasširit syr'evuju bazu svoich proektov v Uzbekistane [Gazprom erweitert die Ressourcenbasis seiner Projekte in Usbekistan], in: (15.5.2012).

---- 2012d: Rada prinjala zakonoproekt, razrešajuščij reorganizaciju „Naftogaza" [Die Rada hat ein Gesetzesprojekt angenommen, das die Reorganisation der Naftogaz erlaubt], online: <http://rian.com.ua/politics/20120320/79013132.html> (abgerufen: 27.9.2012).

---- 2013: „Gazprom" planiruet podpisat' vtoroe SRP v Uzbekistane [Gazprom plant, das zweite PSA in Usbekistan zu unterzeichnen], in: (8.1.2013).

Riedel, Donata 1994: Ein roter Knopf und viele Trümmer, in: taz, die tageszeitung (27.5.1994), Seite 11.

Rjazanov, Vlas 2007: Illjuzija nezavisimosti [Illusion der Unabhängigkeit], in: Ėkspert (1.10.2007).

---- 2009: Vyšel na slonov'ju tropu [Ist auf den Elefantenpfad herausgetreten], in: Ėkspert (29.6.2009).

ROGR 2003: LUKoil closes its representative office in Czech Republic, in: The Russian Oil and Gas Report (17.12.2003).

---- 2005a: LUKoil successfully accomplishes the largest acquisition in its history, in: WPS – The Russian Oil and Gas Report (7.12.2005).

---- 2005b: Russia will be able to supply gas to Europe via Turkey, in: The Russian Oil and Gas Report (21.11.2005).

---- 2005c: LUKoil strengthens its position in Kazakhstan, in: WPS – The Russian Oil and Gas Report (5.10.2005).

---- 2006: LUKoil will not build new refineries in Russia, in: The Russian Oil and Gas Report (22.11.2006).

---- 2007: The government of Hungary wants to reduce energy dependence on Russia, in: The Russian Oil and Gas Report (25.4.2007).

---- 2009: Prague will not give the stake in the refinery to LUKoil, in: The Russian Oil and Gas Report (8.5.2009).

---- 2010: Gazprom losing Hungarian consumers, in: The Russian Oil and Gas Report (29.1.2010).

Rosbalt 2011: Rossijsko-venesuėl'skij bank sdvinulsja s mertvoj točki [Russländische-venezolanische Bank bewegt sich vom toten Punkt], online: <http://www.rosbalt.ru/business/2011/02/16/819878.html> (abgerufen: 1.3.2013).

Rosenberger, Walther 2011: EnBW erleidet Schlappe im Streit um Gasperle, in: Stuttgarter Nachrichten (18.11.2011).

---- 2012: EnBW wollte mit Gazprom anbandeln, in: Stuttgarter Nachrichten (2.11.2012), Seite 9.

Roškanin, Michal 2008: Expansion of Gazprom into Europe: Where is the Threat?, Research Paper 2/2008, Association for International Affairs, online: <http://www.amo.cz/download.php?group=produkty1_soubory&id=101> (abgerufen: 24.7.2010).

Rosneft' 2010: Analyst Databook, online: <http://rosneft.ru/attach/0/62/48/Rosneft_Analyst_Databook_2010_Q4.xls> (abgerufen: 28.4.2011).

---- 2011: Analyst Databook 2011 Q4, online: <http://rosneft.ru/attach/0/62/53/Rosneft_Analyst_Databook_2011_Q4.xls> (abgerufen: 18.2.2012).

Rosneft 2010: Rosneft to Acquire 50% of Ruhr Oel GmbH, online: <http://www.rosneft.com/news/financial/15102010.html> (abgerufen: 1.9.2011).

---- 2011a: Vankorneft, online: <http://www.rosneft.com/Upstream/ProductionAndDevelopment/eastern_siberia/vankorneft/> (abgerufen: 3.10.2011).

---- 2011b: Zapadno-Černomorskij i Južno-Černomorskij licenzionnye učastki [Die Lizenzgebiete West-Schwarzmeer und Süd-Schwarzmeer], online: <http://www.rosneft.ru/Upstream/Exploration/southern_russia/west_chernomorsky_block/> (abgerufen: 12.2.2013).

---- 2012a: Arktičeskie morja Rossii [Die arktischen Ozeane Russlands], online: <http://www.rosneft.ru/Upstream/Exploration/arctic_seas/> (abgerufen: 12.2.2013).

---- 2012b: Rosneft and ExxonMobil Announce Progress in Strategic Cooperation Agreement, online: <http://www.rosneft.com/news/pressrelease/30082011.html> (abgerufen: 12.2.2013).

---- 2012c: Rosneft and Statoil Agree on Joint Offshore Operations in the Barents Sea and Sea of Okhotsk, online: <http://www.rosneft.com/news/pressrelease/05052012.html> (abgerufen: 12.2.2013).

---- 2012d: Obščie svedenija [Allgemeine Angaben], online: <http://rosneft.ru/Downstream/> (abgerufen: 17.2.2012).

---- 2012e: Rosneft and ITERA Group Close Deal to Create Joint Venture to Produce and Sell Gas, online: <http://www.rosneft.com/news/pressrelease/06082012.html> (abgerufen: 6.8.2012).

---- 2012f: Rosneft to Become World-Leading Public Oil Company by Production and Reserves, online: <http://www.rosneft.com/attach/0/02/01/NC_N10_2012_interview.pdf> (abgerufen: 12.2.2013).

---- 2012g: Rosneft and Eni Join Forces to Explore Fields in the Barents and Black Seas, online: <http://www.rosneft.com/news/pressrelease/30082011.html> (abgerufen: 12.2.2013).

Rosstat 2010: Rossijskij statističeskij ežegodnik 2009 [Russian statistical yearbook 2009], Moskva, online: <http://www.gks.ru/bgd/regl/b09_13/Main.htm> (abgerufen: 13.2.2011).

Rozhnov, Konstantin 2013: Europe to Shut 10 Refineries as Profits Tumble, online: <http://www.bloomberg.com/news/2013-04-04/europe-to-shut-10-refineries-as-profits-tumble.html> (abgerufen: 6.4.2013).

Rudnitsky, Jake 2013: Putin Pipeline to Send 25% of Russia's Oil Exports East, online: <http://www.bloomberg.com/news/2013-03-07/putin-pipeline-to-send-25-of-russia-s-oil-exports-east.html> (abgerufen: 29.3.2013).

Rusenergy 2011: V suchom ostatke [Auf dem Trockenrückstand], online: <http://rusenergy.com/ru/articles/articles.php?id=52690> (abgerufen: 5.10.2011).

---- 2012: Latin Lessons: Russian Companies Expand in Venezuela and Nicaragua, online: <http://www.rusenergy.com/en/articles/articles.php?id=60051> (abgerufen: 1.3.2013).

RUSOIG 2001: Hungarian Business of Gazprom managers children, in: Russian Oil & Gas Report (23.5.2001).

RWE 2012: RWE – Geschäftsbericht 2011, online: <http://www.rwe.com/web/cms/mediablob/de/1299142/data/634422/9/rwe/investor-relations/berichte/2011/RWE-Geschaeftsbericht-2011.pdf> (abgerufen: 7.4.2013).

Rysankova, Irena 2002: A councilor's deal falls flat, while congress center keeps on taking cash, in: Prague Business Journal (15.7.2002).

SABI 2004: Venezuela: Lukoil to invest $8USbil over ten years, in: South American Business Information.

Sarkaritel 2013: Russia may become Venezuela's No.1 oil partner, in: Sarkaritel.

Sasin, Igor 2002: Turkmen ruler accuses opponents of murder bid with Russian support, in: AFP (26.11.2002).

Schlandt, Jakob 2010: Schröders Champion hört auf, in: Berliner Zeitung (27.11.2010).

Schöbitz, Arnulf 1991: Moderate Töne statt Krach, in: VDI-Nachrichten (29.3.1991), Seite 9.

Schraven, David 2007: Gazprom liebäugelt mit VNG-Einstieg, in: Die Welt (24.5.2007).

---- 2008a: EWE stößt im Osten auf Widerstand, in: Die Welt (6.5.2008).

---- 2008b: Im Labyrinth des Gazprom-Geldes, in: stern.de (8.4.2008).

---- 2009: „Wir wollen neue Gaskraftwerke errichten", in: Die Welt (1.6.2009), Seite 12.

Schröder, Gerhard 2006: „Der deutsche Zeigefinger sollte nicht so groß sein", Interview mit Gerhard Schröder, in: Süddeutsche Zeitung (27.10.2006).

---- 2010: Interview with Gerhard Schröder, 9.4.2010, online: <http://www.m4-tv.com/en/video/?id=799> (abgerufen: 12.5.2010).

Schroeter, Stefan 2007: Strategische Interessenskonflikte, in: Energie & Management (29.5.2007).

Seele, Rainer 2007: 14. Handelsblatt Jahrestagung: Rede von Dr. Rainer Seele, online: <http://www.wingas.de/fileadmin/Presse_PDF/2007/Handelsblatt_Rede_Dr.Seele.pdf> (abgerufen: 22.8.2011).

SeeNews 2010: PDVSA Gas opens compression plant Jusepin 12, in: SeeNews Latin America (23.12.2010).

Segodnja 1997: Turkmenija ostalas' pri svoem gaze. „Gazprom" i Itera ne namereny pljasat' pod aschabadskuju dudku [Turkmenistan bleibt mit seinem Gas allein. Gazprom und Itera sind nicht bereit, nach der Pfeife Ashgabats zu tanzen], in: Segodnja (22.8.1997).

Seljaninov, Grigorij 1994: Rossija prekraščaet postavki gaza na Ukrainu [Russland stellt die Gaslieferungen in die Ukraine ein], in: Kommersant" (3.3.1994).

Semenov, Viktor L. 2010: Ugo Čaves u vlasti: itogi i perspektivy [Hugo Chavez an der Macht: Ergebnisse und Perspektiven], in: Latinskaja Amerika 2010: 5, 66–80.

Ševel'kova, Oksana 2005a: „Gazprom" isoliroval Ukrainu ot sredneaziatskogo gaza [Gazprom hat die Ukraine von zentralasiatischem Gas isoliert], in: Gazeta (28.9.2005).

---- 2005b: „Nado nam troim sest'„ [Wir müssen uns zu dritt hinsetzen], in: Gazeta (14.10.2005).

Severstal 2013: Severstal Launches New Finishing Press to Supply Pipes for the South Stream Project, online: <http://www.severstal.com/eng/media/news/document10164.phtml> (abgerufen: 13.4.2013).

Sharushkina, Nelli 2005: Reach Out: Lukoil Sees Venezuela Fitting Its American Gameplan, in: Nefte Compass (10.2.2005).

---- 2008: Lukoil Buys Into Italian Refinery In European Breakthrough, in: Nefte Compass (26.6.2008).

---- 2012: Lukoil Stands Up to Rosneft in Venezuela as Rivalry Grows, in: Nefte Compass (18.10.2012).

Sharushkina, Nelli und Glazov, Andrei 2011: Russians Have Bright Future in Libya, Former Oil Minister Says, in: International Oil Daily (11.11.2011).

Sharushkina, Nelli und Sladkova, Nadezhda 2010: Lukoil Changes Tack in Venezuela, in: Nefte Compass (2.9.2010).

Sharushkina, Nelli und Tellinghuisen, Carter 2007: TNK-BP Optimistic On Russia But Eyes Overseas Openings, in: Nefte Compass (1.11.2007).

Shiryaevskaya, Anna und Rayborn, Amanda 2009: Novatek buys 51% stake in Yamal gas field, in: Platts Oilgram News (27.5.2009).

Simpson, Glenn R. 2008: CORRECTED – Lukoil,Saras seen as possible buyers for Erg stake in: Reuters News (12.3.2008).

Širjaev, Vjačeslav 2000: Smiri gordynju, vsjak k Baši vchodjaščij [Bändige deinen Stolz, der Du zum Baschi hineingehst], in: Novye Izvestija (26.2.2000).

Skopcov, Leonid und Černova, Elena 1991: Sibirskij gaz v setjach intrig [Sibirisches Gas in den Netzen der Intrige], in: Nezavisimaja Gazeta (30.10.1991).

Skorlygina, Natal'ja 2006a: Evropejskie zavodi ne dajutsja LUKOJLu [Die europäischen Werke geben sich LUKoil nicht hin], in: Kommersant" (23.10.2006).

---- 2006b: Lakšmi Mittal vychodit na neftegazovyj rynok Kazachstana [Lakshmi Mittal erscheint auf dem Öl- und Gasmarkt Kasachstans], in: Kommersant" (13.12.2006).

Skorlygina, Natal'ja und Rebrov, Denis 2007a: Russkie vedut [Die Russen führen], in: Kommersant" (19.9.2007).

---- 2007b: TNK-BP i LUKOJL polučili priglašenie v Turkmeniju [TNK-BP und LUKOIL haben eine Einladung nach Turkmenistan erhalten, in: Kommersant" (14.6.2007).

Skorobogat'ko, Denis 2003: Itera požedala LUKojlu uzbekov [Itera wünschte LUKoil Usbeken (Glück)], in: Kommersant" (26.9.2003).

---- 2005: Minoritarii Nelson soglasilis' na cenu LUKOJLa [Die Minderheitsaktionäre von Nelson haben sich auf den Preis von LUKoil eingelassen], in: Kommersant" (21.10.2005).

Skorobogat'ko, Denis und Volkova, Anna 2004: Iz Rossii s LUKOJLom, in: Kommersant" (23.7.2004).

SKRIN 2005: Lukoil promotes cooperation with Venezuela, in: SKRIN Market & Corporate News (14.2.2005).

---- 2006: Rotterdam Europoort refinery off the market: purchase cancelled, in: SKRIN Market & Corporate News (23.10.2006).

---- 2008a: Gazprom delegation visits Hungary, in: SKRIN Market & Corporate News (26.2.2008).

---- 2008b: Gazprom delegation visited Venezuela, in: SKRIN Market & Corporate News (23.9.2008).

Sladkova, Nadezhda 2012: TNK-BP Plans to Quit Junin-6 Heavy Oil Project in Venezuela, in: Oil Daily (4.10.2012).

---- 2013: Russia Looking to Solidify Energy Deals With Venezuela, in: Oil Daily (29.1.2013).

Slay, Ben und Capelik, Vladimir 1997: The Struggle for Natural Monopoly Reform in Russia, in: Post-Soviet Geography and Economics 38: 7, 396–429.

Smedley, Mark 2008: Nord Stream To Sound Out Financiers, in: Nefte Compass (18.12.2008).

---- 2012: EU Challenges Veracity of South Stream 'FIDs', in: International Oil Daily (16.11.2012).

Smirnov, Lev 2008: Nasledniki Bolivara [Die Nachfahren von Bolivar], in: Krasnaja Zvezda (26.11.2008).

SNA 2008: Russia's Lukoil interested in share in Czech refiner, in: Suna News Agency (22.11.2008).

SouthStream 2012a: Joint company for South Stream gas branch construction to Croatia to be set up in second half of 2013, online: <http://www.south-stream.info/en/press/news/news-item/sovmestnuju-kompaniju-dlja-stroitelstva-otvoda-ot-juzhno/> (abgerufen: 13.4.2013).

---- 2012b: Final investment decision approved for South Stream in Hungary, online: <http://www.south-stream.info/en/press/news/news-item/prinjato-okonchatelnoe-investicionnoe-reshenie-po-juzhn/> (abgerufen: 10.4.2012).

---- 2012c: South Stream may be laid to Republika Srpska, online: <http://www.south-stream.info/en/press/news/news-item/juzhnyi-potok-mozhet-byt-prolozhen-v-respubliku-serbsk/> (abgerufen: 13.4.2013).

---- 2013: Maps, online: <http://www.south-stream.info/en/maps/> (abgerufen: 13.4.2013).

SPE, AAPG, WPC und SPEE 2007: Petroleum Resources Management System, Sponsored by: Society of Petroleum Engineers (SPE), American Association of Petroleum Geologists (AAPG), World Petroleum Council (WPC), Society of Petroleum Evaluation Engineers (SPEE), online:

<http://www.spe.org/industry/docs/Petroleum_Resources_Management_System_2007.pdf>
(abgerufen: 9.9.2011).

Spiegel 1990: Zu viel gemauschelt, in: Der Spiegel 43/1990 (22.10.1990), Seite 153–154.

---- 2006: Neue Ermittlungen gegen Koch-Weser, online: <http://www.spiegel.de/spiegel/print/d-47602958.html> (abgerufen: 17.7.2006).

---- 2010: Ostsee-Pipeline wird deutlich teurer, Spiegel Online, online:
<http://www.spiegel.de/wirtschaft/unternehmen/0,1518,689117,00.html> (abgerufen: 13.8.2011).

---- 2012: Andrej Bykow: Russischer Lobbyist fädelte großen Gas-Deal für EnBW ein, online:
<http://www.spiegel.de/wirtschaft/unternehmen/enbw-gegen-andrej-bykow-konzern-wollte-gasfelder-von-alrosa-a-829839.html> (abgerufen: 24.3.2013).

SPPB 2010: SPP Bohemia: Akcionářská struktura online:
<http://www.sppb.cz/menu.asp?path=8&lang=cz> (abgerufen: 24.7.2010).

Spurný, Jaroslav 2007: Vitásková, jedna kariéra [Vitásková, eine Karriere], Respekt, online:
<http://respekt.ihned.cz/c1-36298250-vitaskova-jedna-kariera> (abgerufen: 25.2.2012).

SRI 2010: Key energy projects may lose special tax status - Nazarbayev, Silk Road Intelligencer,
online: <http://silkroadintelligencer.com/2010/01/25/key-energy-projects-may-lose-special-tax-status-nazarbayev/> (abgerufen: 4.10.2011).

SSN 2009: Prime Minister Vladimir Putin and Hungarian Premier Minister Ferenc Gyurcsany
summarised intergovernmental consultations at a news conference, in: States News Service
(10.3.2009).

Stojaspal, Jan 1995: Witnesses Die As Police Try To Solve Giant Oil Scandal, in: Prague Post
(29.11.1995).

Strojgazmontaž 2011: Gazoprovod «Grjazovec — Vyborg» [Gasleitung „Grjazovec-Vyborg"], online:
<http://www.ooosgm.ru/projects/construction/gryazovets_vyborg> (abgerufen: 13.12.2011).

Student, Dietmar 2011: Leicht entflammbar, in: Manager Magazin (18.2.2011), Seite 52.

Stulberg, Adam 2007: Well-Oiled Diplomacy. Strategic Manipulation and Russia's Energy Statecraft in
Eurasia, Albany: SUNY Press.

StZ 2011: EnBW fremdelt noch mit den grün-roten Eignern, in: Stuttgarter Zeitung (27.7.2011), Seite
7.

Südwest-Presse 2012: Gericht verhandelt Millionen-Klage, in: Südwest Presse (24.10.2012), Seite 11.

Surženko, Vera und Reznik, Irina 2008: TNK protiv BP [TNK gegen BP], in: Vedomosti (26.5.2008).

Surženko, Vera und Tutuškin, Aleksandr 2006: Alekperov vzjal v druz'ja Lakšmi Mittala [Alekperov
hat sich mit Lakshmi Mittal befreundet], in: Vedomosti (13.12.2006).

Sysoev, Gennadij 2002: GUUAM lišilsja odnoj bukvy [Die GUUAM hat einen Buchstaben verloren],
in: Kommersant" (15.6.2002).

SZ 1992: Im Streit um das Erdgas doch wieder nur eine Interimslösung, in: Süddeutsche Zeitung
(20.2.1992).

---- 1994: Gasversorgung Ostdeutschlands nun gesichert, in: Süddeutsche Zeitung (21.1.1994), Seite
27.

Tagesspiegel 2012: Ost-Experte geht zu Wintershall, in: Der Tagesspiegel (6.6.2012), Seite 16.

Talgat, Kaliev 2003: Vagit Alekperov: „My verim v Kazachstan!" [Vagit Alekperov: „Wir glauben an
Kasachstan!"], in: Neftjanik (Perm') (17.10.2003).

Taroni, Micaela 2013: Italo-Russen nutzen Wind in Bulgarien, in: Wirtschaftsblatt (20.2.2013).

TASS 1999: Czech republic to honor Yamburg agreement terms to Russia by 2000, in: TASS Energy Service (26.11.1999).

TaxationInfo 2011: Venezuelan Oil Taxes to Reach up to 95%, online: <http://www.taxationinfonews.com/2011/04/venezuelan-oil-taxes-to-reach-up-to-95/> (abgerufen: 14.10.2011).

TCA 2006: Gazprom cuts off Turkmen gas, in: The Times of Central Asia (6.7.2006).

---- 2010: China buys 50% stake in Kazakh Caspian oil venture, in: The Times of Central Asia (1.10.2010).

TDN 2006: Russia agrees 54 pct price increase for Turkmen gas, in: Turkish Daily News (6.9.2006).

Tellinghuisen, Carter 2008: Venezuela Seeks to Firm Ties With Russia Through Oil, Weapons, in: International Oil Daily (23.7.2008).

Templeton 2007: Rosneft goes after 'British' oil, online: <http://www.templetonthorp.com/en/news285> (abgerufen: 3.10.2011).

TendersInfo 2008a: Libya: TNK-BP seeks to develop major Libyan oil field, in: TendersInfo (21.10.2008).

---- 2008b: Italy : LUKoil gets USD 505.4 m (EUR 400 million) loan to buy refinery, in: TendersInfo (2.12.2008).

---- 2009: Russia: Pdvsa to partner with Russian companies to run nationalized plants, in: TendersInfo (5.8.2009).

Terletsky, Vladimir 2011: Arctic ice escort of NOVATEK, online: <http://www.rusbiznews.com/news/n1137.html> (abgerufen: 12.2.2011).

TF 2009: Deal Analysis: Nord Stream, in: Trade Finance (Oktober 2009).

---- 2012: Ėffektivnyj tarif VSTO vygodnee drugich napravlenij na 17–23% [Der effektive Tarif der VSTO ist 17–23% lohnenswerter als andere Richtungen], Transport Nefti, online: <http://www.transport-nefti.com/news/958/> (abgerufen: 23.3.2013).

Thelen, Friedrich 1993: Ost-Hilfe: Erweiterte Atempause, in: WirtschaftsWoche (4.6.1993), Seite 15.

Thomas, Steve 2003: Gas as a Public Property. The UK Gas Market 1965–86: Maximising the Value of a Limited Natural Resource, in: Arentsen, Maarten J. und Künneke, Rolf W. (Hrsg.): *National reforms in European gas*, Amsterdam: Elsevier, 163–180.

TI 2009: Corruption Perceptions Index 2009, online: <http://www.transparency.org/policy_research/surveys_indices/cpi/2009/cpi_2009_table> (abgerufen: 10.1.2010).

---- 2010: Corruption Perceptions Index 2010, online: <http://www.transparency.org/content/download/55725/890310/CPI_report_ForWeb.pdf> (abgerufen: 7.11.2010).

Tippee, Jessica 2012: Gas field developments progressing offshore Venezuela, in: Offshore (Juli 2012), Seite 38.

TMSC 1990: Verbundnetz Gas maintains that Wintershall's Soviet gas imports are grossly overpriced, in: Textline Multiple Source Collection (21.12.1990).

TNK-BP 2004a: Proizvodstvennaja sreda – razvedka i dobyča [Produktionssphäre – Erkundung und Förderung], online: <http://web.archive.org/web/20040606185815/http://www.tnk-bp.ru/rus/productionarea.asp> (abgerufen: 15.9.2011).

---- 2004b: Rynočnaja kapitalizacija OAO „TNK" za 2003 god vyrosla na 75,6% – do $7,5 mlrd. [Die Marktkapitalisierung der OAO TNK wuchs 2003 um 75,6% auf US-$ 7,5 Mrd.], online: <http://www.tnk-bp.ru/center/media/2004/02/6097/> (abgerufen: 19.9.2011).

---- 2011a: TNK-BP International Ltd. Consolidated financial statements. As of and for the years ended 31 December 2010 and 31 December 2009, online: <http://www.tnk-bp.com/upload/iblock/3a1/til_finstat_2010_en.pdf> (abgerufen: 18.2.2012).

---- 2011b: Investor Presentation, October 2011, online: <http://www.tnk-bp.com/upload/iblock/d1c/TNK-BP_Oct_2011.pdf> (abgerufen: 14.10.2011).

---- 2012: ZAO „LINIK" [ZAO LINIK], online: <http://www.tnk-bp.ru/production/enterprises/ukrain/linik/> (abgerufen: 17.2.2012).

TPR 2011: Iran's gas exports chief labels Nabucco pipeline as „dead project", in: Thai Press Reports (28.10.2011).

TPTI 2005: OVL keen on acquiring Toronto-listed Nelson Resources Ammar Zaidi Almaty (Kazakhstan), Oct 4, in: The Press Trust of India (4.10.2005).

---- 2007: Mittal acquires Kazakh firm for $980 mn, in: The Press Trust of India (25.4.2007).

---- 2008: Mittal may not transfer Kazakhstan assets to ONGC JV, in: The Press Trust of India (4.3.2008).

---- 2010: Mittals sells Kazakh oil co stake to China's Sinopec, in: The Press Trust of India (28.9.2010).

Transneft' 2013: VSTO-2, online: <http://www.transneft.ru/projects/118/10709/> (abgerufen: 29.3.2013).

Trend 2011: Creditors conclude amicable agreement with two Uzbek JVs, in: Trend Oil & Gas – Azerbaijan (30.3.2011).

Trend, Harry 1975: The Orenburg Gas Project, RAD Background Report/Radio Free Europe/Open Society Archives (OSA), online: <http://files.osa.ceu.hu/holdings/300/8/3/text/126-5-23.shtml> (abgerufen:

Turulina, Anna und Sivakov, Dmitrij 2007: Scena dlja odnogo aktera [Bühne für einen Akteur], in: Ėkspert (1.10.2007).

Tutuškin, Aleksandr 2005: LUKOJL potratil $ 2 mlrd [LUKoil hat US-$ 2 Mrd. ausgegeben], in: Vedomosti (3.10.2005).

---- 2009a: Dorogaja truba [Teure Röhre], in: Vedomosti (4.12.2009).

---- 2009b: Lučše, čem v Rossii [Besser als in Russland], in: Vedomosti (24.11.2009), Seite B2.

---- 2009c: Venesuéla delitsja neft'ju [Venezuela gibt von seinem Öl ab], in: Vedomosti (17.3.2009), Seite B2.

Tutuškin, Aleksandr und Levinskij, Rodion 2004: Lukojl uveličil dolju [LUKoil erhöhte seinen Anteil], in: Vedomosti (10.6.2004).

Unipetrol 2007: Annual Report 2006, Prag: Unipetrol a.s.

---- 2008: We are ready to grow. Annual Report 2007, Prag: Unipetrol a.s.

---- 2010: Annual Report 2009. Stable partner in unstable environment, Prag: Unipetrol a.s.

---- 2011: Unipetrol – Data Sheet, online: <http://www.unipetrol.cz/en/investor/datasheet/2008/> (abgerufen: 17.10.2011).

---- 2011: Annual Report 2010. Responsible company, Prag: Unipetrol a.s.

UP 2011: Unione Petrolifera – Capacità di raffinazione [Verband der Ölwirtschaft – Raffinationskapazitäten], online: <http://www.unionepetrolifera.it/get/164/391/Capacit%C3%A0%20di%20Raffinazione.xls> (abgerufen: 7.10.2011).

UPI 2012: Hungary has jitters over Nabucco pipeline, in: UPI Energy (24.4.2012).

Vasquez, Patricia I. und Glazov, Andrei 2008: Venezuela Signs Three Major Gas Deals With Foreign Firms, in: Oil Daily (23.9.2008).

Vedomosti 2002: BP zabyla o prošlom [BP hat das Vergangene vergessen], in: Vedomosti (17.4.2002).

---- 2003: BP snova chvaljat [Man lobt BP von neuem], in: Vedomosti (12.2.2003).

---- 2009: Vkratce [In Kürze], in: Vedomosti (17.8.2009).

VEMEX 2002: Vemex s.r.o., online: <http://web.archive.org/web/20021004121001/www.vemex.cz/index.php> (abgerufen: 24.7.2010 (über archive.org)).

---- 2006: Vemex s.r.o. provider of natural gas, online: <http://web.archive.org/web/20060612231444/http://www.vemex.cz/> (abgerufen: 24.7.2010 (über archive.org)).

---- 2010: VEMEX S.R.O. Annual Report 2009, online: <http://admin.vemex.cz/images/documents/vyrocni-zprava-2009-cs.pdf> (abgerufen: 7.4.2013).

---- 2011: O nas – lidé [Über uns – Menschen], online: <http://www.vemex.cz/o-nas/lide.html> (abgerufen: 21.10.2011).

---- 2012: VEMEX S.R.O. Annual Report 2011, online: <http://admin.vemex.cz/images/documents/annual-report-2011.pdf> (abgerufen: 7.4.2013).

Verchnečonskneftegaz 2012: Proizvodstvo [Produktion], online: <http://www.vcng.ru/produce/> (abgerufen: 18.2.2012).

Világgazdaság 1997: AEB obtains 9% of shares in Panrusgaz, in: Világgazdaság (6.10.1997).

Vinogradov, Boris 1998: Kogda i kak Ukraina polučit turkmenskij gaz? [Wann und wie bekommt die Ukraine turkmenisches Gas?], in: Izvestija (2.3.1998).

VN 2003: Nijazov obeščaet Ukraine prodannyj Rossii gaz [Nijazov verspricht der Ukraine bereits an Russland verkauftes Gas], in: Vremja Novostej (28.10.2003).

---- 2010: Agent 50 na 50 [Agent 50 to 50], in: Vremja Novostej (21.6.2010).

VNG 2011a: Kennzahlen der VNG-Gruppe 2010, online: <http://vng.de/VNG-Internet/de/zz_Mediacenter/zz_grafiken/Kennzahlen_VNG_Konzern.pdf> (abgerufen: 8.12.2011).

---- 2011b: Die diversifizierten Erdgasbezüge der VNG AG im Jahresvergleich 2000, 2005, 2010, online: <http://vng.de/VNG-Internet/de/zz_Mediacenter/zz_grafiken/diversifiz_erdgasbez_vergleich_00_05_10_vng.pdf> (abgerufen: 8.12.2011).

---- 2013: Geschäftsbericht 2012, online: <http://vng.de/VNG-Internet/de/zz_Dokumente/geschaeftsberichte/2012/Geschaeftsbericht_2012_DE_WEB.pdf> (abgerufen: 25.3.2013).

Vorobyeva, Inga 2010: A Latin American Gambit, in: Defense and Security (7.4.2010).

VPS 1999: Interv'ju s glavoj podkomiteta GD po toplivnym resursam Valeriem Jazevym [Interview mit dem Vorsitzenden des Subkomitees für Brennstoffressourcen der Staatsduma, Valerij Jazev], in: Monitoring Teleradioéfira (VPS) (10.12.1999).

---- 2003: Včera predsedatel' pravlenija „Gazproma" A. Miller v Ašchabade dogovorilsja s prezidentom Turkmenii S.Nijazovym o načale proektnych rabot po rekonstrukcii sistemy transportirovki gaza iz ėtoj strany v Rossiju [Gestern hat der Vorstandsvorsitzende von Gazprom, A. Miller, in Ashgabad mit dem Präsidenten Turkmenistans, S. Nijazov, eine Abmachung über die Rekonstruktion des Gastransportsystems aus diesem Land nach Russland getroffen], in: Biznes-Neft' (VPS) (25.7.2003).

---- 2005: LUKoil rasširjaet svoe prisutstvie na Kaspii, in: VPS Biznes-Neft' (3.10.2005).

---- 2008: Obščie investicii LUKOJLa v Uzbekistan do 2015 goda sostavjat okolo $5,5 mlrd [Die gesamten Investitionen LUKoils in Usbekistan werden bis 2015 ca. US-$ 5,5 Mrd. betragen], in: VPS Biznes-Neft' (25.4.2008).

---- 2010: Včera v chode vstreči prem'era RF Vladimira Putina s ministrom nefti Venesuėly Rafaėlem Ramiresom byli podpisany dokumenty [Gestern wurden im Zuge des Treffens des Premierministers der Russischen Föderation Vladimir Putin mit dem Ölminister Venezuelas Rafael Ramirez Dokumente unterzeichnet], in: VPS Biznes-Neft' (2.2.2010).

VWD 2005: Gazprom erhöht Energieimporte aus Turkmenistan in: (30.12.2005).

Vysotskyi, Sergii 2010: Mister F: Interview with Dmitriy Firtash, online: <http://en.dmitryfirtash.com/stance/mister_f> (abgerufen: 22.2.2013).

Warner, Tom 2006: Key man in Ukraine gas dispute faces questions, Financial Times, online: <http://www.ft.com/cms/s/1/29f06170-12a2-11db-aecf-0000779e2340.html#ixzz2LTLLGPJU> (abgerufen:

Webb, Tim 2008: Battle for TNK-BP turns into all-out war, The Guardian, online: <http://www.guardian.co.uk/business/2008/jul/27/bp.oil> (abgerufen: 16.6.2011).

WEFE 2006: Minister explains details of Venezuela's new oil extraction tax, in: EFE News Service (8.5.2006).

Wells, Ron 2003: 21 Day Brent-Forties-Oseberg Contracts - An Analysis of Related Credit Risk, online: <http://barrettwells.co.uk/21daybfos.html> (abgerufen: 9.9.2010).

WGI 2005: Blue Stream Finally Getting Popular, in: World Gas Intelligence (23.11.2005).

---- 2007: Gazprom Uzbek deal, in: World Gas Intelligence (14.2.2007).

---- 2008: Russia Signs Hungary Up Amid Ukraine Flap, in: World Gas Intelligence (5.3.2008).

---- 2013: Croatians Hedge Gas Pipeline Bets, in: World Gas Intelligence (23.1.2013).

Wingas Europäisch-russische Energiepartnerschaft schafft Versorgungssicherheit, online: <http://www.wingas.de/1266.html> (abgerufen: 22.8.2011).

---- 2007a: Russland und Europa verbinden beim Erdgashandel gemeinsame Interessen. Presseerklärung Wingas GmbH online: <http://www.wingas.de/pi-07-14.html> (abgerufen: 22.8.2011).

---- 2007b: „Ohne Russland geht es nicht!", online: <http://www.wingas.de/563.html?&L=0> (abgerufen: 22.8.2011).

---- 2008: Pragmatismus und Sachlichkeit. Seele: EU braucht dringend neue Russland-Strategie. Wingas GmbH: Presse-Information online: <http://www.wingas.de/fileadmin/Presse_PDF/2008/PI_08_04_EU_Russland_de.pdf> (abgerufen: 28.8.2011).

---- 2009a: „Versorgungssicherheit ist die Herausforderung des 21. Jahrhunderts.", online: <http://www.wingas.de/1265.html> (abgerufen: 22.8.2011).

---- 2009b: Energiebranche als Stabilitätsanker in der Krise, online: <http://www.wingas.de/1164.html> (abgerufen: 22.8.2011).

Wintershall 2012: BASF and Gazprom agree on asset swap, online: <http://www.wintershall.com/en/press/detail/news/basf-and-gazprom-agree-on-asset-swap.html> (abgerufen: 25.3.2013).

Wirtschaftsblatt 1997: In Kürze, in: Wirtschaftsblatt (17.6.1997).

WMA 2005: LUKoil Signs Research Agreement over Extra Heavy Oil Block, in: World Markets Analysis (13.10.2005).

WPFDC 2013: Miloš Zeman is elected President of the Czech Republic, online: <http://wpfdc.org/1139-milos-zeman-is-elected-president-of-the-czech-republic> (abgerufen: 6.4.2013).

WPS 2004: Gazprom to develop Shakhpaty gas field in Uzbekistan, in: WPS – The Russian Oil and Gas Report (19.4.2004).

WTPS 1997: Presidential decree on Gazprom shares cost the treasury billions of Dollars, in: What The Papers Say (4.8.1997).

Xinhua 2012: Hungary, Russia sign South Stream gas pipeline accord, in: Xinhua General News Service (31.10.2012).

Yilmaz, Eral 2003: Details of Upcoming MOL Sale Emerge, in: World Markets Analysis (15.9.2003).

---- 2004a: E.ON-Ruhrgas to Buy Hungarian MOL's Gas Business, in: World Markets Analysis (5.11.2004).

---- 2004b: Gazprom Eyes MOL's Gas Assets, MOL 'In No Rush' to Sell, in: World Markets Analysis (16.2.2004).

Zalatorius, Genevieve 1998: LUKoil ready for push into Central Europe, in: Platt's Oilgram News (3.4.1998), Seite 1.

Zaman 2010: Nabucco to receive 4 bln euro loan, be functional by 2015, online: <http://www.todayszaman.com/newsDetail_getNewsById.action?load=detay&link=221228> (abgerufen: 10.4.2013).

Zapletnyuk, Katya 2012: Czech storage operator finalises Vemex stake buy, in: European Spot Gas Markets (19.1.2012).

Zhdannikov, Dmitry 2012: UPDATE 1-Russia nearing major oil export flexibility, online: <http://www.reuters.com/article/2012/02/21/russia-exports-idUSL5E8DL8Q020120221> (abgerufen: 29.3.2013).

---- 2013: European oil pipeline firms clash as clients dwindle, online: <http://www.reuters.com/article/2013/01/11/europe-pipelines-idUSL5E9CBAOG20130111> (abgerufen: 29.3.2013).

ZMB 2007: ZMB (Schweiz) AG: Geschäftsbericht 2006, Zürich: ZMB (Schweiz) AG.

---- 2008: ZMB (Schweiz) AG: Geschäftsbericht 2007, Zürich: ZMB (Schweiz) AG.

---- 2009: ZMB (Schweiz) AG: Geschäftsbericht 2008, Zürich: ZMB (Schweiz) AG.

---- 2010: ZMB (Schweiz) AG: Geschäftsbericht 2009, Zürich: ZMB (Schweiz) AG.

Zubkov, Kirill und Volkov, Konstantin 2011: CRU postavilo Čavesu strašnyj diagnoz [Die CIA hat Chavez eine schreckliche Diagnose gestellt], in: Izvestija (28.6.2011).

Zvezda 2001: My razgovarivaem s Trutnevym na odnom jazyke [Trutnev und ich sprechen eine Sprache], in: Zvezda (Perm') (20.4.2001).

Zygar', Michail 2005: Režimnye sub"ekty [Regimehafte Subjekte], in: Kommersant" (14.11.2005).

Zygar', Michail und Butrin, Dmitrij 2006: Gorjučij storonnik Islama Karimova [Brennbarer Befürworter Islam Karimovs], in: Kommersant" (19.1.2006).

Zygar', Michail, Gabuev, Aleksandr, Skorlygina, Natal'ja und Farizova, Sjuzanna 2008: Rejting Ugo Čavesa povysilsja na milliard [Das Rating von Hugo Chavez hat sich um eine Milliarde erhöht], in: Kommersant" (27.9.2008).

Zygar', Michail, Solov'ev, Vladimir, Asadova, Nargiz und Grib, Natalija 2005: Moskva rassčitala SNG na „gaz-dva" [Moskau kalkuliert die GUS nach „Gas-zwei"], in: Kommersant" (16.12.2005).

Anhänge

Anhang I: Anonymisierte Liste der Interviewpartner

Nr.	Kontext	Datum
1	Wissenschaft	1.9.2009
2	Wissenschaft	2.9.2009
3	Journalismus	4.9.2009
4	Konzern	4.9.2009
5	Wissenschaft	9.9.2009
6	Analyse	10.9.2009
7	Wissenschaft	10.9.2009
8	Konzern	14.9.2009
9	ausländische Vertretung	16.9.2009
10	Wissenschaft	16.9.2009
11	Analyse, Energiewirtschaft	17.9.2009
12	ausländische Vertretung	17.9.2009
13	ausländische Vertretung	18.9.2009
14	Wissenschaft	22.9.2009
15	Konzern	23.9.2009
16	Konzern	23.9.2009
17	ausländische Vertretung	24.9.2009
18	Interessenverband	24.9.2009
19	Interessenverband	25.9.2009
20	ausländische Vertretung	28.9.2009
21	Konzern	30.9.2009

Nr.	Kontext	Datum
22	Wissenschaft	30.9.2009
23	Analyse, Energiewirtschaft	2.10.2009
24	Interessenverband	5.10.2009
25	Konzern	7.10.2009
26	Konzern	8.10.2009
27	Interessenverband	8.10.2009
28	Konzern	9.10.2009
29	Interessenverband	9.10.2009
30	Konzern	12.10.2009
31	Konzern	12.10.2009
32	Analyse, Bankwesen	15.10.2009
33	Konzern	16.10.2009
34	Journalismus	16.10.2009
35	Konzern	20.10.2009
36	Staat	21.10.2009
37	Staat	21.10.2009
38	Konzern	23.10.2009

Anhang II: Soziogramm des Elitennetzwerks

Anhang III: Beteiligungen der Gazprom

Stand Juni 2010. Nur Beteiligungen, die in den EU-15 oder über die EU-15 Staaten und die Schweiz gehalten werden.

Nr.	Zeitraum	Name	Ort	Gazprom-Anteil	Partner	Jahresumsatz/ Ertrag 2008	Zweck der Beteiligung	Bemerkungen/ Historie
1	Juli 1927–	Schwarzmeer- und Ostsee Versicherungs-AG; HRB 3560	Hamburg, D	18,98 % OOO Gazprom Éksport; 5,13 % ZGG	78,2 % Volga Resources SICAV-SIF SA (Luxemburg)	EUR 86 Mio. / EUR 931459,-	Versicherung	Volga Resources (Timčenko) erwarb das Paket im Okt. 2009 von Ingosstrach
2	Sept. 1990	Wintershall Erdgas Handelshaus GmbH & Co. KG (WIEH)	Kassel, D	50 % Gazprom Germania (Nr. 3)	50 % Wintershall	nicht separat ausgewiesen (geht in Jahresbilanz von BASF / Gazprom Germania ein)	Erdgasimport und -Verkauf an Großkunden (langfristig) zum Gewinn von Marktanteilen	Beherrschungs-und Gewinnabführungsvertrag zwischen ZMB/ZGG (Gazprom Germania) und Wintershall, demzufolge ZGG 85 % der Gewinne erhält; 2008 Umwandlung von GmbH in KG
3	Dez. 1990	ZGG – Zarubezhgaz-Erdgashandel Gesellschaft mbH (Gazprom Germania GmbH)	Berlin, D	100 % OOO Gazprom Éksport	–	EUR 14,674 Mrd. / 537,2 Mio.	Steuerungszentrum	August 2009 Verschmelzung mit der Tochter ZMB-Zarubezhgaz Management und Beteiligungsgesellschaft mbH (ZMB GmbH), Berlin, die zuvor als Holding fungierte.
4	1991	ZMB Mobil	Möthlow, D	100 % Gazprom Germania	–	EUR 600000	Nachfragebeeinflussung (Spezialisierung auf Umrüstung von Autos zu Gas)	ehem. Landmaschinenwerkstatt, ab 1991 von ZGG finanziert.
5	Jan. 1991	Wingas GmbH & Co. KG	Kassel, D	49,98 % Gazprom Germania	50,02 % Wintershall	EUR 9,02 Mrd./ EUR	Bau von Pipelines; Erdgasimport und -Verkauf (langfristig) zum Gewinn von	bis 2008: Wingas GmbH, 35 % ZGG; 65 % Wintershall GmbH. Paritätische Leitung seit der Gründung. 2008 mit 17,8 Mrd. Kubikmeter ca. 20 % des

Nr.	Datum	Firma	Sitz	Beteiligung Gazprom	weitere Gesellschafter	Wert	Tätigkeit	Anmerkungen
						339 Mio.	Marktanteilen, Nachfragebeeinflussung; Speicherbau und Nutzung; Nutzung der Möglichkeiten auf liberalisierten Energiemärkten in Westeuropa; Telekommunikationsdienstleistungen	deutschen Gasgroßhandels. Weitere 12,4 Mrd. Kubikmeter wurden im westeuropäischen Ausland abgesetzt. 50–60 % des Gases kommen laut Wingas von Gazprom, weitere Mengen aus der britischen Nordsee und von Spotmärkten. Direkte Tätigkeiten auf Terminmärkten in Frankreich, Österreich, Niederlande, Dänemark und über Töchter in Großbritannien und Belgien. Entlang der Pipelines wurden Glasfaserkabel verlegt, deren Kapazitäten vermarktet werden
6	Sept. 1991	GWH Gashandel GmbH	Wien, AT	50 % OOO Gazprom Éksport; 50 % indirekt kontrolliert über Centrex Europe Energy & Gas AG (Nr. 24)		EUR 404,28 Mio.	Erdgasimport und -Verkauf an Großkunden (langfristig) zum Gewinn von Marktanteilen, (private) Kapitalakkumulation	zunächst JV (50/50) zwischen ÖMV und Gazprom, 2004–2007 25,1 % ÖMV, 24,9 % Centrex Europe Energy & Gas AG, 50 % Gazprom. Name vor 2010: GWH Gas- und Warenhandelsgesellschaft mbH
7	1991	Prometheus Gas	Athen, GR	50 % OOO Gazprom Éksport	50 % Dimitrios Copelouzos	?	JV zum Pipeline-, Gasanlagen und Kraftwerksbau; Erdgasimport und -Verkauf – Nachfragebeeinflussung und Gewinn von Marktanteilen	Erschließung des noch unterentwickelten griechischen Erdgasmarktes
8	1991	Verbundnetz z Gas (VNG) AG	Leipzig, D	10,52 % Gazprom Germania	47,9 % EWE AG; 15,79 % Wintershall; 25,79 % ostdeutsche Stadtwerke über VNG Verbundnetz Gas Verwaltungs- und Beteiligungsgesellschaft	EUR 5,52 Mrd./ EUR 141 Mio.	Import, Transport und Großhandel mit Erdgas, Planung, Bau und Betrieb von Infrastruktur – Ausbau von Marktmacht	Ostdeutscher Gasversorger. Gazprom Germania wurde zunächst nur mit 5 % beteiligt, 2010 Erwerb von weiteren 5,52 % von GdF Suez im Austausch für deren Beteiligung an Nord Stream

9	1993	Fragaz SA	Paris, F	50 % Gazprom Germania; 50 % OOO Gazprom Éksport	-	EUR 10,2 Mio./ EUR -29069,-	Erdgasimport und -Verkauf an Großkunden (langfristig) zum Gewinn von Marktanteilen	Zunächst als Joint Venture zwischen Gazprom Éksport und Gaz de France gegründet, 2008 übernahm ZGG den Anteil von GdF. Gründungszweck war Kauf von französischer Ausrüstung für die Gasindustrie und Gasverkauf an Großkunden.
10	1993	Promgas S.p.A.,	Mailand, IT	50 % OOO Gazprom Éksport;	50 % ENI/SNAM Rete	USD 508,74 Mio. / 8,47 Mio.	Erdgasimport und -Verkauf an Großkunden (langfristig) zum Gewinn von Marktanteilen	Entstehung im Gegenzug für Auftragsvergabe an italienische Stahlkonzerne zur Lieferung von Pipelines im Rahmen der Jamal-Europa Pipeline. Eigene Bezugsmenge von 2 Mrd. m³ jährlich im Rahmen des Jamal-Liefervertrags
11	1993	Wintershall Erdgas Handelshaus Zug AG (WIEE)	Zug, CH	50 % Gazprom Germania über 100 % WIEH (Nr. 2)	50 % Wintershall über 100 % WIEH (Nr. 2)	nicht separat ausgewiesen	Gaszwischenhandel zu Kapitalakkumulation und Ausbau der Marktposition	zunächst Barterhandel, dann Kauf zentralasiatischen Gases und Nutzung der Gazprom- und Naftogaz-Infrastruktur zur Belieferung von Rumänien, Bulgarien
12	Okt. 1994	Panrusgaz Zrt.	Budapest, HU	40 % OOO Gazprom Éksport; 4,173 % + 5 % über 10 % Centrex Europe Energy & Gas AG (Nr. 28)	50 % E.On Ruhrgas AG	ca. EUR 2,93 Mrd. / ca. EUR 10,65 Mio.	Erdgasimport und -Verkauf an Großkunden (langfristig) zum Erhalt der Marktdominanz; (private) Kapitalakkumulation und Umgehung von Kartellrecht	bis 2004 JV zwischen MOL und Gazprom Éksport. Größter Importeur und Gasversorger, der 70 % des ungarischen Gasbedarfs deckt. 2008 wurden 8,9 Mrd. Kubikmeter umgesetzt
13	Dez. 1994	Inter-connector (UK) Ltd.	London, GB	10 % Gazprom Germania über 100 % Gazprom UK Ltd. (Nr. 19)	23,5 % La Caisse de dépôt et placement du Québec; 10 % CDP Investisse-ments; 10 % ConocoPhillips; 15,09 % E.On Ruhrgas; 11,41 % ENI/Distrigaz; 10 % Fluxys;	GBP 145 Mio. / GBP 42,8 Mio.	Erschließung neuer Absatzmärkte	Interconnector ermöglicht den Erdgastransport zwischen Großbritannien und Belgien in beide Richtungen. Zunächst von Gazprom direkt gehalten, ab 1999 von Gazprom UK Ltd.

14	1994	WIROM Gas S.A.	Bukarest, ROM	25,5 % über 51 % WIEE (Nr. 11)	5 % Gdf Suez/ Electrabel; 5 % ENI	25,5 % Wintershall über 51 % WIEE (Nr. 11); 49 % GdF Suez Energy Romänia	?	lokaler Gastransport und –Vertrieb, Nachfrageerhöhung	Bau und Betrieb des lokalen Gasnetzes in Turnu Magurele, Alexandria, Oltenita und Giurgiu. Zunächst JV zwischen WIEE und Distrigaz Sud.
15	1994	Gasum Oy	Espoo, FI	25 % OAO Gazprom	31 % Fortum Oy; Finnländischer Staat 24 %; E.On Ruhrgas 20 %		EUR 1,218 Mrd. / EUR 25 Mio.	Erdgasimport und –Verkauf, Ausbau der Pipelineinfrastruktur: Erhalt der Marktdominanz, Nachfragebeeinflussung	zunächst JV zwischen Neste Oy (75 %) und OAO Gazprom, nach deren Restrukturierung neue Eigentümerstruktur. Zunächst Verkauf nur an Großkunden
16	1995–2010	Volta S.p.A.	Mailand, IT	49 % OOO Gazprom Eksport	Montedison 51 %		–	Erdgasimport und –Verkauf (langfristig) zum Gewinn von Marktanteilen, Nachfragebeeinflussung	JV plante Bau von eigener Importpipeline aus Slowakei über Slowenien nach Norditalien. Versuch zur Kopie des Wingas Modells, der jedoch scheiterte
17	Sept. 1998	Gazprom UK Ltd.	London, GB	100 % Gazprom Germania	–			Steueroptimierung, Kapitalakkumulation	Verwaltung des Gazprom-Anteils von 10 % an der Interconnector Pipeline (Bacton–Zeebrugge), der zuvor von OAO Gazprom gehalten wurde
18	1999	ZMB (Schweiz) AG	Zürich, CH	100 % Gazprom Germania	–		CHF 1,909 Mrd. / CHF 348 Mio.	Gaszwischenhandel zu Kapitalakkumulation und Ausbau der Marktposition; Minimierung der Kosten aus der Monopolisierung kasachischen Gases	Kauf usbekischen Gases (Zeromax) und Nutzung der Gazprom- und anderer Infrastruktur zur Belieferung von Armenien, Moldova, Litauen, Kasachstan, Estland, Georgien, Ukraine
19	Mai 1999	Gazprom Marketing & Trading Ltd.	Kingston upon Thames, GB	100 % Gazprom Germania	–		GBP 9,2 Mrd. / GBP 115 Mio.	Nutzung der globalen Chancen auf liberalisierten Märkten für Erdgas, LNG, Strom, Kohlendioxid, Öl	Bis August 2004 Gazprom U.K. Trading Ltd., kaum Aktivitäten, lediglich Management der Interconnector-Kapazitäten. Später Holding, die sowohl die Chancen auf globalen Energie- und Kohlenstoffmärkten nutzt, mit Kyoto-

Nr.	Datum	Name	Sitz	Gazprom-Anteil	Weitere Anteilseigner	Betrag	Funktion	Anmerkung	Weiteres
20	1999	Enelco S.A.	Athen, GR	12,5 % über Prometheus Gas (Nr. 7)	75 % Enel; 12,5 % Dmitrios Copelouzos über 25 % Prometheus Gas	?	Nachfragebeeinflussung	Bau von Gaskraftwerken, Enelco besitzt Lizenz zum Bau von zwei Gaskraftwerken in Livadia und Alexandropoulis	Zertifikaten handelt als auch an Industriekunden in Großbritannien verkauft. Daniel Gornig, Sohn des Gazprom-Germania Exchefs Hans-Joachim Gornig ist seit 2001 in führenden Positionen beschäftigt.
21	1999	Blue Stream Pipeline Company B.V.	Amsterdam, NL	50 % OAO Gazprom	50 % ENI International B.V.	EUR 19,5 Mrd./ EUR 1,6 Mrd.	Aufbau neuer Exportkapazitäten; Transitvermeidung; Herstellung von Marktmacht	Bau und Nutzung der Blue Stream Pipeline	
22	2000	WIEE Rumania S.A.	Bukarest, ROM	50 % Gazprom Germania über 100 % WIEE (Nr. 10)	50 % Wintershall über 100 % WIEE (Nr. 10)	?	Erdgasimport, An- und -Verkauf, Ausbau der Speicherinfrastruktur – Erhalt der Marktdominanz	zunächst wurde lokal produziertes Gas gehandelt, später auch importiert und Projekte entwickelt	
23	Dez. 2002	Gaasienergia AS	Tallinn, EST	25 % OAO Gazprom über Gasum Oy (Nr. 15)	31 % Fortum Oy, 24 % Finnischer Staat; 20 % E.On über Ruhrgas über Gasum Oy (Nr. 15)	EUR 2,2 Mio. / EUR – 47923,-	lokaler Gastransport und -Verkauf an Klein- und Großkunden; Nachfragebeeinflussung	2008 wurden 9,52 Mio. Kubikmeter Erdgas abgesetzt	
24	Juli 2003	ZGG – Zarubezhgaz-neftechim Trading GmbH	Wien, A	100 % Gazprom Germania	–	?	Unklar, stellt Services für Gazprom Germania (Mobilität) bereit	Verwaltet anscheinend den Gazprom-Anteil am Gasspeicher Haidach. Auf den Firmennamen ist ebenfalls eine Falcon 2000EX registriert (OH-FOX), die von Airfix Aviation operiert und von Gazprom Germania genutzt wird. Airfix Aviation gehört Gennadij Timčenko.	
25	Sept. 2003	Gas Project Develop-	Baar, CH	50 % Gazprom Germania,		?	Investitionen in usbekisches Erdgas;	Förderung von Erdgas und Erdölbegleitgas in den usbekischen	

		ment Central Asia AG		20,86 % + 25 % OAO Gazprom über 50 % Centrex Europe Energy & Gas AG (Nr. 28)			private Kapitalakkumulation	Lagerstätten Schachpachty, Kokdumalak, nördliche Nišan und Erkundung im Gissar-Gebiet
26	Okt. 2003	Centrex Group Holding Ltd.	Limassol, CYP	s. Bemerkungen		?	Umgehung von Kartellrecht; (private) Kapitalakkumulation, Steueroptimierung	Mitte der 2000er Jahre kontrolliert von IDF Anlagegesellschaft, Liechtenstein. Eigentümer der IDF: 80 % Russische Kommerzial Bank AG, Zürich (Tochter der OAO Vneštorgbank, Moskau) und wahrscheinlich 20 % Robert Novikowsky. Später von Siritia Ventures Ltd. (Nr. 31) kontrolliert. April 2006 bis April 2009 Mutter der Centrex Europe Energy & Gas AG (Nr. 28) und Centrex Beteiligungs-GmbH, Wien (Nr. 42).
27	Okt. 2003	Centrex Services International Ltd.	Limassol, CYP	?			Umgehung von Kartellrecht; (private) Kapitalakkumulation, Steueroptimierung	Hält seit Januar 2010 den Anteil der Centrex Europe Energy & Gas AG (Nr. 28) an der Centrex Beteiligungs-GmbH, Wien (Nr. 42) in Liquidation
28	Dez. 2003	Centrex Europe Energy & Gas AG	Wien, AT	41,73 % + 50 % OAO Gazprom über 100 % Arosgas Holding AG (Nr. 35), Siritia Ventures Ltd (Nr. 31)		EUR 421,8 Mio.	(private) Kapitalakkumulation, Umgehung von Kartellrecht; Erdgasimport und -verkauf an Großkunden (langfristig) zum Gewinn von Marktanteilen	Holding, Gründung durch Gazprombank; April 2006 bis April 2009 kontrolliert durch Centrex Group Holding Ltd. (Nr. 26); April 2009 bis Juli 2009 100 % Russische Kommerzial Bank AG (OAO Vneštorgbank). Juli 2009 bis Mai 2010 100 % VTB Bank Austria AG; dann Kauf durch Gazprombank.
29	2003	Wingas Belgium SPRL	Brüssel, B	49,98 % Gazprom Germania über 100 % Wingas (Nr. 5)	50,02 % Wintershall über 100 % Wingas (Nr. 5)	EUR 1,84 Mio./ EUR 66810	Erdgasimport und -verkauf an Großkunden (langfristig) zum Gewinn von Marktanteilen	Import von ca. 1 Mrd. Kubikmeter Erdgas jährlich; außerdem lt. Firmeninformation Vertretung der Interessen gegenüber EU-Institutionen
30	Feb. 2004	Wingas UK Ltd.	Richmond, GB	49,98 % Gazprom	50,02 % Wintershall über	GBP 188 Mio.	Erdgasimport und -verkauf an	Bis Juni 2007 JV mit Norsk Hydro: Hydrowingas Ltd.

Nr.	Datum	Unternehmen	Sitz	Beteiligung		Finanzen	Zweck	Anmerkungen
				Germania über 100 % Wingas (Nr. 5)	100 % Wingas (Nr. 5)		Großkunden (langfristig) zum Gewinn von Marktanteilen	
31	Feb. 2004	Siritia Ventures Ltd.	Nikosia, CYP	41,73 % OAO Gazprom über Beteiligung an Gazprombank; weitere 50 % an Gazprombank indirekt über Kapitalanlage in NPF Gazfond	Koval'čuk, Timčenko, Mordašov und andere Teilhaber der Bank „Rossija" durch Kontrolle von OOO UK Lider (Verwaltung des Großteils der Kapitalanlagen von NPF Gazfond, der 50 % an Gazprombank hält)	seit mehreren Jahren keine geprüften Bilanzen eingereicht	Steueroptimierung, (private) Kapitalakkumulation, Umgehung von Kartellrecht	Seit Nov. 2005 Mutter der Arosgas Holding AG, Besitzverhältnisse wechselnd und undurchsichtig
32	März 2004–Januar 2010	Central Energy Italien Gas Holding GmbH (CIGH)	Wien, AT	25,3 % Gazprom Germania; 17,34 % + 20,78 % OAO Gazprom über 41,57 % Centrex Europe Energy & Gas AG (Nr. 28)	33,3 % Bruno Mentasti Granelli (Hexagram Prima/Hexagram Seconda)	?	politische Korruption, (private) Kapitalakkumulation, Umgehung von Kartellrecht; Erdgasimport und -Verkauf an Großkunden (langfristig) zum Gewinn von Marktanteilen	Zunächst JV zwischen Robert Nowikovsky und Centrex Europe Energy & Gas AG. Im Mai 2005 Unterzeichnung von Memorandum zwischen Berlusconi und Putin über Vermarktung von 2 Mrd. m³ Erdgas jährlich in Italien. Im Oktober 2005 Kapitalerhöhung und die neue Eigentümerstruktur. Beteiligung des früheren Berlusconi-Geschäftspartners Granelli löst politischen Skandal aus, nach Parlamentswahlen scheitert das Vorhaben.
33	Mai 2004	Central ME Energy & Gas GmbH	Wien, AT	41,73 % + 50 % OAO Gazprom über 100 % Centrex Europe Energy & Gas AG (Nr. 28)		?	(private) Kapitalakkumulation, Umgehung von Kartellrecht	Holding, September 2008 Umbildung von AG in GmbH, bis August 2005 JV zwischen Robert Nowikovsky und Centrex Europe Energy & Gas AG
34	Juli 2004	CEA Centrex Energy &	Wien, AT	50,14 % Gazprom Germania;		EUR 127 Mio.	(private) Kapitalakkumulation, Umgehung von	Bis Juli 2005 JV Robert Nowikovsky und Central ME Energy & Gas GmbH. Im Gegenzug für die

Nr.	Datum	Name	Ort	Beteiligung	weitere Beteiligung	Wert	Zweck	Kommentar
		Gas AG		20,76 % + 25 % OAO Gazprom über 49,68 % Central ME Energy & Gas GmbH (Nr. 33)			Kartellrecht; Erdgasimport und -Verkauf an Großkunden (langfristig) zum Gewinn von Marktanteilen	Verlängerung des Langzeitlieferfervertrags mit ENI trat letztere 2006 eine Importkapazität von jährlich 3 Mrd.m³ an Gazprom ab. Diese wird von CEA Centrex zur Belieferung von Industriekunden in Norditalien genutzt.
35	Juli 2004	Arosgas Holding AG	Wien, AT	41,73 % + 50 % OAO Gazprom über 100 % Sirtia Ventures Ltd. (Nr. 31)			(private) Kapitalakkumulation, politische Korruption	Holding. Hielt bis 2007 RosUkrEnergo AG, Zug. Hält nun Centrex Europe Energy & Gas AG
36	Okt. 2004	Baltic LNG AG	Zürich, CH	80 % Gazprom Germania	20 % Sovkomflot	?	Aufbau neuer Exportkapazitäten	Sollte Projekt für LNG-Terminal in Ust'-Luga vorbereiten. Dies wurde jedoch nicht weiter verfolgt
37	2004	Bosphorus Gaz Corp., A.S.	Istanbul, TR	51 % Gazprom Germania	49 % Tur Enerji A.S.	?	Erdgasimport und -Verkauf an Großkunden (langfristig) zum Gewinn von Marktanteilen	Firma gegründet 2003, 2004 erwarb ZMB 40 %, 2009 weitere 11 %; Absatz 2009 ca. 0,5 Mrd. Kubikmeter auf türkischem Erdgasmarkt
38	2004	Centrex Hungaria Rt.	Budapest, HU	41,73 % + 50 % OAO Gazprom über 100 % Central ME Energy & Gas GmbH (Nr. 33)		US-$ 753867	(private) Kapitalakkumulation, Umgehung von Kartellrecht; Steueroptimierung(?)	Erwirbt 2004 10 % an Panrusgaz Zrt.
40	Jan. 2005	Wingas Storage UK Ltd. / Wingas Storage Enterprise Ltd.	London, GB	25 % + 33,3 % Gazprom Germania über 50 % Wingas Holding (Nr. 43) und 50 % ZGHG (Nr. 36); 6,955 % + 8,33 % OAO Gazprom über 50 % ZGHG (Nr. 41)	25 % Wintershall über Wingas Holding (Nr. 39)		Erdgasspeicherung zum Gewinn von Marktanteilen im Speichermarkt und von Flexibilitätsvorteilen auf liberalisierten Märkten	Ausbau und Betrieb der Erdgaslagerstätte Saltfleetby, bis Mai 2006 im Eigentum der Wingas

Nr.	Datum	Name	Sitz	Beteiligung	weitere Beteiligung	?	Zweck	Beschreibung
41	Sept. 2005	ZMB Gasspeicher Holding GmbH (ZGHG)	Wien, AT	66,67 % Gazprom Germania; 13,91 % + 16,66 % OAO Gazprom über 33,32 % Centrex Europe Energy & Gas AG (Nr. 26)		?	Umgehung von Kartellrecht	single-purpose Holding zur Beteiligung an Wingas Storage UK Ltd.
42	Okt. 2005	Centrex Beteiligungs GmbH in Liquidation	Wien, AT	37,65 % Gazprom Germania	62,35 % Centrex Services International Ltd. (Nr. 27)	?	(private) Kapitalakkumulation, politische Korruption	hielt die Anteile an Central Energy Italien Gas Holding
43	Dez. 2005	Wingas Holding GmbH	Kassel, D	49,98 % Gazprom Germania über 100 % Wingas (Nr. 5)	50,02 % Wintershall über 100 % Wingas (Nr. 5)	?		Hält Wingas-Beteiligung an Wingas Storage UK Ltd. Beherrschungs- und Gewinnabführungsvertrag mit Wingas GmbH & Co. KG
44	Dez. 2005	Nord Stream AG	Zug, CH	51 % OAO Gazprom	15,5 % Wintershall; 15,5 % E.On Ruhrgas; 9 % Gasunie; 9 % GdF Suez	–	Aufbau neuer Exportkapazitäten; Transitvermeidung; Ausbau von Marktmacht	bis Oktober 2007: NEGP Company AG; Projektierung, Bau und Betrieb der Nord Stream Pipeline
45	2005	WIEE Bulgaria EOOD	Sofia, BG	50 % über WIEE (Nr. 11)	50 % Wintershall über WIEE (Nr. 11)	?	An- und -Verkauf von Gas im Inland: Erhalt und Ausbau der Marktmacht	2005 Kauf von 51 % an Dexia Bulgaria, 2008 Erwerb der gesamten Anteile und Umbenennung
46	2005	Vemex s.r.o.	Prag, CZ	51 % Gazprom Germania; 13,91 % + 16,66 % OAO Gazprom über 33 % Centrex Europe Energy & Gas AG (Nr. 28)	16 % EW East West Consult AG, Appenzell	?	Erdgasimport und -Verkauf an Großkunden (langfristig) zum Gewinn von Marktanteilen	Gründung 2003, Erwerb durch Gazprom 2005, 2009 40 Industriekunden beliefert

Nr.	Datum	Name	Ort	Anteil Gazprom Germania	Weitere Anteile		Ziel	Bemerkungen
47	Juni 2006	SEP Company Kft.	Budapest, HU	50 % Gazprom Germania	50 % MOL	?	Aufbau neuer Exportkapazitäten; Erhöhung von Marktmacht	Planung, Bau und Betrieb einer südeuropäischen Pipeline, ursprünglich als Blue Stream II geplant. Nicht mehr aktiv.
48	Juni 2006	Gazprom Marketing & Trading Retail Ltd.	Manchester, GB	100 % Gazprom Germania über Gazprom Marketing & Trading Ltd. (Nr. 19)	—		Gewinn von Marktanteilen und von neuen Marktsegmenten	2006 Erwerb der Natural Gas Shipping Services Ltd., 2007 Umbenennung zu aktueller Bezeichnung. Vertrieb von Gas, Strom und Verschmutzungsrechten an Industriekunden in GB. Liefert Gas an FC Chelsea.
49	Juli 2006	Gazprom Marketing & Trading France R.C.S.	Paris, FR	100 % Gazprom Germania über Gazprom Marketing & Trading Ltd. (Nr. 19)	—		Gewinn von Marktanteilen	Lieferung von Gas an Industriekunden, z.B. Yara. Im Zusammenhang mit einem im Dezember 2006 mit GdF unterzeichneten Marktabtretungsvertrag kann Gazprom bis zu 1,5 Mrd. Kubikmeter jährlich selbst in Frankreich vermarkten.
50	Sept. 2006	ZGG Cayman Ltd. / ZGG Cayman Holding Ltd.	George Town, CAY	100 % Gazprom Germania	—		Steueroptimierung	Halten des Anteils von 19,39 % am „unabhängigen" Gasproduzenten OAO Novaték, Tarko Sale.
51	2006	Gazprom Marketing & Trading USA Inc.	Delaware, US	100 % Gazprom Germania über Gazprom Marketing & Trading Ltd. (Nr. 19)	—		Nutzung der Chancen auf globalen Gasmärkten (LNG), Gewinn von Marktanteilen und von neuen Marktsegmenten	
52	März 2007	Prime Energy S.p.A.	Mailand, IT	100 % Gazprom Germania	—		Nutzung kurzfristiger Chancen auf liberalisierten Gasmärkten	Bis September 2008: Gazprom Marketing & Trading Italia.
53	März 2007	Etzel-Kavernenbetriebs-	Hamburg, D	33,3 % Gazprom Germania	33,3 % Deutsche BP AG; 33,3 % DONG Energy		Erdgasspeicherung zum Gewinn von Marktanteilen im	Bau und Betrieb eines Erdgasspeichers in Etzel

54	April 2007	OPAL NEL Transport GmbH	Kassel, D	49,98 % Gazprom Germania über Wingas (Nr. 5)	50,02 % Wintershall über Wingas (Nr. 5)		Anbindung und Flexibilisierung neuer Exportkapazitäten zum Gewinn neuer Marktanteile und Steigerung von Marktmacht
55	Mai 2007	Bunde-Etzel-Pipelinegesellschaft mbH & Co. KG	Hamburg, D	Gazprom Germania 16 %	DONG Energy 16 %; EdF Gas Deutschland 16 %; IVG Caverns GmbH 20 %; EnBW 16 %		Anbindung und Flexibilisierung von Speicherkapazitäten zum Gewinn von Marktanteilen im Speichermarkt und von Flexibilitätsvorteilen auf liberalisierten Märkten
56	2007	Gazprom Marketing & Trading Germania GmbH	Berlin, D	100 % Gazprom Germania	–		Erschließung neuer Marktsegmente auf liberalisierten Märkten
57	2007	CEA Centrex Italia S.R.L.	Mailand, IT	50,14 % Gazprom Germania über 100 % CEA Centrex Energy & Gas AG (Nr. 32); 20,76 % + 25 % OAO Gazprom über 100 % CEA Centrex Energy & Gas AG (Nr. 32);	?		Erdgasimport und -Verkauf an Großkunden (langfristig) zum Gewinn von Marktanteilen; Umgehung von Kartellrecht
58	März 2008	TruRead Ltd.	Manchester, GB	100 % Gazprom Germania über	–		Erschließung neuer Technologien

Rechte Spalte (Beschreibung):

- 54: Bau und Betrieb der Ostsee-Pipeline-Anbindungs-Leitung von Lubmin nach Süden und der Norddeutsche Erdgas-Leitung von Lubmin nach Westen zur Anbindung der Nord Stream Pipeline
- 55: Bau und Betrieb der Bunde-Etzel Pipeline vom niederländischen Bunde zu den Gasspeichern in Etzel
- 56: Ziel ist der Handel auf dem deutschen Strommarkt. Bis 2008: Barents Sea Oil GmbH.
- 57: Lieferung von 700 Mio. Kubikmeter Erdgas an A2A beta seit Oktober 2008; Versuch zur Gründung eines JV mit Sinergie scheiterte auf Grund unterschiedlicher Preisvorstellungen
- 58: Firma entwickelt elektronische Gaszähler mit automatisierter

Erste Zeile (oberhalb Nr. 54): Verwaltungsgesellschaft mbH | Speichermarkt und von Flexibilitätsvorteilen auf liberalisierten Märkten

Nr.	Datum	Name	Ort	Eigentümer		Strategie	Beschreibung
				Gazprom Marketing & Trading Ltd. (Nr. 19)			Fernablesung. Vermarktung der Technologie über Gazprom Marketing & Trading Retail Ltd. (Nr. 45). 2008 Erwerb von 30 %, 2009 Erwerb restlicher Anteile
59	August 2008	Gazprom Global LNG Ltd. (GGLNG)	Kingston upon Thames, GB	100 % Gazprom Germania über Gazprom Marketing & Trading Ltd. (Nr. 19)	—	Nutzung der Chancen auf globalen Gasmärkten (LNG), Gewinn von Marktanteilen	Handel mit LNG aus den Sakhalin und Štokman Projekten
60	Dez. 2008	ZMB Gaz Depo A.S.	Istanbul, TR	99,99 % Gazprom Germania	?	Erdgasspeicherung zum Gewinn von Marktanteilen im Speichermarkt und von Flexibilitätsvorteilen auf liberalisierten Märkten; Gewinn von Marktanteilen	Bis 2010 keine Aktivität, Zweck lt. Gazprom Germania Planung, Entwicklung, Errichtung und Betrieb von Erdgasspeichern und Handel mit und Transport von Erdgas
61	Mai 2009	Erdgas-speicher Peissen GmbH	Halle (Saale), D	50 % Gazprom Germania	50 % VNG AG	Erdgasspeicherung zum Gewinn von Marktanteilen im Speichermarkt und von Flexibilitätsvorteilen auf liberalisierten Märkten	Entwicklung, Bau und Betrieb eines Erdgasspeichers in Peißen bei Bernburg. Auch Katharina (nach Zarin Katharina II.) genannt.
62	2009	Premium Gas S.p.A.	Bergamo, IT	50 % Gazprom Germania	35 % A2A; 15 % Iride (über A2A Alfa)	Nutzung der Möglichkeiten auf liberalisierten Erdgasmärkten: lokaler Gastransport und -Vertrieb, Nachfragebeeinflussung	Vertrieb von Gas an Kunden in Mailand, Bresca und Bergamo, Import von 1,5 Mrd. Kubikmeter jährlich ab Oktober 2010

BASF SE, Ludwigshafen

E.On Ruhrgas, Essen

ENI S.p.A. Rom

OAO Gazprom, Moskau

OOO Gazprom Eksport

Jurij Kovalčuk

Gennadij Timčenko

Torbjörn Tornquist, ?%

Gunvor International (Tortola, Larnaca, Amsterdam, Genf)

Volga Resources SICAV SIF SA, Luxembourg

OOO Transoil SNG, St. Petersburg

OAO SOGAZ, Moskau

OOO UK Lider, Moskau Verwaltung

NPF GAZFOND

Schwarzmeer- und Ostsee Versicherungs-AG, Hamburg

ZGG Cayman Ltd., George Town

ZGG Cayman Holding Ltd. George Town

OAO Novatěk, Tarko-Sale

Fortum Oy, Espoo: 31%

Gasum Oy, Espoo

OAO Gazprombank, Moskau

Arosgas Holding AG, Wien

Centrex Europe Energy & Gas AG, Wien

Central ME Energy & Gas GmbH, Wien

Gasum Paikallisjakelu Oy, Kotka

Gasum Energiapalvelut Oy, Helsinki

Kaasupörsi Oy, Espoo

Gaasienergia AS, Tallinn

CEA Centrex Energy & Gas AG, Wien

CEA Centrex Italia S.R.L., Mailand

Centrex Hungaria Rt., Budapest

Pannusgaz Zft., Budapest

Vemex s.r.o., Prag

ZMB Gasspeicher Holding Gmbh (ZGHG), Wien

GWH Gashandel GmbH, Wien

Gas Project Development Central Asia AG, Baar

EW East-West Consult AG, Appenzell: 16%

Bank „Rossija" Moskau

Promgaz S.p.A. Mailand

Fragaz SA, Paris

Copelouzos

Prometheus Gas, Athen

GdF Suez Romania 49%

WIROM Gas S.A., Bukarest

WIEE Rumania S.A., Bukarest

WIEE Bulgaria EOOD, Sofia

MOL Nyrt., Budapest: 50%

SEP Company Kft., Budapest

PremiumGas S.p.A., Bergamo

A2A, Brescia: 35%

Iride, Turin: 15%

Winterhall Erdgas Handelshaus (WIEH) GmbH & Co. KG, Kassel

Wintershall Erdgas Handelshaus Zug AG (WIEE), Zug

Deutsche BP, DONG Energy, Fredericia

Etzel-Kavernen-betriebs-Verwaltungs-GmbH, Hamburg

Bunde-Etzel Pipeline-GmbH & Co.KG, Hamburg

WINGAS GmbH & Co. KG, Kassel

WINGAS TRANSPORT GmbH & Co. KG, Kassel

OPAL NEL Transport GmbH, Kassel

WINGAS UK Ltd. Richmond

WINGAS Belgium SPRL, Brussel

WINGAS Holding GmbH, Kassel

WINGAS Storage UK Ltd., London

Wingas Storage Enterprise Ltd., London

ZMB Gaz Depo A.S., Istanbul

ZGG-Zarubezhgas Erdgashandel GmbH, Berlin (Gazprom Germania)

Wintershall Holding GmbH, Celle

EWE AG, Oldenburg 47,9%

GdF Suez, Paris: 9%

Gasunie, Groningen: 9%

Nord Stream AG, Zug

Blue Stream Pipeline Company B.V. Amsterdam

South Stream AG, Zug

VNG AG, Leipzig

Sovkomflot, Moskau: 20%

Baltic LNG AG, Zürich

OOO Baltijskij Sžižennyj Gaz, Kingisepp

ZMB Mobil Gmbh, Möthlow

ZMB (Schweiz) AG, Zürich

ZGG Zarubezhgaz-neftechim Trading GmbH, Wien

TOV North West Gas, Kiev

Erdgasspeicher Peissen GmbH, Halle (Saale)

Prime Energy S.p.A Mailand

Tur Enerji AS, Istanbul: 49%

Bosphonus Gaz Corporation AS, Istanbul

Gazprom Marketing & Trading Ltd, Kingston upon Thames

Gazprom Global LNG Ltd., Kingston

TruRead Ltd. Manchester

Gazprom Marketing & Trading Retail Ltd., Manchester

Gazprom Marketing & Trading Germania GmbH, Berlin

Gazprom UK Ltd., London

Gazprom Marketing & Trading France RCS, Paris

Gazprom Marketing & Trading USA Inc., Delaware

Gazprom Marketing & Trading, Singapore

Gdf Suez/Electrabel, Brüssel: 5%

ConocoPhillips, Houston: 10%

Interconnector (UK) Ltd., London

Fluxys, Brüssel: 10%

ENI/Distrigas, Brüssel 11,41%

La Caisse, Quebec: 33,5%

Anhang IV: Prozesse Turkmenistan, 1992–2009

Zeit	Ereignis	Quellen
Jan. 92	Turkmenistan weigert sich, dem Gazprom-Konzern beizutreten. Im Gegenzug weigert sich Russland, einen Teil der mit Gasexporten erzielten Valuta an Turkmenistan zu übergeben, damit die Republik ihren negativen Saldo bei Öl ausgleichen kann.	Nikita Kiričenko: obzor ėkonomiki SNG [Zusammenschau der Wirtschaft der GUS], in: Kommersant'', 24.2.1992.
Feb. 92	Gemäß einer Vereinbarung zahlt Russland Weltmarktpreise für Gas aus Turkmenistan (für 11,2 Mrd. m³ für 1992). Turkmenistan hat zuvor mit der Türkei und Pakistan Verträge über Gaslieferung unterzeichnet. Sollte Turkmenistan seine Lieferungen einstellen, würde ein Gasdefizit drohen.	Nikita Kiričenko: obzor ėkonomiki SNG [Zusammenschau der Wirtschaft der GUS], in: Kommersant'', 24.2.1992. Postavki prirodnogo gaza iz turkmenii rossija budet oplačivat' po mirovym [Die Lieferungen von Naturgas aus Turkmenistan wird Russland mit Weltpreisen bezahlen], in: Nezavisimaja Gazeta, 05.02.1992.
Mrz. 92	Turkmenistan stoppt seine Gaslieferungen, da die Ukraine den neuen Preis von 870 RUB nicht zahlen will. Die Ukraine kauft nun Gas von Gazprom zum Preis von 1000 RUB. Der hohe Preis wird dadruch rechtfertigt, dass der Preis ukrainischer Produkte um das 47-fache erhöht wurde.	Ukraina probrosalas' turkmenskim gazom [Ukraine hat das turkmenische Gas verloren], in: Nezavisimaja Gazeta, 7.03.1992.
Feb. 94	Turkmenistan stellt seine Gaslieferungen an die Ukraine ein, da diese nicht gezahlt hat. Im März droht Gazprom damit, seine Lieferungen ebenfalls zu unterbrechen.	Grigorij Seljaninov: Rossija prekraščaet postavki gaza na Ukrainu [Russland stellt Lieferungen von Erdgas an die Ukraine ein], in: Kommersant'', 03.03.1994;
Mrz. 94	Gazprom stellt Gaslieferungen nicht ein, da die Ukraine eine Beteiligung an der Privatisierung seiner Gasfernleitungen in Aussicht stellt. Man eignet sich darauf, ein Konsortium zum Bau einer südlichen Leitung (Türkei) zu gründen, deren Kosten die Ukraine tragen soll.	Marat Salimov: Peregovory po gazu [Verhandlungen über Gas], in: Kommersant'', 12.03.1994.
Okt. 94	Bergmann: Turkmenistan kann Gas nach Europa nur in Zusammenarbeit mit Gazprom exportieren	Člen pravlenija „Rurgaz AG“ Burkchard Bergmann o vzaimootnošenijach „Rurgaza“ i RAO „Gazprom“ [Das Mitglied der Leitung von Ruhrgas, Burkhard Bergmann, über die Beziehungen zwischen Ruhrgas und Gazprom, in: Moskovskie Novosti, 16.10.1994.
Dez. 94	Im Tausch für 6 Mrd. m³ Gas erhält Turkmenistan Armeeausrüstung von Rosvooruženie.	Opjat' vyručil gaz Rosvooruženie i pravitel'stvo Turkmenistana prišli k soglasiju [Das Gas hat wieder geholfen: Rosvooruženie und die Regierung von Turkmenistan sind übereingekommen], in: Nezavisimaja Gazeta, 29.12.1994.
Dez. 94	Turkmenistan stellt seine Gaslieferungen in die Ukraine wieder ein, was zu einem entsprechenden Defizit führt.	Oleg Grečko, Ėnergetičeskie problemy SNG [Energieprobleme der GUS], in: Kommersant'', 07.02.1995.

Jan. 95	Turkmenistan und die Ukraine unterschreiben einen Vertrag zur Schuldenrestrukturierung (1,5 Mrd. US-$, 40% in Valuta, 60% in Waren und Dienstleistungen)	Kiev oplatit „gazovye" sčeta svoimi zavodami [Kiev zahlt die Gasrechnungen mit seinen Fabriken], in: Nezavisimaja Gazeta, 18.10.1995; Oleg Grečko, Energetičeskie problemy SNG [Energieprobleme der GUS], in: Kommersant'', 07.02.1995.
Jan. 95	Gazprom stellt aufgrund einer fehlenden Vereinbarung den Transit von Gas aus Turkmenistan in die Ukraine ein.	Turkmenskij gaz, postavljaemyj ukraine, zaderžan Rossiej [Das turkmenische Gas, das für die Ukraine vorgesehen ist, wird von Russland zurückgehalten], in: Neftegazovyj kompleks, 20.01.1995.
Jan. 95	Trotz der fehlenden Vereinbarung nimmt Gazprom den Transit wieder auf. Die Firma „Armani" (Gemeinschaftsunternehmen von Gazprom und einer griechischen Firma) konnte Abhilfe schaffen.	Vozobnovleny postavki turkmenskogo gaza na Ukrainu [Die Lieferungen turkmenischen Gases an die Ukraine wurden wieder aufgenommen], in: Neftegazovyj kompleks, 27.01.1995.
Mrz. 95	Nijazov und Benazir Bhutto aus Pakistan unterschreiben ein Memorandum über eine von Unocal finanzierte Pipeline nach Pakistan. Gazprom wird ebenfalls eingeladen und ist bereit teilzunehmen.	Panjuškin/Zygar' 2008.
Mrz. 95	Gazprom übergibt der Ukraine eine Liste mit Firmen (Azostal', Stirol, Nikopol'skijk zavo ferosplaviv, PO „Azot")	Kiev oplatit „gazovye" sčeta svoimi zavodami [Kiev zahlt die Gasrechnungen mit seinen Fabriken], in: Nezavisimaja Gazeta, 18.10.1995.
Mai: 95	Bei einem Treffen zwischen Nijazov und El'cin werden die Grundlagen für Turkmenrosgaz gelegt. Gazprom erklärt sich zur Beteiligung an TAPI bereit. Nijazov unterstützt die russische Position, dass das Kaspische Meer weder auf dem Boden noch an der Oberfläche geteilt werden dürfe. Hierzu wird die Erarbeitung eines gemeinsamen Programms angekündigt.	Aleksandr Koreckij: Vizit Turkmenbaši v Moskvu [Der Besuch von Turkmenbaschi in Moskau], in: Kommersant'', 19.05.1995.
Nov. 95	Vjachirev fährt nach Turkmenistan und unterzeichnet eine Vereinbarung zur Gründung von Turkmenrosgaz.	Rossijsko-turkmenskie svjazi: dolgoždannoe oživlenie [Russisch-turkmenische Beziehungen: lang erwartete Belebung], in: Nezavisimaja Gazeta, 17.11.1995.
Jun. 96	Die Vereinbarung über Turkmenrosgaz wird unterschrieben: Gazprom exportiert demnach bis zu 20 Mrd. m³ nach Europa und bekommt dafür bekommt Zugang zu den Vorkommen in Turkmenistan. Die gesamte Förderung wird von Turkmenrosgaz kontrolliert (51% Turkmenistan, 44% Gazprom, 5% Itera).	Panjuškin/Zygar' 2008.
Aug. 96	Im Rahmen von Verhandlungen zwischen Nijazov und Vjachirev wird in Moskau der Vertrag zur Gründung von Turkmenrosgaz unterschrieben (51%Turkmenistan, 45% Gazprom, 4% Itera). Außerdem wird zwischen Turkmenistan, Gazprom (10%), Turkmenrosgaz (5%), Unocal, Delta (Saudi Arabien) der Vertrag zu TAPI unterschrieben.	IEA 1998: 260; Podpisan memorandum po prokladke gazoprovoda iz Turkmenii v Afganistan pri sodejstvii Rossii [Es wurde ein Memorandum über die Verlegung einer Gasleitung von Turkmenistan nach Afghanistan unter Mitwirkung von Russland unterzeichnet], in: Neftegazovyj kompleks, 12.08.1996.
Aug. 96	Itera kontrolliert die gesamte Gasmenge, die aus Turkmenistan in die Ukraine geliefert wird.	Klanovyj peredel gazovogo rynka ukrainy [Die klanbasierte Umverteilung des Gasmarkts der Ukraine], in: Nezavisimaja gazeta, 13.08.1996.

Okt. 96	Gazprom-Chef Vjachirev wirbt in Kiew dafür, dass Itera alleiniger Lieferant turkmenischen und russländischen Gases in der Ukraine werden soll. Dazu soll Itera das Gas selbständig in der Ukraine vertreiben. Die Lieferungen sollen dann von der zahlungsfähigen Nachfrage abhängen. Die ukrainische Regierung teilt mit, dass sie in diesem Fall keine Zahlungsgarantien abgeben wird.	Nega soobščaet [Nega teilt mit], in: Nezavisimaja Gazeta, 31.10.1996.
Nov. 96	Vjachirev fährt nach Turkmenistan, um Verträge für Gaslieferungen für das Jahr 1997 zu unterschreiben. Turkmenisches Gas soll zu gleichen Teilen in die Ukraine und nach Westeuropa exportiert werden. Konkrete Ziffern werden nicht genannt. Während des Treffens, an dem auch Itera teilnimmt, werden Vereinbarungen getroffen, die 1997 in eine Regierungsvereinbarung überführt werden sollen. Unter anderem ist eine Steuerbefreiung für Turkmenrosgaz vorgesehen.	Podpisan protokol o postavkach turkmenskogo gaza v zapadnuju evropu v 1997g. [Es wurde ein Protokoll über die Lieferungen turkmenischen Gases nach Westeuropa im Jahre 1997 unterschrieben], in: Neftegazovyj kompleks, 10.11.1996; Opublikovan proekt soglašenija meždu pravitel'stvom Rossijskoj Federacii i pravitel'stvom Turkmenistana o postavkach prirodnogo gazav 1997 g. [Es wurde eine Vorlage für eine Vereinbarung zwischen der Regierung Russlands und der Regierung Turkmenistans über die Lieferungen von Erdgas im Jahre 1997 veröffentlicht], in: Neftegazovyj kompleks, 17.05.1997.
Feb. 97	Turkmenrosgaz wird aufgelöst. Nach Ansicht Niyazovs brachte das Gemeinschaftsunternehmen keine Vorteile.	IEA 1998: 261
Feb. 97	Herbert Detharding, Aufsichtsratschef der Wintershall, unterstützt Gazprom darin, dass sie kein turkmenisches Gas transportiert. Wer Gas exportieren wolle, müsse eben selbst eine Pipeline bauen.	"Ljudi predpočitajut videt' mir v černo-belych kraskach" ["Die Menschen wollen die Welt gern in Schwarz-Weiß sehen], in: Nezavisimaja gazeta, 18.02.1997.
Feb. 97	Nijazov geht davon aus, dass Turkmenrosgaz im Jahr 1997 20 Mrd. m³ Gas nach Russland exportieren wird. Diese Menge Gas wird Gazprom wiederum nach Europa weiterleiten.	"Glavnye naši zavoevanija – soglasie v obščestve i postojannyj nejtralitet" ["Unsere Haupterfolge – die Einheit der Gesellschaft und die andauernde Neutralität], in: Nezavisimaja gazeta, 19.02.1997.
Mrz. 97	Aufgrund zu niedriger Preise will Nijazov nicht mehr mit Itera zusammenarbeiten. Gazprom stellt daraufhin ihre Route um. Die Ukraine stellt ihre Kauf wegen der nun erhöhten Transitkosten ein. Nijazov lässt schließlich die Bohrlöcher einfrieren und kündigt Turkmenrosgaz.	Panjuškin/Zygar' 2008.
Apr. 97	Nijazov und die Ukraine unterschreiben ein Protokoll über zukünftige Gaslieferungen im Umfang von 20 Mrd. m³. Diese Lieferungen sollen zum Preis von 42 US-$ direkt an Ukrgaz gehen. Für Schulden soll Ukrgaz mit seinem eigenen Vermögen haften.	Dmitrij Stepanov, Kučma ne poechal v Turkmeniju [Kučma ist nicht nach Turkmenistan gefahren], in: Kommersant'', 06.05.1997.
Mai. 97	Aufgrund der ungeklärten Schuldenfrage von Itera wird Kučma von Turkmenistan ausgeladen.	Dmitrij Stepanov, Kučma ne poechal v Turkmeniju [Kučma ist nicht nach Turkmenistan gefahren], in: Kommersant'', 06.05.1997.
Mai. 97	Die Türkei, Turkmenistan und der Iran verabreden den Bau einer Pipeline über den Iran in die Türkei. Bis Ende des Jahres soll eine Machbarkeitsstudie vorliegen, die von Frankreich finanziert wird. Auch die USA unterstützen das Projekt und beteiligen sich an der Finanzierung.	"Gazprom" toropitsja v turciju [Gazprom eilt nach Turkmenistan], in: Ékspert, 8.9.1997.

Jun. 97	Nijazov blockiert die Tätigkeit von Turkmenrosgaz, da Itera die Gaslieferungen in die Ukraine nicht gezahlt und im Jahr 1996 295 Mio. US-$ Schulden angehäuft haben soll. Die Schulden von 1993–95 werden auf 780,6 Mio. US-$, von 1996 und das 1. Quartal 1997 auf 302,5 Mio. US-$ beziffert. Ohne Beteiligung von Itera transportiert Gazprom kein Gas. Auf einer anschließend einberaumten Sitzung des Direktorenrats wird die Tätigkeit von Turkmenrosgaz zunächst dennoch nicht eingestellt und eine Schuld der Itera von lediglich 130 Mio. US-$ festgestellt.	Natal'ja Gotova: A u nas i neft', i gaz. a u vas? [Wir haben sowohl Öl als auch Gas, und ihr?], in: Moskovskij komsomolec, 09.08.1997; Prezident Turkmenii prekratil dejatel'nost' AO „Turkmenrosgaz" [Der turkmenische Präsident hat die Tätigkeit der Turkmenrosgaz beendet], in: Neftegazovyj kompleks, 28.06.1997.
Jul. 97	Gazprom reduziert ihre Lieferungen an die Ukraine und Belarus aufgrund ausstehender Zahlungen. Während Intergaz und EES nun weniger Gas erhalten, wird Itera, die turkmenisches Gas liefert, über eine mögliche Reduktion benachrichtigt.	Sokraščenie postavok rossijskogo gaza v Belorussiju i na Ukrainu priobretaet charakter političeskogo skandala [Die Einstellung russländischer Gaslieferungen an Belarus und die Ukraine nimmt den Charakter eines politischen Skandals an], in: Nezavisimaja gazeta, 23.07.1997.
Jul. 97	Eine russische Delegation (Rosneft, Gazprom, LUKoil) kommt unter der Leitung von Valerij Serov nach Turkmenistan, um Probleme des Gastransports zu diskutieren. Russland sowie russische Investitionen in kaspische Vorkommen zu diskutieren. Dabei geht es v.a. um Serdar/Kjapaz, das von Rosneft/LUKoil erarbeitet wird. Turkmenistan hofft, dass Russland bei der Lösung des Konflikts behilflich sein kann. Bezüglich Azeri-Chirag fordert Turkmenistan die Einstellung aller Tätigkeiten. Da die Abkommen nicht von Regierungen, sondern von Ölkonzernen geschlossen worden seien, sieht Russland jedoch keinen Grund zur Einmischung.	Aščabadu nadoelo byt' syr'evym sponsorom [Ashgabad will nicht länger Rohstoffspender sein], in: Nezavisimaja gazeta, 26.07.1997. Rossijskaja delegacija vo glave s vice-prem'erom Valeriem Serovym priletela 27 ijulja v Aščabad s rabočim vizitom dlja obsuždenija ėkonomičeskich voprosov [Eine russländische Delegation unter Leitung von Valerij Serov ist am 27. Juli zu einem Arbeitsbesuch nach Ashgabad geflogen zur Besprechung wirtschaftlicher Fragen], in: Neftegazovyj kompleks, 26.07.1997.
Jul. 97	Gazprom bittet die Ukraine, der Itera den ukrainischen Gasmarkt offenzuhalten, da diese mit dem Vertrieb des ersetzten turkmenischen Gases beauftragt wird.	Rosbizneskonsalting, 16.7.1997.
Jul. 97	Gazprom reduziert Lieferungen an die ukrainischen Firmen Intergaz und EESU. Intergaz ist nur in beschränktem Maße betroffen.	„Gazprom" s 22 ijulja načal sokraščat' podaču gaza na Ukrainu v svjazi s zadolženost'ju ukrainskoj storony [Gazprom hat vom 22. Juli an die Gaslieferungen an die Ukraine reduziert im Zusammenhang mit der Verschuldung der ukrainischen Seite, in: Neftegazovyj kompleks, 26.07.1997:
Aug. 97	Nijazov und El'cin vereinbaren, dass Lieferungen künftig ohne Itera oder andere Zwischenhändler ablaufen sollen. Turkmenrosgaz soll entsprechend neu inkorporiert werden in weitere Vorkommen investieren. Russland erklärt das Vorkommen „Kjapaz" (Serdar), um das sich Aserbaidschan und Turkmenistan streiten, für turkmenisch. LUKoil und Rosneft stellen daraufhin ihre Beteiligung an der Ausbeutung des Vorkommens ein.	Natal'ja Gotova: A u nas i neft', i gaz. a u vas? [Wir haben sowohl Öl als auch Gas, und ihr?], in: Moskovskij komsomolec, 09.08.1997; Nijazov nazval rossijskuju poziciju nekonstruktivnoj [Nijazov hat die russländische Position als unkonstruktiv bezeichnet], in: Nezavisimaja gazeta, 26.03.1998; 7 avgusta predsedatel' pravlenija RAO „Gazprom" Rem Vjachirev provel v Moskve press-konferenciju po itogam svoich vstreč s prezidentami RF I Turkmenii B. El'cinym i S. Nijazovym [Am 7. August hat der Vorsitzende der Leitung von Gazprom, Rem Vjachirev, eine Pressekonferenz in Moskau über die Ergebnisse seiner Treffen mit den Präsidenten Russlands und Turkmenistans, B. El'cin und S. Nijazov, abgehalten], in: Neftegazovyj kompleks, 09.08.1997.

Aug. 97	Gazprom beeilt sich nicht mit der Formierung einer neuen Turkmenrosgaz; Turkmenistan kann nicht weiter exportieren.	Turkmenija ostalas' pri svoem gaze [Turkmenistan blieb auf seinem Gas sitzen], in: Segodnja, 22.8.1997
Sep. 97	Nijazov bekundet Interesse bezüglich der Erschließung des Schelfs sowohl unter Anwesenheit russischer als auch US-amerikanischer Konzerne. Die Einbeziehung Afghanistans in ein Energieprojekt betrachtet er als Möglichkeit, um Konflikte zwischen den Parteien zu schlichten.	Prezident Turkmenistana Saparmurat Nijazov: „Est' ob''ektivnye vnešnie pričiny našich segodnjašnich trudnostej" [Der Präsident Turkmenistans Saparmurat Nijazov: Es gibt objektive äußere Gründe unserer gegenwärtigen Probleme], Nezavisimaja gazeta 4.9.1997.
Sep. 97	Vjachirev unterschreibt die Rahmenvereinbarung über die Belieferung der Türkei mit Erdgas über die Blue Stream Pipeline. Vorgesehen ist die Nutzung turkmenischen Gases.	„Gazprom" toropitsja v tureiju [Gazprom eilt nach Turkmenistan], in: Ékspert, 8.9.1997.
Nov. 97	In Ashgabat wird die Vereinbarung über die Gründung eines internationalen Konsortiums für den Bau der Pipeline nach Pakistan unterschrieben. Anwesend sind Vertreter Turkmenistans, Unocal, Delta, Hyundai, Itochu, Inpex und Crescent Petroleum aus Pakistan. Gazprom, die zuvor ihren Wunsch zur Teilnahme am Konsortium ausgedrückt hatte, bleibt dem Treffen fern. Die Kosten der Pipeline werden auf 2 Mrd. US-$ beziffert (Kapazität 15 Mrd. m³). Über die Verteilung der Anteile wird kein Beschluss gefasst.	25 oktjabrja v Aščhabade podpisano soglašenie o sozdanii meždunarodnogo konsorciuma Central Asia Gas Pipeline [Am 25. Oktober wurde in Ashgabad das Abkommen über die Gründung des internationalen Konsortiums Central Asia Gas Pipeline unterzeichnet], in: Neftegazovyj kompleks, 01.11.1997.
Nov. 97	Nemcov weist Sanktionen des US-Kongresses aufgrund der Beteiligung von Gazprom am iranischen South Pars-Feld zurück und kündigt an, dass die russische Regierung Handlungen der Gazprom unterstützen werde.	B. Nemcov: Rossija otvergaet zakonodatel'nye ograničenija amerikanskogo kongressa na rabotu RAO „Gazprom" po iranskomu proektu [B. Nemcov: Russland weist die gesetzlichen Beschränkungen des US-Kongresses über die Arbeit der Gazprom im iranischen Projekt zurück], in: Neftegazovyj kompleks, 01.11.1997.
Nov. 97	Von der Einstellung der Lieferung durch Turkmenistan in die Ukraine und den Kaukasus sind auch südliche Regionen Kasachstans betroffen. Gazprom dreht daher die Flussrichtung, um Kasachstan versorgen zu können. Das Gas ist jedoch 18 US-$ pro 1000 m³ teurer als die turkmenische Variante.	V Alma-Ate i drugich gorodach južnych regionov Kazachstana posle nedel'nogo pereryva snova pojavilsja gaz [In Alma-Ata und anderen Städten der südlichen Regionen Kasachstans ist nach einer einwöchigen Pause wieder Gas aufgetaucht], in: Neftegazovyj kompleks, 22.11.1997.
Nov. 97	Gazprom und Shell schließen eine strategische Allianz. Zapoljarnoe wird als gemeinsames Projekt identifiziert. Shell will am turkmenischen Shelf partizipieren und will an der Turkmenistan-Iran-Türkei-Pipeline beteiligt werden.	17 nojabrja Royal Dutch/Shell i RAO „Gazprom" podpisali soglašenie o strategičeskom al'janse [Am 17. November haben Shell und Gazprom eine Vereinbarung über eine strategische Allianz unterzeichnet], in: Neftegazovyj kompleks, 22.11.1997.
Dez. 97	Die Gasleitung Korpedzhe – Kurt-Kui wird eröffnet. Sie erlaubt vorerst den Transport von 4 Mrd. m³ und soll auf 8–10 Mrd. m³ ausgebaut werden. Iran verpflichtet sich für 25 Jahre zur Abnahme. Turkmenistan weist dabei die russische Meinung zurück, man würde versuchen auf den türkischen Markt vorzudringen und verweist auf das Treffen im Juli, bei dem eine Kooperation angekündigt wurde. Vjahirev habe die Anweisungen von El'cin und Černomyrdin jedoch nicht befolgt und kein gemeinsames Unternehmen gegründet.	Turkmenija [Turkmenistan], in: Nezavisimaja gazeta 6.12.1997.

Dez. 97	Shevadnadze kommt nach Turkmenistan, um die Schuldenrestrukturierung zu klären und über die Wiederaufnahme von Lieferungen zu verhandeln. Dabei wird festgestellt, dass eine Wiederaufnahme möglich ist, jedoch daran scheitert, dass Gazprom turkmenisches Gas nicht mehr durchlassen will. Georgien ist aber an turkmenischem Gas interessiert, da Georgien – im Unterschied zu Gazprom – eine Teilzahlung mit Waren akzeptiert.	Sozdan mechanizm vzaimorasčetov [Es wurde ein Mechanismus der gegenseitigen Verrechnung erschaffen], in: Nezavisimaja Gazeta, 10.12.1997.
Dez. 97	Aufgrund der strategischen Allianz wurd Shell als „Schlichter" im Streit mit Gazprom gehandelt. Gleichzeitig wird die Beteiligung von Gazprom an Juzhnyj Pars als eine gute Möglichkeit für Turkmenistan genannt, um turkmensiches Gas auf asiatische Märkte zu exportieren.	Vizit predsedatelja pravitel'stva rossii Viktora Černomyrdina v Turkmenistan otložen na bolee pozdnee vremja [Der Besuch des russländischen Regierungschefs Viktor Černomyrdin wurde auf spätere Zeit vertagt], in: Neftegazovyj kompleks, 27.12.1997.
Dez. 97	Russland und die Türkei unterzeichnen eine Regierungserklärung zu Blue Stream.	Kak uže soobščalos', v Ankare podpisano mežgosudarstvennoe rossijsko-tureckoe soglašenie „Goluboj Potok" [Wie schon berichtet wurde, ist in Ankara eine zwischenstaatliche russländisch-türkische Vereinbarung „Blue Stream" unterzeichnet worden], in: Neftegazovyj kompleks 27.12.1997.
Dez. 97	Turkmenistan, Iran und die Türkei geben bei Shell eine Machbarkeitsstudie über die TIT-Pipeline in Auftrag.	Pjaterka – i dva tuza [Eine Pik-Fünf und zwei Asse], in: Ėkspert, 19.1.1998.
Jan. 98	Černomyrdin und Vjachirev fahren nach Ashgabat, um die TAPI-Pipeline sowie die transkaspische Pipeline zu verhindern. Nijazov soll von einer weiteren Zusammenarbeit mit Russland überzeugt werden. Dabei soll auch das Angebot gemacht werden, ohne Zwischenhändler zu arbeiten. Die Verhandlungne werden allerdings vertagt, da der von Gazprom gebotene Preis zu gering ist.	Černomyrdin v gostjach u Turkmenbaši [Černomyrdin zu Gas bei Turkmenbaschi], in: Kommersant'', 14.01.1998; Nijazov nazval rossijskuju poziciju nekonstruktivnoj [Nijazov hat die russländische Position als unkonstruktiv bezeichnet], in: Nezavisimaja gazeta, 26.03.1998; Pjaterka – i dva tuza [Eine Pik-Fünf und zwei Asse], in: Ėkspert, 19.1.1998.
Jan. 98	Kučma fährt nach Ashgabat, um die im März 1997 eingestellten Lieferungen wieder aufzunehmen. Jährlich sollen bis 2005 20 Mrd. m³ Gas an die Ukraine verkauft werden. Nijazov und Kučma wenden sich gemeinsam an El'cin, um eine annehmbare Transitvariante zu erörtern. Die Haltung Russlands in dieser Frage wird als ausschlaggebend für eine weitere Integration in der GUS betrachtet.	Ėkonomičeskij press-obzor na 29.01.98 [Zusammenfassung der Wirtschaftspresse für den 29.1.1998], in: RIA „Oreanda", 29.1.1998; Sostojalis' vstreči prezidentov Ukrainy i Turkmenii, a takže Ukrainy i Rossii [Es fanden Treffen der Präsidenten der Ukraine und Russlands statt], in: Neftegazovyj kompleks, 07.02.1998
Jan. 98	Die Präsidenten der vier zentralasiatischen Republiken unterstützen den Plan Turkmenistans, gegenüber Russland alternative Transportmöglichkeiten zu schaffen. Nazarbaev und Nijazov unterschrieben dazu eine gemeinsame Erklärung über die Konsolidierung der Bemühungen zur Erschließung der Weltmärkte für Öl- und Gas.	Pjaterka – i dva tuza [Eine Pik-Fünf und zwei Asse], in: Ėkspert, 19.1.1998.
Feb. 98	Gazprom steigt aus dem TAPI-Projekt aus.	Vjačeslav Širjaev: Vostočnye motivy [Östliche Motive], in: Novye Izvestija, 11.2.1998.

Feb. 98	Vjahirev unterstreicht die Relevanz von Gas aus Turkmenistan. Allerdings ist er mit den geforderten Preisen nicht einverstanden.	Nikolaj Ochotin: Novosti [Neuigkeiten], Kommersant'', 13.02.1998.
Feb. 98	Gazprom gewährt den Gastransit aus Turkmenistan in die Ukraine wieder und setzt dafür einen Preis von US-$ 1,75 pro 100 km und 1000 m³ in Devisen. Die Route, die in sowjetischer Zeit bereits genutzt wurde, gilt als kürzeste Variante.	Turkmenbaši kapituliroval pered „Gazpromom" [Turkmenbaschi hat vor Gazprom kapituliert], in: Russkij telegraf, 19.2.1998.
Mrz. 98	Russland und die Ukraine vereinbaren, dass die Ukraine für die Durchleitung turkmenischen Gases russischen Investoren Vorzug gewährt. Die russische Presse ist derweil der Meinung, dass die Entscheidung von Jelzin zur Durchleitung des Gases aus politischen Gründen erfolgt ist und zu strategischen Verlusten von Gazprom führen kann, da Turkmenistan die Ukraine als „Platzdarm" für die Expansion nach Europa nutzen kann.	Gaz legok – dolgi tjažely [Gas ist leicht – die Schulden sind schwer], in: Rabočaja Tribuna, 7.3.1998.
Mrz. 98	Die Gasdurchleitung wird nicht aufgenommen, da weder die turkmenische noch die ukrainische Seite finanzielle Garantien für das durchgeleitete Gas übernehmen wollen. Dies soll über nicht genannte Zwischenhändler erfolgen.	„Gazprom" možet vozobnovit' s Turkmeniej peregovory ob uslovijach tranzita ee prirodnogo gaza na Ukrainu, in: Neftegazovyj kompleks, 21.03.1998.
Mrz. 98	Der Leiter von Gasexport, Jurij Komarov, meint, dass auf dem Gasmarkt Bulgariens politische Konkurrenten aktiv seien, die das Land gegen Russland ausspielen wollten. Bulgarien sei aber nicht in der Lage, den „politischen Preis" für Gas zu zahlen, den die Konkurrenten erzielen wollten.	Kak uže soobščalos', 20 marta moskovskaja štab-kvartira RAO „Gazprom" prinimala bolgarskuju pravitel'stvennuju delegaciju vo glave s vice-prem'erom Evgeniem Bakyrdžievym [Wie schon berichtet wurde, hat das Moskauer Stab-Quartier der Gazprom eine bulgarische Regierungsdelegation unter Leitung des Vizepremiers Evgenij Bakyrdžiev empfangen, in: Neftegazovyj kompleks 28.03.1998.
Apr. 98	Gazprom verzögert die Lieferungen turkmenischen Gases, da die usbekisch-schweizerische Firma Gazpex, die von Turkmenistan als Zwischenhändler beauftragt wurde, ihre Zustimmung nicht gegeben hat. Bis zum Termin am 25. März wurden die nötigen Dokumente nicht eingereicht. Außerdem seien keine zuverlässigen Bankgarantien abgegeben worden.	Načalo tranzita turkmenskogo gaza na ukrainu otkladyvaetsja [Der Beginn des Transits turkmenischen Gases in die Ukraine wird verschoben], in: Neftegazovyj kompleks, 04.04.1998.
Apr. 98	Nijazov unterschreibt in den USA eine Absichtserklärung zum Bau einer Pipeline über Aserbaidschan und die Türkei.	Na „Gazprom" načalas' mošćnejšaja ataka srazu s dvuch storon [Auf Gazprom begann eine mächtigste Attacke gleich von zwei Seiten], in: Neftegazovyj kompleks, 08.05.1998.
Mai. 98	Gazprom unterschreibt einen 25-jahres-Vertrag mit Ruhrgas über Gaslieferungen von 13 Mrd. m³. In der Presse wird dies als Sieg gegenüber Turkmenistan gefeiert, da Ruhrgas zu Shell gehört, die ebenfalls den Import von Gas aus Turkmenistan in Erwägung gezogen hatte.	Kak uže soobščalos', Rem Vjachirev podpisal superkontrakt s Ruhrgas [Wie schon mitgeteilt wurde, hat Rem Vjachirev einen Supervertrag mit Ruhrgas unterzeichnet], in: Neftegazovyj kompleks, 30.05.1998.
Jul. 98	Russland und Kasachstan unterzeichnen einen Vertrag zur Abgrenzung des Bodens im nördlichen Teil des Kaspischen Meeres.	V moskve sostojalos' 2-e zasedanie special'noj rabočej gruppy po razrabotke konvencii o pravovom statuse kaspijskogo morja na urovne zamministrov inostrannych del 5 prikaspijskich stran [In Moskau wurde die zweite Sitzung der speziellen Arbeitsgruppe über die Erarbeitung einer Konvention über den Rechtsstatus des Kaspischen Meeres auf

(Fortsetzung der Quelle vom vorhergehenden Blatt:) Ebene der stellvertretenden Außenminister abgehalten], in: Neftegazovyj kompleks, 19.12.1998.

Sep. 98	Bergmann erachtet es als richtig, dass Turkmenistan von Gazprom überzeugt werden konnte, die Lieferungen zu geringeren Preisen weder aufzunehmen.	Burkchard Bergmann: „Ne nado begat' po rynku, kak perepoložívšiesja kury" [Burkhard Bergmann: Man muss auf dem Markt nicht wie ein aufgescheuchtes Huhn umherlaufen], in: Nezavisimaja gazeta, 15.9.1998.
Nov. 98	Enron stellt in Ashgabat die Machbarkeitsstudie für die TKP-Pipeline vor. Sie soll 30 Mrd. m³ jährlich transportieren können.	„Gazprom" nameren postavljat' gaz v strany aziatsko-tichookeanskogo regiona [Gazprom ist bereit, Gas in die Länder Südostasiens zu exportieren], in: Novye Izvestija, 19.11.1998.
Dez. 98	Turkmenistan und die Ukraine unterschreiben einen Vertrag über die Lieferung von 20 Mrd. m³ für das Jahr 1999. Die Durchleitung erfolgt über Gazprom. Naftogaz Ukrainy wird der Käufer. Der Preis an der turkmenisch-usbekischen Grenze beträgt 36 US-$ (60% Barteranteil). Von den 20 Mrd. m³ erhält die Ukraine jedoch nur 12 m³. Der Rest wird als Zahlung für den Transit verwendet. An der Grenze beläuft sich der Gaspreis somit auf 68 US-$, während Russland für 80 US-$ liefert.	Ukraina i Turkmenija prišli k soglašeniju o prodolženii postavok turkmenskogo gaza na Ukrainu [Turkmenistan und Ukraine haben sich auf eine Vereinbarung über die Verlängerung der Lieferungen turkmenischen Gases in die Ukraine geeinigt], in: Neftegazovyj kompleks, 26.12.1998.
Dez. 98	Mit der Begründung, dass der Preis für Energieträger niedrig sei, tritt UNOCAL aus dem Konsortium zurück und schließt seine Büros in allen zentralasiatischen Staaten.	Amerikanskaja neftjanaja kompanija UNOCAL vyšla iz meždunarodnaja konsorciuma Centgas po stroitel'stvu gazoprovoda čerez territoriju Afganistana [Die amerikanische Ölfirma UNOCAL ist aus dem internationalen Konsortium Centgas zum Bau einer Gaspipeline durch das Territorium Afghanistans ausgetreten], in: Neftegazovyj kompleks, 11.12.1998.
Dez. 98	Nijazov erachtet den Gaspreis als zu niedrig, während die Transitkosten höher als überall sonst in der Welt seien. Duch eine Verlängerung der Route durch Gazprom um 400 km würden weitere Kosten erzeugt werden. Er droht damit, weitere Routen zu erschließen. Gazprom habe man zur TKP eingeladen, diese habe jedoch nicht reagiert.	„Davajte družit' i idti každyj svoim putem" [„Lasst uns Freunde sein und jeder seines Weges gehen], in: Nezavisimaja gazeta, 23.12.1998.
Dez. 98	Aufgrund fehlender Garantien bleibt eine Vereinbarung zwischen Gazprom und Naftogaz Ukrainy über den Transit turkmenischen Gases aus. Gazprom versucht weitere Varianten zu erarbeiten und zuverlässige Operatoren heranzuziehen.	„Gazprom" ne podpisyval soglašenie s „Neftegazom Ukrainy" o tranzite turkmenskogo gaza čerez territoriju RF [Gazprom hat die Vereinbarung mit Naftogaz Ukrainy über den Transit turkmenischen Gases durch das Territorium Russlands nicht unterzeichnet], in: Neftegazovyj kompleks, 26.12.1998.
Jan. 99	Der Vertrag zwischen Naftogaz und Gazprom konnte im Januar unterzeichnet wurde, nun führt aber Itera den Transit für die gesamte Strecke von Turkmenistan bis in die Ukraine durch.	Postavki turkmenskogo gaza na ukrainu na vsem protjaženii maršruta obespečit meždunarodnaja energetičeskaja korporacija Itera [Die Lieferungen turkmenischen Gases in die Ukraine sichert auf der ganzen Strecke die internationale Energiefirma Itera], in: Neftegazovyj kompleks, 11.01.1999.

Feb. 99	Vjachirev rechtfertigt vor der Duma den neuen Vertrag zwischen Ukraine und Turkmenistan, der den Gastransport durch das russische Netz vorsieht. Zusätzliche jährliche Zahlungen von 8 Mrd. m³ Gas für den Transit ersparten die Erschließung neuer Vorkommen, da die Ukraine nicht selbst beliefert werden müsse.	Rem Vjachirev: „My ne sobiraemsja byt' absoljutnymi monopolistami" [Rem Vjachirev: „Wir wollen keine absoluten Monopolisten sein"], in: Nezavisimaja gazeta, 19.02.1999.
Feb. 99	In Ashgabat unterschreiben PSG International (ein Konsortium von Bechtel und General Electric) und der US-Emissär Richard Morningstar die Vereinbarung über den Bau und die Nutzung der TKP (über Aserbaidschan nach Georgien und in die Türkei). Es wird vorgesehen, dass die US-Eximbank Garantien für 2–3 Mrd. US-$ vergeben wird. Zuvor hatte ein Disput mit Aserbaidschan das Projekt verzögert. Ein Treffen mit dem türkischen Präsidenten überzeugte Nijazov, der den Disput nun mit Hilfe internationaler Arbitrage schlichten will. Moskau und Teheran sprechen sich gegen das Projekt aus.	Mark Važenin und Jurij Čubčenko: Turkmeny obchodjat „Gazprom" [Die Turkmenen umgehen Gazprom], Kommersant'', 23.02.1999.
Mrz. 99	Die Ukraine bekundet den Willen, eigenes Gas, das nun ausreichend aus Turkmenistan ins Land gelangt, nach Rumänien zu exportieren.	Ukraina planiruet éksportirovat' gaz. Éto ne anekdot [Die Ukraine will Gas exportieren. Das ist kein Witz], in: Segodnja, 3.3.1999.
Mrz. 99	Gazprom bemängelt die Qualität des trukmenischen Gases: Sowohl die Messeinrichtungen aus auch die Pipelines würden übermäßige Beanspruchung erfahren. Zur Verbesserung der Gasqualität wird eine Kommission einberufen. Vjachirev verteidigt indes Itera und bekundet ein Interesse der Gazprom an Exporten nach China. Die Erschließung von Vorkommen in Turkmenistan soll das Vordringen auf den chinesischen Markt ermöglichen.	5 marta na „ravitel'stvennom čase" v Gosdume RF byl rassmotren vopros o tranzite turkmenskogo gaza čerez territoriju Rossii [Während der „Regierungsstunde" in der Staatsduma der RF wurde am 5. März das Problem des Transits turkmenischen Gases durch das Territorium Russlands angesehen], in: Neftegazovyj kompleks, 6.3.1999.
Mrz. 99	Vjachirev teilt dem russischen Premierminister Pustovojtenko mit, dass der derzeitige Gaspreis (für turkmenisches Gas) unangemessen und die entsprechenden Schulden der Ukraine nachvollziehbar seien.	„Gazprom" gotov obsuždat' s Kievom vozmožnost' sniženija cen na gaz [Gazprom ist bereit, mit Kiev über die Möglichkeit einer Verringerung des Gaspreises zu diskutieren], in: Neftegazovyj kompleks, 08.03.1999.
Apr. 99	Die Ukraine setzt Vertragsbeziehungen aus und stellt ab 01. Mai Zahlungen für turkmenisches Gas ein. Gazprom wird somit Monopolist.	Ukraina otkazalas' ot turkmenskogo gaza [Die Ukraine hat turkmenisches Gases entsagt], in: Segodnja, 01.04.1999. „Gazprom" vozvraščaetsja na krugi svoja [Gazprom kehrt in seine Kreise zurück], in: Izvestija, 22.04.1999
Apr. 99	Boris Pastuchov, Minister für GUS-Angelegenheiten, erklärt, den TKP-Bau verhindern zu wollen.	„Transkaspij" privlekaet investorov [Die transkaspische Pipeline zieht Investoren an], in: Nezavisimaja gazeta, 22.04.1999.
Mai. 99	Turkmenistan unterschreibt mit Botas einen 30-jährigen Liefervertrag durch die TKP.	Prodaetsja zolotoj vek turkmen [Das goldene Jahrhundert der Turkmenen steht zum Verkauf], in: Izvestija, 27.07.1999.
Jul. 99	Außenminister Igor' Ivanov fährt für einen zweitägigen Besuch nach Turkmenistan. Es kommt zu einer Verbesserung der Beziehungen.	Aščabad uvažaet interesy Rossii [Ashgabad respektiert die Interessen Russlands], in: Nezavisimaja gazeta, 20.07.1999.

Jul. 99	Die im Besitz des türkischen Unternehmers Ahmet Çalιk stehende Firma *Turkmenii Altyn Azri* (Goldenes Jahrhundert der Turkmenen) erhält das exklusive Recht zum Gasvertrieb in die Türkei und nach Europa.	Prodaetsja zolotoj vek turkmen [Das goldene Jahrhundert der Turkmenen steht zum Verkauf], in: Izvestija, 27.07.1999.
Aug. 99	Shell schließt eine strategische Allianz mit Turkmenistan und erklärt sich bereit, 50% des TKP-Projekts zu finanzieren. In Russland wirft dies Fragen auf, da Shell zuvor eigentlich eine strategische Allianz mit Gazprom eingegangen war.	Partnerom Turkmenii stal „Šell" [Shell wurde zum Partner Turkmenistans], in: Nezavisimaja gazeta, 11.08.1999.
Aug. 99	Die Ukraine will ihre Lieferungen aus Turkmenistan wieder erhalten, allerdings verlangt Turkmenistan eine vorherige Tilgung der seit Beginn des Jahres entstandenen Schulden.	Moskva: Pravitel'stvo Turkmenistana opredelilo, čto postavki gaza na Ukrainu budut vozobnovleny tol'ko posle pogašenija dolga [Moskau: Die Regierung Turkmenistans hat festgelegt, dass die Gaslieferungen an die Ukraine erst nach der Tilgung der Schuld wieder aufgenommen werden], RIA „Rosbizneskonsalting", 16.08.1999.
Aug. 99	Das russische Außenministerium wirft den USA vor, Blue Stream politisch zu diskreditieren. Zuvor hatte US-Energieminister Richardson versucht, Istanbul, Baku und Ashgabat zusammenzubringen.	Aleksandr Davydov: Rossija obvinjaet SŠA [Russland beschuldigt die USA], in: Vremja-MN, 19.08.1999.
Aug. 99	Alekperov äußert Verständnis für die turkmenischen Bemühungen um neue Exportrouten, da die bestehenden Routen über Russland nicht zuverlässig funktionierten.	Vagit Alekperov: „Vse nado sčitat'" [Vagit Alekperov: „Man muss alles zählen"], in: Nezavisimaja gazeta, 27.08.1999.
Aug. 99	Berezovskij erachtet das Ausscheiden Vjachirevas vom Gazprom-Vorsitz als unvermeidlich.	Aleksandr Davydov: Vjachireva pugajut otstavkoj [Sie drohen Vjachirev mit Rücktritt], in: Vremja-MN, 13.08.1999.
Sep. 99	Shell beginnt als Basis für TKP Vorkommen in der Karakum (Turkmenistan) zu untersuchen.	Shell prišel v Karakumy [Shell ist in die Karakum gekommen], in: Vremja-MN, 09.09.1999.
Okt. 99	Energieminister Viktor Kaljužnyj sieht das Aufkaufen sowie das weiterleiten von Gas aus Turkmenistan in die EU als notwendig an, um eine Diversifikation nach Süden zu verhindern. Turkmenistan fordere hierfür Weltmarktpreise ein.	Nikolaj Gorelov; Arkadij Dubnov und Aleksandr Tutuškin: Tranzitnaja istorija [Transitgeschichte], in: Vremja-MN, 15.10.1999.
Nov. 99	Die Ukraine und Turkmenistan führen Verhandlungen über die Wiederaufnahme von Lieferungen. Mit Gazprom sei bereits eine kurze Lieferroute abgesprochen worden, die die Kosten für den Transit verringern könnte.	Ukraina i Turkmenija vedut peregovory o vozobnovlenii postavok na Ukrainu turkmenskogo prirodnogo gaza [Ukraine und Turkmenistan führen Gespräche über die Wiederaufnahme von Lieferungen turkmenischen Gases in die Ukraine], in: Prajm-TASS, 01.11.1999.
Nov. 99	Auf dem OSCE-Gipfel in Istanbul wird eine Rahmenvereinbarung zur TKP unterschrieben. Ebenso wird eine Rahmenvereinbarung zum Transport von Erdöl über die BTC-Pipeline unterzeichnet. Aufgrund mangelnder Effektivität betrachtet Russland eine Realisierung als unwahrscheinlich. Die Unterzeichnung eines Vertrags in Moskau über Blue Stream mit dem türkischen Ministerpräsidenten blieb zuvor aus.	Prirodnyj gaz iz Turkmenii načnet postupat' v Turciju po transkaspijskomu gazoprovodu v 2002 godu, zajavil Saparmurat Nijazov [Erdgas aus Turkmenistan wird 2002 anfangen, durch die transkaspische Pipeline in die Türkei zu fließen, erklärte Saparmurat Nijazov], in: ITAR-TASS, 19.11.1999; „Transkaspij" vychodit na start [Die Transkaspische Pipeline geht an den Start], Nezavisimaja gazeta, 20.11.1999.

Nov. 99	Gazprom und ENI beschließen, mit der Realisierung der Pipeline zu beginnen, obwohl eine zwischenstaatliche Erklärung noch aussteht.	Vladimir Sysoev; Aleksandr Reutov und Sergej Starcev: „Gazprom" nastupaet na Turcij [Gazprom greift die Türkei an], in: Nezavisimaja gazeta, 25.11.1999.
Nov. 99	Makarov (Itera) fährt nach Turkmenistan, um die Begleichung der Schulden bis Ende des Jahres zu geloben und für eine Wiederaufnahme der Geschäftsbeziehungen zu werben.	Gruppa kompanij „Itera" gotova pogasit' Turkmenii dolg za gaz v summe okolo 7 mln doll postavkami tovarov i vozobnovit' sotrudničestvo [Die Firmengruppe Itera ist bereit, die Schulden gegenüber Turkmenistan in Höhe von ca. 7 Mio. US-$ in Form von Warenlieferungen zu begleichen und die Zusammenarbeit wieder aufzunehmen], in: Prajm-TASS, 26.11.1999.
Dez. 99	Die Duma ratifiziert eine Regierungsvereinbarung, die Blue Stream Steuervergünstigungen garantiert.	Aleksandr Tutuškin: Vojna Trub [Röhrenkrieg], in: Vremja-MN, 3.12.1999.
Jan. 00	Ein Treffen von Regierungsdelegationen aus der Türkei, Aserbaidschan und Turkmenistan endet mit Blick auf TKP ohne konkrete Resultate.	Jurij Čubčenko: Turkmenbaši pochvalil Rossiju [Turkmenbaši hat Russland gelobt], in: Kommersant, 19.01.2000.
Jan. 00	Nijazov nimmt am GUS-Gipfels in Moskau teil. Kaljuzhnyj und Vjahirev erarbeiten einen Kooperationsplan für die kommenden 5–10 Jahre.	Arkadij Dubnov: Čuvstvo glubokogo udovletvorenija [Gefühl tiefer Befriedigung], in: Vremja-MN, 26.01.2000; Nijazov i Putin našli obščee [Nijazov und Putin haben etwas Gemeinsames gefunden], in: Nezavisimaja gazeta, 29.01.2000.
Feb. 00	Gazprom und Turkmenistan besprechen eine 30-jährige Vereinbarung über eine strategische Zusammenarbeit. Diese sieht Exporte aus Turkmenistan in Höhe von 50 Mrd. m³ vor.	Jurij Mašin und Jurij Černogaev: Turkmenbaši stal skromnee [Turkmenbaši ist bescheidener geworden], Kommersant, 22.02.2000; Vjachirev i Nijazov choronjat transkarpij [Vjachirev und Nijazov beerdigen die transkaspische Pipeline] in: Vremja-MN, 21.02.2000.
Feb. 00	Nijazov beschwert sich bei Clinton über den Anspruch Aserbaidschans, die Hälfte der Kapazität der TKP für eigenes Erdgas nutzen zu wollen.	Arkadij Dubnov: „Gazovaja" perepiska Klintona i Nijazova [Gasförmiger Briefwechsel zwischen Clinton und Nijazov], in: Vremja-MN, 14.02.2000.
Mrz. 00	Nach Verhandlungen zwischen Nijazov und Aliev erklärt sich Aserbaidschan bereit, lediglich 5 Mrd. m³ der Pipeline für eigenes Gas zu reservieren.	Movsun Mamedov: Aliev podal trubu Nijazovu [Aliev hat Nijazov die Röhre gegeben], in: Kommersant'', 15.03.2000.
Mai. 00	Nach einem Treffen mit Nijazov kündigt Putin eine jährliche Steigerung der Gaseinkäufe aus Turkmenistan um 10 Mrd. m³ an.	Michail Pereplesnin, Egor Jašin: Rossija i Turkmenija po-prežnemu nužny drug drugu [Russland und Turkmenistan brauchen einander wie zuvor], in: Nezavisimaja gazeta, 25.05.2000.
Jun. 00	Unabhängige Gashändler wie Itera erhalten wieder Zugang zu Großkunden. Itera realisiert 32,2 Mrd m³ auf dem ukrainischen Markt.	Ukraina: Turkmenskaja pauza dlja „Gazproma" [Ukraine: turkmenische Pause für Gazprom], in: Neftegazovaja vertikal', 21.03.2001.
Jul. 00	Julia Timošenko besucht Ashgabat, um ein Schema zur Begleichung der Schulden zu vereinbaren. Dabei schlägt sie den Bau neuer Pipelines vor, die Turkmenistan mit der Ukraine direkt verbinden sollen.	„Real'naja al'ternativa kapriznym russkim" [„Reale Alternative für die launigen Russen"], in: Kommersant, 26.07.2000.

Jul. 00	CNPC und Turkmenistan unterzeichnen einen Vertrag, gemäß dem eine gemeinsame Arbeitsgruppe zur Untersuchung von möglichen Optionen zur Erschließung des AmuDarja-Beckens und zum Export zwischen CNPC und turkmenischen Beamten gebildet wird.	Turkmenistan reaches out to foreign investors, in: World Oil, Oktober 2001.
Okt. 00	Der ukrainische Präsident Leonid Kučma handelt mit Nijazov Lieferungen von 25 Mrd. m³ jährlich zum Preis von 38–40 US-$ aus. Sofern keine Zahlungsprobleme auftreten, ist Turkmenistan bereit, die Lieferungen auf 50 Mrd. m³ zu erhöhen.	Vladimir Skačko: Leonid Kučma našel al'ternativnyj gaz u Saparmurata Nijazova [Leonie Kučma hat alternatives Gas bei Saparmurat Nijazov gefunden], in: Vremja-MN, 07.10.2000.
Okt. 00	Nijazov spricht sich gegen langfristige Lieferverträge mit Russland und für einen Preis von mindestens 42 US-$ aus.	Éduard Petrov: Nijazov ždet, poka Vjachirev „dozreet"? [Wartet Nijazov, bis Vjachirev reif geworden ist?], in: Nezavisimaja gazeta, 03.10.2000.
Nov. 00	Russland spricht sich gegen gemeinsame russische und turkmenische Gaslieferungen aus. Zunächst will Russland an der Gastransportinfrastruktur in der Ukraine beteiligt werden. Kučma war es zuvor gelungen, einen Vertrag mit Nijazov über die Lieferung von jährlich 30 Mrd. m³ abzuschließen.	Petr Netreba: Ukraine ne njuchat' turkmenskogo gaza [Der Ukraine ist es nicht vergönnt, turkmenisches Gas zu riechen], in: Kommersant'', 14.11.2000.
Jan. 01	Turkmenistan stellt seine Lieferungen an Gazprom (vertreten durch Itera) ein, da sie nur 38 US-$ (60% Waren, 40% Devisen) zahlt. Turkmenistan fordert wie im Falle der Ukraine 42 US-$ (50% Waren, 50% Devisen).	Egor Jašin: Turkmenskij gaz podorožal [Turkmenisches Gas ist teurer geworden], in: Nezavisimaja gazeta, 11.01.2000.
Apr. 02	Nijazov äußert sich gegenüber der Idee einer Gasallianz zwischen Russland und den zentralasiatischen Staaten negativ. Ein Gipfel der fünf kaspischen Anrainerstatten endet derweil ohne jegliche Einigung. Russland fordert eine sektorale Aufteilung des Bodens, nicht jedoch der Oberfläche. Der Iran plädiert für eine 20%-Lösung, während Turkmenistan auf eine Aufteilung des Bodens und der Oberfläche sowie eine 20-Meilen-Zone für die Schifffahrt pocht.	Turkmenskij paradoks [Turkmenisches Paradox], in: Neft' i Kapital' 5/2002; Bezrezul'tatno zakončilja včera dolgoždannyj kaspijskij sammit v Aščhabade [Der lang erwartete kaspische Gipfel ist gestern ohne Resultat zu Ende gegangen], in: VPS Biznes-Neft', 25.04.2002.
Mai. 01	Turkmenistan und die Ukraine unterschreiben neuen Vertrag über Gaslieferungen in Höhe von 250 Mrd. m³ über 5 Jahre. Der Preis soll 42 $ (50% Devisen, 50% Waren) betragen. Die Ukraine will indes keine Investitionen in die turkmenische Erdgaswirtschaft sowie duch den Bau von Infrastruktur die Gaslieferungen begleichen.	Tat'jana Ivženko: Cenu gaza uznaj na granice [Erfahre den Gaspreis an der Grenze], in: Nezavisimaja gazeta, 16.05.2001; Ukraina: Turkmenskaja pauza dlja „Gazproma" [Ukraine: turkmenische Pause für Gazprom], in: Neftegazovaja vertikal', 21.03.2001.
Sep. 01	Turkmenistan verhandelt mit Gazprom einen Liefervertrag (Liefermenge 30–40 Mrd. m³). Turkmenistan will hierzu gleichzeitig eine Regierungsvereinbarung unterschreiben, die auch Fragen des Transits in die Ukraine regeln soll. Gazprom möchte indes mit Turkmenistan eine gemeinsame Gastransportfirma schaffen.	Aščhabad otkryt dlja vsech [Ashgabad ist für alle offen, in: Nezavisimaja Gazeta, 14.09.2001; Peregovory „Gazproma" po kuple-prodaže turkmenskogo gaza [Verhandlungen der Gazprom über den Kauf-Verkauf turkmenischen Gases], in: Nezavisimaja gazeta, 21.09.2001.
Dez. 01	Nijazov führt im Rahmen des GUS-Gipfels in Moskau Gespräche über die mögliche Durchleitung in die EU von turkmenischem Gas durch Gazprom. Während Miller Itera als Zwischenhändler abschaffen will, ist Gazprom zur Verbesserung ihrer Energiebilanz dem Vorschlag Turkmenistans nicht abgeneigt.	Rossija i Turkmenija mogut stat' „gazovymi" partnerami [Russland und Turkmenistan können zu gasförmigen Partnern werden], in: Nezavisimaja gazeta, 07.12.2000.

Datum		
Jan. 02	Eine von Russland vorbereitete Erklärung zwischen Russland und Turkmenistan sowie ein langjähriger Liefervertrag werden nicht unterzeichnet. Turkmenistan und Gazprom sind sich uneinig über Menge und Preis des Gases.	Vizit v Moskvu prezidenta Turkmenistana S.Nijazova, naměčennyj na sledujuščuju nedelju, možet prinesti na odno soglašenie men'še, čem planirovalas' [Der Besuch des turkmenischen Präsidenten S. Nijazovs in Moskau, der auf nächste Woche angesetzt ist, könnte eine Vereinbarung weniger erbringen, als geplant], in: VPS Biznes-neft', 16.01.2002
Jan. 02	CNPC schließt zwei *upstream*-Verträge in Turkmenistan ab. Dabei handelt es sich um Ölserviceverträge und die Lieferung von vier Bohrtürmen.	Turkmenistan: Chinese ink two upstream contracts, in: Nefte Compass, 29.1.2002.
Mrz. 02	Nijazov und Karzai verhandeln über die TAPI-Pipeline. Es fehlen Investoren. Gazprom zeigt Interesse.	„Kuda ni votkneš' palku, vezde idet neft' ili gaz" [„Wohin man den Finger auch steckt, überall strömt Öl oder Gas"], in: Gazeta, 11.03.2002.
Mai. 02	Nijazov, der afghanische Präsident Karsai und Pakistanische Präsident Musharraf unterschreiben in Islamabad ein Memorandum zur TAPI-Pipeline.	Gazovaja reanimacija [Gas-Reanimation], in: Novye izvestija, 31.05.2002, S. 3.
Jun. 02	Itera, Rosneft' und Zarubezhneft' gründen das Konsortium Zarit (je 37% Itera und Rosneft, 26% Zarubezhneft). Das Konsortium soll auf drei Blöcken des turkmenischen Schelfs operieren.	Na Kaspii v Amerike [Auf dem Kaspischen und in Amerika], in: Neft' i Kapital', November 2003.
Jul. 02	Eine Delegation der Gazprom reist nach Turkmenistan. Um eine Absicherung für den Winterverbrauch zu erreichen, will Gazprom kurzfristigere Vereinbarungen unterschreiben. Turkmenistan ist jedoch lediglich an langfristige verträge mit mindestens 30 Mrd. m³ interessiert.	S.Tichonov: Proekt „gazovoj OPEK" skoree mertv, čem živ [Das Projekt einer Gas-OPEC ist eher tot als lebendig], in: Nezavisimaja gazeta, 16.08.2002, S. 3.
Aug. 02	Gazprom will Itera vom turkmenischen Markt drängen, gleichzeitig jedoch auch den Preis senken, da der Einkaufspreis von Itera um 25% zu hoch sei.	Turkmenija pereocenila gaz dlja „Gazproma" [Turkmenistan hat das Gas für Gazprom neu bewertet], in: Kommersant'', 23.08.2002
Aug. 02	Turkmenistan veröffentlicht eine Erklärung darüber, dass sein Gas nur zu einem Preis von nicht weniger als 44-45 US-$ verkauft wird.	Turkmenija chočet povysit' cenu na gaz dlja Rossii [Turkmenistan will den Gaspreis für Russland erhöhen], in: Vremja novostej, 21.08.2002, S. 3.
Sep. 02	Gazprom will zunächst 10 Mrd. m³ turkmenische Gas kaufen. Nach 2008 könnte die Lieferungen die doppelte Menge erreichen.	OAO „Gazprom" planiruet načinaja s 2005 goda ežegodno pokupat' u Turkmenii 10 mlrd kubometrov prirodnogo gaza [Gazprom will ab 2005 bei Turkmenistan jedes Jahr 10 Mrd. m³ Erdgas, in: VPS Biznes-neft', 20.09.2002.
Sep. 02	Russland und Aserbaidschan unterschreiben einen Vertrag über die Abgrenzung der angrenzenden Teile des Bodens des Kaspischen Meers.	A. Nikol'skij: Rossija podelila kaspij [Russland hat das Kaspische Meer aufgeteilt], in: Vedomosti, 24.09.2002.
Okt. 02	Jusufov zeigt sich nach einem Treffen mit Nijazov zufrieden. Gazprom sei an der Mitarbeit bei der Erschließung des Schelfs interessiert. Über die PaK werde das Gas aus dem Vorkommen dann nach Russland geliefert. Gazprom will ferner SAC-3 rekonstruieren, um die Exportmöglichkeiten Turkmenistans zu erhöhen.	Posle vstreči s prezidentom Turkmenii S. Nijazovym ministr énergetiki RF I. Jusufov byl dovolen [Nach dem Treffen mit dem Präsidenten Turkmenistans S. Nijazov war der Energieminister der RF zufrieden], in: VPS Biznes-neft',

01.10.2002.

Feb. 03	Nijazov bitte die USA um Hilfe beim Ausbau seiner Gasinfrastruktur.	V. Panfilova: Turkmenbaši prizval SŠA [Turkmenbaši hat die USA herbeigerufen], in: Nezavisimaja gazeta, 03.02.2003.
Feb. 03	Gazprom bekommt von Nijazov das Angebot, an der Erschließung der Vorkommen im Kaspischen Meer teilzunehmen. Da die Vorkommen noch nicht weit genug erkundet sind geht Gazprom-Chef Miller nicht sofort auf das Angebot ein.	Včera glavy Lukojla i „Gazproma" proveli v stolicach dvuch prikaspijskich gosudarstv – Kazachstana i Turkmenii – peregovory, posvjaščennye razrabotke šel'fovych mestoroždenij kaspija [Gestern haben die Chefs von LUKoil und Gazprom in den Hauptstädtend der zwei Staaten am Kaspischen Meer – Kasachstan und Turkmenistan – Verhandlungen geführt, die der Erschließung von Vorkommen am Schelf gewidmet waren], in: VPS Biznes-neft', 11.02.2003.
Feb. 03	Makarov führt Verhandlungen mit Turkmenistan über die Lieferung von 10 Mrd. m³. Nijazov äußert sich wohlwollend über die Tätigkeit des Unternehmens.	Rukovoditel' MGK „Itera" I. Makarov v Ašchabade provel peregovory s prezidentom Turkmenii S. Nijazovym [Der Leiter der internationalen Gasfirma Itera I. Makarov hat in Ashgabad Verhandlungen mit dem turkmenischen Präsidenten S. Nijazov geführt], in: VPS Biznes-neft' 19.02.2003.
Feb. 03	Rjazanov stellt die Pläne Gazproms zum Bau einer neuen Gaspipeline auf kasachischem Gebiet vor. Ab 2007 könne man die Abnahme turkmenischen Gases so auf 40 Mrd. m³ erhöhen.	...I tjanetsja za turkmenskim gazom [...Und streckt sich nach turkmenischem Gas aus], in: Vremja novostej, 27.02.2003.
Apr. 03	Gazprom und Turkmenneftegaz schließen einen 25-jährigen Kaufvertrag für turkmenisches Gas. Demnach will Gazprom 2004 5–6 Mrd. m³, ab 2009 dann 70–80 Mrd. m³ Gas kaufen. Für den Zeitraum 2004–2006 zahlt Gazprom 44 US-$ (jeweils hälftig in Barter und in Devisen). Bei nachfolgenden Verhandlungen mit der Ukraine, erklärte diese sich bereit, 30 Mrd. m³ für 25 Jahre zu kaufen. Die Exportkapazitäten reichen für diese Lieferzusagen nicht aus.	Turkmenskie perspektivy gazproma [Turkmenische Perspektiven der Gazprom], in: Neft' i Kapital', Mai 2003; „Gazprom" monopoliziruet turkmenskij gaz [Gazprom monopolisiert turkmenisches Gas], in: Vedomosti, 02.04.2003; D. Butrin: Aleksej Miller zanjalsja čelnočnoj diplomatiej [Aleksej Miller hat Pendeldiplomatie betrieben], Kommersant'', 15.04.2003, S. 13.
Apr. 03	Nijazov schließt einen 10-jährigen Vertrag (2004–2012) mit Itera für die Lieferung von 10 Mrd. m³ Gas ab.	N. Makeev: Turkmenbaši nadul [Turkmenbaši hat betrogen], in: Gazeta, 22.04.2003, S. 11.
Mai. 03	Miller reist nach Turkmenistan, um Verhandlungen über die Gründung einer russisch-turkmenischen Gas-OPEC zu führen.	A. Krivcov: Gazovaja zaščita turkmenbaši [Gasverteidigung des Turkmenbaši], in: Finans, 11.05.2003, S. 23.
Jun. 03	Turkmenistan verschärft das Visaregime für russische Staatsbürger (die doppelte Staatsbürgerschaft wird abgeschafft). Während die Duma eine entsprechende Erklärung abgibt, weist Gazprom darauf hin, dass sie sich nur für Gas interessiere.	Glavnyj rossijskij interes [Russländisches Hauptinteresse], in: Kommersant'', 21.06.2003, S. 4.

Jun. 03	vor dem Hintergrund wachsender internationaler Kritik an Zwischenhändlern verweist Gazprom darauf, dass Eural TG von der ukrainischen Seite eingesetzt worden sei und es bisher nicht gelungen sei, den Zwischenhändler zu entfernen. Man habe daran 50% erhalten wollen, was jedoch nicht geklappt habe	A. Grivač: Tranzit po-ukrainski [Transit auf Ukrainisch], in: Vremja novostej, 24.06.2003, S. 8; S. Pravosudov: Aleksandr Rjazanov: „Ja ničego ne imeju protiv togo, čtoby gosudarstvo vladelo kontrol'nym paketom „Gazproma" [Aleksandr Rjazanov: Ich habe überhaupt nichts dagegen, dass der Staat das Kontrollpaket von Gazprom besäße], in: Russkij fokus, 30.06–06.07.2003, S. 26–29.
Jul. 03	Miller, Rjazanov, A.Medvedev reisen nach Turkmenistan, um über die Modernisierung von Pipelines, die PaK und die genauen Waren zu verhandeln, die Turkmenistan als Barter geliefert bekommen soll. Gazprom plant hierbei nun Machbarkeitsstudien zu erstellen, nach denen das das Projekt ausgewählt werden soll.	Včera predsedatel' pravlenija „Gazproma" A. Miller v Aschabade dogovorilsja s prezidentom Turkmenii S. Nijazovym o načale proektnych rabot po rekonstrukcii sistemy transportirovki gaza iz étoj strany v Rossiju [Gestern hat sich der Vorsitzende der Leitung von Gazprom A. Miller in Ashgabad mit dem Präsidenten Turkmenistans S. Nijazov über den Beginn der Projektierungsarbeiten zur Rekonstruktion des Gastransportsystems aus diesem Land nach Russland geeinigt], in: VPS Biznes-neft', 25.07.2003.
Sep. 03	Der ukrainische Energieminister Bojko versucht den bestehenden Liefervertrag, der 2006 bis zu 60 Mrd. m³ vorsieht, um 25 Jahre zu verlängern (30–40 Mrd. m³). Auch eine Beteiligung der Ukraine an der PaK wird thematisiert.	D. Glumskov: Ukraina iščet al'ternativu rossijskomu gazu [Die Ukraine sucht eine Alternative zu russländischem Gas], in: Kommersant", 06.09.2003, S. 5; Nijazov obeščaet Ukraine prodannyj Rossii gaz [Nijazov verspricht der Ukraine Gas, das er Russland bereits verkauft hat], in: Vremja novostej, 28.10.2003, S. 9.
Sep. 03	Gazprom diskutiert mit BASF über die Achimov-Formation im Urengoj-Feld und eine mögliche Beteiligung an der Erschließung der turkmenischen Küste.	Gazprom razvivaet sotrudničestvo s BASF [Gazprom entwickelt die Zusammenarbeit mit BASF], in: Vremja novostej, 15.09.2003, S. 7.
Sep. 07	CNPC bekommt PSA für den Trakt Bagtyyarlyk in der Region Lebapskaya. Dies wird als Bestandteil einer möglichen Pipeline betrachtet.	CNPC received a license for a gas field in Turkmenistan, in: The Russian oil and gas report, 3.9.2007.
Nov. 03	Innerhalb der Gazprom sei ein Streit zwischen „Förderern" und „Verkäufern" entstanden. Erstere wollen in Jamal investieren. Sie misstrauen dem Vertrag mit Turkmenistan. Die „Verkäufer" wollen indes mit Investitionen abwarten und zunächst turkmenisches Gas nutzen.	A. Grivač: „Gazprom" opjat' rešil idti na Jamal [Gazprom hat sich abermals entschlossen, nach Jamal zu gehen], in: Vremja novostej, 28.11.2003, S. 8.
Dez. 03	Der ukrainische Vizepremier Gajduk kündigt an, dass die Arbeit an einem Konsortium für die Kontrolle des ukrainischen Gastransportsystems mit Gazprom eingestellt wird.	Ukrainskij vice-prem'er V.Gajduk publično „snjal s povestki dnja" vopros o sozdanii rossijsko-ukrainskogo gazotransportnogo konsorciuma [Der ukrainische Vizepremier V. Gajduk hat die Frage der Gründung eines russländisch-ukrainischen Gastransportkonsortiums öffentlich von der Tagesordnung genommen], in VPS Biznes-neft' 08.12.2003.
Jan. 04	Itera nimmt den Liefervertrag mit Turkmenistan für das Jahr 2004 nicht wieder auf.	...A „Itera" - s Uzbekistanom [...Und Itera hält zu Usbekistan] in: Vremja novostej, 16.01.2004, S. 7.

Jan. 04	Turkmenistan und Aserbaidschan führen Gespräche über die Aufteilung des Kaspischen Meeres. Ashgabat erhofft sich Unterstützung von Baku im Streit über die Ausbeutung von Vorkommen mit Iran.	A. Dubnov: Aščhabad ne risknul blefovat' s moskvoj [Ashgabad riskiert es nicht, mit Moskau zu bluffen], in: Vremja novostej, 30.01.2004, S. 5.
Jan. 04	Da die Gastransportvarianten noch nicht vollständig ausgearbeitet sind, verschiebt Turkmenistan die Vertragsunterzeichnung für Gaslieferungen an die Ukraine im Umfang von 1 Bio. m³ Gas im Verlauf von 25 Jahren.	A. Dubnov: Aščhabad ne risknul blefovat' s moskvoj [Ashgabad riskiert es nicht, mit Moskau zu bluffen], in: Vremja novostej, 30.01.2004, S. 5.
Feb. 04	Turkmenneft' wird mit 15% am Konsortium Zarit beteiligt. Itera und Rosneft behalten 31%, Zarubezhneft 23%. Der Iran wird aufgrund der Grenzstreitigkeiten auch eingeladen, schlägt eine Beteiligung allerdings aus.	Čeleken i ego nemnogočislennye sosedy [Čeleken und seine nicht zahlreichen Nachbarn], in: Neft' i Kapital, Mai 2004.
Mrz. 04	Die Unterzeichnung des PSA für Zarit wird erneut verschoben.	V.Panfilova: Turkmenbaši čut' ne possoril rossiju s Iranom [Turkmenbaši hat Russland und Iran fast entzweit], in: Nezavisimaja gazeta, 03.03.2004, S. 5.
Apr. 04	Nijazov trifft Miller und lädt Gazprom zur Erschließung von Gasvorkommen im turkmenischen Schelf ein. Nach Angaben Millers soll bis Herbst 2004 ein Plan zur bilateralen Zusammenarbeit ausgearbeitet werden.	Čeleken i ego nemnogočislennye sosedy [Čeleken und seine nicht zahlreichen Nachbarn], in: Neft' i Kapital, Mai 2004.
Mai. 04	Turkmenistan tritt für den Bau der PaK-Pipeline ein.	Čeleken i ego nemnogočislennye sosedy [Čeleken und seine nicht zahlreichen Nachbarn], in: Neft' i Kapital, Mai 2004; Gazprom razdumyvaet [Gazprom überlegt hin und her], in: Neft' i Kapital, Oktober 2006.
Jul. 04	Miller und Bojko vereinbaren den Zwischenhändler auszuwechseln und ab 2005 RosUkrEnergo mit dem Gashandel zu beauftragen. Über Arsogaz wird Gazprom zu 50% beteiligt, während die Raiffeisen Investment AG weitere 50% erhält. Nach Beendigung des Vertrags der Ukraine mit Turkmenistan wird RosUkrEnergo der Ukraine nun turkmenisches Gas liefern, das von Gazprom kontrahiert wurde.	Včera predsedateli pravlenija „Gazproma" Aleksej Miller i NAK „Naftogaz ukrainy" Ju. Bojko podpisali v Moskve paket dokumentov, polnost'ju peresmatrivajuščich uslovija postavok gaza na Ukrainu [Gestern haben der Vorsitzende der Leitung der Gazprom Aleksej Miller und der Naftogaz Ukrainy Ju. Bojko in Moskau ein Paket von Dokumenten unterzeichnet, dass die Bedingungen der Gaslieferungen an die Ukraine völlig neu ordnet], in: VPS Biznes-neft', 30.07.2004; E.Romanov: Sozdana kompanija „Rosukrénergo [Die Firma RosUkrÉnergo wurde gegründet], in: Tribuna, 03.08.2004, S. 5.
Aug. 04	Nijazov erklärt sich mit dem neuen Lieferschema einverstanden.	Nijazov odobril schemu postavok gaza na Ukrainu [Nijazov hat das Schema der Gaslieferungen an die Ukraine akzeptiert], in: Vremja novostej, 09.08.2004, S. 7.
Aug. 04	Gazprom verkauft die Schulden der Ukraine an die VEB, zahlt gleichzeitig die Transitgebühren für 2005–2009 in Höhe von 1,25 Mrd. $ als Vorauszahlung. Damit kann Ukraine die Schulden tilgen.	P. Orechin: „Gazprom" zastrachoval ukrainskij tranzit [Gazprom hat sich den ukrainischen Transit gesichert], Nezavisimaja gazeta, 13.08.2004, S. 1.
Nov. 04	Im Rahmen einer Öl- und Gaskonferenz in Turkmenistan fordert Rjazanov nicht nur die Modernisierung des Transportsystems und Sicherheit über die Vorkommen in Turkmenistan, sondern auch eine Abstimmung der Exportpolitik mit den anderen zentralasiatischen Staaten. Durch den Zusammenschluss mit Rosneft soll	I. Ivlev: Truba ot Turkmenbaši [Die Röhre von Turkmenbašil], in: Rossijskaja gazeta, 23.11.2004, S. 14.

Gazprom Teilnehmer am Zarit-Konsortium werden.

Dez. 04	Turkmenistan ist mit einem Preis von 44 US-$ einverstanden und beteiligt sich an der Modernisierung der SAC. Am Erhalt eines Teiles des europäischen Gasmarkts ist es nicht interessiert. Gazprom fordert indes ein unabhängiges Audit, da der Gaspreis auf ewig festgelegt ist und die Reserven unklar sind.	Vostok – delo tonkoe [Der Osten ist eine schwierige Sache], in: Neft' i Kapital, Dezember 2004.
Dez. 04	Mit Verweis auf die Weltmarktpreise sowie dem Preisanstieg der Barterware kündigt Nijazov im Kontext der „orangen Revolution" in der Ukraine an, dass der Gaspreis für die Ukraine auf 60 US-$ angehoben wird.	A. Dubnov und A. Grivač: U revoljucii našelsja sponsor [Die Revolution hat einen Sponsor gefunden], in: Vremja novostej, 23.12.2004, S. 5.
Dez. 04	Turkmenistan droht damit, Lieferungen an Gazprom und die Ukraine einzustellen, wenn die Preise mit der Ukraine nicht neu verhandelt werden.	A. Grivač: „Otključim gaz!" [„Schalten wir das Gas ab!"], in: Vremja novostej, 28.12.2004, S. 7.
Jan. 05	Turkmenistan stoppt alle seine Lieferungen und fordert einen höheren Preis (100 US-$ pro 1000 m³) sowie eine vollständige Bezahlung in Devisen.	Torg umesten [Handel ist angebracht], in: Neft' i Kapital, Mai 2005.
Jan. 05	Boiko erklärt sich einem höheren Preise einverstanden und unterschreibt einen Vertrag mit Turkmenbaschi über 58 US-$.	A. Grivač: Cena zamedlennogo dejstvija [Der Preis verlangsamten Handelns], in: Vremja novostej, 12.01.2005.
Jan. 05	Turkmenistan velangt nun auch von Russland 58 US-$. Gazprom verweist indes auf Verträge, die zwischen Putin und Nijazov abgeschlossen wurden.	Turkmenskij gaz pošel v Rossiju po neponjatnoj cene [Turkmenisches Gas kam nach Russland zu einem unbekannten Preis], in: Vremja novostej, 13.01.2005, S. 7.
Feb. 05	Gazprom und Uztransgaz unterschreiben einen Vertrag für den Transit von 36 bcm turkmenischen Erdgases durch Usbekistan. Die Kosten wurden von US-$ 0,75 auf 0,76 für 1000 m³ und 100 km erhöht.	OAO „Gazprom" i AK „Uztransgaz" nakonec podpisali dva kontrakta na transportirovku 36 mlrd kub. m turkmenskogo gaza čerez Uzbekistan i zakupku 5 mlrd kub. m v 2005 godu v samoj respublike [Gazprom und Uztransgaz haben endlich zwei Verträge für den Transport von 36 Mrd. m³ turkmenischen Gases durch Usbekistan und für den Kauf von 5 Mrd. m³ im Jahre 2005 in der Republik selbst unterzeichnet], in: VPS Biznes-neft', 08.02.2005.
Feb. 05	Turkmenistan nimmt seine Lieferungen an Gazprom vorerst nicht wieder auf. Miller leitet jedoch auch keine internationale Schlichtung ein.	A. Grivač: Turkmenbaši perekryl kran [Turkmenbaši hat den Hahn zugedreht], in: Vremja novostej, 09.02.2005, S.1, 7.
Feb. 05	Miller erreicht in Turkmenistan die scheinbare Zusage über die Einhaltung bestehender Verträge. Gleichzeitig weist Turkmenistan dennoch darauf hin, dass man einen höheren Preis fordern werde, da der Preis nicht die Produktionskosten decke.	A.Grivač: Nepriemlemaja cena [Unannehmbarer Preis], in: Vremja novostej, 14.02.2005, S. 7.

Feb. 05	Jusufov unterstreicht die Relevanz turkmenischen Gases für Russland und Gazprom. Ferner geht er davon aus, dass der Iran zur Beteiligung am Zarit-Projekt eingeladen wird, um bestehende die Probleme zu beseitigen.	P. Orechin: My obrečeny na uspešnoe sotrudničestvo s Aschabadom, [Wir sind auf eine erfolgreiche Zusammenarbeit mit Ashgabat angewiesen], in: Nezavisimaja gazeta, 17.02.2005, S. 1, 3.
Feb. 05	Miller besucht Turkmenistan anlässlich des Geburtstages von Turkmenbaschi.	O. Ševel'kova: Protivogaz turkmenbaši [Das Gegengas von Turkmenbaši], in: Gazeta, 21.02.2005, S. 18.
Feb. 05	Die Kooperation zwischen Turkmenistan und China nimmt zu. Durch günstige chinesische Kredite modernisiert Turkmenistan u.a. eine Seidenfabrik.	Chinese delegation led by vice premier arrives Turkmenistan, in: The Times of Central Asia, 20.7.2005.
Mrz. 05	Aufgrund des fehlenden turkmenischen Gases ist Gazprom eventuell gezwungen die Pipeline für Gas aus dem Vorkommen Beregovoe freizumachen. Dieses gehört Itera, wurde bislang aber nicht gefördert, da Gazprom die Einspeisung verweigerte.	Neožidannaja pomošč' [Unerwartete Hilfe], in: Vedomosti, 18.03.2005, S. B1.
Mrz. 05	Juschchenko verhandelt in Turkmenistan einen geringeren Gaspreis, bringt die PaK erneut ins Gespräch und wirbt für einen entsprechenden neuen Exportkanal. Die Pipeline soll 60bcm jährlich über Russland und die Ukraine nach Europa transportieren. Kasachstan unterstützt die Idee, allerdings kommt es zu keiner Entscheidung.	N.Makeev: Sojuz četyrech [Viererunion], in: Gazeta, 24.03.2005, S. 24; A. Grivač: Diplomat Turkmenbaši [Der Diplomat Turkmenbaši], in: Vremja novostej, 24.03.2005, S. 8; A.Grivač: Eksportnaja zainteresovannost' [Exportinteresse], in: Vremja novostej, 25.03.2005.
Mrz. 05	Die Ukraine unterbreitet Gazprom den Vorschlag, zum Marktprinzip bei der Bezahlung von Gas überzugehen und Barterhandel einzustellen, im Gegenzug den Transit ebenso in Devisen zu begleichen und die Transitgebühr zu erhöhen. Miller begrüßt den Vorschlag.	Butrin, Dmitrij und Grib, Natalija: Peregazirovka [Umgasung], in: Kommersant", 29.3.2005; Egorova, Tat'jana und Reznik, Irina: „Gazprom" prosjat podelit'sja [Man bittet Gazprom zu teilen], in: Vedomosti 29.3.2005.
Apr. 05	Plachkov fordern eine Beteiligung der Ukraine an RUE ein, da das Unternehmen am Gastransit mitverdient.	D. Butrin, O. Gavriš: „Gazprom" poprosili podelit'sja tranzitom [Sie bitten Gazprom, den Transit zu teilen], Kommersant", 01.04.2005, S.16.
Apr. 05	Juschchenko erarbeitet eine neue Vereinbarung über Gaslieferungen für den Zeitraum 2006 bis aus. Diese sieht vor, dass der bisherige Gaspreis beibehalten, der Anteil von Barter indes jährlich neu verhandelt werden soll. Die Bestimmung eines Zwischenhändlers soll von ukrainischer Seite erfolgen.	D. Butrin, A. Černikov, uchar: Ukraina zakupit turkmenskij gaz [Ukraine kauft turkmenisches Gas], in: Kommersant", 14.04.2005, S. 13–14.
Apr. 05	Miller besucht Turkmenistan und erzielt eine Einigung, nach der Gazprom weiterhin den alten Preis von 44 US-$ zahlt (100% Devisen).	Cenovoe protivostojanie Gazproma i prezidenta Turkmenii S. Nijazova zaveršilos' s minimal'nymi poterjami dlja reputacii obeich storon [Die Preiskonfrontation zwischen Gazprom und dem Präsidenten Turkmenistans S. Nijazov ist mit minimalen Verlusten für die Reputation beider Seiten zu Ende gegangen, in: VPS Biznes-neft', 18.04.2005.
Apr. 05	Naftogaz schlägt Russland den Bau einer neuen Pipeline zum Export zentralasiatischen Gases vor. Im Falle einer Absage der Gazprom droht Naftogaz mit dem Bau der TKP.	Grivač, Aleksej: Proekt po-Kievski [Projekt nach Art Kievs], in: Vremja Novostej; 27.4.2005; D. Butrin, A. Černikov, „Gazprom" pred-javil Ukraine revoljucionnye sčeta [Gazprom hat der Ukraine die Rechnung für die Revolution vorgelegt], in: Kommersant", 28.04.2005, S.13–14; N. Borisov, I. Reznik Živye den'gi za tranzit [Richtiges Geld für den

Transit] in: Vedomosti, 28.04.2005, S. B3.

Mai. 05	Nijazov trifft sich mit Alekperov, um eine mögliche Beteiligung an Projekten in Turkmenistan zu besprechen.	P. Orechin: Nijazov priglasil Alekperova na Kaspij [Nijazov hat Alekperov ins kaspische Meer eingeladen], in: Nezavisimaja gazeta, 11.05.2005.
Jun. 05	Turkmenistan warnt die Ukraine, da diese vor allem bezüglich des vereinbarten Barteranteils in Rückstand geraten ist. Insgesamt beträgt der Ausstand knapp 600 Mio. US-$. Präsident Juščenko verspricht Abhilfe.	Aleksej Grivač: Tovarnyj golod [Warenhunger], Vremja novostej, 21.06.2005, S. 8.
Jun. 05	Turkmenistan reduziert den Gaspreis für Ukraine auf 44 US-$. Dieser soll allerdings ab dem 01. Juli vollständig in Währung gezahlt werden. Dennoch erhält die Ukraine 6 Mrd. m³ im Jahr 2006 für den Bau einer Straße von Ashgabat nach Mary. Ferner beteiligt sich die Ukraine an der Rekonstruktion der Sajda-Raffinerie.	Turkmenbaši uže vo vtoroj raz za polgoda peresmotrel cenu gaza dlja Ukrainy [Turkmenbaši hat schon das zweite Mal innerhalb eines halben Jahres den Gaspreis für die Ukraine verändert], in: VPS Biznes-neft', 27.06.2005.
Jun. 05	Miller bezeichnet den Zwischenhändler RosUkrÉnergo als transparent.	Akcionery Rosukrenergo sčitajut nedorazumeniem ugolovnoe delo protiv kompanii [Die Aktionäre der RosUkrÉnergo halten das Gerichtsverfahren gegen die Firma für ein Missverständnis] in: Vremja novostej, 28.06.2005, S. 7.
Sep. 05	Ivchenko kündigt an, mit Nijazov einen Vertrag über die Lieferung von jährlich 60bcm für einen Zeitraum von 30 Jahren zu unterschreiben.	Natalija Grib, Oleg Gavriš: Turkmenija prodast gaz dvaždy [Turkmenistan verkauft Gas zweimal], Kommersant", 07.09.2005.
Sep. 05	Gazprom unterschreibt mit Usbekneftegaz eine Vereinbarung, nach der die gesamte Transitkapazität der usbekischen Pipelines bis 2010 gebucht wird.	Oksana Ševel'kova: „Gazprom" izoliroval Ukrainu ot sredneaziatskogo gaza [Gazprom hat die Ukraine von zentralasisatischem Gas isoliert], in: Gazeta, 28.09.2005.
Okt. 05	Plachkov und Ivchenko gelingt es nicht, einen Vertrag mit Turkmenistan zu unterzeichnen. Nijazov verweist auf bestehende Schulden und deutet an, dass eine Vertragsunterzeichnung nur unter Beteiligung Russlands erfolgen kann.	A. Grivač: „Vy mnogo govorite, a ničego ne delaete" [„Sie reden viel, tun aber nichts"], in: Vremja novostej, 14.10.2005, S. 8; O. Ševel'kova: „Nado nam troim sest'" [Wir müssen uns zu dritt zusammensetzen], in: Gazeta, 14.10.2005.
Okt. 05	Nijazov bestätigt dem russländischen Außenminister Lavrov, dass der Preis ab 2006 50 US-$ betragen sollte.	O. Ševel'kova: Vostočnyj bazar [Östlicher Basar], in: Gazeta, 21.10.2005; A. Grivač: Doplata za uslugu [Nachzahlung für Dienste], in: Vremja novostej, 21.10.2005, S. 7.
Nov. 05	Nijazov kündigt an, dass der Exportpreis für turkmenisches Gas 2006 60 US-$ betragen wird. Die Preiserhöhung erfolge aufgrund der gestiegenen Preise für Öl- und Gasförderungsequipment. Ferner regiert das Außenministerium Turkmenistans, dass Russland alles in Turkmenistan hergestellte Gas kaufen würde. Bisherigen Absprachen mit Russland fehle es an Geltungskraft. Zur Realisierung müssten bindende Absprachen getroffen werden.	Saparmurat Nijazov: Éksportnaja cena turkmenskogo gaza v 2006 godu sostavit 60 dollarov za tysjaču kubov protiv nynešnich 44 dollarov [Saparmurat Nijazov: Der Exportpreis für turkmenisches Gas im Jahre 2006 beträgt 60 Dollar für 1000 m³ gegenüber heutigen 44 Dollar], in: Itar-TASS SNG, 18.11.2005; Prezident Turkmenistana predložil Rossii, Ukraine i Iranu do 10 dekabrja dogovorit'sja o zakupkach turkmenskogo gaza v 2006 godu [Der Präsident von Turkmenistan hat Russland, der

		Ukraine und Iran vorgeschlagen, bis zum 10. Dezember über die Einkäufe turkmenischen Gases im Jahr 2006 Einigung zu erlangen], in: Itar-TASS SNG (18.11.2005).
Nov. 05	Eine deutsche Delegation unter der Leitung von Mangoldt besucht Turkmenistan und schlägt die Belieferung von VNG mit turkmenischem Gas vor. Nijazov verweist darauf, dass SAC modernisiert und eine Absprache mit Russland erfolgen müsse.	Turkmenija predlagaet modernizirovat' éksportnyj gazoprovod „Srednjaja Azija – Centr" [Turkmenistan schlägt die Modernisierung der Exportpipeline SAC vor], in: Itar-TASS SNG, 24.11.2005.
Nov. 05	Der ukrainische Ministerpräsident Echanurov kündigt an, dass Zahlungen für turkmenisches Gas mit einem Vorsprung von bereits 30 Mio. US-$ geleistet werden. Warenlieferungen seien indes aufgrund der Sperrung der Zugstrecke nach Ashgabat nur nur eingeschränkt möglich.	Ukraina provodit denežnye rasčety za turkmenskij gaz s opereženiem grafika – ukrainskij prem'er [Die Ukraine führt die Geldleistungen für turkmenisches Gas mit einer Unterschreitung des Zeitplans durch – ukrainischer Premier], in: Itar-TASS SNG, 06.12.2005.
Dez. 05	Miller flog nach Ashgabat, konnte aber keine Ergebnisse erreichen. Er kommt daher vor dem neuen Jahr noch einmal.	A. Grivač: Ne samocel', a ob''ektivnyj učet [Kein Selbstzweck, sondern objektive Berechnung], Vremja novostej, 13.12.2005.
Dez. 05	Gazprom will niedrigere Preise für die Ukraine nur dann zulassen, wenn ihr die Kontrolle über die Gaspipelines zugesichert wird.	N. Grib, O. Gavriš: „Gazprom" ocenil otkaz ukrainy [Gazprom hat die Verweigerung der Ukraine bewertet], in: Kommersant", 15.12.2005.
Dez. 05	Die Union der Öl- und Gaswirtschaft der RF geht davon aus, dass ein gerechter Preis für turkmenisches Gas nicht sehr viel höher als 44 US-$ sein könnte. Ferner sei man auf Gas aus Turkmenistan nicht angewiesen, da unabhängige Produzenten in Russland kurzfristig 14 Mrd. m³ mehr produzieren könnten.	Rossija zainteresovana v postavkach gaza iz Turkmenii, no dolžna zabotit'sja ob uveličenii svoej dobyči [Russland ist interessiert an Gaslieferungen aus Turkmenistan, muss sich aber Sorgen machen über die Vergrößerung der eigenen Förderung], in: Itar-TASS SNG, 12.12.2005.
Dez. 05	A. Medvedev weist die Ukraine darauf hin, dass im Falle einer Erhöhung des Transitpreises auch der Preis für zentralasiatisches Gas durch Usbekistan, Kasachstan und Russland entsprechend „symmetrisch" wachsen würde.	Rossija i Ukraina ešče ves'ma daleki ot rešenija voprosa po postavkam gaza – zamglavy „Gazproma" [Russland und die Ukraine sind noch sehr weit von einer Einigung über Gaslieferungen entfernt – Vizechef der Gazprom], in: Itar-, 18.12.2005.
Dez. 05	Plachkov und Ivchenko kündigen in Ashgabat die Unterzeichnung eines auf gegenseitigen Vorteilen beruhenden Vertrag über Gaslieferung an. Nijazovs Pressedienst verweist allerdings auf eine notwendige Zustimmung Russlands.	Ukraina i Turkmenija podpišut gazovyj kontrakt 2006 goda – Ivan Plačkov, in: Itar-TASS SNG, 22.12.2005.
Dez. 05	Gazprom unterschreibt einen Gasliefervertrag mit Turkmenistan zum Preis von 65 US-$. Dabei werden 30 Mrd. m³ eingekauft (15 Mrd. m³ bereits im 1. Quartal). Außerdem sei mit Miller eine Zusammenarbeit bei der Erschließung von Gasressourcen vereinbart werden. Gazprom soll an Gasfeldern des rechten Ufers des Amurdarja beteiligt werden.	„Gazprom" zakupit gaz u Turkmenii po 65 doll za 1 tys kub m s učetom rosta mirovych cen [Gazprom kauft Gas in Turkmenistan für US-$ 65 pro 1000 m³ auf Grund des Wachstums der Weltmarktpreise], in: Itar-TASS SNG, 29.12.2005; Turkmenistan nameren sovmestno s Rossiej dobyvat' énergoresursy i vychodit' na mirovye rynki [Turkmenistan beabsichtigt gemeinsam mit Russland Energieressourcen zu erschließen und auf Weltmärkte zu gehen], in: Itar-TASS SNG, 29.12.2005.

Dez. 05	Am Tag der Vertragsunterzeichnung mit Gazprom teilt Nijazov mit, dass er der Ukraine 2006 40 Mrd. m³ Gas verkauft zu einem geringfügig niedrigeren Preis verkauft habe.	Nijazov: Turkmenistan postavit Ukrainu v 2006 godu 40 mlrd kubometrov gaza [Nijazov: Turkmenistan liefert der Ukraine 2006 40 Mrd m³ Gas], in: Itar-TASS SNG, 29.12.2005.
Dez. 05	Kuprijanov bezeichnet den Gaspreis von Gazprom an die Ukraine als sehr vorteilhaft, da dieser bereits turkmenisches Gas zum Preis von 50 US-$ enthalte – zumal die Ukraine einen Vertrag mit Turkmenistan zur Gasbelieferung zum Preis von 60 US-$ geschlossen hatte.	Postavki gaza na Ukrainu v pervom kvartale 2006 goda vključajut v sebja i turkmenskij gaz po 50 dollarov – „Gazprom" [Die Lieferungen von Gas an die Ukraine im ersten Quartal 2006 enthalten auch turkmenisches Gas zum Preis von 50 US-$ – Gazprom], Itar-TASS SNG, 31.12.2005.
Jan. 06	Nijazov bestätigt, dass am Neujahrsabend mit der Ukraine ein Vertrag über die Lieferung von 40 Mrd. m³ abgeschlossen wurde.	Nijazov: dochod Turkmenistana ot eksporta 78 mlrd kubometrov gaza v 2006 godu sostavit 5 mlrd dollarov SŠA [Nijazov: Die Einkünfte Turkmenistans aus dem Export von 78 Mrd. m³ im Jahre 2006 werden 5 Mrd. US-$ betragen], in: Itar-TASS. SNG, 01.01.2006.
Jan. 06	Gazprom reduziert ihre Lieferungen an die Ukraine. Daraufhin reduziert auch die Ukraine den Transit nach Europa. Gazprom stoppt nun den Transit von Gas aus Turkmenistan an die Ukraine.	Dvojnoj udar: Turkmenskij gaz, prednaznačennyj dlja Ukrainy, postupaet na balans „Gazproma" [Doppelschlag: Turkmenisches Gas, das für die Ukraine vorgesehen ist, wird auf der Bilanz von Gazprom verbucht], in: IA Regnum, 01.01.2006.
Jan. 06	Gazprom argumentiert, dass nur das für Gazprom bestimmte Gas in Russland ankomme. Aufgrund der niedrigen Kapazität der SAC sei es Turkmenistan nicht möglich, den Vertrag mit der Ukraine zu erfüllen. Gazprom habe daher auch nicht den Transit in die Ukraine gestoppt, sondern nur eigene Lieferungen eingestellt.	V Rossiju ne postupal turkmenskij gaz, prednaznačennyj Ukraine [In Russland ist kein turkmenisches Gas angekommen, das für die Ukraine bestimmt ist], in: IA Regnum, 01.01.2006; Ukraina faktičeski podtverdila fakt ispol'zovanija rossijskogo gaza v načale janvarja [Die Ukraine hat faktisch den Fakt der Nutzung russländischen Gases Anfang Januar bestätigt], in: Itar-TASS SNG, 21.01.2006.
Jan. 06	Ukraine und Gazprom schließen einen neuen Vertrag über fünf Jahre. RUE wird zum alleinigen Lieferanten des gesamten Importgases bestimmt. Außerdem wird ein Gemeinschaftsunternehmen von RUE und Naftogaz gebildet (Ukrgaz-Energo), das das Gas in der Ukraine vertreiben soll. Der Gaspreis beträgt 95 US-$.	Kompanija „Rosukrenergo" stanovitsja dlja Ukrainy s 2006 goda „eksključivnym postavščikom vsego importnogo gaza" – Kuprijanov [Die Firma Rosukrenergo wird zum „exklusiven Lieferanten des gesamten Importgases" für die Ukraine – so Kuprijanov], in: Itar-TASS SNG, 04.01.2006.
Jan. 06	Nijazov berät sich mit Putin und bespricht Fragen des Transports von Energieträgern, der Gaswirtschaft sowie die Probleme des Rechtsstatus im Kaspischen Meer.	V bližajšee vremja glava Gazproma posetit Turkmeniju dlja obsuždenija sovmestnych proektov v gazovoj sfere [In der nahen Zukunft wird der Leiter der Gazprom Turkmenistan für die Diskussion gemeinsamer Projekte in der Gassphäre besuchen], in: Itar-TASS SNG, 23.01.2006.
Feb. 06	Miller kündigt in Turkmenistan an, sich an der Erschließung von Vorkommen beteiligen zu wollen.	Gazprom nameren učastvovat' v proektach po dobyče gaza v Turkmenistane [Gazprom will an Projekten zur Gasförderung in Turkmenistan teilnehmen], in: IA Regnum, 17.02.2006.
Mrz. 06	Turkmenistan weist darauf hin, dass es nicht möglich sei, die Ukraine mit Gas zu beliefern. Vielmehr müsse die Ukraine gemeinsam mit Gazprom eine Vereinbarung über den Transit unterzeichnen.	Turkmenija priznala nevozmožnost' prjamych postavok gaza na Ukrainu [Turkmenistan hat die Unmöglichkeit direkter Gaslieferungen in die Ukraine anerkannt], in: IA Regnum, 20.03.2006.

Datum		
Apr. 06	Turkmenistan und China unterzeichnen eine Generalvereinbarung über den Bau der Pipeline und Lieferungen im Umfang von von 30 Mrd. m³ ab 2009. CNPC erhält außerdem das Recht zur gemeinsamen Erschließung der Felder am rechten Ufer des Amu Darja.	Bakinskij gazovyj uzel [Der Gasknoten von Baku], in: Neft' i Kapital, Mai 2006; V Kitaj pojdet Turkmenskij gaz [Nach China geht turkmenisches Gas], in: Neft' i Kapital, August 2006.
Apr. 06	Turkmenistan schlägt Gazprom vor, bis zu 50 Mrd. m³ Gas zu verkaufen. Gazprom ist damit einverstanden. Es werden Vorbereitungen für einen Vertragsabschluss getroffen.	Turkmenija predložila Gazpromu pokupat' u nee do 50 mlrd kubometrov gaza [Turkmenistan hat Gazprom vorgeschlagen, bis zu 50 Mrd. m³ Gas zu verkaufen], in: IA Regnum, 20.04.2006.
Apr. 06	Gazprom beziffert die Schulden der Ukraine gegenüber RosUkrĖnergo für das 1.Quartal 2006 auf 600 Mio. US-$.	„Gazprom": Dolg ukrainy pered „Rosukrėnergo" za postavki gaza – $600 millionov [Gazprom: Die Schulden der Ukraine gegenüber RosUkrĖnergo für die Lieferung von Erdgas betragen US-$ 600 Mio.], in: IA Regnum, 22.05.2006.
Apr. 06	Laut Nijazov soll CNPC Vorkommen am rechten Ufer des Amudarja und im Kaspischen Meer im Rahmen eines PSA erschließen.	China's CNPC to develop Turkmenistan oil, gas fields under PSA, in: PRIME-TASS English-language business newswire 10.4.2006
Mai. 06	Gazprom hält sich mit Investitionen in SAC zurück.	Bakinskij gazovyj uzel [Der Gasknoten von Baku], in: Neft' i Kapital, Mai 2006.
Jun. 06	Petronas erhält von Turkmenistan die Erlaubnis, die Pipeline SAC-3 für den Export von Erdgas aus dem eigenen Förderprojekt zu nutzen. Hierfür schließt Petronas mit Kaztransgaz eine Vereinbarung über den Gastransit durch kasachisches Territorium ab. Die Vereinbarung sieht vor, dass 60% der Einnahmen als Kompensation für Investitionen an Petronas gehen, während 40% als Gewinn festgelegt werden, der zu gleichen Teilen aufgeteilt werden soll.	Turkmenskij gaz ot Petronas [Turkmenisches Gas von Petronas], in: Neft' i Kapital', Juli 2006.
Jun. 06	Miller verhandelt mit Turkmenistan mögliche zusätzliche Gaskäufe im für das Jahr 2006 sowie die Lieferhöhe für die Jahre 2007 und 2008.	Glava Gazproma obsudil s prezidentom Turkmenistana vozmožnost' dopzakupok gaza v 2006 g. [Der Chef von Gazprom hat mit dem Präsidenten Turkmenistans die Möglichkeit zu Zusatzkäufen von Erdgas besprochen], in: IA Regnum, 19.06.2006.
Jun. 06	Turkmenistan fordert einen Gaspreis von 100 US-$ und droht an, dass die Lieferungen eingestellt werden, wenn ein neuer Vertrag nicht in den nächsten eineinhalb Monaten unterschrieben werde.	Turkmenija podnjala ceny na gaz dlja „Gazproma" [Turkmenistan erhöhte den Preis für Gas für Gazprom], in: IA Regnum, 21.06.2006; Gazprom ne smog dogovorit'sja s Turkmenistanom o cene na gaz [Gazprom konnte sich mit Turkmenistan nicht auf einen Gaspreis einigen], in: IA Regnum, 29.06.2006.
Jun. 06	Eine Delegation unter Leitung von Vizepremier Plačkov erfährt in Ashgabat, dass der bisherige Vertrag seine Wirksamkeit verloren habe. Der Abschluss eines neuen Vertrages über Gaslieferungen im 4. Quartal zum Preis von 100 US-$ sei indes möglich. Hierzu sei allerdings eine Durchleitungserlaubnis der Gazprom erforderlich.	Turkmenija povyšaet cenu na gaz dlja Ukrainy i razryvaet s nej prežnij kontrakt [Turkmenistan erhöht den Gaspreis für die Ukraine und lässt den bisherigen Vertrag platzen], in: IA Regnum, 01.07.2006.

Datum		
Jun. 06	Nijazov schlägt einen japanisches Angebot zur Modernisierung der Turkmenbashi Raffinerie aus und geht auf die günstigeren Konditionen Chinas ein, das Kredite mit 2% (Japan 8%) vergeben würde.	Turkmenistan rejects Japan's proposals on Turkmenbashi refineries, in: Central Asia General Newswire, 16.6.2006.
Jul. 06	Gazprom macht der Ukraine den Vorschlag, eigenständig mit Turkmenistan zu einer Preiseinigung zu kommen. Gazprom würde den Transit gewährleisten.	„Gazprom" predlagaet Ašchabadu i Kievu dogovorit'sja naprjamuju [Gazprom schlägt Ashgabad und Kiev vor, sich direkt zu einigen], in: IA Regnum, 07.07.2006; „Gazprom" opravil ukraincev dogovarivat'sja s Turkmenbaši [Gazprom schickt die Ukrainer sich mit Turkmenistan zu einigen], in: IA Regnum, 07.07.2006.
Jul. 06	Das Außenministerium Turkmenistans verweist darauf, dass bestehende Verträge mit Russland eingehalten werden. Die Belieferung der Ukraine könne nur über Territorien anderem Staaten erfolgen. Russland habe 2006 nicht die Erlaubnis erteilt, die Ukraine mit turkmenischem Gas zu beliefern.	Turkmenija stremitsja „uporjadočit' dogovornye otnošenija" s RF i Ukrainoj po gazu s učetom rosta mirovych cen – MID strany [Turkmenistan strebt danach, die vertraglichen Beziehungen mit der RF und Ukraine „zu ordnen" im Hinblick auf die steigenden Weltpreise – so das Außenministerium des Landes], in: Itar-TASS SNG, 03.07.2006.
Aug. 06	Janukovich teil bei einem Besuch in Soči mit, dass die Ukraine gemeinsam mit Russland daran arbeite, den Einkaufspreis von Gas in Turkmenistan (65 US-$) bis zum Ende des Jahres aufrecht zu erhalten.	V Soči dostignuta dogovorennost' o sovmestnoj rabote s Turkmeniej dlja sochranenija ceny na gaz dlja Ukrainy na urovne 95 dollarov [In Soči wurde eine Übereinkunft erzielt über die gemeinsame Arbeit mit Turkmenistan für den Erhalt des Gaspreises für die Ukraine auf dem Niveau von US-$ 95], in: Itar-TASS SNG, 17.08.2006.
Aug. 06	Ein weiteres Treffen der Regierungen Chinas und Turkmenistans bekräftigt den geplanten Bau einer Pipeline.	Turkmen, China axis, in: World Gas Intelligence, 30.8.2006.
Sep. 06	Gazprom und Turkmenistan unterschreiben Gasverträge. Nijazov stellt fest, dass Turkmenistan am TKP-Projekt nicht interessiert sei und schlägt der Gazprom dabei vor, an der Erschließung des Jolotan-Feld teilzunehmen und die PaK zu bauen. Gazprom reagiert jedoch ablehnend und bezeichnet die Gasreserven als unsicher und verlang einen internationalen Audit.	NIK 2006: Gazprom razdumyvaet [Gazprom überlegt hin und her], in: Neft' i Kapital Oktober 2006; Makarkin, Aleksej: Vožd ušel [Der Führer ist hinweggegangen], in: Neft' i Kapital, Januar / Februar 2007.
Sep. 06	Gazprom schließt einen Vertrag ab, gemäß dessen sie 2006 zusätzlich Gas in Höhe von 12 Mrd. m³ kaufen soll (ins. 42 Mrd. m³). Von 2007 bis 2009 sollen dann 50 Mrd. m³ zum Preis von 100 US-$ bezogen werden.	Turkmenija budet postavljat' Rossii gaz po cene $100 za tysjaču kubometrov [Turkmenistan wird Russland Gas zum Preis von US-$ 100 pro 1000 m³ liefern], in: IA Regnum 05.09.2006.
Nov. 06	Nijazov unterschreibt eine Anweisung, laut derer CNPC an der Erschließung des Süd-Jolotan Felds beteiligt werden soll.	CNPC to participate in development of giant Turkmen gas field, in: Associated Press 22.11.2006.
Dez. 06	Am 21.12.2006 wird der Tod Nijazovs verkündet.	
Jan. 07	Chujčenko bezeichnet RUE als Tochterunterhmen Gazproms. Firtaš sei für RUE ein Glücksfall.	Grib, Natalija: „Struktura beneficiarov RosUkrEnergo perežila vsech politikov, kotorye stojali u vlasti na Ukraine" [„Die Struktur der Benefiziäre von RosUkrEnergo hat alle Politiker überlebt, die in der

Ukraine an der Macht waren"], in: Kommersant", 22.1.2007, S. 20.

Jan. 07	Der neue turkmenische Präsident Berdimuchammedov bestätigt ein Interesse am Bau der Pipeline bis 2009.	Andrew Neff: Acting Turkmen president reaffirms commitment to build gas pipeline to China, in: IHS Global Insight, 19.1.2007.
Feb. 07	Fradkov verhandelt mit Berdimuchammedov und erhält die Bestätigung, dass Gazprom die kontrahierten Gasmengen zu den vorher vereinbarten Konditionen erhält. Miller macht dabei Kooperationsvorschläge.	Turkmenija vypolnit kontrakt s „Gazpromom" [Turkmenistan hält den Vertrag mit Gazprom ein], in: Vedomosti, 16.02.2007.
Mai. 07	Die Präsidenten Russlands, Turkmenistans, Kasachstans kündigen an, dass eine Vereinbarung über die PaK im September erfolgen soll.	Kontekst [Kontext], in: Neft' i Kapital Dezember 2007; Makarkin, Aleksej 2007: Eksportnye maršruty uglevorodov [Exportrouten der Energierohstoffe], in: Neft' i Kapital, Juni 2007.
Jun. 07	Naryškin (besonderer Bevollmächtiger Russlands für GUS-Fragen) soll in Turkmenistan kommerzielle Details der PaK aushandeln. Die Visite wird jedoch kurzfristig von turkmenischer Seite abgesagt.	Aleksej Makarkin: Bitva gazoprovodov [Kampf der Gaspipelines], in: Neft' i Kapital, Juli 2007.
Jul. 07	Berdimuchammedov unterschreibt in Peking ein PSA sowie einen Gasliefervertrag mit CNPC.	Andrew Neff: Planned gas pipeline advances with Turkmenistan-China gas, in: IHS Global Insight 18.7.2007.
Sep. 07	Berdimuchammedov informiert in Washington über Schwierigkeiten bei den Verhandlungen über Gaslieferungen. Ferner lädt er britische Firmen ein.	Kontekst [Kontext], in: Neft' i Kapital Dezember 2007.
Nov. 07	Während russische Regierung ihre Zustimmung zur PaK gibt, unterschreibt Gazprom einen Vertrag, laut dem in der ersten Hälfte des Jahres 2008 130 US-$ und in der zweiten Hälfte 150 US-$ gezahlt werden.	Kontekst [Kontext], in: Neft' i Kapital Dezember 2007.
Apr. 08	Berdimuchammedov verspricht der EU-Kommission, 10 Mrd. m³ Erdgas jährlich für die EU bereitzuhalten.	Grib, Natalija, Gavriš, Oleg und Solov'ev, Vladimir: Srednjaja Azija ne chočet byt' krajnej [Zentralasien möchte nicht randständig sein], in: Kommersant", 15.4.2008.
Apr. 08	Berdimuchammedov unterzeichnet mit Pakistan, Indien und Afghanistan eine Rahmenvereinbarung zum Bau der TAPI.	Mordjušenko, Ol'ga: Turkmenskij gaz sobralsja na jug [Turkmenisches Gas geht nach Süden], in: Kommersant", 28.4.2008.
Mai 08	Berdimuchammedov begibt sich nach Aserbaidschan (es ist der einzige Besuch eines turkmenischen Präsidenten seit 12 Jahren), um über die TKP zu verhandeln.	Gabuev, Aleksandr 2008: Azerbaidžan i Turkmenija obvjazyvajustja truboj [Aserbaidschan und Turkmenistan umwickeln sich mit einer Röhre], in: Kommersant", 20.5.2008; Krutichin, Michail: Cena voprosa [Der Preis der Frage], in: Kommersant", 22.9.2009.
Juli 08	Gemäß dem 2003 vereinbarten Vertrag zwischen Gazprom und Turkmenistan, sollten ab 2009 Preise auf Basis einer Formel gezahlt werden. Es wird ein Preis auf Basis der europäischen netback-Formel vereinbart. Dieser wird zwischen US-$ 225 und 295 betragen. Außerdem erklärt sich Gazprom bereit, die Ost-West-Pipeline	Grib, Natalija und Mordjušenko, Ol'ga: Režim podključitel'nogo blagoprijatstvovanija [Mitmachbegünstigung], in: Kommersant", 28.7.2008.

mit einer jährlichen Kapazität von 30 Mrd. m³, die Erdgas vom riesigen Süd-Jolotan Feld in der südöstlichen turkmenischen Provinz Mary in den Westen des Landes transportieren soll, zu finanzieren und zu bauen. Diese soll als zusätzliche Lieferquelle für die PaK dienen, könnte aber auch für die TKP genutzt werden. In jedem Fall entspricht dies nicht der chinesischen Lieferstrategie.

Datum	Beschreibung	Quelle
Sept. 08	Russland ist der Meinung, dass die Lieferzusagen an China nicht mit dem russländisch-turkmenischen Liefervertrag vereinbar seien. Turkmenistan widerspricht dem.	Netreba, Petr und Grib, Natalija: Turkmenija ne sčitaet Kitaj konkurentom Rossii [Turkmenistan sieht China nicht als Konkurrenten Russlands an], in: Kommersant", 2.9.2008.
Jan. 09	Gazprom unterbricht erneut die Lieferungen an die Ukraine, um einen höheren Gaspreis zu erlangen. So können die höheren Zahlungen für turkmenisches Erdgas ausgeglichen werden.	Pirani, Simon und Yafimava, Katja 2009: The Russo-Ukrainian gas dispute of January 2009: a comprehensive assessment, OIES Study NG 27, Oxford: Oxford Institute for Energy Studies.
Feb. 09	Rjazanov weist auf bestehende Schwierigkeiten hin, die ukrainische Gasnachfrage (50 Mrd. m³ pro Jahr) erfüllen zu können.	Posleslovie k vojne [Nachwort zum Krieg], in: Vedomosti, 02.02.2009.
März 09	Die geplante zwischenstaatliche Vereinbarung über die Ost-West-Pipeline wird nicht unterzeichnet, da Turkmenistan die Kontrolle über die Pipeline nicht an Gazprom übergeben will.	Solov'ev, Vladimir: Prezidenty RF i Turkmenii podžali trubu [Die Präsidenten der RF und Turkmenistans haben die Röhre unterschlagen], in: Kommersant", 26.3.2009.
April 09	Gazprom reduziert die Abnahme turkmenischen Gases um 90 Prozent. Die einzige voll funktionsfähige Pipeline SAC-4 explodiert an der turkmenischen Grenze.	Grib, Natalija, Gavriš, Oleg und Egikjan, Seda: Vzryv negodovanija [Explosion der Empörung], in: Kommersant", 10.4.2009; Mordjušenko, Ol'ga, Gavriš, Oleg und Zygar', Michail: Gazorazvod Srednjaja Azija-Centr [Gasscheidung Zentralasien-Zentrum], in: Kommersant", 13.4.2009.
Mai 09	Turkmenistan kündigt an, die Ost-West-Pipeline in Eigenregie bauen zu wollen und eine geplante Ausschreibung abzubrechen.	Butrin, Dmitrij 2009: Turkmenija nastaivaet na torgach s Rossiej [Turkmenistan besteht auf Geschacher mit Russland], in: Kommersant", 1.6.2009.
Dez. 09	Im Beisein von Hu, Berdimuchammedov, Karimov und Nazarbaev wird die turkmenisch-chinesische Pipeline eröffnet.	Corrected: China's Hu unveils landmark Turkmenistan pipeline, in: Agence France Presse, 14.12.2009.
Dez. 09	Bei einem Treffen der Präsidenten Berdimuchammedov und Medvedev wird die Wiederaufnahme vollumfänglicher turkmenischer Exporte nicht erreicht. Eine Einigung über die PaK eingefroren.	Grib, Natalija und Gabuev, Aleksandr: Rossija i Turkmenija perechodit na sniżennyj gaz [Russland und Turkmenistan gehen zu verringertem Gas über], in: Kommersant", 21.12.2009.

Anhang V: Prozesse Ostseepipeline, 1995–2010

Zeit	Ereignis	Quellen
08.12.1995	Nach der Entscheidung zum Ausstieg aus der Kernenergie in Schweden: Gazprom schlägt eine Gaspipeline über Finnland, Schweden und Dänemark nach Deutschland vor.	Gazprom pipe plan fuels Swedish gas hopes, in: FT Energy Newsletters – International Gas Report, 8.12.1995.
20.06.1997	Gazprom-Chef Vjachirev wirft der Ukraine Diebstahl von Gas vor und behauptet, die Transitpipelines seien bereits voll ausgelastet, wenn die Ukraine nicht Gas stehlen würde. Akteur aus dt. Gasindustrie kommentiert, dass Ukraine früher Hauptproduzent der Sowjetunion war und sich nun wohl auch einen Teil des Kuchens holen wolle.	Gazprom boss Viakhirev hits out at Ukraine over „stolen" Russian gas; Russia supply, in: FT Energy Newsletters – European Energy Report, 10.7.1997
20.06.1997	Wintershall ist gegen eine Führung der Pipeline über Finnland, Schweden und Dänemark und spricht sich dafür aus, diese von St. Petersburg direkt nach Deutschland zu führen. Dies entspricht in etwa der Route, die später verfolgt wird.	Gazprom boss Viakhirev hits out at Ukraine over „stolen" Russian gas; Russia supply, in: FT Energy Newsletters – European Energy Report, 10.7.1997
01.07.1997	Gazprom und Neste gründen das Gemeinschaftsunternehmen North Trangas Oy zur Untersuchung der Pipelineroute vom Shtokman-Feld in der Barentssee über Finnland, Schweden und Dänemark nach Deutschland oder einer Route über Finnland direkt nach Deutschland	Neste and Gazprom join forces to study Barents Sea gas pipeline routes, in: FT Energy Newsletters – European Energy Report, 25.7.1997
24.01.1998	Černomyrdin hat in Riga Gespräche mit finnischen, norwegischen, schwedischen und polnischen Premiers. Mit dem schwedischen Premier Persson diskutiert er mögliche Pipeline, mit dem norwegischen Premier Bondevik eine „zivilisierte Aufteilung der Gasmärkte Europas"	Premier Chernomyrdin meets European counterparts during visit to Latvia, in: BBC Summary of World Broadcasts, 24.1.1998
06.03.1998	North Transgas schreibt die Machbarkeitsstudien aus. Die Pipeline soll 2005 fertig gestellt werden und 40 Mrd. m³ Erdgas transportieren können. Die Projektkosten werden auf US$ 5 Mrd. geschätzt.	Gazprom and Finnish Neste are building a new pipeline to Western Europe via Scandinavia, in: What The Papers Say (Russia), 12.2.1998; Russia-German pipeline progresses, in: Hart's Daily Petroleum Monitor, 6.3. 1998; Mikhail Klasson: Gazprom's new project, in: Moscow News, 2.7.1998.
08.11.1998	Gazprom: Die Entscheidung über den Bau der Pipeline wird im nächsten Jahr getroffen. Russland habe die nötige Technologie, um Pipelines auf dem Meeresboden zu verlegen	Russian gas company mulls baltic pipeline to bypass neighbours, in: BBC Monitoring Former Soviet Union – Economic, 8.11.1998.
01.03.1999	Taisto Turunen, Leiter der Abteilung Energie im finnischen Wirtschafts- und Industrieministerium sagt dass das Projekt sehr wichtig aus kommerziellen und politischen Gesichtspunkten sein könnte	Finns upbeat on new Russia-Finland gas pipeline, in: FT Energy Newsletters – East European Energy Report, 1.3.1999.
15.03.1999	Die Machbarkeitsstudie ist bald fertiggestellt. Es werden drei Routen betrachtet: Über Finnland und Schweden, von Finnland nach Deutschland und von Russland direkt nach Deutschland	North Trans Gas to complete study on new gas pipeline, in: Interfax Russian News, 15.3.1999.
24.08.1999	Ruhrgas präferiert die Route von St. Petersburg nach Greifswald und kündigt an, sich beteiligen zu wollen.	Group to participate in Baltic pipeline construction, Ruhrgas looks East for expansion, in: Handelsblatt (English version), 24.8.1999.

Datum		
08.09.1999	Ruhrgas spendet US$ 3,5 Mio. um das Bernsteinzimmer wiederherzustellen. Zuvor hatte das Unternehmen bereits 3,5 % an Gazprom erworben.	Ruhrgas Donates $ 3.5M To Restore Amber Room, in: The Moscow Times, 8.9.1999.
13.10.1999	Gazprom erklärt, der Bau einer Pipeline über Skandinavien nach Deutschland sei höhere Priorität als Ausbau der Jamal-Pipeline. Der zweite Strang der Jamal-Pipeline werde nicht gebaut. Gazprom kündigt an, das geringe Preisniveau mit einer Art Gas-OPEC bekämpfen zu wollen.	Gazprom's export perspectives, in: SKRIN market and corporate news, 13.10.1999; Uncertain Future For Second Yamal Pipeline, in: Polish News Bulletin, 14.10.1999.
03.12.1999	Gazprom kündigt Reduktion des Transits durch die Ukraine an: Wenn Blue Stream und die neue baltische Pipeline fertig gestellt seien, werde sich die Durchleitungsmenge um 33% verringern.	Gazprom to eventually reduce gas exports through Ukraine – official, in: Interfax Russian News, 3.12.1999
21.12.1999	Die Machbarkeitsstudie für die Pipeline wurde fertiggestellt und wird nun von den Unternehmen untersucht.	Nordic gas; new supply routes need to be secured, in: Petroleum Economist, 21.12.1999.
27.04.2000	Russland lanciert die „Bypass"-Pipeline über Belarus, Polen und Slovakei, um die Ukraine zu umgehen. Die polnische Presse reagiert skeptisch wegen der Beziehungen zur Ukraine. Die USA erwarteten, dass Polen gute Beziehungen zur Ukraine habe, so ein Wissenschaftler. Angeblich hat es bereits zwei Verhandlungsrunden gegeben.	New pipeline proposals may ruin relations with Ukraine, paper claims, in: BBC Summary of World Broadcasts, 27.4.2000.
18.07.2000	Gazprom nutzt Projekt zum Bau der Ostseepipeline als Druckmittel gegenüber Polen und der Slovakei: Wenn diese dem Bypass zur Umgehung der Ukraine nicht zustimmen würden, würde man die Ostseepipeline rascher bauen. Dabei sei die direkte Linie von Russland nach Deutschland vorzuziehen, so Komarov.	N. European gas pipeline project may be built sooner than planned, in: Interfax Russian News, 18.7.2000
08.08.2000	Der polnische Wirtschaftsminister Steinhoff wendet sich gegen eine Beteiligung von Polen an der Bypass-Pipeline, da man die Ukraine nicht schädigen wolle. Gazprom versucht in Reaktion mit der Unterwasserpipeline Wettbewerbsdruck zu erzeugen: Man werde den Bau der Pipeline beschleunigen.	Polish-Ukraine Pipeline Dilemma, in: Polish News Bulletin, 8.8.2000; Russia to accelerate construction of Northern Gas Pipeline, in: What The Papers Say (Russia), 9.8.2000.
21.09.2000	Der Gazprom-Aufsichtsrat wird ausgewechselt und mit Vertrauten Putins und Regierungsbeamten besetzt	Isabel Gorst: Change looms over the mighty Gazprom, in: Petroleum Economist, 21.9.2000.
08.10.2000	Präsidentschaftskandidat der Solidarnosc-Partei Krzaklewski bekräftigt den polnischen Widerstand gegen den Ukraine-Bypass. Für den Bau der Pipeline durch die Ostsee seien erhebliche Finanzmittel erforderlich. Man hoffe, dass Deutschland diese nicht bereitstelle.	Solidarity leader urges Russia to confront its past, in: The Washington Times, 8.10.2000.
10.11.2000	Tapio Harra, Chef der Gasabteilung bei Fortum, sagt die Pipeline durch die Ostsee sei machbar und werde US$ 3–5 Mrd. kosten.	Gas pipeline from Russia to Europe via Baltic Sea to cost $3–5 BLN, in: RIA Novosti, 10.11.2000.
24.01.2001	Nach einem Treffen des finnischen Premiers Paavo Lipponen mit seinem russländischen Kollegen Michail Kas'janov sagt Lipponen, dass die Ostseepipeline ein Prioritätsprojekt für Russland und Finnland sei. Möglicherweise werde Ruhrgas ebenfalls teilnehmen. 2007 könne die Pipeline fertig sein. Dabei soll die Leitung Gas aus dem Shtokman-Feld nach Europa bringen.	Russian, Finnish premiers agree on Baltic gas pipeline, in: Associated Press Worldstream, 24.1.2001; Russia approves study for pipeline from Russia to Europe, through Baltic, in: Interfax Russian News, 25.1.2001.
19.02.2001	Gazprom-Chef Vjachirev trifft sich mit dem polnischen Wirtschaftsminister Steinhoff, um Probleme der Jamal-Pipeline zu besprechen. Steinhoff fordert, den zweiten Strang der Pipeline wie vereinbart neben dem ersten zu verlegen und nicht in die Slowakei, da dies einen Bypass-Charakter habe.	Steinhoff, Vyakhirev discuss Yamal gas pipeline, in: PAP News Wire, 19.2.2001.

Vjachirev droht mit der Alternative durch die Ostsee.

Datum		
21.02.2001	Gazprom sagt, eine Abzweigung der Ostseepipeline nach Estland sei „realistisch" und profitabel für alle beteiligten Parteien	Estonia to be included in European gas system, in: What The Papers Say (Russia), 21.2.2001.
16.03.2001	Vjachirev sagt, die Ukraine habe hohe Schulden bei Gazprom. Auch sei der Transit durch Ukraine 70% teurer als der Transit durch Deutschland. Daher sei eine Option die Ostseepipeline. Nur wenn die Ukraine aufhöre das Gas zu stehlen könne man über eine gleichbleibende Nutzung des ukrainischen Transitsystems auch in Zukunft reden.	Russia's Gazprom chief outlines gas export plans, in: BBC Monitoring Former Soviet Union – Economic, 16.3.2001.
22.03.2001	Sergej Ivanov reist nach Polen, um den Anstrittsbesuch von Präsident Putin und Premier Kas'janov vorzubereiten. Im Vorfeld droht Vjachirev, dass Kas'janov seinen Besuch verschieben werde, wenn Polen nicht der Bypass-Pipeline zustimme.	Poland: Russian Security Council secretary arrives for visit, in: BBC Monitoring Europe – Political, 22.3.2001; Obstacles in construction of pipeline to bypass Ukraine may aggravate Russian-Polish relations, in: What The Papers Say (Russia), 23.3.2001.
22.03.2001	Polen hat seinen Widerstand gegen die Bypass-Pipeline anscheinend aufgegeben, schlägt aber eine Route nach Tschechien vor, die länger durch polnisches Territorium führt.	Obstacles in construction of pipeline to bypass Ukraine may aggravate Russian-Polish relations, in: What The Papers Say (Russia), 23.3.2001.
27.03.2001	Gazprom reicht vor dem Arbitragegericht der Moskauer Handelskammer Klage gegen die Ukraine wegen Gasdiebstahl (1,1 Mrd. m³) ein. Gazprom gibt aber zu, dass der Diebstahl nach Verhandlungen im Sommer 2000 aufgehört hat.	Isabel Gorst: Gazprom sues Ukraine over gas theft, Platt's Oilgram News, 27.3.2001, S. 3.
11.04.2001	Burkhard Bergmann, stv. Ruhrgas-Chef sagt, man untersuche unterschiedliche Optionen für die Pipeline und wolle sich mit Polen einigen. Ruhrgas werde die Pipeline finanzieren. Die Pipeline durch Polen sei günstiger als die Ostseepipeline, die US$ 3–4 Mrd. koste. Die Ostseepipeline könne aber zur Belieferung des skandinavischen und britischen Marktes genutzt werden.	Russia-Europe gas pipeline consortium considers options for future routes, in: Petroleum Report, 11.4.2001.
23.04.2001	Kas'janov fährt nach Berlin, um mit Schröder einen EU-Russlandgipfel vorzubereiten. Dabei geht es auch um die russischen Schulden in Deutschland, die 40% der Auslandsschulden ausmachen.	Russian Premier to meet with German Chancellor in Berlin, in: RIA Novosti, 23.4.2001.
25.04.2001	Gazprom unterzeichnet eine Vereinbarung mit Ruhrgas, Wintershall und Fortum über die Erstellung einer Machbarkeitsstudie für die Ostseepipeline. Diese soll die Verlässlichkeit und Stabilität der Gaslieferungen nach Europa erhöhen.	Russian company, three European firms working on gas pipeline plan, in: Interfax News Bulletin, 25.4.2001; 4 European companies agree to prepare and implement project for construction of gas pipeline on floor of Baltic Sea, in: Interfax News Bulletin, 27.4.2001.
30.04.2001	Das nächste Treffen der Gruppe für die Diskussion der Pipline durch Polen wurde für den 7.5. angesetzt	More Pipelines, More Discussion Groups, in: Polish News Bulletin, 30.4.2001.
24.07.2001	Kas'janov reist nach Finnland, um mit Lipponen den Fortgang der Ostseepipeline zu besprechen und an einem Opernfestival teilzunehmen. Er verspricht staatliche Hilfe für das Projekt, falls diese nötig sein sollte.	Russian premier arrives in Finland to discuss gas pipeline, boost ties, in: BBC Monitoring Former Soviet Union – Political, 24.7.2001; Russian, Finnish premiers discuss „good prospects" for economic relations, in: BBC Monitoring Former Soviet Union – Economic, 26.7.2001.

30.08.2001	Gazprom untersucht laut Presseberichten 12 unterschiedliche Routen für die Ostseepipeline, die alle Polen, Weißrussland und die Ukraine umgehen. Fünf Routen gehen durch Litauen, eine davon weiter nach Kaliningrad.	Russia's Gazprom considering installation of gas pipe via Lithuania – Press, in: Baltic News Service, 30.8.2001.
24.09.2001	Der neue Gazprom-Chef Miller sagt, der Bau der Ostseepipeline könnte 2006 oder 2007 beginnen. Vorstudien zeigten dass das Projekt wirtschaftlich machbar und technisch möglich sei.	Russian gas chief forecasts start on pipeline under Baltic Sea, in: BBC Monitoring Former Soviet Union – Economic, 24.9.2001.
20.12.2001	Unter der neuen polnischen Regierung Miller wird eine polnisch-russländische Arbeitsgruppe eingerichtet, um Probleme im Energiebereich vor des Besuchs von Putin Mitte Januar 2002 auszuräumen. Die verschiedenen Streitpunkte sollten nicht mehr miteinander verbunden, sondern einzeln betrachtet werden. Dabei hat sich die polnische Position von einer Ablehnung des Bypasses gewandelt. Nun wird betont, dass man das Transitpotential nutzen wolle.	Working group to prepare proposal on energy issues for Putin's visit to Poland, in: Interfax News Bulletin, 20.12.2001; Russian, Polish gas issues examined, in: Interfax Petroleum Report, 27.12.2001.
17.01.2002	Putin-Besuch in Warschau löst die Probleme mit dem Bau der Pipeline nicht. Eine Einigung über die Pipeline soll erst im nächsten Monat erreicht werden. Putin gibt jedoch Widerstand gegen NATO-Osterweiterung auf	Putin calls on Poles to put past behind them, focus on business, in: Agence France Presse — English, 17.1.2002; Richard Lein: Gestures and concrete business, in: The Warsaw Voice, 27.1.2002.
29.05.2002	Die EU erkennt beim EU-Russland Gipfel in Moskau Russland als Marktwirtschaft an	E.U. grants important market recognition to Russia, in: The Associated Press, 29.5.2002.
28.08.2002	Die Ingenieurfirma Ramboll, die im Auftrag von North Transgas die Machbarkeitsstudie anfertigt, sagt, es sei eine schwere Route um Pipelines zu verlegen, aber nicht unmöglich. Gas soll aus Shtokman und Jamal kommen.	Pipeline network emerging across Scandinavia and Eastern Europe, in: Offshore, August 2002.
30.10.2002	Gazprom wirft Polen Bruch der Vereinbarung über die Jamal-Pipeline vor, da die Transitgebühren erhöht worden seien. Man sehe sich gezwungen, Alternativen zum polnischen Korridor zu suchen.	Polish territory may be excluded from the project of construction of the Yamal-Europe gas pipeline, in: What The Papers Say (Russia), 1.11.2002.
01.11.2002	Gasunie kündigt an, an der Ostseepipeline teilnehmen zu wollen. Beide Parteien betonen, dass das Projekt von der EU als prioritär angesehen werde.	Gazprom, Gazuni plan to participate in North-European gas pipeline, in: Interfax News Bulletin, 1.11.2002; Russian gas will come to Europe through Finland, in: SKRIN market and corporate news, 4.11.2002.
01.11.2002	Gazprom reduziert die Lieferungen an Belarus um 50%, da US$ 230 Mio. Ausstände aufgelaufen seien. Außerdem verlangt Gazprom „Marktpreise". Außerdem gehe die Privatisierung der Beltransgaz an Gazprom nicht schnell genug voran. Wenn Gazprom nicht auf den belarussischen Endkundenmarkt gelange habe man keine andere Option, als die Ostseepipeline zu bauen.	Russia To Germany — Direct, in: World Gas Intelligence, 12.11.2002; Russia gas chief slams Belarus obstruction to market liberalization, in: World News Connection, 12.11.2002; Gazprom talks tough with Minsk, in: IPR Strategic Business Information Database, 14.11.2002.
11.11.2002	Energieminister Christenko diskutiert die Ostseepipeline beim EU-Russland-Gipfel in Brüssel. Beide Seiten sagen, das Projekt verlange „besondere Aufmerksamkeit". Die Finanzierung soll in naher Zukunft geklärt werden. Dazu sollen weitere Langfristverträge abgeschlossen werden. Gazprom will auch Finanzierung von der EBRD erschließen. Die EU werde bei der Suche nach Mechanismen für	Russia Revives Project to Build North European Gas Line Under Baltic Sea, in: International Oil Daily, 11.11.2002; Gazprom and European Commission agreed on

	die Finanzierung helfen, so Miller. In sechs bis acht Wochen soll ein weiteres Treffen stattfinden. Die Pipeline soll eine Kapazität von 30 Mrd. m³ haben, über US$ 10 Mrd. kosten und zwischen 2006 und 2009 fertig gestellt werden.	launching of the project of trunk gas pipeline construction from the Leningrad region to Germany, in: What The Papers Say (Russia), 13.11.2002; Gazprom, EU Commission agree on North-European gas pipeline, in: Russian Company News, 14.11.2002.
18.11.2002	Der Gazprom-Aufsichtsrat beschließt den Bau der Ostseepipeline.	Tracey German: Green Light for North European Gas Pipeline Project, in: World Markets Analysis, 19.11.2002.
19.11.2002	Gazprom und Ruhrgas diskutieren die Zusammenarbeit bei der Ostseepipeline. Die Pipeline soll Abzweigungen nach Kaliningrad, Finnland, Schweden und Dänemark bekommen. Das Gas soll zunächst aus der traditionellen Förderregion Nadym-Pur-Taz kommen und dann aus Jamal und Shtokman.	Gazprom, Ruhrgas discuss Northern European gas pipeline project, in: Interfax News Bulletin, 19.11.2002.
20.11.2002	Industrieminister Christenko ist in Warschau zu Konsultationen über die Jamal-Pipeline. Er macht dabei die Entscheidung über zukünftige Investitionen vom erfolgreichen Abschluss des ersten Strangs abhängig, bestätigt aber nicht, dass Russland sich vom zweiten Strang zurückziehen wolle. Dieser sei im zwischenstaatlichen Abkommen vereinbart.	Khristenko on second stretch of Yamal gas pipeline, in: PAP News Wire, 20.11.2002.
21.11.2002	Miller sagt, die Pipeline werde von Vyborg 1089 km nach Deutschland verlaufen. Die Arbeiten innerhalb Russlands würden im Januar aufgenommen. Der Bau werde 2004 oder 2005 beginnen.	Russian gas company official outlines plans for North Europe pipeline, in: BBC Summary of World Broadcasts, 22.11.2002.
27.11.2002	Miller trifft sich mit dem niederländischen Premier Jan Peter Balkenende, dem Wirtschafsminister und stellvertretenden Energieminister, sowie dem Chef der Gasunie in Den Haag um die Ostseepipeline zu besprechen. Dabei geht es Gazprom auch um die Nutzung von Gasspeichern der Gasunie.	Gazprom CEO And Dutch Premier Discuss Outlook For Cooperation, in: RIA Oreanda Economic News, 27.11.2002; A.Miller, Ya.Balkenende, PM of Netherlands, and G. Ferberg, president of Gazune company, discussed prospects of North European gas pipeline building, in: SKRIN market and corporate news, 27.11.2002; Gazprom Outlines Plan for Trans-Europe Pipe, in: International Oil Daily, 3.12.2002
28.11.2002	Der polnische Premier Miller ruft seinen Kollegen Kas'janov an, um Zusicherungen zu erhalten, dass die Ostseepipeline nicht mit dem zweiten Strang der Jamal-Pipeline konkurriere. Eine Konkurrenz wird von Kas'janov ausgeschlossen.	Miller, Kasyanov discuss economic cooperation, in: PAP News Wire, 28.11.2002.
30.11.2002	Gazprom-Chef Miller hat ein Treffen mit Managern der EBRD, um über die Finanzierung der Ostseepipeline zu verhandeln.	Gazprom seeks financing from EBRD; in talks to boost intl image – report, in: AFX European Focus, 2.12.2002.
03.12.2002	Gazprom-Chef Miller hält eine Präsentation der Ostseepipeline in Moskau. Dabei betont er, dass die Pipeline keine Alternative zur Jamal-Europa Pipeline sei, da der Bedarf der EU für russländisches Gas im Jahre 2010 100 Mrd. m³ mehr als heute betragen würde. Die Ostseepipeline sei daher ein prioritäres Projekt in Brüssel. Die Pipeline könne eine Kapazität von bis zu 30 Mrd. m³ erreichen. Sie soll von Russland unter Wasser bis Deutschland verlaufen, dann Deutschland und die Niederlande	Gazprom North European pipeline to cost around 6.6 bln usd – UPDATE, in: AFX European Focus, 3.12.2002; Gazprom Outlines Plan for Trans-Europe Pipe, in: International Oil Daily, 3.12.2002; Catherine Belton: Miller Courts EU on $ 6Bln Pipeline,

	queren und bis nach Großbritannien verlaufen. Die Projektkosten sollen US$ 6,6 Mrd. betragen und mit Projektfinanzierung bewältigt werden. Dazu erwarte man bald Vorschläge „aus Brüssel". Die Rentabilität soll 12% betragen. Fortum, BP, Shell und Gasunie hätten Interesse angemeldet. Über Projektpartner werde man innerhalb von drei Monaten entscheiden. Diese sollten nicht die Pipeline finanzieren, aber bei der Vermarktung von Gas helfen.	in: The Moscow Times, 4.12.2002; Mikhail Klasson: Gazprom's Baltic project, in: Vremya MN, 11.12.2002.
05.12.2002	Christenko trifft sich mit dem polnischen Vizepremier Marek Pol, um über die Jamal-Pipeline zu verhandeln. Der polnischen Seite geht es dabei auch um eine Verringerung der Abnahmeverpflichtungen für russländisches Gas.	Isabel Gorst: Russian, Polish officials meet to discuss gas pipeline, in: Platt's Oilgram News, 6.12.2002.
11.12.2002	Eine Quelle bei Gazprom sagt, der Bedarf russischen Gases in Europa werde bis 2010 nicht von 130 Mrd. m³ um 100 Mrd. m³ steigen, sondern nur auf 175–205 Mrd. m³. Daher sei die Jamal-Europa-Pipeline wahrscheinlich unnötig. Gazprom-Vizechef Rjazanov sagt dazu, dass die Ostseepipeline auf Anfrage Europas gebaut werde, das nicht von den Launen und Kaprizen von Polen und Belarus abhängen wolle.	Mikhail Klasson: Gazprom's Baltic project, in: Vremya MN, 11.12.2002.
18.12.2002	Ruhrgas ist bereit, dem Konsortium zum Bau der Ostseepipeline beizutreten, ebenso wie Wintershall, so eine Quelle aus Gazprom.	Ruhrgas ready to join Northern European gas pipeline consortium, in: Interfax Petroleum Report, 18.12.2002.
22.01.2003	Putin und Lukashenko unterschreiben eine Vereinbarung über ein Gemeinschaftsunternehmen, dass den Transit durch Belarus regeln soll. Auch hat Belarus seine Schulden an Gazprom zurückgezahlt.	Belarus: Russia Rekindles Ties With Gas Pipeline Pact, in: Nefte Compass, 22.1.2003.
24.01.2003	Miller trifft sich mit EU-Energiekommissar Francois Lamoureux, um die Ostseepipeline zu besprechen. Diese sei das wichtigste Projekt innerhalb des EU-Russland Energiedialogs, so Miller. Auch würde der Gasverbrauch in der EU ansteigen, sodass sich eine Verlängerung der Pipeline nach Großbritannien lohne.	Head of Gazprom discussed in Brussels prospects of construction of a gas pipeline from Russian north to United Kingdom across the Baltic Sea, in: RIA Novosti, 24.1.2003.
25.02.2003	Kas'janov und der polnische Premier Miller schließen einen Tauschhandel: Gegen Verringerung der Abnahmeverpflichtungen Polens ist Gazprom auch nicht mehr an den Bau des zweiten Jamal-Strangs gebunden, so ein russländischer Regierungsbeamter. Auch Gazprom-Vizechef Jurij Komarov sagt, dass nur eine der Pipelines gebaut werden wird. Eine Quelle im Konzern sagt außerdem, dass die Entscheidung für die Ostseepipeline auf höchster politischer Ebene entschieden worden sei.	Gazprom actually closes all transportation projects in Poland, in: What The Papers Say (Russia), 26.2.2003.
07.03.2003	Ruhrgas erhöht ihren Anteil an Gazprom von 5,5 auf 5,7 Prozent.	Ruhrgas Raises Gazprom Stake, in: International Oil Daily, 7.3.2003.
15.03.2003	Gazprom-Chef Miller trifft sich mit den Chefs von Ruhrgas und Norsk Hydro, um die Ostseepipeline zu besprechen. Bergmann sagt später, dass das Projekt von hohem strategischen Interesse, aber sehr teuer sei. Die Realisierung hänge von höherer Nachfrage nach russländischem Gas ab, die jedoch nicht rasch zu erwarten sei. Daher solle das Projekt schrittweise durchgeführt werden.	Gazprom Schemes To Boost Export Profits, in: World Gas Intelligence, 1.4.2003.
15.03.2003	E.on übernimmt Ruhrgas	
26.03.2003	Gasunie sagt dass die Ostseepipeline 2010–12 fertiggestellt sein könnte und Gasunie ihre Speicherkapazitäten für die Erleichterung russländischer Lieferungen bereitstelle.	North Euro Pipe Possibilities, in: World Gas Intelligence, 30.6.2003
28.03.2003	Miller trifft den schwedischen Industrie- und Handelsminister um zukünftige Gaslieferungen zu diskutieren.	Gazprom Schemes To Boost Export Profits, in: World Gas Intelligence, 1.4.2003.

Datum		
01.04.2003	Nach der Ministererlaubnis zur Fusion von E.ON und Ruhrgas verkauft Ruhrgas ihren Anteil von 26,6% an VNG. Wingas will sich am Wettbewerb beteiligen.	Gazprom Schemes To Boost Export Profits, in: World Gas Intelligence, 1.4.2003.
01.04.2003	Der Vorsitzende des Dumaausschusses für Energie, Valerij Jazev, sagt, es sei nicht nötig, die Ostseepipeline zu bauen da die bestehenden Pipelines für die Lieferung von 170 Mrd. m³ jährlich ausreichten.	Fortum says interested in North-European pipeline construction, in: Prime-Tass English-language Business Newswire, 3.4.2003.
01.04.2003	Fortum-Chef Matti Vuoria sagt seine Firma wolle an der Ostseepipeline teilnehmen, um Gas nach Schweden liefern zu können. Außerdem wolle Fortum an der Erschließung des Shtokman-Feldes teilnehmen.	Fortum says interested in North-European pipeline construction, in: Prime-Tass English-language Business Newswire, 3.4.2003.
01.04.2003	Miller trifft in London auf Shell-CEO Sir Philip Watts und bespricht mit ihm Kooperationsprojekte. Anschließend besuchen beide das Musical My Fair Lady.	Terry Macalister: Grandees enjoy gas-fired warmth, in: The Guardian, 2.4.2003.
29.05.2003	Miller sagt, man werde bereits 2004 mit dem Bau der Ostseepipeline beginnen.	Miller says Gazprom will start building N European pipe 2004, in: Prime-Tass English-language Business Newswire, 29.5.2003.
09.06.2003	Kas'janov trifft auf die finnische Premierministerin Anneli Jaatteenmaki und kündigt die Fertigstellung der Marktstudien für die Ostseepipeline für den Herbst an.	PM says market study of N European gas pipe to be done in fall, in: Prime-Tass English-language Business Newswire, 9.6.2003.
26.06.2003	Während des Staatsbesuchs von Putin in London (der erste Besuch eines russländischen Herrschers seit 1874) unterzeichnen Energieminister Igor' Jusufov ein Memorandum mit dem britischen Energieminister Stephen Timms für die Kooperation bei der Ostseepipeline. Man wolle ein internationales Konsortium bilden. Yusufov sagt, Shell und Ruhrgas seien die möglichen Partner Gazproms bei der Ostseepipeline. Blair sagt, dass das Verhältnis zu Russland „fundamentale strategische Bedeutung" für Großbritannien und seine Zukunft haben werde. Wenn die Pipeline gebaut worden sei, würden Russland und Großbritannien sehr sichtbar aneinander gebunden sein. BP, die gerade das Gemeinschaftsunternehmen TNK-BP besiegelte, drückt nur verhaltenes Interesse aus. Putin ist für vier Tage Gast von Queen Elizabeth II.	Shell, Ruhrgas among potential investors in UK-Russia pipeline project, in: AFX.COM, 26.6.2003; Britain, Russia sign agreement on undersea gas pipeline, in: Agence France Presse – English, 26.6.2003; Russia's Putin secures British backing for gas pipeline, in: Agence France Presse – English, 26.6.2003.
26.06.2003	Die EU-Kommissarin für Energie und Transport, Loyola de Palacio sagt, dass die Ostseepipeline von der EU unterstützt und auf jeden Fall gebaut werde. Russland komme außerdem eine Schlüsselrolle bei der Gasversorgung der EU zu.	Shell, Ruhrgas among potential investors in UK-Russia pipeline project, in: AFX.COM, 26.6.2003.
26.06.2003	Shell sagt die Ostseepipeline sei „eine Option" zur Erweiterung der russländischen Exportinfrastruktur. Man wolle den Bau der Pipeline mit der Entwicklung des Zapoljarnoe-Felds verbinden.	North Euro Pipe Possibilities, in: World Gas Intelligence, 30.6.2003.
30.06.2003	Gazprom und Gaz de France unterzeichnen ein Memorandum über den Ausbau der Kooperation. Diese soll sich auf gemeinsame Infrastrukturprojekte und den Verkauf von Gas erstrecken.	Putin On The Ritz: Putin Extends Russian Energy Dialogue To The UK, in: Nefte Compass, 2.7.2003.
01.07.2003	Putin versichert dem polnischen Präsidenten Kwasniewski, dass die Ostseepipeline bestehende Transitpipelines nicht schädigen werde. Sie diene vielmehr dazu, dass drohende Energiedefizite in Europa zu verhindern. Über den Ausbau der Jamal-Pipeline sagt er jedoch nichts	Russian president assures Poland on Yamal gas transit, in: Platt's Oilgram News, 1.7.2003.
18.07.2003	Gazprom wählt Jamalgazinvest als Manager für die Vorbereitung der Ostseepipeline. Alle	Corrects: Gazprom chooses European gas pipe

	Genehmigungen könnten 2004 erteilt werden.	manager, in: Prime-Tass English-language Business Newswire, 18.7.2003.
29.09.2003	Gazprom-Vizechef Rjazanov sagt dass Russland andere Exportmöglichkeiten suchen werde, wenn die Vereinbarungen mit Belarus nicht eingehalten würden.	Gazprom may chose alternative ways of gas transit, in: SKRIN market and corporate news, 29.9.2003.
02.10.2003	Es wird bekannt, dass Deutschland und Russland die Ostseepipeline bei den Regierungskonsultationen Anfang Oktober in Ekaterinburg voranbringen wollen. Es sei das Größte von 15 strategischen Projekten. E.ON Ruhrgas und Wintershall würden sich an dem Projekt beteiligen und während den Regierungskonsultationen eine Absichtserklärung unterzeichnen. Gleichzeitig arbeite man an einer Lösung für den ukrainischen Transitkorridor, die Projekte könnten kombiniert werden, so Quellen in der Regierung.	Germany, Russia plan Baltic Sea gas pipeline – Berlin govt source, in: AFX European Focus, 2.10.2003; Russo-German gas pipeline planned in Baltic, in: Saudi Press Agency, 2.10.2003; Russia, Germany considering pipeline under Baltic Sea, World News Connection, 2.10.2003.
02.10.2003	Norwegen und Großbritannien unterzeichnen einen Liefervertrag für die Lieferung von 20 Mrd. m³ Erdgas jährlich aus dem Ormen Lange Feld. Da damit ein Fünftel des Gasmarkts der UK versorgt ist, werden Lieferungen aus Russland weniger wahrscheinlich.	Lachlan Johnston: Deal opens tap to Norway's gas fields, in: Daily Telegraph, 6.10.2003; Gazprom may lose British market, in: What The Papers Say (Russia), 8.10.2003.
03.10.2003	Putin schreibt einen Brief an die Deutschen zum Anlass der Wiedervereinigung in dem er betont, dass die Nähe der deutschen und russischen Weltsicht eine gute Basis für aktive Kooperation auf der internationalen Ebene biete.	German, Russian leaders aim to deepen trade, political ties, in: Agence France Presse – English, 6.10.2003.
06.10.2003	Der französische Premier Pierre Raffarin weilt zu Gesprächen mit Amtskollege Kas'janov in Moskau. Danach sagt er, dass Gazprom sich in aktiven Konsultationen mit GdF für eine Teilnahme an der Ostseepipeline befindet. Auch seien französische Unternehmen an der Teilnahme am Shtokman-Projekt interessiert.	French company may take part in construction of North European Gas Pipeline, in: News Bulletin, 6.10.2003.
08.10.2003	Gazprom kündigt an, die Jamal-Pipeline auf die volle Kapazität ausbauen zu wollen (von 20 auf 33 Mrd. m³). Dazu müssen neue Kompressorstationen installiert werden. Auch überlege Gazprom, ob man den zweiten Strang bauen werde. Aber die Ostseepipeline steht auch zur Debatte.	Gas from Siberia will flow to Europe, RIA Novosti, 08.10.2003.
09.10.2003	Bei den Regierungskonsultationen wird keine Vereinbarung zur Ostseepipeline unterzeichnet. Putin sagt aber, die Vereinbarung könne in zwei bis drei Tagen unterzeichnet werden, während Bundeskanzler Schröder davon spricht, die Unterzeichnung stehe unmittelbar bevor. E.ON unterzeichnet stattdessen eine Vereinbarung zum Bau eines Kraftwerks in Russland. Putin drückt auch seine Unzufriedenheit mit den EU-"Bürokraten" aus, die den WTO-Beitritt Russlands mit der Reform des Gasmarktes in Russland verknüpfen. Dabei wird er von Schröder unterstützt. Schröder und Putin sind sich auch bei der Ablehnung des Irak-Kriegs einig.	German, Russian companies clinch billion euros' worth of contracts, in: Agence France Presse – English, 9.10.2003; Putin and Schroeder eye massive gas deal, agree on Iraq, in: Agence France Presse – English, 9.10.2003.
12.10.2003	In St. Petersburg werden 30 Jahre sowjetisch-russländische Gaslieferungen an Deutschland gefeiert. Dieser symbolische Hintergrund sollte für die Unterzeichnung der Absichtserklärung über die Ostseepipeline dienen. Ruhrgas-Chef Bergmann sieht den Bau der Pipeline jedoch als nicht vordringlich an und meldet Zweifel an der Wettbewerbsfähigkeit und der Größe des Marktes an. Auch relativiert er die Bedeutung einer etwa zu unterzeichnenden Absichtserklärung: "Bis zu einer endgültigen Investitionsentscheidung ist es noch ein weiter Weg." Energieminister Jusufov sagt	Michael Gassmann: Gasprom und Ruhrgas uneins über neue Ostsee-Pipeline, in: Financial Times Deutschland, 13.10.2003,

hingegen, man werde auf niemanden warten und das Projekt auf jeden Fall realisieren. Gazprom-Eksport Chef Medvedev ergänzt, dass auch Shell und Total interesse hätten.

Datum	Ereignis	Quelle
22.10.2003	In Moskau finden weitere Gespräche über den WTO-Beitritt Russlands statt. Dabei hält die EU-Kommission ihre Forderungen aufrecht, die Gasindustrie zu Restrukturieren, das Pipelinemonopol der Gazprom aufzubrechen und die Inlandspreise anzuheben. Russland will aber keine zusätzlichen Verpflichtungen eingehen. Die EU kündigt auch an, sich an der Finanzierung der Machbarkeitsstudie für die Ostseepipeline zu beteiligen.	European Commission upbeat on Russian energy policy, in: Interfax Petroleum Report, 22.10.2003.
22.10.2003	Miller und Bergmann treffen sich in Moskau und beschließen die Einrichtung einer Arbeitsgruppe, um den Bau der Ostseepipeline zu untersuchen.	Gazprom, Ruhrgas to establish working group on N European pipe, in: Prime-Tass English-language Business Newswire, 22.10.2003.
24.10.2003	Lukashenko nennt die Ostseepipeline unrealistisch. Wie auch die Option zur Umleitung von Gas durch die Ukraine sei sie ein Bluff, der zur Ausübung von Druck diene. Gleichzeitig lehnte er die Privatisierung von Beltransgaz ab.	Baltic gas pipeline project unrealistic – Lukashenko, in: Interfax News Bulletin, 24.10.2003.
25.10.2003	JUKOS-Chef Chodorkowskij wird in Novosibirsk verhaftet	
29.10.2003	Der Chef der Kremladministration Aleksandr Voloshin tritt wegen der Verhaftung Chodorkovskijs zurück. Er wird durch Dmitrij Medvedev ersetzt. Ruhrgas-Chef Bergmann sagt, das Verhältnis mit Russland könne nicht durch isolierte Ereignisse beschädigt werden. Es sei nicht möglich, den Fall Jukos ohne Faktenwissen zu beurteilen.	Mark Landler: German businesses cast a wary eye East, in: The International Herald Tribune, 1.11.2003.
04.11.2003	Energieminister Jusufov spricht davon, dass sich italienische Firmen am Bau der Ostseepipeline beteiligen könnten.	Yusufov says gas main issue in upcoming talks with Italy, in: Interfax News Bulletin, 4.11.2003.
19.11.2003	Statoil bekundet Interesse an der Beteiligung am Shtokman-Feld und unterbreitet Gazprom ihre Vorschläge.	Statoil says its Shtokman field LNG plan was „well received" by Gazprom, in: European Spot Gas Markets, 19.11.2003.
30.11.2003	Die Verhandlungen über den WTO-Beitritt stecken fest, da Russland das Exportmonopol für Erdgas nicht aufgeben will. Auch bezüglich der Gaspreise wird keine Einigung erreicht.	Russia resists EU gas pressure, in: Power Economics, 30.11.2003.
30.11.2003	E.On und Ruhrgas erklären sich bereit, die Machbarkeitsstudie für die Ostseepipeline zu finanzieren	Russia resists EU gas pressure, in: Power Economics, 30.11.2003.
12.12.2003	Wingas und Hydro beschließen die Gründung eines Gemeinschaftsunternehmens in Großbritannien, HydroWingas, das Gas direkt an Endkunden vermarkten soll. Das Gas soll auf den Märkten oder von den Eigentümern gekauft werden. Dabei sind auch Swap-Deals wahrscheinlich, bei denen Hydro Gas aus Norwegen liefert und Gazprom im Gegenzug die Konsumenten von Hydro in Deutschland oder Zentraleuropa.	Hydro, Wingas in UK gas marketing JV, Platt's Oilgram News, 12.12.2003.
01.01.2004	Da Belarus Beltransgaz nicht wie vereinbart an Gazprom veräußert hat, stellt Gazprom die Lieferungen an das Land ein.	Simon Ostrovsky: Planned Pipeline to Avoid Neighbors, in: Moscow Times, 21.1.2004.
19.01.2004	Die russländische Regierung fasst einen Beschluss, der das Energieministerium und andere staatliche Einheiten verpflichtet, mit der Vorbereitung der Ostseepipeline zu beginnen. Gazprom-Sprecher Kuprijanov sagt, der Erlass werde Gazprom in Verhandlungen mit Belarus stärken.	Govt rules to start preparing North European gas pipe project, in: Prime-Tass English-language Business Newswire, 19.1.2004;

Datum		Quelle
		Simon Ostrovsky: Planned Pipeline to Avoid Neighbors, in: Moscow Times, 21.1.2004.
03.02.2004	EU-Kommissar Lamoureux stellt € 3 Mio. Finanzierung für die Machbarkeitsstudie der Ostseepipeline zur Verfügung	Russia says EU to invest in North European pipeline feasibility study, in: BBC Sumary of World Broadcasts, 3.2.2004.
10.02.2004	Miller trifft sich mit Dresdner-Bank-Chef Herbert Walter. Die Bank, die seit 1994 als Finanzberater Gazproms fungiert, wird zum Projektberater für die Ostseepipeline erkoren	Dresdner bank to be Gazprom's N.Europe gas project consultant, in: Prime-Tass English-language Business Newswire, 10.2.2004.
16.02.2004	Gazprom stellt alle Gaslieferungen an Belarus ein, da Belarus vorübergehend Transitmengen nach Litauen und Polen genutzt haben soll.	Mara D. Bellaby: Russia Seeks German Support for Pipeline, in: Associated Press Online, 20.2.2004.
20.02.2004	Energieminister Jusufov sagt, Deutschland und Russland planten die Unterzeichnung einer staatlichen Erklärung zur Unterstützung der Ostseepipeline. Das Interesse von Investoren sei bisher zwar gering, man werde die Pipeline aber auch ohne Finanzierung von außen bauen.	Mara D. Bellaby: Russia Seeks German Support for Pipeline, in: Associated Press Online, 20.2.2004.
20.02.2004	Premier Kas'janov trifft sich mit den Chefs von E.ON und Ruhrgas. Ruhrgas ist der Meinung, dass die Ostseepipeline erst in 10 Jahren einen Markt haben könnte	Russia's North Europe Gas Pipeline Moves, in: World Gas Intelligence 23.2.2004.
22.02.2004	Gazprom sagt, dass man bald mit Fortum einen Vertrag zur Erstellung der Machbarkeitsstudie unterzeichnen werde. Fortum sagt, es gäbe noch Fragen über den Markt für das Gas. Wintershall und Ruhrgas sind der Meinung, dass die Pipeline komplementär zu weiteren Leitungen durch die Ukraine sei. Wintershall ist außerdem der Meinung, dass wachsender europäischer Bedarf den Bau weiterer Pipelines nötig mache.	Russia's North Europe Gas Pipeline Moves, in: World Gas Intelligence 23.2.2004.
24.02.2004	Putin entlässt Kas'janov und die gesamte Regierung einen Monat vor den Wahlen	
17.03.2004	Gazprom gibt an, das Gasfeld Juzhno-Russkoe als Ressourcenbasis für die Ostseepipeline nutzen zu wollen. Das Gasfeld könne jährlich bis zu 25 Mrd. m³ liefern.	Gazprom sees Yuzhno-Russkoye as gas source for N European pipe, in: Prime-Tass English-language Business Newswire, 17.3.2004.
29.03.2004	Der deutsche Botschafter in Moskau, Hans Friedrich von Ploetz sagt in einem Interview, die Ostseepipeline sei ein vielversprechendes Projekt, da der europäische Gasbedarf stark wachsen werde. Die Pipeline reduziere die Risiken für Gazprom, diversifiziere die Exportrouten und reduziere Transportkosten. Deutsche Firmen seien an dem Projekt sehr interessiert.	German ambassador says North European pipeline promising project, in: Interfax Business Report, 29.3.2004.
26.04.2004	Der russländische Botschafter in Minsk warnt, dass es keine zweite Jamal-Pipeline geben werde, wenn Lukashenko sich nicht kooperativer verhalte. Wenn es früher hypothetisch gewesen wäre, eine Pipeline auf dem Boden der Ostsee zu verlegen, werde dieser Plan jetzt immer wahrscheinlicher	Russia says no second Yamal line in Belarus if dispute goes on, in: Prime-Tass English-language Business Newswire, 26.4.2004.
01.05.2004	10 Ostmitteleuropäische und Baltische Staaten treten der EU bei	
07.05.2004	Polnische Regierungsbeamte versuchen, den zweiten Strang der Jamal-Pipeline auf Ebene der EU zu fördern.	Eral Yilmaz: Polish Officials Press EU to Take on Yamal II Role, in: World Markets Analysis, 7.5.2004.
11.05.2004	Ruhrgas-Chef Bergmann sagt, die Ostseepipeline habe zwar politische Unterstützung in Russland, aber keine wirtschaftliche Grundlage. Ruhrgas habe sich noch nicht entschieden, daran teilzunehmen,	Ruhrgas yet to decide on North Transgas pipeline, in: Interfax Business Report, 11.5.2004.

da es keine konkreten wirtschaftlichen Berechnungen für den Bedarf weiterer großer Mengen russländischen Gases in Nordeuropa gäbe. Die Marktentwicklung in Großbritannien sei zentral, so Bergmann.

Datum		
25.05.2004	Finnlands Premierminister Matti Vanhanen trifft auf seinen neuen Amtskollegen Michail Fradkov und sagt, dass Finnland weiter an der Beteiligung an der Pipeline interessiert sei. Es hänge aber vom Gasbedarf ab.	Finland Interested in North Transgas Pipeline, in: World Markets Analysis, 25.5.2004.
26.05.2004	Gasunie beschließt den Bau der BBL-Pipeline von Balgzand nach Bacton (UK) und lädt die belgische Fluxys und Ruhrgas ein, sich zu beteiligen	Dutch Gasunie going ahead with BBL project, awaits Fluxys, Ruhrgas to join, in: European Spot Gas Markets, 26.5.2004.
01.06.2004	In einem Versuch, die deutschen Konzerne in Zugzwang zu bringen gibt Miller dem Handelsblatt ein Interview. Man werde die Ostseepipeline auf jeden Fall bauen, da man bisher 80% des Gases durch die Ukraine leite und daher nach Alternativen suche. Es sei nur die Frage, wann mit dem Bau begonnen werde. Die Entscheidung darüber werde 2004 getroffen. Die Beteiligung deutscher Konzerne erfordere eine zwischenstaatliche Vereinbarung wie mit Großbritannien.	Gazprom c.e.o. says Baltic pipeline to go ahead; decision on timing this year, European Spot Gas Markets, 1.6.2004.
11.06.2004	Der G8-Gipfel nimmt auf Sea Island in den USA seinen Lauf. Schröder schlägt Putin vor, gemeinsam an einem Wirtschaftsgipfel in Russland teilzunehmen. Dabei würden die Unternehmen ihre Projekte vorstellen. Das Kanzleramt hat bereits eine Liste der relevanten Unternehmen erstellt, darunter neben Siemens und Metro auch Ruhrgas und Wintershall. Die bilateralen Wirtschaftsbeziehungen sollen so erstmals auf einem Spitzentreffen erörtert werden.	Putin welcomes Schroeder's participation in Normandy events, in: RIA Novosti, 11.6.2004; Handelsblatt: Putin und Schröder wollen Wirtschaftskooperation vertiefen, in: DPA-AFX, 17.6.2004.
24.06.2004	Die britische Ministerin für Handel und Industrie, Patricia Hewitt, kommt zu einem Besuch nach Moskau und gibt Interfax ein Interview. Dabei sagt sie, dass sie sich freuen würde, wenn Großbritannien mehr russländisches Öl und Gas importiere. Außerdem wären britische Firmen im Projektmanagementbereich und Zulieferer sehr an der Kooperation interessiert.	British companies keen on Russian pipeline project, says visiting UK minister, in: BBC Sumary of World Broadcasts, 24.6.2004.
28.06.2004	Gazprom-Chef Miller gibt dem Spiegel ein Interview, in dem er sagt, die Ostseepipeline werde Gas aus neuen Vorkommen transportieren, man könne aber auch Gas aus bestehenden Vorkommen darüber leiten. Er macht deutlich, dass es vor allem um die Umgehung der Ukraine geht. Die Ostseepipeline entspreche der Energiestrategie der EU. Außerdem plant er größere Gaslieferungen nach Deutschland und Europa, man könne den gesamten europäischen Bedarf abdecken. Miller gibt auch zu, dass einige Entscheidungen direkt von Putin getroffen werden.	„Russland ist nicht die OPEC", in: Der Spiegel, 28.6.2004.
02.07.2004	Gazprom und Gasunie unterzeichnen ein MoU über strategische Zusammenarbeit. Dabei kann Gazprom die Speicherkapazitäten der Gasunie nutzen. Gasunie erklärt ihr Interesse an der Ostseepipeline.	Gazprom, gasunie to cooperate, in: International Oil Daily, 2.7.2004.
05.07.2004	Deutsche Jukos-Minderheitsaktionäre, darunter auch Investmentfonds kritisieren die Enteignung von Jukos in einem Brief an Putin. Man habe in gutem Glauben in Russland investiert, nun sei das Institut des Privateigentums jedoch gefährdet. Auch Deutsche Bank und Commerzbank fürchten um einen Kredit, den sie an Jukos vergeben haben und sollen Schröder um Hilfe gebeten haben. Ein Regierungssprecher sagte jedoch, Jukos werde „kein Thema" sein beim Gespräch mit Putin sein, da die Insolvenz von JUKOS nicht bevorstehe. Der Vorsitzende des Ostausschusses Mangold sagt	Handelsblatt: Banken bitten Bundeskanzler wegen Yukos-Krise um Hilfe, in: DPA-AFX, 5.7.2004; Schröder will Jukos bei Putin nicht ansprechen, in: Agence France Presse – German, 6.7.2004; Vollstreckung eingeleitet; Anleger rügen Putin, in: Stuttgarter Zeitung, 7.7.2004.

jedoch, das Thema der Kredite würde angesprochen werden.

Datum		
06.07.2004	Im Vorfeld des Gipfels preisen deutsche Wirtschaftsvertreter die Wirtschaftsreformen Putins. Der Fall Chodorkowskij sei ein Einzelfall, der auf die Privatisierungsphase der 1990er Jahre zurückzuführen sei, bei der einige wenige Oligarchen Konzernimperien aufbauen konnten. Der Vorsitzende des Ostausschusses, Klaus Mangold, sagt eine Jukos-Pleite würde „ein Schock" für die Märkte sein. Dennoch lasse sich die deutsche Wirtschaft nicht von ihrer Russland-Strategie abbringen.	Stippvisite in turbulenten Zeiten, Agence France Presse – German Dienstag, 6. Juli 2004; Vollstreckung eingeleitet, in: manager magazin online, 7.7.2004.
06.07.2004	Die OECD nennt das Vorgehen gegen JUKOS „einen Fall von hochselektiver Rechtsdurchsetzung"	Anatoly Medetsky: West Sounds Alarm Over Yukos, in: The Moscow Times, 8.7.2004.
07.07.2004	Die russländischen Behörden leiten das Vollstreckungsverfahren gegen JUKOS ein	
08.07.2004	Schröder lobt Putin für dessen Reformen: Er führe erfolgreiche Reformen durch, was den deutschen Geschäftskreisen Vertrauen in die wirtschaftliche und politische Stabilität gebe. Er müsse dies besonders betonen, da es teilweise Diskussionen gäbe, da anderes suggerierten. Russland könne stolz darauf sein, was es erreicht habe. Er unterzeichnet eine Erklärung mit Präsident Putin, die die Entwicklung neuer Gasfelder und Pipelinerouten als „von elementarer Signifikanz" für die Gasliefersicherheit Deutschlands und Europas bezeichnet. Man werde dabei die Kooperation von Unternehmen unterstützen und politische Risiken minimieren. Zeitgleich unterzeichnen E.ON und Gazprom ein Memorandum.	Russia, Germany want closer cooperation in gas industry, Interfax Business Report, 8.7.2004; Schroeder hails Russian economic reforms under Putin, in: Agence France Presse – English, 8.7.2004; Roundup: Schroeder's Russian trip boosts economic cooperation, in: Xinhua general news service, 8.7.2004.
08.07.2004	Das Memorandum, das von Miller und E.ON-Chef Bernotat im Beisein von Putin und Schröder unterzeichnet wird, sieht die Beteiligung von E.ON an der Ostseepipeline und gemeinsame Vermarktung russländischen Gases in Europa vor. Außerdem will E.ON in den russländischen Kraftwerkssektor investieren. Im Gegenzug erhält E.ON Zugang zum Gasfeld Juzhno Russkoe in Russland. Bernotat gibt zu, dass das Gas von diesem Feld vorerst nur auf dem russländischen Markt verkauft werden könne, feiert jedoch die Aussicht auf eine Beteiligung. Beide Parteien hätten sich für 12 Monate verpflichtet, keine ähnlichen Deals mit anderen Partnern zu verhandeln. Die Details sind jedoch so unklar, dass die Analysten fragen, warum man jetzt damit an die Öffentlichkeit gegangen ist. Daher wird gemutmaßt, dass dafür vor allem politische Gründe ausschlaggebend waren: Putin brauchte eine Erfolgsmeldung während der Zerschlagung des JUKOS-Konzerns. Man habe sich bei der Fusion mit Ruhrgas auch den politischen Charakter der Vereinbarungen: Man habe sich bei der Fusion mit Ruhrgas verpflichtet, auch für die deutsche Versorgungssicherheit zu sorgen. Bernotat reagiert auch gereizt auf skeptische Nachfragen der Analysten und verweist auf positive Chancen. Kollege Bergmann vom Tochterunternehmen Ruhrgas ist skeptischer.	E.ON, Gazprom's Baltic Sea pipeline to cost at least 2 bln eur, in: AFX European Focus, 9.7.2004; E.ON AG / Gazprom – MoU Conference Call – Final, in: Fair Disclosure Wire, 9.7.2004; , Michael Gassmann: Zweckehe mit Risiken, in: Financial Times Deutschland, 12.7.2004.
08.07.2004	Im Vorfeld des Gipfels erklärt ein Sprecher Schröders, dieser habe Vertrauen in den russischen Rechtsstaat und es sei „kein ungewöhnlicher Vorgang, dass ein Staat Steuern auch eintreiben wolle". Aus dem Kanzleramt heißt es zudem, es sei verständlich, dass die russländische Regierung den Zugriff von US-Konzernen auf die Energiereserven habe verhindern wollen. Auch dürften die Wettbewerbsvorteile der deutschen Industrie nicht durch Kritik zerstört werden.	Schröder sieht in Jukos-Affäre keine Anzeichen für Rechtsbruch, in: Agence France Presse – German, 8.7.2004; Russland, Spitze des Eisbergs, in: Focus Magazin, 12. Juli 2004, S. 168–169.
08.07.2004	Mangold, Vorsitzender des Ostausschusses, macht klar, dass die Regierung maßgeblich für das	Schröder sieht in Jukos-Affäre keine Anzeichen für

Datum	Beschreibung	Quelle
	Zustandekommen des Memorandum verantwortlich ist: die erwarteten Vertragsabschlüsse im Energiebereich würden „Meilensteine" sein. „Ich glaube, dass die Bundesregierung dort etwas Hervorragendes gemacht hat, und wir werden sehen, dass wir dieses honoriert bekommen."	Rechtsbruch, in: Agence France Presse – German, 8.7.2004; Russland, Spitze des Eisbergs, in: Focus Magazin, 12. Juli 2004, S. 168–169.
09.07.2004	Der russländische Staat beginnt mit der Pfändung von JUKOS-Eigentum. SPD-Fraktionsvize Gernot Erler sagt, da die Herkunft des Besitzes von Chodorkowskij ungeklärt sei, sei die Forderung nach Solidarität mit dem Gefangenen unangemessen	Patrik Schwarz: Viel Lärm um Schröders Schweigen, in: taz, die tageszeitung 10.7.2004.
12.07.2004	Der lettische Ministerpräsident Indulis Emsis besucht Berlin und sagt, ungeachtet der Tatsache, dass man an guten Beziehungen zu Russland interessiert sei, müssten demokratische Prinzipien auch in den Nachbarländern eingefordert werden. Bisher würden bei kleinen und großen Ländern unterschiedliche Maßstäbe angewendet. Auch schlägt Emsis vor, die Ostseepipeline mit einer Pipeline über die baltischen Staaten und Polen zu ersetzen	Lettland rügt Russland-Politik der EU, in: Financial Times Deutschland, 12. Juli 2004.
08.08.2004	Gazprom spricht mit Shell über eine mögliche Beteiligung an der Ostseepipeline. Ein Sprecher von Shell sagt, es sei eine „potentiell gute Option" für eine Erweiterung von Transportkapazitäten	Robin Pagnamenta: Shell tipped to join Baltic gas pipeline, in: The Express 8.8.2004.
06.09.2004	Gazprom und E.ON halten Gespräche über die Ostseepipeline ab. Es sei aber noch zu früh, um über Ergebnisse zu sprechen, so eine Quelle in Ruhrgas	Gazprom, E.On Ruhrgas discuss North Transgas pipeline, Interfax Business Report, 6.9.2004.
21.10.2004	Um für E.ON weitere Konkurrenz zu erzeugen, spricht Gazprom auch mit BASF über eine Beteiligung an der Ostseepipeline. Miller ist zu Gesprächen in Deutschland und berät über die Beteiligung der Wingas an der Pipeline. Dabei soll Miller auch eine Beteiligung am Gasfeld Juzhno-Russkoe im Gegenzug für die Unterstützung der Ostseepipeline geboten haben. Gazprom bricht also die mit E.ON vereinbarte Bindungspflicht.	Gazprom, BASF discuss broader cooperation, RIA Novosti, 21.10.2004; RWE and BASF to receive a chance to struggle against E.ON-Ruhrgas for Yuzhno-Russkoe field of Gazprom, in: The Russian Oil and Gas Report (Russia), 16.2.2005; E.On Ruhrgas loses exclusivity as Gazprom brings rival German majors into Siberian upstream discussions, in: European Spot Gas Markets, 22.2.2005.
01.12.2004	Die staatliche Reederei Sovkomflot versucht Gazprom zu überzeugen, dass ein LNG-Terminal günstiger und strategisch vorteilhafter wäre als die Ostseepipeline. Man würde nicht so stark an die Märkte Deutschland und Großbritannien gebunden, außerdem seien die Investitions- und Betriebskosten eines LNG-Terminals geringer. Auch seien die erforderlichen Abnahmeverträge noch nicht unterzeichnet.	Gazprom persuaded to drop North-European gas pipieline project, RIA Novosti, 1.12.2004.
17.12.2004	E.ON ist weiter zurückhaltend über die Kooperation mit Gazprom. Es seien keine Treffen der Konzernspitzen in den nächsten Monaten geplant, so Bernotat. Man sei jedoch weiter im Gespräch.	E.ON says no clarity on timing of gas export projects with Gazprom -UPDATE, in: AFX European Focus, 17.12.2004.
02.02.2005	VNG-Chef Klaus-Ewald Holst ist in Gesprächen mit Gazprom und spricht von einer möglichen Beteiligung der VNG an der Ostseepipeline. Man wolle eine engere Partnerschaft mit Gazprom eingehen, so Holst. Auch wolle man Zugang zur Gasproduktion in Russland erlangen.	VNG seeks to strengthen ties with Gazprom, may enter Baltic pipeline project, in: AFX.COM, 2.2.2005.
03.02.2005	Miller trifft sich mit Bernotat und Bergmann. Die Parteien betonen ihre weitere Bereitschaft zur Kooperation in allen Geschäftsbereichen.	Russia's Gazprom, E.On Ruhrgas confirm intention to cooperate, in: Prime-Tass English-language Business

		Newswire, 3.2.2005.
09.02.2005	Um noch mehr Druck auf E.ON auszuüben trifft sich Miller mit RWE-Chef Harry Roels in Moskau. Sie besprechen mögliche Kooperation im Öl- und Elektrizitätssektor. Gazprom soll dabei RWE auch eine Beteiligung am Feld Juzhno-Russkoe angeboten haben für den Fall, dass sich RWE an der Ostseepipeline beteiligt. Roels spielt die Bedeutung des Treffens herunter und sagt, Russland sei nach wie vor keine Priorität des Konzerns.	RWE, Gazprom CEOs meet in Moscow to discuss cooperation, in: AFX.COM 9.2.2005; RWE and BASF to receive a chance to struggle against E.ON-Ruhrgas for Yuzhno-Russkoe field of Gazprom, in: The Russian Oil and Gas Report (Russia), 16.2.2005; E.On Ruhrgas loses exclusivity as Gazprom brings rival German majors into Siberian upstream discussions, in: European Spot Gas Markets, 22.2.2005.
13.02.2005	Miller trifft sich mit BASF-Chef Jürgen Hambrecht, um die Kooperation bei der Gasproduktion und bezüglich der Ostseepipeline zu besprechen. Hambrecht sagte, man wolle die strategische Partnerschaft vertiefen und ausweiten. Dabei sei die Beteiligung der Wingas an der Machbarkeitsstudie der Ostseepipeline diskutiert worden	BASF, Gazprom chiefs discuss expanding natural gas cooperation, AFX.COM, 13.2.2005; Gazprom, BASF consider participation of Wingas in Baltic Sea pipeline project, in: European Spot Gas Markets, 14.2.2005.
10.03.2005	E.ON-Chef Bernotat sagt, sein Unternehmen wolle der einzige Partner von Gazprom bei Juzhno-Russkoe sein. Die Verhandlungen Gazproms mit anderen deutschen Firmen seien nicht mehr als Kontaktaufnahme	E.ON to return billions to investors, in: AFX International Focus, 10.3.2005.
11.04.2005	Auf der Hannover-Messe unterzeichnen Gazprom und Wintershall im Beisein von Schröder und Putin ein Memorandum, demzufolge Wintershall 50 Prozent minus eine Aktie am Juzhno-Russkoe Ölfeld erhält. Im Gegenzug kann Gazprom ihren Anteil an Wingas auf 50 Prozent minus eine Aktie aufstocken. Außerdem wird die Kooperation beim Bau der Ostseepipeline vereinbart. Miller hebt hervor, dass die Pipeline Transitrisiken reduziere. Sie könne allein mit Wintershall umgesetzt werden, lasse aber auch Raum für die Teilnahme anderer Parteien. Ein Manager der Wintershall sagt, E.ON habe es nicht geschafft, rechtzeitig mit Gazprom einen Deal auszuhandeln. Nun dürfte auch Wintershall mitentscheiden, ob man noch einen Partner brauche. Putin sagt, dass die Übereinkunft die Stabilität der Weltenergiemärkte fördern würde. Schröder ist der Meinung, dass dies ein historisches Ereignis sei und als gutes Beispiel dienen werde.	BASF, Gazprom take equal stakes in Yushno Russkoje field, Wingas, in: AFX International Focus, 11.4.2005; Schroeder and Putin Preside Over Deals, in: Associated Press Financial Wire, 11.4.2005; Germany, Russia sign major business deals as Schroeder and Putin preside, in: The Associated Press, 11.4.2005; Wintershall to partner Gazprom at South-Russkoye field, in: Interfax Business Report, 11.4.2005; Alliance with BASF will help Gazprom in negotiations with E.On Ruhrgas, in: The Russian Oil and Gas Report (Russia), 13.4.2005.
11.04.2005	Kurz nach der Erklärung zwischen Gazprom und Wintershall erklärt E.ON, dass man 25% an Juzhno-Russkoe erwerben könne. Im Gegenzug erhalte Gazprom Aktiva im gleichen Wert auf downstream-Märkten	E.ON says it can acquire 25 pct stake in Gazprom's Yuzhno Russkoye field, in: AFX.COM, 11.4.2005 .
11.04.2005	Putin und Schröder vereinbaren den Bau der Ostseepipeline. Schröder sagt, die Pipeline zeige, dass Russland und Deutschland eine strategische Partnerschaft entwickelten. Die EU und Russland würden in Zukunft auch eine solche Partnerschaft entwickeln.	Russian gas to flow to Europe via Baltic Sea; Berlin-Moscow deal is hailed as sign of 'deep cooperation', International Herald Tribune, 12.4.2005.
14.04.2005	In einem Interview erklärt E.ON-Chef Bernotat dass Gazprom seine Positionen mehrmals verändert hätte. Gazprom halte alle Karten in der Hand und nutze dies, um maximale Vorteile auszuhandeln. Bei der Unterzeichnung des letztjährigen Memorandums sei Gazprom mit einem Austausch des E.ON-Anteils an Gazprom gegen eine Beteiligung an Juzhno-Russkoe zufrieden gewesen. Später	E.ON CEO voices frustration with Gazprom after Russian co chooses BASF, in: AFX.COM, 15.4.2005.

	habe man aber Anteile an E.ON, an den Gaspipelines von Ruhrgas und an Aktiva in Großbritannien erhalten wollen, worauf sich E.ON nicht eingelassen habe.	
27.04.2005	Bernotat sagt, man sei weiter mit Gazprom in Verhandlungen über Beteiligung an Juzhno-Russkoe und die Ostseepipeline, sowie gemeinsame Projekte im Stromsektor. Man stehe aber nicht unter Zeitdruck. Auch kündigt Bernotat an, sich stärker in Norwegen und im LNG-Sektor beteiligen zu wollen, um ein diversifiziertes Bezugsportfolio aufzubauen.	E.ON still in talks with Gazprom to cooperate in Russia, in: AFX.COM 27.4.2005; German E.On says it won't put all eggs into the Russian equity gas basket, in: European Spot Gas Markets, 27.4.2005.
27.04.2005	Gazprom ist in Gesprächen mit Gasunie über die Beteiligung an der Ostseepipeline und die Belieferung Großbritanniens über die BBL-Pipeline	Gazprom, Gasunie mull potential cooperation in North European gas pipeline, in: European Spot Gas Markets, 27.4.2005.
18.05.2005	Fortum verlässt das North Transgas und stellt alle Arbeiten in Bezug auf die Ostseepipeline ein	Gael Branchereau: Fortum backs out of Gazprom joint venture on gas pipeline in Baltic Sea, in: Agence France Presse – English, 18.5.2005.
20.05.2005	Ruhrgas-Chef Bergmann sagt, Gazprom müsse mehr ausländische Direktinvestitionen in die Gasförderung zulasssen. Selbst für bestehende Liefervertäge sei ein großer Teil der Investitionen noch nicht erfolgt. Man selbst wolle auch stärker in die Gasproduktion investieren dürfen. Auch werde es in Zukunft mehr Wettbewerb um Gas geben, weshalb wirtschaftliche und geopolitische Bindungen wichtiger würden. Die Ostseepipeline sei möglich, wenn sie weitere Gasmengen verfügbar mache, so Bergmann.	Judy Dempsey: Ruhrgas chief sees need for outlays in Russia, in: The International Herald Tribune, 20.5.2005.
26.05.2005	Gazpom-Präsident Miller hat eine Besprechung mit Hydro-Chef Eivind Reiten über dessen mögliche Beteiligung an der Ostseepipeline. Dies würde Swap-Operationen zwischen den Firmen möglicherweise erleichtern	Norsk Hydro Courts Gazprom and NEGP Project, in: World Markets Analysis, 30.5.2005.
16.06.2005	Gazprom teilt mit, dass die Kapazität der Ostseepipeline 55 Mrd. m³ betragen werde. Zuvor war mit 20–30 Mrd. m³ geplant worden	Sally Bogle: Gazprom Increases Capacity of North European Gas Pipeline to 55 Bcm, in: World Markets Analysis, 16.6.2005.
26.06.2005	Putin sagt, die Ostseepipeline werde die Lieferungen im Jahre 2010 mit einer Kapazität von 27 Mrd. m³ aufnehmen. Sie werde gemeinsam von Wintershall und Gazprom betrieben. Man werde aber auch die traditionellen Partner nicht vergessen, man sei in Diskussionen mit Ruhrgas.	Russian-German gas pipeline to start European delivery in 2010, in: Agence France Presse – English, 26.6.2005.
29.06.2005	Bergmann trifft sich mit Miller und schlägt vor, 25 Prozent minus einer Aktie an der Ostseepipeline zu übernehmen. Außerdem geht es um die Beteiligung am Juzhno-Russkoe Gasfeld.	E.ON Eyes Stake in Gazprom's North Transgas Pipeline, in: World Markets Analysis, 21.6.2005.
01.07.2005	In einem Versuch zur Marktsegmentierung schlägt Hydro Gazprom einen Tausch eines unspezifizierten Anteils am Ormen Lange-Feld gegen 15% an der Ostseepipeline vor. Das Feld wird zur Belieferung des britischen Markts erschlossen und soll ab 2010 20 Mrd. m³ liefern. Gazprom sagt, man nehme das Angebot zur Kenntnis und setze Verhandlungen mit Total, E.ON, Gasunie, Shell und Centrica fort. Die Vereinbarungen sollten bis September unterzeichnet werden.	Norsk Hydro asks Gazprom to swap shares in gas projects, in: RIA Novosti 01.7.2005.
19.08.2005	Gazprom startet den Bau der Anbindungsleitung für die Ostseepipeline auf russländischem Territorium. Die ersten Abschnitte werden im Bezirk Boksitogorsk verlegt.	Gazprom Starts Building Baltic/North European Gas Pipeline, in: World Markets Analysis, 9.8.2005.

Datum	Ereignis	Quelle
29.08.2005	Die Financial Times Deutschland berichtet, E.ON werde am 8. September, drei Wochen vor den Wahlen zum deutschen Bundestag, eine Vereinbarung zur Teilnahme an der Ostseepipeline unterzeichnen. Die russländische Regierung bestätigt, dass es am 8. September eine Zeremonie mit Putin und Schröder in Berlin geben wird.	E.ON to sign agreement Sept 8 to join BASF, Gazprom in NEGP pipeline – report, in: AFX.COM, 29.8.2005.
30.08.2005	Bundespräsident Horst Köhler trifft sich in Warschau mit dem polnischen Präsidenten Aleksander Kwasniewski und sagt anschließend, Deutschland und Russland sollten die Interessen der Staaten zwischen ihnen nicht vernachlässigen.	Germany Pushes Baltic, Polish Interests in NEGP, in: World Marktes Analysis, 31.8.2005.
07.09.2005	Schröder hält eine Regierungserklärung im Bundestag und sagt, die Ostseepipeline sei ein Zeichen dafür, dass Deutschland Außenpolitik interessenorientiert betreibe, was zu Deutschlands Positionierung als Mittelmacht beitrage. Die Pipeline sichere die „Unabhängigkeit der deutschen Energieversorgung" und deren Sicherheit.	Deutscher Bundestag, Stenografischer Bericht, 186. Sitzung, 7.9.2005, S. 17504.
07.09.2005	Der deutsche Politikberater Alexander Rahr sagt, angesichts der Unsicherheit durch die Wahlen und die Positionierung der CDU seien beide Seiten zum Schluss gelangt, dass es besser sei, Fakten zu schaffen. Daher werde die Ostseepipeline noch vor den Wahlen besiegelt.	Schroeder, Putin to complete strategic pipeline deal days before German election, in: AP Worldstream, 7.9.2005.
07.09.2005	EU-Energiekomissar Andris Piebalgs sagt, die Ostseepipeline würde die Energiesicherheit der baltischen Staaten und Polens nicht schädigen. Er befürworte jegliche Pipeline, die Gas nach Europa bringt, da sie Gas auf den europäischen Binnenmarkt bringen würde. Damit lehnt er eine Anfrage der Staaten ab, die bei der EU-Kommission darum gebeten hatten, Russland und Deutschland an der Unterzeichnung der Ostseepipeline zu hindern und stattdessen das Amber-Projekt zu unterstützen.	EU Energy Commissioner Downplays Baltic, Polish Concerns over NEGP, in: World Markets Analysis, 07.9.2005.
08.09.2005	Putin und Schröder treffen sich zum 32. Mal. Im Beisein von Putin und Schröder unterzeichnen Gazprom, BASF und E.ON in Berlin die Vereinbarung zum Bau der Ostseepipeline. Die beiden deutschen Firmen würden je 24,5% erhalten, während Gazprom 51% hält. Die Pipeline soll € 4 Mrd. kosten. Schröder preist den Vertrag als historisch, ein Zeichen der nunmehr engen Verbindungen zwischen den früheren Feinden des zweiten Weltkriegs. Er sagt, die Kooperation sei gegen niemanden gerichtet, aber für deutsche und russländische strategische Interessen. Er könne nicht sehen, was daran falsch sei. Strategisches Ziel sei eine Energieallianz zwischen Russland und der EU als Teil eines paneuropäischen Wirtschaftsraums. Putin pflichtete ihm bei, dass man niemanden aus seinem bestehenden Geschäft drängen wolle, aber es gehe um Risikominimierung. Dies werde letztlich auch den Preis für die europäischen Konsumenten senken, da die Transitländer Preistreiber seien. Die Transitländer würden zwar respektiert, aber Russland habe das Recht, seine Interessen zu verteidigen. Putin verspricht auch Unterstützung für Deutschlands Sitz im UN-Sicherheitsrat. Russland-Experte Rahr vergleicht den Vertrag mit dem Beginn der EGKS, die die Gründung der EG und EU nach sich zog.	Schroeder, Putin Complete Pipeline Deal, in. Associated Press Online, 8.9.2005; Gazprom, E.ON and BASF sign North Transgas deal, Interfax Business Report, 8.9.2005; German-Russian gas pipeline dismays Poland, in: EUObserver.com, 8.9.2005; Zhang Bihong: Roundup: Putin visits Germany Xinhua General News Service, 8.9.2005.
08.09.2005	In Litauen und Polen regt sich Widerstand gegen den Vertrag. Der polnische Präsident Kwasniewski fordert ein, dass die Worte Schröders nicht nur leer bleiben, sondern von Konsultationen mit Polen und den baltischen Staaten gefolgt sein sollten. Der litauische Wirtschaftsminister Kestutis Dauksys sagt, der Vertrag verringere die Energiesicherheit Litauens und der benachbarten Staaten. Parlamentssprecher Arturas Paulauskas sagt, Deutschland denke nur an seine Interessen und	UPDATE: Lithuania should not interfere in gas pipeline project – Lithuanian PM, in: RIA Novosti, 8.9.2005; President, former PM once again on Russia-to-Germany pipeline, in: PAP News Wire, 9.9.2005; Planning to lay gas pipeline woth Russia, Germany

Datum		
	ignoriere die Interessen anderer europäischer Staaten vollkommen.	ignores Europe's interests - Lithuanian Parlt chair, in: Baltic News Service, 14.9.2005.
08.09.2005	Bei seinem Besuch in Berlin trifft Putin auch auf Kanzlerkandidatin Merkel, um sich für die Zeit nach Schröder abzusichern. Zuvor hatte er gesagt, dass die Beziehungen zwischen Deutschland und Russland auch ohne persönliche Freundschaft weiter existieren sollten. Er hoffe aber, weiter mit Schröder befreundet zu sein.	Anatoly Medetsky: Putin Hedges His Bets in German Campaign, in: Moscow Times, 9.9.2005.
09.09.2005	Letztlich ist aber unklar, wie kommerziell bindend der Vertrag wirklich ist. Auch wurde von E.ON und BASF nichts darüber bekannt, ob zusätzliches Gas kontrahiert werden soll, oder ob es um ein rerouting des Gases aus bestehenden Lieferverträgen gehen soll	German Pipe Deal Becomes Political Issue, in: International Oil Daily, 9.9.2005.
26.09.2005	Die baltischen Staaten wollen den Nordischen Rat anrufen und versuchen, die Ostseepipeline aus Umweltgründen zu stoppen. Im Bereich der geplanten Verlegung der Pipeline gäbe es eine große Menge an Containern mit Chemiewaffen deutscher Produktion, die die sowjetische Armee dort entsorgt hatte. Gazprom sagt, man werde keine Chemiewaffen entsorgen, aber sicherstellen, dass die Route nicht über solche Depots verlaufe	Baltic States to Appeal to Nordic Council over North European Gas Pipeline, in: World Markets Analysis, 26.9.2005; Gazprom declines to remove Baltic Sea chems weapons dumps, in: Chemical News & Intelligence, 27.9.2005.
05.10.2005	Putin sagt, russländisches Gas werde 2010 10% des britischen Gasmarkts ausmachen. Länder wie Großbritannien hätten es nötig, eine Energiepartnerschaft mit Russland einzugehen. Wenn russländisches Gas nach Großbritannien exportiert würde, würde es für eine Marktbalance und günstige Preise sorgen.	Putin says Russian gas to account for 10% of UK's market by '10, in: Prime-Tass English-language Business Newswire, 5.10.2005.
06.10.2005	Bei seinem Besuch in Belgien sagt Putin, Gazprom plane den Bau eines großen Gasspeichers bei Zeebrugge als Teil der Ostseepipeline. Diese solle für Lieferungen nach Belgien und auf andere Märkte genutzt werden. Das Ziel sei es, den Wettbewerb zu befördern und die Preise zu reduzieren, so Putin.	Zeebrugge to House Gazprom's Planned Gas Storage Depot, in: World Markets Analysis, 6.10.2005.
13.10.2005	Wingas geht wiederum mit gutem Beispiel voran und schließt einen Gasliefervertrag über die Ostseepipeline ab. Dieser gilt ab Datum der Fertigstellung für 25 Jahre und 9 Mrd. m³ jährlich. Dies soll wohl Zweifel daran zerstreuen, dass bestehende Liefermengen durch die Pipeline umgeleitet werden sollen. Allerdings ist unklar, wie bindend dieser Vertrag für das eigene Tochterunternehmen wirklich ist. Auch wird offen gelassen, ob nicht weitere Liefermengen über die Ostseepipeline geliefert werden. Es sei zu früh, um dazu etwas zu sagen, so Wingas.	Gazexport Signs First NEGP Gas Supply Deal with Wingas, in: World Markets Analysis, 13.10.2005; Politics Cloud Baltic Pipeline Advances, in: World Gas Intelligence, 19.10.2005.
03.11.2005	Putin ist zu einem Staatsbesuch in den Niederlanden und lädt Partner von dort zur Beteiligung an der Ostseepipeline ein. Die Teilnehmerzahl solle erhöht werden. Außerdem seien auch Gasspeicher teil des Projekts. Premierminister Balkenende bestätigte das Interesse niederländischer Unternehmen.	Russia's Putin says wants more partners in North European pipe, in: Prime-Tass English-language Business Newswire, 2.11.2005,
29.11.2005	Bei einem Besuch in Estland sagt der finnische Premier Vanhanen, dass man über eine Beteiligung an der Ostseepipeline nachdenke. Diese sei Teil der Geburt eines europäischen Gasnetzwerks	Finland Moots Rejoining Russia's North European Gas Pipeline Project, in: World Markets Analysis, 29.11.2005.
30.11.2005	Gazprom-Vizechef Medvedev sagt, man werde über die Beteiligung weiterer Partner bis 1. April 2006 entscheiden. Man verhandle mit BP, GdF, Transco und Gasunie. Der neue Partner müsse etwas beitragen, was man nicht habe. Dabei habe man aber schon fast alles.	Gazprom to choose third NEG pipeline partner by April 1, in: RIA Novosti, 30.11.2005.

Datum		
02.12.2005	Der polnische Wirtschaftsminister Piotr Wozniak sagt, man werde über die EU versuchen, die Ostseepipeline zu verhindern. Sie sei unnötig, weil die Kosten viel höher als die alternativer Pipelines seien. Dies werde er mit dem EU-Energiekommissar Piebalgs besprechen. Dieser sagt jedoch nur, er habe von den Parteien die Zusicherung erhalten, dass die Pipeline nicht ohne Umweltgutachten gebaut werde.	Poland counting on united EU opposition to North TransGas Russo-German pipeline, in: Interfax Poland Business Newswire, 2.12.2005; EU 'assured' by Gazprom, BASF, Ruhrgas on Baltic Sea pipeline environment study, in: AFX.COM, 5.12.2005.
05.12.2005	Bundeskanzlerin Angela Merkel sagt bei ihrem ersten Polen-Besuch, Polen müsse an die Ostseepipeline angebunden werden. Sie soll vorgeschlagen haben, die Ostseepipeline mit dem polnischen Hafen Szczecin zu verbinden.	Sally Bogle: Germany Proposes Linking NEGP to Poland; Gazprom Says First Leg Ready by July 2010, in: World Markets Analysis, 05.12.2005.
07.12.2005	Hydro-Chef Reiten drückt bei einem Treffen mit Miller wiederum das Interesse aus, an der Ostseepipeline beteiligt zu werden. Daneben soll es um das Shtokman-Vorkommen gegangen sein.	Norsk Hydro Moots Investing in Gazprom's NEGP, in: World Markets Analysis, 07.12.2005.
09.12.2005	Der russländische Premier Michail Fradkov, EU-Kommissar Piebalgs, der deutsche Wirtschaftsminister Glos und Konzernchefs wohnen der symbolischen ersten Schweißnaht in Babaevo bei. Nach der Zeremonie gibt Gazprom-Chef Miller bekannt, dass Schröder den Aufsichtsrat der Pipelinegesellschaft leiten wird.	German, Russian officials to begin work on 4 bln eur Baltic gas pipeline, in: AFX.COM, December 9, 2005; Schroeder to hold Baltic pipeline post, in: Agence France Presse – English 9.12.2005.
13.12.2005	Nach anhaltenden kritischen Kommentaren in der europäischen Presse sagt Gazprom-Vizechef Medvedev , Schröder habe den Job bei der Pipelinegesellschaft wegen seiner guten Kontakte zu EU-Institutionen bekommen. Er wisse nicht, wie hoch Schröders Bezahlung sei. Bundesaußenminister Frank-Walter Steinmeier sagt, die Diskussion über Schröders Posten oszilliere zwischen Neid und Nabelschau. Die künftige Energieversorgung sei aber eine „Überlebensfrage" für Westeuropa.	Gazprom says Schroeder's EU 'contacts' got him gas pipeline committee job, in: AFX.COM, 13.12.2005; Merkel: Schröders Pipeline-Engagement belastet Außenpolitik, in: DPA-AFX Dienstag, 20.12.2005.
07.02.2005	Miller trifft sich mit BP-CEO John Browne und lädt diesen zur Beteiligung an der Ostseepipeline ein. Von 12-monatiger Bindung an die Vereinbarung mit E.ON kam keine Rede sein	Gazprom Discusses Exports, in: International Oil Daily, 7.2.2005.
29.12.2005	Gazprom erhält Kontrolle über die Jamal-Pipeline in Belarus. Im Gegenzug erhält Belarus günstige Gaspreise, die Gazprom-Vizechef Rjazanov mit dem zukünftigen „Unionsstaat" zwischen Russland und Belarus rechtfertigt. Gazprom-Exportchef Medvedev sagt später, die Unterzeichnung des Abkommens zwischen Russland und Belarus über die Errichtung eines Unionsstaats beeinflusse auch die Arbeit von Gazprom.	Gazprom wins Belarus victory, The International Herald Tribune, 29.12.2005; Gazprom official calls on West to cooperate, rather than „be afraid", in: BBC Monitoring Europe – Political, 5.1.2006.
01.01.2006	Gazprom reduziert die Gaslieferungen an die Ukraine, um die Monopolisierung des Gastransits aus Zentralasien und höhere Preise durchzusetzen. In einem Interview mit „Die Welt" beschuldigt Gazprom-Exportchef Medvedev die Ukraine des Gasdiebstahls. Man halte alle Verpflichtungen ein. Nun sei klar geworden, wie wichtig die Ostseepipeline sei.	David Crossland: Gas Dispute Has Europe Trembling, in: Spiegel Online, 2.1.2006.
13.01.2006	Der deutsche Wirtschaftsminister Michael Glos trifft sich mit Gazprom-Chef Miller, um den Gaskonflikt und die Ostseepipeline zu diskutieren. Der Minister bewerte die Beilegung des Konflikts positiv. Russland sei immer ein zuverlässiger Gasversorger für Deutschland gewesen, so Glos.	German minister to discuss energy issues with Gazprom chief, in: RIA Novosti, 13.1.2006.
16.01.2006	Bei einem Treffen zwischen Merkel und Putin sagt Merkel, die Ostseepipeline sei sehr wichtig für Deutschland und Europa.	Wrap: Russia's Putin, Germany's Merkel discuss trade, gas, Iran, in: RIA Novosti, 16.1.2006.

Datum	Beschreibung	Quelle
18.01.2006	Gazprom-Vizechef Medvedev ist in London und gibt ein Interview, in dem er ankündigt, Gazprom strebe einen Marktanteil von 20% bis 2015 in diesem Land an. Man wolle dazu Firmen übernehmen, die über Haushaltskunden verfügten. Die Größe dieser Firmen sei kein Hindernis.	We won't be turning off the taps, Russia's gasman reassures Britain: Gazprom deputy on Putin, Ukraine and ambitions to increase output to the UK, in: The Guardian, 18.1.2006.
22.01.2006	Explosionen legen die Gaspipeline von Russland nach Georgien lahm.	
22.01.2006	Eine Quelle bei Gazprom sagt, man werde „vielleicht" ein Übernahmeangebot für den britischen Gasversorger Centrica machen. Centrica gehört auch British Gas, ein Unternehmen mit Anteilen an Gasförderung, u.a. in Kasachstan. Später widerruft Gazprom diese Aussage jedoch. Eine konkrete Aussage zu Centrica könne man nicht treffen.	Gazprom eyeing takeover bid for Centrica – The Independent, in: Interfax Russia & CIS General Newswire, 22.1.2006; Is Russia's Gazprom considering buying British gas distributor Centrica?, in: The Associated Press, 2.2.2006.
29.03.2006	Gazprom strebt weiterhin eine Beteiligung am Gasnetz der Ruhrgas und an Aktiva in Großbritannien an, die E.ON jedoch nicht zum Verkauf stellt. Stattdessen verhandelt E.ON nur über die Beteiligung an den Gasaktiva in Ungarn.	E.On Resists Gazprom Arm Twist, in: World Gas Intelligence, 29.3.2006.
30.03.2006	Gazprom sagt, es werde das Schema für die Beteiligung von BASF und E.ON am Juzhno-Russkoe Feld am 26. April festlegen, während den Regierungskonsultationen in Tomsk.	Taking Shape: Schroder Assumes Lead Of North Europe Gasline, in: Nefte Compass, 6.4.2006.
03.04.2006	Es wird bekannt, dass eine interministerielle Kommission im Oktober 2005, noch vor Formierung der neuen Regierung, eine Kreditbürgschaft aus dem UFK-Programm von € 1 Mrd. für die Ostseepipeline ausgesprochen hat. Die neue Bundesregierung und die Opposition verzichten jedoch auf die Einrichtung eines Untersuchungsausschusses. Schröder gibt an, dass Putin ihn persönlich darum gebeten habe, den Posten als Aufsichtsratschef einzunehmen und er schließlich zugestimmt habe.	„Es ging nicht um Gas, sondern um Kohle", in: DIE WELT 4.4.2006; Gazprom: no German loans in pipeline project, in: Agence France Presse – English, 3.4.2006.
18.04.2006	Es wird bekannt, dass das britische Handels- und Insudtrieministerium (DTI) Überlegungen angestellt hat, wie die Gesetzgebung verändert werden könnte, um eine Übernahme von Centrica durch Gazprom zu vereiteln.	UK's DTI considered law change to block Gazprom bid for Centrica – report, European Daily Electricity Markets, 18.4.2006.
20.04.2006	Gazprom bestellt EU-Botschafter aus 25 Ländern ein. Gazprom-Chef Miller hält mit ihnen eine „offene und objektive" Konversation und droht damit dass Versuche, Gazproms Aktivität auf dem europäischen Markt zu begrenzen, keine guten Resultate bringen würden. Man könne den Gasbedarf Europas decken, entwickle aber auch aktiv andere Märkte. Man habe die Botschafter daran erinnert, das Gazprom Alternativen habe. Der Wettbewerb für Energieressourcen steige. Das Beispiel der Ostseepipeline wird genannt als ein Vorbild für die Kooperation mit Russland. Die EU-Kommission verweist darauf, dass sie erwarte, dass alle kommerziell vereinbarten Verpflichtungen eingehalten würden. Diversifikation sollte nicht genutzt werden, um andere Ziele zu erreichen. Auch müsse der Zugang zum Markt in Russland gewährleistet werden. Kommissionspräsident Barroso habe dabei keine Fortschritte in Gesprächen mit Putin erreicht.	Gazprom warns EU on gas supply, in: Agence France Presse – English, 20.4.2006; Gazprom official warns Europe „alternative" markets exist for Russian gas, in: BBC Monitoring Former Soviet Union – Political, 20.4.2006; Gazprom warns EU over politicising gas supplies as tensions flare in Moscow, in: European Spot Gas Markets, 20.4.2006.
25.04.2006	Gazprom-Vizechef Medvedev sagt, Energiesicherheit meine nicht nur Stabilität der Versorgung, sondern auch Stabilität der Nachfrage für den Produzenten. Die EU würde Gazprom gern immer noch als einfachen Lieferanten von Energie haben, ohne wirklichen Einfluss, man sei aber an	Gazprom to expand, own power stations in EU: executive, in: Agence France Presse – English, 25.4.2006;

	Partizipation in der gesamten Wertkette interessiert. Centrica sei auf der Liste potentieller Akquisitionsziele, aber es sei auch generell sehr schwierig, ein Unternehmen zu finden, dass nicht auf dieser Liste sei. Auch habe man vor, in die Elektrizitätsindustrie in Europa einzusteigen. Manche Menschen würden denken, ein schwaches Russland wäre gut für die Welt, aber er könne dem nicht zustimmen. Ein starkes Russland und eine starke Gazprom seien gut für die Welt. Außerdem kritisiert er die Liberalisierungspolitik der Europäischen Union. Diese könne nichts anderes tun, als ernsthafte Befürchtungen über die Stabilität der Gaslieferungen hervorrufen.	Andrew McChesney: 'Gazprom Is Good for the World', in: The Moscow Times, 26.4.2006; Michael Ritchie: Gazprom Defends Quest for Market Power, in: Oil Daily, 26.4.2006.
26.04.2006	Igor' Shuvalov, der G8-Sherpa des russländischen Präsidenten sagt, es sei nie geplant gewesen, dass Gazprom ein globales Monopol wird. Das Unternehmen solle nicht die Gasproduzenten in Qatar oder Algerien übernehmen, sondern nur den globalen Gasmarkt gemeinsam mit Partnern in anderen Ländern beeinflussen. Ziel sei ein eng verbundenes System des Managements von Aktiva, bei der Konsumenten und Produzenten Teil der selben Unternehmensstruktur sind. Wenn dies nicht realisiert werde, könne es keine wirkliche Energiesicherheit geben.	Gazprom not seeking world monopoly – Kremlin aide, in: RIA Novosti, 26.4.2006.
28.04.2006	Gazprom und BASF unterzeichnen während der deutsch-russländischen Regierungskonsultationen in Tomsk im Beisein von Putin und Merkel den Rahmenvertrag zum Austausch von Aktiva. Dabei erhält Gazprom 50% an Wingas, während Wintershall 35% minus einer Aktie am Feld Juzhno-Russkoe erhält. Davon sind 10% Vorzugsaktien der Severneftegazprom, die nicht zum Stimmrecht berechtigen. E.ON kann keine Verträge unterzeichnen. Putin sagt, Russland fühle sich durch die Versuche zum Ausschluss von Gazprom vom europäischen Markt bedroht. Daher schaue man sich nach anderen Märkten um.	BASF Strikes Gazprom Pact as E.On Waits, in: International Oil Daily, 28.4.2006; Russia 'threatened' by Europe on energy: Putin, in: Agence France Presse – English, 27.4.2006.
01.05.2006	Der polnische Außenminister Radek Sikorski sagt, Deutschland hätte vor der Entscheidung mit Polen konsultieren müsse. Erst die Entscheidung zu treffen und dann in Konsultation zu treten sei nicht die polnische Vorstellung von Solidarität. Man sei verwundert darüber, dass Deutschland etwas tue was nicht den Konsumenten diene und dessen geopolitischer Zweck sei, Weißrussland und Polen auszuschalten, während Deutschland weiter beliefert werde.	Poland hits out at Germany over Baltic pipeline role, in: Agence France Presse – English, 1.5.2006.
04.05.2006	Auch im Baltikum kommt die „Mittelmacht" Deutschland nicht gut an. Der litauische Präsident Valdas Adamkus sagt, man verstehe nicht, warum Deutschland bei wenigstens über die Pläne unterrichtet habe. Er könne die russländische, aber nicht die deutsche Position verstehen.	EU should unite over Russia's energy policy: Lithuanian president, in: Agence France Presse – English, 4.5.2006.
08.05.2006	Gazprom kündigt an, die Gaspreise für Litauen ab 1.7. um 28 Prozent auf US-$ 135 pro 1000 m³ anzuheben.	Gazprom Targets Lithuania, in: International Oil Daily, 8.5.2006.
18.05.2006	Bundespräsident Köhler sagt bei einem Besuch in Polen, es gäbe zwar Meinungsverschiedenheiten bezüglich der Gaspipeline, diese würden aber diskutiert und konstruktiv gelöst.	German president optimistic of resolving pipeline row, in: Agence France Presse – English, 18.5.2006.
22.05.2006	Die russländische Presse berichtet, dass ENI eine Beteiligung am Juzhno-Russkoe Feld anstrebt und im Gegenzug Gazprom Zugang zum Endkundenmarkt anbietet.	Eni Eyes Russia Gas Field, in: International Oil Daily, 22.5.2006.
06.06.2006	Gazprom ist in Gesprächen mit Gasunie über einen Tausch von Anteilen der Ostseepipeline gegen einen Anteil an der BBL-Pipeline nach Großbritannien. Man werde in den nächsten Monaten den Tausch von Aktiva vornehmen, so Gazprom.	Gazprom to Swap NEGP Pipeline Stake with Gasunie for Share in BBL, in: Global Insight, 7.6.2006.

Datum		
06.07.2006	Die dänische Gasgesellschaft DONG unterzeichnet einen Liefervertrag über 1 Mrd. m³ für 20 Jahre mit Gazprom. Dieser soll über die Nord Stream geliefert werden. Der Vertrag sieht eine Option zur Verdopplung der Lieferungen durch Gazprom vor. Gleichzeitig unterzeichnet DONG einen Vertrag mit Gazprom Marketing & Trading UK über die Lieferung von 600 Mio. m³ ab 2007 für 15 Jahre aus dem Ormen Lange-Feld an dem DONG beteiligt ist. Damit kann Gazprom schon vor Fertigstellung der Ostseepipeline direkt auf dem britischen Markt tätig werden.	Denmark's Dong and Russia's Gazprom sign two contracts for a total of 1.6 Gm3/year, in: European Spot Gas Markets, 19.6.2006.
13.07.2006	Gazprom und E.ON unterzeichnen eine Absichtserklärung, derzufolge E.ON 25 Prozent minus einer Aktie am Juzhno-Russkoe Feld erhalten soll, während Gazprom an den ungarischen Gasaktiva der E.ON mit 50 Prozent minus einer Aktie erhält. Außerdem soll E.ON eine nicht näher spezifizierte Summe an Gazprom zahlen, um den höheren Wert der Beteiligung am Feld auszugleichen.	Andrei Glazov, Nelli Sharushkina: Gazprom, E.On Deal Seen Fitting of Moscow's Partnership Model, in: International Oil Daily, 14.7.2006.
17.07.2006	Beim G8-Gipfeltreffen in St. Petersburg wird der Begriff „Energiesicherheit" als Thema in den Mittelpunkt gestellt. Putin erhofft sich davon, den Begriff neu definieren zu können. Er soll nicht nur die Sicherung ununterbrochener Versorgung für die Kunden, sondern auch ein garantiertes Nachfrageniveau für Produzenten umfassen.	Nikolas Busse: Rußlands Blick nach Westen, Frankfurter Allgemeine Zeitung, 17.07.2006, Nr. 163, S. 6.
29.08.2006	E.ON verlängert ihren bis 2020 bestehenden Liefervertrag mit Gazprom für 20 Mrd. m³ jährlich um 15 Jahre bis 2035. Außerdem wird ein zusätzlicher Liefervertrag für jährlich 4 Mrd. m³ ab Fertigstellung der Ostseepipeline unterzeichnet, damit die Pipeline besser ausgelastet werden kann. Drei Viertel des Gases sollen nach Waidhaus geliefert werden, was von Beobachtern so gedeutet wurde, dass der alte Korridor über die Ukraine weiter benutzt werden würde. Ruhrgas-Chef Bergmann sagt anschließend, die Verträge stärkten die Partnerschaft mit dem weltgrößten Gasproduzenten. Man kompensiere für sinkende Produktion in Westeuropa und habe zusätzliche Mengen für den wachsenden Gasmarkt bestellt. Eine Stellungnahme der E.ON sagt, vor dem Hintergrund scharfen globalen Wettbewerbs um Gas sei es gelungen, russländisches Gas zu wettbewerbsfähigen Konditionen zu erlangen.	Germany extends Gazprom gas supply contract to 2035, in: Agence France Presse – English, 29.8.2006; Gazprom and E.On Sign Big European Gas Deal, in: International Oil Daily, 30.8.2006.
06.10.2006	Gazprom unterzeichnet ein Memorandum mit Gasunie, das eine Beteiligung von Gazprom mit 9% an der BBL-Pipeline vorsieht. Im Austausch kann Gasunie bis zu 9% an der Ostseepipeline erwerben. Die Anteile würden von E.ON und BASF verkauft.	Gazprom Signs Pacts With Gasunie, Repsol; Eni Deal Pending, in: International Oil Daily, 6.10.2006.
10.10.2006	Putin besucht Dresden und sagt, Deutschland werde zu den 40 Mrd. m³ die es jährlich von Russland erhalte, ab 2013 zusätzlich 55 Mrd. m³ Erdgas erhalten. Damit könne nicht nur der steigende Bedarf Deutschlands gedeckt werden, sondern das Land werde auch zu einem Redistributionszentrum innerhalb Europas gemacht.	Russia: Putin gets tough, in: Energy Compass, 13.10.2006.
13.10.2006	Gazprom teilt mit, man werde das Shtokman-Feld selbst erschließen und brauche keine ausländischen Partner. Gleichzeitig geht die russländische Umweltaufsicht gegen das von Shell geführte Projekt Sachalin-2 vor.	Russia: Putin gets tough, in: Energy Compass, 13.10.2006.
25.10.2006	Gazprom-Tochter ZMB kauft eine Konzession, um in Hinrichshagen bei Greifswald einen Gasspeicher mit mehreren Milliarden Kubikmetern Kapazität zu bauen. Gazprom besitzt über Wingas bereits Westeuropas größten Gasspeicher Rehden mit 4,2 Mrd. m³ Arbeitskapazität.	Gazprom Plans Giant German Storage, in: World Gas Intelligence, 25.10.2006.
15.11.2006	ENI verlängert ihre Lieferverträge mit Gazprom bis 2035. Außerdem erhält Gazprom das Recht, ab	Gazprom Signs ENI Deal, Hints At Others, in: World

Datum		Quelle
	2010 bis zu 3 Mrd. m³ direkt auf dem italienischen Markt zu verkaufen. Außerdem werde man gemeinsam Förderung auf Feldern in Russland betreiben und auf globalen LNG-Märkten zusammenarbeiten. ENI-Chef Paolo Scaroni sagt, die Vereinbarung sei „historisch" und ein großer Schritt hin zu Energiesicherheit für Italien.	Gas Intelligence, 15.11.2006.
19.12.2006	GdF verlängert ihre bestehenden Lieferverträge über 12 Mrd. m³ jährlich mit Gazprom bis 2030. Ein zusätzlicher Liefervertrag über 2,5 Mrd. m³ sieht Lieferungen über die Nord Stream Pipeline vor. Außerdem wurde die Kooperation mit GdF im LNG-Sektor vereinbart. Gazprom kann direkt zudem 1,5 Mrd. m³ auf dem französischen Markt absetzen.	Russia's Gazprom to supply GdF until 2030, in: European Spot Gas Markets, 19.12.2006.
23.03.2007	Wingas gibt bekannt, dass sie zwei Erdgaspipelines innerhalb Deutschlands zur Anbindung der Ostseepipeline plant. Die erste Pipeline (OPAL) verläuft von Greifswald in südlicher Richtung bis an die Tschechische Grenze bei Olbernhau, und die zweite (NEL) verläuft in westlicher Richtung bis ins niedersächsische Achim. Mit Ankündigung der OPAL macht Wingas deutlich, dass es nicht nur um die Belieferung zusätzlicher Mengen auf den deutschen und britischen Markt gehen kann, sondern um eine Substitution des ukrainischen Transitkorridors.	Gazprom, Wintershall JV to build pipes to link Nord Stream with Germany, in: Prime-Tass English-language Business Newswire, 23.3.2007; Wintershall intends to invest 1.9 billion euros in the Nord Stream gas pipeline project and related infrastructure by 2010, in: Interfax Russia & CIS Business & Financial Daily, 23.3.2007.
27.03.2007	Wingas gibt bekannt, dass sie für die beiden Anbidungsleitungen in Deutschland Antrag auf Erteilung einer Ausnahmegenehmigung von den Verpflichtungen zur Entflechtung und von Drittparteienzugang. Ingo Neubert, Manager der Wingas Transport sagt, Privatinvestitionen in Milliardenhöhe bräuchten ein stabiles wirtschaftliches Umfeld.	Russo-German Wingas applies for TPA exemption for Nord Stream links, in: European Spot Gas Markets, 27.3.2007.
21.05.2007	Die tschechische RWE-Transgas gibt bekannt, dass sie für ca. € 530 Mio. eine Pipeline bauen will die von Olbernhau nach Waidhaus führen wird. Damit wird die bestehende Lücke zwischen Nord Stream und Waidhaus geschlossen. Die notwendigen Voraussetzungen für eine Umleitung der bisher durch die Ukraine gelieferten Mengen über Nord Stream sind damit gegeben. Gazprom kann die Gasmengen wie bisher in Waidhaus übergeben. Die Erwartung, dass sich die Lieferroute nur für neue Gasmengen ändern würde, geht also fehl	RWE Transgas plans additional pipeline, unbundles gas storage, in: European Spot Gas Markets, 21.5.2007.
24.05.2007	Die Verhandlungen zwischen Gazprom und E.ON über die Beteiligung am Juzhno-Russkoe Feld kommen nicht voran, da Gazprom angesichts höherer Ölpreise eine Neubewertung des Feldes fordert.	Gazprom Slows Talks With Germans On Yuzhno-Russkoye, in: Nefte Compass 24.5.2007.
25.05.2007	Ruhrgas gibt bekannt, dass sie sich ebenfalls an den von Wingas geplanten Pipelines OPAL und NEL beteiligen will.	Ruhrgas holt bei Beschaffung weiter aus, in: Energie & Management 25. 5. 2007.
30.05.2007	Auf Druck der deutschen Politik hin bietet Wingas der polnischen Regierung an, das polnische Gasnetz mit der OPAL-Pipeline zu verbinden. Da Wingas jedoch gleichzeitig für OPAL Ausnahmen von der Regulierung vereinbart hat, bedeutet dies, dass nur russländisches Gas über Nord Stream und OPAL nach Polen gelangen dürfte.	Poland's gas network to be fully integrated into Western Europe, says Wingas, in: European Spot Gas Markets, 30.5.2007; Nils Kreimeier; Hubert Wetzel: Politische Bauarbeiten an der Ostsee, in: Financial Times Deutschland 31.10.2007.
01.06.2007	Der polnische Wirtschaftsminister Piotr Wozniak sagt, man habe kein Interesse am Bau einer	Polish Government Rejects Wingas Offer to Build Spur

Datum	Beschreibung	Quelle
	Verbindung zur OPAL, da dies die Energiequellen nicht diversifiziere. Stattdessen wolle man ein LNG-Terminal bauen und eine Pipeline zwischen Dänemark und Polen.	from Opal Pipeline, in: Global Insight, 1.6.2007.
26.06.2007	Gazprom will die Gespräche mit E.ON wieder aufnehmen, da bis zum Produktionsbeginn im Herbst 2007 die Deals abgeschlossen sein sollen.	Gazprom, E.On Resume Talks, in: International Oil Daily, 26.6.2007.
14.08.2007	Wingas richtet eine „open season" für die Transportkapazitäten der OPAL und NEL aus, bei der andere potentielle Kunden Bedarf anmelden können.	Peter Focht: Wingas fragt Transportkapazitäten ab, in: Energie & Management, 14.8.2007.
16.08.2007	Aus der russländischen Presse wird bekannt, dass Gazprom wiederum über eine Beteiligung an Kraftwerken in Großbritannien als Teil des Deals über Juzhno-Russkoe verhandelt.	Gazprom Eyes E.On UK Assets, in: Nefte Compass, 16.8.2007.
01.10.2007	Die Ukraine wendet sich gegen eine Erweiterung der Ostseepipeline auf 55 Mrd. m³ Transportkapazität und schlägt stattdessen die Beteiligung deutscher Konzerne an den ukrainischen Transitpipelines vor.	Ukraine Says Against Expansion of Russian Nord Stream Gas Pipeline, in: International Oil Daily, 1.10.2007.
27.10.2007	Estland erteilt keine Genehmigung für die Untersuchung des Meeresbodens in der estnischen exklusiven Wirtschaftszone. Finnland verlangt eine detailliertere Untersuchung der Auswirkungen auf die Umwelt, während Schweden auch alternative Routen verlangt.	Gazprom Expands In EU With Stake In UK Pipe, in: Nefte Compass, 8.11.2007.
31.10.2007	Eine Woche nach Produktionsbeginn auf Juzhno-Russkoe unterzeichnen Gazprom und BASF im Beisein von Gazprom-Aufsichtsratschef Dmitrij Medvedev und Außenminister Steinmeier den endgültigen Vertrag zur Beteiligung von BASF an dem Feld und zur Aufstockung des Gazprom-Anteils an Wingas. Wintershall erhält 25% minus einer Aktie plus 10% nicht stimmberechtigter Anteile an Juzhno-Russkoe, während Gazprom weitere 15% der Wingas erhält. Wintershall darf das Gas nicht selbst vermarkten und erhält von Gazprom eine Vergütung für das Gas, die sich zur Hälfte aus russländischen und zur Hälfte an Preisen in Deutschland zusammensetzt. Dennoch sagt Steinmeier, dass dies ein konkreter Schritt hin zu europäischer Energiesicherheit sei. E.ON sagt, man hoffe, den eigenen Deal bis Ende des Jahres abschließen zu können.	Gazprom Closes In On Nord Stream, in: World Gas Intelligence, 31.10.2007; Nelli Sharushkina: German Firm Scores Russian Gas First, in: International Oil Daily, 19.12.2007.
02.11.2007	Gazprom-Eksport Chef Medvedev sagt den Tschechischen Medien, dass man die Pipeline Gazela bauen werde und Tschechien dadurch zu einem noch wichtigeren Transitland für russländisches Gas werden werde. Über die Versorgungssicherheit brauche man sich daher keine Sorgen machen. Dem stimmt der tschechische Sonderbotschafter für Energiesicherheit, Vaclav Bartuska, zu. Russland werde Deutschland als letztem Land den Gashahn zudrehen. Daher sei es im strategischen Interesse Tschechiens, ein Transitland nach Deutschland zu bleiben.	Nord Stream pipeline to have branch through Czech Republic – Russian Gazprom deputy chair, Interfax Czech Republic Business Newswire 2.11.2007.
07.11.2007	Gazprom und Gasunie unterzeichnen im Beisein von Putin und Balkenende den Vertrag zur Beteiligung von Gasunie an der Ostseepipeline. Im Gegenzug kann sich Gazprom an der BBL-Pipeline beteiligen. Der Deal wurde von Putin als Stärkung der europäischen Energiesicherheit gefeiert.	Dutch Gasunie Joins Russian Nord Stream, International Oil Daily, 7.11.2007.
14.11.2007	Gazprom-Eksport Chef Medvedev warnt die EU-Länder vor einer Behinderung der Pipelineprojekte Nord und South Stream. Wenn die Pipelines nicht gebaut würden, habe die EU mit einer jährlichen Versorgungslücke von 85 Mrd. m³ zu rechnen.	Stephen Bierman: Gazprom Warns EU on Gas Pipeline Meddling, International Oil Daily, 14.11.2007.
16.12.2007	Wingas gibt beim Meinungsforschungsinstitut Forsa eine Umfrage zum Russlandbild der Deutschen	Die Russen-Versteher, Frankfurter Allgemeine

Datum		
	in Auftrag und stellt anschließend fest, dass dieses immer noch von „Vorurteilen und Klischees" geprägt sei. Stereotype könne man sich allerdings in Zeiten enormer Energieabhängigkeit von Russland nicht leisten, so ein Wingas-Vertreter. Nur ein Fünftel der Befragten hatte Russland als rechtsstaatlich und freiheitlich bezeichnet.	Sonntagszeitung, 16.12.2007, Nr. 50, S. 7.
15.02.2008	Putin sagt, die USA seien vielleicht über die Expansion von Gazprom in Europa deshalb besorgt, weil sie selbst Europa nicht verlassen wollten. Zur Nabucco-Pipeline sagte er, es sei eine falsche und dumme Politik, die unprofessionell sei und nicht die notwendigen Kalkulationen und Ressourcen hinter sich habe.	Nelli Sharushkina: Putin Mounts Defense of Russia's Interests, Oil Daily, 15.2.2008.
06.03.2008	Gazprom und E.On vereinbaren den Bau eines Gaskraftwerks mit einer Kapazität von 1,2 GW in Lubmin. Es soll 2011 fertiggestellt sein. Da E.ON immmer noch nicht die Verhandlungen zur Beteiligung an Juzhno-Russkoe abschließen konnte, bot sie Gazprom schließlich auch Kraftwerke und Untergrundspeicher für Erdgas im Tausch an.	Gazprom, E.On To Build Power Plant, in: Nefte Compass, 6.3.2008.
07.05.2008	Die Bundesnetzagentur fordert trotz des geringen Interesses bei der „open season" einen freien Zugang zu den Kapazitäten von OPAL und NEL. Der Wettbewerb könne sonst vollends zum Erliegen kommen	Neuer Widerstand gegen die Ostsee-Gaspipeline, DIE WELT, 7.5.2008.
23.06.2008	Gasunie wird ein Anteilseigner von Nord Stream.	Gasunie Gets Nord Stream Stake, in: International Oil Daily, 23.6.2008.
25.06.2008	Gazprom verschiebt den Deal mit E.ON über Juzhno-Russkoe abermals, da der Ölpreis sich wieder erhöht habe.	Nord Stream Moving, Minus E.On Deal, in: World Gas Intelligence, 25.6.2008.
29.07.2008	Aus entflechtungsrechtlichen Gründen gliedert Wingas die Betreibergesellschaft für OPAL und NEL aus der Wingas Transport GmbH aus. Die neue Gesellschaft heißt nun OPAL NEL Transport GmbH. Davon erhofft sich Wingas Vorteile im Verfahren über die Ausnahme von der Regulierung. Zuvor hatte Wingas Transport GmbH den Antrag auf Ausnahme zurückgezogen. Dieser wurde dann von OPAL NEL Transport wieder eingereicht.	Peter Focht: Wingas erneuert Ausnahmeantrag, in: Energie & Management, 29.7.2008.
19.08.2008	Angesichts der nach wie vor fehlenden Genehmigung von Finnland und Schweden zum Bau der Pipeline rekrutiert Gazprom den finnischen Ex-Premier Paavo Lipponen als „Berater". Lipponen folgt damit in den Fußstapfen Schröders, der sich bereits in Verhandlungen mit Regierungen bezahlt gemacht haben dürfte. Lipponen erhält jedoch im Unterschied zu Schröder keine Repräsentationsrechte.	Ex-PM Joins Nord Stream, in: International Oil Daily, 19.8.2008.
23.09.2008	Wingas und E.ON Ruhrgas, Betreiber der OPAL Pipeline, warnen davor, dass das Projekt in Frage gestellt werden könnte, wenn die Bundesnetzagentur nicht die beantragten Ausnahmen von der Regulierung erteile. Ohne die Realisierung des Projekts wäre „eine Einschränkung der Versorgungssicherheit und Wettbewerbsintensität auf dem europäischen Erdgasmarkt zu erwarten", so der Geschäftsführer der Pipelinegesellschaft Neubert. Gleichwohl ist die Drohung nur ein Bluff, da Gazprom wegen der Ausnahmegenehmigungen nicht die Nord Stream Pipeline einstellen würde	Konzerne stellen Gasleitung in Frage, Frankfurter Allgemeine Zeitung, 23.09.2008, Nr. 223, S. 15; Wingas stoppt Erdgasleitung, um Bundesnetzagentur unter Druck zu setzen, in: http://www.udo-leuschner.de/energie-chronik/081102.htm; abgerufen 22.4.2012; Wingas und E.ON verlangen Sonderrechte für Ostsee-Anschlußleitungen, in: http://www.udo-leuschner.de/energie-chronik/080907.htm; abgerufen

Datum		Quelle
19.11.2008	Wingas teilt mit, dass sie mit sofortiger Wirkung das Planungsverfahren für den Bau der SEL-Pipeline von der österreichisch-deutschen Grenze nach Ludwigshafen einstelle, bis sich das regulatorische Umfeld in Deutschland verbessert habe. Zuvor hatte die Bundesnetzagentur beschlossen, alle Ferngasnetze grundsätzlich in die Regulierung einzubeziehen. Offenbar soll durch die Entscheidung auch Druck für die Erteilung einer Ausnahmegenehmigung für NEL und OPAL ausgeübt werden.	Wingas stoppt Erdgasleitung, um Bundesnetzagentur unter Druck zu setzen, in: http://www.udo-leuschner.de/energie-chronik/081102.htm; abgerufen 22.4.2012.
22.12.2008	Gazprom-Chef Miller trifft sich mit GdF-Chef Jean-Francois Cirelli und bespricht die mögliche Beteiligung der GdF an Nord Stream	GDF Suez Eyes Nord Stream, in: International Oil Daily, 24.12.2008.
09.01.2009	Schröder und Putin werden im russländischen Fernsehen gezeigt. Putin sagt zu Schröder, dass der Gasstreit die Ostseepipeline noch relevanter mache. Er denke, die europäischen Partner hätten nun endlich realisiert, dass dieses Projekt notwendig sei und rasch umgesetzt werden müsse. Schröder sagte, die Ostseepipeline sei extrem wichtig, nicht nur um die Energiesicherheit Deutschlands, sondern auch von ganz Europa zu stärken.	Europe gas crisis boosts Schroeder pipeline plan, in: Agence France Presse – English, 9.1.2009.
25.02.2009	Die deutsche Bundesnetzagentur befreit die OPAL-Leitung nun doch für 22 Jahre von den Verpflichtungen der Regulierung gemäß §28a EnWG. Dies ist möglich, da über die Gazelle-Pipeline in Tschechien eine „Transitleitung" konstruiert wurde, die freilich wieder in Deutschland endet. Dies ist für die Bundesnetzagentur jedoch nicht erheblich. Die ebenfalls notwendige Erhöhung der Versorgungssicherheit sieht sie durch die Ausschaltung der „politisch instabilen" Länder Belarus und Ukraine als gegeben an. Dies sähe man auch an den jüngsten Auseinandersetzungen zwischen Russland und Ukraine. Die Zwangsanwendung gegenüber der Ukraine schlägt sich so in konkreten Vorteilen für Gazprom nieder.	Bundesnetzagentur – Beschlusskammer 7, Beschluss Az BK7-08-009, 25.2.2009, http://www.bundesnetzagentur.de/DE/DieBundesnetzagentur/Beschlusskammern/1BK-Geschaeftszeichen-Datenbank/BK7-GZ/2008/2008_001bis100/BK7-08-009_BKV/BK7-08-009_Beschluss_vom_25022009.pdf?_blob=publicatio nFile; abgerufen 22.4.2012.
21.04.2009	E.ON ist bereit, ihren Anteil an Nord Stream zu Gunsten von GdF zu reduzieren. Man könne 4,5% der Pipeline abgeben. E.ON-Chef Bernotat sagte auch, der Gaskonflikt zwischen Russland und Ukraine habe gezeigt, dass europäische Energiekonzerne enger kooperieren müssten.	E.On to Cut Nord Stream Stake, in: International Oil Daily, 21.4.2009.
08.06.2009	Gazprom und E.ON einigen sich darauf, dass E.ON 3% ihres Anteils an Gazprom für eine Beteiligung an Juzhno-Russkoe tauscht. Der Deal wird mit US-$ 2,65 Mrd. bewertet. Damit ist man zum ursprünglichen Plan von 2005 zurückgekehrt. Warum Gazprom darauf eingegangen ist, bleibt unklar.	Germany's E.On Finally Gets Stake in Giant Russian Gas Field, International Oil Daily, 8.6.2009.
12.06.2009	Die EU-Kommission bestätigt die Entscheidung der deutschen Bundesnetzagentur bezüglich der OPAL-Pipeline mit nur geringen Auflagen.	Kommission der Europäischen Gemeinschaften, K 2009 4694, in: http://ec.europa.eu/energy/infrastructure/exemptions/doc/gas/2009_opal_decision_de.pdf; abgerufen 22.4.2012.
28.07.2009	Putin trifft sich mit dem Chef von GdF Suez, Gerard Mestrallet. Dabei will dieser Pläne zur Beteiligung an der Ostseepipeline besprechen.	French energy chief to meet Russia's Putin: spokesman, in: Agence France Presse – English, 27.7.2009.
30.09.2009	Putin lädt die Chefs großer Ölkonzerne wie Shell, Total, StatoilHydro und ENI nach Salechard ein und diskutiert deren Beteiligung am Shtokman-Feld und an der Erschließung von Jamal. Die	Moscow Courts Western Majors as Cash Runs Out, in: EI Finance, 30.9.2009.

Unternehmensführer waren erst eine Woche vorher benachrichtigt worden.

Datum		
06.11.2009	Schweden genehmigt zwei Wochen vor dem geplanten EU-Russland-Gipfel in Stockholm die Verlegung der Pipeline durch nationale Gewässer. Zuvor hatte Russland gedroht, dass Präsident Medvedev nicht am geplanten Gipfel teilnehmen werde, wenn die Pipeline nicht genehmigt werde.	Decision on Medvedev's trip to Stockholm reflects Sweden's recent pragmatic approach towards Russia – Kremlin, in: Interfax Russia & CIS Military Newswire, 13.11.2009; Sweden, Finland okay Russia's Nord Stream pipeline, in: Agence France Presse – English, 5.11.2009.
23.12.2009	Russländische und deutsche Behörden geben fast zeitgleich die Genehmigung für die Verlegung der Pipeline durch die jeweiligen territorialen Gewässer bekannt. Damit hat die Pipeline fast alle Hürden genommen.	Russia, Germany Grant Nord Stream Permits, in: Nefte Compass 23.12.2009.
02.03.2010	E.ON und Wintershall verkaufen jeweils 4,5% ihres Anteils an Nord Stream an GdF Suez. Der Vertrag wurde beim Besuch von Präsident Medvedev in Paris im Beisein von Sarkozy unterzeichnet. Frankreich erhofft sich einen Ausbau der Handelsbeziehungen mit Russland.	France's GDF Suez Joins Gazprom in Nord Stream Gas Pipeline, in: International Oil Daily, 2.3.2010.
17.03.2010	Nord Stream unterzeichnet den Kredit über € 3,9 Mrd. zur Finanzierung des ersten Pipelinestrangs mit 26 Banken. Davon sind € 3 Mrd. von deutschen und italienischen Exportkreditversicherungen Hermes, UFK und SACE versichert.	Nord Stream Finance Deal Opens Way for Construction Start, in: International Oil Daily, 17.3.2010.

Index